世界文明史：前篇

從史前時代到前近代

序

愛德華・麥克諾爾・伯恩斯在先前一版當中曾經論述：「在今日此時，世界是由歐洲和美國所構成的觀念早已過時了。西方文化當然是起源於歐洲，但是它從來就不具有絕對的排他性，其最初的根基來自於亞洲西南部和非洲北部，並加上印度以及中國，皆影響了日後的西方文明。西方不但從印度與遠東獲得了指南針、火藥、絲綢、棉花的知識，還有大量的宗教與哲學概念。」

歐洲各國在現代最初的幾百年期間，由於得益於前述文明的科學技術，因此取得空前的進步，對亞洲和非洲人民產生革命性的影響。這些廣大的大陸成爲西方國家的附庸，但本世紀卻出現逆轉的趨勢。歐洲人和北美人長期保持的政治、經濟優勢，由於自然資源的衰竭、兩次世界大戰毀滅性的影響，以及兩個超級大國爲爭奪世界霸權的競爭，因而受到侵蝕。而今，隨著亞洲各大國乃至小國狂熱地進入經濟發展和技術進步的浪潮，西方不再能決定它們的命運，同時也不能完全地切割自己與世界其他地區。過去十年間最後幾年的標誌，就是由來已久的歐洲和美國權力結構的解體；這是一種令未來國際政治進程變得模糊不清的意外發展，但在同時也爲消除國家之間導致分裂的意識型態藩籬提供無限可能。

在文明的進程中，所有民族彼此互惠：在政治、經濟和文化上，他們越來越互相依賴；另外，他們負有確保人類及地球上所有生物生存的共同責任。凡此種種，均使傳統的偏狹課程失去效用。教育的範圍必須擴大，俾讓學生對置身其中的世界有更深刻、更現實的印象。再沒有別的地區比美國更迫切了，美國是在相對孤立的背景下，於二十世紀上升到領導地位。在一個日益複雜的世界中，領導的必要條件正在變化，要想成功地應對現時的複雜性，就必須考察它們的根源。大約十年前，亞洲研究學會會長提醒學會會員：「正如亞洲成爲我們未來的一部分，它也成爲我們過去的一部分。……現在需要的是痛苦的反省，我們主張中國和印度歷史在課程表中不是附加品，而是必需的。」同樣的警告也適用於拉丁美洲、非洲，以及其他太久太久不爲人所熟悉地區的歷史。在把世界各共同體分開後的差異之上架設橋梁的嘗試，不僅建立在對這些共同體獨特性的認可上，也建立在鑄造它們的歷史力量之理解上。用已故加拿大史學家赫伯特・諾曼的話來說：「歷史是一門使整個世界更加親近的學科，是引人遐想、針對全人類的學科。」

本書試圖扼要考察人類自遠古至今追求文明的歷程。各重要地區或國家均有所涉及。歐洲、北美、中美和南美、英聯邦、中東、東南亞、非洲、印度、中國和日本均得到適當重視。很明顯，本書不可能詳述它們的歷史。本書的一貫目的，就是讓讀者既了解到各主要人類社會和文化的獨特成就，又了解其局限，並關心當代問題。政治事件被認爲是重要的，但政治史的事實以與文化、社會和經濟運動相關的方式顯現出來。本書作者們認爲，工業革命在重要性上不亞於拿破崙戰爭。他們相信，了解佛陀、孔子、牛頓、達爾文和愛因斯坦，比能夠歷數法蘭西諸王更具有重要意義。與此較寬廣的歷史觀相應，與古斯塔夫·阿道爾夫和惠靈頓公爵的軍事成就相比，本書把更多的篇幅留給約翰·洛克、卡爾·馬克思、約翰·斯圖爾特·穆勒、聖雄甘地、毛澤東和萊奧波德·桑戈爾的學說。如果說，這種敘述方法背後帶著某種哲學傾向的話，那麼它源於一種認識：即迄今人類的進步大多產生於智力的進步，以及對人權的尊重。

《世界文明史》第一版出版於一九五五年，第二版在一九五八年，第三版一九六四年，第四版在一九六九年，第五版在一九七四年，第六版在一九八二年，第七版在一九八六年。每一版都完整地收入愛德華·麥克諾爾·伯恩斯的《西方文明史》，非西方部分例外，它們在本書中得到較充分的介紹。《世界文明史》第六、七、八版分別收入了由西北大學的羅伯特·勒納和德州大學奧斯丁校區的米查姆修訂之《西方文明史》第九、十、十一版。在保留伯恩斯的獨特優點同時，《世界文明史》的各作者在利用當代學術成果的基礎上，把重點擴大到目前我們最關心的領域，包括古今人類社會中的居住條件、婦女的地位，和少數民族的處境。因此在最近幾版中，對中世紀、前近代、十九世紀與二十世紀初的資料，做了嚴謹的翻新工作。第八版引人注目的特徵有：在第一部分中，收入史前古人類學者的新發現、重新詮釋美索不達米亞的文明，並重新改寫希伯來史，強調他們對後世思想和行爲影響之巨大；另外，在第七部分，對二次大戰以來歐洲各社會內部的複雜變化和國際關係做了審慎的分析。

本版自始至終都展現了大量變化，與它之前的三個版次一樣，本版具體得益於紐約大學的理查德·赫爾教授的貢獻。赫爾教授擴充了有關非洲的部分，使之與當前條件相應。他對非洲大陸的各個民族、主要文明及其現狀做了簡明而有裨益的敘述。

自《世界文明史》第七版開始，拉丁美洲諸社會得到更完備的描述，這一工作在第八版中進一步深化，包括根據近期的考古發現，對新大陸最早的文明做重新解釋。第八版還對南亞文明及印度次大陸諸國做了徹底修訂。爲了更深入地了解關鍵性論題，放入當下流行的學術議題，以對當代中國與中國共產主義革命變化中的特性提供全新的看法。

在準備本版過程中，作者們得到許多人的幫助，他們提出各種建議，這些人之中不僅有各個學科的專家，而且有使用本書的師生。特別感謝的有洛雷塔・史密斯（西北大學）、卡爾・佩特里（西北大學）、阿里勒納・沃林斯基（聖迭戈台地學院）、西摩・沙因貝格（加利福尼亞州立大學，在富勒頓）、威廉・哈里斯（哥倫比亞大學）、理查德、薩勒（芝加哥大學）、詹姆斯・斯坦利（哥倫比亞大學）、理查德・薩勒（芝加哥大學）、詹姆斯・斯坦利（摩迪聖經學院）、斯蒂芬・諾布爾（摩迪聖經學院）、理查德・諾蘭（馬塔圖克社區學院）、斯蒂芬・費羅諾和帕特里夏・埃伯雷（伊利諾伊大學）、A.N.加爾佩恩（匹茲堡大學）、馬丁・卡茨（艾伯塔大學）、羅納德・托比（伊利諾伊大學）、格特・文德爾伯恩（德國羅斯托克大學）、斯蒂芬・戴爾（俄亥俄州立大學）、詹姆斯・希恩（史丹福大學）、艾倫・文德爾伯恩（奧本大學）、詹姆斯・博伊登（德克薩斯大學）、彼得・海斯（西北大學）、喬治・羅布（西北大學）和迪埃納・科普蘭。如同在第五、六、七版那樣，W.W.諾頓公司的羅伯特・基歐是位認眞負責的編輯、不可缺少的顧問，和忠實的合作者。他爲此所做的、孜孜不倦的熱心工作，大大有助於修訂的完成。最後但並非最不重要的一點，我十分感謝我的妻子路易絲・康克林・拉爾夫，她就風格提出了建設性意見，並列印了手稿。

菲利普・李・拉爾夫

Contents
目錄

第一部｜歷史的曙光

我們人類的故事大約開始於二百萬年前的非洲。近來進行的田野調查研究指出，最早的「類人」人種是一種能夠直立行走，腦容量大的靈長類動物，在距今二百萬年之前，他們覓食於非洲草原上。四十萬年之後，類人動物開始由非洲向外遷移，並在其後的一百二十五萬年期間，這些動物——散居在整個東半球——學會了如何用火，並且能利用語言與其他同類相互溝通。

在人類演化的鏈鎖之中，隨後出現的是「尼安德塔」人，再其後大約四萬年前，出現了由解剖學觀點看來完完全全可以算是現代人的人。這些最早的人移徙到美洲和澳洲，並在西歐洞穴的穴壁上留下美妙絕倫的壁畫。大約一萬年前，人類在西亞發展出農業，這對整個人類生存的性質有了戲劇性的改變，因爲有了農業，人類不再漂泊不定，且定居在村落中。定居的生活「迅速」（此一期間超過五千年）使得文明產生——一方面是，政治機構、文字、藝術和科學；另一方面則是，戰爭、社會不平等和壓迫。大約在西元前三千二百年左右，最早的西方文明產生於美索不達米亞平原。此後，直到大約西元前六百年左右，除東亞文明和美洲文明之外，人類最優秀的文明乃是由美索不達米亞人、埃及人、希伯來人、邁諾安人，以及邁錫尼人創造出來的。

第一章

最早的開端

The Earliest Beginnings

人類特別的地方在哪裡呢？首先，我們無論什麼時候都是用後腳直立行走，這在哺乳動物當中，乃是一種極為不尋常的方式。還有我們的頭顱也有一些不同的特徵，尤其是有一個非常大的腦容量。……我們的上肢不再只是輔助行走的工具，它擁有非常高的操作技巧。這一技巧是由於組織結構造成的，但最關鍵的原因還是在於大腦的功能。……人類的雙手和大腦最明顯的成果就是技術。世界上再也沒有其他動物能夠如同人類這樣多方面且任意地操控世界。白蟻能夠建造結構精密的巢丘，並在其巢中創造自己的「空調」，但是白蟻卻無法為自己選擇建構一座教堂。人類的特別之處就在於他們擁有隨心所欲做事的能力。

——理查・李凱，《人類的形成》

歷史的本質

凱薩琳・莫蘭是珍・奧斯丁小說《諾桑覺寺》筆下的女主角，她抱怨歷史道：「談論的都是一些令人煩惱、讓人厭倦的東西。教皇和國王的爭執、戰爭及瘟疫瀰漫在歷史的每一頁之中；男人都是不中用的東西，女人根本就沒有任何一席之地，眞是讓人厭煩透了。」雖然於珍・奧斯丁筆下的女主角是在西元一八〇〇年左右說過這些話，但她可以把這些抱怨的話語原封不動地搬到最近使用，因爲一直到了二十世紀，大多數的歷史學者仍然認爲歷史只不過是「往日的政治」，以及一份枯燥乏味的斷爛朝報。歷史的主要內容被局限於戰爭和條約、政治家的傳記和政策、統治者的法規與法令。儘管這些內容相當重要，但絕對不是歷史的全部。特別是在最近幾十年來，歷史學者逐漸意識到，歷史是人類昔日在各個領域的活動紀錄——不僅只是政治的發展，而且還包括社會、經濟，以及思想的發展。不管是女人還是男人，不管是統治者還是被統治者，也不管是窮人還是富人，都是歷史的一部分。男人、女人共同創造的，並且反過來規範他們生活的社會和經濟制度：家庭和社會階層、莊園制度與城市生活、資本主義與工業主義等，盡皆如此。另外，在思想和態度上，不僅有知識分子的思想狀態，而且也包括那些事實上其生平從未被「經典大作」所談論過的普通人，他們的思想狀態，這些都是歷史學家關心的內容。而最重要的是，歷史包括了對事件發生的原因、人類的組織和思想模式的探尋——研究推動人類從事偉大使命的力量，以及人類成敗的原因。

史學家在擴大研究領域的同時，還引用了新的方法和工具來強化他們自己，以便能夠更適當地執行他們的工作。現在的史學家不再像過去，那樣辛苦地埋首於古老的編年史書和文獻當中，來弄清楚胖子查理在西元八八七年七月時到底是在英格爾海姆或盧斯特瑙。爲了採用統計數值的證據，他們學習電腦科學家的方法；爲了闡述物價上漲的影響，他們研究經濟學；爲了推論婚姻類型，或評估戰爭與瘟疫對整體人口的影響，他們精通人口統計學家的技術；爲了考察穴居或者現代城市化的現象，他們又搖身一變而成考古學家，研究出土的化石和陶片，以及現代城市景觀；爲了了解生活在古代的男男女女的行爲動機，他們又援借了社會心理學家和文化人類學家的見解。還有爲了說明那些沒有留下，或者遺留極少文字紀錄的人們其生活和思想，他們尋找以其他方式保持下來的文化遺蹟，諸如民謠、民間傳說，以及墓碑。

當然，不論何等的聰明敏銳，歷史學家都不能創造證據。幾乎無法計算的過往事件難以回溯，因爲它們未曾留下任何痕跡就已消失了；其他很多事件雖爲人所知，但說到底也是不完整的。因此，有關於過去「到底如何」的一些極爲關鍵的問題，要不是無法回答，便是只能根據十分有限的推斷來回答。由於其他種種理由，關於動機與起因的問題，可能不會有確定的答案。因爲單一的人類個體時常難以了解自己行爲的動機，所以，如果有人認爲自己能夠完全確定別人的動機到底是什麼，實屬膽大妄爲。至於諸如戰爭、經濟成長之趨勢，或者藝術風格的變化等集體發展的原因，實在是太過複雜了，以至於難以用科學方法予以解答。但是無論如何，只要我們掌握的證據越多，就越能夠接近於有效地重建過去，並且越能對過往發生的事件提出解釋。此外，對於爲了歷史分析的目標而在蒐集和解釋各種資料中所遇到的困難，不應以悲觀的態度視之，而應該把這些困難當成激發知識的挑戰。

我們到底應該沉湎於過去，爲了一個又一個失去的時代振臂而呼？還是設法了解我們是如何到達今天的地步呢？顯然這兩個極端都無法讓人滿意，因爲留戀過去幾乎無法避免導致曲解，而且無論如何都是沒有用的。相同的，極端的「現代意識」也同樣會導致曲解，況且推斷我們現今所做的一切，無論是如何被認爲是愚蠢的事，都比前人更勝一籌。所以，最好的辦法似乎就是既不尊崇過去，也不必抱持著高人一等的態度貶低過去。相反的是，許多歷史學家爲了追求了解特定時期的人，他們是如何努力解決遭遇的問題，並且採用適合他們特定的環境，以及發展階段的方法，極有成效地生活著。其他歷史學家尋求的是時間的變遷，而不認爲有一種可以通往最理想的現實世界的漸進性發展存在。這些歷史學家認爲（但願他們的看法是正確的），認清變化的模式和機制將能夠讓我們更容易了解現在，更有可能爲因應未來而制訂出更穩健的策略。

走出非洲

對人類歷史最早的研究，也就是所謂的史前人類學或者是人類化石學，因爲在東非有一系列重大化石發現，使二十世紀下半葉發生了革命性的變化。在這些發現問世之前，史前人類學家推斷人類起源於東南亞，現在他們則知道人類的起源地是在非洲；並且，將先前他們認爲最早的類人動物發源於大約一百萬年前的這個數字，再往前增加一倍的時間。

最轟動的東非化石發現，有多次成就是由英國著名的史前人類學家族，即李凱家族所完成的，如果沒有這個家族的開創之功，也許就不會有其他的發現。路易斯・李凱是英國一位遠赴肯亞傳教士的兒子，他早年就已決定要在東非尋找早期人類化石的蹤跡，當時許多專家怒斥他這等行爲是有勇無謀之舉（李凱本來就是一個獨來獨往不喜歡與人合作的人，直到他去世前不久，他的許多行爲仍令許多觀察家驚奇：爲了對初民先祖謀生的方式有直接感受，他不帶任何武器就悄悄接近非洲野生動物）。一九三一年，李凱在坦尙尼亞（當時仍是坦干伊喀）[1]，發現了原始的手斧，他慶幸自己尋找化石的路是走對了；這些石斧是由生活在大約在一百萬年前的一個早期人種製造的。但因爲李凱身兼多職，再加上資金短缺，李凱在往後四分之一多的世紀裡，於尋找化石方面進展甚少。此後，在一九五九年，一個重大的突破出現了，但這不是李凱本人，而是他的妻子兼合作調查的夥伴瑪麗・李凱完成的。那一年瑪麗在坦尙尼亞一個遺址進行仔細搜尋的過程中，發現了一些看起來像是人類牙齒和頭蓋骨的碎片，她將所有的碎片拼湊在一起，並做了年代的測定，結果發現這竟然是一個近乎完整的頭蓋骨，是屬於一種生活在一百八十萬年前大致與人類相似的動物。由於瑪麗發現的這個頭骨下頷的牙齒很大，新聞界很快就把牠稱爲「胡桃鉗人」。

「胡桃鉗人」其實並不是人，而是一種能夠直立行走的進化猿類。李凱夫婦也知道這一點，因而就想弄清楚在附近能否找到更接近人類的化石；僅僅過了兩年，他們的長子強納生就給予一個確切無疑的答案，他發現了一個生活在一百八十萬年前，腦容量比「胡桃鉗人」大得多的靈長目動物的頭蓋骨遺骸。路易斯・李凱辨識出這是一個與「胡桃鉗人」不同種類的化石，此一種屬顯然是現代人類的直系祖先，因此他將之歸置於「人類」的範疇，而並非「猿類」的範疇，稱之爲「能人」，或者是「有才能的人」。

一旦人們清楚了解東非各個遺址是找到人類起源證據的最佳場所，那麼其他驚人的發現便會以讓人瞠目的飛快速度隨之產生。一九七二年，李凱夫婦的次子理查（李凱家族中現今最爲著名的史前人類學家），他率領一支隊伍在肯亞發現了一個屬於能人的頭蓋骨碎片，這一頭蓋骨比他的兄長所發現的那個頭蓋骨更加完整，也更加古老，而且時間大約是兩百萬年前。一九七四年，美國人度納德・強生所率領的考古隊在衣索比亞發現了一個生活在三百二十五萬年以前，能夠直立行走類人猿整個骨架的百分之四十部分（正當在宿營地清理這個類人猿骨架時，收錄音機中正在播放著披頭四樂團的歌曲「Lucy in the Sky with Diamonds」，於是強生便將之命名爲「露西」）。一年後，強生以及他的考古隊發現了至少十三個與「露西」同時代類人猿的大量骨骸。一年之後，瑪麗・李凱在坦尙尼亞發現了一個三百七十五萬年前，曾在那裡行走的直立類人猿的足跡。在本書撰寫期間，驚人的發現仍在不斷出現：一九八四年，理查・李凱率領的考古隊在肯亞發現了一個生活在一百六十萬年前的人類祖先的骨架；這個骨架十分完整，如果牠是智人的骨架，那麼幾乎可以用牠來上醫學院的解剖課了。

當然，發現頭蓋骨和骨架是一回事，解釋這些物證又是另外一回事。毫不奇怪的，對於人類起源的問題仍有許多不確定的因素與爭論；同時隨著更好論點的提出，以及新物證的發現，人類起源的學說得以不斷被修正。但無論如何，最近二十年間提出的兩個基本論點，一直到現在依然是無可爭議的。其一，在導致現代人的一連串進化過程，與包括現存所有類人猿的一連串進化過程中的第一次「分裂」，其關鍵與「兩足行走」，或者是與直立行走有關，而不是與原先一度認為的腦容量大小有關。這點可以由「露西」和強生的考古小組所發現的，與露西類似的其他直立類人猿化石中得到證明，在牠們的臂骨和腿骨中，可證明牠們是直立行走的，但其頭骨卻表明牠們的腦容量並不大，比黑猩猩的腦容量實際上大不了多少。實質腦容量增大最早是出現在露西之後一百二十五萬年的化石上，可見直立行走無疑是發生在先的。

露西這證物還表明了先進的兩足行走，並不能直接立即讓雙手騰出來製作、使用工具，以及武器，因為這必須在腦容量變大之後才有可能發生。相對的，依現在看來情況可能是，在生存競爭之中，直立類人猿較其他猿類占有優勢，因為牠們可以抓取食物，拿著就跑，隨後在隱密的地方享用。由於牠們都是在白天時這麼做的，所以牠們的汗也要流得更多，這就是為什麼存留下來最佳的直立猿人，都是皮毛比較少的一些。事實上，部分史前人類學家認為，腦容量增大是要成為一種生物學上優勢的首要條件，因為腦容量變大更能夠較佳地調節直立猿人的體溫。先進的進食方式，使得人猿的遺傳基因趨向兩足行走的方向。這一事例為「自然之母」在計畫人類進化的過程時並非具有先見之明，下了最妙的註解，因為把雙手騰挪出來固然可以開始工具的製作，但這種情形是在一、二百萬年後才出現的。

一如近來非洲的化石發現所表明的，「自然之母」也是草率的，因為祂創造了許多像露西那樣已不存在的動物。這用另外一種方式，說明了有關人類進化已得到公認的第二基本論點，即朝人類方向進化的第二次遺傳基因的「分裂」，此次分裂確實與腦容量有關。能人，是現知朝現代人進化的最早種屬，牠們早在兩百萬年前就存在了，並擁有一個比「胡桃鉗」人同時代的直立人猿大百分之五十左右的腦容量。毫無疑問的，正是這樣的大腦，讓能人在十到二十萬年的時間內取代了直立類人猿，因為大腦容量讓牠們能夠使用工具。不言而喻，能人的工具極其簡陋——獸骨、樹枝，而最精緻的工具便是鋒緣經過打製而變得鋒利的石片。看來，這些工具與其說是用來狩獵，倒不如說是用來幫助早期人類挖掘根莖、砍伐植物、砸碎堅果，和割去腐肉，從而豐富牠們食物來源的工具。而且，借助工具來採集食物，不僅使早期人類得到更多和更豐富多樣的食物供應，這也是人類向文明門檻邁進的第一步，因爲這需要某種程度的集體合作，而這仍是目前在所有靈長動物中尚不知曉的。

從能人到智人

除了知道具有使用工具的能力之外，我們對能人的活動所知極爲有限，牠們似乎已在一百六十萬年前於非洲融入在進化鏈中屬於牠們後繼者的直立人之中。不過，我們對直立人的了解可要比對能人所知更多，直立人大約活動於一百六十萬年前到三百萬年前，是最早由非洲向外遷移並散居在地球各地的種屬。此外，最早進行集體狩獵，以及最早學會用火的也是直立人。直立人還很能夠適應他們所生存的不同環境，因而他們存在的時間比我們現代人類——即智人，迄今所生存的時間多了五倍以上。

從體質的角度來看，直立人和能人的區別非常大。能人的身高大概和赤道非洲侏儒人差不多，直立人的體型與大多數現代人的身材相當。理查・李凱小組於一九八四年時所發現那個近乎完整的骨架，是屬於一個年齡大約十二歲直立人男孩的骨架。他當時已有五呎五吋高，成年後他可能會長到六英呎高；的確，如李凱所觀察的，這個男孩十分健壯，他在史前大學代表隊中「可以成爲一名優秀的橄欖球球員」。從他的智慧來看，如有機會，這個直立男孩也會完成一種相當複雜的進攻性打法。直立人的腦容量比能人平均要多出百分之四十，而且從其中某一化石證明了，直立人的大腦形狀已趨向我們現代人的大腦之方向變化了。

直立人的智力使他們能夠由非洲移徙到歐洲和亞洲的遠東地區，並且在移徙的過程中適應各種不同的氣候條件。直立人分布的例子，有所謂的爪哇人和北京人，他們大約在西元前五十萬年前，就已經到達他們所以得名的地區。在一九二六到一九三〇年之間，考古學家在北京西南二十五英里的一處洞穴中，發現了四十餘個北京人的頭骨碎片。隨後又在同一地點發掘到一些標本，但年代晚到二十萬年以後。從解剖學上來說，此二者有極大的不同：牙齒和上、下顎變小了，腦容量變大了還多出了百分之二十，表示飲食習慣已有改變，且智力也有所提升。自從一九四九年中華人民共和國成立之後，考古研究蓬勃的發展，根據這些研究指出，亞洲東部大片地區之中，仍由五十萬年前最先到達這裡的人種居住著。儘管證據不夠完備，但證明早在西元前六萬五千年，直立人就可能已在中國出現了。

很顯然的，直立人最重要的一項發明就是語言的應用：從對直立人喉部進行的復原（完成於一九八二年）證明可知，直立人可以發出我們現代人所可以發出的大多數聲音；另外，雖然語言沒有遺留下任何直接的化石遺物，但是幾乎可以確定直立人的工具，其樣式乃是經由複雜的規則體系製造出來的，若不是透過語言的傳達，難以長久存在。

直立人一定知道如何在獵捕大型野獸，以及在加工、分配食物等過程之中進行合作。這類合作當中最突出的一點，就是在採集食物與加工食物的過程中，確認了互相有益的男性和女性角色。最後，至少在四十萬年前，直立人已學會使用火。他們是否也學會升火是個難以確認的問題，但是肯定他們可以控制火，會用來取暖，驅趕對自己有威脅的野獸，或許還會利用火來煮食物。直立人用火的證據，在相隔遙遠的中國和西班牙都有發現，這證明了直立人已經具備足夠的智力，能獨立發展某些改善生活水準的方法。

大約三十萬年前，直立人開始逐漸進化成爲智人——確實，這一進化過程十分緩慢，所以很難由現存的遺物中說明，直立人何時進化結束，智人何時開始。不過可以肯定的是，在這數十萬年之間，身體的變化在頸部以上尤爲明顯，因爲儘管直立人的體格健壯得好像橄欖球球員，但是他們的前額仍像猿類那樣呈現傾斜形狀，他們的腦容量平均也只有我們現代人腦容量的百分之七十。史前人類學家傾向於認同，在直立人與完全的現代人之間，有兩個過渡性的智人階段——原始智人，生活在三十萬年前到十二萬五千年前；以及尼安德塔人，生活在十二萬五千年前到四萬年前。

由於歐洲與近東地區有爲數衆多的考古發現（「尼安德塔人」的骨骼，最早是在一八五六年於德國尼安德河的尼安德塔河谷中發現的——於是以此命名之），因此，比起尼安德塔人更早期的任何種的人類，我們對尼安德塔人這一類的智人過渡階級有著更多更好的資料。最有需要強調的也許是，「尼安德塔人」雖然經常被當成是原始和愚蠢的同義詞；而且還有一部好萊塢的電影，將尼安德塔人形容是用「哦、嚒」的溝通方式交談。但是在遺傳學方面，尼安德塔人和現代人的區別很小，其情況就有如現代人各種族之間的區別。換句話說，儘管尼安德塔人的胸圍比我們現代人要寬大，他的顱骨形狀和現代人有些許不同，但是，假如讓一個男性的尼安德塔人穿上西方企業家的公司衣服，站在華爾街或是麥迪遜大道上，是不會讓人感到有什麼不協調的地方。

尼安德塔人是精熟的工具製造者，也是打獵的能手。在他們以前的類人、猿人往往只依靠一或兩種全功能的工具／武器，尼安德塔人創造了大約六十種不同專門的工具，包括刀、刮具、鑽孔器和矛頭，這些工具大部分是由石頭製成的。此外，他們也用骨頭製造更精細的工具，不過在製造的過程中要相當仔細小心。另外，尼安德塔人還用樹枝和骨頭來建造他們蔽身的場所，或者利用現成的洞穴棲身，並在洞穴之中堆建龐大的石爐。尼安德塔人的狩獵技術極其成功，以至於有一些尼安德塔人的族群限制自己只能獵捕一種獵物，例如說熊或鹿，而不是見到可以捕獵的動物就將其捕殺。有些人類學家推斷說，主要是因爲儀式上的考量，所以才會有這種狩獵的習慣產生——可能尼安德塔人認爲，他們是在尊重自己所喜愛的動物之靈魂。不管尼安德塔人是不是一種儀式的狩獵者，在他們當中確實有些人是現知最早花費時間來集體從事一些物質生存需要之外的活動者。有部分的尼安德塔人確實是用與衆不同的崇敬方式來埋葬死者，他們用食物和日常用品當陪葬物，其用意顯然是想幫助死者在身後的世界航行。

尼安德塔人種是如何進化成爲完全的現代人種，此一問題讓專家極爲困擾，因爲這一轉化的過程，不管多少，總是在一個狹窄的時間之內發生在東半球各地（尼安德塔人居住在歐洲和西亞，與之同時也有與尼安德塔人相似的人種居住在非洲和東亞）。說出這一點就夠了，在四萬年和三萬年前之間，尼安德塔人消失了，在東半球的土地居住的是在解剖學上與我們酷似的人[2]。與此同時，有些新進化而成的人種遷移進入西半球，當時西伯利亞和阿拉斯加之間尚有陸橋相連，所以移至西半球不需要用船。至於澳大利亞，從三萬年前就已有人拓殖（方式不明），所以整個地球就像今天這樣大概都有人居住了。

早期人類藝術和早期人類遺蹟

要承認下述這一點，無論如何是相當令人欣喜的，那就是除了拓展美洲之外，現代人首先達成的成就，乃是創造了目前所知整個人類藝術史上最讓人驚豔的繪畫——即是介於三萬年前到一萬兩千年前之間，位於法國南部和西班牙北部的著名洞穴壁畫。在目前已發現超過二百個的洞穴之中有洞穴壁畫（其中最出名的是位於法國南部的拉斯科岩洞中，以及位於西班牙的阿爾塔米拉岩洞），這些現在所知最早的藝術家畫出令人屏息凝視的壁畫，其內容主要是描繪跳躍中的動物，如歐洲野牛、公牛、馬、矮種馬，以及公鹿。這些洞穴藝術強調的主題無疑就是運動，幾乎所有的壁畫都是在描繪動物的跑、跳、吃草、反芻，以及被獵人迫入絕境時的動作。經常用巧妙的手法來表現運動的態勢。在這一方面，最重要的就是另外描繪輪廓，來顯示動物的腿部或頸部運動的區域。這些洞穴畫家還時常利用穴壁表面凸出或凹陷的地方，成功地創造出令人驚奇的3D立體效果。整體來說，今日有幸能夠親眼目睹洞穴壁畫的遊客往往會發現，它們與懸掛在世界上最著名博物館中的任何一幅名畫，一樣引人入勝。

這些史前的驚奇到底目的爲何？漂亮帶來感官喜悅之說，必須排除在外，因爲洞穴壁畫的繪製者通常是住在戶外，而且當他們眞的將洞穴當成是季節性的蔽身場所時，他們一般也是住在洞穴裡別的地方（通常是在入口之處），而不是發現壁畫的地方（壁畫通常在洞穴中最黑暗而且最難接近的地方）。再者，還有跡象顯示，繪製壁畫之人在完成他們的作品之後，並不太重視這些作品，因爲曾經多次發現他們在舊有的壁畫上，又繪製新的作品。

拋棄這最極端的解釋——純粹的審美快感，有些學者提出了另外一種解釋，他們認爲洞穴繪畫是人際關係的玄妙象徵。根據這個理論，洞穴畫家乃是早期的社會哲學家，他們企圖以象徵性的手法來解釋，進而應付其社會結構的需要。基於這種理解，洞穴中的歐洲野牛並不是眞的指歐洲的野牛，而可能是指「女性要素」，馬則可能指的是「男性要素」，而且圖畫中聚集在大型動物身旁的小型動物，乃是意指較低層次人物圍繞聚在領袖人物的周遭。無可諱言，由於沒有文字的記載，這種假設既無法得到證實，也不能被否認，只是看起來有點牽強罷了。舉例來說，歐洲野牛的身上並沒有很明顯的女性特徵（事實上，部分符號的解釋者還把歐洲野牛視爲「男性」，而把馬當成是「女性」）；而且更重要的是，我們不了解爲什麼洞穴畫家在打算表現眞實的人時，不畫人而畫動物。

把簡單和深奧的這兩種說法都屏除在外，我們認爲，將洞穴藝術看作是爲了進行「交感魔法」的嘗試，是目前現有各種說法中，最具有說服力的一種。交感魔法乃是建立在心想事成的信念上。就洞穴藝術而言，史前的畫家在描繪歐洲野牛被箭刺穿腹肘之時，其本身就是意味著希望能夠確實讓箭把歐洲野牛刺穿，這在道理上是說得過去的。但有人提出異議，並且反對交感魔法之說，認爲現知所有的洞穴壁畫中，僅有大約百分之十是在描繪這種殺戮的場面。但是，因爲幾乎所有洞穴繪畫所描繪的都是狩獵的場面，因而可以答覆那些異議說，描繪大量奔躍的獵獸，其實就是意味著保證獵人會眞的發現獵獸遍地都是，不可勝數。另外還有一個佐證足爲說明，即是考古學家在繪有壁畫的某些洞穴之中，發現到曾有舉行祭祀活動的跡象。由此可以得到一個結論，在繪畫的同時可能當場有存在一個念咒祭祀的儀式，也有可能這些魔法活動都是在狩獵的過程中進行的。

最後還有一種推斷，即洞穴畫家並不是狩獵者。雖然這是一個無法證實的事，但可以確定產生洞穴繪畫的早期人類狩獵社會，已達到大規模專業分工和社會分層的階段。舉例來說，嚴格地從技術角度來看，洞穴繪畫只有專業人士才能達成，因爲這不單只是需要用碳棒畫出黑色的線條，以及用類似黏土的礦砂（赭石）著上黃色、紅色和棕褐色，而且還需要把泥土色料與油脂和在一起（就像後來生產繪製壁畫的色膠），並且運用羽毛和羊齒植物當作「畫筆」。手工技藝者在此一社會中於製作工具方面也發展出超凡的技術，他們不僅用石頭、骨頭來製造工具，而且還用分叉的鹿角和象牙來製作工具。例如，在古代人類各種工具中，他們發明了魚鉤、魚叉、弓、箭，以及縫合獸皮的針。

在三萬前到一萬兩千年前期間，由於狩獵寶庫之中新增了一些巧妙的新技術，狩獵活動也可能要求人進行專門的訓練。特別是，他們已經學會用短矛和箭射落飛鳥，用魚鉤和魚叉捕魚，並經由研究獵獸本能的運動，學會驚散獸群，以及設陷阱捕捉牠們。由於他們完全依賴狩獵的活動來遷移住所，而且有些證據還說明，他們並不是把有能力捕捉到的動物都趕盡殺絕，而是遵循著保護動物的規則。無論如何，在同一時期的考古遺址中，還可以發現大批炭化的骨骼證據，大批獵獸被殺，隨後在集體宴會上燒烤，這證明我們現在所說的這些人不僅知道繪畫和狩獵，而且還知道如何分享食物。

食物生產的起源

大約在一萬兩千年（亦即西元前一萬年），由於一個簡單的原因，狩獵宴會出現的次數越來越少，甚至根本已不舉行了——獸群消失了。從三萬五千年前到一萬兩千年前，這段時期乃是一個「冰河時期」：當時在歐洲和西亞的地中海地區，夏季時白天的氣溫平均爲華氏六十度（攝氏十六度）左右，冬季時爲華氏三十度（攝氏零下一度）。因此，耐寒的動物，如馴鹿、麋鹿、野豬、歐洲野牛和各種山羊，都自由自在地在小丘和谷地自由遨行。但最後當冰河逐漸向北消退的時候，這些動物也隨之北移，有些人可能也隨動物遷往北方，其他人則留在原地，留下的在短時間內創造了一個和過去完全不同的生活世界。

特別是在冰河時期結束後的三千到四千年之間，居住在亞洲西部的人完成了人類有史以來最重要的革命之一：由採集食物的生活轉型爲生產食物的生活[3]。在將近兩百萬年的時間裡，類人動物和人類都是仰賴採集或者是採集與狩獵合一的方式獲得生存憑藉。這種生活方式意味著，人不可能在一個地方待太久，因爲他們吃光了沿途所提供的植物食料之後，就必須不停地遷移；如果他們是狩獵者，更不得不跟著獸群的移動而移動。但是「突然的」（此一詞彙是指相對於其他漫長的發展而言），有很多人開始馴養動物及栽種作物，因此「突然的」定居了下來。隨著此一轉變的完成，很快的村落建立了，貿易產生了，定居地區的人口開始飛速成長。隨後，村落開始發展成爲都市時，文明就產生了。以嚴格的字義來說，「歷史隨之而來」，因爲人類的歷史——相對於史前時期——確實隨著文明和文字紀錄的出現而開始了。

說人類突然成爲食物的生產者，當然僅是就最廣泛的年代學的情況而言。如果從現代歷史變遷的角度來看，每隔數十年就發生一次技術性的革命，以及每隔數十年甚或數年就有一次政治變革，那麼西亞由採集食物轉向食物生產的變革，乃是一個極其緩慢的過程。這一演變的歷程不僅歷時約三千到四千年左右的時間（由西元前一萬年左右到西元前七千到六千年左右），而且變化極爲緩慢，以至於身處其中的人甚至自己不知道發生了什麼事。補充一句很重要的話，如果這一時期的人了解他們所發生的事，他們幾乎可以確定不會贊成這種由採集到栽植作物的基礎性變化，因爲冰河時期靠採集、狩獵爲生的人食物豐足，生活舒服又有閒暇，然而生產食物早期所能提供的食物卻貧乏得多了（種類也少），而且日常工作又相當辛苦。不過，邁向食物生產的進化有其內在的逐步發展邏輯，在一步接著一步的發展過程中，沒有給個人留下多少選擇的餘地。

人類如何變成食物生產者的歷程大致如下：隨著研究的深入，此一歷程的有關細節自然需要修正。大約在西元前一萬年前，體型較大的獵獸大多離開了西亞。不過，沿海地區的居民並未受到饑饉的威脅，反而是因爲冰河融化，海平面上升，大量的魚、甲殼類動物，和水鳥來到這個剛剛形成的海灣和沼澤地，爲此地居民帶來豐富的食物來源。在今天以色列的卡爾邁勒山附近地區，以及傑里科——這兩個地方距離地中海都不太遠——進行的發掘證實，在西元前一萬年前至前九千年期間，此一地區野生動物、植物資源豐厚，人們就像生活在伊甸園那樣，輕輕鬆鬆就可以捕捉到魚、水禽，並可在樹旁撿拾到果子養活自己，所以，能夠以一種前所未有的方式長期居住下來。但是卡爾邁勒山和傑里科，因爲富足而付出了人口成長的代價。在現代，遷徙性的狩獵民族出生率並不高，而史前時期人類的情形大致與之相同。有一個現成的實例是：一個遷徙當中的婦女手中只能抱一個孩子，難以兼顧兩個；大自然就這樣找到了限制游牧民族出生率的方法，使之每隔三、四年才能生一個孩子（實際上的生物機制可能不同；經常性的不孕可能是由於經常性遷徙，或者是人類的哺乳期間太過於長——可能是因爲媽媽抱小孩的時間太長所導致的——會延遲生育）。然而，人類在伊甸園般的環境裡定居下來，便會使其生殖率往上攀升。最後，經過幾百年後，物產豐富的沿海地區已是人滿爲患了。

因此，史前人類學家推斷，大約在西元前九千年，西亞沿海地區多餘的人口開始遷移到野生動物和植物不是那麼豐足的內陸，在那裡，他們不得不重新又以採集狩獵者的游牧方式爲生。可以確定介於西元前九千年到前八千年之間，有部分在伊朗生活的人類跨出邁向現在所知生產食物的第一步馴養動物——此時馴養的動物是綿羊和山羊。這僅不過是相當於採取一種小規模的保險政策，人們爲了避免過度信賴一種特定的食物來源，一旦這種食物資源短缺，就會挨餓，於是捕捉活的動物，逐步飼養牠們，這樣在急需時就可殺之食肉。這些最先馴養並且擁有少量綿羊或山羊的人，並未改變最先遷徙的生活習慣（帶著馴化過的山羊遷徙總比帶著嬰兒要容易得多了）。不過，這無疑使他們學會能夠控制環境的舉動。

生產農作物的食物隨之出現。冰河消退之後，野生的小麥，以及野生的大麥開始在西亞內地零零星星的丘陵地區生長出來。習慣於採集各種植物種子的採集狩獵者，於西元前九千年至八千年之間，高興地將其注意力轉移到小麥和大麥，因爲小麥與大麥成熟後，採集者只要花費三個星期的時間就可以收穫大量的種子，然後去從事其他的工作。種種考古發現證明，這些人他們發明了燧石鐮刀，加快收割的速度，而且也發明了臼來碾碎種子，以及——這對未來的發展最爲重要——貯藏窖來保存穀物，以及麵粉。換句話說，這些人不僅僅開始特別關注採收野生的穀物，而且他們還把收穫的穀物貯存起來，以備不時之需。在這一方面，人們又一次地控制環境，而不僅僅是在適應環境。

他們仍然是游牧之人，這一批人極可能會滿足永遠採集穀物和其他的食物。但是，因爲穀物容易儲存，使一些採集穀物的族群可能漸漸會越來越依賴穀物。在這種情況下，他們也會因收成不好或者因爲過度收割，而使得產生地力枯竭不利影響。再加上他們可能會付出更多的關注於讓野生作物生長茂盛，所以他們就會將對作物有害的植物（草）除去，穀物就會生長得茂盛一些；而且，如果土壤鬆軟一點，播下的種子就會更容易生根，也會長得更好一點；還有，如果他們自己把種子播種在土壤較鬆軟的地方，作物生長的情形就會更理想。做這些事情的人，對我們現代生活方式的起源，是一群要比哥倫布或者是哥白尼還要更其有影響力的發現者與探險家。不過，以他們自己的觀點來看，他們只不過是對自己持續中的採集生活方式略做調整而已。

無論如何，在不知不覺中他們變得「著迷」了，而且以定居的生活取代了游牧生活。他們已經將畜養小型的獵獸當成「保險措施」，因爲在某些特定的時刻，他們必須下定決心，尤其是他們在這種季節性的游牧生活中，當到達一個特定地區時，必須有能夠填補等候糧食作物生長時間的生活憑藉，這種作法極爲明智。而且那時他們可能已經學會依照季節栽種作物，會比收穫現成的作物更有好處，他們的牲畜可以放養於收割之後的田地上；而且他們在同一塊土地上，一年可種植的並不僅只是一種作物而已。如此一來，他們可能變得越來越習慣於貯藏穀物，感覺到越來越沒有理由遷離他們的田地與倉庫。所以，定居、生產糧食作物，或者是說農業已經出現了。

最早有關於完全定居農業的考古證據，乃是在安納托利亞最東部（現今的土耳其）、敘利亞、伊拉克、伊朗所出土的，其年代約在西元前七千五百年到六千五百年左右。到了西元前六千年，農業在整個西亞地區，已成爲主流的生存方式。更正確地說，農業並非惟一的生存之道，豢養牲畜就是農業的副屬品。因此到了西元前六千年，人類所豢養的牲畜不但包括綿羊、山羊，也包括牛和豬。再進一步說，從事農作的人仍然繼續進行某種狩獵與採集活動（甚至到了今日，大多數的農人仍然隨時找尋用槍來狩獵的機會，而且多數的農婦也仍期盼著採集野生漿果或蘑菇）。

不過到了西元前六千年，農業不僅僅是在西亞地區成爲人類主流的生存方式，更在不久之後還征服了全世界。大約在西元前五千年左右，農業獨立地在中國（至少三處）和美洲，由西亞擴展到歐洲東南部（巴爾幹半島），由那裡再延伸到歐洲大陸的各個地區，並在西元前三千五百年左右傳播到歐洲的植物天然界線地——斯堪地納維亞半島。從此以後，「琥珀色的穀物波浪」一直在歐洲——並藉其延伸到北美洲——扮演著中心的角色。

村落、貿易與戰爭的產生

將焦點集中到西亞，自從生活方式以採集食物轉變到生產食物以後的發展狀況，讓此一地區向文明加速前進的下一個步驟：乃是村落的出現、遠距離貿易的興起，以及血腥戰爭的產生。大約從西元前六千五百年到大約前三千五百到三千年，當村落逐漸轉型成爲城市之前，在西亞地區村落形成是最爲先進的人類組織。村落組織的出現，必然無法避免地引起遠距離貿易的產生，同樣也無可避免地引發戰爭。毋庸置疑，戰爭、饑荒和疾病一直是危害人類生存的大敵，至少從農業村落產生以後就是如此。不過自古以來，戰爭的發生會促進經濟，以及社會的複雜化，因此，必須將戰爭看作是一個導致文明產生的步驟。

西亞的先民從漂泊無定的族群，向村落乃至城市的社會組織之進步，就其本質上來說，在功能上由採集食物邁向生產食物，乃至是從事以供應穩定的食物為其先決條件的各種活動之進步。由典型的意義來講，在每一個發展階段，社會組織都比過去變複雜了，不過，卻不能因此認定村落一定比群族大，而比城市小。更精確地說，雖然典型的村落有大約一千個左右的居民，但在西亞所謂的「村落時代」最早時期，有些村落只有二百個居民，顯然要比族群的平均規模還要小。而且在村落時代的極盛時期，一些村落擁有的居民數在五千人以上，其規模要比稍晚之後出現的典型城市還要大。

因此，比較聰明的作法是把規模大小拋諸腦後，同時堅決主張，如果一個地區其大部分的居民並沒有定居下來，或者是此一地區之中較高比例的居民並未從事田間工作，那麼此一地區就不能視為村落。當然，由於村落中從事農業的勞動者總是要追求獲得更高的勞動效率，讓生活過得更舒服，因此，隨著時間的移轉，手工業開始扮演僅次於農業的重要角色。在剛開始時，所有村落居民都從事一種新的手工藝，但是隨著這種手工藝技術變得更加複雜，專業的技術人員也隨之產生，他們逐漸成為全職的工匠，不再從事田間工作。不過，一直到西亞村落時代即將結束時，這類全職的工匠仍然非常少見，可能最多只占成年人口的百分之十。

村落之中最重要的手工藝包括有製陶、編織，以及工具和武器的製造。在這些手工藝中，製陶和編織是游牧生活轉向定居生活所帶來最直接的兩種產物。一旦人類定居下來，很明顯就會對儲藏物品特別感到有興趣；同樣非常明顯的是，他們不再擔心貯藏的器皿是否適於搬遷。由此可知，人類在相當早的時期就已經知道要如何製造泥土陶器，但他們並不想費神去製作這些陶器，因為這種泥土陶器十分容易破碎，不便在遷徙途中攜帶。可是當人類建立村落之後，便立即製造這些器皿，因為他們發現這些器皿是儲存穀物，以及其他食物的理想用具。此外，泥土陶罐還可以用來汲水及蓄水：有了陶罐之後，人們就可以在家中儲存飲用水了。這向舒適的生活邁出一大步，其重要性或許可以和現代室內自來水管的發明相互輝映。

編織剛開始也可能是因人們對適用器皿追求的產物，因為人類學會編織器皿，似乎早於學會編織衣服。從考古的紀錄來看，柳條筐在人類定居後不久便已出現了，因為在持續不斷的遷移過程當中，這種籃筐確實顯得十分累贅，而且又不夠牢靠。但和陶罐相比，這類器皿更適合用於貯存一些物品，因為它比陶器輕便，所以更方便用於將田地裡的收成搬運回來。一旦人們在充分了解到編織的原理之後，就可輕而易舉地將這技術運用在織布上，再加上有了馴養的綿羊後，便可以生產羊毛，有了羊毛織物，村落的居民也就得到比獸皮更可靠、更方便使用的衣料（人類開始利用植物纖維織布，是在西元前三千年左右，由埃及人培育亞麻這種適宜充當亞麻布的材料後，才開始的）。

與製陶和編織不同，製造工具和武器對村落時代的人來說，並不是什麼新鮮的事，但是，村落的居民確實學會如何用新材料來製造工具和武器。隨著農業的發展，人們就變得更加需要更鋒利而且更耐用的工具。舉例來說，早期村落的居民希望得到最鋒利的鐮刀與最耐用的犁具。另外，雖然武器越來越少被使用於狩獵，但在戰爭的使用上是越來越加頻繁。

最初，在這些亞洲村落中，居民了解到，如果要想生產鋒利的兵刃，就得利用某些岩石，這些才可以打造出比其他岩石更加鋒利的刃石，所以只要有可能就使用這些岩石。此後，他們更加留意到，有些「岩石」的延展性能特別好，可以製造成鋒利的尖頭，在鈍了之後，也可以使之重新鋒利起來。當然，這種具有延展性功能的「岩石」根本就不是什麼岩石，而是自然界天然存在的小銅塊。大約在西元前六千五百年到四千五百年之間，這類銅塊較爲罕見，所以只能用來製造器物的尖頭，以及有如飾針之類的極小型用具。但是隨後，可能是偶然的機會，有人把一塊具有延展性的石塊丟進陶窨之中，結果發現有些「岩石」（礦石）在高溫之下會分化出黃銅。無論此人是誰，他或者是她發明了冶煉術，在此後近千年的歲月中，冶煉出來的銅在西亞被用來製造各式各樣的容量、工具和武器。

說到有關於使用頻率越來越高的岩石和銅，不得不引介貿易這一議題，由於早期村落居民希望得到的堅硬岩石，這並不是在西亞每個地區都可以找得到的，所以必須由外地長距離轉運而來。採集狩獵者很少進行遠距離的貿易，即使有，也無力支付需要的費用——換句話說，他們沒有多餘的產品。這些民族由這裡遷往那裡，必須盡量少帶隨身用品，因而根本就不可能生產出剩餘的產品。另一方面，村落居民是天生的貯藏者，在開始貯藏後不久，他們逐漸了解到生產並且貯存超過自己需要的東西，就可藉以抵禦饑饉，也可以提供實物進行交易。

雖然我們從不曾知道有關貿易的具體步驟究竟如何，不過，看來似乎應該是親緣族群間短程的廢物品饋贈與交換，較早於遠距離的貿易。舉例來說，一個生活在富裕村落中的家庭，可能送給鄰近村落挨餓的親戚一些糧食，他們僅僅是將這些糧食當作禮物，或者意思意思換回一、二件工具；可以想像得到，住在不同村落的親戚彼此之間相互饋贈或者正常的交換，可能是被當成一種承認家族關係所產生的禮儀方式。然而，隨著交換與財富累積持續的發展，部分族群無可避免會比其他族群富有，直到他們有財力派出商隊進行遠距離貿易，例如說，到盛產品質佳而鋒利的切割用石之地方，換回這種石料。不管如何，早在西元前六千五百年左右，西亞貿易就毫無疑問已經擴展到非常遠的距離之外。特別是，現知存在於伊朗和伊拉克的所有村落，都能設法由四百到五百英里之外今日的亞美尼亞地區，獲得穩定的黑曜岩（這是一種由火山噴發形成的玻璃狀物，極適合用於製造鋒利的切割用具）之供應，而且這些村落還到達亞美尼亞兩倍距離的安納托利亞中部，去獲取小塊的黃銅。故而，岩石、金屬、食物、編織品、獸皮和小裝飾用品等物品的交易，形成空前的繁榮景象；到了村落時代結束時，貨物不但有的是經由陸路運輸，也有用船經由水路運輸的。

但是，貿易並不是獲得物品的唯一方法，因為成功的掠奪更能滿足人類貪得無饜的需求。沒有人知道人類的戰爭究竟始於何時，但是越來越多的專家對於侵略行為乃是在生物學上注入於我們之中的「預定計畫」的說法，表示懷疑。更確切地說，從嚴格的生物學意義來講，人類的本性似乎既不傾向於和平，也非偏向於戰爭，至少在轉型成定居農之前，這些漂泊不定的族群可說就是愛好和平的。至少可以肯定在冰河時期的任何洞穴壁畫中，都沒有描繪過人與人之間交戰的場面，現知最早描繪戰爭的繪畫，是和定居的村落生活同時出現的。更引人注目的一個事實是，現知西亞最早的村落，其中有許多都是帶有防禦設施的村落。顯然的，無論人類在過去之情況如何，自從定居的村落產生，隨其而來的將是戰爭與殺戮。

由於一些顯而易見的原因，定居的生活會引起持續不斷的戰爭。漂泊不定的族群成員在狩獵和採集活動中需要相互合作，而且他們甚至很少看到其他族群的成員。假如一個族群偶然巧遇另一個族群，雙方彼此之間根本沒有什麼理由要兵戎相見，因為獲勝了，也得不到什麼或者根本就得不到戰利品。相反的，在村落當中卻有戰利品，而且一旦村落遭受到攻擊，村落的居民會傾向於挺身應戰，而不是夾著尾巴匆忙竄逃，因為他們不僅是保護自己的財產，更是要保住自己歷經艱辛開墾出來並且耕作的田地。區域性的戰爭可能開始於從漂泊不定生活到定居安土生活的過渡時期，當時有些漂泊的族群變成劫掠的族群。此後，在許多村落出現時，為了獲取更多的財產與財富，一個定居處所必定會去攻擊另一個定居之所。

諷刺的是，戰爭刺激了技術和貿易的進步。不論是出自於防禦，還出自於進攻方面的考慮，西亞早期的村落居民在武器設計和製造方面，已達到相當先進的程度，他們嘗試製造短劍戰斧、長矛、投石器，以及釘頭槌。進一步來說，地方性的村落彼此之間的「軍備競賽」，可能是激發冶金技術進步的最重要因素，因爲銅製的矛尖和短劍比石製的更爲鋒利，而用青銅，即銅錫合金所製造的各種武器，要比銅製的武器更好，此種青銅製造，在西元前三千五百年到三千年時達到成熟完美的境界。由於金屬必須透過貿易才能獲得，故而參與「軍備競賽」的村落居民被迫提高生產率，以生產出多餘的產品來換取金屬。就這樣，尋求最好的武器雖然帶來死亡以及毀滅，但卻促進經濟生活的發展。

文明的誕生

西亞史前史上最後一個重大的發展，就是城市的出現，這個現象可追溯到西元前三千五百年到三千兩百年的這段時期。由於一些村落是在大約五百年的時間裡，不知不覺轉變成爲城市，所以，依據城市何以在村落發展的末期形成來描述城市與村落的區別，就比較容易。和村落不同，在城市中居住著各式各樣職業的人。早期城市中都有農民居住，因爲城市周遭的田地和其他田地一樣需要有人耕種。此外，城市當中還住著少許的工匠與商人，因爲城市是在一些手工技藝變得非常專業化，以及貿易也逐漸成爲一種專門行業的時候成型的。但是，城市裡最重要的人物是職業的武士、行政官員以及祭司，他們的存在確實決定了城市和村落的差異。

概括說來，城市的存在是剝削村落而來，不過，城市中最主要的居民當然不會這樣認爲。因爲他們是職業的武士、行政官員，以及祭司，所以他們會說，他們的天職是以軍事手段保衛這塊地區，藉由優秀的管理來提高此一地區的生產力，或者是經由祈禱求得神明的保祐。但是，因爲這些人都沒有下田耕作，所以離開農業生產者所生產的多餘產品，他們必定無法生存下去。換句話說，城市裡領導階層的居民是社會的統治者，而城市的其他居民，以及附屬於城市的村落居民是被統治者。

毫無疑問的，西亞最早的城市興起於美索不達米亞，即位於現今伊拉克底格里斯河和幼發拉底河之間的地區。事實上，可以肯定城市興起的最終原因，就是因爲人口的壓力。我們前文已經提到過，定居人口的繁殖能力比漂泊遷徙者要快得多。確實，一旦西亞住民適應農業耕作以後，糧食作物的產量就會開始出現驚人的增加，人口也是如此。按照保守的估計，在最早發現定居農業家庭組織地區之一的伊朗西部丘陵地帶，其人口在西元前八千年到四千年之間成長了五十倍。在到達一定的程度之後，過量的人口爲了生存就必須遷移到新的地區，這在早期農業生產者當中尤其是如此。因爲他們不知道輪耕制或施肥的技術是爲何物，故而他們逐漸耗盡了地力。因此，在西亞，這一時刻大約是西元前四千年左右，伊朗和伊拉克過剩人口開始大批地移入先前無人居住的底格里斯河和幼發拉底河谷地帶。

農業想要獲得成功必須具備兩個條件：土壤肥沃與水分充足。西亞最早的農業聚落，是位於原本生長野生穀物的丘陵地區。這些地區的土地並不是特別肥沃，但至少足以供應剛開始種植作物之所需，而且此地確實可以從降雨中獲得充足的水分。另一方面，在美索不達米亞河谷的土地雖然極爲肥沃，但一年當中有很長的時間極爲短乏水分，以至於如果沒有引入人工灌溉系統就無法從事農作。然而，建設和維護灌溉系統需要一定程度的計畫與熱情，可是人類社會直到那時爲止，還沒有過如此繁重而須協調一致的工作經驗。這裡說到灌溉系統的問題，最初見於西元前四千年到三千年期間。要完成這種灌溉系統，就必須由底格里斯河和幼發拉底河這兩條大河挖鑿主運河與溝渠，經由這些交叉分布的溝渠，把河水引到乾旱的土地上。而且，這種工程沒有結束的時候，因爲運河與溝渠經常會淤塞，必須不斷加以疏浚。這些工作需要強力的組織人力，並供應三餐所需，以及大量製造罐盆作爲他們的餐具，諸如此類，不一而足。所以，顯然需要有人來規劃，並且決定如何工作、何時工作，以及在何地工作；也需要監督人員去指導強制勞動者；並且還需要總監去規劃和監督這些監督人員。故而，在這種情形下，社會分化成統治者與被統治者。

因爲人口的壓力，使人類需要建設灌溉系統，這種壓力在西元前四千年到三千兩百年之間，於美索不達米亞地區造就了建立政府與施行強制的趨勢，而這一趨勢又因尚武精神的高漲而被加強。有些人是要如何設法成爲統治者呢？毫無疑問的，主要的解釋蘊含於暴力當中，因爲在社會之中最爲優秀的人，乃是最精熟於戰鬥之人。在我們所討論的這一千年當中，軍事力量可以獲得行政的權力，而且藉由一個持續不斷的螺旋式上升過程，導引出更大的軍事權力：金屬武器固然優於石器武器，但卻比石器武器昂貴得多，因此，只有那些經由征服和剝削他人獲取財富者，才會有力量取得金屬武器，並且藉助金屬武器征服和剝削更多的人。尤其特別值得注意，美索不達米亞本身並不出產金屬，也沒有任何金屬礦石，但卻在那裡發現了大量年代在西元前三千五百到三千年間的金屬武器；很顯然可知，美索不達米亞的武士——統治者其支配性地位變得越發確定。

占有支配性地位的武士，需要訓練有素的行政官員協助他們管理和監督地方灌溉工程，這兩個階群在核心位置上連結起來，便可創造出城市。但事實上還產生了一個專職的祭司階層，他們與前述的兩種階群合起來，共同創建了城市。毋庸贅言，宗教並不是美索不達米亞的發明。早在數萬年之前，對於超自然力量的信仰，已在尼安德塔人以及在冰河時期的洞穴居民當中，必定是存在了：尼安德塔人在埋葬死者的時候，用食物陪葬；洞穴居民的藝術顯然也是暗示著魔法。美索不達米亞的創新之處，是專職祭司階層的出現——附著於舉行祭典活動的中心，即神廟之人，他們靠其他從事農業勞動者的支持，而從事誦念咒語，主持祭典活動。

爲什麼祭司階層最早在美索不達米亞興起，這是一個推測的問題，但是看起來似乎是在西元前三千五百年左右，經濟要求與社會複雜化均已到達極高的程度，所以導致人們眞的迫切需要祭司。漂泊移徙的族群在維持社會凝聚力方面沒有困難，因爲他們沒有或者是很少有値得爭奪的私有財產，而且也因爲職業責任大致相同，還有因爲族群規模不大——通常不會超過五百個人，所以，足以使族群中的成員藉由彼此的親近，而感到他們是一體的。但是，這樣情況在村落裡開始有了變化。在村落中，一起工作，一起分享勞獲所得仍然是主流的價値觀，但是隨著時間的推移，尤其是隨著貿易的發展，財富不平均等現象越來越尖銳；而且，當村落人口由數百人增加到數千人時，村民們很難相互認識，很難做到直呼其名。來自外部的攻擊，可能爲村落居民提供充分的社會凝聚力基礎，使之免於發生激烈的爭鬥，但在美索不達米亞灌漑工程充滿危險的階段之始，仍然需要更高程度的凝聚力。所以，產生一種公認但卻是推測性的論點：宗教鼓舞大群人忠誠於一種共同的事業，鼓舞他們懷著爲地方諸神效力的信念而努力工作。如此規模的宗教需要祭司宣講信仰，並在令人難以忘懷的神廟中，主持隆重的祭典。

探討城市的起源，事實上與探討文明的起源是相同的，文明可以定義成人類組織包括行政機構、社會機構，以及經濟已經發展到一個足以處理（無論如何還是不完善的）複雜社會中有關秩序、安全與效能問題的階段。大約在西元前三千兩百年左右，美索不達米亞已變成「文明」了。也就是說，該地區至少已有五座城市，其中的居民包括武士——統治者、行政官員和祭司，在城市中也都擁有雄偉的神廟，另外還有精緻的私人住宅、公共作坊、公共儲藏設備，以及大型的集市，足爲誇耀。初步的檔案保存方法正逐漸爲人所掌握，文字也正在形成過程之中。隨著文字的出現，西方文明史揭開序幕了；隨著文字的出現，我們可以開始敘述一個以解釋文字證據，以及考古發掘到的器物爲基礎的歷史。

表1-1　古代東方和西方的文明

	政治	經濟	文化	宗教
西元前3000年	·蘇美城邦在美索不達米亞的霸權，約西元前3200～2340年 ·埃及古代時期，約西元前3200～2770年 ·埃及古王國，約西元前2770～2200年 ·印度河谷地文明，約西元前3200～1600年 ·阿卡德帝國在美索不達米亞的統治，約西元前2334～2200年 ·蘇美人的復興，約西元前2200～2000年 ·埃及中王國，約西元前2050～1786年	·埃及和美索不達米亞灌溉和大規模農作的發展，約西元前3500～2500年	·美索不達米亞陰曆，約西元前3200年 ·蘇美楔形文字，約西元前3200年 ·蘇美神廟建築，約西元前3200～2000年 ·埃及象形文字，約西元前3100年 ·埃及興建第一座金字塔，約西元前2770年 ·印度河谷地文字的發展，約西元前2500年	·美索不達米亞人格化宗教的發展，約西元前3000～2000年
西元前2000年	·美索不達米亞古巴比倫帝國，約西元前2000～1600年 ·克諾索斯領導下邁諾安文明的盛期，約西元前2000～1500年 ·中國商朝，約西元前1766～1027年 ·希臘大陸的邁錫尼文明，約西元前1600～1200年 ·小亞的西臺帝國，約西元前1600～1200年 ·埃及新王國，約西元前1560～1087年 ·喀西特人推翻巴比倫人，約西元前1550年	·埃及和克里特擴大的貿易，約西元前2000年 ·馬引入西亞，約西元前2000年	·埃及陰曆，約西元前2000年 ·古巴比倫數學的進步，約西元前2000～1800年 ·克里特的米塔斯藝術，約西元前2000～1500年 ·《吉爾伽美什》史詩，約西元前1900年 ·《漢摩拉比法典》，約西元前1790年 ·中國表義文字的發展，約西元前1700年 ·埃及神廟建築，約西元前1580～1090年	·邁諾安的母神崇拜，約西元前2000年 ·美索不達米亞個人宗教的發展，約西元前2000～1600年 ·埃及人對個人不死的信念，約西元前1800年
西元前1500年	·邁錫尼人在克里特的統治，約西元前1500～1400年 ·克諾索斯的毀滅和邁錫尼文明的終結，約西元前1400年 ·特洛伊戰爭，約西元前1250年 ·希伯來人占領迦南，約西元前1200～1025年 ·希臘邁錫尼文明的崩潰，約西元前1200～1100年 ·中國周朝，西元前1100～256年 ·掃羅、大衛和所羅門下的希伯來統一群主制，約西元前1025～933年		·腓尼基人字母表的發展，約西元前1400年 ·埃赫那吞統治下埃及自然主義藝術，約西元前1375年 ·鐵的使用在整個西亞越來越多，約西元前1300～1100年 ·印度的吠陀，約西元前1200～800年 ·印度的「奧義書」，約西元前800～600年 ·新巴比倫人的天文觀察和檔案保存，約西元前750～400年	·埃赫納吞的宗教革命，約1375年 ·摩西把希伯來人團結起來崇奉耶和華，約西元前1250年

（續下頁）

	政治	經濟	文化	宗教
西元前1000年	・以色列王國，西元前933～722年 ・猶太王國，西元前933～586年 ・中國封建制度，西元前800～250年 ・亞述帝國的盛期，約西元前750～612年 ・新巴比倫帝國，西元前612～539年 ・尼布甲尼撒征服耶路撒冷，西元前586年 ・波期帝國，西元前559～330年 ・波期征服巴比倫，西元前539年 ・波斯征服埃及，西元前525年		・「申命法典」，約西元前600年	・希伯來人的先知革命，約西元前750～600年
西元前500年			・希伯來〈詩篇〉，約西元前450年；〈約伯記〉，約西元前400年	・佛教在印度的發展，約西元前450～300年

第二章

美索不達米亞文明

Mesopotamian Civilization

在學校的日子裡，我了解了文字之中蘊涵的寶藏。我解開了沒有明確解決方法的數學代數和乘積的問題。我閱讀了晦澀不明的蘇美銘文，以及難懂的阿卡德銘文。隨後，我又很快習會了射箭和駕馭馬車，並通曉皇家禮儀。

——亞述巴尼帕爾文書，亞述國王，約西元前六百五十年歷史開始於蘇美。現代人對三萬五千年前人類生活的了解完全仰賴考古紀錄，因爲在距今約五千餘年之前，人類雖然留下很多東西，但就是沒有任何隻字片語。到了西元前三千兩百年左右，在美索不達米亞中一個稱爲蘇美的地區，發明了最早的文字。有了文字，就可以將語言記錄下來，從而讓現代學者藉以知曉古代男男女女的所作所爲，就這層意義來說，「歷史開始了」。

很顯然的，單單就文學一項發明，便足以使古代美索不達米亞人在所有曾經推動人類向前發展的各種最具創造性、最有影響力的民族中，占有一席之地。但是令人驚訝的，大約在西元前三千兩百年到前五百年這段期間，生活在美索不達米亞的居民對人類所做的貢獻卻遠遠不僅止於文字這一項而已。我們時常忘記是誰發明了輪子，但輪子總是有人發明的，那就是西元前三千年左右生活在美索不達米亞的人。此外，也一定有人發明了曆法，也會有人發明了數學中的乘法和除法，這些都是古代美索不達米亞人。除了這些發明之外，美索不達米亞人都還是非常淵博的思想家，他們開拓了心靈活動，並將之延展到神學、法學、天文學，以及敘事文學等領域，而這一切成爲日後此一地區思想與行爲發展的基礎。確實，古代美索不達米亞人也有令人討厭的特質；例如，他們的統治者往往是一些殘暴無道的軍閥，而他們的藝術也常常顯得有些生冷與粗暴。但無論如何，這「歷史的第一章」還是美索不達米亞人用其豐功偉業與經典文獻寫下的，毫無疑問的，這也是人類歷史上最重要的篇章之一。

古代蘇美：最早的城市世界

西元前三千五百年到前三千兩百年之間，在底格里斯和幼發拉底兩河之間的土地上，其社會與文化生活建立在城市的基礎上，成爲地球上第一塊文明開發之地。我們所稱的歷史時期馬上就要揭開序幕了，持續於西元前三千兩百年至前兩千年這一段時間乃是蘇美的時代，因爲整個美索不達米亞最先進的區域，就是這塊位於其最南部的蘇美地區，該地區是一片沼澤地，面積與麻州大致相當。在蘇美時期的前九百年期間，蘇美並沒有出現過統一的政府，而是由衆多獨立的城邦散落其間，其中最重要的有烏魯克、烏爾，以及拉格什。隨後，到了西元前二三二〇年左右，整個蘇美地區都被來自美索不達米亞正北方一位「阿卡德國王」武士所征服。這位武士的眞實姓名已經無從得知了，但我們知道他冠以「薩爾貢」（Sargon，乃眞正的國王之意）的頭銜，而和他同一世代的人則稱呼他爲「偉大的薩爾貢」。在美索不達米亞紀年，記載他在贏得三十四場戰役之後控制了蘇美；當他的大軍挺進到「下海」（即波斯灣），取得了勝利，在那裡他用海水洗滌他的武器，宣示戰爭結束了。在此後兩個世紀的時間裡，偉大的薩爾貢建立了王朝，統治著由阿卡德和蘇美所組成的一個帝國。不過到了西元前二一三〇年左右，蘇美重獲獨立，實現了「復興」。「復興」一直延續到了西元前兩千年左右，在這段期間，該地區大多由住在烏爾的國王控制著。

蘇美的成就主要是受到氣候和地理的影響。雖然，底格里斯河南部和幼發拉底河南部之間的土壤相當肥沃，但灌溉仍然不可或缺，因爲在這裡一年當中幾乎有八個月不降雨，春天的暴雨又來得太晚，趕不及四月分就要收成的主要作物所需（蘇美地區夏季的月分並不適合作物生長季節，因爲那時溫度高達華氏一百二十五度，約攝氏五一・六七度，可以把土層烤焦）。如同我們知道的，灌溉工程是一項集體的工作，有賴於精心的策劃和專擅的領導，如此反而促使社

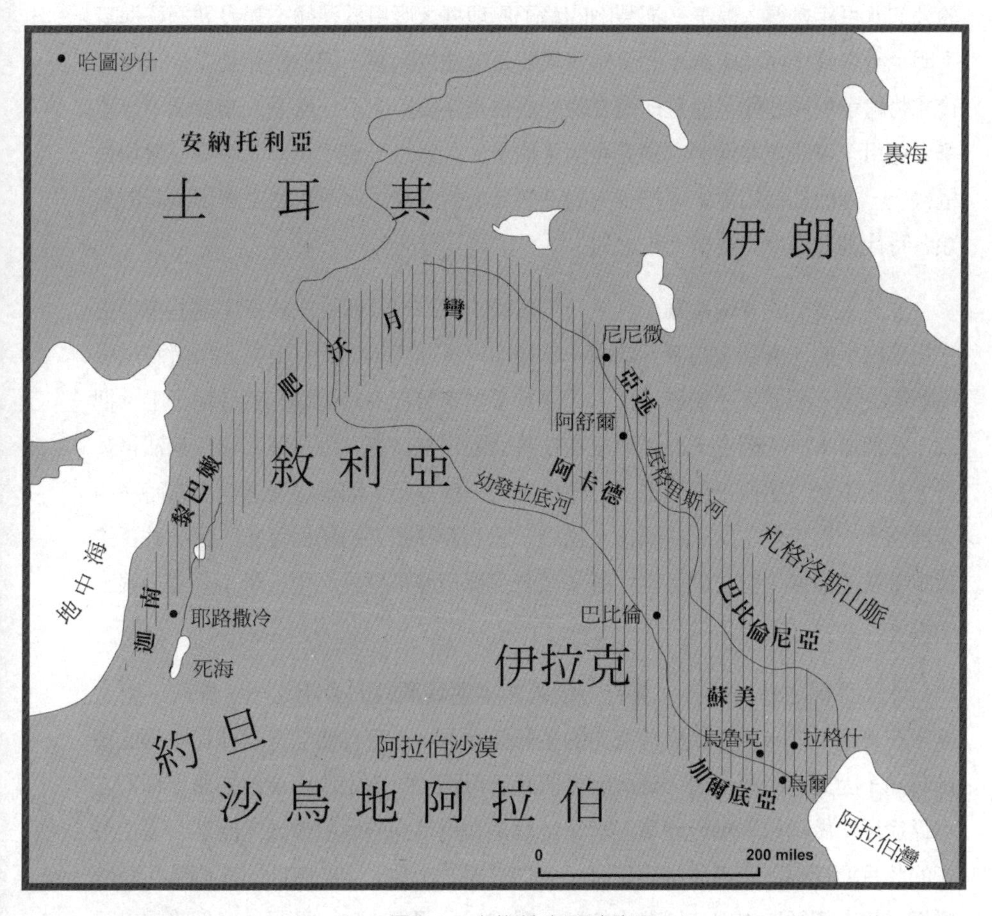

圖2-1　古代美索不達米亞

會分層、職業趨向專門化，以及城市的出現。美索不達米亞完全缺乏諸如石材、礦物之類的天然資源，甚至連樹木也沒有。如此一來，意味著蘇美的居民被迫要十分仰賴對外貿易，同時也須十分注意運用一切方法去改變這種經濟不平衡，來改善他們的生活。換句話說，蘇美人必須征服自然，而不是享受著豐足舒適的生活。

蘇美人最被重視的發明，乃是蘇美時代初始之際（約西元前三千兩百年左右）所發明的有輪子的運輸工具。從比較的觀點，就可以看出這一發明是何等的先進，直到西元前一千七百年左右，埃及人才知道車輪運輸，西半球的居民在歐洲人引進車輪之前，根本不知道這是何物（祕魯的孩兒有輪子的玩具除外）。蘇美人之所以會想到用將一個繞軸旋轉的圓環形使用於運輸目的，可能是受到陶輪的啓發所致的，因為早在西元前四千年左右，伊朗就有了用於製陶的輪子，而且於大約五百年後傳入蘇美。把製陶的輪子原理擴大應用於運輸，其發展過程晦暗不明：至少到了西元前兩千七百年，埃及人就知道陶輪，但他們卻到了一千年以後才將輪子用於運輸；而且即使當時他們也是在與美索不達米亞人的接觸中，才學會運用，可能並非他們「獨立發明了輪子」。所以，這一位首先將輪子附加在橇板上，進而創造出更好運輸工具的不知名氏的蘇美人，可以當之無愧躋身於人類各時代裡最偉大的技術天才之列。

蘇美人最早的有輪運輸工具，乃是兩輪的戰車以及四輪的貨車。這些都是由牛隻來拖引的（直到大約西元前兩千年和前一千七百年之間，東方入侵者將馬引進西亞之後，西亞人才知道馬匹），而且都是安裝在沒有輪輻的實心輪子上：把二、三塊厚木拼成圓形，而且用紐和柱將之固定在一起。牛拉戰車顯然無法移動得太快，不過，這似乎卻促進了方陣作戰的一種進步，因為從殘遺至今當時在西元前兩千六百年左右的一些圖畫，描繪了它們踐踏敵人的場面可知。用於載貨的貨車不注重速度，但它們必定在許多灌溉工程和城市建設之中，幫了蘇美人很大的忙。

除了車輛之外，蘇美人還有一項人類早期關鍵性的發明之一，即陰（月）曆。在美索不達米亞那樣極端惡劣的氣候條件下，一定需要知道播種和收穫的準確時間，因此有必要找出一種能夠標明時日行程，以確定周而復始的農作周期之可靠途徑。做到這一點最簡單的辦法，就是利用月亮的盈虧循環。既然月亮由最初的弦月運行到下一次最初的弦月，大約需要二十九天半的時間，人們就可以考慮把這樣一個循環視為一個基本的計時單位（我們稱之為一個月），然後累計這些計時單位的數目，直到將季節也當成完成了一個循環的單位；就這樣蘇美人得到了結論，當月亮運行了這樣十二個的計時單位（六個是二十九天，六個是三十天）後，一「年」就過去了，重新又回到開始播種的時候。遺憾的是，他們不知道「一年」實際上是地球繞太陽繞轉一周的時間，月亮的十二次循環或十二個月，比一個太陽年要少十一天。要經過九個世紀之後，蘇美人才學會這些，所以每隔幾年他們就要在其年曆上另外加上一個閏月，這樣才可以準確預測到季節的循環。蘇美人的陽曆推算方法，乃是目前我們所知在預測性科學（測度自然以掌握其「運行規則」）引導之下，人類的第一步。事實上，如果不斷把短少的天數增補上去，那麼陰曆本身仍然是可以使用的，這一點由現代猶太曆和伊斯蘭曆（都是以猶太人和穆斯林人從古代美索不達米亞承襲而來的月亮運行周期爲基礎）可見端倪。

與車輛和曆法一起並稱是蘇美人留給後世西方文明的三大珍貴贈禮，乃是文字的發明。說文字是「發明」的，多少容易讓人產生誤解，由於蘇美的文字是逐步產生的，正如我們現在所知道，文字形成過程從借助圖形表達某種概念，而到文字（雖然還不是字母文字）的出現，期間經歷了一千年的演化過程（約西元前三千五百年至兩千五百年）。大約在西元前三千五百左右，蘇美已開始刻畫圖象在石頭上，或壓印於石板上，用來當作擁有事物的記號：一個圖象可能是表示某一個人的綽號（可能用一塊石頭，表示「鐵石心腸」），或者是住所（如用一棵樹，表示一幢房子）。大約五百年之後，由圖象趨向文字的演化速度大步加快。在那個時期，蘇美廟宇的管理人員使用了許多標準化的圖象，並將之連綴起來，用來記載廟宇的財產資料以及交易明目。雖然這個時期書寫的文字仍未脫象形文字的樣子，但已超越了用圖畫來表示人和物的階段，發展到用圖畫來表示抽象的事物：一個碗表示任何種類的食物，而一個人頭再加一個碗則是表示吃的意思。又過了五百多年之後，成熟的文字完全取代舊有的圖象，因爲到了這個時候，最初的圖象已經變得非常有系統了，所以不再把它們當作圖畫，而將其視爲純粹的符號；這些符號有許多已不再表示特定的詞彙，而成爲與其他符號連綴在一起，如此一來就形成字詞的音節符號了。

到了西元前兩千五百年左右，蘇美的文字體系已到達充分發展的地步，這就是所謂的「楔形文字」，因爲這種文字是用蘆葦所製的筆尖呈三角形的筆，在溼泥版上刻寫而成的楔形符號所組成的。其總數共有五百個楔形文字，其中有許多具有多重涵義（其「準確涵義」只能由上下文來判定），如此一來，使得楔形文字體系比後來的字母文字體系更難以學通。雖然如此，楔形文字已足夠使用了，而且在西元前兩千年的時間裡，一直是美索不達米亞地區唯一的文字體系；甚至在西元前五百年左右，這種文字還成爲西亞大部分地區通用貿易往來的媒介。

從蘇美時代殘存下來，在近代被發掘出的楔形文字文獻都是抄寫在泥版上的。在這些泥版中，大約有百分之九十是商業及行政的記載，其餘的百分之十大體上可以歸屬於文學的範疇——特別是對話、諺語、讚美詩，以及神話傳說的殘篇。蘇美人對話的樣式，是由兩個持相反觀點的人相互爭執辯論，如夏天對冬天、斧頭對耕犁，或農夫對牧人。由於雙方都有很多立足的根據，所以辯論通常沒有輸贏；倒不如說，這種形式似乎是爲了教學目的而設計的，旨在幫廟宇學校裡的學生能夠對某個議題有更多了解。在另一方面，在蘇美人所殘存迄今的諺語中，則提供了較明確的觀點；其中有一則令人著迷的蘇美處世諺語如此說道：「僕者所在之處，必有爭端；理髮匠所處之地，必有謗毀。」由此可見，多嘴多舌的理髮匠在人類文明之初，就已臭名遠播了。

蘇美泥版中殘存迄今的讚美詩和神話傳說（後世的美索不達米亞人所抄錄的蘇美文獻可以作爲補充）顯示出：在蘇美時代有關神靈的觀念，已歷經了一個穩定的發展過程。爲了簡化起見，我們可以注意兩個主要的階段：首先是將神靈視爲自然的一部分，轉變成把神靈視如常人一般的行事；其次由賦予神靈常人的行事，轉變成將神靈看成是無所不能的主宰。從最古老的證據顯示，蘇美人最初崇拜的是脫離軀體的自然力量。有一位「神」是穀物得以生長的力量，另一個神是提振耗弱元氣的力量，再另一個神是讓食物儲存於倉庫不腐敗的力量。然而，在西元前第三千紀的這一千年之間（西元前三千年至前兩千年），蘇美人更是易於用類似人格化（人類）的說法，來解釋自然現象。所以，如酷熱的夏天漸漸被當成是豐饒之神一年一度的「死亡」，收穫入倉則被視作是豐饒之神與倉儲女神的「婚姻結合」。不管這些神是自然的力量，還是人格化的存在，蘇美人崇拜祂們的目的，都是希望祂們能夠帶來豐足並防避自然災害的力量。但是到了這西元前第三千紀的末葉，在偉大的薩爾貢征服蘇美之後，帶來了民族競爭時期，蘇美人的一些人格化的神祇不可避免地擔任了某些政治性的功能。一些神祇被視爲是城市的保護神，另一些神祇則被當成各個領域（如天界、人間或地府）的主宰，其中的一位神祇——恩利，則被視爲衆神之神。如此一來，就朝著神靈合一與神靈萬能發展了。

無論把神靈想像成什麼，在西元前三千兩百年到前兩千年之間，廟宇始終是蘇美社會中一股隱微懾人的力量。廟宇可以直接俯覽整個城市，以及蘇美平坦的地平線，因爲廟宇乃是建築在高大的平臺上，可增加其獨特的聳立感和高度。由於沒有石料和木材，蘇美的廟宇都是用晒乾的泥版和泥磚蓋成的，建築式樣大多呈現所謂的廟塔狀，這是一種梯狀的塔樓，頂上供著神龕。典型的蘇美廟宇規模宏偉，建築工程十分繁重；根據現代的估計，建成這樣的一座廟宇需要一千五百名勞動者，每人每天不停地工作十個鐘頭，如此不斷持續五年才有可能完成（此外，這種泥－磚結構的大型建築需要不斷進行大規模的修繕，因此建築工作幾乎沒有停的時候）。不過，這些工程主要是由志願者接力完成的，在他們看來，這是對庇護他們終身之神靈的一種奉獻。

蘇美的祭司並不是住在廟宇裡，而是住在屬於廟宇區內鄰近神廟的建築中。廟宇區域中還居住著廟宇的管理人員、工匠和奴隸。由於祭司和管理人員（這兩個名詞時常意義相同）必須學習楔形文字，因此廟區內設有學校，教授楔形文字或祭司階級需要知道的其他知識。蘇美的這些學校是現知人類文明史上最早的學校。

廟宇這個複合體往往擁有延伸到城市之外的大片土地，因爲沒有這些農田所提供的收入，就無法維持廟宇的龐大事業了。通常廟宇這個複合體也從事商業貿易，把廟區內生產或貯存的貨物出售給廟區所在城市的買主，或者用船運到遠方販賣出售。所以，廟宇實際上就是「國中之國」。另外，在薩爾貢時期以前廟宇就是「邦國」，因爲蘇美各城邦的祭司經常就是城市的統治者。在蘇美各城市擺脫薩爾貢王朝的統治重獲獨立之後，世俗的國王取代祭司成爲城市的主宰，但即使是那時候，國王及其家庭仍會與主要祭司及其家庭聯姻。

除了祭司、國王和優秀的武士（他們可能是祭司及／或國王家庭的成員）外，蘇美人的社會還存在著三個階級：廟宇複合體的「專家」、自由農人，以及奴隸。「專家」包括廟宇的行政人員、商人和工匠，他們的生活應是相當富裕，但必須無條件地遵從祭司。自由農似乎是擁有最差的田地，爲了生活往往不得不向廟宇告貸。至於奴隸，我們所知極其有限，因爲文字紀錄幾乎不注意他們的存在，但可以肯定的是，他們的生活一定十分悲慘。

古巴比倫的發展

雖然蘇美人在駕馭外在的環境獲得了很大的成就，但他們卻沒有留意到生態的問題，因此，使得他們的土地因鹽分不斷增加而逐步退化，此一過程在技術上稱爲鹹鹵化。引進鄰近河流之水來灌溉蘇美地區的土地，固然帶來了水分，但也帶來鹽分，當河水蒸發之後，鹽分卻仍然留在土壤之中。雖然每年在蘇美土壤中增加的鹽分非常輕微，但是經過整個世紀下來，卻能夠降低土壤的肥沃程度。

研讀現存迄今的楔形文書可以發現，早在西元前二三五〇年時，蘇美各地區的耕地產量已有所下降；另外的事實，即阿卡德的薩爾貢之所以能夠征服整個蘇美地區，原因可能就出在這裡。這時，蘇美地區尚未完全虛弱，所以能夠在兩個世紀之後，推翻阿卡德人的統治；但是到了西元前兩千年左右，此一地區陷入了萬劫不復的經濟災難之中。由於無法生產多餘的農產，蘇美各城邦無力再供養祭司、行政管理人員，以及軍隊，漸漸的，在此一地區失去了美索不達米亞的主導地位，轉由較靠北方的地區所取代。

在美索不達米亞的歷史上，蘇美時期之後緊跟著是古巴比倫時期，其起迄時間約由西元前兩千年到前一千六百年左右。尤須強調的是，將西元前兩千年選定爲古代巴比倫時代的起始年代，實屬武斷，因爲這一年並未發生任何劃時代的重大事件。實際上，不僅美索不達米亞的主導地位由蘇美轉至古代巴比倫是逐漸發生的，而且，即使在西元前一七七〇年左右，古巴比倫時代的鼎盛時期，其文化與蘇美這個前驅者也沒有什麼重大的區隔。如果要說蘇美人與古巴比倫人之間有任何明顯的不同，那只有兩個判斷準則：地理和語言。如我們所了解的，在蘇美時代期間，美索不達米亞最繁榮且文化最先進的城市，都位於此一地區的南端；另一方面，在此後的四百年當中，文明的重心北移到了阿卡德，而且在一段相當長的時間裡，是以新建的巴比倫城爲中心。此外，不像蘇美人所說語言與其他民族毫無關係，在古巴比倫時代，美索不達米亞的主流民族都是講著屬於閃族語系的語言。

閃族語系的各個民族（包括現今的阿拉伯人、以色列人以及衣索比亞人）都將阿拉伯半島視爲其發源之地。至於閃族部落到底爲什麼或者何時進入美索不達米亞，無從得悉。只知道偉大的薩爾貢以及他的軍隊都是閃族人，所以在西元前第三千紀末期，蘇美就已經受到閃族人統治了一段時間。因此，西元前二一三〇至二〇〇〇年左右，蘇美人的復興只不過是一段插曲而已，因爲即使在那個時候，其他閃族部落仍不時在美索不達米亞地區滲透，並蠶食蘇美人和阿卡德的小片土地。最後，這些閃族部落中成就最大的是阿摩利特人，他們在西元前兩千年左右進入美索不達米亞，在阿卡德各地區定居下來。兩個半世紀以後，阿摩利特人征服了蘇美全境，而他們所說的閃族方言也取代蘇美語言，成爲美索不達米亞口語與文書的主流。但是，阿摩利特人卻也吸收了蘇美的文化，以及各個方面的遺產。

由於阿摩利特人將阿卡德的巴比倫定爲其帝國的首都，所以他們通常被稱爲巴比倫人，或者更多的時候被稱爲古巴比倫人，以表示有別於一千多年以後，統

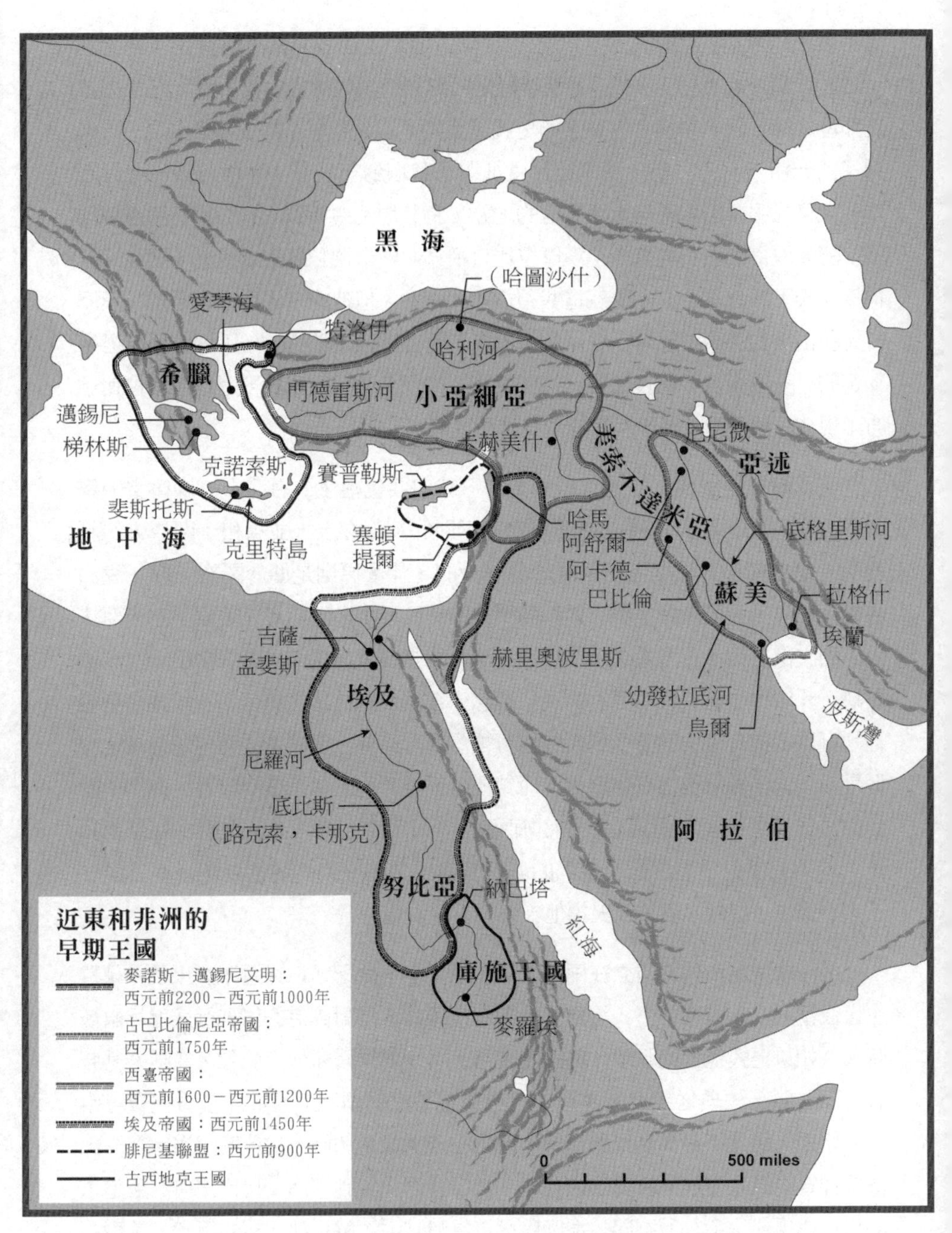

圖2-2　近東和非洲的早期王國

治美索不達米亞的加爾底亞人。古巴比倫帝國的創建者乃是漢摩拉比（西元前一二九二到一七五〇年）[1]，他無疑是阿摩利特人最偉大的統治者。在漢摩拉比即位之初，阿摩利特人仍只不過是競逐美索不達米亞南部的幾個勢力之一。但到了西元前一七六三年，漢摩拉比就征服了整個蘇美地區；而西元前一七五五年，他又征服了美索不達米亞其他的地區，將其領土擴展到北方的敘利亞邊境地區。隨著取得的勝利越來多，漢摩拉比自稱爲「阿卡德和蘇美之王」，隨後又自稱爲「天下四方之王」，雖然這些頭銜如此誇大，但他的帝國卻享祚極短（漢摩拉比統治後的美索不達米亞地區政治大事，將在下節中敘述）。不過，他自己所欽選的另一個頭銜「正義之君」，卻說明了他聲名久存的緣故，因爲漢摩拉比頒布了現在人類歷史上最早且有條理的法律文集。

《漢摩拉比法典》乃是石刻的文書，其中共包括了二百八十二條律文。學者們公認，此一法典是建立在蘇美立法原則的基礎之上，並揉和了閃族人的新發明；但他們卻對什麼原則是屬於蘇美人的，什麼原則是屬於閃族人的，說法各異，所以，我們最好是將它們都簡單地歸結到最出名的記載「美索不達米亞法系」的文獻之列。在考量《漢摩拉比法典》的主要前提之前，必須指出：此一法典缺乏「法律之前人人平等」的現代觀念。在《漢摩拉比法典》中，奴隸是毫無權利可言，稍有過失就要受到斷肢的可怕懲罰。此外，法典還提到兩個階級：一個是「人」，顯然是指貴族而言；而其他既不是「人」也不是奴隸者，他們所受到的法律待遇很差，但擁有一些法律權利。和「人」與「人」之間相互侵犯相比，「人」侵犯了地位低於他們的非奴隸者，其所受到的懲罰要輕一些；至於「人」傷害了奴隸，就依「毀損他人財物」來論處。

《漢摩拉比法典》建立在兩個著名的原則上，此即「以牙還牙」以及「讓買主自己當心」。乍看之下，這兩個原則都很原始，針對確定的傷害行爲進行賠償時（「如果傷毀他人的眼睛，則毀傷其目」；「如果殘斷他人肢骨，亦斷殘其肢骨」），這部法典從不考慮是過失，亦或是蓄意的區別。至於「讓買主自己當心」原則，雖然不是那麼殘酷無情，但似乎不太像是法條。爲什麼國家會在一部法典裡宣示賣方要詐不會受到懲罰呢？如果我們認識到《漢摩拉比法典》所追求的目標與現代法系有所不同，那麼就可以更清楚地了解這部法典的用意。美索不達米亞人頒布法律，主要是爲了制止爭端。所以，他們認爲——這絕非毫無理由的—— 一個總是採用暴力行爲的人，如果讓他能夠記得無論他怎麼加害於人，都會得到法律同樣的處罰，如此他可能就不會再施暴了。還有他們也相當清楚地意識到，懲罰唯有迅速無情，才能收到威嚇的效果，這一觀點必定讓他們對沒有實際意義的動機問題去除不論，因爲調查犯罪詳情及其動機相當費時；況且如果罪犯知道如何保護自己，就會使得眞正蓄意的犯罪者有機會能夠逃脫法律的制裁。至於「讓買主自己當心」，同樣也是爲了制止爭端，因爲買方知道自己無權做有理取鬧行爲，否則馬上就會受到懲罰。

在考慮到美索不達米亞法律體系的執行範圍之後，仍須補充一點，《漢摩拉比法典》並非完全沒有注意到正義的問題。雖然其堅持了報復之道確實是很殘暴，但這法典並非完全缺乏正義的概念。因爲「以牙還牙」總是比以頭還牙，或者以指甲還牙，要公正一些。其次，抽象的倫理原則也深深鏤刻在《漢摩拉比法典》的條文之中。舉例來說，既然美索不達米亞人認爲子女應當孝敬父母，因而法典一百九十五條陳述：「如果兒子毆打他的父親，必須去其手。」最後，《漢摩拉比法典》偶爾要求國家應提供社會福利，而不應一味地審判、懲罰。法典第二十三條充分說明了「福利國家」的色彩。在其條文中規定，一個人如果遭到搶劫而未又能找到搶劫之人，「則在發生搶劫行爲的所在城市……應當賠償他所受到的財產損失」。我們上文已經已提到，漢摩拉比確實希望以「正義之君」之名來流芳百世，且由他所處的時代來看；他完全做到了這一點。另外，雖西方有關正義的各種概念是在後世才快速發展起來，但《漢摩拉比法典》中所寓含的大半原則，成爲未來諸多發展的起點。

在古巴比倫文明中，與《漢摩拉比法典》一樣享有不朽聲譽的是《吉爾伽美什》史詩。一如法典，這部作品也是蘇美－巴比倫的綜合體。史詩中的英雄吉爾伽美什是一個眞實的歷史人物——西元前兩千年左右當政的一位蘇美國王，由於他的輝煌事蹟引發了當時人們的想像力，所以就開始傳頌有關他的傳奇故事。經過蘇美人數個世紀的口耳相傳，這個傳奇故事變得越發神奇，以至於最後幾乎完全是虛構的。由於這個故事極爲引人入盛，所以在西元前第三千紀末葉，蘇美的各個閃族人都把這史詩翻譯成自己的方言。現今留存的《吉爾伽美什》史詩就是這一演化過程晚期的產物。西元前一千九百年左右，有一個閃族的說書人將有關「吉爾伽美什」的四、五種傳說故事匯輯成一部結構鬆散的「史詩」，這個結構鬆散的「史詩」就成了當今我們所知道的這部偉大史詩。

《吉爾伽美什》讓人印象最深刻的地方，乃是在於詩的力道十足，以及其驚人的世俗性，因爲其中描述的完全是一位人類英雄在受到無可避免的死亡法則所支配的世界上，其冒險經歷與渴望。在歷經艱苦的戰鬥和情愛的遭遇之後，吉爾伽美什從一對老夫婦那裡找到永生的祕密，這對老夫婦乃是當年天神決定用洪水來毀滅整個人類時，躲在方舟中的倖存者。他們告訴吉爾伽美什，永生是不可能得到的，但卻也透露有一種植物至少可以令他恢復失去的青春。吉爾伽美什費盡千辛萬苦，從海底獲得了這種植物，但不幸的是，由於沒有妥善的保管，在吉爾伽美什熟睡時，這植物被蛇吞食了（根據該史詩的說法，這就是蛇藉由蛻皮每年獲得一次新生的原因）。至此這位渴求永生的英雄終於了解到，他應該及時享受每一天，而不管明天將會發生什麼事：「吉爾伽美什，你將流浪到何方？／你所肆力追尋的永生，你永遠無法獲得／因為神創造人類之時，就讓死亡與人相隨／……吉爾伽美什，沐髮浴身穿上乾淨的衣服吧。／凝望著你的孩子並挽著他的手，／悅愉懷中的愛妻。／人所應該關心的，唯有這些事。」

雖然有這些世俗化的教誨，但若因此認為古巴比倫文化之中是完全沒有宗教信仰的，那就錯了。因為所有古巴比倫人（包括「吉爾伽美什」在內）全都認為，神祇對人類具有無窮的支配權。事實上，既然廟宇在古巴比倫城市中就像在蘇美城市那般顯赫，那麼宗教顯然也同樣具有權威。另外，殘留至今的祈禱文中顯示，古巴比倫人已經到達一種前所未有的宗教變化：個人宗教。雖然蘇美的神祇是「自然生成的」，並且是執行著至高無上權力的統治者，但祂們仍然是各個城市或者是各個國家的神，而不是單一個人可以向祂們私下祈求的神。此後，在古巴比倫時期，除了管理人間集體事務的「政治性神祇」存在之外，還有管理個人日常事務的其他神祇，因此個人為了自己的成功與免過，乃必須向這些神祇祈福祝願。舉例來說，一個古巴比倫人可以這樣請求一位女神：「我，一個受到苦難折磨的僕人，向祢乞求。／看看我，噢我的女神，接受我的祈福吧。」個人宗教在古巴比倫人之中出現，對此後研究宗教發展史的學者別具意義。因為個人祈求上帝以及宗教內省行為，是猶太—基督教傳統中的兩個基本特徵。除此之外，單一的古巴比倫人熱切地向個人神祇祈福，此一事實之所以引人注意，乃在於它還說明了，一個在其他各方面都極力推行順從主義的社會中，古巴比倫文化還容許一定程度的個人主義存在。

在古巴比倫文化之中最後一個引人注意的成就，乃是藏在一個與前述各項成就極其不同的領域之中：數學。因為有關美索不達米亞的數學知識，其最早的紀錄都是古巴比倫時代所遺下的，所以，難以確定古巴比倫的數學究竟有多少成就是得益於蘇美人的。不過，由於這些紀錄展現出來的算術與代數概念十分先進，想必是以蘇美的成就為其基礎的。儘管如此，西元前一千百八年左右，古巴比倫廟宇之中的書記已會使用乘法以及除法表，還有計算平方根、立方根、倒數和指數的方法。這些成就極為引人注意，因此即便只有一份古巴比倫的數學表列留存下來，我們仍然可以同意這樣一個結論，那就是古巴比倫人是古代最有成就的數學家（古希臘人雖然精於幾何學，但在數學領域當中絕非要角）。現今生活當中有一個基本的東西，就是源自於先前古巴比倫的數學之中，那即是一天分爲十二個小時，每一小時分爲六十分鐘，每一分鐘又分爲六十秒。停下來仔細想想看，十進位制可能更爲妥便，但古巴比倫人卻以十二進位制爲基礎來計數（顯然這是受到他們把月亮的十二個循環周期定爲一年，此種基本的計算方式所影響），從此以後，西方所有文明都承繼了古巴比倫人的「十二位進制」計時方法。

喀西特與西臺的插曲

漢摩拉比所建立的帝國，在他於西元前一七五〇年死後，僅維持了一個半世紀的時期。此一期間，古巴比倫人一直處於地方動亂與外敵入侵的威脅之下，直到西元前一千三百年左右，第二個美索不達米亞大帝國興起後，才結束這種內憂外患的局面。古巴比倫衰敗的原因之一，可能與早先毀滅蘇美的土地鹹鹵化問題相同。然而，這卻不一定是主要的原因，因爲雖然土地的鹹鹵化在一定的程度上，會損傷巴比倫的經濟，但是其影響卻不像早先蘇美時代那樣顯著，其原因有三個：古巴比倫人已學會運用排水技術來減少鹽分的累積；古巴比倫種植的主要作物已經由小麥改換成大麥，因爲大麥比小麥更能適鹽鹹的土壤；古巴比倫已經學會利用逐年休耕的方法，讓一些土地空置著，藉以保存田地的肥沃度。所以，古巴比倫迅速衰敗的原因，看來應該是漢摩拉比的繼承者缺乏治國能力，再加上軍事方面毫無判斷能力，導致未能適應新的作戰技術，因而遭受失敗。

西元前十六世紀，古巴比倫帝國的對手所使用的新作戰方法，主要是用戰車發動快速攻擊。之所以會有這種新戰術，乃是因爲他們的戰車是用馬來拉動的，而非用牛來牽引，而且車輛也是有輪幅的，而不是用綁在一起的木板所拼成的實心輪。最早將輕型戰車運用到戰場上使之發揮最大功效的民族，乃是喀西特人和西臺人。這兩個民族是西元前第三千紀末期由裏海東邊的大草原來到西亞的，而且都不是閃族人。在漢摩拉比時代，喀西特人在美索不達米亞的一些地區和平地定居下來，可是沒多久他們便開始與古巴比倫帝國兵戎相向，並且以武力占領了美索不達米亞更多的地區。到了西元前一千六百年時，這一攻伐過程幾乎接近完成了，但是給予古巴比倫人最後一擊的卻不是喀西特人，因爲當時漢摩拉比的後繼者仍然盤踞著巴比倫城。最後滅亡古巴比倫帝國的是西臺人，他們在西元前一五九五年由北方發動閃電般的進攻，摧毀巴比倫城，從而消滅了古巴比倫帝國最後的殘存。

在毀滅巴比倫城以後，西臺人又像來時那般迅速地退回北方，把美索不達米亞這一地區完完整整地留給喀西特人去統治，但是喀西特人並未能夠充分把握這一天賜的良機，很明顯的是由於他們缺乏領導能力，再加上沒有政治和文化上的認同感，結果讓美索不達米亞進入長達三個世紀之久的「黑暗時代」。在此一期間，南方（阿卡德和蘇美）大部分的地區是由喀西特人所統治，北方則由相互爭鬥的閃族與非閃族彼此分而治之。這一時期之所以看起來「黑暗」，是因爲那時既沒有政治上的統一，且在文化與知識方面也沒有任何建樹。喀西特人滿足於使用蘇美人的楔形文字，又採行蘇美人／巴比倫人的行政管理技術，甚至也滿足於崇拜蘇美人／巴比倫人的神祇，未曾增加任何值得注意的創新；不僅如此，位於他們北方那些四分五裂的鄰居對文明史也沒有什麼值得注意的貢獻。

所以，歷史學者將他們的興趣投注在西臺人身上。西臺人源自於中亞大草原，使用印歐語言（印歐語系還包括印度語、波斯語、希臘語、拉丁語，以及現代拉丁語系、斯拉夫語系和日耳曼語系等各種語言）。在西元前一千六百年，西臺人占領了安納托利亞（現今的土耳其）大部分的地區，並在此後的二百年間，沿著地中海東岸向南拓展其帝國的疆土，其中包括了敘利亞和黎巴嫩。西元前一五九五年，西臺人毀滅巴比倫之後，他們決定不直接統治美索不達米亞，以避免過度延展其聯絡線路（《聖經》就準確地指出，西臺人把其統治範圍擴展到了大河「即幼發拉底河」〔〈約書亞記〉，1：4〕）。西元前一四五〇年左右到前一三〇〇年間，西臺帝國的疆域擴展到達了顚峰，經濟上也達到鼎盛時期。但是到了西元前十三世紀，西臺人就不得不忙於應付分別來自埃及和美索不達米亞北部的入侵者。西元前一二八六年，西臺人阻卻埃及人對敘利亞的猛攻；而且在此一世紀稍晚之時，他們仍然有能力抵擋住來自美索不達米亞北部，講著閃語的亞述人的一次攻擊。但是戰爭的損傷太厲害，終於把他們拖垮了。在西元前一一八五年前後幾年之間，來自西方海上的民族（曾經短期出現於西亞的「海上民族」，他們眞正的起源地迄今仍未確定）在持續不斷的進攻浪潮之下，終於使得西臺勢力傾覆了。

雖然《聖經》經常提到西臺人，但總是一語帶過（舉例來說，巴特什巴的丈夫是「西臺人烏利亞」）。與此不同的，在西元一九〇七年西臺人在安納托利亞的首都，哈土沙（Hattusas，意爲「西臺人之城」）被發掘出來，一共有兩萬塊泥版出土。在此之前，我們對西臺人實際上是一無所知。西元一九一五年，一位捷克的學者貝德日赫．羅茲尼破解了這些泥版文書的語言，宣布這些文書是屬於印歐語系，自此使得大批學者對西臺人大感興趣。可是相當遺憾的，部分的學術研究帶著種族偏見和病態宣傳，因而使得世人對西臺人產生一些錯誤的觀念。例如，西臺人是偉大的，因爲他們是屬於印歐語系之人。這個錯誤觀點表現在兩個方面：首先是因爲它認定了所有西臺人都是屬於一個講印歐語的種族；其次是它認爲所有印歐民族的所有成員都具有較高的智力。當西臺人剛從中亞遷徙到安納托利亞來的時候，可能只是一個純粹講印歐語言的部落，但是一旦他們定居下來以後，就可能和當地居民徹底融合在一起，而其過去可能具有的所謂「種族的純粹性」也就完全喪失了（在美索不達米亞定居下來的各個閃族部落，情況也可能如此）。無論如何，生物學證明種族與智力高低並沒有必然的關係。另外，有關西臺人還有一個荒誕的傳說，就是西臺人之所以能夠長時期獲得成功，乃是因爲他們獨占了一種祕密武器，那就是冶鐵技術，並在好幾個世紀裡，他們一直費盡心思地保守這一祕密不讓外人知曉。儘管看起來有些奇怪，但這一觀點是因爲誤讀一份沒有旁證的西臺文書所導致。實際的情況則是，西臺人在西元前十四世紀時，確實已經開始製造以及使用鐵器，但是與他們同一時代的其他民族也是如此；就現代所了解的情況看來，鐵製武器的使用並沒有讓任何西亞民族在相對於其他民族時，占有更優勢的地位。

如果西臺人不是最聰明的，亦或是擁有最精良的裝備，那麼又該如何解釋他們的力量呢？部分答案傾向於他們所能支配的資源上，因爲與美索不達米亞地區相比，安納托利亞的金屬礦脈十分豐富，尤其是銅、鐵和銀礦資源。住在盛產這些金屬礦藏地方的西臺人，可以利用這些未經加工的礦產，去換取他們所需的資源，當然比其他民族更有條件進行冶金技術的實驗，故而他們先是在青銅冶製上，繼而又在製鐵方面超越了其他民族。雖然冶鐵並未帶給西臺人任何獨占的軍事優勢，但是它確實爲西臺人帶來財富，因爲鐵器不管是戰時還是平時都一樣有用（在製造及固定農具方面尤其有用），同時在冶鐵業最初的階段（大致由西元前一千四百年到一千兩百年），任何鐵製品都具有不凡的價值。故而，西臺人乃是因爲鐵製品的貿易而致富的，倘若他們定居在別的地區，這根本是不可能的。在此仍必須補充的一個事實，就是西臺人創立了一套高效率的行政體系，其中「大王」在理論上具有至高無上的統治地位，但實際上又賦予各地區代理人相當大的權力。除了冶金技術及法律之外，西臺人並無特別的創新之處。他們採用了蘇美人所發明的楔形文字，在藝術上亦承襲其風格，同時似乎也沒有獨立的文學。不過，因爲他們擁有充足的財富以及卓越的行政技能，所以，西臺人能夠在較長的時間裡維護他們的帝國，保持自己民族的特色，這一點在西亞走馬燈式的民族與國家之中是獨具特色的。

亞述人的霸權

重新回到敘述美索不達米亞的情勢，我們發現繼喀西特人的「黑暗時代」之後，出現的歷史時期是亞述帝國時期，其起迄時間大約是西元前一千三百年左右，到前六一二年。亞述人是閃族語系民族的一支，西元前三千年左右，便已在美索不達米亞最北端的底格里斯河畔定居下來，在那裡他們以亞述城爲中心，建立一個屬於自己的小國家。因爲底格里斯河北部是丘陵地帶，氣候比美索不達米亞南部溫和，不需要灌溉，所以這個國家從未遭受過土地鹹鹵化的威脅。然而在西元前十三世紀以前，亞述人並沒有在歷史留下任何值得記載的東西，直到西元前十三世紀以後，他們掌握了車戰的技術，開始征服鄰近的城市，整個情勢才有了很大不同。大約在西元前一二五〇年左右，他們成爲整個美索不達米亞北部地區的主人；旋即不久，他們決意去征服統治蘇美和阿卡德地區的喀西特人。此時的喀西特王國已是苟延殘存，所以亞述人不費吹灰之力就把它征服了。在西元前一二二五年，亞述的君主圖庫爾蒂尼爾努塔攻下巴比倫，並且令其書記如是寫道：「我擄獲了巴比倫國王，用腳踩在他高傲的脖子上，就像踩在腳凳上一樣。……如此一來，我就成爲蘇美和阿卡德的主人，並以下海爲我王國之界。」

亞述人直接對蘇美和阿卡德的統治，僅僅只持續了八年，因爲亞述人無力去維持占領一個民心憎惡他們的地區，因此，需要投注大量資源。不過，在圖庫爾蒂尼爾努塔踐踏了他的敵人之後，亞述人確實維持了對美索不達米亞南部長達六個世紀的間接統治，而且維護了他們在此一地區的商業利益，使得沒有任何一股政治力量可以和他們相抗衡，進而向他們挑戰。旋即在西元前九百年之後，亞述人開始向其他地方擴展，他們的用意顯然是爲了取得控制自然資源，以及鄰近商貿路線。西元前九世紀上半期，他們征服了敘利亞，並到達地中海沿岸，而且在西元前八百年左右，他們又兼併了安納托利亞南部，但短暫的內部政治分裂，阻卻了亞述人快速拓展到更遠地方的腳步。不過，一百年之後，他們又再次拓展勢力，直到了辛那赫里布統治時期（西元前七〇五到六八一年），征伐達到了高峰，此時亞述人幾乎成了西亞所有地區的主人。

辛那赫里布的統治淋漓盡致地展現亞述人輝煌的一面，以及令人恐怖的一面。爲了紀念他的軍事勝利，辛那赫里布在底格里斯河沿岸建造了一座壯麗的新首都尼尼微。在此之前，美索不達米亞從未有過如此壯麗的城市。這一城市城牆周長七・五英里，城內有許多壯觀的廟宇，和一座至少擁有七十一個殿閣的王宮。城牆之外還有果園和動物園，在那裡有辛那赫里布下令從各個遙遠地方運來的各種奇花異木及珍禽異獸。由於不滿意當地供水的品質，這位強大的國王親自督工建造了一項非比尋常的工程，運用溝漕和引水管將五十英里以外地方的新鮮山泉水引來。爲了紀念這一工程的竣工，亞述人在水渠的源頭勒石爲誌，上繪諸神之像，其旁刻以文字記述了辛那赫里的所有軍事偉蹟。

在尼尼微城裡，辛那赫里布的王宮之中，有許多殿閣收藏著大量的泥版文書，這些泥版記載著各種實用的知識以及宗教學問。這些知識學問本來是出自於美索不達米亞南部，它們使得亞述人的精神生活完全得益於古代蘇美人和古代巴比倫人。爲了得到對他們有用的各種行政管理和貿易的相關知識，同時又希望能夠崇奉所有古巴比倫的神祇（令其附隨著亞述人自己的神祇「亞述」），亞述人早在西元前一二二五年，掠劫巴比倫城的時候，就從該城運走楔形文字的泥版。因此，在辛那赫里布那位嗜愛知識的繼承人亞述巴尼帕爾在位期間（西元前六六八到六二七年），將所有可能蒐集得到的蘇美和古巴比倫學問與典藏文書，盡數置放於尼尼微圖書館的典藏之中。

任何一個曾經遊歷過西元前七世紀尼尼微城的人，都會體會得到一個結論，亞述帝國的統治者不僅強而有力，亦且精通技術，甚至在某些方面深具文化素養。但是，在另一方面，他們也會從大量的證據中，了解到在歷史上被認爲亞述人最大的特徵：「殘暴政策」。如果要公正的評斷的話，亞述在辛那赫里布以前與其他民族相較，「殘暴政策」並非亞述文化獨有的特徵。雖然殘酷政策意味著一個文化嚴峻無情地重視野蠻的陽剛（男子漢氣概）的品德，但正是亞述人而不是美索不達米亞的任何一個民族，曾經接受過一位女王的統治。這位女王叫作薩穆拉馬特，而她的統治（西元前八一〇到八〇五年）在其他民族眼中確實是非比尋常，以至於竟然成爲傳說的主題。

然而，自辛那赫里布當政開始，亞述人在藝術作品和實際政策兩方面，都開始顯出異乎尋常的野蠻特性。在尼尼微的各類裝飾浮雕中，他們頌揚的主題是戰爭和殺戮。亞述人最喜歡的是狩獵獅子的畫面：這畫面展現出人以最勇敢以及最鎮定的神情，捕獵跳躍騰空的獅子，而且對受傷野獸的死亡掙扎尤其關注；與藝術作品相同的是，亞述人也毫不留情地殺戮人類自己。辛那赫里布的軍事功績之一，就是在西元前六八九年弭平了發生於巴比倫的反亞述霸權的叛亂。俟叛亂底定之後，辛那赫里布下令士兵大肆掠劫，徹底摧毀了巴比倫城。爲此他還自鳴得意地刻文自詡：「我比洪水淹灌還要徹底地毀掉了巴比倫。……我用湍急的水夷平了該城，使之儼如一片草地。」

亞述人在軍事征伐的行動中採取殘暴的政策，主要是爲了造成一種震懾的效果，令敵人卑躬屈膝。這個目的毫無疑問是達到了，但亞述人也因此成為那個時代中，所有西亞征服者中最被憎恨的民族。由於被征服的民族對亞述人的憎恨常常超過對他們的畏懼，因而在整個西元前七世紀中，反抗亞述統治的動亂此起彼落，而且反抗運動的中心往往也就是巴比倫地區。儘管辛那赫里布在西元前六八九年主導摧毀了巴比倫，但他的兒子為了突顯自己的目的而答允重建巴比倫城。到了西元前六五〇年，這一城市又再度成為美索不達米亞南部的反叛中心。為了平息動盪不安的局面，辛那赫里布的孫子亞述巴尼帕爾在該年圍困了巴比倫，迫使巴比倫於西元前六四八年向他投降，結果亞述巴尼帕爾再次對巴比倫進行肆無忌憚的蹂躪。一如亞述巴尼帕爾在這次人類歷史上最縝密有計畫，而且又最殘暴的大屠殺記載中所宣稱的：「我割掉了許多密謀反叛我之人的舌頭，然後把他們殺掉。其他的人則被我用當地神祇的雕像砸死了。……然後我把他們的屍體切成碎塊，拿去餵狗、豬、大鷹和天上的各種飛鳥。」

或許會以為南部的美索不達米亞人在這次大屠殺之後，會有很長的一段時間屈服於亞述之下，但實際上，他們在繼續尋找所有機會來擺脫亞述人的束縛。西元前六四一年，這機會終於來到了，新興崛起於美索不達米亞正東方伊朗的一支印歐語系部落的米底人和巴比倫人聯合，起身反抗亞述人。經過兩年的戰鬥，他們終於摧毀了亞述帝國：在西元前六一二年，尼尼微被巴比倫人－米底人的聯軍攻克，隨即被夷為平地；而與巴比倫不同的是，這座城市再也不能復興了。所有被亞述所征服的民族，他們的喜悅之情完全反應在《舊約》的〈那鴻書〉中：「禍哉！這流人血的城。……鞭聲響亮，車輪滾滾，馬匹踴跳，車輛奔騰，馬兵爭先，刀劍發光，槍矛閃爍，被殺的甚多，屍首堆積如山，屍骸無數，人碰者就會跌倒。……尼尼微荒涼了，有誰為你而悲傷呢？」

新巴比倫的復興

在南部美索不達米亞人反抗亞述人統治的整整一個世紀當中，參與反抗事業裡最著名的一支民族乃是加爾底亞人，這是一個講閃族語的民族，正是他們與米底人一起夷平尼尼微的。由於米底人只是把西元前六一二年的勝利，當作入侵安納托利亞的一個跳板，美索不達米亞自然就留由加爾底亞人來作主了。因為加爾底亞人定都在巴比倫城，因此歷史學家通常稱之為新巴比倫人。新巴比倫統治者中最出名的，乃是尼布甲尼撒（西元前六〇四到五六二年在位），他征服了耶路撒冷，將大批猶太人運解到巴比倫，同時他也使得他的帝國成為西亞最大的勢力。尼布甲尼撒死後不久，新巴比倫人可能就受到一支來自伊朗的印歐民族挑戰，這民族就是波斯（波斯與米底人結合成為一個緊密的聯盟，甚至融合在一起，所以史學家中流傳著這樣一個玩笑：「一個米底人，就是另一個人所說的波斯人」）。西元前五三九年，尼布甲尼撒的繼承者伯沙撒還未能領悟「牆上指書」的涵義（〈但以理書〉5）[2]。可是等到他了解到這個神示的涵義時，波斯人已用迅雷不及掩耳之勢殺進美索不達米亞，巴比倫人未及抵抗即已淪陷了。

在巴比倫時代中，現今我們最熟知的乃是巴比倫城，其中部分原因是因為二十世紀初的考古發掘；另外部分原因，則是因為流傳迄今希臘旅行者對其親眼所見的描述。在此一時期，巴比倫城僅就其規模而言，就已讓人十分驚奇，因為該城占地廣達二千一百英畝，大於辛那赫里布所興建尼尼微的一千八百五十英畝，以及典型蘇美城市的一百三十五英畝（西歐最大城市之一巴黎，其規模也只有巴比倫城的兩倍大，但巴黎是在二十世紀初開始受到現代「城市無計畫拓展」效應後，才有此規模的）。尤其讓人驚訝的是，巴比倫的色彩使用，因為巴比倫人學會用色彩明亮的釉磚來營建他們的主要建築物。這其中最富盛名的例子，便是這座由尼布甲尼撒所營建，因為極其富麗堂皇，而被希臘人譽為「世界七大奇蹟」之一的巴比倫城牆。城牆以亮眼的藍色為底色，白色、黃色的獅子、公牛和龍形圖紋點綴落在城牆各處，同時一層一層高掛在「伊斯塔爾門」（之所以如此稱呼此門，乃是因為要奉獻給伊斯塔爾女神而來的）之上。一九二〇年在巴比倫城遺址進行發掘工作的德國考古學者，是從古代以來最早看到這一奇觀的人，當他們乍見於此，必定有如見到太平洋那樣令人目瞪口呆。假若尼布甲尼撒僅是建構這座巴比倫城牆，就已經足以成為歷史上最偉大的建築者之一，可是他還建設了另一項「七大古代奇蹟」之一（即是「空中花園」）。這項偉大的成就非同尋常，以至於相關於巴比倫「空中花園」的眞實情形反而淹沒於傳說之中，難以尋覓。明顯的，尼布甲尼撒確實建造了由幼發拉底河向外逐階上升的花園平臺，每一階的平臺上栽植了奇花異木。據說，尼布甲尼撒之所以如此經營「空中花園」，乃是為了他的妻子，這是一位來自於伊朗的米底公主，她對平坦單調的美索不達米亞心生厭煩，因而思念起家鄉的層巒疊峰，所以，尼布甲尼撒便營造「空中花園」解慰她的思鄉之愁。不過，這樣的說法也許只是一個傳說而已。

除了建築的偉績之外，新巴比倫人在文化方面最大的成就，乃是在天文學的領域。我們已在前文的敘述中了解到，在最早蘇美時期，美索不達米亞民族為了預測季節的循環，就已觀測到月亮的運行周期。二千年後，美索不達米亞人仍然細心地探究夜空，但是，他們已將注意力集中到天體和星宿的運行上，因為他們開始相信他們所信奉的一些神祇就住在天上，而經由觀測與預測天體與星宿的移動，就可預測出哪一位神正值當道，祂又會對人間事務有多少影響。新巴比倫人將這種天穹研究發揮到了極致，他們確認了五個「遊移的星球」（我們可以稱爲行星），並且將它們與五個神祇的權力連結起來〔如果這樣聽來很荒唐，那麼我們應該記得，我們現在仍然用五位羅馬神祇的名字來稱呼前五大行星——水星（墨丘利神）、金星（維納斯女神）、火星（戰神瑪爾斯）、木星（主神朱庇特）和土星（農神）——後爲希臘人和羅馬人承襲了這個體系〕。進一步的，新巴比倫人還歸納出一個結論，即是當某一個行星出現在夜空中的某一個位置，或與另外一個行星接近時，其運行乃預示著戰爭或饑荒，亦或是一個國家打敗了另一個國家。這些體制發展到了極致，就產生我們所謂的占星術，不過，新巴比倫人的占星術關注的只是在預測洪水、饑荒和國家未來等牽連龐大的事件上，而不是針對個人的命運（希臘人和羅馬人對此做了進一步的發展，他們根據一個人出生時的天體圖形爲其算命，不過，他們仍然把所有的占星家稱爲加爾底亞人，因爲占星術是發源於加爾底亞人或新巴比倫手中）。

今天我們將所有的占星術都斥之爲迷信，但在當時看來，新巴比倫人對天上與人間的事件尋求其關聯，這是科學的。換句話說，對人類而言，相信自己能夠觀測並解釋宇宙，從而知道如何趨吉避凶，總比面對不可知的神祕現象，鎮日擔心害怕而畏首畏尾，要來得更科學吧。此外，在這種信念的支撐下，新巴比倫人對於各種天象的觀察，都要比先前所有的古代民族更加精密，而且他們還將其觀測結果極爲詳盡仔細地記錄下來，使得後來其他民族（尤其是希臘的天文學家）得以利用這些資料加以補充。尤其值得注意的是，從西元前七〇七年開始，加爾底亞人的宮廷天文學家以日爲基礎記了「日誌」，記錄了所有星體運行和日蝕、月蝕的現象，同時也記載了諸如價格變動、河水水位的升降、風暴，以及氣溫趨勢之類的人間事務。這一紀錄一直持續到西元前四百年左右，希臘科學家開始了解新巴比倫的種種成就時，這些記載也就成了希臘羅馬世界天文家的直接起點。

美索不達米亞的遺產

巴倫空中花園一去不復返了。雖然在西元前五三九年，波斯人占領巴比倫的時候並沒有毀壞這座城市，但波斯人的征服象徵著美索不達米亞文明的結束，因爲自此而後，美索不達米亞當地的民族或者王朝再也無法統治這片土地。隨著希臘人取代波斯人，羅馬人又取代了希臘人，阿拉伯人又取代了羅馬人，楔形文字已逐漸停止使用了，外來的藝術與建築風格傳了進來，舊有的城市化成了廢墟，代之而起的是新興的城市〔巴比倫衰落之後，在幼發拉底河－底格里斯河地區所興起最宏偉的城市是巴格達（一個由阿拉伯人所興建的城市）〕。基督誕生二個世紀之後，巴比倫被完全遺棄了，它被附近漂忽不定的流沙以及移徙不定的河流所吞噬，而長眠於地下，使得沒有人知道它的確切位置所在。直到一九〇〇年之後不久，考古學家才重新把它發掘起來。

不過，美索不達米亞的遺產卻透過各種不同的管道流傳下來。其中一種管道就是藉由希伯來的《聖經》。由於最早的希伯來人在移居到巴勒斯坦之前，乃是居住在美索不達米亞的某個角落裡，而且也由於他們所講的語言與古巴比倫人關係極為密切，所以，《聖經》最早的幾個篇章不時提到美索不達米亞。根據〈創世紀〉的記載，寧錄王統治著「巴別」（即巴比倫）、「以力」（即烏魯克），以及「亞甲」（阿卡德），而且亞伯拉罕從「加爾底亞人的烏爾」來到巴勒斯坦：「他們拿磚當石頭，又拿石漆當泥灰」，「建造了塔頂衝天的巴別塔」（〈創世紀〉11：1-9），這肯定是指古巴比倫的廟塔。另一個可以進一步證實古代希伯來人與美索不達米亞人之間的密切關係者，乃是《吉爾伽美什》史詩中談到的洪水故事，其與〈創世紀〉中的諾亞方舟故事極為雷同：不僅得救的都是一對夫婦，而他們所倚賴的也都是一只方舟，甚且在洪水中都是用飛鳥來試測洪水，一旦鳥兒不再飛回方舟，就知道洪水已在消退。還有一個事實更加值得注意，即是希伯來人的基本宗教觀念與美索達米亞人的宗教觀念極具關聯性。這並不是說希伯來人的神學沒有原創性，相反的，希伯來人是古代世界中最有創意的宗教思想家。不過，《舊約》在神學方面有系統的闡述，乃是脫胎於古代美索不達米亞的舊模之中，希伯來人所做特定的創新可能正是對美索不米亞先驅思家的改編。到了辛那赫里布和尼布甲尼撒時期，由於亞述人和巴比倫人這些民族不斷攻擊他們，希伯來人開始憎恨他們，尤其是希伯來先知對他們的痛罵，後來深深影響了基督徒，以至於直到今日，「巴比倫」一詞仍是罪惡的代名詞（舉例來說，如「好萊塢巴比倫」，即意指驕淫奢華的好萊塢）。但是，詈罵不應該輕忽希伯來人與他們的密切關係，以及獲益於他們的事實。

美索不達米亞在技術和思想方面也有留下一些遺產。我們已經了解到，古代蘇美人最早把輪子用在交通運輸上，目前所知最早的文字產生在這裡，古巴比倫人在諸如平方根和立方根之類的數學解法上，居於領先的地位。早期美索不達米亞的所有這些發明，不論是經由傳播的方式傳給其他民族，亦或是某些成就（特別是文字）是其他地區獨立發明出來的，學者難有定論。但無論情形如何，今日歐美認為理所當然的種種現代措施，都是由美索不達米亞各式各樣的發明一步一步發展而成的。還有我們現代習以為常的許多事物，也是以美索不達米亞的法學和自然科學爲其基礎的。我們放眼所見的視覺世界，與美索不達米亞完全不同，那是因爲後來我們幾乎沒有從美索不達米亞的藝術與建築之中，借鑑過任何東西；但是在技術與思想的基本面上，我們從五千多年前這個泥灘地裡奮力獲取權力與榮耀的天才民族中，受益良多。

第三章

埃及文明
Egyptian Civilization

祢在冥界締造了尼羅河，
一如祢之所願，
使之成了埃及子民的生息之地。
祢為了自己塑造了他們，
祢是所有人的主宰。

——法老埃赫納吞時期，獻給阿頓神的頌歌

在如潮似浪的博物館參觀人群中，著名的埃及藝術寶藏這個人類歷史上最古老而且最令人神往的文明之一，仍以其無比的魅力牽動著現代人的眼光。埃及文明幾乎與西元前第四千紀期間興起的美索不達米亞同樣古老，但埃及文明卻以其穩定、平和的身姿，與美索不達米亞的動盪、緊張呈現出極其強烈的對比。這不僅是因爲埃及人在其古代歷史中享有很長期的和平，即便是由現存的埃及雕刻和繪畫中的人物來看，也往往帶著如同夏日假期裡徜徉在陽光下那般愜意的笑容。

環境因素是造成上述明顯不同的最佳解釋。由於美索不達米亞氣候惡劣，再加上底格里斯河和幼發拉底河泛濫無常，美索不達米亞無法把自然視爲可以依賴的繁衍生息之因素。而且，美索不達米亞位處於一片開闊的平原上，周圍並沒有地理屏障可防止外族入侵，是以該地住民必須時時保持軍事警覺。以尼羅河爲繁衍生息中心的埃及文明，不僅因爲尼羅河流域的土壤肥沃，帶來豐富的農業財富，更因爲尼羅河年復一年在夏季數個月內定期泛濫，並且在不誤農時期間退潮，讓埃及人感到大自然是可預測而且寬仁的。此外，尼羅河谷地因爲有沙漠和紅海的環抱，讓埃及相對說來不易受到外族入侵的威脅。有一個事實能夠充分顯示尼羅河在古代埃及的生活中處中心地位，即埃及人對旅行有兩個詞彙：一是khed，意即「到下游去」；一爲khent，乃指「往上游去」。不管從哪一方面來說，希臘歷史學家希羅多德確實有理由將埃及稱爲「尼羅河的贈禮」。

法老統治下的政治史

古代埃及史通常被畫分成六個時期：古代時期（約西元前三一〇〇到二七七〇年）、古王國時期（約西元前二七七〇到二二〇〇年）、第一中間期（約西元前二二〇〇到二〇五〇年）、中王國時期（約西元前二〇五〇到一七八六年）、第二中間期（約西元前一七八六到一五六〇年），以及新王國時期（約西元前一五六〇到一〇八七年）。甚至在古代時期開始之前，埃及人就已有了一些重要的步驟，引領文明前進。最重要的是，他們已經開始從事定居農耕；除了石器工具外，他們還學會使用銅製的工具；早於西元前三千一百年，他們發展出一套稱之爲「象形文字」（原意爲祭司的雕刻）的文字體系。至於這種文字是埃及人獨自發明的，亦或是源自於美索不達米亞的創意，專家尚有爭論。前一種論點最有力的證據，就是象形文字體系與美索不達米亞的楔形文字差異極大，不過象形文字出現得太過突然，暗示著埃及的行政管理人員——祭司，決定在其所了解的外國前例基礎上，創造出一種保存紀錄的體系。無論如何，文字確實大幅提升了行政管理的效能，同時也是埃及古代政治史上最重大的事件，即埃及南北統一的先決條件。

埃及的統一，以及隨其而來的古代時期之開端，大約是在西元前三千一百年前後。在此之前，統治上埃及（或南部）和下埃及（或北部）的是各自獨立的政權，但統一對埃及的未來至關緊要，因爲確保尼羅河全線航運的暢通，以及集中管理農業灌溉工程的施行，都必須有一個單一的政府。傳統說法認爲，促使埃及完成統一的是一位來自南方叫作納爾邁的武士，他是第一任的法老（國王），他將北至地中海三角洲的整個埃及都置於自己的控制之下（埃及的統治者稱爲「法老」，此乃引自《聖經》的結果，埃及古代的統治者並非用此一詞彙稱呼自己）。統一的過程雖然較爲緩慢，但無疑的是，約於西元前三千一百年之後的四百年期間，曾有兩個連續的王朝支配著一個統一的埃及。

這兩個埃及史上最早的王朝，在西元前二七七〇年左右，被強大的喬塞爾統治所取代，他是第三王朝的首任君王，也是古王國的創建者。雖無從了解古王國時期的政治制度與古代時期有何區別，但可以肯定的是，喬塞爾的統治開啓了一個國家權力空前加強與君主專制的時代，而這方面最好的證據就是喬塞爾主持、興建了第一座金字塔。在喬塞爾及其主要繼承者的統治下，古王國法老的權力實際上沒有限制。法老被視爲太陽神的後裔，爲了保持王室血統的純淨，法老依慣例要娶其姊妹中的一位爲妻。宗教與政治合而爲一，法老主要的僚屬是祭司，而他本人更是祭司之長。

古王國政府乃是建立在一項和平政策之上，此一方面在古代各國中絕無僅有。法老既無正規軍隊，也沒有民兵可言。每個地區有其地方民兵，但這些民兵是由文官所指揮的，而且應召服役一般都是用於公共工程上。在受到外來侵略威脅時，法老就將各地民兵召集起來，然後授權一位文官予以指揮。除此之外，政府首長在平時根本沒有部隊可以供其支配。古王國時期的埃及人都願意在各方面從事自己的事，而不太理會其他民族。之所以有這種態度的主要原因，乃是因爲埃及四周有屏障相護，他們擁有取之不竭、用之不盡的肥沃土地，且他們的國家是基於共同需要而建立的，並不是以開疆拓土爲宗旨。

經過數個世紀的和平以及繁榮之後，隨著第六王朝的傾覆，古王國於大約西元前兩千兩百年走到盡頭。促使其滅亡的原因有幾個：由於法老在龐大工程的花費過鉅，如建造金字塔等，以至於政府財政枯竭。此外，天災導致糧食減產，讓整個埃及的繁榮受到不利的影響，可謂雪上加霜。且此時，地方貴族僭奪權力，致使中央政府名存實亡。其後出現的時代，被稱爲第一中間期，這一時期無政

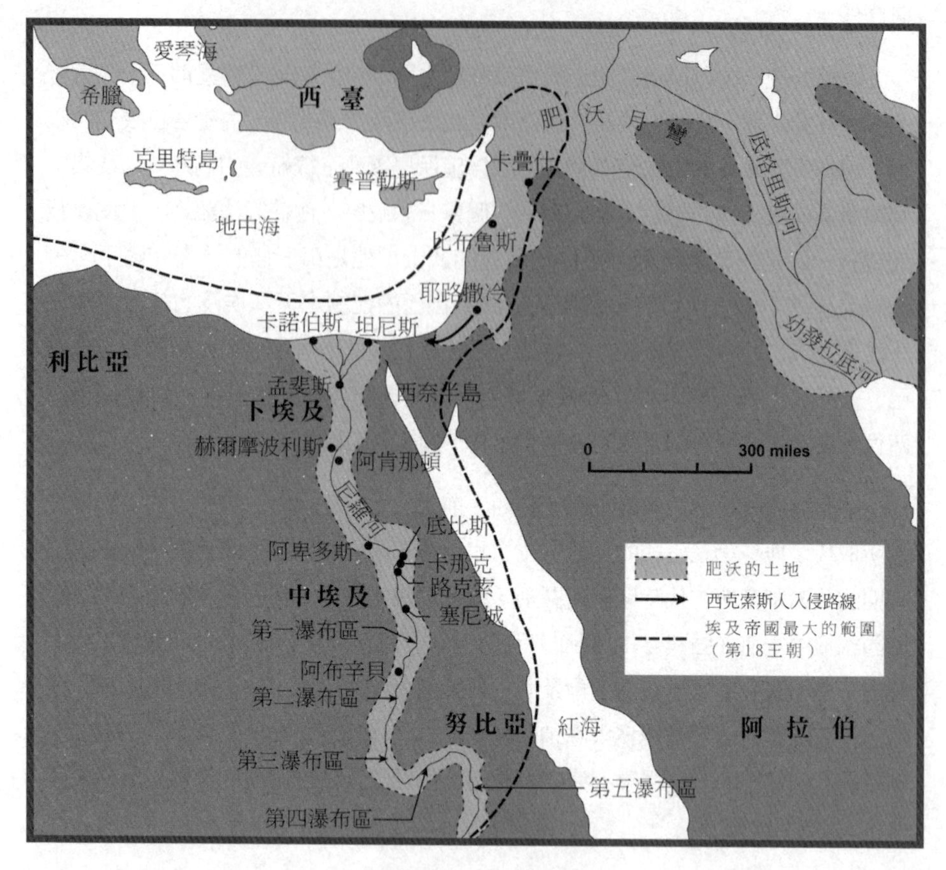

圖3-1　古代埃及

府狀態爲其主流。貴族建立自己的諸侯國，埃及內部盜匪橫行，以及沙漠各部落的入侵，使得政治混亂狀況進一步惡化。第十一王朝興起後，第一中間期乃告終結。大約西元前二〇五〇年左右，該王朝以底比斯（上埃及）爲根據地，恢復了中央集權的統治，自此開展了埃及歷史上又一個偉大的時代，稱爲中王國時期。

在其統治的大部分時間裡，中王國政府對社會比古王國更爲負責。儘管第十一王朝仍然無法遏止貴族的勢力，但第十二王朝於西元前一九九〇年左右出現，而且持續到西元前一七八六年，經由與中間階級結盟建立起強而有力的統治，這一中間階級包括官員、商人、工匠和農民。此聯盟遏阻了貴族勢力，爲史無前例的繁榮奠定基礎。在第十二王朝統治期間，社會正義有所發展而且文化成就豐碩。造福全埃及人的公共工程，例如大型的排水灌溉設施，取代了沒有實質意義的金字塔建築。此外，宗教也走向大衆化，一般民衆從前不能企及的靈魂得救，如今亦已可及。現在宗教著重於適宜的道德行爲，而不是建立在財富基礎上的儀式。凡此種種的理由，這第十二王朝統治時期通常被視爲埃及的古典時代或黃金時代。

此後不久，埃及便進入第二中間期。這是一個內部混亂不堪、外部敵人入侵的時代，始於西元前一七八六年，結束於西元前一五六〇年左右，總共持續兩百多年。這個時期留下的文獻十分貧乏，但由存在的紀錄看來，內部秩序的混亂是貴族反叛導致的，法老再次淪落到軟弱無能的地步，第十二王朝許多建設都被摧毀。約在西元前一七五〇年左右，西克索斯人或稱爲「異域的統治者」入侵埃及，這是一支來自西亞的混合游牧民族。西克索斯人的戰勝一般認爲是因爲他們擁有馬匹和戰車，不過，埃及人自己發生的紛爭傾軋，才是使西克索斯人輕易獲勝的主要原因。西克索斯人的統治對埃及歷史有深刻的影響，他們一方面使埃及人熟習戰爭的新方法，另一方面也讓埃及人體會在外國人暴政統治下的悲哀，因而使他們能夠各自捐棄己見，爲共同的目標而團結奮鬥。

在西元前十七世紀末葉，南（上）埃及的統治者對西克索斯人發動攻擊，所有埃及人都參與這項運動。到了西元前一五六〇年左右，入侵者有的被殺，有的淪爲奴隸，其餘的也都被逐出埃及。贏得這場勝利的英雄是雅赫摩斯，第十八王朝的建立者，他確立了一種比以往任何王朝統治都鞏固的政權。由於對抗西克索斯人，使得愛國主義高漲，減弱對地方的忠誠，貴族權力爲之削減。

從雅赫摩斯即位後，埃及進入新王國時期，也有人稱爲帝國時期，起於西元前一五六〇年左右，終於西元前一〇八七年。在此一時期中，歷經了三個王朝，第十八、十九和第二十王朝的統治。從前和平分邦政策與孤立主義已不復存在，全國各地瀰漫著一種向外擴張的帝國主義精神。造成這種變化主要是因爲對抗西克索斯人獲得勝利，而產生了軍事的狂熱，讓他們期望獲得更多的勝利。此外，爲了驅逐入侵者所建立起來的龐大戰爭器械，對維護法老權力具有高度的價值，棄之可惜。

在新政策的指導下，雅赫摩斯的繼承者採取的第一步行動就是大規模地攻擊巴勒斯坦，並征服敘利亞。由於擁有古代最強大的軍隊，他很快地便消滅了敘利亞境內一切的抵抗，最終使他掌握由幼發拉底河到尼羅河南部這一廣袤的地區。但他一直未能使被征服的人民歸化成爲他的忠貞子民，因而敘利亞境內叛亂不停。其繼承者雖然弭平了叛亂，並使帝國延續一段時期，但最終的災禍仍無法避免。由於吞併的土地太多，無法有效予以治理；且大量的財富湧入埃及，養成腐敗驕侈的習慣；再加上被征服者經常反叛，更使國家元氣日漸枯竭，最後到了一蹶不振的地步。在大約西元前十二世紀時，其所征服的大部分地區便已永遠喪失。

新王國或帝國政府除了比較獨裁外，大致與古王國政府相似。這時法老的統治基礎乃是軍事力量，職業軍隊是用來鎮壓臣民的。以前的貴族現在大多成了朝廷的大臣或國王絕對統治下王室官僚體系的一員。

最後一位偉大的法老乃是拉美西斯三世，其在位的期間自西元前一一八二至前一一五一年。繼承他的都是一些不足爲人所道的人物，他們雖繼承了拉美西斯的帝位，但卻沒繼承他的能力。到了西元前十二世紀末葉，埃及成了新一代蠻族入侵的犧牲品。大約在這個時候，埃及人似乎也失去他們的創造才能，各個階層的人僅關心如何經由魔法祈求長生不死。隨著祭司的權力日益擴大，埃及也加速往衰落之路進一步發展，最後這些祭司僭奪了王室的職權，並取代法老發號施令。

從西元前十世紀中葉，到前八世紀末，一個由利比亞蠻族建立的王朝執掌了政權。之後，來自上埃及東部沙漠地區的一批努比亞人侵擾埃及，並曾短暫統治。西元前六七一年，亞述人征服了埃及，不過他們的政權僅維持了八年。亞述人崩潰後，埃及重獲獨立，其傳統思想、信仰、習俗得以繼續發展，不過這些仍注定要結束。在西元前五二五年波斯入侵埃及，大敗其軍隊，從此之後，埃及成了波斯帝國的一部分，隨後又受到希臘人和羅馬人的統治。

埃及的宗教

宗教對古代埃及人的生活具有一種支配力，無論政治、文學、建築、藝術，以及日常事務的處理，都留下深刻的印記。埃及宗教的演進歷經了若干階段：由簡單的多神崇拜演變到現知最早的一神崇拜形式，然後又回到多神崇拜。在最初，每一個城市或地區都有其地方神祇，他們是地方上的守護神或自然力量的化身。國家的統一不僅使土地合併，也使得神祇趨於混同。所有地區的守護神都被偉大的太陽神——利所併合。在中王國底比斯統治者的統治下，這個神祇被稱爲阿蒙或阿蒙－利，此乃由諸神之首底比斯的名字而得。象徵自然生長力的神，被一個名叫奧西瑞斯的神所併合，祂也是尼羅河的神。在整個埃及歷史中，利與奧西瑞斯這兩個統治宇宙的強大力量，互爭長短。雖然埃及人亦認可其他神祇，但顯然皆處於次要的地位。

在古王國時期，崇拜具體化的太陽神——利，乃是信仰的主流。祂成爲當時的國教，主要是保護國家使之永垂不朽，並使全民永生不死。法老是太陽神在人世間的代表，神透過法老統治而治理世界。利不只是一個守護神，祂也是正義、公理與眞理之神，而且祂還是宇宙道德秩序的主宰。祂不對單一個人降福，也不以物質獎勵個人。只有在民衆的福利與國家的福祉一致時，太陽神才會賜福民衆，否則神不會有所表示。

如前所述，奧西瑞斯的崇拜在開始時是一種自然宗教。這個神主司植物生長與尼羅河賜予生命的力量。奧西瑞斯的事蹟來自一個家喻戶曉的神話傳說。按照信奉者所言，在遠古的時候，奧西瑞斯乃是一位寬厚仁慈的統治者，他教導人民耕種，以及其他有用的技術，並爲人民制定法律。然而，他卻被邪惡的弟弟塞西特謀殺，屍體被剁成碎塊。他的妻子伊西絲，也是他的妹妹，四處找尋破碎屍塊，然後將之合併在一起，結果使他奇蹟般地復活了。這位重新復活的神又收復了他的王國，並繼續執行一段時期的仁慈統治。最後，他下到冥府，充任死者的判官。他的遺腹子赫魯斯長大成人後，殺死塞西特，爲他報仇。

原本這個傳說與普通的自然神話無甚差異。奧西瑞斯的死亡和復活，象徵著尼羅河洪水周而復始的秋退春漲。但是慢慢地，奧西瑞斯的神話故事有了更深刻的意涵。諸神的人性——奧西瑞斯對其子民的父愛，他的妻與兒子對他的忠情敬愛——感染了一般埃及人的情感；讓他們能夠藉由神的生活，觀察自己的苦難與成就。更重要的是，奧西瑞斯的死亡與復活被視爲人類能夠永生不朽的代表。因爲神戰勝了死亡，所以敬神的人可獲得永生。最後，赫魯斯戰勝了塞西特，乃顯示良善終能戰勝邪惡。

埃及人對死後生活的觀念，在中王國後期得到充分的發展，因此，他們盡力設法保護現世遺體不使其有所毀壞。他們不僅將遺體製成木乃伊，富有之人還留下大量物品，俾對其木乃伊供應食物以及其他的必需品。不過，隨著宗教發展到了成熟階段，人們對身後的觀念也就不像之前那般天眞。這時人們認爲，一個人死後必須到奧西瑞斯面前，依其生前的事蹟接受審判。所有能通過審判的人都可以進入天國。在天國裡，他們在荷湖蓮池之中追逐野禽，並享受取之不盡、用之不竭的歲月。他們也可以在永遠都結滿果實的果園中，建造自己的家室。他們能在荷湖中盪舟，也可在波光粼粼的池中沐浴，蔭蔽林中棲息著吟鳴不已的小鳥。但是那些心中懷有邪惡思行之人，無法通過奧西瑞斯的審判，遭無情徹底的毀滅。

約在中王國即將結束之際，埃及宗教發展到了最高峰。在這一時期，太陽神信仰與奧西瑞斯崇拜融爲一體，並保留了二者最好的特點。阿蒙是生命之神，也是美好事物的捍衛者；與其職能同等重要的奧西瑞斯，乃是永恆生命的賦予者，以及死後的審判者。此時的宗教已經明顯地發展成爲一種倫理性的宗教。人們經常公開表達發揮義行的願望，因爲只有這種行爲才能使偉大的太陽神感到歡喜。

帝國建立不久，埃及宗教逐漸沉淪，倫理的意義大部分被毀棄，迷信和魔法大行其道。造成這種現象的主要原因，似乎是因驅逐西克索斯人的殘酷戰爭，引起非理性態度的增長與對智識的輕視。此一結果導致祭司權勢增加，他們利用大眾畏懼的心理爲自己謀取好處。他們以出售具有魔法的符咒爲方式，還說此符咒具有防止死者心靈背叛意志的功用。他們還出賣法式，聲稱它能夠幫助死者進入天國。這些法式被集結起來，謂之「死亡書」。

宗教淪落爲一個施用魔法的體系，最終引起一場極大的宗教改革。這個運動的領導者是法老阿蒙哈特四世，他於西元前一三七五年左右即位，十五年後死亡，可能是被暗殺。他本意圖糾正這惡名昭彰的弊端，但沒有結果，於是他下定決心將這個宗教制度予以全部摧毀。他將祭司驅逐出廟，將傳統神祇的名字由公共紀念碑上削去，並倡導崇拜一個新的神，稱之爲「阿頓」，這是古代太陽神的實際稱呼。他將自己的名字由阿蒙哈特（意爲阿門安適），改爲埃赫納吞，意爲「讓阿頓滿意」；他的妻子涅菲爾提提改名爲涅爾－涅夫魯－阿頓：意爲「阿頓的美人是美麗的」。爲了實現一切從頭開始的願望，他建立了一個新都阿瑪爾納，把它奉獻給新神阿頓。

較這些形式改變更爲重要的，乃是這位厲行改革之法老所闡述的新教義，他在所有宗教中率先提出一神論——阿頓和埃赫納吞他自己是現存僅有的神。一如在他之前沒有任何神祇般，阿頓沒有人類或者動物的形狀，而是被想像爲賦予生命、溫暖的太陽光。他是萬物的創造者，他不僅是埃及的神，也是全宇宙的神。當法老及其妻子崇拜阿頓之時，埃赫納吞自視爲阿頓的化身及代理者，認爲民眾應該崇拜他，把他當成一位活生生的神。除了這一重大的規定外，埃赫納吞盡其所能地恢復埃及宗教的倫理特性，他認爲阿頓是世界上道德秩序的締造者，也是對於心地善良之人的獎賞者。他將這位新神視爲是對人類有益的一切事務之永恆創造者，也是一位仁慈、看顧他所創造的一切之天父。像對神的統一性、公理與仁慈的觀念，直到六百年後，希伯來的先知才又提起。

儘管埃赫納吞不遺餘力地推行宗教革命，但結果仍然失敗。因爲對一般民眾來說，這一新的宗教不太能夠讓人習慣，同時又缺乏古代崇拜方式的致命吸引力：對死後生活的許諾。此外，埃赫納吞之後的法老與阿蒙神的祭司結成同盟，恢復了舊有的崇拜方式。埃赫納吞的繼承者，即稱爲「圖特王」的法老，把他的名字由「圖坦阿頓」改成了「圖坦阿蒙」，放棄了阿瑪爾納，重新回底比斯；在他的領導下，舊有的一切又復活了。他自己的葬禮充分表現舊有的儀式與死後生活觀念。此後，埃及的宗教特色就是越來越講究儀式和越來越相信魔法。祭司出售據說能夠用以蒙蔽良心與欺騙神明，希望可以永遠得救的法式和符咒，使得奧西瑞斯的崇拜也失去了意義。

埃及的知識成就

除了豐富多彩的宗教思想之外，埃及人在知識上取得的成就，在於其文字體系與一些實用科學。我們已提及，埃及的文字即象形文字，是出現在美索不達米亞的楔形文字之後，此時埃及人可能已經對楔形文字有所了解。因此，在此需要注意的，不是埃及文字的理念，而是其獨特性。特別是在古王國時期，埃及象形文字就以三種書寫符號爲基礎：象形、音節，以及字母。前兩種已見於楔形文字，後一種卻是一項極爲重要的發明。如果埃及人將其所使用的字母符號——二十四個符號，每一個符號代表人類聲調中的一個單子音——與非字母符號區分開來，在其文字交流中只使用字母符號，那麼他們就會發明一種完全現代的文字體系。遺憾的是，保守性格阻礙了埃及人，以至於第一種由純粹字母所組成的文字體系，要等到西元前一千四百年左右，才由地中海東岸一支閃族人，即腓尼基人完成。腓尼基人的字母反過來成爲希伯來人、阿拉伯人、希臘人和羅馬人字母的藍本。但無論如何，由於腓尼基人的文字明顯是從埃及人那裡引來單一符號表示子音的想法，加上他們許多字母是以埃及人的字母爲原型，所以，埃及人的字母成了日後西方世界各種文字的本源。

很幸運的，由於紙草在尼羅河三角洲地帶爲遍地皆有的植物（紙草在下埃及十分豐茂，所以在象形文字中多用紙草圖形表示「下埃及」），故使埃及人擁有一廉價的書寫材質。將紙草的桿剝去，然後壓平、曝乾，就可用來書寫象形文字，而且還可以將紙草捲成筒狀，以便儲存和傳閱。和在泥板上相比，書寫在紙草上的好處，就是紙草可捲起，不但方便而且更爲輕巧。故紙草不僅成爲通行的書寫材質，透過埃及人的傳播，也使其被古希臘和羅馬等文明所採用（羅馬帝國能否用泥版文書建立龐大的行政體系？這是相當令人懷疑的）。

或許是因爲留存文書太過容易，埃及人嘗試過各種不同的文學形式。中王國時期的埃及人被許多文學史專家視爲短篇故事之父。各式各樣的短篇敘事形成於這個時代：殘存至今的是西元前十九世紀的一紙草卷，當中記載著一個關於船隻失事的水手，他那令人難以置信的故事；另一個時代稍晚的記述中，描寫了一個因尼羅河中河馬的嘶鳴而無法入睡的人；另外，古埃及有一個讓人難以置信的淫穢故事，說的是一個淫蕩的女人引誘男人，說道：「來吧，我們共享魚水之歡，對你是有好處的！」埃及文學另一個顚峰，乃是一些與《舊約．箴言》相似的勸世格言集，其中向人宣講實用的智慧，並告誡人們要節制與公正。最後，流傳至今的埃及文獻中，至少還有一部類似政論的文章，就是「善良農民的請願書」，此一作品大約撰寫於西元前二〇五〇年，其中認爲統治者應本仁德與正義，行事乃是爲其子民福祉而爲。雖然埃及沒有可以和美索不達米亞的《吉爾伽美什》史詩、希伯來的《聖經》，以及希臘的《伊里亞德》和《奧狄賽》相提並論的文學作品，但無論如何，埃及人的作品仍有其引人入勝的地方。

在科學方面，埃及人最感興趣的是那些與實用目的密切相關的領域——天文學、醫學和數學。在天文學領域，埃及人最大的成就是找到了避免太陽曆不準確的方法。前文已經談到，古代美索不達米亞地區仍然局限於根據月球運行的周期來確定季節與年分的更替之時，埃及人已於西元前兩千年左右，便已注意到天際中那顆最明亮的星，即天狼星，在每年一度與太陽成一直線時，就會在早晨升起。他們根據這一觀測結果，制定了一種曆法，把「一年的第一天」訂在天狼星與太陽成一直線之日，以此爲預報尼羅河汎期開始的日期。這一曆法是在凱撒曆法問世之前，古代世界最好的曆法。事實上，就連凱撒曆法也是以埃及曆法爲其基礎。

古代埃及人在醫學上的獨到之處，在於他們認爲疾病是自然因素所引起，而不是超自然的原因所造成，因此醫生可以對疾病做出準確的診斷，並且對症下藥。診斷的方法包括斷脈和聽心跳。至於治療方面的知識，從現存紙草文獻來看，有些處置是可靠的，有些則不可靠。例如，埃及醫生在開處方時，以蓖麻油爲瀉藥，但卻又用攪拌的鴕鳥蛋摻以龜殼和龜棘來治療胃潰瘍。至於健康以及衛生方面，他們開出治療汗腳的處方是：「拿田野中所生長的植物烏達，以及溝渠之中的鰻，置於油加熱，然後敷於雙腳之上。」這樣的處方豈不是讓人啼笑皆非。但另一方面，埃及人試圖藉助自然方法來減輕痛苦和增強體質，是相當值得肯定的；更何況，埃及人某些治病方法經由希臘人傳到歐洲，至今仍爲人所使用。

在數學領域中，埃及人在測量方法上的成就卓著。舉例來說，他們最早將圓分爲三百六十度，而且最早注意到所有圓的圓周率（即現在所說的π）都是一樣的。此外，他們還發明了計算三角形的面積及金字塔、圓柱體和半球體體積的方法。這些成就顯然與我們下文將要提到有關埃及人雄偉的建築工程關係密切。

壯麗的埃及藝術

在埃及觸目可及的紀念物中，最著名的當屬金字塔，無疑，這些造型極其純樸的龐大建築物，乃造於剛有文字記載之初，用以作爲法老之陵寢。金字塔質樸無華的美固然令人讚嘆不已，而其建築亦同樣令人嘖嘖稱奇。第一座金字塔乃是喬賽爾法老的階梯金字塔，大約興建於西元前二七七〇年左右。當時人類從未建過，甚至也未曾嘗試過建造如此巨大的建築物。同一時代的蘇美人僅用泥磚造房，稍早一些的埃及人也不過是用幾噸重的石灰岩興建大型建築物，所有一切，突然間，在喬賽爾的首席建築師伊姆霍特普的指揮下，將上百噸重的石灰岩開採出來，而且用無輪的運輸工具拉曳而出，然後一塊疊著一塊，嚴密而合縫地放在正確的地方，砌成一座高兩百英呎的建築物。然而這僅是個開端，此後不久，大約從西元前兩千七百年到前兩千六百年這一個世紀當中，總共約有兩千五百萬噸的石灰岩從山崖上開採出來，經過修整、拖運，最後疊砌成一系列高聳巍峨的金字塔，這些金字塔實是所有建築物中最著名、也最美麗的。這些精品中的精品，無疑當推是古夫王（乃是一位法老，希臘人稱其爲齊阿普斯）的金字塔，這座金字塔高達四百八十二英呎，其坡面更是呈現出「完美」的五十二度角，使得塔高與塔底周長之比等於圓周率。所以，當希臘人決定列稱世界七大奇蹟時，便毫不猶豫地將「齊阿普斯」的金字塔置於首位。

看到保存至今的偉大金字塔，我們心中不由得產生許多疑問，這金字塔到底是如何建成的？又爲什麼要建造它？依照保守的估計，建造一座金字塔大約需要七萬名的勞力。這些勞動力幾乎可以肯定是季節性地參與修造工作。每年夏季數個月中是尼羅河泛濫的季節，此時農民沒什麼事情可做，因此他們可以受雇從事大型工程，而不會影響到埃及的農業經濟。但是，僅只一個夏天，是不足以完成一座金字塔的。因此，近來得出一個結論，建造金字塔的勞工必須一個夏季接著一個夏季不停地工作，修完一座又緊接著建造另一座，不管在位的法老是否死去，唯有如此才能夠說明爲何可以在一個世紀的時間裡，將兩千五百萬噸的石塊變成一座又一座巨大的金字塔。是故對數以千計的民衆來說，頂著埃及夏季的酷熱來開採和拖曳石灰岩，是他們一年又一年永無止盡的生活。

爲什麼七萬勞動者能夠忍受這一切呢？野蠻式的強迫肯定不是答案，因爲這時候的埃及尚不知奴隸爲何物（除了少數的戰俘外）；此外，如果不是借助任何特別的武器，爲數不多的統治者竟能迫使數萬名臣民專心地工作，這實在是令人難以想像。宗教心理與群體活力似乎可以對此做出最好的解釋。修建金字塔的埃及勞工顯然相信，他們的法老就是活著的神，當這些法老離開人世之後，唯有透過妥當的安葬，才能進入永生之境。所以，喬賽爾階梯金字塔的文義便是「通往天堂之梯」，金字塔的直角形狀便是這種升往天堂觀念的展現。那些在酷熱沙地中揮汗如雨地修造這些巨大陵寢的勞動者相信，他們自己的福祉與他們的神——統治者的福祉有著密不可分的關係：如果法老順利地進入永生之境，那麼世間上的芸芸眾生也就會繁茂興旺。此外，共同工作的勞動必須能夠給予個別勞動者一種令人振奮的親近感與團隊的成就感。這一點可由金字塔石塊上的一些標誌，如「充滿活力的團隊」和「持久的團隊」等見出端倪。在一年中大部分的時間裡，相對閉塞的農民必定會發現，在當時最受尊敬、最受讚揚的工程中參與群體工作，是一件多麼值得驕傲，並且可以獲得精神回饋的事情，這樣看來，受苦流汗的工作也是一件讓人相當歡悅之事。

埃及的國家領導者最後終於承認修造金字塔是個勞民傷財之舉。在中王國時期，關心個人得救成了宗教的主流走向，因此神廟取代了金字塔，成爲埃及主要的建築形式。最著名的埃及神廟當屬卡爾納克和路克索的神廟，兩者皆是新王國時期建造的。有許多龐大、而且雕刻精緻的圓柱依然矗立著，它們就是這種光芒四射的建築才能之無言見證。埃及神廟的特點就是宏大，卡爾納克神廟全長一千三百英呎，所占面積超過任何其他宗教的建築，僅其中央大殿就可以容下歐洲任何一座大教堂。廟內使用的圓柱大得驚人，最大的一根有七十英呎高，而且其直徑也超過七十英呎。據估計這些柱子的柱頭上可以站立一百個人。

埃及的雕刻與繪畫是建築方面的附屬品。對於雕刻有很多固定的形式，因而約束了它的風格與意義，一般法老的雕像都相當巨大。新王國時期所創作的法老雕像，其高度在七十五至九十英呎之間。有些雕像著色飾彩以增加其吸引力，而且眼睛裡通常都鑲嵌了水晶石。人物雕像呆板，兩臂抱在胸前或固定在身體兩側，眼睛總是向前直視，而面部略帶微笑，其他雕刻則毫無表情。此外，更是經常改變人體的結構：增加腿部的自然長度，或強調肩部的方正，甚至將所有手指都做成一樣的長度。一個眾所皆知的非寫實特性的雕刻，就是人面獅身像。人面獅身像在埃及有上千座之多，其中最著名的乃是吉薩的大人面獅身像。此雕像爲一個獅身長著法老的頭，其寓意著法老具有獅子般的勇敢與強健；浮雕的人像尤其缺乏自然氣氛，頭是側面的像，而眼睛則是完全正視，軀幹又是正面的，腿則是側面的。

埃及雕刻的意義所在是不難想像得到的，他們無疑是想藉著巨大的法老雕像來象徵法老的權力，以及他們所代表的國家之權力。很明顯的，當帝國疆土越擴張，政府越專制的情況下，這些雕像的體積也就越大。嚴肅與無表情的形式，表示著國家生命的永久與安定，帝國不會因爲命運的變化而發生分崩離析的現象，反而一直保持穩定與沉著。因此，重要人物的肖像絕不能帶著憂慮、恐懼或洋洋得意的表情，他們一生都是非常的冷靜。同樣的方式也可以解釋雕像在體型結構上的失眞，乃是因爲他們希望藉此變化表現某種民族的抱負。

除了埃及主流藝術的發展之外，有一個引人入勝的例外，就是埃赫納吞統治時期的藝術創作。這位法老試圖打破古代埃及宗教的所有表現形式，包括其藝術的成規，因而主導了一場藝術革命。他所支持的新藝術風格是寫實主義，並爲他倡導改革的新宗教，將自然視爲阿頓的親手之爲。因此，法老本人及其王后涅菲爾提提的半身雕像揚棄了先前過度的冷漠與失眞，有了較爲寫實的刻畫。現存涅菲爾提提的半身像，呈現出一種揶揄而令人難忘的表情，乃是人類史上不朽的傑作之一。也因著相同的原因，在埃赫納吞的支持下，繪畫成爲一種具有高度表現力的藝術形式。這一時期的壁畫對於表現經驗世界顯露了無比的才能，尤其對動態的畫法別有專長。他們把握住公牛在沼池中跳動的一剎那，以及麋鹿受驚向前急逃的動作，還有野鴨在池塘中輕鬆地遊蕩。但是，一如埃赫納吞的宗教改革未能持久下去一般，他統治時期較爲寫實的藝術也只是曇花一現。

社會和經濟生活

在埃及的大部分歷史過程中，其人民被分爲五種階級：王室、祭司、貴族、中等階級（包括書記員、商人、工匠與富農），還有占絕大多數人口的農夫。在新王國時期，出現了第六種階級，那就是職業軍人，他們的地位僅次於貴族。另外，在這個時期還俘虜了成千上萬的奴隸，因之有一段時期這些人形成了第七種階級。奴隸受到所有階層的歧視，被迫到政府的採石場與神廟的田產上工作。不過，由於他們逐漸加入軍隊中，甚至成爲法老的私人侍從，他們不再構成一個單獨的階層。社會各個階層的地位，隨著時間的發展而有所改變。在古王國時期，法老的臣民中以貴族和祭司的地位最爲顯要。在中王國時期，平民階級得到他們應有的地位，商人、工匠和農人從政府手中獲得種種特許，特別令人注意的是，商人與工匠在這一時期當中居於主導地位。隨著帝國的建立，政府的職權也漸次擴大，導致一種新的貴族形成，其主要構成分子乃是當時的官僚。後來由於巫術與迷信的發展，祭司的權力也在膨脹當中。

埃及上層階級與下層階級在生活水準方面的差距，可能比現在歐美國家的社會還要深邃。富有的貴族居住在有林園美景、綠草如茵的別墅裡。他們的食物種類繁多，應有盡有，包括各式各樣的肉類、家禽、糕餅、水果、酒，以及甜點。他們的餐具都是用雪花石和金銀製成的，他們的衣著也都是名貴的綢緞和珠寶。與此相反的，窮人的生活則是苦不堪言。城裡的勞力工人擠在擁擠不堪的地區，住的都是泥塊所造的房屋，他們僅有的家具就是一些凳子、箱子，以及粗糙的陶罐，而在大花園中的農夫生活空間雖然不像城裡工人那般擁擠，但是生活也好不到哪裡去。

儘管一夫多妻是得到允許的，但社會的基本單位仍是一夫一妻制的家庭。即便是法老，可以擁有許多后妃嬪妾，不過也只能有一個正妻。納妾是一個很高尚的社會制度。不過與大多數的古代社會相比，埃及婦女並非完全成爲男性的附屬品。做妻子的並不須與世隔絕；婦女既可擁有財產，也可以承繼財產，甚至經營貨殖。此外，埃及人還允許婦女繼承王位，第十二王朝時有索貝諾芙魯女王，第十八王朝時也有哈脫舍普蘇女王。

埃及的經濟制度主要是以農業爲基礎，不但種類繁多，而且也有高度的發展。土壤非常適合小麥、大麥、黍稷、蔬菜、水果、亞麻，以及棉花的生長。理論上，土地乃是法老王所有，但在較早時期，他已將大部分的土地授予他的臣民，所以，實際上大部分的土地都已成爲私人的財產。在西元前兩千年以後，商業迅速發展到位居首要的地位。埃及、克里特島及地中海東岸各地區之間的商貿往來極爲興盛。埃及控制了利比亞的金礦，成爲其主要財富的來源。主要的出口產品有黃金、小麥、亞麻織品，進口物品主要限於白銀、象牙和木材。在經濟生活中，另有一項與商業具有同等重要性的就是製造業。早在西元前三千年，就有大量人口從事工業生產。以後各時期乃有工廠的建立，一個工廠雇有二十位或更多的工人，同時出現了某種程度的分工。主要的工業爲採石、造船，以及陶器、玻璃與紡織。

在很早的時候，埃及人在商業用具方面便有了進展。他們知道了商業會計與簿記的各種要素。埃及的商人會使用定貨單與收據，他們發明了財產證書、書面合約與遺囑。雖然沒有貨幣制度，但他們已經有了錢幣經濟，流通著一定重量的銅環或金環以作爲交易的通貨，這顯然是人類文明史上最古老的貨幣。然農人與城市貧民間的簡單交易，無疑仍沿用以物易物的方式。

埃及的經濟制度首重於集體化，從一開始就將人民的精力納入社會化的系統之中，認爲個人的利益與社會的利益是一致的。整個國家的生產活動都是圍繞著龐大的國有企業進行，而且政府也一直是雇用勞工的最大雇主。然而這種集體化主義並未包括所有的一切，仍有相當多的空間留給私人發展。商人們做自己的生意，許多工匠也擁有自己的鋪子，隨著時間的推移，有許多小農戶成爲獨立的農民。政府則繼續辦理採石與開礦、建造金字塔與神廟，以及墾種皇家田產的工作。

埃及人的成就

西元前五百年左右，當一群希臘人造訪尼羅河谷地，一位顯貴的埃及祭司應是這樣告訴他們：「你們希臘永遠是長大的孩子；你們當中沒有半個老人。」這番言語的涵義乃是認爲，生活在一個延續了二千五百年之久的文明中人，自然將希臘人視爲無足輕重：希臘人剛剛開始有自己思想時，埃及已進入他們的第二十六王朝。依今日的觀點來看，未受擾亂和歷史悠久的埃及文明是相當值得尊敬的。顯然，古埃及人找到一種與自然和諧的相處之道，使他們自己能夠和平、自給自足地生存綿延數千年之久。西元前三三二年希臘人征服了埃及，他們比埃及人果敢、有創意，但他們將持續不斷的動亂帶入向來穩定的埃及社會中。

古代埃及成功，與尼羅河的定期泛濫具有密不可分的關係，所以想要成功的移植於他處恐非易事。因此，除了一些具體的成就，諸如太陽曆法或立方體的計算之外，若是講到埃及人對後世思想或歷史的影響，是不足以說明埃及人的成就，倒不如說，埃及人對自己的生活方式、思想、雕刻、繪畫，以及建築模式，皆是深入的著迷。其實爲了其中的某些事物，我們希望能夠回到遠古時代，去一睹涅菲爾提提的芳容，去聆聽圖特王的祭司們餘音繞梁的頌詩，或者在金字塔緩緩上升之際，徜徉在盛開百合的尼羅河中。在歷史如旭日初露天際之時，埃及文明早已如日中天，故尊崇此文明是可以理解的。

庫什文明

埃及的輝煌在很大的程度上，是以其南部邊界以外地區的人力和物質資源爲基礎。一個又一個的埃及王朝，從今日蘇丹共和國的地區大量引進勞動力和士兵，以及珍石異木來製造珠寶首飾和精美的家具。這些黑皮膚的鄰居對埃及的貢獻，在埃及法老的陵寢藝術品上的雕刻圖案中，有生動的反映。

這些出身於南方的黑種人，長期以來被神祕地掩蓋著，經由現代考古發掘才開始對他們有所了解。我們現在可以比較肯定地指出，至少在西元前二二〇〇年開始，生活在撒哈拉南部的環境惡劣區，那些靠生產食物為生的新石器族群，開始向非洲比較肥沃的地區擴張。其中一些人遷徙到了尼羅河下游，與地中海人種和亞洲人種相混在一起，奠定了所謂埃及新王國的基礎。其他人往南溯游到尼羅河上游，一個後來被埃及人稱為「庫什」的地區。到了西元前一千五百年，這些黑皮膚的庫什人與前王朝時代的埃及有著明顯的文化關係，從而建立了自己的王國。確實，這一庫什王國成為非洲第一個高度發達，且基本上是由黑人所創建的文明。此地充滿活力的住民與埃及之間商貿往來極為活躍，並且引進了大量埃及文化。在四個世紀之中，庫什的首都納帕塔恰巧位於尼羅河第四瀑布的南方，成為崇拜埃及神祇阿蒙－利的主要祭祀中心。

在國王克什臺的統治下，庫什人開始趁著埃及社會衰微之際，於西元前七五〇年左右，由克什臺揮軍，一舉入侵上埃及神廟之都的底比斯。克什臺的兒子彼安基進一步占領了富菲斯，並把庫什人的統治範圍擴展到下埃及。且在控制了整個埃及之後，彼安基便戴上法老的頭銜，建立埃及第二十五王朝。

庫什人統治埃及有如曇花一現，他們治國的天分，無法與西元前六七〇年闖入埃及的鐵器時代亞述人相提並論。庫什人沿著尼羅河上游較遠的一方，迅速退回其原先的故土。他們在麥羅埃建立新的根據地，麥羅埃位於今喀土穆以北大約一百二十英里之地，屬阿特巴拉河和藍尼羅河之間肥沃的牧草地上。他們可能從亞述人那裡得知冶鐵的技術，所以麥羅埃發展成古代冶鐵工業的重要中心，而且也是撒哈拉以南第一座黑人工業城市。

庫什人給地中海文明留下許多難以消除的印記。到了西元前五世紀，他們的肖像出現在由地中海東部的賽普勒斯，到義大利半島古代伊達拉里亞地區的花瓶、壁畫和塑像上。他們被描繪成許多形象，例如運動員、跳舞者、宮廷侍從和戰士等。在埃及市集上極為活躍的希臘人，則稱呼庫什人為「衣索比亞」人，意思就是「黑臉之人」。

西元前三二二年，埃及被亞歷山大大帝征服了，成為希臘人統治下的一個王國。從此之後，藉由希臘化的埃及，使得庫什人得以與地中海文明有了頻繁的接觸。庫什人與希臘人，以及希臘化的埃及人彼此之間貿易往來昌盛，不僅為庫什人帶來繁榮，更因此得以形成其獨特的建築與藝術傳統。唯一的石製金字塔跨過了尼羅河，在麥羅埃有著極為深刻的影響；而飾以雕刻幾何圖案的麥羅埃陶器，足以與當時古代世界最精美的陶製器皿相媲美。西元前兩百五十年到西元兩百年之間，庫什達到極盛。在那同時，麥羅埃象形文字甚至開始取代埃及象形文字，成爲書寫的文字。

庫什這一扇朝向非洲以外的世界門戶，從西元十三年至三世紀，羅馬人統治埃及期間越加開放。此後，尼羅河流域的商業貿易迅速衰退，庫什文明亦復如此。在數個世紀之間，尼羅河幾個變幻莫測的瀑布，使得庫什人免除來自北方的入侵，並使庫什居民只能選擇吸收埃及、希臘和羅馬文化中，他們認爲有益的東西。但是，隨著與尼羅河流域關係的疏遠，庫什在經濟上遭受到極大的損失，並且易於受到來自西方沙漠侵入者的攻擊。這一缺憾使得東南方新興王國阿克蘇姆的軍隊輕而易舉地在西元四世紀中葉推翻了麥羅埃。

引人入勝的傳說稱述，麥羅埃王室家族遷移到了西非，並對當地新的政治和文化制度發展貢獻頗多。雖然西非人早在古代就已在北非及尼羅河建立了跨越撒哈拉的路線，但他們在政治和經濟上卻是比較落後的。自從西元前一三〇年開始，西非人便向北方供應黃金、奴隸、珍奇石材和用於競技場上的野生動物。有一條古代的車道自北非沿岸布匿人的居住地，經由費贊地區的綠洲，抵達查德盆地。庫什的逃難者可能是沿著一條更爲古老經由費贊連接尼羅河和尼日河的小道到達西非。令人可惜的是，中部尼羅河谷地卻是一條死路，無法成爲通往南方的孔道。因此，尼羅河流域豐富的文化向南傳播到東非和赤道非洲是少之又少。

衣索比亞的基督教王國

與內陸的庫什全然不同，位於它東南方的阿克蘇姆，藉由紅海，在托勒密埃及時代快節奏的貿易中，獲利匪淺。阿克蘇姆各海港因爲是內地貨物指定運往地中海世界、波斯灣、印度，乃至更遠地區的集散地，而忙碌異常。埃及的希臘經紀人爲阿克蘇姆提供了一扇通往地中海之窗戶，而阿拉伯的經紀人則向它展示了東方的市場及文化。

阿克蘇姆人是非洲人和閃族語系的阿拉伯人，以和平方式所產生的民族。從西元前一千年起，阿拉伯就有小規模的人移居到高低不平衣索比亞高原。通婚帶來豐富的文化，而這豐富的文化則反映在巨大的宗教方尖形石碑，這些石碑多以單塊石頭切齒而成，其準確的程度令人嘆爲觀止。此外，由於引進了耕犁、梯田和灌溉技術，使得農業生產大爲提升。

西元四世紀中葉，伊扎納國王接受基督教，並將之定爲國教。基督教成爲一種將阿克蘇姆各部落的文化、政治統合爲一體的有力工具，因而形成一個中央集權式的王國，稱之爲衣索比亞。到了十世紀，信奉基督教的衣索比亞消滅了阿克蘇姆王國最後一個據點。修道院在衣索比亞紮根，成爲學術與文化傳播不可或缺的重鎮。衣索比亞的僧侶將《聖經》譯成當地的吉茲語。隨著時間的推移，歷朝各代君王均賜予教會大量田產，使修道院在經濟上勢力強大。修道制度乃是一種生活方式，其迅速蔓延到鄰邦努比亞王國，此修道制度的興起，比起信仰基督教的西歐還要更早。

以多山、幾乎無法接近的高原爲中心，衣索比亞成爲一座天然的城堡。其居民生活在相對與世隔絕的狀態中，塑造了一個十分穩定的君主政治，及一種獨特的基督教文化。身爲世界上最穩定且最悠久的文明之一，衣索比亞本質上就在如此受人尊敬的制度，以及相同的王朝所統治下，一直存在到二十世紀。

第四章

希伯來和早期希臘文明

The Hebrew and Early Greek Civilization

我是耶和華你的　神，曾將你從埃及地為奴之家領出來。

除了我以外，你不可有別的神……

……不可妄稱耶和華你　神的名，

因為妄稱耶和華名的，耶和華必不以他為無罪。

——〈申命記〉5:6-11

阿伽門農從睡夢中醒來……穿上鬆軟簇新的衣衫，披上碩大的披蓬，在其閃亮的腳上繫緊舒適的便鞋……然後拿起永不頹敗的玉杖，祖傳的寶物。

——荷馬，《伊里亞德》

相對於美索不達米亞和埃及疆域之遼闊、兵力之強盛的大帝國，希伯來人和早期希臘便顯得相形見絀，不過，他們的文明仍是值得被充分重視的。希伯來人在歷史上擁有超乎尋常的重要性是無庸置疑的，雖然他們在政治上表現是微不足道，但在思想、生活各方面，對於現代世界的影響卻是大於西亞任何民族。至於古代希臘諸文明（下文將要看到，有兩個希臘文明），其優雅、練達，以及身爲歐洲最早的文明之地位，皆是讓人難以忘懷的。

希伯來人的起源

希伯來人乃是閃族語系的一支，現知他們最早是出現在美索不達米亞地區，因爲根據《聖經》記載，希伯來人的祖先亞伯拉罕家族便是起源於蘇美。但是，由於希伯來人是一支游牧民族，所以之後對於他們的確切的蹤跡無法查清也就不足爲奇了。有這些就夠了，大約在西元前一千九百年至前一千五百年之間，他們逐漸由美索米達不亞南移至敘利亞（此地這時稱爲迦南），隨後進入埃及。就在這幾個世紀間，有一支希伯來部族自稱是亞伯拉罕的孫子雅各一系，並以雅各的別稱，稱呼自己爲「以色列人」（據〈創世紀〉記載，雅各曾與一個天使酣鬥徹夜，得到「以色列」這一稱號，意爲「神的勇士」）。在旅居埃及大約三百年的期間，適逢新王國時期的法老正試圖建立一個埃及帝國，而尋找眾多的奴隸來維持國內經濟的運轉之際。因此，希伯來人從此便遭逢奴役。就在這時，大約西元前一二五〇年，希伯來人找到了一位領袖，就是英勇的摩西，他率領他們擺脫埃及的束縛，離開埃及來到了西奈半島（這是位於埃及和迦南之間的一片荒漠地帶），並向外宣稱他們是崇拜耶和華者（Yahweh），其名字後來很多時候都被寫成Jehovah。也在這個時候，所有的希伯來人都成了以色列人，因爲他們在摩西的勸說下，相信耶和華是亞伯拉罕、以薩和雅各的神，故而以色列的神也就成了他們崇信的神。

在西奈沙漠地帶遊蕩了大約一個世代，希伯來人決定遷回比這裡富庶得多的迦南之地。相對於乾旱的西奈，迦南的確是富庶多了，在他們看來，這是一片「流著牛奶和蜂蜜的土地」。然而，這並不是一次簡單的遷移與定居行動，因爲迦南已被另一支閃族語系的迦南人占領了，他們不願與希伯來人共享這片土地。因而希伯來人乃以武力進入迦南，事實證明這個過程不但緩慢而且極爲艱辛，絕不像那個名句所描述的那樣，「約書亞進軍耶利哥，城牆紛紛塌陷」。摩西的繼承人約書亞的確在迦南奪取了一些地區，但收穫不大，因爲游牧的以色列人裝備較差，降低了用圍城戰術來攻克迦南防禦堅固的城池。此外，在約書亞死後，以色列各部落重回各自爲政之局，無法有效整合採取一致的軍事行動，因而攻城掠地的進展更小。經過一個世紀的征戰，他們僅占領了一些丘陵和少數貧瘠的谷地。尤其糟糕的是，這一時期他們不但要抵禦迦南人企圖收復失土的攻擊，而且還要抗擊外來強大勢力的入侵者。

這一入侵勢力乃是一支非閃族的古代以色列人。他們來自於小亞細亞，在西元前一〇五〇年左右，迅速征服了迦南這大片的地區，並將此一地區改稱爲巴勒斯坦，其意義就是「古代以色列人的國度」。面對亡種的威脅，希伯來人便更加緊他們的團結。在此之前，他們仍是一種部落組織的型態，遇事時由各族推選出來的智者（士師）協同處置，但現在爲了對付古代以色列人的挑戰，顯然需要一種更緊密、「國家性」的政治體制。於是在西元前一〇二五年左右，在撒母耳一位部落的士師以其人格力量贏得以色列各部族的愛戴，在所有人當中選出一位國王——掃羅，此人後來使希伯來變成一個統一的民族。

政治希望與受挫的紀錄

儘管掃羅的統治象徵著希伯來國家統一的開端，但這一朝代無論對希伯來人或掃羅個人而言，都不是很愉快。《舊約》在這方面只提了小部分的原因。在掃羅王開始專擅執行王權之後不久，他顯然觸犯撒母耳。撒母耳想繼續在幕後掌握實權，因而他便轉而支持一名精力充沛，叫作大衛的年輕武士。大衛巧妙地運用各種手段，將民衆對掃羅的支持移轉到自己這邊來。他發動了進攻古代以色列人的戰役，並一再勝利（他只不過用了一個彈弓，就戰勝了古代以色列勇士「哥利亞」）。而掃羅的軍隊卻經常受挫，最後身負重傷的掃羅自殺身亡，結束了這場與大衛的戰爭。這大約是西元前一〇〇五年的事——與千禧之年相當接近，極容易記得。

掃羅王死後，大衛成了國王，從此開展希伯來政治史上最輝煌的時期——至少到現代是如此。他致力打擊古代以色列人，並將他們驅逐到靠南邊海岸的一個狹長地帶。他迫使迦南人承認他的統治，其結果就是在數代之後，讓迦南人喪失了獨立的民族特性，與希伯來人完全融爲一體。隨著此一進程的發展，希伯來人漸漸從游牧生活轉而從事農耕，或在城市中做各種工作。當大衛完全確立其君主地位後，開始徵發民役，並進行人口調查，以此爲徵稅的基準，然後便開始實際徵稅。他最終目標是想將耶路撒冷建成一座都城與宗教中心，雖然他在這方面獲得不少進展，可惜他卻未待工程完成就去世了。

大衛的兒子所羅門繼承了王位，他在位期間是從西元前九七三年到前九三三年，他也是希伯來統一王國三位君主中的最後一個。所羅門決心完成他父親興建耶路撒冷的未盡之業。這樣做的目的，也是來自他父親的兩個遺願：其一，以色列人如果想要在西亞各國強大民族之中，找到自己的一席之地，就必須有一座可以展示他們強大之富麗堂皇的首都。其二，他們也必須有一座宏偉的聖殿，來重申他們全民族的宗教信仰。一直到那個時候，約櫃一直沒有一個被固定存放的地方（「約櫃」乃《聖經》的名稱，用來指存放耶和華在西奈山與摩西訂定約法時所賜的兩塊石版的櫃子，該物在以色列人飄泊無定的日子裡一直被隨身攜帶，置於「聖所」之中。所謂「聖所」不過是個活動的帳篷罷了。如果過去在帳篷中供奉高貴的神龕，勉強可以滿足一個游牧民族的需要，但它是無法被一個定居農業居民所需要。反過來，「約櫃」這一代表以色列與耶和華特殊關係的物證，必須置放於一個強大的首都，並且恰如其分地放置在一座宏偉的廟堂深處）。爲了這些理由，所羅門不遺餘力地建造首都，尤其是營造聖殿，這後來變成希伯來民族生活與宗教生活中心的建築物。由長遠的觀點來看，這一政策對希伯來人的存續貢獻極大，因爲所羅門確實建成了一座宏偉的聖殿，這座聖殿後來在以色列面臨民族滅亡與文化滅亡時，成了鼓舞人心的象徵。但若由短程的觀點來看，所羅門王這一奢華的建築工程引起了相當麻煩，因爲巴勒斯坦地區缺乏可充當基本建築材料的天然資源，更遑論那些裝飾工程所需的黃金珠寶。當時所羅門王巧立名目橫徵暴斂，仍無法支付建築經費，於是他先是將土地割讓給他的主要供應者（北方）鄰國腓尼基，隨後又徵發希伯來人到腓尼基的林場和礦場服勞役。

毫無奇怪的，所羅門如此專斷行爲引起了許多臣屬，尤其是北方臣屬激烈的反抗。這些北方人眼見自己的子弟被強迫送往腓尼基服勞役，而且他們對興建耶路撒冷的各項工程也不是那麼感興趣，因爲耶路撒冷位於希伯來王國較南的位置上（與南方人相比，北方人對排他性的耶和華並不是那麼狂熱地崇拜，這也是爲什麼他們不願以個人的犧牲來換取建造聖所需黃金的原因）。所羅門在位時，北方臣屬仍服從於他，但是他的死亡卻成了公開反叛的信號。北方不願向所羅門之子李荷伯安納貢，他們迅速從統一的希伯來王國中分離出來，建立自己的王國。

北方王國後來被稱爲以色列王國，定都撒馬利亞；南方剩餘的地區組成了猶太王國，以耶路撒冷爲都。即使是統一的王國，希伯來王國也稱不上十分強大，而現在被分爲兩半，國力更是虛弱得可憐。能繼續存活下去主要是因爲運氣不錯，以及鄰國的和睦，絕不是因爲他們內在的活力。以色列王國苟延殘存經營（通常是靠納貢）了兩個世紀，直到西元前七二二年被亞述人消滅。因爲亞述人執行的是一種摧毀被征服民族所有重要建設，並將其人口流放到各地的政策，以色列王國從此湮沒無聞。至於猶太王國之所以能夠僥倖躲過亞述人的洗劫，部分原因乃是它不太重要；不過西元前五八六年，猶太王國被尼布甲尼撒統治的巴比倫征服了，耶路撒冷遭到劫掠和焚毀，其重要的公民皆被遣送到巴比倫。在此後半個世紀的時間裡，Judeans（猶太人）——歷史學者習慣稱其爲Jews——過著「巴比倫之囚」的日子，擔心自己再也回不到故土了。

後來事件的發展證明他們錯了，當西元前五三九年波斯居魯士征服巴比倫之後，他寬宏大量地允許猶太人重返巴勒斯坦，並且在波斯人督管之下建立起半獨立的政權。這些重歸故里的希伯來人及時重建了耶路撒冷聖殿（西元前五二〇至前五一六年完成），並且在波斯的羽護下，過著還算是和平的生活，直到西元前三三二年巴勒斯坦被希臘人亞歷山大大帝征服爲止。亞歷山大不久之後旋即去世，此後猶太人處在一種被操持希臘語的領主統治之下。西元前一六八年，有一個叫作安迪克厄比法納斯的領主，企圖以褻瀆聖殿、禁止在聖殿舉行各種朝聖活動之方法，來打擊猶太人的信仰，但是這種粗暴的政策，引發了振奮人心的鬥士馬加比所領導的反動。經過二十年的抗爭，巴勒斯坦的猶太人終於在鬥士馬加比王朝的統治下贏得政治獨立。不過，這種局面只維持到西元前六三年，那時羅馬將軍龐培趁馬加比王朝內亂，把巴勒斯坦置於羅馬保護之下。猶太人不滿羅馬人的統治，乃於西元六六年發起反抗，誓死再現昔日對安迪克的勝利。不過，這一次他們面對的是古代最強大的帝國，結果喪失了所擁有的一切。西元七〇年，羅馬皇帝提圖斯無情地鎮壓了猶太人的反抗，摧毀了聖殿，導致它從此再也不能重建起來。此後巴勒斯坦完全被羅馬帝國呑併，猶太人也漸漸散落在廣闊羅馬帝國的各地。從那時候起一直到二十世紀，猶太人開始「散布各地」，或者在許多世紀裡，離開巴勒斯坦，散居到一個又一個國家中，成爲他們主要的生存方式。

希伯來宗教的發展

即使在大衛王時期，古代希伯來人也只是一個並非十分強大的大國，甚且在所羅門統治之後，他們連這一點也無法達到。若不是他們在另一個不同的領域，即宗教領域取得了偉大成就，本書也許只會對他們一筆帶過，而無須在此大書特書。今日的猶太教也就是所謂猶太人的宗教，乃是一種由信仰、習俗，以及禮拜儀式連結一起的整體，所有這一切皆可以在猶太人的《聖經》（基督徒稱之爲《舊約》）裡的章節找到。然而研究歷史的人必須認識到，猶太教並非一蹴而成的，而是從摩西時期至馬加比時期之間所發生長期演變的結果。

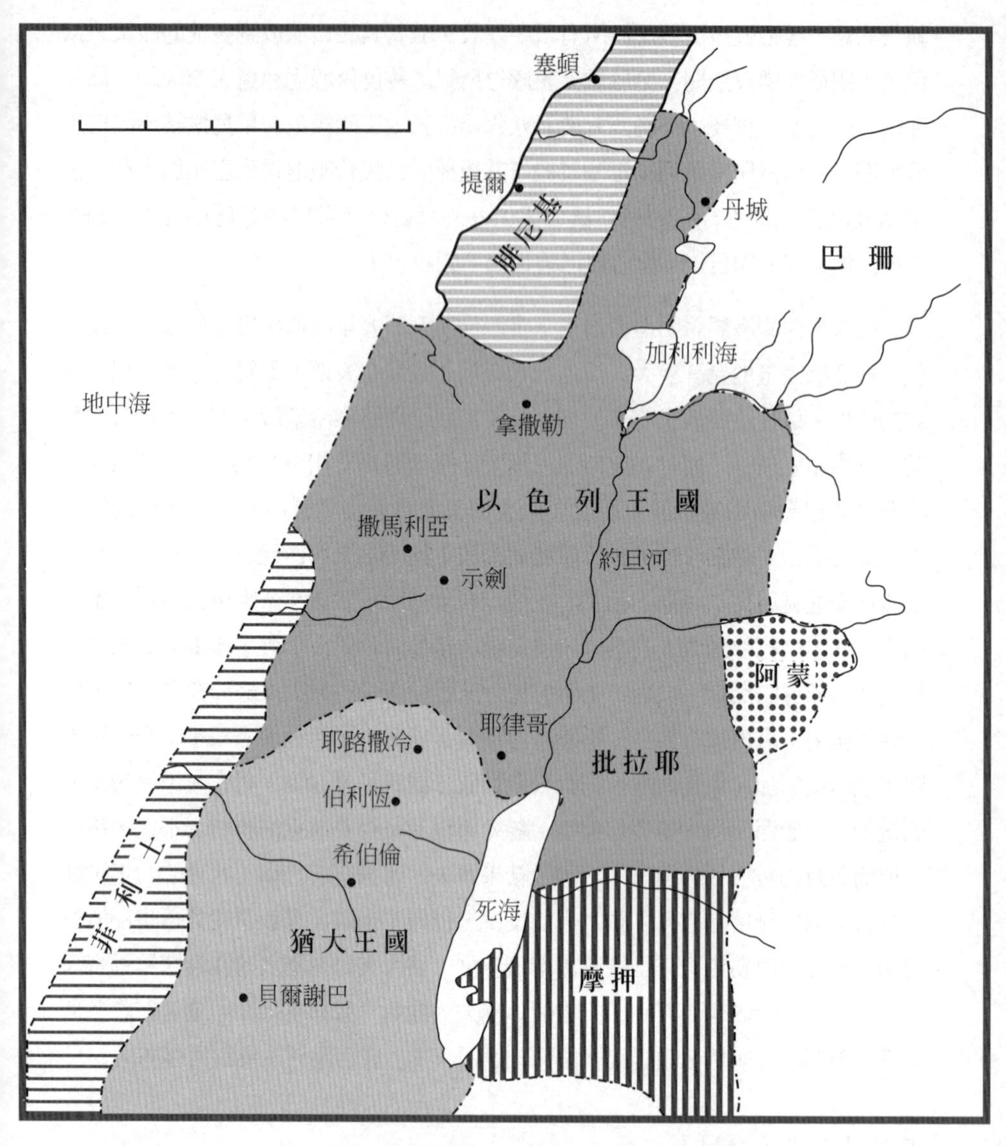

圖4-1　所羅門王死後的巴勒斯坦

希伯來宗教的發展至少可以分爲四個不同的階段：第一個階段學者只能根據推測得知，希伯來如同西亞其他同時期的民族，乃是多神崇拜。隨後進入全民族獨尊一神的階段。這一神信仰是在西元前一二五〇年左右，由摩西發起的，一直持續到西元前七五〇年左右。所謂一神崇拜，係指固定崇拜一個神，但並不否認其他神祇的存在。在摩西的影響下，以色列人民選定了一位神祇作爲其民族之神，這位神祇的名字寫成「雅赫維」（YHWH），但可能讀作或拼成「耶和華」

（Yahweh）。希伯來人同意，除了耶和華之外，便不再崇奉其他任何的神祇，因為摩西堅持：「以色列啊，你要聽，耶和華我們　神，是獨一的主。」（〈申命記〉6：4）

在全民族獨尊一神的階段，耶和華是一個非常具體的形象。祂幾乎被擬人化了，不但具有人的形體，而且還有和人一樣的情緒。祂不但任性，而且有時性格暴躁——祂雖然善良，但也可能發生邪惡行為與偏激的判斷。祂的旨意時常是獨斷專行的，而且祂對無意中犯罪與真正犯罪之人的懲罰，幾乎是相同的。據傳聞，耶和華攻擊烏撒至死，那是因為在運往耶路撒冷的途中，這個不幸的人用手扶了「約櫃」（〈歷代志〉上13：9-10）。耶和華實際上稱不上是無所不能的，因為祂的權力只限於在希伯來人的領土上行使。無論如何，希伯來對後世西方思想的某些最重要的貢獻，是在這一時期首先被有系統地表現出來。正是這一時期，希伯來人漸漸相信上帝並非內在於自然，而是外在於自然，而人類身為自然的一份子，通過神意可為自然的主宰。這一「超過宇宙」的神學，意味著人類可以逐步以純粹理念、抽象的術語來理解上帝，同時認為人類具有隨意改變自然的能力。

在一神崇拜期間，希伯來人乃是藉由道德戒律、儀式和禁忌的結合來服侍、尊崇耶和華。雖然無法確定「十誡」原始的確切形式，但可以相信是在西元前七世紀之前，「十誡」已為人所知（其形式見於〈出埃及記〉20:3-17），並且在「巴比倫之囚」前就已存在。希伯來人毫無疑問嚴格遵守著一些神的戒律，其中包括一些確切的倫理原則，諸如殺戮通姦、作偽證，以及「覬覦鄰人之物」等行為的禁令。此外，希伯來人也嚴格遵守儀式的要求。例如，慶宴、獻祭，以及儀式的禁忌，如第七天禁止工作，以及用母羊之奶沸煮小羊。雖然道德規範在希伯來人的社群中可能得到嚴格的遵守，但是在涉及外族時未必可以適用。因此，就殺戮人民方面，希伯來人也絕不遜於亞述人。當年約書亞征服迦南各領地之後，「那些城邑所有的財物和牲畜，以色列人都取為自己的掠物，唯有一切人口都用刀擊殺，直到殺盡，凡有氣息的沒有留下一個。」（〈約書亞記〉11:14）以色列人對如此野蠻政策毫無遲疑，因為他們深信這是主的旨意——耶和華確實授意迦南人抵抗，這樣就可以找到理由殺掉他們，「因為耶和華的意思是要使他們的心裡剛硬，來與以色列人爭戰，好叫他們全被殺滅」（〈約書亞記〉11:20）。

與那些模糊不清的倫理感和神授正義的觀念相比，希伯來宗教發展第三階段的思想，可以稱得上是一場革命；事實上這一階段，習慣上被稱為「先知革命」。引導這場宗教思想革命的「先知」，多半生存在希伯來民族受到亞述人和巴比倫人威脅及流亡巴比倫的時期，即從西元前七五〇年左右到前五五〇年左右。雖然「先知」一詞後來漸漸意指那些能夠預測未來之人，但其原始的意思（此點在此需要先行了解），更接近於「布道者」——更準確地乃指某人有緊急消息要宣布，而他堅信此一訊息是來自神的啓示。希伯來最初的先知是阿摩司和何西阿，他們在西元前七二二年，以色列被滅亡前不久便「預言」（即布道和告誡）了它的滅亡；以賽亞和耶利米在西元前五八六年猶太覆滅之前，即預言了它的覆滅；而以西結和第三個以賽亞[1]預言到了「巴比倫洪水」的到來。這些先知先是預言大災難將降臨到褻瀆上帝和行爲不端的人身上，隨後宣告上帝的懲罰是公正的。他們宣告的消息彼此非常接近，因而有理由將他們視作一個單一而相續的宗教思想團體。

先知的教義中有三點主要的教則：一、根本一神論——耶和華是宇宙的主宰；祂甚至利用希伯來以外的其他民族來達成祂的目的，其他諸神都是僞神。二、耶和華是唯一的正義之神；祂只行善事，世界上的一切邪惡乃是由人類造成的，而不是由神造成的。三、因爲耶和華是公正的，祂對以色列子民的道德行爲比其他方面更加看重；祂不重視儀式與祭祀，只要求其子民「學習行善、尋求公平、解救受欺壓的，爲孤兒伸冤，爲寡婦辨屈」（〈以賽亞書〉1:17）。於大衛王之後，以色列人與迦南人融合在一起，過著定居的農業生活；此時，部分的以色列人恢復迦南人的豐收之神獻祭，祈求能夠五穀豐收；但在其他方面依然完全忠於耶和華信仰的以色列人，他們以空前的重視禮拜儀式表示其忠誠。面對如此的習例，先知阿摩司以勢不兩立的態度批判，他藉由傳達耶和華震聾發聵的警告，對先知革命做了結論，昭示著人類文化史上一個劃時代日子的來臨：

我厭惡你們的節期，
　　也不喜悅你們的嚴肅會。
你們雖然向我獻燔祭和素祭，
　　我卻不悅納，
也不顧你們用肥畜獻的平安祭。
要使你們歌唱的聲音遠離我，
　　因為我不聽你們彈琴的響聲。
惟願公平如大水滾滾，
　　使公義如江河滔滔。

——〈阿摩司書〉5:21-24

猶太教最後一個形成的階段，是猶太人從巴比倫返回巴勒斯坦後的四個世紀，因此也被稱爲「放逐後階段」。放逐後階段宗教思想者的主要貢獻在於一套「末世論」教條，這是討論「最後的事物」或世界末日來臨時將會發生之事的文獻。在波斯人和希臘人直接或間接的影響下，於馬加比起事期間，巴勒斯坦的猶太思想家便開始空前關注他們這個弱小、在政治上無力的民族，在神的世界藍圖中應扮演何種角色，同時開始寄望於彌賽亞和千禧年。換句話說，他們逐漸相信，上帝會馬上派來一位救世主或「彌賽亞」（意即「天意選定者」），他不僅會使猶太人強大起來，而且在末日來臨之前和平、公正的千禧年期間，把耶和華的信仰傳遍全世界。起初他們以爲這個千禧年的和平國度會在「今世」出現——也就是人類能夠親眼目睹並享受；或用第三個以賽亞的話說，「田地怎樣使百穀發芽……主耶和華必定照樣使公義和讚美在萬民中發出」（〈以賽亞書〉61:11）。但是隨著時間一天又一天地逝去，這個會如同「田地使百穀發芽」那樣自然而然出現的千禧年國度，在有些人看來更加虛無渺遠了。因此在他們看來，成功的希望只能將寄於來世，乃成爲無法避免的事實。《舊約》中的〈但以理書〉對來世末世論有著最完整的記述，該書的作者並非生活在尼布甲尼撒時代，名叫但以理之人，而是有人借了但以理之名，在馬加比起事期間寫成的。根據這位預言家的說法，彌賽亞，他稱之爲「人子」，將「駕著天雲」而來，而且他擁有一種「永遠不能廢去的權柄」（〈但以理書〉7:13-14）。與這一來世觀念密不可分的信念，乃是彌賽亞將主持「最後的審判」；換句話說，在超自然力之下，死者將復活，接受彌賽亞對其生前品德的審判，惡男劣女將遭到永遠受罪的處罰，「聖民」則將繼續服侍「在天上地下施行神蹟奇事」的「永不敗壞」國度（〈但以理書〉7:26-28）。

猶太人對彌賽亞的期待，顯然影響了耶穌的活動。耶穌是一個猶太人，他的信徒不管是猶太人還是非猶太人，皆視他爲彌賽亞，於是乃以基督徒聞名。那些否認耶穌是彌賽亞者，則繼續期待彌賽亞的到來。有人認爲彌賽亞要像〈但以理書〉所說的那樣，駕著天雲而來，但大多數的人希望他是一位能夠壯大以色列民族，並重建聖殿的救世主。這兩種希望彌賽亞奇蹟般到來的想法，都使得猶太人維持了他們其他類型的信仰，即使被迫離開聖地，居住在數千里外的時候，依然如此。這在很大的程度上說明一個眞正的猶太奇蹟—— 一個其他能力都微不足道的民族，面對可怕的逆境能夠屹立至今，並以其各種成就豐富了世界。

希伯來人的法律和文學

古代希伯來人不是偉大的科學家、建築師或藝術家。依目前所知，就連所羅門王的聖殿，實際上也不算是希伯來人的一個藝術成就，因爲工程中困難度最高的建築任務，似乎是由腓尼基的石匠和藝匠完成的。由於希伯來教規禁止雕刻任何「偶像」，或者是有關於任何上天、下地和水中的「形象」（〈出埃及記〉20:4），所以猶太人既不會雕刻、也不會繪畫。相反的，在法律和文學領域之中，卻能找到古代希伯來文化最可貴的表現。

希伯來法律中最可貴的寶藏當屬《申命記法典》，這乃是以《聖經》中的〈申命記〉爲核心。雖然部分內容根基於古代傳統，即古巴比倫人法律思想具有親緣關係，但實際上《申命記法典》無疑是先知革命期間的產物。一般說來，它的條款比古巴比倫的《漢摩拉比法典》中的相關規定更具利他且公正。說到利他，這不僅要求人們對窮人和陌生人寬大爲懷，而且規定希伯來的奴隸工作六年以後，即應予解放，並不得讓他們空手而歸，俾使他們能夠重新生活下去，同時還規定每七年要減免一次債務人所欠的債務。其法律的公正性表現在下述各個原則：子女不必爲父親的罪負有責任，法官在任何情況下均不得接受賄賂。總而言之，《申命記法典》所提倡的是「完全正義」的嚴格理想，因爲耶和華的要求太高，只有「完全正義」的生活，希伯來人才能自視無愧地承繼這一理想土地。

整體而言，希伯來人的文學乃是西亞古代各文明中最優秀的。所有流傳到現在的作品，幾乎都保存在《舊約》以及《經外書》（因爲其宗教權威性被懷疑，而成爲未認可的古希伯來著作）之中。但除了〈士師記〉第五章的「底波拉之歌」等少數片段外，《舊約》實際上並不像一般人所認爲的那樣古老。學者現在已經知道，《舊約》乃是經過多次的蒐集與校訂編成的，其中舊作與新作都被混編在一起，這一般都歸功於一位古作者——如摩西。但最早的修訂工作，也不會早於西元前八五〇年之前。除〈歷代志〉的若干篇章外，《舊約》中各書篇大部分都是這個時間以後的產物。雖然〈詩篇〉中絕大部分是大衛王的作品，但實際上有很多乃是敘述「巴比倫之囚」時期的事蹟，顯然〈詩篇〉的整個蒐集工作乃是經歷了幾個世紀。

毋庸置疑的，《舊約》當中確實有一部分是包含著一長串名字或祕密宗教的禁忌，可是其餘的篇章，無論是人物傳記，還是戰爭記述、感恩祈禱、戰歌、先知的勸勉、愛情詩，或是對話，都富於韻律，引人想像、情感熱熾。任何語言的作品都很少有像〈詩篇〉第二十三篇那樣具有樸質之美：「耶和華是我的牧者，我必不致缺乏。祂使我躺臥在青草地上，領我在可安歇的水邊。祂使我的靈魂甦醒⋯⋯」；或者像〈以賽亞〉書中所描繪的和平景象：「他們要將刀打成犁頭，把槍打成鐮刀；這國不舉刀攻擊那國，他們也不再學習戰爭。」

《聖經》中的〈雅歌〉乃是世界上最優美的愛情詩歌。雖然一代又一代的讀者想從其中找出象徵性的脫俗意含（現代許多評論家告訴我們，我們可以對我們喜愛的任何詩文自由地做出解釋），但〈雅歌〉應該是一部完全世俗的婚慶詩篇，它產生於西元前五世紀左右。新郎稱頌新娘爲「鴿子」，而新娘則尊稱新郎爲「王」。他們在果園與葡萄園中，沉醉在對兩人互憐互愛和共享愛情生活的憧憬之中：「我的佳偶，我的美人，起來，與我同去！因爲冬天已往，雨水止住過去了。地上百花開放⋯⋯葡萄樹開花放香。⋯⋯我的佳偶，你甚美麗！你甚美麗！你的眼在帕子內好像鴿子眼。⋯⋯你的牙齒如新剪毛的一群母羊，洗淨上來，個個都有雙生，沒有一隻喪掉子的。⋯⋯我的良人下入自己園中，到香花畦，在園內放牧群羊，採百合花。我屬我的良人，我的良人也屬於我。」

希伯來文學另一個完全不同的成就，乃是寫於西元前五百年至前三百年的〈約伯記〉。此一作品採用人與命運艱苦鬥爭的戲劇爲體裁。其中心主題爲邪惡問題：爲何公正的人受困，而邪惡的人反而養肥了。故事是舊有的，極可能採自古代巴比倫的一個類似作品，但經希伯來人之手乃有了深刻的哲學體認。故事中主要人物約伯乃是一位具有高尙德性的人，卻遭受一連串災難的打擊：他的財產被掠奪了，他的孩子被殺害了，他的身體也感染了痛苦的疾病。他最初的態度是克制自己聽從天命，必須逆來順受，然而因苦難一再增加，他乃感到失望，他咒詛人生，希望以死了結，「邪惡該停止製造煩惱了，讓那些身心疲憊的人休息吧」。

接著，約伯和他的朋友對邪惡的意義進行了一場很長的辯論。他的朋友認爲，所有的痛苦都是對罪惡的懲罰，懺悔之人將得到寬恕，並可強化其個性，但是這些論調並不能使約伯滿意。當他在希望與失望間徘徊苦惱之際，他便決定致力從每一個角度重新檢討此一問題，他甚至認爲死可能並非結局，死後可能有某種調配。但失望的心情又重現了，他認爲神乃是一個無所不能的精靈，在任性與憤怒下，祂會毀滅一切。最後，他在痛苦之餘，乃請求全能的上帝出現，並將其方式指示給人類。上帝突然間回答他，並解釋自然的無比偉大後，約伯輕視自己並以死解脫懺悔。結果，這對個人受苦的問題並未得到答案。神既未承諾在死後有所補償，亦未反駁約伯悲觀無望的想法。人類必須藉由：宇宙比人類偉大，以及神爲了追求崇高之目的，實不能以人類的公正和仁慈予以限制，如此的哲學思想，聊以自慰。

如果抒情的〈雅歌〉和悲劇性的〈約伯記〉迥然相異，那麼極其老於世故的〈傳道書〉，其與前述二者也有天壤之別。此一作品的著者相傳是所羅門，但實際上，此著作寫作年代絕對不會早於西元前三世紀，其內容包含了《聖經》中一些最重要、最有力的語錄。不過，本書的信條與見於希伯來《聖經》其餘各部分的崇高與預設相牴觸，因爲〈傳道書〉的作者是個無神論者和唯物論者。依據他的看法，人類死後如同牲畜死後一樣沒有來世，而人類歷史不過是代代相傳的過程。萬物都是永恆循環的不同階段而已，任何成就都不是持久的，因爲「日出日落，急歸所出之地……太陽底下，並無新事」。處於這種無意義重複的頂峰，在人世間事務的領域中，居於支配地位的是隱蔽的命運而不是功過，因爲「跑得快的未必能贏，力戰的未必能勝……智慧的未必得食，靈巧的未必獲得喜悅。所臨到衆人的，是在乎當時的時機」。有鑑於這種情況，作者提出要以順其自然之態度對待生活，行事要有節制，「不要過分行義，也不要過於自送智慧……不要過分作惡，也不要爲人愚昧，何必要提早死亡呢？」然而出人意外的，以其消極的觀點，他「讚頌行樂」，乃是因爲「人在太陽底下，莫強如吃喝玩樂」。

這樣一段鼓吹「不要過分行義」的文字，是如何混入希伯來《聖經》之中，迄今仍無所知。所以，我們與其用〈傳道書〉來結束對希伯來文學的概述，倒不如最好用希伯來《聖經》的最後一卷〈瑪拉基書〉，因爲它無論就其預言，或是其富有活力的肯定性表達，都是以一種非常獨特的按語結尾。在此，它藉由耶和華之口如此說道：

> 但向你們敬畏我名的人，必有公義的日頭出現，其光線（原文是翅膀）有醫治之能……你們必踐踏惡人……他們必如灰塵在你們腳掌之下。這是萬軍之耶和華說的。
>
> 看哪，耶和華大而可畏之日未到以前，我必差遣先知以利亞到你們那裡去。

希伯來影響的重要性

在過去兩千年間，西方生活方式的歷史受到希伯來傳統的深刻影響，其部分乃是因爲猶太人的種種活動，部分是因猶太教乃是基督教的基石（由第八章中也可以看到，世界第三大宗教伊斯蘭教也是源於猶太教和基督教）。事實上，今日西方所有的教徒都是一神論者——在信仰方面乃是摩西和希伯來先知們的後繼者。此外，希伯來「超越宇宙的神學」給予西方人一種自信，讓他們相信自己是自然的主人，在砍伐樹木或改變河道時，不必因害怕觸怒樹神或水神而猶豫不決。無論是從宗教的角度，還是俗世的眼光中，這種世界觀肯定對西方技術的發端貢獻極大。希伯來的倫理道德，尤其是由偉大的希伯來先知所塑造的希伯來倫理道德，在本質上依舊是所有具有知識者的珍愛：「愛鄰如己。」（〈利未記〉19:18）這句話比任何解釋都要說得更好。當「豺狼必與綿羊羔同居，豹子與山羊羔同臥，少壯獅子與牛犢並肥育同群」（〈以賽亞書〉11:6）之際，對世界和平共處的意象，更是我們都知道應該立即努力的。否則，無論對任何人來說，任何傳統都沒有意義。

邁諾安和邁錫尼文明

在西元前一八七〇年之前，沒有人會想到在雅典之前的數百年間，曾在希臘愛琴海及其周圍的島嶼中，已有兩個極其興盛的偉大文明。研討希臘史詩即荷馬的《伊里亞德》的人自然曉得，一位有爲的希臘國王阿伽門農曾經率領所有的希臘人贏得「特洛伊戰爭」的勝利，而這場戰役發生在西元前八世紀，在當時《伊里亞德》還未成形定稿。但是當時人們只是簡單地推論，而荷馬史詩的整個情節都是虛構的，如今史學家卻可以肯定，希臘歷史——因而也是歐洲歷史——早在蘇格拉底在雅典的市集上討論眞理性質的問題之前的數百年，就已開始了。

之所以能夠突破對古希臘文明的了解，乃是因爲考古學史上最著名的「成功的傳奇故事」導致的結果。十九世紀中葉，德國商人海因里奇・薛里曼由於年輕時酷愛《伊里亞德》的故事，因此下定決心只要他收入允許之時，他便要去證實故事中的情節是否眞實可靠。很幸運的，薛里曼經商期間積聚了很多的財富，於是他轉而將他的時間與金錢用在尋找阿伽門農。雖然他不是考古科班出身的，但他從西元一八七〇年開始，在小亞細亞一個他確信是特洛伊的遺址上進行發掘，結果令人驚訝，不久他便發現了九個不同城市的若干地方，而每一座古城都是在其前身的廢墟上建立起來的。薛里曼判定這些古城中的第二座便是《伊里亞德》故事中的特洛伊，不過現今學者認爲第七座古城可能才是特洛伊。當第一個偉大志願成功之後，薛里曼大感振奮，乃於一八七六年開始在希臘進行發掘，結果他竟然又一次挖到黃金——這次無論在象徵意義上，還是實質上均是相同的。因爲他發現了一座藏有大量黃金的陵墓遺址，在希臘一個叫作邁錫尼（Mycenae，亦拼成Myseeknee）的廢棄遺址中。因爲《伊里亞德》稱邁錫尼是阿伽門農的住所，因此薛里曼認爲自己是完全正確的，並把它叫作「富有黃金的邁錫尼」。但令人遺憾的是，薛里曼的發掘對研究遙遠的古代並非全然有益，由於他太過熱情，不理會科學程序，且對細緻檔案的保存也不重視，在他發掘的同時也毀掉許多證據。不過話又說回來，他的種種發現確實是撼動人心，尤其這故事本身幾乎是一部傳奇。

當薛里曼向世人證實一向被視爲傳奇的史詩裡，含有部分的眞實性之後，其他人也迅速加入他的發掘工作，其中最重要的後繼者乃是英國人亞瑟・伊文斯。一八九九年，就像薛里曼當年找尋阿伽門農那樣，伊文斯也開始尋找「邁諾斯」——這意味著伊文斯開始在希臘克里特島進行挖掘，因爲傳說稱克里特島上的克諾索斯城是一個強大帝國的首都，而此一帝國的統治者名叫邁諾斯。傳說再次被證實含有部分重要的史實，因爲伊文斯很快發現了豐富的遺產（事實上是更精美），一如薛里曼所發掘到的東西。雖然伊文斯的成就（這使他獲得爵士學位）是在薛里曼之後完成的，但是他在克諾索斯發現的文明，比薛里曼所發現的文明年代更早。因而，首先應探究「邁諾斯的世界」，然後再考察它是如何融入「阿伽門農的世界」。

「邁諾安文明」乃是現今學者用傳說中克里特的統治者邁諾斯之名而定的，它最早的蹤跡可追溯到西元前兩千年左右。邁諾安人在定居克里特島之前，源起於何方無從得知，不過在西元前兩千年左右，他們已經開始建構城市並發展出一套獨特的書寫形式[2]。大約自西元前兩千年到前一千五百年期間，邁諾安文明正是最鼎盛的時期，與其說克諾索斯是其帝國的中心，還不如說它是克里特島幾個繁榮的城市之一，這些城市和平相處，所以感覺不到有建築防禦城牆的需要。只有斷斷續續發生的地震，才會打亂邁諾安人安詳的生活。這些自然災害造成了很大的破壞，但每次災害過後，邁諾安人著手重建城市，往往設法建造比先前更壯麗的新城。在克諾索斯，伊文斯爵士不僅發現了美麗的石製品和繪畫，而且還發現了現知人類最早的抽水馬桶。後來又在邁諾安的另一個遺址卡托札克羅斯發現了一座龐大的宮殿，裡面有兩百五十個房間、一座游泳池和拼花地板。

就在克里特的邁諾安文明興盛時，它潛在的對手正在希臘大陸蓄積能量。大約西元前兩千兩百年左右，操持最早形式希臘語的印歐民族入侵了希臘半島，並在西元前一千六百年左右，開始營建小型城市。起初乃因貿易關係，這些民族的文化逐漸受到克里特島的邁諾安人影響。「邁錫尼」文明乃是在希臘與邁諾安兩文明因素交融下的產物，而其得名則是因爲西元前一千六百至前一千兩百年希臘主導城市邁錫尼而來。西元前一千五百年左右以後，它成爲愛琴海世界（愛琴海是地中海的一部分，位於希臘和小亞細亞之間）的主流文明，而此一文明甚至在

圖4-2　早期愛琴海世界

克里特島也處於優勢地位。

二十世紀最偉大的學術成就之一，大幅度地改變了我們對西元前一千五百年至前一千四百年這一百年間，克里特和希臘歷史的了解。人們一度認爲，希臘在這百年當中仍只是輝煌克里特上的一塊半蠻荒經濟殖民地，且不知西元前一千五百年至前一千四百年克里特內部的改變，乃是因爲一個「新王朝」的崛起。大家都知道的相同線形文字（稱之爲線形文字B），有許多在克里特和希臘大陸發現的實例，但人們只是簡單地推測這種文字源自克里特，而後由克里特傳至希臘。但在一九五二年，一位卓越的英國年輕人麥克・文特里斯，他當時僅有三十歲（而且在四年後，一場汽車意外事故中悲慘地死去），成功地釋讀了線形文字B，並且向世人表示這是一種早期形式的希臘語文。文特里斯的發現說明了邁諾安時代後期，是大陸人統治克里特，而不是克里特統治著希臘，這大大改變了前古典時期希臘史的研究。

雖然仍無法完全弄明白是什麼原因，但學者們現在同意，西元前一千五百年之後不久，邁錫尼人取代了邁諾安人，成爲愛琴海的統治者。這或許是由於克里特島發生了一場大地震，大大削弱了該地的力量，使得大陸人趁虛而入控制了該島；或者是因爲邁錫尼已經變得十分強大，所以有力量能夠迅速征服克里特。然而不管如何，約在西元前一千五百年至前一千四百年之間，邁錫尼人在克里特島上，主導著一個繁榮與具有藝術成就的新紀元。可是在西元前一千四百年左右，又有一支希臘入侵者渡海來到克里特，毀滅了克諾索斯，徹底瓦解了邁諾安文明。這一支入侵者爲何具有如此之大的摧毀力，至今仍不清楚。不過，希臘大陸在往後二百年間，成爲愛琴海世界的主導力量，沒有敵手可以與之相抗衡。西元前一二五〇年左右，邁錫尼人與小亞細亞西部的特洛伊人打仗並贏得了勝利，然此刻他們正瀕臨滅亡。在西元前一千兩百年至前一千一百年，這一百年當中，邁錫尼臣屬於多利安人——多利安人是一支擁有鐵製武器的北希臘野蠻人（鐵製的武器一開始也許比邁錫尼人所使用的青銅武器高明不了太多，但是因爲西亞和東歐鐵礦比青銅所需的銅和錫分布得較廣，所以鐵製武器便宜，可讓更多的戰士持有）。由於多利安人除了武器外，其他各方面都不夠開化，所以由他們所主導的希臘歷史是一個黑暗的時代，一直持續到約西元前八百年。

由上述可以看到，邁諾安和邁錫尼兩文明關係之密切，就連最偉大的專家也難確定邁諾安何時結束，而邁錫尼何時開始。還有一個事實讓問題更加複雜，那就是比線形文字B還要早，而且僅見於克里特的兩種文字形式，迄今尚未破解出來（任何人若想要如薛里曼、伊文斯或文特里斯那樣出名的話，都可以將破解邁諾安的文字當作奮鬥的目標）。與此相呼應的是，討論早於西元前一千五百年左右的邁諾安文明，完全要依靠實物和考古證據，否則許多問題只能推測。然而，證據還是確實說明了，邁諾安文明是人類早期歷史當中最發達的文明之一。

邁諾安的統治者絕對不像亞述國王一般是個好戰的軍閥，他似乎確實擁有過強大的海軍，但卻不是用來戰爭，而是用於維護商貿。事實上，國王是國內主要的企業家，王宮附近的工廠曾生產過大量的陶器、編織品和金屬製品。儘管並不禁止私人企業，但稅賦似乎極重。無論如何，仍有一些私有工廠，尤其是在較小的城鎮裡，而且許多農業也掌握在私人手中。

用官僚制君主政體來描述邁諾安的國家可能是最恰當的。其各個主要城市及其周遭地區的統治者似乎都是專制的君主，而在邁諾安歷史即將結束時（確切的時間難以論定），克諾索斯的統治者似乎掌控了整個島嶼。專制的君主藉助一個龐大的行政管理階層進行統治，其中的書吏似乎壟斷了教育，並且控制著經濟生活的各個層面。所有的農工生產都受到嚴密的監控，其目的是爲國王搜括財富，徵收賦稅。對外貿易似乎也受到國家嚴密的監控；遠航敘利亞和埃及港口的邁諾安商船很有可能也是君主所有，或至少要向他繳納重稅，並受到官僚管理部門嚴密的監控。

雖然受到如此的監控，各階層的邁諾安人民都過著相當幸福的生活。儘管統治者與被統治者之間有著極大的社會和經濟區隔，但在平民百姓之中顯然沒有什麼財富與地位的分等。即使曾有奴隸制度，其數量也必然是微不足道。城市中最貧窮的地區，其房舍也建造得十分堅固寬敞，通常有六到八個房間，但不清楚有幾個家庭住在其中。婦女似乎與男人一樣享有充分的平等地位，不論階級高低、職業爲何，她們都能夠參與公共活動。這一點邁諾安人在古代世界中是獨一無二的。克里特有女鬥牛士，甚至還有女性的拳擊手；而上層社會的婦女，則是將許多時間用在追求時尚和其他消遣活動上。

克里特當地人喜好各種運動和娛樂，以跳舞、賽跑和拳擊吸引人潮；邁諾安人則是使用石材料建造劇場的第一個民族，在那裡以行列吟頌和音樂吸引觀衆。

邁諾安人的宗教因爲是以母系制爲其主流，所以在古代世界中顯得別具特色。其主要神祇不是一位男神，而是一位女神，祂是整個宇宙——無論大地，還是天空、海洋——的主宰。在最初，顯然並沒有男性神祇，後來才加入一個男神，祂是女神的兒子或愛人。無論如何，在邁諾安人的眼中，這一位男性神祇沒有任何獨立的重要地位。儘管母神是善與惡之本源，然而祂邪惡的能力卻不令人覺得恐怖可怕。雖然祂會帶來風暴並造成傷亡，但這些都是爲了充實自然界，一如死亡是生命的前提一樣，世間衆生要爲女神及其聖獸如公牛、蛇等奉獻犧牲。和整個信仰體系相呼應的是女性主導的取向，其主持祭典乃是由女性祭司，而非男性祭司。

因爲我們還無法破解早期克里特的文字，所以，我們仍無法弄清楚邁諾安人是否已有文學，不過根據線形文字B仍無文學之記載來看，這似乎是不太可能的。至於科學成就的問題，就比較容易解決，因爲有具體的遺物可以作爲研究的指引。根據克里特島上的種種考古發現，顯示邁諾安人是天才的發明家和工程師，他們用石材建造了十一英尺寬的優良道路。克諾索斯王宮的設計人員幾乎已經知道所有現代衛生工程的各項基本原則，讓克里特的王室在西元前十七世紀就享受舒適便利，好比室內自來水，這就是連西元十七世紀法國和英國的君主也未能有的享受。

如果說有哪一種成就最能彰顯邁諾安文明的生命力，那必是他們的繪畫天才。除了他們身後千年間發展起來的古典時代希臘人和羅馬人的藝術成就外，古代世界中沒有任何一種藝術可與他們相提並論。邁諾安繪畫最顯著的特點乃是精美、渾然天成和寫實風格。其目的既非炫耀妄自尊大的統治階級野心，也非宣揚宗教教義，而是用來表現一般人對邁諾安世界之美的喜悅與愛好。邁諾安繪畫大多是壁畫，偶爾也有彩繪浮雕。克里特宮殿中的壁畫無疑是古代存留下來的最好作品，展現出表演的特徵與格調優美、諧的天賦，以及捕捉千變萬化的自然才能。邁諾安藝術是如此精緻、優美，以至於一個法國人在克諾索斯發掘到一件壁畫的殘部時，看到一位披著長髮，雙目生輝，帶著性感嘴唇，令人心神俱醉的女性肖像時，情不自禁地大叫：「呀，她活生生是個巴黎女郎！」

對一個追求風雅的民族來說，邁諾安人的藝術長才由繪畫延展到雕塑，甚至擴展到日常家具方面，實在是不足爲奇。邁諾安的雕塑最引人入勝的地方，也許在於其規模總是按比例縮小。從邁諾安的遺蹟中，看不到類似美索不達米亞國王痛擊矮小敵人般的雕像，也沒有創造像埃及人所刻的那種巨大人像。相反的，古代邁諾安的人物雕像總是比眞人要小，他們靠的是渾然天成與雅緻來引發觀賞者的想像力。同樣的，雕塑的寶石、金器、青銅器和陶器，甚至是最不起眼的瓦器均不例外，是那樣的精雕細琢，有時還帶著幽默和滑稽。

和邁諾安文明相比，邁錫尼文明似乎比較好戰，而且也不若邁諾安那般優雅；不過最新的學術研究告誡我們，當心誇大了這種區別。如同克里特在希臘大陸，其城市也是文明的中心——邁錫尼的主要城市包括邁錫尼城本身、皮洛斯和梯林斯。每一座城市及其周圍地區，都由一位叫作瓦納斯的國王統治著。如同在克里特那樣，邁錫尼國家也是官僚君主體制。而且因線形文字B文書解讀的成功，使我們對君主政治的運作情況有了一些了解，這些文書都是高度官僚化管理機構的紀錄。在皮洛斯出土的線形文字B文書中，展現了國王臣屬對其經濟生活最細微的末節：封地的準確面積、某人擁有的廚具數量，以及給別人的兩頭公牛所取的名字（一隻叫「格勞西」，一隻叫「布萊基」）。這些詳盡的清單表示，這是一個高度集權的國家，它對其公民的經濟活動擁有最高的節制。

雖然邁諾安人和邁錫尼人的官僚君主體制差異不大，但是這兩個相關的文明之間至少仍存在著幾個明顯的不同。其一就是邁錫尼肯定奴隸制度的存在；此外，邁錫尼更能適應戰爭。因爲邁錫尼各城市之間戰禍不斷，所以他們都建在山丘頂部，防禦嚴密。邁錫尼人的生活要比克里特人粗鄙、野蠻，國王爲自己建造了外觀華麗的陵寢，其中陪葬物最好的是嵌有花紋的青銅短劍，以及其他象徵權力和財富的東西。

此外，若將邁錫尼的藝術與邁諾安相比，前者實在不是很精美，在優美和典雅這些方面，邁錫尼人確實無法與邁諾安人相提並論。不過，在西元前一千五百年至前一千四百年之間，若將克諾索斯製作的藝術品與更早的邁諾安藝術品相比，其構圖雖然較爲簡單，卻也更加對稱，二者之間絕非完全不同。此外，邁諾安克諾索斯的「巴黎女郎」，與邁錫尼梯林斯出土的一個西元前一千三百年左右之描繪女子行列的壁畫風格極其相似。因此，我們不該認爲邁錫尼藝術中所有最好的地方，都只是對邁諾安人成就的低層次模仿，其製作精美華麗的邁錫尼嵌花青銅短劍，在克里特各地從無先例。

邁諾安文明和邁錫尼文明的重要性，不能依據它們對後世的影響來加以評估。除了邁錫尼之外，邁諾安文化對其他任何民族很難有影響力，且邁諾安文明隨後又約於西元前一千四百年之後被毀，消失殆盡。邁錫尼留下來的遺蹟則稍微多了一些，但爲數仍然不多，後世希臘人保留了一些邁錫尼的男性神祇和女性神祇，如宙斯、赫拉、赫耳墨斯，以及波塞冬，但完全改變了祂們在宗教殿堂中的地位。另外，後世的希臘人也可能從邁錫尼文化中承繼了對運動的愛好，以及度量衡的制度，只是其間的關聯有待釐清。荷馬無疑的還記得邁錫尼人對特洛伊城成功的圍困，但同樣重要的是，要了解荷馬忘掉了多少：荷馬（實際上荷馬這一名字，乃是由一些有作品流傳迄今的作家所共用的）在西元前八世紀創作時，完全忘掉了我們從線形文字B文書中了解到的邁錫尼官僚君主政體的整個類型。邁錫尼和後世希臘人之間的這一斷層，也許有其好處。一些史學專家堅信，專制的邁錫尼被多利安人毀滅，乃是後世更自由、更開明的希臘觀點之所以形成的不可或缺的一步。

雖然邁諾安文明與邁錫尼文明對後世的影響極爲有限，但是至少有四點理由，它們仍然值得被注意：第一，它們是歐洲最早的文明。在邁諾安出現種種成就之前，所有文明都出現在較靠東的地方；但在邁諾安之後，歐洲則經歷了一次又一次令人難以忘懷的文明發展過程。第二，雖然沒有直接產生影響，但在某些方面，邁諾安人和邁錫尼人似乎預告了後來歐洲一些價值觀與成就。固然邁諾安和邁錫尼的政治組織與亞洲國家的政治組織較爲相似，但邁諾安藝術的獨特風格似乎與亞洲國家大相逕庭，其具有較多後世歐洲藝術風格的特徵。第三，邁諾安文明以及較低程度的邁錫尼文明，它們現世與進步的看法具有重要的意義。這些表現在愛琴海地區的居民熱中於追求舒適和豐饒，愛好娛樂活動，汲汲於生活，並勇於實驗。第四，古代亞述、巴比倫，乃至古埃及都是亡於「兵刀」之中，而古代克里特卻是在不設防的城市裡享受歡樂節慶時，咽下最後一口氣。

第五章

印度古代文明

Ancient Indian Civilization

印度教採納一種特定的理念當成是全人類的準則，但對神的理念不分真偽。其認可這樣一個明顯的事實，就是人類是在不同的層次以及不同的發展方向上追尋著神的目標，並對追尋的每一階段寄予同情。

——拉達克里希南，《印度的人生觀》

印度次大陸（包括巴基斯坦和孟加拉）面積略大於半個美國，人口也幾乎是美國的三倍。印度不僅面積廣大，人口稠密，而且還有許多不同階層的文化、不同的宗教信仰、不同的語言，以及不同的經濟條件，其歷史極爲複雜。印度人使用的語言有五、六種不同的語系，其住民的成分更是包括三個不同的人種——黑人、黃人和白人，且其組合和比例各不相同。此外，印度還有一種最古老人種之一，就是與非洲俾格米人有血緣相關的矮黑人，現雖已消失了，但在東部的安達曼群島仍可發現其蹤跡。與此形成強烈對比的是，在北部和西北地區膚色較淺的地中海人，他們是大約西元三千五百年前入侵此一地區的印度－雅利安人的後裔。在南印度分布得最廣的族群是著名的達羅毗荼人，由於此詞彙多用來稱呼所有達羅毗荼語系的人，故不再特指某一種族。另外一類，因爲和廣布在東南亞各地，極東最遠到澳大利亞的原始民族有關，他們被稱爲澳大利亞人種，他們可能比達羅毗荼人更加古老。而蒙古人種主要分布在北部和東北邊境地區。此外，在西部沿海地區還可以發現一阿爾卑斯山人種，其中有部分摻雜北歐人種的特徵（顯著的灰色和藍色的眼珠）。因此，一般習慣將印度土著稱爲「有色人種」或「棕色人種」的說法是錯誤的。事實上，他們膚色各異，而且很明顯的白種人早已存在，特別是在印度北部地區。即使在現代，仍可在旁遮普和西北邊境看到一些身材高大的典型地中海白種人，他們已和阿爾卑斯山人種、澳大利亞人種、蒙古人種，以及矮黑人種非常親近。多少世紀以來，儘管印度歷史上有種姓制度無情的隔離，但此地仍是一個人類的大熔爐。

印度在地理上可分成兩大部分，南部的三角地帶或半島區域，稱爲德干，完全屬於熱帶氣候。北部大陸部分亦呈三角形狀，與墨西哥和美國的緯度相當，氣候包括熱帶酷熱型態和北部高山嚴寒類型。德干北部是丘陵區，森林茂密，爲一些原始山區部落的棲息地，他們的祖先因開發社會的擴張，而被擠入蠻荒之地。被稱爲西高止山的山脈沿西部海岸展開，但半島大部地區是個緩坡高原。印度北半部被稱爲印度斯坦，其北方以高聳的喜馬拉雅山脈爲界，南方則以低矮的文迪亞山與德干高原相隔。印度斯坦大部分的地區是平原，面積約是法國、德國和義大利的總和，其間爲印度河及恆河流域區。這些河流發源自喜馬拉雅山或其外地區，有雪水和冰川提供水源。印度河和布拉馬普特拉河均發源於西藏，反向繞山而下，向南進入印度，並將高原上的新生土壤沖刷到平原沉積。水流平緩的恆河較印度河少泛濫，最能造福人群，因而被視爲「母親恆河」，長久以來一直是印度人的聖河。想當然耳，其中央谷地是全世界人口最稠密的地區之一，那裡土地肥沃，全無石礫。恆河口周遭是一片恐怖的叢林，還有一片沙漠將印度河下游谷地與恆河及其支流分隔開來；然而就整體看來，印度河－恆河地區仍是大自然豐腴的饋賜區，印度文明中最具影響力的幾個中樞就是座落在此處。

就印度而言，氣候因素極其重要，因爲其旱季與雨季是截然不同的。正常情況下，每年六到十月間，飽含阿拉伯海和印度洋水氣的季風朝東北方向吹拂印度次大陸，帶來了大量但不均衡的降水。德干西海岸，喜馬拉雅山下的恆河平原，尤其是在東北角落（現今孟加拉和西孟加拉），洪水經常泛濫成災。印度河一恆河水系爲灌溉提供了充足的水源，但在南印度半島幾乎都是仰賴降雨來灌溉其肥沃的土地。因旱季所引起的饑荒，一直反覆在印度歷史烙下傷痕。

圖5-1　古印度約西元前五百年

印度文明的基礎

印度西北部是與美索不達米亞和尼羅河谷文明同一時期的古代偉大文明地區，許多世紀以來，它被人類所遺忘。其存在的事實與文明發達之程度，經由一九二〇年代的考古發掘而重新展現在世人面前。在西元前三千年達到頂峰的印度河谷文明，與後來的印度文明有許多的不同。它的興衰原因仍是一個謎團，但一九三〇年代的發掘提供了令人信服的證據，就是印度河谷文明是土生土長的，是由早在西元前六千年就定居於此地的那些能夠製造石器工具、生產食物者所創造。

在北俾路支斯坦（今巴基斯坦）一個五百英畝的遺址上發掘之農業村落中，發現有幾個連續但處於不同程度的食物生產文化，他們大約經歷了三千年才進入成熟的印度河谷文明時期。早在西元前四千年，這些村落就開始生產輪製陶器，畜養多種動物，並種植包括棉花在內的多樣作物。他們的彩陶以及赤陶人物與動物塑像，展現了高超的藝術技巧。俾路支斯坦的產品曾遠銷包括伊朗和阿富汗在內的廣大地區。

印度河谷文明（約西元前三千兩百年至前一千六百年）面積近五十萬平方公里，從阿拉伯海沿岸起，北經印度河流域直抵阿富汗北部的阿穆達利亞。儘管這一文明是因農業而興，但其本質卻是城市文明，它是一個功利主義，講究享受的都市社會，與外界有大規模的貿易往來。其與美索不達米亞的往來，在西元前兩千三百年至前兩千年間尤其活躍。在已發掘的約七十個中心的城市裡，以摩亨佐－達羅這個距離海岸約三百英里的城市，及哈拉帕這個位於從河上溯至四百英里的旁遮普，最為重要。據估計這兩個城市各有三萬五千以上的人口，並且在其居住的房屋樣式中，明顯的反應了各個階級所擁有的財富差距，與不同的社會地位。兩座城市都是城堡式的，用堅固的磚塊構成，展示了與雄心和智慧相呼應的設計能力。甚至有些三層樓的堅固房屋，附帶有下水管道的浴室，汙水管道則鋪設在主要街道下面。摩亨佐－達羅建有九百平方英尺的公共浴池，周圍用不透水的磚塊砌成，並綴以美麗的裝飾。哈拉帕有一座巨大的糧倉，是由一個升起的平臺作為基礎，藉以防止儲存的各類穀物被洪水淹沒，馴養的動物有駱駝、沒肉峰牛、水牛、山羊、豬、驢和家禽。因為水平面已上升數百年，只有少部分的印度河谷文明的遺址被尋獲，大部分都已不可復得。但所獲得的證據足以說明，這一文明在其顛峰時期是高度發達，直可與埃及和美索不達米亞相媲美。

印度河谷文明時期正是印度的青銅時代，發現了帶有金銀嵌飾令人賞心悅目的銅，以及青銅器皿。手工技藝是專業化的，水準極高。雖然印度河谷居民沒有遺留下壯麗堂皇的建築物，但他們在個人飾物、動物和人物優雅自然的造型上，展現了手工藝的才能。一些符號被引用，其中包括卍字符號，它成爲往後印度藝術的基本裝飾圖案。此外，哈拉帕更發現了兩件石刻的男子軀體造型，完美的符合解剖比率，比起千餘年後古希臘的雕像更有生氣。

有一批在美學上具有非凡意義，但卻是爲日常生活所設計的物件，包括方形和長方形的石印已發現了兩千多件。每一個石印——大概是用於個人簽字標章，正如美索不達米亞的圓筒印章——都刻上一個動物和一行簡短的文字，它提供了至今爲止所發現的唯一書寫證據。印度河谷文書約有二百七十個象形文字或字母，這些文字與其他任何體系的文字明顯沒有關聯。可惜的是，因爲這些文字至今仍無法解讀，故而不能斷言使用這些文字之人其智能生活爲何。

有關印度河谷居民的宗教信仰和習俗，是需要用推測的，但無疑的，它們爲印度宗教遺產提供了持久的因子。從已發現的雕塑中看出生殖崇拜的突出地位，其聖物包括了陽具象徵、一位母親女神、一位男性神祇、一株聖樹、一頭公牛，一個出現在三個印上，頭上有角的男性形象，被認爲是印度教中廣爲人知的溼婆神原型。

印度河谷文明在西元前兩千年漸衰，似乎在西元前一千六百年左右就已告終，其原因仍在爭論中。其中一個重要干擾的因素，大概是一連串的洪水和地震造成印度河河水的改道，淹沒了人口稠密的地區。與此同時，印度西北部遭受到半開化部族的入侵，這些戰士摧毀城市，並且占領了土地。然而，現已不再認爲印度河谷文明是突然崩解的，或者只是由蠻族入侵造成衰敗的這類說法。入侵者帶來新印度文明的種子，也與被征服者融合，吸收並延續土著文化的許多元素。

遭受入侵與印度早期衰弱的巧合，並非世界上一個孤立事件。西元前二千年之後還有一些環境因素——可能是中亞或西亞草原不斷減少，包括游牧民族大量的移徙，也突顯出來。這些移民主要定居在亞洲的南部和西部（如約西元前一千六百年西臺占領安納托利亞），這種人口流動產生的文化效應，遠比區域物質效應深遠許多。雖然移民部落較爲原始，並缺乏文字體系，但他們所說的語言卻相當發達，大有取代他們所接觸居民口語的趨勢。現代所謂「印歐」這一詞彙，是專指從印度斯坦到歐洲西部和北部，這一廣大區域中占有絕對優勢的語族，它包括古希臘語和拉丁語，也包括現代歐洲語言——希臘語、羅曼語、斯拉夫語、克爾特語和日耳曼語（主要的例外有匈牙利語、芬蘭語和愛沙尼亞語）。

在西元前兩千年的大移民中，兩個關係密切的部族從俄羅斯西部草原向東南方向移動，其中一支進入伊朗高原，另一支穿越興都庫什山脈進入印度西北部，這兩批人都自稱是「雅利安」（貴族之意）；地理與政治名詞的「伊朗」即由此而來，一些印度異種也是由此而來。嚴格說來，雅利安這一名詞只適用於伊朗人（波斯人）和次大陸的印度－雅利安人，雖然它常被廣泛地用於整個印度語族，但用它來稱呼任何歐洲民族或種族是不適宜的。

早期印度－雅利安人擁有一個簡單卻大規模的畜牧經濟。他們所馴養的動物包括綿羊、山羊、戰馬和賽馬，並且還熱中飼養牛。雖然當時不崇拜牛，但牛卻相當受歡迎，通常被當作貨幣，只有在耕作穀物才需要用公牛拉犁耕種。所有常見的手工技藝均已存在，包括聲樂以及由長笛、樂鼓、鈸、琵琶或豎琴所組成的樂器合奏，是當時人喜愛的娛樂，舞蹈亦是。擲骰子賭博是全民運動，舉國上下為之瘋狂。早期印度－雅利安人的社會與其他半開化、好戰的民族非常相似，就如同荷馬的《伊里亞德》、盎格魯撒克遜的《貝武夫》，以及北歐、愛爾蘭人的英雄傳奇。其社會基本單位是父系家庭，一夫多妻現象甚為罕見。婦女雖不像在後來印度教社會中受到種種束縛，但此刻已是屬於從屬的地位了。

法律和政治機構在早期印度－雅利安社會裡已見雛型。每一個部落都有酋長或國王（羅闍），其主要作用是在戰場上指揮軍士作戰。有些部落羅闍是由武士會議推選產生的，這無疑較像個貴族共和國，而非君主王國。由於缺少人口密集的大城市，而難以從中獲利致富，使得羅闍的權力受到了限制。在其管轄下的村莊，自己管理其內部事務，只將部分產物呈貢羅闍以換取「保護」。對犯罪的控制和處罰方式，與一千年後入侵羅馬帝國的日耳曼部落頗為相似。被害者或其家庭應主動控告罪犯。有關損害的賠償一般是支付給原告。在謀殺案中，賠償是支付給被害者的家庭。與此並行的另外一種日耳曼司法制度，就是偶爾借助於用火或水去決定犯罪與否。竊盜行為仍是大家普遍斥責的對象，特別是偷牛的行為，會遭致特別的譴責。一個破產的債務者——通常是在賭博中太過大意——可能被判為成為債權人的奴隸。

在印度悠久的歷史當中，在其每一階段的文明，宗教都是主要的因素。雅利安人早期相對簡單的宗教，與希臘、羅馬、北歐和日耳曼等社會的宗教相當。雅利安人的神——「狄瓦」或「發光者」——是大自然力量或這些力量的人格化。他們沒有神像或廟宇，拜神主要是奉獻犧牲。穀物和牛奶是聖物，畜牧的肉在祭壇上燒烤（奉祀者自己吃食這些肉）。最好的供品是蘇摩，這是一種由山區植物的汁液發酵而成的迷幻飲料。神靈被當成是巨大而有威力的動物，祂們具有人類的特徵，但是只要喝下蘇摩就能夠長生不老，整體說來，祂們還會造福人群。相傳，神靈對人類所給予的尊崇和供物會報以謝意。逐漸地此一觀念深植於人心，認爲如果神聖的祭儀得到精確無誤的引導，人們將能誘使神靈服從。

神靈的名錄不僅多，而且還有擴增的趨勢。雖然有一些神祇與其他印歐民族的神祇相同，但他們並沒有像希臘、北歐神祇那般有鮮明的個性。雅利安人和後來的印度衆神都有複雜化和專門化的傾向。底尤斯是光明天之主，相當於希臘的宙斯（雖然較不具重要性）。伐樓那代表著上蒼或天國，是無所不包並且掌控整個宇宙者，祂被稱爲阿修羅，此一稱謂和波斯最高的神祇阿胡拉・瑪茲達有極爲密切的關聯。至少有五個不同的神被視爲太陽，密陀羅就是其中之一，其與波斯的密特拉系出同源，但該神在印度並不像密特拉在波斯和西方那般顯赫。蘇利亞是太陽的金輪，普善代表著太陽幫助植物和動物生長的力量，毗溼奴是迅速移動天體的擬人化神，祂三大步就能跨越天空。

整個吠陀時期的神祇中，最受崇祀的是因陀羅，祂最初的意義並不清楚。據說祂因殺死作惡多端的蛇魔，而造福人間。這蛇魔是個旱魔，它死後被阻斷的水因而釋放出來，滋潤大地。另外，因陀羅發現了光，爲太陽闢徑，並創造了閃電。祂受到尊崇主要是因爲祂是一位勇武的戰士和戰神，祂爲雅利安人宰殺了蛇魔以及「黑皮膚」的敵人。據說因陀羅特別喜歡喝蘇摩，喝了之後熱血澎湃，渴望戰鬥；又相傳這種迷幻飲料，祂一口能飲盡三湖之水，同時還吃下三百頭水牛的肉。這讓蘇摩聖液被神化，一如聖火阿耆尼般。阿耆尼既是神，也是衆神之嘴，或是將食物帶給天堂諸神的執役。

原始的雅利安宗教與多采多姿的自然神話相結合，若由其本質上來說，是一種機械性和契約式的組合，隨著時間的流逝緩緩但卻明顯地改變了。一些神祇初始時很顯赫，後來重要性降低了，甚至消失不見；而另一些神祇也許只受雅利安人之前的住民所崇拜，卻進入了萬神殿。更有意義的變化是因階級間爲爭奪權威，而導致的社會緊張與競爭，卻刺激了充滿活力、智慧運動的成果，這些問題將在下文中討論。宗教不斷的成熟，與由游牧、畜牧經濟走向定居的農業社會，最終成爲人口衆多的中心城市之社會結構轉變步履一致。雅利安部落逐漸由印度西北部的基地向東，推進到恆河谷地，利用刀耕火種，在恆河北岸開闢農田。大約西元前八百年左右，雅利安武士因爲獲得鐵製的兵器，大大提高了戰鬥力，更因爲他們是出了名的好戰分子，所以在其部落與鄰近非雅利安區域間常常發生戰鬥。在西元前第一個千禧最初的幾個世紀之中，他們征服了恆河東部地區，並開始滲入德干。與此同時，部落和部落聯盟轉變成有一定規模的王國，設有固定法庭，行政官員亦分等級。

雅利安人的社會結構最初是一個簡單的家族首領聯盟，這家族中成員皆集牧人和武士的功能於一身，後來才逐漸出現分層並且複雜起來。一個早期的傳統公認神意將社會區分成四大階級，謂之「瓦爾納」（其字面的意義爲「覆蓋」，但特指每一階層所特有的顏色）。這四大階層分別是婆羅門（僧侶）、刹帝利（武士）、吠舍（牧人、工匠、商人）和首陀羅（人、體力勞動者）。其中最後一個名稱不僅被視爲是卑劣的，而且基本上他也不具備雅利安社會成員的資格。首陀羅可能是一個土著部落的名稱——達薩（「黑皮膚的民族」）之一，他們面對雅安人的進攻，堅守著設防的城市，後來被迫淪爲奴隸。在雅利安人（以及印度晚期）的社會中，奴隸所扮演的角色卑微，而這種類似農奴依附制度的類型卻是很早就出現了。無論如何，極端的阻隔與屈辱寓藏於階級間的不可接觸，乃是後雅利安時期的社會現象。儘管有不許通婚的禁忌，但大批的「黑皮膚」土著可能被同化於雅利安社會之中，不僅首陀羅如此，即使是武士，甚至僧侶階層亦然。雖然每個家庭都尋求被高層的三個瓦爾納認同，否則將被迫置於地位最低的瓦爾納之中，但四個等級的理論是一種人爲的想法，與社會結構的演進幾乎無關。因爲經濟進步帶來財富的增加，因而導致權力的集中，各集團爲了追求政治地位而加劇彼此的競爭——婆羅門和刹帝利之間的競爭最激烈。西元前三世紀之後，婆羅門是全印度公認最顯赫的階層。在這一等級的另一端，據說是首陀羅後裔的家庭，在印度的一些地區因富有而變得有影響力。因此，有首陀羅國王出現亦無人可知。

四大階級不僅只是理論，而其種姓制度[1]變爲形塑印度社會最爲有力的因素。種姓很難界定，任何嚴格的定義都有例外。其本質乃指具有確切或臆想之血緣關係的一群家庭，用嚴格的規矩控制個人行爲，在其內部進行統治，大家分擔集體義務，保護成員不受侮辱或傷害。它的起源仍不清楚，但經歷了超過千年的發展，最終成爲極爲堅固的濠溝，以防止被根除。血緣族群在每一個人類社會中都是重要的，但印度在密切保持血緣族群方面卻是獨一無二的，這是印度社會結構的關鍵組成部分，它歷經了文明程度的全面變化，也經歷了任何政權形式的改變。

雖然印度雅利安社會不以種姓爲樞紐，但種姓的根源可以追溯到這一時代，甚至是更早的印度河谷文明。種族的優越感無疑是社會不平等和社會隔離學說形成的一個因素，而這正是種姓制度的基本原則。首陀羅地位的下降，反應了征服者對和土著混血導致雅利安血脈失純的恐懼。經濟專業化和勞動力的分工，也在種姓制度的形成中扮演了一定的角色，但僅是部分以及不穩的角色。婆羅門，按定義爲僧侶和學者，可自由地從事多種職業，只要避開被認爲是本質汙濁的職業。婆羅門又分成許多種姓，僅其中一小部分人才眞正從事僧侶工作。然而，種姓又確實與手工業、商業或服務業是相一致的，他們的功能以及在社會等級中的地位則因地區而異。種姓起源的背景大不相同，其中有的是背離原有宗教信仰改信新宗教的，有的是與他種人混血的，也有遷移他鄉的。種姓的數字龐大，總計超過三千。在印度北部稱種姓爲闍提——意爲「種類」，反應了這樣一個信念，即此一制度是自然秩序的一部分，是神聖教義所認可的，而且還要從宗教義務的標準來接受它。比較具有代表性的是在一個特定地區，每一個種姓都崇拜一個特別的神祇或是一群神祇，而且種姓等級之序，是與其聲稱內在的純潔與否，以及其崇祀之神相一致的。儘管種姓的組成和排列各不相同，但種姓制度具體反應了一個現實的等級觀念，它在宇宙秩序與人類社會中皆適用。

隨著種姓制度的發展，它將如此的限制強加於個人——當與西方平等自由觀念形成強烈對比之時，幾乎讓人難以忍受。婚姻是個典型例子，雖有直接血緣關係上的禁忌，但它仍被限制在種姓之內。在飲食方面，只有相同種姓或更高種姓之人所準備的食物方可食用。職業、服飾樣式、社會交往的範圍等均受到規定。種姓制度加劇了婦女的依附地位。在某些條件下，一個男子可以與較低種姓的女子通婚；但對一婦女而言，若引此爲準絕不會被接受。一個種姓的社會地位可能會提升，但個人卻不能脫離他的種姓，或在種姓內部提高地位，儘管他可以打破規律，墮入低級的種姓。

雖然種姓制度有其缺點，但除了在這根深柢固的社會制度呈現其負面影響之外，它對印度社會仍有正面的功能。如果說種姓否認了個人的獨立，但它卻提供了保護（雖非完全可行的），使得個人免受外界的傷害。種姓管理自己的成員，種姓間勞力和服務分工的清楚界線，使得社會能夠完成自己所應做的工作，而將混亂降至最低。社會分隔不是絕對的。不同種姓的代表齊集村落議會，在那裡處理地方事務。除了最低種姓（和不可接觸者）外，所有種姓均可參加宗教儀式和慶典。種姓的手段使入侵者易於同化進入印度社會，那些成功入侵次大陸者會發現，他們既不能趕走種姓，也不能阻止種姓滲入他們自己的社會。因爲種姓制乃是建立在最基本的制度——家庭基礎上，因此爲印度文化及其宗教遺產的持久貢獻良多。

吠陀時代思想文化和宗教的貢獻

印度－雅利安人的主要成就與其說是有形的，倒不如說是無形的，其主要呈現於語文技巧和詩作想像力方面。讚美詩、祈禱文和咒語之文體，經由日積月累集結成四部吠陀，並世世代代口耳相傳。吠陀包含了印度－雅利安的聖書，和後來的印度宗教，如同希伯來、基督教和伊斯蘭教的經文，這些都被尊爲是神啓示的。但由於雅利安人沒有文字，他們深信這些神聖的經文是「聽來的」，而不是受「啓示」得來的。由於與吠陀同一時期並沒有任何文字資料，因而吠陀（數個世紀後才寫出來）就成爲印度歷史上一段長時期的主要資料來源，這時間約爲基督教紀元前最後的兩千年，這一時期也因之稱爲吠陀時期。《耶柔吠陀》乃吠陀之一，是一部僧侶職務的祭儀手冊；《阿達婆吠陀》主要來自土著居民的民歌，是一部被認爲能夠有效治療疾病，喚起欲望或摧毀敵人的咒語目錄；四部吠陀中最古老，而且最重要的乃是《梨俱吠陀》（意爲「智慧之詩」或「知識」），這是一部集錄西元前一千五百年到前九百年之間千餘首詩的總集，乃是奉獻給雅利安諸神的詩歌。這些詩篇從極致的敬畏與冥想，到世俗的生活皆有，表達出欣喜滿足之情。生動而色彩鮮明的言語，描繪了因陀羅驚天動地的事蹟，祂是一位「穿裂大山之腹」，讓水流奔湧而下的「舞動雷霆之人」。一首優美而率眞的聖詩祈求黑天女神的保佑，因爲祂的光輝能「驅走黑暗」。還有一首不太高尚的詩描寫了一個賭徒對其不幸之擲的悲歎「過度之擲」，讓他的妻子將他掃地出門，也讓他的岳母憎視於他。這些上乘佳作反應了詩歌對生活高度的感受。

印歐民族早已創作令人激奮的史詩，用來紀念他們早期的歷史，描寫「英雄時代」個人的勇武與血腥的搏鬥。大約和古希臘荷馬史詩出現的同時，雅利安的遊唱詩人也用兩部偉大史詩歌頌印度的英雄時代，分別是《摩訶婆羅多》和《羅摩衍那》。它們最後的形成時間比吠陀晚了幾個世紀，不過反應的是相同的社會和文化背景。《摩訶婆羅多》是這兩大史詩中較長並且較早的一部，其篇幅比《伊里亞德》以及《奧德賽》七倍的總和還長。這是有關俱盧王國中，王室兩個支系相互爭鬥的一個複雜、零亂而又神祕的神話故事。在這充滿令人興奮和詭異的史詩裡，包含著一個罕見的一妻多夫的例子（有位公主答應嫁給四個貴族武士兄弟，因爲他們全在一次新娘的爭奪戰中贏得她的芳心），也包括了一個在一次擲骰子賭博中，一擲失去王國的故事。在這史詩中有一場眞實的戰爭，約於西元前一千四百年發生在德里附近，給這故事帶來了高潮的是，據說從希臘、中國和全印度各地來的國王都加入了戰鬥，戰鬥持續了十八天之久，最後所有的參戰者都陣亡了。但在克里希那神的幫助之下，五位倖存的兄弟興起了自己的王國。

在若干年和平的統治之後，他們帶著共同的妻子棄絕人世，一同登上喜馬拉雅山巔，進入神的城池之中。

《羅摩衍那》故事發生在俱盧王國的東部，這首詩反應了有關德干的一些資料。它講述了羅摩王和他美麗的妻子悉達的歷險故事：悉達由於苛毒的繼母設下圈套而遭逐棄，又被錫蘭魔王抓走，最後羅摩在忠實的盟友猴將軍哈努曼的幫助下，救回悉達。然，另一個陰謀又使悉達陷入不平靜的生活：由於被懷疑在被監禁期間她的貞潔遭到玷汙，令她企圖自焚明志，但火神阿耆尼拒絕傷害她，讓她的純潔得以證明。與《摩訶婆羅多》相比，《羅摩衍那》缺乏生動的現實主義和突出的人物性格，但在構思上更具藝術性，並且還有許多優美的文句描述。與較長的史詩形成鮮明對比的是，它在傳統上被認爲是瓦爾密基一個人之作。史詩源起於軍事傳奇，但不斷加入新奇的題材，其中反應了社會與倫理觀不斷的變化與提升的過程。《羅摩衍那》成爲理想男人與女人的典範，但其中對女人性的要求卻難以讓人服氣。可能是在基督教紀元之後，一段增補的敘述中提到，悉達因爲無法消除對她人格的冤汙，重返森林，在那裡終於爲大地之母所吞噬（這一史詩的情節一直被視爲是進入農業社會的寓言：悉達一詞意爲「犁溝」）。《摩訶婆羅多》最後定型於西元前四百年到前二百年之間，它像是一部早期印度神話和歷史的百科全書。爲僧侶在宮廷的祭祀聖儀之中吟誦演唱，因而使其獲得宗教的意義。很明顯的，它比起吠陀史詩更能成爲一般民衆心中的聖經，其部分原因乃是由於婆羅門將吠陀研究局限於高層種姓之中，而史詩的吟誦卻是任何人都可聆聽的。

史詩的語言是著名的梵文，它雖源於吠陀但卻有別於吠陀。在衆多不同的方言發展之中，梵文脫穎而出成爲學者間討論與著述標準之中最高貴的形式，如同拉丁語文在歐洲人發展民族語言的同時變成歐洲古典語文一樣。一些語言學者認爲，梵文是最具靈活性的語言，而且它與所有印歐語言的長處皆有關聯。和西方（羅馬）字母的任意排列形成鮮明的對比，梵文字母的排列是具有邏輯性的，其由十四個獨立的母音與三十五個輔音覆蓋了廣泛的音階。西元前四世紀的語言學天才帕尼尼建立了一個四百字條規則的語法，讓梵文固定下來。此一語法爲十九世紀之前唯一科學的語法，這讓帕尼尼的工作堪稱是所有古代文明中最偉大的成就之一。

在一個習慣於不斷做備忘錄的時代，人們會覺得那些不立文字而能保留數百年的大量散文和詩歌，其可信度並不高。隨著印度河谷各地文稿的亡佚，大約在西元前一五五〇年左右，文字在印度消失了。現存最早的石刻文字可追溯到西元前三世紀，這些石刻文字也已達到相當先進的境界。

吠陀時代的宗教歷經了由簡單到複雜的發展，其中包括信仰和實踐的幾個階段，並在精妙的哲學沉思中達到頂峰。對神的供奉乃是早期雅利安人崇祀的重點，這一重點很快就被擴解爲一種宇宙的法則。神祇能否永續長存，取決於祂們是否能夠不斷受到奉祀，否則宇宙將回到混沌之狀態。由於祭祀儀式比神靈自身更有威力，所以明顯地造就了人類祭司在神聖儀典之中的重要性。祭司的優勢地位，清楚地反應在「婆羅門」書之中，這是一部由西元前八百年到前六百年之間一系列散文手冊所輯而成，並且附於吠陀之中。這些經文根源於婆羅門之中，不僅是宗教的權威，甚至在社會、法律，以及經濟特權方面亦是如此。然而，婆羅門的要求不僅受到其他社會階層競爭的挑戰，這種挑戰特別是來自於那些聲稱刹帝利階層之人，而且也受到對祭祀效益質疑的不斷增長，以及認爲其他途徑亦可履行宗教需求的挑戰。按照印度既有傑出的宗教傳統，以及大概是源起於印度河谷文明的傳統，個體可經由遁世，以及有利於生命的苦行和冥思方式，來追尋聖境。這種自我犧牲的理想被視爲是最高形式的犧牲，在吠陀晚期的「原始人贊歌」中展露出來。這個創世紀神話將宇宙的起源歸諸於一個偉大存在者的犧牲，他獻出了他的部分肢體來創造人類、其他生物，以及地球和天體。與猶太教和其他文明一樣，初始的觀念是個暴力行爲，後來的詮釋是寓言式的，並賦予其精神意義。

印度宗教在不斷增進其智慧的同時，也一直吸收地方性神靈的崇拜與傳統。牛成爲神聖的動物，並且禁止宰殺——這是早期雅利安人所不知的，也許代表了一個源自於印度河谷文明主題的復興，在這一文明裡，公牛顯然是個受到崇拜之物。靈魂再生和移徙的教義，於西元前七世紀開始取代雅利安人所認爲正直的靈魂會亡逝前往「衆世界之父」，不正直的靈魂被發配於「泥土之屋」的觀念。對伐樓那崇拜的特點，側重於倫理行爲而非儀式。最初作爲雅利安人的一個天神，伐樓那被提升爲宇宙和道德行爲威嚴的護衛者。他被認爲是無所不在的，憎恨謊言，不願接受人們爲抵消過錯而奉獻的犧牲，正如巴比倫神祇或希伯來的耶和華一樣，給崇拜者灌溉了恐懼和顫慄。

儘管對知識的內涵是什麼，以及透過怎樣的途徑去得到知識，觀點各有不同，今日爭訟依舊，但對知識的渴望，仍是印度宗教進化的動力。如遁入荒野的苦行者希望經由單獨的沉思、冥想，讓他的洞察力敏銳。還有在不同的教派，習俗雖相當紊亂，但知識卻是公認的客觀。對知識的追求，在《奧義書》裡得到最崇高的表達，這篇以散文和詩歌寫成的哲學論文，成爲吠陀的終篇。以師生（這一用語意味著「坐得靠近」）對話形式整理出來的《奧義書》，在現實的本質和人在宇宙的位置，都做了研究性的探討。儘管特色不同、性質不同，這些著作仍透露出天才般的抽象推理能力。這已在東西方的知識界贏得讚賞。《奧義書》的作者鄙視慣常的小聰明和敷衍馬虎的儀式，像希臘的蘇格拉底一樣，他們亦堅信眞正的知識不僅是智慧的力量，而且還充滿了善。他們教導說，邪惡是無知的結果，智慧的追求就是對至善的追求，對知識的獲取能夠得到力量與美德雙倍的回饋。思想流派的衝突，可以追溯到《奧義書》，但他們提出的主要教誨卻可歸納爲一元論的唯心主義。其原則如下：一、世界靈魂與絕對存在是至高無上的眞實；二、物質世界的特點是暫時和虛幻的；三、個體靈魂的再生是個輪迴；四、透過與絕對存在的結合，就可能可以擺脫輪迴獲得寧靜。罪惡與痛苦被解釋爲物質存在的附屬品。「物質存在」變成是一個矛盾的詞彙，因爲物質被當作是虛幻的，或更精確地說，被當作是遮掩眞實的一塊幄幕，而這個就眞實來看是靈魂或精神。所以，如果靈魂能夠穿越這條幄幕而達到眞理，將可從不和諧的痛苦中得到解脫。根據這一哲學，肉體死亡並不能提供一條解脫的途徑，因爲靈魂轉移至另一個肉體，又將它帶回虛幻的感官世界。

轉世之說得到廣泛的認可後，加強了種姓制度。在低階的種姓成員被鼓勵去相信，一旦他們此生能夠盡其義務，他們將會於來生中降生在更高的社會階級裡；但若他們違反規矩，他們將在來生中墜入更低的等級，甚至可能變爲動物或昆蟲的層次。行爲能夠帶來善與惡的後果，並伴隨著報應。這種軟硬兼施的達摩說（忠實於自己既定的角色）和羯摩說（行爲結果的功績與劣績）強化了種姓制度。

《奧義書》的哲學家們在接受了羯摩說的同時，對處單調的輪迴圈中有向上提升的可能性，興趣不大。他們所追求的是不產生任何羯摩——非黑非白——而與輪迴分離的寧靜狀態，以擺脫感官世界對他們的桎梏。擺脫了輪迴，自由的靈魂將達到涅槃，這不是進入天堂，而是與無所不在的宇宙靈魂或絕對存在的梵天合而爲一【2】。

從表面上看，《奧義書》堅定的唯心主義，也許是從無可救藥的悲觀絕望態度表現出來，因爲它否定了與人類經驗直接有關的這個世界。然而，從其本意上來看，它對人類價值與命運的預言卻是積極而樂觀的。它堅持「自我」（個體靈魂），實際上是梵天（充滿著宇宙的理性原則）的一個碎片，由梵天分離而出，又渴望回歸梵天。是以，每一個人無論是多麼卑下猥瑣，都是宇宙偉大莊嚴的合法繼承者。這一學說將嚴密的邏輯推理與熱情的神祕主義呼喚結合在一起。

西元前六世紀是一個宗教改革與創新的世紀，它主要由上層階級的代表發起，打破婆羅門教的傳統。這次宗教運動最持久的成果是佛教和耆那教，它們都成了特點鮮明的宗教。今日耆那教的信徒總數約近二百萬人，主要分布在印度南部和西部。佛教對印度社會和文化深遠影響了數世紀之後，在其發源地徹底消失了，但卻在亞洲其他國家扮演著如同基督教在西方的角色，成爲今日世界主要的信仰之一。

有關喬達摩（約西元前五六三～四八三年）的生活鮮爲人知，其追隨者稱他爲「佛陀」（覺悟之人），便以此名行之於世。他是現今尼泊爾境內，喜馬拉雅山麓下，一個小部落首領之子。根據傳說，他過慣了養尊處優的日子，當他面對疾病和死亡的時候深爲震驚，並爲此而痛苦。他發現他不能再忍受那種優渥的日子，在二十九歲那年的一個午夜裡，他深情地望著妻子和襁褓中的兒子，剪去了頭髮，將珠寶華服還給父親，就此離開了王宮。跟隨婆羅門研習哲學，但這並未使他感到滿足，其後六年極端的苦行也令他絕望。有一天，他沮喪地坐在一棵大樹下——這棵樹後來被稱爲菩提樹（覺悟之樹）。在此處一個嶄新的發現或剎那間頓悟，使他洞悉了罪惡與痛苦的祕密。自此而後，他擺脫了疑慮，但他並沒有沉緬於享受自己的心靈寧靜，而是發願要引導衆生走上這條覺悟之路。此後的四十年，他走遍了恆河各地，以托缽化緣爲生，向廣集在他身旁的信徒布道，直到圓寂爲止，享年八十歲。

喬達摩的教義正如其信徒所理解和闡述的，是清晰和明確的。由喬達摩教義的內容，還有他對弟子的影響兩方面來說：喬達摩獨特的人格是結合了睿智和以同情理解之心，在面對日常生活問題的強烈奉獻精神。像蘇格拉底和孔子一樣，他是一位能夠激勵人心的導師。他的基本教義包括一個基於哲學上唯物主義的道德規範，和一個否認自我眞實性的人類心理學理論。與《奧義書》的絕對唯心主義全然不同，他的教義認爲只有物質是永恆存在的，不論靈魂的眞實性。因爲他認爲物質是一種變化的狀態，從而否認「絕對存在」或任何一成不變的普遍法則，並傾向於永無休止的變化。即使是神也受到興衰規律的制約；宇宙是變化的、絕非靜止的。

佛陀的心理學原則是他形而上學唯物主義的邏輯結果。既然沒有靈魂，沒有永恆實體，也就不可能有獨特的個體。何爲誤解？對自己而言，這僅是一種暫時的束縛（感覺和意識），如同一個輪子的輻條安裝在車轍周圍一樣。奇怪的是，喬達摩的學說在否定靈魂存在的同時，至少如後來所能解釋的那樣，他仍保留著羯摩學說，認爲一個人的行爲會影響到另一個尙未出生者的條件，如同一盞將熄滅的燈能夠點燃另一盞燈的火焰一樣。

喬達摩的學說看似否定和消極，但卻是有意爲人帶來安慰和鼓勵。他堅信痛苦的根源在於欲望：所追求的目標不可能達到，是因爲對客體的追求是短暫和虛幻的。因爲自我的概念是虛妄的，故在所有欲望中，最令人有挫折感的是對自我滿足和自我提升的渴望。在喬達摩看來，通往內心寧靜和眞正幸福的道路，是將個人的能量釋放，使之脫離自我。個人主義者追求的是陰影，唯有利他主義者才可能找到光明。大公無私所展現的不僅僅是一個抽象的概念而已，它還是一個能夠提供有益服務，避免傷害他人的積極規定。有關佛陀生活的傳奇多不勝數，其中一個傳說，他曾步行到劍拔弩張的敵陣前勸說，因而制止了一場戰爭。

雖然喬達摩從完全相反於《奧義書》唯心主義哲學家的方向，去探究人類的困境，但其目標卻是相近的，就是透過放棄自我而從短暫的經驗世界之糾纏中解脫出來。他以說服而非迫服的方式，要求門徒尊重婆羅門和其他眞理的追求者。在沒有放棄種姓的狀況下，他仍歡迎來自社會各個階層的追隨者。佛教極具特色，但基本上仍是它那個智慧生成環境下的產物。它被稱爲「印度教的新教」。

在喬達摩圓寂後的數個世紀之中，他所發起的運動逐漸形成一個有組織的宗教。在印度的佛教徒變成有紀律的僧侶，得到准許的候選者需要經過一段長時間的訓練，而後在其見習期間，削髮剃度，身著黃色法衣，發願過著清貧和純潔的生活。和基督教僧侶形成強烈的對比，基督教的僧侶不須發願服從，因爲成員的資格是個自由選擇的事情。依照慣例，比丘在雨季的三個月期間須留在寺中，喬達摩曾在那裡專心地向弟子傳道；其餘的時間，他們雲遊化緣，穿梭於各個村莊之間，以托缽化緣所得爲生。接受比丘的傳道並供養比丘的善男信女，被認爲是皈依了這一宗教，有權從中獲益。雖然佛教教徒沒有引用婆羅門教的聖儀，但佛教尊崇聖地，特別是叢林或單獨的樹木；他們疊起土塚，保存佛陀或受人尊敬的比丘和苦行者的骨灰。紀念柱被豎立起來，但在基督教紀元前卻沒有寺廟建築。西元前兩百年到西元兩百年期間佛教徒所留下的足跡，遠勝其他宗派，可見佛教廣泛普及之一斑。

佛教創立五百年後，分裂爲兩大教派。其中之一爲希納衍那，即「小乘」，乃因強調個人得救爲目標而得其名，它聲稱勤奮之人歷經三世可獲得涅槃。希納衍那派保留了許多可能是喬達摩的原始教義，其中包括對靈魂的否定。至少在理論上，它將創造者當作是人來尊崇，儘管仍有禱文、鮮花和清香奉獻給他。西元前三世紀，小乘佛教傳入錫蘭，之後遠播來到緬甸、暹羅、柬埔寨和老撾，成爲這些地區的主流宗教。

在印度，小乘教派很快地被摩訶衍那，或稱「大乘」所取代，此一教派比其競爭者有更廣大的雄心，其目標就是要拯救全人類。在多重神學理論的沁潤之下，摩訶衍那派具有某些超自然宗教的特徵，這包括了對佛陀和相關神祇的崇拜。和小乘佛教一樣，大乘佛教也有菩薩觀，但詮釋卻有所不同。在小乘教派的傳統觀中，菩薩是佛陀連續不斷的化身；而在大乘教派裡，菩薩卻成了「準佛」的代表，他是一位已經獲得覺悟，但仍選擇駐留在世間以渡化他人者，他發願：「因衆生故，願負苦難而普渡之。」大乘教派本質上是一個樂觀主義的學說，它教導說，人人皆可爲菩薩，最終將修成正果。它具體表現的德性有：仁愛、慈悲、快樂和寧靜。大乘在印度內外廣爲傳播的同時，也吸收了不少地方宗教和傳統的基因。例如，在西藏，它與當地一種巫術融合，讓它明顯地與原初型態不同。但在幾個世紀中，摩訶衍那佛教在印度不僅成爲對所有階級開放的一個道德水準極高的宗教，而且也爲其文化與智慧的進步貢獻卓著。它激發了哲學思考，也創作了大量優美而感人至深的文學作品。

耆那教（源自Jina，征服者）與佛教崛起於同一時代，而且在許多方面與之平行發展。它的創始者相信是生活於大約西元前五四〇年至前四六八年間，以大雄之名聞達於弟子之間者。與喬達摩一樣，他也是寡頭武士階級的一員，還有他在與傳統宗教徹底決裂，拋棄舊教的神祇與經典這一點上，也與佛教的創始者相同。但與喬達摩所持的激進唯物主義不同，大雄——雖他認爲物質世界是眞實的——堅信充斥著無數的靈魂，它們不僅附居於有生命的個體之上，也附著於無生命的物質上。

然而，他的形上學也許不是依循慣例的方式出現，但學說卻仍然反應了那個時代宗教界顯著的流行主題。他拋棄藐視世界靈魂的概念，教導說受到物質羈絆的個體靈魂是有束縛的，這種束縛經由羯摩作用帶來連續轉世而恆久存在。因爲每個行動都有羯摩產生，而羯摩又加重了連鎖，唯一的解脫之道，就是徹底避免行動。大乘佛教把涅槃視爲有積極意義的眞實，它征服了死亡，而且超越了思維還有因果關係；然而在大雄的哲學裡，涅槃卻是一個消極狀態的呈現。他將物質與精神這兩個概念的對立推向極端，提出一個極端苦行主義的方法，其最高境界就是自我餓斃——大雄稱這才是功德圓滿。

雖然耆那教宣稱無神論，但最終卻與佛教一樣，有了祈禱文、聖典和神聖的存在，而越發像個宗教。大雄雖未被神化，但卻受到崇拜，出現了許多關於他生平的傳奇故事，就像關於佛陀的傳奇一樣。耆那教徒有其僧侶制度，乃由和尚以及與之相關的俗家團體所組成。在基督教紀元的第一個世紀，教內發生了分裂，這是由於拒絕一個稱爲「天衣」的熱心團體任意著裝所致。儘管有苦行僧的教義，許多耆那教教徒仍可自由從事文學創作，在中世紀時期，其中一人還成爲優秀的梵文詩人。在耆那教信仰中的戒殺或不傷生命，是相當突出的教義。這令人印象深刻的戒殺不僅適用於動物，甚至也適用於昆蟲，對維持和平主義的理想道德貢獻卓著。同時，由於戒殺不准從事農耕，耆那教教徒轉而以貿易和放貸爲生。令人覺得諷刺的是，這個建立在屏棄所有實物基礎上的運動，卻產生了印度社會中最富有的一群。

吠陀時代宗教思想的發展激發了智力活動，其領域涉及了現今科學研究的範圍。一首後吠陀的〈創世頌詩〉探究了不同於神話、傳統和感官經驗之外的一種「虛無亦非」的時間。印度的宇宙論儘管身著自然神話的外衣，但顯然是相當精妙的。它包含著一個宇宙永恆顯隱的概念，一個非人格化的最高之神（梵天），在每一個白日都由他自己的存在中創造宇宙，在每一個夜晚又將之重新吸收回到自己的存在中。沉思冥想可無限大地延展時間，每個宇宙「梵天日」相當於四十億個地球年。早期印度人對自然和宇宙起源的思考，與西元前六世紀希臘的米里亞斯學派的自然主義思考相類似，其物質的原子論與多重的宇宙觀已爲人所接受。

敏銳的哲學思考使其在更爲實用的領域中綻放出科學的成就。醫學在吠陀時代已達到很高的水準，不僅有許多特效的藥物，解剖學也得到發展，並且還能夠做許多精密的手術。有關人體解剖學的知識極其淵博，甚至還開始了胚胎學的研究。醫藥科學與外科職業頗受尊崇，直到因爲害怕受到不潔人員的接觸汙染，而遭禁止爲止。雖然占星學家以荒誕爲研究的前提，但仍獲得許多天文學的寶貴知識，並曾接受過日出日落之現象，乃是因爲地球繞著太陽軸心旋轉的觀念。最爲輝煌的科學成就來自於數學領域，印度人能夠計算非常龐大的數字，並且了解如何開平方根和立方根。在運用十進位制之餘，他們還發明了極爲重要的「零數」原理，這一原理最後被世界各個地區所採用。現今廣泛應用的「阿拉伯數字」其實就是印度人所創的。印度人在幾何學方面不如希臘人先進，但在代數方面卻是遙遙領先。

最早的印度帝國

西元前四世紀，恆河谷地東部出現了摩揭陀王國，這裡曾是兩個世紀前喬達摩向其門人傳道的所在，如今卻成爲北印度大部分國家和部族邁向統一的爭鬥中心。政治統一的需要以及達成統一的意義，在印度無力阻止外敵入侵的問題上展露出來。從大約西元前五百年波斯王國大流士一世征服的結果來論，印度河谷地變成了波斯帝國的一個省（管轄之地），每年需要繳納黃金歲貢，並且提供雇傭兵。在著名的馬其頓征服者亞歷山大大帝推翻了波斯帝國之後，他揮師東進，翻越了興都庫什山，進入印度河上游（西元前三二七～三二六年）。他在印度停留雖不及兩年，卻橫掃了旁遮普大部分地區，與在地的羅闍進行戰爭和談判，而且也在此地設置了馬其頓官員。雖然亞歷山大的入侵，第一次爲印度歷史留下可考的日期，但他在印度人的心目中卻幾乎沒有留下任何印象，甚至當地的記載也沒有提及他的名字。無論如何，這次入侵加強了印度與希臘語世界的文化交流，而且更重要的是，它爲在印度建立一個強大國家闢其蹊徑。

西元前三二三年亞歷山大死後，出現了反叛與混亂的局面，一位名叫旃陀羅笈多・孔雀的印度冒險者乘機建立了一個王朝。旃陀羅笈多從希臘人的戰術中獲益甚多，從而領導將馬其頓官員逐出印度的運動；爾後，他又率軍攻打當時印度斯坦最強大的摩揭陀王國。他擊敗並殺死了摩揭陀國王，建立自己的政權，並定都於華氏城（今之巴特那），這是一座宏偉壯麗的城市，雄據於恆河南岸，綿延共八英里。當塞琉古（亞歷山大在敘利亞和波斯的繼承者）試圖收復印度的失地時，旃陀羅笈多給予迎頭痛擊，迫使他放棄了俾路支斯坦和部分阿富汗的土地。此外，旃陀羅笈多將他的勢力延伸到北印度大部分的地區，並建立了印度歷史上第一個帝國。他的王朝即是著名的孔雀王朝，雖然持續不及一個半世紀，但在歷史上卻占有顯著的地位。

以一個統治者來說，旃陀羅笈多・孔雀與早期雅利安的羅闍大不相同。這不僅是因爲他的王國人口眾多，土地富饒，而且還因爲他的治術讓人驚奇，因爲其國家帶有一些現代國家的特徵。透過龐大的官僚體系，政府對人民的生活與行動採行家長式的統治，尤其在經濟領域更是如此。國家掌控了礦山、森林，與珍珠採集，甚至於製鹽用的平底鍋。政府開辦了農場、船場，以及兵工廠，並且雇用貧窮的婦女從事紡織。除了民事機關外，旃陀羅笈多還建立了強大的軍事力量，號稱擁用六十萬名步卒、三萬鐵騎，以及九千頭戰象。政府財政收入的主要來源是土地稅，約占作物產量總額的四分之一至二分之一之間。

旃陀羅笈多的統治不但苛刻且有效率，他對違旨施以嚴厲的懲罰。有時用毒藥來執行死刑，且對死刑的判決是沒有任何設限。擁有大批的間諜、情報員和祕密警察，是早期印度君主政體的典型特色，但孔雀王朝的帝王似乎將之發展到完美的藝術境界。諜報人員從婆羅門的占星家、失離種姓之人，和娼妓等各個社會階層中招募，這些諜報人員奉命蒐集公眾輿論、糾察官員、偵防罪案或陰謀事件，並將情報匯集，其角色有如中央情報局和聯邦調查局的綜合體。孔雀王朝統治之嚴厲一如其詭辯一般，這些皆在《政事論》中得到闡述，這是一部成形於五百年後，有關政體的條約集，但有關它的形成則應歸功於旃陀羅笈多的宰相。這部常被拿來與馬基維利的《君王論》相提並論之書，要求統治者要做到一個意志堅強、精力充沛、敢作敢為，並有高度警惕性的人，以防其臣下的陰謀活動。它還斷言相鄰的兩國永遠是敵人，建議統治者要與其鄰國更遠的鄰國——他敵人的天然敵人結盟。

除了給印度廣大的地區帶來穩定，旃陀羅笈多還在興建公共水利工程，以及鋪設道路方面倍受讚揚，其中有一條連接首都和西北邊境的皇家大道，全長一千兩百英里。雖然他擁有間諜網護衛，但仍為可能發生的暗殺擔憂，以至於每晚都更換寢宮。根據傳統說法，在經過二十二年如同軍事的統治後，旃陀羅笈多退位出家，以一個耆那教僧人了卻殘生。

孔雀王朝最偉大的人物以及所有文明中最傑出的統治者之一，乃是旃陀羅笈多的孫子，皇室中佛教的贊助者阿育，其以仁政統治持續了四十一年（西元前二七三～二三二年）。阿育在其祖父及父親所製造的戰爭傳統中開展他的事業，但在經歷了血腥征戰，並擊敗併吞了奧里薩正南方的敵對王國後，他的政府性格迅速的改變。這場決定性的勝利，但卻是付出大規模屠殺而獲得，顯然給征服者和其潛在的反對者雙方留下了極深刻的印象。阿育王對由他的軍隊所引發的災難公開表示悲哀，並宣布他放棄暴力一事；同時，他宣示，他必須像一個合法的君主那般接受和遵守其所做的決定。經過成功的外交努力，他使次大陸上大多數未被征服的國家歸順，那時他統治區域北達阿富汗和喀什米爾，南到德干南部的邁索爾。至此，幾乎整個印度都置於同一個中央政府的統轄之下，這在歷史上還是第一次。然而，阿育王這些征服事蹟只是他治績的一部分，他反而認為這部分不是那麼重要。由於受到佛教教義的吸引，他先是成了俗家弟子，後來可能正式起誓，加入僧侶階層，但他並沒有因此放棄王位。他試圖以自己的個人生活，來樹立一個恪遵佛教信條的榜樣，並將佛教教義用於帝國政務。因此，他幾乎是唯一將宗教理想注入治國之道，卻不是神權統治者。

完全無法獲知阿育王是如何實踐他心中的理想。他特別致力於為旅行者修造房舍，沿途栽種樹木，挖掘水井，建造供水處所以供人畜歇腳之用，並且還改善醫治病人的設備。他派遣專人前往全國各地視察民間疾苦，向百姓傳教，並回報民智進步的情形。爲了遵照佛教禁止殺生的戒律，阿育王放棄畋獵（代之而起的運動是「虔誠之旅」或朝聖），在王室生活中逐漸減少食肉，直到——按照他的詔諭——素食。他改革了他祖父施行的嚴刑峻法，但尚未徹底廢除死刑。沒有證據顯示，阿育的政府有任何民主的傾向。他沿襲專制統治的傳統，但在執行上講良心、講仁慈。阿育王雖然極虔誠地支持佛教，但他也把宗教包容當作國策，主張印度各派的婆羅門都應該受到尊重。

阿育王在其執政的長時期中對佛教的贊助，顯著地促進了佛教的發展。他派遣傳教士前去錫蘭、緬甸、喀什米爾、尼泊爾，而且也向西行走，甚至到達馬其

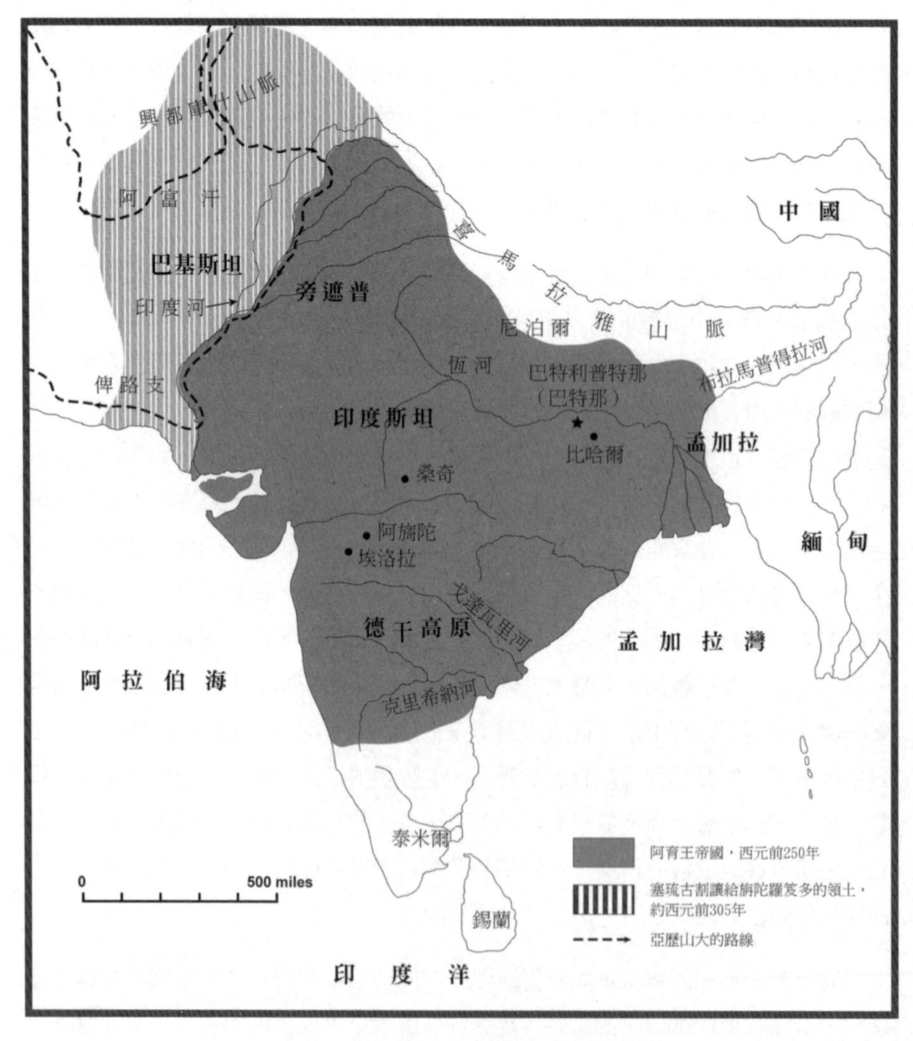

圖5-2　西元前二五〇年的阿育王帝國

頓、敘利亞和埃及。國王的兒子就是被派往錫蘭的傳教士。西元前二五〇年，佛教僧侶齊聚阿育王的首都華氏城舉行大集會，議定了具有權威性的基本經文。這次「華氏城大會」確立了佛教經典，特別是小乘教派的經典。佛經是印度最古老的書面文獻——這批乃是最先撰寫的作品。雖然這些經文在西元前二五〇年就確立了，但並沒有全部書寫下來，直到西元前八〇年，錫蘭才出現寫本。

阿育王已建造了大量的靈塚，其中一些靈塚還被後來數百年間的佛教徒建成精美的紀念塔。這位虔誠的帝王更將佛教經文刻在石頭，以及三十根巨大高聳帶有波斯帝王風格的石柱上，這些石柱如今依舊聳立的僅存十根，它們以其美麗光滑的表面和一些柱頭的雕飾聞名遐邇。這些石刻經文——對道德行爲的勸戒——正如前文所提到的【3】，乃是印度有史以來最早、保存完好的書寫例證。經文絕大部分是用所謂的婆羅門體製成的，該體是古典梵文和現代印度文的前身。一些石柱頂部刻有動物的形象，一匹引人注目栩栩如生的馬，或是一頭公牛的形象，與古印度河谷文明時期的石印風格相似，說明了那一段經歷雅利安人征服造成藝術傳統衝擊的時代，已在千餘年後重現光彩。

阿育王不同凡響的行政體系，在他死後並沒有維持長久。他的後繼者似乎都是平庸無能之輩，既無改革熱情，也沒有組織的才能。西元前一八四年，末代孔雀王被一個野心勃勃的婆羅門軍隊指揮官所殺，弒逆者將自己的家族推上王位。孔雀王朝滅亡五百年後，阿育政府的效能才又再度出現。

第六章

中國古代文明

Ancient Chinese Civilization

天下君王至於賢人眾矣，當時則榮，沒則已焉，孔子布衣，傳十餘世，學者宗之。自天子王侯，中國言六藝者折中於夫子，可謂至聖矣。

——司馬遷（西元前一四五～西元八五年），《史記》[1]

中國開始出現高度文明的時間，雖然是在印度境內印度河流域文明出現後的一千年。但是，當這個遠東文化出現之後，它就不斷地延續，期間雖然不是沒有變化和間斷，但其主要特徵並未改變，直到二十世紀的今日。儘管中國文明的形成，比起埃及、美索不達米亞，乃至印度河流域遲晚甚多，但它仍是現存最古老的文明之一；而且，它還依恃在一個相當統一的人種為基礎。因此，在其整個文明演變之中，政權雖屢有更迭，亦遭受外族入侵，但中華民族自新石器時代以來，基本上仍維持著同一種族。這與近東地中海盆地，以及歐洲文明相比，中國大地中產生的是一個起源獨特，並且歷史悠久的文明。但這並非意味著中華民族是與外界完全孤立的，或者是未曾在與境外民族接觸中獲得助益。他們雖因防衛及抗禦鄰近民族的侵略，而建立起雄據亞洲大半土地的政權，但他們也將自己的意志加諸在那些被他們以武力征服的民族，並認為應該同化這些民族，令其接受更為優越的華夏文化。

形成的時期

在前述討論史前文化時，業已提及中國是最早的人種之一，稱之為「北京人」的發源地。北京人的骨骼是於一九二六至一九三〇年間，在北京西南大約二十五英里[2]處的山洞中所發現，總共有四十餘件個別獨立的殘片，當時存放在一座倉庫之中，但在第二次世界大戰期間，迭失了大半。人類學者推測北京人生活在距今至少五十萬年前，而且可能與最古老人種之一的爪哇人相同。當然，北京人的文化仍然極為原始，但是有證據顯示，他們懂得使用石器和骨器，並且已知用火，以及埋葬死者。考古研究——第二次世界大戰時中止，一九四九年中華人民共和國成立後又繼續——已重建了有關中國早期人類的寶貴資料。最近，在發現北京人骨骼的遺址上，發掘出同一種標本，但是比首次出土的北京人晚了二十萬年。研究這批新近出土的遺物，顯示北京人在這二十萬年之間進化的特徵有：牙齒和顎骨縮小，腦容量增加了百分之二十：說明人類的智能隨著飲食習慣的改善而有所增長。與先前相信的觀點不同，現在認為，石器時代在中國大半的區域中，不斷出現新的人種及亞種，「真人」大約出現於五萬年前。在一個舊石器時代晚期文化中的人種其實就是蒙古人種，其遺物尚未完全發掘及分類。

中國的新石器時代確定始於西元前六千紀。從已發現的三個新石器時代的文化顯示出，其一乃以黃河流域四周廣袤的高原為中心，其二位處於長江下游和淮河流域，其三則在東南沿海區域，包括臺灣島。所有遺址都是由農業聚落發展形成的，小米是北方的主要農作，長江地區種植水稻，東南地區則種植塊根作物和塊莖作物。各個地區都因農作的不同，產生了相應的陶器類型。

新石器時代文化是在何時、何地發展到文明的程度，是以金屬器具的使用，城市生活的形成，文字書寫的產生，還是以有效能的政治組織之出現，學術界仍在爭論。前文述及三個區域中的第一個——半乾旱的北方平原，一般認爲是中國文明的搖籃。有位當代的學者極力主張：與水源豐沛的尼羅河和底格里斯河－幼發拉底河兩流域的居民不同，中國人起初是旱作的農耕，直到西元前六千紀才有灌溉設施。靠近黃河中游的高原上，覆蓋著一種通稱爲黃土的土壤，它是由顆粒極細的沃土和塵埃所組成，經由亞洲中部高原西北風的吹拂，而沉積在黃河流域和東北沿海地區。由於這種土壤色彩的著染，因而產生了諸如黃河和黃海等地理名詞。黃土極爲鬆軟，使用原始的掘地棒就可以輕鬆地耕作，即使有草木叢生的地方也不受影響。先民選擇鄰近黃河【3】及其支流的近水高地從事耕作，藉以避免洪水爲害。但是，他們還是得依賴那些只需極少量雨水就能生長的作物，新石器時代中國北方的主要作物有粟、麻和桑（爲了育蠶）。北方平原的沼澤地中也種植水稻，不過，它是從南方長江流域的原產地傳入的。綜觀整個新石器時代中國的聚落遺址，原先文化完全可能朝不同地區傳播。無論如何，不同地域之間的接觸，仍可以有效地促進同源文明間的發展與擴張。

中國的考古發現不僅有助於了解史前時期，對於歷史時期之初也同樣有所幫助。這些發現證實青銅時代（通常與最古老的文明有關聯）大約從西元前兩千年，在中國某些地方便已開始出現。中國北方青銅時代遺址的發掘，提供了研究商朝的實物證據，依照傳統的說法，商朝是統治中國的第二個王朝（約西元前一七六六～一一二三年）。長久以來學者幾乎認定商（或稱殷）【4】純屬傳說，但現今已經確定了商的存在，而且還出現當時的工藝製品，可以成爲令人信服的證據。雖然確切的年代還未測定，但是可知道的，商文明在西元前一千四百年已相當繁榮。研究出土文物，特別是極其重要的刻文【5】解讀，極有可能建構出中國歷史形成時期一個相當完整的面貌。

商文化建立在新石器時期農業聚落的基礎上。這一王朝大概是由一位軍事酋長經由征服其他部落而建立的，而且其居民也未曾有過大規模的人口遷移行動。商代文明有許多獨特之處，包括構築防禦性的城市、將馬拉車運用於戰事中、高水準的青銅冶煉技術、精緻的文字書寫方式，以及由貴族、工匠、農人所組成一個層次井然的社會結構。其中農人不僅要服徭役，亦須服兵役。商王朝實際上僅能控制中國的一小部分——黃河流域中部周圍的平原，但其影響卻遠遠超過這一區域。商人不但與其他區域的人民有著貿易往來，包括長江區域以南，而且還必須抵禦西方以及北方的游牧民族侵襲。最後這個王朝的首都位於河南省北端，黃河以北大約八十英里處（現今安陽）。

華夏民族儘管在發展的過程中，與游牧民族蒙古極其近似，但根本上它還是以農業民族爲主。農業是商人主要的生活來源，穀物是其主要農作物，除了種植小米以外，尙有小麥和大麥的栽種。狩獵和放牧是肉食的來源。當時豢養的動物繁多，不但有狗、豬、小羊，綿羊、牛、馬和雞，還有水牛、猴子，甚至可能也有大象。狗肉和豬肉一樣，都是大衆化的食物。

商人建構房屋，展現出適應環境的智慧。此一區域新石器時代的居民，通常住在鑿空黃土而成的洞穴中。商時期農村的居民很明顯也是穴居的，但城市居民則是住在地面上修建得較舒適的房屋中。房基是以夯土夯實，然後在長方形的房基上搭建著一座人字型的屋頂建築，並且用木柱支撐屋頂房脊，兩邊用較短的椽木架住屋簷，房頂覆蓋些茅草，外牆用土夯築。這種形式的住宅與歐洲樣式的房屋頗爲接近，反而與蒙古帳篷或埃及和美索不達米亞的泥磚房屋相去甚遠，這種房屋樣式自古而今一直爲華夏民族所襲用。

考古學者發現，商代的工藝呈現出高超的技巧與多樣的技能，雖然商代的工匠對金屬並不陌生，但仍製造大量的石器——刀、斧及碟盤，和骨器、蚌器、角器，並生產出許多鑲綠松石的骨器，及精雕細琢的象牙器；瑪瑙貝除了可被視爲珍寶之外，也可能用作貨幣。弓箭爲狩獵與戰鬥中強有力的武器。竹箭綴上羽毛，箭尖裝有青銅或青製的箭鏃。弓是複合形式或反射形式的，以角質材料將兩個單獨的木質弓臂連成一體，其威力據說是英國著名長弓的兩倍。製作精湛的雙駕馬車，配以輻條的車輪，只有王公貴族能獨享。盔甲以皮革製成，襯以木板加固。王宮成員很顯然地喜好音樂，其樂器有鼓、石磬，和帶有五個指孔的骨製空管。

商人在雕刻和雕塑方面，表現出令人相當驚豔的藝術才華。商代的金屬工藝製品早已名聞遐邇，特別是雕綴紛繁紋飾的華麗青銅鑄器。青銅器物包括武器和車具、馬械，可是，令人最難以忘懷的還是那些宗教和禮儀用器——鼎、簋、爵和奇形怪狀的面具。這些器具是運用高超的技術製作的，有位研究中國古代文化的美國專家論斷，這比義大利文藝復興卓絕全盛時期的青銅雕塑還要完美。

如前言所稱，（商）這個古代文明已有完整的文字系統。當時已使用毛筆和以煙灰製成的墨。書寫的材料包括絲帛和木片，書冊極可能就是以狹長的竹簡爲書頁，而以皮革連綴而成。令人慶幸的，在獸骨、角、龜甲，以及陶器上，仍保存了大量的刻契文字。這些是商王和卜者於占卜過程中使用過的，故稱爲「卜骨」。占卜的程序是，先向祖靈提出一個問題，然後燒烤一塊劈裂的牛骨或龜甲，待其焚裂，之後研究其裂紋之形狀，以尋求來自祖靈的答覆。大多數的卜骨是沒有刻文，但是約有百分之十的甲骨由於某些不明的原因，在占卜之後將其問題刻於其上。刻文雖然簡略，但仔細研究，仍可揭開許多商代社會及其活動的面紗。

雖然商代的文字符號是遠東地區最早發現的文字，但它並不是最原始的。這些文字顯然是經過一段長時間的演變，只是早期的文字可能除了陶器上那些謎樣的刻畫外，並沒有留下什麼蹤跡。商代文字完整地呈現出，中國語言文字的所有運用原則〔6〕。其文字和古代及現代中文一樣，每一個單字即表示一個完整的詞義，不僅有象形文字，而且也有表意〔7〕。所謂表意文字，乃指結合不同的符號或者概念來表達之文義（日與月結合一起，表示明亮或光明，日升於樹木後方即爲東方），表音（應指形聲文字）的原則也已應用。表音是指一個已有既定意義的文字，可以援借爲同音異義的詞，爲了避免混淆，乃在同一個表意文字旁加上一個表音符號。無怪乎商代所使用的文字比後世要少，儘管由卜辭中蒐集到的文字可能只是商代文字的一部分。從商代的文獻紀錄裡，已經能夠辨識大約三千個字，但在語言書寫用字上，其總數竟比此一數字多出十五倍有餘。

關於商代的政治和社會制度，可以有效利用的資料甚少。商王除了軍事活動外，還監督公共工程，並擔任宗教祭祀的要職。他有一個學問淵博的卜者階級協助，這些卜者是占星數術專家，主持占卜典禮，並掌管曆法。由於商代的曆法是大陰曆，爲使之與太陽曆協調一致，需要不時調整。從卜骨上獲得的一些證據說明，商代的卜者在數術與天文學上，已取得相當的成就。早於西元前十四世紀，他們已記錄了日月之蝕，並且也可能已經掌握了十進位制的計數原則。

關於商民族的宗教習慣，已有豐富的資料。他們崇拜很多自然界的對象與力量——土地、河川、風，甚至是方位，並且在廟宇中祭祀這些神祇。祭品一般是焚祭牲禮，有時也獻酒或是用粟釀製的啤酒。雖然商人在許多方面擁有高度的文化，但是仍然還有令人毛骨悚然的事實發生，如同拉丁美洲的部落民族，他們也大規模地用人作爲牲品。明顯的，這些被當作犧牲的人通常是戰場上捕獲的俘虜，有時也派遣突襲部隊去捕抓外族人來作爲祭祀中的牲品。最爲重要的神祇似乎是關乎降雨、收成，以及戰爭，稱之爲上帝，後世襲用此名不易。並沒有證據顯示，商人的宗教在其本質上是性靈的或是倫理的，其目的只是在祈求人間繁榮昌盛，這點與蘇美人和巴比倫人相似。商王不像埃及法老那般神化，但是在其死後卻被奉爲崇祀的對象。商人對已逝的君王以及王后的靈魂都會舉行祭祀。王宮成員的陵寢是極其奢侈的，先掘挖一道附有臺階以及墓道的大墓穴，墓底建造一座木槨房屋，並且在遺體四周陳置華麗的擺設，包括有紋飾的青銅器和陶器、石質雕像，以及裝嵌精美的器皿寶石飾品。在葬禮完成後，用夯土將整個墓填實。

值得注意的是，典型的中國式祖先崇拜制度在此時已經完全確定，至少在宮廷內是如此。一般相信，祖先的神靈能夠賜福降災給他們的後裔，而祖先神靈又須依賴活著的繼承者獻祭食牲爲之供養。另外尚有一種習俗，即便是地位卑下的人，也要用值錢的物品爲死者殉葬。而卜骨占卜（這種習慣留下極具價值的卜辭）是祖先崇拜和相信神靈力量迷信的副產品。

商代社會不僅是東亞歷史文獻記載中，最早具有眞正意義的文明，而且它還爲獨特的中國文化提供素材，並且奠定基礎。該文化類型由農業生產方法，以及於工藝、藝術和建築樣式爲證，皆顯現其側重於以家庭作爲社會的基本單位之特色；另外，尚有宗教觀念與文字體系。大約在西元前一〇二七年[8]，商朝都城被攻破了，商王朝覆滅，新的統治者保持了基本的制度，進一步促進文化的發展，並以自己的族名（周）爲名，建立中國歷史上統治時間最久的王朝。

周朝，中國的古典時期（約西元前一一〇〇～二五六年）

當印度吠陀時期的文明仍在早期階段時，中國黃河流域的商王朝已被周朝取代了。然而，新的周王室統治者並不像印度雅利安人入侵印度那樣，爲其社會和生活帶來顯著的變化。周民族原本位處於商王朝疆域之西，與商人屬於是同文（化）同（人）種，彼此之間也曾有過相當頻繁的接觸。商王朝之所以崩潰覆滅，可能是內部權力爭鬥的結果，與蠻族的征服並不盡相同[9]。在此一基礎上，文化得以不受阻撓地延續發展，終於形塑了中華文明的模型流傳迄今。

此一新王朝竭盡所能地讓人民相信它是合法的繼承者，而非謀朝篡位者。周的說客聲明商王朝最後的統治者荒淫無道，因此神借由周人之力鏟除他，並且斷言「天命」已由商朝移轉到周朝。雖然沒有證據能夠說明商王所犯的過失屬實，但即便這指控是僞造的，也表示「周」這個征服者願意讓其政權適應於舊有習俗，不願與過去決裂。此等認爲政權乃受命於天，是一種絕對而且不可讓與之權力的觀念——儘管可能是周人爲了達到宣傳目的而僞造的——成爲日後中國政治史上一個牢不可破的觀念。

周代早期君王將都城建立在渭水流域，接近現代西安（陝西省）附近，在那裡他們早已建立了政權。周天子擁有數量龐大的正規軍，用於鎮壓叛亂（包括商殘餘勢力的一支），擴充自己勢力，其疆域南端可達長江流域中部。周天子直接統治著都城周圍的地區，但卻委任官員對其外圍區域實行間接統治，這些受封的官員在其轄區內幾乎擁有至高無上的權力。周代的行政制度大體和二千年後歐洲興起的封建體制相似。各分封區的官員原本或爲王室成員，或爲將軍職銜，他們是周天子的諸侯，又是大地主，擁有相當大的軍事與司法權力，諸侯們漸次將自己的地位由委託官員轉變成世襲的統治者。儘管周王室在最初的二、三個世代之中，擁有強大的實力，足以清剿懷有野心的官員，維持其至尊無上的權威，但是周的封建體制——如歐洲的封建制度——包藏著許多危及中央政權的各類因素。

西元前八世紀，周王室統治者的實力已衰弱到不足以有效地護衛其西部邊際之地，以抵禦蠻族之入侵。西元前七七一年，周王室的命運跌落到谷底，那時一無是處的周幽王幾乎重複了商代亡國各種不義的罪惡。由於幽王過分取悅其寵妃的行徑，令各路諸侯憤怒不齒，是以當幽王在蠻族與一位受辱諸侯的聯合進攻下，點燃烽火求援之時，各路諸侯拒不奉詔。最後幽王被殺，其宮殿亦遭到洗劫。周王朝本應就此告終，但各地諸侯認爲擁立幽王太子爲名義上的共王，有利於他們將各自領地內的實權掌握在自己手中。這一事件標誌著「西周」時代的結束。王室政權的所在地東遷到一百英里遠較安全之所（現今洛陽附近），此後這段時期（西元前七七一～前二五〇年）被稱爲「東周」。

在東周王朝的五百年期間，中國沉淪於政權分裂，諸侯混戰之局。周天子實際上統治的土地比一些勢力強大的諸侯國小得多。依王朝的整體性而言，周天子的權力在理論部分是至高無上的（他仍爲法定的「天子」），但實際上卻僅限於宗教和禮儀的職能，以及裁定各諸侯國有關繼承權力之先後與權利之爭端。雖然情形如此，但將東周時期描述成封建時代仍不允當。世襲的貴族不但確實享有社會聲望、財富和權力，並且擁有不同等級的爵位，大概相當於歐洲的公爵、侯爵、伯爵、子爵和男爵等稱號。他們成爲領主和貴族，護衛自己的采邑，並且由其封地內農民的勞穫供養其身。這些武士貴族不單只是在其領地上招募軍隊和聚斂賦稅，還執行司法。法律大部分來自於習慣，對罪犯施以嚴厲的刑罰，如罰金、刖刑和死刑。不過，封建政制無法取得全部支配地位的因素很多。首先，大部分的貴族未能獲得自己的產業，因而對大領主心懷嫉恨。至於較低層級的貴族，一般受過良好的教育，卻經常懷才不遇，他們因而形成一個中間階級【10】，難以融入封建化的社會之中。尤其重要的是，在西元前八世紀後的周代，城鎮的

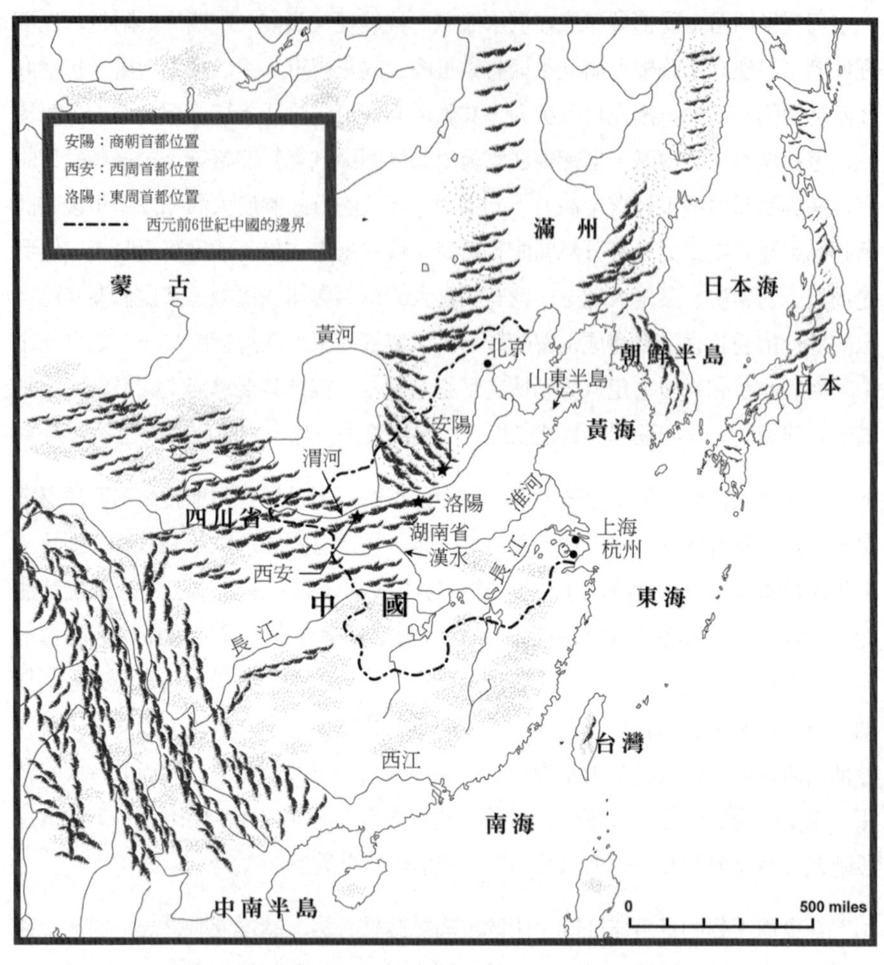

圖6-1　古代中國周朝期間，西元前一一〇〇～二五六年

興起以及貿易往來的增長，使得商人（包括一部分的貴族）獲得經濟上的重要地位。另外，大諸侯國的君王成功地在其領地內推行中央集權，他們運用以農業爲基礎的常規賦稅制度，來發展自己的行政官僚政治、任用學有專精的官吏，以及大量起用層級較低的貴族。雖然這一時期的中國，整體上仍處於分崩離析狀態，但在政治藝術層次卻累積了許多實用的經驗，得以在後來重新統一國家的事業中應用。

雖然中國在東周時期分裂成許多諸侯國，其疆域變化不定，戰爭頻仍，但是仍有少數幾個大國，尤其是位在北方[11]、西方[12]和南方[13]等邊域的四處諸侯國，特別具有舉足輕重的地位。經常有某個諸侯國在一個時期內被推舉爲首，其君王則稱為霸主，擔負起護衛整個周王朝，乃至於徵收稅賦之責。華夏文明的界線隨著諸侯國君拓展雄心而向外延伸至山東半島，遠及今日上海、杭州的沿海地區，還有富庶的長江流域，皆被納入中國版圖之中，其面積遠遠超越商王朝舊有疆域，甚至比中國歷史上大部分朝代所擁有的十八行省之一半還大。滿洲的南部[14]已被諸侯國占據[15]，同時列國還在黃河南北建築起土城牆——著名的萬里長城已見雛型，以抵禦蒙古的游牧民族。

雖然在周朝的八百至九百年期間，內部屢有衝突，但文化的進展卻未曾停歇。這一時期被稱為中國文明的古典時期，對於後來整個遠東歷史的發展貢獻卓著。如前文所述，周朝的文化是建立在他們先輩所奠立的基礎上。周朝的手工業技術提升，冶鐵已經開始，但未能完全取代青銅器。當時大多數的人口仍生活在農村之中，但大城鎮已儼然形成，商人階級贏得重要的地位。貿易不僅限於當地進行，隨著驢子，特別是駱駝的引進（可能不早於西元前三世紀），使得商隊能夠負馱穀物、食鹽、絲綢與其他日用品，穿越中亞商貿之路。西元前五世紀末，青銅鑄幣開始流通於市，古老的絲綢業不斷擴增；另外，數種栽種植物的纖維也用於編織品生產中。

周代的社會具有相當濃厚的貴族性格。依照當時的價值觀可分成五種不同的階層——分別為士[16]（學者）、農、工、商、兵，另外還有乞丐、盜賊和土匪。值得注意的是，此階層畫分中極為重視人的智能、才華與能力，而不是出身的貴賤，唾棄使用暴力與不勞而獲。五種階層等級制度從來沒有實現或是受到眞正的重視，但卻是一種意圖削弱中國僵化制度的理想。儘管貴族領主與占人口絕大多數的農民中間存在著巨大鴻溝，中國社會也從來沒有像印度那般依種姓制度來加以區分，當文明日趨繁複時，貴族階級也因為各自不同的利益和狀況，而無法保有完全一致的秩序。由於貴族人數日漸增多，他們當中有許多人變得只能擁有極少的封地，甚至完全沒有，這批人被迫得依附於有權勢的貴族之下以謀求官位，從事商貿，進而接受卑微的工作，如此一來撼動了世襲貴族生而優越的現象。遺憾的是，對於地位較低階層的情形知之甚少。顯然遠在周代末年之前，有相當多的農民變成土地的所有者，而其餘的人仍然附著於土地之上，而沒有合法的土地所有權，被迫向地主繳納額度極高的租賦。

宗教信仰基本上與商代雷同，從地方性的神靈和神力有限的自然神祇，一直到神通廣大的天地諸神皆有人民祭祀。雖然仍有使用被殺者的耳朵或頭顱當成犧牲的紀錄，但用活人作為犧牲的習慣已逐漸消失了。祭品多為牲畜、農作及酒，考古學者並在黃河北方一個大約三十平方英尺範圍的深坑中，發掘出了「車葬」

的遺蹟。這個遺蹟中有十二輛車，套著七十二匹馬，另還有八條脖子上繫著鈴鐺的狗，很顯然這些牲畜都是被活埋的。雖然祭祀並不需要禱告，但有時還是會將禱文寫好與供品一同焚化。周代開始出現一位至高無上的神稱爲天。這神雖另有起源，但與較早的上帝實則合而爲一。天並不被視爲一個人格化的神，而是被當作所有神靈力量的集合，以及一種放諸四海皆準的道德法則，還有是一種潛在超人的無窮力量。君王依恃「天命」進行統治，故被稱爲「天子」，但這並不意味著他就是神。至於對土地的崇拜乃由農業神祇衍化而成，對崇拜者福祉相關的具體地點之崇拜。每一個村落皆有自己的社，諸侯有其代表的社，君王的社則代表全中國。所有最重要的祭儀就是在這些社或祖廟中舉行的。

在當時，中國人及印度人並沒有明確的宗教制度，也沒有固定的教義，更沒有教堂。然而和印度社會相比，中國的祭司沒有形成一個凌駕於其他團體之上的聖職階級。中國的祭司一如希臘的一般，只是典禮儀式中的助理。責無旁貸的宗教責任落在家父長身上，其中當然也包括君王，其祖先神靈是特別可畏的；另外，君王還要向崇高的河神、地神、天神獻祭。對大多數人而言，宗教若不是一種帶有強調孝道精神這類社會功能的家庭事務，就是一種國家大事，由相關當局來主持，旨在保佑百姓的福祉。然而，對最崇高的神祇祭祀，通常由最高層級的官員來主持；地位較低的神，則由層級較低的官員奉祀，以此類推，直到尋常之人以木桌的形式供奉自己的祖先。中國人相信祖先的神靈能夠興旺家庭，但若在任何儀式上疏忽則會招來災禍。除了傳統儀禮之外，日常生活也因爲混合了民間的傳說與迷信思想而變得龐雜，這些民間傳說與迷信很難畫歸範疇，卻具有深遠的影響，包括相信巫術、相信吉凶之兆、相信占卜，以及透過巫師傳導神靈的訊息，還相信妖魔鬼怪不可冒犯。「餓鬼」尤其被視爲特別危險的，他們因全家滅絕而得不到祭祀。雖然人們深信靈魂的存在比肉體更爲長久，但幾乎沒有什麼來世報應的觀念。還有大家認爲遊魂的厄運，莫過於被剝奪祭品的供養。

周代最重要的貢獻，在於文獻與哲學。已經高度進化的商代文字體系，在沒有什麼變動的情形下繼續沿用著。顯然當時的中國人已意識到文字紀錄，無論在處理公眾或者私人事務中，都是不可或缺的。他們有時將重要的盟誓用銘文鏤鍥在青銅器上，但多半是用毛筆寫在木簡或絲帛上，用薄片竹簡編成的書籍大量出現。儘管只有少數人受過教育，但這已經是一個相當龐大的少數，包括封建貴族和商人。西歐封建時代的文字幾乎僅只流傳於教士，但中國周代的貴族精通典籍，而且保存了有關他們的財產、眷屬，有時甚至是其個人活動的全部紀錄。不單是君王，每個封建國家的諸侯都存其國史，將家族光榮傳統承繼下去，亦用這來幫助與對立諸侯間的爭端。即使在古代，中國人對於紀年的重要性與記事的眞實性，也與印度人持著截然相反的態度（雖然這並不是意味著中國的文獻是完全正確或沒有荒誕的成分）。一個年輕的貴族或者諸侯在其受教育的過程中，他的教師會提醒他，其後人未來將會讀到他執政時期的歷史，所以要謹愼行事。諸侯常被諫誡要以歷史爲戒，「獎善罰惡」——與現代相比，這方面的努力顯然並沒有得到較好的結果。

在大量的周代文獻中，保存下來的可靠資料極少（除了不朽的青銅銘文之外）。然而，其中有一些文獻的年代早於西元前六百年。《易經》更可能是最古老的著作，它是以陽爻和陰爻依不同的排列組合方式所形成的卦象彙編，並附以卦辭說明。這卦象一如商代的甲骨文卜辭是用來占卜的，所以這本書不過是一部巫師手冊，但最終被奉爲一部神祕和玄妙的智慧經典[17]。《書經》（亦稱爲《尙書》）則相當不同，它號稱集結了自西周早期以來的官方文件、政府公告和重要談話。《禮經》[18]是用來教育士階級貴族有關禮儀舉止、社交禮節，以及爲人職責義務所準備之著作。最有意思的是《詩經》，這是一部大約三百首詩的選集，包括了廣泛的主題與風格。有部分是宗教詩歌，在性質上是爲了配合祭祀大禮的禱詞或讚頌詩，其他的則是頌揚英雄的功勳，還有一部分是抒情性質的，其間表露出罷職官員的悲痛、士兵的鄉愁，以及對自然美景的讚詠，和年輕愛侶的情腸牽迴。這些詩篇雖然在數量與深度方面，尙不及印度的「吠陀」，但是其中優美的詩句則生動地表現出中國人直樸的個性，以及對生活事務懷抱著濃厚的興趣與樂觀的態度——至少在貴族當中就是如此。整體而言，這些詩篇既非哲理亦非性靈。僅有少數的篇章使人聯想到希伯來先知的熱情。

從周代著作的範疇與種類來看，現存的書籍頗爲令人失望。但是，這點不足可藉由哲學領域的成就，得到完全的彌補。周代的哲學成就在西元前六世紀至前三世紀之間達到輝煌的顚峰。由於這些難以解釋的原因——也許可能只是巧合——古代世界三個相隔遙遠的地方，大約都在同一時期開展出高度的哲學運動。當希臘人正在探究物質世界的屬性，印度思想家正在思考靈魂的存在關聯，中國哲人則試圖發覺人類生活的基礎與賢能政治的根本原則。中國的思想家對於自然科學以及玄學都沒啥興趣，他們探尋物質世界的基本原則，並不是爲了絕對的眞理，而是用來說明人類生存的問題，他們企圖提出穩定社會和撫慰人心的原則。這個思潮活動的主導者大半出身於士階層，他們是一群喜歡辯論的學者，但對施政也有興趣，他們有時擔任政府的行政職務，或教授那些有志從政的學生，這是一個思想活潑、百家爭鳴的世代。這種對知識的醞釀與爭論——人類思想史上最有成就的時期之一，產生了四大哲學思想流派，其中最重要的就是儒、道兩家。

孔子（約西元前五五一～四七九年）是整個歷史上最有影響力的人物之一，但若由他所希望完成的志業來看，他卻是一個失敗之人。孔子畢生致力於改革，可惜皆未獲得重用；然他所遺留的思想與政治主張，卻在中國以及中國文化所及的區域中，產生了不可磨滅的影響。孔子的家鄉位於魯國（今山東省），據說是姓孔的武士晚年所生之子（Confucius，是孔夫子，或者孔子這字之拉丁文的音譯）。孔子的家庭或許是低階層的貴族，有身分卻貧窮。當他約年僅二十一歲時，他已非正式地教授一群年輕朋友，這群人被他活潑的思想以及對傳統典儀與習俗的淵博學識所吸引。雖然他的聲名遠播，但是有關他的經歷卻不太爲人所知。成年後，孔子可能曾短暫地在魯國任職。爾後他用十幾年的時間周遊列國，直到年老，這期間他拒絕爲那些趨炎附勢的奉承者工作。但卻一直希望能夠有個實現理想抱負的機會，以便展開一場風起雲湧的全國性改革運動。雖然孔子受到他弟子的尊敬，這些人當中有人還當了官，但他始終沒有得到過稱心的職務。最後，他回到家鄉沮喪地死去，享年七十二歲。

作爲一個政治家雖然不如意，但作爲一個教育家，孔子有其眞正的貢獻。從他和弟子間的問答紀錄（《論語》）——即使不是在夫子生前所寫下的，但整體而言是可信的——讓人感到這是一種勇於挑戰一切，而且活潑又無拘無束的思想。一如與他同時代的釋迦牟尼和差不多世代的蘇格拉底，孔子篤信知識是幸福和成功的關鍵。他也相信幾乎所有人都能夠得到知識，但唯有努力不懈才有可能獲得。他更堅持其弟子要能獨立思想，例如，他說過：「舉一隅，不以三隅反，則不復也。」[19]並且時常針砭弟子驕矜。孔子不是個苦行主義者，但是他也不贊成縱情享受，他激勵周遭的人要不斷奮進。雖然孔子也有惱怒與暴躁的時候，但其品格無疑是高尚的，他不會因爲失意而憤世嫉俗，如他曾說過：「不患人之不己知，患不知人也。」[20]

孔子的學說重點在於利民、安邦。他尊重宗教禮儀，將之視爲已經確立習俗的一部分，但拒絕談論宗教和神怪的問題，例如，他曾說過「未知生，焉知死」、「未能事人，焉能事鬼」[21]，對於物質世界和人的本性他是樂觀的，但是，他認爲人的價值只有對其才能的發展予以正確的指導，方能達成。故而他強調禮節和遵守儀典，孔子認爲這些有助於自我約束，雖然實際上他關心眞誠和才智更甚於外表。由於封建競爭的醜惡讓他印象深刻，孔子鼓吹恢復中央王室的權力，不過要與合理的權力相結合。孔子理想中的國家是一個由仁慈的家長統治，統治者不僅要治理百姓，更要樹立行爲榜樣，讓百姓效仿。他不贊成平等，更不贊成民主，他欲使爲政者在其執政當時，選擇高標準的官員來建立賢能政府。整個國家的昌榮應繫於每一個社稷的安康，尋常百姓與賢人官員共同努力就能國泰民安。

孔子的學說蘊含著一種政治哲學，他將國家當作自然機構，可用人來加以節制，以致力於提高普遍幸福和充分發展個性。國家爲百姓而存在，而不是百姓爲國家而存在。在倫理方面，孔子強調互諒互惠，以及培養同情心和合作精神，這些都必須從家庭開始，然後逐漸擴大到更爲廣泛的人群之中。他重視中國人傳統的五種主要人際關係：君臣、父子、兄弟、夫婦、朋友。這些關係可以無限擴展，並且沒有疆域限制。這種思想的必然結果可以概括爲一句名言：「四海之內皆兄弟。」孔子強調一個人必須能夠善於處理其人際關係，才能爲天下人著想。孔子竭力主張恢復一種理想的秩序，他並不認爲這是他的創見，而應歸功於古人，但這種秩序從未有過。他無意中提出可以在將來爲人所運用的指導原則。

儒家除了創始人之外，最有才能的鼓吹者是孟子，他的生活年代大約晚孔子一個世紀（約西元前三七三～二八八年）。孟子繼承且重人性本善之說，其認爲這是需要榜樣來引導發展。他將政治視爲一種道德事業，他比孔子更加強調百姓的物質生活應予改善。他要求政府應主動縮小普通百姓的差異，提高他們的生活水準。或許從孔子時代起，政治亂局有增無減，是以他直率地批評當時的統治者。他說，只有得到百姓默許的仁慈政府，才能保有「天命」，他還爲百姓有權廢黜腐敗或專橫的君王而辯護。荀子（西元前三○○～二三七年）的學說雖然與孟子背道而弛，但通常也被歸類爲儒家。孔、孟均以人性本善爲出發點，荀子則認爲人性本惡。但是，他和稍早之前的儒家相同，相信正規的教育和嚴格的紀律能夠導人向善。他極力強調遵守禮儀、正規的經典教育，和等級森嚴的社會制度。雖然他對人性秉持著憂慮的觀點，但卻不是一個悲觀主義者。他建議國家以強有力的措施進行改革，而且與孟子一樣，荀子也贊同對經濟活動實行管理。

道家哲學宗派在很多方面都與儒家相對立。相傳道家的創始人是老子（年老聖者），他是西元前六世紀一個夢幻般的人物。有關於他的生平事蹟所知甚少，有的學者甚至懷疑他不是一個歷史人物。傳說他曾在周朝的都城擔任掌理檔案的官員，直到他對世事感到厭倦，乃西行出關前往西部山中尋求清靜，他應守關令尹之請，以其哲學寫下一本小冊子，然後不知所蹤。但是道家原理《道德經》（關於自然法則和德行的經典）的眞正作者卻還無法確定，且此書的寫成也許不早於西元前三世紀。《道德經》不僅文字簡鍊，意義晦澀，似是而非，還可能含有諷刺之意。它那簡達而隱晦的文風，看來像是故意針對儒家奢談學識、百般規勸和喋喋解釋的一副解毒劑。整體觀之，道家的著作頌揚「道」（有時具有宇宙力量「無極」或神的意思），而貶低人的力量。道家的精神是浪漫的、神祕的、反理智的。它不但稱揚道的盡善盡美，而且還把原始生活理想化，認爲沒有文明的藝術，生活乃寓於極樂的無知之中，用結繩記事而不用文字，人類會過得更好。它還斷言，財富造成貪婪，法令產生犯罪。試圖用說教、禮制和繁雜的規章改善社會是沒有用的；道德說得越多，做得就越少。「言者不知，知者不言。」一個人待在家裡會比出門在外學到更多的東西；智者用坐、沉思而不是四處奔波，來改良世道。

作爲一種政治哲學，道家鼓吹無爲而治。老子和孔子不同，他認爲政治的干預是罪惡的淵藪，如果讓老百姓任其自然，他們將能與天地萬物和諧相處，不過，老子的理想並不是純粹的無政府主義。他與孔子一樣，認爲必須有一位仁慈而賢明（雖說是被動的）的統治者，並且也同意施政的唯一目的就是促進人們的幸福。或許他的思想反應了農村對妄自尊大的貴族，和迅速發展起來的城鎮手工業界二者之間的對抗。老子的學說中有息事寧人，和不因受害而報復的說法（有德同契，無德同徹）；主張人與人之間以慈愛爲上（天將救之，以慈衛之）；提倡平均主義（天之道損有餘而補不足）。在晚周時期，道家學派出現了幾個有才智的思想家，在中國哲學傳統的形成中發揮了一定的作用。然而，與儒家學說不同，道家學說最終變爲宗教體系，有道士、廟觀、禮儀和情感因素。但是，道教之所以成爲中國著名的宗教之一，與《道德經》中闡述的原理並沒有什麼關係。

第三個政治和倫理哲學宗派與墨翟（或墨子）有關。墨翟據稱生活在西元前五世紀中葉，他是一位極有創意之人，可能因爲出身農家，故對被蹂躪者寄予同情，厭惡奢侈和浪費，其思想之中最突出的部分是將功利主義——認爲每一件事都應按其實用性來評價，和從宗教信仰中得到啓示的徹底理想主義結合在一起。他譴責儒家重視的繁文縟節，包括傳統的三年守喪規矩，他認爲這些會帶來不必要的花費。他也不贊成體育、娛樂，甚至音樂，因爲這些都是非生產性的，會消耗掉可以用於有效勞動的精力。在他看來，增加食物和基本日用品的供給，以增進健康，延年益壽和繁衍人口，才是迫切的需要。而這一綱領要求百姓與官員雙方面都得全力以赴。還有他對侵略性戰爭強烈的譴責，也是出於功利主義。

墨翟的倫理學在中國的哲學流派中是最爲大膽的。他宣揚全人類普遍和無偏見的兼愛，用這個來代替儒家以忠於家庭爲起點，擴大爲無所不忠的思想體系，認爲只有消除「人」、「我」之界，才能有令人滿意的社會。他應用功利主義的原則論證說道，透過培養人與人之間的同情心和互相幫助，個人不但可保證自己的利益，又可對他人的安全貢獻心力。然而，因他的兼愛學說把利他主義和個人利益結合起來，因此需要高度的紀律以及高尚的品格，故常常有人把它與基督教的倫理學相提並論。墨翟認爲，國家和其他人世間的機構一樣，都是由神的意志所建立，統治者的責任就是執行天意，而所謂的天意，據他解釋就是提升公共福利。雖然墨家學派曾經一度成爲一時的顯學，吸引了相當多的信徒，但實際在周朝滅亡之後它便消失了——儒家敵視是其中部分的原因，直到近代，功利主義哲學家的學說幾乎是無人問津。

第四個哲學宗派是「法家」，其與墨家大膽的理想主義、孔子樂觀的人道主義迥然不同。法家學派形成於一個動盪的時期，其經歷了周朝最後崩潰和秦的勝利，它反應了荀子人性本惡的觀點，強調服從紀律。同時，法學受道家的影響而輕視學識、知識分子和傳統倫理觀，他們寧願要一個簡單的農業社會，而不要變動的、複雜的、多元經濟的社會。但是，與道家不同，他們並不贊揚天道和任何超自然的力量，而且完全否定無爲而治。他們更是頑固的現實主義者，甚至是憤世嫉俗者，而不是神祕主義者。他們斷言，人的天性是絕頂自私而且不可改變，處置的方法就是使之完全而絕對地服從統治者。他們認爲，百姓的行爲只能由認眞制定的獎懲辦法，即由一部基本上是懲罰性的，不是出自於習慣和天性，而是出自統治者意志的法典來加以控制。在中國政治思想方面所有學派中，法家是最不調和的極權主義者。儘管法家的主張只是在短暫的秦朝被系統地採用，但對後來王朝也產生了持續的影響——多少被對立的儒家傳統所調和，在現代中國的極權主義統治之中，或許還有不少的迴響。

從西元前五世紀中葉開始，中國境內局勢變得更加混亂，一個稱爲「戰國」的血腥時代揭開了序幕。諸侯國國君之間相互傾軋，禮崩樂壞，戰禍連年，互逐霸主之位。有幾個國家的君王甚至僭越稱「王」。於西元前四世紀至前三世紀，位處渭河流域西部邊陲之地的秦國漸漸脫穎而出。秦國的統治者不僅具有侵略野心，他們還將自己的領地發展成中國的政治中心。在其呑併了渭河流域南部（現今四川省）的肥沃平原後，修建了沿用迄今的傑出水利灌溉系統。或許秦人融合和吸收了部分蠻族的成員，但他們與其他諸侯國一樣仍保持著華夏文化。雖然其他諸侯國結成聯盟來抗擊秦國，但強大的秦國採取冷酷無情、大肆殺掠，以及背信棄義的手段，兼併了一個又一個的地區。最後，在西元前二五六年，秦王將中國的全部領土納併於自己的控制之下，爲了表示勝利的喜悅，他登基稱帝。秦朝統治的時間雖然不長，卻消除了中國封建的殘餘。秦王建立的高度集權政府未能持久，但封建體制也未再出現。

周代雖然在其最後的幾個世紀中充滿爭鬥和動盪，並且受阻於腐朽的封建殘餘，但是它畢竟奠定了生產性社會的物質基礎，學術思想也發展到一個高峰，豐富多彩、範圍廣泛的著作紛紛湧現。哲學家以其成熟而且千方百計之法，解決個人與群體行爲的基本問題。講學是一種榮譽職業，學者被視爲是治理政務中不可或缺的人才。一個正在形成的傳統——雖然還未有影響力，爲政之道需要有道義之權力與義務，執政者只要順天，便可應人。此外，中國人已經認爲他們正在形成一個獨特之社會，這不僅是一個政治聯盟，而是「中國」——與邊遠的「未開化」地區爲不同的文明中心。他們已和許多非華夏部族融合，並且同化了其中的部分。而重要的是，中國人認爲文明與野蠻地區的分野不在於種族。由於如此的優越感，使得中國驕傲自許，也讓中國人在抵禦侵略或面臨其他災難時能夠堅毅不拔。

第二部｜古典時代的世界

大約在西元前六〇〇年之後，曾經一度強盛的美索不達米亞和埃及文明，在古典希臘和羅馬文明的輝映下黯然失色，拱手讓出主宰的地位。古典一詞源自於拉丁文的「classicus」，意指「第一流者」，通常用於指稱大約西元前六〇〇到前三〇〇年在希臘極爲興盛的文明，以及在西元前三〇〇到西元三〇〇年之間以羅馬爲中心的繁榮文明。（在希臘與義大利「古典」文明前後，尚有其他文明，但這些文明並未被後人視爲「第一流的」。）雖然古典羅馬文明在古典希臘文明喪失其獨立本性時漸次成形，但是「羅馬」並沒有直接取代「希臘」。相反的，介於希臘強盛文明與羅馬強盛文明之間的世代，乃是希臘化文明時期，這是一個由希臘元素與西亞元素融合而成的新文化。希臘化文明建立在亞歷山大大帝於西元前三二三年所征服的疆域基礎上，其範圍包括了整個希臘、埃及，以至於直抵印度邊界的大半個亞洲，從西元前三二三年到基督誕生前不久的這期間，它一直保持其與衆不同的特性。這三種文明所具有的世俗主義特點，乃是與之前所談論的各種文化之主要差異的地方。宗教已不如在古代美索不達米亞和埃及那般引人注意，與浪費人們財富了。這時，國家凌駕教會之上，知識的追求不也再是宗教體系的專利。此外，人類自由的理想，以及對個人福祉的重視，已經取代了底格里斯河、幼發拉底河，以及尼羅河的專制主義與集體主義。只是，在羅馬文明發展的後期，專制主義才又開始復活。此時期，一種新的宗教也就是基督教，開始重新塑造住在羅馬世界的居民生活。

遠東的發展歷程與西歐的變化相互比較，異同皆有。印度文明在西元第一千紀達到頂峰，這是印度的古典時代，藉由雕塑、建築、繪畫和文學標誌了不朽的成就。在中國，一位強而有力的統治者結束了諸侯混戰的局面，統一天下，建立了後世歷代王朝所襲用的中央集權體制。在漢朝統治下的中國，其威勢與持久的影響力，可與同時代的羅馬帝國相互輝映。一如羅馬帝國衰落引發的一段混亂時期，西元二二〇年漢朝覆滅後，中國也進入持續大約四百年的蠻族入侵與動盪不安時期。然而，中國的分裂局面比歐洲早結束；一個強大的政府重建，在本質上代表了回歸古代傳統的模式。在唐代（西元六一八至九〇七年），中國的版圖擴展到最大規模，一個燦爛的文化盛極一時。還有，在城市發展和商業貿易上，此時期的中國遙遙領先歐洲。日本居民雖然起步較晚，但在中國政治和文化的刺激下，國家建設得以迅速發展。在中非和西非，高超冶鐵工藝的傳入促進了工農業的進步。

東方宗教的發展，在某種程度上與西方基督教的傳播並行。在印度，印度教和婆羅門階級的主導地位受到釋迦牟尼的倫理和非神學體系的挑戰。佛教傳到了中國和日本，成爲整整三百年間文化活力的重要刺激因素。

表格2-1　古典時代的世界

	政　治	哲學和科學	經　濟	宗　教	文學藝術
西元前800年	·希臘史上的黑暗時代，西元前1000～800年 ·中國封建制，約西元前800～250年 ·希臘城邦的開端，約西元前800年 ·羅馬城建立，約西元前750年 ·希臘僭主時代，約西元前650～500年 ·雅典梭倫改革，西元前504年 ·雅典克利斯提尼改革，西元前508年	·米利都的泰勒斯，約西元前640～546年 ·畢達哥拉斯，約西元前582～507年 ·孔子，約西元前551～479年 ·老子，約西元前550年	·印度種姓制度的興起，西元前100～500年 ·希臘土地財富的集中，約西元前750～600年 ·希臘海外擴張，約西元前750～600年 ·呂底亞人發明鑄幣，約西元前600年	·瑣羅亞斯德在波斯創立瑣羅亞斯德教，約西元前625年 ·佛陀，約西元前563～483年	·印度《吠陀》，西元前1200～1800年 ·《奧義書》，西元前800～600年 ·《伊里亞德》和《奧德賽》，約西元前750年 ·多利亞建築風格，約西元前650～500年 ·埃斯庫羅斯，西元前525～546年
西元前500年	·羅馬共和國建立，約西元前500年 ·希波戰爭，西元前490～479年 ·提洛同盟，西元前479～404年 ·雅典民主制的完善，西元前461～429年 ·羅馬十二表法，約西元前450年 ·伯羅奔尼撒戰爭，西元前431～404年	·普羅泰戈拉，約西元前490～420年 ·蘇格拉底，西元前469～399年 ·希波克特底，西元前460～377年 ·德謨克里塔斯，約西元前460～362年 ·詭辯學派，約西元前450～400年 ·柏拉圖，西元前427～347年	·波斯人的御道，約西元前500年 ·中國使用鐵，約西元前500年	·俄耳甫斯和依洛西斯神祕崇拜，約西元前500～100年	·菲迪亞斯，約西元前500～432年 ·愛奧尼亞建築風格，約西元前500～400年 ·索福克勒斯，西元前496～420年 ·歐里庇得斯，約西元前471～400年 ·修昔底德，約西元前471～400年 ·巴特農神廟，約西元前460年 ·阿里斯托芬，約西元前448～380年

（續下頁）

	政　治	哲學和科學	經　濟	宗　教	文學藝術
西元前400年	・馬其頓征服希臘，西元前338年 ・亞歷山大大帝的征服，西元前334～323年 ・亞歷山大帝國的分裂，西元前323年	・亞里斯多德，西元前384～322年 ・孟子，約西元前373～288年 ・伊比鳩魯，西元前342～270年 ・斯多葛派芝諾，約西元前320～250年 ・歐幾里德，約西元前323～285年 ・阿里斯塔庫斯，西元前310～230年	・中國鑄幣的發展，約西元前400年		・科林斯式建築風格，約西元前400～300年 ・印度史詩，約西元前400～200年
西元前300年	・印度阿育王的統治，約西元前273～232年 ・布匿戰爭，西元前264～146年 ・中國秦朝，西元前221～207年 ・興修萬里長城，約西元前220年 ・中國漢朝，西元前206～220年	・阿基米德，約西元前287～212年 ・埃拉托斯特涅斯，約西元前276～195年 ・赫羅菲魯斯，約西元前220～150年 ・波里比阿，約西元前205～118年 ・懷疑論派，約西元前200～100年	・希臘化時代國際貿易和大城市的發展，約西元前300～100年	・密特拉教的產生，約西元前300年 ・羅馬的東方神祕崇拜，約西元前250～200年	・普拉克西特勒斯，約西元前370～310年
西元前200年	・羅馬大法學家完成羅馬法律體系，約西元前200年 ・格拉古兄弟改革，西元前133～121年	・斯多葛學說引入羅馬，約西元前140年 ・盧克萊修，西元98～55年	・撒哈拉以南非洲使用鐵，西元前200年 ・羅馬農奴制的發展，約西元前200～西元500年		

（續下頁）

	政　治	哲學和科學	經　濟	宗　教	文學藝術
西元前100年	・日本國家的開端，約西元前100年 ・尤利烏斯・凱撒的獨裁，西元前40～44年 ・奧古斯都・凱撒的元首制，西元前27～西元14年		・羅馬奴隸制的發展，小農的衰落，約西元前250～100年 ・中國造紙術，約西元前100年 ・羅馬奴隸制的衰落，約西元前120～西元476年	・羅馬密特拉教的傳播，西元前27～西元270年	・維吉爾，西元前70～19年 ・賀拉斯，西元前65～8年 ・李維，西元前59～17年 ・奧維德，約西元前43～17年
西元100年	・「五賢帝」，西元96～180年	・塞內加，西元34～65年 ・馬庫斯・奧勒利烏斯，西元121～180年 ・伽倫，西元130～200年 ・西塞羅，西元106～43年		・基督殉難，約西元30年 ・聖・保羅的傳教工作，約西元35～67年	・塔西佗，約西元55～117年 ・羅馬大競技場，約西元80年 ・羅馬人像雕塑的盛世，約西元120～250年
西元200年	・羅馬帝國內戰，西元235～284年 ・戴克里先，西元284～305年	・普羅提努斯，約西元204～270年	・羅馬經濟急劇萎縮，約西元200～500年 ・非洲班圖語族人的擴張，西元200～900年	・中國佛教的發展，西元200～500年	
西元300年	・君士坦丁一世，西元306～337年 ・狄奧多西一世，西元379～395年			・羅馬帝國開始對基督徒寬容，西元311年 ・聖奧古斯丁，西元354～430年 ・基督教成爲羅馬官方宗教，西元380年	印度文化的古典時代，約西元300～800年
西元400年	・西哥德人洗劫羅馬，西元410年 ・西非王國加納，約西元450年	・博提烏斯，約西元480～524年			・日本採用中國的文字體系，約西元405年
西元500年	・義大利東哥德人國王西奧多里克，西元493～526年 ・查士丁尼，西元527～565年 ・羅馬法《大全》，約西元前550年		・中國玻璃製造和火藥、指南針的發明，約西元500年	・本篤會的隱修制，約西元520年 ・佛教在日本的傳播 ，約西元552年	

第七章

希臘文明
Greek Civilization

我們樂愛美好的事物，卻不因此而奢靡；我們熱愛智慧，卻不會因此而意志薄弱。富有，我們並不用以誇耀自己，而是用之於服務公益；貧窮，我們並不引以為恥，但我們認為不去克服貧窮是可恥的。我們相信一個人應關心公共事務如同關心私事一般，因為我們認為一個不關心政治的人，不但是無趣的，也是沒有用的。

——伯里克利，「葬禮演說」，論雅典的理想

天道的特性就是至善與安樂。對人來說，便是理性的生活，人之所以為人，其理在焉。

——亞里斯多德，「尼科馬可倫理學」

在古代世界的所有民族中，其文化最能夠鮮明反應西方社會精神的便是希臘人。而古代各民族中，也沒有其他任何民族能像希臘人那樣強烈地致力於自由，那樣堅定地崇尚人類的成就。希臘人推崇人爲宇宙之中的萬物之靈，他們拒絕屈從祭司或專制君主的支配。他們的態度是以世俗與理性爲本；崇尚自由探究的精神，並且認爲知識勝過信仰。希臘人的文化之所以能在古代世界達到顚峰，其主要的原因也就在此。

希臘的黑暗時代

邁錫尼文明的衰落是希臘世界的一次重大災變。歷史學者稱這一時期爲黑暗時代，此一時期是由西元前一千年一直延續到前八百年。除了一些斷簡殘篇意外地被保留下來之外，其他文學紀錄都消失了，文化又回復到比前幾個世紀以來更爲原始的形式。到了這個時期即將結束之際，若干彩飾的陶器，以及設計精巧的金屬器品，開始在愛琴海各島上出現，但基本上來說，這個時期乃是一個漫長的黑夜。除了這個時期末的文學發展之外，知識成就也僅限於民謠和短篇敘事詩；吟唱的流浪詩人在從此村唱到彼村的旅遊途中加以增潤。最後在西元前九世紀，這些材料由一個或數個詩人彙編起來，寫成一個偉大的詩篇。儘管這部詩篇內的詩並未全部流傳下來，但其中最重要的兩篇《伊里亞德》和《奧德賽》，也就是所謂的「荷馬史詩」，爲我們提供有關黑暗時期許多風俗與制度的豐富材料。

黑暗時代的政治制度是非常原始的。每一個村落當中的小社團都是獨立不受外界管制，然其政治權力非常薄弱，幾乎不像是有一國家存在般。巴塞勒斯或統治者只不過是部落的酋長，他既不能制訂、執行法律，也不能審判案件。他不但拿不到任何報酬，還必須像其他公民一樣耕作維生。實際上，他的職務僅限於軍事和宗教方面的事務。作戰時指揮軍隊，並且主持祭祀，以求神爲社團降福。儘管村落中的每一個小群體皆有貴族議事和武士大會，但這些團體卻沒有固定的成員，也沒有政府機關的地位。幾乎無例外的，習俗取代了法律，審判也變成私人的事，即使是蓄意的殺人犯也只由被害者的家庭給予懲處。確實，有時爭端要交給統治者處置，但在這種情形下，他也只是一個仲裁者，而非法官。事實上，希臘人在這個時候的政治意識仍是非常膚淺，在他們的觀念，尙不知政府是維持社會秩序的必要機構。像伊薩卡的統治者奧狄賽離開其統治區的二十年當中，既未指定攝政者代理，貴族議會與武士大會也未曾召開過，似乎也沒有人想到政府完全停止運作的這段時間裡，究竟有何重要影響。

社會與經濟生活的型態是非常簡陋的。然而，從史詩中的敘述來看，當時的社會型態似乎是屬貴族政治，但實際上根本就沒有嚴格的階級區分。他們不輕視以勞力謀生的人，實際上也沒有不勞致富的事。不過，確有若干附屬的勞動者存在，他們在貴族的田地裡工作，也是貴族的忠實戰士。奴隸多爲婦女，她們被當成僕役，或進行羊毛加工，或爲侍妾，她們大都多爲戰俘，但似乎並未受到虐待。農業和畜牧業乃是自由人的基本職業，除了少數諸如馬車製造者、刀劍工匠、金匠和陶工以外，沒有其他專門化的工作。就大多數的情況而言，每一個家庭都製造自己所使用的工具，編織自己所穿的布衣，並生產自己的糧食。這個時候的希臘人還沒有商業行爲，他們的語言之中也沒有「商人」一詞，以物易物是當時僅有的交換方式。

對黑暗時期的希臘人而言，宗教乃是：一、解釋自然界以消除它可怕的神祕，並使人對它有種親密關係的感覺；二、說明那種矇蔽人類天性，使其失卻自制能力的衝動情欲；三、獲得諸如好運、長壽、技能高超，以及豐富收成等實際利益的方法。希臘人並未寄望他們的宗教能解脫罪惡，或賜給他們精神的福惠。他們認爲虔誠敬神既非行爲問題，也非信仰問題。因此，他們的宗教沒有戒律、沒有教條，也沒有聖禮。每一個人都有自由去信仰他所愛的，做他樂愛的事，而不必擔心會受神的譴責。

衆所周知，早期希臘宗教的神祇只不過是一些神化的人。如果希臘人想要在他們所統治的世界中任其所好地行事時，這樣做確實有其必要。像大多數東方宗教的神靈，只能讓人產生恐懼而不能產生安全感。希臘人想要的不是力量非凡的神靈，而是可以在平等條件下和祂們討價還價的神祇。結果，神祇被賦予與人相似的屬性——具有人的身體、人的弱點與欲望。在早期希臘人的想像之中，諸神之間也常有爭吵，隨意與人類混雜在一起，甚至也與人間婦女生兒育女。神祇與人類不同的唯一之處，在於祂們長生不老的這個事實。祂們既不住在天上，也不住在星星裡，而是居住在希臘北方的一座奧林匹克山的山巔之上。

早期希臘的宗教是多神教，而且沒有任何一個神的地位比其他高出許多，天神宙斯同時也是雷電的主宰，有時被人們視爲諸神與人類之父。但祂所受到的重視往往不及海神波塞冬、愛神阿芙洛狄蒂，或是被看作多才多藝的智慧與戰爭之神和工匠的保護神——雅典娜。爲了說明災難的發生原因，所有神靈都被視爲既能行善也能作惡的。

黑暗時期的希臘人對死後將會如何，幾乎全然漠不關心。然而，他們確實想過，人在軀體死亡之後，陰靈或者鬼魂還會存在一段時間。除少數例外，所有人都會往同一歸宿——到哈得斯的陰曹地府之中。那裡既非天堂也非地獄；沒有人會因善行而得到獎賞，也沒有人會因罪惡而受到懲罰。每一個陰靈似乎將繼續過著他的形體在人世間所過的生活。荷馬史詩中偶爾也提到另外兩個地方：極樂天堂和冥界下府；乍看之下，這似乎和沒有來世賞罰的觀念相互牴觸。但到極樂天堂享受安樂舒適的少數人，並未做過任何值得享受此等福澤的事，他們只不過是受到神的特別眷顧而已。冥界下府實際上並非死者的歸宿，而是禁錮叛神的場所。

早期希臘宗教的崇拜以獻祭為主。然而，祭獻的目的並不是為了贖罪，而是取悅神，勸誘神施福降惠。換言之，宗教的習俗屬於外形和機械的，而且也未能脫離魔法的窠臼；其中，誠敬、謙恭與心靈的純潔並非其本質。崇拜者只要做到應該的祭祀，神便會做到神應該做的事。對於這樣的一個宗教而言，根本不需要明確的制度，甚至也不需要一位專業的祭司，因為既不神祕又無聖禮，任何人都能主持那些簡單的儀式。希臘的廟宇既不是教堂也不是宗教集會的場所，在這裡也不舉行任何宗教儀式；廟宇只不過是個神龕，神偶爾會光臨此處以休憩。

如前所述，黑暗時代的希臘人與他們宗教只有極為含混的關係。雖然一般說來，神都是會支持公理的，但祂們並不認為打擊邪惡與宣揚正義是祂們的責任。在給予人們獎賞時，祂們似乎只會被祂們的興致，和對供奉祭品的謝忱這兩項所左右，而不是出於道德來考慮，唯一要受處罰的罪就是作偽誓和過分的言行不一。史詩中所讚美的，幾乎都是能使一個人成為良好戰士的德性——勇敢、自制、愛國、智慧（似乎是指機智）、愛護朋友、仇恨敵人、沒有罪惡觀念，不像基督教認為不正當的行為就是犯罪，所以希臘人也沒有悔罪與赦免的觀念。

在黑暗時期的末期，希臘人已經開始步向他們在往後幾個世紀所遵循的社會理想之路了。由於他們是樂觀主義者，因而認為人生是值得活下去的，而且他們認為死並非愉快的解脫。他們也是利己主義者，重視自我的實現而奮鬥。因此，他們拒絕接受各種會傷害生命的苦行與克制。他們認為謙恭，甚至是別人打你左臉，你再將右臉給他打的行為是不值得的。還有，他們是人本主義者，崇尚有限的生命與自然，而不重視來世與天界。基於這種理由，他們不願他們的神具有令人恐懼的性格，也不虛構人類是敗壞與有罪的動物之觀念。

城邦的演進

大約在西元前八百年，以部落或家族為中心的村落社團開始朝著較大的政治組織發展。隨著貿易的增進，城市圍繞市場和防禦工事發展起來，成爲整個社團政府的所在地。於是，希臘政治社會中最負盛名的組織——「城邦」便出現了。此種範例的政治組織，在希臘世界裡幾乎隨處可見。希臘本土上有雅典、底比斯和麥加拉；在伯羅奔尼撒半島上有斯巴達和科林斯；小亞細亞沿岸則有米利都；愛琴海諸島上有米提里尼和薩莫斯。這些城邦的面積與人口皆不同，相差懸殊。斯巴達面積爲三千多平方英里，雅典有一千零六十平方英里，乃是最大的兩個，其他的都不到一百平方英里。在斯巴達、雅典的全盛時期，各有人口四十萬，在數量上約爲其他城邦人口的三倍。

更重要的是，希臘各城邦在文化的演進方面皆有很大的差異。從西方前八百到前五百年這段時期，通常被稱爲古風時期，伯羅奔尼撒的科林斯乃是此時期文學與藝術發展的領導者。在西元前七世紀，斯巴達雖然已超過了許多對手，然而，最優秀的當屬小亞細亞沿岸和愛琴海諸島講希臘話的各個城邦。其中最先進的是米利都，在那裡早在西元前八世紀期間，哲學與科學便已經綻放異彩了，雅典落後它至少一百年。

除了少數幾個例外，各城邦的政治演進都十分類似。開始時都是君主制度，但在西元前八世紀期間，卻改變爲寡頭制度。大約經過一百年之後，這些寡頭政治乃被希臘人所謂的君主或「僭主」所推翻。之所以如此稱呼乃是因爲，這些篡位者不論是否採取壓迫手段，都沒有統治的合法權力。最後，在西元前六世紀以及五世紀，建立了民主政治，有時可以稱爲「財力政制」，意指政府是以財產資格作爲實行政治權力之基礎。第一次變革乃是因爲地產集中所引發的結果，隨著大地主們的經濟權力漸漸強大起來，他們便決心剝奪今日通稱爲國王的統治者手中之政治權力，並將這權力賦予原先被控制的議會。最後，他們完全廢棄了王政，接著便進入一個經濟大變動與政治混亂時期。

這些發展不僅影響了希臘本身，而且也影響地中海世界的其他地區。因爲在此期間與之後，發生了一場大規模的海外擴張行動。主要的原因是由於可耕地日益稀少，當希臘人很快獲悉有很多人煙稀少，而且氣候及土壤都與家鄉類似的地區時，便想要從事擴張運動。在擴張運動中最積極的城邦爲科林斯、迦爾西斯及米利都。他們的人民統治著愛琴海沿岸，甚至在義大利與西西里建立了殖民地，最著名的有塔拉斯和敘拉古。此外，他們也在埃及沿岸以及遠至東方的巴比倫建立了貿易中心。這種擴張運動的結果極其重大，商業和工業發展成爲主流的行業，城市的人口增加了。商人、工人以及破產的農人聯合起來，共同攻擊由地主所把持的寡頭政治。在激烈的階級衝突之後自然會產生獨裁政治。野心勃勃的煽動政治者藉由鼓動、奢望與承諾平息騷亂來吸引大衆的支持，支持他們無視政府與法律僭取權力。但由於對僭主統治的不滿，以及平民的經濟力量與政治意識逐漸提高，最終導致民主制或是財力榮譽政體的建立。

遺憾的是本書的篇幅有限，不允許逐一分析希臘每一個城邦的政治歷史。除了貼撒利與伯羅奔尼撒等比較落後的地區外，雖然各城邦由於個別情況不同，在發展上沒有什麼差異，因此可以這麼說，所有城邦的發展與上述情形類似。對於希臘兩個最重要的城邦斯巴達與雅典，必須詳加研究。

斯巴達的軍營生活

斯巴達[1]的歷史乃是城邦政治演進中的一個顯著例外。雖然斯巴達的人民與大多數希臘人同源，但卻未能在民主政治方面有任何成就。相反的，它的政府逐漸演進成爲一種較近似於現代菁英專政的形式。在文化方面，斯巴達自西元前六世紀以後便停滯不前了，其部分原因是由於地形孤立，斯巴達的東北面及西部皆爲高山所阻，且缺乏良好港口，使得斯巴達人幾乎沒有機會接受到外面世界的薰陶。此外，也沒有興起的中產階級，來協助群衆爲爭取自由而奮鬥。

然而，眞正的原因還是必須從它的軍國主義去做探究。斯巴達人最初是以多利安入侵者的姿態進入伯羅奔尼撒東部的地區。儘管在西元前九世紀末期，他們已控制了整個拉哥尼亞地區，但他們並不滿足。因爲大格托期山脈以西乃是肥沃的美西尼亞平原，斯巴達人便決定征服這塊地方。這項冒險的成功，使美西尼亞的領土併入拉哥尼亞的版圖中。大約西元前六四〇年，美西尼亞人在阿哥斯的支持下，發動叛變，隨之而來的便是一場殊死戰，拉哥尼亞本土被入侵。不過，由於阿哥斯統帥的戰死，與呑火詩人提爾泰奧斯的愛國呼聲，才使斯巴達得以倖免於難，並且反敗爲勝，這次勝利者毫不留情，他們沒收了美西尼亞的土地，殺害或放逐他們的領袖，並迫使廣大的群衆爲農奴，從此他們被稱爲希洛人。此後，斯巴達對外的政策乃是防禦性的。美西尼亞戰爭之後，斯巴達人擔心繼續對外戰爭會給希洛人有機可趁，因此，致力於保持他們既得的領土。

斯巴達人的生活特點幾乎都是美西尼亞戰爭所產生的結果。爲了壓制與掠奪他們的敵人，他們往往在不知不覺之中奴役了自己，因爲在之後幾個世紀的歷史中，他們都在極度恐懼當中度過。由於這種恐懼的影響，他們採取保守主義，堅持抗拒改變，以免改革產生嚴重削弱其制度的結果。他們的地方主義也是因爲同樣的原因導致的。由於害怕危險的觀念傳入國內，使他們不願人民到國外旅遊，並禁止與外界通商。爲了使他們的公民能在廣大的農奴之上保持絕對崇高的地位，就必須要有鐵的紀律與嚴格的個人服從；因此，斯巴達在社會與經濟生活中採用的是集體主義。斯巴達文化之所以落後的大部分原因，乃是由於征服美西尼亞人的艱苦戰爭，以及嚴厲壓制美西尼亞人所引起的粗魯行爲與仇恨造成的結果。

斯巴達的憲法規定，政府要保留黑暗時期古老制度的形式。他們的國王並非只有一個，而是分別代表兩個具有崇高地位家族的國王。斯巴達國王所享有的權力很少，主要在於軍事，以及宗教方面。政府中另一個部門乃是議會，由兩位國王和二十八位六十歲以上的貴族所組成。這個機構督導行政工作，爲公民大會草擬提案，並且也是最高審判法庭。政府的第三個機構就是公民大會，由所有成年男性公民所組成，此一機構核准或批駁議會所提的議案，並選舉國王以外的所有公職人員。不過，根據斯巴達的憲法，最高的權力乃掌握在一個被稱爲五人執政團之手。五人執政團實際上就是政府，他們主持議會以及公民大會，控制教育制度與財產生配，調查公民生活，並對所有的立法行使否決權。他們還有權力決定新生嬰兒的命運，在議會之前提出告訴，甚至在宗教上出現不祥徵兆時廢黜國王。由五人執政團所支配的政府，實際上就是寡頭政體。

斯巴達的全體居民被畫分成三個主要的階層。統治階層爲純斯巴達人，也就是最初征服者的後裔。雖然斯巴達人的人數從未超過總人口的二十分之一，但只有他們才能享有政治特權。依等級序列，接下來是庇里阿西人或稱爲「邊民」，這個階級的起源尙不清楚，但有可能是由那些曾經一度與斯巴達結盟者或自願接受斯巴達人統治的人民所組成的。斯巴達人爲了酬謝他們在統治階層與希洛人之間產生的緩衝作用，乃准許庇里阿西人從事商貿活動與手工事業的生產。階層最低的是希洛人，也就是農奴，他們被束縛在土地之上。

在這些階級當中，只有庇里阿西人能夠享受相當程度的舒適與自由。儘管希洛人是最低階層者，但他們的經濟狀況並非最爲悲慘，因爲他們可以將其主人的土地上所生產的東西，保留相當部分爲己所用；但是他們在人身方面所遭受到的待遇卻相當低劣，他們不斷被凌辱，也不斷遭反抗。爲了警戒叛亂的產生，斯巴達青年有時僞裝潛入希洛人之中，他們像祕密警察一樣活動，擁有想殺誰就殺誰的權力。雙方的殘酷行爲可以輕易看得出來。

出生在斯巴達階級中的人，其一生的大部分時間注定要接受高尙的奴役。由於被迫順從極其嚴格的訓練，並犧牲個人的利益，所以他們就像一臺大機器裡的小齒輪一樣。斯巴達的嬰兒一出生便被觀察其潛質如何，資質較差的會被扔到山裡，在無人照顧的情況下死去。斯巴達男性的教育從七歲開始進行純軍事訓練，並輔以無情的鞭打，以鍛鍊他們能夠擔任作戰任務。從二十到六十歲期間，他們的全部時間都是為國服役。雖然被強迫結婚，但卻幾乎沒有家庭生活：年輕男子必須住在軍隊之中，三十歲以後他們仍必須在軍隊食堂中吃大鍋飯。在新婚之夜，丈夫要經由武力的表演將妻子帶走。有時「妻子已經為丈夫生兒育女了，但丈夫卻還未在白天看過妻子的臉孔」〔2〕。生育有活力的下一代是首要的義務，母親必須接受孩子是國家財產的事實。斯巴達人是否未曾對這些困苦與剝奪有所怨言，是值得懷疑的。在階級的榮譽感中，作為統治階級或許在他們心裡，可以補償這種因嚴格訓練與特權被剝奪的不滿。

斯巴達的經濟組織幾乎都是為了達成其軍事的效率與保持公民階級崇高地位的目的而設計。最好的土地皆為國有，而且在早期是將這些土地畫分成相等的地段，授予斯巴達階級，作為他們不得讓渡的恆產。後來，這些所有地也和較次的土地一樣，被允許出售和交換，結果使得少數公民比其他公民富有。耕種這些土地的希洛人也是屬於國家的，隨同土地將他們一起授予他們的主人。在斯巴達社會中，禁止主人釋放農奴或將他們販賣至國外。希洛人的勞力供養整個公民階級，他們除了從事農作之外，不得參與其他的經濟事業。斯巴達國家零星的工商業活動是屬於庇里阿西人的。正如斯巴達的政府是令人壓抑的一般，斯巴達的經濟也是停滯不前的。

雅典的勝利與悲劇

雅典的歷史是在與斯巴達人迥然不同的環境下開始的。阿提卡地區從未發生過軍事行動與種族衝突。結果，對被征服者並未施予任何軍事性的統治。再者，阿提卡地區的財富，除了農業資源外，尚有充足的礦藏與優良的港口，這使得雅典能夠發展出繁榮的商貿和城市文化，而不像斯巴達那樣繼續維持一個以農業為主的國家。

直到西元前八世紀中葉，雅典也像希臘其他各邦一樣，有一個君主制的政府形式。在此後的一個世紀中，貴族議會或者稱之為阿里帕古斯議會〔3〕，逐漸削奪了國王的權力。轉變為由少數人統治一事，這乃是因為財產集中的緣故，同時也是其結果。大約在這個時期，葡萄和橄欖的栽種技術引進了雅典，使得農業發展成為一項大的事業。因為經營葡萄樹與橄欖園需要一段相當長的時間才能獲利，所以，只有那些財力雄厚的農民才能進行這些事業。由於此種經濟作物，使他們的貧苦潦倒鄰居很快便負債累累了，尤其這個時候的糧食是以非常低廉的價格輸入，往往使人不勝負荷。小農沒有別的辦法，只有抵押他們的土地和身家性命，盼望有一天能夠脫離這種困苦的日子。最後，當他們無力償還抵押貸款時，便淪爲農奴。

這時，民怨沸騰。城市裡的中產階級擁護農民，要求政府自由化。最後，在西元前五九四年，各黨各派一致推舉梭倫爲行政長官，全權進行改革。梭倫所頒布的措施，對政府與經濟皆有所調整。在政治方面包括：一、建立一個新的議會，即四百人議會允許中產階級參加；二、解放下階層讓他們擁有參與公民大會的資格，從而賦予他們公民權力；三、組織最高法院，此一法院對全體公民開放，其官員乃是經由全體公民普選而出。在經濟改革方面，對貧苦農民最爲有利，因爲取消了現存的抵押契約，禁止今後再有債務奴隸的存在，限制個人可以擁有的土地數量。

儘管這些改革的意義重大，卻未能減緩不滿的情緒。貴族因爲喪失許多特權而忿忿不平；中下階級也因爲他們仍無法擔任官職，以及阿里帕古斯議會的權力仍然保持不變而不滿。此後的混亂與幻滅，乃爲西元前五四六年所出現的雅典第一位僭主——庇西特拉圖的勝利鋪設了道路。雖然他經常贊助文化，設法減少貴族權力，提高雅典人的平均生活水準，是一位仁慈的專制君主，但繼承他的兒子希庇阿斯卻是一位凶惡的壓迫者。

一群貴族在斯巴達的協助下於西元前五一〇年將僭主希庇阿斯的統治推翻了。派系的衝突持續了兩年，直到一位開明的貴族克里森尼斯在群衆的支持下，消滅了他的對手。他曾經允諾向群衆讓步，作爲對支持他們的回報，所以他對政府積極地進行改革。由於他的徹底改革，使他被尊稱爲雅典民主之父。克里森尼斯給予當時住在國內的所有自由人充分的權力，因而使得公民人口大爲增加。他建立了一個新議會，並使之成爲政府的主要機關，擁有公民大會草擬提案的權力，並兼有管轄行政管理之責。這個機構的成員是經由抽籤決定的，任何一位年滿三十歲的男性均有資格。克里森尼斯還擴大了公民大會的權力，賦予它辯論與通過或否決議會提案的權力，更賦予它宣戰、撥款和查核退休官吏的帳目權力。最後，克里森尼斯創制了陶片放逐法，根據此法，任何對國家有危害的公民皆可能被光榮地放逐十年。陶片放逐法的意圖顯然是要消除那些具有獨裁野心的人士，但結果卻常常將那些特殊的人士消滅，而讓平庸的人發跡。

到了伯里克利時代（西元前四六一～前四二九年），雅典的民主制度乃臻於

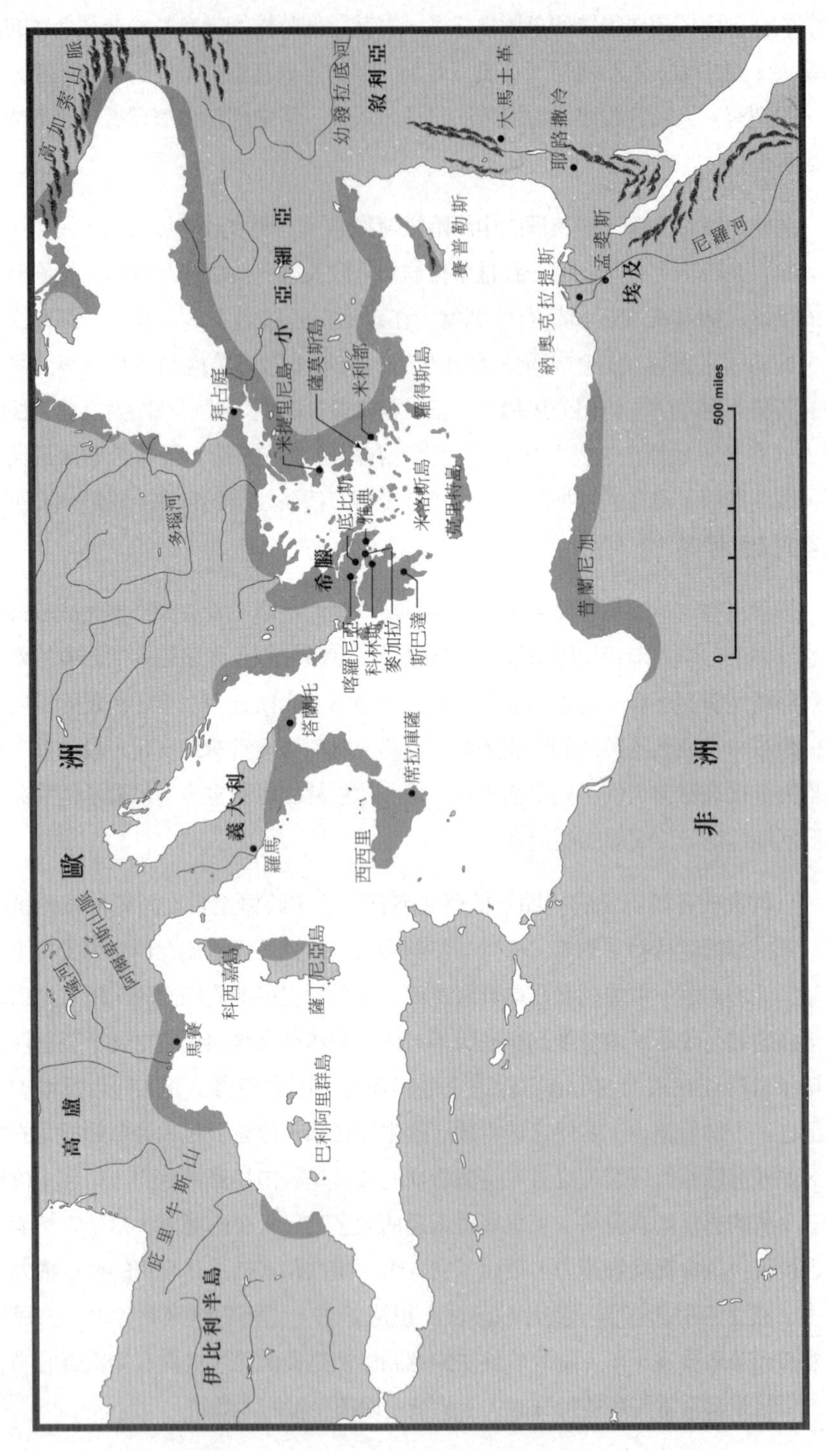

圖7-1　西元前五五〇年的希臘和其殖民地

至善。在這個時期，公民大會除了有權批准或否決貴族議會所提的議案之外，又獲得立法的權力。著名的十將軍委員會，也是在這個時期被提高到約與英國內閣相等的地位。將軍們是由公民大會選出的，任期一年，可無限期連選連任。伯里克利擔任首席將軍以及十將軍委員會主席許多年。將軍們不僅是軍隊的指揮官，也是國家立法與行政官員。儘管他們能夠行使巨大的權力，卻無法成爲僭主，因爲他們的政策必須經由公民大會審查，而且在一年任期終了時，他們會輕易地被撤職，也會因爲瀆職的行爲而受到指控。最後，雅典的法庭系統也是在伯里克利時期發展完成的。此時，已不再只是由一個最高法庭聽取行政長官決定的機構，而是設置了一連串的平民法庭以審理各種案件。在剛開始的每一年會用抽籤的方式，自全國各地選出六千位公民，由這些公民編組成人數兩百零一到一千零一人不等的陪審團，審理特殊案件。每一個陪審團構成一個法庭，並有權以多數票決定案件中涉及的每一個問題。儘管有一位行政長官主持法庭，但是他卻沒有任何審判的特權；陪審團本身就是法官，而且一經陪審團判決後即不得上訴。

雅典的民主政治在很多方面都與現代的民主體制不同。首先，雅典的民主政治完全將婦女排除在外，進一步來說也未能普及於全民，僅僅局限於公民階級。雖然在克里森尼斯時期，曾將公民權賦予外國公民，而使公民階級的人數大爲增加；但在伯里克利時代，公民顯然是少數人。唯就其採用的範圍來看，雅典的民主政治的確比現代的民主體制更爲完美。除了十將軍之外，所有官吏都以抽籤方式選出，所有公職的任期皆限定爲一年，甚至在司法審判中，也無條件地堅持服從多數統治的原則，堪稱信賴公民政治能力的楷模，現代國家能這樣執行的卻微乎其微。就直接的而非代議制這一事實來論，雅典的民主政治也與當代的理想有所不同。雅典人不喜歡由有聲望與有能力的人來統治，而是由所有男性公民所組成的公民大會於每週開會時，對所有重大的決定進行投票表決。

當雅典的擴張與創造力處於顚峰的那一世紀裡，雅典進行了兩次重大的戰爭。第一次是與波斯帝國的戰爭，當時波斯帝國已取代了巴比倫王國，成爲西亞最有勢力的大國。波斯對小亞細亞內使用希臘語的各城市統治，讓雅典人十分憤怒，於是支持這些城市爲自由而戰（這些城市與雅典共說一種希臘語方言——愛奧尼亞語，這一事實使雅典人感到與他們有特殊的親緣關係）。波斯人派出一支強大的軍隊與艦隊攻打希臘人，進行報復。雖然所有希臘人都處於被征服的危險，但雅典人卻負起迫退侵略者的重責大任。戰爭於西元前四九〇年，一直持續到西元前四七九年，期間偶爾也穿插著和平，這次戰爭（波希戰爭）通常被視爲世界歷史上最重大的戰爭之一。希臘人在諸如馬拉松（西元前四九〇年）和薩拉米斯（西元前四八〇年）戰役中取得懾人心魄的勝利，結束了波斯征服的威脅，使希臘的自由理想免遭波斯專制的摧殘。

另一場大戰乃是與斯巴達之間的伯羅奔尼撒戰爭，所產生的結果卻與波希戰爭截然不同。這次戰爭不但未成爲雅典力量增長的另一個里程碑，而且還是以悲劇結束，研究文明衰落的學者對此戰爭的原因特別感興趣。首要的原因乃是雅典帝國主義的發展。在西元前四七八年，雅典結合了大批希臘的國家成立一個攻守同盟，稱爲提洛同盟。當獲得和平之後，因爲大部分希臘人擔心波斯人會捲土重來，於是同盟年復一年維持著。隨著時間的消逝，雅典漸漸將此一同盟轉變爲發展自己利益的海上帝國。雅典使用公庫金錢來達到自己的目的，盡力壓制其他的會員國，使其貶抑爲附屬、臣屬的地位，而且當有會員國反叛時，就用武力予以制服，接管其海軍，並迫使其納貢。如此專橫的手段引起斯巴達人的疑忌，他們擔心雅典的霸權不久會擴及整個希臘。

第二個重要的原因乃是雅典與斯巴達在社會與文化方面的差異。雅典是民主的、進步的、城市的、帝國主義的，而且在知識和藝術方面也是先進的；斯巴達則是貴族政治的、保守的、農業的、地方性的，而且在文化方面也是落後的。由於在制度方面有這些強烈的對比存在，衝突在所難免。雅典人與斯巴達人彼此的敵意已有一段時間了。雅典人認爲斯巴達人乃是粗俗的野蠻人。斯巴達人指揮雅典人，企圖控制伯羅奔尼撒北部諸邦，並鼓動希洛人造反。經濟因素對於衝突的白熱化也有很大的關係。雅典企圖控制科林斯灣，這是一條通往西西里及義大利南部的主要貿易通道，使得斯巴達的主要同盟國科林斯成了雅典的死敵。

戰爭於西元前四三一年爆發，持續到西元前四〇四年。對雅典而言，這是一場可怕的大災難，商業貿易被摧毀了，民主被推翻了，其人口也因一場惡性的瘟疫而大量死亡。尤其糟糕的是，軍事挫敗後，道德也隨之淪喪到無法收拾的地步。背信棄義、貪汙腐敗、殘酷無情等行爲，成了戰爭最後幾年中迅速發生的弊病。有一次因爲邁諾斯拒絕放棄中立，雅典人甚至將邁諾斯島的男人全部殺戮，並將其婦女與孩童變成奴隸。最後，除了薩摩斯之外，雅典被所有的盟邦遺棄，其供應被切斷了，這時雅典除了投降或者餓死之外，別無他途可選。強加於雅典人的條件十分苛刻：摧毀防禦工事，交出所有外國的財產以及整個海軍，並投降斯巴達成爲其屬國。

伯羅奔尼撒戰爭不僅終結了雅典的霸權，也導致整個希臘的政治災難。戰爭結束之後，斯巴達的勢力遍及整個希臘，他們所到之處，都是以斯巴達軍隊所支持的寡頭政治來取代民主政治。然而，在西元前四〇四到前三七一年期間，越來越能發現斯巴達人無力繼續鞏固他們控制整個希臘的意志與政治制度。結果幾個希臘城市內部發生了鬥爭，反斯巴達的民主派興起，他們反對斯巴達所支持的貴族派；雅典和底比斯等民主派掌權的城市，也試圖從斯巴達手中奪取希臘的霸權。底比斯在琉克特拉一役中，大敗斯巴達軍隊，完成稱霸。然而，在不久之後，證明底比斯在統治方面所展現的能力，並不比斯巴達堅強。結果，從西元前三七一到前三三八年，希臘各城市間多次變換的同盟，導致連續不斷的戰爭，並使得交戰者筋疲力竭。儘管希臘文化的光彩未曾黯淡過（希臘哲學家中最偉大的柏拉圖和亞里斯多德，乃於西元前三九〇到前三三〇年間攀登學術頂峰），但從軍事和政治的角度來看，希臘所有的主要城市都已變得力量衰竭，孤立無助了。

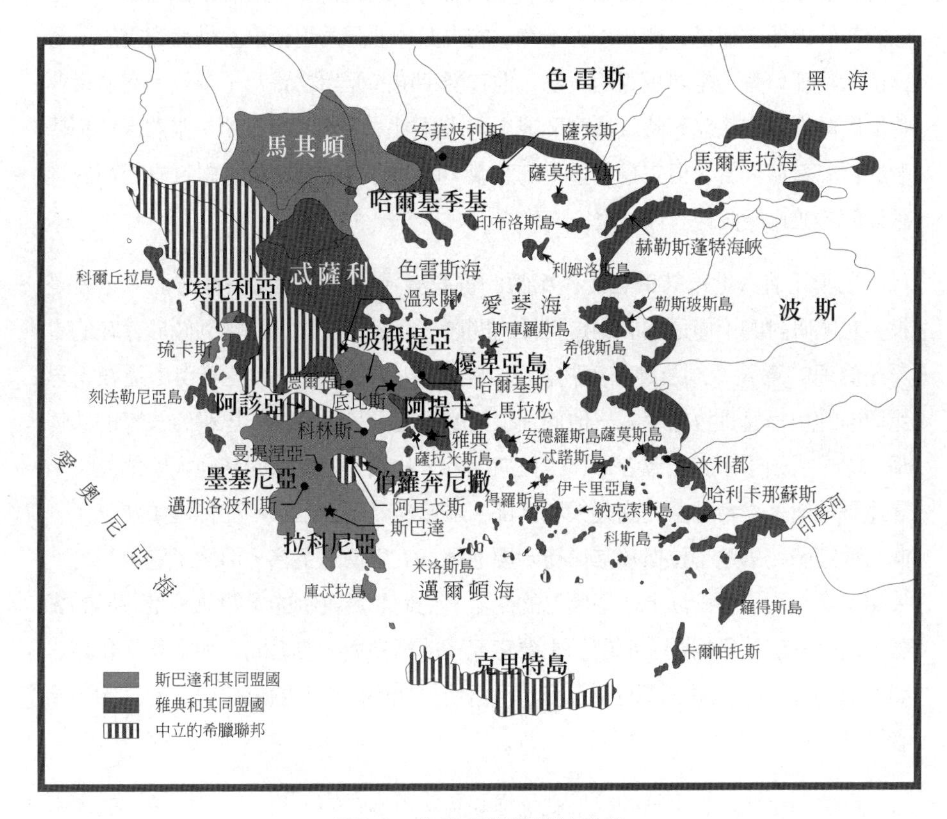

圖7-2　伯里克利晚期的希臘

希臘的思想與文化

在哲學領域中，希臘人試圖尋求有關宇宙的性質、眞理的問題，以及人生意義和目的等一切問題的答案。他們成就的重要性，可由一項事實予以證明，那就是自此以後，哲學已經成爲對他們幾項結論的正確性爭論。

希臘的哲學發端於西元前六世紀，所謂的米利都學派著作中，這個學派的成員都是米利都城的當地人。他們的哲學在本質上屬於科學和唯物的。他們注意到的主要問題，便是探討物理世界的本質。他們相信，萬物皆可分割成一些原始物質，這些都是世界、星辰、動物、植物，以及人類的起源，而且所有的一切最終還是會變成原始物質。這個學派的創始人泰勒斯發覺，所有的東西都含有水分，因而主張原質爲水。阿那克西曼德則堅決認爲，原始物質不可能是任何水、火之類的特殊東西，而是一些「不生不滅」的東西，他認爲這種東西是無窮盡的。第三位米利都學者乃是阿里克西美尼，他宣稱宇宙的原始物質乃是空氣。空氣稀薄時便形成火，空氣凝聚時就依序形成風、水蒸氣、水、土和石頭。雖然米利都學派的哲學看似天眞，但它具有重大的意義，因爲它打破了希臘人對世界起源的神話信仰，並以一個純理性的說法取代之。

在西元前六世紀結束之前，希臘的哲學發展轉變到形而上學方面，也就是說，它所研討的不僅是關於物質世界的問題，而是將其注意力轉到關於存在的本質、眞理的意義，以及神在萬物體系中等的玄奧問題上。最先表現出這種新思想傾向的是畢達哥拉斯學派，他們在很大的程度上是以宗教的思維方式來解釋哲學。除了這個學派的領導者畢達哥拉斯之外，我們對這學派的其他人所知甚少。畢達哥拉斯是從希臘遷徙到義大利南部，並於西元前五三〇年在克羅頓建立了一個宗教團體。畢達哥拉斯及其信徒明顯地認爲人生便是至善，但爲了追求至善，人類本身必須清除情欲上一切邪惡的欲望。他們認爲萬物的本體並不是有形的實體，而是一個抽象的數。他們的主要意義在於精神與特質之間、和諧和不和諧之間，以及善良與邪惡之間的尖銳差異，這使得他們成爲希臘思想中二元論的創始者。

畢達哥拉斯學者爭論的結果就是增強對宇宙本質的爭論。他們同時代的學者之一如巴曼尼德斯，便力主穩定性與恆久性是萬物的眞正本質；變化與歧異只不過是感覺上的幻象而已。與這種學說針鋒相對的，乃是赫拉克利塔斯，他認爲永恆乃是錯覺，只有變化才是唯一眞實的。因此堅持主張，宇宙是處在不斷流動的狀況下，所以「絕對不可能踏入同一流水之中兩次」。創造與毀滅，生命和死亡，只不過是一體兩面的。換句話說，赫拉克利塔斯相信，我們所看到、聽到和感受到的一切事物都是眞實的存在。進化和永恆變化是宇宙的法則。今天在這裡的樹木和石頭，明天就不見了，根本就沒有永恆不變的基本實體存在著。

原子論者提出了關於宇宙本質問題的最終答案。對原子理論的發展貢獻最卓著的哲學家當屬德謨克里塔斯，西元前五世紀末，他住在色雷斯沿岸的阿布德拉。顧名思義，原子論者認爲構成宇宙的基本要素乃是原子，原子的數量是無限的，而且是不滅的、不可再分的。儘管這些原子的大小與形狀互有差異，但其結構卻是完全相同的。由於其具有運動的本性，使它們不停地結合、分離，並以不同的排列方式再結合。所以，宇宙間的每個物體或有機體起初都是原子偶然結合下的產物。人與樹的唯一差別乃是構成他們的原子數量和排列方式不同。這種哲學反應了早期希臘思想中唯物趨勢的最終結果，德謨克里塔斯否認靈魂不朽與任何性靈世界的存在。或許讓有些人聽了可能會覺得奇怪，德謨克里塔斯是一位道德理想主義者，他曾說過：「所謂善者，不僅是不爲惡，而且還要不欲爲惡。」

大約在西元前五世紀中葉，希臘展開了一場知識革命。這也是雅典民主思想的顚峰時期。公民階級的崛起、個人主義的發展，以及解決實際問題的需要，導致對舊有思維方式產生一種反動作用。結果，希臘的哲學家放棄對物質宇宙的研究，轉向思考與個人關係更密切的課題。新知識傾向的倡導者首推詭辯學派。最初，這個名詞的本意指的是「智者」，但是後來逐漸被用在貶損那些使用似是而非推理的人。因爲我們現在關於詭辯學派的認識絕大部分來自柏拉圖，而柏拉圖又是對詭辯學派批評最嚴厲的一位，並認爲他們是所有希臘菁華文化的敵人。現代研究已經否定了這種十分極端的評論。不過，這個學派中有些學者確實缺乏社會責任，而且肆無忌憚地「做了錯事硬裝成好人」。

詭辯學派中最偉大的一位當屬普羅泰戈拉，他是阿夫香拉的當地人，大部分時間都在雅典講學。他著名的教則是「人爲萬物的標準」，此概括了詭辯學派的所有要義。他認爲善良、眞理、正義和美好都與人類自身的需要與利益有相對關係，因此沒有絕對的眞理，也沒有公理與正義的永恆標準。既然感官的覺察乃是知識的唯一來源，因此在特定的時間與空間中，就只能有特定有效的眞理。道德也同樣因人而異，因爲上天並沒有頒布絕對不變的是非標準去適應所有的情況。

後期的一些詭辯學者們踰越了普羅泰戈拉的教義。普羅泰戈拉教義中所含的個人主義，也被色雷希馬庫斯曲解爲一切的法律和習慣，只不過是那些最強橫與最精明之人爲了本身的利益所表現的意願，所以說聰明的人就是「最不公正的人」。因爲此種人凌駕於法律之上，而且只顧滿足自己的欲望（這裡也應該提出，人特指爲男性，這是詭辯學派和其他所有涉及個人的希臘哲學之根本中心）。

儘管詭辯學派中有些人非常極端，但這種學派的教義仍有很多是值得讚揚的：有些詭辯學者譴責奴役制度與種族排斥；有些則有倡導自由、民權，以及實用和進步的觀點。或許最重要的是，詭辯學者拓展了哲學的領域，使其不僅包含了物理學和形上學，也包括了倫理學及政治學。正如羅馬時代的西塞羅所說的，他們「將哲學由天堂帶到了人間」。

不可避免的相對主義、懷疑主義，以及個人主義，在詭辯學派之中引起了強烈的反對。在那些比較保守的希臘人看來，這些理論勢必會引起無神論和無政府狀態。如果沒有最後的眞理，如果善良與正義只是與個人的一時興致相關聯，那麼宗教、道德、國家與社會將無法長久維持下去。這種信念所引起的結果，乃是以「確有眞理，而且絕對的標準也確實存在」之學說爲基礎的一種新哲學運動來發展下去。這一運動的領導人物可能是思想史上最負盛名的三個人——蘇格拉底、柏拉圖，以及亞里斯多德。

蘇格拉底於西元前四六九年出生於雅典的一個貧寒之家，他的父親是一個雕刻匠，母親是一個助產士。他是怎樣受教育的，誰都不知道，但是他確實熟習早期希臘思想家的各種學說。人們對他在市場上囉哩吧嗦的印象，純屬無稽之談。他之所以成爲一名哲學家，乃是他自己的努力所致，尤其是在對抗詭辯學派一事。西元前三九九年，他被判死刑，其罪名是「腐化青年，並引入新神祇」。這項不公平判決的眞正原因，乃是雅典在伯羅奔尼撒戰爭中的悲劇性結局。雅典公民爲憤恨所壓抑，轉而攻擊蘇格拉底，因爲他曾批評過公眾的信仰，故說他曾與賣國賊阿契貝亞玆等貴族在一起。也有證據顯示，他曾毀謗民主制度，力主除了明智的貴族政治外，沒有一個是名副其實的政府。

因爲蘇格拉底本人沒有任何著作，歷史學者無從判定他的學說範圍。一般認爲他是一個倫理學的教師，對於抽象的哲學無興趣。然而，柏拉圖承認自己抽象的觀念論，基本上都是源自蘇格拉底。不管如何，我們可以很合理地判斷蘇格拉底所相信的，乃是一種穩定而且放諸四海皆準的知識，如果一個人能循著正確的方法探求，就可獲得這種知識。這種方法包括意見的交流與分析，臨時定義的提出與檢驗，直到最後從這些工作中取得眾所公認的眞理菁華爲止。蘇格拉底辯稱，一個人用相同的方法，就能夠發現獨立於人類欲望之外的正確和公平之恆久原則。此外，他還相信，這種理性行爲原則的發現，必可作爲道德生活的準繩，因爲他認爲一個眞正了解善之所在的人，是不會選擇邪惡的。

在蘇格拉底的學生之中，柏拉圖是最爲出衆的，他大約生於西元前四二九年的雅典，乃是貴族之冑。在他二十歲時便加入蘇格拉底的思想圈子，直到他的老師悲劇性的死亡爲止，他一直都是這個圈子的成員。不同於他的導師，柏拉圖是位多產的作家，他最有名的作品是一些對話集，諸如《申辯篇》、《斐多篇》、《斐德羅篇》、《會飲篇》，以及《理想國》。當他忙於完成《法律篇》時，突然逝世，享年八十一歲。

柏拉圖在發展其哲學思想時的目標雖然與蘇格拉底有相似之處，但其目標卻比蘇格拉底更爲廣泛：一、反對將實體看成無規則的不斷變化理論，代之以將宇宙看做基本上是性靈和有目的之解釋；二、駁斥詭辯學派的相對主義和懷疑主義之學說；三、爲倫理學提供穩固的基礎。爲了實現這些目標，而發展出他的觀念論。他承認相對性與永恆的變化乃是物質世界，以及我們感官所能察覺到世界之特性。但他卻不認爲這是一個完美的宇宙，有一個更高的精神王國存在，其永恆的形態與觀念只有心才能體會。然而，這些東西並不是人類理性所發明的抽象觀念，而是精神方面的事物。每一事物都是某些特殊物體的對象，或是地球上物體間的關係之形態。所以，就有了人、樹、形狀、顏色、比例、美，與正義的觀念。這些觀念當中最高等級的就是善的觀念，這也是整個宇宙積極的原因與指標，我們經過感官所察覺的事物只是至高的存在，即完美觀念的複製品而已。

柏拉圖的倫理與宗教哲學與他的觀念論有密切的關係，就像蘇格拉底一樣，柏拉圖相信眞正的美德必須以知識爲基礎。但源自於感官的知識是有限的，而且易變；所以，眞正的美德必須得自對善以及正義的永恆理解。藉由將物質降到次要的地步，柏拉圖賦予倫理學一種禁欲者修行的味道。他認爲身體是智慧的阻礙，並且主張只有人性的理性部分才是高貴而善良的。和他後來的信徒不同，柏拉圖並未要求完全克制欲望與情緒，但他主張這些都必須由理性來嚴格控制。柏拉圖從未表示對於神的明確概念，但是他肯定將宇宙設想爲本質上是精神的，爲理性的意圖所支配。他屏棄唯物主義也否定機械論。對於靈魂，他認爲不僅是不朽的，而且是永久存在的。

以一位政治學家來說，柏拉圖的理想是要建設一個能使個人與各階層免除紛亂與自私的國家，他要達成的目標既非民主也非自由，而是和諧與效能。因而，他在《理想國》中擬定了一個建設社會的計畫，依照這個計畫須配合靈魂的功能將人分爲三個主要的階級。最下層階級代表欲望的功能，其中包括農人、工匠與商人；第二個階級代表精神層次或者是意志，由軍人所組成；最高階層代表理性的功能，由明智的貴族所組合。每個階層的人都應履行他們最能勝任的任務。最低階級的人將爲整個社會生產與分配物品；軍人保衛國土；而那些特別具有哲學才能與理性的貴族將獨掌政治權力。將人民畫分成這幾個階級，並不是以出身或財產爲依據，而是就個人的能力加以篩選、分類，然後再以教育造就之。因之，農人、工人和商人乃是智力最低之人，而哲學家皇帝則是智力最高的人。

在蘇格拉底傳統中，最後一位偉大的倡導者乃是亞里斯多德，他是斯塔吉拉在地人，生於西元前三八四年。他在十七歲時進入柏拉圖的學院【4】，在那裡求學、任教長達二十年之久。在西元前三四三年，他接受馬其頓菲立普之聘，擔任年輕的亞歷山大大帝之私人教師。七年之後，亞里斯多德返回雅典，在那裡創辦學校，名叫蘭心，並在此講學直到西元前三二二年逝世爲止。亞里斯多德的著作比柏拉圖還要多，而且涉及的課題也更爲廣泛。他的主要著作包括理則學、形而上學、修辭學、倫理學、自然科學，以及政治學。

儘管亞里斯多德也如同柏拉圖與蘇格拉底一般，重視絕對的知識與永恆的標準，但他的哲學卻有幾點很顯著地與他們不同。首先，他更加重視具體與實用，亞里士多德與深具審美觀的柏拉圖，以及曾經說過無法從樹木與石頭學到任何事情的蘇格拉底正好相反，亞里斯多德是一個科學家，他對於生物學、醫藥，以及天文學都有強烈的興趣。再者，他對心靈的展望並不像他的前輩那樣專注。此外，他也沒有他們那麼強烈對貴族制度之認同感。

亞里斯多德同意柏拉圖所說的一般概念、觀念（Ideas，或者稱之爲forms）是眞實的，且來自於感官的知識是有限的、不準確的。但他並不同意老師那種認爲獨立的存在須歸功於一般概念，以及實體的東西只是精神方式的微弱反應等理論。相反的，他主張形式與物質同樣重要；兩者都是永恆的，但是分開後，兩者都不能存在。由於兩者的結合，始讓宇宙具有其主要的特性。形式乃是萬物之因，這些應是使特質世界形成我們周遭無數物體與有機體的原動力。所有進化，無論是宇宙或是有機的，都是形式與物質交互作用發生的結果。所以，因爲人類的胚胎中有人的形式存在，始能塑造並且引導物質的發展，使其經由進化而成爲一個人。亞里斯多德的哲學可以看作一方面是柏拉圖唯心論與先驗論，另一方面是原子學家機械唯物論的折衷版。亞里斯多德的宇宙觀是屬於目的論——也就是說，以目的爲主宰；但他卻不認爲精神能夠完全遮蓋物質的形體。

亞里斯多德的科學態度，讓他最先將神想像成原始的動力。亞里斯多德的神不過是原始的推動力，也就是形式之中含有目的動機的原動力。這個神絕不是人格化的神，因爲祂的本質是理智的，沒有任何感情、意志和願望。在亞里斯多德的宗教思想中，似乎沒有個體不朽的觀念；除了根本不屬於個體的創造理性之外，靈魂的一切功能皆須依賴形體而存在，亦隨形體而消逝。

亞里斯多德的倫理哲學並不像柏拉圖那般禁欲苦行。他並不認爲身體乃是靈魂的禁錮，他也不相信物質的欲望一定就是邪惡的。他認爲人類的至善完全在於自我的領悟，也就是說，運用確實能夠使人之所以爲人的那一部分人性。因此，自我實現與理性生活是一致的。但理性的生活端賴物質條件與精神條件的適當配合。身體必須保持良好的健康狀況，而且情緒也必須充分地加以控制。達成這個目的之辦法，就是要合乎中庸之道，使過度縱欲與禁欲克制之間保持平衡。這也就是再度強調希臘人「凡事不得過度」的理想。

儘管亞里斯多德在其《政治篇》中，對於政府的體制與功能有很多敘述性與分析性的資料，但他的論述仍是以廣泛的政治學說爲主。亞里斯多德認爲，國家是促進人類幸福生活的最高機構，所以他最關心的就是國家的起源與發展，以及國家所能採取的最佳形式。亞里斯多德宣稱人是天生的政治動物，他不認爲國家是由少數人的野心和多數人的願望造成的。相反的，他認爲人類的本能天性就是國家的基礎，而且超過限度的文明生活是不可能的。他認爲最好的國家既不是君主政體，也不是貴族政體，或者是民主政體，而應該是一種政體——他界定這種政體是一種界於寡頭貴族政體與民主政體之間的國家型態。實際上，這就是由中產階級所控制的國家，但亞里斯多德曾想過要使這一階層的人成爲相當的多數者，因而他倡導防止財富集中的方案。亞里斯多德曾爲私有財產制度辯護，但是如果財富超過維持理智生活所必需的程度，卻是他所反對的。他建議，政府應當將錢給予貧窮者，俾使其能購置小塊田地或「開始從事商業或牧畜」，藉以提高他們的幸福和尊嚴。

與一般人所想像的觀念完全相反，西元前四世紀末以前的希臘文明時期，並非偉大的科學時代。一般都認爲屬於希臘的科學成就，絕大部分是希臘化時代所創造的，而當時的文化已不再是由希臘文化占有優勢，而是由希臘與西亞文化的混合文化取代了。在伯里克利時代及其後的一個世紀內，希臘人關注的焦點乃是以推理與藝術的工作爲主；他們並未深刻地關懷物質享受，也未探討宇宙的奧祕。結果，除了在數學、生物學和醫學方面有些許重要的發展外，科學的進展是比較緩慢的。

希臘數學中最值得注意的成就，是由畢達哥拉斯學派創造出來的。畢達哥拉斯的門徒創立了一種精細的數字理論，將數字分成許多種類，諸如奇數、偶數、質數、合成數，以及整數。比例的原理也可能是由他們所發現的；而三角形的三角和等於兩個直角，最初也是由他們所證明的。但他們最著名的成就，乃是由畢達哥拉斯本人所發現的一個定理，即是直角三角形斜邊的平方等於其他兩邊平方的和。

對生物學表現出興趣的第一位希臘人是哲學家阿那克西曼德，他曾根據逐漸適應環境而獲得生存的原則，創立了一種有機進化的粗淺理論。他斷言，最早的動物是生存在海裡，因爲在地球初形成時，海水覆蓋了整個地球表面；當海水下降後，某些生物體因爲能夠適應新的環境，而成爲陸上動物，人類乃是這種進化過程中的最終成果。然而，生物科學眞正的奠基者卻是亞里斯多德。他多年不辭辛苦地獻身於動物的結構、生活習慣與發展的研究，並進行過多次值得注意的觀察。各種昆蟲的變形、鰻魚的繁殖習慣、弓鰭魚的胚胎發展——都只是他浩瀚知識範圍中的幾個例子。然而，遺憾的是，亞里斯多德的生物學也充斥著嚴重的錯誤，例如，他否認植物具有性別，並且相信有些昆蟲是自然發生的。

希臘的醫學也與哲學家有所淵源。在這方面的先驅有恩培多克勒，他是四元素（土、空氣、火與水）理論的創造者。他發現血液進出心臟，以及皮膚上的毛細孔可以透過呼吸作用進行呼吸。更重要的，乃是西元前五世紀到前四世紀間，卡斯人波希克拉底的工作。他被公認爲醫學之父，他不厭其煩地告誡他的學生：「每一種疾病都有一個自然的原因，沒有這些原因，什麼病都不會發生。」此外，由於他審愼研究與比較症狀的方法，奠定了臨床醫學的基礎。他發現疾病在危險期時的現象，並改善了外科手術。雖然他具有廣泛的藥物知識，但他在治療時仍以飲食與休息爲主要的憑藉。他創造了四種體液理論，此乃是他個人最大的敗筆——他認爲生病乃是因爲人體內的黃膽液、黑膽汁、血液和痰過多導致的。爲病人放血乃是他學說之中令人感到遺憾的一件事。

一般說來，在民族形成的時期，最常見的文學表現方式，就是有關英雄事蹟的敘述詩。希臘史詩中最著名的詩篇乃《伊里亞德》和《奧德賽》，這兩詩篇是在西元前八世紀末才用文字記載下來，據說是荷馬所爲。前者敘述特洛伊戰爭，及以阿基里斯的憤怒爲主題；後者描述了奧賽德的流浪與歸來。此二者無論在情節的精心編排、人物描寫的逼眞，還是情感的充分流露，都具有很高的文學價值。它們對後來的作家所產生之影響幾乎是無法估計的。它們的風格與文字激發了西元前六世紀那些充滿熱烈情感的詩篇，而且，它們也是西元前五世紀黃金時代各個偉大悲劇作家布局與題材的無盡泉源。

如我們所知的，在黑暗時代之後的三個世紀之中，發生了劇烈的社會變化。農村的生活方式轉變爲日益複雜的城市社會；殖民地的建立與商業的發展，引起了新的趣味與新的生活習慣。無可避免的，這些變化在新的文學形式，特別是那些更具有個人風格的文學形式中有所反應。首先得到發展的乃是悲歌，這些作品原本可能是用來誦讀，而不是配合音樂演唱的歌曲。悲歌的主題多樣，由個人對愛情的反應，以至於愛國者與改革者的理想主義都有。但一般說來，多數仍以因生命幻滅所引起的悲哀反應，以及因喪失聲名所引起的痛苦悔恨爲主。在悲歌作者之中，最負盛名的乃是立法者梭倫。

在西元前六世紀和前五世紀的初期，悲歌逐漸被抒情詩所取代。由於抒情詩是隨著七絃琴的伴奏音樂而演唱，因而得名。這種新體裁的詩歌，特別適合表達激昂的情感，以及因階級傾軋所引發的強烈愛恨情仇。當然，它也可以用於表達其他的主題。來自萊斯博斯島的女詩人莎芙和阿爾凱奧斯，他們都以抒情詩來描述愛情的沉痛之美、春天的柔美，以及夏夜的燦爛星光。當時，還有一些詩人創作出了合唱的抒情詩，用以表達群體的情感，而不是個人的情緒。在這類作品當中，最偉大的當屬底比斯的品達，他在西元前五世紀前期從事創作，品達的抒情詩採用頌讚的方式，歌頌運動員的勝利和希臘文化的光輝。

希臘人最高的文學成就乃是悲劇。就如同許多其他偉大的作品一樣，悲劇也是源自於宗教。在祀奉酒神與狂歡之神狄奧尼索斯的慶典中，有一個人裝扮成森林之神，或穿著山羊裝圍著祭壇唱歌、跳舞，以及表演敘述神的事蹟故事之各部讚美或合唱抒情詩。合唱隊的領隊有時與隊伍分開，獨自朗誦故事中的主要部分。眞正戲劇乃是產生在西元前五世紀初期，當時埃斯庫羅斯使用了第二個「演員」，並讓合唱團退到了背景地位。這種戲劇之所以稱爲「悲劇」（tragedy），可能就是因爲希臘文「tragos」而來的，其原意爲「山羊」（goat）。

希臘的悲劇與莎士比亞或現代劇作家的悲劇有顯著的不同。首先，希臘的悲劇在舞臺上很少有動作表現，演員的主要工作就是背誦聽衆早已耳熟能詳的戲劇故事，而這些故事都是自民間的傳說改編而來。其次，希臘的悲劇很少注意研究複雜的人物個性，沒有經過漫長變遷所形成的個性發展，在戲劇中的人物根本就不能算是「個人」，而是各種典型。在舞臺上，他們帶著面具，表演一般人所擁有的強烈差異特殊性格。此外，希臘悲劇與現代悲劇的不同，在於希臘悲劇是將個人與宇宙的矛盾、衝突作爲主題，而不是將性格之間的衝突或內心的矛盾當成主題。在這些戲劇中，主要人物遭遇的悲慘命運都是屬於個人的外表狀況，諸如一個人在社會上犯了罪，因而違反了宇宙的道德規範，皆爲表演的題材。在這種情形下，必須施以懲罰，使其符合正義的尺度。最後，希臘悲劇的目的不僅是描寫苦難和解釋人類的行爲，而且還要經由描述正義的勝利以淨化觀衆的情感。

前已述及，悲劇作家中的創始者乃是埃斯庫羅斯（西元前五二五～前四五六年）。雖然知道他曾經寫過八十餘部的劇本，但流傳到現在，完整的僅有七部，其中著名的有《被縛的普羅米修斯》和《奧勒斯特亞》三部曲，犯罪與懲罰乃是這些劇本慣用的主題。第二位重要的悲劇作家索福克勒斯（西元前四九六～前四〇六年），一般都認爲他是最偉大的希臘悲劇作家。他的體裁較前人洗鍊，哲學思想也比前人更爲深奧。他的作品有一百餘部，比其他希臘作家更能表現「凡事不要過分」的理想。他以愛好和諧與和平、明智地崇拜民主，與深刻地同情人類的缺點而見稱。他的戲劇中最有名的是《伊底帕斯王》和《安提戈涅》。

最後一位偉大的悲劇作家歐里庇得斯（西元前四八〇～前四〇六年），他的作品代表著另外一種迥然不同的精神。他是一位懷疑主義者、個人主義者與人道主義者，他經常嘲笑古代的神話以及當時的「聖牛」。他也是一位歷經滄桑的悲觀主義者，當時他遭到保守分子的尖銳批評，所以他在其戲劇中樂於貶抑高傲的人，並抬舉低微的人。他也是第一位使平民甚至是乞丐與農夫，在戲劇之中占有一席之地。歐里庇得斯還以同情奴隸、譴責戰爭，以及抗議不應將婦女排出社會與知識生活以外等著稱。因爲他是人道主義者，所以他傾向按人的眞實面目（甚至更壞些）描繪人，而且由於他將愛情的主題帶入戲劇之中，所以他也常常被認爲是現代主義者。但我們必須知道，在其戲劇的其他方面，他則是與希臘典型的戲劇完全一致的。歐里庇得斯的戲劇中並未表現激烈的行動、個性的演變，或者在自我的衝突方面，也不比埃斯庫羅斯或索福克勒斯更爲顯著。然而，他仍被認爲是希臘戲劇作者之中，最具悲劇性的一位，因爲他所表現的都是與眞實生活相似的情況。歐里庇得斯最著名的悲劇有《阿爾克斯提斯》、《美狄亞》，以及《特洛伊的女人》。

希臘的喜劇與悲劇相同，也是起源於酒神和狂歡之神狄奧尼索斯之慶典，但直到西元前五世紀後期，仍未得到充分的發展。唯一著名的代表人物乃是阿里斯托芬（西元前四四八？～前三八〇？年），他是雅典一位粗俗且好戰的貴族。他所創作的劇作大部分都是在諷刺當時激進的民主政權與文化理想。在《騎士》一劇中，他公然嘲笑那些無能與貪婪的政客們不顧一切輕率的冒險追求帝國主義。在《青蛙》一劇中，他挖苦了歐里庇得斯對戲劇的革新。另外，在《雲》一劇之中，他奚落詭辯學派，並且有意地將蘇格拉底也歸入詭辯之流。雖然阿里斯托芬毫無疑問是一位具有想像力和幽默感的作家，但他的想法卻是傾向於諷刺式的漫畫者。然而，他還是相當值得稱道，尖銳地批評雅典的好戰分子在與斯巴達交戰期間的政策。雖然他將《利西斯特拉塔》寫成一部鬧劇，卻巧妙地指出一條結束所有戰爭的方法——然而卻是行不通的：就是妻子們拒絕與丈夫們行房，直到這些男人同意與外敵締結和約。

如果不提到黃金時期兩位偉大的歷史學家，那對希臘文學的描述便不能算是完整。「歷史之父」希羅多德（約西元前四八四～前四二〇年），乃是小亞細亞哈利卡那蘇斯人。他曾周遊波斯帝國、埃及、希臘和義大利，蒐集了很多關於各民族的有趣資料。他的著名著作是以波希戰爭爲背景，此著作幾乎可被看成一部世界史。他認爲，這場戰爭乃是東、西方之間歷史性的戰爭，是宙斯讓希臘人在對抗強大野蠻人的戰爭中獲得勝利。

如果希羅多德堪稱爲歷史學之父，則與他同時代但較年輕的修昔底德（大約西元前四六〇～前四〇〇年），就應該被尊爲科學歷史的創造者。由於受到詭辯學派以及懷疑主義的實用性之影響，修昔底德決意以謹愼考査的證據作爲其工作的基礎，因此排除一切的傳說和傳聞。他的「歷史」主題爲斯巴達人與雅典的戰爭，他科學且不偏不移地敘述了史實，強調導致這場衝突的複雜原因。他的目的就是要提供一部正確的記載，使各時代的政治家與將領研讀有所裨益。

希臘藝術的意義

藝術與文學一樣，反映了希臘文明的基本特徵。希臘人在本質上是唯物主義者，所以，他們都以物質的條件來想像他們的世界。除了柏拉圖和神祕宗教的信徒之外，其他希臘人幾乎都對宇宙不感興趣。因此，我們發現，建築和雕刻等物質象徵是希臘人所持理想的最佳例證。

希臘藝術所表達的是什麼呢？最重要的是，它象徵著人文主義——頌揚人爲宇宙之中最重要的動物。儘管多數的雕刻是在描繪神祇，卻絲毫沒有減少其人文主義的特質，希臘神祇只是爲了人的利益而存在，所以，頌揚神祇也就等於頌揚人類自己。建築與雕刻都具體地表現了均衡、和諧、秩序和中庸等理想。希臘人的心中厭惡混亂與毫無節制，同時也討厭壓制。因此，希臘藝術所表現的特色就是質樸與莊嚴的約束——也就是一方面避免過度的裝飾，另一方面也不受壓抑形式的束縛。再者，希臘的藝術也是其民族生命的展現。其目的不僅是美學的，也包涵了政治的部分；象徵城市居民的自尊，並增進他們團結的意識。例如，雅典的巴特農神殿就是執管城邦整體生命之防護女神雅典娜的廟宇。雅典人爲這位女神設立了一個可供經常蒞臨的美麗殿堂，正表現出他們對其城邦的愛，以及繼續享受幸福的希望。

希臘的藝術從他們之後，各民族的藝術在各個方面都有所不同。就像埃斯庫羅斯和索福克勒斯的悲劇一樣，希臘人的藝術是世界性的。在雕刻與繪畫方面所描繪的人物形象很少（通常被認爲是希臘人物的雕像，實際上絕大多數是屬於希臘化時代的作品）。所描繪的人都是一般的類型，而不是一個人。再者，希臘的藝術在倫理的目的方面也與後期大部分民族不同。它並不是純粹爲了裝飾或表現藝術家個人理念的藝術，而是使人性高貴的媒介。這並不是說希臘的藝術是教條式的，也不是要藉此表明他們的優點，乃是由他們所教導的道德規條所決定的；而它所要表現乃是以藝術爲主的生活性質。至少，雅典人在倫理與美學之間沒有明確的界限，美與善確實是二位一體的。所以，眞正的道德是離不開理性的生活，必須避免粗俗、情感泛濫，以及有悖於美的其他生活方式。最後，儘管對美麗實體賦予極大的關注，但這並不能說是忠於自然。希臘人並不想爲了自然而闡釋自然，他們要表現的只是人類的理想而已。

希臘藝術史可以分爲三個階段。第一階段可以稱之爲古風時期，時間在西元前七世紀與前六世紀兩個世紀。在這個所謂古風時期的大部分時間裡，雕刻受到埃及所左右，這一點可以從雕像的正面而立與僵硬死板，以及雙肩方正和一腳略前等特點看出來。可是，到了這個階段的末期，這些形式被拋棄了，主要的建築風格在此一時期創始，也興建了幾座粗糙的廟宇。第二個階段占據了整個西元前五世紀的時間，建築與雕刻此時也漸趨完美。這個時期的藝術完全是理想化的。西元前四世紀是希臘藝術的最後階段，此時建築已失去某些均衡與質樸的風格，而且雕塑也有了新的特性。這個時期開始更明確地反映出各個藝術家的看法，吸收了更多寫實主義的色彩，卻也喪失一些表現公民榮耀的特質。

從新藝術的特點來說，希臘的廟宇建築乃是結構形式中最簡單的一種，僅由五個部分所組成：一、內殿或是建築的核心，這是一個長方形的神室，用以安置神像；二、柱列，構成走廊並環繞內殿；三、柱頂盤，安放於柱列頂端，用來支撐屋頂的；四、有山牆的屋頂；以及五、山牆或三角形屋頂下的三角形斷面。兩種不同類型的風格在此發展，分別代表對前述那些構成部分的若干修改。較常見的乃屬多利安式，這種形式採用較粗重並有明顯凹槽的柱子。其柱頂或柱頭爲單數，且不加修飾柱頂。另一種是愛奧尼亞式，它採用較細緻柔美和雅緻的柱子，凹槽平淺，有三層座基，柱頭則是呈現漩渦狀。所謂的科林斯風格，主要是希臘化時代的風格，它與愛奧尼亞的主要差別，在於它裝飾得更爲華麗。此三種風格在對柱頂盤的處理上也有所不同，愛奧尼亞式風格爲質樸，而多利安和科林斯則以浮雕爲主。巴特農神殿乃是希臘建築的最佳典範，它基本上是多利安式的建築，卻也反應了愛奧尼亞式所具的若干細緻與精巧。

根據一般的看法指出，希臘的雕塑在菲迪亞斯（大約西元前五〇〇～前四三二年）時期發展至顛峰。他的傑作就是巴特農神殿中雅典娜的雕像，以及奧林匹亞宙斯神殿中雕像。此外，巴特農神殿裡的浮雕也是由菲迪亞斯所設計、督導的；菲迪亞斯作品的主要特點乃是構思宏偉、愛國心、勻稱、莊嚴，以及節制。他的作品幾乎都是理想化的神像，而這些神話形象是依人的外形而創造出。西元前五世紀，第二位重要的雕塑家乃是麥倫，他以擲鐵餅以及對其他運動員典型的美化而見稱。西元前四世紀中有三位偉大的雕塑家傳名迄今，其中最有天賦的爲普拉克西特勒斯，他以描繪具有細長而柔和的身體、冷靜的姿態，而且容貌冷俊而見稱。與普拉西特勒斯同一時期而較爲年長的乃是斯科帕斯，他有情感雕塑家的稱號。其最成功的作品之一，乃是忘形的宗教狂熱者—— 一位狄尼索斯的崇拜者——在神祕混亂時的一個雕像。在這個世紀的末期，呂錫浦斯將強烈的寫實主義與個人主義的特性引入雕塑藝術之中，他是第一位對人體特徵加以研究的現實主義大師。

黃金時代的雅典生活

在西元前五世紀到前四世紀期間，雅典的人口分爲迴然不同的三類：公民、外僑和奴隸。公民人數最多的時候大約有四萬人，其中除了少數是在特別的法律下授予公民權者之外，皆是雙親均爲公民的男子（統計家庭中的公民總數，大約有兩萬名是公民階級雅典人）。外僑的人數大概不會超過三萬五千人，他們是定居在雅典的外國人，主要以非雅典的希臘人爲主。外僑除了沒有參政權與不得購置土地之外，其他機會與公民相似，他們可以從事任何他們願意的職業，並且能夠參加任何社交與藝文活動。與一般傳統相反的是，雅典的奴隸並非人口中的多數，最多時也未超過一萬人。一般而言，他們都受到不錯的待遇，有時還因爲其忠誠而被予以解放。他們可以爲了薪水工作，並可以保有土地。但是，在礦坑中工作的奴隸卻受到殘酷的對待。

雅典的生活與大多數文明地區的生活有顯著的差異。其中最大的特點之一，乃是盛行於男性公民間高度的社會與經濟的平等。幾乎每一個人都吃同樣的食物，穿同樣的衣服，並參加同樣的娛樂活動。這種眞正的平等，更因爲公益捐獻的制度，而更予加強。此制度乃是富人對國家的義務，其方式以捐獻爲主，用這些錢來演戲、裝備海軍或者救濟窮人。

雅典人生活的第二個顯著特色，就是缺乏享受與奢侈。其中部分的原因乃是由於人民大衆收入不高——教師、雕塑師、泥水匠、木工，以及普通勞動者的薪資皆爲相同的低標準。樸素生活的另外一個原因，或許是溫和的氣候，在溫和的氣候下，能使生活趨於簡樸。但不論其原因爲何，實際情形確實如此，如果與現代的標準來相比較，雅典人的確過著非常樸素的生活，他們對諸如鐘錶、肥皂、報紙、棉布、糖、茶，或者咖啡等日常生活用品一無所知。他們的床沒有彈簧，他們的房子也沒有下水道，他們的食物以大麥餅、洋蔥和魚爲主，所喝的也是很淡薄的酒。就衣著而言，他們的情況也不好。一塊長方形的布圍披在身上，在肩膀用別針別上，並用一根繩子繫在腰上，這就是主要的服裝。當外出時，用一塊較大的布披在身上。沒有一個人曾穿著長襪或短襪，除了涼鞋之外，也很少有人穿鞋子。

缺乏享受與奢侈，對於雅典的公民來說，都是無足輕重的。相反的，他們的目的乃是盡可能生活得有趣和滿足，不願僅爲了家庭謀取些微的舒適，或爲了積聚財富或獲取權力，而終日勞碌辛苦。每一個公民所嚮往的是一個小農地或小商店，讓他有合理的收入，並且能有充分的時間參與政治，或在市集上閒談，且如果他有藝文的才能，也可參與藝文活動。

雖然商貿擴展，人口增加，但雅典社會的經濟組織一直都保持著比較簡單的形式。農業與商業一直是最重要的事業。即使在伯里克利的時代，大多數的公民仍居留在鄉間。工業尚未有高度的發展，且鮮有大規模生產的事例見諸記載，產品仍以陶器和戰爭器械爲主。最大的企業顯然是一個由外僑所經營的造盾式廠，其中雇用了奴工兩千一百二十人，其他的企業人數尙不及它的一半。大部分的工業是由各個工匠所開設的小型工廠來推動，他們直接依照消費者的訂單從事生產。

在西元前五世紀和四世紀的黃金時代，宗教產生了些許顯著的變化。早期的多神論和神人同形同性論，大多認爲被只有一個神是道德規律的創造者與支持者的信仰所取代了。其他重要的推論是來自神祕的崇拜。這些新的宗教形式，最初是在西元前六世紀流行起來，因爲這個時候，人們渴望有一種精神的信仰去補償在生活上所遭遇的挫折。其中最重要的是俄爾甫斯崇拜，這種崇拜是圍繞著狄奧尼索斯的死亡與復活的週期而進行。另一種是厄琉息斯膜拜，它有自己的中心題材，即珀耳塞福涅被冥王哈得斯誘拐，而最後被大地之母德墨特爾救出。這兩個宗教崇拜最初的目的，是對自然賦予生命力量的崇拜，爾後卻逐漸有了更深刻的意義。它對其信徒解說贖罪、死後得救，以及令人嚮往與神合一等觀念。這些觀念雖然和古代的宗教精神不相同，但它們卻引起了希臘各階層的強烈共鳴，並且大大促進了靈魂不朽觀念之傳播。但是，大半的希臘人似乎仍然堅持祖先傳留下來的現世、欲望和機械的信仰，而且對罪與來世得救的信念也漠不關心。

對於西元前五世紀以及前四世紀時雅典的家庭尚有必要略予說明。雖然婚姻仍是一個生育未來公民的重要制度，但有理由相信家庭生活已經墮落了。至少那些比較富有的男人，在這時期都將大部分的時間消耗在家庭之外。妻子的地位降低，被要求留置在閨閣之中，原先作爲丈夫社交與藝文伴侶的地位亦被外來的女人，即著名的藝妓所取代；這些藝妓有許多是文化水準頗高，而且來自於小亞細亞的愛奧尼亞人。婚姻成了政治與經濟的安排，不再有羅曼蒂克的氣氛。男人娶妻，是爲了讓子女有合法的地位，並且獲得嫁妝與財產。當然，有人因此能夠照顧家眷也是一個很重要的原因。但是，作丈夫的並不認爲妻子和他們是平等的，既不帶她們一起出席公共場合，也不鼓勵她們參與任何形式的社交與藝文活動。

希臘的成就及其對我們的意義

沒有一位歷史學家會否認，希臘的成就乃是歷史上最卓越的成就之一。儘管它沒有廣大而肥沃的土地，以及豐富的礦藏，但他們卻成功地創造了比他們先前出現之各民族更加高度燦爛的文明，他們以祖先遺留下來的有限文化作爲基礎，創造了之後成爲西方文明典範的文化和藝術成就。也可以說，他們創造了一種生活方式，比大多數在地球上遊蕩與煩悶的人所遵循的更爲正常，而且更有理性的模式。野蠻罪行之少見，對樸素的娛樂活動與適度財富的滿足，都表明一種比較幸福的生活狀態。

然而，謹愼、預防對古代希臘人非批判的諂媚是必要的。我們絕對不能認爲，所有希臘人都如同雅典與隔海的愛奧尼亞諸城邦的公民般有文化教養，像自由的巴特達人、阿卡底亞人、帖撒利亞人和大多數的波俄提亞人，在文化上仍不太發達。再者，雅典文明本身也不是毫無缺點的。雅典在某些方面是剝削弱者，尤其對待在礦區做苦工的奴隸更是如此。它以種族排外爲基本原則，認爲雙親之中有一個不是雅典人者，便是外國人，結果使得國內大多數的居民都喪失了政治權利。此外，它還具有壓抑社會中婦女成員的特性。雅典的政策也尚未達到完全開明的程度，所以無法避免帝國主義，甚至侵略戰爭的引誘。最後，雅典的公民也不是永遠寬大與公正的。蘇格拉底就是因爲他的政見而被處以極刑；另外，還有兩個哲學家阿那克薩哥拉和普羅泰戈拉也被迫去國離邦。但是，我們必須承認，雅典人寬容的程度，要比古今絕大多數其他民族好。雅典在對斯巴達作戰時，要比美國在第一次世界大戰之時，有更多發表言論的自由。

希臘的影響並非如一般所想像的那樣巨大。任何一個有識之士絕對不會同意雪萊的意氣之論，他認爲：「我們的一切都是希臘的，我們的法律、我們的文學、我們的宗教、我們的藝術都根源於希臘。」我們的法律實非淵源於希臘，而是源起於羅馬。我們大多數的詩篇無疑是得自於希臘的靈感，但是我們大多數的散文文學卻不是這樣。我們的宗教只有一部分是希臘的，它除了受到柏拉圖和羅馬人的影響外，主要反映的還是希伯來的精神。即使是我們的藝術，受到其他文化的影響與希臘的影響相比不相上下。實際上，現代的文明是不同時期與不同地域的許多影響相互混合、產生的結果。

不過，希臘人的經歷對世界歷史仍具有深遠的意義，因爲希臘人通常被視爲是對人類尊嚴與進步，許多無關重要理想的締造者。將美索不達米亞和埃及的文化特質與希臘人文化特質的比較，更可以清楚地看到這一點。美索不達米亞和埃及文化乃是被專制主義、超自然主義和個人服從等理論所左右著。值得注意的是，希臘文中表達自由的詞語——eleutheria，無法翻譯成任何近東語言，即便是希伯來語也不能。西亞典型的政治體制、文化主要是用來誇耀國家力量，以及提高統治者與祭司階層特權的工具。相反的，希臘文明，尤其是雅典式的希臘文明，乃是以自由、樂觀主義、世俗主義、理性主義、重視身心，以及高度尊重個人的尊嚴與價值的理想。如果說，個人是有所從屬的，則其所順從的乃是大多數人的統治。正如希羅多德讓一位斯巴達人而不是雅典人對波斯人說道：「你們知道如何去做一個奴隸，但你們對自由卻是一無所悉……假如你們體會到這一點，你們就會忠告我們不僅以矛，還要以斧爲之戰鬥。」希臘人還對法制特別重視，與西亞各民族相比，希臘人使祭司退居幕後，而且無論在任何情況下，都不准他們制定教條或者是控制知識的領域，另外，也不准祭司控制道德領域。希臘人的文化乃是第一個以知識爲主的文化——以自由探究精神至上爲基礎的文化。沒有任何一項課題是他們不敢探討的，而且他們也不放過在推理方面所發現的任何一個問題。智慧勝過信仰，邏輯與科學高過迷信，他們在這方面所表現的程序是前所未有的。

未能解決政治衝突的問題實爲希臘的最大悲劇，這些衝突大多是由於社會與文化的差異引起的。因爲地理環境與經濟環境的不同，希臘各城邦的發展步伐相對有差距。有些城邦很快地發展出高度的文化成就，有些則落在後面，只取得很少甚至沒有文化進展，結果造成混亂與猜疑，因而引起仇恨與恐懼。雖然有些較進步的思想家曾企圖鼓吹所有的希臘人都是同一個民族的觀念，要輕視的應是非希臘人或者是「蠻族」等意識，可是這種想法一直未能成爲民族精神的一部分。雅典人仇恨斯巴達人，斯巴達人同樣也仇恨雅典人，其激烈的程度就像他們仇恨波斯人一樣；甚至連亞洲人的侵略也不能消除希臘人彼此之間的不信任與敵對。因此，最後在雅典人與斯巴達人之間所爆發的戰爭，成爲結束希臘文明的劫數，雖然希臘仍然不曾爲外來侵略者所擊敗。

第八章

希臘化時代的文明

The Hellenistic Civilization

從阿那薩爾庫口中聽說世界不可勝數，亞歷山大流下了眼淚。朋友們問其究竟，他答道：「如果世界如此沒有窮盡，我們卻連一個也未能征服，難道你們不認為這是一件令人傷心的事嗎？」

——普魯塔克，「論心靈的寧靜」

從軍事和政治的觀點來看，西元前四三一到前三三八年間，城邦之間實際上是戰禍不斷，因而嚴重削弱了希臘的力量。在此同時，一位年輕人拯救並改造了希臘文明，這個人乃是歷史舞臺上赫赫有名的人物之一，後世稱爲亞歷山大大帝。亞歷山大的父親菲立普是希臘北部蠻荒之地馬其頓一位半開化蠻族的領袖；西元前三三八年，他大戰雅典－底比斯聯軍，徹底贏得勝利，從而掌握了整個希臘。兩年之後，菲立普在一次家庭紛爭中被殺害了。這時，由其子亞歷山大接掌了統治權位，亞歷山大是一位年方二十歲的青年，風流倜儻，精力充沛。他繼位之後，處決了所有覬覦王位的人，迅速鞏固自己的獨裁統治；西元前三三四年，亞歷山大有感於國內政局已趨於穩固，乃留下一名親信代爲管理希臘，而他自己便親率一支四萬人的軍隊，殺奔至亞洲來開拓新的疆土。波斯人一開始並不把這位來勢洶洶的二十歲年輕莽夫放在眼裡，但亞歷山大接連在三次戰役——格拉尼庫河戰役（西元前三三四年）、伊蘇斯戰役（西元前三三三年）、高加美拉戰役（西元前三三一年）中取得輝煌的勝利，並用四年不到的時間征服了整個波斯帝國，包括小亞細亞、埃及、敘利亞、美索不達米亞，以及波斯本身。在這次旋風式的戰役占據了波斯的首都——波斯波利亞，之後亞歷山大並未班師回朝，或者解甲休息，而是在波斯波利亞駐留下來，繼而揮戈東向，征服了巴克特里亞（今天的阿富汗，亦是中國古史中的大夏），並率軍度過印度河，進入印度，在那裡用了兩年的時間（西元前三二七～前三二六年），企圖消滅有戰象的印度軍隊；但由於亞歷山大的士卒不願在如此遠離故土的地方作戰，他最後只好率領部眾班師回到波斯腹地。就在他準備再次發動侵略戰爭時——這一次是準備進攻阿拉伯半島，他染上了傳染病，死於巴比倫城。據說，亞歷山大曾因自己未能征服全世界而潸然淚下。儘管如此，他在二十二到三十三歲之間馳騁歐亞大約兩萬英里的大陸，一邊行軍一邊打戰，最後成爲當時世界上有史以來疆域最爲廣闊的帝國統治者。

亞歷山大大帝的征服結果，就是爲希臘化文明奠定了基礎。此一文明所跨越的領域，包括了地中海東部和西亞各地，其時間則開始於亞歷山大時代，一直持續到基督教時代之初。「希臘化」（Hellenistic）一詞，意即「希臘似的」（Greek-like），並與「希臘的」（Hellenic），或者是純粹希臘的（purely Greek）形成對比。一般人之所以說希臘化文明是「希臘似的」，乃是因爲此一文明是希臘文明與亞洲文明融合的產物。舉例來說，亞歷山大本人講的是希臘話，並且曾經師從於最偉大的哲學家亞里斯多德，不過他卻毫不尊重希臘人有關於「節制」、「中庸之道」的戒條，他用自己的名字命名一個又一個的城市（其中最著名的就是埃及的亞歷山大城，但亞洲還有不少名叫亞歷山大的城市），而且身著東方時髦的服飾。與這種情形類似的，在希臘化時代，希臘語成爲美索不達米亞、敘利亞和埃及的官方語言，希臘的哲學與文學在西亞各地擴展、傳播。但是，講希臘話的君王卻要他的臣民把他當作神來頂禮膜拜。我們將在下文中提到，希臘化時代的文化不僅僅是一種大雜燴，而且它還有自己與眾不同的特徵。然而，在考察迷人的希臘化文明之前，無論如何也要說明一下波斯的背景。因爲，如果說沒有亞歷山大大帝以及希臘人，希臘化世界就不可能出現；那麼同樣的，沒有居魯士大帝和波斯人在此之前所取得的種種成就，希臘化世界也不可能出現了。

波斯帝國

波斯人在西元前六世紀中葉之前幾乎是默默無聞的，只知道他們生活在波斯灣東岸，所講的語言屬於印歐語系，臣屬於與他們有親緣關係的米底人，米底人居住在底格里斯河北方與東方的地區。波斯人從這樣一種晦暗不明的狀態，突然成爲舉世注目的焦點，這完全應該歸功於居魯士的非凡功績。居魯士於西元前五五九年成爲波斯南部一個部落的首領，沒有多久，他統一了各部落，成爲所有波斯人的統治者，並於大約西元前五四九年左右推翻了米底人的統治，繼而取代之，將由波斯灣到小亞細亞的哈里斯河，原屬於米底人的大片土地據爲己有。

併吞里底亞所占領的小亞細亞部分土地之後，居魯士成爲里底亞王國的近鄰。里底亞王國的領土當時包括小亞細亞的西半部，東到哈里斯河一帶。印歐語系的里底亞人曾在西亞人之後建立了雄據小亞細亞的國家，而且因爲金礦的開採，以及擔任美索不達米亞與愛琴海之間陸路貿易的媒介者而造就一時繁榮。因爲頻繁的商業活動，使里底亞人還發明了金屬鑄幣，而這種金屬鑄幣是被用來充當商品交換與支付勞務的通用貨幣。當居魯士將領土擴張到里底亞邊界時，當時里底亞王乃是克羅伊索斯，他是位富甲天下的國王；所以，至今英語中仍有「像克羅伊索斯那樣富裕」的比喻。克羅伊索斯對居魯士這位不速之客持有相當的戒心，因此決定於西元前五四六年先發制人，採取行動，以免自己的國家淪爲被征服者的命運。根據希臘歷史學家希羅多德的傳述，克羅伊索斯前往德爾斐神殿，祈求神諭，詢問是否應對迫在眉睫的攻勢有所行動。結果，神諭答覆他說，如果他能渡過哈里斯河，他將消滅一個偉大的民族。克羅伊索斯依言行事，但被消滅的卻是他自己的國家。他的部隊全軍覆沒了，而且繁榮的王國也被吞併成爲波斯的一個省。

如前文所述，西元前五三九年，居魯士以迅雷不及掩耳的速度向美索不達米亞發動攻勢，並在沒有任何的戰鬥下占領巴比倫。從此而後，尼布甲尼撒創建的整個新巴比倫帝國也歸其所有。又如前文所述，居魯士讓被囚禁在巴比倫的猶太人返回巴勒斯坦，建立了半獨立的附屬國。西元前五二九年期間，居魯士與在波斯王國北部，生活在鹹海附近的野蠻部落作戰時受傷身亡，留給後人一個空前龐大的帝國。不久之後，在西元前五二五年，居魯士的兒子岡比西斯繼承了他的王位，並征服了埃及，使得波斯帝國的版圖更加擴大。

繼承岡比西斯王位的乃是大流士一世，他自西元前五二一到前四八六年統治著波斯帝國。大流士在位期間致力於改善波斯帝國的行政管理，藉以鞏固前輩們用軍事武功取得的天下。後來，大流士經常被稱為大流士大帝，他將波斯帝國畫分成若干個省，稱為總督的轄地，任命管理者為省督。省督享有很大的權力，但必須向中央政府繳納一定數量的年貢（例如，猶太王國這樣的附庸國也必須向波斯政府繳納年貢）。此外，大流士強行將貨幣與度量衡加以標準化，但同時也遵循居魯士的寬容政策，允許波斯帝國境內各個非波斯民族繼續保有其地方性政策。舉例來說，大流士不僅重建了古埃及的神廟，還命令該省督與當地僧侶協商編纂了埃及的法典。

大流士同時也是一位偉大的建築師，他建造了一座新的皇宮，希臘人稱之為波斯波利斯（意為「波斯城」），這座城市後來成為波斯帝國正式的首都。此外，大流士也開鑿了一條從尼羅河到紅海的運河，並在波斯高原和敘利亞沙漠邊緣地帶開發了灌溉系統。不過，在大流士興辦的公共工程當中，讓人印象最深刻的乃是公路系統。大流士修路的目的，在於加強帝國廣袤疆域內的貿易往來與交通連絡。其中最有名的是「御道」，它由波斯灣附近的蘇薩，一直通往愛琴海濱的薩迪斯，全長達到一千六百英里。沿著御道奔馳帝國政府的驛差，形成人類最早的「郵政制度」，他們以接力的方式，把消息和貨物從這個驛站傳到下一個驛站。而驛站之間的距離，是依照騎馬奔馳一天的行程來測定的：每個驛站都有騎士與馬匹，隨時準備接力前站「郵遞人員」帶來的消息和貨物。今日，很少有人知道美國郵政局的座右銘就是借用希羅多德當年稱讚馳騁於波斯御道上信差的讚詞，它是這麼說的：「無論刮風下雨，無論酷熱寒冬，無論夜色多麼朦朧，都不能阻止信差們跑完指定的路程。」

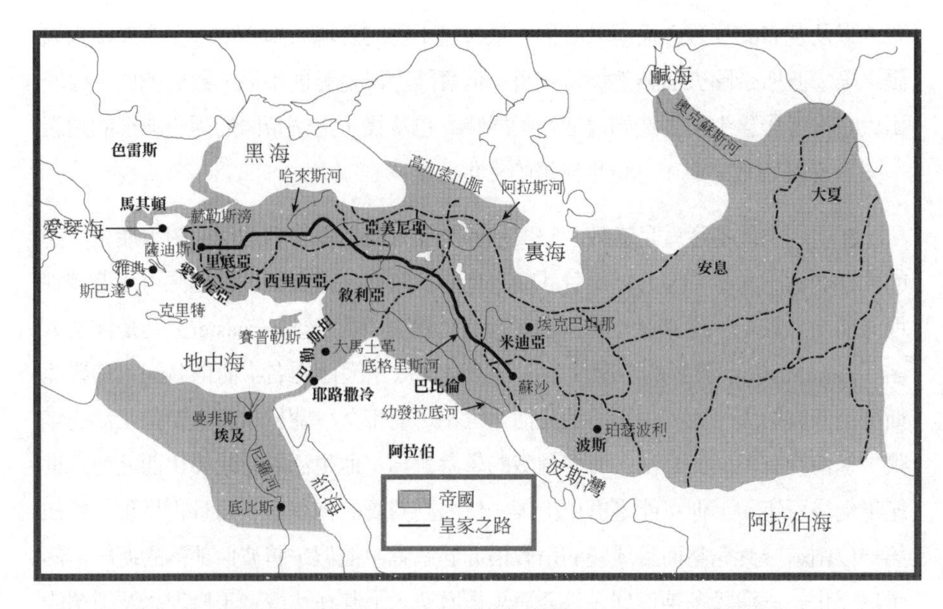

圖8-1　大流士一世統治下的波斯帝國（西元前五二一～四八六年）

雖然大流士頗具行政管理之長才，但他在地緣政治戰略方面卻鑄成大錯：他企圖將波斯的霸權擴張到希臘。在居魯士征服里底亞王國，使得波斯成爲小亞細亞希臘各城邦的統治者之後，無論波斯的統治者多麼寬容，這些城邦還是希望像其他希臘城邦那樣的自由。結果，在西元前四九九到前四九四年期間，生活在亞洲大陸的希臘人爲了爭取獨立揭竿而起，而雅典也很快地派出軍隊聲援，聯軍勢如破竹一舉焚毀了波斯帝國在當地的行政中心薩迪斯城。很快的，大流士便平定了這場叛亂，之後更於西元前四九〇年派遣軍隊橫渡愛琴海，準備懲罰雅典人，使希臘臣民再也不能獲得外援，並警告在歐洲所有的希臘人，此後他準備君臨於此。然而，令人驚訝的是，在西元前四九〇年的馬拉松戰役中，大流士卻敗在雅典人的手中，這是大流士一生當中唯一的慘敗。儘管在西元前四八〇年，大流士的兒子薛西斯一世（西元前四八六～前四六五年）繼承王位，他再次派遣大軍前往希臘，並揚言要殺害所有的希臘人，爲父親報仇雪恨。但是一年之後，在雅典和斯巴達英勇的抗擊下，薛西斯一世不得不引兵撤退，放棄了征服的計畫。此刻，波斯人已意識到自己擴張的極限，而且比這個更要命的是，他們現在已經知道了，歐洲的希臘人是他們的剋星。

事實上，從西元前四七九年開始，到前三三四年亞歷山大大帝入侵小亞細亞爲止，希臘人也經常捲入內部動亂之中無法自拔，因而無力向波斯發動攻勢。就波斯人而言，這是極其幸運的，因爲在此一期間，波斯帝國也因爲激烈的王位爭奪，以及各省的反叛，而陷於統治力量日趨不穩的窘境。所以，到了亞歷山大擴張之際，波斯帝國表面雖然保持完整，但實際上已是脆弱不堪。雖然如此，亞歷山大在取得居魯士所創造的這個帝國同時，也承繼了這個帝國的兩份無形的遺產——一份是宗教遺產，一份是無邊的文化遺產。

波斯的宗教遺產就是祆教，它與佛教及猶太教是基督教和伊斯蘭教產生之前的世界著名三大「普遍的」而且「個人化的」宗教。雖然祆教的起源可以追溯到西元前十六世紀，但其眞正的創始者乃是瑣羅亞斯德（「Zoroaster」乃是波斯人名「Zarathustra」訛誤的希臘文），而這個宗教是因他的名字而得名的。瑣羅亞斯德是個波斯人，大約生活在西元前六世紀之前不久（關於瑣羅亞斯德生活的年代，學術界有不同的看法，有些權威的學者認爲，他生活的時代要比西元前六世紀早上幾百年），他可能是歷史上第一位名副其實的神學家，而且也是現今所知第一位創造一套完整而且成熟的宗教信仰體系者。他似乎將波斯部落的傳統信仰予以淨化——消除多神信仰、牲祭與巫術魔法，令其在比較合乎條理以及道德的基礎之上，建立屬於自己的禮拜儀式。

祆教之所以能夠成爲世界性的宗教，乃是因爲瑣羅亞斯德認爲宇宙中有一個至高無上的神，他稱祂爲阿胡拉－馬茲達，意爲「賢明的君主」。阿胡拉－馬茲達是光明、眞理和正義等原則的化身——祂從來不會被激怒，也不發火，更不可能有一點邪惡，祂的光澤普照每一個角落，不會厚此薄彼。但是，有鑑於世界上仍然存在著非阿胡拉－馬茲達所不能解釋的邪惡與痛苦，因此瑣羅亞斯德認爲，還存在著一個與阿胡拉－馬茲達相對立的神，即阿里曼，祂狡詐、惡毒，主宰黑暗與邪惡的力量。從瑣羅亞斯德的看法來說，阿胡拉－馬茲達顯然要比阿里曼強大許多，所以祂對阿里曼的存在並不以爲意。不過祆教的僧侶，即所謂的麻葛僧，逐漸傾向於強調瑣羅亞斯德宗教思想中的二元論，認爲阿胡拉－馬茲達與阿里曼彼此勢均力敵，兩者爲了爭奪最高權力，進行殊死戰鬥。在他們看來，只有在最後的偉大時刻，當阿胡拉－馬茲達擊敗阿里曼，並把祂送入地獄之後，「光明才取得決定性的勢力」。

無論二元論的影響有多大，祆教是一種徹底的個人宗教，也就是說，祆教是向個人而非社會提出要求的，其所允諾的報償也是針對個人的。特別是祆教認定，阿胡拉－馬茲達所保佑的不是部落，也不是國家，而是爲了正義與眞理獻身的個人。人類擁有自由的意志，能夠自行判斷犯罪與否。當然，瑣羅亞斯德敦促人們不要犯罪，要誠實無欺，並竭盡全力相親相愛，同時還要幫助窮人，並且善待別人。如此行事之人在來世將會受到獎賞，因爲祆教認爲，死者在「最後審判之日」復活，他們有的升上天堂，有的進入地獄。祆教的經典《阿維斯塔》（這是一部在幾百年間不斷增加內容纂輯而成的一部著作）極其明確地表達對有道之人的獎賞，其說：「那些惠施、誠實的人……將升入天堂。」

由上文對祆教教義概要的敘述中，我們可以發現，祆教在很多方面與猶太教和基督教相當類似。有關倫理道德的內容與猶太先知的訓誨相當接近，而末世說也與巴比倫之囚結束後的猶太教教史相似；祆教的天堂和地獄說又與基督教的來世之說近似。就連祆教的某部經典，也讓人聯想到猶太教的《舊約》，以及基督教的《新約》。遺憾的是，因無法弄清楚這些宗教形成的確切年代，所以，也無法準確地推定各個宗教之間到底是誰影響了誰。不過，猶太教的中心思想是在居魯士和大流士——這兩位虔誠的祆教教徒——所統治下的亞洲成形的，而後來猶太教的末日審判信念深深影響基督教，乃是在祆教仍然具有很大影響力的希臘化世界所形成而發展起來的，這都不是偶然的。進一步說，且把祆教對猶太教的影響完全擺在一邊，單由波斯人的宗教對征服西亞的希臘人也產生相當的影響來說，它促使希臘征服者從更普遍性與個人性的角度去思考宗教的問題。

「普世主義」也是波斯文化對希臘化文明這個綜合體所做貢獻的最佳說明。與亞述人、新巴比倫人和埃及人不同的是，上述這些民族（他們在奴役被征服的同時）都試圖把自己的風俗習慣，強加在被征服者的身上；然而，波斯人卻採取了一種「世界一家」的寬容政策，根據這個政策，波斯人認爲自己是各民族聯合體的領導者。美索不達米亞的君主自稱爲「眞正的君主」，而波斯帝國的統治者則使用「王者之王」的稱謂，這也說明了其他民族承認在波斯的統治下，他們可以繼續擁有自己的統治者。另外，居魯士和大流士等偉大的波斯帝王，一直試圖盡其可能地學習、運用被征服民族的習慣與科學。例如，他們採用里底人所發明的金屬鑄幣，並將其推廣成爲流通的貨幣，他們也從巴比倫天文學家那裡學到繪製星空圖的技術，還有他們也曾委託過腓尼基水手進行航海探險。

波斯人善於借鑑其他民族的思想，這種習慣用專門術語來說，就是「折衷主義」，其在建築領域展露無遺。波斯人抄襲巴比倫人流行的高基座和平增建築風格，而且還學習美索不達米亞建築上的飛牛、絢麗多彩的琉璃磚，以及其他裝飾方法。不過，美索不達米亞建築中慣常採用的拱門和圓頂，波斯人則以埃及的圓柱和柱廊結構取代。此外，建築物內部的布局和圓柱基座上的棕櫚和蓮花圖案，顯然也是受到埃及風格的影響。最後，波斯建築圓柱上的凹槽和柱頭下方渦旋狀紋卻不是埃及的風格，而是希臘的風格。不過，這些並非由希臘本土學來的，而是由小亞細亞的希臘城邦學來的。隨著亞歷山大的到來，波斯人直接臣屬於來自希臘本土的希臘人，但希臘人也將立即從波斯那裡借了不少東西。

馬其頓的菲立普與亞歷山大大帝

在西元前四世紀的前三分之二時間裡，許多希臘人對歐里庇得斯悲劇《安德洛瑪克》中的詩句：「希臘的秩序是何等的糟糕啊！」心有戚戚焉，但是似乎沒有任何人能有所作爲。希臘將「糟糕的秩序」表現在政治的分裂上：城邦之間戰爭不斷，城邦之間黨爭不已。隨著底比斯和斯巴達的兵戎相向，以及雅典與底比斯間的大動干戈，越來越多的希臘人開始期盼能夠出現一位全國性的「強人」，來平息這一切的紛爭，因此，他們對無論出現與希臘人質樸理想全然不同的帝國主義還是僭主政治，都無所謂了。最後，這一位強者出現了，他就是馬其頓菲立普。

如果不是他的兒子亞歷山大的耀眼光芒把他遮住了，菲立普必能以菲立普大帝之名流傳千古。在西元前三五九年，菲立普確定在馬其頓的統治地位之前，希臘北部這個講希臘語的地區既沒有城市，農業相當貧乏，政局也相當混亂，讓此地淪爲各個部落紛爭的戰場。不過，菲立普憑藉著堅強的毅力，在二十年之間就把馬其頓建設成令人不可輕忽的一股勢力。菲立普首先掃除一切的政敵，建立起專制政體。之後，他運用軍事武力以及「分化和征服」的外交策略，開始向外擴張。正如那時代的人所了解的，菲立普的作戰方式使戰術發生了重大的變革。在此之前，希臘的軍隊幾乎都是由自願入伍的公民與應徵入伍的人所組成，而這些人在農忙時節都得回去耕種，所以只有在農閒時才能作戰。由於軍訓時間有限，幾乎所有的希臘士兵都以近乎相同的方式作戰，就是以重裝密集的步兵進行戰鬥。菲立普反其道而行，他建立了一支由雇傭軍與不務農耕、忠誠的馬其頓人所組成的職業軍隊。

菲立普所建立的馬其頓職業化軍隊，在菲立普之後隨著亞歷山大大帝馳騁萬里。它具有許多優點：第一，指揮這一部隊的將領可以運用各式各樣的「專業人員」。菲立普軍隊中有一支機動性的騎兵可充當哨兵——其目的就是在戰鬥剛開始之際，從戰場不同的方位向敵人拋射一連串密集的攻勢，藉以擾亂人的隊形，打擊敵軍的士氣。菲立普的「專業人員」都是擁有精良訓練的間諜以及反間諜，他們擅於散布「假情報」。其次，軍隊職業化之後，可實施最嚴格的紀律。在理想主義的感召之下，那些自願入伍的希臘自由人可能願意接受紀律的約束。不過，指揮官想強制這些自由人執行命令，可能是相當困難的。再者，隨著戰爭時間的延長，這些自由人對理想主義的熱情就會逐漸減弱；戰爭持續的時間越久，他們的熱情就越弱。菲立普的職業軍隊與此迥然不同，絕對服從指揮，否則就處以極刑。據說，菲立普曾經當場處斬一個値勤時睡覺的哨兵；並且由這個哨兵屍體旁走開時，輕描淡寫地丟下一句：「我來時他在睡覺，走時他仍在睡夢之中。」最後，軍隊職業化後，讓菲立普可以免去大量負責運送補給品的非戰鬥性從役。較早之前，希臘軍隊行軍速度都相當緩慢，這乃是因爲後勤問題的妨礙，當時部隊之中到處都是爲軍隊背負糧食和武器之人，但是，菲立普下令要求他的部隊盡其所能地攜帶自己的軍需物資。雖然菲立普在軍事方面所進行的這些改革，爲希臘城邦中的「正人君子」所不齒，但也都由於他在戰爭中的不墨守成規，所以才得以發動閃電戰術，並在西元前三三八年的喀羅尼亞戰役中，大敗雅典和底比斯聯軍。

在喀羅尼亞戰役之後，菲立普在整個希臘建立起專制的統治，並徹底結束希臘各城邦所擁有的自由；後來，他的兒子亞歷山大大帝承續了這一專制體制，將之作爲征服大半個亞洲的跳板。很諷刺的是，亞歷山大年輕時曾受業於亞里斯多德，正是這位希臘哲學家認爲，人類的天性驅使他要在城邦中生活，並且說道：「凡人由於本性或者因爲偶然，而不歸屬於任何城邦的，如果他不是一個野蠻人，那他就是神了。」[1]但是，亞歷山大對他恩師的學說毫不在意，好像他的恩師是個波斯人而不是希臘人似的。過去曾經有些歷史學家認爲，亞歷山大發動遠征，而且以令人驚訝的方式橫越小亞細亞、埃及、美索不達米亞、波斯以及阿富汗，直抵印度邊境，乃是受到一種急迫的使命感所驅使，要他將希臘文化傳播到可能還是處於蠻荒狀態的亞洲人那裡。但現今認爲，只因爲對權力和榮譽的追求，再加上他的自大狂，亞歷山大才會有如此的壯舉。當亞歷山大還在世時，曾經流傳著這樣一個故事：有一回，這位偉大的征服者抓住了一名海盜，海盜卻說，他與亞歷山大唯一的不同在於程度而已。然而，無論動機爲何，爲希臘化文明奠定基礎的是亞歷山大的征服，而不是海盜的劫掠。

亞歷山大的統治方式，就是融合了希臘的特色與亞洲的特徵而形成的希臘化文化。爲了達到宣傳的目的，這位年輕的馬其頓人宣稱，他是爲了替希臘人雪恥才懲罰波斯人。事實上，亞歷山大所到之處，一概是以希臘人取代波斯人爲總督，而且遷入希臘移民，命令他們在新建的城市之中定居下來，使被征服的民族臣服。不過，亞歷山大也意識到，他以及他的希臘臣屬要想用這個令人憎恨的外國人身分去統治這樣一個幅員廣大的亞洲帝國，是根本不可能的。於是，他鼓勵與異族通婚，並且身體力行，娶了一位名叫羅克珊的巴克特里亞公主爲妻（亞歷山大本人具有同性戀的傾向），而且在婚禮上，他與新娘分享同一塊麵包，以表

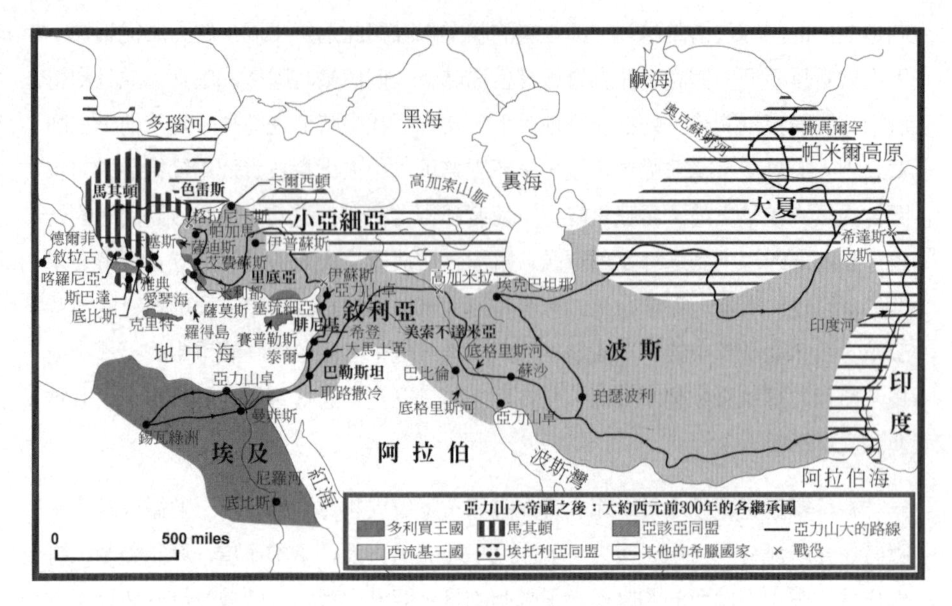

圖8-2　亞歷山大廣大的希臘化世界

示他對當地習俗的尊重。

亞歷山大最傾心的亞洲生活方式，並不是什麼公主或者麵包，而是任何能夠強化他的專斷統治，增加他的榮耀之風俗。當然，阿諛奉承和擺闊炫耀，是與希臘傳統不相容。流傳著一個著名的故事說，亞歷山大剛剛取得統治希臘的政權時，曾遇見坐在木桶中，以木桶爲家的哲學家第歐根尼，亞歷山大詢問這位智者是否希望得到什麼恩典。第歐根尼回答：「有的」，「靠邊站，別擋住我的陽光。」亞歷山大當下決定，即使他可以做到這一點，他也不能容許別人如此對他說話。所以，當亞歷山大馳騁於亞洲大陸時，他穿上了華貴的波斯長袍，並且要求他的臣民，依其品秩的高低趴在地上朝覲他。最極致的乃是，亞歷山大決定自稱爲神。雖然他僅在埃及這樣做，但那是因爲在埃及，法老一直被尊奉爲給人帶來千年幸福的太陽神阿蒙的後裔。然而，這對一個希臘人而言，尤其是這位曾經被一個衣衫不整的哲學家要求靠邊站的人來說，這仍然是一種非常反常的舉動。

政治與經濟的趨勢

當亞歷山大於西元前三〇三年去世之後，他並未留下其帝位的合法繼承人，與他最親近的乃是一位昏弱無能的異母兄弟。傳說，當他的朋友在他臨死前要求他指定一位繼承人時，他含混地說：「讓最強者繼承。」在他死後，他的高級將領企圖瓜分這個帝國，引發一些年輕軍官對此種安排的不滿，繼而發生一連串的戰爭，終於在西元前三〇一年於伊普蘇斯進行了一場決定性的戰役。戰爭結束後，勝利者重新瓜分亞歷山大所留下的帝國。塞琉古據有波斯、美索不達米亞和敘利亞；呂西馬庫斯控制了小亞細亞和色雷斯；卡桑德在馬其頓建立自己的政權；而托勒密，除了原來管轄的埃及之外，又兼併了腓尼基和巴勒斯坦。二十年後，當塞琉古在戰爭中擊敗並且殺死了呂西馬庫斯之後，便把小亞細亞的屬地據爲己有。在此同時，大多數的希臘城邦都起來反抗馬其頓的統治，這些城邦團結起來組織防衛聯盟，其中有些以聯邦制形式維持獨立長達一個世紀之久。最後，在西元前一四六到前三〇年之間，幾乎整個希臘化世界被羅馬所統治。而最東邊的那一部分領土又重新回歸波斯人的管轄。

除了大部分希臘本土的一些地區之外，希臘化時代裡，亞歷山大所征服的各地區之政治體制都是君主專制體制，而這些地方的君主都聲稱自己是半神性之人。亞歷山大最有權勢的繼承者，西亞的塞琉古王朝諸王與埃及托勒密王朝諸王，都曾有計畫地企圖將自己神格化。塞琉古王朝的君王——安條克四世，曾採用「顯神」或是「明白無誤的神」之頭銜。托勒密王朝後期諸王都用「神」的稱號來簽署敕令，並且恢復埃及法老們所採用之與姊妹結婚的辦法，來保持皇家的神聖血統以免受到汙染。毋庸贅言，這些統治者當然不允許人民進行任何形式的反抗，因此，使得謀殺、下毒，以及與境外敵人勾結、外敵入侵，還有戰爭時有所聞。埃及的托勒密四世（西元前二二一～前二〇四年）沿襲殺人以及被殺的政策，將自己的母親、叔伯與兄弟先後殺死。幾代之後，他的後裔——美豔絕倫的克里奧帕特拉（西元前六九～前三〇年）和羅馬人勾結，企圖維持希臘化的埃及在某種程度上的獨立，結果徒勞無功。

在希臘化時代，除了東方專制的制度之外，唯一不同的就是出現在希臘大陸上的城邦聯邦制度。在擺脫馬其頓人的統治，取得獨立以後，一些希臘城邦結成防禦性同盟，這些聯盟迅速演變爲兩大著名的城邦聯盟，一個是埃托利亞城邦聯盟，另一個則是亞該亞聯盟。這兩大城邦聯盟統治了整個希臘，一直到西元前一四六年被羅馬帝國取代爲止。這兩大聯盟基本上在組織方面完全相同，每一個聯盟都有一個聯盟會議，由會員城邦的代表所組成，有權制訂與公共事務有關的法律。還有一個議院，聯邦中所有公民皆可參與，在議院中討論關於戰爭與和平的問題，並且選舉官員。行政與軍政大權操持在一位將軍之手，這位將軍乃是經由選舉所產生的，任期一年，但隔年後仍可再度當選。儘管這些聯盟時常被稱爲聯邦制國家，但實際上只不過是個聯盟而已，因爲其中央政府端賴地方政府提供稅收與軍隊。這些聯盟最主要的意義在於，它們構築了在近代之前希臘曾出現最接近自願的民族實體之政治形式。

至於經濟的情況，希臘化世界一般說來因爲遠距離貿易的成長、財政收入的增加，以及城市的發展，而顯得極爲興旺。貿易之所以能夠發展的原因，在於下列幾個因素：首先，由於亞歷山大遠征的結果，打開一個範圍廣大的貿易區域。早在亞歷山大時代之前，希臘人就是相當活躍於遠距貿易的商人，但是那個時候，因爲波斯國王與波斯總督都是按照自己的經濟利益行事，而不是按照希臘人的要求行事，所以，希臘與波斯王國以及波斯以東地區的貿易受到種種的阻礙。但是，在西元前三二三年以後，希臘的統治者已在埃及和西亞各地建立了根基，同時，講述希臘話的人大舉遷入埃及的亞歷山大、敘利亞北部的亞歷山大、波斯灣口的亞歷山大，這些一個又一個移民新城，建立起由東地中海到中亞的一個穩定貿易體系。再者，以埃及、小亞細亞、波斯和巴克特利亞爲根據地，希臘商人可以前進到更遠的地方，從而深入非洲、俄羅斯、印度，以及中國腹地。其次，亞歷山大接收波斯庫藏的金銀，並以鑄幣、珠寶和奢華器具的形式，將之大量地投入流通市場，刺激了投資，使物價也因而上漲。再者，除了貿易因素之外，專制君主爲了增加國家的收入，於是進一步促進商品的生產以及工商的發展。

在托勒密王朝統治下的埃及，以及塞琉古王朝轄治的西亞地區，其主要的腹地位於敘利亞，在此地新的商業投機活動尤其活躍，獲利也極爲可觀。托勒密王國和塞琉古王國的君主們提供了種種便利的條件，鼓勵人們從事各種商貿活動。例如，他們修建港口，派遣戰艦維護海上交通的安全，還有修築道路以及運河。甚且，托勒密王朝還雇請地理學者去找尋通往遙遠國度的新路線，希望能夠開闢更爲珍貴的市場，因此採行了種種方法，使得埃及的商業極爲繁榮，商品種類也極爲繁多。來自阿拉伯的香料、賽普勒斯的銅、衣索比亞及印度的黃金、不列顛的錫、努比亞的大象以及象牙、西班牙的白銀、小亞細亞品質精良的地毯，甚至是來自中國的絲綢，紛紛湧進了亞歷山大港，使得政府與個人從中獲取的利潤高達二成，甚至是三成。

在希臘化時代另一個經濟發展的重要表徵就是財政發展。以金銀鑄幣爲基礎的國際貨幣經濟，在東地中海以及西亞各地隨處可見。銀行通常爲國家所擁有，它成爲各種商業投機的主要信貸機構。投機買賣、壟斷市場、強烈競爭、大型商場的增加，以及保險事業的出現，成爲此一引人注目之時代的其他重要現象。

最後，在希臘化時代，城市也因爲各式各樣的經濟以及非經濟的因素，而有了重大的改變。與經濟因素毫無關係的是，希臘的統治者為了維持對非希臘居民的控制，而將希臘官員，特別是希臘士兵派往該地，此一政策的結果往往使得一些城市聚點無端地出現。亞歷山大大帝自己就建立了大約七十座城市，作為希臘統治的前哨陣地；而他之後的兩個世紀之中，他的繼承者又建立了大約兩百多個這類的城市。但是，在另一方面，城市的增加也和工商業的發展，以及政府控管經濟機構的增加有著密切的關係。因此，有些城市中心人口增加的幅度實在令人吃驚。例如，僅在一個世紀之內，敘利亞的安條克人口就增加了四倍。而底格里斯河畔的塞琉西亞，在不到兩百年的時間裡，就由一片蠻荒之地演變成數十萬人口的大都市。希臘化時代各城市中最大而且最著名的，當推埃及的亞歷山大城，其人口大約有五十萬之多。在羅馬帝國興起之前的整個古代世界之中，亞歷山大城可以說是最龐大、最堂皇富麗的都市。這座城市的街道均鋪設過，並且排列整齊；此外，更有宏偉的公共建築以及公園，還有一座博物館，以及一座藏書高達七十萬冊的圖書館。然而，就大多數的民眾而言，雖然他們為這座城市貢獻良多，卻無法分享環繞在他們周遭的輝煌與奢華的生活。

希臘化時期的經濟，基本上來說是相當富有朝氣的。檢視整個希臘化時期，農業仍然還是各個希臘化地區最主要的謀生職業，以及財富的來源（在西歐和北美地區直到十九世紀，工商業才取代農業成為主要財富的來源）。再者，儘管在希臘化的埃及和西亞的部分地區工業有所發展，卻沒有一個地方發生過任何以技術突破為基礎，名副其實的「工業革命」。反而不如說，工業部門的生產都是靠人力而不是動力。

儘管，希臘化時代經濟已經有了全面的發展與繁榮，但是仍必須強調，並不是所有人都能夠享受到繁榮的好處。正好相反，有些人突然暴富，旋即又為赤貧，有些人則始終擺脫不了貧困。由於商業活動的風險很大，個別商戶和投機者的命運往往大起大落。舉例來說，一個商人經銷高級衣料，且經營得相當不錯，後來他決定加碼投資，卻發現時尚改變了，或者他的貨船沉沒了。商人特別容易受到現代經濟學家所謂的「繁榮與蕭條」綜合症狀的影響。商人一心想利用物價上漲之際大撈一筆，因此不惜代價地投入，結果卻可能會發現他經銷的商品突然之間供過於求，以至於他一無所獲，甚至連貸款都償還不出來。至於那些依然處於貧困狀態之人，有一部分是市場為地區性的小型農販（在希臘，這些人可能更加貧困，因為在此一時期希臘深受國際收支逆差的影響，除了藝術品之外，其所能提供給遠距離貿易的商品幾乎是微乎其微）。而在多數的情形下，新近移居城市的人或許仍無法改善自己的經濟地位，他們當中有許多人是生活在擁擠不堪的處所之中。總而言之，必須從希臘化世界的貧富分化現象，再去思考希臘化時代的思想與文化時，應將這一層牢記在心。

希臘化時代的文化：哲學與宗教

在其文明發展的整個時期，希臘化時代的哲學幾乎在同時間之內產生了兩種發展趨勢。由斯多葛學派和伊比鳩魯學派所代表的主要趨勢，顯示以理性作爲解決人類問題的基本依據。這一趨勢顯然是受了希臘的影響，其哲學與科學皆是宗法於亞里斯多德，不過到了這一時期已經開始分道揚鑣了。由犬儒學派、懷疑主義，以及各種亞洲崇拜所代表的次要趨勢，排斥理性，否認能夠得到眞理，而且在若干情形下，還走向神祕主義以及對信仰的依賴。儘管這些教義互不相同，但是希臘化時代的哲學家和醉心於宗教之人大體上都有一個共識：此即必須找出一種方法，使得人類從艱辛的生活中得救，隨著作爲人類理想之表現方式的自由公民生活的衰落，就有必要找出一種替代的方法，使現實生活變得更有意義，至少是可以爲人忍受。

新希臘化時代最早的哲學派別大約起源於西元前三五〇年的犬儒學派。此一學派最有名的代表人物爲第歐根尼，他以不斷尋找「誠實之人」而著稱於世。犬儒學派主張過一種「自然的」生活和屏棄一切相沿成俗、矯飾的東西（犬儒此語出自希臘語，意爲「狗」，示意人應該像牲畜一樣自然而然地生活）。犬儒學派追求的主要目標是要培養自足：每一個人都要培養自行滿足自身所需求之能力。犬儒學派顯然與人類各時代所興起的其他運動有若干相似之處——例如一九六〇年代的嬉皮運動，即是一例。不過，這些運動之間也有顯著的區別。犬儒學派忽視音樂和藝術，認爲這些都是人爲的虛飾，並不足以代表年輕一代。不過，所有的運動似乎都反應出一種因受到社會束縛，人生目的難以實現而產生的挫折感。根據一個傳說講到：亞歷山大大帝曾詢問過第歐根尼的門徒克拉特斯，毀於戰火的底比斯城是否需要重建。這位犬儒學派的大師答道：「即使重建了它，它肯定會再次毀於另一位亞歷山大之手。」

伊比鳩魯學派和斯多葛學派均發端於西元前三百年左右，其創始人分別是伊比鳩魯（西元前三四二～前二七〇年）和芝諾（活躍於西元前三百年之後），他們兩人皆居住在雅典。伊比鳩魯學派與斯多葛學派有幾個共同的特點：兩者皆屬於個人主義，毫不關心社會福利，但卻注意個人的安樂；兩者都是唯物論者，絕對否認有任何精神本質的存在，他們甚至認爲神與靈魂都是由物質所形成的。進一步來說，伊比鳩魯學派與斯多葛學派的學說中均包含了大同主義的成分，因爲此兩者認爲世界各地的人都是相同的，希臘人和非希臘人之間並沒有什麼不同。

但是，這兩種哲學之間也有很多不相同的地方。斯多葛學派認爲，宇宙是一個井然有序的整體，所有的矛盾皆在其中消解，以便達到至善。所以，邪惡乃是相對的，人類所遭遇的種種特殊不幸，乃是在達到宇宙極致過程中必然發生之事。世界上所發生的任何一件事都是根據理性目的而嚴格判定的。任何人均不是自己命運的主宰，人類的命運乃是牢不可破連鎖中的一環；人只有接受或者反抗命運的自由，但無論其接受或者反抗，皆無法戰勝命運。人類的最高要務就是順從宇宙，並且認爲這個規律就是善良的，換句話說，就是要以最愉悅的心情順從命運的安排。藉由這樣的順從，人將由恬靜之中感到最大的快樂。所以，眞正快樂的人就是運用理性，使其生活與宇宙的目的充分配合，並且淨除心靈之中一切苦痛與反抗厄運之人。

斯多葛學派配合其以上說過的一般哲學，創立了一種倫理與社會的學說。由於相信至善乃是發自於內心的寧靜，所以，他們自然地強調盡職與自律爲基本的德性。由於體認到某些邪惡的存在，所以他們主張人們應該相互容忍與相互諒解。與同一時期的犬儒學派不同，他們不僅不贊成人應脫離社會，並且還認爲參與社會事務是那些具有理性心靈之人的義務。他們譴責奴隸制度和戰爭，但是，他們的立場與採取任何確實的行動去消除奴隸制度和戰爭相去甚遠。在他們看來，以暴力手段改革社會所產生的後果，比人們所能醫治的疾病還要嚴重。此外，如果心靈是自由的，即使身體受到束縛，那又有什麼關係呢？雖然斯多葛學派有著部分消極的特點，但它卻是希臘化時代最珍貴的產物之一，它教導人們平等主義、和平主義，以及人道主義。

伊比鳩魯和伊比鳩魯學派是以早期希臘哲學家德謨克里塔斯的「原子論」爲其哲學基礎。根據此一學說，一切物體的基本成分都是微小不可分割的原子，而且發展與變化乃是這些微粒結合與分裂的結果。伊比鳩魯雖然認同原子論的唯物主義，但卻屏棄他們的絕對機械論。他否認原子的自動與機械的運動是宇宙一切事物的根源。他雖然認爲原子因有重量而垂直向下運動，但他也堅持原子具有滑出垂直軌道而與其他原子結合的天然能力。伊比鳩魯對原子論的這一修正，就使得人類有了自由信仰的可能。如果原子只能做機械式的運動，那麼同樣由原子所構成的人類，勢必將降爲自動的機械，而且宿命論也就成爲宇宙的定律了。由於否認對生命的機械式解釋，伊比鳩魯乃較德謨克里塔斯或者斯多葛學派更爲接近希臘的精神。伊比鳩魯學派主張克服對超自然力量的恐懼以獲得心靈的寧靜，伊比鳩魯學派的倫理哲學乃是建立在「至善是快樂的基礎」之上。但他們並未將各種縱欲列入眞正的快樂之中，肉體的各種享樂應予以避免，因爲每一種過度的肉欲必將帶來等量的痛苦。另一方面，肉欲的適度滿足是許可的，並認爲這些欲望的本質是好的。比這種快感更好的乃是心靈的愉悅，這是以冷靜的思考來選擇某些事物以及放棄某些事物的理由，同時對先前獲得的滿足進行縝密的反思。然而，所有快樂的極致乃是在於心靈的平靜，從而完全消除精神與身體的痛苦。要達成這個目的之最佳途徑，就是消除恐懼，尤其是對於超力量的恐懼，因爲這是導致精神痛苦的最主要根源。個人必須經由對哲學的研究，以了解靈魂乃是物質，因而不能脫離肉體而存在，宇宙乃是自行運轉的，而且神祇並不干涉人間的事務。神祇住在遠離塵世的地方，專注於自己的事務，根本無暇爲人間俗事煩憂。既然神在今世或者來世都不會懲罰或者獎賞凡人，所以人根本就沒有理由懼怕祂們。因之，伊比鳩魯學派與斯多葛學派所採行的途徑雖然是不同的，但他們獲得的結論卻是相同的——他們認爲至善就是心靈的寧靜。

伊比鳩魯學派注重實行的倫理學說和政治學說，都是建立在功利主義的基礎之上。與斯多葛學派不同的是，伊比鳩魯學派並不堅持將德性本身視爲目的之極致，而是知曉人們之所以行善的唯一理由，就是爲了增加自身的幸福。他們也同樣否認有所謂絕對的正義存在：法律與制度只有在爲個人謀取福利時才是公正的。在每一個複雜的社會裡，都需要有一些規定來維持安全與秩序，人們遵守這些規定，只是因爲這樣對他們是有利的。伊比鳩魯對於政治或者社會生活並不寄予高度的關懷，他認爲國家的存在只是爲了方便，而且他還主張明智之人不應該積極參與政治。與犬儒學派不同的是，他並不主張人應該放棄文明返回自然；不過，他的至樂人生觀在本質上，仍是具有消極和失敗主義的特徵。伊比鳩魯認爲，有智慧的人將會體認到，無論其努力是如何積極，也無法將世界上的邪惡消除；所以，個人應退而求其次，並與志同道合的朋友暢談，共享天年。

懷疑主義者提出一種更爲激烈的失敗主義學說。懷疑主義在卡涅阿德斯的影響下，大約在西元前兩百年左右盛極一時，達到了高峰。懷疑主義所受到的主要影響，乃是詭辯學派的教義，即認爲所有知識都是由感官的覺察得到的，所以是有限而且也是相對的。由這點推導出一個結論，那就是我們無法對任何事情加以證明。因爲我們由感官得到的印象會欺騙我們，所以沒有任何一個肯定無疑的眞理。我們能說的只是事物看起來是這樣的，但我們不知道它們究竟是如何。我們對超自然力量、人生的意義，乃至於是非對錯，都沒有明確的認識。所以，明智的做法就是不要做出判斷：只有這樣才能得到快樂。如果我們能夠放棄對絕對眞理徒勞無益的追求，並不再爲善或惡的問題操心，我們就能夠獲得心靈的平靜，而心靈的平靜乃是人生所能達到的最大滿足。懷疑主義者對政治以及社會問題，甚至比伊比鳩魯學派更不關心。他們的理想是使個人從既不能理解也無力改變的世界中逃脫出來，這是具有典型的希臘化思想特徵。

希臘化時代的宗教同樣有幫助人們逃避集體的政治義務而提供管道的傾向。城邦時期希臘人的公民宗教，到了此時已經失去影響力。對於整個希臘化時代大多數的社會領袖而言，城邦公民的宗教已被斯多葛學派、伊比鳩魯學派，以及懷疑主義學說所取代。不過，對那些不受哲學影響的人來說，他們與大多數的一般人一樣均傾向於信仰感性化的個人宗教，這一宗教爲現在提供了一套繁瑣的儀式，以求在來世能夠得救。在講述希臘語的族群當中，強調藉由極端禁欲來贖罪，和神祇進行結合，並宣傳來世得救的俄耳甫斯崇拜以及依洛西斯崇拜，逐漸吸引越來越多的信徒。與此相呼應，在說波斯話的地區，祆教越發極致地推崇二元論，該教僧侶（即麻葛僧）堅持認爲，一切有形以及物質的東西都是邪惡的，要求其信徒經由苦行生活使自己的靈魂在來世獲得永恆的幸福。最後，無論在希臘人和非希臘人當中，祆教的一個分支，即所謂的密特拉教，獲得越來越多信徒的崇拜。

到底密特拉教是在什麼時候成爲一個獨立的宗教，目前尚無法得知，但肯定不會晚於西元前四世紀。這一崇拜乃是由密特拉的名字演變而來的，祂是祆教當中無所不能、對抗邪惡力量之神阿胡拉－馬兹達。最初在祆教當中，密特拉只是一個無足輕重的小神，後來逐漸在許多波斯人內心裡開始認爲，祂是一個最值得尊崇的神祇，這種變化或許是由於對祂的事蹟發生了情感共鳴所引起的。據說，密特拉曾活在人世間，經歷了很大的苦難與犧牲。祂顯現了奇蹟，賜給人們麵包和酒，爲人類解除了旱災和大洪水。密特拉宣布，星期日是一週之中最神聖的日子，因爲太陽是光明的賜予者。祂也宣布，十二月二十五日是一年之中最神聖的節日，因爲這一天乃是冬至的概略時間，象徵太陽經過赤道之南後，又再度往北返回。同時，這一天還意味太陽「生日」的意義，因爲從這一天開始，太陽爲人類帶來對萬物有益的生活力量。信仰密特拉教的人主要是希臘化社會的下層階級民衆。密特拉教給他們制定了一套複雜的禮拜儀式，爲他們提供了輕視現世生活的理由，同時還訂定了一套明確的，藉由個人救世主密特拉而獲救之信條。毫不令人驚訝，密特拉教存在的時間比希臘化時代還要久，在西元一百年之後，該教成爲羅馬帝國中盛行一時的宗教，並對基督教產生不小的影響。

希臘化文化：文學和藝術

希臘化時期的文學和藝術的特徵，都傾向於將先前希臘的各項成就發展到極致。為何出現這樣情況的原因，尚無從得知，但作家和藝術家紛紛展現其精熟而且制式化的技巧，試圖以此取悅資助他們的專制君主。進而言之，希臘化時代生活的反覆無常可能使得收買藝術品的人，往更能撼動人心而且較不深奧難測的藝術表現形式中去尋求快意。無論情況如何，這一時期的藝術確實不是公民活動的一種內在表現方式，而是一種商品，這就意味著其中大部分是不耐用的，甚至是粗糙濫造的。我們知道的希臘化時期作家至少有一千一百人，但其中眞正具有文學殊榮的僅是少數幾個。不過，在這大量平庸的文學和藝術作品之外，希臘化時期也有少數意味深遠之作。

希臘化時期有兩種文學形式最為重要，分別是戲劇以及田園詩，其中戲劇早已出現了，而田園詩則是新近產生的文學形式。希臘化時代最偉大的劇作家當推雅典的喜劇創作者米南德（大約西元前三四三～前二九一年），他以早先阿里斯托芬所發展完備的體裁為基礎，從事創作。米南德從阿里斯托芬身上學到許多東西，但他卻不同於阿里斯托芬，米南德不是一位諷刺的作家，他對政治毫不在意（這一點是早期任何一位雅典劇作家所無法想像的）。米南德喜劇作品的唯一題材，乃是浪漫的愛情故事，他專注於描寫愛情的悲喜歡愁，其故事情節深富吸引力，而且其作品最後也都以圓滿的婚姻收尾。這些喜劇的情節來自於日常生活之中，讓觀眾如痴如醉。不過，米南德擅長創造幽默的氣氛，更精於刻畫人物性格的怪癖，此點乃是那些肥皂劇作家無所能相比的。

浪漫愛情也是田園詩的主題，但田園詩的背景並不是根植於現實主義當中，而是取材於幻想世界中的牧羊人、仙女。田園詩這種文學體裁乃是由希臘人名叫提奧克里圖斯所創造的，他生於西西里，後來遷到亞歷山大城，並於此一大城市中從事創作（提奧克里圖斯活躍的時間大約是西元前二七〇～前二五〇年左右）。提奧克里圖斯是一位典型的遁世主義代表作家，他生活在喧囂不已的城市之中，面對的是要求人們頂禮膜拜的專制統治者，並且親眼目睹窮人棲身於擁擠不堪的貧民窟當中。儘管如此，他仍熱情地歌詠煙雨朦朧或者沐浴在陽光之中的鄉間幽谷之迷人風韻，並且將民歌中「質樸之樂」給予理想化。如一首可能是他早期的田園詩吟道：「唱吧，嗓音甜美的繆斯女神，唱起我的鄉村歌謠，我是來自埃特納的西利西斯，請聽我那美妙的歌喉。」無可否認，這類詩歌當中確有矯揉做作的成分，但同樣的我們也不可否認，這類詩作也常常產生悅耳動人的效果。再者，因為提奧克里圖斯創造了田園詩體裁，因而成為一種影響深遠的文學傳統開創者，後世不少詩壇巨擘，諸如維吉爾和彌爾頓都創作不少田園詩；同時代的畫家和雕塑家也從中汲取豐富的題材；甚至連近代一些協奏曲的作家，例如德布西在創作〈牧神的午後〉，也從亞歷山大城中這位遁世主義詩人那裡獲益良多。

在散文領域中，希臘化時代乃是歷史學家、傳記作家，以及烏托邦作者的天下。在這個時期最出類拔萃的歷史學家，乃是生活在西元前二世紀希臘大陸上的波利比奧斯。根據波利比奧斯的觀點，歷史是以循環方式發展，各國必然要經歷興盛衰落的階段，所以，了解一個國家的歷史就可以準確地預測到它的未來。就其科學的態度而言，波利比奧斯在古代的歷史學家當中可說僅次於修昔底德，但他在把握社會和經濟力量的重要性方面，卻是修昔底德所不及的。

雖然大部分的傳記都是屬於輕鬆、閒談式的，但是，這類作品能廣爲流傳則是很有說服力地表示出當時人的文學趣味。更重要的是，烏托邦作品或者是描述理想國的作品被普遍流行。實際上，所有這類作品都是描述在一個想像的島嶼上，或者是一些遙遠而且不爲人知的地方，所過的是社會平等、經濟平等、沒有貪婪、沒有壓迫，也沒有爭鬥的生活。總而言之，在這些樂土上，人們不知錢爲何物，也不從事商業活動，一切財產均爲公有共享，而且所有人都必須用自己的雙手工作，以生產生活的必需品。我們可以這樣推測，這類烏托邦作品的流行，乃是希臘化社會當中經濟與社會緊張狀態的反應，這些作品向人發出與田園詩類似的遁世主義，或者是一種潛在要求改革的思潮。

烏托邦作品中的含蓄批評與華而不實的風格，在希臘化時代的建築中充分反應出來。西元前五世紀到前四世紀中，早期希臘建築的獨特之處，在於對稱和節制，而在此一時期卻爲富麗堂皇與奢華所取代，導致這一風格的產生，部分原因是因爲此時居於主流地位的埃及法老和波斯皇帝所訂定的規範所致。其中最典型的兩個例子（但此二者皆未能存留至今），就是埃及亞歷山大的燈塔，和亞歷山大城中獻給埃及神祇塞拉皮斯的城堡。亞歷山大港的燈塔高約四百英尺，由下而上逐層縮小，共有三層，另外用八根圓柱支撐塔頂的塔燈。城堡則是用石塊砌成，外層塗上藍色的石膏，當時有人稱之爲「直上雲霄」。在希臘人小亞細亞的殖民地帕加馬，那裡有一座規模宏偉的宙斯祭壇（祭壇在近代被遷移到柏林），以及一座大型的露天劇場，在此可以眺望遠處的高山。另外，在距離帕加馬不遠的以弗所，其街道均由大理石鋪設。當然，希臘化世界的建築並不是每個都宏偉壯觀的，不過無論其規模之大小，希臘化的建築都具有一個「特色」，就是科林斯式圓柱，這種圓柱比早期希臘建築所盛行的純樸、威嚴的多利安式以及愛奧尼亞式之圓柱更爲華麗。

總體來說，在希臘化時代種種的文化成就當中，最有影響性，而且幾乎肯定是最符合現代人品味的，當屬雕刻作品。如果說先前希臘人的雕刻是追求把人性理想化，並且以樸素的克制風格來展現希臘人的節制觀念；那麼希臘化時代的雕刻，就是強調極端的自然主義和不受拘束的奢華。在具體的雕塑活動中，這意味著雕塑家會盡其可能地展現人物臉部的皺紋、發達的肌肉，還有複雜的衣紋皺褶。難以處理的人物姿態，被認爲是石雕藝術家所面臨的最大挑戰，以至於這些雕刻家寧願刻畫那種在平常生活中很難看到的姿態，以單腿做平衡或把整個身體伸展開來的姿勢。由於希臘化時代的雕刻作品是專門爲有錢的贊助者所製作，所以，雕塑家的目的顯然在於創造出無論是構思還是技巧方面都獨具特色的作品——以便讓收藏者可以向人誇耀，其作品是獨一無二的。所以，不足爲奇的，這種複雜性本身自有令人羨慕之處，而且極度的自然主義風格有時傾向到了被扭曲的制式化邊緣。不過，當現代人看到這些作品時，常常會產生一種似曾相識的驚訝，因爲希臘化時期雕刻作品中怪異和誇張的姿態，後來對米開朗基羅及其門徒產生巨大的影響，而且也啓發了十九世紀以及二十世紀一些最爲「前衛」的雕塑家。列舉三個最著名的希臘化時代之雕塑作品，來看看當時人們審美理念的不同面向：〈垂死的高盧人〉，西元前二二〇年左右完成於帕加馬，此一作品對人類的身體伸展的描繪，充分展示出其精熟的技巧；〈薩摩色雷斯有翼的勝利女神〉，大約完成於西元前二〇〇年左右，刻畫飄逸的衣紋細緻入微，生動逼人，直讓人以爲這是眞正的衣料而非石頭；而〈拉奧孔群像〉，完成於西元前一世紀左右，是人類雕刻藝術史上現存所知最爲眞摯展現人類情感，且構圖最爲複雜的作品之一。

第一個偉大的科學時代

在西元十七世紀之前，科學史上最輝煌燦爛的時代，就是希臘化文明時期。誠然，如果沒有亞歷山大、帕加馬，以及其他希臘化城市科學家的種種發現，現代的一些科學成就根本就不可能產生。在亞歷山大征服波斯帝國後的數百年間，科學之所以異乎尋常的發展，其原因主要有二：第一，美索不達米亞和埃及的科學家結合了希臘人的求知欲和好奇心，從而大大地刺激了希臘化時代人們對於知識的探求。其次，一如資助雕刻家一樣，希臘化時代許多的統治者也曾熱心地資助追隨他們的科學家去進行研究。過去一度曾經認爲這種資助乃純粹是因爲實用之目的——統治者認爲科學的進步可以促使他們所轄領地上的工業發展，並且改善自己物質享受的條件。不過，今日研究希臘化時代的學者們相信，這種認爲所有統治者可藉由技術節省人力，因而希望出現「工業革命」，是一種時代的錯誤。其原因在於當時的勞動力非常的低廉，同時，專制的君主們對勞動群衆的痛苦與磨難，根本不聞不問。至於所謂科學的發展與增進物質享受的程度相關，希臘化時代的統治者實際上很難想到這一點，加上這些統治者有足夠的奴隸爲他們煽風，根本無須引進機械設備，因爲若非如此，奴隸們因恭順地臣服爲統治者煽風而產生的社會榮譽感就會受到影響。在一些領域當中，實用之目的確實也促進了科學的發展，尤其是對醫學和與軍事技術相關領域的資助。不過，很明顯的，專制君主資助科學的主要目的，是爲了沽名釣譽：有時候，科學家可以爲統治者製造出一件精巧的小東西，這樣統治者便可像炫耀雕塑作品那樣，向來訪的客人炫耀這一發明；即便不是這樣，但因爲希臘語族的有名人士對純理論性的成就極爲推崇，故而資助某一理論突破的那位希臘王公就會分享到這份光榮。若以當今的事例來做比較，這好比美國一個城市的市長，該城市的棒球隊如果贏得世界職業棒球錦標賽的冠軍，他也會臉上有光，這是一樣的。

希臘化時代最主要的科學有天文學、數學、地理學、醫學，以及物理學。這個時代早期最負盛名的天文學家，乃是薩摩斯的阿里斯塔庫斯（西元前三一〇～前二三〇年），他有時被稱爲「希臘化時期的哥白尼」。阿里斯塔庫斯的主要成就，在於他推論地球以及其他行星都是圍繞著太陽運行的。很不幸的，此一推論和亞里斯多德的學說相悖，而且也與希臘人以人類、地球爲宇宙中心的觀點大相逕庭，使得他的推論並未被其後繼者所接受。希臘化時期另一位重要的天文學家乃是希帕庫斯，他主要活躍於西元前二世紀後半葉的亞歷山大。希帕庫斯最主要的貢獻就是發明了觀星儀[2]，以及對月球直徑及其與地球之距離做近乎精確的計算。但是，他的聲名後來被亞歷山大的托勒密（西元第二世紀）之聲譽所遮蔽了。雖然托勒密個人所提出的獨創性發現不多，但他卻將其他人的成就事理歸納起來。他的主要著作《天文學大成》所根據的是地球中心說，即天體圍繞地球運行的學說爲基礎；該著作一直流傳到中古時代的歐洲，被視爲古代天文學的經典綜合著作。

與天文學有密切關聯的另外兩種科學是數學和地理學。希臘化時期最著名的數學家當屬歐幾里德，他是一位幾何學的大師。歐幾里德所著的《幾何學原理》（寫於西元前三〇〇年左右），在十九世紀中葉以前，此書一直是研究幾何學所公認的基礎。其著作的大部分資料都不是他所創立的，而是他人發現的綜合匯編。希臘化時代最有創見的數學家或許當推希帕庫斯和阿基米德，其中，希帕庫斯奠定平面三角學和球體三角學的基礎；至於阿基米德主要是位物理學家，但也發明了積分。希臘化時代地理學的發展埃拉托斯特涅斯（約西元前二七六～前一九六年），居功厥偉。他是亞歷山大的天文學家，以及圖書館管理人員。他將日晷放在相距數百英里遠的地方，用來計算地球的圓周，結果誤差尚不到兩百英里。他提出所有的海洋實際上是合而為一的學說，而且，他也是最早提出向西航行就有可能抵達亞洲東部之人。他的一位門徒將地球分為五個氣候帶，至今仍為人所沿用，而且還認定潮汐的漲落乃是受到月球的影響所致。

希臘化時期所有科學的發展，沒有任何一項比醫學的進步更為重要。其中，又以卡爾希登的赫羅菲魯斯之成就最為重要，赫羅菲魯斯大約在西元前三世紀初期於亞歷山大從事研究工作。他無疑是古代最偉大的解剖學家，或許他還是第一位對人體進行解剖的學者。赫羅菲魯斯最重要的成就，就是對人腦進行了詳細的描述，強調大腦是人類智力的中樞（此點與亞里斯多德的觀點相左）；而且，他也發現了脈搏的重要性，及其在診斷疾病方面的功用；他還發現了動脈中僅含有血液，並不是像亞里斯多德所說的那樣是血和空氣的混合，而且動脈的功能就是將血液由心臟輸送到身體各部。

在赫羅菲魯斯的同僚當中，最有才幹的要算是厄拉西斯特拉圖斯，他的大名在西元前三世紀中葉，於亞歷山大城中無人不知。是他開始將生理學變為一門獨立的學科。他不僅從事解剖，而且據說他曾由活體解剖中，獲得許多關於人體機能的知識。他發現了心臟瓣膜，區分出運動神經和知覺神經，同時他還指出動脈與靜脈最後的部分是連結在一起的。厄拉西斯特拉圖斯是第一位反對希波克拉底的體液致病學說者，他更譴責以放血的方法來治病。令人遺憾的，厄拉西斯特拉圖斯所指斥的這兩種謬見，後來才又被西元二世紀在羅馬的一位偉大醫藥百科全書編纂者伽倫再度提出。

在西元前三世紀以前，物理學一直是哲學的一部分。後來經由敘拉古的阿基米德（約西元前二八七～前二一二年），才將物理學變為一門獨立的實驗科學。阿基米德發現了浮體定律，或稱之為比重定律，並以科學的精確性確定了槓桿、滑輪和螺絲的原理。他的重要發明有複合滑輪和船用的螺旋推進器。阿基米德雖然被視為古代最偉大的技術天才，但是他實際上並不重視機械發明，反而是樂於將時間用在科學研究上。傳統的說法，認為他的「阿基米德原理」（即比重定律），是他在洗澡時所發現的：當時他一邊洗澡，一邊思考一些潛在可能的問題，突然間他有所了悟，於是激動地跳出澡盆，光著身子跑到大街上，高聲大叫「尤里卡」（即「我發現了」）。

權衡比較

就古典時期希臘所享有的優勢地位而言，希臘化文明乍看之下，不過是希臘文明的一個衰退階段。毋庸置疑，與雅典的民主政治相比，希臘化時代的專制統治者，顯得低劣而且令人厭惡；同樣的狀況，希臘化時期追求奢華的傾向，與先前希臘人對樸素的喜愛相比，毫無疑問也是低劣不堪的。此外還必須承認，希臘化時代最高水準的文學傑作，也缺乏希臘悲劇鉅作中那種震懾人心的雄偉氣勢；同時，也沒有一位希臘化時期的哲學家，具有柏拉圖或者亞里斯多德那樣的深度。不過，希臘化文明仍有其自己的獨特成就與貢獻。舉例來說，大多數希臘化的城市都擁有比早先希臘城邦時期更多的公共設施，例如博物館以及圖書館；而且，如同前述所言，希臘化時期的各個思想家、作家以及藝術家，給後人留下了別具意義、新思維和引人入勝的新文體，還有富有想像力的新風格。特別是希臘化時期的科學，在十七世紀之前一直是西方世界最先進的，此一事實說明了，希臘化文明絕非在各個方面都是呈現衰退的傾向。

希臘化時代對後世歷史發展最重要的貢獻，或許是它在希臘和羅馬之間所扮演的中介角色吧。在某些方面，希臘化文明的貢獻就在於保存之功。例如，古代羅馬人對希臘古典思想的了解，大都是透過抄錄希臘化圖書館中所典藏的希臘哲學和文學的文本而來。然而，在其他不同的領域中，移植卻帶來了改變。藝術和建築最足以說明這種情形：前文所述，希臘化的藝術是由之前的希臘藝術中衍生出來的，但它卻變成在某些地方相似但卻又迥異不同的東西；同樣的，對羅馬人藝術品味與藝術成就最大的影響正是這種「希臘似」的藝術。

綜合上面所述，需要專門評介希臘化文化中兩個尤為引人注目的方面——希臘化時代的世界主義和希臘化時代的「現代性」。不僅「世界主義」一詞本身出自希臘語cosmopolis（意為「世界城市」），而且在西方人中，最接近把這一世界主義理想變為現實的正是希臘化時期的希臘人。具體說來，一位有閒的希臘人在西元前二五〇年左右從西西里旅行到印度邊境，一路上總會碰到同樣「講希臘語的人」，這些人與他同文並具有同樣的觀念。進而言之，這對某一城邦或王國的忠誠而言，這位希臘人不會是一位民族主義者，倒不如說，他會自認為是「世界公民」。希臘化時代的世界主義，部分上是波斯世界主義的產物，卻又反過來促進了羅馬世界主義的形成。然而與這兩者相比，希臘化時代的帝國主義不具有帝國主義性質，也就是說，它從超民族的國家強加的束縛完全脫離開來。然而不幸的是，這是透過希臘人對臣屬民族的剝削來實現。最後，雖然世界主義肯定不是當今世界的一個明顯前提，但希臘化文明的其他各個方面對今日的觀察家來說必定非常熟悉。專制主義政府，統治者崇拜，經濟不穩定，極端的懷疑主義與狂熱的宗教虔誠並存，理性的科學與非理性的迷信並存，奢華的藝術和炫耀的藝術品收藏：所有這些特徵可能促使善於思考的史學工作者懷疑，與我們自身的文明相比，希臘化時代算不算人類整個歷史上最「有重大關係」的時代之一。

第九章

羅馬文明

Roman Civilization

若就我安托尼努斯個人而言，我的城市和故鄉是羅馬；但若以人的角色來說，我的城市和故鄉乃是世界。

——馬庫斯・奧雷利烏斯・安托尼努斯，《沉思錄》

你們不應該將人類區分成希臘人和蠻族兩類。……你們應該反過來把人類畫分為羅馬人和非羅馬人。如此你們才能弘揚你們城市的名稱。

——埃利烏斯・阿里斯提德斯，「對羅馬的演說」

遠在希臘的榮耀開始衰落之前，另一個文明從根本受到希臘文化影響，已經在西方臺伯河沿岸開始發展了。大約與亞歷山大的征服活動同一時期，羅馬已脫穎而出成爲義大利半島上的主宰勢力了。在此後的五個世紀裡，羅馬的勢力一直在增長。到了西元前一世紀後期，羅馬不僅控制了西歐大部分地區，而且也控制了大部分希臘化的地區。在征服希臘化地區並毀滅北非的迦太基文明之後，羅馬才把地中海變成「羅馬人的內湖」。在此一過程當中，希臘的各項制度和思想也被帶進地中海世界的西半部。再者，隨著向北前進至萊因河和多瑙河，羅馬也把地中海城市文化帶到這片仍處於鐵器時代的地區。如此一來，羅馬就在東方與西方之間架起了一座偉大的橋梁。

當然，如果羅馬人沒有其獨具特色的發展歷程，羅馬是不可能扮演東西方橋梁這樣一個角色。這一點表現在兩種外觀迥異的文化對峙上尤爲明顯。一方面，羅馬人在歷史上的大部分時間裡都傾向於保守：他們尊重自己古老的農業傳統，崇敬家庭守護的神祇，也保有崇尚蠻勇的好戰作風。但是，羅馬人也力圖成爲建設者，而且也無法抗拒希臘文化的魅力。在數百年間，羅馬之所以偉大就是建立在綜合這兩種不同的特徵之上：尊崇傳統、秩序，好尚軍事武力；同時，在心中也奉崇希臘的優雅和修養。這一綜合雖然不可能永久保持下去，但只要存在著，羅馬的宏偉莊嚴就可取代希臘的光榮。

早期義大利和羅馬王政時期

義大利半島的地理特性對羅馬歷史的發展歷程影響深遠。除了一些珍貴的大理石和少許的錫、銅、鐵、黃金之外，義大利沒有什麼礦產資源。雖然義大利的海岸線十分長，但能成爲良港的卻不多，不過在另一方面，義大利的膏腴之地遠較希臘爲多。因此，羅馬人在其歷史的大部分時間裡，一直都是一個以農業爲主的民族。他們很少享受到經由與其他地區進行貿易所帶來的思想刺激。此外，義大利半島較希臘更易於受到外來者的侵略。阿爾卑斯山對於從中歐所湧入的民族不能形成有效的障礙，而且許多地區的低平海岸更易招致來自海上的侵略。故而，使得這個地區受武力統治的時間勝過移民與土著和平共處的時間。因此，當羅馬人在義大利定居後，他們便專注於軍事活動，因爲他們被迫必須保衛自己所征服的成果，以抵禦外來的侵略。

依考古學的證據顯示，大約在西元前兩千年到前一千年左右，一波又一波操著印歐語的移民族群，翻越阿爾卑斯山脈來到義大利，並且在此定居下來。這些民族從事農牧，他們帶來了馬匹、輪車，以及鑄造青銅器具的技術。大約在西元前九百年左右，他們似乎已掌握了冶鐵的知識。這些印歐移民其中的一支，就是羅馬人的祖先。

大約在西元前八世紀左右，移進的另外兩支民族分別占據了義大利半島不同的地區：他們就是伊特拉斯坎人以及希臘人。關於伊特拉斯坎人究竟來自何處，這一問題始終沒有得到滿意的答案，不過，他們肯定不是印歐語系的民族，大多數學者相信他們是小亞細亞的土著。無論他們起源於何處，到了西元前六世紀，他們已經建立了一個擴張到義大利北部和中部大部分地區的城市聯盟。儘管我們至今一直未能完全解讀他們的文字，但現有的資料已足以顯示其文化的特性。他們有一種以希臘文爲基礎的字母，有高度精熟的冶金技術，具有非凡的藝術才能，與東方貿易往來頻繁，並有一種以崇拜人形神祇爲基礎的宗教。他們將建造圓頂和拱門的知識、格鬥這殘忍的娛樂活動，以及經由諸如觀察動物的內臟和鳥類飛翔之類的超自然手段成爲占測未來的方法，留給了羅馬人。伊特拉斯坎人最與衆不同的特點之一是，他們比較尊重婦女。和該時代的其他社會婦女不同，伊特拉斯坎人的妻子能與丈夫一同吃飯，而且有些伊特拉斯坎家族是以女方排列世系的。

希臘人主要定居在義大利南部以及西南部沿海地區、西西里島和高盧南部的沿海地區。他們的主要居留區爲塔蘭托、那不勒斯和敘拉古，每一個地區都是一個獨立的城邦。在義大利和西西里島上的希臘文明是與希臘本土一起發展的。一些著名的希臘人士，例如畢達哥拉斯、阿基米德，甚至還有柏拉圖，都曾一度生活在義大利的西方。羅馬的字母、大量的宗教觀念，以及許多藝術和神話，都是由希臘人衍生來的。

羅馬城本身的建立者是居住在臺伯河以南地區的義大利人。雖然無法確定羅馬城建立的確切年代，但新近的考古發掘發現了羅馬確切的建城年代，與傳統說法西元前七五三年十分接近。羅馬憑藉其所占有的戰略地位，逐漸把它附近的幾個最重要的城市皆納於自己的實際統治之下。到了西元前六世紀，羅馬經由一次又一次的征服行動，在附近的大部分地區具有主宰的地位。

羅馬的政府在一開始時，主要是以實現安定，而不是建立自由爲宗旨。最初的羅馬國本質上是把家父長制的家庭觀念應用到整個族群，國王就像家父長對其家人一樣對其臣民行使管轄權。但是，一如父權必須受到習俗的限制，並且必須尊重其成年兒子的意願一樣，國王的權力也受到古代憲法的約束。例如，如果未經國內有力人士的同意，國王無權更改此一成憲。他的特權主要是在行政、宗教、軍事和司法方面，而不是在立法之上。雖然他登基即位時，必須由人民予以認可，但是人民在擁立他後卻無法廢黜他，而且也沒有一個人能眞的挑戰王權。

除了王權之外，此時羅馬的政治體制還包括了公民大會和元老院。公民大會全部由到兵役年齡的男性所組成。身爲最高權力機構之一的公民大會對國王所提出的任何修改法律提案，皆有絕對的否決權。此外，它也有權決定是否宣布侵略性戰爭的權利。但事實上，公民大會只不過是一個認可機關，無權提出法案或者提議改變政策。元老院，或稱之爲長老議會，所包括的成員爲族群內各民族的領袖。各民族的領袖們代表的是國家最高權力，甚至比一般所代表的還要大。國王也是元老院的成員之一，須經由該院授權國王才能行使元老院的權力。當王位懸缺時，國王的權力便由元老院收回，直到新的國王經由人民認可並且即位後爲止。在平時，元老院的主要職責就是，研討經由公民大會認可的國王提案，如果發現其中有與古代習慣所建立的權利牴觸時，必須予以否決。因而，即使在大多數公民都決意批准的情況下，也不能對法律有根本的改變。統治階層這種極端保守的態度，一直維持到羅馬歷史終結之時。

到了西元前六世紀末期（傳統上把此一日期定爲西元前五〇九年），王政被推翻了，由共和政體取而代之。根據傳說，這次革命是由塔克文家屬的犯罪行徑所引發的。塔克文氏是一個伊特拉斯坎人家族，他於西元前六世紀中葉時，僭奪羅馬王位。塔克文王朝對羅馬人犯下諸多罪行，其中最令人髮指的一件就是好色的塔克文王子強暴了魯克麗絲，一名貞潔的羅馬人之妻，使得魯克麗絲自殺身亡。羅馬人因而奮起反抗，驅逐了異族的壓迫者。事實上，魯克麗絲受辱的故事乃是虛構的，但是這變化在政治上卻變成當地人反對外族勢力的反抗運動，同時，也可能是元老院寡頭政治爲自己謀奪所有權力的一次成功運動。結果，使得伊特拉斯坎人的勢力開始在義大利式微了，同時羅馬人也開始擁有王權是罪惡的恆久信條。

早期的共和國體制

羅馬共和國體制自其建立以來的兩個世紀中，幾乎是一直陷於持續不斷的戰爭中。許多爲人所熟知的羅馬傳說，大都是屬於這個時期的，諸如勇敢的霍拉提烏僅僅以其和兩個朋友的力量，在一座橋前擊退全部的敵軍。羅馬人一開始時是採取守勢，推翻塔克文王朝之後，伊特拉斯坎人的盟友進行了報復，使周遭的其他民族趁此政權更迭，天下大亂之際，打劫蠶食羅馬的領土。在設法抵擋外來者的進攻之後，羅馬人便開始擴張，以獲得更多的領土，滿足迅速增加人口的需

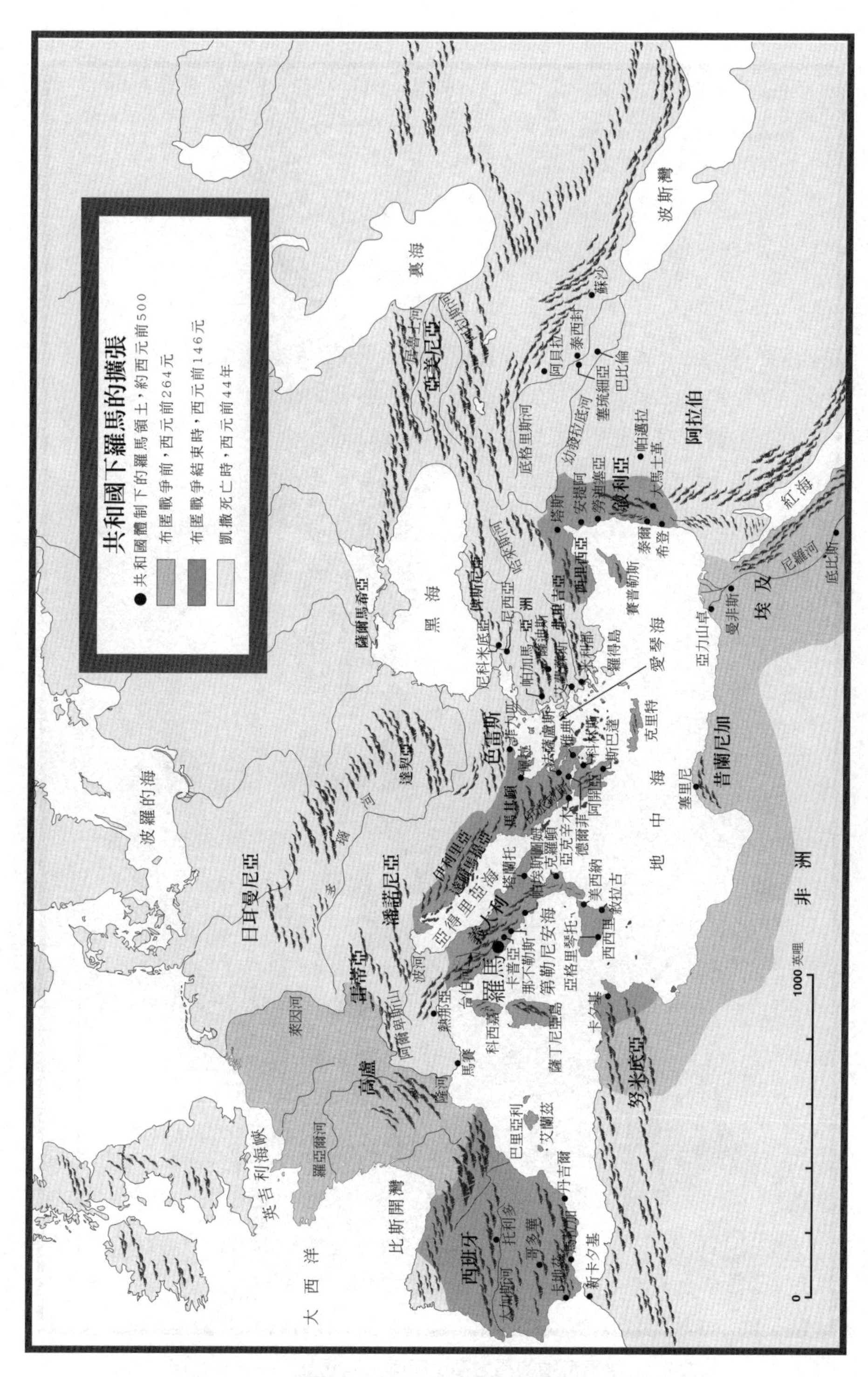

圖9-1　共和國下羅馬的擴張

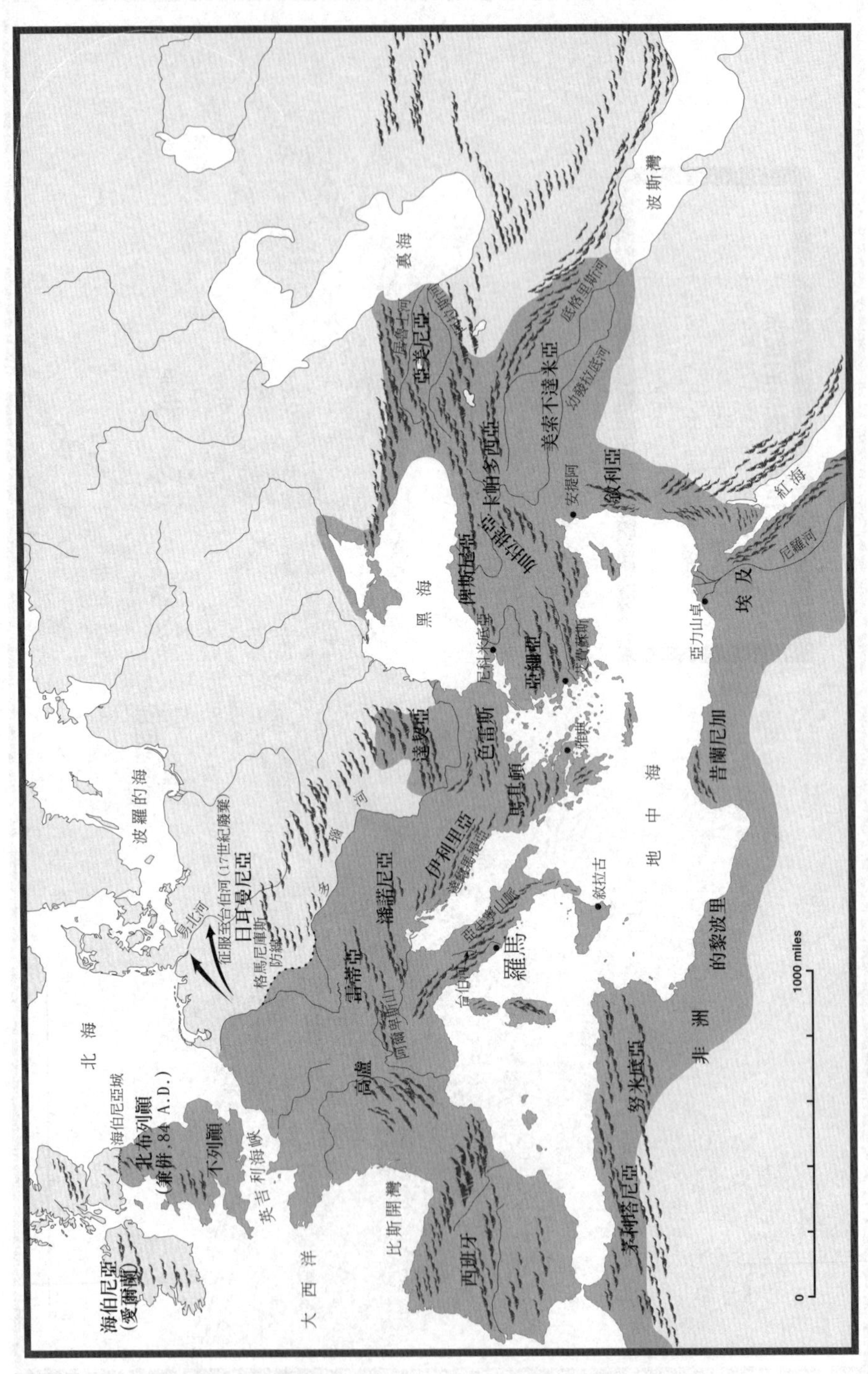

圖9-2　羅馬帝國的最大領土範圍，西元九八～一一七年

求。隨著時間的流逝，羅馬逐步征服了伊特拉斯坎地區，之後又併吞了義大利土地上最南端的所有希臘城市。這些征服不僅擴大了羅馬的版圖，而且也使得羅馬人與希臘的文化發生了有利的接觸。這時，羅馬人必須應付由以前所征服的人民發動之叛亂，並鎮壓這些叛亂。雖然此一行為引起周遭各國家的猜忌，但也使得勝利者有爭取更大勝利的欲望。於是乎新的戰爭接踵而至，永無止息，直到西元前二六五年，羅馬征服了整個義大利半島。

長期的一連串軍事衝突，為羅馬的歷史帶來在社會、經濟，以及文化上深遠的影響。貧窮公民的利益因而受到傷害，土地進一步集中在富有的大地主手中。由於需要長期服軍役，使得一般農民無暇耕種自己的田地，結果導致他們負債累累，因而失去自己的田產。許多人逃到城市裡避債，一直等到有了新征服的土地時，才在那裡定居下來，充當大地主的佃農。此外，戰爭還強化了羅馬民族的農業特性。由於不斷獲得新土地，因而能夠吸引全體人民從事農業，使得羅馬人無須發展工商業以為謀生的途徑。最後，在羅馬形成時期所進行的戰爭，成為羅馬人一展其強烈的軍事理想之法：據說，霍拉提烏斯靠兩個朋友在橋的前方拖延整個軍隊；另一個羅馬傳說中的大英雄金那圖斯，他只要一接到通知就會從農地趕赴戰場。

在早期共和國體制的同一時間中，羅馬發生了一些重大的政治變革。這些變革與其說是西元前六世紀革命的產物，倒不如說是後來種種發展所引發的結果。就一次革命的結果而言，推翻王政的這場革命可以說是再保守不過了。其主要的結果就是以兩位民選的執政官取代國王，並給予元老院控制公共資財和否決公民大會一切行動的權力，因而提高了元老院的地位。執政官本人都是元老院的成員，而且也是他們那個階層的代表。兩位執政官應該都擁有以前國王所擁有的充分行政與司法權力，僅僅受到彼此之間都擁有對另一方所提措施的否決權之限制。如果兩位執政官之間發生爭執時，就召開元老院會議做出判斷；或者，在特別緊急的時刻，可指定一人獨裁，但為期不得超過六個月。至於在其他方面，共和時期的政治仍然保留王政時期之原貌。

共和政體建立不久之後，普通公民便在各方面展開權力之爭奪。在王政時期結束之前，羅馬人便已分為兩大階級——貴族和平民；前者乃是貴族、富有的地主，他們獨占了元老院所有的席位與各種官職。平民階級之中雖然有一些人是與羅馬人血緣親近，但因為並未擁有純正羅馬人血統，從而被排除在貴族行列之外的富裕家庭，其他大多數則是普通人——小農戶、工匠和商人。由於許多人都是受貴族保護的平民或為其侍從，因此有義務為他們戰鬥，在政治上支持他們，並耕種他們的田地，藉以得到庇護。平民的痛苦難以形容，他們被迫繳付重稅，在戰時被強制服軍役，而且除了公民大會之外，不得參與任何機構。再者，他們常會感覺到自己乃是司法審判中不公平判決的犧牲者，因爲法律都是不成文的，而且只有貴族才享有權利解讀法律，使得平民甚至不清楚自己可以享有什麼樣的法律權利。在債務訴訟中，經常允許債主將負債之人賣到羅馬以外的地方爲奴。

西元前五世紀開始不久，平民爲了革除自己諸般的不滿，因而奮起反抗。大約在西元前四九四年左右，平民獲得了首次勝利，當時他們迫使貴族同意選舉若干官員，即是著名的護民官。並給護民官權力，讓他們有權去否決行政官的不法行爲，藉以保護人民。在這次勝利之後，人民又於西元前四五〇年順利達成編纂成文法典的要求，其結果就是頒布了著名的「十二木表法」。此一法典之所以被稱爲是十二木表法，乃是因爲它是被寫在幾塊木板之上的。雖然這些書板因爲是象徵人民的自由，受到後世羅馬人的景仰，但實際上並非如此，因爲十二木表法大部分的條款仍然沿襲古代的習慣，甚至連因爲債務而受奴役一事也未廢除。不過，十二木表法確實使老百姓知道自己的法律權利。大約經歷了一代左右的時間，平民獲得擔任較低行政官職的資格，而且又於大約西元前三六七年左右，選出了第一位平民的執政官。按照傳統習慣，執政官任期結束之後，便可自動進入元老院，如此一來，貴族壟斷元老院席位的局面也就被打破了。西元前二八七年，平民又獲得最後一次的勝利，因爲這年通過了一項法案[1]：規定無論元老院批准與否，公民大會所制定的法案對國家都具有約束力。

對這些變化的意義切不可予以誇大。這些勝利並未形成一次爲爭取更多個人自由的革命，其目的只是在限制了官員的權力，並使平民在政府之中分享更多政治利益而已。整體而言，國家的專制性質一如往昔，因爲政府對於公民的權威根本就沒有受到挑戰過。確實，共和時期早期的羅馬人「從未眞正拋棄過人民不得統治，但都須受到統治的原則」[2]。從這一態勢，授予公民大會立法權看來只不過是一種形式而已，元老院仍像之前一樣繼續統治著。平民被允許進入元老院也未能使這個機構更加開明，因爲羅馬人特別重視聲望、崇拜威權，所以，新進人員很快便被舊有的保守主義吞噬了。再者，由於行政官員沒有薪俸，這就使得大多數貧窮的公民無法尋求擔任公職。

就知識與文化方面來說，羅馬的進步依然相當緩慢，生活仍然野蠻和粗俗。儘管早在西元前六世紀期間就已經有了文字，但文字功用除了抄寫法律、條約、墓誌碑文之外，幾乎沒有其他用途。在教育方面，也只限於父子相傳的一些競技、實用的技藝，以及軍人武德爲主之事項，而絕大多數的人仍是目不識字的文盲。戰爭與農業一直是大多數人民的主要職業，城市裡有少許的工匠，而貿易方面也略有發展。不過，直到這個國家於西元前二六九年始有標準的貨幣爲止，顯然證明羅馬這個時候的商貿仍無重要性可言。

在共和國體制的早期，羅馬宗教形成自己的特點，此一特點在羅馬大部分的時期中都保存了下來。這個宗教在許多方面和希臘人的宗教相似，一部分原因係因伊特拉斯坎人的宗教深受希臘宗教的影響，而羅馬人又受到伊特拉斯坎人的影響之故。希臘的宗教和羅馬的宗教都重視禮拜的儀式，希望藉此求得神明的照顧，或者不讓他們生氣。在這兩個宗教當中的神祇所具備的功能也相當類似：主神朱庇特和宙斯相當均是天神；米涅瓦與雅典娜相當，是智慧的女神與手工業者的保護神；維納斯和阿芙洛狄蒂相當，都是愛之女神；尼普頓和波塞冬相當，均是海神，凡此種種。羅馬的宗教就如同希臘宗教一樣，沒有任何教義、聖規，或者是對來世因果報應的信仰。

但兩者之間也有明顯的差異。羅馬宗教的獨特之處，在於它更富於政治色彩。其目的並不是在頌揚人類，或者使人類能夠安然地生活在這個世界上，而是在於保護國家，使之不爲敵人所侵，並增加其勢力與繁榮。羅馬的神祇較缺少人味，而那也是因爲深受希臘人和伊特拉斯坎人的影響。因此，這些先前被當成多神論精靈崇拜的神祇，之後才會被塑造成完全人格化的神。不過，羅馬人從未想到神與神之間也會有爭論，更不認爲會像荷馬時代的神那樣與人雜處。最後，羅馬的宗教較之希臘則有一個比較強大的教職團體，一個叫作祭司的教士委員會，成爲政府中的一個部門。他們不僅負責公共祭祀活動，而且也只有他們才能解釋聖律。不過，必須強調的是，這些宗教官員絕對不是專業上的教士。相反的，他們只是一群在出任其他政府公職的前後，於一段有限的時間內充當祭司的貴族，他們沒有受過任何有關於宗教職務的特別訓練。進一步說，他們的角色是公開的，因爲他們不聽懺悔、不赦罪，也不主持聖禮。

正如往後各個時期一樣，羅馬人的道德倫理和宗教幾乎是毫無關聯的。羅馬人並不祈求神明讓自己飛黃騰達，而是祈求神降福於族群及其家族。道德倫理關心的是愛國主義，以及對權威和傳統的尊重；主要的德性包括了勇敢、誠實、自律與對神祇的尊敬、對祖先的尊崇，和對國家及家庭的忠誠。忠於羅馬是至高無上的，爲了國家，公民不但必須要有隨時準備犧牲自己生命的決心，而且還有在必要之際有犧牲家人，以及朋友生命的認知。有些忠於職守的執政官會大義滅親，將其違犯軍紀的兒子處死，這種精神成了人們心目中歷久不衰的楷模。在歐洲歷史上，除了斯巴達人和近現代時期的極權主義者之外，像羅馬人這樣嚴肅對待民族利益問題，或使個人利益完全服從於國家利益的民族，實不多見。

與迦太基人的殊死戰爭

到了西元前二六五年，羅馬已經征服並且併吞了整個義大利大陸。羅馬開始狂妄自大，對自己的力量充滿信心，毅然決定要向外拓展新的疆土。此時，繁榮的西西里島尚未爲其所有。同時，它也不能漠視地中海其他地區的情勢。羅馬現在幾乎認爲，任何現況的變化都會威脅其自身的勢力和安全。正是因爲這些原因，羅馬就被捲入與其他民族的一系列戰爭漩渦之中。而這些戰爭毫無疑問地改變了羅馬的歷史過程。

羅馬人所進行的第一次也是最重要的一次戰爭，便是對迦太基的戰爭。迦太基是非洲北部沿岸一個巨大的海權帝國，其勢力自現今的突尼西亞一直伸展到直布羅陀海峽。它最初是腓尼基人的殖民地，大約建於西元前八百年左右。但於西元前六世紀之際，它與祖國斷絕了關係，並逐漸發展成爲一個富裕強大的國家。靠著貿易和開發西班牙的銀礦、錫礦資源，以及中非北部的熱帶物產，使迦太基的上層階級聚積了大量的財富。迦太基的政府形式根本就是寡頭政治。而眞正的統治者是三十位商業巨頭，他們組成元老院的核心議事會；至於元老院其他的兩百七十位議員似乎只有在遇到特別情況時才會召開會議。儘管有這些政治上的缺陷，且其有要求血祭的野蠻宗教，但在兩國交戰時，迦太基在衣食享樂的程度與科學成就方面都勝過羅馬文明。

羅馬與迦太基的衝突最初開始於西元前二六四年【3】。衝突的主要原因是羅馬人妒嫉迦太基人在西西里島的擴展，迦太基人原已控制了該島的西部，並正威脅著東岸的希臘城市敘拉古和墨西拿，如果這兩個城市落入迦太基人之手，那麼羅馬人奪取西西里的一切希望都將落空。因而在面對這種危機之際，羅馬便對迦太基宣戰，希望藉此能夠迫使它退回到非洲的領土。經過二十三年的戰爭，羅馬的將領終於取得了勝利。迦太基被迫交出在西西里的領地，並交付巨額的賠償金。

由於羅馬人戰勝迦太基人可謂歷經艱辛，所以一旦得到最終勝利時，他們更加不可一世，也更加貪婪。結果，羅馬與迦太基又兩度重啓戰端。於西元前二一八年，羅馬人認爲迦太基人企圖在西班牙重建帝國，此乃是對其利益的一種威脅，於是再次向迦太基人宣戰，這次戰爭激烈地進行了十六年。義大利遭到迦太基名將漢尼拔軍隊的蹂躪，他帶著六十頭大象跨越阿爾卑斯山，而且他的戰術一直到現在仍爲軍事專家所沿用。他使羅馬形勢危急，瀕臨覆亡之邊緣。但是，由於羅馬在義大利的同盟體系牢固持久，羅馬才能夠倖免於難。只要這些同盟存在，漢尼拔就有後顧之憂不敢圍攻羅馬城。戰爭結束後，迦太基所受的屈辱比前一次更爲徹底，它被迫放棄除了都城及其附近的非洲領地之外所有的屬地，而且所支付的賠款是上一次的四倍。

羅馬人的報復心在西元前二世紀中葉到達了頂點。此時迦太基也稍稍恢復了昔日的繁榮——這一點已足以招致征服者的不快。現在除了徹底毀滅迦太基並沒收其土地之外，再也沒有任何事情能夠讓元老院的權貴們感到滿足。西元前一四九年，元老院發出最後通牒，要求迦太基放棄其城市，並遷居到海岸後十英里以外的地方。對於一個依靠貿易爲生的國家而言，此一要求無異是對它宣判死刑，因而迦太基予以拒絕——這可能正中羅馬人的下懷。其結果引發了第三次布匿戰爭，這場戰爭異常殘酷，且由西元前一四九年，一直持續到前一四六年。最後，羅馬人對城市的攻擊擴延到對民居的房舍，並造成了駭人聽聞的大屠殺。贏得勝利的羅馬將領在看到迦太基城被熊熊烈火所吞噬的時候說：「這是一個光輝的時刻，不過我卻有一種奇怪的感覺，有朝一日這種命運也將落到我們自己的祖國身上。」當迦太基人最後的抵抗徹底崩潰之後，剩下來投降的人也被拍賣爲奴，曾經喧赫一時的城市被夷爲平地，地皮受挫，並且被撒上鹽。迦太基的領土被併成羅馬的一個省，而且最好的田土皆被元老院分爲私人財產。

與迦太基的戰爭對羅馬有重大的影響。首先，第二次布匿戰爭的勝利，使羅馬占領了西班牙。這不僅帶來大量的財富——主要是來自於西班牙的白銀，而且是向西擴張政策的開端，此一政策證明了對於歐洲形成的歷史發展影響至大。此外，戰爭也使得羅馬與地中海各個強國發生衝突，從而爲其進一步拓展疆域鋪設道路。在第二次布匿戰爭期間，馬其頓國王腓利普王五世插足其間，他與迦太基結盟，並且陰謀與敘利亞國王瓜分埃及。羅馬聲稱是出自於先發制人阻止腓利普奪取埃及的無私目的，於是派遣一支軍隊來到東方，不過，羅馬人的眞正動機是爲了拓展自己的疆土。結果希臘和小亞細亞被征服了，而且羅馬也將埃及建爲保護國。因而，在西元前二世紀結束之前，整個地中海地區實際上都已被納置於羅馬的控制之下。征服希臘化東方，使得希臘的思想與習俗引入羅馬。雖然羅馬煞費苦心地抗拒，但是，這些觀念和習俗對於社會與文化生活的某些方面仍發生了相當的影響。

布匿戰爭的另一個影響，乃是引發在西元前二世紀與前三世紀期間，橫掃羅馬的巨大社會與經濟之革命。這場革命引發的變化可以概述如下：一、由於抓獲戰俘並將他們賣作奴隸，奴隸制度因此有了顯著的發展；二、由於在被征服的地區建立大型農場，而且廉價糧食由各地大量湧入的結果，使得小型農戶日形衰落；三、由於奴隸的勞動取代貧困的農民與工人的勞動，使得城市中無助的暴民增加了；四、由商人、貸款者和那些持有政府許可證開礦、築路或收稅之人所形成的中產階級出現了；以及五、奢華與粗俗的炫耀增加了，尤以那些因戰爭而獲得暴利的人為最。

由於這場社會與經濟變革的影響，使羅馬由一個自耕農的共和國體制，轉變成具有新的奢侈放蕩習慣的複雜社會。雖然財產的分配從來都不是公平的，但此時貧富之間的差距比從前則是越來越大。舊時那些守規律與為國服務的理想已經式微了，人們已開始注重享樂與財富。元老院貴族中的一些成員殫精竭慮地想要阻止這種趨勢，並且恢復過去固有的美德。這一運動的領導人是執拗的老加圖，他痛斥新富們過著醉生夢死的生活，因此，他在自己的農田中從事勞苦的工作，而且住在和泥土地面，以及未曾粉刷牆的房子，力求為其國人樹立一個典範。加圖是一位看不起婦女的過分拘謹之人，自稱除遇驚雷鳴之外，他的妻子從未投入他的懷抱。此外，他還曾極力抵制希臘思想影響之輸入，不過經常是徒勞無功的。因為時間無法倒轉，加圖在各方面的努力均未能產生持久的影響。

共和國體制晚期的社會鬥爭

自西元前一四六年布匿戰爭結束後，到前三〇年前後的這段期間，乃是羅馬歷史上最混亂的一段時期，因為戰爭期間所播下的暴戾種子在此時才算是充分成熟。殘酷的階級衝突、暗殺、敵對獨裁者之間的殊死爭鬥，還有戰爭與騷亂，是在這一時期裡經常發生的事。甚至連奴隸也成為普遍動亂的根源：第一次是在西元前一〇四年，他們蹂躪了西西里；繼而在西元前七三年，約有七萬名奴隸在一位叫作斯巴達克的奴隸領導下，困擾執政官一年多。最後，斯巴達克在戰鬥中被殺，其黨羽六千人被俘，並被釘死在各主要道路的十字架上，以儆效尤。

第一階段的公民階級衝突，開始於格拉古兄弟掌權之時。格拉古兄弟雖然出身於貴族，卻為了消除國家的弊端而竭力實施改革計畫。他們認為，這些弊端是自由農民衰落的結果，因而提出將國有土地分給無地可耕者的簡單解決辦法。兩兄弟中第一位提出改革計畫的為提比略。他於西元前一三三年當選護民官之後，對當時國有土地的承租者或占有者進行限制，規定每個公民最多可擁有三百英畝，外加每個孩子可以擁有一百五十英畝。超過的部分將由政府沒收，將之畫分成小區塊分給貧民。保守的貴族大力反對此一提案，並且唆使提比略的同僚，另一位護民官奧泰維亞斯，予以否決。這使提比略解除了奧泰維亞斯的職務，並在任期屆滿後謀求連任。這兩項舉動都有獨裁之嫌，乃使得保守的元老院議員有了採取暴力行動的藉口。在選舉期間，他們手執棍棒採取狂暴的行動，將提比略和其黨徒三百多人予以殺害。

九年之後，提比略的弟弟蓋烏斯・格拉古又再度為改革而奮鬥。雖然提比略的土地法案最後經元老院通過成立了，但蓋烏斯認為改革運動必須繼續向前推進。他於西元前一二三年當選護民官，並於西元前一二二年再度當選，此一期間他為了較少特權階級的利益，曾促成多項法案的立法。第一項法案旨在穩定羅馬的糧價。為了達成此一目的，乃沿臺伯河建造了大型的公共糧倉。第二項法案建議將公民權擴大，賦予羅馬的同盟者，使他們具有拉丁公民的權利。還有第三項法案，使中產階級有權組成陪審團以審判被控在各省營私舞弊的總督。這些法案及其類似的措施引發既得利益者的怒火，他們決心除去和他們為敵的蓋烏斯・格拉古。蓋烏斯被指控為國家的敵人，同時，元老院授權執政官採取一切必要的行動來保衛共和國體制。在隨後發生的衝突中，蓋烏斯自殺身亡，而其支持者三千人被殺死。

格拉古的改革運動具有深遠的意義。首先，它顯示出羅馬共和的體制已經完全無法適應新的形勢了。在這些年來，公民大會已經獲得與元老院幾乎相等的權力。然雙方均未設法以和平方式接納這些改革，反而都採取了暴力的手段。如此一來，他們便為任何有野心奪取最高權力的政客創下濫用武力的先例，從而鋪設了共和國體制毀滅的道路。羅馬人雖然在組織一個帝國，以及將希臘城邦的觀念運用於廣大的地區方面，顯現出非凡的才能，但是其上層階級狹隘保守的態度，成為危害國家機制的致命傷。他們將所有改革都視為邪惡之舉，他們未能了解內部紛爭的原因，似乎只是一味地把鎮壓當成唯一的靈丹妙藥。

格拉古兄弟失敗之後，前後有兩位在對外戰爭中贏得聲譽的軍事將領成功地使自己成為國家的統治者。第一位是馬略，他於西元前一〇七年被群眾推舉為執政官，此後並連續當選了六次。遺憾的是，馬略不是一位政治家，他除了能夠憑藉自己的軍隊輕易鎮壓敵對勢力之外，毫無其他建樹。當馬略於西元前八六年死後，貴族乃以武力奪回政治權力。另一個勝利的將領則是蘇拉，當蘇拉於西元前八二年被任命為終身獨裁者之後，即行著手消滅其敵對的勢力，並擴大了元老院的權力；甚至連元老院否決公民大會決議的否決權也恢復了，而護民官的權力則遭到嚴苛的限制。在他執政三年之後，蘇拉乃決定放棄大權而追求聲色的享受。於是，他退隱到其鄉間的別墅去享受豪華舒適的生活。

意料中的事，在蘇拉退休之後，他的所做所為必定必會引起反抗，因為他的法令之要旨是將統治權交給自私自利的貴族。有幾位新領袖躍身而出擁護人民之意志。其中最著名的乃是龐培（西元前一〇六～前四八年）和尤利烏斯・凱撒（西元前一〇〇～前四四年）。有一段時間，他們兩人曾共同合作，結合兩人的精力和智謀企圖控制政府，但是後來兩人卻演變成敵對狀況，並試圖藉助人民的支持擊敗對方。龐培因為征服了敘利亞和巴勒斯坦而富有盛名，凱撒則是在征服高盧時顯示了他自己的才能，他一次又一次贏得漂亮的勝利，為羅馬增加了現今比利時、萊因河以西的德意志以及法蘭西等地區。羅馬經過一連串的暴亂之後，元老院於西元前五二年求助於龐培，並設法讓他當選為唯一的執政官。此時駐紮在高盧的凱撒最後被貼上了國家敵人的標籤，而且龐培又和元老院的同黨共謀剝奪凱撒的政治權力。結果，在兩人之間展開你死我活的殊死戰爭。西元前四九年，凱撒渡過盧比肯河進入義大利（至此「渡過盧比肯河」就被引用為採取斷然行動或者破釜沉舟之意），並向羅馬進軍。龐培逃往東方，希望能夠重整旗鼓，奪回對義大利的控制權。西元前四八年，雙方的軍隊在希臘的法薩盧斯遭遇。龐培被擊敗了，其後不久被埃及統治者之代理人謀殺了。

接著，凱撒在克里奧帕特拉的宮中插手埃及事務（他離開時，她已經懷孕了）。隨後，凱撒率領軍隊在小亞細亞又一次取得戰鬥勝利，勝利對他而言如囊中之物，所以當凱撒向羅馬回報時說：「我來，我見，而我征服了。」此後，凱撒班師回到羅馬，現在沒有人敢向他的勢力挑戰了。凱撒在其舊部屬的幫助下，迫使元老院事事都得順從他的意志。西元前四六年，他成了為期十年的獨裁者，兩年之後復又改為終身獨裁者。此外，他幾乎取得其他所有能夠增加其勢力的各種職務。他由元老院那裡獲得了宣戰、媾和，以及控制國家歲收的全部權力。從各方面而言，他已凌駕於法律之上，政府當中的其他人員只是他的僕從而已。無疑的，他毫不尊重憲法，而且流言四起傳他有意自立為王。不管如何，就是在這些指控下，凱撒於西元前四四年三月的艾德斯日[4]，被布魯圖和卡西約所領導的一群希望避免羅馬走向獨裁的團體暗殺身亡。

雖然凱撒過去一直被歷史學家尊崇為超人的英雄，但是現在卻往往被當成是一個無足輕重的人而不加理會。這兩種偏激的態度實應避免。凱撒確實不是「羅馬的救星」，而且也不是有史以來最偉大的政治家，因為他以蔑視的態度對待共和政體，並使後來的承繼者處理政事上更加困難。但是，身為獨裁者的凱撒所採取的一些措施確實也有其深遠的影響。在希臘天文學家的幫助之下，他修改了曆法，把一年定為三百六十五天（每四年另加一天）。這部「儒略」曆——西元一五八二年教皇格列哥里十三世做了修訂，迄今仍被我們所沿用。因而，我們以尤利烏斯的名字命名一年中的第七個月（July），只能說是理所當然。凱撒將公民權利授予數以萬計的西班牙人和高盧人，這乃成為消除義大利人和各地人民的界線方面的一項重大步驟。此外，他將他的許多舊部屬以及相當多的城市貧民安置在閒置的土地之上，希望能夠減輕經濟不平行的現象。不過，比起這些改革都要更為重要的，乃是凱撒在獲得政權之前經營頗具遠見的舉措。龐培和比他更早之前的亞歷山大都是在東方贏取聲譽和財產的，凱撒卻是第一位認識西北歐潛在重要性的偉大領導人。他將高盧帶入羅馬世界，一方面為羅馬帶來大量農業財富，另一方面又將城市生活和文化引入當時還是蠻荒的西方。西歐文明後來就是在凱撒征服的這些地區生根下來；沒有凱撒，它不可能像現在這樣。

羅馬變得久於世故

羅馬傳入高盧的文化，其本身就是取自於東方的希臘。在共和國體制時期的最後兩百年期間，羅馬受到希臘化文明的影響。結果乃使其文化活動有了蓬勃的發展，並推動了社會的改革，其動力比布匿戰爭所產生的影響還要更大。然而，我們必須注意到下列的事實，即希臘化文化模式中的一些成分從未被羅馬人採納過。例如，希臘化時期的科學大都被忽略了，而且對某些藝術也是如此。

希臘化影響所發生的最顯著效果，為許多羅馬上層階級的人採納了伊比鳩魯哲學，以及特別是斯多葛哲學。伊比鳩魯哲學的羅馬學者以盧克萊修（西元前九八～前五五年）最負盛名，他寫過名叫《物理論》的長篇哲理詩。在寫作此部著作的時候，盧克萊修受了想解釋宇宙的願望所激發，他認為必須使人們免除對超自然物的一切恐懼，因為這是靈魂平靜的主要障礙。盧克萊修認為，宇宙萬物都是原子偶然結合產生的結果。他雖然承認有神存在，但他心目中的神是生活在永恆的和平之中，既不創造宇宙，也不掌理宇宙。每一事物包括人類本身及其習慣、制度和信仰，都是機械化的結果。由於精神與物質密不可分，因而死亡就意味著完全徹底的消亡；與此相應的，人體的任何一個部分，死後都不可能繼續存在下來，等待著來世的報償和懲罰。盧克萊修對美好生活的觀念十分簡單；他斷言，人們需要的並非享受，而是「安寧和純淨的心靈」。無論是否贊同盧克萊修的學說，他無疑是一位極為出色的詩人。實際上，他作品之中有如音樂般的旋律、持續不變的雅緻詩句，以及具有感染力的熱情，足以使他身列於世界上最偉大的詩人之一。

斯多葛哲學大約是在西元前一四〇年左右傳入羅馬的，不久之後便有眾多具有影響力的政治領袖成爲此一學派的信徒。在這些人當中最傑出的是有「羅馬雄辯術之父」稱號的西塞羅（西元前一〇六～前四三年）。儘管在西塞羅的哲學思想中融入了許多哲學流派，其中包括柏拉圖，以及亞里斯多德的學說，但是他的觀念大多是出自於斯多葛學派。西塞羅的倫理學說以斯多葛哲學爲前提，即德性可得到充分的快樂，而心寧的寧靜便是至善，並以此爲其基礎。在他的心目中，理想的人是那些在理智的引導下，把悲傷和痛苦置之度外的人。西塞羅和希臘斯多葛學派的區別在於，他更支持人們去過一種積極的政治生活。在這一方面，他仍代表著古老的服務於國家的羅馬傳統。西塞羅從不聲稱自己是自成一家的哲學家，相反的，他是以傳導希臘哲學之菁華於西方爲己任。在這一方面，西塞羅有相當顯著的成就，因爲他是以一種豐富多彩而優美的拉丁散文進行寫作的，其散文寫作達到了空前的水準。這使得他的散文成爲寫作的範本，直到今日仍然如是。所以，即便說西塞羅不是一位眞正偉大的思想家，那他至少也是一位將古代思想傳到中世紀和現代西歐最有影響力的拉丁傳承者。

盧克萊修和西塞羅是倡導希臘思想兩位重要的人物，但並不是羅馬共和政體後期僅有的兩位優秀作家。此時在上層社會中，學習希臘語，並致力改編希臘文學是較受歡迎的部分，成爲一種時髦的流行。由此產生一些不朽的優秀文學作品，包括普勞圖斯（西元前二五七？～前一八四年）的詼諧喜劇、卡圖盧斯（西元前八四？～前五四年？）激昂的愛情詩，以及尤利烏斯・凱撒擲地有聲的戰事回憶錄[5]，這些作品爲初學拉丁語者奉爲範本的啓蒙之作。

對希臘化世界的征服，更加速了因布匿戰爭而開始的社會變化。其中最顯著的結果，即是奢侈享樂生活的蔓延、階級裂痕的加深，以及奴隸制度的進一步發展。義大利人在共和國體制晚期大約有八百萬人，並被分成四個主要的階層：元老院的貴族、騎士、一般公民，以及奴隸。元老院的貴族階級中，包括三百名公民及其家屬。其中雖然也有個別的平民在擔任執政官期滿後，得以進入元老院，但大多數的身分都是世襲的。大多數的元老院貴族都是憑藉著擔任行政官職和擁有大片的田產爲生。騎士階層由那些未能進入元老院但有財產的貴族所組成。最初，這個階層包括的是那些有足夠收入而能夠以自費方式參加騎兵服役的公民所組成，但是到了此時，「騎士」這個名詞已經被用來指稱那些不在元老院，但卻擁有大量財產的人士。騎士階層乃是最耽於世俗享樂，而且也是最會剝削貧民與地方人民的階層。他們作爲放貸之人，通常收取過高的利率。人數最多的公民只是平民，他們大多數是獨立的小農民，少數是手工業者，還有一些靠不穩定的工作和國家救濟爲生的城市窮人。當尤利烏斯・凱撒專政之後，共有三十二萬公民是由國家發放救濟的。

羅馬的奴隸幾乎完全不被當成是人來看待，他們被當成是牛、馬一樣的生產工具，替主人謀利而工作。雖然他們當中有些人是因爲戰敗被俘，但卻是受過教育的外國人，但他們絲毫沒有得到像雅典給予奴隸的那種優待。許多奴隸主的做法，乃是趁奴隸壯年時盡可能榨取他們的勞力，而當他們年老力衰後，便予釋放，由國家供養。當然也有一些例外，例如，西塞羅據說就是對奴隸非常愛護。羅馬國內的生產勞動幾乎都是由奴隸所擔任的，這是羅馬文明一個可悲的汙點。實際上，國內所有的糧食都是由奴隸所生產的，因爲殘存爲數甚少的自耕農所生產的糧食數量，實在微不足道。作坊中雇用的工人至少有百分之八十以上是奴隸或以前的奴隸。但是，處於奴隸地位的人當中有許多不是從事生產性的活動。商人有一種可以圖得厚利的投資，就是收買奴隸，並將他們訓練成格鬥的表演者，然後將他們租給政府或者是熱衷此道的政客，供其娛樂。由於奢侈浮華之風的盛行，也使得數以千計的奴隸用於家庭工作。巨富之家必須要有守門之人、轎夫、信差（因爲共和體制的政府尚無郵政業務）、貼身侍從，以及負責教育兒女的家庭教師。在一些大宅豪之中，還有一些專門爲主人沐浴擦身或看管鞋帽的奴隸，他們除此之外別無他事。

在共和體制時期最後的兩百年期間，羅馬人的宗教信仰也發生了很多的變化——主要也是因爲羅馬的勢力擴展到大部分希臘化國家所引起的。首先，上層社會傾向放棄傳統宗教，而以斯多葛哲學，或者在較小程度上以伊比鳩魯哲學取而代之。不過，許多平民對於崇拜古代神祇早已感到不滿了。因爲古代崇拜太形式化、太機械化，而且在義務與祭祀的要求也太多了，以致無法迎合他們的需求。另外，義大利吸引了大批東方的移民，其中大多數人都和羅馬人的宗教背景完全不同。結果乃使各種東方神祕崇拜迅速發展，這些神祕的崇拜可以讓盼望能有一種宗教的心理得到滿足，並能爲世上那些可憐人與被欺壓者帶來幸福的永生。從埃及傳入的奧西里斯（或稱爲塞拉皮斯，這詞乃是此一神祇現在較爲通行的稱呼）崇拜；從弗里基亞傳入對神母的崇拜，以及與其有連帶關係的閹割教士和具有野性的酒神節。這些崇拜的魅力極爲強大，幾乎使得元老院的法令無法執行。在西元前一世紀中，波斯的密特拉教崇拜也在義大利生了根，它受歡迎的程度上逐漸超過了所有的宗教。

元首政治或早期帝國（西元前二七～西元一八〇年）

尤利烏斯·凱撒在西元前四四年遇刺身亡前不久，曾經將他的姪孫屋大維

（西元前六三～西元一四年）過繼為唯一的嗣子。當時，屋大維只是一個十八歲的年輕人，正在亞得里亞海對岸的伊利里安的叔祖後勤部門中做事。在一得到凱撒的死訊後，屋大維就匆匆趕回羅馬，看看他能否接掌凱撒的職位。不久之後，屋大維發現，他必須和凱撒兩位有力的朋友馬可·安東尼以及雷畢達合作，共圖霸業。為了消滅謀殺凱撒的貴族黨派之勢力，他們三人乃於隔年結成同盟，不過他們採取的手段實在有欠光明。他們將貴族中重要的人士追捕並加以殺害，其財產也被沒收了。最令人注目的犧牲者乃是西塞羅，他雖然沒有參與謀殺凱撒的密謀，但卻還是被馬可·安東尼的鐵騎殘忍地殺死了。眞正謀殺凱撒的元凶布魯圖和卡西約逃離羅馬，並組織了一支軍隊。但是，最後在西元前四二年於菲利皮附近被屋大維及其同盟所擊敗。

不久之後，同盟中的三人之間發生了內訌，最初主要是因安東尼嫉妒屋大維所引起的，隨後的爭鬥卻演變成東方與西方之爭。安東尼到了東方與克里奧帕特拉結成同盟，致力於把東方專制主義引入羅馬政治；屋大維則鞏固在西方的力量，以希臘文化的傳道志士自居。就像早年凱撒和龐培之爭一樣，勝利再次屬於西方。在西元前三一年的阿克興海戰中，屋大維的軍隊擊敗了安東尼和克里奧帕特拉的聯軍，不久之後這兩人便自殺身亡，現在能確保羅馬不會被東方給吞噬了。阿克興一役確保了希臘理想和城市生活未來數百年的開展與鞏固，這一發展對西歐的未來極為重要。

屋大維的勝利使羅馬歷史步入一個新的時期，這乃是羅馬這個國家所經歷過最輝煌的一面，而且也是最繁榮的一個時期。雖然對和平和秩序問題距離徹底解決仍相去甚遠，但致命的內部紛爭結束了，人民現在第一次有機會施展才華。屋大維決心保留立憲政府的形式，姑不論其實質如何。他接受了元老院和軍隊所贈予的奧古斯都以及皇帝（這一詞當時只是「常勝將軍」之意）。他永久擔任總督和護民官，但經人民一再請求，他都拒絕接受獨裁官或者是終身的執政官之職。從理論上來說，元老院和人民就像在共和體制早期那樣具有權威。元首，或者是國家的第一公民，乃是他最樂於用來顯示其權力的徽號。由於這個原因，屋大維及其繼承者所統治的這段時期乃被稱為元首政治或是早期帝國，藉以和共和時期（西元前六世紀～前二七年）、百年動亂時期（西元一八〇～二八四年），和後期帝國時期（西元二八四～六一〇年）有所區別。

屋大維，或現在人們更常稱他為奧古斯都，統治義大利及其所屬各地長達四十四年（西元前三一～西元一四年）之久。在他統治初期，他依靠的是軍事力量和群眾的支持，但到了西元前二七年，元老院乃授予他以上所說的許多官職與頭銜。就一個政治家而論，他的重要性至少已可以和他的先人尤利烏斯·凱撒相提並論了。在他的各項改革中，包括建立一套通行於帝國全境的新幣制，在羅馬城本身引入包括警察和消防在內的一系列公共事業。奧古斯都並且大量授權各城市以及各省更多的自治權力，廢除了舊有的行省承包徵稅制度。從前包稅人唯一的酬勞乃是可以留下所徵稅額的一部分，這樣無可避免會導致貪汙和橫徵暴斂；現在奧古斯都任命自己的代理人作爲徵稅人，付給他們工資，並對他們進行嚴格監督以防腐敗的發生。最重要的，奧古斯都制定了一項鼓勵百姓遷往其他行省的移民方案，目的是把過剩的自由人口遷出義大利，從而消除社會緊張和政治動盪的重要根源。總而言之，奧古斯都這些措施確實有助於加強地方的寧靜。

西元一四年奧古斯都去世之後，直到西元第一世紀將近結束時，除了克勞狄（四一～五四年）這個唯一的例外之外，羅馬實際上沒有精明強幹的統治者。奧古斯都的幾位繼承者都是殘忍的暴君，其中最惡名昭彰的當屬卡利古拉（三七～四一年）和尼祿（五四～六八年）。他們浪費國家的資源，並且以流血的暴力使國家動盪不安。所幸，自西元九六年開始，由於「五位明主」：涅爾瓦（九六～九八年）、圖拉真（九八～一一七年）、哈德良（一一七～一三八年）、安東尼·庇厄斯（一三八～一六一年），以及馬庫斯·奧雷利烏斯（一六一～一八〇年）的出現，羅馬重新進入一個強大穩定政府的時期。這些皇帝與元老院和諧相處，顯現其治理國政的才能，同時，他們依次把一個秩序良好和完整疆域的國家傳給指定的繼承者。

由奧古斯都時期到圖拉真時期，羅馬帝國繼續向外擴張。奧古斯都爲帝國所擴張的疆域比任何羅馬的統治者都多，他的部將曾挺進到歐洲中部，征服了今日瑞士、奧地利和保加利亞等地區。直到今日德國中部，羅馬軍隊方才遭到失敗，這一挫敗讓奧古斯都把羅馬的邊界確立在萊因河和多瑙河。隨後在西元四三年，克勞狄開始征服不列顛；下一世紀開始之際，圖拉真推進到多瑙河以外的地區，將達契亞（現今羅馬尼亞）納入羅馬版圖之中。圖拉真還征服美索不達米亞各地區，不過激起波斯人的敵意，使得他的繼承者哈德良採取一種防禦的政策。羅馬帝國的疆域現在到達最大的極限，不過自西元三世紀之後，其疆域開始由這些最遠的邊界向內收縮。

由奧古斯都到馬庫斯·奧雷利烏斯統治時期，羅馬在大約兩個世紀的時間裡，和平地治理著一個廣袤的帝國，這無疑是他們最引人注目的成就之一。正如歷史學家吉朋所說的：「羅馬帝國包容了世界上最有希望的地區，和人類中最文明的那些人。」著名的「羅馬統治下的和平」或羅馬和平是史無前例的。地中海現在處於羅馬一手的掌控之下（這是先前無古人、後無來者的情況），而且在好幾個世紀之中沒有發生過一次海戰。在陸地上，羅馬在沒有遭遇到競爭對手的情況下，統治著由蘇格蘭邊境到波斯邊境的大片土地。正如當代一位演說家很有根據地炫耀道：「整個文明世界都放下了自古以來緊執手中的武器，就像在節日時那樣……體育館、噴泉、蔚爲壯觀的大道、神廟、作坊和學校遍布各地；人們可以說，從一開始就染病在身的文明世界……在正確知識的引導下恢復了健康。」但正如我們下文將要看到的，這一健康在很大程度上被證明是一種幻覺。

元首政治時期的文化和生活

就各種知識和藝術的觀點而論，元首政治時期比羅馬歷史上的任何時期都還要光彩耀眼。從西元前二七年到大約西元二〇〇年左右，羅馬哲學形塑了自己特有的形式。另外，優秀的文學作品也在同一時期產生。還有獨具一格的建築和藝術也有所發展，使羅馬的土木工程取得了極大的成就。

對羅馬人最有影響力的哲學流派乃是斯多葛學派。斯多葛學派之所以廣爲流行的原因，並不難探究，這是因爲斯多葛學派強調義務、自律，以及遵從事物的自然規則，與羅馬人古老德性和保守習慣相當吻合。再者，斯多葛學派所主張的公民義務和世界主義的理論，也和羅馬人的政治思想以及世界帝國的欲望相契合。不過仍應知道，元首政治時期所發展的斯多葛學派與芝諾的有些不同。由赫拉克利特那裡借用的舊有物質理論，現在被放棄了，代之而起的是對政治學與倫理道德更爲廣泛的重視。和最初的斯多葛學派的特徵相比較，羅馬的斯多葛學派還有一種趨勢，就是更具獨特的宗教氣息。

在奧古斯都統治後的兩個世紀之中，有三位傑出的斯多葛哲學倡導者，他們住在羅馬並且在那裡進行傳道活動。此三人分別是：一度擔任尼祿顧問的富翁塞內加（西元前四～西元六五年）、奴隸埃皮克泰圖斯（西元六〇？～一二〇年），以及皇帝馬庫斯．奧雷利烏斯（西元一二一～一八〇年）。他們一致認爲，人類追求的終極目標是內心的寧靜，而且只有順從仁慈的天命才能得到眞正的快樂。他們倡導道德之上的理想，爲人類罪惡的天性哀傷，並強調人應以良知爲負責的標準。塞內加和埃皮克泰圖斯在他們的哲學中摻入許多神祕的思想，使其哲學幾乎變成一種宗教。他們視宇宙爲神聖的，它處在全能上帝的治理下，上帝爲了至善，安排了所發生的一切。羅馬最後一位斯多葛學派的學者乃是馬庫斯．奧雷利烏斯，他更相信宿命論，而且更少寄予希望。雖然他不否認宇宙是有秩序、有理性的觀念，但他既無早期斯多葛學派的信仰，也沒有他們的教條主義。他堅信人絕對不會因其在世間的受苦，而在死後能得到快樂的永生。他的思想傾向於認為人是受惡運所蹂躪的一種動物，而且在遙遠的未來，也無法對這些苦難得到充分的補償。不過，他敦促人們去過高尚的生活，即人們不應該放縱自己，沉溺於低級的趣味之中，也不應該在憤怒的抗議中消沉，而是應該從忍受痛苦與平順的順從死亡之中著手，獲得一種盡其在我的滿足。

羅馬人的文學成就與其哲學有明確的關係，尤其以奧古斯都時期那些最傑出的作品為例。舉例來說，賀拉斯（西元前六五～前八年），在其著名的《頌歌》中，引用了大量伊比鳩魯學派和斯多葛學派的教義。而賀拉斯的注意力是集中在有關人生的理論方面，因為他和大多數的羅馬人一樣，對於宇宙的運行沒有什麼興趣。他創造了一種哲學，其中結合了伊比鳩魯學派享樂的正當理由與斯多葛學派面對困境的勇氣。雖然他從不認為沒有痛苦就是快樂，但他也很世故地了解到，只有經由理性的控制，才有可能得到最高的享受。

維吉爾（西元前七〇～前一九年）也同樣的反應出他那個時代的哲學氣息。雖然在他的《牧歌》之中，表現出伊比鳩魯學派安寧享樂的理想，但維吉爾的思想卻是以斯多葛學派為主。他對和平、富裕烏托邦的憧憬，對人類悲慘命運的焦慮之情，以及他主張配合自然使人生理想化的觀念，都顯示出一種與塞內加和埃皮克泰圖斯相似的知識遺產。維吉爾最著名的作品是《埃涅阿斯記》【6】，也和賀拉斯的《頌歌》中的一些詩篇一樣，立意歌頌羅馬的擴張。事實上，《埃涅阿斯記》乃是一部帝國的史詩，詳述了國家建立過程中的苦痛與勝利，還有它光榮的傳統以及崇高的命運。奧古斯都時期其他重要的作家，還有奧維德（西元前四三？～西元一七年）和李維（西元前五九～西元一七年）。奧維德是他所處時代玩世不恭和個人主義傾向的主要代表。他出色而詼諧的作品，反應了該時代放蕩不羈的風格。李維之所以成名，主要是因為他在散文體裁方面表現出的技巧。以一位歷史學家來說，他的缺陷頗多。他的主要作品是一部羅馬史，書中充滿了戲劇性與生動的記述，其目的是在引發愛國思想，而不是準確地記述歷史。

奧古斯都逝世之後，這段時期的文學所表現的也是互相衝突的社會與知識的傾向。佩特羅尼烏斯和阿普列烏斯的小說，以及馬提亞爾的諷刺詩，都是描述羅馬生活之中更為怪異，甚至是齷齪的各個方面。這些作者的態度與道德無關，他們的目的既非說教，也不想提高道德水準，主要是在講述有趣的故事或賣弄動人的文采。這一時期其他一些作家的作品當中，卻呈現出一種迥然相異的觀點：如諷刺文學作家尤維納爾（西元六〇？～一四〇年），以及歷史學家塔西塔斯（西元五五？～一一七年？）。尤維納爾的寫作受到斯多葛學派的影響，但是表現出來的卻是目光狹窄。他確信國家的紛擾是道德敗壞所致，因而以福音傳教者的憤怒心情痛斥國人的墮落敗德。與他同一時代而稍爲年輕的塔西塔斯，他在其作品之中也顯示了相似的態度。塔西塔斯是羅馬最負盛名的歷史學家，他描述所處時代的歷史事件時，並不是完全本著不偏不倚的觀點來加以分析，而是以道德控訴爲其目的。他在《日耳曼》一書當中，對古代日耳曼人風俗的記述，便是將一個尚未腐敗的純樸民族的剛毅品德，與頹廢羅馬人的淫蕩敗行，做了一個強烈的比照。姑且不論塔西塔斯在歷史學方面有何缺點，他詼諧的機智與震聵的警語，的確堪稱一絕。在說到大肆吹噓的「羅馬和平」時，他藉一個蠻族酋長之口說道：「他們創造了一片焦土，卻稱之爲和平。」

在元首政治時期，羅馬藝術首次呈現出獨特的特性。在此之前，羅馬藝術實際上是來自希臘化東方的舶來品。戰勝的軍隊將從希臘和小亞細亞掠奪而來的雕像、浮雕和大理石柱等戰利品，輕車運回義大利。這些藝術品成爲富有商人的財產，並用來裝飾他們豪華的宅第。隨著這種需求的增加，大量的仿製品被製造出來，結果到了共和時期末期，羅馬逐漸有了大量的藝術品，其意義並不亞於現代一些證券經紀人家中收藏畢卡索的繪畫。元首政治早期洋溢的民族優越感，進一步刺激了更加本土化的藝術發展。奧古斯都曾經自誇，他最初看到的羅馬只是一座磚城，但當他離開時，羅馬已成了一座大理石城。然而，無論如何，在羅馬人自己的才能尚未完全發揮之前，舊有的希臘化影響仍然一直存留著。

眞正能夠表現羅馬特性的藝術乃是建築和雕塑。建築是紀念性的，主要是爲象徵權力和榮耀。建築中主要的組成部分有圓拱、拱頂和圓穹，但有時也使用科林斯式圓柱，尤其是在建造神廟時更是如此。最常使用的建築材料是磚、方形石塊和混凝土，最後這一種乃是羅馬人所發明的。爲了對公共建築物進一步的裝飾，時常增加一些雕刻的柱頂盤線，以及由一排排柱廊或連拱廊所組成的建築物正面。羅馬的建築以功利目的著眼。最顯著的例子有政府的建築物，圓形劇場、浴池、競技場，以及私人住宅。幾乎一切的建築物都是規模宏大而且結構堅固。其中最大而且最著名的建築物，有圓穹直徑達到一百四十二英尺的巴特農神殿，以及能夠容納六萬五千名觀衆觀看格鬥比賽的圓形大競技場。羅馬雕塑的主要形式，包括凱旋門、凱旋柱、敘事浮雕、祭壇、半身及全身雕像，其顯著的特點在於獨立的個性與自然主義。羅馬的雕像和半身像有時只是用來表現貴族的空虛，但眞正最好的羅馬雕像，都成功地傳達了和那些信仰斯多葛學派的人類尊嚴。

與羅馬人在建築領域的成就有密切相關的，是他們在土木工程和公共事業方面取得的卓越成績。帝國時期的羅馬人建造了驚人的道路系統和橋梁，其中許多設施至今仍然存在。在圖拉眞統治時期，十一條引水渠道從附近山上汲水，每天供應羅馬城三億加侖的水給城內居民飲用、洗浴，同時用於沖洗設計精巧的汙水排放系統。羅馬人十分聰明地將水引進富人家中，供應其私人花園、噴水池和游泳池之需。羅馬人還建立了西方世界最早的醫院，以及最早的國家醫療體系。

雖然羅馬人在土木工程方面成就斐然，但他們在科學方面卻沒有多大的建樹。正如一種戲謔但並不確切的說法所提到的，他們擅長的是排水，而不是腦力。出身於拉丁民族之手，具有重要意義的獨創性發明是幾乎沒有的。想到羅馬人具有以希臘化科學爲其科學基礎的這麼有利的條件，這樣的情形就讓人相當費解。他們幾乎完全輕忽這種機會，因爲他們對自己生存於其中的自然界沒有強烈的好奇心。羅馬有關科學的作家幾乎完全欠缺鑑定的才智。其中最負盛名，而且最具代表性的一位是老普林尼（西元二三～七九年）。他在西元七七年左右，完成了一部卷帙浩繁的「科學」百科全書，他稱之爲《自然史》。其中探討的課程包括宇宙學到經濟學各個領域。雖然這部著作資料豐富，但是由於普林尼對於事實與虛構毫無分辨能力，所以價值有限。

元首政治時期唯一稱得上是科學進步的，是由住在義大利或其行省的希臘科學家所貢獻的。其中之一就是天文學家托勒密，他於西元二世紀中葉活躍於亞歷山大【7】，另外一位就是內科醫生伽倫。伽倫在二世紀末葉曾多次前往羅馬。他的聲譽主要是建立在將別人的研究成果給予系統化的整理，而編纂成一部醫學百科全書，不過他自己發現血液循環的實驗，更有理由讓他名重一時。他不僅引導人們，而且還向人們證實是動脈輸送血液的，哪怕是切斷一段小小的動脈，全身的血液都會在半個小時之內放盡。

元首政治時期羅馬社會與共和國體制後期的一些情形相同，其中一個最不引人注意的特徵就是婦女地位的低下【8】。歷史學家芬利注意到，羅馬歷史上最著名的兩個女人：一個是克里奧帕特拉，她根本就不是羅馬人；另一個是魯克麗絲，她是一個虛構中的人物，因爲受到汙辱和自殺而名垂永範。像羅馬婦女這樣生活圈子只限於家務之中，而且地位又如此低微，在歷史上並不多見。羅馬的婦女實際上是沒有自己的名字，她們的名字是在其父姓之後加上陰性的詞尾構成的——舉例來說：「朱莉婭」（Julia）源自於「尤利烏斯」（Julius），「克勞迪婭」（Claudia）源自於「克勞迪烏斯」（Claudius）。一家中如有兩位女兒，僅僅這樣加以區分：「大朱莉婭」、「小朱莉婭」；如果有多位女兒，就這樣區分：「大朱莉婭」、「二朱莉婭」、「三朱莉婭」，依次類推。婦女按要求應從屬於父親和丈夫，其地位的高低取決於生育能力的結果，而且她們應該待在家中。一個典型的墓誌銘會這樣寫：「她愛自己的丈夫……她生了兩個兒子……她愛嘮叨……她治理家務，從事毛織。到此結束。」毫不令人奇怪的是，親王之家的羅馬婦女試圖通過幕後作用擺脫這些限制，同時在政壇上往往起著實際上很有害的作用。地位不那麼高的婦女則從觀看角鬥表演——此處角鬥士的地位等同於現代的搖滾歌星，或者參加宗教祭祀典禮的騷動中得到消遣。

和婦女受限制一樣，可以用來指斥這一時代最嚴重的事情，是人們對殘忍行徑的嗜好進一步加強了。希臘人的娛樂方式是去劇場觀看表演，羅馬人則越發喜歡前往圓形競技場，去觀看人類相殘的表演。在元首政治時期，大型競技場的表演比過去更加殘忍。僅於觀賞運動員的勇武表演，已不能使羅馬人充分感受到緊張興奮了：這個時候，拳擊手已被要求用裝有鐵塊或鉛塊的皮條將手裹起來。最受歡迎的娛樂，就是在可以容納成千上萬觀眾的圓形大技場或是圓形劇場中觀看格鬥角力。格鬥者的表演早不是什麼新鮮事了，只是現在的格鬥比過去複雜多了。觀看格鬥的人不僅有普通的販夫走卒，而且富裕的貴族，甚至是政府首長也經常蒞臨觀看。格鬥者的拼殺是在觀眾的野蠻叫罵聲中進行。一旦場中有人受傷倒地而無法再戰時，觀眾有權決定是否饒他一死，或者令其對手將他當場斃命。在一次表演過程中，是會有連續若干場競技。如果競技場被血浸透了，就在上面鋪上一層沙子，然後再進行令人厭惡的表演。大多數格鬥者都是被判了刑的罪犯或者是奴隸，但也有來自名門望族的志願者。馬庫斯·奧雷利烏斯的沒出息兒子康茂德，就曾爲了得到群眾的喝采，而數度進入技場表演。對他而言，這是其心中的一個羅馬假日。

儘管元首政治時期的道德低落，但這一時期對救世宗教的興趣反而超過了共和國體制時期。密特拉教在這一時期贏得成千上萬的信徒，它吸引了眾多信奉神母崇拜者，以及塞拉庇斯崇拜的人。大約在西元四〇年左右，羅馬出現了第一批的基督教徒。這一新的教派穩步地發展，最後終於取代密特拉教成爲最受歡迎的救世宗教信仰。

由於奧古斯都建立了穩定的政府，使得義大利的繁榮持續了兩百多年之久。此時，商業貿易擴展到已知世界的各個角落，甚至還到達阿拉伯、印度和中國。製造業的發展也已頗具規模，尤其是以陶瓷、紡織、金屬製品，以及玻璃製品最爲發達。不過，儘管如此，但其經濟機制距離健全的程度仍然相去甚遠。其繁榮並不是人人同等受益，受益者是以上層階級爲主的。由於這個時期仍與從前一樣需要依賴人力，所以當奴隸的來源枯竭時，生產力也就隨之衰退。更糟糕的可能是，義大利出現了嚴重的貿易逆差。脆弱的工業發展絕對無法提供足夠的出口商品，以迎合由各省區以及外界輸入奢入侈品的需要。結果，義大利貴重的金屬供應逐漸枯竭了。到了第三世紀，西羅馬帝國的經濟已開始呈現崩潰。

羅馬法

一般公認羅馬留給後世文化最重要的遺產，便是它的法律系統。這一法律經歷了一個逐漸發展的過程，大體說來是肇始於西元前四五〇年前後所頒行的「十二木表法」。在共和國體制的最後幾個世紀裡，「十二木表法」因爲新判例與新原則的出現而有所改變。這些新判例和新原則是由各種不同來源所產生的：如習俗的改變、斯多葛學派的教義、法官的判例等皆是；此外，尤其以大法官的公告更是主要的來源。大法官是掌有特殊訟案中界定和解釋法律者，並且是向法官發布指示大權的高級行政官員。

在元首政治時期，羅馬法發展到了顚峰。其部分原因是由於法律所管轄的範圍日益擴大，涉及到異域他鄉的外地人，以及義大利公民的生命與財產。唯究其主要原因在於，奧古斯都及其後繼者曾授權一些傑出的法學家，讓他們有對法院正在審判的案件之法律疑問提出意見的權利。各個時期被指定擔任此項工作的卓越人物，包括蓋約斯、烏爾比安、帕皮尼安，以及保盧斯，雖然他們大都在法律界擔任過高級高員，但主要是由於擔任律師與從事法學著作而享有盛名的。這些法學家所陳述的意見即答覆，逐漸使法學和法律原理具體化，同時被認爲是羅馬法系的基礎。

在法學家的影響下所發展起來的羅馬法，包括了三個分支或是組成部分：即民法、萬民法，以及自然法。民法，是以羅馬本土及其公民爲主的法律，它以成文和不成文兩種形式存在著。其中包括元老院的立法、元首的敕令、大法官的公告，以及包括某些具有法律效力的古代習慣。萬民法，則是不論何種種族，對所有人皆一視同仁的法律。這一法律也就是規定奴隸制度以及私人財產所有權，並確定買賣、合夥與契約原則的法律。萬民法並非凌駕於民法之上，而是作爲民法的補充，主要適用於羅馬帝國裡的外來居民。

在羅馬法中，要以自然法最引人入勝，而且從許多方面來說，自然法也是最重要的。因爲自然法根本不是司法行爲的產物，而是哲學的結晶。斯多葛學派曾經創立一種表現正義與公理的理性規律之觀念，他們曾如此斷言，人都是自然平等的，而且都享有一些基本權利，這些權利是政府無權侵犯的。然而，作爲法律的原則而言，自然法的創始人並不是希臘化的斯多葛學派學者，而是西塞羅。

西塞羅曾經說過，「眞正的法律」，乃是「與自然一致的公正理性，而且經常、永遠地存在於人間，如欲在違背這項常規的情形下，制定法律或者是宗教禁例，則不但不能對它有所損傷，而且也不能憑元老院或人民的力量使我們解脫它的約束」【9】。這項法律在國家之上，任何擅自脫離它的統治者便是暴君。大多數的法學家認同自然法的概念與哲學家的規律相當近似。雖然法學家並未認爲這項法律乃是民法的一種自然限制，但他們卻認爲人爲的法條應當遵守這個偉大的典範。這種以抽象的正義觀念爲法律原則的發展，乃是羅馬文化之中最高的成就。

第三世紀的危機（西元一八〇～二八四年）

隨著馬庫斯・奧雷利烏斯於西元一八〇年的逝世，富利的帝國統治亦隨之結束了。「五位明主」成功的原因之一，就在於前四位皇帝都是指定青年才俊爲其繼承者，而不是傳給自己的兒子或者近親。但是奧雷利烏斯破壞了這個傳統，其結果被歷史證明是要命的錯。儘管奧雷利烏斯在歷史上最具有哲學家氣質，也在最富有思想的統治者中占有一席之地。但是，他卻沒有足夠的理智去了解，其實他的兒子康茂德是一個道德敗壞，又毫無治國之才的人。康茂德在父親的扶植下登上了帝位之後，便毫無節制地任意妄爲，他公然汙辱元老院，又遂行殘暴的統治，終於在一九二年遭到宮廷派系的勒死。此後，情況不斷惡化。因爲康茂德沒有明確的繼承人，各省區的軍隊紛紛推舉自己的候選人，使得內戰紛擾不斷。雖然這期間有位行省的將領塞普提米烏斯・塞維魯斯（一九三～二一一年），他曾掃蕩群雄，脫穎而出，但他的作爲卻清楚地顯示出各省的軍隊可以隨意干預帝國的政治。塞維魯斯以及其繼承人甚至還中止了元老院在理論上具有的權利，以軍事獨裁者的面目進行殘暴的統治，如此一來使得問題更加惡化。一旦殘暴的暴力統治公然地出來，任何有野心的將領都可依仗其手中的軍隊尋求攫取政權，以試身手。所以，內戰不絕，自二三五到二八四年短短的五十年間，至少有二十六位「軍閥皇帝」，其中只有一位設法逃過暴死的命運。

西元二三五到二八四年，這半個世紀肯定是羅馬成爲世界強國以來最黑暗的時期。除了政治的因素之外，其他諸多交互影響幾乎將帝國推向崩潰的邊緣，其中一個因素是內戰對經濟產生破壞性的影響。連續不斷的戰爭擾亂了農業和貿易的秩序，再者，爭權的野心家爲了實現自己執政的目的，不惜耗盡其地區的資源來換取軍隊的支持。在不擇一切手段「讓士兵致富」信條的引導下，他們只能透過讓貨幣貶值，以及徵收幾乎是沒收成的賦稅，這兩種方法來聚斂資金。這樣一來，地主、佃農和手工業者在最需要進行生產的時候，卻沒有什麼生產的動力。

在各個階層當中，如同在經濟萎縮時期經常出現的狀況，即最貧困者受創最深。這些人時常處於絕望無助的赤貧狀態之中。戰爭和饑荒之後，馬上跟著疾病的肆虐。早在馬庫斯·奧雷利烏斯統治時期，一場可怕的瘟疫就已橫掃全國各地，造成軍隊和人口大量的銳減。西元三世紀中葉，鼠疫再次流行，宛如一把可怕的大鐮刀那樣殘害人民，前後長達十五年之久。

當羅馬已無力承受人力資源日漸枯竭之時，西元三世紀中葉，它又面臨了另一項威脅，那就是外敵的入侵。就在羅馬士兵因疾病，以及因軍隊間的相互廝殺而逐漸變少之際，北方日耳曼人和東方波斯人突破了羅馬原有的防線。西元二五一年，哥德人擊敗了羅馬皇帝德西烏斯，並將之殺害，隨即渡過多瑙河在巴爾幹半島肆意擄掠。在二六〇年又發生一場更令羅馬羞愧的災難，當時羅馬皇帝瓦勒里安在戰鬥中被波斯人擒獲，被迫下跪作波斯統治者的腳踏。在他死後，其遺體被做成標本懸掛示衆。很明顯的，凱撒和奧古斯都的時代早已不存在了。

西元三世紀的文化乃以普遍性的焦慮心理爲特徵，這是不言可喻的。甚至可以由殘存至今的雕像中看到人物焦慮的表情，例如菲立普（二四四～二四九年）的半身像，看上去幾乎讓人感到他不久之後就會在戰鬥中被殺的樣子。和這個時代呼應的，乃是宣揚來世主義的新柏拉圖哲學大行其道。新柏拉圖主義將柏拉圖思想的唯心論傾向發展到了極致。其中第一個基本教義爲流溢說：現存的萬物都是在一個源源不斷的流溢長河中，從神那裡流出來的。其過程的第一個階段便是世間靈氣的發生，由此產生神的理念或性靈的模式，然後又生成了各別事物的靈魂，最後流溢的是物質。但是物質本身並沒有形態或是質量，它只是靈魂隱逸，是源自上帝的靈魂光輝燃盡後，所剩餘的殘渣。依此推論，物質作爲邪惡與黑暗的象徵，應受到指斥。其第二個主義爲神祕主義。人類的靈魂本爲神的一部分，由於和物質的結合，乃使之與神分離開了。人生的終極目標就是要與神再度結合，其經由對事的冥思，以及解脫靈魂所受的物質束縛，便可達到此一目標。人應該對具有一個肉體而感到羞愧，並應盡一切努力抑制它。因此，苦修主義就成了這一哲學第三個主要的教義了。

新柏拉圖學說的眞正創立者，乃是在二〇四年左右出生於埃及的普羅提諾。他晚年在羅馬講學，在二七〇年逝世之前，已在上層社會得到許多信徒。他的主要後繼者逐漸將許多玄之又玄的迷信滲入他的哲學之中：雖然新柏拉圖學說具有反理性的觀點，而且對國家也漠不關心，但在西元三、四世紀期間，此一學說在羅馬極爲盛行，幾乎完全取代斯多葛哲學。沒有任何一件事能夠很適切地表明羅馬對現時眞實世界的背離。

羅馬衰亡的原因

如果說羅馬不是一天造成的，那麼羅馬也不是在一天之內就衰亡的。我們將在下一章看到，西元二八四年強而有力的統治者再次出現。之後，羅馬帝國在西部又延續了兩百多年，在東方傳承了上千年。但是，重建之後的羅馬國家與原先那個羅馬已迴然不同——此二者之間可以說是有天壤之別，所以，我們最好按下對典型羅馬文明的描述，來檢討一下羅馬衰亡的原因。

討論關於羅馬衰亡者，比對任何其他文明衰亡的探討都要來得多。闡述羅馬衰亡原因的課題不僅繁多而且紛歧，近來一種比較流行的說法指出，羅馬的衰亡是因爲鉛中毒。但是，此一學說有許多理由無法令人信服，其中一個關鍵就是羅馬的輸水管道大部分是用白赤陶土製成的，而不是用鉛做成。倫理學者從尤維納爾和佩特羅尼烏斯等作家所描述的淫蕩、暴飲暴食的場面中，找到了解釋羅馬衰亡的原因。不過，他們卻忽視了一項事實，那就是幾乎所有證據都明顯被誇大了，而且這些也都幾乎是發生在元首政治時期之初，到了帝國滅亡前的幾個世紀期間，由於受到苦修主義傳教的影響，倫理道德反而比以前更加嚴謹莊重。一個最簡單的解釋是，羅馬完全是由於日耳曼人猛烈進攻才遭滅亡的。但是，在羅馬漫長歷史的各個時期中，野蠻部族一直都是虎視眈眈，隨時準備進攻羅馬：日耳曼人的壓力固然在某些時期有所增強，但他們如果不是出現在羅馬內部已經衰弱不堪的時候，是絕不會獲得成功。

因此，我們最好將焦點集中探討一下羅馬嚴重的內部問題，這些問題當中有些是政治性的；其中最顯著的政治缺陷，即是在元首政治時期羅馬憲政之中缺乏明確的繼承法。尤其是當一個統治者突然去世時，無法確定由誰繼承他的職位。在現代的美國，林肯或甘迺迪被刺身亡或許讓舉國上下爲之震驚，但是民眾至少知道下一步將會如何；但在羅馬帝國，卻沒人知道事情將會如何，而內戰時常是事情的結果。從西元二三五到二八四年的一連串戰爭就足證明這一切。此外，缺乏合法手段所進行的改革，也是滋生內戰的溫床。假使統治者變得不得人心，就像一八〇年之後大多數的年代那樣，那改變這種狀況的唯一手段就是推翻現有的統治。但是，訴諸暴力總會引發更多的暴力。除了這些問題之外，帝國時期羅馬最大的政治缺陷最終可能在於沒有讓足夠的人民參與政府運作。帝國中大多數的居民是根本不參與政治活動的臣民，所以，他們對帝國是漠不關心，甚至是時常心存仇恨，尤其是在徵稅人員出現時。忠誠對羅馬是帝國維持運作不可或缺的，可是當考驗來臨時，這種忠誠卻早已不翼而飛了。

即便沒有上述的政治問題，羅馬也可能會因爲經濟問題而走上覆亡的命運。羅馬最嚴重的經濟問題肇源於奴隸制度和勞動力的短缺。羅馬文明乃是建立在城市基礎之上，而城市在很大的程度上是依賴於奴隸生產的剩餘農業作物而存在的。奴隸承擔的勞動太過繁重，以至於他們無法藉由繁衍下一代來補充奴隸人力之所需。到圖拉眞時代爲止，羅馬一直是靠戰爭的勝利和新的征服來提供新的奴隸來源，藉此使奴隸制度維繫下去，但此後羅馬的生活耗盡了人力資源。地主不再可以草菅人命，軍營的奴隸制也已走到盡頭了，鄉村生產出可以輸入城鎮的剩餘農產品也越來越少了。事實上，羅馬沒有發生出任何技術可以調節緊張的局勢，這情況也都歸咎於奴隸制。在後來西方歷史上農業剩餘產品的產生，都是依靠技術的進步取得，但是羅馬地主對科技漠不關心，因爲如對科技感到有興趣會被視爲有失身分。只要有奴隸爲他們做事，他們就不會對勞動的設備感到興趣，同時對任何機械的關心都被視爲卑賤低下的標誌。地主以關注「高雅韻事」來顯示自己的風雅，但當他們沉湎於高貴的心志之際，其農業剩餘也逐漸枯竭。

勞動力短缺使羅馬的經濟問題進一步惡化。隨著對外征服的結束，以及奴隸制度的衰落，於是又迫切要求人們留在農田之中，但是面對持續不斷的蠻族壓力，卻經常要求人民在軍隊之中服役。且在西元二世紀和三世紀間發生的瘟疫使人口大大減少，更是雪上加霜。根據估計，從馬庫斯・奧雷利烏斯統治時期到西元二八四年的百年混亂那段期間，羅馬帝國的人口減少了三分之一（道德敗壞看來也使人口出生率降低）。其結果就是既沒有足夠的勞動力種田，也沒有足夠的丁男爲羅馬戍邊禦敵。理所當然的，羅馬開始輸掉過去很少輸掉的戰鬥。

如果爲數衆多的羅馬人能夠做出巨大的努力和奉獻，羅馬也許有得救，但是此時願意爲公益事業努力工作的人微乎其微。針對這一點可以做種種文化上的解釋。最簡單地說，西元三世紀的羅馬帝國無法依靠彼此共同擁有的公民理想。此一時期，原有的共和與元老院傳統已明顯被廢棄了。更糟糕的是，無法指望各個省區的居民爲羅馬的任何一種理想盡心盡力地戰鬥或者工作，特別是在羅馬國家不再享有富利和平，而只會帶來連綿不斷的戰火和苛捐雜稅的時候。地方之間的歧異、公共教育的缺乏，以及社會分層，進一步阻礙了任何統一的公益精神之形成。在帝國傾覆之際，新的理想確實產生了，但這些理想是宗教有關來世的理想。最終的事實說明了羅馬帝國的衰亡與人們的冷漠相隨，羅馬是在人們的噓聲中，而不是在猛烈的攻擊之下，慢慢走向終點。

羅馬的遺產

認爲今日的我們與羅馬人之間有許多共同相似之處，這實在是一個相當令人著迷的觀點：首先，羅馬在時間上，比任何古代的其他文明更接近我們；其次，羅馬似乎與現代的氣質有著很密切的關係。我們常可以看出，羅馬的歷史與大英帝國的歷史，以及十九世紀與二十世紀美國的歷史極爲類似。羅馬的經濟演變，乃是由一個單純的農業經濟，演變爲一個複雜的城市體系，連帶發生了失業、壟斷、貧富懸殊和財政危機等問題。和大英帝國一樣，羅馬帝國也是建立在征服的基礎之上。但是，我們必須記得，羅馬人的遺產乃是古代的遺產，因此羅馬文明和現代文明之間的相似之處，也不像表面看起來那麼重要。如前所述，羅馬人不屑從事工業活動，而且他們對科學也不感興趣。他們絲毫沒有現代民族國家的觀念；各個行省實際上是殖民地，並不是整個國家的一部分。此外，羅馬人從未發展出一套完備的代議制政府體系。最後，羅馬人的觀念與我們的宗教觀念大相逕庭。他們的崇拜制度與希臘人的崇拜制度一樣，是外在與機械的，而不是內在或精神的。基督教把虔誠——熱愛神靈的一種情感態度——視爲最高的理想，羅馬人則把它當成十足的迷信。

儘管如此，羅馬文明對後世文化並非沒有明確的影響。羅馬建築的樣式（如果說不是其本質）保留在中世紀的建築物中，直到今日，仍爲許多政府建築的設計沿用。另外，奧古斯都時代的騎士雕像、紀念性拱門和石柱，以及政治家與將領的石頭肖像，都爲我們的街道和公園增添光彩。雖然偉大法學家的法律有了新的解釋，但它卻也成爲「查士丁尼法典」的重要組成部分，從而流傳到中世紀，乃至現代。美國的法官迄今仍經常引用蓋約斯和烏爾庇安所創的箴言。進一步說，幾乎現在所有歐洲大陸國家的法律都混合吸收了許多羅馬法的成分。這一法律爲羅馬最偉大的成就之一，爲其統治一個幅員廣袤而且多彩多姿帝國的最佳寫照。同樣應該知道的是，羅馬人的文學成就爲後來的知識復甦提供了許多靈感，此一復甦在西元十二世紀時於歐洲蔓延展開，並在文藝復興時期達到頂峰。另外，比較不爲人所熟悉的一個事實，乃是基督教教會的組織，且不說其他，就從羅馬國家的組織結構，以及羅馬宗教體系改造而說。羅馬教宗仍然擁有大祭司長的頭銜，此一頭銜過去一般表示作爲公民宗教首領的皇帝權威。

羅馬對後世發展的最重要貢獻是把希臘文明傳送到歐洲西部。西元前二世紀以來，在義大利發展出許多具有濃厚的希臘思想氣息的文化，其本身就足以與東方居主導地位的希臘取向文化相抗衡。此後，沿著尤利烏斯·凱撒的步履，這種文化進一步向西發展。在羅馬人到來之前，歐洲西北部（現今的法國、比利時、荷蘭、盧森堡、德國西部和南部，以及英格蘭）的文化仍以部落爲基礎，此正是羅馬帶來的城市和希臘思想，尤其是隨著高度分工的城市生活而來的人類自由和個人人身自由的概念。確實，自由的理想在實際生活中往往爲人忽略——它們並未減緩羅馬對奴隸制的依賴程度，以及婦女的從屬地位，也未能阻止羅馬在征服地區進行剝削統治，時常是壓迫性的統治。但不管怎樣，就我們目前所知，羅馬歷史是西方歷史的眞正開端，因爲由亞歷山大帶到東方的希臘文明並未能持續太久時間，但由凱撒、西塞羅和奧古斯都帶到西方同樣的文明，卻成爲西歐之後許多成就的起點。我們在後面將看到，這一發展雖然並非連綿不絕，但對歐洲後來的成功，羅馬絕對有其影響深遠的地方。

第十章

基督教與轉變中的羅馬世界

Christianity and The Transformation of The Roman World

今後誰會相信……羅馬竟然不得不僅僅為了生存而不是為了榮譽在自己的國土上進行戰鬥？……詩人琉善曾用這樣激昂的詩句描述該城的強盛：「如果說羅馬是軟弱的，那麼我們到哪裡找尋力量呢？」我們可以將這首詩句變易成：「如果羅馬淪陷了，那麼我們將到何處求助呢？」對凡人而言，人生就是一場競賽：我們在塵世中奔走，是為了在別的地方贏得桂冠。在蛇蠍之中穿行，沒有人會平安無事。

——聖耶柔米，《書信集》

西元一八〇年之後，羅馬帝國雖然衰落了，但仍未崩潰。於二八四年，極具魅力的軍事家——皇帝戴克里先開始重組帝國，賦予帝國新的生機。此後，在整個四世紀期間，地中海仍爲羅馬國家的內湖。在西元五世紀時，羅馬帝國的西半部已淪陷於日耳曼人之手，但即使是這個時候，羅馬的各種制度並未遭到完全的破壞。到了六世紀時，帝國的東半部企圖收復西地中海沿岸的大塊地區。只是到了七世紀時，局勢方才明朗，即羅馬帝國要想繼續存活下去，唯有丟開西半部，加強東半部的力量，方爲可行之法。這一轉變發生之時，亦即是古典古代明顯結束之時。

歷史學者過去往往對羅馬制度長期的存在沒有較高的評價，並且將西元三、四、五世紀都歸屬於中世紀歷史的範疇，而加以探討。由於歷史分期總是約略的估計，而且大部分尙取決於歷史學家希望強調的那一觀點之發展，故此一說法不能將其置之不問。當然，由古代世界向中世紀世界的轉變，乃是逐漸發生的，同時，「中世紀」的許多特徵早在西元三世紀時就在西羅馬逐漸生成了。但是，將西元二八四年到七世紀，羅馬帝國失去對地中海的控制之前的這一段時間，繼續視爲古代史，乃是現在比較主流的看法。西元二八四到六一〇年這段時期，雖然是一個過渡時期（當然，所有時代都是如此），但仍有其某些特有的主題，所以把它稱爲既非羅馬時代，也非中世紀的古典古代晚期，似乎最爲妥當。

古典古代晚期的主要文化趨向，是基督教在整個羅馬世界的傳播及勝利。起初基督教只是衆多來世論派中的一個，它在羅馬帝國後期吸引了越來越多的人。在四世紀時，它被接納成爲羅馬的國教，此後成爲影響西方發展的最大因素之一。在基督教傳播之際，羅馬帝國是毋庸置疑地正在衰落中。而最重要的衰落，是作爲帝國基礎的城市生活萎縮了。在羅馬帝國開始受到種種嚴重的壓力時，城市萎縮在歐洲西北部表現的最爲明顯，因爲城市文明在這裡根基最淺，這裡離這一帝國主要的貿易和交通生命線——地中海最爲遙遠。帝國西部離地中海更近一些的地區也能很明顯地感受到城市萎縮，因爲西部的城市對正處於衰落過程中的農業生產比東部的城市依賴性大得多，後者更多依賴奢侈品貿易和工業。與此相應，在這整個時期，文明的重心和帝國政府的中心由西部移向東部。這一轉移最顯而易見的就是在五世紀時日耳曼人取得成功。日耳曼人的種種成功確實有助於揭開歐洲政治史新的一頁，但其直接影響應該不會使其更加惡化。即便是在日耳曼人大批湧入之際，羅馬種種制度衰微的速度仍然很緩慢。地中海地區或靠近地中海的地區尤其如此；雖然其活力逐漸下降，羅馬的城市生活直到地中海不再是羅馬人的內湖之前仍繼續存在。

重組的帝國

在審視基督教的產生及其勝利之前，最好先敘述一下新的宗教變爲主流力量的這個政府與社會的本質。西元三世紀給羅馬帶來致命傷害的五十年動亂已經結束了，這一局面的出現乃是在西元二八四到三〇五年，出任羅馬皇帝的卓越軍事家——戴克里先努力不懈的結果。戴克里先意識到應該解決其前任一些較明顯的問題，因而進行了許多重要的政治和經濟改革。在政治方面，他認爲現今軍隊在國家中的主導地位過於強大，因此採取把軍隊和文職指揮體系分離出來的措施；他也了解到內在與外在的雙重壓力，不可能讓一個人有效地治理整個羅馬帝國，於是將帝國一分爲二，把西半部交由他所信賴的同伴馬克西米安來治理，而馬克西米安則奉戴克里先爲上級統治者。之後他們兩人挑選爲「凱撒」的副手，治理其所轄的大片土地。這一制度意味著出現一種有秩序的接班依序，因爲「凱撒」被認爲是帝國東部或西部最高統治者的繼承人，當他們登上大位之後，他們會再指定新的「凱撒」。在經濟方面，戴克里先穩定了貶值嚴重的貨幣，並引進新的稅收制度，同時頒布立法，使農業生產者和城市居民繼續從事勞動，從而使有人能夠繼續承擔，維持帝國所必需的基礎性工作。

儘管戴克里先的重建計畫獲得極大的成功，將羅馬帝國從破滅邊緣拉回來；但是，由於他在三個基本、持久性的方面實行「東方化」政策，改變了整個帝國的命運。完全照字面上的意義來說，戴克里先經由將其行政管理重心移向東方之際，開始其帝國地理上的東方化進程。我們可能會認爲，戴克里先既然是一位「羅馬」皇帝，那麼他應該要從羅馬發號施令的，但是事實上，在西元二八四到三〇三年期間，他卻是從一個位於土耳其的城市尼科美迪亞來號令天下。他如此之舉，等於是承認帝國中較富裕、更重要的地方是位於東部。其次，與他放棄羅馬的傳統有關，戴克里先採用了東方君主的稱號以及禮儀。他之所以這樣做，主要不在於他喜歡東方的風情，而是因爲他希望能夠避免如同他的前輩那樣不受尊重的命運。而且更有可能的是，他認爲自己如果受人尊崇、令人畏懼，那他就會更有機會壽終正寢。於是，戴克里先完全放棄了奧古斯都那一套將自己裝扮成合法統治者的政策，而是毫不掩飾地以專制君主的面目出現。他採用的稱號是「主上」，或者是君主，而不是「元首」或者是第一公民。戴克里先同時還把東方禮儀引進其宮廷之中。他頭戴王冠，身著織有金絲的絲質紫袍；獲准覲見他的人必須伏跪在其面前，少數享有優禮者方可親吻他的紫袍。

戴克里先東方化政策的第三個方向，乃是他越來越倚賴帝國的官僚體制。經由把文職官員與軍事將領區分開來，還有對各式各樣的經濟與社會問題所做出的法律規定，戴克里先急需大量的公務官員幫助。毫不令人訝異，到了戴克里先統治的後期，臣民紛紛抱怨說：「徵稅的官吏比納稅的人頭還多。」這些官員無疑是讓帝國得以運轉的人，但是此一新的官僚體制——所有的官僚體制都是如此——易於導致貪汙腐敗；更糟糕的情況是，官僚體制的發展時時刻刻皆要求要有足夠的人力、物力為之後盾，但在此時，羅馬帝國卻無力提供大量的人力及物力。綜合上述所言，戴克里先的種種東方化的政策，使他看起來更像是個埃及的法老，而不是一位羅馬的統治者：看來，安東尼和克里奧帕特拉在亞克興的失敗之仇，現在似乎得以報仇雪恨了。

戴克里先的新專制政體，並未給個人自主或自由的發展留下一點空間，這結果在該時代的建築和藝術之中表現得極為明顯。戴克里先本人偏愛宏偉虛華的建築風格，意在強調自己的權威。西元三〇三年，他最後回到羅馬，在這裡建造迄今為止所知最大的浴池，占地廣達三十英畝左右。在三〇五年戴克里先退隱時，他在今日斯普利特（位於今日南斯拉夫）為自己建造了一座宮殿，這座宮殿簡直就像一座軍營，乃是呈現直線格狀布局。這座宮殿的設計清楚地表現出戴克里先是如何在一切事物上，都是那麼熱衷組織化的。

另一方面，羅馬之前一直具有強烈自然主義特色和個性的羅馬半身雕像，在戴克里先時代，同樣也失去了個性；人物的臉部表情呆鈍、勻稱，而不是情感的自然流露。在製作皇帝半身雕像方面，經常以斑岩，這是一種必須從埃及進口質地特別堅硬的玄色石頭——這也是東方化的象徵，取代大理石為其材質。用斑岩雕刻而成的戴克里先、馬克西米安，以及他們的兩位副手「凱撒」的雕像群組，最能夠充分表現這種新型雕塑的呆鈍、勻稱之特點，因為其中所雕刻的這些人物形象看起來彼此相似，無從辨別。

西元三〇五年，戴克里先決定退隱山林時——這對羅馬帝國晚期的統治者而言，乃是一件史無前例的成就。同一時期，他還迫使他的同伴馬克西米安一併退隱，由他們兩位副手「凱撒」和平地繼承了王位。可惜，這樣的和諧維持不了多少。很快的，戴克里先的各個繼承者之間就爆發了內戰，此一戰事一直持續到原來兩位「凱撒」之一的兒子君士坦丁脫穎而出，掃平群雄統一天下為止。自西元三一二到三二四年，君士坦丁僅僅統治著帝國的西部地區；但從三二四到三三七年他逝世後，君士坦丁廢除了分享權力的作法，獨自治理一個重新統一的帝國。除了支持基督教這一史實之外，關於這一點，我們將於下一段考察這一劃時代的決定，君士坦丁在其他方面都沿襲戴克里先之前所確定的種種路線進行統治。官僚機構的人數激增，國家對城鎮居民和農業勞動者的各司其職極為關注，使羅馬開始僵化，而成爲一階級制度。雖然君士坦丁是一位基督教徒，但是他從來就沒有想要以一種基督式的謙恭態度行事，與此相對的，他讓宮廷禮儀更加繁複，而且經常表現成他自己好像就是神的樣子。因此，在西元三三〇年，君士坦丁興建了一座新的都城，並且用自己的名字命名爲君士坦丁堡。儘管君士坦丁宣稱把政府由羅馬遷到君士坦丁堡，主要是在彰顯他放棄異教的決心，但提高自我身價無疑才是遷都的主要因素。再者，這一遷都更是羅馬文明進一步東移最明顯的表現。君士坦丁堡位於歐亞兩洲的交界處，控制著東向交通、貿易和防禦的要衝。其城三面環水，陸地一側建成城牆，被證明是幾乎難以攻破之地，而且只要羅馬帝國能夠延續下去，它就會一直是「羅馬」政府的中心。

此外，君士坦丁還讓帝位變成世襲制度，他的這番作爲又回到早在八百年前被屏棄的王朝君主制原則。但是，將帝國視爲自己財產的君士坦丁並不是將統一的政權傳給其中一個兒子，相對的，他是把帝國分別傳給他的三個兒子。因此，在君士坦丁逝世不久，三個兒子之間便展開相互廝殺，此一衝突還因宗教的分歧而進一步加劇。在此，我們不應該過多著墨於糾纏的戰亂，以及貫穿西元四世紀大部分時間的帝位之爭。僅說明如下的這點就已足夠了，即是此時的戰亂紛爭並不像西元三世紀時的內戰那般嚴重，而且不時還會有不同競爭者在若干年內重新統一整個帝國。這最後一位實現統一的皇帝是狄奧多西一世（三七九～三九五年在位），雖然他曾經因爲一位下屬官員的被殺而屠戮了數千名無辜的薩羅尼卡公民，但是在抵禦日耳曼蠻族的入侵，以及保全帝國方面表現出的種種能力，使他被尊爲「大帝」這一封號。

從君士坦丁到狄奧多西這段時期，較早之前的趨勢是穩步向前發展。隨著君士坦丁堡在此時成爲帝國的首要城市，東部顯然成爲貿易以及行政的中心。地方主義也變得越加顯著了：講拉丁語的西部和講希臘語的東部之間的聯絡與來往正在消失，東部和西部的地區差異也在日益加劇。在經濟生活方面，這一時期的標誌是貧富差距日漸擴大。在帝國西部，大地主得以擴大其地產；另外在帝國東部，一些人透過謀官、受賄，或者藉由經營奢侈品貿易而暴富。而戴克里先首創的稅收制度在整個四世紀延續下來，此一重擔壓在窮人的身上，他們被迫承擔官僚機構、軍隊，還有大肆揮霍的帝國宮廷，以及其他機構的開銷。此外，窮人根本無法改變自己貧困的處境，因爲法律規定他們與他們的下一代都必須一直從事沒有報酬，而且稅極重的工作。由於西元四世紀時多數是窮人，他們和擁有驚人財富的富人相比，此一多數人是生活在無計可施而且冷酷無情的貧困之中。從西元二八四到三九五年之間，羅馬帝國或許恢復了元氣，但它仍是一個主張來世得救的新宗教發育成長的沃土。

基督教的產生和勝利

基督教發端於君士坦丁之前數百年的耶穌時代，其最初是由耶穌和聖保羅所創建的，之後吸引了越來越多的信徒。不過，這一新宗教乃是在西元三世紀的混亂時期廣爲傳播的，而在四世紀道德敗壞的時期才在羅馬帝國取得勝利。在其卑微的開端，沒有人能夠預見基督教會在西元三八〇年，被定爲羅馬帝國中唯一的合法宗教。

拿撒勒的耶穌出生於基督教紀元開始前後的某個時期（但並不確指「元年」，我們紀年體系上的這一錯誤，乃是由西元六世紀的一位僧侶造成的）。當耶穌長大成人的時候，猶太地區正處於羅馬君臨統治之下，該地區的氣氛充滿了宗教的情感主義與對政治的不滿。有些人民，尤其是法利賽人，一心想保存猶太的律法，盼望政治救世主彌賽亞的出現，以挽救國家可免受羅馬人的統治。那些在政治方面尋求希望的人當中，最激進的乃是「奮銳黨」，他們希望以武力推翻羅馬人的統治。另一些團體則對政治根本不感興趣，他們之中最典型的乃是「艾塞尼人」（即苦修派的信徒），他們希望藉由禁欲、懺悔，以及與上帝的神祕結合，獲得性靈方面的解脫。耶穌的傳教活動顯然和這一較爲和平的派別接近。

倘若認爲耶穌的經歷是眞實可信的事件，那麼重要的是要認識到，僅存的資料來源是《新約聖經》的前四卷，即四福音書，其中最早的一部〈馬太福音〉，那是在耶穌死後大約三十年後寫成的。毋庸置疑，四福音書中所談的都是不實之詞和傳聞，這是因爲它們並非親眼所見所聞的記述，更主要的是，因爲它們的本意根本就不是要做極其準確的報導，而是打算宣揚超自然的信念。福音書所記載的任何事實從歷史意義上來講，或許多多少少都不是眞實的，在了解這一層之後，據我們目前所知，耶穌大約在三十歲的時候，被一位主張道德改革的傳道者施洗者約翰稱讚爲是一位比他還偉大得多的人，「我給他解鞋帶也不配」（〈約翰福音〉1：27）。在此後大約三年的時間裡，耶穌不停地進行傳道活動，爲人治病，「驅除邪魔」，並使用箴言、寓言，以及自己的例子教導人們要謙恭。

耶穌深信自己負有把人類從罪惡之中拯救出來的使命，他斥責貪婪和放蕩的生活，敦促人們熱愛上帝和鄰居。除此之外，看來合乎情理的是，耶穌教導人們以下數點：一、上帝是天上的父，人們是兄弟；二、金科玉律（「欲施諸己者，必施諸於人」）；三、寬恕並且愛自己的讎敵；四、以德報怨；五、力避虛僞；

六、反對把儀式當成宗教的要素；七、世界末日即將來臨，以及八、死者的復活與天國的建立。

福音書記載的耶穌之死在涉及此事時，引起很大的爭議，因爲這一記述的各個方面既可能是眞實的，也可能是捏造的，導致後來基督教徒對猶太人進行迫害。根據福音書的說法，當耶穌開始在猶太主要的城市和宗教中心耶路撒冷傳教時，由於耶穌蔑視他們的禮儀和規範，該城的宗教領袖很快就對他採取敵視的態度，爲了讓這個麻煩的製造者不再爲害，他們逮捕了耶穌，把他送交耶路撒冷的最高法庭，指控他褻瀆上帝，並自稱爲「猶太人之王」，「定他該死的罪」，同時把他交給羅馬總督彼拉多，由他判耶穌死刑，並且將耶穌處死。有些學者堅稱，有關耶穌被處死前這些情事的記述乃是假託之詞，意在將殺害耶穌的責任由羅馬人轉嫁到猶太人身上。另外一些學者則認爲上述的記載原則是正確的。我們僅能說，不管是誰逮捕、懲罰並處死耶穌，耶穌確實是在受盡折磨後，死於耶路撒冷郊外的十字架上。

耶穌被釘死在十字架上這一事件，肯定是基督教史上的一個決定性時刻。耶穌之死起初被其追隨信徒視爲他們希望的破滅。不過，幾天之後他們絕望的情緒很快就消失了，並開始傳他們的主還活著的消息，而且有些忠實的門徒還親眼看到了他。信徒們很快便都相信了，耶穌不僅復活了，而且此後在世上行走了四十天，是一位眞正的神祇。因此，他們恢復了勇氣，將耶穌的神性（死而復活）這好消息散布開來，並爲其殉難的領袖作證。不久，相信耶穌具有神性，並已復活，成爲成千上萬人心目中的信條：耶穌是「基督」（希臘語原意爲「塗過油的人」，轉意爲「救世主」），是聖靈之子，他是上帝派遣來到人間爲人類的罪孽受難，並替人類贖罪而死。他被置於墳墓之中三天後，從死裡復活，被帶往天上。當世界末日來臨時，他將再次降臨人間，充當世人的審判者。

耶穌的一些繼承者將基督教發揚光大，並賦予它一種更爲精密的神學理論。這些信徒當中，首屈一指者乃是使徒保羅，他最初被稱爲大數的掃羅（西元一〇？～六七年？）。他並不是巴勒斯坦人，而是一位出生在小亞細亞東南部大數城的猶太人。早先，他曾迫害過基督教，後來信入了基督教，便致力在近東地區傳播此教。對於他的活動之重要性，無論我們如何多加讚美都不會過分。他否認耶穌之來臨只是爲了要拯救猶太人，他主張基督教乃是全人類的宗教。他的主張還不僅於此，他特別強調的觀念爲耶穌是基督，是塗過聖油的神人，他死在十字架上，是爲了救贖人類的罪孽。保羅不僅反對把摩西律法（即猶太人的宗教儀式）放在宗教的首位，而且對於律法能否得救也毫無價值。人類生來就有罪，他們只有通過信仰，透過上帝的恩典，「經由基督耶穌的降生救世」，才可得救。緊接著，依保羅的觀念來說，人類未來的命運幾乎完全仰賴上帝的意旨，因爲「窯匠難道沒有權柄，從一團泥裡拿一塊作成貴重的器皿，又拿一塊作成卑賤的器皿嗎？」（〈新約・羅馬書〉9：21）「神要憐憫誰，就憐憫誰，要叫誰剛硬，就叫誰剛硬」（〈新約・羅馬書〉9：18）。

如果說耶穌宣稱主的國度馬上就要降臨，那麼，保羅乃是透過基督和教會牧師來爲實現個人得救的宗教奠定基礎；這樣說雖不能說沒有簡化之嫌，但大體上看來是合乎實際的。因而，在保羅之後，基督教便發展出禮儀或聖餐禮，使教徒更加接近基督，同時又形成了負責管理聖事的一種長老組織。基督教宣稱管理聖事的長老被賦予超自然權力，這樣使得基督教之前的大多數宗教中已經存在的神職人員與俗人之間的差別變得越發明顯。這在後來將成爲西方「教會」與「國家」之間產生爭論和分歧的根基。與此同時，基督教強調借助於牧師祭司來世得救的觀念，對於它的發展並繁榮起來不無裨益。

在耶穌之後最初的兩個世紀，基督教雖有了穩步成長，但基督教眞正興盛起來是要到西元第三世紀。要對這一點有清楚的了解，我們必須知道，西元三世紀在羅馬歷史上是一個「憂慮的世紀」。當時是政局極度動盪、經濟狀況非常困難的時期，因此對於人們開始把塵世生活視爲虛幻，同時寄希望於來世，是完全可以理解的。這時人類和物質世界越來越被視爲惡，或者根本上就是不眞實的。正如當時主要的哲學家、新柏拉圖派的普羅提諾所寫的：「一覺醒來，不禁會問，我何以變成了一個人……由於怎樣的墮落行爲才發生了這種事？」他創造了一整套哲學體系來回答這一問題，但這一體系由於過於深奧而對大多數人沒有太大的意義。反過來，一些強調精神力量，在本世中的主導作用及來世得救的絕對突出地位的宗教，卻前所未有地站穩了腳跟。

基督教起初只是當時在羅馬境內衆多宗教中的一種，其他還有密特拉教和埃及對艾西絲和塞拉皮斯崇拜。因而人們自然而然地會問：爲什麼基督教在西元三世紀能夠擊敗其他教派而吸引衆多的信徒呢？對這一問題可以有很多種的回答。最簡單但並非不重要的一個答案是，儘管基督教從舊有的宗教中——尤其是猶太教——汲取了不少養分，但畢竟它是一種全新的宗教，因而具有那些已經存在幾百年的救世論宗教所缺乏的物力論觀念。基督教的物力論觀念還因其苛嚴的排外性而得以強化。到基督教產生爲止，人們對待宗教就像今人對外的保險政策那樣，是採多多益善、來者不拒的態度，以獲得更多的安全感。但基督教不允許信徒再信奉其他宗教，只能崇拜基督教的上帝；這對於那些不遺餘力地尋求絕對神祇的人而言，這種新宗教最具吸引力。與此類似，在互相對立的各宗教中，也只有基督教擁有一個無所不包的理論來解釋人世間的惡，把惡視為魔鬼所為。基督教傳教士們透過許多神蹟成功地向人們指出這一新信仰戰勝惡魔的能力，從而吸引人們入教。

雖然新奇性、排他性和有關惡的說法，是基督教獲得成功的重要原因，但是，這種宗教最吸引人的地方在於其他三個特徵：它的靈魂得救觀念、它的社會特徵，以及它的組織結構。驅除惡魔說或許可以使信徒對塵世生活變得更易忍受，但羅馬帝國晚期的人們最關心的是來世得救的問題。固然，與基督教抗爭的其他宗教也對來世做了承諾，但唯有基督教關於這一問題的信條產生最深遠的影響。基督教傳道者警告人們，不信奉該教的人在來世將罹受永恆之火的煎熬，但只信該教者則可享永恆的福祉。可以想像，在一個恐怖的時代，基督教的這一教義必定會贏得眾多信徒。由於基督教在一開始就是卑賤者——木匠、漁夫和造棚匠——的宗教，允諾把地位低的人擢升到高處，因而，它把各個階層的人都吸收為教徒。隨著基督教的發展，一些富人成了宗教的資助人，但其中堅力量依然是占羅馬帝國總人口絕大多數的社會中下階層。此外，雖然基督教禁止婦女擔任牧師或討論信仰問題，同時，如下文所述，對婦女持諸多敵視態度，但它至少賦予婦女參與祭祀的權利，而且婦女同樣有希望獲救。就此而論，基督教相對於完全把婦女排斥在外的密特拉教明顯占有絕對優勢。除上述各因素外，基督教取得勝利的最後一個原因，是它的組織結構。基督教有別於敵對神祕宗教的另外一個重要部分，是它在三世紀時已建立了一個組織良好的僧侶等級體制，由它負責指導人們的信教活動。此外，基督教各教團是一個聯繫緊密的共同體，它們向其教徒提供的服務——諸如照看病人、幫助不受保護者，及舉行葬禮等，超出了嚴格的宗教範疇。那些使基督徒感受到人與人之間的關心，且聯繫具有一種使命感，而他們周圍的其他一切看來都處在消亡過程中。

基督教徒從來就沒有像過去人們所認為的那樣，受到羅馬政府無情的壓迫。事實上，羅馬政府對基督教徒通常是抱持著如下的態度：平常基督教徒都會受到寬容的對待，只有當他們拒絕不崇拜官方的國家神祇時，一些地方官員才會決定壓制他們。後來，羅馬政府雖採取了較為一致的迫害政策，但這些舉動時斷時續，而且為時不長，並不構成致命性的傷害。反過來，迫害在某種程度上也有助於基督教的傳播。就這方面來說，殉道者的鮮血並沒有白流，實際上這是基督教會的種子。基督教徒受到最後一次大迫害是發生在戴克里先統治末期，其後幾位繼承者，尤其是號稱基督教最為凶惡的敵人伽列里烏斯，更是沿襲了這一政策。

但是此時基督教已經非常強大了，用迫害政策已無法將它消滅。事實上，西元三一一年，伽列里烏斯在辭世之前便頒布了寬容的敕令，最終承認這一事實。此後，基督教在羅馬帝國所得到的不是迫害，而是支持。

羅馬帝國承認基督教合法化始於君士坦丁大帝，完成於狄奧多西一世。君士坦丁尚未把基督教定爲羅馬帝國的官方宗教，不過他確實做到扶掖基督教使其合法化。他這樣做，可能是因爲他把皈依基督教（西元三一二年左右），與自己政治統治地位的上升聯繫在一起，又因爲他希望基督教能夠把一個道德嚴重敗壞、教派林立的帝國從精神上重新統一。他的一些繼承人是在基督教的薰陶下長大成人的，爲此他們下令殘酷迫害異教徒，其程度比信奉異教的皇帝迫害基督徒有過之而無不及。僅僅依靠官方的支持，基督教或許就可以取得勝利，因爲野心勃勃的行政官員通常迅速接納了其統治者信奉的宗教。同樣的，一旦得到國家支持，一般群眾也易於皈依該宗教，雖然四世紀時政局比三世紀還要穩定，但帝國重建的重稅主要是壓在下層人民身上，致使他們像在前一個世紀時那樣不遺餘力地尋求來世得救。也有許多人僅僅唯當局馬首是瞻，從而皈依基督教。因此，在君士坦丁皈依基督教時，基督徒可能占帝國總人口不到五分之一；但在國家的扶持下，基督徒成長迅速，已在總人口中占了壓倒性多數。當狄奧多西大帝於西元三八〇年頒布敕令，要求帝國所有臣民都要信奉基督教時，苟延殘喘的異教很快就消滅殆盡，只在帝國範圍內最偏遠的村落才有例外。

基督教的新面貌

一旦這種新的宗教信仰在羅馬帝國內成爲主導地位時，基督教就在思想、組織機構和行爲方面發生了一些重要變化，這些變化都與早期的發展趨勢有關。基督教在羅馬的得勢，大大加速了某些趨勢的發展，同時也改變了其他部分的進行。其結果就是，與遭到戴克里先、伽列里烏斯迫害時的情況相比，西元四世紀晚期的基督教具有迥然不同的特點。

基督教獲勝的一個結果，就是圍繞著教義問題展開了激烈的爭論。這些爭論給教會造成巨大混亂，不過，這些混亂卻發展出後來爲人們普遍接受的信條和教規。在君士坦丁大帝皈依基督教之前，圍繞在基督徒之間的教義問題自然也有不同意見，但由於此時基督教尚爲一個少數派宗教，它必須設法抑制內部的紛爭，以便同心協力對付充滿敵意的外在力量。然而，一旦它在羅馬取得主導地位，基督教這一新宗教內部的衝突就越演越烈。其所以出現這種情況，部分原因是因爲，基督教內部知識理性與情感兩種傾向之間一直關係緊張，基督教獲勝後這種紛爭就完全公開化了；此外，還有因爲帝國的各個地區試圖通過偏重不同的神學準則來保存它們各自的特徵。

最早激烈的爭論，乃是阿里烏派以及亞塔納修派圍繞著三位一體本性問題進行的爭論。千萬不可將阿里烏派與雅利安人（一種族之名稱）相混淆——其是一位名叫阿里烏的基督教長老之追隨者所創立，本派屬於較重視知識理性的一派。在希臘哲學的影響下，他們排斥耶穌基督等同於上帝的看法，反而堅持認爲，聖子是聖父創造出來的，因而不可能與聖父並存，而且其形成的質體也不同。至於聖亞塔納修的信徒則對凡人的邏輯推理不感興趣，認爲雖然基督是聖子，但他同時也完完全全是上帝：聖父、聖子與聖衆三者是絕對相等的，而且構成的質體也是相同的。這次經過長時間的爭鬥，亞塔納修派獲得了勝利，其教規成爲基督教三位一體的教條，而此一教條至今依然流行。

在其後幾百年間，繼阿里烏派與亞塔納修派之爭後，還有其他多種教義論爭。他們爭論的問題一般都太過深奧，此處無法詳加記述，但爭論的結果有很大的影響：其一，基督教信條逐漸固定下來。應當強調指出，這一過程非常緩慢，基督教的許多基本信條是較晚以後才確定下來（例如，有關彌撒的學說到西元一二一五年才正式頒行；聖母馬利亞純潔受胎說在一八五四年才確定下來；聖母升天說到一九五〇年才產生）。不管怎樣，基督教信仰開始形成一個非常明確的模式，這在基督教之前各宗教的歷史上是毫無先例的。尤其是，這意味著任何人如果持與固定的程式化說法不同的信仰，就會被排除出社會之外，並被當作異端分子受到迫害。在此後基督教的發展史上，這種對教義整齊劃一的關心，一方面增強了教會的凝聚力，另一方面則削弱了教會的力量。

教義之爭的第二個後果是加劇了地區之間的敵視心理。西元四世紀時，基督徒之間的不和加大了東、西方之間的分離傾向，同時帝國東部各地區之間的敵視心理也加重了。造成羅馬帝國出現地區分離主義傾向的原因很多，諸如經濟原因和行政管理的原因；儘管如此，雖然地區分離主義是促成宗教分歧的部分原因，但是，圍繞著教義問題進行的爭論越是激烈，越是頻繁，各地區之間敵視的程度越是嚴重。

最後，教義之爭導致羅馬帝國插手教會管理事務。就是那位把基督教作爲統一帝國的一種力量予以支持的君士坦丁大帝，他被迅速產生的阿里烏派爭論深感不安，因而插手干預此事，於西元三二五年召開尼西亞宗教會議，譴責阿里烏。值得注意的是，這第一次教會性的會議其召集人和主持人都是羅馬皇帝君士坦丁，且開啓世俗權力干預教會事務之先河。爾後，尤其是在東部，世俗力量一直在干預教務。造成這一現象的原因主要有：一、宗教紛爭在東部比在西部更爲頻繁，且爭論產生後，各個教派經常會尋求皇帝的支持；二、羅馬帝國的統治重心一般來說傾向東部，而且在西元四七六年以後西羅馬地區便不再有羅馬皇帝。在各教派向東部地區的皇帝尋求支持之前，這些皇帝已自行干預宗教之爭，就像君士坦丁做過的那樣，意在維持基督教的團結統一。這樣做的結果，就是東羅馬的皇帝具有很大的宗教權威，對宗教擁有強大的控制權；而在原西羅馬地區，國家與教會之間的關係卻較爲疏鬆。

然而，就在皇帝干預宗教事務時，教會自身的內部結構變得越加複雜，越具有明晰的獨特特徵。如前所述，在聖保羅之後，長老與俗人之間明顯的區別已成爲早期基督教的一個特徵。爾後有一個發展，就是各級長老之間的教階制度形成。早在基督教取得勝利之前，人們就已承認主教高於教士。基督教組織是以城市爲中心，在每一個重要城市設立一位主教，他統領周圍毗鄰地區的所有教士。這種體制對於少數教派而言已經足夠了，不過，隨著基督教成爲羅馬國教及相應而來的基督徒人數激增，再加上教會影響的擴大，主教們本身間的等級差別就顯現出來了。在較大的城市裡設有掌事機構的主教，逐漸被稱爲「都主教」（即現今西方所說的大主教），他對整個行省的教士擁有管轄權。在四世紀時，出現了一種級別比大主教還高的牧首（宗主教），他們是指管轄那些最古老、最龐大的基督教社團——如羅馬城、耶路撒冷城、君士坦丁堡、安提阿和亞歷山大城及其周圍地區——的主教。因此，到了西元四百年，基督教教職人員包括宗主教、都主教、主教和長老在內，形成了一種確定的教階制度。

所有發展——有許多仍要在將來才能形成——的顚峰，是羅馬主教的首要地位產生，換言之，就是教宗制的產生。由於一些原因，羅馬宗主教的地位高於教會內的其他宗主教，他統轄的這個城市是使徒彼得和保羅傳教的場所，因而備受虔誠的信徒們所尊崇。傳統上被認爲是彼得創立了羅馬主教區，因此，他的所有繼承者同時也承襲了他的權威和聲望。此外，另有一種說法：基督特別任命彼得爲他在人間的代理人，「我還告訴你：你是彼得，我要把我的教會建造在這磐石上，陰間的權柄不能勝過他。我要把天國的鑰匙給你，凡你在地上所捆綁的，在天上也要捆綁；凡你在地上釋放的，在天上也要釋放」（〈馬太福音〉16：18-19），授予他懲罰有罪之人及赦免他們罪過的權力。這一說法進一步加強了上述傳說。這一教義便是著名的「彼得磐石」，後來羅馬教皇一直以它爲依據，宣稱他們擁有統治整個基督教會的權力。羅馬主教還擁有一個有利條件，即在帝國首都遷至君士坦丁堡之後，在西方很少有任何一個皇帝能夠實行有效的統治。最後，雖然在西元四四五年，皇帝瓦倫提尼安三世頒布敕令，要求西部地區所有的主教都要服從教皇的管轄。然而，不可否認的，此時教會已經處在君主制形式的政治體制管轄之下。羅馬帝國東部的宗主教視羅馬教皇要求絕對服從他的極端要求爲十足的厚顏無恥之舉，同時，就連西部的許多主教在那一段時間內仍不承認教皇的權威。這可從教皇制在早期軟弱無力的明顯例子可知，就是教皇前八次主教會議甚至沒有出現過（三二五～八六九年），雖然在後來的所有主教會議中，他們都是召集人和主持人。

教會組織機構的發展對於基督教在西元四世紀征服羅馬，與其後來滿足信徒們的需求起了不小作用。在西元五世紀，西羅馬帝國衰微最後崩潰滅亡之後，主教管理機構的存在影響尤其巨大。由於每一座城市都有一位受過某種制度的管理技能訓練的主教，因而西方的基督教會承擔起政府的許多職責，在日益加劇的混亂中協助維持秩序。但是，這種對管理機構的新強調，不可避免地產生了副作用：在教會發展自己理性化的管理機構時，它不可避免地變得較爲世俗，同時在精神上也遠離耶穌和使徒們倡導的簡單信仰。

隱修生活方式的傳播是人們對這一傾向做出最明顯的反應。現在我們習慣於把隱修士視爲一些共同生活在一起，而全身心地投入沉思冥想和祈禱的教士。然而，隱修士剛開始時並不是教士，而是俗人，這些人幾乎無一例外的，他們皆以獨居、無所不用其極的方式摧殘自己，而不是過著超凡脫俗的有條理生活的俗人。隱修制初興於西元三世紀，此制度反應了那一時代人們的焦慮不安；但到了西元四世紀，它才成爲基督教內部居主導地位的運動。促成這一情況的明顯因素有：一、選擇極端禁欲主義的生活作爲殉教的替代。隨著君士坦丁皈依基督教和放棄對基督徒的迫害，透過殉教贏得在天國榮譽的途徑大都被堵塞。但是，仍有不少人希望通過自貶或自我折磨來證明其宗教熱情。二、在西元四世紀發展歷程中，教士們對世俗事務越來越關心。那些希望避開世俗誘惑的人就只好逃到沙漠和叢林中，去過一種被教士和主教遺忘的苦行生活（只是後來在中世紀時，隱修道士才成爲教士）。通過這種方式，在基督教欲使自身適應實際需要時，隱修生活方式滿足了極端苦行主義者的癖好。

隱修生活最早產生在東部。在君士坦丁皈依基督教之後大約一百年間，這種生活方式發瘋似地迅速傳播開來。埃及和敘利亞隱居的修士們競相採取最爲殘酷、最令自己恥辱的自虐行爲。有些人模仿牛的樣子在田中吃草，有些把自己圍在小籠子裡，還有一些人把重物掛在自己的脖子上。一位名叫西利亞庫斯的隱修士像鶴那樣單足站立好幾個小時，直至實在無法堅持爲止。這些隱修苦行者中最極端的一位是聖西門·斯泰萊特。他建了一個六十英尺高的柱子，獨自在柱頂待了三十七年，進行自我懲罰之舉——諸如用頭連續觸腳一千兩百四十四下，柱下圍觀了許多人，這些人對「從他身上落下的小蟲」也頂禮膜拜。

隨著時間的推移，這種苦行狂潮終於消退了。人們轉而認識到，隱士們生活在一起且不再專注於自虐行爲，隱修制度就可變得更爲持久。在東方，這種集體隱修制度最成功的設計者乃是聖巴西爾（西元三三〇？～三七九年），他開始隱修生涯仍是一位隱士和極端苦行主義者，但後來逐漸傾向於過更爲溫和的集體隱修生活方式。他在致修道士們的書信中所表述的這一觀點，奠定了迄至今日東方隱修制度的基礎。他反對極端的自虐行爲，而支持他們通過有益的勞動自律。雖然從現代標準來看，他的說教仍然十分嚴厲。但他禁止修道士過長時間地禁食或摧殘自己的肉體，反過來，他敦促他們甘於貧困和卑微，每天用很長時間進行宗教沉思冥想。隨著聖巴西爾學說成功的傳布，東部地區的隱修制度變得更有組織、更爲克制。不過即便如此，巴西爾式修道士仍寧願生活在盡量遠離「塵世」的地方，而未能像歐洲西部的修道士那樣對外部世界具有文明開化之功。

在羅馬帝國西部，隱修生活的傳播起初並不像東部那樣迅速，因爲西方對苦行的呼聲不像東方那樣強烈。直到西元六世紀聖本篤（西元四八〇？～五四七年？）制定了著名的拉丁會規之後，這種情況才有所改變。本篤的會規最終成爲西方近乎所有修士的準則。近來研究表示，本篤在其會規中抄錄了更早的拉丁文本「主的會規」的許多內容，但他的會規仍以簡潔、變通和溫和著稱。本篤的會規向修道士提出與聖巴西爾類似的要求：安於貧困，服從，勤於勞動和獻身宗教。不過，與巴西爾相比，本篤並不那麼要求苦行：修道士可以有簡單但足夠的飯食、衣物，有足夠的睡眠；雖然只有生病者才可享用肉餚，但他們可以喝點葡萄酒。修道院院長具有絕對的權威，可以鞭打違反會規的修道士；不過，本篤敦促修道院院長盡量做到「讓人愛而不讓人恨」，並要求他們在做出決定之前應先徵求衆人意見，「因爲主經常問年輕人什麼是最好的」。由於這些原因，本篤式修道院成爲一個富有宗教氣息的家園，而不是一所專門懲罰人的學校。

在下文中我們將繼續介紹本篤修院（本篤會）的情況，不過在此，我們仍要預先指出它對西方文明發展的一些巨大貢獻。其中之一就是該會修士從很早時期就承擔起傳教工作：他們是使英格蘭和後來日耳曼大部分地區皈依基督教的主要功臣。這種傳教活動不僅有助於傳播基督教信仰，而且起了締造西歐文化統一的作用。它的另一個積極貢獻，就是本篤會修士對待勞動的態度。如果說古代哲學家和貴族的最高目標是擁有足夠的空閒時間進行不間斷的沉思冥想，那麼聖本篤則要求其信徒要忙個不停，因為他認為「懶惰是心靈的敵人」。是故，他要求他們利用一定的時間從事體力勞動，這種規定或許會讓更早期的思想家目瞪口呆。與此相連，早期本篤會修士的勤奮勞作，並把勞動高貴的思想傳播給其他人。在本篤會的支持下，勞動高貴的思想將成為西方文化最獨特的特徵之一。我們從有關記載中看到，本篤會修士心情愉悅地給牛擠奶、打穀、犁地和打鐵；這樣做既增加了所在修道院的財富，又為人們樹立好的榜樣。在農作與後來的地產管理方面，本篤修道院做得尤其成功。因而，他們往往有助於提高西歐經濟的發展水準，有時甚至為正在產生的西歐各國提供了可資利用的財富。

一個更為人熟知的事實是，當讀寫能力和學問在世俗已為人們完全遺忘之際，本篤修道院成了文化孤島。聖本篤本人並不推崇古典文化；而且與古典文化截然相反，他希望修士們只服侍基督——而不是文學或哲學。不過，他還是認為修士應該擁有較高的閱讀能力，足以念其祈禱文。這就意味著必須在修道院進行某些教學活動，因為在修道院之外已無教人識字的學校了。同時，這些男人往往一出世就被送到修道院裡，即便外界有學校，也無緣學習。一旦有了教學活動，修道院裡便有最起碼的一些書寫工具和書籍。這就解釋了為什麼本篤會修士總是具有一定的讀寫能力，但卻無法說明為什麼有些修士全身心地投入保存古典文化上。後一種情況的出現，主要歸功於一位名叫卡西奧多魯斯（西元四七七？～五七〇年？）的修道院思想家。在聖奧古斯丁（下文將詳細介紹他的情況）的鼓舞下，卡西奧多魯斯深信，若要對《聖經》有正確的理解，就應對古典文化有基本認識；這就為修士研習古典作品找到了根據。此外，卡西奧多魯斯認識到，抄寫手稿本身就是「體力勞動」（該詞本義即用手勞作），對於修道士來說，這種勞動甚至比田間繁重的勞動還要合適。隨著本篤會修士開始附和這些觀點，該會的修道院也就成了學術和手稿謄寫的中心，在幾百年間，沒有任何一個機構可與之匹敵。如果不是經由本篤會修士在中世紀早期的謄抄和保存，沒有一部古典拉丁文學作品，包括卡圖魯斯和奧維德等人的所謂「有傷風化」之作能流傳後世，直至今日仍為人們閱讀。

然而，對婦女的淫欲之愛並非本篤會的偏愛之物。現在我們再回過頭來繼續談原先的話題——西元四世紀期間基督教組織機構和思想態度的變化，最後一個重大趨勢是對婦女持否定態度的發展。與其他大多數宗教相比，基督教對婦女較為讚賞。在上帝看來，女性靈魂與男性靈魂是等同的，人性的本性使之注定只有在兩性中才是完備的。聖保羅甚至從另一面來說，他認為「受洗歸入基督的」，

「不分猶太人、希利尼人、自主的、為奴的，或男或女」，「在基督耶穌裡都成為一了」（〈加拉太書〉3：27-28），即言婦女完全可以與男人同樣得救，兩性在精神上是平等的。但是在最早時期，基督徒就和同時代的人一般持有相同的觀念，認為婦女在日常生活和婚姻中應嚴格地從屬於男性。不僅早期基督徒像古代世界所有那些男性優越論者一樣認為，婦女應當被排除在領導階層或決策階層之外，也就是說，「婦女在會中要閉口不言……因為不准他們說話。他們總要順眼……婦女在會中說話原是可恥的」（〈哥林多前書〉14：34-35），同時不能充當牧師；此外，基督徒比其同時代人還多了一點，認為婦女比男人更易「耽於肉欲」，因而「作妻子的，當順服自己的丈夫」，就像骨、肉從屬於靈魂一樣（〈以弗所書〉5：21-33）。

西元三、四世紀，隨著苦行運動的發展，人們越來越明確地把婦女詆毀為具有危險性的「肉欲」動物。由於苦行主義的核心是禁欲，因而，至善至美的男子就應該不近女色。修道士當然是最不近女色者，因此，他們躲避到沙漠、森林去的主要原因就在這裡。羅馬帝國東部的一位苦行者在舉行婚禮期間，突然想到要禁欲守住童貞，就跑出去到了隱士小屋，連房門都堵了起來。另一位修士在不得不背自己年邁的母親走過一條小路時，他就把他的母親嚴嚴密密地包起來，認為這樣自己就不會起「火」，就不會想到任何別的婦女。伴隨著這種毫不妥協而來的，就是將禁欲規定擴大適用於整個教士。長老最初本來是可以結婚的，甚至連一些使徒也是可以有妻室（〈哥林多前書〉9：5），「難道我們沒有權柄娶信主的姊妹為妻，帶著一同往來，彷彿其餘的使徒和主的弟兄，並磯法一樣嗎？」但是就在整個四世紀期間，把長老在擔任聖職之後不得結婚的教義傳播開來；如果在成為長老教職之前他們已經成婚，此後絕不可與妻子再同房。

一旦童貞被認定為最高標準，那麼婚姻只能退居其次了。聖耶柔米認為，童貞是小麥，結婚是大麥，通奸是牛糞；既然人不能吃牛糞，那麼他允許他們食用大麥。這是對前述觀點所做最通俗的解釋。耶柔米認為，成婚的主要目的，是避免男人「欲火中燒」而「上火」，以及繁衍後代（聖耶柔米之所以如此不遺餘力地稱頌婚姻，主要是因為它能給世上帶來更多的貞女童男）。就這樣，基督教進一步強化了原先已有的觀點，即婦女在世間的主要職司是充當母親。它還告誡男男女女芸芸眾生，即便在夫妻交合中也不能尋求快感，交合的目的只有一個，即繁衍後代。「女人若常存信心、愛心，又聖潔自守，就必在生產上得救」（〈提摩太前書〉2：15）。由於婦女不能出任牧師，只有很少部分人才能成為修女（在近代以前，女修道院被視為一種花費甚巨的奢侈品），因而婦女所能指望的幾乎只有成爲賢妻良母。作爲妻子，她們不要指望有自己的職業，也不要奢望受到教育或有讀寫能力。因此，儘管婦女也完全有希望得救，但在世間日常事務中，她們被認爲比男子低一等，這一狀況一直延續到近代。

日耳曼人的入侵與西羅馬帝國的滅亡

就在基督教徒內部征服羅馬帝國的同時，日耳曼蠻族正從外部威脅著羅馬帝國。早在西元三世紀，日耳曼蠻族差點就使羅馬向其稱臣。自戴克里先時期到狄奧多西大帝登基之前，日耳曼人被擋在帝國疆界之外。但自狄奧多西時代開始，他們就擊垮了西羅馬帝國的防禦，並乘破竹之勢擴展勢力，終致在西元五世紀後期征服了整個羅馬帝國的西半部。在這些一度由凱撒、奧古斯都所統治的地區，日耳曼人實現了一種新的統治方式，建立自己的王國。

過去人們習慣認爲日耳曼人是凶猛殘暴、橫蠻無理，且他們出於對文明的刻骨讎恨，因而任性地毀滅了西羅馬帝國。然而這種說法是一種曲解，羅馬人對於日耳曼人不生活在城市中而視之爲蠻族，但他們的行爲並不野蠻。雖然他們偏愛狩獵和放牧，但他們往往也從事定居農業，他們善於加工各式各樣的珠寶，同時還精於製造鐵器、武器。從體質上看，他們與羅馬人非常相像，以至於連相互通婚也沒有引起太多爭論。日耳曼人講的語言屬於印歐語系，與拉丁語、希臘語均有關聯。在他們開始對羅馬進行最後征服之前，日耳曼人與羅馬人的長時期交往對他們的文明化進程產生決定性影響。與羅馬帝國擁有共同的邊界——沿著萊因河和多瑙河防禦線——的日耳曼人，他們與羅馬人建立了穩定的貿易關係。甚至在兩者刀戎相向時，羅馬人也往往拉攏一些日耳曼部落聯合打擊別的日耳曼部落。此外，到西元四世紀時，日耳曼部落經常充當兵源枯竭的羅馬帝國軍隊的輔助部隊，有時還獲准在帝國邊境地區定居下來，此處的羅馬農民已放棄了耕種田地的打算。最後，許多日耳曼部落在西元四世紀皈依了基督教，不過他們信奉的是異端阿里烏派的變體。所有這些往來都使得「蠻族」十分熟悉羅馬文明，並對它非常欣賞。

日耳曼人開始他們的最後一擊時，目的並不在於摧毀羅馬，而在於得到更多優質的土地。第一次重大進展出現於西元三七八年，該年最先遷居到多瑙河流域羅馬境內的西哥德人（日耳曼人的一支）發動了叛變，反抗羅馬官員的不公平待遇，並在亞德里安堡戰役中大敗前來鎮壓的羅馬軍隊。羅馬皇帝狄奧多西大帝非常明智地採取安撫收買政策，與他們結爲盟友，從而防止他們擴大。西元三九五年狄奧多西去世，他把帝國東西兩半分別交由兩個兒子治理，但他倆並無乃父的治國才能，同時兩部分均受到一些政治陰謀，而使國力更加削弱。在其首領阿拉里克的率領下，西哥德人利用局勢的動盪再次起事，在羅馬帝國境內任意馳騁，以求獲得最好的土地和最多的糧食。西元四一〇年，西哥德人劫掠了羅馬城——對當時人來說，這無異是晴天霹靂——隨後，他們長驅直入南高盧。與此同時，四〇六年十二月，由汪達爾人率領的另一個日耳曼部落聯盟越過冰封的萊因河，並利用羅馬人一心一意對付西哥德人之機，經高盧進入西班牙。不久之後，他們以西班牙爲跳板橫渡海峽進入非洲西北部，這一地區在當時是帝國全境最富裕的農業地區之一。汪達爾人以此爲基地控制了地中海中部地區，甚至於四五五年從海上洗劫羅馬。當時在位的西羅馬帝國皇帝僅是個孩子，純屬無能之輩，被人嘲諷地稱爲「小奧古斯都」（奧古斯圖盧斯）。四七六年，日耳曼部落聯盟的一位首領不費吹灰之力就廢黜了他。因此，四七六年傳統上被視爲西羅馬帝國滅亡的時間。不過，我們應當記住，在君士坦丁堡仍有一位皇帝，他仍聲稱自己對西部地區享有統治權。

研究日耳曼入侵這段歷史的學者通常都會提出這樣的兩個問題：何以日耳曼人能夠輕而易舉地取得勝利？他們何以特別在西部地區而不是東部地區取得成功？日耳曼人軍隊的數量並不多：西哥德人在取得亞德里安堡戰役勝利時，人數不會超過一萬人；汪達爾人（包括婦女兒童在內）「游牧部落」共八萬人，與美國中等規模的郊區人口相當——鑑於軍隊人數如此之少，而日耳曼人取得勝利之輕鬆，人們就更爲震驚了。不過，在當時羅馬軍隊本身由於羅馬人口下降，再加上其他行業，尤其是新形成的官僚機構需要大批人力，導致兵源枯竭。此外，由於羅馬人對保衛自己已不再熱心，所以日耳曼軍隊經常靠羅馬軍隊不出陣而取勝。在日耳曼的擴展過程上，亞德里安堡戰役是爲數不多的一次激戰。人們很少懷著恐怖心態看待日耳曼人，且許多日耳曼士兵在羅馬軍隊中得到擢升，甚至成爲高級將領；同時，發端於戴克里先的專制體制在羅馬人看來已不值得爲之戰鬥了。

至於第二個問題，即日耳曼人何以在帝國西部發展最爲順利，原因較爲複雜，有些是由於當時主事的人和所犯的錯誤，另一些則與地理因素相關。但是東羅馬帝國得以長存、西羅馬帝國卻崩解的首要原因，僅僅在於東部比西部更爲富有。到了西元五世紀，西羅馬帝國的多數城市已衰落，人口數量和空間範圍縮減成原規模的很小一部分，且往往與形同虛設的行政中心或防禦中心無異。西部的經濟變得越來越以農業經濟爲主，所生產的糧食作物等僅能養活種田的農民，及讓富有領主過其奢侈的生活。與此不同，在東部地區，諸如君士坦丁堡、安提

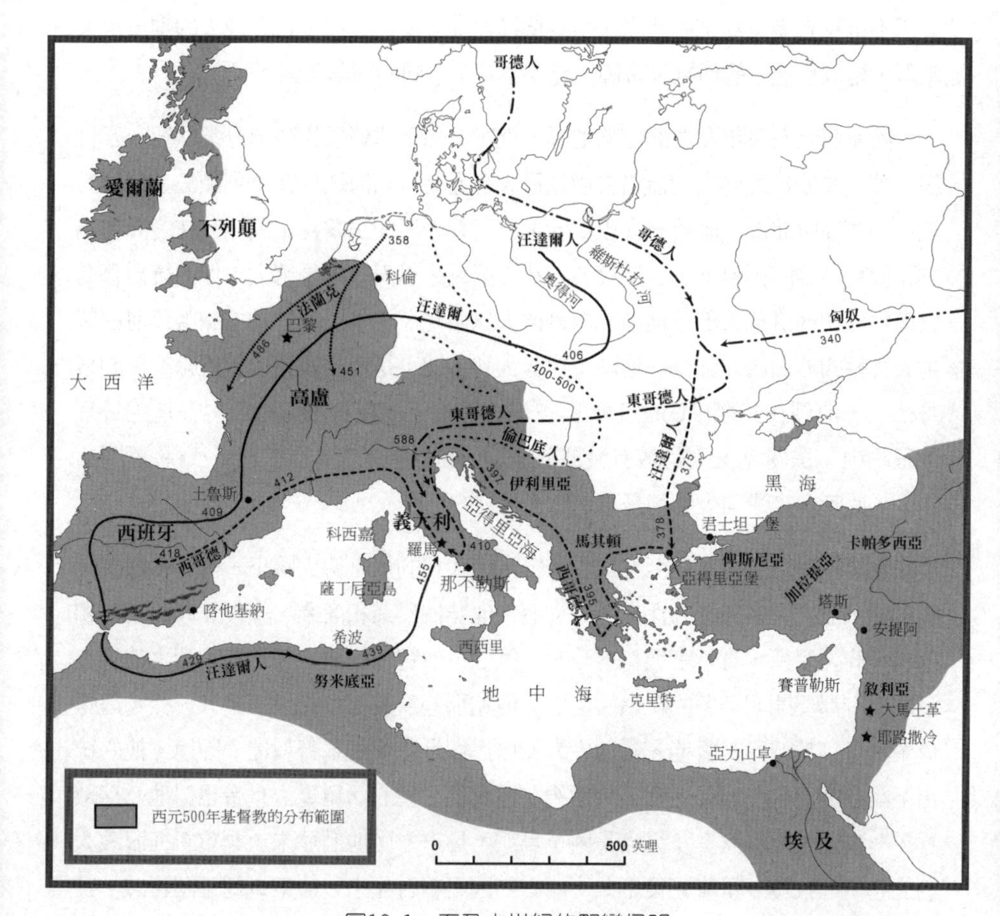

圖10-1　五及六世紀的野蠻侵略

拉、亞歷山大等城市，工商業發達，仍然充滿活力。由於東羅馬帝國政府靠稅收積聚了較多財富，因而中央政府實力也較爲強大。此外，它仍有能力用貢款收買蠻族部落，到後來，這一手段更加頻繁。就這樣，當羅馬城在泥淖中艱難掙扎並最終陷落之際，君士坦丁堡依然可以應付自如。

日耳曼人的征服在西部並未產生翻天覆地的後果。與羅馬人相比，日耳曼人的最大區別在於他們不住在城市裡。然而，由於羅馬城本身已處於衰落過程中，因而日耳曼人的入侵僅僅加劇這一城市衰落過程罷了。在農村，日耳曼人取代羅馬地主成爲土地的主人時，並未破壞原有的基本模式。總而言之，由於日耳曼人在總人口中所占比例並未占多數，因此他們所占有的通常是一部分羅馬土地而已。日耳曼人還試圖利用現成的羅馬管理機構爲自己服務，但隨著財富的消失和人們不再具有識文斷字的能力，這些機構逐漸衰微。因而，日耳曼人的唯一重大創新，是取代統一的西羅馬帝國，建立了若干不同的部落王國。

觀看西元五百年左右的西歐地圖，就可看出下述嚴重的政治分裂狀況。五世紀中葉，屬於日耳曼人的盎格魯撒克遜人越過英吉利海峽，在不列顛島上擴展其統治。在高盧北部，圍繞著從巴黎向東直到萊因河的法蘭克王國，其在詭計多端的將領克洛維的領導下，日漸發展。在法蘭克人以南有西哥德人，他們統治著高盧南半部和西班牙大部分地區。西哥德人以南是汪達爾人，他們控制著以前由羅馬人管轄的非洲西北部全部地區。在義大利各地，是與西哥德人有親緣關係的東哥德人，他們在其傑出的國王狄奧多里克統治下，握有主導地位。在這些日耳曼王國中，法蘭克王國是最有發展前途的一個（關於這一點，下一章將專門論述），此時看來最強大的卻是東哥德人建立的王國。

狄奧多里克為四九三至五二六年統治義大利的東哥德人國王，他非常欽羨羅馬文明，並試圖盡其全力保存這一文明。他獎掖農業和商業，修復公共建築物和道路，庇護學術，實行宗教寬容政策。總之，他實行的是一種比義大利之前的大多數皇帝都要開明得多的統治。但由於他和那些為數不多的東哥德人一樣，都是信奉阿里烏教派的基督徒，當地主教和居民卻是正統的基督教徒。因而，他的統治不論多麼寬容、溫和，都受到敵視。君士坦丁堡的「羅馬」皇帝也對他心存敵意，一方面是因為狄奧多里克是阿里烏派，另一方面他們並未放棄重新征服義大利的念頭。狄奧多里克死後不久，所有的因素結合起來致使東哥德王國覆滅。實際上，除了法蘭克人建立的王國外，在歐洲大陸上沒有一個蠻族王國能夠長久存在下去。

西方基督教思想的形成

西羅馬帝國衰落滅亡這段時期，也是西方一些基督教思想家系統地闡述對塵世和上帝看法的時期。這些思想家的神學理論，對此後大約八百年間西方思想的發展將產生指導作用。政治衰落與神學思想的發展同時產生並非偶然。隨著西羅馬帝國衰落並為蠻族王國取而代之，對有思想的基督教而言，比以往更為清楚的是，古典文化必須重新進行審視，上帝只是把塵世視為一個臨時性的試驗場。與此相連，這些推論的結果就是迫切需要回答的問題。在約三八〇至五二五年之間，西方基督教思想家們對上述問題做出了回答，他們的成就彼此密切相關。這些人中最出類拔萃的當屬聖奧古斯丁，但其他一些人也產生了巨大影響。

生活於同一時代且互相熟悉、互有影響的三位人物——聖耶柔米（約三四〇？～四二〇年）、聖安博（約三四〇？～三九七年）、聖奧古斯丁（約三五四～四三〇年）——被公認爲西方拉丁教會中四位最偉大的「教父」中的三位（另一位是聖格列哥里，他生活的年代較晚，下一章我們將專門談到他）。聖耶柔米最大的貢獻就是把《聖經》由希伯來文、希臘文譯成拉丁文。他翻譯的《聖經》被稱爲《拉丁文聖經》（或稱爲「通行本」），在其後很長時間裡一直爲羅馬天主教會所使用。幸運的是，聖耶柔米是那一時代最優秀的作家之一，他所使用的是一種富有活力的散文體例，有時也用優美的詩文翻譯《聖經》。由於他翻譯的《拉丁文聖經》是往後許多世紀中流行最廣的作品，因而，他的作品對拉丁文學風格和思想產生了很大影響，其程度不亞於英格蘭國王詹姆斯欽定本《聖經》對英國文學的影響。聖耶柔米雖然是諸拉丁教父中獨創性最少的思想家，但他經由自己引起爭議，且十分流暢地對當代觀點做系統闡述，也對西方基督教的未來產生影響。聖耶柔米的學說中最重要的有以下幾點：《聖經》中的許多部分不能按字面理解，而應從寓言的角度來看；如果使之完全徹底地從屬於基督教的目的，那麼古典學問對基督徒是有裨益的；最完美的基督徒是嚴格的苦行者。聖耶柔米後來不遺餘力地支持隱修制度便是與最後一個思想有關。他告誡婦女不要洗澡，這樣她們就不會見到自己赤裸裸的樣子。

不像聖耶柔米是一位學者，聖安博對塵世生活十分關注。作爲米蘭大主教，聖安博是對羅馬帝國西部地區影響最大的教會高層人士——其影響甚至比教皇還大。出於對現實問題的關注，他撰寫了一部倫理著作《論牧師的義務》。該書在書名和形式上都刻意模仿西塞羅的〈論義務〉一文，在內容上，也與西塞羅的斯多葛派在倫理觀上多有類似之處。不過，安博在兩個方面有別於西塞羅和大多數傳統的古典思想家：其一，人類行爲的始與末都應是尊崇並探尋上帝，而不是只顧自己或出於調整社會的興趣；其二，上帝之所以幫助這些基督徒而不幫助別的基督徒完全是出於救恩。這一觀點是聖安博最具獨創性的貢獻，後來聖奧古斯丁進一步把它發揚光大。聖安博與屠殺無辜平民的狄奧多西大帝直接交手，透過他最有名的舉動把其行爲有關的觀點付諸實施。他認爲，狄奧多西的行爲違反了神的戒律，必然要受到基督教會的懲戒。引人注意的是，這位大主教最終迫使這位具有至高無上地位的皇帝進行道歉，並懇求寬恕。一位神職人員在道德問題上迫使羅馬世俗權力臣服，這是有史以來第一次。因此，它成爲教會在這一領域具有突出地位的象徵，尤其是體現了西方教會日漸發展成型的自治和道德優勢感等觀念，這些觀念後來導致天主教會比東正教更加獨立，對世俗生活的影響也更大。

四位拉丁教父中最出類拔萃的一位當屬聖安博的門徒聖奧古斯丁，他也是基督教歷史上影響最大的思想家。聖奧古斯丁對後來的中世紀思想產生難以估計的影響；甚至在中世紀過後，人的神學理論對新教的形成也有深刻的影響。在二十世紀，許多重要的基督教思想家都自稱是新奧古斯丁主義者。奧古斯丁的基督教理論之所以如此詳盡，可能正是因爲他全心全意地尋求基督教的教義。雖然他一出生在名義上就是基督徒，但一直拖到三十三歲才接受洗禮；他猶豫不決，從一個思想體系轉到另一個思想體系，卻未能找到任何一個在思想或精神上令人滿足的體系。他對其他種種選擇越來越持懷疑態度；在聖安博的學說感召下，再加上他在《懺悔錄》中生動描述過的一次神祕體驗，聖奧古斯丁終於在三八七年完全接受了基督教。此後，他在教會中的地位爬升很快；三九五年，他出任北非希坡城主教。雖然他在該職位上極爲忙碌，他仍抽出時間撰寫了大量內容深奧難懂但具有影響力的論文，闡發了他對基督教思想和行動方面最根本問題的堅定信念。

聖奧古斯丁的神學理論是圍繞在，人天生有罪和神無所不能原則進行。自從亞當和夏娃在伊甸園裡背叛上帝之時起，人類從根本上來說便是有罪的。聖奧古斯丁在其《懺悔錄》一書中，最爲生動地描繪了人類的墮落：有一次，他和別的男孩一樣，被驅使去偷鄰居果園中的梨，既不是因爲他們餓了，也不是因爲它們特別好吃，而是因爲罪本身[1]。上帝完全有理由把所有人類打入地獄，但祂沒有這樣做，而是慈悲爲懷，有選擇地拯救了一部分人。不過，人們對上帝的這種選擇最終是無能爲力的：雖然他們有權決定行善還是作惡，但他們無法決定自己是否會得到拯救。只有永恆的主才能預定一部分人得救，預定其餘的人進入地獄。換句話來說，上帝預先確定了天堂中居民的人數。如果一些人認爲這樣看起來不公平，那麼奧古斯丁這樣回答：首先，嚴格意義上的「公正」將會導致所有人陷入萬劫不復之地；其次，上帝選擇所依據的是一個爲上帝無所不能而籠罩的奧祕——遠非世人所能理解的。

雖然在我們看來，苛嚴的得救預定教條在日常事務中的後果是懶散和宿命論，但聖奧古斯丁及後來中世紀時期的基督徒絕不會這樣看。人類本身必須行善；他們要想被上帝「選中」，通常也應行善；既然沒有任何人知道誰會被選中，誰不會被選中，那麼每一個人都應盡力行善，期盼自己是在上帝的選民之列中。在聖奧古斯丁看來，行善的核心指導原則在於「博愛」，這意味著是要過一種爲主獻身、熱愛主和自己的今生之生活。從另一方面來說，人類應避免「貪婪」，或者因爲一己私利而愛好俗世之物。換言之，聖奧古斯丁告誡人們在塵世上應像旅行者或「朝聖者」那樣行事，把自己的目光遠遠投向天堂中的家園，不要受任何物質誘惑。

在其主要的著作之一《上帝之城》中，聖奧古斯丁據此闡揚了他對歷史的理解。他在該書中辯稱，自創世到末日審判，整個人類過去是、將來也會是由兩個敵對的集團所構成，其中一個集團自私自愛，「按人的標準生活」，另一個集團「按上帝的標準」生活。前者屬於「塵世之城」，將受到懲罰；而受到天佑的少數人構成「上帝之城」，在末日審判來臨時，將穿上永生不老的外衣。至於末日審判何時到來，聖奧古斯丁情緒激昂地爭論道：誰都無法知道它來臨的確切時間，不過，既然末日審判隨時都可能來臨，既然沒有任何其他與人類相關世界性歷史事件是預定好的，因此，所有人都應盡最大努力去過一種公正的生活，準備接受末日的審判。

聖奧古斯丁有系統闡述了基督教神學體系的許多新的重要方面，不過他認爲，自己所做的不過是把《聖經》中已有的眞理提出來而已。確實，他堅信僅《聖經》本身就包含了人類値得了解的全部智慧。但他也認爲，《聖經》的許多內容是用很含糊不清的方式表達出來的，因而，沒有受過一定程度的文化教育，就不可能徹底了解《聖經》。正是出於這一認識，他有限地接受了古典學問。古代世界已經建立了一套以「文科」——即自由人爲在塵世取得成功和知識進步而必須掌握的學科——爲基礎的教育體系。聖奧古斯丁主張享有特權的基督教徒可以學習這些學科的基本原理，但只能在有限的範圍內進行，學習的目的也與過去不同，只能是一個：研讀《聖經》。由於在他生活的時代依然有教授這些科目的世俗學校，因而聖奧古斯丁允許一名基督教上層人士到這類學校學習；後來，當這些學校逐漸消失後，取而代之的是隱修院和大教堂中附設的學校。因此，聖奧古斯丁的學說不僅爲保存某些古典著作提供了理論根據，而且爲教育活動得以在某種程度下延續下去奠定基礎。不過，我們在此應修正一下前述觀點：聖奧古斯丁只打算讓上層人士接受文科教育；其他所有人只要簡單地接受基督教信仰方面的教育即可。此外，他還認爲，如果一個人僅僅爲了古典思想而研究古典思想，那麼這遠不如他對古典思想一無所知。他堅持認爲，凡人眞正的智慧是虔誠。

聖奧古斯丁有許多信徒，其中最引人注意、最有影響的當推博愛修斯。博愛修斯生存年代大致爲四八〇至五二四年，他是位羅馬貴族。把博愛修斯當作聖奧古斯丁的門徒，直到最近爲止仍然是衆說紛紜的問題，因爲博愛修斯在他的一些作品中並未明確提到基督教。確實，由於博愛修斯毫無疑問地對古代哲學感興趣，行文風格優美，幾乎是西塞羅再世，再加上他出身於羅馬貴族家庭，因而人們習慣上把他稱作「最後一位羅馬人」。然而實際上，他像奧古斯丁所要求的，把古典學問視爲服務基督教的目的，而他自己的說教也在奧古斯丁的根本上。

博愛修斯生活的時代比奧古斯丁晚一個世紀，這樣他就遠比奧古斯丁清楚地看到古代世界正在走向盡頭。因此他認爲自己的首要目標，就是通過一系列手冊、翻譯、評註，盡可能多去保存古代最優秀的學問。他接受了當時把自由人應具備的學識畫分爲七科，即——語法、修辭、邏輯、算術、幾何、天文和音樂的觀點，並寫過算術和音樂兩科的手冊。他進行這些概括意在表述基督徒應當了解這些論題的所有基本內容。假以天年，博愛修斯或許就會寫出類似的文章論述其他幾門學科，而當他去世時，他正一心一意地研究他痴愛的學科邏輯學。他把亞里斯多德有關邏輯學的論文從希臘文譯成拉丁文，意在保存這古典時代邏輯學的最優秀成果；他還把波爾菲里（另一位古代哲學家）的邏輯學入門著作譯成拉丁文。爲了幫助初學者，他還親自爲這些書撰寫評註。由於拉丁作家即使在羅馬文化最繁榮昌盛的時期，對邏輯學也從未感過興趣，因而博愛修斯的譯本和註解就成爲連結希臘人與中世紀的一個紐帶。博愛修斯以邏輯學詞彙來協助賦予拉丁文，當西方人於十二世紀再次對邏輯學產生興趣時，他們所依據的首先是博愛修斯。

雖然博愛修斯倡導亞里斯多德的邏輯學，但他的世界觀是奧古斯丁式的而非亞里斯多德式的。他的一些關於基督教神學理論的論文，尤其是其傑作《哲學的慰藉》，都顯示出這一點。《哲學的慰藉》是博愛修斯在獄中寫成的，當時這位曾充當東哥德國王狄奧多里克顧問的人，以叛國罪名被這位國王判處死刑（史學家對他是否眞的犯有此罪無法肯定）。在此書中，他提出了一個由來已久的人類的幸福是什麼的問題，並得出結論：財富、聲譽之類的塵世獎賞中不存在幸福，只有在「至善」亦即上帝那裡才能找到眞正的幸福。因而，人類的生活應在追求上帝中度過。由於在「慰藉」一書中，博愛修斯是以一位哲學家而非神學家的身分談論的，因而他沒有訴諸基督教的天啓或救恩或獲救中的作用。但是，該書在本質上具有的奧古斯丁特徵模式是確切無疑的。由於它文字極其優美，所表明的古典詞句和一些古典思想也能用於並服從於純粹的基督教結構。此外，最重要的是，由於它看來提供了人生的眞諦，因而《哲學的慰藉》一書成爲中世紀最流行的書之一。時值塵世間萬事萬物看起來粗鄙或轉瞬即逝之際，有人很有說服力地「從哲學角度」告訴人們假如爲上帝而生活，生活是有目的的，這實在是一種慰藉。

博愛修斯在《哲學的慰藉》一書的高潮部分，是用詩體重述了俄耳甫斯的神話傳說，這在某種程度上代表了我們剛剛討論過的四位作家之共同看法，即基督教思想家如何希望接受古典傳統，並保持某種連續性。但是博愛修斯還賦予這故事新的涵義。在博愛修斯看來，俄耳甫斯的妻子歐律狄刻代表著地獄；由於俄耳甫斯忍不住看了她一眼，他不得不死去並被打入地獄。換句話說，俄耳甫斯太過於世俗和追求物欲；他不應愛一位女人，而應追尋上帝。不過眞正的基督徒知道，「幸福的是那些能夠窺見善『即神覺』的閃光之源泉的人；幸福的是那些能夠掙脫塵世沉重鎖鏈的人」。

東羅馬帝國和西部

從許多方面來看，五二四年博愛修斯被東哥德國王狄奧多里克處死是一個歷史轉折點。其一，博愛修斯是最後一位引人注目的哲學家，也是最後一位有修養的拉丁散文作家，在其後幾百年間，西方再也沒有出現像他這樣傑出的人物。其二，博愛修斯還是一位俗人，在他之後幾個世紀中，西歐幾乎所有作家都是牧師或隱修士。在政治領域，博愛修斯被處死也具有象徵意義，因爲它預示了東哥德王國將在義大利被滅亡。不論博愛修斯被指控的罪名是否成立，這一事件表明，信奉阿里烏派的東哥德人無法與跟自己不同教義的基督教徒和睦相處。因此，不久以後，東哥德王國將被東羅馬帝國消滅。該事件反過來又成爲東部和西部最終分裂，舊的羅馬世界最終崩潰的一個重要因素。

征服東哥德人是東羅馬皇帝查士丁尼（五二七～五六五年在位），他制定並直接指揮復興羅馬帝國龐大計畫中的一部分。自狄奧多西統治時期以來，定都君士坦丁堡的東羅馬帝國就面臨著內外雙重壓力：內部的宗教紛爭和外部的蠻族入侵。但是在整個五世紀期間，東羅馬帝國想盡各種方法要度過難關，待查士丁尼繼位時，它的實力已有很大程度的恢復。雖然東羅馬帝國——此時它包括現今的希臘、土耳其地區、中東的大部分地區和埃及——境內的部分居民使用希臘語或敘利亞語，但查士丁尼本人出生於該帝國最靠東的一個省內（今南斯拉夫），講的是拉丁語。如此，他把注意力集中於西方就毫不奇怪了。他把自己看作羅馬帝國的後繼者，決心收復西部地區，並恢復帝國昔日的權力。與這前帝國時期的歷代皇帝配偶不同，查士丁尼精明、果斷的妻子西奧多拉在他統治時期占有舉足輕重的地位；且正在她的輔佐下，查士丁尼朝著前述目標昂首前進。然而，他收復西部地區的政策最終被證明是不現實的。

查士丁尼最令人難忘、且最持久的成就之一就是編纂羅馬法。此舉的部分目的在於強調與更早的羅馬帝國存在之連續性，同時也在提高他的聲譽、強化他的絕對權力。由於西元三到六世紀之間律令文書卷帙不斷增加，結果政府的衆多法令都含有許多自相矛盾或早已過時的內容，因此進行法律編纂工作勢在必行。此外，隨著東方專制主義制度的建立，和基督教被認可爲官方宗教的情形下，發生了翻天覆地的變化，舊的律條已不再適用。五二七年查士丁尼登基後，他當即下令修訂並編纂現有法律，使之順應新的形勢，並把它視爲自己統治的權威性根基。查士丁尼任命了一個由精通法律的人組成之委員會，並指派其親信大臣特利博尼安擔任委員會主席。該委員會在兩年之內公布了它的第一批工作成果。這就是《查士丁尼法典》，它有系統地修訂了自哈德良到查士丁尼在位時代所頒布的所有成文法規。《法典》後來又有了新增部分，即「法令新編」，其中包含查士丁尼及其直接繼承人頒布的立法。到五三二年，該委員會完成了匯總摘錄歷代大法學家著作的工作，即「法理匯要」。修訂工作的最後一項成果是「法學總綱」，它是「法典」和「匯要」中所體現的法律原則教科書。上述四部法典合在一起就構成了「民法大全」或民法。

查士丁尼的「民法大全」本身就是一項傑出的成就：單是「法理匯要」就被人們非常妥當地稱爲「有史以來世界上最引人注目、最重要的法學著作」。此外，「民法大全」對後來的法律和政治史都有極大的影響。查士丁尼的「民法大全」自十一世紀起，重新引起西歐人的興趣並重新爲人研修，它成爲除英國之外所有歐洲國家法律和法理的基礎（英國法律體系由自己的「習慣法」演變而成）。十九世紀時的《拿破侖法典》在本質上就是披著近代外衣的查士丁尼「法學總綱」，且爲近代歐陸諸國和拉丁美洲各國的法律提供了依據。

此處我們只能列舉查士丁尼法學著作裡較個別且具體的影響。首先，就其基本的政治理論而言，它成了專制主義的堡壘。法典一開始就提到一句格言：「愉悅君王者具有法律效力」；它賦予帝國君主無限的權力，因而爲後世歐洲君王和獨裁者欣然採納。不過，「民法大全」還爲立憲制度提供了理論根據，因爲它堅持君主擁有的權力最初來自人民而不是上帝。「大全」最重要、最有影響的方面或許在於，其把國家視爲一個抽象的公共與世俗實體的觀點。在中世紀時期，居主導地位的是一種與「大全」相對立的觀念，它把國家視爲統治者的私有財產，或把它視爲抑制罪惡的一種超自然創造物。現代人的國家是一個「與未來生活無關，而與日常事務相關的公共實體觀念」，興盛於中世紀臨近結束時，它在很大程度上是查士丁尼法律匯編中所含國家觀的復活。

查士丁尼不僅想在法學理論方面，而且想在地域方面成爲一位名副其實的羅馬帝國皇帝，爲此他派遣軍隊重新征服西部地區。起初進展極爲順利，五三三年，查士丁尼將領中最優秀的貝利撒留征服了非洲西北部的汪達爾人王國；

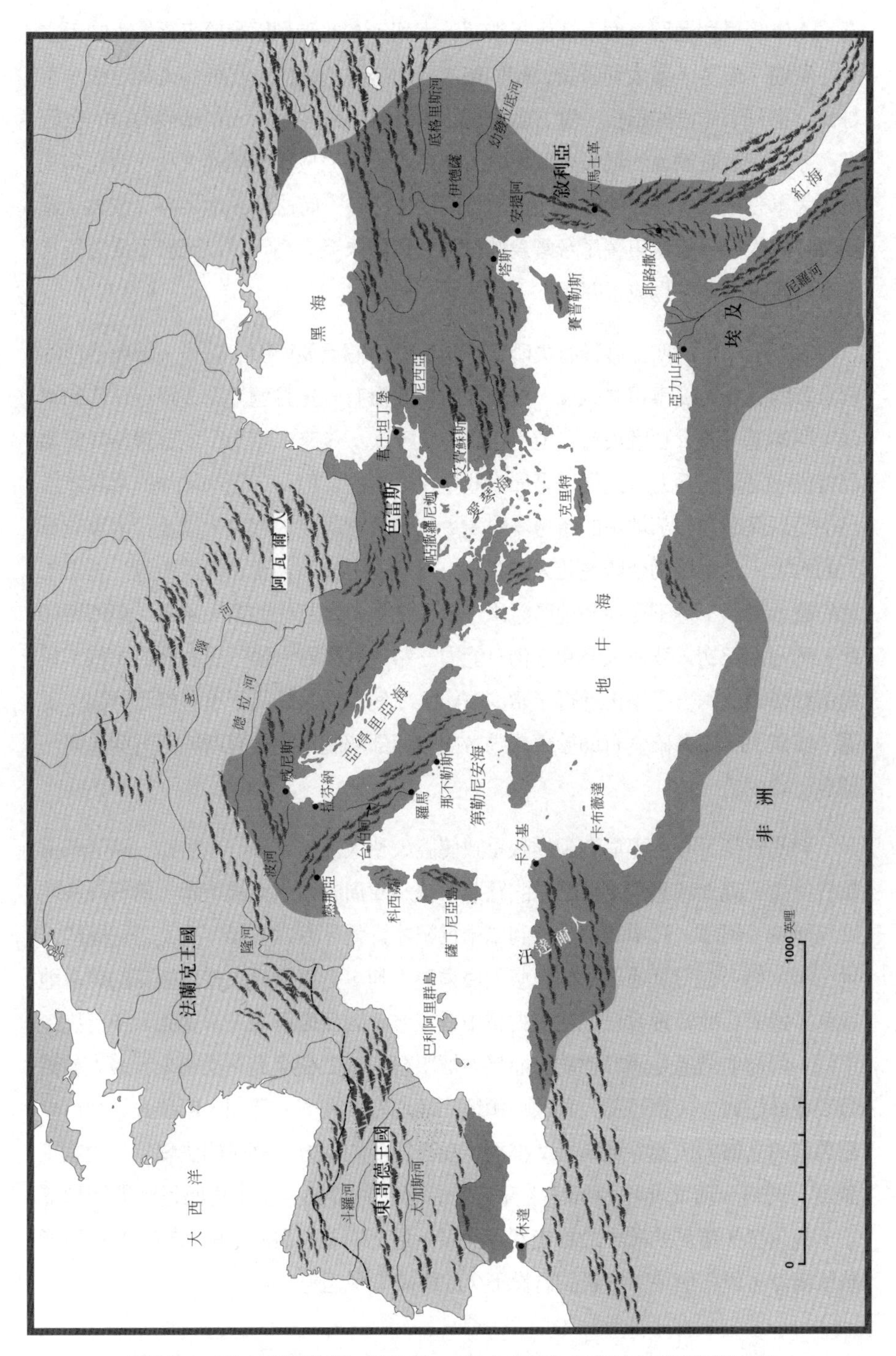

圖10-2　查士丁尼時期（五二七～五六五年）的拜占庭帝國與歐洲

五三六年，貝利撒留表面上征服了整個義大利，在此受到臣屬於東哥德人的天主教徒歡迎。但是，義大利戰役最初的幾次勝利是靠不住的。在最初失利之後，東哥德人進行了頑固的抵抗，雙方戰爭拖了數十年，直至五六三年精疲力竭的東羅馬人才攻破東哥德人的最後幾個據點，使得查士丁尼成爲整個義大利、西北非和他的大軍設法重新征服的西班牙沿岸地區之主宰。一時之間，地中海又成爲「羅馬人」的內湖。但是東羅馬帝國爲此付出的代價未免太高了，以至於不久之後它本身能否繼續存在也成了問題。

說查士丁尼的西部戰役有失明智，是出於兩個重要原因：首先，他所治理的國家實際上無力從事這些戰役。貝利撒留很少擁有充足且適於完成艱巨任務的軍隊：開始進行義大利戰役時，他手上只有八千人。後來，查士丁尼確實爲其將領們提供了足夠的兵力，這僅僅是靠徵收重稅做到的。但是，這些增加的軍隊或許仍不足以保衛在西部地區的新邊境界，更何況帝國的更大利益，以及帝國東方更大的敵人。當東羅馬帝國在義大利耗盡心血之際，波斯人正在積聚力量。查士丁尼的繼承者們不得不從西部地區撤軍，以迎接重新崛起的波斯人威脅；但即便如此，到七世紀初，波斯人看起來仍有能力一路進展到君士坦丁堡對面的水域。只是由於帝國在六一〇年後進行了徹底改組，才使這黑暗的日子沒有眞正降臨；不過，波斯人的威脅確實有助於東羅馬帝國自西部解脫出來，有助於西方開始過一種自己的生活。

與此同時，查士丁尼發動的戰爭致使義大利大部分地區一片狼藉。隨著戰爭曠日持久，義大利遭到更爲嚴重的蹂躪。羅馬四周的引水渠被切斷，農村許多地區又變成了沼澤，其中的積水直到二十世紀才排乾。五六八年，查士丁尼剛剛去世三年，另一支日耳曼部落倫巴底人侵入義大利，把東羅馬人重新據有的許多地區奪了過去。此時後者正把注意力集中在東方，因而倫巴底人未遇到太多抵抗。不過，因爲他們還是過於軟弱，而無力征服整個義大利半島。反過來，義大利被分裂成倫巴底人、東羅馬人和教皇領地三個地區。在同一時期，斯拉夫人利用東羅馬衰弱之機向巴爾幹地區大肆推進。在更靠西的地方，高盧的法蘭克人內戰正激烈；同時，西北非和西班牙大部分地區落入阿拉伯人手中也僅是時間問題罷了。就這樣，羅馬的統一最終走到了盡頭。這一四分五裂的地區未來看起來可能暗淡凄涼，但各個地區中新的力量不久就將被集聚起來。

第十一章

轉變中的亞洲和非洲

Asia and Africa in Transition (c.200 B.C.-900 A.D.)

英雄誠知覺寤，畏若禍戒，超然遠覽，淵然深識……距逐鹿之瞽說，審神器之有授……則福祚流於子孫，天祿其永終矣。

——班固，《漢書》[1]

正當希臘羅馬古典文明，在羅馬帝國的強力推動下擴展到地中海世界各個角落之際，印度文化和中國文化也都臻於高度發展的階段。羅馬帝國崩潰之後，西方陷於動亂之中，亞洲的情況也是如此。不過，外族入侵和政治動亂在東亞和南亞，並未像在西方那樣引起翻天覆地的變化；同時，當歐洲處於黑暗的中世紀時，這兩個地區的文化卻達到燦爛的頂峰。在印度，商貿的繁榮促進了大城市的發展，伴隨著佛教的傳播而產生的宗教狂熱，兩相結合，有助於人們藝術才能的勃發。這一時期，印度的影響向四鄰廣爲傳播。佛教先在中亞生根，又以那裡爲跳板，傳播到中國、朝鮮和日本。隨著印度人的向外拓殖活動，佛教和印度教連同其藝術和文學，一起傳入東南亞和馬來群島（至今此地仍被叫作印度尼西亞）。中國此時從印度傳入佛教這一重要宗教，並且在實現政治統一、建立有效的管理制度方面取得更大成就。中華帝國顯赫一時，令其東鄰的日本人十分著迷，後者在西元六世紀及其後幾百年間學習，並如飢似渴地吸收中國文化。就在同一時期，藉助於希臘化時代和羅馬帝國的各商貿中心，後來再經由阿拉伯人的導引，使西方也受到亞洲文明的某些影響。而撒哈拉沙漠以南的非洲，文明發展非常遲緩。地理上的孤立狀態限制了文化和商業交流，其程度比日本要嚴重得多。這裡雖與羅馬人有過接觸，但未留下什麼影響，而阿拉伯人向撒哈拉以南地區的滲透也是斷斷續續的。

印度文明的繁榮

在充滿活力、虔信佛教的阿育王統治下，孔雀王朝統一了印度大部分地區。西元前二世紀初，該王朝傾覆之後，帝國很快就呈現分崩離析狀態，陷於政治紛爭的局面。在此後幾百年間，德干高原取代印度河－恆河平原成爲權力中心，每個最強大的王國皆建都在此。這裡成了紛爭的場所，一個又一個王朝兵戈相向；就在這一過程中，一些地域遼闊、資源豐富的大國脫穎而出。雖然最獨特的歷史性影響——吠陀文學和哲學、印度教傳統的宗教觀和社會觀，以及佛教的創造性力量——發端於北方，但迄至那時構成文明的各類藝術，顯然正在印度南方高度發展著。此外，開始困擾北印度的外族入侵還未能深入德干高原。德干地區各邦與鄰邦乃至非常遙遠的地區進行了商業交往，但並未受到外來敵對勢力的嚴重威脅；反過來，他們的商人和傳教團體爲印度贏得對東南亞的文化支配地位。

北印度有一段時期處在來自突厥斯坦的游牧部落統治之下。此後，在笈多王朝的統治下，北印度再度實現了統一。笈多王朝實際統治的時間是在西元四世紀和五世紀前半葉（三二〇～約四六七年），其奠基人是旃陀羅笈多一世。旃陀羅笈多一世並非那位建立孔雀王朝的旃陀羅笈多的後裔，但他也是從同一個都城即恆河河畔的華氏城（今巴特那）開始其統治。笈多之子沙摩陀羅受其臨死父王之命去「統治整個世界」，據說曾推翻北方九位統治者和南方的十一位國王，並令其他人對他稱臣納貢。這一記載無疑雖有些誇大其詞，但當沙摩陀羅之子旃陀羅笈多二世攫取阿拉伯海沿岸通往西方的口岸之後，帝國把整個印度斯坦以及德干地區的諸多部分都置於自己控制之下。旃陀羅笈多二世被稱爲「超日王」，在他統治時期（三七五～四一五年），笈多王朝無論就物資豐饒還是文化成就上而言，均屬登峰造極。

笈多王朝在某些方面與六百年前的孔雀王朝相似。政府控制了金銀加工、鹽和礦物的開採、鑄幣和武器製造業務，雇用了一支龐大的官僚團隊和一支間諜隊伍。稅收除了包括繳納一定額度的穀物，還包括被迫在公共工程上勞動及用水灌溉田地的費用，不過負擔並非是十分苛重，不致於妨礙大批農業人口的成長。雖然各邦之間的紛爭幾乎從不間斷，使其未能實現政治的統一，不過，在北印度和德干地區城市的發展和上層人士的成長，都是非常明顯的。除提供諸如香料、珠寶、象牙、龜殼和精製織物等奢侈品用於出口外，印度成了西方和中國間交流的中心。它與羅馬帝國有貿易往來，並從羅馬進口了亞麻布、銅器、玻璃製品和葡萄酒等，可是在這種貿易中使印度出超甚豐，從而削弱了羅馬經濟，讓羅馬皇帝不得不下令禁止臣民穿著絲織品。東西方貿易透過兩條路進行，一條是陸路，經發端於中國的「絲綢之路」進行，一條是海路。印度商人很早之前就揚帆穿過阿拉伯海，溯紅海而上，到達埃及。直到西元一世紀，西方商人才發現，利用季風可以在夏天向東航抵印度海岸，並在十月風向轉變時由那兒返回。近東的各港口在與南印度的交往可能比與北印度的規模更大。貿易商品以產自德干地區的珍珠和綠玉石尤爲搶手；羅馬鑄幣在印度半島的西南沿海和東南沿海都有所發現，這是一度繁盛的貿易往來的證明。顯然，印度統治者無意限制與外國的交往，甚至不反對外國商人留駐，所以，還有一些外國商人還在印度建立了永久居住地。因此，在印度南部建立了羅馬人、猶太人，及來自敘利亞和波斯的基督徒聶斯脫利派（即景教，這是一個講敘利亞語的基督教教派，至今在印度西南部仍然存在），和阿拉伯人的小塊拓殖地。

在超日王統治時期，一位中國求法僧人到了北印度，在那兒度過六年的時間，這位僧人的名字叫法顯，他撰寫了一部簡短的遊記[2]，保存了關於這一時期北印度的珍貴史料。當時佛教已傳入中國，法顯和尚冒險西行，是爲了在佛教發祥地取得佛經，並對該教有親身了解。法顯之行本身就是非同尋常的壯舉，他艱難跋涉，徒步穿過新疆和每座高山，經過長達六年的時間才到達印度（三九九～四〇五年）。他在印度學習梵文，在笈多王國的首都取得佛教文獻、繪畫和聖物，隨後經由海路回國。途中他在錫蘭停留兩年，並曾拜訪爪哇島。在其取經活動的十五年間，法顯累積行程八千多英里。

根據法顯的記述表明，佛教在笈多帝國興盛之時，在印度的各種祭儀也都可以舉行，同時不同宗教之間的競爭並未導致宗教迫害。雖然法顯甚至連赫赫有名的超日王的名字都沒有提到，但在他筆下超日王的統治是公正仁愛。他證明，道路得到妥善維修，盜匪之患極少，捐稅較輕，死刑不為人所知。他指出，國家資助慈善事業的傳統進一步發展，無論本地人還是異國遊客均可享受免費醫療。由於天眞和虔誠，他的記述可能有些過分渲染：他斷言所有印度人都是素食主義者，從不飲酒；不過，他也提到了貧窮、為社會遺棄的人，他們的出現被認為是一種褻瀆，因而他們不得不搖鈴示衆，表示自己向此前行——這證明不可接觸性已成為印度社會的一個方面。權衡之下，基於法顯確鑿的語言，我們有理由相

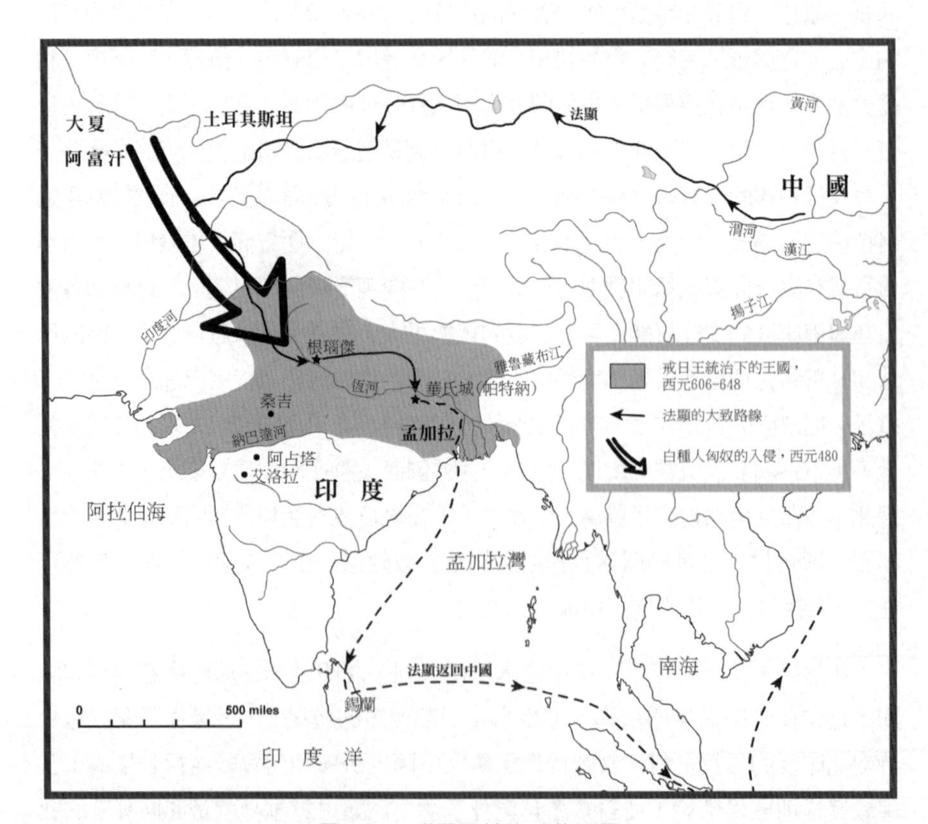

圖11-1　戒日王統治下的王國

信，適值西歐諸國淪於半野蠻狀態之際，笈多帝國繁榮昌盛，相當穩定，在思想文化方面也很活躍。

西元五世紀時，印度再次遭到外族入侵，笈多王朝傾覆，隨之而來的是長達一個多世紀的動盪混亂局面。幾乎與西羅馬帝國正式滅亡同時，一群被稱爲「白匈奴」的游牧民族擊潰了笈多帝國軍隊，成了北印度的主人（四八〇年）。到了六世紀初，白匈奴人進一步擴展勢力，建立了一個東起孟加拉、西至阿富汗和中亞的大帝國。與其前朝相比，匈奴帝國要野蠻得多，笈多王朝卓越成效的管理體制並未能保持下來。不過，匈奴人的統治並未擺脫游牧民族建立國家的通常模式，所以建得快，垮得也快。其後，印度歷史上最有名的統治者之一戒日王（六〇六～六四八年在位）重新建立了一個有效的政府。

儘管戒日王的國家並非笈多王國的延續，但兩者在重要特徵方面極爲相似，以致於人們往往用「笈多」一詞概指四到七世紀的北印度文明——這段時期雖有匈奴入侵這一毀滅性的插曲，仍不失爲文化成就卓著的時期。戒日王擁有一支龐大軍隊，由步兵、騎兵和戰象軍組成，戰鬥力很強；他藉此重新統一了北印度大部分地區。戒日王治國有方，除了是位明智、審慎的明君，還是藝術、文學，以及宗教的慷慨贊助者。他的都城曲女城位於恆河中游谷地，沿河展延四英里，宏偉壯觀；城內有數百座廟宇和堂皇的公共建築，節日慶典賦予它生機。正如在超日王統治時代，一位中國佛教求法僧的記載向世人展現了戒日王統治的情況。

根據這位異國訪客玄奘[3]的敘述，及同時代的其他記載，戒日王按照笈多王朝的傳統進行統治，不過並非那麼仁慈，刑罰包括斷肢、餓斃之類的酷刑。國家歲收主要取自王室領地上的種種租稅，稅額相當於村落收成的六分之一，算不上苛重。用於道路修建、運河開鑿或改良農業方面的花費，因戒日王對不怎麼實用目的的偏好，而受到影響，不過，這位國王偏離治國常軌看來，他是以仁慈目的爲導向的：他只把其歲收的四分之一留作統治費用，而把其餘的收入大多用於教育、宗教、藝術或慈善事業。玄奘曾在宮廷受到款待，他記述說戒日王皈依了佛教。實際上，他奉行一種宗教寬容政策，對佛陀、溼婆天和太陽神均示尊崇。

印度的宗教在文化進展中一直扮演著很活躍的角色。印度教以印度—雅利安衆神爲基礎，與殘存的古代印度河谷禮儀結合而成——此時它繼續吸取其他土生土長的崇拜，逐漸形成一直流傳至今的獨特特徵。吠陀時代的一些神祇不再具有重要意義，或者湮沒不聞。代表著哲學家所說無所不在的世界靈魂的梵天過於抽象，不可能長時間成爲萬民的崇拜對象。在印度西部，有許多神廟是獻給雅利安人早期的太陽神蘇利耶。在印度諸神中，有兩個神祇脫穎而出，地位上升到至尊地位，令其他一切神祇默然失色：此即毗溼奴和溼婆。毗溼奴被稱爲「保護之神」，以仁慈爲主要特徵，所收受的祭品是鮮花和糖果，而不是血淋淋的犧牲。毗溼奴被認爲有千萬種化身，地方性神祇都被納入其扈從之列。例如，黑天原爲印度西北部一個非雅利安系的英雄／神，逐漸轉變成毗溼奴重要化身中最著名的一個。他還被尊爲「大黑天」，是神聖智慧的提供者和至高上帝，同時被認爲是擠奶女的戀人，富有朝氣，愛開玩笑，擁有鍥而不捨的態度，爲人們所愛戴。比毗溼奴更孚衆望的一個神是令人敬畏的溼婆。溼婆的典型形象是四臂五面，其複雜特性是自雅利安人的一個低等神祇樓陀羅（風暴神），以及古印度河谷地生殖崇拜中的有角男神衍化而來的。「毀滅之神」溼婆帶來的是敬畏和恐懼。祂扮演的一個角色是「舞神」，有朝一日會在一次普世狂亂的舞蹈中毀滅整個宇宙。萬事萬物經由（溼婆）毀滅、（經由毗溼奴）復原，這一週期性循環被認爲是永恆的原則。不過在另一方面，溼婆顯得不僅是位仁慈者，而且還是位寧靜的禁欲主義者，耽於沉思冥想——是位無比的瑜伽論者。溼婆的女性配偶和祂一樣具有雙重特性。這位雪山神女是喜馬拉雅山的美貌女兒，是位十全十美的新娘，但也是位帶著用頭骨穿成的項鏈、嗜血成性的時母[4]。與此相對，毗溼奴的妻子吉祥天女被尊崇爲好運女神。

毗溼奴崇拜（毗溼奴教派）和溼婆崇拜（溼婆教派）彼此互補而非不可調和，每種崇拜都形成不同的信仰和祭儀等級。在與外界隔絕的地區，溼婆信仰的性和繁衍方面是以具有酒神節狂亂氣息的典儀進行慶祝的，通常限於一年的特定時間，被認爲是一種精神發洩。整體說來，印度教遠遠超越了早期雅利安人的犧牲祭儀，後者把宗教視爲人與神祇之間一種機械的契約約定。它在淨化神祇觀念，並把典儀改造爲一種崇拜行爲。這一轉變著重點的一個重要結果就是「巴克提」（敬信）運動，讓人信奉一位擁有贖罪權力、隨時可以接近的人格化神。巴克提運動發端於南印度，它不承認祭司的中介作用，同時無視種姓之別，訴諸於廣泛的人口階層，因而是反對婆羅門教的。在印度東南部講塔米爾語的居民中間，運動造就了一個極易動感情、道德優良的神祕文學團體。塔米爾詩人們褒獎調解人，譴責報復之舉：

禁食、苦行固然佳，
寬恕罪過更偉大。

巴克提理想被充分地展現在〈薄伽梵歌〉（〈世尊歌〉）之中。〈薄伽梵歌〉是世界各種文學中最著名的聖詩之一，它被非常不協調地附屬於古代史詩〈摩訶婆羅多〉之中，在形式上是貴族武士阿周那與其御者黑天（毗溼奴神的化身）的對話。面臨一場注定要消滅敵對雙方的戰爭，阿周那因爲不願看到屠殺自己親友的現象而退縮不前。黑天勸說他對戰鬥的後果應該完全不予理睬，因爲作爲一名武士就必須去戰鬥。他還解釋說，由於物質不能制約精神，因而肉體生命和死亡都只不過是靈魂定數的短暫插曲：「靈魂既不毀滅，也不會被毀滅。」同時，由於每一個人都是經由肉體暫時與物質相牽連，因而他必須在物質的層次上對待它。每個人得到的無上指令都是忠實地履行他或她應承擔的職司，此即「法」（達摩），而不要看重它或尋求任何回報。理想的信徒是毫無牽掛地以「不受拘束的靈魂」去行動的人。

〈薄伽梵歌〉提倡帶有嚴格的社會責任畫分的「法」之信條，也就默認了種姓制度。但是它超越了種姓制度的種種偏見，而向各個階層提供達到精神完善的前景。在與阿周那的對話中，黑天把知識置於行爲之上，把對人性中崇高一面的了解置於所有其他知識層次之上。在這一點上，「梵歌」意譯出《奧義書》的一個主要信條，不過，它和哲學家的不同在於問了下述問題：當人可以經由求助於一位明顯可以接近的神（其自身就是眞理化身至高神性）而輕而易舉地達到嚮往的目的時，何以每個人都應試圖完成了解一個「不明顯的」、不具人格的存在這一困難的任務。神要求其信徒做到的只有敬信，祂把敬信等同於服務，要求信徒無盡地、不求任何報償地敬奉祂。此敬奉超越了社會行動及爲公社和國家服務，但並未排除它。在「梵歌」中的宗教是一種倫理、精神和富於同情心的宗教。詩中的黑天是位富有愛心的神，祂毅然承擔起人類的罪孽，向所有的人，甚至包括那些被認爲智力低下的階層（婦女被毫不遲疑地歸入此類），無償地予以超渡。「凡崇奉我者……一直爲我默想者……我當即把他救出死與死之海洋。」由於它把吠陀思想的精髓昇華爲激動人心的詩作，因而，對印度人而言，〈薄伽梵歌〉就是基督徒心目中《新約》中的登山寶訓[5]。具有自由思想的非國教徒，諸如拉爾夫・沃爾多・愛默生和亨利・大衛・梭羅，都從中獲得了靈感。在二十世紀時，聖雄甘地自承獲益於「梵歌」不加限制的、不尋求個人利益的服務訓誡，不過，他拋棄了詩中對種姓區分的贊同和對戰爭進行的辯護。

印度歷史上這一時期豐富多彩的思想文化活動，反映出一個世界主義社會的興趣，和富有統治者對此的慷慨資助，這種活動一直受到宗教團體的影響。婆羅門和佛教僧侶都具有很高的學識，大型圖書館應運而生。尤其值得指出的是教育機構的建立，其中佛教徒扮演著主要角色。佛教僧侶在教育中的作用可與中世紀初期西方基督教教士相媲美，不過，由於當時印度整體知識水準遠高於此時西方的水準，因而佛教僧侶的學識更爲博大精深。一些佛教寺院成爲國際知名的學術中心，歐洲在中世紀晚期巴黎大學、蒙彼利埃大學和牛津大學等興起之前根本無法與此抗衡，最大的佛教大學之一建於恆河谷地的那爛陀（位於今比哈爾邦），它早在西元四或五世紀就已發揮作用。這所大學得到笈多王朝各王的大量捐助，設有學生宿舍——貧家子弟只要通過入學考試，就可獲得免費食宿，不須繳納學費，同時享受免費醫療，並有一個包括三層樓的圖書館。七世紀時造訪該校的朝聖者稱，該校在校人數多達五千人，其中有一些人來至中國的西藏、朝鮮及其他地區。雖然那爛陀是由佛教徒創辦的，並在十八個不同的書院裡傳授佛學，但其教師也開設印度哲學、語法、醫學、數學，及吠陀文學和當代文學等課程。

西元四和八世紀之間，印度文明發展到了極盛時期。對印度而言，超日王和戒日王統治時期就相當於西方古典文明中的伯里克利時代和奧古斯都時期。不過，印度的盛期比希臘或羅馬的盛期持續時間要長。雖然各地方言產生了自己獨具一格的文學作品，但無論在北印度還是在南印度，梵文都成爲風行於世的文學表達手段。佛教徒勉爲其難地把本來用巴利文寫成的聖典譯成梵文，而這些梵文譯本被傳道僧侶帶到中亞、中國、朝鮮，最終到了日本。笈多時代的文學作品（無論散文還是詩歌），涉及科學論文、人物傳記與供大衆消遣的故事等諸多領域。後者包括長篇浪漫故事，它們使人想起《一千零一夜》，而且或許可能是《一千零一夜》的原型；此外，還有可與《伊索寓言故事》相媲美的「動物寓言」。梵文典範詩作雖講究修辭，卻極富表現力。它們既反映出對自然的熱愛，又表現了節日時的歡慶場面和宮廷盛典，「空中走客」（sky-goer，表示鳥）、「纖弱」（frail，表示婦女）和「寶庫」（mine of jewels，表示大海）之類的稱謂則爲之生輝。超日王的宮廷詩人兼劇作家迦梨陀娑被認爲是最出類拔萃的梵文詩人。他的精雕細琢之作《雲使》，描繪了一位與愛妻別離的流亡的大地精靈，他託一片經過喜馬拉雅山脈的雨雲帶話給妻子，向她傾訴了自己熾熱的愛。

正如稍晚一點的歐洲一樣，印度戲劇也是由某種大衆性的宗教教諭和娛樂形式發展而成的。印度戲劇把散文體或詩體對話與手勢和舞蹈巧妙地結合起來，由一班男女主演，不過演出地點不是在公共戲場，而是在私宅或廟堂之中。戲劇情節大量取材於史詩中傳奇性的主題，往往枝雜蕪蔓，涉及的是浪漫的愛情；一旦情節難以發展下去，就訴諸魔法或奇蹟。它們總是以大團圓結束，沒有一個是悲劇。此外，戲劇還運用了一種不自然的手法，讓主角用梵文交談，婦女和低等角色所講的則是一般人交談所用的不雅方言。雖然梵文戲劇不像古希臘戲劇或西方傳統戲劇那樣結構緊湊、重點突出，但它們對大自然做了精美的描繪，傾訴了人類的憂慮、苦悶之情。最著名的梵文戲劇是迦梨陀娑的經典之作《沙恭達羅》。《沙恭達羅》的主題在文學中很常見，它描述的是一位被戀人遺棄的婦女遭遇。這位戀人是位國王，他被一位歹徒奪走了記憶，當人向他展示從魚腹上發現的一個指環時，他認出這是他給鍾愛的人信物；不過，其後他們又經過了種種不幸，最後才又歡天喜地地團聚在一起。該劇描寫人物性格的技巧可以與莎士比亞相提並論。另一部更具現實特徵的作品是《小泥車》，作者是迦梨陀娑一位同時代的人。該劇哀婉傷感，富於幽默，故事情節圍繞著一位窮婆羅門歷盡磨難的愛情故事、政治陰謀，最後這位主角好不容易免於被處死。

在這幾百年間，印度人民的創作才能充分地展現在藝術上，尤其是在建築和雕刻。到了笈多時代，印度建築藝術已到近乎完美的境地，印度各地雄偉的石製建築物可玆為證。佛教寺院和廟宇的演化實際上成為整個印度建築和雕刻的楷模。最早的佛教紀念性建築物是「窣堵波」，這是一種簡單的穹形或半球形墳丘，上面冠以一個傘狀物——這在印度象徵著權威。墳丘表面用磚或石砌成，裡面埋著一件聖物，通常是某一與釋迦牟尼或一位佛教聖人相關聯的物品。最著名的窣堵波是位於印度心臟地區桑奇的大窣堵波，它始建於阿育王統治時期，西元前一世紀才眞正竣工，但至今仍保存完好。該墳冢表面用石砌成，冢基直徑達一百二十英尺，可謂規模龐大；比此更引人注目的是，窣堵波周圍四座刻有圖案的牌樓。這些巍峨的石欄柵由高達三十五英尺的龐大紀念柱支撐著，上面精心雕刻著構思巧妙的人物和動作形象，即有寫實的，又有象徵性的。在窣堵波之後，印度宗教建築下一個發展階段就是講經堂，即佛教僧侶和善男信女追憶與崇拜「法王」釋迦牟尼的地方。這些講經堂在當時通常均是鑿挖山脈或懸崖一側的堅固岩石而建成，其整體布局類似羅馬的長方形大會堂和早期基督教教堂，中央是甬道或中殿，兩邊都是耳堂，由圓柱隔離開來。與講經堂發展的同時，佛教寺院也在發展。佛教寺院與講經堂相似，寺院往往也是鑿挖單塊大岩壁而成，一排排石窟或斗室拾級而上，整體來看像是一座梯形金字塔。不久，皈依印度教的信徒也開始模仿佛教徒興建自己的廟宇，而且建得甚至更加精緻。

雖然早在西元一世紀時，印度人就建造了一些獨立式廟宇，但幾百年來他們看來更樂於採用更費力的方法，就著懸崖和岩洞的石壁開鑿出大型建築物。他們在印度各地共鑿岩壁建成了一萬兩千多座寺廟，其中大部分在西海岸一帶。在後來稱爲海得拉巴的北部，在兩個相隔約七十英里的地方，即阿旃陀和埃羅拉，有兩個最引人注意的石窟群。阿旃陀石窟群是佛教聖地，其中有些石窟開鑿於西元前二世紀，有些則遲至五世紀才開採而成。它們中間既有寺院，又有講經堂，並有石床、石桌、蓄水池，以及用於擺放閱讀用油燈的壁龕。更爲壯觀的埃羅拉石窟群則是四到十三世紀，大約九百年建築和雕刻活動的結晶。首先在這裡開鑿石窟的是佛教徒，不過某些洞窟是耆那教徒的功勞，大多數則是作爲印度教廟宇建成的，規模龐大，設計華麗。

與鑿岩而成的石窟類型的廟宇相對，用一塊塊的石質砌成的廟宇在笈多時代變得更爲常見了，並成爲六到十三世紀之間印度教廟宇建築最活躍時期的典型形式。這些獨立式印度教廟宇建築的根本建築特徵是：一、基座包括一個正方形或長方形的小室，裡面供奉著神像；二、由神室頂部再聳立起一論壇高塔，俯瞰整座廟宇。根據塔的形狀，我們可以把印度教廟宇區分成兩大風格：一類是「達羅毗荼」風格，僅見於熱帶地區，此類廟宇有一個多層的梯形尖塔，它與階梯狀金字塔相似，與鑿岩而成的早期佛教寺院也極爲類似。另一類是「印度—雅利安」風格，盛行於印度北部，此類廟宇中有一個帶有豎式彎梁的曲紅形塔，這可能是自佛教的窣堵波派出來的。

雖然印度的雕刻似乎隨著印度河谷地文明的衰落而終止，而這一早期文化創造的傳統和技藝極爲可能保存下來，並在一千餘年時間裡在工匠手中代代相傳。如前文所述，印度最早的石雕是阿育王紀念圓柱上的動物塑像；當石雕開始復興之際，它就具有與古印度河流域藝術相似的典型特徵。在基督紀元開始前不久，耆那教和佛教僧侶都開始在其祭祀場所添加人物塑像。隨著羅馬帝國臻於極盛，影響廣被四方，東西方之間興盛的貿易往來爲希臘羅馬影響的傳入開了方便之門。印度西北部的某些佛陀雕像與其說類似一位身著法衣的僧侶，倒不如說與希臘的阿波羅神或一位披著托加袍的羅馬皇帝相仿。後來，隨著與衆不同的印度表現風格的問世，羅馬和希臘化的特徵逐漸消退。佛祖被雕塑成盤腿靜息的形象。人物形象得到極其精巧的表現，既呈現出一種有節奏的動感，又有一種祥和寧靜之感。人物的服裝薄得近乎透明，或者僅僅勾出模模糊糊的輪廓，因而具有一種裸體的效果。雕像各部位比例適宜，四肢曲線優美，反應出人們對人體解剖和植物形態研究有素。

在印度教藝術的天才之作中，最豐富多彩的創造是鑿岩而成的廟宇上的浮雕和壁畫，在這方面，在相當於西方古典時代和中世紀的那段時期裡，印度人耗費了大量精力。阿旃陀的佛教洞穴中含有現存最重要的壁畫藏品。這些壁畫自宗教中汲取靈感，同時自然優美，不拘一格。雖然它們年久失修，受到蝙蝠、昆蟲、煙霧和水分滲透等的破壞，但依然奇瑰動人（印度政府正採取措施清除汙垢，設法保護這一無價的遺產）。自七世紀以後，佛教開始衰落，印度教廟宇數目增多，它們往往飾以雕塑而不是繪畫。埃羅拉石窟寺和十至十一世紀期間建於中印度東部的克久拉霍的印度教與耆那教寺廟的浮雕，堪入世界藝術傑作之列。在這些雕刻作品中，不僅神祇，甚至連印度歷史和傳說中一大批傑出人物和戲劇性場面，都被刻畫得栩栩如生。不少場面具有顯著的現實主義特徵，就連印度朝著抽象方向發展的傾向也顯而易見：為了表示其不同的屬性，眾神都被刻畫成具有多雙手臂或好幾張臉。笈多時代盛期瑰麗的雕刻形式是與眾不同和具有獨創性的，但在描繪人體方面——賦予它一種軟性的、近乎植物性的神韻，它們自一種可遠溯至早已消失的印度河谷地文化的傳統中汲取靈感。與古希臘雕刻家菲迪亞斯把人體理想化不同，笈多時代的雕刻家與畫家所歌頌的是自然狀態充滿活力的芸芸眾生。即便是建於西元前一世紀的桑奇大窣堵波大門所鑿刻的複雜的人物形象，雖然它們是用來紀念宗教傳說中的事件，但具有一種清新悅目和天然自成的特性，表現了自然界中狂放不羈的快樂。

印度人民在把自己的文明發展到極致的同時，還把它移植到東南亞其他各國人民之中。印度航海家和商人在西端的阿拉伯海和印度洋的東部水域都很活躍，因此，在此一時期的世界航海事業中顯然居主導地位。印度的一些邦國擁有海軍，政府機構中也專門有一個海運部。它們不僅促進貿易，而且特許設立商業公司，准許它們在某些地區進行貿易壟斷，授予它們建立殖民地的權力。在西元後最初幾百年間，馬來半島、安南（印度支那東部）、爪哇、蘇門答臘，以及馬來群島的其他島嶼上，均有了印度殖民地。從五到十世紀期間，以蘇門答臘島為基地，一個佛教王朝建立了一個擁有強大海軍力量的帝國。這一帝國還控制了爪哇西部，勢力擴張到馬來半島，並向婆羅洲殖民，繼而由此向菲律賓群島派遣殖民者。它控制了馬六甲海峽，卓有成效地維持著這一地區水域的治安，使之免遭海盜的侵襲。這一帝國（叫作室利佛逝帝國）雖然因與印度本土的一個國家長期抗爭而勢力受到削弱，但直到十四世紀仍完好無損。印度的影響擴展到印度支那半島——東南海岸的占婆國（後來並入安南帝國）、湄公河下游的柬埔寨諸王國，和西北部的泰國（暹羅）。

這些東方國家的政治演變複雜得無法詳述，但整個地區長期保持著印度文化的深刻印記。隨著佛教和印度教的傳入，梵語文學作品傳入這一地區。原型來自印度的藝術和建築也被精心地移植到這裡，並具備了明顯的自身特色。八至九世紀，占有蘇門答臘和爪哇的室利佛逝帝國可能是首屈一指的佛教藝術中心。

中爪哇巨大的婆羅浮屠大窣堵波，為世界上的建築奇蹟之一。它實際不上是一座一百五十英尺高的石山，有九層高臺、臺階、有頂的門道，和四條共有一千五百幅浮雕畫面的畫廊。這個「大乘佛教的偉大的圖解經典」曾經長達數世紀為人們所忽略，於一九八二年秋在聯合國教科文組織的領導下，由二十七個國家捐資兩千一百萬美元得以全面修整。到了九世紀，高棉人建立的柬埔寨帝國建造了規模更大的建築物。高棉人乃是土著民族，從九至十四世紀，他們統治著印度支那半島的大部分地區，並充滿活力地反映出印度文化的影響。首都吳哥（二十世紀被法國考古學家在熱帶叢林中發現）在鼎盛時期輝煌得令人難以置信。吳哥窟是幾座巨大寺廟中最莊嚴宏大的一座，甚至比古埃及盧克索和卡爾納克神廟還要大。吳哥是為印度教的毗溼奴神而建造的，同時也作為皇帝的陵墓，因為皇帝死後都被奉為神靈，並在某種程度上與毗溼奴相同。當印度教的影響在柬埔寨處於上升階段時，佛教在那裡也是一支頗為強大的力量。高棉的佛像以「吳哥的微笑」著稱於世，這種表情體現著與內心世界的大徹大悟或「涅槃」相聯繫的高度樂善好施和超凡入定。

中世紀時，孟加拉灣的周遭地區雖然包括許多互不統屬的政治實體，但全都被印度文化統治著。印度文化透過商業活動傳播開來，並在宗教、文學和藝術領域都有明顯的表現。所以，在這個「大印度」裡，創造力一點也不比在它的祖國差。但是，隨著各邦國之間勞民傷財的爭鬥，北部來自中國的壓力和阿拉伯人，以及其他冒險家們在這個地區貿易、傳教和成功的征服（這是更加決定性的），使這一地區的佛教和印度教文明在十四、十五和十六世紀衰落了。

印度透過貿易聯繫對西方產生的影響可能比現在一般所認為的要大，儘管它來得比較晚，而且主要以阿拉伯人作為中介。印度的數字（「阿拉伯數字」）直到中世紀晚期才被歐洲採用，但它也許早在二世紀就已傳入亞歷山大城。八至九世紀，印度的重要科學和醫學論文就已從梵文譯成阿拉伯文。另外，很可能是印度哲學與宗教的密切聯繫促進了基督教寺院制度的成長。最早的基督教隱修者出現在埃及，那裡流傳著佛教和印度教的許多知識，兩者都強調超凡脫俗的拋棄欲望宗旨。

中國領土的擴大和政治文化的發展

推翻周朝後建立起來的秦朝，國祚只延續了十四年（西元前二二一～前二〇七年），但這是中國歷史上最重要的王朝之一，因為它堅持不懈地厲行改組政府，以期改變國家的性質。秦朝開國皇帝自稱為「始皇帝」，他意志如鋼，是個經邦治國的天才。他翦除了紛爭的諸王國，在全國分郡而治，還苦心經營了一套由他本人直接負責的官僚政治體制。早在秦王國時期，中央集權統治和高效能的軍事組織就已根深柢固，這時已推廣到全中國，這表示與傳統做了徹底決裂。存在五百年之久的分封制度幾乎煙消雲散，政府開始直接與人民打交道。爲了根除任何對當局的非議，始皇帝的丞相禁止各種哲學學派繼續辯論，並下令將他們的著作付之一炬。這道焚書令的範圍很大，違者格殺勿論；不過，在皇帝的圖書館裡仍保存了禁書的抄本，某些道教著作能倖免於難，是因爲皇帝被書中那遐邇聞名有不可思議療效的藥方迷住了。他尤其處心積慮地要根除孔子和墨子的教誨，因爲他們強調道德也能約束君王，並強調統治者應該由賢人學者進行輔佐。

秦朝雖然短命且充滿暴力，但卻在中國歷史中占有極爲重要的地位——擁有很高的技術水準和藝術成就，秦始皇陵墓便是一個明證，它有巨大而複雜的地下宮殿，陵墓總面積超過二十一平方英里（三十三・八平方公里）。爲建此陵墓共招募了七十萬名勞力，他們成爲陪送皇帝走上冥冥之路的犧牲品。儘管古人留下許多有關始皇陵的傳說，但它的寶藏到一九七〇年皇陵被發現時才日趨明朗。最近已修復，準備做陳列的發掘品種類繁多是大大超乎人們的想像。陵寢旁安置有八千個陶俑組成的軍隊方陣——士兵、馬匹、戰車全副武裝，均按實戰陣勢排列，各種武器依然鋒利無比。陶俑與眞人非常相像，但又各具特色，似乎是始皇帝（秦始皇）讓他軍隊的每個士兵都畫了臉譜以供製陶藝人參考，才製作出栩栩如生的作品。秦始皇本人的陵寢還有待發掘。據說它的天花板上嵌滿了寶石，寢陵四周灌滿了水銀，而且還設有陷阱以防範入侵者。

秦朝的所作所爲無不展現出秦始皇本人那雷霆萬鈞之力和冷酷無情的決心。他向四面八方開疆拓土，在南方，他不僅併吞列國，也修建運河，其中一條連接長江和西江（廣州是西江上的主要港口）。他靠征兵建立起龐大的軍隊，同時，作爲一種預防措施，收繳了大部分民間武器。他靠強制勞動建成了一系列雄心勃勃的工程，其中包括以首都爲中心，完成四通八達的軍事公路網。他令人敬佩的建築工程是修復北方一系列防禦工事，並把它們連成一線，從而築起了中國的長城。長城從海邊連綿逶迤一千四百多英里直入腹地。在首都（靠近西安，西周首都舊址），他建成了一座巍峨宏大的宮殿，長兩千五百英尺，寬五百英尺，能住進一萬人。除了這些繁重的工作外，他和他的大臣們還抽出時間來統一重量單位、長度單位，甚至連車軸的寬度也統一了。而且，更重要的是，他們在全國統一了文字的寫法，結果，儘管口頭方言千差萬別，不同地區的人互相交流思想卻容易多了。始皇帝在其統治政策中，可能借鑑了波斯國王和印度孔雀王朝皇帝旃陀羅笈多的某些特點。中國後代皇帝們和外國君王們對他五體投地，念念不忘，因此異邦開始以「支那」（China）稱呼中國，而「支那」就是以他的王朝「秦」（Ch'in）命名的。這位不可一世的皇帝也有致命的弱點，即他的迷信幻想與日俱增。他幾次出巡去尋求長生不老的靈丹妙藥，並死於出巡途中。三年後，他的王朝亡於一連串宮廷陰謀與暗殺，而他的巍巍殿閣則被夷為平地。

秦朝皇帝致力於重建社會和政治，儘管困難重重，但終有所成。從整體來說，他的政策是獎掖農業，不重貿易，助農人而抑商賈。他正式廢除了農奴制，宣布耕者有其田；但實際上，農民的命運究竟比從前好多少，只有天知道。這是因為大小土地所有者之間有著天壤之別，而且商人、高利貸者以及政府力圖抑制的各色人等，逼得貧苦農民債臺高築不堪忍受。秦朝統治者的賦稅（包括人頭稅）名目繁多苛重，他們還無視民間疾苦，大舉徵兵派役。這樣一來，一方面全社會的福利比以往任何時候都更有賴於國家政權，另一方面國家卻把個人的尊嚴和自由壓制到了最低限度。大量人口被迫從一個地區遷到另一個地區，許多人乾脆變成國家的奴隸。政府控制著人民的行動，只要可能，就連人民的思想也盡可能地加以控制。法家所主張的高壓統治、嚴刑峻法、製造恐怖，秦朝的統治者都身體力行，簡直與二十世紀歐洲的極權主義制度有著驚人的類似之處。

秦王朝滅亡後不久，漢王朝建立（西元前二〇六～西元二二〇年）。漢朝政府是一個中央集權的官僚政治機構，但在處理國事時，它還算因地制宜並維護古老的傳統。漢朝開國皇帝又沿用了分封制度的某些方面，他以封地的方式，把地產賞賜給皇親國戚和其他達官顯貴。結果，又出現了如同在周朝時的那種危機，分封出去的王國勢力日益強大，也日益各自為政。幸而皇帝使出一條錦囊妙計，他下了一道聖旨：貴族地產不再原封不動地傳給長子，而是所有的繼承人一人一份。中國的社會離平等還相去甚遠，但是它的貴族政治結構已經風雨飄搖了。皇帝的政府打破了一切階級界限，再按封建原則重新確立它，周朝時封的舊國勢力再也不能恢復了。顯然，這是遭人詛咒的秦朝所開創的事業，漢朝皇帝們從中大得好處，於是再接再厲堅持不懈，他們所做的只不過緩和了秦朝那些最苛重的做法。漢朝皇帝與秦始皇相反，他們不但不敵視學者階層，反而努力博得他們的好感與支持，還要求他的官吏們舉薦年輕的賢能之才，委以公職，不計較出身如何。政府對各類哲學學派採取寬容政策，而孔夫子的門徒們從中獲益最大。他們有一些書逃過了焚書之禍，儒生們又都擁有非凡的記憶，於是，承天子恩德，孔夫子的訓誨得到重新解釋，更加強調中央政府至高無上的權威——這可是孔夫子本人未曾言及的。如此這般，他們就從絆腳石搖身一變，成為創建高效能的帝國政府中流砥柱了。

漢朝的統治固然積極有力，卓有成效，相對開明，但也嚴酷到家了。像秦朝一樣，諸如墾荒、築路、開渠這樣雄心勃勃的工程，需要極大的勞動力，而其中許多工程是由奴隸完成的。稅率很高，國家壟斷鹽和鐵的生產，貨幣的貶值損害了百姓卻肥了朝廷。與此同時，皇帝企圖調整物價，這不僅僅是爲了保護貧窮的消費者，更是想把商人的利潤轉入皇帝的金庫。政府也參與帝國飛速發展的對外貿易。

自遠古以來，中國重要歷史階段均爲農業化。耕作的方式早在商周之際已得到發展，之後未有什麼根本上的變化。這些技術被廣泛地採用，而且影響到中國社會的各方面。儘管它們在某些方面是原始和落後的，但是具有許多經驗和預見性。中國被認爲擁有一個「植物文明」，因爲它的人民不善交際，不進行知識交流，而使自己完全適應他們的環境。典型的中國農村有面積不等的耕地，常常很小，但傾向於十分小心謹慎，生產出幾乎所有的物品。它就好像是一幅自然風景畫的一部分，而不是通過人們的努力來讓自然界爲自身服務。儘管中國是一個大國，但可耕作的土地很少，使得中國糧食的生產與人口的增長很難保持平衡。大部分的國土是丘陵和山地，北方和西部地區幾乎是無法灌溉的乾旱區。因此，人們的注意力都集中在發現適於耕作的小塊土地上。大部分的勞動是靠手工來完成，使用簡單的工具創造著盡可能多的收穫。人們蒐集廢物（如草木灰）來給土地施肥，甚至那些不再用於建築目的的磚塊。穀物施行輪耕以避免地力衰竭，山坡地被改成梯田以防水土流失。

儘管很早以前就知道駕馭牲畜，而且在西元前六世紀就已知道用牛拉犁，但牠的使用卻受到限制，因爲在小塊土地上使用牛犁田還不如人力有效率。除此之外，草地和牧場可給牲畜提供飼料，而牲畜又給人類提供肉食。中國人主要依靠植物維持生存，但並不是因爲像印度人那樣因宗教信仰反對食肉，而是基於經濟因素，他們不是種植穀物來畜養動物而後吃肉，而是直接消費穀物。對於肉食動物，他們常常是飼養雞、鴨，特別是豬（可以處理生活垃圾）和魚。中國農業是細作農業，而非粗放農業。與現代西方國家特別是美國和加拿大相比較，相對於人力和工作量而言，產量是低的，但單位面積產量是高的。中國的農業勞動者很辛苦的，但卻使人口的大量增長成爲可能。

正如那些強大的王朝一樣，漢朝努力擴大自己的版圖。在東北方，它併吞了滿洲南部和朝鮮北部，使中國的移民和文化遍及這個地區。而南方，長江以南和印度支那東北部（東京）的各省分也都拿到了手。漢朝初立之際，游牧的匈奴各部落結成了聯盟，控制了草原地區達兩個半世紀，使漢朝想要控制中亞的企圖受到阻止。雖然漢帝費了很大的心血與匈奴作戰，但他們仍無法粉碎匈奴，最終與他們締約求和。匈奴人表面上被視爲附庸，但實際上漢朝要向他們繳納糧食、酒和絲等貢物，授予他們種種商業特權，以此換得他們免於劫掠中國領土，使中國領土得到些許的和平。在疆域遼闊和國勢兩方面，漢代中國是與同時期的羅馬帝國並駕齊驅。中國沒有與其他文明地區相隔絕，它的商業往來，特別是通過橫貫新疆和突厥斯坦的商路所進行的貿易往來，遠及天涯。中國人也開始在公海上揚帆遠航。不過，大洋上的貿易主要是由那些直抵南中國海和東京灣的印度航海家經營的。中國商人不僅與印度、錫蘭往來，也與日本、波斯、阿拉伯半島、敘利亞進行貿易，甚至間接地與羅馬帝國從事貿易活動。這些貿易活動中，中國總是獲利豐厚，因爲它的主要出口物——絲綢，價格極高，而且常常是需要對方用黃金或寶石來支付的。

在一位治國五十多年的皇帝領導下（漢武帝，西元前一四〇～前八七年），漢王朝在西元前第二個世紀後半期處於空前鼎盛的時期。但在西元後第一個世紀一開始，一位名叫王莽的篡位者，他並非以軍隊爲後盾而是藉由廣大民眾的支持，來奪取王位，並宣示一個新的王朝誕生，但這王朝只維持十四年的時間（二三年）。在這十四年之中，王莽企圖推行徹底的改革計畫。此計畫被形容成企圖建立一個發育不良的社會主義社會，實際上，王莽是從儒家經典中得到靈感的。他試著重塑早期周王朝的制度，包括一個半封建貴族制度，同時想廢除奴隸身分。他以託古思想來執行改良計畫，他將所有的土地收歸國有，因此他沒收所有大地主的土地，以便平均分配給每個農家。然而，由於王莽的食古不化，與其政府的無效率、腐敗，使他善意的改革計畫失敗了。他與他的支持階層逐漸遠離，包括那些在他的改革計畫受益者，所以，在歷史上他們是最大的失敗者。反對他的起義爆發了，他本人被刺重傷而死，他的計畫被放棄了（二三年）。在西元二五年，劉氏再度重掌皇位，繼續統治了兩個多世紀——這個時期稱爲後漢或東漢，因爲其首都東遷到河南境內。雖然統治制度依循前朝，但靠著嫻熟的外交手腕和軍事力量，讓中國在四鄰異邦中威望日隆；只是後來，在後漢王朝的宮廷內部和皇親國戚中，都顯露出典型的腐敗徵兆。當起義爆發時，王朝分崩離析，大權落入軍閥手中。西元二二〇年，一個軍閥廢黜了漢朝皇帝。

在中國的歷史進程中，眾多王朝你來我往，過客匆匆，有些猶如過眼煙雲，有些只有一個地區的管轄權；但大多數王朝所走的路都如出一轍，他們的命運也頗爲類似。有時新王朝靠武力或篡位建立，有時靠外族，有時則是靠低賤出身的領袖起家（據說漢朝的開國皇帝就出身於貧苦農民之家）。如果新的統治者能確立自己的權力並長治久安，他就會被尊爲正統的眞命天子，並賦予他皇帝的全部尊嚴，再也不去追究從前他的家庭地位了。一般說來，一個朝代建國之初都朝氣蓬勃治國有方，於是國泰民安，繁榮昌盛，人丁興旺。一旦當帝國的朝廷和它的官員們變得利欲薰心、貪汙腐化，對國家的問題視若無睹，只知橫徵暴斂，那麼，內亂就隨之而起，常常還有外敵入侵來火上加油。如果這個王朝面臨衰落、危急存亡，它就會在血泊中被推翻；而一個新的鐵腕人物就會奪取大權，收拾殘局，以一個新王朝的名義重蹈覆轍。朝代的興衰訴說著王朝政治的穩定和安寧。藉著統治者的德性領導（天命概念），使它在中國歷史上被長期維持，漢朝（西元前二〇六～西元二二〇年）的一興一亡，就證明了這個普遍模式在中國的連續政治鬧劇中極有典型意義。但在另一方面，漢朝標誌著中國歷史上最光輝燦爛的時期之一。這個時期的特點在於文化的進步，且政府組織形式發展得非常令人滿意，因此，除了偶有中斷之外，它的基本特徵直到二十世紀仍是一脈相承，一成不變。

漢朝崩潰後長達四個世紀之久，中國陷於兵荒馬亂中。國家分裂，戰亂不已，似乎自古以來一切成就都岌岌可危了。雖然起迄年代不盡相同，但中國這段政治分裂的時期，可以與歐洲在西羅馬帝國滅亡之後所經歷的混亂時代相比較。正如歐洲中世紀初期一樣，在中國的中央政府奄奄一息之時，蠻族入侵殃及廣大地區，而且，像基督教在西方拉丁民族和日耳曼人民之中開始扎根一樣，一種新的宗教來此宣揚——佛教，並在中國如火如荼地傳播開來。但除了以上相似之處外，中國的分裂時期與歐洲的中世紀初期大相逕庭。在中國，經濟和城市生活沒有明顯的衰落，文化和風俗也沒有重大的改變。唯一的不幸是缺乏一個強有力的中央政權，國家因而蒙難。但亡羊猶可補牢，那就是修復一度垮掉的統治機器。漢朝政府就曾是一個確實有效的先例，它的經驗之談就是充分利用現存的社會組織和經濟制度，並強調古老傳統。正因爲如此，就連長時期的半無政府狀態，也不可能毀滅中國的文明。這是一個烏雲遮日的時期，它證實了中國的社會和文化是堅韌頑強的，這種堅韌性扎根於家長制的家庭、村社組織，和農民們不屈不撓的進取心之中。

可以預料得到，中國北部邊境上的游牧民族會利用這種內部弱點趁火打劫，蹂躪國家。從四到六世紀後期的兩百五十年間，整個中國北方，包括渭河流域和黃河流域，實際上都處在匈奴人、韃靼人及與他們血統相近的游牧民族的王朝統治之下。然而，他們在中國並未能像在印度那樣，在中亞建立一個個幅員廣闊而短命的帝國以進行經常性的侵犯。異族對黃河流域——歷史上中國文化的中心——的統治，並不能毀滅這種文化。相反的，統治者似乎渴望著能被當作文明的監護人和保衛者；而在遠東，所謂文明實際上就是中國風俗。居住在長城以南的游牧民族，語言和風俗都被當地居民同化了。此外，在中國的風俗中，由於與草原游牧民接觸而發生的變化，其中之一就是服裝式樣。在四和五世紀中，他們像北方騎馬人那樣穿起褲子和靴子，甚至在中國南方，這種服裝式樣也逐漸取代了寬大的長袍。

在中世紀，中國與西歐迥然不同：在中國，經過四個世紀的戰亂之後，接踵而來的是另一個生機勃勃成就輝煌的王朝——唐朝（六一八～九〇七年）。唐朝重建了一統的江山，把邊界線重新推回原處，並取得輝煌燦爛的文化成就。在同一時期，封建主義正在歐洲扎根，一種新型的文明正在那裡形成，而中國則重新推進漢朝的事業。儘管唐朝建立於長期的入侵和分裂之後，但它在許多方面體現了中國文化發展的頂峰〔6〕。

唐朝基本上是在一位卓越天子的統治下，在西元八世紀前五十年的時間，幾乎是處於達到極盛時期。那時，中國統治的地區比中國的任何朝代還大，而且比之前的朝代更加強大。在蒙古的幾次爭戰，粉碎了統治那裡已達一百五十年之久的突厥人的力量，一些突厥人成了唐朝帝國的同盟者，滿洲的許多地區被合併了，整個朝鮮在一段不長的時間內對其稱臣納貢，印度支那北部再次被置於中國的統治之下。在中亞，唐朝取得最顯著的進展。中國統治了西至裏海和阿富汗，即印度邊界的廣大地區，就連印度河流域的一些君主也承認了中國的宗主權。在軍事擴張中，唐朝的統治者非常倚重各異族的幫助，他們的臣民對這些不論是朋友還是敵人的異族都很熟悉。現在，中國這條巨龍已如泰山壓頂，蒙古人、突厥人、匈奴人也欣然從命，樂爲盟友。

不管唐朝在中亞的霸權多麼強大，它也不可能萬世永存。在七世紀中葉，伊斯蘭教在阿拉伯人的領導下開始迅速擴張開來，一時之間，儘管中國遠離西亞，但似乎只有中國才是能有效禦敵的唯一力量。波斯薩珊王朝的末代國王從阿拉伯人的手中逃脫出來，到唐朝求援；唐朝軍隊在當地王公的協助下，在突厥斯坦阻止了穆斯林的推進。但這只是暫時的，當唐朝開始走下坡路時（約七五〇年），阿拉伯人統治了突厥斯坦——留下伊斯蘭教作爲永久的遺產，他們的影響一度向東擴展，直抵中國的甘肅省邊界。西藏過去從未參與過中亞的政治動亂，但此時唐朝的統治者在那裡也遇到了麻煩。七世紀初，一位領袖人物在那個高原之國建立了一個王國，他的威望日隆，竟足以使中國和印度都把公主嫁給他。西藏人輪流與突厥人、阿拉伯人結盟，幾次入侵中國領土，並且在帕什米爾山脈的通道，阻斷了中國與波斯之間的貿易。在七九八年，唐政府成功地與著名的巴格達的哈里發——哈倫·拉希德簽訂了一項同盟條約，這使得西藏人的勢力在九世紀中一落千丈。與此同時，突厥人的別支重新占領了蒙古，儘管長年苦戰，中國人還是無法保護他們西部和北部邊境不受侵犯。到了九世紀末，國內起義、政府的腐敗和王室的衰微，導致中國再次天下大亂。

唐朝的統治機構與漢朝相似，也是皇帝獨攬全權，由龐大的官僚機構輔國佐政。此時，中國本土畫爲十五個道，每個道再分爲若干府或州，往下再分爲縣或更小的單位，而每一個行政單位都由一名中央任命的官吏治理。漢朝曾實行過舉賢薦才爲國效力，到唐朝時，已經發展成一套選任文官的基本制度。在全國所有的道都定期舉行筆試，並從應考合格者中選官授職。

自從秦朝皇帝廢除封建制度，建立農民所有制度以來，中國社會的性質沒有什麼大的改變。許多農民不是獨立的土地所有者，而是佃戶；而且此時，奴隸制並未徹底根除。財富上的不平等和社會各階層的貴賤之分是有目共睹的。唐朝的皇帝扶植起一個擁有封號爵位的貴族階層，其內部又分數等，不過，他們的地位是看政府對他們是否寵幸來做決定，而不在於他們擁有多少土地財產。在封建制度下，世襲的爵位可以帶來實際的統治權，但此時，封號只授予成績突出的官吏，以犒賞他們爲朝廷所效之勞。正常情況下，皇帝並不以軍事獨裁的方式實行統治，而是使行政當局與軍事當局涇渭分明；只有在國家虛弱混亂，軍閥篡奪政治權力時，皇帝才實行軍事獨裁。到唐朝時，中國人已經堅信：軍人統治與正常、文明的社會型態，乃是水火不相容。

每一個充滿生機的王朝都沿襲前朝促進農業的政策，它們重視水利工程，平時維持國家的糧倉充足，以備荒年周濟糧食，有時還試圖把農民從沉重的債務和捐稅負擔中解脫出來。儘管如此，當中國成爲世界上主要農業國之一時，貧苦農民們無疑仍忍受從古至今一貫低下的生活水準。而且，農民的主要負擔就是供養國家。理論上，皇帝有權重新分配任何人的財產；但實際上，他僅僅對於那些富可敵國，與危及皇權的家族進行削弱實力而已。當官者對農民的興趣總是集中在一點上，即農民是賦稅、貢物、勞役（包括當兵）最可靠、最有利可圖的來源。

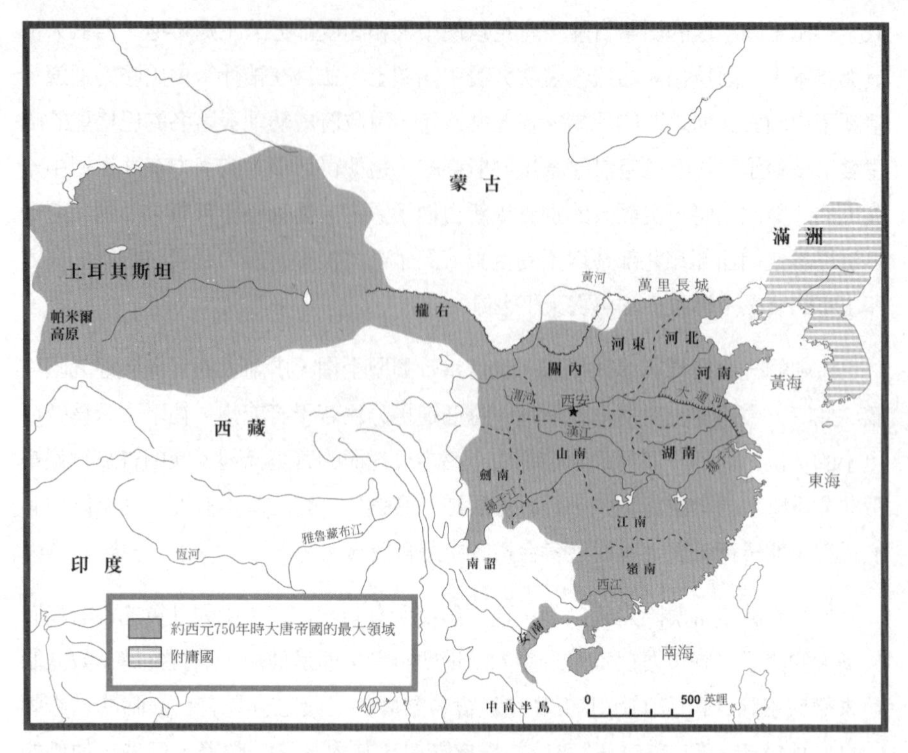

圖11-2　唐朝（六一八～九〇七年）

十分奇怪的是，雖然農民的地位很崇高，政府也厲行鼓勵農業的政策，但在這一時期內，中國商人比歐洲商人獲得更優越的突出地位，而且此時的商業穩步發展促進了繁華都市的興起。八世紀時，唐朝首都建在渭河河谷中（即西安，但當時叫長安），它是在橫貫亞洲的陸上商路東邊起點上。它擁有近兩百萬的人口，在當時，中國的總人口約在四千萬到五千萬人之間，大約相當於現在人口的百分之七。唐朝的對外貿易空前發達，其中海路貿易的比例不斷增加，首要的貿易港口是廣州和東南沿地區其他城市。在那裡，有許多來自近東和中東國家的商人。中國輸出的商品中，除了絲綢和香料，瓷器也開始譽滿全球。

這個時期在宗教上出現的變化是深具意義，而且不容忽視的。最重要的是佛教的傳入，佛教使中國人第一次接觸到一種理論深邃，擁有組織，是個強調個人超渡的複雜宗教。釋迦牟尼死後的幾個世紀中，早在西元一世紀，它就沿著北方的商路傳入了中國，在漢朝崩潰後的那段分裂時期內快速發展起來。佛教在中國頗有爭議，它既喚起了強烈的好奇心，又招來了厭惡。它那神祕主義、禁欲主義、厭棄塵世、靈魂輪迴的觀念，都與中國的傳統格格不入；而和尚的生活又似乎是對忠於家庭的神聖觀念一種背叛。但另一方面，佛教給人的安慰在中國固有迷信或哲學體系中是無處可尋的。這種安慰並非貴族專有，佛門是對所有階級廣開大門——與孔夫子強調天意不可違抗是相反的，佛教中因果報應的教義斷言：不管什麼人，只要能全心修行，來世就能鴻運臨門。新宗教富於想像性，吸引了眾多信徒；而傳播佛教的僧侶隨身帶來了卷帙浩繁的經文，使崇拜學問的中國人印象尤深。佛教的來世觀念特別能吸引被踐踏、被蹂躪的人們。儘管某些中國帝王曾以暴力鎮壓，但佛教香火不絕，信徒日眾；善男信女們組織了佛教團體，朝聖者到印度去取經，抄回許多佛教經文。大約到西元五百年時，中國實際上已經成為一個佛教國家。

當然可以設想，一個強有力的帝王統治得以恢復後，便會對這種外來的救世軍式的信仰興趣索然，但事實並非如此。雖然有一些唐朝皇帝企圖根絕佛教（據說有一個皇帝毀掉了四萬個廟宇），但是也有幾個皇帝提倡它。而且中國佛教發展在唐朝時到達頂點，成為一種創造性的力量。佛教的許多宗派此時也傳入中國，主要是大乘佛教各宗；其他的佛教各派也在中國的土地上生根開花，吸引著秉性各異、學識不等的人們。流傳最廣的教派之一是「淨土宗」或「蓮花宗」，這一宗派的自我超渡，升入西方極樂世界的辦法最容易，因為無論何人，只要念著阿彌陀（或阿彌陀佛）的名字祈禱就可以。阿彌陀理論上是佛祖的化身，實際上被看作是神，據說祂是生於西天樂土的一株蓮花中。當然，也有幾個教派鼓勵矢志求學，提倡關心社會問題和政府問題。唐朝最生動活躍的哲學探索就產生於佛教徒之中。但是，儘管佛教在中國的影響極鉅，但它卻無法與同時代基督教在西歐的支配地位相提並論。中國佛教徒沒有團結於一個統一的教規之下，沒有強制性的約束力；他們的組織也沒有像西方基督教教會體系那樣，能向國家的權威提出挑戰，或取而代之。在中國，佛教是盛行的，但這一事實並不意味著其他宗教在此地就滅絕殆盡了。建立一個包含一切的普世教會的思想，不適應於中國人的觀念。

起源於一個哲學學派的道教與佛教齊頭並進，廣為流傳。它具備了宣揚來世的宗教特徵，而且頗能廣泛地吸引民眾。道教不僅發展道士制度，也發展了一種以一個「天師」為首的等級教會制度。天師在中國中南地區建立了類似羅馬教廷的大本營。道教的這種教階制度在八世紀中獲得官方的承認，直到一九二七年才正式廢除。雖然道教團體中也有許多的知識分子，並鼓勵行善，但它融入了許多基本的概念，以「道」為教義。「道」被解釋為通向個人幸福之路，而這種幸福一般只限於物質範圍內。道教受到佛教的很大影響，並從外來信仰中借用了許多觀念，其中包括因果報應和靈魂超渡，以及相信三十三重天和十八層地獄。道教的道士制度因循了佛教的和尙制度，只不過道士不獨身，後期道教經文與佛經有驚人的雷同之處。這兩種宗教不可避免地展開競爭，但誰也汰除不了對方，而且都受到皇帝和老百姓的支持。一些道教的辯護者宣稱：他們的開山鼻祖老子才是眞正的佛，不然的話，他怎會教導過佛祖之師；而佛教徒們則反唇相譏，斷言老子曾向釋迦牟尼表示尊崇。

儘管道教思想收買民心，佛教稱雄一時，但儒學從唐朝後期開始復興，並讓中國人對它心誠不二。雖然儒學總是被描繪成中國的三大宗教之一，但它並不是，而且也從來沒有成爲一種嚴格意義上的宗教。它是一種道德原則體系，禮節和正規儀式的結合體，而且，由於漢唐兩朝皇帝的政策，使它也成爲政府的行動準則；從精通孔夫子經典的讀書人中選官授職的做法，更鞏固了它的地位。最終，對這位至聖先師的頂禮膜拜就成爲官方崇拜的一部分，並具有正規的宗教性儀式。漢朝後期的皇帝曾規定在每個大城市要舉行祭孔活動，在七世紀唐朝統治者命令下，每一個府和縣都要修建孔廟。這樣一來，這位聖人就同其他古代名人、聖明帝王、赫赫名將等一起永遠受到頂禮膜拜，不過，這與佛教和道教的神所受到的那種崇拜不同。應該記住，中國人的宗教觀念與其他大多數民族不同。一個典型的中國人理所當然是孔子的信徒，但他同時也可以是一個道教徒、一個佛教徒，或者兩種宗教兼而信之。

從秦朝到唐朝滅亡的一千年間，中國的經濟和文化發生了許多變化。從西域引進了一些東西，例如，農作物中的葡萄和苜蓿；還從摩尼教徒那裡引進了占星術和七日爲一個星期的制度。中國人在四世紀就開始用煤作燃料和冶鐵了，這和歐洲人相比都是遙遙領先。早在西元前二八年，中國的占星家就發現了太陽黑子，西元一三二年就造成了原始的地震儀。磁性羅盤顯然是道士們在西元五百年左右發展起來的，它主要用於爲造墳築墓尋找風水寶地。中國人也發現了火藥的性能，但在當時，火藥並不是被人們用來自相殘殺的，而是被製成爆竹，驅魔鎮邪。而且在二世紀初，中國出現了最重要的發明——紙（由樹皮、麻、破布造成），大約五百年後採用了雕版印刷。到十世紀時，書籍的印刷不僅在中國，而且在朝鮮和日本也極爲普遍了。

這一時期內，知識和藝術的巨大進步應當歸功於佛教徒，他們的貢獻並不僅僅限於宗教方面。佛教徒採取了一邊念經一邊使用法器的宗教儀式；也採用了好幾種新樂器，包括箜篌、琵琶或其他弦樂器、笙、篳篥和一種長笛，這都豐富了中國的音樂。不過，中國佛教徒最引人注目的還是視覺藝術方面。印度北方的佛教徒曾經從希臘和波斯汲取藝術特色，並把它們傳播到中亞，從那裡又傳入中國。在（南北朝）分裂時期和唐朝初期，中國的雕刻藝術登峰造極，成功地把印度、波斯、希臘的藝術特色融會貫通，形成獨樹一幟的中國風格。這種雕刻美輪美奐的精品在歷盡滄桑後，至今猶存；其中上乘之作是在六世紀後期至七世紀後期問世的。令人歎爲觀止的建築傑作是中國西北地區的佛教寺廟或石窟，它們是仿效印度人的辦法鑿岩開出的石洞。至於繪畫在寫實和感受方面，也達到後人幾乎無法超越的地位。中國人用毛筆和墨來書寫文字的習慣促進了繪畫技巧的發展，畫中人物或場景往往與書寫在絹布卷上的高超書法合在一起。唐代的一些壁畫保存下來，與雕刻一樣，它們在在都顯示出深受佛教的影響。次要藝術中卓然不群的是動物和人物陶像的生產，它們主要用於陪葬品。典雅、自然的白瓷（世界著名的「瓷」器的開端）的生產顯然始於六或七世紀。

早在周代，中國文明就精通文學。到了唐代，中國大概是世界上國家中擁有最豐富的文學作品。此時的哲學活動雖無法與孔子、墨子和孟子之富有創造力的時代相比，但各式各樣的文學形式應運而生，表現出思想老練程度和審美力的成熟。唐代作家除了撰寫歷史、散文、辭書、短篇故事，與供平民消遣的傳奇外，還有萌芽期的戲劇，以及令其他文學形式黯然失色的詩歌產生。大量詩歌問世於分裂和紛爭時期。佛教和道教的影響帶來了有益於豐富的藝術抒情的激情和一種神祕主義特性。最後的結果是在八、九世紀的唐朝成爲中國詩歌創作史上最輝煌的時期。詩歌一般簡短精鍊，遣詞造句考究，琅琅上口，富有美感，同時表現出洗鍊的思想和生動的想像力。雖然詩歌有時傳述哲學思想，但情緒抑鬱，主題浪漫，尤重自然、愛情和友情爲其特色。一些詩歌佳作流露出淡淡的憂思，對窮人的悲慘遭遇深表同情，對政治腐敗感到憂慮，對毫無人道、殘酷的戰爭深惡痛絕，對惡明顯戰勝善深感不解。

日本的早期文明

東亞的偉大文明中，日本文明發展最晚。它的起源在大陸上，而且主要是對大陸文明，尤其是中國文明的消化吸收。然而，日本落後於中國和印度數百年，而且在援藉中國文明的基礎上，才得到迅速進步的事實，並不證明這些島國居民缺乏才能和創造力。事實上，他們不僅是消化吸收外國因素，並且在改造利用方面的表現更是令人矚目，而且在歷史的某些時期中，他們似乎比遠東其他民族更具有創造力。早期日本落後的原因，至少在某種程度上可以解釋爲，它與亞洲大陸隔絕的地理環境。在跨洋商業還未十分發達時，日本列島是不可能隨時受到大陸上正在發生的政治和文化變革的影響。這些島嶼與亞洲大陸的關係就像不列顛群島和歐洲的關係一樣。正如歐洲文明逐步從近東的中心向西經義大利進入北方各國，最後傳入不列顛一樣，遠東的文明也是由黃河流域向西、南、東北以輻射方式傳播，必然是最晚到達日本。實際上，日本比不列顛離鄰近的大陸要遠得多。多佛海峽最窄之處只有二十英里寬，而日本列島與朝鮮半島，距離最近處也超過一百英里。

日本的地理位置在某種意義上來說是得天獨厚的。在構成日本列島的三千個左右的島嶼中，只有六百個有人居住，而大部分人口集中在四個主要島嶼上。整個群島位於溫帶，最大的島嶼爲本州，它擁有日本半數的人口，其與加州幾乎是處於完全相同的緯度上。從熱帶海洋向北流來的黑潮解緩了冬季的寒冷；但有時是破壞性極強的颱風使氣溫上下波動，兩者在鍛鍊人們的身體和精神意志上有很大的幫助。由於瀕臨大洋促使他們發展航海，並成爲堅韌不拔的漁民。這一地區以它的海岸、山脈、火山和積雪的山峰，而成爲世界上風景最優美的地區之一，這無疑是讓日本民族擁有敏銳美學眼光的一個因素。然而，日本從大自然得到的並不全是恩惠，它也受到一些不利條件的困擾。除了煤的儲量較爲豐富外，其他的礦產資源十分貧乏；更嚴重的是，大部分地區是屬於山區或岩石地區，農田缺乏。雖然在歷史上日本人是一個農業民族，但他們的土地只有百分之十六適宜耕種。這在人口較少和普遍安居樂業的條件下，算勉強夠用；但到了近代，它成了一個嚴重的問題。

雖然日本的領土面積這樣小（比加州略小一點），儘管在相對上是與世隔絕的，但從很早時就不斷有各民族從大陸上移民遷入此地居住。已知早期的居民，是一個擁有新石器文化的原始民族。他們在許多方面還很原始，但卻以令人驚歎的設計精美的陶器和製作技藝精湛的武器而著稱。他們今天以阿伊努人一個皮膚白皙，臉孔較平，毛髮濃重的民族爲代表，除了北海道和北方的千島群島外，他們已從這個國家的大部分地區消失了。大部分日本人是自新石器時代及其以後各時期，跨海而來的蒙古入侵者的後裔，他們大部分經朝鮮進入日本。從秦朝起，日本人就掌握了關於中國文化的一些知識，他們當時已滲透進了朝鮮。因此，從西元前二世紀至西元一世紀的墓葬中，就出土過銅鏡、有雕刻的寶石，和中國或蒙古式樣的劍。到西元前一世紀末，日本人已經開始使用鐵器和青銅器。

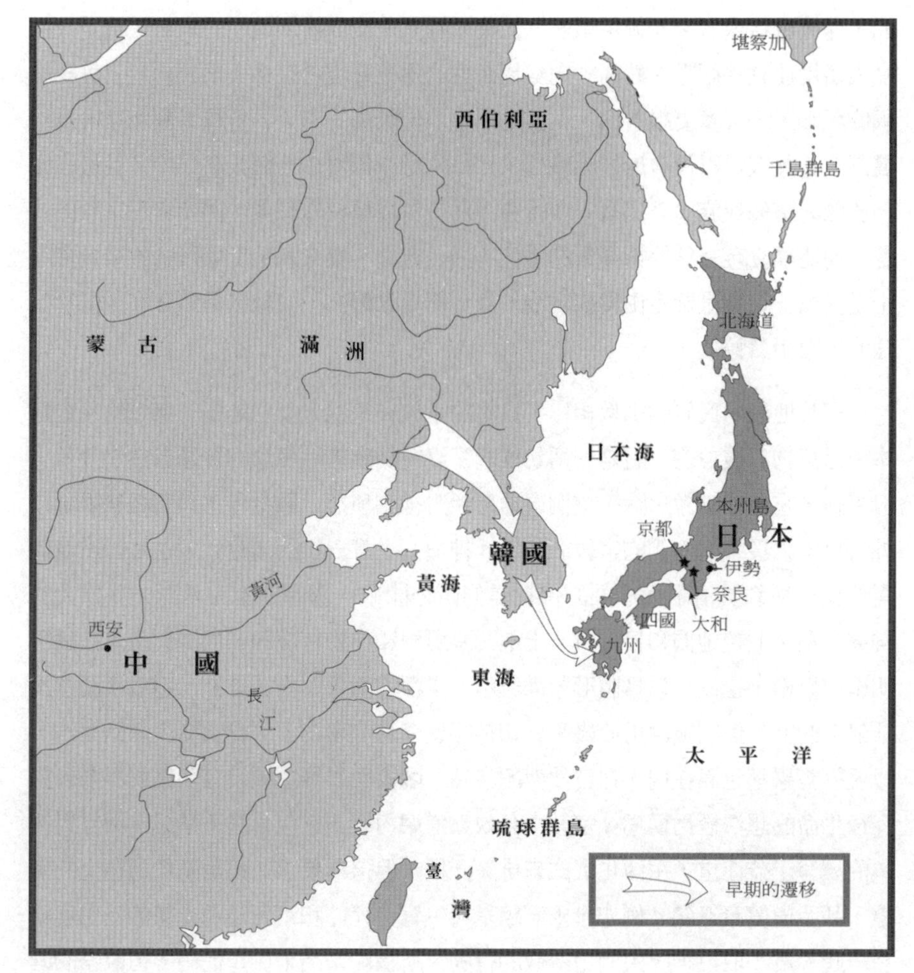

圖11-3　早期的日本

文化演進的主要中心在日本的南部和西部——靠近朝鮮的地區，移民主要從那裡進入日本；而且很清楚的，這一地區的文化發展是逐步擴散到北部和東部。日本國家的眞正核心是位於最大的本州島東南部的大和半島，也許早在西元一世紀就有一個家族群從九州（正對朝鮮）遷入此地。當時日本社會十分原始，人們還穿著用大麻和樹皮製成的衣服，儘管絲綢在當時並非完全不爲人所知。不過，他們是以物易物的方式進行貿易，也沒有文字系統。社會的主體單位是氏族，一個家庭組成的群體靠血緣關係維持。每個氏族都供奉一些特有的神靈，他們被認爲是氏族的祖先，但祖先崇拜尚未形成定制。氏族首領由一個特定的家庭世襲，這個首領既是軍事指揮者也是祭司。在原始的日本社會中，婦女似乎占有較高地位，甚至是統治地位。氏族首領有時是個婦女，而且有證據指出早期家庭是母系的，即按母親家族來安排世系——從後來婦女是屬於附屬地位的來看，這是一個令人值得注意的觀點。然而，向父權制度的過渡實現得很早。根據西元三世紀中國的記載，一夫多妻很普遍，尤其是那些地位較高的男人。各種工藝和技術是世襲制度，其成員以行會形式組織起來。每個行會依附於一個氏族之中，且最終傾向於融入這個氏族，不過有一些行會因爲成員從事特殊職業，例如管理宗教儀式等，而能獨立存在並保持高貴的地位。另一方面，農業和手工業行會的成員實際上是農奴。社會是確定由貴族統治，身分都是世襲的，奴隸制仍然存在，儘管奴隸的人數相對較少。

與其他原始民族的宗教相比，日本的宗教在某些方面乃是獨一無二的。它基本上是萬物有靈論的，這是一種幼稚的、沒有明確神性概念的普遍自然崇拜。一般來講，它是多神教，除了這個術語可能對神的種類、數量和意義有嚴格限制以外。日本人後來把他們的宗教命名爲「神道」（意爲神的道路），這是因爲他們需要把它與教義清晰而成熟的佛教信仰區分開來。儘管日本人承認一些偉大的神靈存在，並讓祂們和日、月、土地、暴風雨和作物有關聯，但祂們並未被賦予明確的性格，也沒有以具體形象來表示。崇拜的對象叫作「神」，這個術語意爲「無上的」，但它被應用於幾乎一切神祕或有趣的事物上，範圍從天象到泥沙，以至於害蟲都包涵在內。在自然與超自然、魔術與崇拜之間沒有明確的界限。對死後生命的想法極爲模糊，宗教十分缺乏道德內容。它包含許多禁忌，而且對禮儀的潔淨十分注重，用淨化儀式來排除汙穢，但這種要求並不是基於道德上的考慮，甚至與健康無關。例如，不潔總是與生育、死亡和不管是否光榮的受傷連結在一起。爲了取悅神，人們用恭敬的行動、祈禱和祭品來供奉他們。但獻祭的酒食逐步被象徵性的物品代替了，先是陶器、木器，最後是紙製品。

日本原始的宗教儘管鬆散、原始，但不乏誘人之處，它反應了一種樂觀態度，以及罕見對自然的同情和欣賞。神不被認爲是殘忍和令人生畏的，甚至連暴風雨的神也被普遍被認爲是謙和的。總括來說，日本的宗教是一種「愛和感恩而不是恐懼，宗教禮儀的目的是頌揚、感謝，同時也是安撫和寬慰他們的神靈們」【7】。如畫的傳奇和詩一般的用語，引起人們對自然世界自發的愉悅心情，從而也給了這種宗教強大的生命力。

統治大和平原並逐漸取得對周圍地區支配地位的氏族，可能是來自九州並自稱是天照大神的後裔者。像這種宣稱並不值得引人注意，因爲所有重要的家族都把自己的祖先說成是神。因此，當大和氏族擴展它的政治勢力，並試圖使其他氏族都承認它至高無上的地位時，與天照大神有關的神話就顯得更加重要，因爲由它衍生出大和氏族的酋長，乃是由神決定統治全日本的傳說（儘管大部分地區還在土著居民手中未被征服）。根據這個傳說，天照大神派他的孫子瓊瓊杵尊來到地上，「皇孫……由引開天磐戶，排分天八重雲以奉降之」，他降落在西部的九州島上，隨身帶著象徵日本皇權的三種神器—— 一塊玉、一柄劍和一面銅鏡。瓊瓊杵尊的孫子沿著海岸來到大和地區，在那裡他作爲「第一個天皇」神武天皇開始了統治。日本國家的傳統把帝國的開始定在西元前六六〇年二月十一日。實際上，大和國家遲至六、七百年後才建立，而且它當時絕不可能是帝制的。天照大神及他的後裔的傳說，直到西元七世紀才成爲日本國家崇拜的獨特組成部分，而且直到近代才被別有用心地提至全民族的神靈，目的是爲了向人民灌輸一種狂熱而不問是非的愛國主義。

日本在好幾個世紀裡保持著與朝鮮的往來，並持續從那裡獲得文化動力，這意味著它間接受到中國漢代和以後各朝代更豐富文明的影響。西元三六九年，日本人入侵朝鮮南部，並成爲一個平衡的力量介入朝鮮政治，在當時朝鮮是處於三國鼎立的時代裡，一會兒幫這個，一會兒幫那個。對日本以後的歷史影響最爲深遠的，乃是經由朝鮮引進的中國文字系統（四〇五年）和佛教（五五二年）。

文字對文明進步是有決定性作用的，所以，對日本人來說，他們從中國引進文字是個不幸。如果他們能發展或引進一種表音或字母系統，書寫他們的語言就會變得相對簡單了。漢字基本是象形或表意的，與發音關係極不明確，已發展成一個複雜的體系，並被用來創造中國文學的傑作；但它們被用來表達日語卻很彆扭。與中文不同，日語是表音的，想用漢字寫出日語就像試圖用漢字寫出英語一樣困難。然而，日本人爲此努力奮鬥，終於發展出一套自己的文字——準確地講，是一套文字的兩種形式。雖然原來的漢字被大量刪減，而且在九到十世紀又統一了日語音節的音值，結果仍是十分麻煩。從那時起，學寫日文——這個有四十八個音節符號和一千八百五十個不能取消的漢字的文字系統，就成爲一件非常吃力的事情。這種文字系統與其口語的結構、曲折變化和其他特性的大相逕庭，嚴重阻礙了表達的清晰。爲了彌補這些缺點，大量的漢字被採用進日文中，使它的詞彙和概念上都極大地豐富了。由於中文的環境，一個希望受教育的日本人幾乎必須學習中文，因爲它幾乎是一切文學名著的載體。在好幾個世紀裡，日本學者、官員和文人都用中文文言寫作，這與中世紀及其以後受到教育的歐洲人寫拉丁文有點相似，但那些歐洲人也說拉丁語，而日本人說漢語的卻很少【8】。

西元六世紀中期，佛教開始在日本立足。據說佛教的第一個傳教者來自朝鮮；後來這種新信仰的傳播者不僅來自朝鮮，也來自中國，甚至印度。就如同在中國一樣，大乘佛教由於高深的理論和強調拯救靈魂，而越發明顯。正如在中國一樣，許多新的教派也隨時都會在日本興起。佛教在日本的出現所製造不安的機會，更甚於幾個世紀前傳入中國時。至少中國人透過道教比較熟悉那些神祕的概念，但日本人以前從未有過這種宣揚「來生」的宗教，和其他類似哲學的經驗。因此，佛教對日本人的號召力，部分在於它的新奇。佛經提出了日本人以前未有所聞的問題——例如，靈魂、非物質世界的本質、死後的果報等，然後又以令人折服的雄辯來回答它們。因此，在一段時間內，為是否應該接受這種外來的信仰發生了尖銳的辯論（第一尊來自朝鮮的佛像在一種傳染病流行時，被扔進了水溝）。然而，一個顯赫的貴族家庭蘇我氏接受支持佛教，並說服皇族也支持它，因此，到六世紀末，佛教在日本已經成功地扎了根。從某種意義上講，它的成功歸因於政治策略和權宜之計。蘇我氏家族會幫助佛教的發展是為了提高自己的威望，而且透過這種宗教超自然的力量，來確立自己在與敵對家族的爭鬥中占優勢。因此，佛教在平民和貴族之中迅速獲得大批信仰者，而且發展得如此穩定，以至於無論是那些相互爭鬥的氏族勢力如何變化，它的地位都是堅不可摧的。它的普遍流傳也許是因為它被解釋為一個神奇的保護者，使人在今生或來世都能避免不幸，而不是因為它的哲學遺產。儘管如此，對佛教教義的不斷熟悉激發了人們的知識活力，並有助於培養同情和仁慈的態度。

佛教在日本的傳播最有意義的方面就如同它所表達的一樣，是一種傳播中國文化的最有效媒介，尤其是藝術、建築和文學。寺廟和神龕被建立起來了，佛教的繪畫和造像出現了，佛教的經典也積累起來了。貴族階層中的信佛者經常到中國學習，在開了眼界之後還帶著高雅的姿態回來。日本原始的信仰這時開始被稱為「神道」，雖然它從未被消滅過，但它在與佛教的接觸過程中顯然受到很大影響。而兩種宗教之間很少有對抗。日本的佛教染上了民族傳統色彩，而且對同一個神龕，兩種信仰都認為是神聖的。日本的僧侶，無論是佛教的還是神道的，都和中國僧侶一樣，沒有建立一種對人民實行嚴格統治的僧侶政治，不過，佛教寺院卻由於獲得大量土地而在經濟上顯得十分重要。

在盛唐時代，中國文明對日本的影響達到了高潮，它標誌著日本社會演進的一個轉折點。這段時間日本人貪婪地向中國尋求指教，是一點也不奇怪。在唐朝前幾個皇帝統治下的中國是世界上文明最發達的，實力最強大的國家之一，在遠東沒有與它實力相近的對手。在整個七、八世紀，大和政府向大唐朝廷派出一系列的使者，很重要的目的之一是為了網羅科學、藝術和文學上的人才。其結果深刻地影響了日本社會的每一方面。中國的醫藥、軍事、築路方法都被引進了；建築風格、家具陳設，甚至服飾都被照搬過來。中國的度量衡制度被採用了，銅錢也開始有限地流通，雖然在幾個世紀以後，貨幣經濟還沒有完全取代以物易物的貿易。許多藝術品早就被引進和複製了，但這時日本的畫家和雕刻家才開始展示他們的精湛技藝和創造力。中國的典籍，尤其是儒家典籍被日本人認眞學習，因爲每一個教養好的人都要求熟悉它們。隨著這些具體而明顯的革新，一種按中國方式改變社會結構的嘗試也開始了。新的強調家庭和睦和孝順的理論出現了，它也要求祭祀祖先的責任【9】。日本的統治者和知識階層似乎已下決定照中國的樣子，再造他們的國家了。

最全面的改革計畫是按照唐朝的模式來改組政府，它是由一個被稱爲「大化革新詔書」的敕令宣布的。這個詔書是在六四五年由大和的統治者在一個學者改革集團的督促下發布的。這個詔書並不是西元前六六〇年的那個神話事件，它標誌著日本帝制的建立。從「大化革新詔書」的頒布起，統治者所扮演的角色不再僅僅是一個氏族首領，而是一個擁有無上權力的皇帝，儘管他還宣稱遵守儒家準則。此時，整個日本被畫分成國、郡、里幾級行政區，每一級由中央從民眾中選拔任命的官吏來管理。改革者們忠實地仿效中國的樣子，設立科舉制度，透過考試來選拔官吏，選拔的標準不是對日本的問題是否熟悉，而是對中國哲學和古典文獻是否精通來決定。爲了給新的統治制度一個經濟基礎，也爲了讓它直接統治人民，革新詔書宣布，土地全歸天皇所有，且每六年在農民之中被平均分配一次。反過來，每個土地所有者都被要求直接向國家納稅（實物、貨幣或勞役）。

總而言之，西元七世紀的改革是在所有統治者進行過的改革中最有魄力和抱負的一次，它的目的是把一個文化發達、傳統深厚的民族經過幾乎一千年的發展而產生的統治制度，移轉給一個仍然相當原始的社會中。與此相似，它還努力把日本一部分地區的政體推廣到整個日本領土，而此地的大部分地區似乎還沒有走出新石器時代。在採用這種中央集權的家長統治時，中國典範的某個觀點被設法地避開了——就是說，皇權是以公眾幸福的增進爲條件的，如果它不能實現這一目標的話，它可能被人經由造反這種最高形式來終止。而大和統治集團試圖使學者型官吏組成的官僚機構，依附於一個由萬世一系的家族統治的政府下，因此，他的最高統治者有不可冒犯的神格。爲了加強天皇的威信，他是天照大神後裔這一神話被空前地強調。他被看成是「萬世一系」的化身，而且他本人即是神——與中國皇帝「受命於天」的有條件和暫時的神性迥然不同。除了中國和日本在這一官方理論的根本處於對立外，對於政治權威的根基和限度，在實踐中也有顯著差異。中國有許多的朝代，大多數是透過造反或篡位建立的；但當一個有作爲的皇帝即位後，他通常能夠有效地獨斷專行地方式治理國家，這可由每一個朝代的開頭幾個皇帝的實踐證明。而在日本，無論是社會內部暴力的或革命性的變化，還是對外的關係，都沒有改變和廢黜過皇室；在皇家神性的偶像被精心維護著的同時，大部分實權都是被其他家族、機構和集團打著皇室的神聖旗號掌握著。自從日本企圖照搬中國的統治機器以來，「間接治理」就成爲一種制度而不是例外，只偶爾被幾個名義上的天皇統治階段取代過。

由於那些固有的困難，西元七世紀的改革計畫沒有完全成功是不足爲奇的，新的統治制度只是紙上談兵，並沒有眞正實行。以前只有有限的，並且很大程度上是禮節性權威的皇族，不能夠強迫邊遠地區絕對服從它，而貴族傳統過於強大，難於立即打破。天皇實行的是任命氏族首領爲他們自己領地上的官員，而不是派忠實的奴僕去取代他們。這樣，那些當地的領袖們獲得新的頭銜，並保留了他們以前的大部分權力。對於那些渴望在政府中獲得一席之地的人們，則有了科舉考試這一階梯，但重要的職位幾乎都是給貴族成員保留的，因此，較低階層的有才能者發現他們自己只能做下屬和雜務。在稅賦方面，爲了給統一的稅收體系奠定基礎，宣布了「班田制」，它卻是最令人頹喪的失敗。它是從中國的社會利益在於土地這一思想中得到靈感的，這種思想的責任在於個人爲了私利而霸占土地，指出土地應該在耕作者中平均分配。但這只是一種中國的理論，在日本它是完全不切實際的。後來大的土地所有者設法逃稅，增加了貧苦農民的負擔，使有些人完全失望，棄家逃走。這樣，可收稅的土地越來越少，天皇又把土地賜給大臣或佛寺，更使這種狀況加劇。之後，這種定期重新分配土地的制度只在已開墾爲稻田的地區實行，這是個相當小的範圍。邊遠地區的氏族從原住居民手中征服和開荒得來的土地被認爲私人所有，不算入向天皇納稅的比例。結果，經濟的發展不是增加而是減少了中央政府有效控制的土地，朝廷越來越依賴於皇室所有的土地上的直接收入，而不是確保從稅收中獲得大量收入。

雖然中央政府沒有完全達到它的目的，但它卻把文化水準成功地提高到一個令人欽佩的程度。在七世紀以前，即使在大和地區也沒有一個全日本的固定首都，實際上根本沒有城市。日本人爲唐朝的首都——偉大的長安城所傾倒，他們決定仿照它建造一座城市作爲皇家的大本營。從七一〇年起，他們在現在的奈良附近，忠實地仿效中國京城的樣子建設都城。它也有寬闊的街道和整齊排列的方形里坊，不過它沒有城牆，也比長安城小得多。儘管如此，對於城中的人口而言，它算是太大了。七九四年，在京都建造了一座更加壯觀的都城，從那時起它一直是一個重要城市。這兩座在皇家主持下建成的城市有宮殿、廟宇和其他公共建築物，他們也使各種藝術發展起來。以歷史著作、論文和文學爲內容的學術事業在宮廷裡也日益繁榮。不管官僚集團有沒有眞正的社會責任心，它的成員們都能從精心學習漢文言、翻譯佛經、繪畫，或按中國相當嚴格和矯揉造作的格律去作詩，並從中尋找樂趣和透過它們提高社會威望。對禮儀方面的修養，也受到相當的重視。宮廷內的生活越來越頹廢和浮華，但也給了一些藝術和知識方面的天才以優雅的環境。這一時期日本最好的文學作品都出自貴族和皇室婦女之手。她們那些在十到十一世紀顯得卓越不凡的貢獻主要是散文，特別是日記形式的，也包括一部相當著名的愛情小說（《源氏物語》）。這一事例表明，婦女，甚至是宮廷中的婦女，沒有按男子的標準受教育是多麼幸運。「當這個時代的男子自鳴得意地寫著莫名其妙的中文時，他們的夫人們卻以寫優美的日文來安慰自己的缺乏教育；而且是不經意地創造了日本最偉大的散文作品」【10】。

撒哈拉以南非洲文明的形成

撒哈拉以南的非洲文明其形成不若亞洲、中南美洲那麼早、那樣迅速和完善。實際上，這些文明大部分沒有形成自己的文字系統；沒有出現系統的法律；沒有清晰如伊斯蘭教或基督教那般規模的個人宗教信仰體系；個人相對於集體是微不足道的。對此，尚且無令人滿意的解釋。人們所知道的是大部分撒哈拉以南的非洲地區在一千多年中，對限制其發展的各種壓力一直束手無策。

歷史上，沒有一個大陸如非洲那樣嚴重地受到危害人類和牲畜的寄生蟲病所威脅。定居農業導致瘧疾、鉤蟲病、昏睡病及河盲症的傳播。大量的采采蠅減損了牲畜和人類的數量，限制了人類對蛋白質的吸收，並阻礙畜力和輪式交通工具的使用。高溫、不規律的降雨，以及貧瘠而高氧化的土壤使犁耕不可能實行，因此使得農業生產極端困難，收穫不能獲得保證。一些狩獵採集者都堅持反對將種植業作爲一種生產方式，這是因爲此種方法比他們固有的生產方式明顯要艱難，而且又受到更多的限制。在嚴重的生態條件壓力下，天然食物不能滿足人口增長的需要。在從海外傳入高營養的食物種類能養活更多人口之前，非洲人口一直保持在一種很稀疏的分布狀態。

由於缺乏集權政治所需要的高密度人口，政治需要就不如在西歐、亞洲那麼急切，紀念性的公共建築是既不可能，也不爲人們所盼望。因爲撒哈拉以南的非洲氣候潮溼，霉菌和白蟻的破壞更導致保存困難，因此，在紙上書寫是很不容易的。此外，在乾燥地區，合適的木質棉纖維直到現在一直難以獲取。因此，知識主要屬於記憶範疇，由此而使知識的積累、進化、獲得都很困難。

浩瀚的大西洋和印度洋，以及廣垠的撒哈拉大沙漠，使南部非洲與外界的接觸既困難又危險。這一大陸除北非和東北非之外，直至近代一直未受到大規模的入侵和有系統的掠奪。然而，這種隔絕也限制了它與其他文明的文化和技術的交流，以及其他各種好處。在世界的許多地方，鹽礦或其他貴重礦石的開採加速了技術的發展，而在非洲，原始的技術條件在許多地區限制了鹽、金、銅產品的擴散。艱難的運輸、分散的人口和貧窮，限制了需求，並且阻礙交換的迅速發展。在撒哈拉以南非洲的海岸線上只有極少的天然港口，大部分河流的水量極不規律，且被大瀑布所阻斷，這些都成爲人口、文化、商品在本地區內流通的阻礙。

撒哈拉沙漠以南的非洲，沒有受到古代希伯來文化中所強調的個人主義而不是集體主義，以及文字系統而不是口頭傳說傳統的影響；不存在一種將人們集合在一起，並使某種統一宗教得以傳播的共同語言；沒有一種系統的思想出現，以便消除人們對祖先的尊崇和信奉。對非洲人來說，私有財產的概念直到近代還是生疏而沒有根基的。結果，土地和許多物質資料不是屬於生者，而是屬於死者，因而不能被根本地改變，甚至是稍許的變革。在這種極端保守的社會中，將更多的時間花費在重複的隆重禮儀活動上，而不是探索和發展方面。非洲人對個人自我完善的關心是不能與對團體——擴展家庭、部落和部落聯盟的保護和生存相提並論的。在許多非洲社會中，強調的是合作，而不是競爭。自然不是被挑戰而是被尊崇。時間的概念來自於季節，而很少受到勞動價值標準的衡量。叛逆者經常被處死，後來則被賣到遙遠的地區爲奴隸。當非洲最後開始與外部世界接觸時，奴隸貿易又給自身的發展帶來一系列的阻礙；它阻緩了人口的增長，並促使社會凝聚力的大爲倒退；它剝奪了撒哈拉以南非洲在其向外部世界打開大門之機，形成統一政治力量的基本人口數量。在許多地區，限制私有企業和資本積累發展的不僅有經濟上的資金缺乏的因素，而且也有擴展家庭的阻力。財富不是用在投資，或集中於個人手中。勞動和忠誠經常是由操縱相互義務往來獲得的，而不是工資等勞動報酬。

早期非洲社會並不缺乏創造力、能力或多樣性。相對而言，他們用各種各樣具有想像力的、理性的，和有目的的方法來適應艱苦的環境。許多撒哈拉以南非洲地區的成就可能是在後來的穆斯林從東方、北方，後來以非外力方式下創造的，其形成的文明是獨特的非洲化。

很早以前，非洲一些相互隔離的集團已擁有了相當發達的冶煉技術。至少在一千五百年以前，生活在東非維多利亞湖西岸的非洲人已在鼓風爐中生產出中碳鋼，他們的高超技藝在許多世紀內是歐洲人無法比擬的。但不可思議的是，非洲人的這一發明彷彿沒有在現代坦桑尼亞的哈亞人祖先以外地區出現。非洲偉大的成就之一就是熔煉鐵礦以生產矛和鋤。

鐵器時代在非洲出現得很早，在加納北部、尼日、坦桑尼亞西北部和衣索比亞，有些孤立遺址的年代約爲西元前六世紀。沿著尼羅河上游和東方大湖附近的一些遺址，時代可往前推到西元前三、四世紀。東非人的遺址中未見南阿拉伯人的影響。但在西非，冶鐵技術可能是從定居於北非海岸的腓尼基人那裡，越過撒哈拉傳入的。不知什麼原因，非洲的鐵器時代一直沒有廣泛而迅速地傳播開，直到西元一世紀，才被無畏的班圖語系人帶到南部。在那個世紀末，他們在剛果河水系與贊比西河水系的分水嶺一帶，發現了產量極豐的食用植物，包括營養豐富的香蕉、椰子薯、大蕉，這些植物明顯是從馬達加斯加傳到贊比西河谷的。再往前追溯，這些植物是東南亞爪哇民族的移民飄洋過海時，把它們帶到馬達加斯加島的。有趣的是，這種交流是雙向的：一方面，源自非洲的高粱在西元前一世紀時成爲南亞的一種主要農作；另一方面，種植農業則隨著班圖語系人迅速地扎根於非洲。這些班圖人擁有稅利的鐵鋤和大刀，能夠清除森林，以便種植新的農作物。

到西元二〇〇年，鐵器冶煉術，加上品質較好的東南亞農作物，漸漸促使非洲人從採集食物的生產方式轉變爲種植食物的生產方式。多餘的農產品引起班圖人的人口爆炸，促使他們穿越廣闊的赤道非洲向東、西方向發展，從一個海岸擴展到另一個海岸。小規模的、零散的新石器時代居民，被班圖人或融合、或消滅。班圖人形成更大的社會集團，開始了更有效的農業和畜牧業的生產方式。隨著糧食和肉食的豐富，他們能養活較多的妻子和擴展他們的家庭，結果，他們的數量迅速地增加了。

食物生產經濟導致村落生活的出現，貿易成爲農業必不可少的輔助。農民和工匠必須用自己的產品交換彼此所需的糧食、鐵礦、銅、鹽，以及其他生活必需品。到十世紀末，大部分非洲人用了鐵製工具，而且從喀麥隆到南非草原，他們都說班圖語系的語言。班圖各民族在非洲東部、中部、南部進行了一場農業革命，加快新的社會組織的形成和統治形式的發展。事實上，他們爲一千年之後即西元九〇〇年以後出現的文明，奠定了不可或缺的基礎。

雖然向外擴散的班圖人沒有到達西非，但是鐵器技術在那裡也帶來了類似的變化。許多世紀中，來自尼羅河上游的努比亞人和撒哈拉的柏柏爾人也在生產鐵製工具和武器，他們已經吸收了西非草原上的黑人文化。由於同當地婦女結婚，他們很快地失去自己的種族特徵。尼日爾河流域和乍得盆地的有利於漁業和穀物種植的優越環境，也引起當地人口急速的增長。

當歷史學家一直全心全意地注意穿越撒哈拉的貿易，對西非發展的重要性時，最近在尼日河流域的古城區域內的考古發掘清楚地表示，在阿拉伯人穿越撒哈拉的貿易出現之前，廣泛的區域貿易路線網已在西非存在。事實上，新的證據說明，金、銅和鐵的貿易是形成早期撒哈拉以南非洲貿易網系統出現的關鍵。此外，城鎮和市場的建立可能是引起七、八世紀，穿越撒哈拉的貿易迅速發展之因，並持續整個世紀。

在駱駝引進之前，迦太基人和其後的羅馬人就已經用馬拉雙輪車進行小規模的撒哈拉貿易了。但他們任何人都沒有同西非人建立起直接的商業交易，即使有，也寥寥無幾。他們以撒哈拉沙漠中心費贊綠洲上的加拉門特人爲中間人，小量地購買黃金、象牙、奴隸和胡椒。聰明的加拉門特人換回來玻璃珠、細布和海棗，再拿去同西非生產者交易。到七五〇年時，阿拉伯駱駝已成爲在撒哈拉的運輸工具，而被廣泛使用。駱駝有一種特殊的本領，能身負重載長途跋涉，能在浩瀚沙海中行動自如。事實上，駱駝成爲沙漠之舟，極大地推動了北非與西非之間人員和貨物的交流。穿越撒哈拉沙漠貿易的恢復和發展，終於導致在南毛里塔尼亞和查德湖之間的草地上，市場中心有條理的文明繁榮昌盛。

羅馬人於四世紀從北非撤走，似乎與此同時，沙漠柏柏爾人組織起西非第一個王國，稱爲加納或奧卡爾。這個黑人柏柏爾人國家，位於現在毛里塔尼亞的東南角。他是南方森林中金礦與北非柏柏爾商人之間的中間人，因而興盛起來。到八世紀，奧卡爾的國王（尊稱爲「加納」）是一個黑人，他的臣民們在北非和中東，以世界上主要的黃金出口者而名揚四海。

阿拉柏穆斯林們占領戰略要地費贊綠洲之前，直到七世紀中葉穿越撒哈拉的運輸一直是小型的、非正式組織的。到七四〇年，沙漠柏柏爾人開始接受伊斯蘭教，並撤退到撒哈拉大沙漠的腹地。在那裡，他們建立了新的貿易中心。在錫吉勒馬薩，他們用加納產的黃金向阿拉伯人換回撒哈拉的鹽，再轉賣給南方汗流浹背的礦工們；而阿拉伯人則把黃金帶到北非和歐洲。正是在此時，這片不毛之地獲得現在的這個名稱，在阿拉伯語中，撒哈拉意味著沙漠，撒哈拉是複數，撒哈拉沙漠確是許多沙漠構成。

阿拉伯人在北非的出現，促使柏柏爾人更加深入地探查西非，以搜尋黃金，或者尋找安身之地逃避伊斯蘭宗教的迫害。在乍得湖周圍，扎加瓦柏柏爾人建立了由高度文明的農民和漁民組成的社會。八四六年，他們在王權神聖觀念的基礎上建立了王朝。像在加納的柏柏爾人一樣，他們迅速地與當地家族聯姻，並在幾代人之內就被種族同化了。

從上塞內加爾向東到查德湖岸邊，所有小酋長國都逐漸併入更大的統治單位。大約到西元八〇〇年時，商路已經伸展到尼日河上游。在那裡，來自摩洛哥、阿爾及利亞、突尼斯、的黎波里、埃及的條條商路都匯集到大商業中心加奧來了。整個撒哈拉以南地區，從毛里塔尼亞到紅海，在阿拉伯和柏柏爾人的貿易圈內，已經以比拉德—蘇丹或「黑人的土地」而出名了。

類似的商業和政治趨勢在東非沿海一帶也可以看到。七世紀後期，波斯海上力量的興起，使得衣索比亞在紅海和西印度洋上的貿易黯然失色。阿拉伯人從伊朗的設拉子城蜂擁到現在索馬里的貝納迪爾沿岸，他們在那裡建立了永久性的貿易居住區。在幾代人的時間裡，他們駕駛著帆船或獨桅三角帆船，沿著現在肯亞和坦桑尼亞海岸南下。在那裡，他們遇到了幾個世紀前就從赤道大草原來到海岸的班圖語系民族。這些班圖人在那裡已經建立一種獨特的文化，並且深入南非內陸的貿易網。這樣，那種將內陸非洲文明的起源歸於印度—阿拉伯人刺激的解釋，彷彿逐漸無法令人信服了。早期的理論認為，同西亞、印度等地更發達的文化的可能接觸導致內陸非洲文明的進化。但最近的考古學發現與這一理論是矛盾的。

到西元九〇〇年，班圖人開始與阿拉設拉子人以及剛剛皈依伊斯蘭教的印度人通婚。他們共同創立王朝，並組織了靠季風揚帆行船的正式跨海貿易。輸往阿拉伯港口和印度西北的主要產品仍然是玳瑁、象牙、犀牛角，及少量奴隸。但到西元九〇〇年時，與日俱增的中非銅運抵莫三比克海岸。亞洲對銅的需求日益增加，促成了通過贊比西河谷到加丹加礦區貿易路線的開闢。就像撒哈拉貿易一樣，印度洋貿易也成了強有力的催化劑。推動那些從事採礦和市場活動的民族建立中央集權政府。

在第六世紀期間，沿著尼羅河上游各支流出現了許多信奉基督教的努比亞人王國。努比亞人雖然受拜占庭希臘文化的影響，但他們發展了自己的語言，建造了美麗的城市，築起令人難忘並飾以壁畫的磚砌修道院和大教堂。他們也擁有高度熟練的製陶工藝傳統，陶器都有引人注目的花紋圖案。在九、十世紀間，他們的文明登峰造極。此後將近四個世紀中，努比亞人的軍隊兵強馬壯，足以使穆斯林入侵者不敢輕舉妄動。

第三部｜中世紀時代的世界

「中世紀」這一詞彙，乃是歐洲人於十七世紀新創的，其意在於表達，這是一個處於光輝燦爛、成就顯赫的古典希臘羅馬，與他們自身所處的「現代時期」之間，一段漫長而且黑暗的時期。由於「中世紀」這一詞彙爲人廣泛使用，現今已成爲史學領域中一個難以割捨的語詞；不過，現今在使用這一詞彙時，任何嚴肅的學者都不再持有這一詞彙初興時的貶視念頭。

從西元六〇〇年左右開始，到一五〇〇年左右結束，此乃中世紀粗略的起迄時間，此一時期之中，發生了種種不勝枚舉而且各有其獨特特徵的變化。在昔日羅馬帝國的東部地區，出現了兩種在任何時候都可躋身於世界最令人難忘的文明之林的新型文明，即拜占庭文明和伊斯蘭文明。雖然拜占庭文明於一四五三年走向終點，然而伊斯蘭文明卻一直存在至今，其間未有任何重大中斷。故而，自伊斯蘭的觀點來看，「中世紀」根本不是文明發展的中間時期，而是嬰幼兒和富有活力的青少年階段，是一個非凡的時期。

西歐中世紀史習慣上被劃分爲三個階段：中世紀早期、中世紀全盛期，以及中世紀晚期。無論在中世紀早期、全盛期或晚期，基督教都在人類生活中扮演極爲重要的角色；但除此之外，極少有什麼共同的標準可以適用於各個階段。

中世紀早期始於西元六〇〇年左右，結束於一〇五〇年左右，此一時期看來與人們過去所說的中世紀是個黑暗的時期最爲接近，因爲當時的物質和精神生活水準確實都非常低。不過，即便是這樣一段時期，也爲未來的發展奠定了重要基礎：其中最突出的一點是，西歐開始形成自己獨特的文化特徵。中世紀全盛期始於約一〇五〇年，終於約一三〇〇年，這是人類史上最具有創造力的時代之一。歐洲大大改善了自己的生活水準，建立了不朽的民族國家，建立了新的學習機構和思想方式，產生了衆多文學和藝術巨作。

中世紀晚期約始於一三〇〇年，終於約一五〇〇年，在這一時期，中世紀全盛期的許多成就受到不少災禍的威脅，尤其是受到經濟衰退和瘟疫疾病嚴重的影響。但是生活在這一時期的人自逆境中奮起，經過不懈的勤勞努力，不但承繼了傳統遺產之精萃，又在必要時創造了新的社會規範和思想體系，以適應客觀環境的發展。因此，整個中世紀時代，確實堪稱一個成百上千年的豐富多彩時代。無論就其自身所具有的內在重要意義，還是就其對現代社會發展做出的重大貢獻而言，研究中世紀史都是至有益處的。

在歐洲中世紀的九百年間，世界其他各地區也發生了各式各樣的變化，其中一些極富活力。南亞和東亞各偉大的民族繼續沿著自己已經確定的路線發展其文化。當來自阿富汗的入侵者令印度北部陷於混亂狀態時，印度的文化和社會都罹受殘暴動盪之苦，不過，在這兩種絕然對立的宗教之間，逐漸開始出現某種程度的交流。信奉伊斯蘭教的居民自此之後逐漸成爲印度一個重要的少數民族，同時在近千年間，穆斯林土耳其蘇丹都以德里爲首都進行統治。

就在印度政局動盪不安、政變不斷之際，中國持續其政治結構，並且出現了空前的繁榮，趨近於工業革命的門檻。由於十三、十四世紀間，蒙古人占領中國，使這一進程被打斷了。驅逐蒙古人並取而代之的是明朝，該朝重新採取了謹愼小心的守舊政策。中華文化基本上雖然延續下去，但此後沒有表現出發展或革新的活力。日本儘管沒有像印度或中國那樣遭受外族入侵，但在經過幾個世紀的內亂後，其社會不僅得以維繫下去，而且在某些方面還獲得新的力量，一種與後來歐洲社會演變中扮演重要角色的封建制相似的制度產生了。不過，與封建時代的西歐相比，日本貿易和城市的發展仍然非常迅速，農民居於中心地位，大型地區領主（大名）建立了高效的行政管理體系，最後更以此爲基礎把全國統一起來。

在非洲，伊斯蘭教迅速傳播開來，尤其是在非洲大陸的北部和西部傳播更加迅速。而信奉伊斯蘭教的阿拉伯人鼓勵貿易，這加速了國家建設的進程。在中世紀後期，拜占庭日趨衰微，終於亡於土耳其人（突厥人）手中。突厥人發源於中亞，在信奉伊蘭教後進行了大規模擴張。一四五三年，定都君士坦丁堡的鄂圖曼帝國，成爲拜占庭和北非及近東伊斯蘭國的繼承人。在中世紀行將結束之際，它比同時期的任何歐洲國家都要強大和繁榮。

現在尙無任何肯定的證據，證明美洲受到亞洲社會的影響。在美洲一些得天獨厚的地區，文明產生了。其中最發達的是在中美洲（今墨西哥）尤卡坦半島的馬雅文明，以及南美洲安第斯山區的印加文明。阿茲提克人是印第安人中最好戰的人種，他們控制了墨西哥中央谷地。這些文明均未能經受住十六世紀歐洲征服的震蕩，無一倖免地全都滅亡了。

表3-1　歐洲中世紀表

	政　治	哲學和科學	經　濟	宗　教	文學藝術
西元600年	・拜占庭皇帝希拉克略，西元610～640年 ・穆罕默德勝利進入麥加，西元630年 ・穆斯林征服敘利亞、波斯和埃及，西元636～651年		・西方城鎮和商業的衰落，約西元500～700年	・穆罕默德，約西元570～632年 ・教皇格列哥里一世，西元590～604年 ・穆罕默德自麥加出走到麥地那，西元622年 ・什葉派與遜尼派之爭，約西元656年	・拜占庭聖索菲亞教堂，西元532～537年
西元700年	・穆斯林征服西班牙，西元717年 ・查理・馬特在普瓦蒂埃擊敗穆斯林，西元732年 ・伊斯蘭教的阿拔斯王朝，西元750～1258年 ・矮子丕平登基爲法蘭克國王，西元751年 ・查理曼大帝，西元768～814年		・伊斯蘭世界商業工業的盛世，約西元700～1300年 ・西方以農業爲主導的經濟，約西元700～1050年	・聖卜尼法斯在日耳曼的傳教工作，約西元715～754年 ・拜占庭帝國反對崇拜偶像運動，西元726～843年	・聖徒比德，《英國教會史》 ・《貝奧武甫》，約西元750年 ・愛爾蘭《凱爾斯聖經》，約西元750年
西元800年	・查理曼大帝加冕爲羅馬人的皇帝，西元800年 ・加洛林帝國分裂，約西元850～911年 ・英格蘭偉大的阿弗烈，西元871～899年 ・維京人在歐洲猖獗爲害，約西元880～911年		・拜占庭商業和工業的全盛期，約西元800～1000年		・加洛林王朝文藝復興，約西元800～850年

（續下頁）

	政治	哲學和科學	經濟	宗教	文學藝術
西元900年	・日耳曼的鄂圖大帝，西元936～973年 ・俄羅斯基輔公國建立，約西元950年	・法拉比，西元950年卒		・克魯尼修院建立，西元910年 ・拜占庭使俄國皈依東正教，約西元988年	
西元1000年	・諾曼人征服英格蘭，西元1066年 ・塞爾柱土耳其人在曼齊卡特擊敗拜占庭人，西元1071年 ・亨利四世在卡諾莎悔過，西元1077年	・阿維森納，西元1037年卒 ・彼爾・阿貝拉爾，西元1097～1142年	・拜占庭自耕農的消失，約西元1025～1100年 ・在西方農業革新，城鎮和貿易的復甦，西元1050～1300年	・教皇制改革開始，西元1046年 ・羅馬天主教與東正教大分裂，西元1054年 ・教皇格列哥里七世，西元1073～1085年 ・克萊沃的聖貝爾納，西元1090～1153年 ・第一次十字軍東征，西元1095～1099年	・建築和藝術領域的羅馬風格，約西元1000～1200年 ・《羅蘭之歌》，約西元1095年
西元1100年	・英格蘭亨利一世，西元1100～1135年 ・法蘭斯路易六世，西元1108～1137年 ・日耳曼的腓特烈一世（紅鬍子），西元1152～1190年 ・英格蘭亨利二世，西元1154～1189年 ・法蘭斯菲立普・奧古斯都，西元1180～1223年	・西方大學的起源，約西元1100～1300年 ・把亞里斯多德　著作譯成拉丁文，約西元1140～1260年 ・羅伯特・格羅西特斯特，約西元1168～1253年 ・發明風車，約西元1180年 ・阿維羅伊，西元1198年卒		・西多會修院盛期，約西元1115～1153年 ・沃姆斯宗教協定結束授職權之爭，西元1122年 ・十字軍把耶路撒冷丟失給撒拉丁，西元1187年 ・教皇英諾森三世，西元1198～1216年	・行吟詩人詩歌創作，約西元1100～1220年 ・歐瑪爾・海亞姆，《魯拜集》，約西元1120年 ・安娜・科穆寧娜的亞利克塞傳，西元1148年 ・建築和藝術中的哥德風格，約西元1150～1500年 ・克雷蒂安・德・特魯瓦的詩歌創作，約西元1165～1190年 ・巴黎復調音樂的發展約西元1170年

（續下頁）

	政治	哲學和科學	經濟	宗教	文學藝術
西元1200年	・十字軍占領君士坦丁堡（第四次東征），西元1204年 ・西班牙在拉斯納瓦斯擊敗穆斯林，西元1212年 ・日耳曼和西西里的腓特烈二世，西元1212～1250年 ・《大憲章》，西元1215年 ・法國路易九世（聖路易），西元1226～1270年 ・英格蘭愛德華一世，西元1272～1307年 ・法國菲立普四世，西元1285～1314年	・麥莫尼德，西元1204年卒 ・羅傑・培根，約西元1214～1294年 ・聖湯姆斯・阿奎那，西元1225～1274年 ・士林哲學全盛時期，約西元1250～1277年 ・奧克姆的威廉，約西元1285～1349年 ・機械鐘發明，約西元1290年		・阿爾比派東征，西元1208～1213年 ・方濟各會建立，西元1210年 ・第四屆拉托郎宗教會議，西元1215年 ・基督徒在聖地的最後一個哨卡失守，西元1291年 ・教皇卜尼法斯八世，西元1294～1303年	・沃爾夫拉姆・馮・埃申巴赫，約西元1200年 ・哥特弗利特・馮・斯特拉斯堡，約西元1210年 ・薩迪的波斯詩歌，約西元1250年 ・「玫瑰傳奇」，約西元1270年
西元1300年	・百年戰爭，西元1337～1453年 ・日耳曼的政治動亂，約西元1350～1450年	・埃克哈特修士，活躍於西元1300～1327年 ・唯名論全盛時期，西元1320～1500年	・歐洲經濟蕭條，約西元1300～1450年 ・洪水橫掃西歐，西元1315年 ・黑死病，西元1347～1350年 ・漢撒同盟全盛期，約西元1350～1450年 ・英格蘭農民起義，西元1318年 ・麥迪奇銀行，西元1397～1494年	・教皇的巴比倫之囚，西元1305～1378年 ・約翰・威克里夫，約西元1330～1384年 ・教皇大分裂，西元1378～1417年	・喬托繪畫，約西元1305～1337年 ・但丁的《神曲》，約西元1310年 ・薄伽丘《十日談》，約西元1350年 ・哈菲茲的詩歌創作，約西元1370年 ・喬叟的《坎特伯里故事集》，約西元1390年

（續下頁）

	政　治	哲學和科學	經　濟	宗　教	文學藝術
西元1400年	・西元1400年聖女貞德出現，西元1429～1431年 ・法國重申王權，約西元1443～1513年 ・日耳曼諸侯國的興起，約西元1450～1500年 ・鄂圖曼土耳其人占領君士坦丁堡，西元1453年 ・英格蘭的玫瑰戰爭，西元1455～1485年 ・義大利北部各邦和平，西元1454～1485年 ・斐迪南與伊莎貝拉聯姻，西元1469年 ・伊凡三世爲俄羅斯帝國奠定基礎，西元1462～1505年 ・英國強大的都鐸王朝，西元1485～1603年	・活字印刷，約西元1450年 ・重炮幫助土耳其人占領君士坦丁堡，幫助法國人結束百年戰爭，西元1453年	・約翰・胡斯在波希米亞傳教，約西元1408～1415年 ・康斯坦茨宗教會議，西元1414～1417年 ・胡斯教徒暴動，西元1420～1434年 ・《效仿基督》，約西元1427年 ・巴塞爾宗教會議，教會會議至上制失敗，西元1413～1449年	・簡・凡・愛克的繪畫，約西元1400～1441年	

表3-2　歐洲以外的世界，西元600～1600年

	非洲和美洲	印　度	東　亞
	・墨西哥的特奧蒂瓦坎文化，約西元前300～西元700年 ・班圖人的擴張，西元200～900年 ・中美洲馬雅文明，約西元300～1500年 ・南美洲蒂亞瓦納科文化，約西元600～1000年 ・穆斯林征服埃及，西元641年	・巨石神廟建築，約西元550～1250年 ・梵文戲劇，約西元600～1000年 ・戒日王，西元606～648年	・中國唐朝，西元618～907年 ・日本大化改革令，創建帝國政府，西元645年
西元900年			・中國、日本和朝鮮木刻印刷術，約西元900年 ・中國宋朝，西元900～1279年
西元1000年	・伊斯蘭教擴張，西元1000～1500年 ・國家的鞏固，西元1000～1500年 ・南美洲印加文明，約西元1000～1500年	・穆斯林入侵，西元1000～1500年・	
西元1100年	・班圖、阿拉伯和印度文化在非洲東海岸的斯瓦希里文明中融合，約西元1100 ～1500年		・新儒教（理學），西元1130～1200年 ・中國山水畫極盛期，西元1141～1279年 ・炸藥在中國用作武器，約西元1150年 ・成吉思汗，西元1162?～1227年 ・日本幕府制建立，西元1192年 ・日本禪宗，約西元1200年
西元1200年	・加納王國的衰落，約西元1224年	・德里蘇丹國，西元1206～1526年	・中國接種預防天花，約西元1200年 ・中國戲劇的發展，約西元1235年 ・馬可・波羅在中國，西元1275～1292年 ・中國元朝，西元1279～1368年
西元1300年	・尼日爾地區中部馬里帝國，約西元1300 ～1500年 ・特諾奇蒂特蘭（墨西哥城）由阿茲特克人建成，西元1325年 ・廷巴克圖大學，約西元1330年	・帖木兒洗劫德里，西元1398年	・日本的大名的興起，西元1300～1500年 ・中國明朝，西元1368～1644年
西元1400年	・桑海的擴張，西元1495～1582年		
西元1500年	・桑海在被摩洛哥人擊敗後衰落，西元1591年	・創建錫克教派，約西元1500年	・基督教傳入日本，西元1549～1551年

第十二章

羅馬的三個後繼者：拜占庭文明、伊斯蘭文明和中世紀早期的西方文明

Rome's Three Heirs: The Byzantine, Islamic, and Early-medieval Western Worlds

君士坦丁堡城喧鬧嘈雜，商人們經由海路和陸路從世界各地雲集於此；除伊斯蘭世界的大都市巴格達之外，沒有一座城市堪與之媲美。君士坦丁堡城內有個聖索菲亞大教堂，由於希臘人不服從羅馬教皇，希臘人的教皇也居住在這裡。君士坦丁堡還有許多教堂，一年中有多少天，這裡就有多少座教堂。來自各個島嶼的財富皆滾入這些教堂，世界各地的其他教堂再也沒有像它們那樣富有。

——圖德拉的班傑明，《遊記》

你們是為世人而被產生的最優秀民族，你們勸善戒惡，確信真主。

——《古蘭經》，III, 110

當同時掌管各國命運和時間庚續的全能世界主宰，把一座華貴塑像（即羅馬人的塑像）的半鐵半泥的腳砸爛之後，他憑藉卓越的查理曼大帝的雙手，在法蘭克人之中樹立起另外一座毫不遜色的塑像的精金頭顱。

——一位聖蓋爾修道院的修士

到了七世紀，西方文明史開啓了另一個新時期，那時，地中海周圍的所有地區顯然已不再是由一個龐大的帝國所擁有了。大約在七〇〇年左右，原羅馬帝國的舊址上已被三個各具特色的文明取而代之，分別是拜占庭、伊斯蘭，以及西方基督教。這些文明分布於地中海沿岸的不同地區，各有其語言和不同的生活方式。拜占庭文明是東羅馬帝國直系的繼承者，講希臘語，並且致力於把虔誠的基督教信仰與羅馬的政治傳統融合在一起。伊斯蘭文明講阿拉伯語，無論在文化方式或政治制度方面，都受到一種富有活力的新式宗教理想主義的鼓舞。相對於這兩種文明，西方基督教文明是個落伍者，其在經濟方面發展程度最低，在宗教與政治方面都有其組織上的弱點。不過，西方基督教文明確實把基督教和拉丁文作爲某種共同的文化基礎，不久之後，便開始找到更大的政治與宗教的凝聚力。

因爲西方基督教文明最終超越了它的二個對手，因而直到最近，一些西方學者仍傾向於貶低拜占庭文明和伊斯蘭文明，認爲它們是落後，甚至缺乏理性。然而，就文明發展程度而言，在七至十一世紀之間，西方基督教文明無疑是最落後的，在這四、五百年間，西方世界一直處於君士坦丁堡和麥加的陰影之下。直到現在，學者們才開始充分認識到拜占庭和伊斯蘭文明所取得成就的價值。這一方面是由於它們自身的成就使然，另一方面由於它們對西歐社會發展產生的直接、間接影響所致。故而，這二種文明都值得我們加以注意。

拜占庭帝國及其文化

歷史學家吉朋曾草率斷言，認爲拜占庭文明只不過是「一個充滿懦弱與不幸的冗長且千篇一律的故事」；但在今人看來，拜占庭文明卻是一個最有趣、最能憾動人心的文明。雖然拜占庭帝國在很多方面未能創新，而且一直受到外來勢力的威脅和內部力量的困擾，但儘管如此，它設法克服種種困難，並持續了上千年之久。事實上，拜占庭帝國不僅將其生命延續下來，而且經常是以繁榮興盛的方式表現在外，並對周遭世界產生極大影響。此外，它還有許多成就，其中包括保存古希臘思想，創造藝術鉅作，並把基督教文化傳播給異教徒，尤其是斯拉夫人。簡單地說，拜占庭帝國是世界上歷史最悠久、影響最大的帝國之一。

拜占庭歷史到底開始於何時，很難準確地說定，因爲拜占庭帝國是延續羅馬帝國的直接繼承者。就這一原因，就讓歷史學家們衆說紛紜，一些人認爲，隨著戴克里先的東方取向政策，「拜占庭文化」的特點在羅馬歷史上就已開始出現了；另一些學者認爲，拜占庭歷史開始於君士坦丁把帝國首都由羅馬遷到君士坦丁堡之時，君士坦丁堡後來發展成拜占庭帝國的中心（君士坦丁堡所處位置原名「拜占庭」，拜占庭帝國一名出自這裡。如果不嫌麻煩，這個城市準確的名字應稱爲「君士坦丁諾波利庭」）。不過，戴克里先和君士坦丁統治的仍是一個完整的羅馬帝國。如前文所示，就算晚到六世紀時，在羅馬帝國的西半部分爲日耳曼人滅亡後，東羅馬帝國的皇帝查士丁尼仍自認爲是奧古斯都的繼承人，並竭盡全力力圖收復帝國西部。在查士丁尼統治時期，產生了一種顯然具有拜占庭特點而非羅馬特點的思想和藝術形式。正因爲如此，人們也往往把這一時期視爲拜占庭文明發展史上一個重要的轉捩點。不過，這至今仍引起很大的爭論：有些學者強調這些新形式的重要性，但另一些人則表示反對，他們認爲查士丁尼本人講的仍是拉丁語，同時也一直夢想著要恢復羅馬帝國。不過，到了六一〇年之後，一個新的王朝才在東方出現。它講的是希臘語，推行的政策也全具有東方取向，或準確地說，推行的是「拜占庭」政策。因此，儘管許多學者認爲拜占庭歷史開始於戴克里先、君士坦丁，或是查士丁尼統治時期，我們卻把希拉克略登基稱帝的六一〇年視爲該國起始之年。

將六一〇年當作拜占庭歷史的開端，還有一個便利之處，因爲自此時開始一直到一〇七一年，拜占庭軍事和政治史的主軸，都是爲了抵抗來自東方一波又一波侵略浪潮所制約。希拉克略繼位時，拜占庭帝國的生死存亡正受到波斯人的威脅，波斯幾乎征服了帝國的整個亞洲區域。爲了作爲勝利的象徵，波斯人甚至於六一四年帶走一個聖物，據說是耶路撒冷十字架原件的一部分。經過多方努力，希拉克略集結了一支強大的軍隊，扭轉局勢，大敗波斯人，並且於六二七年收回那個十字架。此後波斯人降到從屬地位，希拉克略功德圓滿，一直統治到六四一年。不過，在希拉克略統治的後期，一些新的軍事力量開始入侵拜占庭所轄地區，他們來自迄至那時一直風平浪靜的阿拉伯半島。在新生伊斯蘭教的鼓舞下，這些阿拉伯人利用拜占庭還未從與波斯爭鬥中恢復元氣之機，取得令人瞠目的成果。到六五〇年，他們征服了在七世紀初曾爲波斯人短暫占據的拜占庭領土的大部分，又征服了波斯全境，同時橫穿北非，揮戈西向。在成爲地中海一個強大的勢力之後，阿拉伯人還在海上採取行動。六七七年，他們派遣艦隊出征君士坦丁堡，未能如願征服該城；七一七年，他們從海陸兩路同時發起攻擊，再次企圖占領君士坦丁堡。

七一七年，阿拉伯人對君士坦丁堡的進攻，使拜占庭又一次面臨生死存亡的緊要關頭。然而，這一威脅被伊蘇利亞王朝（七一七～七四一年）的第一個拜占庭皇帝——李奧所化解。李奧處事的堅決程度，與一個世紀前希拉克略面臨波斯人威脅時完全一樣。他借助於一種被稱爲「希臘火」[1]的祕密燃燒裝置，同時依靠其強大的軍事實力，在海陸兩個戰場擊敗了阿拉伯軍隊。七一七年，李奧解救君士坦丁堡的這一場戰役，是歐洲歷史最具重要意義的戰役之一，這不僅代表它使拜占庭帝國能繼續存在數百年，也因為它有拯救西方世界之功——倘若阿拉伯人在那一役攻占了君士坦丁堡，就沒有其他力量可阻止他們掃盪歐洲其餘地方。在其後四十年間，拜占庭重新奪取小亞細亞的大部分地區。這一地區再加上希臘，成為拜占庭帝國的心臟地帶。在此之後，拜占庭與伊斯蘭呈現膠著狀態，一直維持到十世紀下半葉，伊斯蘭勢力日趨衰弱，拜占庭才開始採取攻勢，而產生改變。在這一時期——拜占庭歷史上最輝煌燦爛的時期，拜占庭的軍隊又征服了敘利亞大部分地區。不過在十一世紀，出現了一個與此不同的伊斯蘭民族，即塞爾柱土耳其人，他們奪取了拜占庭在此之前取得的所有成就。一〇七一年，塞爾柱人在小亞細亞的曼齊卡特大敗拜占庭帝國的大軍，並乘勝追擊，吞食了拜占庭帝國殘存的東方諸省。此時，君士坦丁堡像在希拉克略和李奧統治時期那樣，再次面臨滅頂之災。

曼齊卡特戰役之後，拜占庭帝國雖得以繼續存在下去，但昔日的光彩再也無以恢復。這主要是因為，自一〇七一至一四五三年，拜占庭帝國最終覆亡的這段時間，由於西歐的崛起，使拜占庭帝國的命運更加複雜化。在此之前，西歐一直非常衰弱，無法給拜占庭帝國造成任何強大的威脅，但在十一世紀這段期間，這種情況發生了巨大變化。一〇七一年，就在塞爾柱土耳其人在小亞細亞戰勝拜占庭人的同一年，拜占庭人被叫作諾曼人的西方人，把他們從在義大利南部的最後一些據點趕了出去。儘管這一徵兆清楚地表現出西歐人對拜占庭人的敵視態度，但在一〇九五年，一位名叫亞利克塞・康尼努斯的拜占庭皇帝仍向西歐求援，希望西歐幫助他抵抗土耳其人的入侵。亞利克塞的這一要求不能不說造成一個更嚴重的後果：因為他的呼籲是造成十字軍東征的原因之一，十字軍乃是拜占庭衰落的一個重要原因。西歐人在第一次十字軍東征時，確實幫助拜占庭奪回小亞細亞，但他們在敘利亞也為自己取得大片領土，而這些地區在此之前一直為拜占庭羅馬帝國自己的轄區。隨著時間的推移，拜占庭與西歐之間的糾葛越來越多。此時在軍事上占有優勢的西歐人，越來越把君士坦丁堡視為一個熟透待摘的果實。一二〇四年，他們終於把手伸了過來——前去進攻耶路撒冷的十字軍，反過來占領了君士坦丁堡，以殘暴的手段大肆掠奪。拜占庭的政治實力受到嚴重削弱，因而處於苟延殘喘之中。一二六一年，雖得以重返君士坦丁堡[2]，但此後「帝國」成為一個有名無實的國家，昔日光彩只能閃現在記憶之中。一二六一年以後，它偏居希臘部分地區，勉力維持統治至一四五三年，在這一年，強大的鄂圖曼土耳其人取代了昔日之塞爾柱土耳其人，他們完成十字軍的未竟之功，征服拜占庭帝國的最後一些屬地，並占領君士坦丁堡。直至今日，君士坦丁堡（現在改名爲伊斯坦堡）仍然處在土耳其人的統治之下。

君士坦丁堡最初被攻占是不足爲奇的，令人奇怪的是，拜占庭帝國何以能在面臨如此多敵對勢力之下，仍能存活這麼長的時間；況且，帝國內部政治歷史十分混亂【3】，這一奇蹟就更令人矚目了。由於拜占庭的統治者承繼了羅馬帝國晚期諸皇帝的作法，宣稱自己是神授的絕對君主，所以，除非使用陰謀手段與暴力，否則無法與他們對抗。因此，拜占庭裡充斥著各式各樣的宮廷叛亂；而各種酷刑（刖刑、謀殺和刺瞎眼睛）幾乎成了家常便飯。由於拜占庭因其不可勝數的幕後交易而聲名狼藉，所以後人常常使用「拜占庭」一詞，表示極其複雜和曲折的密謀。對拜占庭帝國而言，幸運的是，不時有一些聰明能幹的皇帝脫穎而出，有效地使用其至高無上的權力；同時更幸運的是，在宮廷出現動亂期間，帝國官僚機構仍然能夠發揮作用。

高效率的官僚政府，確實是拜占庭帝國成功並且長存的重要原因之一。由於拜占庭文明保持並鼓勵對世俗臣民進行教育的舉動，因而使它有了大量的人才可供官僚機構選用。這是東方的拜占庭帝國，與處於早期階段的西方拉丁語諸王國之間，最顯著的不同。大約從六〇〇至一二〇〇年左右，在西方基督教國家中，實際上已沒有能識文斷字的世俗人士，然而在東方的拜占庭，俗人識文斷字是造就其政治成就的基礎。拜占庭的官僚政治對生活許多方面的控制，遠遠超出我們今日認爲適宜的程度——官僚協助監察教育和宗教，主持各類經濟活動。舉例來說，君士坦丁堡的市政官員就規定物價和工資水準，維持頒發各類執照制度，控制出口，督促人們服從安息日的規定。此外，他們在進行這些活動時通常很有效率，並未扼止商業的創造力。官僚機構的種種方法還有助於控制陸軍、海軍、法庭和外交事務，賦予它們的是那個時代絕無僅有的組織力量。

拜占庭帝國能長期存在的另一個原因，是帝國的經濟基礎在十一世紀之前一直非常穩固。正如歷史學家史蒂文·朗西曼爵士所說的：「如果說拜占庭的國力和安全得之於行政部門的效率，那麼正是憑藉帝國的商貿才得以供養這些部門。」在這幾百年間，遠距離貿易和城市生活在西歐幾近絕跡，然而在東方的拜占庭，貿易和城市依然很繁榮。尤其是在九和十世紀，君士坦丁堡成了來自遠東的奢侈品和西歐的原材料進行交易的主要中心。此外，拜占庭帝國還培育並保護自己的工業，尤其是絲織業；同時在十一世紀之前，一直以其穩定的金銀鑄幣著稱。在君士坦丁堡極盛時，常年人口可能高達一百萬；除帝都以外，帝國其他一些大都市中心，如在某些時期的安提阿，以及直到拜占庭滅亡時，帖撒羅尼卡和特拉布宗等也都很繁榮。

歷史學家之所以看重拜占庭的貿易和工業，是因爲在那個時代它的工商是非常發達的，提供了大多數剩餘財富來供養國家；但正如任何一個前近代國家那樣，農業實際上是拜占庭經濟的支柱。拜占庭的農業發展史，主要是一部分小農爲了擺脫大地主的控制，而進行抗爭的歷史，擁有這些大地產的是富裕貴族和修道院。自由農民在國家相關法律的幫助下，苟延殘喘直到十一世紀；但在一〇二五年後，政府大權落入貴族之手，他們開始逐步把自由農民變成貧困的佃農。此舉動帶來很多不利的後果，至少農民對抵禦外敵入侵上不像過去那麼關心了。尤其在曼齊卡特戰役失利後，情況更是無法避免。到了帝國統治末期，伴隨著自由農民的消失，隨之出現的是，外來勢力控制了拜占庭的貿易。這主要是指一二〇四年以後，義大利的威尼斯和熱內亞在拜占庭帝國境內建立了貿易據點，並獲得諸多特權，其結果使得國家昔日生存的財源大多流向國外。就此而言，在被土耳其人從外部滅亡之前，其實拜占庭就已被威尼斯人從內部擊潰了。

迄今爲止，我們談論了軍事、政治、經濟問題，似乎這是拜占庭能長期存在的關鍵，且從事後來看，也的確如此。但是，從拜占庭人自己的觀點來看，他們最關心的通常是宗教。看起來非常值得注意的是，拜占庭對深奧的宗教問題具有強烈的興趣，其程度毫不遜色於我們今日對政治和體育的熱衷——事實上是有過之而無不及，因爲拜占庭往往會爲某一教義中的個別詞彙而揮戈相向，甚而殉教。從拜占庭帝國早期一位作家的描述，足以讓我們了解到當時人們對宗教是何等的狂熱。這位作家寫道，他問一位麵包師傅，麵包一個多少錢，得到的回答卻是：聖父比聖子更偉大；他詢問澡盆是否準備好了，卻得到這樣的回答：聖子是從無形中生出來的。由此可以理解，這種宗教狂熱在宗教紛爭時期會給國家造成極大傷害；不過，宗教和諧時期能給國家帶來一種強烈的自信心和使命感。

由於皇帝直接插手干預，使拜占庭的宗教紛爭更加複雜化。由於拜占庭皇帝們在教會生活中擁有很大權力——他們有時就被神職人員認爲「類同於上帝」，因而皇帝在宗教爭論中往往有很大的影響力。雖然如此，但是在面臨地方分離傾向時，統治者們無法強迫所有臣民相信他們的所作所爲。只是在丟掉東部許多省分【4】，且在教義信條得到改革之後，宗教和平才在八世紀時，看似近在眼前。但在下一個世紀中，它卻又被所謂反崇拜偶像之爭打破了。

所謂反對崇拜偶像者，乃指那些希望禁止崇拜偶像（即耶穌基督和聖徒偶像）的人。發起反對崇拜偶像運動的是伊蘇利亞王朝的李奧，此後他的兒子君士坦丁五世（七四〇～七七五年），又以更大的精力指導這一運動，由此歷史學家們不難看出運動的各種不同動機。反對崇拜偶像的人認為，崇拜偶像具有異教徒的特徵；在他們看來，他們不能崇拜人類製造出來的任何東西。同時，基督是神聖無比，絕非人世技藝能表現出來的；另外，在教會十誡中，也有禁止「雕刻偶像」這一規定（〈出埃及記〉，20：4），就已毫無疑問地說明了問題。

除了這些神學上的考慮外，可能還有其他一些考慮。由於伊蘇利亞王朝的李奧皇帝曾使君士坦丁堡免遭伊斯蘭教徒的圍攻，同時，由於穆斯林認為偶像是「撒旦的傑作」（《古蘭經》，v.92），並竭力迴避，因而人們認為，李奧採取反對偶像崇拜的政策，目的在回敬伊斯蘭教對基督教的一個非難，從而消除伊斯蘭教的一些吸引力。此外，還有一些內政和經濟方面的動機。藉由發起這樣一場激烈的宗教運動，可讓拜占庭的皇帝們更能加強對教會的控制，並與勢力日漸成長的修道院進行爭鬥。正如運動結果顯示的，修道院堅持偶像崇拜，君士坦丁五世予以殘酷迫害，並乘機侵吞了修道院的大量財產[5]。

西元九世紀時，反對崇拜偶像的爭論平息下來，一切又恢復到從前的狀況，也就是說，仍然進行偶像崇拜。不過，在這個世紀的騷動，便產生了一些更具有深遠影響的社會後果：其一就是大批宗教藝術品在皇帝的直接指令下，遭到了毀壞。殘存至今的八世紀之前的拜占庭藝術品，大都見於義大利和巴勒斯坦這些當年未受到反對崇拜偶像的皇帝左右的地區。在為這些藝術品所具有的魅力折服的同時，我們不能不對大量同樣卓絕的藝術品被毀掉而扼腕長嘆。其二，這場爭論是致使東方教會和西方教會產生嚴重分裂的開端。在八世紀之前，教皇一般來說是拜占庭人關係密切的盟友，但此時他們由於種種原因，而對反對崇拜偶像的觀點不能苟同。最重要的一個原因是，極端的反對偶像崇拜者傾向於對崇拜聖徒之舉表示懷疑，然而教皇至高無上之說，正是以推定自聖彼得而降為基礎的。故而，八世紀的教皇與拜占庭的反對崇拜偶像運動展開爭鬥的同時，便紛紛轉向法蘭克國王們尋求支持。這種「教皇立場的轉變」，一方面是使東西方之間關係進一步惡化的重要因素，另一方面是西歐發展史上的一個重要里程碑。

另一些後果是由上述反崇拜偶像運動短暫勝利而造成的。運動失敗的一個重大後果就在於，重新恢復了拜占庭宗教的一些主要特徵，它們自九世紀到拜占庭最後崩潰，一直居主導地位。其中之一是，重新強調信奉傳統思想，即便是當他們在宗教事務方面進行新的探索之際，拜占庭人也經常表白自己只是在重申或發展某些傳統的寓意。現在，在那一紛爭的時代結束之後，他們幾乎完全放棄了相關探索，比從前更加強調傳統思想。正如一位對崇拜偶像運動持反對態度的人所說的：「如果一位天使或皇帝向你宣布一個你從未聽過的信條，就把耳朵堵起來吧。」這一觀點在結束拜占庭帝國的宗教紛爭和異端邪說方面發揮了很大作用，從內部賦予拜占庭宗教力量，同時幫助它在九、十世紀間吸引了衆多新的信徒。不過，它不僅禁止人們對宗教問題進行自由思考，而且禁止在其他學術問題上自由推理。

與這一變化相呼應的是，拜占庭式的默禱占了上風。支持偶像崇拜的人之所以爲偶像崇拜進行辯護，不是因爲它們自身理應受到崇拜，而是因爲它們能夠幫助俗人由物質世界提升到精神世界。作爲一種進行宗教啓蒙的途徑，對默禱的重視在以後成爲拜占庭教堂事務的一個標誌。雖然西歐人絕非反對這種途徑，但典型的西方式聖徒是一個積極參與社會活動的人，他們把罪惡視爲一種墮落行爲，試圖透過勤奮的工作得到解救。然而，拜占庭神學家不然，他們更常把罪惡視爲愚昧無知，認爲透過啓蒙的方式方能得救。這就導致東正教帶有某種消極性和神祕主義，以致於直至今日，它與西方各基督教教派看起來仍不相同。

由於基督教在拜占庭生活中居有如此主導性的地位，因而拜占庭文明的一些世俗特徵往往爲人所忽略。但有充足的理由證明，其中一些特徵不應被人遺忘：其一，拜占庭精心保存著古典作品，他們雖信奉基督教，但絕不意味著拜占庭不再尊崇古希臘的文化遺產。此外，拜占庭學校的教育非常依賴古希臘的文學作品，以致於凡受過教育的人，較能廣博地引用荷馬史詩，其熟悉的程度甚於我們今日對莎士比亞的了解。拜占庭的學者們研究柏拉圖和亞里斯多德的哲學，並對此做出評註；同時，拜占庭的作家也模仿修昔里德的散文風格進行創作。他們致力於進行古典文學研究的活動，既豐富了拜占庭人的精神生活和文學創作，又爲後世保存了許多古希臘經典之作。然而，拜占庭的古典文學研究往往爲現代人所忽略，理由是因爲它們普遍缺乏創造性。但必須知道，我們今日得以讀到大量的古希臘文學作品，大都是由於拜占庭書吏的傳抄才保存下來的。

拜占庭的古典文學研究，是其面向世俗人士的教育體系的結果，這種教育既爲男子創造了機會，也向女子敞開大門。對同一時期信奉基督教的西方和伊斯蘭國家歧視婦女的態度和作法，拜占庭人的女性教育作法是難能可貴的。出身貴族或富人家庭的女孩雖不能進入學校讀書，卻可以在家透過家庭教師受到相當良好的教育。舉例來說，一位拜占庭女子據說可以像柏拉圖或畢達哥拉斯那樣談吐不凡。拜占庭最著名的女學者是安娜・科穆寧娜，她撰寫過一本傳記，記述其父親亞利克塞的種種成就，其所用的文詞典雅優美，書中大量引用了荷馬史詩和歐里庇得斯的作品。除了這些在文學上有所建樹的女性外，在拜占庭帝國中還有女醫生，這一事實令人遐想：直到不久之前，在美國幾乎沒有任何一位女醫生。

拜占庭在建築和藝術領域的成就是人們所熟知。拜占庭建築成就的最佳例證，便是聖索菲亞大教堂[6]（意爲「神聖的智慧」），它建於六世紀，耗費甚鉅。雖然這一建築成於本書認定的拜占庭歷史開始之前，但這一建築無論在建築風格，還是在對後世的影響方面，都具有典型的拜占庭特徵。雖然大教堂的設計者是希臘人的後嗣，但它與任何希臘神廟都迥然相異。興建這座教堂的目的，不在於表現人類本身的榮耀或人類對生活的滿足，而是要象徵基督教的內省和精神的特徵。因此，建築師對它的外表不怎麼注意，外牆使用的全是普通的磚塊，外面再塗以灰泥，沒有大理石的貼面，也無雄偉的柱廊或雕刻的柱楣。不過，教堂內部卻鑲嵌著絢麗多彩的圖案，包金葉飾和五顏六色的大理石柱，邊稜上裝飾著許多彩色的小玻璃片，當這些小玻璃片折射太陽光線時，便會發出酷似寶石般熠熠閃光。爲了強調奇蹟之感，這棟建築的建築方式讓人以爲，似乎沒有任何一絲光線是從外面來的而是發自內部。

聖索菲亞教堂在建築構造方面的設計，可以說在建築史上尚屬創舉。其主要的特色，乃是在於一個方形的結構中，運用了圓頂的原則。首先，將教堂設計成十字架形狀，然後在方形中央大廳上面，建蓋起一個宏偉的圓頂，這個圓頂在整個建築中占主要地位。其主要難題，在於如何使穹頂的圓周，與它要覆蓋的方形結構相嵌合。解決的辦法是在中央大廳四角的柱子上，豎起四個半圓形拱弧，圓頂的邊緣便落在拱門的拱頂石上。拱弧與柱墩之間的三角形空間則用磚石塡實，這樣便產生一種具有神奇般強度的主體建築，同時還展現出一種恢宏的氣勢以及精美的風格。聖索菲亞大教堂的大圓頂直徑達一百零七英尺，最高處距地面有將近一百八十英尺。圓頂周邊開了非常多的窗戶，乍看之下，圓頂好像沒有任何支柱，而是懸浮在半空中似的。

與建築類似，拜占庭的藝術也徹底改變了更早時期希臘的經典風格。拜占庭人擅長象牙雕刻、手稿彩繪、寶石加工，尤其是鑲嵌畫——那是一種把許多色彩斑駁的碎玻璃片和小石片鑲嵌成畫的圖案。在這些鑲嵌畫中，人物畫像是以一種與古典風格迥異的方式表示，它是以拉長、扭曲變形的方式，顯示人們極其虔誠或極端威嚴。多數拜占庭藝術都呈現出極其抽象、有條理和鑲嵌寶石般玻璃的特徵。由於這一原因，許多人都把拜占庭富有藝術性的文化，視爲一種超越時間的完美典範。現代詩人葉慈在其題爲「駛向拜占庭」的詩中，充分地表達了這一點，詩人描繪了拜占庭金匠製作的一隻大鳥，說道：「……爲拜占庭的丈夫和太太／歌唱吧／歌唱拜占庭的往昔，歌唱拜占庭的現在，歌唱拜占庭的未來。」

在拜占庭文明發展的全盛期，一個最能顯示出其生命力方面的，或許當屬其對斯拉夫各民族的改變，尤其是使俄羅斯的各斯拉夫民族皈依基督教[7]。根據一個較合乎史實的傳說，一位名叫弗拉基米爾的俄羅斯統治者，在九八八年左右，決定放棄其先祖信奉的異教，於是他派遣使者前去考察伊斯蘭教、羅馬天主教和拜占庭的基督教。使者們歸來後報告說，只有在拜占庭人之中，上帝看來「生活在人們中間」；弗拉基米爾聽到後，當下同意請一位拜占庭傳教士爲他舉行洗禮儀式。這一事件具有劃時代意義，因爲俄羅斯由此開始成爲拜占庭的一個文化省。自此開始直到二十世紀，俄羅斯一直是東正教的一個堡壘。

一四五三年，君士坦丁堡落入鄂圖曼人之手後，俄羅斯人開始感覺到他們是上帝遴選出來的，不僅在信仰上，而且在行動上都要行使前拜占庭帝國的使命。就這樣，俄羅斯的統治者開始自稱爲「沙皇」——其意爲「凱撒」；同時，俄羅斯人聲稱莫斯科是「第三個羅馬」。有一位俄羅斯代言人說：「前兩個羅馬已經滅亡，第三個羅馬依然屹立，它將永遠存在下去，且不會爲第四個羅馬所取代。」這樣一種意識在部分上有助於說明，後來俄羅斯何以進行帝國主義擴張。拜占庭的傳統可能也有助於解釋，俄羅斯統治者具有至高無上權力的原因。毋庸置疑，拜占庭獨特的藝術原則對俄羅斯宗教藝術產生了影響，同時拜占庭人的思想觀念，對杜斯妥也夫斯基和托爾斯泰等俄國近代最偉大作家的思想，也不無影響。

很不幸的，正當君士坦丁堡與俄羅斯間的關係日益鞏固之際，拜占庭與西歐的關係卻惡化到無法恢復的地步。從反對偶像崇拜時期之後，東方基督教會和西方基督教會之間產生摩擦。這部分原因是由於君士坦丁堡對西歐培植一個與它敵對的帝國願望（這是在八〇〇年由查理曼大帝發起的）十分反感；但最主要的原因，是兩者之間在文化和宗教方面的差異日益擴大，東、西方基督教會之間關係一直處於緊張的狀態。在拜占庭人看來，西方人缺乏教養且愚昧無知；而在西歐人眼中，拜占庭人纖弱無力並有異端傾向。一旦西方開始復甦，它便開始從理論和行動方面向羸弱的東方展開攻勢。一〇五四年，羅馬教皇宣稱對東方基督教會擁有最高權力，這一極端要求引發了東、西方的宗教會分裂，這一分裂從此再也無法癒合[8]。從那時之後，十字軍東征更使雙方之間的裂痕進一步加大。

一二〇四年，君士坦丁堡遭到十字軍洗劫之後，拜占庭對西方滿腔仇恨是可想而知的。一位拜占庭人這樣寫道：「我們和他們之間產生了深深的裂痕：我們之間毫無共同點可言。」西歐人稱東方人是「渣滓的渣滓……不配享受陽光」，東方拜占庭人則稱西歐人爲黑暗之子，因爲太陽在西方降落。雙方相爭，土耳其人受益最大。一四五三年，他們攻占了君士坦丁堡；此後不久，他們又征服了維也納以南的東南歐大部分地區。

看到這樣一種令人悲哀的相仇歷史，我們最好回顧一下，我們在多大程度上受惠於拜占庭，以此結束對拜占庭文明的敘述。從完全有形的角度方面來看，自七到十一世紀，拜占庭帝國一直是抵禦伊斯蘭擴張的一道屏障，從而有助於西方保持獨立。如果拜占庭未曾繁榮一時並保護西方，西歐的基督教文明可能早就被毀滅了。此外，在文化領域，我們也受益良多，因爲拜占庭學者協助保存古希臘的學問。到了文藝復興時期，在拜占庭學者的幫助下，把柏拉圖的著作介紹給義大利人文主義者，這是雙方交往最密切的一個時期。不過，在文藝復興時期之前，西方就已經漸漸在向拜占庭學習，同時在十六世紀之前，他們一直從拜占庭的手稿中獲得大量的知識。與此類似，拜占庭的藝術在很長一段時期裡，也對西歐產生很大影響。我們就舉幾個最著名的例證吧。威尼斯的聖馬可大教堂幾乎是完全依照拜占庭風格建成；西方一些偉大畫家，如喬托、埃爾格雷科等人，其畫法在不同程度上都受到拜占庭藝術的影響。僅僅列舉拜占庭的影響是不夠的，因爲留存至今的拜占庭文化是不朽的，其本身依然令人嘆服。相信參觀過拉維納和巴勒莫等城市的拜占庭鑲嵌畫的遊客，他們心中一定充滿敬佩之情；其他有幸去過伊斯坦堡的人，依然感到聖索菲亞大教堂神奇無比。因而，來自拜占庭像寶石般璀爍的美麗光芒，昔日曾閃爍出耀眼的光芒，而今依然熠熠生輝。

興盛的伊斯蘭文明

假如說拜占庭歷史起始年代無法弄清，那麼，它的終止年代一四五三年是可以確定的。至於伊斯蘭文明正好與之相反，它的歷史有一個清楚的起點，七世紀時穆罕默德開始傳教爲其開端，不過卻沒有一個終點，因爲穆罕默德創立的伊斯蘭教在現代世界中，仍然有其舉足輕重的力量。信奉伊斯蘭教的人——即穆斯林，占現今世界總人口的大約七分之一：其最集中居處的地區，自非洲經由中東、前蘇聯的一些國家，一直到巴基斯坦、孟加拉和印度尼西亞。所有穆斯林都擁有一個共同的信仰和一種共同的生活方式，因爲伊斯蘭教一直要求其信徒不僅要遵守某些形式的祭祀活動，而且還要恪守固定不變的社會和文化規範。確實，與猶太教和基督教不同，伊斯蘭教有一次偉大的嘗試，它試圖建立起一個立基在日常生活規範與宗教戒律之間，完全和諧的世界性社會。自然，由於時間、地點的不同，這一嘗試在實踐中會產生不同的後果和特徵。然而，伊斯蘭教一直在爲這一目標盡心盡力，這同時說明了一個事實——即不論在語言、種族和地理分布方面，存在著多麼大的差別，所有穆斯林之間依然有著一種非同尋常的共同責任感。在本節中，我們將追溯伊斯蘭教傳播的早期歷史，至為看重的是它的西方化傾向性。不過我們必須隨時記住，伊斯蘭教在各個方向都擴展勢力，它最終不僅對歐洲或西亞產生巨大的影響，同時對非洲和印度的歷史也產生了影響。

雖然伊斯蘭教後來傳播到其他地區，但它是發源於阿拉伯半島，因此，要述說伊斯蘭的歷史，就必須從這裡說起。阿拉伯半島被沙漠覆蓋著，在伊斯蘭教產生之前，此地非常落後，以致它兩大毗鄰的勢力，即羅馬帝國和波斯帝國，從不認為值得把他們的統治勢力擴展到這一地區。該地的居民大多是貝都因人，他們是一群趕著駱駝靠游牧為生的民族，以牲畜的奶和沙漠綠洲中出產的食物，諸如椰棗為食。在六世紀下半期，隨著遠距離商路的遷移，這一地區的經濟發展速度加快。這是因為當拜占庭和波斯之間戰火頻仍，對於那些從事亞洲、非洲之間貿易的商隊來說，阿拉伯半島成了較安全的通道。得益於這種貿易的發展，同時也是為了掌握這種貿易，一些市鎮出現了。其中最著名的是麥加，它不僅是幾條重要商路的樞紐，而且早就是當地的宗教中心。麥加城內有一座聖殿，即是著名的克爾白【9】（又稱為「天房」）古廟，許多阿拉伯部落和氏族都以該神廟為祭祀聖地。（克爾白古廟內有一塊黑曜石，這塊隕石被尊為神奇之石，而受到許多不同教派信徒的崇拜。）控制這一古廟並支配麥加地區經濟生活的人，屬於庫賴什部落，這一由商人和掮客組成的貴族政治，對該地區實行嚴密的統治。

大約五七〇年，伊斯蘭教的創始人穆罕默德誕生於麥加，他的家庭為庫賴什部落的一員。穆罕默德自幼父母雙亡，大約二十五歲時受雇於一個富裕的寡婦，後來與她成婚，從而在經濟上有了保障。在步入中年之前，他過著富裕商人的生活，一舉一動與城內的其他富商沒有什麼兩樣。但在六一〇年左右，他經歷了一次宗教體驗，這次宗教體驗不僅改變他的一生，而且最終也改變了世界許多地區的面貌。在此之前，多數阿拉伯人都信奉多神教，並多認為有一個叫阿拉的神，其地位隱約高於其他神祇。六一〇年，穆罕默德相信他聽到來自上天的聲音，告訴他除了阿拉外別無神祇。換句話說，經過一場信仰的體會，穆罕默德成為一位毫不妥協的一神論者。在此之後，他又進一步受到神的啓示，這些啓示便構成一個新宗教的基礎，並促使穆罕默德接受「先知」的稱號，向庫賴什部落傳播一神論信仰。起初，他的傳教在使人們改變原先的信仰上並不是非常成功，只限於少數人，這些人主要是他的近親。失利的原因也許是在庫賴什部落中居主導地位的人士認為，接受這一新宗教就會失去天房，隨後更會阻斷麥加在當地信仰中所擁有的核心地位。不過，在北方的雅特里布並沒有這種顧慮，因此其代表邀請他移居那裡，以調解當地的衝突。六二二年，穆罕默德及其追隨者接受邀請。這一遷移在阿拉伯語中叫作「希志來」[10]，標誌著穆罕默德命運的一大轉變，因此，被穆斯林視爲伊斯蘭教紀元的起始之年：正如基督教徒把基督誕生之年視爲基督教紀元的開始，穆斯林也把六二二年的「希志來」視爲其紀元的開端。

穆罕默德把雅特里布更名爲麥地那（意爲「先知之城」），而且很快便成爲該城的統治者。在此一過程中，他更有意識地開始把其信徒組織成既是宗教也是政治的團體[11]。然而，他仍然需要尋求那些最初的麥加追隨者的某種支持；同時，他也希望向那些當初沒有響應他的皈依號召的庫賴什人進行報復。於是，穆罕默德開始率領其追隨者襲擊在麥加城外行走的庫賴什商隊。庫賴什人奮起抵抗，但在幾年之後，穆罕默德的追隨者在宗教熱情的鼓舞下，終於打敗了他們。六三〇年，在經過幾次沙漠戰鬥後，穆罕默德以勝利者的身分重回麥加城。此後庫賴什人皈依於新的宗教；天房不僅被保留下來，還成爲伊斯蘭教的主要聖地，直至今日依然如此。麥加被征服後，阿拉伯半島各地的其他部落反過來全都接受了伊斯蘭教。因此，雖然穆罕默德於六三二年去世了，但在有生之年得以親眼目睹他所創立的宗教獲得成功。

伊斯蘭教的教義非常簡單。「伊斯蘭」一詞本身意爲順衆，故要求絕對服從眞主。雖然此獨一無二的眞主在阿拉伯語中爲「阿拉」，但如果就此認爲伊斯蘭教信奉的是像宙斯或朱庇特那樣，在諸神中地位是最顯赫的神，那就錯了：因爲對於穆斯林來說，阿拉是至高無上的造物主上帝——是與猶太教和基督教中所說的無所不能的上帝一樣的神祇。因此，與其說穆斯林相信「除阿拉之外別無上帝」，更正確的說法應是：「除眞主以外別無神祇」。同樣的，穆斯林認爲，穆罕默德本人是眞主的最後一位、也是最偉大的一位先知，但並非眞主本身。

除了嚴格的一神崇拜之外，穆罕默德尤其要求信徒要完全投身於眞主之中，因爲最後的審判即將來臨。塵世的人們必須就是否開始一種爲神服務的生活做出根本性的選擇：如果他們決意這樣做，眞主將引導他們享受天恩；如果他們不願這樣做，眞主將拋棄他們，他們就會淪落成不可能得到贖救的罪人。在末日審判來臨之際，虔信者將在充滿歡樂的天堂中獲得永生，受到懲罰的惡人將被打入地獄，受到不滅之火的炮烙和拷打。信徒們所能採取的具體步驟，可以在《古蘭經》中找到。據說，《古蘭經》[12]是由眞主給穆罕默德的種種啓示而編成的，因而是伊斯蘭教最可靠的聖典。這些具體步驟包括眞心眞意地過一種操行端正的生活，要富有憐憫之心，並恪守一些固定的教規，即念功、拜功、齋功、朝功和課功。

伊斯蘭教在很多方面與猶太教和基督教相當類似，這絕不是偶然的巧合，所以，穆罕默德肯定受到這二種宗教的影響。（因爲在麥加和麥地那有許多猶太人，因此，間接的，穆罕默德也了解到基督教思想。）伊斯蘭教與這二種宗教最相似的地方，在於其嚴格的一神信仰，強調個人道德和心存仁慈，以及依賴以上帝的啓示爲基礎的經書。穆罕默德宣稱《古蘭經》是宗教權威的終極源頭，但也把《舊約》和《新約》視爲神意旨的展現。穆罕默德從基督教中得到的思想，包括末日審判、死後復活、死後報應，以及對天使的信奉（他認爲眞主帶給他的第一個啓示，就是由天使加百列送來的）等。不過，雖然穆罕默德承認耶穌基督是衆多先知中最偉大的先知之一，但他不認爲耶穌是神，同時宣稱自己除撰寫《古蘭經》外別無奇蹟。另外，他對基督教的獻身之愛不予看重，而最重要的是傳導一種不需聖禮、不用牧師的宗教。對穆斯林而言，每一位信仰眞主的人都直接負有聽命於眞主的責任，無需任何中間環節；代之以牧師，伊斯蘭教中只有一些宗教學者[13]，他們可以對伊斯蘭教信仰和律法問題進行評論。穆斯林通常都是到清眞寺集體進行祈禱，但並無彌撒之類的東西。沒有教士，在這一點上伊斯蘭教與猶太教更爲接近；伊斯蘭教強調在受到神靈啓示的團體中，社會政治生活與宗教事務有著密不可分的關係，這就使它與猶太教更加接近。但是與猶太教不同，伊斯蘭教在開始傳播到阿拉伯半島之外地區時，宣稱的是一種普濟主義，和它在把世界連在一起時所扮演的角色。

穆罕默德死後，伊斯蘭教這一強調在世界上發揮影響的信條，隨即開始顯現出來，由於穆罕默德對未來沒有做出任何規定，又由於阿拉伯人沒有明顯的政治繼承觀念，因而穆罕默德創建的社會團體能否繼續存在下去，誰都不知道。但是，他一些最親近的追隨者，在其岳父阿布・貝克和另一位很早就追隨穆罕默德名叫作歐麥爾的狂熱信徒領導下，很快採取主動的行動，提名阿布－貝克爲「哈里發」[14]，意爲「先知的代理人」。此後，在將近三百年的時間裡，哈里發成爲所有穆斯林最高宗教和政治領導人。阿布・貝克在成爲哈里發後，立即採取軍事行動，征服了各個曾追隨穆罕默德，如今不願接受其繼承人領導的阿拉伯部落，這些軍事行動取得極大成就[15]。在這過程中，阿布・貝克的軍隊開始跨出阿拉伯半島的邊界，進一步向北擴張；而且，令他們大吃一驚的是，他們竟然未遇到波斯和拜占庭軍隊強有力的抵抗。

阿布・貝克在出任哈里發兩年之後就去世了，繼任哈里發的是歐麥爾。歐麥爾繼續執行向鄰近帝國擴張的政策。此後諸年，阿拉伯人並未遇到任何障礙，取得一個又一個的勝利。六三六年，阿拉伯人在敘利亞大敗拜占庭的軍隊，隨後便橫掃這一地區，占領了安提阿、大馬士革和耶路撒冷等主要城市。六三七年，他們消滅了波斯軍隊的主力，進占波斯首都泰西封。波斯人的行政中心一經失陷，幾乎無法再做出任何抵抗；到了六五一年，阿拉伯人完成對波斯全境的征服。

由於拜占庭的中心君士坦丁堡離這裡路途遙遠，所以阿拉伯人無法用相同手段的武力，攻占該帝國的心臟地帶。但在六四六年，他們很快便把拜占庭人從埃及驅逐出去，隨後揮戈西向，向北非挺進。七一一年，阿拉伯人由北非越過直布羅陀海峽攻入西班牙，很快就控制這一地區的絕大部分。這樣，在短短的一百年內，穆斯林征服了波斯帝國全境，以及古羅馬世界的大片地區。

阿拉伯人為什麼能取得如此驚人的成就？想要弄清這一問題，最好的方法有兩個：其一是，看看驅使阿拉伯人擴張的動力是什麼；其二是，看看他們遇到什麼樣有利的形勢。與一般認為的看法相反，伊斯蘭教早期的擴張並不是宗教聖戰實現的。起初阿拉伯人並沒有興趣要使其他民族改信其宗教，與此相反，他們並不歡迎被征服者皈依伊斯蘭教，這樣他們就可以保持其作為統治者群體和徵稅群體的獨特性。不過，雖然此時阿拉伯人的擴張並沒有包含宗教動機，但是宗教的狂熱卻扮演極為重要的角色，它使得先前一直很鬆散的阿拉伯人聽從哈里發的指令。同時，這種熱情還使他們產生一種替天行道的感覺。但真正促使阿拉伯人走出沙漠的原因，在於希望尋求得到更富裕的地區，並獲得戰利品，正是這種尋求新財富的願望，促使阿拉伯人越走越遠。對阿拉伯人來說，非常幸運的是，在伊斯蘭教擴展的時期，正好發生在各敵國正處於衰落之際。拜占庭和波斯之間，因為長期的刀兵相向，使得雙方均耗盡力量，無力再重振兵力。此外，波斯和拜占庭的當地居民對其官僚帝國施加的財稅要求，心存憤恨；而且，在拜占庭統治下的敘利亞和埃及「異端的」基督教徒，也不定時受到來自君士坦丁堡正統教派的宗教迫害。由於阿拉伯人並不要求被征服者皈依伊斯蘭教，而且阿拉伯人所徵收的稅額也比拜占庭人和波斯人低，造成他們往往比舊有的統治者更受歡迎。一位敘利亞基督徒作家竟然這樣寫道：「復仇之神借助阿拉伯人，將我們從羅馬人（指拜占庭帝國）的手中解救出來。」正是由於上述種種原因，伊斯蘭教迅速傳播到伊朗和埃及之間的大片地區，並自那時一直生根迄今。

就在阿拉伯人四處擴張之際，他們也第一次遇到嚴重的政治分裂。六四四年，歐麥爾哈里發死後，接替他的職位是烏斯曼。烏斯曼出身於奧美亞家族，此一富有家族起初並未響應穆罕默德的號召。而烏斯曼本人軟弱無力，具有其家族的許多缺陷。因此，那些對烏斯曼心存不滿的人，就擁護穆罕默德的表弟和女婿

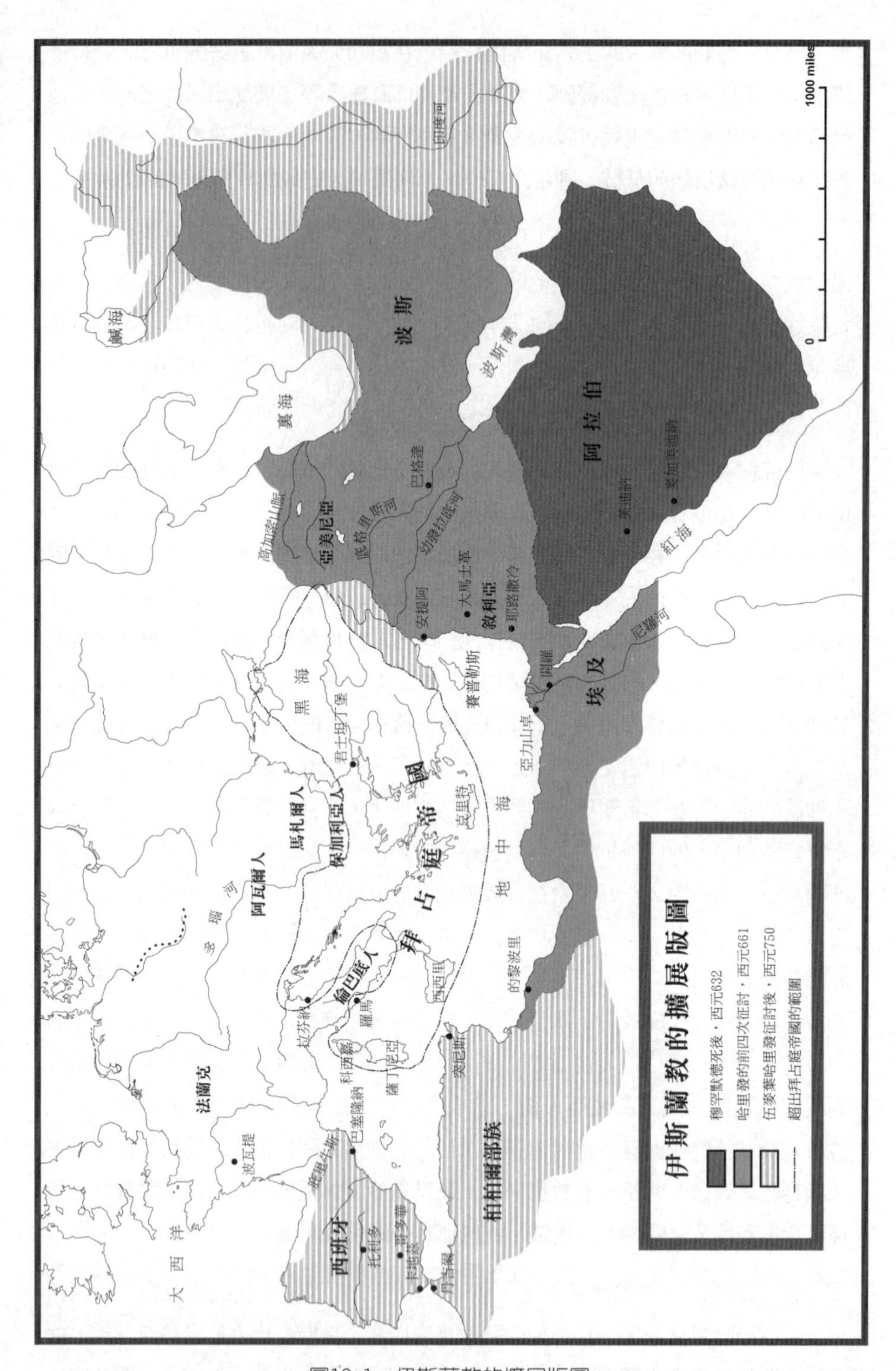

圖12-1　伊斯蘭教的擴展版圖

阿里[16]，因爲阿里的血統、背景和好戰精神，似乎更適於擔當伊斯蘭事業的領導人。六五六年，烏斯曼被反叛分子暗殺之後，阿里派人士擁戴阿里爲哈里發。但是，勢力強大的奧美亞家族及烏斯曼的支持者，不承認阿里的哈里發職位，雙方爭鬥不休。六六一年，阿里被暗殺，烏斯曼派取得勝利。同年，奧美亞家族中的成員成了哈里發，此後便由該家族統治一直維持到七五〇年。然而，即便如此，阿里的追隨者仍不承認失敗，隨著時間的移轉，他們逐漸成爲一個居少數地位的伊斯蘭教派，叫作「什葉派」；這一集團堅持認爲，只有阿里的後人才有權出任哈里發，或者對穆斯林社會享有統治權。反過來，那些認同哈里發制度實際歷史發展情況並接受此一習俗者，被稱爲遜尼派。兩派之間的裂痕一直沒有縫合。什葉派經常受到迫害，因而發展成爲一個十分好鬥的團體，同時深信只有他們才是信奉、堅持伊斯蘭教的人。後來，他們逐漸在某個地區執掌大權，但從未能贏得大多數穆斯林的支持。今天，他們統治著伊朗，在伊拉克也有衆多信徒，但在全世界伊斯蘭教總人口中只占大約十分之一。

六六一年，奧美亞家族的勝利開創了哈里發統治史上一段較安定的時期，哈里發統治一直維持到九四五年。在此一期間有兩個主要的指導方針：其一，以奧美亞王朝的統治爲代表；其二，以其繼承者阿拔斯王朝爲代表。奧美亞王朝力量的重心在於原屬拜占庭的敘利亞地區，他們繼續留用當地的官員，而不是改由穆斯林進行管理。由於這些原因，奧美亞哈里發統治在某種程度上，類似於拜占庭國家的後繼者。與其較注重向西擴張的趨向有關，奧美亞人集中精力去控制地中海和征服君士坦丁堡。七一七年，奧美亞王朝集中全部力量進攻拜占庭首都君士坦丁堡，結果遭到慘敗，其勢力因此遭到嚴重打擊；一俟時機成熟，另一個新的趨向就會應運而生。

代表這一新趨向的乃是一個新的家族——阿拔斯家族，他們於七五〇年取代奧美亞王朝成爲哈里發。阿拔斯王朝的統治，可以說是以波斯而不是拜占庭爲重點。這一變化的一個特徵就是遷都：該王朝的第二任哈里發，在離波斯帝國舊都廢墟不遠的巴格達興建了新都，所用建材有不少就取自舊都遺址。阿拔斯王朝建立自己的伊斯蘭統治，並效仿波斯帝國的專制制度。該王朝的哈里發凶殘地殺害敵人，沉溺於繁瑣的宮廷禮儀中無法自拔，同時慷慨地資助高雅文學的發展。《阿拉伯之夜》[17]所描繪的正是這一時期的圖景，它是一部故事集，完成於阿拔斯王朝時期的巴格達，書中詳細描述了令人眩目的東方美景。這些故事的主要人物爲哈倫．拉希德哈里發，實際上統治年代在七八六至八〇九年之間；相信他的奢華無度，殘忍無情的個性，恰如書中描述的那樣。據說，他把鑄幣撒在大街上，賜予寵臣各種珍貴禮物，對其敵人進行殘酷懲處。從西方人的觀點出發，阿拔斯王朝之所以具有重要地位，不僅是因爲它創造了傳奇和文學，而且還因爲其東方取向大大減弱了地中海地區的壓力。因此使得拜占庭得以復甦，更西邊的法蘭克人也能乘機擴充自己的實力。（法蘭克人最偉大的統治者查理曼大帝就與哈倫·拉希德哈里發保持著外交關係，哈倫·拉希德哈里發曾以恩賜的姿態，送給貧窮得多的西方人一頭大象作爲禮物。）

西元十世紀時，阿拔斯王朝開始衰落，繼之而來的是一個長期地方分權的時期。阿拔斯帝國國力日趨衰落的主要原因，在於其主要的經濟基礎，底格里斯河—幼發拉底河流域的農業生產日益衰落。後來，阿拔斯王朝採取的是依賴土耳其士兵的措施，進一步加速了帝國的衰落，因爲這些士兵很快就了解自己實際上可以操縱國家大權。西元九四五年，一個什葉派部落奪取巴格達，帝國從此分裂。此後，阿拔斯王朝哈里發成了沒有實權的傀儡，直到一二五八年，蒙古鐵騎毀滅巴格達，從而徹底結束了阿拔斯王朝的統治。自九四五年至十六世紀，伊斯蘭世界的政治情勢是以地方割據爲特徵，與弱小的統治者不同的是，他們大都是土耳其人，控制著不同的地區。過去人們曾經認爲，這種地方分權意味著衰落，但事實不然：伊斯蘭文明在這一「中間期」依然非常繁榮，尤其是大約九〇〇至一二五〇年這段時期，正是在這段時期，伊斯蘭勢力擴展到了今天的印度和土耳其，在那裡建立自己的統治。後來，各新興的伊斯蘭帝國崛起，其中在西部首屈一指的是鄂圖曼土耳其人建立的帝國，它在十五世紀至一九一八年之間，控制著東歐和近東大片地區。因而，認爲伊斯蘭文明在哈倫·拉希德統治結束後不久，即日趨暗淡無光的觀點，是十分荒謬的。

對於那些懷著現代的偏見看待伊斯蘭文明的人來說，最令他們震驚的，當屬自穆罕默德時代到十六世紀，伊斯蘭文化和社會一直具有鮮明的世界主義特徵，同時富於生機。穆罕默德本人並不是一個生活在漫漫沙漠中的阿拉伯人，而是一個受到高深理想感染的商人和城市居民。後來，伊斯蘭文化之所以具有濃厚的世界主義氣息，主要在於以下幾種原因：它承繼了拜占庭和波斯文化的精華；它處在東西方商路的要衝，因此在大多數穆斯林地區，繁華的城市生活取代了沉悶而缺乏生氣的農業；因爲貿易占重要地位，地區流動性較大。此外，《古蘭經》強調所有穆斯林一律平等，因而穆罕默德的學說進一步促進了社會的流動。上述總總原因造成的結果，在巴格達的宮廷裡，以及後來權力分散的小國中，成功的大門向所有有才能者敞開。在穆斯林社會中，人們普遍具有識文斷字能力——據大致估計，在西元一〇〇〇年前後，大約百分之二十的伊斯蘭男性能識字，很多人以教育爲階梯，提高自己的地位。政府的職位很少被看作世襲財產，「新人」可以憑藉進取精神和技能爬至最高的職位。此外，穆斯林對其他宗教持非常寬容的態度。如前文所示，他們一般不強迫別人皈依伊斯蘭教，同時在他們自己的國家裡，也給猶太人和基督徒保留一席之地；他們把後二者視爲「經書中提到的人」，因爲《聖經》被視爲《古蘭經》的母體。與這種態度相呼應，早期一位哈里發曾任命一位基督徒爲首相。奧美亞王朝還資助一位用阿拉伯文寫詩的基督徒。穆斯林控制西班牙時期，是猶太文化從古代至現代最興盛的時期。猶太文化興盛最豐碩的代表之作，便是摩西．麥莫尼德的著作。麥莫尼德是位學識淵博的思想家（一一三五～一二〇四年），他既用希伯來文寫作，也用阿拉伯文寫作，有時被譽稱爲「摩西第二」。

穆斯林所奉行的平等和寬容信條，在一個領域屬於例外，那就是對待婦女的態度。或許由於社會地位變遷無常，獲得成功的男子尤其渴望維持並提高自己的地位與「榮譽」。想要實現這一點的方法，就是繼續擁有並（或）增加自己在世上擁有的東西，當然其中也包括婦女。對男人而言，女子是最有「價值」的，且最能顯示他們地位的東西，她們的不可侵犯必須有所保障。《古蘭經》允許一個男子娶四位太太，這樣婦女就成爲奇貨可居，已婚女子不得與丈夫以外的男性有所接觸。此外，地位顯赫的男子還可以擁有爲數不少的女僕和嬪妾，他把她們都置放在家中一個稱爲內室的地方，由閹人負責看管。在專由女眷居住的內室中，婦女們運用一切手段爭寵，爲的是讓自己所生的兒女獲得殊榮，因而不惜採用陰謀手段。雖然只有富人才能養得起成群的妻妾，但這一陋習爲各階層盡力仿效。基於女子是財產的原則，這些措施對降低婦女地位、在性生活中強調男性的主導地位產生很大作用。在上流社會中，男同性戀的行爲是可以被容忍的，然而，他們的支配模式在此基礎上依然發揮作用，因爲通常都是有權勢者主宰孌童。

伊斯蘭教徒獻身於特定宗教生活的途徑，主要有兩條：其一是，成爲烏力瑪，他們的作用是近似於牧師的學者。烏力瑪的職司就是研究宗教和律法，並提出自己的看法。毋庸置疑，他們一般是傳統的代言人，對信仰提出苛嚴的要求；他們更常常對社會生活產生重要影響。不過，對烏力瑪發揮彌補功能的，乃是蘇非派；這是一個宗教神祕派別，與基督教中的隱士有些相像，不過他們並不過獨身生活，很少與社會生活脫離。正像烏力瑪強調律法那樣，蘇非派強調沉思冥想；他們沒有共同的綱領，實際行爲表現也都大相徑庭。有些蘇非派成員被稱爲「狂舞托缽僧」[18]，以其舞蹈著稱於西方；另一些是苦行僧[19]，他們常常被聯想成在西方市集上玩蛇的人；此外，還有一些人更被認爲是那些靜思冥想、不舉行任何奇異儀式的人。蘇非派通常會組成「兄弟會」，他們在非洲和印度等偏遠地區，對伊斯蘭教傳教方面頗有貢獻。在整個伊斯蘭世界，蘇非派教義是一種最激烈的宗教衝動，提供了發洩的管道。烏力瑪得以與蘇非派共存，其本身就是伊斯蘭文化多元性一個引人注目的標誌。

還有一點是更值得注目的，即這兩個集團與代表另一種世界觀的人、研究並實踐哲學和科學的人和平共處。在阿拉伯語中，阿拉伯哲學家實際上被稱爲faylasufs，因爲他們獻身於希臘人所說的philosophia（哲學）事業。伊斯蘭哲學以研究更早的希臘哲學，尤其是亞里斯多德學說和新柏拉圖主義爲基礎。在查士丁尼下令關閉雅典的哲學學園之後，希臘哲學家移居東方，亞里斯多德和其他哲學家的著作被翻譯成敘利亞文，這是一種閃語方言。希臘哲學由那一點向外傳播，逐漸進入伊斯蘭的生活，得到faylasuf們的栽培；這些人認爲，宇宙是理性的，以哲學態度對待生活是眞主發出的最高感召。他們對亞里斯多德已有很深入的了解，這從阿維森納身上便能知道。阿維森納（死於一〇三七年）是伊斯蘭世界最偉大的哲學家，在年滿十八歲之前，就在緊靠東部的小城市哈拉讀完了亞里斯多德的所有著作。

伊斯蘭哲學家面臨最重大的問題，就是如何把希臘哲學與伊斯蘭教協調結合，因爲他們思想的根據是來源於古希臘的學說——其與伊斯蘭教的教義相對，一般認爲世界是永恆的，單憑個人不可能獲得靈魂不滅。不同的哲學家對此做出不同的回答。在三位最偉大的哲學家中，法拉比（死於九五〇年）對這一議題最不關心；這位主要生活在巴格達的哲學家認爲，一位有知識的菁英人物不應受到一般群衆信仰的影響，而應進行理性的思考。雖然如此，他認爲這些信仰對加強社會的凝聚力是必不可少的，因而從不攻擊它們。

與法拉比不同，在更遠的東方活動的阿維森納，傳授的是一種理性色彩較少，在某些方面非常切近蘇非派神祕主義的哲學學說。（後來流傳著這樣一個故事：阿維森納這樣說一位蘇非派成員：「我所知的，也都看見了。」這位蘇非派成員回應道：「我所看見的，他都知道了。」）最後是阿維羅伊（一一二六～一一九八年），他生活於西班牙的科爾多瓦，是一位徹徹底底的亞里斯多德信徒。阿維羅伊過著兩種截然不同的生活：在私底下，他是一位極端的理性主義者；在公共場合，他信奉官方信仰，實際上甚至出任過政府的監察官。阿維羅伊是最後一位眞正具有重要意義的哲學家：在他之後，理性主義或者與蘇非派神祕學說結合在一起，或者過於受到宗教傳統的束縛，以致於無法作爲一門學問獨立存在。但是在其全盛時期（大約八五〇～一二〇〇年），伊斯蘭哲學遠比同時代拜占庭和西方基督教世界的哲學要發達、精深。

在伊斯蘭哲學衰落之前，faylasuf們就像進行哲學研究那樣，從事自然科學研究，而且成就斐然。通常他們既是哲學家又是科學家，因爲他們無法靠評註亞里斯多德而生活（當時沒有大學，不需要相關教師），卻可以透過占星術和醫學獲得大量財富，得到權要位置。在現代人眼中，占星術與其說是科學，不如說是迷信，但在穆斯林中間，它卻是一門與精確的天文觀測密切相關的「應用科學」。一位伊斯蘭占星術士在縝密研究天體，並預測出天體運行軌跡之後，就會把他們的知識應用到人類事務上，尤其是預測其富有的贊助人的運數。爲了更簡便地計算天體運行情況，一些穆斯林認爲存在著這樣一種可能性，即地球繞地軸自轉，同時又繞著太陽旋轉。不過，這些看法並未得到廣泛認同，因爲它與古老的成見（諸如環形行星軌道）不合。因此，穆斯林占星術後來對西方產生影響的是其極其先進的天體觀測和預測紀錄，而不是在這些方面；伊斯蘭占星術士達到的觀測水準，即便是希臘人最謹愼地進行的觀測也難望其項背。

伊斯蘭教徒在醫學方面的成就，同樣引人注目。以行醫爲生的伊斯蘭哲學家吸收了希臘化時代各種醫學著作中包含的醫學知識，但他們並不僅滿足於此。阿維森納發現結核病具有傳染性，描述了胸膜炎和各種神經性疾病的症狀，並指出水和土壤受到汙染後會傳播疾病。阿維森納的主要醫學著作《醫典》，直到十七世紀末一直被歐洲人奉爲經典。比阿維森納年齡稍大的同時代人拉齊茲（八六五～九二五年），是整個中世紀時代最偉大的臨床大夫。他的主要成就是發現天花和痲疹是有區別的。其他一些伊斯蘭醫師發現了燒烙術和止血劑的價值，並能診斷出胃癌，開出解毒的藥方，且在治療眼疾方面，也有相當了不起的成就。此外，他們了解到鼠疫的高度傳染性，指出這種病可以經由衣物傳染給他人。最後，穆斯林在醫院的組織以及醫療辦法的管制方面，超過中世紀時代其他所有民族。因此，在波斯、敘利亞和埃及各主要城市中，至少有三十四座醫院，其組織方式具有驚人的現代特徵。每所醫院都有分科設置的病房、藥房和圖書館。內科和外科的主治醫師向學生和研究人員授課，對他們進行考核，根據成績頒布行醫許可證。即使那些持有許可證的醫師也必須定期受到主治醫師的檢查，而這些醫師多數也兼爲理髮師。

伊斯蘭教徒在光學、化學和數學領域也獲得很大成就。伊斯蘭世界的物理學家創建了光學這門科學，並且在放大鏡及光的速度、傳播和折射等方面，提出許多具有重要意義的結論。伊斯蘭教的化學是由煉金術發展出來的；煉金術是希臘化時代的一個發明，它建立在下述原則的基礎上，即：所有金屬本質上都是相同的，如果能夠找到恰當的工具，即點金石，就能使賤金屬變成貴重的黃金。但是科學家在這一領域所做的努力，並不局限於不可能有什麼結果的煉製黃金上；有些人甚至否定金屬是可以轉換的。穆斯林科學家進行的種種實驗，發現了一個結果，就是各種新的物質和化合物被發現了，其中包括碳酸鈉、明礬、硼砂、二氯化汞、硝酸銀、硝酸鉀和硫酸等。此外，穆斯林科學家在世界上首次描述了蒸餾、過濾和昇華的化學程式。在數學領域，伊斯蘭教徒的最大貢獻，就是把希臘的幾何學和印度的數字科學結合起來，穆斯林數學家自印度借來西方人所說的「阿拉伯數字」；他們以十進制爲基礎，借助於阿拉伯數字創立了算術，並在代數（algebra，該詞本身即源自阿拉伯語）方面取得了進步。此外，他們以希臘幾何學爲基礎，參照他們對天體運行規律的研究，在球面三角學方面取得重大進展。因而，穆斯林數學家綜合並發展了數學的幾個領域，爲後來西方基督教徒的進一步發展創造了有利條件。

除了哲學和科學外，伊斯蘭教世界也有自己的詩人。早期阿拉伯人本就擅長寫詩，在宮廷之中，文學成就是出人頭地的途徑之一。伊斯蘭世界最偉大的詩人或許是波斯人（他們用自己的語言寫作），其中在西方名聲最顯赫的是歐瑪爾．海亞姆（死於一一二三年），他有名的原因在於他的《魯拜集》，這首詩曾被維多利亞時代的英國詩人愛德華．菲茨傑羅翻譯成一首廣爲人傳誦的英文詩歌。雖然菲茨傑羅的譯文多有曲解之處，但歐瑪爾．海亞姆的享樂主義思想（「一杯美酒，一塊麵包——還有你」）向人顯示，並非所有穆斯林都是些嚴謹的清教徒。

實際上，歐瑪爾的詩歌成就後來被薩迪（一一九三～一二九二年）和哈菲茲（死於一三八九年）超越了。同時，在距波斯遙遠的地方，在穆斯林治理下，西班牙的宮廷裡也出現了詩歌創作的盛況。這些詩作同樣也絕非受到扭曲、抑制之作，其濃郁之情由下面詩行可見一斑：「這就是我的熱吻，我緊緊親吻著他的唇／他的嘴中柔若無物，一切都消融於激情之中。」

在藝術活動方面，穆斯林兼收並蓄。他們藝術的主要源泉，乃是來自於拜占庭藝術和波斯藝術。伊斯蘭教建築在結構方面，受到拜占庭建築影響很多，尤其是圓頂、圓柱和拱門等。波斯的影響可能表現在複雜的非自然主義圖案方面，這些圖案實際上成爲所有伊斯蘭藝術的裝飾基調。追求色彩豐富、絢麗的趨勢，既來自拜占庭，也來自波斯。建築在伊斯蘭藝術占有最重要的地位；由於受到反對表現人物形象的宗教偏見約束，繪畫和雕塑發展有限。然而，絕非所有伊斯蘭建築傑作都是清眞寺；宮殿、學校、圖書館、私人住宅和醫院也占有重要地位。確實，與中世紀歐洲的建築相比，伊斯蘭建築毋庸置疑具有更多的世俗特徵。伊斯蘭建築的主要組成部分有球狀穹頂、光塔、馬蹄形拱門、螺旋形圓柱；此外，還有石製窗花格、黑白相間的條紋、鑲嵌圖案，和用作裝飾的阿拉伯文手書。伊斯蘭建築相對說來對外表裝飾不怎麼重視，這一點與拜占庭建築風格相似。所謂穆斯林手工藝術，包括編織精美的地毯、優質的皮革加工、仿絲織錦、五金鑲嵌工藝、彩釉玻璃器皿，和彩繪陶器。這些藝術品大都飾以複雜的圖案，如相互交錯的幾何圖形、花卉、植物和果實、阿拉伯文手書，以及奇形怪狀的動物形象。伊斯蘭藝術脫離了宗教教化作用，而變得極其抽象和非寫實。由於這些原因，伊斯蘭藝術往往顯得比近代之前的任何其他藝術都更世俗和「現代」。

伊斯蘭世界的經濟生活因時因地有很大變化，但欠發展顯然不是其本有特徵之一。與此相反，從阿拉伯人征服活動開始到十四世紀左右，在伊斯蘭文明的中心地區，商業活動異常發達。造成這一情況的主要原因在於，阿拉伯人統轄下的敘利亞和波斯地區商業城市文化本就十分興盛；同時，這裡正好處在世界的十字路口，溝通非洲、歐洲、印度和中國的主要商路恰好橫穿這一地區。伊斯蘭商人和承包人在前人的基礎上進行新的冒險。穆斯林商人進入俄羅斯南部，甚至遠到非洲赤道地區；同時，他們也有由數幾千頭駱駝組成的商隊浩浩蕩蕩地抵達印度和中國的大門。（穆斯林用駱駝作馱畜，對修建道路、用車輛運輸不感興趣。）來自伊斯蘭世界的船隊開闢了穿越印度洋、波斯灣和裏海的新航路。另外，在某些時期，伊斯蘭世界的船隻在地中海諸多地區居主導地位。確實，後來伊斯蘭勢力衰落的原因之一，就在於西方基督徒於十一、十二世紀控制了地中海，並在十六世紀經過艱苦奮鬥控制了印度洋。

如果沒有相應的工業發展，就不可能有伊斯蘭世界商貿的大發展。在很大程度上構成貿易基礎的，正是一個地區的人們有能力把其天然資源轉化爲製成品出售到其他地區。幾乎每一個大城市都專門生產特定種類的商品。敘利亞的摩蘇爾是棉布生產中心；巴格達專門生產玻璃器皿、珠寶、陶器和絲綢；大馬士革以其代表的鋼鐵製品及「織錦」著稱；摩洛哥以皮革加工出名；西班牙的托雷多則以其上好刀劍揚名。這些城市所生產的這些商品，只占伊斯蘭世界產品的一部分。許多城市的工匠都加工生產藥品、香料、地毯、掛毯、提花織錦、毛織品、緞子、金屬製品，和許多其他商品。穆斯林自中國人那裡學到了造紙，他們生產的紙不僅在帝國內部，而且在歐洲也很風行。

根據我們所觀察，在大約十二世紀之前，伊斯蘭世界文明都令西方基督教文明相形見絀，兩者實在不可同日而語；西方後來之所以能夠有所進步，部分原因是由於向伊斯蘭世界學習的結果。在經濟領域，西方人吸取了穆斯林的許多技術成就，諸如灌溉技術、新作物的栽培、造紙和釀酒等，並從中獲益良多。伊斯蘭世界在經濟上對西方影響的程度，可由英語中至今仍保留著許多常見源自阿拉伯文或波斯文的詞彙可知。這些詞彙包括：traffic（交通）、tariff（關稅）、magazine（貨棧，後轉意爲雜誌）、alcohol（酒精）、muslin（麥斯林紗）、orange（橘子）、lemon（檸檬）、alfalfa（苜蓿）、saffron（藏紅花）、sugar（糖）、syrup（糖漿）和musk（麝香）等。（我們所說的海軍上將一詞，也源自阿拉伯文，原爲阿拉伯酋長的名銜。）

在思想文化和科學方面，西方人也像在經濟生活中那樣，自伊斯蘭世界受益不淺。在這些領域，西方從那借用的詞彙也非常能說明其由來：algebra（代數）、cipher（阿拉伯數字）、zero（零）、nadir（最低値）、amalgam（汞合金）、alembic（蒸餾器）、alchemy（煉金術）、alkali（鹼）、soda（蘇打）、almanac（曆書）；此外，還有許多星體的名字，如金牛星和獵戶星等。

在古希臘科學和哲學幾乎被西方完全遺忘的時候，伊斯蘭世界的文明卻保存並發展了這些知識。自古代殘存下來的所有希臘重要科學著作都被譯成阿拉伯文，後來在中世紀西方，這些著作才從阿拉伯文譯成拉丁文。其中最重要的是保存和釋譯亞里斯多德的著作，這是伊斯蘭世界影響最深遠的成就之一。這不僅因爲西方人首先透過阿拉伯人的翻譯認識了亞里斯多德，而且因爲西方人借助於阿拉伯人尤其是阿維羅伊的釋讀，對亞里斯多德學說有所了解。阿維羅伊在這方面地位甚尊，以致中世紀的西方學者簡單地稱之爲「評註者」。自然，阿拉伯數字也是一份彌足珍貴的文化遺產；如果當你試著用羅馬數字記記帳，就能深刻體會到這一點。

除了這些貢獻外，伊斯蘭文明僅就其作爲西方世界一個強有力的對手，刺激西方人的想像力而言，就對西方產生了最大的影響。拜占庭文明曾與西方有著過於密切的關聯，但因國力太弱無法發揮這種作用。西方人通常不分青紅皀白地看不起拜占庭希臘人，卻對穆斯林往往較尊敬和畏懼。在這方面，他們也許是有道理的，因爲伊斯蘭在其鼎盛時期（這又是一個阿拉伯文詞彙），確實是世界上最偉大的文明之一。雖然它組織較鬆散，但它借助於一種偉大的宗教和共同的制度，把阿拉伯人、波斯人、土耳其人、印度人，以及非洲不同部落的人團結在一起。這種多民族的聯合是伊斯蘭文化的一個界標，不僅造就了一個出類拔萃的多元社會，而且創造一種有許多獨創發現和成就的卓越遺產。

中世紀早期的西方基督教文明

在中世紀早期（約六〇〇～一〇五〇年），與拜占庭和伊斯蘭比鄰而居的西歐人異常落後，以致於在十世紀有一位阿拉伯地理學家這樣寫道：「他們人高馬大，行爲粗俗，性格粗野，頭腦愚鈍……那些住在最北方的人尤其愚笨、粗鄙和殘忍。」在整個中世紀早期，物質條件一直非常簡陋，以致於人們幾乎可以稱之爲風餐露宿的五百年。不過，一種新的、充滿希望的模式正在漸漸形成；尤爲重要的是，一個新的文明中心正在北大西洋地區脫穎而出。大約八〇〇年前後，在農業上較富足的西北歐地區，透過與西方基督教會結成同盟，法蘭克人的君王們設法創建一個西歐人的帝國。這一帝國雖然持續時間不長，但它仍然盡力開拓一個新的西方文化統一體，這一統一體爲未來奠定了堅實的基礎。

昔日查士丁尼統治下的東羅馬，曾消滅了東哥德人在義大利與汪達爾人在非洲建立的王國，其後阿拉伯人毀滅了西哥德人在西班牙建立的王國。如此一來，高盧地區的法蘭克人統治者就成爲西歐殘存的一個主要蠻族勢力。但它歷盡艱辛，用了大約兩個世紀的時間，才完全建立起其統治權。法蘭克王國的創立者克洛維斯是一個狡猾殘忍的酋長，在五〇〇年左右，他征服了今日法國和比利時的大部分地區，並很明智地皈依西方天主教教會[20]，這是當地土著居民和主教信奉的宗教。克洛維斯創建了梅羅文加王朝（梅羅文加一詞源自克洛維斯家族所屬半神話性家族的創始人）。然而，他並沒有把這一王國完整地傳給後人，而是按照日耳曼的習俗，把王國交由幾個兒子分而治之。此後二百年間，克洛維斯的子孫們爲了占得梅羅文加王朝更大的一塊遺產而爭戰不已，戰火幾乎從未止停過。在這一時期將近結束時，王家系統開始衰微，相繼登基的是衆多胸無大志、遊手好閒的「懶王」，他們把治理國家和帶兵打仗的事全交由被稱爲「宮相」的主要大臣處理。在這整個時期，可謂歐洲有史以來最黑暗的時期之一，此時的貿易萎縮，城鎮衰落，文字幾乎被人完全遺忘了，暴力肆虐。與戰斧統治並存的是只能維持最低限度自給的農業。

然而，在很大程度上不爲人察覺的情況下，一些孕育著未來發展希望的因素，圍繞著羅馬教皇政治和本篤修道會制產生。在上述兩種制度的結合基礎下，教皇格列哥里一世（五九〇～六〇四年在位），即世稱的「偉大的聖格列哥里」設計了一種新的宗教政策。在他之前，羅馬教皇通常順從於君士坦丁堡的皇帝們，承認基督教的東方擁有更大的宗教權威。格列哥里登基後，他採取各種辦法，力圖改變這一狀況，創建一個更爲自治的、以西方爲取向的拉丁教會。身爲神學家——西方教會第四位偉大的「拉丁之父」，格列哥里在其三位前輩：聖耶柔米、聖安博，特別是聖奧古斯丁成就的基礎上，明確表明了自己獨到的神學理論。格列哥里神學理論中，最引人注目的一點是，他十分強調苦行和煉獄，認爲人們在經受煉獄的淨化後，才能進入天堂。（西方人對煉獄的信仰，在後來成爲東方教會和西方教會教義的一個重要差異。）除撰寫神學著作外，格列哥里倡導用簡單易懂、樸實無華的拉丁散文進行寫作，以便與當時人們日常所說的語言相對應；此外，他更創辦了一種很有影響的拉丁禮拜儀式。如果說，「格列哥里聖吟」實際上並不是格列哥里首創的，但卻是在他的推動下，樸實的詩歌才形成了——這種詩歌後來成爲羅馬天主教宗教儀式的一個重要組成部分。格列哥里進行的這些革新，有助於推進信奉基督教的西方在文化和宗教方面，都比以前任何時候更加獨立於講希臘語的東方世界。

偉大的格列哥里不僅是位神學家和拉丁塑造者，而且也是位卓越的政治家。在義大利，面對野蠻的倫巴人威脅時，格列哥里採取了較高明的外交手段【21】。此外，他還把教會產業管理得井井有條，從而使教皇制得以繼續存在下去。他開始重申教皇權力至高無上，尤其是高於西方主教們的舊有論點，這一論點在此時幾乎被人遺忘了。更重要的是，他資助本篤修道會修士，利用他們去教化新的西方地區中的居民。格列哥里本人是位本篤修道會修士——或許是第一位出任教皇的本篤會修士，同時撰文描述聖本篤堪稱典範的生活方式。由於本篤會根基不深，所處時代又動盪不安，因而格列哥里的庇護有助於該會繼續生存下去，並在此後幾百年當中成爲西歐唯一修道院。反過來，教皇也可利用本篤修道會修士去執行特別的計畫。其中意義最重大的一項，就是使盎格魯撒克遜的英格蘭皈依基督教【22】。這一皈依過程歷時長達一個多世紀，但此重大成就，就是在偏遠的西北歐有了一塊對教皇制完全忠誠的基督教基地，並很快地促使法蘭克王國與教皇攜手合作。偉大的聖格列哥里雖未能在去世前親眼看到這樣一種聯合，但正是由於他賦予西方教會生機的政策，促發了這一成果。

在大約七〇〇年左右，當本篤修道會完成教化英格蘭之功後，高盧地區法蘭克王國的前途也顯得日漸光明了。其極具意義的原因，在於古代世界和中世紀世界之間漫長而動盪不寧的過渡時期，最終就要走到盡頭了。在克洛維斯去世之後的高盧，古羅馬的城市文明和地中海貿易都進入垂死狀態。接著，當阿拉伯人在七世紀征服地中海南岸地區，並向海上擴張時，西北歐人最後被從那裡趕了出去，只得把注意力自地中海移開。事實上，北方各地區（現今法國的北部、荷比盧三個低地國家、德國和英格蘭）土地極其肥沃：一旦擁有適宜的農耕工具，就能在那獲得好收成。所以，假如條件成熟，一個新的勢力就會在北方脫穎而出；

這一新的生活方式主要不是建立在城市貿易和地中海商業的基礎上，而是以農業爲基礎。到了七〇〇年左右，在梅羅文加王朝時期的高盧恰恰出現了這樣一種局面。

所謂適宜的條件，是指一批擁有才幹的統治者應運而生，以及他們與教會結成同盟。六八七年，梅羅文加王朝出現一位充滿活力的宮相丕平，他盡力實現了法蘭克各地區的統一，並爲自己的家族在比利時和萊因河地區建立一個新的權力根基。丕平死後，其富有進取心的兒子查理・馬特（「鐵錘」）繼承了宮相職位。查理・馬特時常被視爲法蘭克王國的第二位創建人。他之所以能獲得這一稱譽，有兩個原因：首先，七三二年，他在都爾一役中，打退了一支來自西班牙的穆斯林軍隊，此地離巴黎約有一百五十英里遠。雖然這一支穆斯林小分隊並非眞正的軍隊，而是一群外來搶劫的阿拉伯人，但這一衝突證明阿拉伯人在西北歐的擴張達到了極限；同時，查理的勝利爲他贏得很大榮譽。同樣重要的一個原因是，在他統治末年便開始與教會逐漸展開聯盟，尤其是與英格蘭的本篤修道會結盟的政策。本篤修道會在完成令不列顚人皈依基督教的使命後，就在其理想主義的領袖聖卜尼法斯的率領下，橫跨英吉利海峽南下，試圖勸說日耳曼中部地區皈依基督教。此時查理・馬特在擊退穆斯林而守住自己的南側後，正試圖向東往日耳曼地區擴展法蘭克人的勢力，因而意識到他與本篤修道會有著共同利益，傳教工作可以與法蘭克人的擴張行動齊頭並進。正因爲如此，查理・馬特對聖卜尼法斯和本篤修道會修士提供物質援助，以換得他們對其地區擴張野心的支持。

在與法蘭克人結盟之後，聖卜尼法斯更盡心地爲查理・馬特之後的統治者服務，協助促成西方歷史上最重要的事件之一。查理・馬特在世時從未急於稱王，但他的兒子矮子丕平卻對王位垂涎三尺。雖然眞正掌握實權的是丕平本人，而非那些「懶王」，然而，丕平仍須借助教會的威望來進行改朝換代。幸運的是，時機對他贏得教會的支持非常有利。由於這位年輕的統治者，繼續執行其父親與本篤修道會在日耳曼問題上進行合作的政策，因而聖卜尼法斯支持丕平。同時，由於自偉大的格列哥里時代開始，盎格魯撒克遜的本篤修道會就與羅馬教皇一直關係甚密，因此，聖卜尼法斯在羅馬也有很大影響。

這時候，羅馬教皇圍繞著反對崇拜偶像問題，正與拜占庭皇帝發生尖銳的衝突，因而教皇準備孤注一擲，把命運寄託在一位強大的法蘭克統治者身上。在此之前，拜占庭人一直向義大利教皇轄區提供某種保護以抵禦倫巴人，但勢力不斷增長的法蘭克人，現在完全可以擔負起這一任務。就這樣，教皇在立場上來了一個大逆轉，徹底轉向西方。七五〇年，教皇慫恿丕平廢黜梅羅文加王朝傀儡；

七五一年，聖卜尼法斯作爲教皇的使節爲丕平舉行了塗油典禮，宣布他是一位得到上帝授權的國王。就這樣，法蘭克的國王獲得精神上的授權，完全與教皇一本篤修道會勢力範圍結合在一起。此後不久，丕平便報答教皇，征服了在義大利的倫巴人。無獨有偶，就在阿拔斯哈里發統治在東方建立，以及拜占庭正進行全盤希臘化之際，西歐在法蘭克人國家和拉丁教會的基礎上實現了自身的統一。

在丕平之子查理曼大帝統治時期（七六八～八一四年），這種新的統一模式得到最後鞏固。這個新王朝根據查理曼大帝的名字Carolus，被稱爲加洛林王朝。毫無疑問的，查理曼大帝是整個中世紀時期最重要的統治者之一。假如我們有可能詢問查理曼大帝本人最大的成就是什麼，那麼他幾乎肯定會這樣回答：我大大擴展了法蘭克人的疆土。除英國人外，西歐幾乎所有民族都與他發生過戰爭，查理曼大帝贏得了大多數戰爭。他把中歐大部分地區、義大利北部和中部地區都納入法蘭克人的統治區域之內。爲了治理這一廣袤地區，查理曼大帝把所有地方政府的權力都授予他親自任命的官員，稱爲「伯爵」[23]；並試圖派遣宮廷特使監督這些伯爵，以此繼續對他們有所控制。伯爵們所負義務衆多，其中包括負責司法管理，以及招募軍隊。儘管查理曼大帝的一套制度在實踐中遠遠算不上完善，但它是羅馬帝國以來歐洲出現過最好的政府。由於他統治時期法蘭克人取得的軍事勝利和內部的和平，使查理曼大帝長期以來一直留在人們的記憶之中，並被尊奉爲西歐傳說中的英雄受人歌頌。

主要出自有助於擴張領土和進行高效率統治的需要，查理曼大帝掀起了一場復興學術的運動，後人稱之爲「加洛林時代文藝復興」。查理曼大帝以基督教的名義，把其統治擴張到了日耳曼地區，但爲了使該地區的居民改宗基督教，他急需一批受過教育的僧侶和牧師。不僅如此，爲了治理其廣袤的國土，他至少需要一些識文斷字的人。在我們看來，非常令人震驚的是，在羅馬城市生活逐漸消失之後，文化知識幾乎完全被人遺忘了，因爲在他的國家中，一開始竟然找不到幾個識文斷字的人。只有在盎格魯撒克遜人治理下的英格蘭，本篤修道會修士才學習擁有一些讀寫能力。這是因爲盎格魯撒克遜人說的是日耳曼語，但僧侶們必須學習拉丁語方能祈禱和研讀《聖經》。這些修士一開始並不懂拉丁文，因而他們四處求救，非常自動地進行學習。在查理曼大帝時代之前，最偉大的盎格魯撒克遜本篤修道會學者是聖徒比德（死於七三五年），他所撰寫的《英國教會史》用拉丁文寫成，是中世紀早期最優秀的史學著作之一，今日讀來仍然極有意味。查理曼大帝繼位後，就延請盎格魯撒克遜本篤修道會的修士阿昆——此人乃是比德門生的門徒，前往歐陸指導學術復興工作。在查理曼大帝的大力支持下，阿昆幫助建立了一些新的學校，教人識文斷字，指導抄寫、訂正一些拉丁文重要著作【24】，包括許多羅馬經典之作；並且敦促人們使用一種新式清晰的書寫方式，這就是今日「羅馬」印刷體的前身【25】。這些就是加洛林時代文藝復興的最主要成就：強調實用而不是創見或思想活動。它們不裝腔作勢，而是在歐洲大陸爲文化的進一步發展建立了一個據點，此後再也沒有完全失去它。此外，法蘭克人幫助保持了拉丁文學，並使拉丁語成爲西歐各國一概採用的官方和外交語言，這種情況一直維持到相對不算太早的時期。

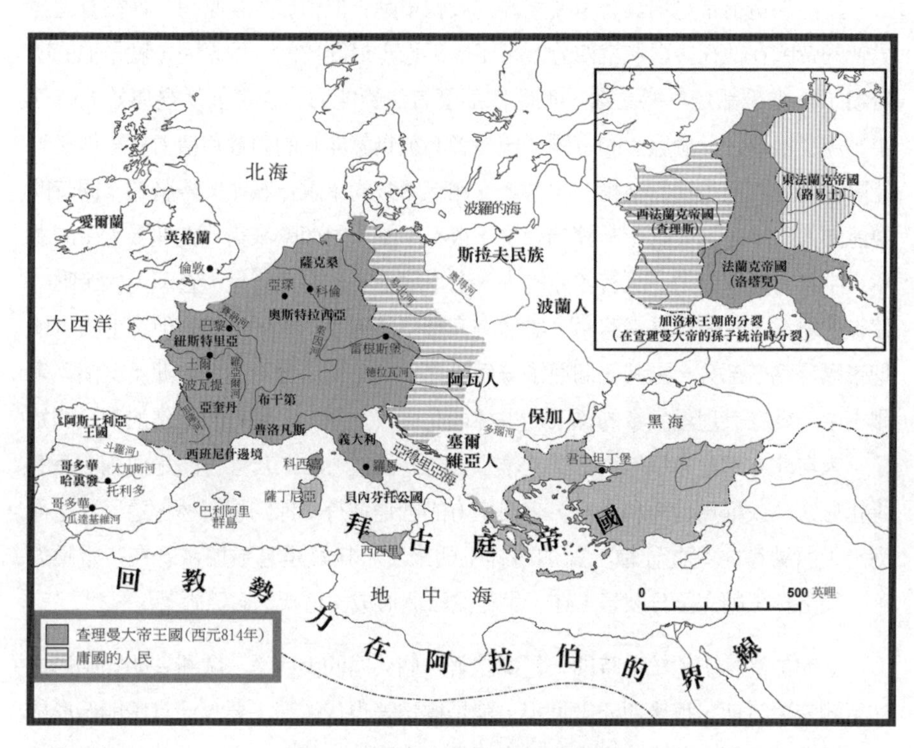

圖12-2　西元八一四年查理曼帝國

西元八〇〇年，查理曼大帝達到了事業的頂峰：這一年的聖誕節，他由教皇在羅馬加冕爲皇帝。歷史學家一直在爭論這到底是查理曼大帝本人的主意，還是教皇的主意，但毫無疑問，教皇並未從中得到好處。一俟法蘭克人統治了義大利，他們進而逐步控制教皇轄區，實際上控制了整個教會，以致於到八〇〇年時，教皇幾近成爲查理曼大帝的傀儡。查理曼大帝本人也未從加冕行動中獲得任何新的實際權力，但無論如何，這一事件具有重要意義。在八〇〇年之前，只有君士坦丁堡的皇帝進行統治時，可以宣稱是奧古斯都的直接繼承人。雖然拜占庭對西歐大部分地區失去了影響，但它依然含含糊糊地把這裡當作是它的一個邊遠省份，對任何一位西歐人自稱爲皇帝都大力反對。查理曼大帝的加冕，實際上是向世人宣告了西歐的自信和獨立。由於查理曼大帝所轄區域與拜占庭帝國一樣廣袤，有著豐富的農業資源，並在西方基督教和拉丁語的基礎上界定自己的文化，因而稱帝在很大程度上是理所當然的。不僅如此，它永遠不會被人遺忘。既由於這一事件的象徵意義，以及它賦予西方人一種統一感和目的感，它在強大的西歐形成的過程中是一個重要里程碑。

雖然加冕稱帝是項具有重要意義的大膽舉動，但由於許多原因，使得查理曼大帝的帝國在他死後很快就四分五裂了。不過，最簡單的一個原因，就是他的所有繼承人幾乎都是無能之輩，不像他那麼有決斷能力。在那依然很原始的時代中，爲了治理好一個龐大的帝國，統治者必須具備非凡的力量和精力——他必須能騎在馬上奔馳很遠的路程，親率一支難以駕馭的軍隊作戰並取得勝利，同時既要能知人善用，又要防止其弊端發生。很不幸的，對西歐來講，查理曼大帝的繼承人中鮮有既有精力、又有才能的人。令事態進一步惡化的是，查理曼大帝唯一倖存的繼承人——虔誠者路易，雖然完完整整地繼承了整個帝國，但在他去世前把帝國分爲三部分，由其三個兒子分而治之，結果使法蘭克人的歐洲重又陷入爭戰之中。就在查理曼大帝的孫子和曾孫彼此火拚之際，一股新的入侵浪潮又開始了：來自北方的是斯堪地納維亞的維京人（即海盜），來自東方的是亞細亞裔的馬扎兒人（或稱爲匈牙利人），來自南方的則是進行劫掠的穆斯林，這一次是從海上進行襲擊；凡此種種，對加洛林王朝來說，無疑是雪上加霜。在多重壓力下，加洛林王朝完全分裂了，在十世紀的歐洲形成一種新的政治版圖。

正如加洛林王朝統治時期，是標誌著一個共同的大西洋－歐洲文明開始形成的至關緊要時期，那麼西元十世紀，就是標誌著現代歐洲主要政治實體開始形成的至關緊要時期。英格蘭從未成爲查理曼大帝國的一部分，在此之前其本身仍然四分五裂，各盎格魯撒克遜小國彼此刀戈不斷。在九世紀後期和十世紀，經過偉大的阿弗烈（八七一～八九九年在位）及其後繼者的努力，英格蘭實現了統一。阿弗烈及其後繼者改組了軍隊，給地方政府注入新的活力，並編纂了英格蘭法律。除此之外，阿弗烈興辦了學校，鼓勵用盎格魯撒克遜文寫作，促進構成民族文化的其他要素。

在海峽對岸，法蘭西（該詞在此時指羅馬高盧地區的主體，因是法蘭克君主制最早的中心而得名）正受到維京人的蹂躪，他們溯法蘭西諸河而上，深入法國內地。由於這一原因，法蘭西分裂成許多小公國，而不像英格蘭那樣形成一個強大的全國性君主政治。但不管怎樣，在法蘭西也有一個國王，他雖然軟弱無力，卻仍被視為查理曼大帝國西部地區的統治者[26]。在法蘭西的正東方，日耳曼諸王是十世紀歐洲大陸實力最強的君主，他們統治著一個基本上統一的國家。除擁有日耳曼地區外，他們還擁有低地國家大部分和現今法國東部的大片地區。

這一時期日耳曼最偉大的統治者是鄂圖（後被尊為「大帝」），他於九三六年登基，九五五年一舉擊敗匈牙利人，從而消除了日耳曼最大的外部威脅。九六二年，鄂圖在羅馬加冕為皇帝。經過這一舉動，鄂圖進一步鞏固自查理曼大帝以來歐陸最偉大的君主的地位。鄂圖及其仍然稱為皇帝的後繼者，試圖把義大利置於自己的控制之下，但並未獲得成功。反過來，義大利在十世紀時，城市生活在西歐有了最大發展，後來義大利據此建立了一種模式。

雖然義大利在十世紀時已經有了某種城市生活，但整體而言，這在西歐中世紀早期並非典型。恰恰相反，自八到十一世紀，歐洲經濟幾乎完全建立在農業和非常有限的地方貿易基礎上。道路失修，以物易物的方式普遍取代了貨幣流通。羅馬時代殘存的一些城市基本上成了空殼，最多被充當為主教的管理中心，和築堡設防、抵禦危險的要塞。在整個這段時期，主要經濟單位是自給自足的大地產，田地的主人通常是國王、騎士和大修道院。雖然北歐地區土地較肥沃，但由於耕作方式依然十分落後，農民雖辛勤耕耘，收穫卻不佳。除加洛林王國土地最肥沃的中心地區外（而且即使在這裡也往往如此），農業產量都非常低；除統治者和高級教士外，人們只能說僅能餬口而已。固然，加洛林時期農業產量確實有所增加，這種增加為加洛林王朝建立功業奠定了基礎；如果查理曼大帝統治的和平時期能夠繼續維持下去，農耕技術也會繼續有所進步。但是，隨後在九、十世紀出現的外族入侵，又使農業生活退回到以前的水準；直到在多年之後，它才重新開始發展。

考慮到中世紀早期經濟生活水準之低，對此就不會覺得奇怪，這並不是一個學術或藝術繁榮的時期：在人們的溫飽尚難維持的情況下，不可能有足夠的力量供養學校或從事重大藝術工程。在這整個時期，即便在最興盛的年代中，仍然只有少數人才有機會學習。一般人沒有受過正規教育，就連大多數世俗貴族也是文盲。況且，學習主要是指死記硬背，根本不考慮學術批評或駁辯。如前所述，在查理曼大帝統治時期曾出現過可以叫作「文藝復興」的學術復興局面，但這種復興並未造成任何眞正的思想創造活動。它的主要成就是建立不少學校，讓修士們具備讀、寫等初級的文化能力，同時培養足夠的寺院謄抄人員來謄抄，並保存羅馬文學的一些重要著作。即便是這樣一些成就，在查理曼大帝國瓦解和外族入侵頻仍的雙重打擊下，也遭到嚴重的破壞。萬幸的是，得以保存下來的學校和手稿並不算太少，從而爲十一和十二世紀產生的另一次規模比這次大得多的學術復興奠定了基礎。

在文學領域，中世紀早期成就極小，數量極少。這是因爲具備寫作能力的基督徒微乎其微，那些有能力的人通常是修士和僧侶，這些人一般說來對從事純粹的文學創作沒有什麼興趣。不過，這時也產生了個別重要用拉丁文寫成的史學著作，其中最著名的當屬比德，以及爲查理曼大帝作傳的雄辯的艾因哈德；除此之外，沒有什麼高雅的拉丁文作品。然而，在這一時期臨近結束時，當地的各種土語——或者是日耳曼語系，或者是拉丁語的不同方言〔所謂「羅曼語」（Roman），即拉丁語系（Romance），因其以「羅馬」語爲基礎而得名〕，開始被用於初級的詩歌創作之中，這些詩歌在開始時通常是口頭傳誦的。

用當地語言創作最著名的文學作品，當推盎格魯撒克遜人的長篇史詩《貝奧武甫》，它大約是在八世紀用文字形式確定下來的。史詩包括西北歐各日耳曼民族的許多古代傳說。這個故事描繪了作戰、航海場面，同時敘述與致命的巨龍和種種自然界力量進行爭鬥的英勇經歷。史詩的背景是基督教產生之前的異教世界，但作者摻進了某些基督教理想。《貝奧武甫》的重要性不僅在於它是最早的盎格魯撒克遜語或古英語詩歌典範之一，而且在於它描繪了中世紀早期英格蘭人及其祖先的社會圖景。

至於中世紀早期的藝術，由於藝術生活主要依賴當地出現和平，或得到王室資助的短暫時期，因而此時的藝術成就零零散散，而且時斷時續。中世紀早期最早的不朽藝術傑作，是由愛爾蘭的隱修士在六至八世紀創造的。愛爾蘭具有自己獨特的文化，從那些手稿插圖中可以看出，愛爾蘭的修士們創造了一種徹底的反古典傳統，幾乎稱得上是超現實的藝術風格，這種風格的淵源難以追溯。該派別現存最偉大的作品是《凱爾斯聖經》，這是一部附有彩圖的福音書，被稱爲「繪畫史上最精美的裝飾藝術作品」。愛爾蘭藝術派別在未對後世產生影響的情況下衰落了，其後出現的是加洛林時代文藝復興時期的藝術作品。

查理曼大帝時代的藝術就其靈感之源而論，大多又回到古典模式，不過，它仍保留了一些蠻族裝飾畫的自發活力。查理曼大帝帝國衰落並瓦解之後，西方藝術史上也出現了相應的衰落和中斷。然而在十世紀，新的地區性流派脫穎而出。這些流派中最重要的是英格蘭流派，它在手稿插圖彩飾中特別強調多變的流暢；日耳曼流派較莊嚴，但仍力圖達到極度的宗教忘我境界；同時，西班牙北部仍信奉基督教的人創造了一種異常奇特、獨立的風格，這種風格主要受到伊斯蘭裝飾藝術風格的影響。

毋庸置疑，中世紀早期終於何時，就整體而論並無統一、明確的年代。人們把它定在西元一〇〇〇年，這主要是出於便利；實際上，甚至晚至一〇五〇年，歐洲在表面上與加洛林王朝結束時仍無太大變化。確實，乍看之下，晚至一〇五〇年，歐洲在整個中世紀早期過程中沒有太大進展。除日耳曼外，幾乎沒有一個中央集權的政府，因爲阿弗烈王及其後繼者創建的盎格魯撒克遜人的英格蘭國家，到一〇五〇年正在分崩離析。在歐洲各地，除那些最享有特權的個人外，所有人都繼續生活在飢餓的邊緣，文化方面成就微乎其微。但實際上，這一時期取得了不少成就。經由把重心偏移到瀕臨大西洋的西北歐地區，歐洲文明開始圍繞著這片不久就將創造大量農業財富的地區發展起來。此外，透過保持偉大的聖格列哥里、聖卜尼法斯、丕平和查理曼大帝所創建的文化傳統，歐洲文明以西方基督教和拉丁遺產爲基礎逐步形成一種文化統一的永恆情感。同時在十世紀，未來的歐洲各王國和城市國家初露端倪。因而，歐洲文明第一次變成一個自治的、獨具特色的文化。自此開始，它將成爲世界歷史進程中的一個主導力量。

第十三章

中世紀全盛期：經濟、社會、政治制度

The High Middle Ages(1050-1300): Economic, Social, and Political Institutions

我斷定在這一時代進行寫作的人一定心情愉悅。因為歷經昔日動盪不安的日子後，一縷史無前例的和平之光再次顯現出來。

——歷史學家弗賴辛的奧圖，寫於一一五八年前後大約從西元一〇五〇到一三〇〇年這段時期，是史學家所謂的中世紀全盛期。這是西歐首次由落後狀態，明顯地崛起為地球上最強大勢力之一的時期。與拜占庭帝國或伊斯蘭世界相比，西方在一〇五〇年左右仍要落後一些，但到了一三〇〇年，它卻一躍而前，超越拜占庭帝國或伊斯蘭世界這兩個對手。從總體角度來看，就經濟、政治和文化繁榮的程度而言，當時只有中國可與西歐媲美。相對於一〇五〇年左右，西歐令人沮喪的景象，這一神奇的飛躍肯定是人類歷史上最重要的成就之一。所以，如果認為西歐在整個中世紀都屬於停滯狀態，可謂荒謬到極點。

歐洲在中世紀全盛期之所以能夠取得大幅度的進步，可以想得到的原因是非常複雜的。不過，中世紀史學家對某些主要的解釋，大致皆持相同的意見：其一，歐洲在九〇〇至一〇五〇年間，已經為進步奠定了基礎，一旦維京人、馬札爾人和穆斯林人不再進行災難性入侵，歐洲人最終就把這些潛力發揮出來。到了一〇〇〇年左右，這些侵害大都逐步減緩，但英格蘭在十一世紀仍然為丹麥人所困擾：一〇六六年，雖以諾曼人征服著稱，但也是維京人最後一次入侵英格蘭的年份。一旦外族入侵不再咄咄逼人，西歐人不再像過去那樣擔心遭到騷擾，就可以集中精力改善自己的經濟生活了。這一變化帶來的是發展有了相對連續性，由此西歐取得了異常重要的技術突破，尤其是那些導致西歐產生第一次偉大的「農業革命」技術革新。這場農業革命使食物更充裕，從而為經濟發展和其他領域的多樣化奠定堅實的基礎。即使西歐仍以農業為主導，但人口迅速增長，導致城市如雨後春筍般在各地出現，以致人們經歷了一段可稱之為「城市革命」的時期。與此同時，西方的政治局面變得更加穩定。在中世紀全盛期的發展歷程中，新型強大的世俗政府開始為其臣民提供了越來越多的內部和平局面，並為我們現代民族國家奠定基礎。除了這些進展之外，宗教和思想文化領域也有引人注目的發展，這方面的情況將在下章專門論述，它們有助於西方產生一種新的使命觀和自信心。雖然本章集中論述中世紀全盛期的經濟、社會和政治方面的成就，但我們應該牢記心中，宗教在整個中世紀的生活中，一直都在扮演著決定性的角色；同時，中世紀全盛期「大飛躍」的各方面都是彼此緊密地連在一起。

第一次農業革命

在近代工業化形成之前，農業勞動者（就是所謂的「荷鋤者」）藉由他們的勞動，在物質上支撐著歐洲文明，他們的貢獻比其他任何階層更大。即使這似乎是很不可思議，但在一〇五〇年前，他們確實連一把鋤頭也沒有。從加洛林時期的農具清單說明了，即便是在最富裕的農業莊園中，金屬工具也極爲罕見，甚至連木製工具也數量不多，許多農業勞動者確實只能用雙手與大自然搏鬥。大約在一〇五〇至一二五〇年間，一切都發生了變化。在這大約二百年的時間裡，一場農業革命發生了，它完全改變西歐農業的性質，並大大提高農業的產量。

在十一世紀中葉之前，中世紀農業革命產生的先決條件皆已具備了。最重要的一個先決條件在於，歐洲文明的重心由地中海移轉到北大西洋。自英格蘭南部到烏拉山脈歐洲北部的大部分地區，土地遼闊而且溼潤，是非常肥沃的沖積平原。由於這裡離羅馬文明的中心相當遙遠，而且在這廣大的平原，羅馬人只統治一小部分地區，再加上他們沒有適宜的工具和制度去開發它們，因而羅馬人在這裡基本上是毫無作爲的。大致要從加洛林王朝時期開始，人們對拓殖並耕種這一廣袤的沖積平原才較爲在意。加洛林人開發了日耳曼地區的整個西部和中部，並且開始嘗試使用更適於耕種這一新拓殖地區的工具和方法。這一切都對加洛林人取得其他成就有直接的促進作用，但如前文所述，加洛林時代的和平有如曇花一現，因此不可能產生任何長期的發展。在十世紀飽受外族入侵之後，必須重新開始有系統地開墾北方潛在性的資源。然而，只要西方文明是以英格蘭、法國西北部、低地國家和日耳曼爲中心，這片沃土就有可能得到耕種。

農業發展的另一個前提，乃是氣候條件的改善。對於以往幾百年間歐洲氣候大致的情況，我們所知有限，但氣候史家皆十分有把握地斷定，自七〇〇年左右一直持續到一二〇〇年，西歐氣候條件有所好轉，出現了一個作物繁殖生長的「最適條件」，或者說是西歐氣候改善的時期。這不僅意味著在這幾百年間，平均氣溫有所提高（最多只上升了約攝氏一度），而且還意味著氣候也更乾燥一些。氣候乾燥對北歐最有利，因爲這裡的土地一般而言過於潮溼，不適於精耕細作，不過這卻對南方地中海地區較不利，因爲那裡本來就夠乾燥了。在各種前提下，這一最適條件的出現，有助於解釋爲何在像冰島之類的北方地帶，農耕活動比之後的時期要多。（同樣，由於北方海洋中的冰山減少了，挪威人才得以到達格陵蘭和紐芬蘭，而格陵蘭那時或許眞的更爲蔥綠，而不是完全被冰雪覆蓋。）雖然最適條件開始於七〇〇年左右，並在九、十兩個世紀一直存在著，但它本身不能抵過十世紀外族入侵的有害影響。所幸的是，在歐洲人能夠利用它時，氣候依然很適宜。

類似說法也適用於下述事實：加洛林人已知道我們下面將要討論的許多技術發明，這些技術在後來促使西歐人完成其第一次農業革命。雖然最基本的新發明是在一〇五〇年以前即爲人所知，但它們都是在一〇五〇至一二〇〇年之間，或要到一二〇〇年左右，才得以被人廣泛使用，並逐漸臻於完善，因為在那時各種最有利的條件才結合在一起——外族入侵銷聲匿跡，良好的氣候環境繼續存在；不僅如此，較優良的政府漸漸提供了農業發展所需要更長久的和平。另外，對地主而言，最令他們感興趣的是獲利，而不是純粹的消費。最重要的一點是，大約從一〇五〇到一二〇〇年，這時期出現了一個強大僭主（或君主），他們財富積累越多，用於投資的越多；簡單地說，現在已有能力進行技術發明了。

在農業領域首先出現的重要突破，就是重犁的使用。當然，耕犁古時便已有之，但羅馬人只知使用一種輕便的「淺犁」，這種「淺犁」只能犁開地表，而不能把地完全翻過來。這種農具對於地中海地區的薄地是完全足夠了，但對於歐洲北部更厚、更溼的土壤，實際上是毫無用處。在中世紀早期，出現了一種比過去更重、更有效得多的犁，這犁更適於耕種北方土地。這一較重的犁不僅可以犁翻更厚的土壤，而且在犁上安裝的新零件，更可以翻耕壟溝，使土壤充分通氣。這種犁的好處是無法評估的。除了可以耕種先前拋荒的土地外，它耕出的犁溝為水澇地區提供了極好的排灌系統。此外，它還節省勞力：羅馬淺犁必須在田裡來回耕作兩次，重犁只須耕一次，而且卻更徹底。簡而言之，如果沒有重犁，開發歐洲北部進行集約的農業生產，以及隨後出現的一切，都是無法想像的。

與重犁使用密切相關的是作物輪作的三田制（也譯作三圃制）出現了。在近代之前，由於沒有足夠的肥料維持較集約的農業生產，而且他們也不知道像三葉草、苜蓿之類的固氮作物。因而，農民總是把其大片可耕地休耕一年，以免地力枯竭。不過，羅馬人生產力極為低落，在任何時候都無力耕種過半的耕地。中世紀的革新之處在於引進了三田制，從而把休耕地減少到總耕地的三分之一。在一年中，三分之一的田地拋荒；三分之一的田地留給秋季種植，初夏收穫的農作；三分之一的田地留給暮春下種，八、九月份收穫的新式作物——燕麥、大麥或豆子。三種地塊年年輪換，三年構成一個循環。重要的革新在於種植了生長期為整個夏季的新式作物。由於田地較貧瘠，尤其是因為過於乾燥，作物根本不能在夏季生長，因而羅馬人不能實行這一制度。就此而論，土地較溼潤的北方顯然具有先天之利。種植新式作物的好處在於，它們不像小麥、黑麥之類穀物那樣損耗地力（實際上，它們補充了穀物自土壤中帶走的氮）；此外，它們提供了新式食品。如果第三塊田地（即春耕地）種了燕麥，那麼人和馬都可以此為食；如果種的是豆子，這種作物可以提供蛋白質來補充攝取穀物類的碳水化合物之不足，從而平衡人的飲食。由於三田制還有助於在全年中分散勞動，把產量由二分之一提高到三分之一，因而它無異於一個農業奇蹟。

第三項重要發明是磨的使用。羅馬人早已知道水磨，但很少使用它們，部分原因在於他們擁有足夠的奴隸，對節省勞力的裝置不屑一顧；此外，是因爲羅馬多數地區缺乏湍急適於安裝水磨的溪流。然而，自一〇五〇年左右，在北歐出現興建越來越高效率的水磨熱潮。在法國有一個地區，十一世紀時有十四座水磨，到十二世紀已提升到六十座；在法國另一地，八五〇至一〇八〇年間興建了約四十座水磨，一〇八〇至一一二五年和一一二五至一一七五年間，又分別建造了四十和二百四十五座。一待掌握了建造水磨的複雜技術後，歐洲人就把注意力轉移到駕馭風力上：大約一一七〇年，他們興建了歐洲第一座風磨。此後，在像荷蘭這樣沒有湍急河流的平坦地區，風磨就像水磨在其他地區迅速發展一樣，在荷蘭也蔓延得迅速急快。雖然磨的主要用途是碾碎穀物，但不久之後，它們又被利用在其他重要方面：例如用來拉鋸、加工布匹、榨油、釀製啤酒、爲鐵匠爐提供動力，以及搗碎紙漿等。早在此之前，中國和伊斯蘭世界就已生產紙了，但它們從未用磨造紙；由此可證，與其他先進文明相比，西方技術也達到精密水準。

我們還應該注意到在一〇五〇年左右，聚集力量的其他重要技術突破。其中一些技術改良讓馬匹得以用作耕畜。八〇〇年左右，一種帶襯墊的馬軛首次被引入歐洲；這種馬軛使馬可以在不窒息的情況下，全力拉動身上的負荷【1】。大約一個世紀後，保護馬蹄的馬蹄鐵首次使用，同時或許在一〇五〇年前後，出現了縱列挽具，可以使馬做前後縱列牽拉。由於這些技術進步，再加上實行三田制後，燕麥產量更大了，因而馬在歐洲某些地區取代牛成爲耕畜，這樣造成的結果是，耕作效率更高，耕作時間更長。其他一些發明有獨輪手推車和耙的出現。耙用來平整犁過的土地，並把種子埋入土中。在這些發明中，最重要的是，鐵在中世紀全盛期得到更廣泛的使用；鐵能增加各種農具的強度，這部分對於重犁中與土地接觸的部位占極重要的關鍵點。

迄今我們一直在敘述技術的發展，似乎它們是促成中世紀全盛期農業革命的僅有因素；但事實絕非如此，緊隨著技術進步而出現的是可耕地數量增多了，此外，原本已開墾的田地也得到更集約的種植。儘管加洛林人已開始開發耕種西北歐肥沃的平原，但此時，他們選擇的是整理那些最容易開墾的地塊：由加洛林時期農業拓殖地的地圖證明，無數小塊耕地是孤立存在，四周是大片大片的森林、沼澤和荒地。整理土地運動開始於一〇五〇年前後，在十二世紀速度大大加快；這一行動完全改變了歐洲北部的地理情況。首先，重要的和平和安定力使法國北部和日耳曼西部地區的農業勞動者得以超出拓殖地孤島，一點一點地開墾土地。起初他們不聲不響地進行這種活動，因爲實際上他們正在侵入貴族領主擁有的地塊。不久，領主也想從中獲得好處，就對開荒活動給予支持。此後，清除森林、排乾沼澤的活動進行得更爲迅速了。這樣，在整個十二世紀中，加洛林王朝時期將孤島狀的小塊耕地逐步擴大，使它們彼此連接在一起。在這個地區整理土地運動繼續時，其他地區的土地拓殖正要開始，一些全新的地區得到拓殖和開墾，例如英格蘭北部、荷蘭，尤其是日耳曼東部地區。最後，在十二、十三世紀，農民開始更有效率、更集約地耕種他們開墾出來的田地，以便爲自己獲得更多收入。他們先犁後耙，經常鋤草，又在其輪作的土地中額外進行翻耕，這些大大有助於地力的恢復。

所有這些變化的結果，就是農業產量大大增加。開墾的土地越多，種植的作物顯然也就越多；此外，新的、更有效率的農作方法的引入更進一步增加產量。因此，播種作物的平均產量由加洛林時代最多收到二倍，上升到一三〇〇年前後的三或四倍。這些多增加的穀物都可以比從前更加快速地被磨碎，是因爲一個磨坊能磨碾穀物相當於四十個人的工作量。因而，歐洲人第一次開始仰賴固定、穩定的食物供應過活。

這一事實反過來對歐洲歷史的進一步發展，產生最深遠的後果。首先，這意味著更多土地可以被用於生產穀物之外的用途。與此相應，隨著中世紀全盛時期的發展，農業有了更大的分工和專業化。許多地區被用於養羊，其他地區生產葡萄釀酒，或者種植棉花和染料作物。這些新的項目出產的產品，有不少是在當地消費的；此外，也有不少被用於遠距離貿易，或用作新型行業的原料——尤其是織布業。如下文將要看到的，商業和製造業的發展促進了城市的產生，並爲城市提供支柱。農業的繁榮還從另一方面促進城市的生長，即人口因此劇增。由於食物增多、飲食改善（尤其是蛋白質的增加），人的預期壽命由加洛林時期歐洲窮人的平均壽命爲三十歲左右，增加到中世紀全盛期的四十至五十歲。人們身體更健康，出生率也就提高了。由於這些原因，自約一〇五〇到一三〇〇年間，西方的人口增加了大約三倍。人口增多和更節省人力裝置的使用，意味著無需所有人都待在農莊裡：一些人可以遷到新興的市鎮或城市，在那裡過一種新的生活。

農業革命還有其他一些成果，它增加了領主的收入，使他們可以過更講究的貴族生活；君王的收入也有所增加，這爲國家的成長進一步奠定了物質基礎。歐洲的普遍繁榮還促進教會的發展，爲學校和知識事業的蓬勃發展鋪平道路。最後一個更難以捉摸的結果是，歐洲人與其世界舞臺上的任何對手相比，顯然更爲樂觀、更富於活力、更願意進行嘗試和冒險。

領主和農奴：莊園制下社會的狀況和生活的品質

對於地主和農業勞動者來說，在農業變革之際，社會和經濟狀況也開始發生變化。然而，由於在中世紀全盛期諸多時間裡，農村生活圍繞著由領主擁有莊園，而且，是由農奴提供勞動力建立起來的，因而最好先看看最典型的莊園制度，其後再論述種種基本的變化。在閱讀下文時，必須先弄清莊園制度與封建主義兩個不同的同義詞。莊園制是一種經濟制度，在當時大片農耕地由農奴耕種；而在大多數中世紀史專家眼中，封建主義是一種被大大分權的政治制度[2]（見本章第四節）。此外，還應當記住，學者們在「典型的莊園」[3]基礎上討論莊園制時，訴諸的是一種歷史相似性：完全一樣的莊園是不存在的；實際上，每個莊園的規模基本特徵大都迥然相異。並且，在歐洲遠離加洛林王朝原本的拓殖中心——塞納河和萊因河之間的地區，如果說有莊園的存在，也絕對不多見[4]。在義大利，農業在很大程度上仍建立在奴隸制基礎上；在日耳曼中部和東部，仍有許多自由農民耕種的小農場。

莊園最早清清楚楚的出現是在加洛林時期；在大約十三世紀之前，它一直是歐洲西北部大多數地區的農村社會和經濟組織中居支配的形式。它的前身是羅馬大地產，不過與羅馬大地產不同，莊園由農奴（有時叫作「佃農」）而不是奴隸耕種。農奴在現代意義上無疑是不自由的[5]：尤其是，他們不得以離開其土地，被迫定期爲其主人從事無償勞動，必須交納各種侮辱性的稅賦，並要受到領主法庭的管轄。不過，他們比奴隸處境好得多，因爲他們可以分得一塊地，自己耕種來養活自己；同時，正常的話，這塊地是不能自他們手中取走[6]。因而，在農業改良發生時，農奴們總希望至少要從那裡獲得一些利益。不僅如此，雖然領主在理論上有權隨意徵稅，但在實際上，農奴應負的義務趨向於固定不變。雖然農奴肯定是非常辛苦的，但他們很少完全受領主擺布。

莊園的土地是自數百英畝至數千英畝不等，其被分成兩部分，一部分屬於領主，一部分分配給農奴。前者叫作領主的「領地」，通常占莊園全部可耕地的三分之一到二分之一。它們由農奴在固定的日子耕種，可能是一週三天。領地不是由大塊田地組成，而是由窄條狀地塊組成，它們與分屬於不同農民的狹窄條地（有時候還專爲教會劃出條地）交錯在一起。由於由兩匹馬或兩頭牛牽引的重犁轉彎不易，所以這些地塊都呈長窄狀。所有條地通常都由狹窄未經翻耕的草帶隔開，因而整個莊園制度又叫開放田制[7]（或稱爲敞田制）。農奴通常是共同擁有耕畜和農具，因而即使在耕種自己的田地時，他們也幾乎都是集體勞作[8]。由於同樣的原因，畜牧的土地被稱爲「公田」，因爲大家通常都會將共同牲畜聚集在此，成群放牧。除了耕地和放牧地外，農奴通常還可以有自己的小型園地。大部分莊園還有林地，主要供領主狩獵，同時還可用來養豬、撿拾柴木。領主允許農奴利用這類便利條件，農奴共同從事這類活動：確實，整個莊園制度強調的是集體事業和團結。

這種集體生活必定有助於使難以忍受的生活，變得略微容易忍受一點。儘管中世紀時期，農奴的命運確實比羅馬奴隸好得多，即使他們的處境在一〇五〇至一三〇〇年左右之間有所改善，但他們的生活仍然非常簡陋、令人可憐，非現代人所能理解。他們住在小得可憐的簡陋茅舍中，茅屋用編結枝條建成，上面塗以泥巴。晚至十三世紀，一位英格蘭農民被控弄塌了鄰居的房子，而他所做的不過是鋸斷了房屋中間的一根橫梁。茅舍的地板一般都是毫無裝飾的地面，往往潮溼、陰冷。至於床，一般也不過是個支架而已；除此之外，房間內也就沒有其他家具了。有這麼一種說法：一頓上好的飯通常由兩道飯菜組成，一道是粥狀的麥糊，一道是麥糊狀的粥；這並不完全是笑談。水果幾乎沒有聽過，蔬菜種類也不多，只有洋蔥、韭菜、蘿蔔、甘藍，作法一律是煮成稀湯。肉餚一年難得嚐上幾次，不是在節、假日，就是在隆冬季節，因爲那時供這些骨瘦如柴的牛和豬食用的飼料已經用完了。烹煮器皿從沒有洗乾淨過，以便確定絕不會浪費任何食物。另外，歉收的可能性一直存在，而且當發生穀物歉收時，農奴受到的影響遠甚於領主，因爲不論年收成怎樣，領主向農奴索取的糧食可是一點也不會少。那時農奴被迫交出所有收穫給領主，他們只好眼睜睜看著自己的孩子慢慢餓死。特別令人心碎的是，就算孩子要餓死，穀倉裡的那一點點穀物也不敢動用，因爲那是來年的種子，動用了它，也就沒有什麼指望了。

稍稍平衡一下這種殘忍的景象，轉頭來看看變化和進步等方面。如前文所示，其一是飲食的變化。在中世紀全盛期，饑饉出現的次數比之前大爲減少；由於飲食中增加了蛋白質（主要是豆類蛋白），人們變得更強壯了。出於多種原因，農奴也普遍獲得自由。一旦領主要著手開墾新的土地，他們只有承諾授予農奴自由，才能吸引更多勞動力。這些依靠自由勞動的地區往往把逃亡的農奴吸引過來，從而形成一種新制度的典範，在此領主要求承種者繳納固定數量的地租而不是徭役。當時，就連在舊有莊園裡，領主也開始了解到，收取地租比負擔這種義務更有好處。不然，農奴也可以透過在自由市集上出售其剩餘產品，積累足夠的資金以贖取自由。

經過這些不同的方式，在整個十三世紀中，農奴制在歐洲大部分地區逐漸走向盡頭。不過，這一過程在不同地區推動速度的快慢亦不相同——在英格蘭，農奴制消亡的時間稍遲一些，但各地很少有像這裡那樣徹底消失。結果先前的農奴對強大的地方領主不再需要負擔任何勞役或租稅。在法國，一些舊有的個別義務依然存在，這些令人心煩的侮辱性負擔，直到一七八九年法國大革命爆發後才廢除。獲釋農奴往往仍繼續共同勞動，不過，現在他們現在已成為為自由農民，生產的農產品主要供應自由市場，而不是為了維持自己的生存。

由於一些原因，領主從農業革命中獲得的好處比農奴還多。首先，不管領主在何時解放農奴，他們都可從中獲得大量錢財，一般大概是農奴迄此為止的所有積蓄。此後，領主主要靠地租過活。由於部分地租是自領主一度擁有但從未耕種的田地上徵得的，因而貴族的收入提高了很多。不僅如此，一旦領主徵收的是地租而不是勞役，他們馬上就會發現，租金的提高實在是一件容易的事。在改為徵收地租後，領主不必像從前那樣事必躬親，可以更自由地出遊，有時他們會參加十字軍東征，有時則住在國王宮廷中。結果，財富的增加使他們過得比以前更好，更大的流動性則使他們獲得改善生活方式的新觀念。

在中世紀全盛期，紛亂的地方性戰爭比從前減少了，這進一步促使貴族【9】日趨世故。直到一一〇〇年左右，典型的歐洲貴族是粗俗、凶悍的武士，他們把主要精力和時間都用在與鄰人戰鬥和劫掠無法自衛者【10】。由於教會的約束【11】，與正在崛起的國家（指十二世紀以後的王權擴張）更有效地實現地方和平，再加上貴族開始喜歡享受較平靜的生活，使這種暴力行為在十二世紀大大減少了。雖然貴族仍然繼續參加十字軍和民族戰爭，但他們彼此之間的小型爭戰已不那麼多見了。顯然是作為昔日戰鬥精神的潛意識替代——「騎士」（chivalry）法則已形成了，它把過去的好戰精神導向較溫和的活動。「騎士」一詞的字面涵義是「騎術」，有騎士風度的貴族自然應精於騎術。騎士制度還硬性規定，為光榮的事業而戰的義務。假如無仗可打，那麼會另有一種比武大會的產生【12】；這種比武起初非常野蠻，後來變成精心設計的禮儀性事務。尤其是，具有騎士風度的領主——從其特徵意義上說，是指所擁有土地比上層貴族少的「騎士」（knight）【13】，不僅應該勇敢、忠誠，而且還應寬宏大量、誠實、虔誠，同時應鄙夷不義之財或骯髒好處。

貴族財富的增加和騎士制度的興起附帶造成的結果，就是生活條件改善與婦女的地位提高。直到一一〇〇年左右，貴族的住所大都是用木頭建成的，由於取暖和烹飪方法較簡陋，火災不斷，房屋屢屢被焚毀。隨著財富的增多和技術的進步，一一〇〇年之後，城堡通常用石頭砌成，因而易燃性大大降低。另外，城堡內蓋起了煙囪和壁爐，這兩者都是在中世紀發明，其意味著可以在房子大廳中央燃起一大堆火，現在各個房間都可取暖，個人也可以有自己的私生活了。貴族習慣上使用的蔬菜通常比農民少些，但在其飲食中肉類不斷，奢侈品貿易的發展，還把諸如胡椒、番紅花之類費用不貲的外來香料帶上餐桌。雖然餐桌規矩仍俗不可耐——所有人都只用刀子、湯匙而不用叉子，而且還會用袖子擤鼻子，但貴族力求穿著漂亮一些，使排場鋪張一些，以顯示出其優越性。在這一時期，由於編織、鈕扣和鈕孔剛剛發明出來，人們也可以穿上合身的衣服了。

由於兩個原因，中世紀全盛期貴族對婦女的態度問題略微有些矛盾：其一，我們獲得的多數證據來自文學作品，史學家對文學在多大程度上反映歷史事實意見不一。其二，一些學者認爲，婦女充其量是被放在一種本身受到限制的地位上。不管怎樣，有一點是毫無疑問的，婦女和男子一樣受到貴族物質生活品質提高的影響。不僅如此，對女性的言詞態度肯定發生了一場革命。十二世紀之前，除個別女性聖徒外，婦女基本上被文學完全忽略了：典型的法國史詩在敘述殘酷的戰爭行爲時，或者根本不提婦女，或者一筆帶過，把她們完全視爲附屬的形象。但在一一〇〇年後幾十年之內，貴族婦女突然成爲行吟詩人和羅曼史作者尊崇的對象（見下一章）。一位典型的吟遊詩人可以這樣描述他的女主人：「我行爲得體的一切均可由她美麗的身體推知」，「她是一棵大樹，枝條上結滿已然成熟的快樂果實」。

雖然這種新型「典雅」文學極其理想化，且不乏矯揉造作之處，但它無疑表現出一種較文雅的文化價值觀念，在此上層階級的婦女實際上比過去更受尊重了。此外，在十二、十三世紀，無疑有一些婦女在其丈夫或兒子去世或沒有能力理政時，實際上由她來治理國家。例如，亨利二世之妻、不屈服的亞奎丹的伊蓮娜雖然年過七十，在其兒子理查一世於一一九〇至一一九四年參加十字軍東征之際，協助治理英格蘭；在十三世紀，具有男子氣概的卡斯蒂爾的布蘭琪兩度出來理政，一次是在其子路易九世年弱之際，一次是在路易九世參加十字軍東征的期間，她把法國治理得井井有條。從現代觀點看，中世紀全盛期婦女仍受到很大束縛，但與過去相比，中世紀全盛期是上流社會婦女地位上升的時期。西洋棋演變的過程最充分顯示出這一點：在十二世紀之前，在東方諸國下西洋象棋，在皇后位上的是以男性外形出現，即國王的首席大臣，他一次只能移動一格，且只能以對角線方式前進。然而，在十二世紀的西歐，這個棋子變成了王后；在中世紀結束之前某一時間，王后開始可以在棋盤按直線、斜線任意行走。

貿易的復甦和城市革命

與農業革命、農奴獲得自由，以及貴族生活日趨溫文孺雅密切相關是貿易得到復興，城鎮勃然興起。貿易復甦的表現方式有很多，最基礎性的貿易是地方市集上的日常交易，農奴或自由農民在此出售剩餘的糧食或雞蛋。但是，隨著專門化的不斷發展，葡萄酒或棉花之類的產品就可以利用船來進行長距離販運。在具備條件的地方，就走河路和海路，不過陸路運輸同樣是不可或缺的；同時，隨著道路的修建、馬和騾用作運輸工具和橋梁的修築，使陸路更加暢通了。如果說，羅馬人眞的只對陸路交通感興趣，那麼中世紀人自十一世紀起就極其關注陸路運輸，因爲這樣他們就更能夠維持一種生機勃勃的、以陸地爲基礎的貿易[14]。不過，這並不等於說他們也忽略了地中海的交通聯絡。相反，從十一世紀起，他們開始把羅馬人的「內湖」變成海上貿易的媒介；這種貿易距離有短有長，範圍廣泛。一〇五〇至一三〇〇年間，義大利城市國家熱內亞、比薩[15]和威尼斯使地中海許多區域擺脫穆斯林的控制，開始壟斷在之前拜占庭水域內的貿易，並開始在東地中海口岸建立起與東方興盛的商業往來。結果，香料、寶石、香水和上好布料等奢侈品，開始出現在西方市場上；它們的到來促進了經濟生活的進步，因爲貴族爲有能力購買這些商品，不得不加速進行農業革命。

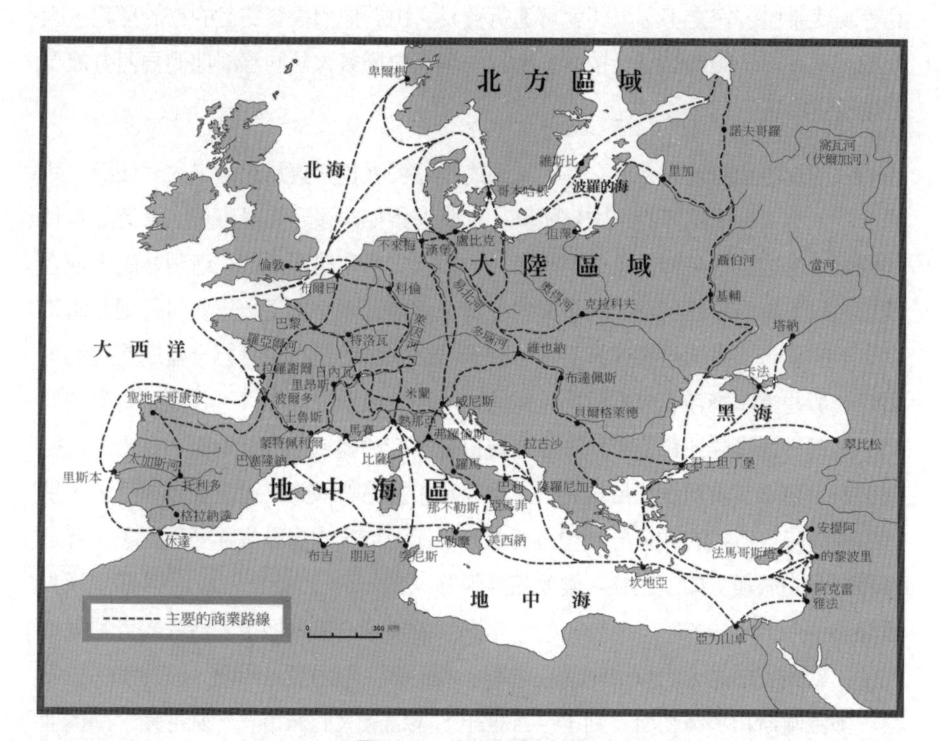

圖13-1　中世紀的商路

而貿易的復甦所需要的是，新的付款方式和新的商業技術的發展。最重要的是，西歐在經歷大約四百年基本上不以鑄幣作爲交易媒介的以物易物交換方式之後，又重新回到貨幣經濟。在歐洲經濟衰退到傳統莊園所需要的一切幾乎都靠自己生產，個別不得不引入的外界物品可以用以物易物交換的方式獲得。但是，隨著市場的發展，貨幣就變得不可或缺了。起初只有面額最小的貨幣，但隨著奢侈品貿易在西方的發展，面額也同步增大；到了十三世紀，佛羅倫斯和威尼斯等義大利城市國家開始鑄造金幣。

與此類似，遠距離貿易起初不過是零售商趕著載貨的騾子，往來於灰塵瀰漫的道路上；但在十二世紀這一百年期間，這些零售商變成較富裕的商人，他們設法減少年復一年的行程，轉而爲國際貿易集市提供商品。其中最著名的是在法國的香檳地區舉行集市：法國的香檳地區地處南北交匯處，佛蘭德商人在此把布賣給義大利人，義大利人則把東方香料出售給佛蘭德斯人。十三世紀時，香檳地區集市會達到極盛【16】。就這樣，一個統一的歐洲經濟形成了。從那之後，就連貿易集市會也變得有些過時了，因爲大約一三〇〇年左右，義大利商人成功地派遣船隊取道直布羅陀海峽和大西洋，直接到達北歐各港口，從而取代費用昂貴的陸路運輸【17】。現在，進行這種大規模商業活動的企業家精通商業合夥、簿記、匯兌等現代手段，完全不必出門就可進行貿易。由於他們投資的目的在於獲利，因此設計並動用了複雜的信貸技術，所以，現代史學家大都同意稱他們爲西方最早的商業資本家。

除了貨幣和信貸的發展之外，城鎮的迅速發展也使貿易比過去大大便捷。想像一下，十二世紀歐洲的空中鳥瞰圖，那時城鎮如雨後春筍般出現，當清除森林和開墾荒地之後，這種景象最爲醒目。一些歷史學家錯誤地把在清理好的土地上興起的衆多新的由農民建立的農業村社歸入城鎮範疇，然而，這些村社絕非眞正意義上的城市。撇開這些城鎮不管，許多城市聚居地是在中世紀全盛期興起的，同時，那些僥倖殘存下來的羅馬時期城鎮，現在規模更加龐大。我們不妨舉幾個例子，在日耳曼中部和東部地區並非昔日羅馬帝國疆域的經營地區，在十二世紀時出現了諸如：佛烈堡、呂貝克、慕尼黑和柏林等新城鎮。從這裡再往西去，那裡的羅馬時代所建的城鎮早就變得與主教駐節地或領主堡壘沒什麼不同了；昔日無關緊要的城鎮，如：巴黎、倫敦和科隆等，在一一〇〇至一二〇〇年間規模大致增加了一倍，一二〇〇至一三〇〇年間又增加了一倍。城市生活在義大利尤爲集中，歐洲多數最大的城市座落在這裡：威尼斯、熱內亞、米蘭、波隆那、巴勒莫、佛羅倫斯和那不勒斯。到了十三世紀，幾個最大的城市——威尼斯、熱內亞和米蘭，居民都在十萬人左右。雖然我們缺乏有關義大利大多數城市的準確統計數字，但在大約一一五〇到一三〇〇年之間，這些城市似乎可能至少增加三倍的人口，因爲我們確實知道離波隆那不遠的義大利小城伊莫拉的居民，由一二一〇年的四千二百人增加到一三一二年的一萬一千五百人。以城市生活在七五〇至一〇五〇年間，在歐洲大部分地區幾近消失的情況看來，我們可以有把握地說，在中世紀全盛期發生了城市革命。進而言之，自中世紀全盛期至今富於生機的城市生活，一直是西歐文明與其後現代世界文明的一個主要特徵。

過去人們習慣認爲，中世紀城市革命的首要原因是遠距離貿易的復甦。從理論上說，流動性的小商販在歐洲以農業爲主導的社會中，並沒有穩固的地位，逐漸的，他們在城鎮中一起定居下來，並相互提供迫切需要的保護，更建立集市出售自己的商品。事實上的情況遠比這還要複雜。如果說，有些城鎮的產生確實大大得益於遠距離貿易，而且如果沒有這種貿易，像威尼斯這種較大的城市能夠發展到這種地步，是絕不可能的；但是，多數城鎮的源起及其初期的經濟活力，大多是建立在周邊地區的資源上。這些地區向城鎮提供了剩餘的農產品、用於生產商品的原材料，同時還提供了流動人口。換句話說，經濟生活的復甦一般被認爲是城市發展的主要原因：城鎮與鄉村有一種共存關係，它提供市場以及工匠生產的器物，但必須靠農村的剩餘食物生存，並隨著試圖過更好日子的剩餘勞力的農奴或農民移入而發展。（逃跑的農奴在一個城鎮裡待滿一年零一天，即可保證得到自由。）一旦城鎮繁榮，許多城鎮就開始專門從事某些行業。例如，巴黎和波隆那成爲一流大學的發祥地，由此獲得可觀的財富；威尼斯、熱內亞、科隆和倫敦成爲遠距離貿易的中心；米蘭、根特和布魯茲則專門從事製造業。城市中最重要的行業是織布。生產布匹的商人時常會發展大規模生產和投資的技術，成爲現代工廠制度和工業資本主義的先驅。不過必須強調指出，大型工業企業在整個中世紀經濟生活中並不具有典型意義。

中世紀的城鎮並非現代城鎮的縮小，在我們眼中，它們看起來仍是半鄉村形式，且不夠開化。街道往往未加鋪砌，在住宅之中仍有專門種菜的園子，並有畜舍養著牛和豬。因此，在經過一個主要的中心都市街道時，你可能會碰上一群咩咩叫個不停的羊，或一群伸著長脖子叫著的鵝，而不得不停下腳步。此外，城內衛生條件很差，空氣中往往散發著人畜糞便的臭味。火災經常發生，城鎮居民深受其苦；由於缺少消防機構，火焰迅速蔓延開來，穿過擠得密密麻麻的木製或麥稈搭成的街區，就橫行無阻了。由於衛生條件惡劣，人口擁擠不堪，傳染病易於滋生，同時極易傳染開來。城鎮還有一個問題，就是易於導致流血暴亂的經濟狀況緊張和家族對立。不過，雖然具有上述各種弊端，城市居民很以其新的城市和生活方式爲榮。例如，十二世紀倫敦一位居民寫了一首歌頌倫敦的著名美詩，誇耀它繁榮興盛、人們行爲虔誠、氣候怡人而無可挑剔！並稱除火災頻仍外，倫敦唯一令人討厭的現象就是「醉漢酗酒」。

中世紀的城鎮中最與衆不同的經濟和社會組織形式就是「基爾特」。大致說來，基爾特是爲了保護和促進特別的利益而組成的專業聯合體。基爾特主要有兩類：一類是商人基爾特，一類是藝工基爾特。商人基爾特的主要作用是維持其成員在當地市場的壟斷，並保持一種穩定的經濟制度。爲了達到上述目的，商人基爾特嚴格限制外地人在城內經商，以保證其所有成員均享有與別的成員同等的銷售權利，並強制執行統一的價格，盡一切可能杜絕囤積居奇的現象。

與上述情形類似，藝工基爾特也對工匠的事務擬定了規定。基爾特中唯一具有選舉權的成員，通常是所謂的師傅工匠；師傅工匠是本行業中的專家，有自己的作坊鋪子。因而，如果說基爾特與現代工會有些相像的話，那麼可以說，它們是由老闆們組成的工會。藝工基爾特中居第二位的成員是幫工；幫工[18]（journeyman，源自法文 journee，意思是「白天」，引申爲「一日之工作」）已經掌握了相關手藝，但仍要爲行東做活。此外是學徒，對於學徒的條件[19]規定得非常細：如果學徒想成爲一名師傅，就要製造出一件「傑出的產品」，交由基爾特的師傅們考核。藝工基爾特和商人基爾特一樣，皆力圖維持壟斷並限制競爭。爲此，基爾特對物價和工資規定了統一的標準，禁止加班，並對生產方法和產品質量做出詳細規定。除其種種經濟功能外，商人基爾特和藝工基爾特都具有重要的社會功能。它們經常扮演著宗教組織、慈善機構和社交俱樂部的角色。只要有可能，基爾特就對其成員的種種需要進行幫助。因而，在某些城市裡，它們後來變得與微型政府相差無幾。

城鎮商人和工匠之所以特別關心保護自己，是因爲他們在中世紀既存的社會體系中，沒有一種公認的地位。由於商人沒有古老的譜系，且不精通騎士生活方式，因而他們往往受到土地貴族的鄙視。最糟糕不過的是，他們對於金錢的獲得表現出十分關心的態度。儘管貴族逐漸也對發財致富感到興趣，但他們並不公開表現出這一點：他們對日常開銷不怎麼注意，揮金如土，經常進行賞賜。中世紀時代商人採取防衛狀態的另外一個原因，在於教會反對不正當的謀利，它所提倡的「公道價格」信條往往與商人認爲自己應當得到的東西不一致[20]。教士們還譴責借錢取息的高利貸，儘管這往往是經商必不可少的。舉例來說，一一三九年的第二次拉特郎宗教會議就頒布一項教令，譴責「放貸人可恥的、令人憎惡的，和進行貪得無厭掠奪的行為」。然而，隨著時間的進展，人們對商人的態度慢慢有所改變。在義大利，商人和貴族之間的界限往往不是十分清楚，因為貴族習慣上住在城裡，其本人往往就參與商人活動。在歐洲其他地區，被稱為望族的最富有的城鎮居民以獲得貴族身分為榮。固然，中世紀的教會從未對高利貸開放過，但它後來確實認可在商業冒險中獲得利潤，這往往與贊同高利貸沒什麼不同。進而言之，大約自十三世紀起，高層教職人員逐漸講了些對商人較有利的話。例如，十三世紀一位頗具影響的教士聖伯納文圖拉就辯稱，上帝在「舊約」時代特別青睞大衛那樣的牧人，在「新約」時代特別青睞彼得那樣的漁夫，在十三世紀則青睞聖弗朗西斯那樣的商人。

從各方面來說，中世紀全盛期城市革命具有難以言語的重要性。首先，新興的城鎮是中世紀發展至關緊要的發動機，對此已經予以足夠的重視了：它們提供市場、生產產品，從而使整個經濟體系繁榮起來。此外，城鎮對政府的發展有著極重要的貢獻，因為城市在許多地區獲得自治和獨立後，可作為城市國家處理城內各種事務。義大利在當時城市生活是最發達的，主要是在那裡的城市政府嘗試實施新的稅收、檔案保管和公眾參與決策等新制度。義大利的城市國家在管理技巧方面尤為發達，從而影響了整個歐洲行政技能的改善。

最後，城鎮的興起對西方思想文化活動的蓬勃發展也產生巨大的影響。由於城鎮提供校舍，並對學者予以法律保護，因而新興學校毫無例外建在城鎮。原本求學和教學者一直都是教職人員，但是到了十三世紀，應商人學習讀寫、計算能力的需要，許多世俗的初級小學紛紛建立。同樣對未來具有重要意義的是，富於活力的都市環境致使高等學校勇於進行知識實驗；在西方，這是自希臘人的學校以來前所未有的。希臘的思想文化活動也以興盛的城市為基礎，這絕非偶然。因而可以認為，沒有物品的交易，也就沒有激動人心的思想交流。

封建主義和民族君主制的產生

如果說在西元一二〇〇年左右，西歐有哪一個城市最足以展現歐洲最偉大的新成就，那麼巴黎必然當仁不讓。巴黎不僅是一個興隆的商業中心和重要的學術中心，而且是一個正在發展成為歐洲最強大政府的首都。與英格蘭和伊比利亞半島上各新興的基督教王國一樣，法國在十二、十三世紀脫胎成一種民族君主制國家；民族君主制是一種新的政治形式，在未來的歐洲政治中成為主導地位。由於正處於發展過程中的民族君主制度，是歐洲最成功、最有希望的政治形式，因而我們必須特別敘述它們。然而在進入正題之前，先從政治的角度看看日耳曼和義大利所發生的變化，不無裨益。

在一〇五〇年前後，日耳曼無疑是歐洲中央集權程度最高、治理得最井然有序的地區【21】；但到了一三〇〇年，這裡變成各邦爭戰不已的聚集場所。由於歐洲其他地區同一時期大都正在建立更強有力的統治，因而日耳曼政治衰落就成了一個令人著迷的歷史問題。這也是一個極其重要的問題，因爲從政治的角度看日耳曼，要到十九世紀才趕上歐洲其他地區，它爲了在歐洲政治體系中獲得一個完全的位置所造成的種種困難要到我們自己這個時代才得以解決。

自十世紀中葉鄂圖大帝統治時期，至十一世紀後半期，日耳曼強盛一時；其力量主要源自於一系列強有力的統治者出現，它爲了防止政治的分裂，將君王與教會緊密地連結在一起。鄂圖大敗馬札兒人後，更進一步採用皇帝的頭銜，因此使得日耳曼免於淪爲外族進一步入侵的犧牲品，爲君主制贏得巨大聲望【22】。在其後一百年間，相繼繼位的幾乎一直都出現一些像鄂圖那樣富於才智和精力旺盛的帝王。他們的最主要對手是公爵，即日耳曼五大地區（洛林、薩克森、法蘭克尼亞、斯華比亞和巴伐利亞）的軍事首領，但在這一時期的大部分時間中，這些王公力量弱於皇帝們。這個帝國的君主爲了治理自己的廣袤地區（包括瑞士、法國東部、低地國家大部分地區，同時，對義大利北部地區也擁有名義上的統治權），他們十分依賴與教會合作【23】。這時國家主要的行政管理人員是大主教和主教，他們由皇帝任命產生，這些人往往出自皇帝自己的家庭，不受教皇的任何干預。日耳曼皇帝勢力強大，以致於一旦他們下了決心，就可以南下義大利，任命自己人爲教皇。在還沒有任何複雜的行政機構時，大主教和主教把日耳曼治理得井然有序，抵消了王公貴族的力量。但在十一世紀期間，皇帝們開始有意識地建立自己的世俗管理機構，如果他們得以繼續執行這一政策，就可以將日耳曼的未來建立在眞正堅實的政治基礎上。但就在那時，鄂圖大帝及其繼承人創建的整個體系，突然受到教會內部所有革新的挑戰【24】。

對日耳曼政府的挑戰產生於亨利四世（一〇五六～一一〇六年）在位時期，其主使者是教皇格列哥里七世（一〇七三～一〇八五年在位）。由於種種原因（下章我們將專門談到這一問題），格列哥里希望教會擺脫世俗勢力的控制，爲此而與亨利四世展開爭鬥。格列哥里七世與日耳曼王公和其他諸侯結成統一戰線，從一開始就迫使亨利四世處於守勢。王公諸侯們本就在尋求任何機會反對統治他們的皇帝，此時有了充足的理由，自然不會放過。他們以亨利四世不服從教皇爲由，試圖廢黜其帝位【25】。在這種情況下，原來一直很強大的這位皇帝，不得不尋求格列哥里的赦免，演出了中世紀史上最駭人聽聞的一幕。一〇七七年嚴冬，亨利四世匆匆越過阿爾卑斯山，在義大利北部的卡諾莎向教皇卑躬屈膝。格列哥里曾在致王公的慰問信中描述過這一場面：「亨利在城堡門前一直站了三天三夜；他赤著腳，身著粗劣衣衫，放下了君王的種種尊嚴，淚水流個不停，乞求教皇幫助、撫慰他。」以前從沒有一位日耳曼統治者受到過如此的奇恥大辱。雖然這此事件使亨利免遭被廢黜的命運，但他的巨大聲望已蕩然無存[26]。亨利與教皇的爭鬥在他兒子在位時期繼續進行。爭鬥結束時，王公們從皇帝那裡獲得空前的實際獨立地位。不僅如此，一一二五年，他們還要求不要在原本帝位繼承的原則上推選新的統治者[27]，並如願以償。而這一作法使當選的皇帝往往是最軟弱的繼承人，或者致使國家陷入內戰的泥淖中。與此同時，君主失了對教會的許多控制，因而實際上也動搖他的統治基礎。此時，正值法國和英格蘭逐漸鞏固自己中央集權的政治統治機構之際，日耳曼卻正在喪失這些機構。

十二世紀時，出自霍亨斯陶芬家族的日耳曼皇帝腓特烈一世（一一五二～一一九〇年在位）進行了一次重要嘗試，意在扭轉反君主制的潮流。被稱為「巴巴羅沙」（意為「紅鬍子」）的腓特烈一世，把他治理的國度稱為「神聖羅馬帝國」，希望藉此重申帝王的尊嚴。從理論上講，這是一個承襲羅馬帝國並得到上帝保佑的帝國。既然聲稱是羅馬帝國的後繼者，腓特烈就頒布了保存在《查士丁尼法典》中的古羅馬帝國各法律，為自己找到許多理論上的權力。然而法律歸法律，除非能夠獲得物質基礎的支持，否則腓特烈無法推行它們。因此，這位統治者在位時期的主要政策，就是創建屬於自己可以獲得財富和力量的領地。

對腓特烈來說，不幸的是，他的祖業在斯華比亞這一甚至在今天仍由相對貧瘠的丘陵地區和黑森林組成的較貧窮日耳曼地區。因而，除斯華比亞外，腓特烈決意把義大利北部[28]變為在自己的權力基礎下。然而，這個決定可以說是十分糟糕的決定。義大利北部固然很富裕，但也具有極其強烈的獨立性。在米蘭的率領下，該地富裕的城鎮進行了頑強的抵抗。教皇不願意看到在義大利出現一個強大的日耳曼統治者進行強有力的統治，因而火上澆油，從道義上幫助、支持義大利北部各城鎮。腓特烈一世差點就粉碎城鎮與教皇的聯盟[29]，但終因阿爾卑斯山脈橫亙義大利和日耳曼之間，使他無法同時在兩地進行統治。而在他征服這些城鎮之後不久，又不得不啓程返回故里，這可使各城鎮在教皇的鼓勵下再次揭竿而起。最後在一一七六年，實力不夠的日耳曼帝國軍隊在萊尼亞諾慘敗於義大利北部城市聯盟——倫巴地同盟的軍隊之手，巴巴羅沙不得不承認該地區事實上的獨立。同時，日耳曼的諸侯們正繼續積聚力量，他們準備進行另一個重要舉措，就是拓殖易北河以東富饒的農業地區，而這裡本來應是腓特烈眞正花心思力量進行的事業；同時，皇帝與教皇的爭鬥致使日耳曼教會內的各種力量與他進一步疏遠。由於巴巴羅沙是位有衝勁的人物，因而日耳曼人對他念念不忘。不過，由於他的統治使下述事實成了定局，在中世紀時期，日耳曼帝國再也不會復興了。

巴巴羅沙的孫子腓特烈二世（一二一二～一二五〇年在位）和他的祖父一樣有名，然而，他的統治只不過是把日耳曼衰亡這一幕戲演完而已。就個性而論，腓特烈二世或許當屬中世紀所有統治者裡最具魅力的一個。由於他的父親亨利四世經由聯姻關係繼承了義大利半島南部和西西里王國（後來被稱爲兩西西里王國），因而腓特烈生長在巴勒莫，並在那裡吸收了伊斯蘭文化。（自八三一至一〇七一年，阿拉伯人曾統治西西里兩個半世紀。）腓特烈二世能講五、六種語言，贊助學術事業，曾撰寫過有關獵鷹訓練術的著作，在西方早期觀測科學史上占有重要的一席之地。此外，他進行過稀奇古怪、殘忍的「實驗」，例如取出人的腸子來觀察一個人在休息和運動對消化的影響。這類舉動與腓特烈二世試圖要像東方專制君主那樣進行統治的政府有關。在其自治的南義大利王國，他將東方專制制度和官僚政治體制引進來。他建立了一支職業軍隊，徵收直接稅，頒布了統一的羅馬法。最具有典型的代表性是，腓特烈二世試圖創建一個統治者祭壇，實行個人崇拜，甚而把對他的法律或判決進行討論的行爲，也定爲瀆聖罪。這種政府在治理義大利南部時，一度看來很成功，但他在義大利的權力基礎，再次引發與教皇制和義大利北部城市的衝突。這些衝突在他去世前一直拖而未決，但在他死後，教皇決心消滅霍亨斯陶芬家族在義大利的統治，便以召集十字軍的方式，消除該家族所留下的競爭者。由於受到腓特烈二世殺雞取卵式的過度稅收剝削，再加上隨後發生的戰爭蹂躪，義大利南部逐漸淪落成爲一個貧窮落後的地方，直至今日方勉強復興。同樣，腓特烈的統治對日耳曼也產生了破壞性影響。爲了不受阻礙地推行其義大利政策，腓特烈把日耳曼大片地區的主權授予諸侯，從而正式把日耳曼放棄，送給各諸侯們〔30〕。雖然此後仍繼續選舉有名無實的「皇帝」，但諸侯們成爲國家的眞正統治者（他們的土地成爲世襲，有絕對統治權），不過他們之間戰火不斷，使日耳曼並沒有什麼安寧日；同時，他們又把其領地分交給各個繼承人，致使日耳曼看起來像七塊拼圖。正如法國作家伏爾泰後來所說，日耳曼的「神聖羅馬帝國」變得既不神聖，也非羅馬，又非帝國。

中世紀全盛期義大利的政治情況可以簡要概括如下：義大利南部和西西里在十二世紀時，被連結成一個強大的君主制國家，其創始者是屬於維京人的諾曼－法蘭西人後裔。但是，如前文所述，其後該地區歸屬於霍亨斯陶芬家族，結果承受衰亡的命運〔31〕。義大利中部在中世紀全盛期都是受到教皇的統治，但教皇本身力量很少有強盛的，因此，他們難以創立一個眞正得到良好治理的國家，這部分原因是因爲教皇不停與日耳曼皇帝進行對抗。由此地進一步往北便是富裕的工商業城市，它們曾成功地擊退巴巴羅沙的進攻。這些城市在政治上往往組成共和國或「公社」，這些共和國常常對其較富裕的居民提供不少參政的機會。但是，由於經濟利益不一致和家族的敵對爭鬥，義大利城市國家陷入內部爭鬥，且往往無法自拔。此外，在受到外國威脅面前，諸如巴巴羅沙或腓特烈二世的威脅，它們雖然團結對外，但一俟外族威脅不復存在，它們往往彼此交戰。結果，義大利各城市的經濟生活和文化生活雖然比其他地區發達得多，同時，它們在行政管理技巧方面也進行重要實驗，不過在中世紀全盛期大部分時間裡，義大利北部普遍缺乏政治穩定。

要想尋找歐洲日益發展的政治穩定中心，就必須到中世紀全盛期的法國和英格蘭去尋找。具有諷刺意味的是，在法國，一些未來政治成就的初步基礎，是在這最不穩定的時期出現，而且是在沒有任何計畫的情況下形成的。這些基礎往往

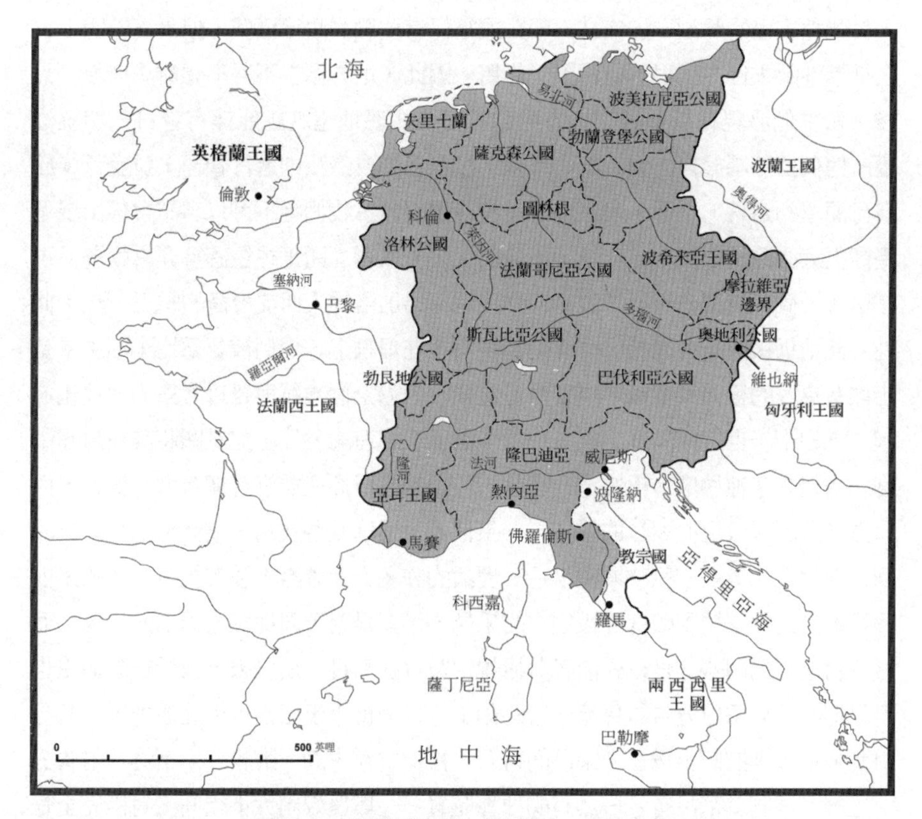

圖13-2　日耳曼帝國，約西元一二○○年

被歷史學家稱爲「封建主義」制度，這是從政治權力分散基準的觀點來看。關於這個詞的涵義，史學家有不同看法。自馬克思以來，一些史學家傾向把該詞用來描述一種農業經濟制度和社會制度，其中大地產是完全依賴農民來耕種。這一習慣用法的困難處在於太不準確，因爲這種大地產在歐洲中世紀之外的很多時候和地區都存在過，因此，要表述中世紀農業制度的最好說法，應該是莊園制。一些史學家走上了另一個極端，認爲即使「封建主義」一詞可以用來描述中世紀的政治制度，但中世紀的實際政治情況是十分複雜的，因此，任何有關封建主義的定義，都無法準確甚或有益地適用於一個以上的實例。但不管怎樣，爲方便起見，我們仍然使用這一術語，用它表示中世紀政治發展的一個特別論點，但同時我們應當隨時記住，與莊園制度一樣，封建主義只是一個可以爲其他史學家據以進行經濟或社會分析的近似性術語。

作爲一種政治制度的封建主義，本質上是一種政治上權力極爲分散的制度，用我們今日的話來說，就是政治權力普遍由個人掌握。從歷史的角度看，在十世紀的法國，它被充分地表現出來：當時加洛林帝國已經瓦解，該地區正受到維京人災難性入侵的蹂躪。加洛林王朝雖繼續保有些微的政治權威，但事實證明，它在抵禦外敵入侵方面根本發揮不了作用。因此，地方領主不得不想辦法自救。最後，領主們發現在抵禦維京人方面越有力，相應地也就越能擁有昔日一切統治權。他們招募屬於自己的一支小軍隊，按自己的自然法則進行管理，並發行屬於自己簡單的鑄幣。不過，雖然出現這種分權現象，我們絕不可以忘記曾經出現過更高更大的政治單位。尤其是，不論國王多麼軟弱（國王往往確實非常軟弱），在法國一直保持著其統治者直接或間接地都爲加洛林人西支後裔的國王【32】；此外，此地仍被散布各地的公爵或伯爵統治，在理論上，他們被認爲比小領主或騎士擁有更多的權力或權威。事實也是這樣，經過一個複雜與難以考察的理性化過程，十和十一世紀期間就出現了一種模糊不清的理論【33】，並試圖將其在封建制度之內建立某種秩序。根據這一理論，較小的封建領主並沒有擁有所有權力，而只擁有所謂「采邑」【34】的權力；如果他們不遵守某些義務，這些權力可以被收回。理論上（很長一段時期中，這一理論的許多方面實際上被忽視了），國王或等級較高的領主授予較低等級領主的采邑，可能是對不同地統一領地的治權，而後者對領主的回報，是以對前者負擔規定數量的兵役。反過來，較低級的領主也可以把其部分采邑分封給更低一級的領主，以換得軍事服役；依此類推，一直分封到最低級別的騎士爲止。采邑的持有者被稱爲封主的「附庸」，不過「附庸」（臣屬）一詞絲毫沒有今日具有的種種貶義——與農奴制大不相同，封臣完全是一種榮譽地位，所有持有采邑的人都是「貴族」。

由於封建制度最初是一種分權的政治形式，因而史學家一度認為，它是一股具有腐蝕性或造成分裂的歷史力量；在日常用語中，「封建」一詞往往被當成「落後」的同義詞。不過，最近學者們逐漸得出結論，封建制度是一種進步力量，是向現代國家前進的一個根本性出發點。他們注意到，在日耳曼和義大利那些幾乎沒有封建制度的地區，政治穩定和國家統一姍姍來遲，而在法國和英格蘭那些封建化最徹底的地區，政治穩定和中央集權不久就迅速產生。學者們為此想出一些原因：由於封建制度最初是自動產生的權宜之計，因而具有極高的靈活性。由於它取代一些受到種種落伍過時與削足適履的束縛，使地方領主能夠選擇最佳時機進行統治，或者將它使用在特定地方風俗的規定。因此，他們的政府不論如何不成熟，在那個時代卻都能應付自如，並且隨著時間的推演，可用以建立一個更強大的政府。第二個原因在於，與舊的羅馬制度或加洛林制度相比，封建制度的效力在於，它能使更多的人與政治生活的實際運轉有了直接接觸。就算在最低層的地方，政府也清晰可見，並且可以在此進行種種嘗試；當它變得具體實在時，人們開始對它有所了解並表示認同，這在帝國是從未獲得過的。這是因為，封建制度向人們反覆灌輸的是一種對政府日益強烈的忠誠感，這種忠誠一旦形成，就會為更大的政府單位所利用。第三個原因是，封建制度強調朝廷的作用，從而促進了某些更現代的制度形成。隨著封建制度越來越規範化，附庸覲見領主就成了通例，至少每年一次。在那時，附庸應當向領主行「獻殷勤」，也就是透過一定儀式向領主表示忠誠；此外，他們也要在「法庭」提供服務，也就是說，出席審判會並提供建議。因而，他們越來越習慣於參與政治事務，言談舉止也開始像侍臣或政客那樣。隨著法國和英格蘭君主制的發展，國王們深知封建朝廷大有用處，便把它變成不斷擴大的政治體系中行政管理的核心。封建制度促進政治發展的最後一個原因，實際並不是該制度本身所固有的。由於人們一直沒有忘記更大的政治單位學說，因而一旦時機成熟，大領主和國王便利用這一學說來重新獲得權利。

利用封建制度的最大可能性，首先在一〇六六年諾曼人征服後的英格蘭顯示出來。如前文所示，九世紀晚期和十世紀的英格蘭，在撒克遜人阿弗烈及其後繼者的統治下，曾出現統一和強有力王權的局面。但其後，主要由於維京人再次入侵和其後繼者的領導無方，才使撒克遜王權開始衰落。一〇六六年，諾曼地（在法國西北部）公爵威廉聲稱自己有權繼承英格蘭王位，並橫跨海峽征服了英格蘭[35]。對他來說，很幸運的是，近來剛登基的英格蘭國王哈羅德正好因遇到維京人在北方的進攻而力量被削弱，因而無法全力抗拒威廉。在哈斯丁斯戰役中，哈羅德和其撒克遜軍隊浴血奮戰，但最終抵擋不住諾曼地軍隊的進攻。黃昏之際，哈羅德中冷箭倒在地上，受了致命性的創傷；他的軍隊成鳥獸散，諾曼人獲得勝利占領英格蘭。威廉公爵此刻成了「征服者」威廉國王，並著手按照自己的意願治理他的戰利品。

事後看來，諾曼人征服可以說對保持並促進國家的政治穩定而言，是適逢其時。因爲一〇六六年之前，在那些被稱爲伯爵的軍事貴族率領下，英格蘭受到分裂的威脅，是威廉徹底消滅伯爵的勢力；取而代之的是他所建立的封建制度（將這些伯爵的土地沒收，分封給功臣），據此由國王把所有土地以采邑的形式直接或間接分封下去。采邑持有人獲得並非像歐洲大陸上不那麼正式的大部分統治權[36]，威廉在此保留了鑄幣、徵收土地稅，並監督對重大案件的審理權。此外，他沿用在盎格魯撒克遜時期叫作郡守的地方行政長官，利用他們協助他管理並強制實施這些權利[37]。爲了確保他的貴族[38]（指大封地持有人）不致於勢大震主，威廉小心謹愼地把授予他們的封地分散在全國各個不同的地方。就這樣，在訓練有素的行政管理人員不足、無法進行任何眞正行政職業化的時代，威廉利用封建措施爲其治理英國服務。不過，他依然保有相當大的王權，使國家完全統一於國王統治之下。

在威廉去世之後的二百年間，英國行政史主要就是一部國王爲了自己的利益加強對封建制度的控制，直到創建一個強大的民族君主制取代封建制的歷史。朝著這一方向邁出第一步的是征服者威廉富於活力的兒子亨利一世（一一〇〇～一一三五年在位）。亨利一世最重要的成就之一是開啓王室法庭專業化的進程，在此過程中，一些官員開始負起管理財務帳目的職業化責任；這些最初被分出來的官員後來被稱爲財政部職員。亨利一世的另一些成就是制定巡迴法庭制度，由巡迴法官作爲國王的直接代表在全國各個地區負責司法事務。

亨利一世之後，英格蘭經歷了短暫的內戰。其後登上王位的是亨利一世的孫子亨利二世（一一五四～一一八九年在位），他頗具其祖父的積極進取氣質。無疑，亨利二世統治時期是英國整個歷史上最重要的時期之一。我們之所以這樣評價，其中一個原因是他和坎特伯里大主教湯馬斯．貝克特在關於教會法庭和教會法的地位問題上，進行重要爭論。在亨利統治時期，神父和其他神職人員如果犯了罪，只能交由教會法庭根據教會法規的有關規定進行審處。在這些法庭的處罰以異常輕微而著稱，即使他們犯了謀殺罪，所受到的處罰一般不過是贖罪苦修和革除教職，很少再受到其他懲處。此外，對於英格蘭教會法庭所做出的任何判決，都可以向羅馬的教皇法庭上訴。因此，亨利二世希望盡可能在所有地區推行王法，並把所有臣民置於統一的司法標準之下，企圖透過一一六四年的克拉倫登憲法限制教會的這些司法慣例。至於被控犯罪的教職人員，他願意做出讓步，即允許由教會法庭審理，但其後必須在國王法庭上宣判。然而，貝克特決定反對任何變革的嘗試。亨利二世和貝克特過去曾相交甚深，此一情況下，兩人之間的爭吵更令人難以接受。盛怒之下，國王竟指責手下的騎士無能，連一個搗亂分子也收拾不了，結果，貝克特主教被亨利的四個騎士謀殺於坎特伯里大教堂，爭吵達到悲劇性高潮。英格蘭公衆對這一罪行深爲震驚，貝克特很快就被尊奉爲殉教者，並成爲英格蘭最著名的聖徒。對行政史而言，更重要的是，亨利二世因此不得不放棄其置教會法庭於王權控制下的計畫，他的目標直到十六世紀英格蘭宗教改革來臨後才得以實現。

雖然在此遭到這一重大挫折，亨利二世在行政管理的其他領域仍取得卓著的成就，以致於一些史學家堅持認爲，他是英國有史以來最偉大的國王。他最主要的貢獻是在司法方面。他把亨利一世設立的「巡迴法官」制度發揚光大，同時開始採取這種措施，即要求各郡郡守把熟悉當地情況的人帶到巡迴法官的面前。此後，這些人應在發誓不作僞證之後，如實匯報自巡迴法官上次巡迴以來，他們所知道的所有謀殺、縱火、搶劫，及其他重大犯罪。這是大陪審團制度的根源所在。此外，亨利二世首次允許民事訴訟的各方擁有要求國王法庭開庭的權利。在最常見的案例中，當有人聲稱自己的土地被別人占據時，他可以從國王那裡得到一張令狀；根據這種令狀，可以要求郡守把十二個先發過誓的人，就原告的陳述是否眞實做出具實的回答，然後法官則根據他們的回答做出裁決。雖然陪審團直到十三世紀才出現在刑事案件審理中，但這機構正是從上述慣例中發展而成。

亨利二世進行的司法改革既對國王有利，也對國家有利。這表現在以下幾個方面。最明顯的一點是：它們使司法在全國更統一和平等。這也就使得王家司法爲人採納，廣得人心。尤其是在土地糾紛方面——那一時代最重要、最常見的爭執，弱小的一方不須再任由蠻橫無理的住居領主宰割。一般來說，弱小的一方通常都是原來與國王沒有密切關聯的騎士。由於國王捍衛了騎士的權利，使騎士對國王心存感激，亨利二世也就利用此作爲抑制顯貴的政策，贏得具有重要意義的同盟者。後來，在亨利二世統治時期，隨著陪審團的廣泛使用，使越來越多人直接參與王室政府的實際運轉過程。這樣一來，他們對政府的興趣大大提高了，同時對政府更加忠誠。由於這些人是不必支付報償的，因而亨利二世花費不多，就大大擴張其政府的職能和聲望。

亨利二世的改革成就在他死後便逐漸浮現，因為在他死後，他的政府能靠本身能力自行運作。他的兒子「獅心」理查一世在位十年，自一一八九至一一九九年，但只在英格蘭待六個月，因為他把時間都用在參加十字軍東征或保衛他在歐陸的屬地上。在理查不在國內的整個時期，國家的行政管理實際上是更有效，這完全得力於幾位大臣的能幹。國家還為理查徵收了兩筆巨額稅收：一筆供他參加十字軍去聖地，一筆在他於返國途中被敵人俘虜後為他贖身。但是，後來當一位新國王要求籌集比這還多的稅收時，英格蘭人大都不願如令交納了。

這位新國王是理查一世的弟弟約翰（一一九九～一二一六年在位）。約翰王在歷史上名聲一直不佳，但更多時候，他是時局的受害者。自征服者威廉以來，英格蘭國王一直統治著現今法國的大片地區；但到了約翰王在位時期，法國國王力量強大起來，而且他們的力量更足以收回這些地區的大部分。同時，約翰王時運不濟，他面臨的對手是法國頗為能幹的國王菲立普・奧古斯都；後者於一二〇四年用武力收復了諾曼地及其鄰近地區，而且在一二一四年，菲立普又再次取得軍事勝利，進一步鞏固自己的成果【39】。約翰既需要錢治理英格蘭，又需要錢與法國作戰，但他的失敗使得臣民不願意向他交錢。貴族們對約翰的迫切需要尤為不滿，因此在一二一五年，他們迫使約翰簽一份文件，並在其中宣稱其放棄這一切。這份文件就是聞名後世的「大憲章」【40】，它還被用來矯正貴族們所能想到的其他一切弊端。後世有關大憲章的觀念普遍都是錯誤的，因為它本意並不是成為一部權利法案，也不是一份授予普通人民種種自由的憲章。與此相反，它主要是份封建文件，意在迫使身為領主的國王尊重附庸的傳統權利。但不管怎樣，文件闡明了一些重要觀念，諸如未經貴族議事會的同意，國王不得擅自徵收大筆款項；未經與其地位相同者和國家法律的審判，國王不得懲罰任何人。「大憲章」的重要性尤其在於它展現了有限政府的原則，和國王要受法律制約的思想。

正如當代美國中世紀史學家斯特雷耶所指出的：「『大憲章』為專制政府設置了障礙，但無法阻止中央集權制政府形成。」在「大憲章」頒布之後的一百年間，中央集權制繼續快速發展。在約翰的兒子亨利三世統治時期【41】（一二一六～一二七七年），雖然貴族們與這位軟弱的國王競相爭奪專制政府的權利，但雙方都認定中央集權制政府本身是件好事。在這整個時期，行政管理人員進一步完善了法律和行政機構，使之具有更高的效率。如果說，在亨利一世時代，財政管理已經成為國王法庭的一個專門機構，那麼到亨利三世統治時期，它就變成一個真正的司法管理機構（創立了永久性的最高法院）和對外事務管理機構（創立了所謂的大法官法庭）。英格蘭的中央政府現在完全發展成為一個訓練有素的官僚機構。

中世紀英格蘭行政體系中最著名的一個部門就是議會。在一三〇〇年前後幾十年間，尤其是在亨利三世之子愛德華一世（一二七二～一三〇七年在位）的要求下，議會成爲政府的一個獨立部門【42】。雖然議會在後來成爲專制王權的制約力量，但如果就此認爲議會是「應人民的要求」召開的，那就再荒謬不過了。就其起源而論，議會與民衆代表制實際上沒有什麼關聯，所以，倒不如說它是國王封建朝廷的最大規模集會。愛德華一世是位強有力的國王，他屢屢召開國會的目的，是希望能盡快、且最有效地籌集到募款，以供他進行對外戰爭。參加議會的代表不僅要同意交稅——實際上，拒絕納稅才屬不可思議的事，而且，當他們被告徵稅是如何必需時，他們就會毫不吝嗇地掏錢了。另外，他們對徵稅的細節也要表示同意。在這個會議上，愛德華也會聽取人們對緊急事務的意見，對例外案子進行審判，審核地方管理情況，並頒布新的法律。與歐洲大陸上類似的機構相比，愛德華的議會中最不同尋常的一個特徵或許在於，除高級貴族外，議會中開始有了來自各郡和城鎮的代表。然而，這些代表極少爲「人民」說話，因爲在英格蘭，大部分人是沒有選舉權的農奴和農民——更不必提任何事都不會與她們磋商的婦女了。極爲可能的是，愛德華召集來自「平民」的代表的目的，主要是出於財政的考慮。他或許也認識了一種宣傳價值：地方代表參加令人敬畏的議會，就會爲國王的威嚴所懾服，並在會議結束、返回故里之外傳播君主制的美名。隨著時間的推移，平民一再應召參加議會，終致變成議會這一機構中不可或缺的一部分：到十四世紀中葉，他們定期坐在自己的「議院」裡開會。不過，他們仍然只代表城鄉村中的富人，而且往往爲國王或貴族所操縱。

在愛德華一世統治時期，從其他各方面來看，一個強大的民族君主制發展到了頂點。愛德華靠著武力統一了幾乎整個不列顛島，征服了威爾斯，幾乎令蘇格蘭臣屬（不過，蘇格蘭在他死後很快再次起事）。他開始定期頒布成文法，也就是說，使最初的公共法無限制地適應於王國整個疆域。正因爲他作爲一位立法者所發揮的作用（以立法鞏固王權，消除貴族和教會的力量），因此，愛德華時常被稱爲「英國的查士丁尼」。最重要的是，愛德華對貴族設立私人法庭，及把自己的土地作爲采邑進一步分封的權利加以限制，從而縮小了貴族的封建權力【43】。因而，至他統治結束時，征服者威廉過去有意識授予貴族許多不受限制的權力被收了回去。出現這種情況的原因在於，國王在中世紀全盛期的幾百年間，正在做的是建立自己的王家政治機構，導致昔日的封建制度在此時不具有實際效力了。不過，愛德華力圖建立強大的中央政府的措施和種種財政要求，有些不切合所在時代的實際需求，因而當他死後就出現了一股反對君主制的逆流。然而引人注目的是，在愛德華時代之後，不論貴族何時舉行反叛，他們總是認定英格蘭應繼續實現國家統一，由中世紀全盛期基本的君主制來治理國家。在中世紀全盛期，英格蘭以國王為中心統一起來，並作為一個基本上治國有方的統一國家一直延續到現代。

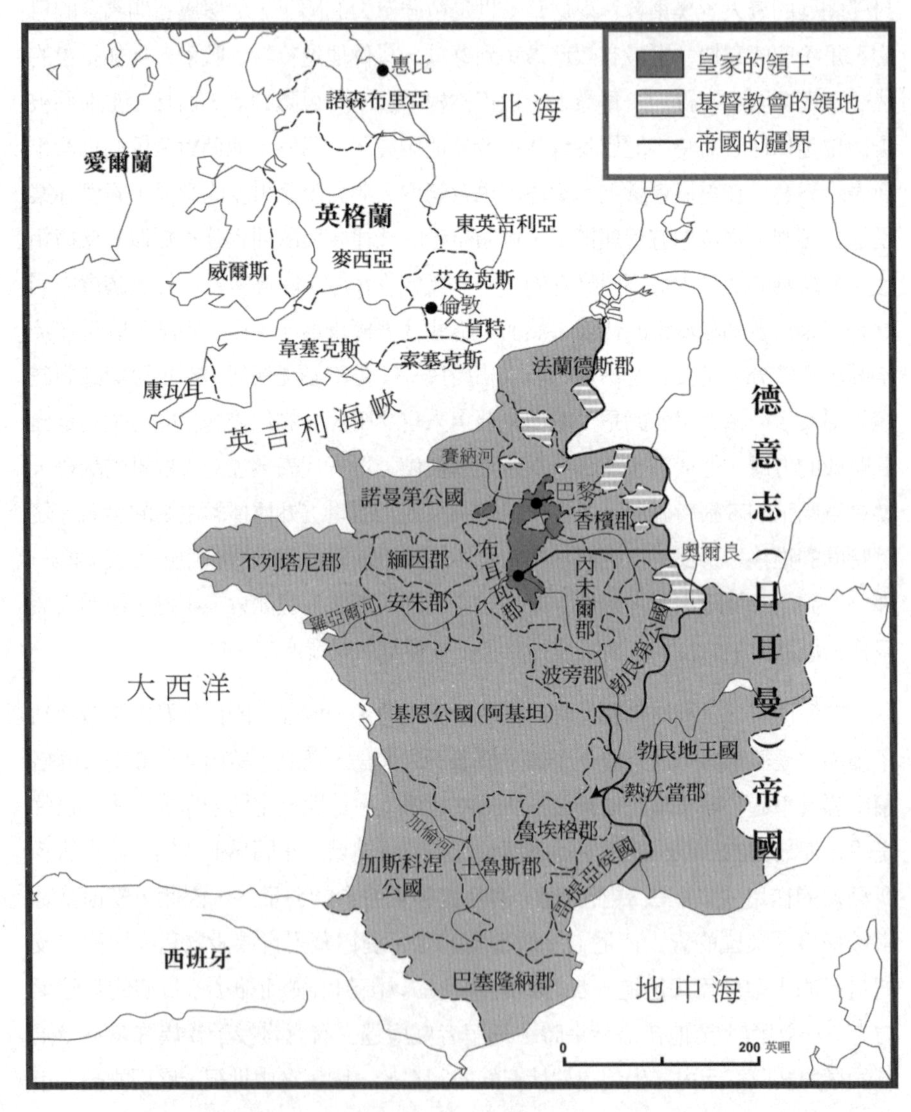

圖13-3　英格蘭和法蘭西，約西元一○○○年

在中央集權制在英格蘭取得長足進步之際，這一過程在法國發展得較遲緩。但到了一三○○年左右，法國也接近於實現中央集權。法國政治統一過程之所以進展較緩慢，是因爲它在十一世紀時，權力比英格蘭更分散，面臨的問題更大。九八七年，最後一位軟弱的洛林王朝君主被巴黎伯爵于格·卡貝取而代之，但這一新興的卡貝王朝[44]（一直統治到一三二八年，其間沒有任何中斷）在一開始時，並不比原來的加洛林王朝強大。甚至在十二世紀大部分時間裡，法國每位國王也只直接統治著巴黎周圍一片叫作「法蘭西之島」[45]的一小塊地區，其面積大小約與美國的佛蒙特州相當。在這一地區之外，國王在名義上對現今法國許多地區的伯爵和公爵享有權利，是其領主，但實際上，這些伯爵和公爵幾乎是完全獨立的。有這麼一個說法：一次，法國國王要求諾曼地第一代公爵向他表示效忠，這位公爵指使他們的一位武士假裝親吻國王的腳，隨後卻抓住國王的腿，把他掀翻在地，令在場的人捧腹不已。由於法國國王太過軟弱，因此在法國，不同地區就形成各自獨特的地方傳統和方言。所以，如果說，征服者威廉承襲的是一個業已實現過統一，但新近瀕於分裂邊緣的英格蘭國家，那麼，中世紀全盛期的法國國王不得不從零開始實現國家的統一，可供依託的只是隱約出現有關加洛林王朝統一的記憶。

然而在許多方面，法國國王是很幸運的。首先，該王朝在幾百年間，很幸運地一直都有直系男性繼承人，因此，沒有出現爲繼承權爭得你死我活的局面。其次，法國國王壽命較長，平均在位年限爲三十年左右。這就意味著子襲父位時，通常都已長大成人，因而沒有因國王年幼而須有人攝政，讓攝政者凌駕於王權之上的情況。不僅如此，法國國王雖然有時不那麼氣勢逼人，但一直都引人注目，因而當其他地區發生權力之爭時，周圍各地區的人習慣於把王權視爲不穩定世界中的一股穩定力量。第三，對法國國王有利的因素是，法國農業進一步繁榮、國內貿易有所發展，這就給國王提供了重要的財稅來源。第四，偶然發生的發展是，由於教皇在與日耳曼皇帝進行的頻繁爭鬥中通常需要盟友，因而法國國王可以得到教皇的支持。正像早些時候對加洛林王朝那樣，教皇賦予法國國王聲望，允許他們享有直接支配本地教會的種種權利，因而使法國國王透過庇護制獲得更多的收入和更大的影響力。第五，對法國國王有利的因素是，在十二、十三世紀，巴黎大學逐漸發展起來，成爲歐洲主要的學術中心。隨著外國人蜂擁到巴黎大學學習之際，他們也獲悉法國國王權威的日益上升，並在回國後向人傳播這種印象。最後但絕非最微不足道的一點是，法國有些國王本人的精明能幹也發揮很大作用。

卡貝王朝第一位值得注意的國王是路易六世，綽號「胖子」（一一〇八～一一三七年在位）。雖然他沒有取得任何耀眼的成就，但路易六世至少設法驅逐或征服了法蘭西之島騷動不寧的「強盜貴族」[46]，穩定自己的祖傳基地。只有在完成這一步之後，農業和商業才繁榮起來，而且巴黎的思想文化生活才開始活躍。此後，法國諸王有了地理上的權力基礎，而這一點正是日耳曼統治者巴巴羅沙多方尋覓卻未能找到的。不過，眞正使法國疆土有了令人驚訝的擴展，一直要到路易的孫子菲立普·奧古斯都（一一八〇～一二二三年在位）。菲立普富於才智，他深諳利用某些權力從英王約翰手中奪得法國西部大片地區的方法。此外，他善於決斷，並深知如何在戰爭中保住自己的勝利果實。其中給人印象深刻的是，菲立普制定了一個出色的方案，治理其新近得到的領土。這些新領土與其原有的地方相比，增加了將近四倍；由於各個新地區都有極其獨特的地方習俗，因而，僅僅依靠當時非常原始的行政管理體系強制執行嚴格的行政標準化，這種嘗試絕不可能成功。菲立普很清楚這一點，他採取的是保持他新獲地區的原有行政習慣，但會在這些地區安插稱爲「大法官」代表國王的新官員進行監督。大法官一律不在其出生地任職，薪俸甚高，悉由國王支付，因而完全忠誠於國王。根據國王的敕令，他們在轄區內擁有全部司法、行政和軍事權力，不過他們被容許可以有地區差異，不強求一致，但他們必須爲國王服務。由於這樣，在各被征服地區沒有出現反叛，王權得以進一步加強[47]。這種與官僚式中央集權制衡的地方分權模式，後來成爲法國政府的基本類型。因此，可以說，菲立普·奧古斯都是現代法國的重要奠基人。

在菲立普·奧古斯都之子路易八世（一二二三～一二二六年在位）短暫統治時期，法國南部的異種說使他以反對宗教異端的名義進行干預，幾乎把整個法國都納入國王直接統治之下。對於這片新獲得的地區，法國國王大部分是按照菲立普確定的原則進行統治。其後的國王路易九世[48]（一二二六～一二七〇年在位）是一位對宗教極爲虔誠者，以致後來得到教會的冊封，他也常常被稱爲聖路易。除對猶太人和異教徒極不寬容外，路易堪稱國王之典範。他治國強硬、公正，在全國實行統一的幣制，進一步完備了法國的司法制度，使法國進入一個長治久安的全盛時期。聖路易深得臣民的愛戴，在他死後許多年間，法國君主制仍受惠於他的威望。

然而，這種威望幾乎被聖路易的孫子菲立普四世（一二八五～一三一四年）揮霍殆盡。菲立普四世有「美男子」之稱，但卻殘酷無情。他在即位後當即發動了多次戰爭，意在收復法國西南部和東北部地區，並實現對法國教會的完全控制，而不是與羅馬教皇分享這種權利。只是這些活動都是需要籌集錢款，因而迫使菲立普加快中央集權化的進程。因而，在他統治時期，就像同時期愛德華一世在英格蘭的統治那樣，許多新的行政管理機構迅速形成，中世紀時期法國政府的發展接近完成。

在其統治期間，菲立普也召集了與英格蘭議會大致相當的議會——後來被稱爲「全國三級會議」[49]，只是這些機構在法國行政體系中從未能占據核心位置。不過，英俊的菲立普所進行的冒險活動大都取得勝利。尤其是，如下文所示，他反而將教皇變成法國的一個傀儡。與同一時期英格蘭的情況相似，雖然在他死後，法國也應出現過一股反對君主制的逆流；但菲立普四世統治時期的法國無疑是歐洲最強大的國家[50]。除在十六世紀有過一次中斷外，這種狀況一直維持到十九世紀。

雖然法國和英國經歷了類似的君主制中央集權化和國家建設的歷程，但兩國也有一些值得強調的基本區別；正是由於這些區別，構成其後幾百年間兩國發展過程中典型的不同。英國雖然面積比法國小，但統一程度卻要高得多。除了蘇格蘭和威爾斯外，英國各地區之間並無太大的語言或傳統區別，沒有一個地區自視爲獨立的不同實體。與此相連，沒有一位貴族可以憑藉地區性不滿情緒達到分離的目的。這就意味著英國從未眞正面臨內部分裂的威脅，因而可以形成統一民族政府的強大機構，諸如議會。這還意味著，英國國王不必付報酬就可利用衆多的地方縉紳，尤其是騎士，承擔地方政府的許多工作。固然，英國的一個明顯有利之處是地方政府開支不大，但這一體系潛在的涵義是政府也必須深得人心，不然種種志願性工作就會無人承擔，從而陷入停滯狀態。毋庸置疑，這就是英國國王必須爲自己的種種行動尋找正式認同的主要原因。而且不這樣做，他們幾乎就不能統治，明智之君由此吸取了教訓；隨著時間的推移，英國非常明顯地變成一個有限君主制國家。與此大大不同，法國國王統轄的是一個更富裕、面積更廣的國度，這樣他們就擁有——至少在和平時期——充足的財富，去維持中央和地方兩個層次更具官僚性質與領取薪俸的行政管理機構。因而，法國國王可以實行較專制的統治。然而，他們一直面臨地方分離主義的嚴重威脅。不同的地區依然珍視自身的傳統，往往與上層貴族結盟支持分離心傾向。這樣一來，法國國王往往不得不花費大量精力與地方分離企圖進行爭鬥，同時採取各種措施制服貴族。直到一七〇〇年前後，法國國王仍不得不經常與地區主義進行爭鬥，然而他們資財充足，可以一再地取得勝利，從而使法國變得越來越強大。

在十九世紀德國崛起之前，歐洲大陸唯一可與法國抗衡的國家就是西班牙。

在中世紀全盛期，西班牙強盛的根基也在於民族君主制的原則。不過在中世紀，仍沒有任何一個君主制國家能夠把伊比利亞半島大部分地區置於自己管轄之下。在大約一一〇〇年，基督徒開始擊退穆斯林的勢力之後，伊比利亞半島出現了四個西班牙基督教王國：北部山地小國那瓦爾，它的影響一直無足輕重；西部的葡萄牙；東北方的亞拉岡；以及中心地區的卡斯蒂爾。中世紀全盛期，西班牙人主要忙於「收復失地」，也就是爲基督教收復整個半島的事務。這一運動在一二一二年達到頂點，該年亞拉岡－卡斯蒂爾聯軍在托洛薩的拉斯納瓦斯大敗穆斯林，穆斯林殘餘勢力也大都被消滅。到了十三世紀末葉，原先穆斯林控制的地區只剩下位於半島最南端的小國格拉納達了。格拉納達之所以得以存在下去，在很大程度上是因爲它願意向基督徒納貢。卡斯蒂爾疆域最遼闊，是迄至那時西班牙最大的王國，但在財富方面，只有城市化程度較高、商業較發達的亞拉岡可與之抗衡。兩個王國在十三世紀都形成大致與法國相當的機構。但在十五世紀，亞拉岡和卡斯蒂爾在斐迪南國王和伊薩貝拉女王領導下合併之前，伊比利亞各國就個別而言，均無法像法國那樣強大、富庶和人口衆多。

在結束本章之前，我們最好對中世紀全盛期西歐民族君主制興起的普遍意義做一番評估。在它們產生之前，歐洲有兩種基本的政治類型：城市國家和帝國。城市國家的有利之處在於能充分依靠民衆的參與和忠誠，因而能夠高效地利用人力潛能；但是它們往往因經濟競爭而分裂，同時面積不夠大、軍事力量不夠強，無法抵禦帝國力量的入侵。另一方面，帝國可以贏得戰爭的勝利，往往擁有足夠的財力建立一種高效的管理機構；但它們很少能吸引人民志願參與，同時地域過大、過於貪婪，無法贏得臣民的衷心擁護。新興的民族君主制被證明是上述兩極的「最佳折衷」。它們面積不小，足以擁有適當的軍事力量，同時，它們形成一套最終會超過羅馬帝國或拜占庭帝國的行政管理技術。不僅如此，它們起初建立在封建主義基礎上，在面臨帝國必定崩潰的緊要形勢時，能夠贏得民衆的足夠參與和忠誠，從而度過難關。到一三〇〇年前後，英格蘭、法國和伊比利半島的君主制都贏得臣民的首要忠誠，這種忠誠取代了對社會團體、地區或教會機構的支持。由於上述種種原因，它們把國內和平和安定帶到從前沒有什麼安定的歐洲大片地區，因而，它們對使生活富有成果居功至偉。此外，中世紀的民族君主制是現代民族國家——今天最有效率、最平等的政治形式——的先祖。總之，它們是中世紀留給現代的最有益的遺產。

第十四章

中世紀全盛期：宗教和知識的發展

The High Middle Ages(1050-1300): Religious and Intellectual Developments

你將會看到男男女女趕著馬車穿越沼澤……奇蹟每日每日都在發生，人們歡天喜地地唱著讚美上帝的歌……你會說預言已經實現，「時來運轉」。

——托里尼隱修院院長羅伯特一一四五年，
在沙特爾大教堂奠基典祀上的講話

西元一〇五〇至一三〇〇年，西方在宗教和知識領域發生的變化，與經濟、社會和政治領域發生的變化一樣重要。在宗教領域，這一時期出現最重要的組織發展，當屬教皇領導制度的勝利。在十一世紀中葉之前，有些教皇就已聲稱，他在教會內部擁有至高無上的地位，但實際上，卻沒有任何一位教皇能在這方面取得勝利。確實，大約在一〇五〇年之前，就連羅馬主教也幾乎不能實行強有力的統治；但突然，極富戲劇性地，教皇一躍成爲西方基督教世界的最高宗教領袖。他們集聚教會的管理，進而向皇帝和君主的支配地位提出挑戰，並且發起十字軍東征。到了一三〇〇年，教皇統治制度暫時成功的結果卻給自己帶來報應，但在教會事務內部之中，教皇仍然有其主導地位，持續直至今日依然如此，統治著羅馬天主教會。

教皇執掌大權，爲基督教本身注入一股新的活力，致使它激發起人們前所未有的想像力。與此同時，知識和文化生活也出現令人驚奇的復興。因爲在西方，教育、思想和藝術領域，就像在經濟和政治領域那樣，在一〇五〇年之前也處於停滯狀態。不過，一〇五〇年之後，西方迅速從這種落後狀態中脫穎而出，一躍成爲全球知識和藝術的領先者。西方人無不誇耀地說，學術和藝術已經由埃及、希臘，以及羅馬往西北方向移到他們那裡——這在很大程度上是名副其實的。在中世紀全盛期，開始歐洲人先是建構在古代知識成就的基礎上，繼而在知識和藝術方面也有創新，因而做出自己的貢獻。

教皇統治制度的鞏固

中世紀全盛期西歐宗教復興的淵源在哪裡呢？如想要了解這一點，就有必要對西歐宗教在十和十一世紀初到底衰落到什麼程度有所了解。大約在八〇〇年，查理曼大帝曾採取某些措施提高主教的宗教權威[1]，把教區制度引入從前幾乎不曾見過任何教士的鄉村地區，並讓教士學會識字。不過，這些大膽的嘗試未能取得長久的成果。因爲隨著加洛林帝國的瓦解，歐洲大部分地區所呈現的地方分權導致宗教權力分散，隨之而來的是教會的腐敗。多數教堂和修道院成爲當地強大領主的私有財產，這些領主對他們控制的教職擁有隨意處置的權利，因此，往往把它們出售或贈送給自己的子侄，或者是部屬。這樣做顯然不是尋找最能勝任教士候選人的最佳途徑，造成出現許多十分不能勝任自己工作的教士，他們幾乎全都目不識丁，有的甚至還與情婦公然同居。雖然後來大主教和主教重新掌握教士的任命權，但原有狀況並未有很太大的改善，因爲這些高級教士通常是世俗貴族的近親，他們同樣是利用控制教士的任命，來爲自己謀得經濟上的好處，或者光宗耀祖，與世俗貴族無異。而羅馬教皇本身更是羅馬或是其附近地區名門望族的子孫或傀儡[2]，他們往往是無能力者或道德敗壞者。此外，有些教皇還淫蕩成性，約翰十二世可謂其中最變本加厲的一位。九五五年，他依靠家族的強大勢力當選爲教皇，時年十八歲。他在九年的教皇職位上，淫蕩無度，這是我們可肯定的。不能肯定的是他的死因：一種說法是，他與情婦在床上被妒火中燒的丈夫當場抓獲，隨即被殺死；另一種說法是，他因縱欲過度，體力衰竭而死於性愛過程中。

蠻族入侵在十世紀時達到頂點，一旦從這種巨大的壓力中掙脫出來，人們自然而然就會對無處不在的宗教腐敗現象，以及缺乏宗教熱情的環境有所反應。主教們被自己的日常瑣事限制住而無法自拔，因此，就連大主教和主教們大都不能與當時的政治事務擺脫關係，使得他們無力改變現狀。最早獲得成功的一批改革措施，乃是在修道院中產生的，這是因爲修道院獨立性稍微大一些，較能贏得世俗貴族對改革的支持[3]。因爲這些世俗貴族擔心，如果修士們不能執行正常的宣道（如祈禱）職司，他們自身靈魂的健康就會受到影響。九一〇年，一位虔誠的貴族[4]在勃艮第建立了克魯尼修道院，從而揭開修道院改革的序幕。克魯尼修道院本屬本篤派，但它進行兩項重大改革。其一，該修院直接臣屬於教皇，不再受地方世俗權力或教會權力的控制。其二，對修道院進行改革，或者建立許多「分院」：所有本篤派修道院原來都是各自獨立和平等的，現在克魯尼隱修院建立了一個修道院「家族」，其成員均從屬於它。由於相繼出任的修道院院長都是一些極其虔誠、活躍和長壽的教士，因而克魯尼修道院團體迅速壯大，到一〇四九年已經有六十七個修道分院。所有這些修道院都遴選服從克魯尼修道院院長旨意的虔誠教士爲院長，這些人不再唯地方權貴是從。與此相應，各克魯尼修道院的修士都以勤於履行祈禱之職而著稱。而且，克魯尼修道院只是此類新興教團中最著名的一個。在一〇〇〇年前後，其他類似修道院也迅速壯大，把經過改革的修道院成功地變成宗教活動和祈禱極重要的中心。

約在十二世紀中葉，許許多多修道院脫離世俗權力的控制之後，修道院宗教改革運動的領導人開始施加壓力，以對教階制度也進行改革。他們集中抨擊買賣教職行爲，還要求各層教士都要實行獨身。他們的目的是爲了剝奪世俗權力在主教、修道院院長和教士任命方面的支配，同時，使教士集團盡可能「純潔」，並與世俗集團有別。一旦教皇執行這一改革計畫，它就開始改變整個教會的面貌。

總而言之，改革者們對世俗勢力的干預是深惡痛絕的。但令人覺得諷刺的是，這派改革者卻是在一位日耳曼皇帝的插手下，才首次執掌教皇大權，這位皇帝就是亨利三世。一〇四六年，亨利三世來到義大利，他廢黜了三位義大利籍[5]與他爲敵的教皇候選人，而任命一位聽從他的日耳曼改革派教士爲教皇。亨利三世的這一舉止產生了一批推行改革的教皇，這些教皇開始頒布敕令禁止買賣聖職、教士結婚，以及教會內部各式各樣的不道德和行爲。此外，這些教皇還堅持自己作爲首席主教和無所不在的精神領袖地位，使自己的行動具有權威。他們所採取最重要的手段之一，就是於一〇五九年頒布了一項有關教皇選舉事務的敕令[6]。該敕令規定，只有樞機主教（亦譯爲紅衣主教）才有資格提名教皇候選人，從而消除了羅馬貴族或日耳曼皇帝插手此事的機會。此後，教皇選舉得以享有相對的獨立性。由於把選舉教皇的權利授予樞機主教，該敕令也就成爲教會內部某一特別機構發展的里程碑。自十世紀以來，在羅馬或羅馬附近的主教教區，其樞機主教的主教和教士作爲教皇的顧問和行政助手一直享有重要地位，但一〇五九年的教皇選舉敕令首次賦予這些人們最明確的權利。此後，「樞機主教團」擔負起越來越多的管理職司，並協助授予教皇政策的連續性，尤其是在當時教皇像走馬燈似地更換之際。到了今天，教皇仍由樞機主教遴選而出。

在格列哥里七世出任教皇期間（一〇七三～一〇八五年），教會改革運動進入一個極爲重要的新時期。學者們對格列哥里七世在多大程度上受惠於其前任們的教會改革思想，在多大程度與他們意見相左，依然衆說不一。答案似乎在於，格列哥里和其他教皇一樣非常支持改革運動，實際上，他也確實明白恢復了前任禁止買賣聖職和不准教士結婚的敕令。不過，他不僅更熱衷於推行這些敕令——他的一位同時代人甚至把他稱爲「神聖的撒旦」，而且，還引出教會在人類生活中作用本質上全新的概念。然而，較古老的基督教觀念是退隱，完美的「基督的鬥士」往往只是做消極被動沉思，或是當個獨身的修士；但與此不同的是，格列哥里七世把基督教觀念解釋爲較積極的行爲主義者，認爲教士要負起創建「世間正當秩序」的責任。且爲了達到這一目的，他要求教士絕對服從教皇，並竭力保持貞潔：他在教會中的一些對手抱怨他希望教士要像天使一樣生活。同樣重要的是，他認爲君主和皇帝均爲他的下屬，地位比他要低一等，因此要服從並執行他的命令，協助他改革世界，並向世界宣講福音。格列哥里七世承認，世俗君主在純世俗性事務上享有最高權力，並認爲他們可以持續其直接統治，並對非宗教性的事務能自行決定，但他要求他們必須承認教皇享有最終裁決權[7]。換言之，與僅僅追求精神權力和世俗權力二元性的不同，格列哥里七世更希望在世俗、精神兩個領域都建立教皇君臨統治制度。因此，當他聽到有人說他的思想新奇而不合舊制時，他和他的繼承人們便會回答：「主未說『我是慣例』，而說『我是眞理』。」由於在他之前沒有一位教皇講過這樣的話，因而我們可以接受現代一位歷史學家對格列哥里的評語：「鮮有同道的偉大革新者。」

作爲一位教皇，格列哥里的實際作法無疑會引起一場革命。他從一即位就毅然決定頒布一項敕令，反對「俗人授職權」，即由世俗統治者象徵性地授予教士聖職標誌的作法。日耳曼皇帝亨利四世必然反對格列哥里七世的作法，因爲這種儀式長期以來一直是他對教士擁有任命權和控制權的象徵：沒有這些權利，他自己的權威就會大大受到削弱。因此，隨之發生的是雙方圍繞著授職權問題所進行的爭執，因而被稱爲「授職權之爭」，但問題的核心在於教皇與皇帝誰該服從誰、誰的力量更大。由於亨利四世漠視格列哥里的命令，並反對他所指派的主教時，更大的爭論馬上就出現了[8]。像之前的幾屆教皇都可能會以靈活的方法來解決這一抗命不從的問題，但格列哥里則不然。他十分迅速地採取空前的斷然措施，宣布革除亨利四世的教籍，暫停他作爲世俗統治者的所有權力。聽聞此事，人們無不感到震驚。在九五五至一〇五七年之間，日耳曼皇帝共廢黜了五名教皇，在二十五名教皇中共提出十二名；現在一個教皇竟然對此事提出挑戰，革除一位皇帝的教籍！如前一章所示，在一〇七七年，爲了避免被教皇開除教籍而失去政權，亨利四世在教皇面前失去了尊嚴，卑躬曲膝表示屈服：他的這一舉動更令那時代的人吃驚。從那之後，亨利四世也重新獲得一些支持和同情的勢力，並與教皇展開一場激烈的言詞之戰，而在名副其實的戰場上，這位皇帝則可以迫使支持教皇的軍隊處於守勢。一〇八五年，格列哥里看來已經失敗，他最後鬱鬱而終。但是，格列哥里的繼承人繼續與亨利四世，以及後來亨利四世的兒子亨利五世，進行爭鬥。

這場曠日持久、異常激烈的授職權之爭，直到一一二二年沃姆斯[9]（日耳曼的一個城市）協議簽訂後方告結束。根據這一妥協方案，在皇帝方面：日耳曼皇帝不能舉行授職權中的宗教部分儀式，即授予權杖和權利，因爲皇帝被認爲是世俗的君主[10]。這種解決方法最終代表一個事實，即這一鬥爭損毀了皇帝的威信，提高教皇的聲望。此外，這一戲劇性的爭鬥促使西方神職人員團結在教皇周圍，並引起所有旁觀者的注意。正如那時代的人所言，「就連女人的紡紗間和藝匠的作坊裡」，人們談論的也只有這些事情。這就意味著，過去對宗教問題很不感興趣或把它們置之度外的人們，現在越來越關心此問題，並捲入這些問題了。

格列哥里七世的繼承者和十二世紀的大多數教皇一樣，都全心全力爲建立教皇統治制度而努力。不過，他們卻不像格列哥里七世那樣激烈，同時更加注意的是教會的日常管理。他們顯然意識到，如果沒有一個爲自己的主張提供保障的行政機構可資利用，那麼，對於建立教皇統治制度就無從談起。為此他們大大加強了教會立法和管理工作。因此，在教皇的主持下，教會法規基本上形成了。教會法規聲稱教會不僅是與教士有關的判例擁有裁判權，而且也包括與結婚、繼承、寡婦和孤兒問題等各種相關判例，都享有司法審判權。據說，這些判例大都出自主教法庭，但教皇聲稱，只有他們才能根據嚴格的律條頒布教規；同時，教皇主持的樞機主教宗教法規——由教皇和樞機主教組成——應是終訴法庭。隨著教皇權力和教會威信的提高，教會法庭經辦和向羅馬申訴的案例迅速增加；十二世紀中葉以後，由於法律知識對履行教皇職權是十分重要的，因而多數教皇都是訓練有素的教會律師，而在過去，他們通常是些修道士。與教會法規的發展一致，保存檔案和徵收稅賦的行政管理機關也相應發展起來。在這一百年間，教皇統治制度發展成一種比當時大多數世俗政府先進得多的官僚機構。這一官僚機構使教會變得更富有、更有效率，同時也更強大。最後，教皇重申他們在教會內的權力，方法是對主教遴選加以更嚴密的控制，以及在羅馬召開宗教會議頒布教規，並顯示其領導權。

在整個中世紀全盛期，被世人公認為最有才幹，並且獲得最大成就的教皇，乃是英諾森三世（一一九八～一二一六年在位）。英諾森三十七歲時出任教皇，是有史以來上升到如此高位最年輕有為的教皇之一[11]。他曾受過有系統的神學訓練，鑽研過教會法。他的主要目標是把所有基督教徒都團結在教皇領導權之下，實現格列哥里七世狂熱追求的「世間正當秩序」。他從未對國王和諸侯在塵俗擁有的直接統治權提出過疑問，但他認為一旦他們有「罪」，他就可以進行干預並予以懲罰，這就為教皇干預世俗事務大開門戶。除此之外，他自認為是各個領域的最高統治者。借用他自己的話就是：「正如所有人在耶穌面前都要卑躬曲膝……因而每一個人都應服從耶穌的代理人（即教皇）。」

英諾森三世企圖利用各種不同的方法來達到自己的目的。為了使教皇能夠像法國國王擁有法蘭西島那樣，獲得一個堅固的地域性權力基地，他試圖在羅馬城周圍的各教皇領地實行強有力的統治，並盡可能鞏固這些地區，從而實行有效和嚴格的管理。正因為這一點，他經常被視為教皇國的真正締造者。但是，由於一些城市社會皆執意要維持自己的獨立性，因而英諾森從未能像法國國王控制法蘭西島那樣徹底地控制義大利各教皇領地。不過，在其他事項上，他獲得完全的勝利。他過分獨斷地介入日耳曼帝國的政治，終以使自己的候選人登上皇帝寶座，成為霍亨斯陶芬家族的腓特烈二世。在法蘭西方面，他以婚姻方面的不道德行為[12]為由，懲罰法國國王菲立普．奧古斯都，並迫使英格蘭國王約翰認可他不怎麼喜歡的候選人為坎特伯里大主教。為了證明自己至高無上，也為了獲得收益，他迫使約翰同意把英格蘭獻給羅馬教廷作為采邑[13]，並以類似方式獲得對亞拉岡、西西里和匈牙利的最高領主權。當法國南部受到阿爾比派異端（下文將專門論述這一宗派）蔓延的威脅時，這位教皇以強而有力的手段掀起十字軍運動，試圖以武力根除這一異端[14]。此外，他開了向教士徵收稅賦的先例，藉此為針對聖地的十字軍東征籌資。英諾森取得最大的一項宗教成就就是，於一二一五年在羅馬召開第四屆拉特郎大公會議。這一會議確定了基督教信仰的核心信條，同時，明確地顯現出教皇在基督教內的至尊地位。此時，英諾森三世顯然可以不受羈絆地懲罰國王和治理整個教會。

英諾森三世在位時期無疑是教皇統治制度的極盛時期，但卻也埋下了某些毀滅的種子。英諾森本人可以在無損教皇一職的精神尊嚴情況下治理教皇國，並尋找到新的收入來源；但是，後來沿襲他政策的幾位教皇缺乏那樣的天資，因而顯得更像一些平庸的貪婪統治者。此外，由於教皇國與西西里王國接壤，英諾森的後繼者很快就與該王國的統治者發生衝突，而這位統治者不是旁人，正是受英諾森保護的腓特烈二世。雖然英諾森曾提攜過腓特烈二世，但他絕未想到腓特烈二世竟成為教皇勢力在義大利的一位凶狠敵人。

一開始時，這些問題並未完全顯現出來。十三世紀的教皇們仍然在擴大自己的勢力，與對教會實行集權管理上做努力。他們逐漸重申教皇擁有任命高級和低級教職候選人的權利，堅持對巴黎大學授課的課程和教義加以控制。但他們被捲入一場令他們筋疲力竭的政治鬥爭，終致喪失自己的世俗權。這場鬥爭因教皇們試圖消滅腓特烈二世而發端。在某種程度上，他們是在自衛，因為腓特烈威脅到他們在義大利中部的統治。然而，他們在與腓特烈的爭鬥時，濫用了自己的精神武器（指開除教籍）。他們不只是革除腓特烈的教籍，並廢黜其帝位，而且發動了一場針對他的十字軍征討——這是首次為了赤裸裸的政治目的而發動大規模的十字軍征討。

一二五〇年腓特烈二世去世後，相繼在位的每位教皇依然重提並堅持對腓特烈二世的所有繼承人要進行十字軍征討，他們稱之為「一窩蛇」，從而犯下更嚴重的錯誤。他們不遺餘力地籌措資金，並要求法國王室的幼子即安茹的查理出軍，以完成這一征討。安茹的查理雖答應這一要求，但他幫助教皇純粹是出於私利，即為自己贏得西西里王國。一二六八年，查理打敗腓特烈二世的最後一位男性繼承人，如願奪取西西里。然而，他課徵重稅，使西西里人忍無可忍，在一二八二年揭竿而起進行反抗，並把王冠交給腓烈特二世的孫女婿——亞拉岡國王，此事被稱為「西西里晚禱事件」[15]。與此相關聯，亞拉岡國王登上義大利舞臺，差點就把腓特烈的整個王國據為己有。為避免出現這一局面，安茹的查理和當時在位的教皇力勸法國國王——當時在位的是菲立普三世（一二七〇～一二八五年在位）——出兵征討亞拉岡國王。這次征討遭到慘敗，菲立普三世也在征討中死去。有鑑於上述情況，菲立普三世的兒子菲立普四世痛下決心，改變法國傳統的親教皇政策。此時法國已經十分強大，上述政策具有致命性影響。不僅如此，由於濫用十字軍這一手段，與為了要進行征討而徵集越來越多的錢財，教皇的威信喪失許多。直到進入下一世紀，這一鬧劇才收場。

在教皇卜尼法斯八世（一二九四～一三〇三年在位）在位時期，教皇的世俗權幾乎喪失殆盡。卜尼法斯八世面臨的許多麻煩與他個人並無關係。他遇到的最大障礙，是由於王權不斷增大和教皇的威信下降，臣民們對民族君主政治的忠誠比對教皇更大。另外，卜尼法斯時運不濟，因為他承襲的是一位雖然無能卻特別虔誠，而且在位不足一年即退位的教皇之位。由於卜尼法斯完全缺乏前任有的虔誠或謙恭，因此在鮮明的對照下，造成許多基督教觀察家都反對他。一些人甚至堅稱——這不符合事實——卜尼法斯八世說服其前任退位，並在不久之後暗殺了他。此外，卜尼法斯八世理政過於武斷，並在一三〇〇年於羅馬主持了第一次教皇「大赦年」。此舉的目的顯然在於炫耀教皇的權勢，但後來發生的事實證明，這徒有其名。

卜尼法斯八世與英格蘭國王和法國國王的兩次爭執毀了自己。第一次爭執與英諾森三世首創的向教士徵收稅金的問題有關。雖然英諾森三世本人是以為十字軍運動籌措資金為借口來徵收此稅，並如願以償，但在十三世紀期間，英格蘭和法國國王也開始以用籌到的稅款幫助教皇在日後對聖地進行征討，或資助教皇征討霍亨斯陶芬王朝為藉口，向教士徵稅。隨後，在該世紀末，英格蘭和法國國王開始向教士徵收自用的戰爭稅時，根本就不要什麼藉口。卜尼法斯知道後，試圖阻止這一舉措，不過他很快就發現，英格蘭和法國教士對他不予支持[16]。因而，當這些國王表示反抗時，卜尼法斯八世不得不表示讓步。

第二次爭執是在卜尼法斯八世與法國國王單方面之間進行[17]。具體說來，這事起於他與菲立普四世決定判處一位法國主教叛國罪有關。恰如更早時期格列哥里七世與日耳曼皇帝亨利四世之間的鬥爭那樣，這一爭執的實質問題在於，教皇與世俗勢力誰的權力更大。不過，與上次結果相反，這次教皇遭到慘敗。與以前一樣，雙方大肆攻訐，但現在教皇的話沒有什麼人在聽。反過來，國王召開三級會議荒謬地指控教皇是異端，並派手下逮捕教皇進行審判。一三〇三年，年已七旬的教皇在其住地亞那尼被抓，受到虐待，最後被當地居民釋放。這些事件耗盡這位老人的力量，因此在一個月後即去世了。此後不久就有人說，卜尼法斯八世登上教皇御座時像個狐狸，在位時像頭獅子，去世時像條狗。

卜尼法斯八世去世後，在十四世紀大部分時間，教皇實際上淪爲法國世俗權威的走卒。但是，中世紀全盛期教皇統治制度的出現和成功，在這時期的發展中產生一些有益的影響。首先，教皇對教會實行的國際性統治促進國際交往和宗教習慣的整齊劃一。其次，教皇宣傳培植教會法對人們日趨尊重各種法律不無裨益，同時，往往對保護無助的臣民諸如寡婦和孤兒等發揮促進作用。此外，教皇設法消除買賣聖職行爲，在某種制度上提高教士的道德風。通過把教士任命權集中在自己手中，教皇就使在地方上無有力親屬但有才幹的候選人更易獲得出人頭地的機會。當然，教皇統治中也存在著腐敗，但在固步自封的地方主義時代，教皇制這一國際力量的勝利主要是有益的。最後，在下文我們將會看到，教皇統治制度的發展對大衆化宗教活力的增長，以及學術的復興，都有促進的作用。

十字軍運動

十字軍運動【18】的興衰，與中世紀全盛期教皇統治制度的命運密不可分。第一次十字軍東征是由教皇發起的，它的成功就是教皇統治制度在早期的一次偉大勝利；但是後來十字軍運動的衰落，卻是侵蝕教皇世俗權基礎的一個促進因素。因而，我們可以把十字軍歸入有關教皇和宗教史的一章予以敘述。此外，十字軍開創了西方殖民主義史的第一篇章。

第一次十字軍東征的直接原因，乃是一〇九五年拜占庭皇帝亞利克塞・康尼努斯的求援呼籲。亞利克塞希望奪回新近落入塞爾柱土耳其人之手原屬拜占庭的地區【19】。由於他早就習慣利用西方雇傭軍爲輔助部隊，因而他請求教皇幫助他獲得西方的一些軍事支持。不過，這位皇帝很快就發現，這無疑大大出乎他的預料，他獲得的不僅是簡單的軍事援助，而是一場「聖戰」，一場全面東征。換言之，西方派遣到西亞作戰的不是一批雇傭軍，取而代之以的是一支人數衆多的志願軍，目的是要從穆斯林手中奪回耶路撒冷。由於把亞利克塞請求援助的呼籲化爲聖戰決定的是教皇，因而考察一下後者的動機是大有必要的。

一〇九五年時在位的教皇是烏爾朋二世，他是教皇格列哥里七世極爲稱職的門生。他發動第一次十字軍東征，無疑是想藉此進一步推行格列哥里七世的政策。烏爾朋二世對基督教戰爭本身的資助就是格列哥里式的。早期基督教具有和平主義特徵：例如，四世紀時，令人尊敬的基督教聖徒聖馬丁在認識到「我是基督的鬥士；我不能打仗」之後，便放棄軍職。拉丁神父聖奧古斯丁和聖格列哥里則爲基督教戰爭提供了理論根據，但只是在十一世紀，隨著格列哥里教皇宗教改革運動的勝利，聖奧古斯丁和聖格列哥里的這些理論才被付諸實行。甚至在他當選教皇前，還策劃促使教皇支持諾曼人征服英格蘭；他或者受他影響的各位教皇爲基督徒在西班牙針對穆斯林、在義大利針對希臘人、在日耳曼東部針對斯拉夫人的戰役而祝福。在格列哥里七世及其追隨者看來，這些戰役都是爲了實現「世間正當秩序」所採取的必要措施。

烏爾朋二世承繼格列哥里七世的事業，他或許把針對聖地的大規模十字軍東征視爲一種至少可達到四個目的的手段。首先，他希望使希臘東正教重新回歸羅馬天主教麾下【20】。烏爾朋派這樣一支龐大的志願軍到東方，可能是想展現西方的強大，以此震懾住拜占庭人，從而使他們重新承認羅馬的至高無上地位。如果他在這方面如願以償，他就在實現格列哥里所建立的教皇統治制度的綱領上建立殊勳。烏爾朋二世的第二個動機，是陷教皇最大的敵人日耳曼皇帝於困境之中。

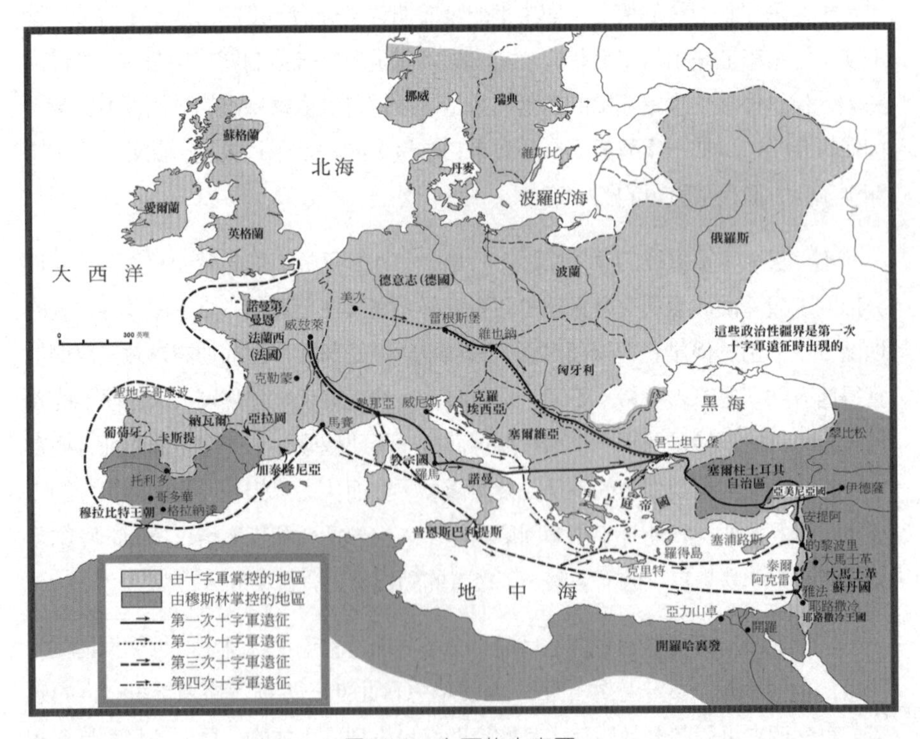

圖14-1　主要的十字軍

一〇九五年，由於亨利四世在軍事上力量過於強大，使烏爾朋二世被迫由義大利逃避到法國。烏爾朋二世發動一場除日耳曼人之外所有西方人皆可參加的聲勢浩大的十字軍征討，可能是希望藉此表明這位日耳曼皇帝是位心胸狹窄、不信奉基督教的虐待狂，並向世人證明他完全有能力成爲西方的精神領袖。第三，烏爾朋把這樣一支大軍派往國外，對實現內部和平不無裨益。在此之前，法國當地教會就支持一個禁止襲擊非戰鬥人員（「主的和平」）、隨後也禁止在某些聖日進行戰鬥（「主的休戰」）的「和平運動」。就在烏爾朋二世發起第一次十字軍東征前夕，他首次表示完全支持「和平運動」，並把這一運動發揚光大。十字軍顯然與人們的和平要求相關【21】：實際上，烏爾朋告訴那些難以駕馭的好戰分子，如果他們眞的想打仗，那麼，就到海外爲了基督教事業充滿榮耀地戰鬥吧。最後，攻占耶路撒冷本身可能眞正是令烏爾朋二世心動之事。耶路撒冷被認爲是地球的中心，是基督教中最神聖的聖壇。因此，基督徒到那兒朝聖不應該受到阻礙，同時他們應直接統轄這一城市，這看來是絕對正當的。「世間正當秩序」指的不折不扣就是這一點。

一〇九五年，烏爾朋二世在法國克來蒙城於教務會議上，發出進行十字軍東征的號召，結果引起強烈回響，其熱烈程度可能超出烏爾朋的想像。許多人打斷他的講話自發地喊道：「天主所願」，會後不久，許多法蘭克武士就迫不急待地奔赴東方【22】。經過一陣宣傳，加入十字軍大軍的人數可能有十萬人，在當時這是個龐大的數字。這樣一來就產生一個問題：烏爾朋的呼籲何以能夠取得如此大的成就呢？經濟和政治原因肯定發揮了作用。因爲參加十字軍的人大多較貧窮，他們大都來自到一〇九五年人口顯然已經過剩的地區：這些十字軍戰士可能希望自己能夠在東方過得比在其過分擁擠的故鄉更好的生活。與此類似，一些貴族領主也感受到政治日趨穩定、長子繼承權（遺產限於長子繼承）日漸形成慣例的壓力。在此之前，長子之外的子嗣們尙可寄望參加地方性戰爭爲自己謀得財富，或至少可繼承到一小塊地產，但現在他們的兄弟姊妹更多，也更加長壽了，同時私戰也不再會經常發生，更何況只有長子才有權承繼父產。顯然，前往東方比留在故土更有吸引力。

然而，人們參加第一次十字軍東征的最主要動機，顯然在於宗教方面。沒有一個人純粹是爲了謀利而參加東征，因爲誰也無法料到能否獲得新土地。實際上，稍微理智地想一下就能預測到，東征最好的結局是一場無利可圖的旅行，此外更有可能的是喪生在穆斯林之手。不過，這一旅行對基督徒的心靈具有慰藉作用。因爲幾百年來最普遍的苦行就是到聖地朝聖，其中到耶路撒冷朝聖被認爲是最神聖、最靈驗的苦行方式。顯然，基督徒參加東征的最大精神報償是武裝朝聖耶路撒冷，以為基督教奪回最神聖的聖地。烏爾朋二世在克來蒙允諾，參加十字軍者可以免除教會規定的告解、悔改、贖罪事（功），從而把這一點明確確認了。此後不久，一些鼓吹東征的教士走得更遠，甚而未經烏爾朋二世的授權，即允諾給所有參加十字軍者一種叫作全免罪罰的報償。他們允諾，所有十字軍戰士們在來世完全不會受到煉獄的懲罰；如果他們在東征途中死亡，其靈魂將直接升入天堂。全免罪罰確實是一項異乎尋常的贈禮，人們為此蜂擁前往參加東征。隨著他們聚集在一起，傳教士進一步煽動起一種近乎群眾性歇斯底里症的宗教狂熱。這些人確信，他們是被挑選專門來淨化這個不信奉基督教世界的人。由此產生一個可怕的後果，未待他們動身前往東方，他們就迫不及待地殺戮在歐洲的猶太人，掀起西方反猶的第一次劇烈浪潮。

由於力量過於懸殊，第一次十字軍東征取得徹底的成功。一〇九八年，十字軍戰士攻占安提阿，一併占領敘利亞大部分地區；一〇九九年，他們攻占耶路撒冷。他們之所以能夠取得成功，主要是因為其對手穆斯林這時正處於內部四分五裂狀態中，同時，相貌奇異、行為粗俗、極其殘暴的西方人令穆斯林猝不及防。占領聖地的十字軍戰士從一開始，一舉一動就與帝國主義者無異。一旦征服了新的地區，他們馬上就宣稱自己在這裡的所有權，並把其征服地分為四個不同的王國[23]。此外，他們還為其暴行得意忘形，因此在占領安提阿後，他們把抓獲的土耳其人全都殺死，而不是留作俘虜。同樣，在征服耶路撒冷後，他們忽視基督本人的和平主義信條，殘酷地屠殺該城所有的穆斯林居民。一些十字軍戰士在聯名寫給家人的信中竟然這樣自誇：「在所羅門的柱廊和神殿，我們的人在薩拉森人的血泊中穿行，鮮血沒及馬膝。」既然耶路撒冷被攻占了，十字軍任務便完成，因而有些十字軍的成員便返回家園，那些留在聖地的十字軍戰士也逐漸變得較開化和寬容，但仍有許多從西方蜂擁而至的新武裝朝聖者依然舉止粗暴。此外，就連在那兒定居下來的十字軍戰士，也未能完全與當地居民融合在一起，而一直是伊斯蘭世界心臟地帶中一獨立、剝削性的外來勢力。

因為基督教國家僅僅包括敘利亞和巴勒斯坦沿海地區人口稀少的窄長殖民地，因而穆斯林收復失地，就只是時間問題而已。到了一一四四年，最北端的一個公國首先陷落[24]。此次是由法國國王和日耳曼皇帝[25]率領基督教戰士進行第二次東征，他們試圖奪回損失，但東征軍內部分裂嚴重，未能取得任何勝利。此後不久，一一八七年，埃及蘇丹薩拉丁收復耶路撒冷，把這一地區的伊斯蘭教土地與埃及北非的土地連接在一起。一支西方力量再次前來收復失地：這就是第三次十字軍東征，領導人是日耳曼皇帝腓特烈一世（巴巴羅沙）、法國國王菲立普·奧古斯都、英格蘭國王「獅心」理查。然而，這樣一個豪華陣容也未能取得勝利，這主要是因爲幾位領導人之間紛爭不已。英諾森三世出任教皇後，他的主要願望便是收復耶路撒冷。爲此他發起了第四次十字軍東征[26]，但從統一的基督教世界而論，這是一個史無前例的災難。教皇無法控制東征的方向，結果一二〇四年十字軍不是往聖地進攻，卻轉而攻下信奉東正教的君士坦丁堡。正如前文所述，這一舉動最後損毀了拜占庭帝國，爲鄂圖曼土耳其人打開通往東歐的大門。一二一五年，英諾森召開第四屆拉特郎宗教會議，其部分目的就在於爲下一次更直接處在教皇支配下的東征做準備。第五次十字軍東征自海上進攻埃及，試圖直搗穆斯林的心臟地區；行動一開始曾充滿希望，但最終也失敗了。只有日耳曼皇帝腓特烈二世領導的第六次十字軍東征（一二二八～一二二九年）取得成功，但這並不是靠軍事獲得勝利的。其因在於腓特烈通曉阿拉伯語，能夠自如地與埃及蘇丹交談；他沒有進行交戰，而是以靈活的外交手段與埃及蘇丹達成一項協議：耶路撒冷和通往這裡的一條狹窄通道歸還給基督徒。就這樣，戰場上得不到，在談判桌上得到了。但是基督徒無法保有自己的成果，一二四四年，耶路撒冷再度失守。此後，直到一九一七年之前，西方人再也未能占有這一地區。現在，基督教「國家」只剩下巴勒斯坦阿卡城周圍的一小片孤零零地區。

就在腓特烈二世爲耶路撒冷進行談判之際，他被教皇革除教籍；因而，在他進入耶路撒冷後，不得不爲自己在聖墓教堂加冕爲耶路撒冷國王。這足以證明，教皇到此時更關心的是在歐洲實現自己的政治目的，而不是收復聖地。第一次十字軍東征的勝利，大大提高教皇統治制度的威信和力量，但隨後幾次東征的失敗，越來越令人們對教皇把西方力量凝聚起來從事一項偉大事業的能力表示懷疑。一二〇八年，英諾森三世發動針對阿爾比教派的征討開創了一個極關鍵的先例——即基督徒參加歐洲境內的神聖戰爭，可以獲得與參加路途遙遠得多、更爲危險的十字軍東征一樣的精神報償。然而，征討阿爾比派運動並未損毀教皇的宗教形象，因爲阿爾比派信徒（下文將具體介紹該教派）明顯對教會構成威脅。不過，一旦教皇發起反對腓特烈二世及其繼承人的運動，那就是爲了政治利益完全犧牲聖戰理想。

就在那時，十字軍運動的衰落與教皇制的衰落極爲緊密地交織在一起。在反對腓特烈二世及其繼承人，與後來反對亞拉岡國王的運動中，教皇把迄今只正式授給參加征討穆斯林的十字軍戰士全免罪罰，擴大授予參加這些新運動的人。更有害的是，那些在這些運動中凡提供的款項足以武裝一名聖戰戰士的人，同樣可以獲得這種全免罪罰，這就導致這種特赦泛濫成災，意義大為降低。至一二九一年，基督教在聖地的最後幾個據點，由於得不到西方的任何幫助而陷落了，此時教皇正為挽救其對亞拉岡征討的失敗而努力。一三〇〇年，教皇卜尼法斯八世頒布大赦令，給予所有到羅馬朝聖的人全免罪罰，這就等於默認，此後基督徒朝聖的主要目的地是永恆之城羅馬而不是聖地。由於種種原因，卜尼法斯八世在三年後失去了權力；其中一個原因肯定在於，教皇的威望因濫用十字軍策略和十字軍運動的失敗，而受到了無法彌補的損害。

如果說，十字軍理想促成教皇統治制度的形成，那麼，這也是它毀滅的一個促進因素。除此之外，十字軍運動具有什麼實際意義呢？從有利的方面講，第一次十字軍東征幾乎令人難以置信的成功，大大增強了中世紀西方人的自信心。幾百年來，面對伊斯蘭勢力的進攻，西方一直處於守勢；現在一支西方軍隊可以長驅直入伊斯蘭勢力的心臟地帶，輕而易舉就獲得自己垂涎已久的東西。這一戲劇性的勝利，對十二世紀成為一個異常具有生機和樂觀的朝代產生促進作用。對西方基督徒而言，似乎上帝就站在他們這邊，因為他們可以取得他們希望得到的任何成就。此外，十字軍運動擴大西方人的眼界。雖然，到達聖地的西方人沒有幾位肯下工夫學習阿拉伯語，或從來自伊斯蘭世界的制度或思想中汲取利益（基督徒和穆斯林之間最富成果的交流，發生在西班牙和西西里），但長途跋涉穿越異域土地的十字軍戰士還是會受到某些影響。無疑，十字軍東征促使西方人對他們迄至那時一無所知的奢侈品產生興趣，並為文學和傳說提供了衆多的題材。

從經濟角度來看，第一次十字軍東征的成功為西方貿易打開東地中海的大門。其中，以義大利城市威尼斯和熱內亞受益尤多，它們開始在該地區貿易中居主導地位，從而促進整個西方的繁榮。此外，遠距離貿易因攜帶金錢之不便，促使人們在銀行技巧方面進行初期嘗試。就政治而言，為了資助十字軍而首開先例向教士徵稅，這不僅很快轉而令西方各君主獲益，而且促進各種形式的國家稅收發展。不僅如此，透過籌措資金和建立物質供應，把整個國家組織起來以保障帝王的東征，這種舉動對方興未艾的民族國家有效的行政機構發展，是一重要的刺激，所以說，它增加王權的鞏固和中產階級的力量。

但是，十字軍東征不僅有其有利的一面，還有其不利的一面。因為十字軍戰士的野蠻行徑——在歐洲境內屠殺猶太人，在國外屠殺穆斯林——難辭其咎。如前文第十二章所示，十字軍東征大大加劇西方與拜占庭帝國關係惡化的程度，更是拜占庭帝國滅亡的一個重要原因，促成由此而來的種種災難性後果。而且，西方在聖地的殖民制度僅僅是西方一直持續到現代的漫長殖民史開端。

宗教活力的大爆發

如果西方人缺乏宗教熱情，那麼第一次十字軍東征絕不會取得成功，這種熱情的高漲本身就是一個最令人矚目的發展。如果時間提早五十年來進行第一次東征，是否會有許多人挺身響應，是很值得懷疑的。但是，十一世紀的教會改革運動和格列哥里七世出任教皇，使各地區的人們對宗教重新產生了興趣。此後，整個中世紀全盛期的一個特徵就是具有非比尋常的宗教活力。

教會改革者和格列哥里七世的宗教活動為兩個刺激歐洲宗教復甦的原因。首先，淨化教會運動實際上取得很大的成功：現在俗人更尊重教士，同時越來越多人受到吸引加入教士行列。據可靠估計，一〇六六至一二〇〇年間，英格蘭人加入修會的人數增加了十倍，這還不算教士的增長數。另一個原因就是格列哥里七世的活動尤其有助於宗教的復甦，因為格列哥里七世明確地號召俗人幫助訓戒修士，他在一些非常具有煽動性的信件中譴責了「私通教士」的罪過（此處實際上指的是結婚的教士），敦促俗人把這些人趕下聖壇，或者抵制他們的服務。毫不奇怪，這在歐洲許多地區掀起一場非常類似警戒運動的運動。這種刺激連同下述事實，即教皇與亨利四世的鬥爭，實際上是歐洲普遍關注的第一個重大事件【27】，此事件大大增強人們的宗教情感。在一〇五〇年左右之前，西歐人大多是名義上的基督徒，但他們缺乏宗教熱情，很少參加教會活動；在格列哥里七世之後，基督教才真正開始指導人們的生活。

這種新的虔誠最明顯的標誌，就是十二世紀西多會運動【28】的蔓延。到了大約一一〇〇年，各種形式的本篤修道會看來都無法完全滿足追求神聖的人的要求，這些人尋求嚴格的苦行主義，尤其是熱切的「內省」——不懈地進行自我考察，並苦思冥想以了解上帝。結果一些能夠充分表達隱修理想的新修會應運而生。其中之一個就是卡都西修會，該會修士要住在單獨的隱居木屋中，守齋不食肉，每週禁食三日，只吃麵包、水和鹽。卡都西會無意吸引眾多門徒，因而一直人數不多。但西多會的情況與此截然不同。西多會創立於一一〇〇年左右，本意按照本篤會的原則，以最純潔、最嚴格的方式行事。為了避免像克魯尼派教士那樣受到世俗事物的誘惑，他們盡可能在遠離文明的林地和荒地建立新的隱修院。他們對其教堂不做任何不必要的裝飾，不使用引人注目的器物，放棄了克魯尼派強調複雜禮儀的作法，贊成更多地沉思和進行個人祈禱，同時大量承擔繁重的體力勞動。在具有超凡魅力的克萊沃的聖伯爾納領導下，西多會有了巨大發展。聖伯爾納（一〇九〇～一一五三年）是一位令聽眾著迷的傳道士，他是一位出類拔萃的作家，也是他所在時代的歐洲最具有影響的宗教人物【29】。一一一五年，歐洲只有五座西多會隱修院，但到一一五三年聖伯爾納去世時，有不下三百四十三座西多會隱修院。這種增長不僅意味著更多人成爲隱修士——舊有的修會並未消失，而且許多虔誠的俗人捐納錢財和土地供養新的隱修院。

隨著越來越多的人進入或資助新修道院，宗教信仰和宗教獻身的本質在發生變化。這方面的例證很多，其中一個是由崇拜聖徒，轉而強調崇拜耶穌和敬重聖母馬利亞。舊的本篤會修院鼓勵人們尊崇他們所收藏的當地聖徒的遺物（聖跡），以吸引人們朝聖和捐納。但是，克魯尼派修會和西多會都是集權化的教團，他們規定在他們的所有修道院都只能有一個神聖的保護人：分別是聖彼得（以紀念教皇制的奠基人）和聖母馬利亞。由於這些修道院中沒有什麼聖跡（據認爲聖母馬利亞被全身帶入天堂，因而根本未留下有形的聖跡），因而他們不再強調對聖跡的崇拜，取而代之的是著重於舉行聖餐禮。當然，聖餐典儀一直是基督教信仰的重要組成部分，只是在十二世紀，它才眞正成爲基督教信仰的核心部分，因爲只是在那時，神學家才完全制定出聖餐變體論教義。根據這一教義，教士在做彌撒時，會與上帝配合完成一項奇蹟，即把聖壇上的麵包和酒變化或「變體化」爲基督的肉體和血。在十二世紀，由於人們極其看重聖餐，因而開始首次的高舉聖體【30】作法，讓所有會衆都能看到它。這一新的聖餐神學大大提高教士的尊嚴，也鼓勵虔信者默禱耶穌在十字架上所受的苦難。結果許多人產生一種同基督的強烈認同感，並試圖以不同的方式模仿基督的生活。

在十二世紀，幾乎僅次於重新開始對基督的崇拜，乃是對聖母馬利亞的尊崇。這一發展更是史無前例，因爲在此之前，在西方教會中，聖母並沒有受到尊重。到底由於什麼原因，聖母馬利亞突然受到人們如此強烈的尊崇，尙不爲人完全知曉；但不論其具體原因如何，有一點是毋庸置疑的：十二世紀時，聖母在西歐各地普遍都受了尊崇。西多會修士把她作爲其主保的聖徒，聖伯爾納不斷傳授她的生平和美德，而實際上，這一時期所有宏偉的新教堂都是供奉她的：這方面的例子有巴黎聖母院，以及沙特爾、蘭斯、亞眠、魯昂、里昂，及其他地區的「聖母院」。從神學上講，馬利亞的作用是充當其子耶穌拯救人類靈魂的代理主教。據認爲馬利亞是萬物之母，她無窮無盡地施予恩惠，甚至敦促拯救罪人，只要他們有愛心並能在最終悔罪即可。有許許多多的故事廣爲流傳：看似爲上帝所屛棄的人由於尊崇馬利亞、由於馬利亞在他們去世時爲他們講情，而獲得救贖。

這種新的崇拜具有多種重要意義。在基督教中，一位婦女第一次被賦予一種中心地位，並受到頂禮膜拜。此時神學家們都依然教導說，罪惡是經由婦女進入世界，不過，他們現在也向人們解釋說，如何在聖母馬利亞的幫助下征服罪惡，藉以調和前述的說法。此外，這種對馬利亞的強調，使婦女有了一位可以認同的宗教人物，從而加強她們自己篤信的宗教虔誠。第三個成果是，那描繪馬利亞的藝術家和作家得以專心在描寫女性和人類溫情及家庭生活的景象。這對於整個藝術和文學風格的柔婉輕鬆有很大的幫助。但最重要的或許是，馬利亞崇拜的興起與十二世紀普遍產生的充滿希望和樂觀情緒有密切的關係。

十二世紀的巨大宗教激情時常超出教會允許的範圍。在格列哥里七世時，號召俗人幫助懲戒基督教教士後，俗人的熱情就變得難以控制了。隨著十二世紀的進展，和教皇統治制度專注於自身的法律和財政管理，一些世俗人士開始擔心，一度極為振奮人心的教會是否已偏離其理想的目標。另一個分歧在於，日益強調教士的神奇力量，則會更加容易抑制俗人在宗教中的作用，使他們處於在精神上低人一等的境地。就這樣，在十二世紀下半葉，首度出現大規模的世俗異端運動[31]席捲整個西歐地區。十二世紀的兩個主要異端是阿爾比派[32]和華爾多派。前者在義大利和法國南部力量最強大，是東方善惡二元論的翻版。就像在他們之前的祆教那樣，阿爾比派認為，所有的事物都是由惡本原創造的，因而人類應完全克制自己而進行苦行。這一說教與基督教教義大相徑庭，不過，絕大多數阿爾比派信徒都認為自己是基督徒；他們之所以被戴上異端的帽子，是因為他們向不夠虔誠的天主教教士權威提出挑戰，並為俗人熾熱的宗教情感提供了發洩的管道。十二世紀更具典型意義的宗教異端是華爾多派[33]，該派起源於法國的里昂市，隨後傳播到法國南部、義大利北部和日耳曼許多地區。華爾多派信徒是在希望完全像基督和使徒那樣生活的俗人，因而他們翻譯並研究各福音書，投身於貧困和宣道的生活。由於最早的華爾多派分子並沒有對任何天主教教義採取攻擊，因而教會神職統治體系一開始並未對他們加以干預。但不久教會神職統治體系就發現，他們過於獨立，難以管理；同時，他們甘於貧困的生活，與世俗的教士所過的奢華生活形成鮮明對比，令人難堪。因此教皇宣布，未經授權他們不得進行傳教活動；當他們拒絕服從時，就指責他們為異端。這樣一來，華爾多派變得更加激進了，並開始另立教會，堅持認為這是獲得救贖的唯一途徑。

一一九八年，英諾森三世出任教皇時，面臨異端日益發展的極嚴重挑戰。對教會的未來而言，英諾森的反應具有命運攸關的決定意義。簡單說來，他從同一點出發做出兩種反應：一方面，他決定鏟除所有不服從教皇權威的人；另一方面，他則決定庇護任何服從教皇權威的理想主義宗教團體。這樣就可以在不損害教會內部所有富有活力的宗教靈性情況下，維護教皇統治制度。英諾森三世不僅發起一場征討阿爾比派的十字軍運動，而且鼓勵透過司法程序來懲處異端，包括使用宗教「裁判所」等殘酷手段。一二五二年，教皇首次准許在宗教裁判所審判中使用拷打的方法逼供；同時，火刑則成爲懲處不服從教皇者的最流行方式。在英諾森本人生前，無論是十字軍征討，還是在宗法裁判所的審判，都無法完全根除阿爾比派異端，但由於長期使用這類措施，在十三世紀中葉之後，這一異端確實被火和劍摧毀了。與阿爾比派相似，華爾多派分子也遭到圍堵，人數大大減少，不過，仍有零零星星的華爾多派集團一直設法存在到現代。

在英諾森的計畫中，另一方面就是正式宣布新的宗教信條，提高教士和教階制度的特殊地位。因而在一二一五年的第四次拉特郎大公會議上，他再次重申下述信條：由教會管理的聖事是求得上帝恩典必不可少的途徑，沒有這些聖事，任何人都不可能得到救贖。拉特郎大公會議強調兩項聖事：聖餐和悔罪。該宗教會議正式闡述了聖餐變體論，同時要所有天主教徒都須向教士懺悔，而且每年至少領受一次聖餐；這一要求至今仍然實行著。宗教會議還頒布了其他神學定義和懲戒措施，它們既用於反對異端，也用於維護教士的獨特尊崇地位。

如上文所述，英諾森三世政策的另一點是支持教會內部服從教皇的理想宗教團體。這些團體中最重要的是新的托缽修士會——道明會和方濟各會。托缽修會與隱修士的相似之處是遵從同樣的會規，但兩者在實際行動上卻大相逕庭。尤其是托缽修士會並未由社會退隱到修道院中。他們聲稱基督和使徒最初採納的生活方式是最神聖的生活方式，因而漫行於鄉野，尤其是城鎮，宣講教義並提供精神指導。此外，他們立志要過貧困的生活，靠乞食爲生。在這些方面，他們與華爾多派異端相似，但托缽修士宣布無條件地服從教皇，並試圖與異端進行爭鬥。

道明會由聖道明我[34]創立，一二一六年獲教皇英諾森三世的批准[35]；該會特別致力於與異端做爭鬥，並花了很多精力皈化猶太人和穆斯林。道明會在一開始就希望透過宣道和公開辯論來實現上述目的，因而它以知識爲取向。因此，該會的不少成員在歐洲剛剛誕生的大學中謀得教職，並在哲學和神學發展方面做了不少貢獻[36]。十三世紀最有影響的思想家聖湯姆斯·阿奎那（約一二二五～一二七四年）就是一位道明會修士，他最重要的神學著作之一就是爲了皈化「異教徒」（即所有非基督教徒）而撰寫的。道明會修士一直以學問淵博著稱，但他們還逐漸意識到，控制頑固的異端分子最好的辦法是採取法律程序。因而，他們成了中世紀宗教裁判所的主要實施者。

就起源而論，方濟各會與道明會迥然不同，它不須以承擔那麼多教條和戒律爲特徵，而更多以熾熱的情感獨樹一幟。如果說，聖道明我及其追隨者是被允許得以傳教的許可聖職教士，那麼方濟各會的創始人——義大利人阿西西的聖方濟各（一一八二～一二二六年）則是一位俗人，其行事一開始時非常像是位社會反叛者和異端分子。聖方濟各是一位富商的兒子，他對其父親物質至上的價值觀心存不滿，決心成爲窮人的僕從。他放棄自己的所有財產，在大庭廣衆之下脫下自己的衣服，轉而穿上乞丐的破舊衣服；他未經正式批准就在城市廣場上宣講救贖教義，並在義大利各城市較陰暗的角落裡，爲流浪漢行使牧師職責。他嚴謹地仿效基督的生活，除尊重聖餐這一聖事外，對其他教義、形式和禮儀均不熱心。不過，他確實想獲得教皇的支持。因此，在一二一〇年的某一天，他率領一幫衣衫襤褸的人出現在羅馬，請求教皇英諾森三世同意他們宣講福音箴言輯錄的幾則簡明「教規」。對於方濟各，換上別的教皇，可能就會把他作爲一位不可救藥的宗教搗亂分子，而將其拒之門外。但方濟各全心全意地願意完全服從於教皇權威之下，使英諾森三世批准了方濟各的會規，並准許他進行傳教活動。在教皇的支持下，方濟各會傳播開來；雖然它逐漸變得較「開化」，並承認行政穩定和對其所有成員進行教理養成具有重要意義，但它依然專門從事重振宗教熱忱和發展新教徒的戶外布道，並在正統的框架之內提供了「使徒生活」的典範。因而英諾森三世設法駕馭這一重要的新生力量，以促進在教會內部維持一種宗教熱情。

直到十三世紀末，方濟各會和道明會修士都與教皇統治制度建立了相互支持的關係，進行密切的合作。教皇幫助托缽修士在歐洲各地扎根，同時還讓他們代行教區牧師的職司。與此相呼應，托缽修士一方則與異端進行爭鬥，積極進行傳教活動，幫助教皇宣傳神聖戰爭，或者爲教皇承擔某些特別的使命。尤爲重要的是，托缽修士透過自己爲榜樣和他們有力的傳教活動，在整個十三世紀協助維持人們的宗教熱情。

毋庸置疑，一〇五〇至一三〇〇年這整個時期是一個偉大的「信仰的時代」，這一信仰的成果是既觸手可及又難以確定。下面我們將考察其觸手可及的成果——神學、文學、藝術和建築領域的成果。雖然這些有形的成果很重要，但無形的難以確定成果同樣非常重要。在基督教爲中世紀全盛期的人深深感受到之前，幾乎沒有任何理想能激勵芸芸衆生，而且在一〇五〇年之前的基督教，並沒有太多實際意義。當人們開始更嚴肅地對待基督教時，基督教就成爲一種動力，促使人從事各式各樣的繁重工作。正如前一章所述，一〇五〇年之後，歐洲人的食物有了實際改善，現在我們已看到，他們在精神上也過得更好了。由於有了更多的物質和精神養分，他們在人類活動的各方面都獲得重大成就。

中世紀全盛期知識的復興

中世紀全盛期主要的知識成就表現在四個相關而又不同的類型：初級教育和掃盲的普及、大學的產生和發展、古典知識和伊斯蘭知識的傳入，以及西方人在思想領域取得的實際進步。這四方面其中任何一項成就，都足以使中世紀全盛期在西方學術史上占有顯著的位置；這四項成就的統合，就開創了西方在知識文化上層主導地位的時代，而此成為現代的一個界標。

西元八〇〇年左右，查理曼大帝下令，每一個主教轄區和修道院都應該興辦初級學校。雖然這一命令是否完全執行尚屬疑問，但在加洛林王朝統治時期肯定興建了許多學校。不過，後來維京人的入侵危及這些學校的繼續存在。在一些隱修院和教區總教堂所在的城鎮，初級教育勉強維持下去，但在一〇五〇年之前，初級教育發展的程度和品質仍然處於相當低的水準。然而，此後，與在人類活動的其他領域進入全面發展時期一樣，教育方面也呈現蓬勃發展的局面。就連親身經歷這種變化的人，也為學校在歐洲普及的速度感到震驚。法國的一位修士在一一一五年寫道：一〇七五年前後，他在成長之時，「教師是極為罕見的，在鄉村幾乎一個也沒有，在城鎮裡也少之又少」；但在他成人之後，「眾多學校如雨後春筍般出現」，學習語法「蔚然成風」。與此類似，一份佛蘭德編年史中提到，在一一二〇年前後，人們異常地學習修辭學，並進行實踐的新熱潮。顯然，經濟的復甦、城鎮的發展和強有力政府的出現，使歐洲人得以前所未有地致力於基礎教育。

中世紀全盛期教育的勃興不只是表現在學校數目的增多，因為學校的性質也發生變化，同時隨著時間的進展，課程表和上學人員也發生變化。第一個變化，是在十二世紀的修道院培育非修士的作法。在此之前，由於當時別無其他學校教人們讀書識字，因而修道院也收修道院修士之外一些有特權的人進院學習。但到了十二世紀，出現非常多足以替代的學校。歐洲教育的主要中心變成位於逐漸成長主教座堂的城鎮中主教座堂學校。而在教皇統治制度下，對這一發展予以強有力的支持[37]，他在一一七九年下令所有主座教堂都應撥出一部分收入，用來供養一位學校教師，這樣這位教師就可以免費指導所有希望上學的人（不論窮人或富人）學習。教皇認為，這一措施可以擴大訓練有素的教士和潛在的管理人員，事實也確實如此。

主教座堂學校在一開始幾乎完全只對教士進行基礎培養，其課程設置只是為了讓學生具備基本的讀寫能力，能認識教會禱告文即可[38]。但在一一〇〇年之後，學校的課程範圍增廣了，因爲教會和世俗政府的發展相應地需要越來越多訓練有素的不僅僅會讀祈禱文的官員。法律再次得到重視，使得改進初級教育的品質與培養未來的律師變得迫不及待。更重要的是，課程表中包括熟練掌握拉丁文法並能運用拉丁文，其方法往往是學習某些古羅馬經典著作，諸如西塞羅和維吉爾的作品。因而使這些著作重新燃起人們的興趣，並使人們試圖模仿他們的風格寫作，就導致一些學者把這些現象稱爲「十二世紀的文藝復興」。

直到大約在一二〇〇年左右之前，城鎭學校裡的學生仍以教士爲主。就連那些希望成爲律師或管理人員者也發現擔任聖職是有好處的。但在一二〇〇年之後，更多不屬於教士階層且根本不想成爲教士的學生進入學校。有些學生皆來自上層家庭，他們開始把識文斷字視爲地位的一個標誌；其他學生則是未來的公證人（即起草官方文件的人），或是需要有一定識文斷字能力並（或）掌握計算技能以便經商的商人。一般說來，後一類人不會上主教座堂學校，而是進入傳授實用技能的學校。在整個十三世紀期間，這類學校如雨後春筍般發展起來，並完全不受教會的控制。因此，進入這些學校的不僅學生是俗人，任教的教師往往也是俗人。隨著時間的推移，教學不再像之前那樣一直使用拉丁文，反而轉用歐洲各地方言。

世俗教育的崛起是西歐歷史上一個極具重要性的發展，這樣說有兩個互相關聯的原因：其一，在近一千年間，教會第一次失去對教育的壟斷地位。學術以及由此產生的學術態度現在變得更加世俗了，同時隨著時間的推移，這種趨勢越來越明顯。世俗人士不僅可以對教士進行評論和批評，而且還可以完全按照世俗的方法進行研究。西方文化最後變成更加不受教會控制，最不受與教會相關聯的傳統主義控制的一種文化。其二，世俗學校數目的增長，連同培育世俗人士的教會學校的發展，使得世俗人士中能識文斷字的人數大爲增加：到一三四〇年，佛羅倫斯大致有百分之四十的人口能識文斷字；到稍晚的十五世紀，英格蘭總人口中也大約有百分之四十能識文斷字。（這些數字包括女性，她們通常是在家中由支薪的家庭教師，或家庭中的男性成員教會識字的，而不是學校。）想想在到一〇五〇年左右，幾乎只有教士才能夠識字，識字人數只占西歐人口的百分之一，因此，我們完全可以說這是發生了一場令人矚目的革命。如果沒有這場革命，歐洲的許多其他成就也是不可能取得的。

大學的產生同樣是中世紀全盛期教育繁榮的另一部分。就起源而論，大學是提供一般主教座堂學校無法提供的對高深研究進行指導的機構。這些高深研究包括高級的文科七藝，和對法律、醫學和神學的專門研究。義大利最早的大學是波

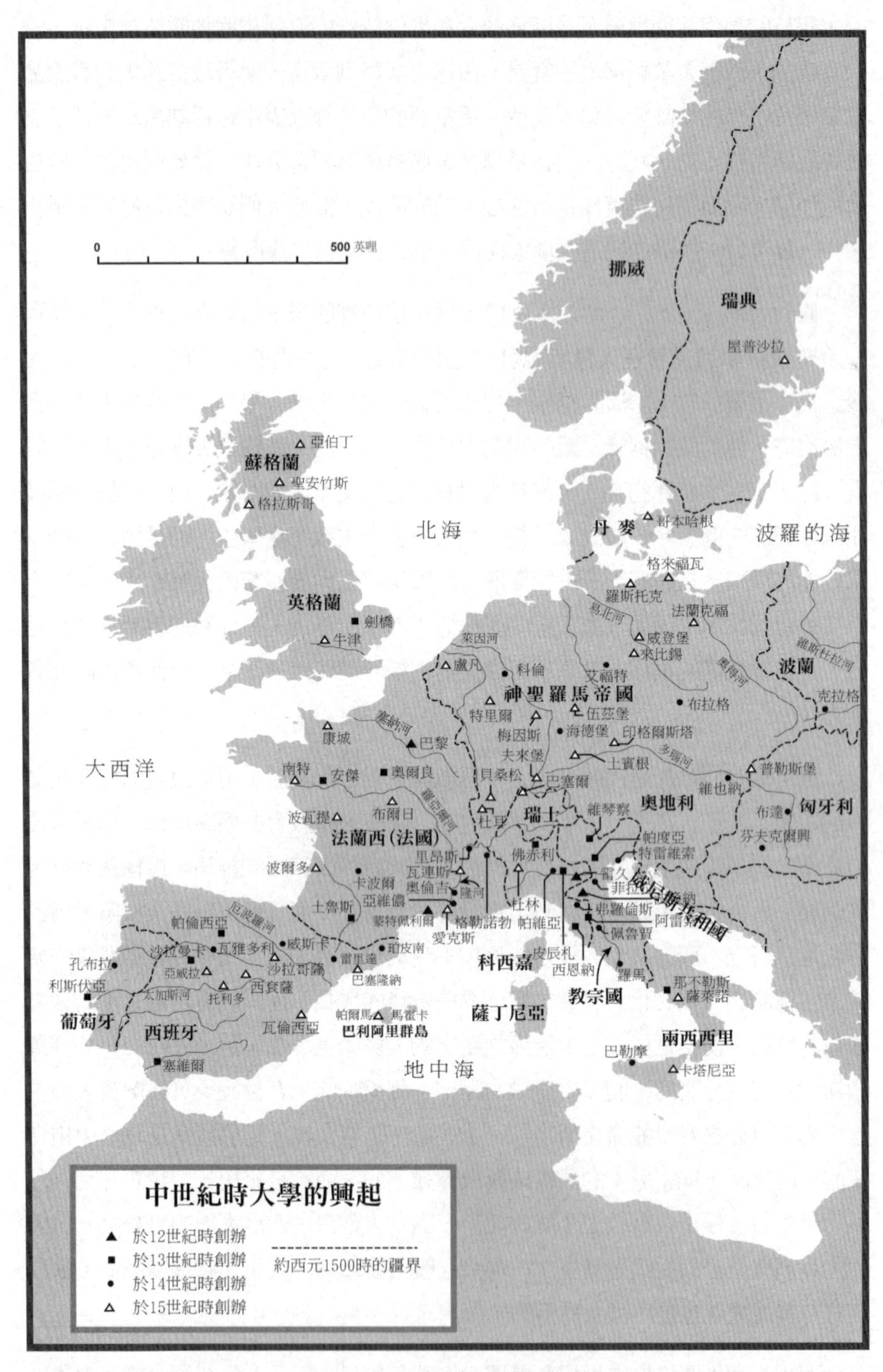

圖14-2　中世紀大學的興起

隆那大學，它在十二世紀期間脫胎成形。雖然波隆那大學也傳授七藝課程，但自十二世紀開始到中世紀結束，它一直成爲歐洲研究法律的主要中心而享有盛譽。在阿爾卑斯山脈以北，最早、最著名的大學是巴黎大學【39】。與其他許多大學一樣，巴黎大學一開始只是主教座堂學校，但在十二世紀，它開始成爲北方公認的知識學術生活中心，出現這種情況的原因之一在於，學者們感受到日益強大的法國王權提供進行學術研究所需要的和平安定環境【40】。第二個原因是該地區農產品豐富，食物充裕。第三個原因是十二世紀上半葉最具魅力、最引起爭論的教師彼得·亞培拉（一〇七九～一一四二年）在此巴黎主教座堂學校任教。亞培拉是在法國士林哲學家，關於他在思想文化方面的成就，我們將在下文論述，還使得歐洲各地的學生蜂擁前來聽他講課。據當時一個荒誕不經的傳說，由於他的一個有爭議觀點，使亞培拉被禁止在法國土地上執教，因此他就爬上一棵樹，學生們圍坐在樹下聽他講課；當他被禁止從空中講課時，他就開始在船上講課，學生們聚集在兩岸聆聽他的教誨。由此可見亞培拉是多麼激動人心。由於仰慕亞培拉的聲譽，其他教師們也在巴黎大學定居下來，開始進行比其他任何一座主教座堂學校都要多變和先進的教學活動。到了一二〇〇年，巴黎大學發展成專門教授文科七藝和神學的大學。大約在這一時期，曾在巴黎大學受教的英諾森三世教皇把這所學校稱爲「爲整個世界烤製麵包的烤爐」。

應當著重強調的是，大學這種機構實際上是在中世紀發明的。當然，在古代世界就有高級學校，但它們並沒有固定的課程或有組織的教職員工，同時它們也不授予學位。起初，中世紀的大學原本並不是學者聚集之地。「大學」一詞本意是指一個聯合體或基爾特。實際上，中世紀所有大學都是教師或學生的聯合體，它們像其他基爾特那樣組織起來，用來保護自己的利益和權利。但是後來，大學一詞逐漸用來指一種擁有一所文科學校，以及一個或更多從事法律、醫學和神學等專門學科教學系院的教育機構。約在一二〇〇年之後，波隆那大學和巴黎大學被視爲大學的原型。在十三世紀期間、牛津、劍橋、蒙貝利愛、薩拉曼加、那不勒斯等著名的教學機構紛紛建立起來，並獲得正式認可。在日耳曼，則要等到十四世紀才有大學——這反映了該地區四分五裂的政治狀態。但在一三八五年，日耳曼的第一所大學在海德堡建立起來，其後許多大學很快就湧現。

中世紀歐洲的每一所大學都是以波隆那大學和巴黎大學這兩所不同類型的學校爲依準建立起來的。在義大利各地、西班牙，以及法國南部，大學通常都是以波隆那爲藍本建立的，這裡的學生們都自己構成一個委員會。他們雇用教師，支付薪俸，可以解雇怠忽職責或教學效果不佳的教師，或者予以罰款。北歐各大學則以巴黎大學爲範本，它們不是學生的基爾特，而是教師的基爾特。大學中包括四個學院——文學院、神學學院、法律學院和醫學學院，每個學院都以院長爲首。北方絕大多數大學都以文科和神學爲主要分支。在十三世紀結束之前，巴黎大學內部逐步建立起各個不同的學院。學院最初不過是捐贈給貧窮學生的住所，但後來學院成爲既是學生居住的中心，又是教學的中心。在歐洲大陸，這類學院在今天大多已不存在了，但在英格蘭，牛津大學和劍橋大學依然保留著自巴黎大學照搬過來的學院聯合組織模式。這種學院構成了各個半獨立的教育單位。

我們現代的大學組織和學位制度大都是源自中世紀的大學制度，但實際學習的科目已發生很大變化。中世紀的所有課程表都不包涵歷史或類似現今社會科學的東西。中世紀的學生在進入大學之前就要精通拉丁文文法——他們通常是在小學或「文法」學校學到這些。此外，只有男性方能進入大學。在進入大學後，大約要花四年的時間學習基本的文科技能，這就意味著要進一步鑽研拉丁文法和修辭學，並要掌握邏輯原理。如果考試通過，他就可以獲得初等的學位，即學士（bachelor of arts，現今B.A.的原型）。爲了確保自己在職業生活中獲得地位，通常他必須再多花幾年獲取更高的學位，例如文學碩士，或法律、醫學或神學博士。如想要獲得碩士學位，就必須再用三、四年學習數學、自然科學和哲學。這可以透過閱讀和評註古代經典之作（例如歐幾里德，尤其是亞里斯多德的著作）來達成。抽象分析也很受重視，但沒有實驗科學之類的課程。

不過，要獲得博士學位，則要進行更多的特殊訓練。攻讀神學博士尤爲艱苦：到中世紀末，要獲得巴黎大學神學博士學位，首先要花八年左右的時間攻讀碩士學位，此後要花十二至十三年攻讀博士課程。在這期間，學生不需要繼續住在學校裡，因而能在四十歲之前獲得神學博士學位的人可謂鳳毛麟角；實際上，法規禁止授予三十五歲以下的人博士學位。嚴格說來，有了博士學位，甚至包括醫學博士學位，所得到的只是獲得任教權利。但是，實際上，大學所有階段的學位是被看成達到成就的標準，是通往非學術職業的一個途徑。

中世紀大學的學生生活往往十分簡陋。由於一般學生要在十二到十五歲之間才開始大學學業，因而許多學生都是不成熟的少年。此外，所有大學學生都相信自己是由一個獨立和有特權的共同體所組成，與當地城市居民格格不入。由於後者想從學生身上獲得經濟上的利益，而學生自然會起而吵鬧，因此，「城鎮」和「穿長袍的大學師生」之間常常發生衝突，有時還發生激戰。不過，大學的學習生活非常緊湊。由於大學最強調權威的價值，又由於書籍十分昂貴（用手寫在珍貴的羊皮紙上裝訂而成），因而學生要死記硬背的東西非常多。隨著學生所受訓導的加深，他們往往也被要求具備在正式公開辯論中的論爭技巧。高深的辯論練習非常複雜和抽象，有時也會延續數日。與中世紀大學生相關的一個最重要事實是，在大約一二五〇年之後大學生人數眾多。巴黎大學在十三世紀時，在校學生人數達七千人，牛津大學在任何一個學年都大約有二千名學生。這就意味著在歐洲男性，除了農民和藝匠之外，有相當可觀的人接受過較高層次的教育。

在中世紀全盛時期，隨著各個層次的人受到教育的人數大大增加，學術品質也有了極大提高。這主要是由於中世紀歐洲人重新了解到希臘知識，以及藉著穆斯林使知識分子所取得的知識提升的吸引力。實際上，由於並沒有任何一位西歐人會希臘語或阿拉伯語，因而要了解運用這些語言寫成的著作只能通過拉丁文譯本。但在一一四〇年之前，此類著作的拉丁文譯本非常罕見：在十二世紀中葉之前，亞里斯多德眾多的著作中，只有少數的邏輯論文才有拉丁文譯本。但在十二世紀中葉，突然湧出一波翻譯的熱潮，大量著作被譯過來，西歐人幾乎可以了解到古希臘人和阿拉伯人的所有科學知識。這些翻譯活動發生於西班牙和西西里，因為居住在這裡的歐洲人與講阿拉伯語的人，或既懂拉丁文又懂阿拉伯文的猶太人和他們比鄰而居，彼此交往最密切，因此在翻譯過程中可以求得他們的幫助。最初的希臘著作，是由早期的阿拉伯文譯本轉譯成拉丁文的；後來有一些西方人設法學會希臘文（往往是透過到講希臘語的地區旅行的辦法），他們才由希臘原文直接翻譯不少希臘著作。結果，到了一二六〇年前後，我們現在所能見到幾乎亞里斯多德的所有著作都有了拉丁文譯本。諸如歐幾里德、伽倫和托勒密這些重要希臘科學思想家的代表作也有了拉丁文譯本。此時，只有希臘文學的劃時代著作和柏拉圖的著作尚未被譯成拉丁文，這是因為這些著作並沒有阿拉伯文譯本，它們雖有拜占庭抄本，不過難以弄到。但是，除了希臘人的思想外，西方學者也熟知所有伊斯蘭世界重要哲學家和科學家，諸如阿維森納和阿維羅伊的成就。

在掌握古希臘人和阿拉伯人的科學和思辨思想的精髓之後，西方人得以據此有所建樹，並且有了長足的進步。這種進步以不同方式顯現出來，在自然科學領域，西方人未遇到太多困難，就在外來學術的基礎上有所建樹，這是因為這些外來學術與基督教的準則沒有太多矛盾。但在哲學領域，就產生一個重大問題：如何才能將希臘和阿拉伯思想與基督教信仰徹底協調起來。十三世紀最先進的西方科學家是英格蘭人羅伯特．格羅西特斯（約一一六八～一二五三年），他不僅是位偉大的思想家，而且任職林肯主教，在公共生活中是十分活躍的。格羅西特斯十分精通希臘文，曾把亞里斯多德的《倫理學》全部翻譯出來。更重要的是，他在數學、天文學和光學方面做了非常重要的理論性貢獻[41]。他對彩虹做了複雜的科學解釋，同時指出透鏡的放大作用。格羅西特斯最出類拔萃的弟子是羅傑·培根（約一二一四～一二九四年），在今天，培根比他的老師還要出名，因爲他似乎預言了汽車和飛行機器的產生。實際上，培根對機械並不感興趣，但他確實把格羅西特斯特在光學方面的研究進一步深入下去，例如更進一步探討了透鏡的種種特性、極快的光速，以及人類視力的特性等。格羅西特斯特、培根及牛津大學的某些信徒辯稱，建立在感覺證據之上的自然知識，比建立在抽象理性之上的知識更可靠。就此而論，他們可以說是現代科學的先驅者。但是，他們仍然具有一個重要缺陷，就是他們沒有進行任何一個眞正的科學實驗。

中世紀全盛期的希臘和阿拉伯哲學與基督教信仰的碰撞，這方面的結果基本上就反映在士林哲學的產生上。關於「士林哲學」一詞，可以從不同角度進行界定，同時人們也是這樣處理的。就字面上的意思而言，士林哲學指的是在中世紀學校中遵循的教學和學術方法，這就意味著它是非常有系統化的，也是極尊重權威的。不過，士林哲學不只是一種研究方法，它也是一種世界觀。就其本身而論，它教導人類透過自然方式，即通過經驗和推理獲得的知識與天啓傳授的知識是兼容的。由於中世紀學者認爲，希臘人精於自然知識，而所有啓示都見於《聖經》之中，因而士林哲學就是使古典哲學與基督教信仰協調一致的理論和實踐。

爲士林哲學奠定基礎，但其本人並不完全是士林哲學家最重要的思想家之一，這人就是愛惹麻煩的彼得·亞培拉。亞培拉在十二世紀上半葉於巴黎及其附近地區很活躍。他可能是第一位立意以知識分子爲職業（而不只是一位在一旁教書的教士，或無意促進知識發展的教師）的西歐人。他在邏輯和哲學方面極富才能，在求學期間，就令當時的專家（這些人出任他的老師眞可謂時運不濟）相形見絀。別的人如果具有如此高的才識也許會韜光晦跡，但亞培拉不然，他在公共辯論中以公開羞辱年長於他者爲能事，因而樹敵非常衆多。令事態複雜化的是，他在一一一八年誘姦了十七歲才華橫溢的女子——埃洛伊絲，後者一直在私下聽他授課。埃洛伊絲懷有身孕後，亞培拉雖娶她爲妻，但兩人決定保守這一祕密，以免影響亞培拉的事業。然而，這激怒了埃洛伊絲的叔父，因爲他認爲亞培拉計畫遺棄他的侄女，因而他爲了家族的名譽進行報復，閹割了亞培拉，使他們永遠分離。亞培拉因而遁爲修道士，他的敵人不久就指控他爲異端[42]。在當修道士的亞培拉仍安定不下來，脾氣更糟，當他感到隱身生活並未給他帶來精神上的慰藉；在與兩個不同的隱修社團發生爭吵並斷絕關係之後，他重新去過世俗生活，在一一三二至一一四一年間一直在巴黎大學任教，這時期是他事業的頂端。但在一一四一年，他再次被指斥爲異端——這次指控者是非常有影響的聖伯爾納，並受到宗教會議的譴責。不久之後，這位受到迫害的思想家宣布棄絕信仰；一一四二年，他死於退隱處。

亞培拉在一封名為《我的苦難經歷》的信函中，談到其中的多次磨難。該書是西方自奧古斯丁的《懺悔錄》以來最早的自傳之一。捧讀該書，人們的第一感覺是它極為反常地具有現代氣息，因為作者喋喋不休地自吹自擂，看來有悖於中世紀基督徒的謙卑美德。但實際上，亞培拉敘述他的磨難並不是為了自誇。相反的，他的主要意圖是要從道德角度去解釋他如何由於「好色」而受到失去「犯罪」部分（即生殖器被閹割）的公正處罰，以及他在首次遭到譴責，出於知識的虛榮而焚毀自己的著作所受到的懲處。由於亞培拉在簡約地題為《認識自己》的倫理論文中，力促對人類的行為進行強烈的自省和分析，因而可以明確地知道，即亞培拉從未打算向人們倡導自我主義信條，反過來是十二世紀中，幾位主要試圖透過個人內省而探究人性的思想家之一。不無諷刺意義的是，這幾位思想家中，有一位就是亞培拉的敵人聖伯爾納。

亞培拉對士林哲學發展所做出的最大貢獻，表現在其《是與否》和眾多具有獨到見解的神學著作上。在《是與否》一書中，亞培拉輯錄了早期基督教教會的神父們對一百五十個神學問題的正、反兩方面說法，從而為士林哲學奠定基礎。過去人們一直認為，亞培拉這樣做的目的是為了讓權威難堪，但事實恰恰相反。因為亞培拉這樣做的真正意圖是為了開始一種仔細鑽研的過程，據此就可以看出《聖經》這一最高權威是一貫正確的，各最好的權威雖然表面上與此相悖，但實際上是一致的。後世士林哲學家按照他的研究方法研究神學：先提出根本性問題，然後把權威文獻上的答案一一列下來。亞培拉本人在《是與否》中未做出任何結論，但他在其獨創性的神學著作中，確實開始這樣做了。在這些著作中，他認為要像對待科學那樣對待神學，因此，要對其盡可能全面地進行詳細研究，並把自己極其善長的邏輯這一工具應用於神學研究之中。他甚至毫不遲疑地用邏輯這一工具分析三位一體[43]的奧祕，這使他遭到指責為過錯。因為亞培拉是最早試圖使宗教與理性協調一致的人士之一，就這一特性而論，他是士林哲學看法的先驅。

在亞培拉死後，緊接著的兩個步驟就為成熟的士林哲學的出現奠定了基礎。其中之一是亞培拉的學生義大利神學家彼得・倫巴（一一〇〇～一一六〇年），他在一一五五至一一五七年編纂《教父名言錄》。該書嚴謹地按照重要性，把所有最根本原則的神學問題都羅列出來，每個問題都從《聖經》和基督教權威中，引證出正反兩方面的答案，隨後對每一個問題發表意見。到了十三世紀，彼得・

倫巴的這部著作便成爲在其後幾個世紀的一部標準教科書。一旦大學中有了正式的神學院，所有申請神學博士學位的人都要研讀《教父名言錄》一書，並做出評論，這並不令人驚訝，神學家們在撰寫著作中也仿照其框架結構。這樣完整的士林哲學方法就孕育出來了。

如前文所述，士林哲學發展的另一個重要步驟，是約在一一四〇年之後古典哲學重新爲西方人所了解。亞培拉本人或許非常願意吸取希臘人的思想，但由於當時已經譯成拉丁文的希臘著作寥若晨星，使他無法充分做到這一點，不過，後世的神學家可以充分利用希臘人的知識，尤其是亞里斯多德的著作和阿拉伯人的註釋。到一二五〇年左右，亞里斯多德在純哲學問題上享有如日中天的權威地位，以致於人們直接用「哲學家」一詞來指代他。與此相應，十三世紀中葉的士林哲學家雖恪守彼得・倫巴的結構框構，不過在考慮純基督教神學權威之外，他們還考慮到古希臘和阿拉伯的哲學權威。因此，他們試圖透過這種方法建構了解整個宇宙的種種體系，把過去各自獨立的信仰領域和自然知識領域做出最充分的調和。

截至那時，在這種嘗試中，成績最卓著的是巴黎大學主要的士林派神學家聖湯姆斯・阿奎那（一二二五～一二七四年）。作爲道明會的一名修士，聖湯姆斯終生堅持的信仰可由推理加以維護這一原則。更重要的是，他認爲，自然知識和對上帝創世的研究都是探究神學智慧的正當途徑，因爲「自然」補充「神恩」。他這樣說的涵義是，由於上帝創造了自然界，儘管其最高眞理的最終確定只能透過《聖經》超自然的啓示才能達到，但人們可透過其措詞接近上帝。湯姆斯・阿奎那深信人類理性和人類經驗的價值，深信自己有能力把希臘哲學和基督教神學協調起來，因而是心境最安寧的聖徒。在他執教巴黎大學和其他地方的長期教學生涯中，極少爭論，而是靜靜地撰寫自己的兩部煌煌神學「大全」——《反異教徒大全》，以及和前部比起來，前者大得多的《神學大全》[44]。他希望透過這兩部著作把有關信仰的所有說法，都建立在最堅實的基礎上。

多數專家都認爲，聖湯姆斯僅差一點就實現了這一極爲雄心勃勃的目標。他的兩部恢宏的「大全」編排極爲有序，頗具思想深度，令人讚嘆不已。他在書中承認有一些「信仰的奧祕」，諸如三位一體和道成肉身等教義，並不是孤立無助的人類才智所能探究的；除此之外，對於所有神學問題，他都以哲學方法進行探討。在這一點上，聖湯姆斯非常仰賴亞里斯多德學說，並將其完全置於基督教的基本原則上，使亞里斯多德學說爲基督教教義服務，從而形成自己獨具一格的哲學和神學體系。這一體系在多大程度上有異於更早之前聖奧古斯丁的基督教思想，對此學者們意見不一。不過，有一點看來是沒有多少疑問的：聖湯姆斯·阿奎那重視人類理性，更重視人類在本世紀的生活，更重視人類參與自身救贖的能力。在他去世後不久，湯姆斯·阿奎那即被封為聖徒，因為他的思想知識成就看上去無異於奇蹟。他的思想在今天仍具有影響，因為它有助於人們恢復對理性和人類經驗的信心。從更直接的角度看，現代羅馬天主教會的哲學被認為是根據湯姆斯主義的方法、信條和原則進行傳授的。

隨著聖湯姆斯·阿奎那在十三世紀中葉取得的成就，使西方中世紀的思想此時已發展到了頂峰。西方中世紀文明的其他方面也臻於極盛，這並非偶然。因為在聖路易統治下，法國正處於最富成果的和平和進步時期。在巴黎大學正在興建過程中，一些景仰中世紀文化的人注意到了這些成就，把十三世紀稱為「最偉大的世紀」。自然，這種判斷帶有個人主觀的感情，許多人會反駁說，這一時期生活仍很艱辛，宗教正統的規定過於嚴厲，不能對這一逝去的時代極盡稱頌之能。然而，不論我們對此做出什麼判斷，匡正一些有關中世紀知識生活的錯誤印象，以此結束本部分，看來是明智的。

人們往往認為，中世紀思想家極其保守，但中紀世全盛期的最偉大思想家實際上卻都令人驚異地迅速接受新思想。作為虔誠的基督徒，他們不允許對其信仰的原則表示懷疑，但在其他方面，他們樂於接受所能得到來自希臘人和阿拉伯人的一切知識。鑑於亞里斯多德的思想強調理性，並強調自然本質上是善的、具有目的感的，與西方人過去接受的觀念大相徑庭，因而士林哲學家迅速接受亞里斯多德學說無異於一場哲學革命。另外一個錯誤的印象是，士林派思想家受到了權威的很大限制。確實，他們比我們今人更敬重權威，但像聖湯姆斯·阿奎那這樣的士林哲學家並不認為僅僅引經據典就足以解決爭論。倒不如說，權威被用來說明種種可能性，但隨後理性和經驗又將眞理顯示出來。最後，人們總是認為士林哲學的思想家是「反人本主義的」，但現代學者日趨得出相反的結論。毋庸置疑，士林哲學家認為靈魂高於肉體，來世的得救高於現世的生活。但他們也頌揚人性的尊嚴，因為他們把人性視為上帝值得稱道的創造；同時他們相信，他們自己和上帝之間是有可能建立有效的合作。此外，他們對人類理性的力量有著異乎尋常的信念，其程度可能比現今有過之而無不及。

文學、藝術和音樂的蓬勃發展

中世紀全盛時期的文學，像西方歷史上其他任何時期的文學一樣，不但是形式繁多、充滿活力，而且也給人留下深刻印象。主教座堂學校和大學中文科研究的復甦，導致產生一批傑出的拉丁文詩歌。其中最好的例證是世俗抒情詩，尤其是由一群被稱爲「歌利亞德」（放縱派吟遊詩人）的流浪詩人，在十二世紀撰寫的那些詩歌。我們並不完全清楚這些詩人何以獲得這麼一個稱號，但該詞的涵義可能是指魔鬼的追隨者。這麼說應該是比較適當的，因爲流浪詩人是一些滑稽有趣的詩人組成的，他們創作模仿禮拜儀式的諷諭作品，詼諧地戲謔「福音」。他們在詩作中歡呼四季變化之美，歌頌寬闊的大路上輕鬆愉快的生活，讚美飲酒博奕的愉悅，尤其是愛情的歡樂。創作這些歡鬧和諷刺歌曲的人大都是居無定所的學生，雖然這些人年齡較長些，但如今這些作者大都湮沒不聞。這些詩歌的重要性尤其在於它們具有強大的活力，在於它們對基督教苦行理想發出第一次明確的抗議。

除了拉丁文外，法文、英文、德文、西班牙文和義大利文等地方方言，日益普遍地成爲文學表達的媒介。起初方言文學大都以英雄史詩的形式寫成。最著名的有法國的《羅蘭之歌》[45]、古北歐的史詩和英雄傳說、日耳曼的《尼伯龍根之歌》[46]，以及西班牙的《熙德之詩》[47]。這些史詩實際上最初都創作於一〇五〇至一一五〇年之間，但有些後來才以文字形式確定下來。它們向人展示了充滿活力但非常粗魯的騎士社會情況，鮮血流成了河，頭顱被戰斧砍削而去的畫面，英勇的戰爭、榮譽和忠誠都是史詩主要的題材。婦女形象很少出現，如果出現的話，也總是處於男人從屬的地位；未婚妻要爲其未婚夫捐軀，丈夫可以隨意打妻子。在法國一部史詩中出現了一位王后試圖影響他的丈夫，卻被丈夫一拳打在鼻子上；血不停地流了下來，儘管如此，她仍然說：「多謝！如果你覺得高興，你還可以這樣做。」雖然這些文字令人作嘔，但我們不能不承認，方言史詩中的佳作非常具有樸實無華的文學力量。《羅蘭之歌》尤其如此，它雖然不夠成熟，但像一塊未經雕琢的璞玉，具有一種自然美。

與史詩相比，十二世紀法國的行吟詩人和宮廷傳奇故事的作家在主題和風格方面都有了巨大變革。這種變化幅度之大，進一步證實了中世紀全盛期的文化絕對不是保守的。這些行吟詩人是一些宮廷詩人，他們來自法國南部，用一種與法文相關被稱爲普羅旺斯語的語言進行寫作。學者們對他們創作的靈感源自何處仍有爭論，但可以肯定的是，他們開創了一個對後世所有西方文學都具有深遠意義的運動。他們的風格比史詩還要精練，並且雅緻許多[48]；他們的抒情詩是要在音樂伴奏下由人演唱的，最爲生動流暢，它們引發了浪漫的愛情這一主題。行吟詩人把婦女理想化，視之爲能夠賦予男人強烈的精神和肉體滿足的奇妙尤物。不管這些詩人感到自己多麼偉大，他們都把這些歸因於由愛情中獲得的靈感。不過他們也認爲，如果愛輕易地或者非常經常能夠得到滿足，那麼也就失去其神奇力量。因而，他們著墨更多於描寫追求愛情的過程，而不是愛的實現。

除了創作愛情抒情詩外，行吟詩人還創作了其他一些體裁的短詩。有些詩非常淫穢，詩人們在這些詩中絲毫未提及愛情，而是沉溺於肉欲之中，例如把騎馬比擬作「騎」在女人身上。另一些詩歌頌武功，還有一些詩對同時代的政治事件做出評論，個別的詩甚至用於思考宗教問題。但不論主題如何，最好的行吟詩歌總是述事巧妙而富於創意。法國南部的行吟詩人所開創的文學傳統，爲法國北部的吟游詩人和日耳曼的宮廷抒情詩人所繼承。後來，西方各種語言的後世抒情詩人把他們的許多創新進一步發揚光大。在二十世紀，諸如埃茲拉・龐德【49】這樣的「現代主義作家」，曾有意識在恢復行吟詩人的某些詩歌技巧。

十二世紀法國一個同樣重要的創新，乃是創作了篇幅更長叫作「傳奇故事」【50】的敘事詩。它們可說是現代小說目前所能確定的鼻祖：講述動人的故事，往往以刻劃人物特徵見長，主題通常是愛情和冒險——即是神奇、幻想、愛情的組合。有些傳奇故事是以古典希臘人的主題，但最著名和寫得最好的是「亞瑟王傳奇」【51】系列。這系列傳奇取材於克爾特人英雄——亞瑟王及其衆多豪俠騎士傳奇性的事蹟。創作亞瑟王傳奇的第一位偉大作家是法國北部詩人克雷蒂安・德・特魯瓦，他活躍於約一一六五至一一九〇年之間。克雷蒂安在創作和構建這種傳奇故事新型態居功甚偉，同時，他在主題和創作態度方面也有所創新。如果說，行吟詩人頌揚單相思和婚外私通，那麼，克雷蒂安・德・特魯瓦最先提出在婚姻範圍內浪漫愛情的理想。此外，他不僅描繪了人物的行爲，而且描述他們的思想和感情。

在一個世代過後，日耳曼偉大詩人沃爾夫拉姆・馮・埃申巴赫（一一七〇～一二二〇年）和哥德弗利特・馮・斯特拉斯堡把克雷蒂安的創作發揚光大。這二人被認爲是十八世紀之前用日耳曼語寫作的最偉大作家。沃爾夫拉姆的《帕西法爾》敘述的是愛情和尋找聖杯的故事，它是但丁的《神曲》之外，在中世紀全盛期最精妙、複雜、眼界最開闊的一部作品。與克雷蒂安一樣，沃爾夫拉姆也認爲，眞正的愛情只有透過婚姻才能實現，同時在《帕西法爾》中，人們可以看到主角的整個心理發展過程，這是自古希臘以來在西方文學中的第一次。哥德弗利特・馮・斯特拉斯堡的《崔斯坦》敘述了崔斯坦和伊索德之間毫無成功希望的婚外私通故事，調子較爲壓抑。實際上，這部傳奇可以認爲是現代悲劇傳奇體裁的原型。哥德弗利特是最早把個人災難作爲主題進行充分發掘，並且是指出愉悅與苦痛之間難以劃出明確界線的作家之一。在他看來，愛情就是一種渴慕的過程，苦痛和無法得到滿足是生活不可分割的一部分。與行吟詩人不同，他認爲愛情只有在死時才能完全得以實現。由於十九世紀德國作曲家理查德・華格納曾把它們改編成歌劇，因而《帕西法爾》和《崔斯坦》在今天仍然極爲出名。

就形式或內容而言，並不是中世紀全盛期的所有敘事故事都像傳奇故事那樣莊嚴、高貴。另一種與此迥然不同的新敘事形式，乃是故事詩或韻文故事。雖然韻文故事起源於伊索的道德動物寓言故事，但它很快就演變成主要用於娛樂而不是說教的短篇故事。它們往往十分粗俗，有時用非常幽默而且完全不浪漫的方式描述性關係。許多韻文故事還具有強烈的反對教權主義特徵，並且是以修士和教士爲嘲弄對象。由於韻文故事十分「不雅」。過去人們曾認爲，它們完全是爲新興城市階層的要求創作的，但現在人們幾乎肯定地認爲，它們同樣也是爲喜歡嘲弄教士的「高尚的」貴族而創作的。韻文故事的重要意義在於，它們反映了日益世俗化社會的趨向，而這點在後來經由薄伽丘和喬叟更進一步完善，成爲完整現實主義最早的表述。

在形式上與韻文故事截然不同，但同樣反映出日益世俗化傾向的是枝蔓叢生的「玫瑰傳奇」。正如其名字本身所表示的，「玫瑰傳奇」起初是部傳奇故事，具體說來，在一二三〇年前後，由溫文儒雅的法國作家洛利斯的威廉所創作[52]。但威廉未能完成這一非常華麗、浪漫的作品，而在一二七〇年左右，由另一法國人墨恩的約翰接繼完成。約翰令作品的性質有了很大的改變。他在書中插入冗長、尖銳的枝節內容，對宗教的虛僞予以譴責，並把繁衍需要作爲全書的主題。他用了很多詼諧但極其粗俗的形象和隱喻說明了，在人類繁衍過中發揮促進作用的不是愛，而是「貴婦人的本質」。在故事的高潮，主角獲得原本夢想中的女士（在書中被比擬爲玫瑰）並強姦了她。由於這一作品流傳極廣，看來有理由得出這樣的結論：那時的鑑賞力和現在一樣是多樣化的。

在中世紀文學中，最偉大的作品無疑當首推但丁的《神曲》。關於但丁・阿里蓋利（一二六五～一三二一年）的生平，我們所知不多，只知道他是佛羅倫斯一位律師的兒子，早年積極參加故鄉佛羅倫斯的政治活動。雖然他從事政治活動且是一名俗人，但他設法充分掌握當時的宗教、哲學和文學知識。他不僅通曉《聖經》和早期教父的情況，而且——這對一個俗人來講尤爲非同尋常——掌握了新近產生的士林派神學理論。此外，他對維吉爾、西塞羅、博提烏斯及其他許多古典作家非常熟悉，同時熟諳行吟詩人的詩作，和他所處時代的義大利詩歌。一三〇二年，在一場政治動亂之後，他被逐出佛羅倫斯[53]，使他不得不在流亡中度過餘生。他的代表作《神曲》就是其一生的這最後時期寫成的。

但丁的《神曲》是一部劃時代的經典作品，它是用鏗鏘有力的義大利押韻韻文寫成，描述詩人在地獄、煉獄和天堂的歷程。作品一開始，但丁敘述他如何突然發現自己處在「黑暗森林」之中，暗喻他個人在人生旅途面臨的深刻危機。他被羅馬詩人維吉爾引出這一絕望的林地，維吉爾代表著古典理性和哲學的頂峰。維吉爾引導但丁遊歷了地獄和煉獄；此外，但丁病故的情人碧翠絲代表著基督教智慧和天恩，她接替維吉爾領著但丁遊歷天堂。在遊歷過程中，但丁既遇到了歷史人物，也遇到自己的同時代人，他們都在後世獲得一席之地；但丁還從他們以及嚮導那裡了解到，他們為何會遇到不同的命運。隨著詩歌的展開，詩人本人擺脫了絕望的心境，變得聰慧起來，最終實現了自我救贖。

每一位讀者都會從這一煌煌巨著中產生各自不同感覺的驚嘆和滿足感。一些人——尤其是那些懂義大利文的人——為但丁的語言、想像力之豐富和獨出心裁拍案叫絕；一些人驚嘆於作品精妙的複雜性和詩文之整齊；一些人為書中人物和個別故事刻劃之生動所折服；還有一些人為其高超的想像力所迷住。歷史學家感到特別引人注目的是，但丁竟能用在藝術上如此完美、如此無可挑剔的方式，完整地總結中世紀最優秀的學術成果。但丁強調救贖屬於優先地位，但認為地球是為了人類的利益而存在的。他認為人類有擇善避惡的自由，並把希臘哲學認可為哲學的權威；例如，他把亞里斯多德稱為「最偉大的哲學大師」。尤其是，他所懷有的希望，以及他對人性的最終信念——對一位遭受失敗、被流放在外的人來說，這尤為醒目，最有力地表現出中世紀全盛期居主導地位的精神狀態，使但丁成為有史以來世間存在過僅有兩、三位最激動人心的樂觀派作家之一。

在建築方面，最接近與《神曲》媲美的是中世紀全盛期偉大的哥德式大教堂，因為它們也有寬闊的視野、細部結構精巧且非常對稱，以及有高聳入雲的頂端，具有一種積極向上的高貴品質。不過，在介紹哥德式建築風格之前，最好先介紹一下其中世紀全盛期哥德式建築的前身，即所謂「羅馬式建築」[54]和藝術風格。羅馬式風格起源於十世紀，不過，是因為十一和十二世紀前半期的教會改革運動，才導致許多新修道院和大教堂在當時完全形成。羅馬式風格是一種建築風格：主要是在教會建築中顯現出上帝的榮耀，具體辦法是使所有建築細部都從屬於一個統一的體系。在這方面，羅馬式建築非常嚴肅：我們可以把它視為在建築上一首不加潤飾的讚美詩。除了著重強調建築的系統性外，羅馬式風格的基本特徵是：圓形拱頂、厚實的石壁、粗大的角柱、窄小的窗戶，以及普遍使用水平線條。建築內部的簡樸單調，則因色彩鮮艷的鑲嵌畫或壁畫而有所緩解。同時，出現了基督教藝術中一個非常重要的創新——在建築內外都以雕塑作為裝飾。在此，全身的人類形象首次出現在建築物的表面。這些雕塑通常規模龐大，遠比自然的比例長，但它們具有很大的共鳴力，是人類重新對人物雕塑產生興趣的最早標誌。

整個十二、十三世紀，在歐洲各地，羅馬式風格都被哥德式風格取而代之。雖然訓練有素的藝術史家能夠看出一種風格的某些特徵，如何導致另一種風格的形成，但兩種風格實際上在外觀是迥然不同的。事實上，這兩種建築風格的區別，看上去就像史詩與傳奇故事間的區別那麼大；對於做這樣類比是非常恰當的，因爲在傳奇故事產生之際，正是哥德式風格於十二世紀中葉在法國產生之時。還因爲它遠比其前身精巧、優美、雅致，恰如傳奇故事相形於史詩那樣。哥德式風格的迅速發展，就像在對人做最後一次證明——如果還需要再次加以證明的話，十二世紀是一個勇於試驗和充滿活力的世紀，其程度至少不亞於二十世紀。例如，聖但尼大教堂是法國聖徒聖但尼埋葬所在地和埋葬歷代法國國王的墓地。它曾於一一四四年被毀，目的是爲了在該地興建一個更大的，且完全按哥德式風格興建的新教堂。此舉措無疑於像美國總統下令拆除白宮，而用密斯・范・德・羅厄或赫爾穆特・雅恩設計的大廈取而代之。這一舉動在今天是極不可能的，至少會激起軒然大波；但在十二世紀，這一情況卻實際發生，並輕而易舉地做到了。

哥德式建築是最複雜的建築風格之一。它的基本要素包括尖形的拱門、交叉肋狀的拱頂，以及飛拱，這三要素缺一不可。與羅馬式風格的圓形穹頂和附牆角柱相比，這種設計就使建築可以變得更明亮、更輕巧。實際上，我們可以把哥德式大教堂描述爲四周圍繞巨大窗戶的石製骨骼式框架結構。其他特徵還有高聳的尖頂、圓花窗、精巧的石製花式窗格，與有著精美雕塑的建築物正面、多重柱廊，以及使用滴水獸或神話中怪獸的雕像作爲裝飾。在最主要的大教堂中，裝飾通常集中在外部。教堂內部除彩色玻璃窗戶，以及木製品和聖壇上精美的雕刻外，則相當簡單，有的還幾乎不加任何裝飾。然而雖是如此，哥德式教堂內部從來都不會顯得壓抑或暗淡。因爲彩色玻璃窗不是用來擋住光線，而是爲了使陽光更加燦爛，使陽光的色彩更加奪目、和煦。自然光線即使在最明媚的時刻也顯現不出這種光彩。

至今許多人依然認爲，哥德式建築表現的是一種純粹苦行，其專注於來世的思想，但這種判斷是非常不準確的。雖然所有教堂都是用於表現上帝的榮耀和生命永恆之希望，但哥德式教堂有時包含根本沒有明顯宗教意義的彩色玻璃布景。更重要的是，哥德式風格的宗教人物雕塑，例如耶穌、聖母馬利亞和聖徒的塑像，比迄至那時中世紀西方所創造的任何人物形象都要接近現實得多。表現動物和植物生命力的雕塑也是如此，因爲對人類和自然美感的興趣不再被認爲是罪過。另外，哥德式建築也被認爲是中世紀天賦才智的表現。因爲每一座大教堂，連同大量象徵性的人物形象，都被當成一種給那些不識字的人了解刻在石頭上中世紀知識的百科全書。最後，哥德式大教堂是城市自豪的表證，它們一直是座落在不斷發展的中世紀城市之中，其代表著共同生活的中心，和一座城市偉大的象徵。在興建新教堂時，整個共同體中的人都要參與其中，正確地說是把它視爲近乎自己的財產。許多哥德式教堂是城市間競爭的產物，每一座城鎮都試圖超過其鄰近的城鎮，興建比之前更大更高的建築；由於這種野心過大，以致超出了實際可能，結果有許多教堂遭到半途而廢的命運。但是完工的教堂大都仍然很宏偉，人們懷著使之永恆存在的念頭興建教堂，這些教堂反過來成爲這一時代旺盛生機最醒目的視覺表現。

在歸納中世紀全盛期的種種成就時，人們往往會忽略戲劇和音樂，但這種疏忽是令人遺憾的。我們現代的戲劇來自古典戲劇，至少也在同等程度上來自中世紀戲劇。在整個中世紀時期，雖有一些拉丁文古典戲劇抄本爲人所知，但從未上演過，反而是戲劇曾在教會內部以全新的方式重新出現。在中世紀初期，人們開始演出宗教禮儀的某些段落。隨後，在十二世紀，主要是在巴黎，它們爲拉丁文的短篇宗教戲劇所取代，並在教堂內上演。此後不久，仍然在十二世紀的巴黎，方言戲劇補充或取代了拉丁文的短篇宗教劇，這樣所有觀衆都可了解劇情。接著，在一二〇〇年左右，這些方言戲劇在教堂前公開上演，這樣它們就不會影響教堂內的聖事了。此類事件出現後，戲劇便開始迅速進入日常世界：非宗教故事出現了，對主角的描寫增多，這爲在伊莉莎白時代的戲劇和莎士比亞將完全奠定其基礎。

如果說，戲劇是由宗教禮儀發展而成，並隨後大大超出宗教禮儀範圍，那麼西方音樂也完全是如此。在中世紀全盛期之前，西方音樂一直是主調音樂，多數非西方音樂直至今日依然如此。所謂主調音樂，是指沒有任何協奏伴奏，一次只出現一種旋律。中世紀全盛期的一大發明是複調音樂的出現，即兩個或更多的旋律同時奏出。早在十世紀時的西方人即在這方面進行了一些嘗試，但最重大的突破於一一七〇年前後出現於巴黎的大教堂，當時人們首次用「對位法」，指用兩種不同的旋律交織成兩種聲音演唱彌撒曲。大致在同一時期，人們發明了記錄樂譜的方法並加以完善，這樣就不必再靠記憶演奏了，且能演奏更複雜的音樂。西方音樂後來取得的所有重大成就都發源於這最初的幾步。

人們可能已經注意到，在學術、思想、文學、建築、戲劇和音樂各個方面做出如此重大貢獻的人，有許多必定在中世紀全盛期的巴黎彼此混在一起。他們之中的一些人無疑在聖母院大教堂一起舉行過祈禱，主要學者的名字爲後人記住了，但其他人大都湮沒無聞。不過，他們合在一起爲文明的發展做出不亞於古雅典人的貢獻，即便他們的名字被人遺忘了，他們在許多不同方面的成就至今依然存在。

第十五章

中世紀後期

The Later Middle Ages (1300-1500)

我註定生活在狂風暴雨之中
處在一個多災多難的時代。
而你們……一個更美好的時代翹首以待。
一旦烏雲消散，
我們的後人將再次沐浴在昔日的光榮之下。

——詩人佩脫拉克，寫於一三四〇年代

如果說，中世紀全盛期是「盛宴的時代」，那麼中世紀後期就是「饑荒的年代」。大約從一三〇〇年左右，到十五世紀中後葉，歐洲各地災難頻仍，這些災難嚴重之程度駭人聽聞，而持續時間之長久又令人絕望。此時整個歐洲的環境地力衰竭、氣候變冷加上暴雨傾盆，妨礙了農業生產，結果饑饉首先蔓延開來。隨後，那些「上帝的懲罰之舉」達到了頂點，出現最可怕的自然災害，即為一場被叫作「黑死病」的大瘟疫，西歐各地死於這一浩劫者不計其數。然而，這些災難似乎還不夠，無休止的戰爭進一步給人們帶來痛苦，造成一片荒蕪。此時受害最深的是尋常百姓，因為他們是最容易遭受到士兵，以及有組織強盜的姦淫、燒殺與搶劫。在軍隊經過的地區，人們可以看到在方圓幾百英里內腐屍遍布，廢墟之內餘煙未盡；許多地方原本是人煙稠密的鄉村，甚至是城市的郊區，現在已變成野豬出沒之地，由此可見荒涼的程度。簡單地說，如果說，安詳的聖母馬利亞象徵著中世紀全盛期，那麼獰笑的死亡骷髏頭則象徵著隨後出現的這一時期。由於上述種種原因，我們在中世紀後期，不會見到中世紀全盛期出現的那種引人注目的巨大進步；不過這並不是說，這時一點進步也沒有。在中世紀最後的二百年間，歐洲人雖身處逆境，但也顯示出一種不屈不撓的毅力。他們並未消極等待或自暴自棄，而是盡力自我調整，以適應變化的環境。因此，中世紀全盛期的結束並未像羅馬帝國滅亡那樣，預示著文明的衰頹，反過來是一個過渡時期，其結果使得歐洲更早時期極為堅實的遺產得以保存，並在這一基礎上有所建樹。

經濟蕭條與新平衡點的出現

到一三〇〇年左右，中世紀全盛期農業的發展已經到達極限。從那時之後，產量和耕地面積開始衰減，因而導致整個歐洲經濟衰退，這種衰退的速度更因為破壞性的戰爭而進一步加劇。因而，到了十四世紀前半期，就呈現一個經濟日趨蕭條的時期。一三四七年，黑死病的降臨，使這種蕭條景象變得更加殘酷，因為它徹底打亂人們的日常生活。此後瘟疫一直發生，戰爭綿延不絕，致使歐洲經濟直到十五世紀，這一段很長時間裡猶未能復甦。然而，大約在一三五〇到一四五〇年間，歐洲人學會如何適應新的經濟狀況，並成功地把其經濟置於更堅實的基礎上。這在一四五〇年後變得最明顯，當時瘟疫不再流行，戰火也熄滅下來，使得經濟有了緩慢而穩固的復甦。因此，整體說來，在這大約一百五十年長期衰落期間，歐洲經濟比以前任何時候都更健康。

一三〇〇年左右，農業的擴展達到極限，這是自然因素造成的。因為可以開墾的土地是有限的，在沒有引進科學方法種田之前，產量的提高也是有限的。事實上，歐洲人在開墾土地、進行耕作方面，超出了應有的程度：在中世紀全盛期殖民運動熱潮驅動之下，地力肥沃程度不適於進行集約耕作的邊緣地區也被開墾出來。此外，就連最優質的地質也耕作過度。更糟的是，約一三〇〇年之後氣候惡化了。如果說，十一、十二世紀西歐得到老天保佑，使氣候呈乾燥、氣溫變得較溫暖；此時卻變冷了，降雨偏多了。雖然在這一百年間，氣溫最多才下降了攝氏一度，但這一點點變化就足以使北歐地區，例如英格蘭的葡萄種植減少了。在更北的地區，由於生長季節縮短了，穀物種植也受到影響：在格陵蘭島以及斯堪地納維亞半島部分地區，農業拓殖區完全被遺棄了。而降雨增多無異是火上澆油，一三一五年，西北歐各地都泛濫成災，凶猛的洪水毀壞了農作，引發一場曠日持久、餓殍遍地的大饑荒。農民們一連三年都受到饑饉的蹂躪，無奈之下只好吃掉留作種子的糧食，從而也放棄要在下一季完全恢復生產的機會。他們在極度絕望之中，抓到什麼就吃什麼，連貓、狗和老鼠也不放過。許多農民衛生條件十分惡劣，營養十分不良，體質衰弱，非常易於受到各種疾病的感染，因而死亡率非常高。在佛蘭德的一個城市中，僅在一三一六年這半年時間裡，就掩埋了大約十分之一的人口。一三一八年之後，較穩定的農業狀況再次復甦，但不少地方又再度受到暴雨和其他災害的襲擊。在義大利，一三三三年的洪水衝垮了佛羅倫斯的多座橋梁；一三四三年的一場海嘯摧毀了阿馬爾菲港。面對如此反覆無常的大自然，經濟生活只能苦不堪言。

雖然毀滅性的戰爭和饑饉交相而至，使許多人因而喪生，但十四世紀中葉的歐洲仍然人滿爲患，因爲人口的增長仍快於糧食供應的增長。人口增長過快，糧食供應無法跟上，隨之而來的，自然就是穀物價格飛漲，使整個歐洲又面臨饑荒的苦難。因此，又一場災難接踵而至，這場災難可怕到了頂點，以致許多人認爲這就是世界的末日。

這就是黑死病！黑死病是一種淋巴腺鼠疫和肺鼠疫的疾病，它在一三四七至一三五〇年首次蹂躪全歐洲[1]，並在其後一百年間，斷斷續續地襲擊此一地區。這一災難就它導致的死亡人數、混亂狀況，和恐懼心理而言，完全可以與二十世紀的兩次世界大戰相提並論。黑死病的臨床後果非常可怕，一旦因跳蚤叮咬而感染淋巴腺鼠疫，病人的腹股溝或腋下就會出現很大的腫塊，四肢也會出現黑色斑點，接著腹瀉不止，而且在三到五天內就會喪生。假如感染的是肺鼠疫，即因呼吸感染而致，患者大約三天就會因咯血而死，而不是出現腫脹。有些人前一天晚上上床入睡時身體尚健康，但經過一夜的痛苦掙扎，天明時就停止了呼吸。有些船上水手一個個喪生，屍橫遍野，船隻在海上漫無目的地隨風飄盪。雖然少數地區很幸運並未受到相繼出現的幾次瘟疫襲擊，但黑死病確實造成人口大量銳減。我們只舉幾個例子就可說明問題。一三三五年，圖盧茲城共有人口三萬人左右，到一三八〇年銳減到了二萬六千人，一四三〇年時僅剩下八千人；東諾曼地的人口在一三四七至一三五七年間減少了百分之三十，到一三八〇年又遞減了百分之三十；在皮斯托亞城郊的農村中，一三四〇至一四〇四年間人口減少了百分之六十。整體說來，因爲饑饉、戰爭，尤其是黑死病，西歐總人口從一三〇〇至一四五〇年間減少了至少一半，甚至很可能減少了三分之二。

起初，黑死病給大多數倖存者造成許多艱難困苦。被黑死病嚇到的人都希望能避開傳染源，許多人拋棄手中的工作，尋找與世隔絕之地。城鎮居民逃到鄉村，鄉村居民由這兒逃到那兒。就連教皇也躲到深宮內院，不准任何人進入。由於大批的人喪生或逃離工作崗位，成熟的作物因無人收割而在田裡腐爛，製造業陷入停頓狀況，運輸系統陷於癱瘓。因而基本商品日漸減少，價格飛漲，由於這些原因，黑死病的蔓延嚴重地加深歐洲的經濟危機。

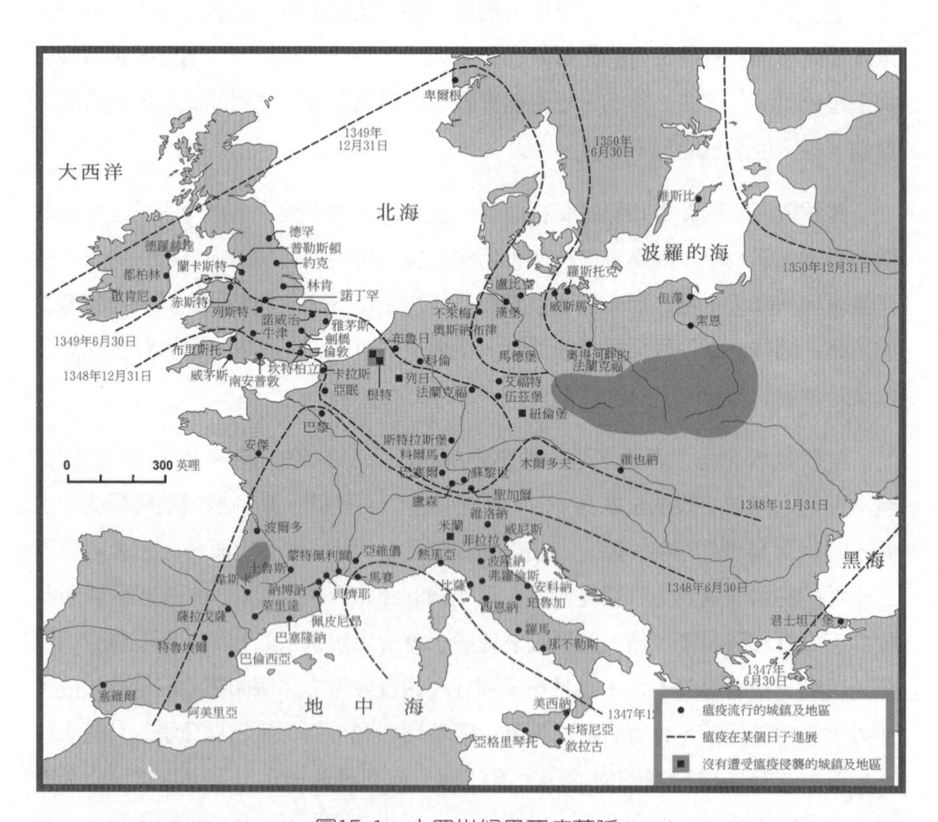

圖15-1　十四世紀黑死病蔓延

然而，到了一四〇〇年左右，新的人口狀況使價格回跌，並改變了基本的經濟模式。尤其是隨著生產逐漸恢復正常，以及人口大大減少，主要食品價格開始下跌。雖然在某幾年，由於瘟疫和自然災害一再復發，致使價格時而大幅度上揚，但到了十五世紀，民生日用品整體的價格在下跌，或者保持穩定。這一趨勢促進農業專門化的產生。由於穀物價格較低，人們就可以把更多收入用在購買較奢侈的物品上，例如奶製品、肉和酒。由於麵包是歐洲人的主要食物，在此之前，全歐的農民一直都集中精力於種植穀物，現在從事專門化生產則更適宜，尤其是在土地較貧瘠、氣候較不宜的地區。根據因地制宜的原則，田地可改而飼養家畜取奶，種植葡萄釀酒，或者用麥芽釀製啤酒。由此形成了特殊的地區經濟：英格蘭部分地區轉而飼養綿羊和釀製啤酒；法國部分地區集中生產葡萄酒；瑞典則用牛油換取日耳曼價格低廉的穀物。歐洲大部分地區都轉向生產最能謀利的產品，而民生日用品的遠距離互惠貿易造就了新的穩定商業平衡。

黑死病產生的另一個經濟後果，就是城鎮的重要性相對增大了。一般說來，與地主相比，城鎮的製造商能夠更靈活地適應急劇變化的經濟環境，因爲他們的生產具有較大的可塑性。市場不景氣時，他們可以比較容易地削減產量，以適應需求。情況好轉時，他們也能不太費力就可增加生產。因此，相較於地主，他們可以以較快的速度從災難中恢復元氣，他們往往憑藉自己較雄厚的實力，用高工資吸引農村的勞動力。這樣一來，農村和城鎮人口的比例發生了略微有利於後者的變化。

一些城市中心，尤其是日耳曼北部和義大利北部的那些城市，從這種新的經濟環境中受益最多。在日耳曼，一些城鎮以呂貝克和布來梅爲首，結成所謂漢薩同盟，以控制波羅的海和北海的遠距離貿易。漢薩同盟的船隊把日耳曼出產的穀物運往斯堪地納維亞，再把斯堪地納維亞的奶製品、魚類和皮革製品運回來。歐洲人購買奢侈品能力的提高，給義大利北部城市熱內亞，尤其是威尼斯帶來好運，因此它們掌握了東方香料的進口權。人們把更多的錢用在奢侈品上，對佛羅倫斯、威尼斯、米蘭及附近城市的發展也不無推進的作用，它們生產的絲綢、亞麻布、薄呢絨及其他優質布料暢銷一時。此外，米蘭還因其軍火業而發達，它的兵工廠向歐洲各交戰方提供盔甲和武器。由於各地具體情況不同，一些城鎮，尤其是佛蘭德斯的各個城鎮，卻處於經濟蕭條狀況中；但整體看來，歐洲的城鎮中心從這種新的經濟環境及生產專門化傾向中受益良多。

經濟環境的變化，也刺激了複雜的商業、會計及銀行技術的發展。由於物價波動太快，使投資的危險性增大，爲了減少風險因而出現新式的合夥關係。另外，保險契約也應運而生，部分承擔了船運業的風險；歐洲人發明最有用的記帳方式，即複式簿記[2]，這種方式首先在十四世紀中葉為義大利人所使用，此後進而迅速傳播到阿爾卑斯山以北地區。如此就使人們可以快又輕易地發現計算錯誤，對盈與虧、借與貸情況更能一目瞭然。在十三世紀中葉以後，大型銀行業就已普遍發展起來，但中世紀後期發生的種種經濟危機，促使它們改變部分經營方式。最重要的是經營有方的銀行其分行技巧的發展，在這方面，佛羅倫斯的麥迪奇家族做得尤其出色。更早時期的銀行也建立分行，一三九七至一四九四年，興隆一時的麥迪奇銀行則是按照現代控股公司的方式來設立分行。麥迪奇銀行的分行分布在一些義大利城市，以及倫敦、布魯茲和亞威農等地，均由執行共同政策的麥迪奇家族的重要合股人所掌握。然而在形式上，各個分行都是獨立的合股機構，所以一家分行的倒閉並不牽連另一家分行。其他義大利分行嘗試採用先進的信用技巧。某些銀行甚而允許客戶彼此轉讓存款，而且無需任何資金易手。這種「過戶」開始時只要口頭說一下就可進行，但在一四〇〇前後開始根據書面命令進行。這就是現代支票的始祖。

在綜觀中世紀後期二百年的經濟史時，必須既強調人類的作用，也必須強調自然的作用。現代之前，世界各地的歷史都傾向於證明，只要出現人口過剩，自然力量馬上就設法減少人口。天氣惡劣，疾病隨時都會侵襲人類，但當人們已由於挨餓和居住條件過分擁擠而遭受困苦之際，自然災害的威力尤為巨大，而且更是具有毀滅性。十四世紀時就出現了這種情況。大自然毫不容情地干預人類事務，但無論這種干預產生的後果多麼殘酷，其結果最終是有益的。與一三〇〇年相比，到一四五〇年，人口固然減少了許多，但他們享有的生活水準卻高得多。就這一結果而言，人類也發揮了自己的作用。由於人們決心充分利用新的經濟狀況，並避免經濟再度蕭條，因而他們努力重組經濟生活，把它置於更牢靠的基礎上。與一三〇〇年相比，一四五〇年前後歐洲的總產量可能要低一些，但想到其間人口銳減，這就不出人意外了。實際上，每人平均產值有所增長，同時個人的平均收入也有所增長，歐洲經濟已為新的飛躍做好了準備。

社會和情感的混亂

在新的、健全的平衡出現之前，中世紀後期的經濟危機，引發了一三〇〇到一四五〇年城市和鄉村下層人民的一系列暴動，其次數之多實乃空前絕後。過去人們習慣認為這些暴動都是由於太過貧困所致，但實際情況往往並非如此。

最明顯由經濟處境困難引發的一次大規模農民動亂，是一三五八年法國北部的「雅克雷」暴動。「雅克雷」一詞取名於最典型的法國農民「敦厚雅克」，他們在忍無可忍的情況下揭竿而起。因為在一三四八至一三四九年間，黑死病令人們魂飛膽喪，經濟狀況也因此受到破壞。此外，英法之間突起的戰端，使整個鄉村變得荒蕪。貪婪成性的士兵到處燒殺搶掠，農民就像在中世紀後期的所有戰爭中一樣受害最大。更令人無法忍受的是，英軍在一三五六年在普瓦蒂埃戰役中大敗法軍，使法國國王約翰二世和為數眾多的貴族被俘，因而不得不交納巨額贖金。正如同所有這種情況下一樣，農民被要求分攤最沉重的負擔，但到了一三五八年，農民已無法忍受，就以迅雷不及之勢起來反抗。他們並沒有任何明確的目標，他們焚毀城堡，殺害領主，姦淫領主之妻。毋庸置疑，農民對經濟極度的不滿，乃是暴動的主要原因，但在此應做兩個修正：首先，參加雅克雷暴動的農民，相對說來都是法國最富裕的農民：那些受苦最深的農民顯然無力組織起來反抗。其次，不僅經濟因素，政治因素無疑也是暴動爆發的一個原因。城鎮各個集團試圖利用國王被軟禁在英國的機會，企圖改革法國的政治制度，對君主的權力加以限制；各貴族派別則密謀奪取政權。由於誰都不十分清楚哪種因素居主導地位，因而農民似乎感到可以利用法國政治混亂的這個時機來反抗。但事實上，這一機會並不像他們想像中那麼有利：一個月之內各特權勢力就聯手屠殺起事者，迅速恢復了秩序。

一三八一年，英國農民起事是英國歷史上最嚴重的一次下階層人民暴動。人們常常將它與雅克雷起事相提並論，但兩者產生的原因有很大不同。它不是由於絕望而產生的反動，而是一次由於日趨上升的美景受挫而引起的事件。到了一三八一年，黑死病產生的種種影響本應對農民有利，尤其是勞動力缺乏使農民成為需求的對象。實際上，黑死病的爆發確實有助於農奴獲得解放、自由農業勞動者獲得更高工資或交納更少的地租。但貴族領主使用一切手段維護自己的收入，他們成功地經由立法來達到他們的目的——使工資維持在黑死病之前的水準，並迫使無地的工人以很低的收入為他們勞動。此外，貴族往往試圖獲得舊有的所有收益，並榨取無償勞役。由於農民不願再回到黑死病之前的貧困和受奴役狀況之中，因而一切衝突就勢不可免。

一三八一年，農民大起事的導火線，是國家試圖按照人頭，而不是財富多少在全國各地徵稅。這種徵稅方式在英國稅收史上是前所未有，農民們自然而然認為是不公平的。一三七七和一三七九年徵收的兩項人頭稅並未遭到反抗，但當徵稅人員在一三八一年試圖第三次徵收人頭稅時，農民揭竿而起進行反抗，並試圖洗雪自己的所有冤屈。他們首先焚毀地方的檔案，並洗劫他們心目中那些剝削者的住所；隨後他們向倫敦進軍，處決了英國大法官和財務大臣。當時在位者是年僅十五歲的國王理查二世，他意識到事態的嚴重性，就出面會見農民，允諾廢除農奴制度並降低地租，從而贏得他們的信任；且在磋商期間，農民起事的領袖瓦特．泰勒在與國王護衛隊的爭執中被殺身亡。農民們誤認爲已經達到目的，並且在群龍無首的情況下很快就解散了。然而，這位年幼的國王當自己無生命之憂，就出爾反爾不信守自己的任何諾言。反而，四散而去的農民力量迅速遭到打擊，少數被認爲是鬧事者的農民遭處死，而未招致民衆反抗，因而這場起事本身是一無所獲的。只是在其後幾十年間，經濟力量自身產生了作用，農奴制才因此消失，農村雇工的命運也因此有了很大改善。

在歐洲其他地區也出現了農民暴動，不過，現在我們可以看看一些城鎮暴動。據傳統說法，中世紀後期的城市暴動被視爲受剝削的無產者起事，他們是由於經濟蕭條的因素受到空前的壓迫而起事。但這樣講可能是有簡單化之嫌，因爲每次起事情況都不同，產生的作用也一直是各種複雜的力量。舉例來說，一三七四年，日耳曼北部城鎮布倫瑞克的起事，與其說是窮人反對富人的運動，倒不如說是一個政治聯盟取代另一個政治聯盟的政治動盪。一四〇八年，在另一日耳曼北部城市呂貝克爆發的起事，則被稱爲「納稅人」的起事，這種說法是恰如其分的。和上次起事一樣，這與其說是貧富之間的衝突，不如說是一個未掌權的派別試圖建立一個較簡樸的政府的嘗試。

最接近眞正無產者起事的一場暴動，乃是一三七八年佛羅倫斯「梳毛工」起事。梳毛工是一些羊毛精梳工人，由於他們從事的是一個早已變得十分蕭條的行業，因而使自己處境悲慘。一些人失去了工作，另一些人則經常受到毛紡業師傅的欺騙，或獲得的報酬太低。毛紡業的師傅在佛羅倫斯掌有政治權力[3]，因而可以透過一些有利於自己的立法。這一事實本身就意味著，如果要進行經濟改革，就必須同時進行政治變革。正如事態發展本身所表現的，這是一場要求梳毛工採取直接行動的政治危機。一三七八年，佛羅倫斯由於與羅馬教廷苦戰三年而財力枯竭。一些貴族領導人推翻了舊政權，以改變戰爭政策，並爲自己謀得政治利益。迫於形勢需要，他們向較低的階層尋求支持，而一經發動，梳毛工膽大氣壯了，就在幾個月後發起更激進的暴動。這主要是由於經濟狀況艱難和人們怨聲載道造成的，但除此之外，個人仇恨也發揮了一定作用。在梳毛工們執掌政權六週期間，他們試圖減免稅收，提供更充足的就業機會，並在佛羅倫斯政府中保有自己以及其他無產者集團的代表。然而，他們無法長期掌有政權，結果取而代之的一個新寡頭制政府[4]廢除了梳毛工的所有改革。

如果我們試圖從這些各式各樣的起事中，概括出具有普遍意義的結論，那麼無疑可說，假如沒有出現經濟危機，它們基本上都不會發生。但是，政治因素一直具有某些影響，而且某些起事的參加者比其他起事者要富有一些。值得注意的是，所有經由在經濟上處於絕望地步眞正的社會下層者所發起的起事，很快就失敗了。這肯定是因爲上層階級更善於執掌權力和發號施令；更重要的是，他們握有錢財和用於平息暴亂的軍隊。有時下層階級內部的各派別互相傾軋，而特權階層在面臨危及其主導地位的下層威脅時，卻總能攜起手來一致對外。此外，下層反叛人員往往關注於洗雪當前的冤屈，而不是制定完全內在的長期政治規劃：他們一般都缺乏能激發人們協同努力的理想。至於波希米亞的胡斯革命——下文將專門論及，它說明在中世紀後期，宗教比政治、經濟和社會因素更能有效地聚集起大批民衆。

雖然上層階級成功地壓制住民衆的起事，但他們仍意識到，中世紀後期存在著經濟和情感方面的不安定因素，且對他們構成威脅的反叛隨時都有可能發生，因而也在苦苦思索維持自己社會特權地位的方法。中世紀後期貴族的經濟處境岌岌可危，因爲他們的收入主要來自土地。當糧價和地租下跌、工資上漲時，地主們顯然就處於經濟困境之中。有些貴族可能也感受到商人和金融家的威脅，後二者因爲可以利用市場價格激盪起伏，來謀得暴利而迅速崛起。其實，眞正富裕的商人購買土地，爲貴族階級所同化。此外，多數持有地產的貴族透過其高超的地產管理技巧，而得以化解經濟威脅；實際上，他們之中的許多人比過去更爲富裕了。然而，大多數貴族依然比過去更深切地感受到社會和經濟不安定的威脅。因此，他們試圖建立起種種人爲的藩籬，把自己與其他階層區分開來。

這種區分中最引人注目的兩個例子，就是強調貴族式的奢華生活，以及排他性的強大制度之形成。中世紀後期乃是貴族極盡炫耀之能事的時期，雖然饑饉或瘟疫肆虐，貴族仍盡情享用豐盛的宴會和盛大華麗的慶典。一四六八年在佛蘭德斯人舉行的一次宴會上，桌上的飾物高達四十六英尺。貴族們的穿扮也極其奢華：男士們腳蹬長而尖的靴子，女士們頭戴用彩帶做成的飾物。在人類歷史的各時期中，富人們大都著迷於穿著打扮，但中世紀貴族們沉溺於其中之因：一方面爲自己求得舒適，一方面傳遞出這樣一個訊息，即他們是完全有別於他人的。此外，堅持維護一種界限分明的社會等級制度，則是中世紀後期的騎士團，例如說，嘉德騎士團或金毛騎士團，興起的一個原因就是這樣。騎士團對其成員的行爲有特別規定，他們以其特別的徽章而自豪；經由聚集在這一排他性的團體中，那些感受到社會壓力威脅的貴族們又一次試圖把自己與其他人區分開來，其實際方法是立起一塊招牌，上書寫「本會成員專享」。

過度追求奢華生活的另一個原因，在於它是逃避現實的一種方式。那些不斷見到死人並聞到腐屍臭味的貴族們必定感覺到，退到一個舉止優雅、盛宴不斷、服飾艷麗多彩的夢幻世界，可寬慰自己的情感。與此同時，那些無力過這種奢華生活貴族之外的人士，往往以沉溺於粗鄙的公共娛樂中來逃避死亡的幻象：例如，成群成群的人圍觀盲人乞丐，這些乞丐試圖抓住一頭嘶叫的豬，卻用棍棒彼此擊打對方；或者，他們以一隻鵝爲獎賞，慫恿男孩們去爬滑不溜湫的竿子，以此取樂。

不過，我們絕不可以認爲中世紀後期的歐洲人整日聚衆滋事，放蕩不羈。實際上，同樣是這些追求優雅或喧鬧消遣的人，在面臨多乖的時代所引起的心理重壓時，往往會發展到情感的另一極端，沉溺於悲傷之中無法自拔。在這整個時期中，成年男女常常會因感動而流下大量淚水。法國王太后在初見到自己的外孫時，當衆痛哭失聲；大傳教士聖文森特・費勒必須中斷有關耶穌受難和末日審判的布道，因爲他及其聽衆會突然無法抑制住悲傷而流下眼淚；英國國王愛德華二世在受到監禁時也是眼淚如注，所留下的熱淚足夠他刮臉之用。最後一個故事顯然出於想像，但它也清楚地反映出那一時代人們的觀念。我們可以肯定，教會鼓勵人們哭泣，因爲有一個聖約翰哭泣的感人小雕像仍存留至今，這個雕像顯然是在讓觀衆流下同情的眼淚。

傳教士們也鼓勵人們去沉思耶穌基督所受的苦難，以及他們自身死亡的問題。令人生畏的十字架到處可見；藝術家們所塑造的聖母馬利亞乃是一位悲傷的母親形象，而不再是位面帶笑容的聖母：現在她往往被描繪成因悲哀過度而倒在十字架腳下，或者把死去的耶穌攬在膝上的形象。中世紀後期死亡的困擾，也仍可以在雕像、壁畫及書稿插圖之中見到，凡此種種均提醒觀衆，生命是短暫的，且要在地獄中罹受種種折磨。中世紀全盛期典型的墳墓雕刻所描述的，不是代表死者一生成就的事蹟，就是死者安息的情形，以表示死亡不過是一次安寧的睡眠而已。但到了十四世紀晚期，墳墓雕刻卻以人們所能想像得到的可怕方式，顯現出死後肉體毀滅的畫面：枯槁削瘦的屍骸中腸子拖在外面，或者屍骸上爬滿了蛇或蟾蜍。一些墓碑上所雕刻的銘文上稱，觀衆不久就將成爲「爲蟲子咀嚼的惡臭尸骸」；有的銘文則令人膽寒，上面警告說：「今日之你，即昔日之我；今日之我，即明日之你。」此外，無所不在的插圖都描繪著，咧嘴而笑的死神手持長柄大鐮刀，把優雅而健康的男男女女帶走，或者描繪虐待成性的魔鬼在地獄裡煎烤備受折磨的人們。由於繪製這些圖像，或對此圖像進行思索的人，在第二天可能就會沉溺於過度的狂歡之中，因而中世紀後期的文化往往看起來瀕臨躁鬱狀態。然而顯而易見，這種極端的反應對人們消除恐懼乃是不可或缺的。

教會受到的考驗與人們渴求神聖的熱潮

人們對死亡意義的極度關注也就表示，當時人們普遍具有一種深刻的宗教狂熱。中世紀全盛期的宗教熱情到一三〇〇年絲毫沒有下降的趨勢，如果說有什麼變化，那就是變得更加高漲了。不過，由於教會機構方面遇到的種種困難和時代的動亂不寧，因而此時的宗教熱情是以各種新的表現形式出現。

在教皇卜尼法斯八世蒙羞並於一三〇三年去世之後，教會也進入一個與同時代的經濟危機一樣嚴重和持久的制度危機時期。我們可以把它分為三個階段：所謂教皇巴比倫之囚時期，一三〇五至一三七八年；大分裂時期，一三七八至一四一七年；以及義大利地域性教廷時期，一四一七至一五一七年。在「巴比倫之囚」時期，羅馬教廷設在亞威農，一般說來，是唯法國國王馬首是瞻。出現這種狀況的原因，其中最明顯的原因是，教皇卜尼法斯八世與法國國王美男子菲立普進行的較量，不過顯然教皇不敵法王，此後的各位教皇更不願冒著激怒法國國王的風險。實際上，一旦教皇意識到自己無法向法國國王發號施令時，那教皇會發現，討好法國國王具有某些好處。另一個原因是法國南部遠離騷動不已的義大利，讓此地成為一塊安全的立身之地。義大利中部和羅馬城在十四世紀時，時常發生政治騷亂和反叛，以致於教皇連個人安全都無法得到保證，更不必說足以維持井然有序的教會行政管理的和平環境了。但在亞威農沒有這些問題；雖然亞威農當時並非法蘭西王國的一部分，是教皇所轄一片不大領地的主要城市，但強大的法國軍事力量可以提供教皇迫切需要的安全保障。教皇從屬於法國的另一個好處是，能夠從法國那裡得到幫助；此外，在日耳曼和義大利南部實行對教皇和法國雙方均有利的政策。至為重要的是，雙方達成了一項確實可行的協議，法國國王借此提出自己的主教候選人，教皇隨後一一正式任命，並藉此獲得非常可觀的報償。一三〇五年後，親法的教廷體系牢牢建立起來，以致一三七八年之前，大部分樞機主教和所有教皇都是法國人。

在亞威農時期，教皇比以往任何時候都能更成功地推行其對教會進行集權的政策。他們藉由歐洲各地徵自教士的稅款進行集中管理，在歷史上第一次確立了真正健全的教皇財政體系【5】。此外，教皇得以握有更多的任命人員，來填補聖職空缺的權力（實際上，往往是任命法國和英國國王推薦的候選人），並下很大的決心，與異端進行實際上的對抗工作。但不論教皇在權力方面取得多麼大的成就，他們失去了人們的尊敬和忠誠[6]。教士由於要交納苛重的稅款而心存不滿，許多俗人則爲教廷的腐敗和生活的奢華無度而震驚：在那時，樞機主教們過著比地方領主們還要奢侈的生活，他們的食物有孔雀、野雞、松雞和天鵝，飲用自雕刻精細的噴泉裡噴出的最優質葡萄美酒。就個人而言，亞威農教皇們大都很正直、節儉，只是其中有一位克雷芒六世（一三四二～一三五二年在位），比其樞機主教還要變本加厲。克雷芒六世隨時準備爲了金錢奉獻各種宗教利益，自詡如果情況局勢需要，他可任命一頭公驢（傻瓜）爲主教，並以醫生的命令爲藉口，爲自己毫無節制有悖教規的性行爲進行辯護。

隨著時間的消逝，在強大的社會輿論壓力下，教皇不得不允諾遷回羅馬。一三六七年烏爾朋五世企圖做出這樣的努力，但以失敗告終；只有等十年之後，一三七七年，教皇格列哥里十一世才終於返回聖城羅馬。但他在一年後就去世了，災難隨之降臨[7]。樞機主教團迫於在羅馬附近的義大利人輿論壓力，選了一位義大利人爲教皇，即烏爾朋六世。但樞機主教大多是法國人，他們很快就後悔自己的決定，主要是因爲烏爾朋六世不久後就立刻與他們交惡，並顯現出可能屬於偏執狂的傾向。因而，僅過了幾個月，法國樞機主教就再次集會，宣布前次選舉無效，並決定以他們之中的一員取代烏爾朋六世爲教皇，是爲克雷芒七世。

然而不幸的是，烏爾朋六世並未溫順地接受去職的命令；相反的，他重新任命一個全由義大利人組成的樞機主教團，繼續固守在羅馬。克雷芒七世率領其樞機主教團很快地退回亞威農，從此便開始所謂的大分裂時期。當時的法國及其政治勢力範圍的各國，諸如蘇格蘭、卡斯蒂爾和亞拉岡，承認克雷芒爲眞正的教皇，歐洲其餘各國則承認烏爾朋。在長達三十年的期間，基督徒無助地觀望，敵對的教皇則相互咒罵，國際上各修道會分裂成羅馬和亞威農兩個陣營。任何一位教皇的去世都未能結束分裂局面，各陣營均有自己的機樞主教團，當一位主教去世後，他們迅速任命一位法國人或義大利人繼任教皇一職。在絕望之下，來自兩個陣營的一些主教們於一四〇九年在比薩會晤，選出一位新的教皇，把現有的兩位教皇廢黜。但無論義大利教皇還是法國教皇都拒絕接受宗教會議的決定，同時雙方都獲得很大的政治支持，得以保有相當多的追隨者。於是，在一四〇九年之後，產生爭執的是三位而不是兩位教皇。

一四一七年的康斯坦斯宗教會議[8]最後結束了大分裂局面，這次會議是中世紀歷史上規模最大的一次宗教集會。這次高級教士肯定獲得世俗權力極關鍵的支持，並在提名新教皇之前開除前任的三位教皇。在一四一七年宗教會議選出新教皇馬丁五世之後，歐洲的教會得以團結在一起，並完全恢復。但接踵而至的是圍繞著教會機構的本質問題展開的爭論。康斯坦斯宗教會議的成員號召建立均衡的「教會公會議」政府，這樣就向中世紀居優勢地位的「教皇統治制度」理論提出挑戰。在這兩項具有重大意義的教令中，他們聲稱由高級教士組成的教會公會議的權力高於教皇，這種教會公會議應定期開會以管理整個教會。並不令人驚訝的，此後登位的各個教皇們——他們現在回到了羅馬——都試圖廢除這些教令。一四三一年，根據康斯坦斯宗教會議制定的原則，必須在巴塞爾召開一次新的教會公會議時，當時在位的教皇不遺餘力地進行破壞。最後他取得了勝利：經過長期爭鬥，巴塞爾公會議遭到慘敗，並於一四四九年遭到解散；同時，希望在教會建立的大會政府企圖也徹底失敗了。只是羅馬教皇是在獲得歐洲各國統治者的支持後，才贏得教會會議至上論者的。而且，在與各國王與親王分別達成的協議中，教會授予這些世俗統治者更大的控制當地教會的權力。因而，教皇是在犧牲許多原本存在的權力基礎上，才換取理論上至尊地位的。爲了補償這一損失，他們集中全力控制自己在義大利中部的直接統治。十五世紀，多數教皇的統治方式與其他王公極爲相像——統帥軍隊，施展手腕建立同盟，興建宏偉壯觀的宮殿。因此，雖然他們在歷史上第一次創建了一個確實的政治國家，但他們在人們心目中依然是一副對虔誠不感興趣的形象。

就在教皇制經歷這無常變化之際，歐洲各地的當地教士也由於種種原因而威信喪失。其中一個原因是，教皇更大的財政要求迫使教士向俗人索取更多的東西，凡此種種招致極大憤恨，尤其是在經濟危機盛行之際。隨後，在瘟疫爆發後，教士有時也像其他人一樣逃離職守，這樣一來，他們就無法再聲稱自己在道德上高人一等了。人們對教士越來越不滿最主要的原因，或許在於俗人識字人數與日俱增。學校繼續得到普及，書本的價格下落（關於這一點下文將專門論述），就使得大量俗人學會讀書寫字。這樣一來，俗人就可以開始閱讀《聖經》部分章節，或者，能更經常地閱讀通俗的基本宗教讀物。且在閱讀之後，他們就會發現，當地牧師並未按照耶穌和使徒確定的標準生活。與此同時，這一時代的動盪不寧和恐懼感，迫使人們比過去任何時候都更需要到宗教中尋求安慰。由於傳統的管道，如去教堂做禮拜、懺悔和臣屬教士權威等，都已無法完全滿足他們的要求，使得俗人去找尋補充性的，或其他替代宗教的途徑。雖然這些途徑彼此之間差別很大，但其主要目的都是滿足人們對上帝的巨大渴求。

人們最常採用的方法是不斷重複外在的祈禱行爲，希冀上帝在今世賜福給虔誠的信徒，並在來世救贖他們。因此，人們蜂擁前往聖地朝聖（這是前所未有的），並定期參加赤足的宗教列隊行進：這種活動往往每月舉行兩次，偶或頻繁到每週一次。此外，善男信女們還迫不急待地雇請專職的「彌撒教士」，成千次地做彌撒之事，超度他們已故親屬的靈魂，同時留下大量遺產，讓人無數次地誦讀安魂彌撒，以超度自己死後的靈魂。這種狂熱一再舉行祈禱的行爲在達到沸騰之際，一些虔誠的人士試圖數清楚基督灑在十字架上的血滴數，以便同樣多次地稱頌主。中世紀後期，最過分、最令人作嘔的一種宗教儀式就是鞭笞。一些住在公共房屋中的婦女，用最粗糙的獸皮、鏈條或打結的皮帶鞭笞自己。一三三一年，波蘭一位年輕女孩在住進這樣的公共房屋後，受到嚴重的內傷，十一個月過後就完全沒了人形。鞭笞一般是不當眾執行的，但在一三四八至一三四九年間，黑死病第一次肆虐之際，成群的信徒步行穿過北歐，一邊唱歌，一邊用帶有金屬包頭的鞭子互相抽打對方，希望這樣能夠平息上帝的雷霆之怒。

與此相對的是一種內在到達聖潔的途徑，即是神祕主義。在歐洲大陸各地，尤其是在日耳曼和英格蘭，所有男男女女神祕主義者，其中既有教士也有俗人，他們試圖透過「脫離凡世」、默禱或精神練習，與上帝交融在一起。中世紀後期，最有獨創性、最爲雄辯的神祕主義理論家是日耳曼道明會修士馬斯特・埃克哈特（約一二六〇～一三二七年），他教導說，每個人的心靈深處都有一種力量或一點「火花」，那是上帝眞正居住的場所。透過把各種自我念頭都拋掉，人就可以退隱到心靈最深處，並在那兒找到神性。埃克哈特並不反對人們去教堂做禮拜，他自己也去教堂布道，因此不可能反對上教堂，但他明確宣布外在的儀式對於接近上帝而言，相對來說是不重要的。他還給世俗的聽眾留下這樣的印象，即他們主要靠自己的意志力就可以達到神性。因而教會權威人士指控他蓄意煽動「無知、未經訓練的人做出難以控制的、危險的過火行爲」。雖然埃克哈特聲稱自己合乎教會正統，但他的某些教導仍受到教皇的譴責。

那些批評埃克哈特的人所擔憂的並不完全是杞人憂天，因爲日耳曼的一些俗人在他的影響下，確實走上異端的道路，他們認爲不必經過任何中介牧師就可完全在現世與上帝融爲一體。不過，這些所謂的自由精神派異端分子爲數甚少。人數比這多得多的是來自正統的神祕主義者，他們有時受到埃克哈特的影響，有時則否；他們更強調的是在心靈與上帝相會時神的主動性，並斷然聲稱，教會舉行的宗教儀式是達到神祕境地必不可少的途徑。然而，就連他們也相信：「教會不能使人神聖，但人能使教會神聖。」十四世紀時，宣講和親身實施神祕主義的大都是牧師、修女或獨居修道士，但在十五世紀時，一種經過改良的神祕主義信仰在俗人之中傳播開來。這種「實用的神祕主義」的目的並不在於完全醉心於與上帝的交融，而在於在日常行爲中不間斷地感受到神的某種存在。引人走向這條路最流行的手冊是《效法基督》，它是用拉丁文於一四二七年前後寫成，作者可能是日耳曼北部的修士湯馬斯。這一手冊用樸實有力的文字寫成，講的是人如何在世間積極生活的同時，又能做一名虔誠的基督徒，因而對世俗讀者特別具有吸引力。正因爲這一點，它很快就被譯成歐洲各地主要方言。直到今天，《效法基督》一書依然是除《聖經》之外，基督徒讀者最廣泛閱讀的一部宗教著作。該書敦促讀者參加一種宗教儀式——聖餐，但在另一方面，強調內在虔誠的重要性。根據它的說教，一個基督徒成爲耶穌基督「夥伴」的最好方式，是既參加聖餐儀式，又默念《聖經》，並過一種簡樸、有道德的生活。

中世紀後期第三種與眾不同的虔誠形式，是直截了當的宗教抗議或異端。尤其是在英格蘭和波希米亞，異端運動對基督教會構成嚴重威脅。中世紀後期，英格蘭異端運動的發起人是一位名叫約翰・威克里夫（約一三三〇～一三八四年）的牛津大學神學家。威克里夫嚴格信守聖奧古斯丁的神學，據此認爲世間有一些人註定要獲得救贖，其餘的人則不可逆轉地要接受懲罰。他認爲命定獲救的人，自然而然地按照《新約》規定的標準過著簡樸的生活，但事實上他發現，基督教會主教團的多數成員大都過著極度奢華的生活。由此他得出結論，多數教會官員將受到懲罰。在他看來，唯一的解決辦法是讓世俗統治者把教會財富挪做他用，並對教會進行改革，辦法是用行爲符合使徒標準的人取代那些腐敗的教士和主教。這一立場對英格蘭貴族特別有吸引力，因爲這些人可能本就期盼著奪取教會財富，並中飽私囊，同時認爲利用威克里夫當成一條鬥牛狗，嚇嚇教皇和當地教士至少是沒有任何壞處的。因而威克里夫在開始時，獲得了有影響力貴族的支持。但在其晚年，威克里夫由僅僅號召進行改革，卻發展到攻擊教會某些最基本的制度，尤其是聖餐禮。這種激進態度嚇跑了那些有影響的保護人，如果威克里夫活的時間再長一些，他可能就會被正式譴責爲異端。然而，教會卻未能因威克里去世而鬆一口氣，因爲他吸引了眾多世俗追隨者——被稱爲「羅拉德派」，他們熱切地繼續宣傳他的某些最激進的思想。最重要的是，羅拉德派教導說，虔誠的基督徒應把腐敗的教會拋在一邊，而代之以研究《聖經》，並盡可能依賴個人的道德。在十四世紀最後二十年間，羅拉德派吸引了許多信徒，但在一三九九年英格蘭引入對異端處以死刑的作法，和一四一四年羅拉德派起事失敗之後，異端浪潮大大消退了。然而，少數羅拉德派暗中繼續存在，其後繼者對十六世紀的新教改革運動產生了促進的作用。

威克里夫信條，在波希米亞產生比在英格蘭大得多的影響。一四〇〇年左右，在牛津求學的捷克學生把威克里夫的思想帶回波希米亞的首府布拉格。在那裡，一位富於辯才的牧師約翰·胡斯（約一三七五～一四一五年）熱切地接受了威克里夫的思想；在此之前，他就已在聽眾甚多的布道上抨擊「塵世、肉體和惡魔」。約翰·胡斯援引威克里夫的學說爲根據，號召結束教會的腐敗，聚集許多波希米亞人參加一四〇八至一四一五年間的改革事業。他未像威克里夫那樣批評聖餐儀式而嚇跑任何人，反而贏得來自許多方面的支持。大分裂的政治局面促使波希米亞國會對胡斯提供保護，而有影響的貴族也出於與英格蘭貴族類似的動機支持胡斯。更重要的是，胡斯透過他的口才和對社會正義問題的關心，而贏得許多追隨者。當胡斯一四一五年同意參加康斯坦斯宗教會議時，多數波希米亞人都信從他的主張。胡斯之所以同意前赴康斯坦斯，是想在會議上捍衛自己的觀點，並試圖說服與會的高級教士：只有進行徹底的改革才能挽救教會；另外，他也得到保障其人身安全的承諾。然而，他一抵達會議地址，高級教士們就出爾反爾，未給他任何公正的申辯機會，就把他抓起來進行審判，以異端罪名把這位被出賣的理想主義者燒死了。

自然，這一卑鄙的作法激怒了波希米亞支持胡斯的人，他們迅速舉起公開反叛的旗幟。貴族們利用這一局面奪取教會的土地，較貧窮的教士、藝匠和農民集結在一起，希望實現胡斯的宗教改革和社會正義的目標。一四二〇至一四二四年間，由出身社會下層的胡斯信徒組成的軍隊，在一位出類拔萃的盲將軍約翰·傑士卡的率領下，擊敗了數支來自日耳曼由裝備精良的「聖戰」騎士組成的侵略軍，取得令人矚目的戰績。一四三四年，較保守的、由貴族控制的胡斯派信徒制服了激進派，從而結束建立一個純正的新宗教、改組社會的種種嘗試。但是，就連這些保守派也拒絕回到完全正統的道路上。從而波希米亞直到十七世紀天主教改革動運之後，才重新回歸天主教的陣營之中。胡斯教派的宗教獨立宣言，既預言了一百年後隨著新教信條而出現的種種變化，又是世紀後期人們對教會行政體系不滿最成功的表述。

政治危機與復甦

由於中世紀後期大部分時間戰端頻起，因而這一時期的政治情況在一開始時看起來非常黯淡，幾乎在每個地區都是鄰里相爭、鄰國交戰的局面。但仔細審視就會清楚地發現，歐洲幾乎所有政府最終都有所改善。在整個十五世紀期間，歐洲大陸多數地區重新實現了和平，民族君主制變得尤其強大，正如在經濟領域所能看到的，這一時期結束時出現了一個新力量的標誌。

我們的綜合考察由義大利開始，首先，我們必須說明義大利半島最南端的那不勒斯王國，在整個十四、十五世紀，此地不斷處於無休止的戰爭或管理不善狀態之中。另一方面，義大利比歐洲其他地區都更早由中世紀後期的政治騷亂中解脫出來。十四世紀對教皇國（包括義大利中部大部分地區）而言，是個麻煩不斷的時期，因爲教皇並不在本地，而且分裂的教皇力量很少能夠克服有抵抗力的城鎮，和各武裝團體敵對的領導人的反抗。但在一四一七年大分裂結束後，歷任教皇把更多注意力放在鞏固義大利教皇地位的統治上，逐漸成爲半島中部地區的強有力統治者。在更靠北的地區，某些主要的城市國家，例如佛羅倫斯、威尼斯、西耶納和熱內亞，在十四世紀時，由於經濟壓力都經歷了至少是臨時的、或經常是曠日持久的社會衝突。然而，遲早爲強大的家族或利益集團克服了內部的反抗。到一四〇〇年，北方三個主要的城市國家——威尼斯、米蘭和佛羅倫斯，都確立了各自不同的政治體制：威尼斯處在商人寡頭制統治之下；米蘭處在一個專制王朝的統治之下；佛羅倫斯則處在一個複雜的、據認爲是共和政體但實際上由富人掌權的體制治理之下。（一四三四年後，佛羅倫斯共和國實際上處在麥迪奇銀行家族的控制之下。）

在解決了各自的內部問題後，威尼斯、米蘭和佛羅倫斯大約自一四〇〇到一四五四年紛紛進行領土擴張，幾乎征服了義大利北部其他所有城鎮；熱內亞是一例外，它雖然仍是個繁榮的獨立國家，但沒有獲得任何新領土。因而到十五世紀中葉，義大利可分爲五個主要地區：北方的威尼斯、米蘭和佛羅倫斯三國；中部的教皇國；以及南部落後的那不勒斯王國。一四五四年的協議在這些國家中開創了半個世紀的和平局面。協議規定：只要一國威脅要打破這種「力量平衡」，其他各國在戰爭眞正爆發之前，通常就結成聯盟予以反對[9]。因而十五世紀後半期，對義大利而言是一個幸運的時期。但在一四九四年，法國入侵義大利，戰火再次在義大利燃起；法國試圖藉此控制義大利，但遭到西班牙成功的反擊。

在阿爾卑斯山以北，政治動亂貫穿整個十四世紀，並延續到十五世紀。日耳曼的局面可能是最不安定的。在那裡，實際上完全獨立的王公與大大受到削弱的皇帝爭戰不已。在約一三五〇至一四五〇年這段時期，日耳曼普遍出現一種近乎無政府的混亂局面，因爲就在王公混戰成一團，並把其繼承分成更小的邦國時，諸如自由城市和擁有一、二個城堡的騎士這類弱小勢力，也企圖擺脫王公的統治。在日耳曼西部大部分地區獲得一定成功，結果使政治權威空前分裂；但在東部，在約一四五〇年後，某些較強大的王公設法控制住分裂勢力，維持了自己的權威。在做到這一點之後，他們開始以英格蘭和法國這些更大的民族君主制爲模式，對中等規模的邦國進行強有力的統治。統治著諸如巴伐利亞、奧地利和勃蘭登堡之類東部地區的那些王公最強大，因爲在那裡城鎮更少、更小，這些王公在更早的時候，就可以利用帝國的軟弱控制大片地區的拓殖活動。奧地利的哈布斯堡家族諸王公和勃蘭登堡（該地區在十六世紀與普魯士最東部合在一起）的霍亨索倫家族諸王公尤其如此，它們將成爲日耳曼未來最有影響的兩個勢力。

大的民族國家在中世紀後期也同樣遭到動亂的蹂躪。法國在該時期的許多年裡也陷入紛爭之中，主要是陷入曠日持久與英格蘭的百年戰爭之中。百年戰爭實際上由一系列衝突構成，延續的年代不止百年——始於一三三七年，止於一四五三年。一些不同的原因促成了戰爭的爆發。十四世紀初，英格蘭國王仍然統轄著法國南部法國國王的附庸加斯科尼和亞奎丹這兩塊面積很大、土地肥沃的地區。自菲立普・奧古斯都統治時期以來，法國人一直在擴展疆土並鞏固自己的統治，顯然希望把英格蘭驅逐出去，這就使得戰爭不可避免。戰爭爆發的另一個原因在於，英格蘭人爲了維護自己與法蘭德斯人進行羊毛貿易的經濟利益。對法蘭德斯自治市居民反對法國統治的經常性企圖予以支持。最後，構成法國王統的卡貝家族直系繼承人於一三二八年滅絕了，腓力四世沒有直系的男性繼承人，此後將由有親緣關係的瓦洛亞王朝取而代之，而此意味著透過聯姻關係而成爲卡貝家族後裔的英格蘭國王，可以提出承襲法國王位的要求。

法國在戰端初起時，本應可以輕鬆地戰勝英格蘭：因爲它是歐洲最富庶的國家，人口（約一千五百萬）多於英格蘭（不足四百萬）。然而，在百年戰爭前四分之三時間裡，英格蘭獲得了大部分激戰的勝利。其中一個原因是英格蘭掌握了先進的軍事戰術，用訓練有素的弓箭手擋住，並驅散騎著戰馬、身著重甲的法國騎士。在這場長時間的衝突裡，三次最大的戰役中——一三四六年克雷西戰役、一三五六年普瓦蒂埃戰役，和一四一五年的亞讓庫戰役，人數處於劣勢的英格蘭人依靠嚴明的訓練和有效地使用長弓，重創法國人。英格蘭取勝的另一個原因，是戰爭一直在法國土地上進行。這樣一來，英格蘭士兵求戰心切，因爲他們可望獲得大量勝利品，同時自己的故鄉未受到戰爭的任何損害。對法國人來說，最糟糕的是，他們內部往往有著嚴重分歧。法國國王對各地要求自治的主張一直心存疑懼：尤其是在曠日持久的戰爭期間，法國在位國王多爲極其無能之輩，而英格蘭人又竭力慫恿法國內部的意見不合，此時許多地方性貴族領袖利用混亂之機與法國的敵人勾結起來，謀取一己私利。最戲劇性、最命運攸關的一例是勃艮第脫離法國：該地的公爵們在一四一九至一四三五年間與英格蘭結盟，這一舉動直接威脅到獨立的法國國王的生死存亡。

正是這一黑暗的時刻，女英雄聖女貞德挺身而出，重振法國民心。一四二九年，貞德這位不識字但極其虔誠的農村姑娘，找到了尚未加冕的法國統治者查理七世，宣稱她受到神的委託把英格蘭人趕出法國。查理被說動了心，同意由她指揮法國軍隊；貞德的虔誠和誠實給士兵留下深刻的印象，他們士氣大振，僅用了幾個月時間，貞德就把法國中部大片地區從英格蘭人統治下解放出來，並把查理帶到蘭斯，而查理七世更在那裡的古老大教堂加冕爲王。但在一四三〇年五月，貞德被勃艮第人抓獲並遭審判。一四三一年，經過預先確定罪名的審判後，她在魯昂集市廣場被當衆燒死。儘管如此，她的努力已使英法戰爭的形勢改觀，法國軍隊在其最初幾次勝利的鼓舞下繼續發起進攻。一四三五年，勃艮第退出與英格蘭的聯盟，此時在位的英格蘭國王亨利六世是位完全無能的君主，結果法國一方又不斷取得一連串勝利。一四五三年，英格蘭在法國西南部的最後一個據點波爾多失陷，曠日持久的戰爭終於結束了。此時，英格蘭人在法國只剩下一個瀕臨英吉利海峽的港口加萊，該城在一五五八年也最終爲法國收復。

百年戰爭的結果不只是把英格蘭人逐出法國領土，而且大大增強了法國國王的權力。雖然長期戰爭期間，法國國王多爲無能之輩，其中一位查理六世還患有週期性精神錯亂症，但君主制顯示出令人矚目的持久力，因爲它給法國提供了有史有來最強大的機構，因而成爲實現持久穩定與和平的唯一現實可行的希望。此外，戰爭的緊急狀態使國王得以獲得新的權力，尤其是擁有徵收國家稅收和維持一支常備軍的權利。因而，在查理七世擊敗英軍之後，法國國王就可以重新建立中世紀全盛期非常自信地治理國家的皇家傳統。在查理七世的繼承人路易十一世（一四六一～一四八三年在位）和路易十二世（一四九八～一五一五年在位）統治時期，君主制變得空前強大。其最大的單一成就，就是乘機消滅了一直桀驁不馴的勃艮第勢力。一四七七年，勃艮第公爵大膽查理在南錫戰役中，喪命於他試圖加以統治的瑞士人之手。由於查理死時沒有男性繼承人，法國的路易十一世得以進軍勃艮第，把這一分離出去的公國重新納入自己的統治版圖之內。後來路易十二世通過聯姻獲得布列塔尼，這樣法國國王就把幾乎與今日法國版圖相當的所有土地都置於自己的強有力統治之下。

雖然百年戰爭在法國土地而不是在英格蘭本土進行，但英格蘭由於內部不穩定，因而在中世紀後期也發生了大騷亂。實際上，英格蘭是騷亂的溫床：一三〇七至一四八五年間登基的九位英格蘭國王中，有五位國王由於叛亂或密謀而死於非命，被殺的國王大都是些無能之輩。但英格蘭政局動盪也有其原因：其一是英格蘭國王野心過大，既想保住自己在法國的領地，又想征服蘇格蘭，這種政策往往迫使國王在國內徵收重稅，因而向貴族做出重大政治讓步。當國王在與法國的軍事戰爭中獲勝時，他便成為深孚眾望者，貴族也因獲得大量戰利品和贖金而興盛起來；不過，一旦在軍事上陷入逆境，國王在財政上就會捉襟見肘，被迫在政治上處於防禦地位。令事態更惡化的是，英格蘭貴族在這整個時期尤為不馴服，這不僅是因為貴族們往往有理由不信任無能的國王，而且還因為這時代的經濟壓力，迫使他們以犧牲別的貴族為代價，來擴充自己的農莊。這就引發了黨政之爭，而黨派活動往往導致內戰發生。

當英格蘭喪失在法國的所有土地，且貴族無法再指望靠對外戰爭掠奪戰利品而致富之後，英格蘭的政治局勢因而變得尤其危急。時運不濟的是，此時當政者適為英格蘭歷史上最不稱職的國王之一，即亨利六世（一四二二～一四六一年在位）。根據一位權威新近的看法，亨利六世「以一種不負責任和淺薄至極的態度，令英格蘭政治的整個程序陷入一團混亂，陷於癱瘓之中，這在歷史上是沒有先例的。」亨利的任性促成了玫瑰戰爭的爆發。玫瑰戰爭始於一四五五年，終止於一四八五年，它得名於敵對雙方的標記：蘭克斯特亨利家族的標記是紅玫瑰，其競爭對手約克家族的標記則是白玫瑰。約克家族一度掌有王權，理查三世等曾登基為王。但到了一四八五年，一個新的王朝——都鐸王朝都取代了約克王朝，從而開創英格蘭歷史的新時期。都鐸王朝的第一位國王亨利七世穩步鏟除各個覬覦王位的人【10】，不再進行費用高昂的對外戰爭，積累起剩餘財富，逐步重申國王對貴族的權力【11】。一五〇九年他去世後，便將王位傳給自己的兒子亨利八世（一五〇九～一五四七年在位），實現一種空前強大的王權。

把自一三〇七至一四八五年亨利七世登基這段時期的英格蘭歷史，視為一個未取得任何積極的成就，而且漫長、乏味的過渡期，這是一個很吸引人的看法，但這種看法有失公正。首先，在騷亂頻仍的時期，英格蘭完全沒有分裂，這本身就是一個成就。值得注意的是，中世紀後期發動叛亂的貴族，從未嘗試宣布他們所在的任何一個地區獨立；只有一次，即在一四〇五年，他們確實試圖瓜分國家，但沒有成功。把這一不具重要意義的例外排除在外，那麼可看出，貴族叛亂分子總是力圖控制中央政府，而不是摧毀中央政府，或從它那裡脫離出去。因而，當亨利七世登基之際，他不必像法國國王路易十一世那樣收復任何英格蘭領土——路易十一世在登基後不得不費力地收復勃艮第。更重要的是，百年戰爭造成的敵對情緒最終產生了提高英格蘭民族認同意識的有益結果。自諾曼地征服威廉到十四世紀後期，法語一直是英國王室和貴族愛講的語言，但日益高漲的仇法情緒，致使英語在一四〇〇年左右取得完全勝利。丟失在法國的各塊領地最終也不無好處，因為此後國王得以擺脫與法國交戰的必然局面。這種自由使英國在十六世紀歐洲大陸政治中能夠更靈活地施展外交手腕，後來又有助於英國集中精力在美洲及其他地區進行海外擴張。不過，另一個具有積極意義的發展是高效率的行政機構穩步成長；雖然國王不斷更換，但中央行政管理體系擴大並變得更成熟了。議會也變得更強大，這在很大程度上是因爲國王和貴族都相信他們可以利用它爲自己服務。一三〇七年時，議會尚不是英格蘭行政體系中的固定部分，但到了一四八五年，它毫無疑問地發展爲固定的機構。後世一些希望在不靠議會的情況下進行統治的國王，都遇到了嚴重困難。

就在法國的路易十一世和英格蘭的亨利七世在各自的國度裡重振王權之際，西班牙君主斐迪南和伊莎貝拉也在伊比利亞半島爲實現同樣的目標而努力。在中世紀後期，伊比利半島也是紛爭不息【12】——亞拉岡和卡斯蒂爾往往彼此交戰，那些王國內部各貴族派別也不斷與王室開戰。但在一四六九年，亞拉岡的繼承人斐迪南與卡斯蒂爾的女繼承人伊莎貝拉成婚，藉此創建了一個構成現代西班牙基礎的聯合。

儘管西班牙直到一七一六年才成爲一個完全統一的國家，此因在於：亞拉岡和卡斯蒂爾仍保有各自的機構——各擁有其君主、政府和議會與語言，不過，至少這兩個以前各自爲政的王國之間不再開啓戰端，這個新的國家可以著手推行統一的政策。伊莎貝拉和斐迪南（他們分別統治到一五〇四和一五一六年）征服了貴族，並在同一年（一四九二年）吞併了穆斯林在伊比利半島殘餘的最後一個國家那瓦爾，並把所有猶太人逐出西班牙。一些史學家認爲，驅逐猶太人是出於宗教偏見，另一些史學家則認爲這種舉動雖然有些殘酷，但不失爲一個冷靜的措施，旨在避免西班牙的conversos（指從前皈依基督教的猶太人）故態復萌。不論動機何在，迫使猶太人出走，致使斐迪南和伊莎貝拉認爲他們消除了威脅民族統一的內部力量，並有膽量執行雄心勃勃的外交政策：他們不僅轉向海外擴張，其中最著名的一例是資助克里斯托弗·哥倫布，而且果斷地登上義大利的政治舞臺【13】。此外，在征服墨西哥和祕魯之後，美洲的金銀大量注入西班牙，同時它在戰場上幾乎不可戰勝，這樣，西班牙很快就成爲十六世紀歐洲最強大的國家。

中世紀後期歐洲各地政治發展最明顯的成果，就是最終保存了中世紀全盛期的基本類型。在一三〇〇年之前就在政治上呈現四分五裂的義大利和日耳曼地區，在此後依然呈現政治分裂局面。且在十五世紀時，這兩個地區出現中等規模邦國，因而帶來空前的安定，但事態的發展將證明義大利和日耳曼依然是西歐強國強取豪奪的對象。後者隨著更強大的民族制鞏固，比過去顯然強大得多。它們的優勢地位最明顯的表證，就是緊接著一四九四年之後諸年義大利的歷史。在一四九四年之前，義大利各國相對說來顯得更富庶，政治上也井然有序，它們試行了更先進的行政管理和外交技巧。但當法國和西班牙侵入亞平寧半島時，義大利各邦像紙製房屋那樣應聲而倒。西方各君主國完全可以利用更大的資源，並因而接掌了歐洲的未來。

俄羅斯帝國的形成

適值一四五〇年之後半個世紀中，西歐民族國家的力量得到決定性的鞏固之際，這時在歐洲東部有一個國家脫穎而出，這就是俄羅斯，它在後來將成爲歐洲一個舉足輕重的強國。但俄羅斯與西歐民族國家截然不同，或者說，在一五〇〇年左右，俄羅斯朝著成爲歐洲主要的東方式帝國邁出了決定性的第一步。

如果不是中世紀後期的幾種情況結合在一起，俄羅斯很可能沿著典型的西方路線發展成一個或數個國家。確實，位於今俄羅斯地區第一個政治實體的創建者，本身即是西方人——來自瑞典的維京人，他們在十世紀爲了保護自己從斯堪地納維亞至君士坦丁堡的貿易線，而以基輔附近爲中心建立了一個公國。經過了二至三代的時間，這些維京人在語言上被周遭的斯拉夫人同化了，但是他們所建立的基輔公國，一直到一二〇〇年左右之前，仍是更大的歐洲國家共同體中的一員。由於基輔位於俄羅斯平原的最西端（準確說來，基輔根本不在俄羅斯境內，而是一個叫作烏克蘭地區的中心），因而在中世紀全盛期，基輔公國自然而然地與西歐保持親密、眞誠的外交和貿易關係。舉例來說，在十一世紀，法國國王亨利一世娶了一位基輔公主安妮爲妻，他們的兒子相應地取了一個基輔人的名字菲立普，這一命名典禮標誌著迄今一直是外國人所用的姓名進入了西方。除了與西方文化有這種直接聯繫外，基輔政府與西方的有限君主制也有些相似，基輔大公們的統治權力也受到全民大會這一機構的制約。

但是一二〇〇年後，四項具有劃時代意義的發展，驅使俄羅斯文明與西方文明之間產生裂痕：第一個變化是蒙古人或韃靼人在十三世紀征服了俄羅斯大部分地區。早在十二世紀中葉，基輔就遭受到來自亞洲一個名爲庫曼人的部落騷擾，使基輔和俄羅斯其他國家結成鬆散聯邦的公國，最後勉強抵擋住庫曼人的進犯。然而，一二三七年越過烏拉爾山脈自亞洲來到俄羅斯的非常野蠻的蒙古人，則完全是另一回事。在令人畏懼的成吉思汗的孫子拔都的統率下，蒙古人在西進途中燒殺搶掠，據那時代人的說法，「已無人可以睜開眼睛爲死者哭泣」。一二四〇年，蒙古人侵占基輔；二年後，他們在伏爾加河下游建立了自己的國家——這個國家即是金帳汗國[14]，該國在此後大約二個世紀中，近乎是對整個俄羅斯實行統治。由於他們不願也無力建立行政機構來對面積廣袤的俄羅斯直接管理，蒙古可汗們容許幾個當地俄羅斯國家繼續存在，只要求它們表示臣屬並定期納貢。在這種「韃靼人枷鎖」下，俄羅斯政治發展的正常進程無可避免地受到阻礙。

最終脫穎而出並在十五世紀打敗蒙古人，把俄羅斯許多地區團結起來的當地俄羅斯公國，乃是莫斯科大公國，它地處俄羅斯東北部的內陸深處。由於它遠離蒙古人在伏爾加河下游的權力中心，使莫斯科大公們與其某些對手相比，就有更大的自由來鞏固自己的力量，並免受蒙古人的干涉；當蒙古可汗意識到這一點時，已為時過晚，無法遏制住莫斯科的勢力。但莫斯科地處偏遠，離西歐也非常遙遠：比基輔與法國或義大利之間的距離要遠約六百英里，且往往為冰雪所覆蓋。僅這一點就成為妨礙莫斯科與西方建立密切關係的一個明顯因素，但令局勢更惡化的是，一三八六年之後波蘭－立陶宛的興起，以及一四五三年君士坦丁堡的陷落，致使建立眞誠的關係變得完全不可能了。

在中世紀的大部分時間裡，波蘭都不是一個主流國家，面對日耳曼人的入侵，他們往往處於守勢地位。但在十四世紀，局勢發生了重大變化，這部分上是因為日耳曼王國在那時盛況已不復從前，尤其是在一三八六年波蘭女王雅德維加與立陶宛大公亞蓋沃的聯姻；這一聯姻不僅使波蘭的領土增加了一倍，而且使之成為一個奉行擴張政策的主要國家【15】。甚至在一三八六年之前，立陶宛公國就制訂擴充疆土的計畫，不僅把波羅的海沿岸為今日立陶宛掌控的地區置於其統治之下，而且還要擴展到白俄羅斯和烏克蘭等地區。在與波蘭聯合後，立陶宛的擴張動力更強烈了：一四一〇年，波蘭－立陶宛聯軍在坦嫩貝格戰役中，大敗當時統治著相鄰的普魯士的日耳曼軍事團體——條頓騎士團，且同時在十五世紀初期，波蘭－立陶宛在東方也大肆擴張，看其來勢像是要征服整個俄羅斯。但是，波蘭－立陶宛信奉的是羅馬天主教，而它所征服的俄羅斯人有不少信奉東正教，他們因此不願聽從新統治者的擺布。信奉東正教的莫斯科顯然從這種不滿中獲益非淺，它成為在宗教上反對波蘭的中心。因而，當莫斯科在十五世紀後半期能夠對波蘭－立陶宛採取攻勢時，它既訴諸民族感情，也訴諸宗教情感。隨後雙方進行了曠日持久的戰爭，戰爭大大加劇了敵對情緒；由於波蘭－立陶宛在莫斯科公國人的心目中代表著整個西方，因而他們對整個西方文明也變得空前懷有敵意。

最後與這一趨勢相關，一四五三年君士坦丁堡淪入土耳其人之手，造成難以評估的影響。我們在第十二章已經談到，俄羅斯在十世紀後期皈依東正教信仰，是拜占庭帝國傳教士的功勞。在基輔公國時期，俄羅斯信奉東正教，對於與西方的眞誠聯繫並未構成障礙，因為當時東正教的拜占庭和西方之間尚未出現無法彌

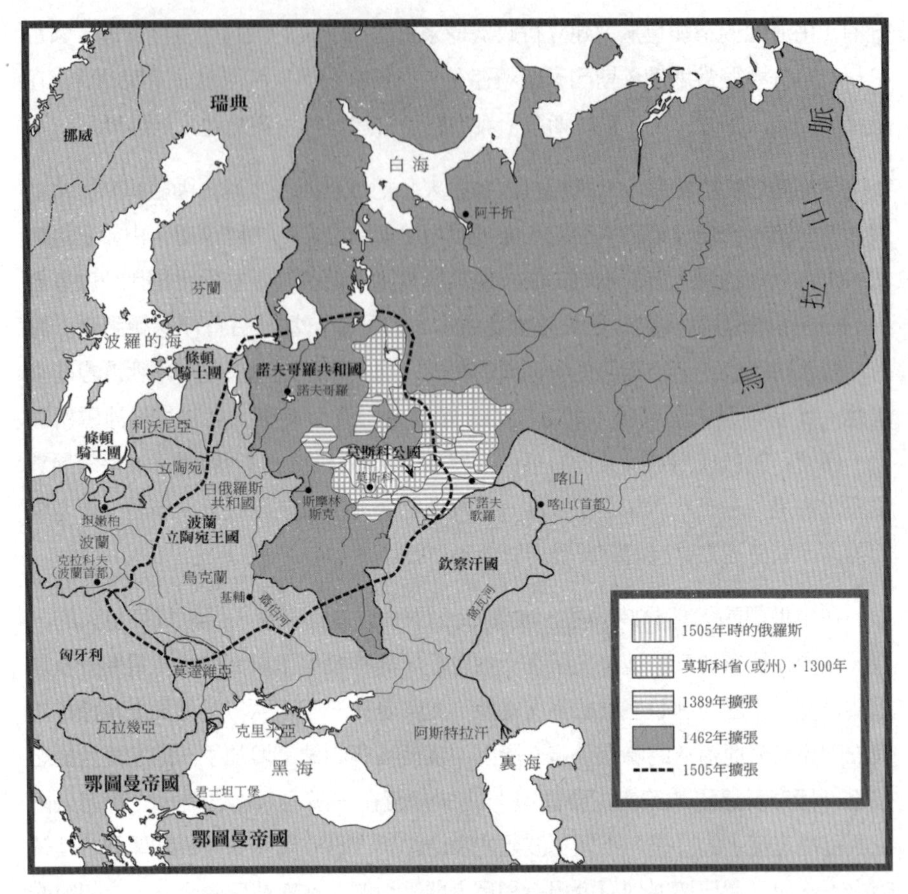

圖15-2　一五〇五年以前的俄國

合的宗教敵對狀態。一二〇四年，西方第四次十字運動洗劫君士坦丁堡之後，拜占庭對羅馬就只有仇恨可言了。信奉東正教的俄羅斯人對其拜占庭導師逐步表示同情，一四五三年拜占庭滅亡後，他們更加感到自己有異常充分的理由杜絕「羅馬的影響」。這是因為在一四三八年，君士坦丁堡的拜占庭人已明確地察覺到，土耳其人即將展開強大的進攻，因而降紆屈尊同意與教皇達成屈辱性的宗教和解，希望能在垂死一搏中換取西方的軍事支持。但儘管如此，西方沒有進行任何幫助，以致君士坦丁堡在未得到羅馬天主教騎士援助的情況下，於一四五三年落入土耳其人之手。然而在此同時，莫斯科的東正教統治集團拒絕跟著拜占庭向羅馬表示宗教臣屬，其原因顯然在於莫斯科絲毫沒有感受到土耳其人的威脅。因而，一旦君士坦丁堡失陷，莫斯科公國人就得出結論，土耳其人獲勝是上帝對拜占庭人背棄宗教行為的懲罰，莫斯科公國則成一個尤為熱心的反對羅馬思想意識的中心。

正是在這種背景下，我們可以檢查一下伊凡三世的統治；伊凡三世（一四六二～一五〇五年在位）習慣上被稱爲伊凡大帝，他費盡心思要把莫斯科大公國轉變成新生的俄羅斯帝國。伊凡的前任瓦西里二世已在莫斯科推翻蒙古人統治的爭鬥中占了上風，但在一四八〇年宣布廢除對蒙古可汗的種種臣屬而完成這一過程的，卻是伊凡三世。此時，蒙古人爲莫斯科公國的力量懾住了，沒有進行任何反抗。在此同時，一四六二至一四八五年間，伊凡一個接一個地吞併了位於莫斯科和波蘭—立陶宛之間所有獨立的俄羅斯公國。最後，經過接連兩次入侵立陶宛（一四九二和一五〇一年），這位強大的征服者奪回毗鄰其西部邊界的白俄羅斯和烏克蘭一整片地區。因而當一五〇五年伊凡大帝去世時，莫斯科公國顯然已成爲歐洲舞臺上一個不可小覷的力量。

但對任何觀察者而言，同樣很清楚的是，俄羅斯文化和政府現在具有濃厚的非西方特徵。自一二〇〇年左右，出於各種實際考量與西方分離之後，俄羅斯未能跟上西方思想和文化發展的步伐。例如，在俄羅斯實際上沒有世俗文學，算術也不怎麼爲人所知，阿拉伯數字尚未得到使用，商人們用算盤計算。人們的行爲舉止和風俗習慣也無法與西方相比。上層婦女頭戴面紗，與外界相隔離；男人則普遍蓄有鬆散的鬍子，身著裙式外衣。

在伊凡三世統治時期，最重要的或許是，俄羅斯沿著東方式的政治專制和帝國主義方向發展。這可以從伊凡採用的「所有俄羅斯人的沙皇」這一稱號中，最明顯地看出來。俄文中的「沙皇」即 Caesar（凱撒）之意，伊凡使用這一稱號，就意味著他宣稱自己是已經消失的拜占庭皇帝的後繼者，而這些拜占庭皇帝又是古羅馬凱撒們（皇帝）的後繼者。爲了強化這一要求，他又與拜占庭末代皇帝的侄女——索菲亞成婚，以拜占庭的雙首鷹爲其徽標，並以奢華風格重建在莫斯科設防的王公住所——克里姆林宮，以顯示其帝國的輝煌雄偉。伊凡採用拜占庭模式對俄羅斯未來的政治發展至關緊要，因爲這使他及其後的繼承者效仿拜占庭皇帝，以東方專制君主的方式行事，未經討論即可宣稱「君王之所好具有法律效力」。此外，在作爲「所有俄羅斯人的沙皇」，伊凡就把自己構想爲不僅是莫斯科的俄羅斯人，而且是所有俄羅斯人，甚至是白俄羅斯人和烏克蘭人的專制統治者。正如後來事件發展所表示的，這是一種擴張主義政策的開端，未來的俄羅斯沙皇藉此把俄羅斯人和各式各樣非俄羅斯民族融入歐洲最大的帝國之中。

土耳其人的擴張與鄂圖曼帝國

在中世紀後期，土耳其人成群結隊地進入西亞和東亞，爲世界上的大帝國之一奠定了基礎。到了十六世紀，鄂圖曼帝國把已經滅亡的拜占庭統轄的所有地區，以及阿拉伯人在伊斯蘭擴張前幾百年征服的大部分地區，都置於自己的控制下，此時其國勢達到了極盛。鄂圖曼帝國橫跨歐洲、亞洲和非洲三個大陸，成爲拜占庭和阿拉伯各王國的後繼者；它在保有兩者某些特點的同時，更添加了許多新的、與衆不同的特點。

土耳其人（突厥人）最初是中亞大草原上諸游牧部落之一，西元六世紀，他們聯合各部落的首領建造了一個帝國。這一帝國自黑海一直擴展到中國邊界，但很快就分崩離析了。土耳其人在世界歷史舞臺上崛起爲一個舉足輕重的勢力，開始於八世紀他們皈依伊斯蘭教之後。這一轉化過程是經由與深入到中亞的阿拉伯戰士、商人和傳教士的接觸而實現的。與衆多皈依伊斯蘭教的人不同，土耳其人從未被阿拉伯人征服。他們是志願信奉伊斯蘭教，並熱心推廣伊斯蘭事業；在一開始時，他們被其簡單的教義，以及它號召採取勇敢行動保護宗教的號召所吸引。他們不僅把伊斯蘭教作爲個人的行爲，而且把它當作治國標準之基礎：在一個部落之間紛爭不已的社會中，伊斯蘭教成爲一種凝聚力量。皈依伊斯蘭教也使土耳其人與波斯和近東各成熟的文明有了更密切的關聯。他們保留了自己的語言，但以阿拉伯文書形式取代其更早的書寫體系，同時在其語言中借用了許多阿拉伯文的詞彙。

土耳其人浸淫於一種蠻勇的游牧文化傳統之中，把傳播這種眞正的信仰當成自己的使命，這種信念使他們勇氣大增；很快地土耳其人就以無畏的戰士著稱於世——或者說聲名狼藉，在幾百年的時間之中，被俘獲或用錢買到的土耳其人奴隸被納入各個已經確立的穆斯林國家軍隊中，他們逐漸成爲主要的軍事力量，最後僭奪了政治權力。到十一世紀中葉，穆斯林國家大都掌握在土耳其手中，其中包括巴格達的阿拔斯王朝。在埃及、土耳其軍事奴隸的後代最終建立了一個統治王朝，把持埃及王位達三百年之久（一二五〇～一五一七年）。（這些人被稱爲「馬穆魯克」蘇丹，該詞源自阿拉伯文，意爲「擁有」。）土耳其冒險家還盡力獲得新的地區，並移植伊斯蘭教。十一世紀時，他們入侵印度，在印度斯坦建立了穆斯林王朝。其他人掉頭西進，深入拜占庭帝國的邊界地區，在安納托利亞建立根據地，這裡後來成爲土耳其民族令人尊敬的故土。

與土耳其人在安納托利亞各公國發展相伴出現的是兩股敵對力量的較量。爲了使其自戰場上贏得的權威合法化，土耳其統治者歡迎波斯、伊拉克和阿拉伯半島等「一流」伊斯蘭社會的法學專家和宗教專家前來相助。但擴展領土主要是伊斯蘭戰士，他們看重戰鬥中同志情誼與吃苦耐勞的邊遠地區居民的功勞。在安納托利亞的國家建設過程中，威嚴的、等級制的宮廷模式，與民主的、具有平等主義傳統的兵營模式之間關係緊張。

在拜占庭帝國分崩離析的過程中，先後有兩個土耳其人王朝，即塞爾柱人王朝和鄂圖曼人王朝，躋身於顯赫地位。塞爾柱人源自一個自稱爲一同名祖先後裔的戰士家族。一〇五五年，他們進入巴格達城，把哈里發變爲其傀儡。過了十六年，一〇七一年，塞爾柱人的蘇丹阿爾普・阿爾斯蘭在曼齊卡特戰役中擊敗拜占庭軍隊，給予拜占庭皇帝毀滅性的打擊。塞爾柱人建立的是一個鬆散的帝國，其勢力抵達中亞；帝國以科尼亞爲首都，在安納托利亞實行的是中央集權的君主統治。土耳其人就把拜占庭的安納托利亞稱爲「魯米」（即「羅馬」），他們統治者的頭銜爲「魯米蘇丹」。魯米蘇丹的權力在十三世紀中葉爲蒙古人粉碎，蒙古人在征服波斯和伊拉克後，一直進軍到安納托利亞腹地進行搶劫。此後，塞爾柱蘇丹國瓦解了。

塞爾柱蘇丹國的解體，只不過使亞洲和歐洲爭奪拜占庭領土的活動更趨激烈。實際上，征服與其說是由塞爾柱人或鄂圖曼人蘇丹進行的，倒不如說是獨立的伊斯蘭戰士團體，尤其是靠游牧爲生的土耳其人所完成的，他們因爲害怕蒙古人而逃竄，在安納托利亞西部建立權力基地。由於當地穆斯林統治者之間不團結且紛爭不已，使歐洲十字軍戰士於十二世紀得以在地中海沿岸獲得一個朝不保夕的立足點。著名的薩拉丁蘇丹曾贏得與他作戰的歐洲人的尊敬和羨慕。薩拉丁的血統是庫爾德人而非土耳其人，他先是充當埃及軍隊的統帥，後於一一七〇年在埃及建立了一個新王朝。正如上一章所述，歐洲的十字軍不僅沒有趕走穆斯林，反而進一步削弱君士坦丁堡中拜占庭皇帝的地位。

第二個註定要在歷史上產生遠比塞爾柱更大影響的土耳其王朝，在一開始時並不引人注目。與塞爾柱人一樣，鄂圖曼統治者也出自一個單一家族。「奧斯瑪里」（Osmali）——歐洲人誤爲「鄂圖曼」（Ottoman），此銜源自「鄂斯曼」（Osman）一名。鄂圖曼在十四世紀初期在安納托利亞的最西北角建立了一個據點，此地點比其對手的據點還要小，但戰略位置有利：離拜占庭的首都不遠。從這一根據地出發，鄂圖曼人設法併吞了安納托利亞分散的公國，並予以鞏固。士氣低落的拜占庭政府沒有進行什麼抵抗，有時還促進這一進程。一三四五年，一位皇帝徵召鄂圖曼人幫助他對抗一位覬覦帝位的對手，他允許鄂圖曼軍隊占領達達尼爾海峽對面的加利波利半島，這樣他們就擄有一個在巴爾幹半島進行征服活動的有利地點。在該世紀結束之前，其統治者重新採用塞爾柱人的稱號「魯米蘇丹」。

一四〇二年，塔莫爾蘭侵入安納托利亞東部，粉碎了一支土耳其軍隊，俘獲蘇丹，鄂圖曼勢力雖受到重創，但只是受到短期震盪。在度過至關重要的反叛和兄弟相殘的十年之後，居統治地位的家族重新樹立起權威，並開始發動新的戰役。蘇丹穆罕默德二世看到拜占庭疆土已縮減成其層層設防的首都附近一小片地區，決定拿下這個在一千年間經受住種種風雨襲擊的城市。雖然他爲此集結了數倍於城市守軍的龐大陸軍和海軍，圍城仍持續七週之久。最後在一四五三年五月二十九日，土耳其軍隊在城牆上打開缺口，「征服者」穆罕默德騎著大馬以勝利者的身分進入君士坦丁堡。

除了該城本身的價值外，鄂圖曼統治者把君士坦丁堡立爲首都，如此就可以更好地治理整個疆域。這一具有戰略意義的大都市充當了鄂圖曼帝國亞洲部分和非洲部分的連接線。到這一時期，安納托利亞不僅爲土耳其人掌有，而且完全融入伊斯蘭文化中。另一方面，巴爾幹半島代表著伊斯蘭世界的邊界，這裡居住的主要是基督徒。這兩個地區之間的區別從未完全消失，但逐漸有所減弱。在十五世紀自君士坦丁堡陷落之後所剩的年代中，鄂圖曼帝國的版圖繼續有所擴展。他們經由與塞爾維亞人、波蘭人、威尼斯人、教皇國和匈牙利人進行的戰爭，進一步在歐洲擴展領土，一直擴張到了多瑙河。一五二九年，土耳其軍隊包圍了維也納，但一直未能奪下該城。鄂圖曼人在歐洲進行擴張的同時，進一步征服了阿拉伯文化地區，包括敘利亞、伊拉克、埃及、阿拉伯半島西部，以及遠至摩洛哥邊界的北非沿岸。

在十六世紀最初幾年，土耳其人與波斯的關係發生了重大變化，其起因是薩桑王朝在波斯的出現。薩桑王朝是什葉派穆斯林（自稱是先知的女婿阿里的後裔）；土耳其人則恪守伊斯蘭世界居主流地位的正統派遜尼派，因而他們把薩桑王朝視爲異端。這兩大伊斯蘭帝國間的不和，致使兩者均在其領土內迫害居少數地位的派別；一五一四年，不和發展到了頂點，兩國刀兵相向，結果土耳其軍隊擊敗了波斯國王的軍隊，占領其首都塔不列斯。雖然鄂圖曼人沒有繼續控制波斯，但他們不再把波斯視爲其文化和宗教導師。此外，與波斯的決裂還使西方的土耳其人，無法與他們承認有著血緣關聯的中亞各伊斯蘭教社會建立聯繫。因而他們被迫更徹底地走上自己的發展歷程，並與西方各族人民建立更密切的聯繫。

在征服君士坦丁堡之後一百多年的時間裡，鄂圖曼帝國不僅是世界上最龐大、最強大的國家之一，而且是治理得最有成效的國家之一。鄂圖曼政府是東方因素和西方因素、傳統因素和創新因素、宗教因素和世俗因素奇特的結合。在理論上，它以伊斯蘭教的神聖律法爲依託，研究和解釋這一律法的人——烏力瑪，在社會和私人事務中都能發揮顯要作用，尤其是在教育、慈善事業和司法領域。但在實際上，蘇丹享有絕對的統治權，這種統治略微受到宗教的約束，和一個平等的游牧社會的古老傳統制約。鄂圖曼帝國不像薩桑王朝統治下的波斯帝國那樣是一神權制國家。蘇丹自認爲是伊斯蘭世界的領袖，「虔信者的統帥」，但他在宗教信仰方面尊重以穆夫提（伊斯蘭教法說明官）爲首的烏力瑪。鄂圖曼帝國早期的蘇丹對哈里發稱號並不怎麼感興趣，儘管他們在一五一七年征服埃及後完全可以這樣做。（在蒙古人結束阿拔斯王朝在巴格達的統治之後，馬穆魯克在開羅設立了一個傀儡哈里發。）直到十九世紀晚期，在帝國早就處於衰落過程之後，鄂圖曼蘇丹才正式採用哈里發稱號。

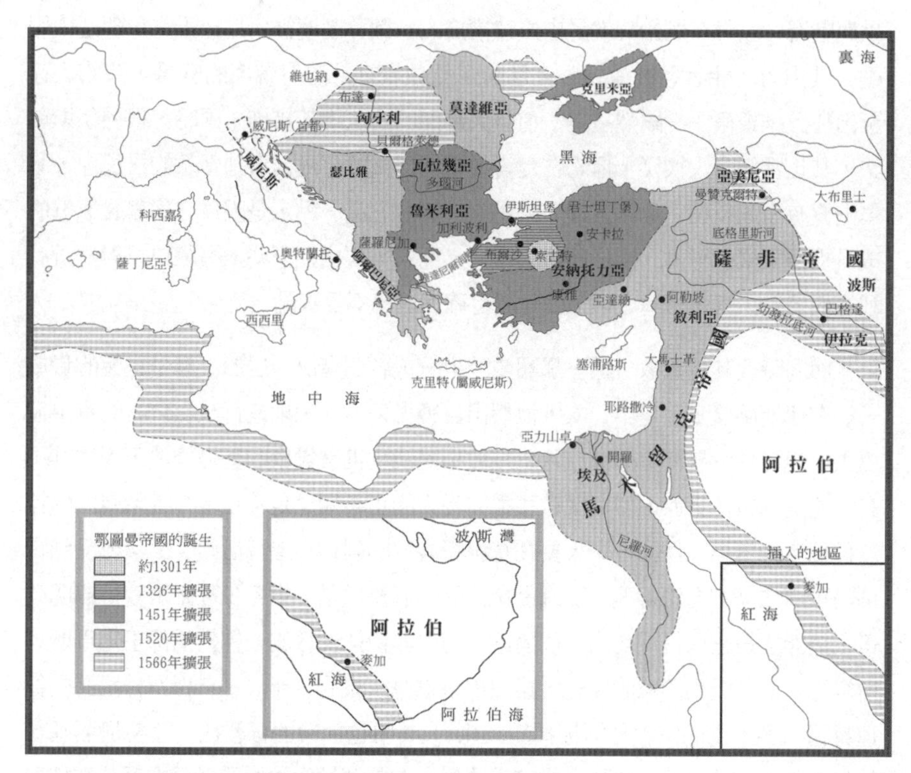

圖15-3　鄂圖曼帝國的崛起，約於西元一三〇一～一五六六年

要治理如此眾多、龐雜的人口，鄂圖曼人就必須建立一套複雜的官僚制度。眾多部門主持著民政和軍事事務，它們臣屬於蘇丹的最高權威，但蘇丹越來越將其權力委託給首要大臣，即大維齊爾。一些因素合力保全這一複雜的機構產生有效的作用。土耳其人雖然認爲統治權是要歸屬於一個特定的家族，但並不認爲王權必然要由長子承襲。爲了確保王位繼承井然有序，鄂圖曼的各個王子都被委以地方行政管理職位，以此檢驗他們的能力，經考驗最有能力者將被立爲繼承人，至於其他兄弟一般則被處死（用絲繩勒死）。十六世紀臨近結束時，這種「殘殺兄弟法」被廢除了；該法雖然殘酷無情，但它使手足相爭不致於引發內戰。鄂圖曼國家另一個與眾不同的特徵是它仰賴「奴隸政府」，這一作法雖非他們首創，但鄂圖曼人把此發展到了淋漓盡致。幾百年來，土耳其人奴隸一直被迫爲伊斯蘭統治者服役。現在土耳其人反其道而行，土耳其蘇丹有系統地著手徵募奴隸（在開始時是戰俘），主要是基督徒；這種措施叫作「徵募」，一直延續到十七世紀。他們精心挑選信奉基督教的男孩，令他們皈依伊斯蘭教，教給他們在政府任職的技能——首先使用奴隸的是軍隊，一支突擊步兵隊被稱爲土耳其近衛步兵（指一八二六年之前），它在國際上赫赫有名，並最終成爲一個很危險的有勢力世襲階層；該隊在開始時就是由奴隸構成的。徵募制度被用以在王宮和朝廷中服役，其中有才能者還被徵召去充當除宗教領域之外政府各部的官員，有的人甚至出任大維齊爾——雖然這是一種駭人聽聞的合法綁架措施，同時，根據伊斯蘭法，其正當性令人懷疑，但它在受害最重的巴爾幹半島信奉基督教的居民中，基本上沒有引起反抗。毋庸置疑，人們之所以容忍這一點，是因爲它爲卑賤家庭的成員提供了聚斂財富、出任高職的機會。而且，經由把那些擁有職位只對蘇丹有利的奴僕納入官僚機構之中，蘇丹就可確保自己不受叛亂之苦。

與同時代其他國家一樣，鄂圖曼社會分成各個階層。居於上層是世襲的貴族——在伊斯蘭歷史上是第一次，他們出自獲得采邑（采地或行政職位）的軍事領導人。對這些貴族而言，種族甚或宗教不是成爲世襲貴族的基礎條件，因爲其中有一些是基督徒貴族。伊斯蘭教和鄂圖曼人的正義觀念是，在現存各階層間保持一種穩定的關係。例如，商人要在基爾特會規的制約中進行活動；士兵要受到特別的軍事法庭的司法審理。鄂圖曼統治的一個特徵是，對各少數派宗教持開明政策，這無疑是它取得成功的一個因素。信奉非伊斯蘭教的一神教信仰不僅爲國家所容忍，而且受到國家的保護，雖然信奉這些宗教的人無法享有穆斯林臣民的種種特權。各不同的宗教社團被稱爲millet，其中包括希臘正教徒、亞美尼亞基督徒和猶太人；他們要按照自己的宗教法規、在其精神領袖的監督下處理其種種事務，而這些領袖反過來要對蘇丹的官員負責。

一四五三年君士坦丁堡的失陷，並不意味著一場蠻族征服。安納托利亞的土耳其人為伊斯蘭文化所同化，並透過長期的聯合，自拜占庭人中汲取了許多營養。他們既反對基督徒，也與他們作戰，更與基督徒通婚。當他們繼承了這一地理條件優越的地區時，他們沒有毀滅其文明，而且在其編年史中增添了卓有建樹的一章。

在遭到征服之際，君士坦丁堡（土耳其人稱之為伊斯坦堡，但正式改名要到二十世紀土耳其共和國時期）年久失修，只有大約五萬名居民。這些殘餘居民多數被賣作奴隸，但穆罕默德當即著手往首都移民，獎勵移居此地的穆斯林和非穆斯林，同時以強制手段安置一些居民。猶太人為了逃避迫害，自西班牙和其他歐洲國家大批湧來。不久，君士坦丁堡再次成為一個重要的商業中心，其貿易有很大程度上掌握在非穆斯林臣民，和有特權的外國僑民手中。在十六世紀結束之前，城市的居民增長到一百萬人以上。蘇丹們制訂了一個雄心勃勃的計畫，著手在首都及帝國的其他城市進行整修重建工作，以提供公共服務設施和慈善機構，尤其是宗教設施。因此，有一些基督教堂被改成清眞寺；其中引人注目的有聖索菲亞大教堂，在此重修了拱壁，並對它予以加固，且在四周興建了四個光塔。（教堂內部彌足珍貴的鑲嵌畫上刷了一層石灰，以與伊斯蘭教不得表現偶像的規定相合。）皇宮和政府建築群——位於一個俯瞰三條水道交匯的地點——主要用木料建成；由於火災和地震，它們不得不一再重建。在建築學上，鄂圖曼人最偉大的貢獻是在其清眞寺上，其中土耳其因素和拜占庭因素融合在一起，形成一種氣勢雄偉而優雅得體的風格。洋蔥頭狀穹頂是波斯和印度的伊斯蘭建築的特徵；與此不同，鄂圖曼—土耳其清眞寺上方覆蓋的是一個寬闊半球形圓頂，這是由聖索菲亞教堂的大穹頂獲得的靈感。在主要建築周圍往往是一些用來當作學校的較小房屋。在十六世紀這一鄂圖曼帝國的黃金時代，活躍著一位世界著名的建築師錫南（一四九〇～一五七八年）。錫南的父母均是基督徒，他被徵募為王室服役，經由軍階而上升到帝國總建築師的高位。在據認為由他興建的三百多座建築中，最精美的一座當屬蘇里曼清眞寺，它專為蘇里曼一世蘇丹興建，建於一五五〇至一五五六年。這一宏偉的建築屹立在伊斯坦堡最高的山丘上，俯瞰著黃金海角，按其設計宗旨是提供比聖索菲亞教堂內部更開闊的空間，它似乎毫不費力就給人留下一種高聳入雲的印象。

蘇里曼一世的統治時期（一五二〇～一五六六年）是鄂圖曼帝國及其文明的極盛時期。此時帝國的疆界擴展到最大限度，他為帝國高度繁榮與文學藝術豐富多彩建樹良多。同時，雖然教皇和各地來的歐洲冒險家仍喋喋不休地談論要趕走「異教徒」，但鄂圖曼帝國仍贏得世人的尊敬。蘇里曼一世與英格蘭的亨利八世、法國的弗朗西斯一世和神聖羅馬帝國皇帝查理五世同時，是十六世紀最引人注目的君王之一；而且，他所統治的是那時最富裕的國家。在自己的臣民中，他獲得了「立法者」的稱號，此即爲同時代的歐洲人稱之爲「大帝」的名稱。

在這一輝煌時期之後不久，就出現了緩慢且致命的衰退。蘇里曼本人預先看到了這一衰落，他停止參加朝廷工作會議的作法，把一應事務交由其代理人大維齊爾負責。蘇丹們逐漸放棄富有活力的領導作用，但這對一個廣袤的、信仰各異的帝國來講是必不可少的。他們生活在後宮與世隔絕的環境裡，耽於酒色之中，變得萎靡不振。宮廷生活花天酒地，再加上官僚制度的營私舞弊和貪汙腐敗，逐漸侵蝕了帝國力量的基礎。到了十九世紀，鄂圖曼帝國被稱爲「歐洲病夫」，這並非完全沒有道理。但在五百年間，它一直是個不可小視的力量，並把其許多美德傳給後人。

思想、文學和藝術

人們或許會這樣猜測，中世紀後期西歐面臨的極度困難，應當使思想文化和藝術事業陷入衰退或停滯狀態。但實際情況不然，因爲這一時期在思想、文學和藝術領域皆有其豐碩的成果。本節將暫不論述與義大利文藝復興早期歷史關係十分密切的某些發展，而集中探討中世紀後期西歐的其他某些重要思想文化和藝術成就。

在一三〇〇年左右之後，神學和哲學方面出現了信仰危機。這種懷疑並不涉及上帝及其超自然力量的存在問題，而是對人類是否有能力領會這種超自然力量產生懷疑。如果說，聖湯姆斯·阿奎那和中世紀全盛期的其他哲學家已明確地界定了「信仰奧祕」的數目，並認爲除此之外，天上人間的一切事物都可爲人徹底了解，那麼，十四世紀的洪水泛濫、霜凍和瘟疫，則消除了人們對人類理解力的這種信心。一旦人類經過親身體驗發現宇宙隨心所欲、難以預測，十四世紀的思想家們就開始懷疑，天上人間還有遠非其學說所能解釋的東西。就這樣，人們開始對從前的神學和哲學觀念進行徹底的重估。

中世紀後期最重要的抽象思想家是英國方濟各會修士——奧卡姆的威廉，他生於一二八五年前後，死於一三四九年，顯然是因黑死病而亡故。從傳統上講，方濟各會修士一直比聖湯姆斯這樣的道明會修士更懷疑人類理性、理解超自然力量的能力；奧卡姆對他所在時代發生的事件有所自覺，並令人驚羨地表達了這些看法。除經文的啓示外，他否認上帝的存在和其他眾多神學問題是可以論證的，同時，他強調上帝有隨心所欲做任何事情的自由和絕對權力。在經由人類知識領域，奧卡姆敏銳的洞察力促使他尋求絕對的肯定性，而不是純粹的理論。在探究世間事務時，他發展出一種被稱爲「唯名論」的立場，認爲只有一個的事物而不是集合的事物才是實在的，因此，我們不能透過一個事物來理解另一個事物：要了解椅子，就必須看到並觸摸它，而不是知道其他一些椅子爲何物。此外，奧卡姆推定，詞只表示自身而不是實在之物，據此他提出了一條邏輯。這種邏輯可能無法很清楚地說明實在世界，但至少不會遭到拒斥，因爲就像歐幾里德的幾何學那樣，它靠自己的術語本質上就是有根據的。

奧卡姆的觀點在中世紀後期的大學中風行一時，廣爲流傳；在今日，人們往往認爲它過於重視方法論，幾近枯燥無味，但它對西方思想的發展產生一些重要影響。奧卡姆對上帝可能做什麼之問題的關注，致使他的追隨者提出一些看起來荒謬得使中世紀神學受到嘲笑的問題，例如上帝是否可以消除過去，不計其數的純粹精靈能否同時居住在同一地點（最近似的中世紀思想實際上進而問道一個尖頂上能有多少個天使跳舞）。但不管怎樣，奧卡姆強調保存上帝的自主，這就使人們強調上帝的無所不能，後者成爲十六世紀新教教條的一個基本前提。另外，奧卡姆決心在人類知識領域找到確定性的東西，這最終不得不借助於超自然的解釋來探討人類事務和自然科學成爲可能——這是現代科學方法的最重要基礎之一。最後，奧卡姆反對研究集合性的東西，以及拒絕邏輯運用於現實事物，這促進了經驗主義的發展，即世界上的知識靠感覺經驗而不是抽象推理而來。這一點也是進步的一個前提：因而，十四世紀奧卡姆的一些追隨者在物理學研究方面取得重大進展，或許並非巧合。

雖然奧卡姆在文學方面並未產生直接影響，但在中世紀後期的文學中，也出現與奧卡姆相似的尋求可靠眞理的傾向。中世紀後期文學主體的主要特徵是自然主義，即按照事物本來的樣子如實地描繪。這是由中世紀全盛期的先例，例如，克雷蒂安・德・特魯瓦、沃爾夫拉姆・馮・埃申巴赫以及但丁，對人類行爲的探索發展，而不是對它們做出的反應。具有識字能力的俗人人數穩定地增加，更進一步鼓勵作家們避免將哲學和神學分離，而是更加如實地描繪人類的所有力量以及缺陷，試圖以此取悅他們。中世紀晚期文學的另一大特徵，即主要是用歐洲各地的方言而不是拉丁文進行創作，這創舉同樣發端於中世紀全盛期的先例，但由於兩個不同的原因，在中世紀後期其勢愈熾：一個原因在於，各國間的緊張關係與敵對情緒，包括這一時代頻繁的戰爭，和影響全體的教皇制受到的種種考驗，致使人們渴望安定，需要一種自我認同的榮譽感，因而反映在方言文學上。更重要的一點或許是，俗人教育繼續得到普及，此大大增加了能夠閱讀某一方言的作品，而非拉丁文作品的公衆人數。因而，雖然在中世紀全盛期不少詩是用各地方言寫成的，但在中世紀後期，在散文領域也普遍使用方言。進一步說，在一三〇〇年前後，剛剛開始培育自己的方言文學的義大利和英國這些國家，隨後開始用本土方言創作出最引人入勝的文學作品。

中世紀後期，用當地方言進行散文創作的最偉大作家是義大利人喬瓦尼·薄伽丘（一三一三～一三七五年）。雖然薄伽丘因一些次要作品（包括典雅的浪漫小說、牧歌和學術論文），在文學史上也會占有重要的位置，但他迄今最引人注目的作品，是他從一三四八至一三五一年間寫成的《十日談》。《十日談》匯集一百個故事而成，這些故事大都是關於愛情、性、冒險和巧妙的騙局；講述的故事被認爲是一個不落俗套的小團體，包括七位少婦和三位男子，他們爲了躲避黑死病浩劫而躲到佛羅倫斯郊外一鄉間別墅裡。這一百個故事的情節雖然不是完全由薄伽丘構想出來的，但也是他從更早的作品中借用了故事的梗概，用自己獨特而富於生氣、技巧嫻熟和極其詼諧的風格重新敘述這些故事。從歷史的觀點看，說《十日談》是一部劃時代的作品是有許多理由的：首先，它是西歐第一部用方言創作、用散文寫成有著強烈抱負的成功之作，其富於創造性。說薄伽丘的散文是「現代」的，是指它輕快活潑，因爲與中世紀創作文辭華麗的浪漫故事作家不同，薄伽丘有意用一種單純自然、口語體的方格寫作。簡單說來，在《十日談》中，他更感興趣的是質樸的趣味性，而不是「莊嚴」或優雅。從書的內容看，薄伽丘希望按照人本來的面目，而不是理想的面目加以描繪。因而，當他描寫教士時，他把他們描繪成與凡人一樣有著七情六欲和缺點的人。在他的筆下，女人不是毫無生氣的玩物、與人疏遠的女神，或堅貞的處女，而是實際存在具有智慧的活生生的人；與西方文學中過去出現的任何女性形象不同，這些女性怡然自得、自然大方地與男人交往。薄伽丘對性關係的描述往往是生動、詼諧的，但絕不是低級趣味的。在他看來，不應壓制男人和女人的自然欲望。由於以上種種原因，我們說《十日談》是一部激賞人的各方面、健康的、給人帶來樂趣的作品。

英國人傑弗里·喬叟（約一三四〇～一四〇〇年）在許多方面與薄伽丘相似，他也是一位創作了一種健康、自然主義方言文學的作家。喬叟是第一位迄今尚可爲人不怎麼費力就讀懂的英國重要作家。値得注意的是，他既是偉大的英國文學傳統締造者，又是對這種傳統做出最偉大貢獻的四、五位作家之一：文學評論家大都把他排在第二位，僅次於莎士比亞，與彌爾頓、華茲華斯和狄更斯齊名。喬叟撰寫了一些極其吸引人的作品，但他的經典之作無疑當推《坎特伯里故事集》，該書撰寫於他的晚年。與《十日談》相似，它也是一部按照一個框架匯集而成的故事集，不過在這裡，喬叟是讓一群由倫敦到坎特伯里朝聖的人講故事。但《坎特伯里故事集》和《十日談》也有區別。喬叟的故事用的是才華橫溢的韻文而不是散文撰寫的；講故事的人來自各個不同的階層——自騎士團的騎士，到虔誠的大學生，再到鼻上長有肉疣的偷別人東西的磨坊主。書中還描述了生動的婦女形象，最令人難忘的是那位知道「愛情的所有靈丹妙藥」、牙齒不齊、結過多次婚的「巴恩之妻」。每一個人物講述一個尤其能說明他（或她）自己的職業和世界觀的故事。透過這種方式，喬叟得以創造出一個成分極雜的「人間喜劇」。因而，他表現的比薄伽丘更廣，雖然他和這位義大利人一樣詼諧、直率和令人愉悅，但他有時更為深刻。

恰如自然主義是中世紀後期文學中主要的特徵，那麼中世紀後期的藝術也是如此。到了十三世紀，哥德風格的雕刻家已比其羅馬風格的前輩更注意按照植物、動物和人類實際的形象如實描繪。如果說，過去中世紀藝術強調的是抽象設計，那麼現在越來越強調現實主義：十三世紀藝術家雕刻的葉子和花朵，如不經過直接的觀察就可能做到，而且第一次可以清楚地辨認出所屬具體類屬。人物雕像逐漸變得更合乎自然比例，面部的表情也更加寫眞。到一二九〇年左右，人們對現實主義的關心已達到如痴如狂的地步：據說，一位雕刻家在雕刻日耳曼皇帝、哈布斯堡家族的魯道夫墓碑像時，因為聽說皇帝臉上新出現了一道皺紋，就匆匆趕回去看看魯道夫本人。

在此後二百年間，自然主義趨向不僅在雕刻領域繼續存在，而且擴展到手稿彩飾和繪畫領域。後者在某些基本方面上，是一門全新的藝術。自遠古的洞穴居民以來，繪畫一直是繪在牆上的，而牆自然是難以移動的。在中世紀和此後很長一段時間裡，壁畫藝術仍有發展，尤其是出現了壁畫技巧，即在溼灰泥牆壁上用塗料作畫。但除了壁畫外，十三世紀時，義大利藝術家首先開始在木塊或帆布上繪畫。這些畫起初用蛋彩畫法（用顏料與水、天然樹膠或蛋白調合而成的水膠顏料畫法）完成，但在一四〇〇年前後，歐洲北部引入用油彩作畫的方法。這些新技法的發展為藝術提供新的機會。現在藝術家們既可以為教堂在祭壇上描繪宗教場景，也可以繪製這種畫供富有的俗人在家做祈禱。此外，藝術家們繪製出西方第一批肖像畫，意在滿足君王和貴族的自負感。現存最早的一幅自然主義風格肖像畫是法國國王好人約翰的一幅畫像，完成於一三六〇年前後。其他人迅速效仿，這樣在很短的時間內，人物寫生畫藝術就有了高度發展。參觀藝術博物館的人會注意到，自十五世紀以來各時期一些最具現實主義特點、最敏感的肖像畫。

中世紀晚期最具開拓之功，最重要的畫家，當推佛羅倫斯人喬托（約一二六七～一三三七年）。他雖沒有從事人物肖像創作，但他賦予在牆上和可移動的畫板上刻劃的宗教人物以深刻的人性。喬托是位卓越的自然主義者，即師法自然。不僅他描繪的人物和動物比其前輩更接近自然，而且他們看來行為舉止更合乎自然。當耶穌在棕櫚主日進入耶路撒冷時，男孩為了看得更清楚，而爬上了樹；聖弗蘭西斯的屍骸陳列在那裡時，一位旁觀者抓住機會看看這位聖徒是否真的受到耶穌那樣的創傷；當聖母馬利亞的父母約阿希姆和安娜在長期分離後相見時，他們真切地擁抱在一起親吻——這可能是西方藝術第一個溫柔的吻。一位想像力豐富的說書人後來講到，喬托在畫上畫了一隻蒼蠅，一位觀眾竟以為這是隻活蒼蠅，伸手想把牠趕走；這一說法雖肯定不足憑信，但喬托確實取得更大的成就。具體說來，他是第一位意識到用純粹的三維空間構圖的人：一位藝術史家曾用這樣的話評論此事，即喬托的壁畫首先是「在牆上打開了一個洞」。喬托死後，義大利繪畫趨向有所逆轉。這或許是因為瘟疫的恐怖，致使人們對可怕的超自然力產生新的尊重。不論原因何在，十四世紀中葉的藝術家一度偏離了自然主義畫風，而轉向繪製似乎飄浮在空間的板著面孔、令人生畏的宗教人物形象。但到了一四〇〇年，藝術家們重歸現實主義傾向，開始在喬托影響的基礎上有所建樹，最終導致偉大的義大利繪畫復興。

在歐洲北部，除了手稿彩飾外，在繪畫領域，十五世紀初之前未有大的進展，但在十五世紀初，它突然形成獨具特色的進步。北歐主要的畫家是佛蘭德斯人，其中最重要的有凡・愛克兄弟（Hubert van Eyck，約一三六二～一四二六年；Jan van Eyck，約一三八〇～一四四一年）、羅傑・凡・德・韋登（約一四〇〇～一四六四年）和漢斯・梅姆靈（約一四三〇～一四九四年）。凡・愛克兄弟過去一直被認為是油畫的發明者，雖然現在對此有所爭論，但他們肯定是早期用油畫創作的最偉大畫家。油料的使用使他們和十五世紀佛蘭德斯的其他畫家得以用絢麗的色彩，和強烈的現實主義風格進行創作。凡・愛克兄弟和羅傑・凡・德・韋登在兩個方面尤為出色：他們傳達一種深刻的宗教虔誠感，描繪人們熟知的日常經歷最細微的細節。這兩者初看上去是不相容的，但我們應當記住，那一時代講究實際的神祕主義手冊，諸如《效法基督》等，同樣試圖把深刻的虔誠與日常現實結合起來。因而，一位佛蘭德畫家在描繪仁慈的聖母和聖子時，以那一時代日常生活為遠景，描寫人們做著各自的事，甚至包括一個人對著牆撒尿，這絕非褻瀆神靈。這種把神聖與世俗的東西揉合在一起的情況，在梅姆靈的作品中有相互分開的傾向，他擅長描繪純粹的宗教圖景或世俗肖像，但這種結合後來又在低地國家最偉大的畫家勃魯蓋爾和林布蘭特的畫中重新出現。

技術方面的種種進步

不提到中世紀後期某些具有劃時代意義的技術進步，那麼，對這一時期長久成就的敘述就算不上完整。令人悲哀但或許並不出人意料的是，在敘述這一主題時，首先要提到火炮和火器的發明。戰爭頻繁刺激了新式武器的發展，火藥本身是由中國人發明的，但在中世紀後期的西方首次用於特別具有毀滅性的目的。火炮在一三三〇年左右首次得到使用，它們發出可怕的聲響，「似乎地獄中的所有死鬼都跑了出來」。最早的大炮極爲原始，以致於站在炮後面的人比站在炮的前面者還要有生命之憂；但到了十五世紀中葉，大炮的性能有了很大改善，戰爭的性質開始發生革命性的變化。在一四五三年，火炮在決定兩場至關緊要的衝突結果方面扮演了主要的角色：一是，鄂圖曼土耳其人利用日耳曼和匈牙利的大炮突破君士坦丁堡的防線，而君士坦丁堡是在此之前最難攻破的歐洲城池；另一爲，法國人利用重炮拿下波爾多，藉此結束了百年戰爭。此後，大炮使反叛的貴族難以據守其石構城堡，從而促進了民族君主制的鞏固。把它們安裝在船上，大炮就使歐洲艦隊在隨後的海外大擴張年代裡主宰外國水域。同樣發明於一五〇〇年之後的火槍在此後逐步完善。一五〇〇年之後不久，一種最具殺傷力的新式火槍即滑膛槍，使步兵一勞永逸地結束了從前身著重甲、騎著大馬的騎士所具有的軍事優勢。一旦手持長矛的騎兵過時，戰爭就可更容易地進行，那些能夠召集最大規模軍隊的君主制國家完全壓服了國內的反抗，主宰歐洲的戰場。

中世紀後期的其他技術發展更能改善人的生活。眼鏡最早發明於一二八〇年代，在十四世紀臻於完善。這些東西使老年人能夠繼續看書，不然老眼昏花就會妨礙他們看書。例如，十四世紀的偉大學者佩脫拉克年輕時以視力奇佳自詡，但在六十歲後戴上了眼鏡，才得以完成他的一些重要作品。在一三〇〇年左右，由於使用磁羅盤，船隻得以駛到遠離陸地的地方，冒險進入大西洋腹地。這方面的一個直接後果就是開通了義大利和北方之間的直接海上貿易。隨後，在造船、地圖繪製和航海設施等方面出現的諸多改善，增強了歐洲人進行海外擴張的能力。十四世紀初葉，歐洲人抵達亞速爾群島和佛得角群島；此後，在經過由瘟疫和戰爭而出現的長期停頓後，一四八七年，歐洲人繞過非洲的好望角，一四九二年發現西印度群島，一四九九年由海路抵達印度，一五〇〇年發現巴西。一部分由於技術的進步，世界突然變得小多了。

中世紀的歐洲人還發明了一些我們現代日常生活中十分熟悉的東西，包括鐘和印刷書本。機械鐘發明於一三〇〇年前不久，此後迅速傳播開來。最早的鐘錶太過昂貴，非私人所能購買，但城鎮很快競相在其重要公共建築上安裝精巧的鐘。這些鐘不僅顯示時間，而且顯示太陽、月亮、星辰的運行軌跡，還發揮著機械報時的作用。這一新發明最終產生兩個深遠的影響：一是進一步刺激歐洲人對各種複雜機械的興趣。這種興趣早就隨著中世紀全盛期磨坊的激增而產生，但鐘最終變得比磨坊還要普遍，因爲約一六五〇年後，鐘價十分低廉，實際上，歐洲每一家庭中都有了鐘，家用鐘是奇妙機器的模型。如果說不是更重要，但至少具有同等意義的是，鐘開始使歐洲日常事務的進程更爲合理。在中世紀晚期鐘出現之前，時間是可以變通的，人們對天有多晚只有大概的概念，多多少少按照太陽的升降作息。生活在農村中的人尤其隨著季節變換，以不同的進度從事不同的勞作，即便可以計時，也是按照一年中不同季節光照的長度進行計算。然而在十四世紀，鐘首先開始不論晝夜每隔相等的時間就無情地報時，因而人們開始可以準確地安排工作。人們要「按時」上班和下班，許多人進而相信「時間就是金錢」。這種強調守時的行爲既帶來了新的效率，但也引起新的緊張狀況：路易斯・卡羅爾【16】作品中的白兔，就是一幅爲時間困擾的西方人生動的諷刺畫：這個白兔總是盯著他的懷錶自言自語地說：「太晚了，太晚了。」

活字印刷術的發明同樣具有重要意義。促成這種發明的主要動力是在一二〇〇至一四〇〇年間，用紙取代羊皮紙作爲歐洲主要的書寫材料。羊皮紙用珍貴的農畜皮革做成，極其昂貴：由於從一隻農畜身上只能取到四張優質羊皮紙，因而抄寫一部《聖經》就要宰二百到三百隻綿羊或小牛！紙用磨成漿的破布製成，成本和價格都比羊皮紙便宜得多。中世紀晚期的檔案證明，紙的價格僅爲羊皮紙價的六分之一。與此相應，學習讀、寫的費用也降低了。隨著越來越多人會識文斷字，因而對價格更低廉的紙張需求越來越大，而一四五〇年前後，活字印刷的發明完全滿足這一要求。經由大大節省勞力，這種發明在約二十年間就使印刷書本的價格降爲手抄書的五分之一。

一旦書本不再是奇貨，識字的人就更多了，書本文化成爲歐洲生活方式的一個基本方面。大約一五〇〇年後，歐洲人有能力閱讀和購買各式各樣的書籍，不僅有宗教小冊子，還有指導手冊、消遣性讀物；到了十八世紀，又有了報紙。印刷術使思想的傳播變得迅速和可靠；此外，革命性的思想一旦印刷成幾百冊，不再能輕而易舉地被撲滅。因而，十六世紀最偉大的宗教改革家馬丁・路德之所以能夠在全日耳曼各地當即擁有一批追隨者，是因爲他利用圖書印刷出版機構廣爲散發他的小冊子：如果不是得益於印刷術，馬丁・路德或許會像胡斯那樣被處死。

書籍的傳播還促進了文化上民族主義的發展。在印刷術發明之前，歐洲多數國家中都有林林總總的方言，這些方言差別很大，往往就連據認爲操同一種語言的人也幾乎不能互相交談。這種情況阻礙了政治的中央集權，因爲一位王室僕人可能完全無法與各省居民進行交談。然而，印刷術發明之後不久，歐洲各國都開始形成自己的語言標準，這種標準透過圖書整齊劃一地傳播開來。「標準英語」是倫敦印刷物中使用的語言，它傳到了約克郡或威爾斯。因而，人們之間的交往更便利了，政府工作也比過去更有效率。

在結束本章時，我們可以這麼說，鐘和書籍與大炮、遠洋船隻一樣，對一五〇〇年後，歐洲在全球居主導地位產生了促進作用。時鐘培育出的習慣促使歐洲人高效率地工作，並準確地制定計畫；書籍的普及大大增強進步思想的交流和傳播。一旦習慣於閱讀圖書，歐洲人在世界各民族中獨一無二地進行思想的交流和嘗試。因而，在一五〇〇年之後，歐洲人得以把整個世界掌握在自己手裡，就毫不令人奇怪了。

第十六章

亞洲騷動和輝煌的幾百年

Centuries of Turmoil and Grandeur in Asia

伊斯蘭教文明和印度教文明是世界上兩個範圍廣大、高度發展而又迥然不同的文明，它們（相會並結合在）一起在歷史上是不多見的。兩個文明之間的巨大差距，在文化和宗教上有了廣泛區別，致使兩者碰撞的歷史尤具啟發性；同時，它們匯集雙方才智創造的藝術，尤其是建築，別具情趣。

——約翰・馬歇爾爵士，《劍橋印度史》，第三卷西羅馬帝國衰亡之後，在蠻族入侵的影響下，西歐各國在半黑暗的時代裡艱難行進；但在同時，印度和中國的文明卻發展到很高的水準。然而，當中世紀後期有著相對穩定和繁榮的西歐社會出現引人注目的文化繁榮局面時，印度和中國都受到新的外族入侵，這些入侵的規模龐大，成爲兩國有史以來最嚴重的紀錄。不過，它們在經過這些入侵的衝擊後，仍完好無損地保住自己文化的本質特點，並取得新的成就，但入侵也對其社會產生一些長久的影響。至於，日本並未臣屬於外族征服，在亞洲各大國中是獨一無二的。不過，日本社會內部也出現了尖銳、激烈的矛盾衝突，這些衝突使日本逐漸形成一種與西歐封建制度十分相似的社會和政治組織模式。

印度穆斯林王國的建立（約一〇〇〇～一五〇〇年）

當中世紀後期和文藝復興時期的西歐各國出現重大的經濟和智識思想文化發展之際，印度遭到一系列外族的入侵，這些入侵對印度社會和文化造成長遠影響，並把伊斯蘭教移植到南亞次大陸。在此之前，印度與阿拉伯人的接觸主要是商業性與和平方式的，雖然對船運業的海盜襲擊活動，致使阿拉伯人在八世紀初征服了信德省。但伊斯蘭教對印度的影響不是來自阿拉伯半島，而是來自中亞，因此這種影響更因新近皈依該教的人而進一步加劇。穆罕默德是阿富汗東部一突厥王朝的君主，其根據地在加茲尼城，他從九九七至一〇三〇年去世的這些年間，共有十七次經山口到印度西北部進行劫掠活動。穆罕默德被稱頌爲「伊斯蘭教之劍」，他毀掉幾百座印度教廟宇，其中包括整個印度奉祀溼婆最重要的中心之一——位於古吉拉特沿海地區的索姆納特寺廟。雖然穆罕默德把旁遮普併入阿富汗王國，但他對印度眞正感興趣的，乃是因爲印度是一個可以提供豐厚戰利品的地方，他把占領該地視爲消除偶像崇拜的一場聖戰。中心在阿富汗古爾城的一個王朝，進一步征服了印度。一一九三年，古爾的穆罕默德占領了德里，並在幾年的時間裡就控制了孟加拉，就這樣，整個印度斯坦都落在以阿富汗爲根基的突厥人控制之下。

人數相對較少的劫掠隊伍之所以能夠奪取如此廣袤的地區，部分原因在於入侵者的武器和戰術先進。突厥騎士在游牧的傳統生活中長大，擁有世界上最快的戰馬，可以在全速奔馳中張弓射箭，因而在與戰象隊交鋒時，他們的襲擊特別令人膽寒。對征服得以成功來說，更具有決定意義的是，在西元七世紀戒日王的帝國衰落之後，印度一直處在政治分裂狀態之中，無法團結起來抵禦外敵。雖然一個被稱爲拉傑普特人的軍事貴族階層曾進行頑強抵抗，推測認爲拉傑普特人大致是匈奴人與被融入印度社會的其他亞洲入侵者的後嗣。他們被認爲屬於刹帝利種姓（「拉傑普特」意爲「國王之子」），自成一個特權階級，歷經四個主要王朝而形成。他們是一些技藝高超的劍客，以其軍事傳統爲榮，具有一種可殺而不可辱的精神。拉傑普特人是印度最凶殘、最勇敢的戰士，他們對穆斯林入侵者進行過殊死抵抗，但仍以失敗告終。他們不願承認失敗，一些人最終與其侍從一起遷入印度沙漠（拉賈斯坦），重建其支離破碎的社會。

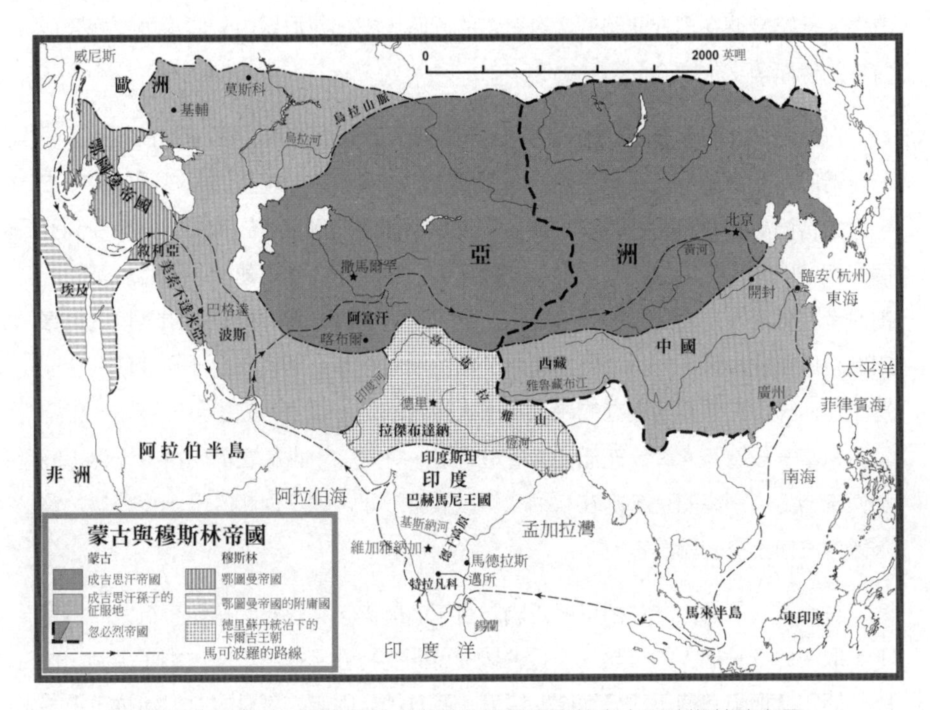

圖16-1　西元一〇〇〇至一五〇〇年前後的蒙古人和穆斯林諸帝國

土耳其（突厥）—阿富汗人的入侵雖很刺耳，但這兩種顯然無法調和的文化碰撞之後，並未像人們心中以爲的那樣，會深切地瓦解印度社會。伊斯蘭教與印度的各種宗教是處於極對立的一端。因爲伊斯蘭教是嚴格的一神教，它有著一種清楚、簡單而教條化的教義，把雕刻的神像視爲偶像崇拜都加以禁止，並強調教徒一律平等。印度教在哲學解釋上雖傾向於一神教，實際上它是一種多神崇拜，缺乏任何內在的教義，喜愛各種象徵性標記、圖案和多樣化建築，並有合法化的人類不平等觀念。多數印度人認爲不得傷害牛；穆斯林則宰殺牛並吃牛肉。印度教的主要部分是具有寬容性質的，認爲有許多同樣有效的了解神祇之途徑。穆斯林則把傳播阿拉及其先知唯一眞正的宗教，視爲自己神聖的使命。雖然如此，印度教徒和穆斯林仍覺得雙方是有可能生活在同一社會中的，同時並沒必要視對方爲仇敵。掠奪和褻瀆印度教寺廟對附屬於這些機構的婆羅門來說，是一個令人難以承受的打擊。不過，對廣大群衆則不然，他們的宗教未被完全破壞，其祭壇一直設在家庭或村落的中心。對於拉傑普特王國的下層耕作者，他們不得充當戰士，所以，他們沒有什麼動機去幫助剝削他們的貴族寡頭。對北印度的居民來說，改朝換代，甚至由蠻族出任最高統治者，並不是什麼新鮮事。實際上，加茲尼人及其突厥－阿富汗後繼者並不是眞正的蠻族，他們學會對文明做去蕪存精的改進。穆罕默德在攫取北印度大量財富的同時，把加茲尼城由一個邊境要塞變成首要的伊斯蘭文化中心。

自最初向北印度滲透之後大約兩百年的時間裡，穆斯林對那裡的占領進入一個新階段，其標誌就是在德里建立一個固定的政治中心。德里的蘇丹國始於一二〇六年古爾的穆罕默德被暗殺後成立的，其延續了三百多年的時間，先後受到五個突厥—阿富汗王朝的統治。最早一個王朝被稱爲「奴隸王朝」，因爲該王朝的創建者是位因軍功而逐步獲得擢升的奴隸。他的直接繼承人採取綏靖其境內信奉印度教臣民的政策，允許他們在交納一種特別稅後享有信教自由。他並沒有企圖罷免任何一位仍然宣稱獨立的羅闍。引人注目的是，該王朝的王位一度由一位婦女所執掌——富有才幹、充滿活力的拉齊亞，她是二十世紀之前印度獨一無二的女性統治者。不幸的是，她在掌權三年後被暗殺了，繼之而起的是一位殘暴、貪圖獲得波斯王位的獨裁者。

在此處我們無法詳述德里蘇丹國三百年的歷史。其政府的特點有很大的程度上，取決於蘇丹個人的特點，而且各統治者間的特性又迴然不同。爲了控制一個既包括印度斯坦與德干部分地區的國度，蘇丹授予附屬的官員擁有自治權，這些官員通常得到的是免稅的土地。在軟弱的統治者執政時期，地方官員對中央權威構成威脅。雖然印度人一般是不得擔任公職，但現存的統治機制，尤其是稅收機構，保留了下來，致使穆斯林政府出現印度化的傾向。

在卡爾吉王朝的阿拉烏丁統治的二十年間（一二九六～一三一六年），德里蘇丹國國境達到極盛時期。阿拉烏丁是位殘酷但十分能幹的君主（他是透過謀殺他的舅舅而登上王位的），他要求商人必須獲得許可證方可經商，並對工資和物價做出強制規定；此外，更對作物徵收高達百分之五十的稅收。另外，他把疆域擴展到德干高原頂端，但這一狀況未能持久；他強徵大量人員服兵役，以對付來自中亞這一游牧民族不斷的威脅。在這一時期，動亂的主要根源是蒙古人的擴張，他們的武裝力量馳騁在亞洲大地乃至歐洲大陸上。十三世紀初期，著名的蒙古酋長和帝國締造者成吉思汗曾短暫蹂躪印度河流域，他的劫掠雖只是一個偶發事件，但蒙古人襲擊印度的危險依然存在。蒙古人部落逐漸在印度北部定居下來，他們在此是以農業或手工業爲生，這些人大都皈依伊斯蘭教。十三世紀後期，他們在德里城中人數衆多，以致於使城市的一部分被稱爲「蒙古城」。蒙古人受雇蘇丹充當雇傭軍；由於蘇丹對他們的忠誠程度有所猜疑，使他們時常成爲受害者，因而有數萬名蒙古人遭到屠殺。

蒙古人對卡爾吉王朝的威脅在十四世紀初期，此時卡爾吉王朝被圖格魯克王朝所取代。虔誠、具有學識而偏激的穆罕默德．圖格魯克（一三二五～一三五一年在位），利用銅幣取代金幣和銀幣的辦法，使得貨幣貶值；這一嘗試破壞了商業，削弱經濟活力。他懷有征服波斯和中國的勃勃雄心，試圖以強迫德里居民南移至五百英里外新都的方式，加強自己對德干的控制。一三三五至一三四二年，印度出現了嚴重、持久的饑荒，穆罕默德．圖格魯克未能提供救濟，從而使臣民的離心傾向更進一步加強。雖然穆罕默德繼承人菲魯斯蘇丹在位的三十七年和平而公正的統治，有助於恢復繁榮局面，但在印度其他國家的敵對、蘇丹的總督所領導的反叛，以及信奉印度教的臣民越來越高漲的騷動等作用下，德里王國的穩定受到了破壞。一三三八年，孟加拉省自德里分離出去，並在其後兩個世紀中一直保持獨立。

十四世紀即將結束之際，北印度遭到有史以來破壞性最大的一次侵襲，此即跛子帖木兒的入侵。帖木兒（一三六六～一四〇五年在位）是突厥人的後裔，他原本是突厥斯坦一個小部落國家的首領。後來，他克服種種不幸，採取驚人的冒險行動，終於聚集起一支強大的騎兵部隊，開始進行震驚世界的征討。雖然他從未採用「汗」的稱號，但他獲得從前追隨成吉思汗的多數蒙古人承認，被他們尊爲最高統治者。他橫掃阿富汗、波斯和美索不達米亞，隨後便入侵印度，並公開表示其目的是在於使異教徒皈依伊斯蘭教，並掠奪財物。帖木兒及其軍隊在印度停留了不到一年的時間（一三九八～一三九九年），但他們留給印度的卻是一片廢墟。德里城遭到他們三天大肆搶劫，結果變成一座鬼城，用當時人的說法——該城變成一片焦土，在「整整兩個月的時間裡，城裡鳥類絕跡」；只要企圖抵抗的地區一概被毀滅，居民被殺或被賣作奴隸。帖木兒滿載黃金和珍寶而歸，手下士兵也個個擁有奴隸。同時，他把幾千名能工巧匠，包括石匠，以及他們在突厥斯坦首都撒馬爾罕建造的一座大清眞寺一起帶走。因此，帖木兒被無助的印度教臣民稱爲「震動大地者」，德里蘇丹國在這次打擊後，再也無法完全恢復過來。

印度半島地區雖然受到北部發展的影響，但因南北相距遙遠，因而使半島區得以免於遭襲擊印度斯坦的蠻族入侵的打擊。藉由一些大的、有影響的國家興起，德干地區複雜而富變化的政治模式進一步突顯出來。占據科羅曼德爾（位於東南部）海岸的注輦王國在擁有一支有能力控制印度洋的海軍之際，更發展一種興盛的文化，其表現在興修印度教寺廟和種種極爲精美的金屬製品上。鑄造方面，於十一世紀所鑄的溼婆像是有史以來最精美的塑像之一。注輦王國後來被信奉印度教的毗闍耶那伽王國併呑，毗闍耶那伽王國並在十四世紀時發展成一個帝國，其所包括的地區包含半島的整個南端，向北一直延伸到基斯納河。王國的首都是一座堅固的設防城市，也叫作毗闍耶那伽，意爲「勝利之城」。該城擁有居民五十萬人以上，據義大利、葡萄牙和阿富汗遊客證實，此處在十五世紀是世界上最大的城市之一。帝國的寡頭制統治者以出口寶石致富，擁有一個極奢華的朝廷，他慷慨地資助藝術，向寺廟捐納，並鼓勵出版評註梵文經典的著作。這一氣勢雄偉的印度教帝國居民顯然傾向於不太嚴肅的印度教形式。據記載，他們以動物獻祭，食魚而非牛肉，不過，在某些寺廟中保有作爲「神的奴隸」的妓女。

最後令毗闍耶那伽帝國黯然失色，並有能力向德里的統治者進行挑戰的是一支穆斯林勢力，其控制了自阿拉伯海到孟加拉灣的整個德干北部地區。當其五個省之一的比傑伊布爾宣布獨立爲一個王國時，由一個新王朝統轄並逐漸呑併毗鄰地區之勢，使得巴曼尼王國（一三四七～一四八九年）漸漸走到盡頭。比傑伊布爾王國擁有的是一個穩固的農業基地，與儲量豐富的鐵礦和鑽石礦；此外，其商業興盛且盈利甚豐。因此，它得到德里統治者以及波斯和拜占庭帝國的外交承認，且其國勢一直存活到十七世紀中葉之後。比傑伊布爾是由一個有效的官僚機構治理，有一支包括八萬匹馬和七百三十五頭大象的武裝力量；此外，正如毗闍耶那伽是印度教文明中心那樣，比傑伊布爾則是伊斯蘭教文明興盛發達的中心。與鄰國信奉印度教的君主相比，比傑伊布爾的蘇丹更歡迎多樣化，允許兼容並蓄的文化發展。十六世紀後期和十七世紀初期是王國發展到最光輝的時刻，這和他實行宗教寬容政策而得益有關。蘇丹一方面興建光彩奪目的清眞寺，包括令人嘆爲觀止的傑米清眞寺（一五七八年），另一方面也資助印度教寺廟。不幸的是，毗闍耶那伽和比傑伊布爾之間發生激烈的軍事衝突，結果造成兩敗俱傷，毗闍耶那伽於一五六五年被比傑伊布爾消滅，而比傑伊布爾的實力也因此受到削弱。

印度的印度教社會內部發生的變化，與前文列舉的類型並無多少偏離，種姓制度比前幾個世紀更加根深柢固。現在印度教有一種獨特的階級是不可接觸者，這階級賦予人類的渣滓一種比最低種姓還要低的地位。儘管不可接觸者（賤民）

承擔諸如清除汙穢物、埋葬屍體等工作，並穿著獸皮，但他們無權參加祭祀活動，被迫居住在與其他種姓隔絕的地區；而且出現時，還應該發出信號警告人們他們來了，甚至還被認爲連他們的影子也具有汙染作用。在印度的某些地區，賤民人數衆多，以致於形成自己的種姓。一個悲慘的下層社會顯示出與印度各王國的財富和輝煌相悖的傾向。

婦女的地位本來就低下，此時則更進一步低落。深閨習俗（指婦女頭戴面紗和不得與外人接觸）是由穆斯林引入的，不過，印度社會早已朝著女性越來越處於從屬地位的方向邁進。童婚（即女童被指定的婚姻）習俗得到認可，其理論根據是：由於女人愛自己丈夫以外的任何人都是有罪的，因而，在她到青春期之前就必須爲她確定忠貞對象。因此，守寡是童養媳十分可能遭遇的命運，但這並不能解除女性的束縛。因爲寡婦在某種程度上會因丈夫之死而受到指責，所以不得再嫁。對一位寡婦來說，投入焚燒丈夫屍體的柴堆自焚身亡以示忠貞，是一件榮耀的事。一位擁有許多妻妾嬪妃的國王去世時，必須有許多婦女集體殉葬，因而要燃燒許多柴堆。寡婦自焚的儀式被稱爲「撒提」，字面意思是「貞女」。幸運的是，這些不人道的極端例子並非在印度各地普遍實行的措施。

雖然就連有識人士也支持男權觀點，但正如各地都可能出現的，印度人對婦女的態度很矛盾。印度最古老的崇拜是地母崇拜，而且他們對母神的崇拜一直持續到現代。另外，每一位印度教男神都有一位女性配偶，女神與男神共享神性，她們不僅是居於從屬的地位，有時也扮演主動的角色。她是神具有活力的力量。溼婆的配偶是其邪惡的化身時母或女惡魔難近母，後二者所激起的是敬畏和恐懼。與此同時，一位婦女應當聽命甚至崇拜自己的丈夫。我們不妨引用中世紀的一首詩：

> 雖然他出言不遜，耽於享樂，
> 雖然他一無優點，
> 貞潔的妻子應一如既往，
> 像神尋親崇拜他。

然而，其他作家則對婦女所付出的幫助和撫慰丈夫的作用，給予大量頌揚。

發端於德干高原達羅毗荼人的改革運動，正把印度教塑造成本質上恆久的形式。正如在第十一章提到的，在古典笈多王朝時期，巴克提運動造成對一個具有救贖力量的個性化神令人激動的崇拜。在致力於溼婆和毗溼奴傳統的各種神祇時，巴克提崇拜把神性理解爲無處不在，認爲就連最低賤的等級也可能得到救贖。在德干高原西北部的馬拉塔地區，那裡的居民大都屬於首陀羅，不過改革運動在此地仍迅速爲人接受。在穆斯林統治地區，包括不斷擴張中的比傑伊普爾王國，改革運動同樣取得進展。在那裡，一個受到巴克提教條影響的溼婆教派拒絕接受婆羅門教，並且否認種姓區別，不過，它仍固守著古代的男性生殖器崇拜，把陰莖象徵視爲崇拜的對象。巴克提運動的鼓吹者用各種地方的方言進行宣傳活動，從而使運動直接進入人民的生活中；這些方言——馬拉塔語，尤其是在半島東南部盛行的泰米爾語，成了創作熾熱的虔誠頌詩等大量文學作品使用的媒介。

印度教在深化對大眾的感召力同時，在思想文化上也絕非停滯不前。印度最偉大的學者和神學家之一商羯羅大師，活躍於九世紀的前二十年。商羯羅是南印度的一個溼婆教派信徒，他創建了一個印度教修會，據說，他曾與遍遊印度與佛教僧侶進行辯論。他的貢獻主要是對吠檀多教義做了界定和解釋——這一思想體系出自吠陀梵文的《奧義書》（「吠檀多」一詞意爲「吠陀經之精華」）。在他對《奧義書》及其他聖典所做出的卷帙浩繁註疏中，巧妙地運用辯證法，試圖將所有差異協調在一起，並把各思想流派融匯貫通爲一個內在的統一體，然而這是一項十分艱巨的任務。商羯羅的註疏在印度教哲學中占據的地位，可以與聖湯姆斯·阿奎那的《神學大全》在基督教士林哲學中的地位相互媲美。

佛教對印度文化的形成曾有難以估計的影響。不過，這一時期，它雖然在亞洲其他地區仍然很活躍，但在印度次大陸上卻消失了。因爲佛教在印度早就處於衰退狀態，這不僅是由於婆羅門的反對，也由於它與產生它的母體——印度教間的差異模糊不清造成的結果。古典時代建築和雕刻藝術的繁榮是印度教、佛教和耆那教的天才協力促成的。而佛教徒更是經常參加印度教的宗教列隊行進儀式，並將各敵對信仰的神祇混合在一起，像毗溼奴教派信徒把佛陀視爲毗溼奴神的化身之一。此外，與印度教徒相比，佛教徒更易受到突厥－阿富汗人劫掠的傷害，因爲他們的人常常集結在佛教寺院，而這些寺院受到劫掠時，更是輕而易舉地受到夷毀，導致寺院僧眾被遣散。當古爾的穆罕默德大軍在十二世紀末橫掃孟加拉時，他們摧毀了那爛陀宏偉的佛教大學，該大學是印度最著名的學術中心之一。毋庸置疑，佛教的消亡是一個損失，不過，該教派在印度文明上仍留下一個難以磨滅的烙印。因此，在某種程度上，佛教在消失前又重新進入印度教之中。

印度教在穆斯林統治者的統治下，也受到了傷害。他們毀掉舊的寺廟或禁止修建新的寺廟；雖然他們對印度教臣民的政策，有時進行迫害，有時採取寬容態度，但無一例外的是，他們徵收歧視性的稅收。但印度教根基過於寬廣，因而難以完全根除。殘存的印度教勢力，與一個在各方面都相敵對的宗教比鄰共存；這使它無法不受到伊斯蘭教的影響，並反過來影響對方。雖然雙方都對不同教派間的通婚心存顧忌，但印度教徒和穆斯林之間的通婚還是發生了，這一現象促使雙方的和解。毫不奇怪，許多印度教徒或是出於信念，或是希望獲得個人好處，轉而皈依伊斯蘭教。不論出於什麼原因，具有重大意義的是，皈依過程一直持續到近代，致使穆斯林成爲印度次大陸的少數民族，並且和其他民族一樣成了眞正的印度人。

把伊斯蘭教移植到印度，在開始時是靠劍完成的，不過，這一過程在某種程度上，是被來自伊斯蘭教世界各地區熱心而不那麼好戰的蘇非派努力而變得緩和起來。早期蘇非運動於穆罕默德時代之後不久產生於阿拉伯人之中，它強調神是無處不在的，人們可以經過沉思苦行實現靈魂與神的合一。這一觀念與基督教的神祕派別有相通之處，但很難與伊斯蘭教正統阿拉的超凡性教義相合。雖然它看來似乎是大逆不道，但蘇非派在遜尼派和什葉派中札下根來，並在九至十二世紀間蔓延到所有伊斯蘭教國家。蘇非派的某些不同宗派是以印度爲中心，隨著時間的推移，這一運動的性質有所改變。像協助建立薩桑王朝（波斯）和鄂圖曼帝國的土耳其熱衷於消滅異教徒的伊斯蘭教徒一樣，印度最早的蘇非派也是聖戰士。他們幫助方興未艾的穆斯林王國締造者，因而時常獲得賞賜的土地，而且還成爲國家權力機構的一部分，最後卻變得保守起來。該運動由追求神祕心醉神迷的個別隱居者，逐步演變爲有著嚴格戒律的教派，隨後變成致力於懷念受人尊敬的締造者團體。

雖然蘇非派以各種不同的形式表現在印度社會中，但蘇非派的確吸引了印度普羅大衆（既包括穆斯林，也包括印度教徒）的注意力，並得到他們的讚賞。此外，蘇非派文人學者用地方方言進行寫作，讀者甚衆。藉由瑜伽所建立的神祕主義，在印度宗教和哲學中是常見的主題。同時，隨著蘇非教派把著重點轉而放在虔誠崇拜上，他們就具有印度教巴克提崇拜的特性。爲蘇非派聖人所築被認爲具有超自然力量的墳墓，有時高達二十英尺，雄偉壯觀的外表被證明具有神奇般的吸引力。與禁止外人入內的清眞寺不同，這些墳墓允許印度教徒接近瞻仰，某些人因此改皈伊斯蘭教。蘇非派在發揮作用吸引皈依者的同時，在減少印度教和伊斯蘭教之間的區別方面也產生重大作用，使這兩種宗教更能夠和諧相處。

宋、元和明朝統治下的中國（九六〇～一六四四年）

西元十世紀初盛極一時的唐帝國崩潰之後，在大約五十年的時間裡，中國陷入分裂狀態，大權由一些軍事獨裁者執掌。這一不算太長的過渡混亂時期，在中國歷史上稱爲「五代」。此後，一位雄才大略的將軍稱帝[1]，建立了宋朝，重新建立一個強大的中央政府，實現國家的統一。宋朝延續的時間與前代唐朝相當，大致約爲三百年（九六〇～一二七九年）。宋朝皇帝們恢復舊日中央集權的官僚制行政體系，同時，他們控制著州郡土地貴族的服役，以加強對他們的控制。爲了在地方上推行法律並徵收稅賦，皇帝徵召富裕的地主，交託他們沉重有時甚至具有毀滅性的職司。

十一世紀晚期，一位名叫王安石（一〇二一～一〇八六年）的文官發起一個具有爭議性的改革運動。王安石是位出類拔萃的人士，既是政治家，又是詩人和哲學家。他提出大膽的建議，以消除政治弊端，減輕一般民眾的負擔。雖然王安石是位具有懷舊心理、嚮往古代所謂黃金時代，並在性情上屬於神祕論的人，但他提出了確實可行的具體措施，目的在對官僚制度進行合理化改革、發展經濟，並糾正不公的現象（「民不加賦而國用饒」）。王安石提倡建立公學，授予公學國有土地，並主張修改科舉考試制度，鼓勵考生掌握實用知識而不是精通經典著作。他最堅決的改革措施是一項經由政府直接幫助、修改不平等的稅收制度、禁止強迫勞動，和重分土地以解救貧苦農民的計畫。他希望經由政府控制商業活動，固定物價，購買剩餘農產品，低息向農民借貸以田中青苗爲擔保（「青苗法」）。王安石的利農主張是近來各國政府推行的某些措施的先聲，他的所有計畫近乎某種國家社會主義。雖然他堅稱，自己只是使眞正的儒家教條適應時代的需要，但那些反對他的人攻擊他是危險的革新者。變法派（王安石的門徒）與守舊派之間的鬥爭一直持續到下個世紀，皇帝有時支持這一派，有時支持另外一派，但保守派最終還是占了上風。然而，現代的中外改革家都注重研究王安石的激進主張。

大宋帝國的疆域不像唐朝那樣遼闊，部分原因是由於防衛工事未能適當地維持下去，使北部和西北部地區淪陷於半游牧民族之手；這些游牧民族建立了一些獨立的王國，同時在各方面吸收中國文化。在這些北方部落中，契丹人在滿洲南部建立了一個王國，呑併長城以南北京周圍的地區（燕雲十八州），並迫使宋朝皇帝納貢。雖然契丹人（Khitan）在起源上與漢人完全不同，但後來西方人卻用他們名字的變體——「Cathay」——稱呼中國，這一情況說明，契丹人在與中國成熟的文明密切接觸後，未能長期保持自己的獨特性。

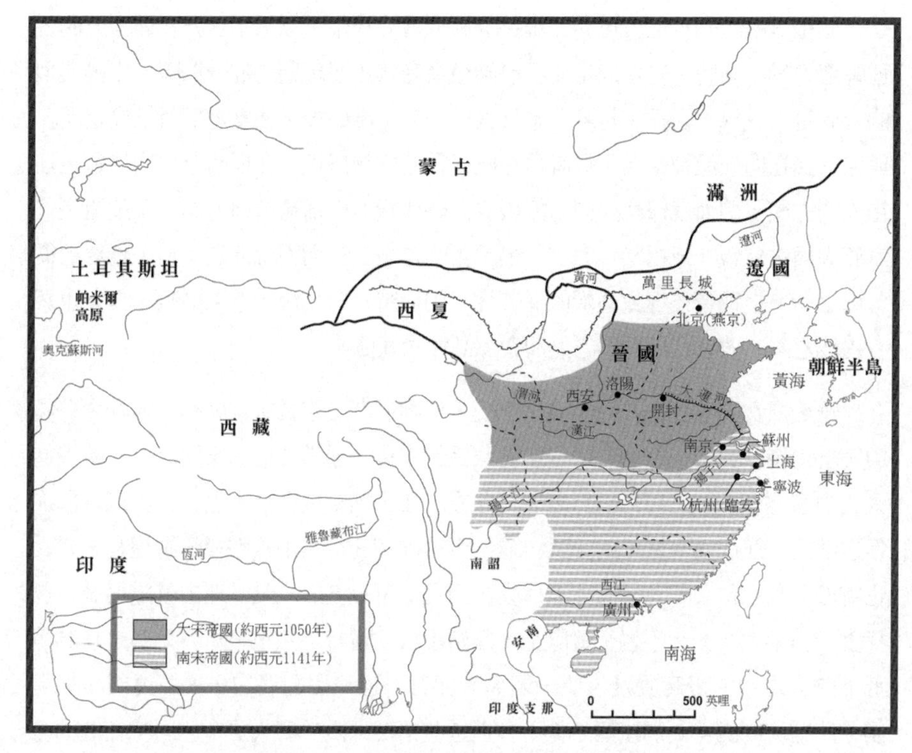

圖16-2　宋朝，西元九六〇至一二七九年

十二世紀初，契丹人建立的國家——遼，被一個血統與他們相近的種族即女眞人推翻。女眞人不僅占領了滿洲和蒙古，而且征服華北大片地區。因而，自一一四一年左右開始，宋朝實際上只控制了長江流域及長江以南地區。宋朝皇帝遷都臨安（今杭州），這是一個華麗的港口，但遠離帝國傳統的行政中心，使得中國南方比之前更充分感受到中國文化的影響，這一事實抵銷了南宋孤處一隅的不利之處。此時，南方和西南各民族開始參與國政。人口中心正逐漸向南遷移，另有證據表示，這一地區的居民富有獨創性和進取精神。在南宋時期（一一四一～一二七九年），華北仍處於由黃河之濱宋朝的故都汴京發號施令的女眞人統治之下。對宋朝皇帝而言，如此多的國土淪喪於異族征服者之手，是一件奇恥大辱，但北方並未因此發生明顯的變化。女眞人和契丹人一樣迅速被漢化。佛教和儒教都對他們產生強大影響，其統治者沿襲定制用一個漢字定其國號爲「金」（意爲「黃金」）。

在宋朝統治下，家族被當爲社會的一個單位這一獨特的特徵繼續存在。家族是一個組織嚴密的單位，目的在維持家族成員的福祉，以抵禦官方和非官方的各種外部力量；同時，它可能是使下層階級免受無止境剝削的唯一保障。中國典型的家族是大家族，因爲它包容了好幾代人。兒子結婚後，通常是把新娘娶進門，與父家長在同一屋裡生活，或者住在離得很近的房屋裡。在理論上，家族還包括祖先的亡靈，因而就像在橫向上擴展到同時代親戚上那樣縱向追溯，源遠流長。家族大權由父親（或祖父）執掌，最看重的是敬老，因而就連成年男子也要聽從父母之命。這種習俗導致極端的保守性，因而時常給年輕人帶來磨難，但它也具有養成忍耐、效忠和照顧年老無助者等品性的好處。

雖然婦女的地位並非完全無法忍受，但她們在父家長制家庭和中國社會整體中完全從屬於男子。婚姻要聽從雙方家長的安排，通常要借助媒妁之言。新娘進入丈夫家門後，有三個月的考驗期，此後，如果她表現得令人滿意，就可以參加祭祖儀式，並成爲家庭中的正式一員。至於破例的行爲不檢點和離婚權利，婦女也處於不利地位。只有丈夫才能休妻，而且他可以基於一點點理由就這麼做（包括妻子講話太多）。不過，實際上，離婚現象在當時仍然很罕見，尤其是在處境低下的人之中。毋庸置疑，使一個男人擁有不止一個配偶的一夫多妻制和納妾制，使婦女的處境更加艱難、低下。但這些情況只限於富人之中，同時在他們之間，這也不是慣例。雖然婦女在中國社會中地位低下，但她們仍享有特定的權利和特權，總體說來，還是比印度種姓制社會中的女性處境要好得多。奇怪的是，在中國這樣一個以農業經濟爲主的社會中，參加田間勞動並不被視爲婦女的正常工作，不過在窮人家庭中，她們往往得幫忙承擔一些勞動。雖然俗稱嫁雞隨雞，嫁狗隨狗，女兒一嫁出去就是婆家的人，但娘家並非對女兒完全不管不問，在她受到虐待時可能就要干預。孩子受到的教育是熱愛並尊敬父母；隨著婦女年齡增長，她也因年長而獲得尊敬。一位祖母或婆婆在家庭中有時享有的專橫地位，在中國是衆所周知的。

中國的家庭不僅是一個經濟和社會學單位，而且是一個宗教和政治單位。在中國歷史的大部分時期，一般人信奉的宗教中大都包含光宗耀祖、奉祀祖靈的內容。作爲一個政治單位，家庭有種種嚴格的戒律，並把家庭中每一位成員行爲的不端正視爲家門不幸。對於輕微的犯罪，是由族長而不是由國家官吏施加懲戒，這在中國乃是司空見慣。家庭的強大凝聚力和集體責任感既有好處，也有壞處。由於家庭對其成員的行爲負責，如果眞正的罪犯未被當局抓獲，那麼一個成員可以因另一位成員的不端正行爲而受到懲罰，或者也會因一個人犯了罪，結果導致滿門抄斬。不過，總體說來，家庭使個人具有一種較大的安全感，使個人感到有了靠山，這種感覺比世界上多數社會都更典型。

儘管宋朝面臨重重困難，它仍普遍被視爲中國歷代王朝中治理得最好的王朝之一。事後看來，宋朝似乎是中國文明演進過程中的一個分水嶺。這一時期發生了許多漸進而非突然的變化，這些變化被稱爲一場「中世紀經濟革命」。它的本質是農業得到改善，從而促進人口增長；科學、技術和機械製造有了進步、商業發展，以及隨之而來向較都市化的社會轉變。南宋農民利用長江下游流域的自然資源，發展出更先進的水土保持、選種、作物輪作和灌溉技術。使國內外商業貿易都有大幅度的發展，比以往任何時候都更廣泛地影響社會的各個環節。城市數量增多了；有些城市居民數在十萬以上。爲了便利內陸交通運輸，尤其是水運，北宋和南宋都在把長江流域與黃河流域連接起來的大運河上設置水閘，以便大型船舶通行。部分原因是，由於商路不再由中國人控制，中國與中亞的陸路貿易衰落了。但在東南沿海一帶各港口城市，商業興隆。外國商人，其中主要是阿拉伯人，獲得在商業中心居住下來的權利，聽從於專門負責對外貿易的督察官的管轄。與此同時，中國人本身開始更大規模地參與遠洋貿易。由於人們對遠洋船舶的需求量過大，造船業興盛一時，乃至有伐盡中國東南部森林的危險。

與商業發展和城市繁榮相比，毫不遜色的是人們強烈的科學好奇心和發明創造才能。數學、天文學和醫學的進步仰賴少數有學識者的貢獻；但人們對科學的某些領域普遍產生興趣，其證據就是出版了有關論文和手冊，其中一部題爲《日用算法》（一二六二年）。技術的進步包括生產精美半透明的薄胎瓷、把火藥用於爆炸性武器（炸彈和大炮）、新的冶煉工藝，以及發明紡織機器以生產麻線。總而言之，宋朝科學和技術的進步表現，正如大約五百年後西方出現的那樣，由於有了堅實的經濟基礎，中國在此時正處於工業革命的邊緣。如果這種革命眞正開花結果，中國後來的歷史無疑會與實際情況大相徑庭。中國嶄露頭角的工業革命何以會夭折在襁褓之中，其原因並不容易解釋清楚。部分答案在於十三和十四世紀蒙古人占領的震盪，以及在驅逐蒙古人後出現的守舊傾向。

蒙古人的入侵最終消滅了宋朝，整個中國都處在蒙古人的鐵蹄之下，這在中國歷史上尙屬首次出現。蒙古人經過一系列軍事戰役，以令人難以置信的速度建立一個亞洲帝國，其規模在短時期內是現知最龐大的一個。十三世紀初，偉大的蒙古征服者成吉思汗傾覆了中國北方的各個鄰國，隨後向西進軍，橫掃整個亞洲。他在短時間劫掠印度之後，隨後征服波斯和美索不達米亞，占領裏海以北和以西的俄羅斯大片地區。雖然蒙古人入侵中國在所難免，但宋朝皇帝對蒙古人要兩面手腕是自尋滅亡的主要原因。他急於消滅統治中國北方的女眞人，因而出兵協助蒙古人征討他們；此後他貿然襲擊蒙古軍隊，致使自己的江山受到生性殘暴、縱橫馳騁的蒙古騎兵的蹂躪。經過多年鏖戰，成吉思汗的孫子忽必烈大汗完成征服中國南方的大業；在此過程中，蒙古人不僅占領沿海城市，而且還習於水戰。一二七九年，中國最後一支軍隊被擊敗（其領兵將領據說負宋幼帝蹈海而死），忽必烈成爲中國的統治者。

蒙古人依靠征服建立的廣袤亞洲帝國，東起中國海，西至歐洲東部，因幅員過大，無法作爲一個單位進行卓有成效的統治，同時也未能長期保持領土完整；再加上宗教分歧，更加速了帝國分化的過程。十三世紀結束前，帝國西部的各王公（汗）大都皈依伊斯蘭教，不再承認崇尚藏傳宗教（即喇嘛教）的忽必烈家族權威。然而，忽必烈的後代以北京爲帝都，統治中國近一個世紀（一二七九～一三六八年）。

蒙古王朝（即元朝）的建立，有嚴重打斷中國文明正常進程的危險。蒙古人的統治基本上保留軍事占領的性質，他們以武力強加在中國傳統機構之上。中國人受到種種屈辱性的限制，他們不得攜帶武器；如果受到蒙古人的傷害，也不得進行報復。蒙古人是惡名昭彰的殘酷征服者，他們將途經的城市都夷爲平地，使得他們經過之處屍橫遍野，以儆膽敢進行抵抗的人。他們在苦戰征服中國南方的過程中，把某些地區的居民屠戮殆盡。儘管如此，蒙古統治者仍十分明智地認識到，保留中國這樣一個大國是可取的，他們發現與其把中國人殺掉，倒不如向他們徵稅以獲得收益。游牧戰士無法抵禦中國文化的影響，傳統的中國行政制度並未被完全根除。科舉制度一度停止，漢人不得擔任大多數政府職務，不過，蒙古皇帝起用了蒙古以外的其他各族人出任朝廷要職。在十四世紀，當元朝出現衰落的跡象、漢人顯然要造反時，皇帝下令恢復科舉制度，並錄用漢人爲官，主要給予他們低級官職，核心官職仍由蒙古人和中亞人執掌，他們只占總人口的百分之三。

蒙古皇帝崇奉佛教，但未對中國本土的其他信仰多加干預，並允許西方宗教傳入中國，不過，其中只有伊斯蘭教在中國札下根來。他們極爲慷慨地捐資佛廟和寺院，並賜給它們大量免稅的田地，其結果令經濟吃緊，讓農民陷入貧困的境地，因爲他們的田地被沒收充公了。許多農民被抽調去修建宮殿、水利工程和修整水路、陸路交通體系時，失去了田地。元代的一項宏偉工程是重修並擴展京杭大運河，透過內陸航道把京城大都（北京）和長江流域連接起來。

在蒙古人統治時期，自北宋滅亡以來，一直處於分裂狀態的中國北方和南方現在重新統一起來，大都朝廷管轄的地區比宋帝國版圖要廣袤得多。元朝皇帝們試圖透過值得懷疑的征服計畫，進一步擴大疆土範圍。一二七四和一二八一年，忽心烈徵發中國和朝鮮的艦隊兩度試圖入侵日本，但因遇颱風，船隻損失大半，登陸軍隊也被日本人消滅。幸運的是，中國與各國間的和平交往並未中斷。蒙古人興修了一直通往中亞腹地甚至遠到波斯的御道，促進陸路貿易的發展。在這一時期，大批外國遊客到了中國，證明當時旅行是比較安全的。雖然漢人受到歧視，不得經商，外國商人卻在蒙古帝國享有特權。俄羅斯人、阿拉伯人、猶太人，以及熱內亞人和威尼斯人紛紛到中國經商。這種大規模的貿易活動與其說增強了國家的經濟實力，倒不如說對國家經濟造成不利影響，因爲它令貴金屬逐漸自中國外流，造成通貨膨脹。馬可・波羅是衆多歐洲來客中最著名的一位，他在中國生活了十七年（一二七五～一二九二年），遊歷甚廣。他在回國後，對他的遊歷做了生動的描述——把南宋的都城臨安（杭州）稱爲「世界上最美好、最高貴的城市」，令義大利人爲之震驚。不過，馬可・波羅活動的範圍限於特權階層，對一般大衆的生活狀況並未予注意。到了十四世紀，饑饉四起，有史以來空前多的漢人淪爲奴隸。

在十四世紀，由於統治朝廷的腐敗，使漢族人民日趨產生強烈的不滿，蒙古勢力逐漸受到侵蝕。漢族人民從未忘記他們是處在蠻族征服者的鐵蹄之下。在一位充滿活力而形象有些醜陋的軍人（朱元璋）領導下，起義獲得成功。一三六八年，朱元璋率軍攻占大都（北京），把元朝末代皇帝趕到蒙古草原。這位起義領袖出身低微，幼時父母雙亡，曾落髮爲僧，之後又淪落爲寇。雖然如此，他仍被尊奉爲眞命天子，成了明朝（「明」，意爲「明亮」或「輝煌」）的開國之君。明朝始於一三六八年，止於一六四四年，雖然它未有多少創新之處，但它再次顯示中國各種制度的潛在活力。該王朝沿襲宋制，但在某方面更近於唐，尤其是在注重以武力擴展疆土方面。明代的中國是一個泱泱大國，其統治範圍擴展到了滿洲、蒙古、印度支那、緬甸，以及面對西藏的西南部地區。此時曾在十三世紀盛極一時的蒙古大帝國已經土崩瓦解，但突厥斯坦的統治者，和給印度帶來深重災難的帖木兒仍有可能復辟。儘管明代朝廷把帖木兒的使節視爲前來納貢稱臣的人，但這位「震動大地者」實際上是在一四〇五年起兵征伐中國途中突然去世的。雖然明朝這次因運氣好，而未受到他的侵襲，但明朝歷代皇帝均未能著力去收復突厥斯坦或新疆。

明朝建立之際，適値中國航海業迅速發展之時。航海羅盤可能自十一世紀時就得到使用，而且更有一些艨艟巨艦建造起來。中國遠洋航船高四層，艙室舒適怡人，他們曾遠航至東印度群島、馬來半島、錫蘭、印度和阿拉伯半島，載著商品、貢物和珍貴的地理知識返航。他們本可以冒險向西航行繞過非洲的好望角。在全盛時期，明朝海軍大都超越歐洲同一時期任何國家的海軍，但他們卻都部署在長江下游地區水域，以對付日本海盜的騷擾，但它仍強於同時代歐洲任何國家的海軍。中國在海洋貿易中的有利地位後來發生逆轉，這是明代諸帝厲行限制航海活動政策的不幸結果。與宋朝相反，明朝統治者並不認爲對外貿易是一件互惠的事，而把它視爲徵收貢賦的一個手段。同時，他們只允許與承認中國宗主國地位的國家通商。一三七一年，政府禁止中國人出國旅行；十五世紀初，它又禁止中國人在沿海水域航行。這一目光短淺且保守的政策，部分原因是擔心在沿海城市形成敵對的權力中心。這政策伴隨的是使國家的稅收減少，反過來導致發行不能自由兌換的紙幣，進而產生損害整個經濟的通貨膨脹。更糟糕的是，就在西方人開始擺脫偏狹的鄉土觀念時，這一政策迫使中國與世隔絕。明代後期的統治者不僅未能繼續在公海上保持進取精神，而且還證明他們無力保衛本國沿海地區。

科舉考試制度的變化顯示出——並加劇了——國家官僚機構漸漸陷入僵化。明代諸帝是最早完全由透過科舉考試的候選人中，遴選他們的官員。他們還允許各階層的人參與競爭，但這一看似民主的改革，其效果卻未必佳。爲了準備考試，人們要花費許多時間和金錢；但及第候選人的人數又大大超過空缺的職位；而且最後，科舉考試的目的是在檢驗應試者是否熟練地掌握經史子集和正統思想，而不是以實用知識或管理政事的資質爲標準。經過十六世紀對這制度的開放，使其影響降低了。除了宮廷宦官、負責大片地區的軍事統領和皇族成員外，擁有學位是當官的唯一通行證。它還使舉人們（甚至包括那些未出任官職的人）得以形成一個享有特權的文人——紳士階層，其成員自認爲高於一般百姓一等，並把地方事務的管理權控制在自己手中。

早在明朝滅亡之前，行政管理的活力顯然就已經衰落了。百官懈怠腐敗，大權旁落到朝廷權臣和宦官手中，苛捐雜稅使農民瀕臨破產。當政府的開支扶搖直上時——一六三九年的軍費開支一項，就比明朝開國之君的全部歲入多了十倍，由於政府無能和人民叛變，國土不斷淪喪。雖然明朝最後亡於另一次外族入侵，但它覆亡的眞正原因卻是內亂。

談到宋、元、明朝時期中國文化發展情況，這一時期突出的特徵是，人們再次對哲學推理感到興趣，至十二世紀後半期達到了頂點。這一復興集中展現於重歸中國思想的源頭——古代聖賢，尤其是孔子，但它不僅僅是回復古老的教條，而且還引入一些新的思想。這一時期中國最著名的思想家是朱熹（一一三〇～

一二○○年），他曾在朝廷任職，反對所謂的變革派（王安石的門徒）。雖然朱熹自稱按照原本沒有訛誤的涵義解釋孔子的說教，但他及其同道實際上吸引佛、道的許多思想內容，創建了一個新儒學派別——理學。他們強調「太極」或「天理」概念，認爲「理」產生於天地萬物之先，是萬物的根本，先於一切理性或倫理原則。與此同時，他堅持其反映在家庭之上、展現在由文官官僚機構管理的父家長制國家之上的傳統綱常學說，並把三綱五常當作當時社會的最高道德標準，認爲綱常倫理是永遠存在、「不可磨滅」的。朱熹的學說在他生前雖然遭到持不同見解的學者激烈反對，但在最後逐漸被視爲對至聖先師學說所做的權威性評註，並被列入科舉考試科目。

除上古外，幾乎在中國歷史的各個時期，文學作品的大量湧現一直是中國文明的特徵。自宋以降，印刷術十分普及，書籍用木版、金屬版印成，也採用膠泥、錫和木頭做成的活字進行印刷。就優美、自然而言，詩歌很少能與唐代佳作相媲美的。不過，大部頭史書、百科全書、詞典、地理志和科學論文紛紛問世。在戲劇和小說領域，出現了最具有獨創意義的文學發展。元代戲曲成爲一種主要的藝術形式，這部分是因爲科舉考試暫時停止，使有識之士無法藉此博取功名，轉而注意從前他們不屑一顧的一種大眾消遣形式，即戲曲。現存元曲共有一百多部，它們把形象的動作與對人物性格的生動描寫結合起來，用一般百姓的習慣用語即白話而不是文言文寫成。與莎士比亞時代英國的劇場一樣，中國的劇場大都不用布景和道具，不過演員身著精心製作的戲裝，臉上塗有重彩。大部分的角色通常都由男性扮演。戲詞用的是韻文，但與伊莉莎白時代和西方現代戲劇不同，對白是吟唱而不是朗誦出來的；樂隊（直接位於戲臺上）是演出的基本要素。

中國的小說顯然發源於說書人所講的故事，它與戲劇同時有所發展，但成熟時間略晚。明代宮廷和官僚機構中缺乏學術氣氛，間接促進了小說的發展。十五世紀時，對儒家正統尤其是以朱子學說爲代表的新儒學（即理學）的尊崇，在御用文人圈子裡已到了狂熱的地步，以致於其中一位人士竟說：「道已明。……無須再論。」某些文人試圖用一般使用的白話創作敘事故事，以在別的方面發揮其創造力。在他們的筆下，小說成了一種極其成熟的文學形式；他們在技巧上精雕細琢，但展示給讀者的是喧鬧的冒險經歷、幽默、強烈的情感，和妙趣橫生的現實主義。小說的主題往往選用歷史題材，但故事情節也往往對現實社會和政府做出有時是冷嘲熱諷的評論。

存留至今的中國藝術品中，不少是本章所述時期的創作。自唐以後，雕塑的水準下降了，但繪畫在宋代達到登峰造極的地步。宋代最美、最典型的繪畫是山水畫，它們雖是用墨勾畫成的單色作品，卻傳神地表現出自然風光的各種意境。藝術家們用簡約的線條，捨去末節，而對具有重要意義的細部精雕細琢，以求寫出外部表象背後隱含的形神。他們夢幻般的創作，顯然受到佛教和道教神祕教條的影響。山水畫在南宋時期發展到最成熟階段，當時首要的畫家充分利用杭州地區綺麗的天然景色。他們有時在長幅絲絹上描繪全景場面，這些畫幅兩端裝有畫軸，用手持軸，把畫卷由一個軸上卷到另一個軸上，就可以從容觀賞。

建築藝術在明代達到特別高的水準。該朝代樂於美化、裝飾中國文化有形的方面。明代皇帝重修長城，今日所見長城主要就是明長城。明代建築在觀念上並無創新之處，但數量衆多，有許多輝煌的宏偉建築留存後世。貴族階層喜愛精巧的園林、避暑別墅、豢養獵獸的苑囿和狩獵小舍，這就爲設計典雅的亭臺樓閣和拱橋提供了機會。這一時期得到充分發展的塔廟，它們是以往往用彩色琉璃瓦砌成的飛檐著稱。

中國眞正與世界其他地區隔絕的時候非常少，她的許多文化變遷都是對外交流的結果。雖然中國人自己積累了數量可觀的醫學資料，但他們在數學領域，可能還有醫學領域，受益於阿拉伯人。早在宋朝滅亡之前，中國看來就已知要種牛痘預防天花。在明代，眼鏡（由義大利傳入）開始爲人使用。西方傳來的一些新作物也開始在中國種植。十三世紀傳入的高粱和十六世紀傳入的玉米，在華北得到廣泛的種植。棉花種植也始於十三世紀，明代大大推廣。中國本土而非由國外引進的一項創造可能是戰爭技術方面的革新。火藥的爆炸性能早就爲中國人知曉，但直到十一世紀火藥才用於製作殺傷性武器。十三、十四世紀時，蒙古人或許用了原始大炮發射炮彈，明代的兵工製造者做了進一步改善；雖然這些早期的大炮尙很簡陋，但它們預示著現代戰爭日益嚴重的破壞性。

日本封建制度的興起和武家統治（約九〇〇～一六〇〇年）

儘管中國文化融入日本文明的根基之中，並且產生深遠的影響，但中世紀時期日本的社會和政治趨勢，與中國這一亞洲大陸的大國卻迥然不同。中國一再遭受游牧部落的入侵，或是暫受異族王朝的統治，但其社會和文化並未脫離古老的模式。與此不同，日本因爲是一個島國，且受到地理屛障的保護，所以並未受到外部騷亂的嚴重影響；不過，由於社會內部的衝突，使日本的種種制度發生深刻變化。西元七世紀中葉的大化革新企圖全盤照抄中國的帝國制度，把一種理論上的統一和專斷、人爲的政治方案強加在日本之上。此後一千年間，日本的歷史證明這一改革完全失敗了；而且，只是在歷經非決定性的、耗損元氣的紛爭之後，日本才遲遲找到了社會安定、國家統一的基礎。但是，日本後來雖然實現了安定，這卻是藉由臨時性制度實現的，因而不足以解決經濟和文化變化之後必然產生的各種問題。

這一時期日本政治史的主要特點有二：其一，繼續實行間接統治方法。雖然實際權力由一個家族轉入另一個家庭之手，但都以神聖不可侵犯的天皇名義進行統治。天皇虛有其名，其有效統治範圍很少超出京都郊區。其二，社會的封建化和凌駕於法律之上的武士集團奮發發展壯大，進而在自己統轄的領地內爲所欲爲。到十六世紀末葉，雖然由文人統治向武家統治發展的趨勢是明白無誤的，但理政的方式種類多樣，沒有定規。十七世紀初，中央集權制政府最後在日本建立，曠日持久的內戰終於結束，在全國強制實施了統一的政策；這一政治體系長久存在，幾乎原封不動地延續到十九世紀中葉。即使在被推翻之後，它在日本人民心靈上留下的深深烙印，仍不是輕而易舉就可根除的。

九世紀時，藤原氏透過與皇族聯姻及把持攝政職位，控制了朝政，天皇則淪爲傀儡。藤原氏一直把持朝政至十二世紀，但隨著因開荒種地和征服土著居民而來的耕地不斷增多，同時，隨著活躍有爲的地主成功地將其地產置於帝國徵稅官員的管轄之外，他們對邊遠地區的統治越來越徒有其名。這些在邊遠地區擁有地產的人不受繁文縟節的束縛，也不像京都朝臣那樣把能量都消耗在研究中國經典的熱潮上。在很大程度上，出於保持並擴充自己地產的願望，他們制定了自己的行爲準則，並爲了爭奪土地彼此爭鬥。自然而然，許多小農把地產交給有權勢的鄰人以換得他們的保護，從而淪爲農奴。莊園經濟逐漸產生了，這些田園與中世紀後期西歐的莊園制度有某些相似之處。

日本社會具有封建制特徵時，正值西歐封建制度逐漸形成之際，這是一個引人注目的歷史巧合。在日本和西歐，領導權同樣轉由騎士執掌，他們擁有土地，控制著農民，視行政權力如同私人權利。地主階層的成員對其擁有的土地確定了世襲權利，彼此之間達成具有約束力的協議，建立一套相當於領主與附庸體系的依附關係。就像歐洲的封建制度，日本封建制的形成，部分是由於小土地所有者自願交出自己的田產，以求得貴族的蔭護，部分是由於大領主把采邑或封地授予中小地主，讓他們作爲附庸爲自己效勞。另一個與歐洲封建制度發展相似的地方是，宗教機構所屬地產往往轉變成采地。一些佛教寺廟變成令人畏懼的習武堂，但日本的宗教階層從未像中世紀歐洲的高級教士那樣享有獨立地位；一般說來，他們仍依附於貴族階層。

日本的武士被稱爲samurai（侍）或bushi（武士），其地位和職業相當於歐洲中世紀的騎士。武士形成一種友愛精神，擁有一套屬於自己階級特別的行爲準則，即「弓馬之道」。（「武士道」一詞在十八世紀才開始爲人使用，是舊的封建禮法一種浪漫和矯揉造作的說法。）與歐洲的騎士準則一樣，它強調勇猛、效忠和重名輕身。武士的首要職責是保衛自己的領主，並爲他報仇雪恨，爲此不惜獻出自己的性命；如有必要，也不惜獻出全家人的性命——在把家庭關係看得神聖無比的日本，這是一個引人注目的理想。武士容不得自己的名譽受到任何傷害，如果沒有別的途徑洗刷罪名，他就應剖腹自殺（即切腹）。

儘管日本的封建制和同時代西歐的封建制有諸多相似之處，但兩者之間也有種種重要區別。歐洲的封建制是在中央政府瓦解、城市衰微，和出現普遍經濟衰落時期產生的。與此不同，在日本，封建制度是在經濟正在發展、人們正在做艱苦努力統一國家，並創建一個強大的中央政權時產生的。另外，高效率的政府建立後，並未廢除封建制，而是包容了它的某些顯著特徵。

十二世紀日本國內的紛爭，以兩個強大的家族即平氏和源氏之間的爭鬥結束。爭鬥的結果是源氏勝利，該族首領直率地承認擁有土地的武士貴族的至高地位，據此改組了政府。爲了避免篡位之嫌，源氏首領只採用一個軍銜，號稱「將軍」，表面上是充當天皇的代理人。實際上，在往後六個半世紀中（一一九二～一八六七年），日本一直存在著雙重政府：一個是京都的文官政府，以天皇爲首，包括各級朝廷貴族，他們只有虛名而無實權；另一個是以將軍爲首的幕府，下轄有權勢的武頭首領，他們據有全國大部分土地。

雖然幕府制後來證明成了一個長久存在的機構，但執掌幕府大權的並非始終只是源氏一家。第一代將軍一死，幕府大權就在其遺孀的縱容下，由源氏外戚北條氏控制。這個女人非常能幹，被稱爲「尼姑將軍」，因爲她在名義上退隱到寺院之後，依然施加政治影響，並協助北條氏執掌大權。由於北條氏在傳承上不比其他封建大家族高貴，因而它的得勢招致嫉妒和不滿，結果不可避免地進一步引起紛爭。一三三三年發生了一件引人注目的事件：醍醐天皇圖謀消除幕府這一僭越的機構，而親理朝政。他集結足夠的軍事力量攻入幕府的總部鎌倉，結束了北條氏的攝政統治。然而，這一大膽行動帶來的只是長達半個世紀的內戰，形成南北兩個天皇對立的局面。隨著另一個大武士家族足利氏的勝利，皇室的大分裂得到消弭，循序暫時又得到恢復，但天皇再次降到名存實亡的地位。

一三三八年，足利氏立了一個傀儡皇帝，自稱爲將軍，在京都這一帝都和主要的商業中心建立其軍事根據地。但他直到半個世紀後，才結束了兩個朝廷對立的局面——足利幕府的正式起止年代是一三九二至一五七三年（將軍的幕府設在京都的一個區室町，因而這時期被稱爲室町幕府時期）。室町幕府謀略建立一個由聽命於它的官僚機構管理的專斷君主制統治，以抑制分裂性的封建趨勢。由於足利氏本身控制的地區不大，因而他們授權由其封臣中遴選的武士首領在全國各地進行統治。事實證明，他們不可能如願維持這一制度。地方大地主與將軍的代理人之間不可避免地發生衝突，後者反過來把其職位世襲化，從而有向將軍的宗主權挑戰的危險。許多農業村落形成一種堅固的公社機構，這些村社結成聯盟彼此互保，並反對任何對它們進行嚴格控制的企圖。在室町幕府統治的二百年間，地方領主、農民領袖和幕府官員三方之間的纏鬥繼續存在。這一爭鬥明顯的輸家是幕府官員，他們作爲一個階層消失了，但個人併入大土地貴族這一正成爲全國各地最有勢力的階層。成功的業主通過允許或迫使較小的土地所有者成爲其附庸而獲得大塊地區。他們就像獨立的王公那般管理其轄地；爲了建立堅實的稅收基礎，他們對轄區內的資源狀況和居民情況進行詳細的調查。但是，爲了抵禦中央政府的干預或抗拒當地對手，大業主得到了農民聯盟的支持，相對的，允許農民村落在管理其內政事務方面享有相當大的自治。更重要的是，雖然在法律上對土地沒有所有權，農民對土地的占有卻根深柢固，無異於擁有所有權。因而，歐洲和日本封建制的另一個重要區別，反映在農業勞動者這一龐大階層的處境上：在歐洲，他們開始時是農奴，逐漸才獲得解放；在日本，封建制度完全形成之際，農奴制就幾乎完全消失了。

室町幕府的衰微帶來的是被稱爲戰國時代的百年內戰（一五〇〇～一六〇〇年）。偷盜搶劫蜂起；中央政府的幾乎所有遺存都消失殆盡；就連天皇在全國各地擁有的私人產業也被併入貴族的領地。京都朝臣和皇族都受到飛揚跋扈士兵的羞辱。天皇陷於貧困境地，一位天皇甚至靠出賣手跡勉以度日。一五〇〇年，由於國庫無錢，一位天皇死後竟陳屍六週之久。室町幕府的將軍幾乎與天皇一樣無能，根本無力制止封建家臣和僧匪肆無忌憚的殺人越軌行爲。日本的局勢幾近無政府狀態，但就在這時，在十六世紀末，德川氏大刀闊斧地對幕府進行卓有成效的改組。

雖然國內動蕩混亂不堪，建設性的因素仍在發揮作用。日本封建制發生了變化，這一變化促進國家在個人權威的領導下重新統一起來。領導權由武士階層整體轉到被稱爲大名的大地產所有人手中。大名兼併了許多小地產，在其領地內建立相當有效的行政管理制度，並雇傭武士管理它們。大名的得勢雖然根本沒有消除封建紛爭，但大大減少了敵對領地的數目，同時在各領地內實現了相當程度的穩定。

這一時期日本經濟的演變，最能夠具體顯示出動盪的十六世紀所具有的積極面向。農業生產力有了前所未有的提高，這得益於大名所從事大規模水利灌溉和土地開墾工程，得益於耕作方法的改善，還得益於新的稻子品種引進。隨著農業生產力增長而來的是人口增長，這一趨勢在整個十七世紀都有所發展。人口的激增反過來促進了城市的發展，並使全國範圍的交換體系得以取代地方市場。十二世紀以來，一直穩步增長的對外貿易活動，使貨幣取代稻米或布匹成了交換媒介，促進經濟活動的多樣化。到了十五世紀，日本不僅輸出木材、黃金、珍寶等原材料，而且出口製成品。日本的折扇和屏風在中國非常暢銷，同時鋼劍成千上萬地出口到遠東大型集市。十三世紀日本藝匠製作的彎刀，據說與著名的托萊多和大馬士革刀相比也毫不遜色。

在封建時代，日本社會是貴族制社會，但並非界限森嚴。城市的商人雖然與歐洲商人一樣出身低賤，但藉由經商致富而獲得影響力。除了專業商人外，寺院僧眾、武士、大貴族，偶或還有將軍本人，都投資商業。至於農民的狀況，人們意見不一。十五、十六世紀期間，農民反對貴族的暴亂一再發生，無疑反映了農村的不滿。儘管如此，有證據顯示，農民的命運正在改善而不是惡化。應向領主負擔的勞役大都轉化成租稅，耕田者正日趨成為自由佃農。無疑，他們既促進了經濟生產力的增長，又從這種增長中獲益。

伴隨著一種生產性的多樣化經濟發展，以及對外貿易偶爾帶動產生的交往促進下，發生許多文化變化。如同過去一樣，佛教各派別對文化的發展貢獻良多，這主要是因為它們是由中國的思想文化及審美傾向傳入日本的管道。最重要的佛教派別之一是禪宗，它在十二世紀臨近結束時，由中國傳入日本，在武士中間迅速傳播開來。禪宗認為，個人得道的途徑不是學習或任何知識過程，而是在與自然相通時突然有所感悟，即頓悟。由於它強調身體磨練、自律和冥思苦想，以取代拘泥形式的勤修學識，因而禪宗對武士階層很有吸引力；武士認為，禪宗教義是超自然力量對他們業已認為對自己的地位至關緊要的種種觀察認可。雖然禪宗教義本質上是反文化的，但禪宗僧人提倡學問和藝術，賦予日本上層社會一些精華。其中包括傲視天下的園林建築、插花藝術，和一種叫作茶道的雅致社會禮儀——這些都是由中國傳入的，但在日本鑑賞性大增，發展到了極致。

這一時期文學很繁榮，手印圖書大量生產，用於商業目的。一方面寺院在收集和翻譯經書，朝臣仍以華而不實的古典風格進行寫作；但另一方面，供武士消遣和陶冶情操而撰寫的大膽、高尚的冒險故事出現了，從而豐富了文學傳統。這些描寫武士勇敢善戰的故事用流暢的韻文寫成，有時在琵琶的伴奏下進行演唱，可與中世紀歐洲騎士文學的英雄史詩相媲美。然而，歐洲詩歌中屢見不鮮的浪漫愛情故事，在婦女根本處於從屬男性地位的封建日本，絲毫沒有出現。日本的所有藝術都受到中國模式的影響，但日本人早就在使各種風格適合自己的口味方面顯示出其獨創性。給人留下尤其深刻印象的是十五、十六世紀禪宗僧侶的繪畫作品。這些畫主要是山水畫，在風格上近於中國明代畫家的作品，但具有獨特的個性和清新韻味。

禪宗的貴族施主所具有的較高審美標準，還反映在這一時期產生的一個特殊戲劇藝術能劇上。能「歌劇」或「舞劇」並非舶來品，基本上是土生土長的一個劇種。它的源流可追溯到古時的民間舞蹈，以及與神道教和佛教祈禱儀式相關的禮儀性舞蹈。形式臻於完美的能劇，成爲一個不尋常的藝術表現和娛樂工具，它把旋律與優雅的舞姿與戲劇性結合起來，從而加強了該劇的吸引力。舞劇的主題是傳統的敘事故事，但它們不是原封不動地搬到舞臺上，而是多少以一系列舞臺造型的方式，非常含蓄地用令人聯想的象徵手法表現出來。演員身穿華麗的服飾，頭戴面具，在鼓、笛的伴奏下進行演唱。能劇在武士階層中深得喜愛，十四到十六世紀時發展到了極盛。儘管它具有極其程式化的特徵，但從未完全從日本藝術傳承中消失。

第十七章

歐洲海外擴張時代之前的美洲和非洲

The Americas and Africa Before the Age of European Overseas Expansion

偉大的軍事首都，從大地隆起的腹中冒了出來，降生在其盾牌之上。

他勝利地越過，

金字塔之間的蛇丘，

臉上塗有油彩，盾牌金碧輝煌。

世間他最強大，

大地顫動不已。

——阿茲提克人讚美詩（布拉澤頓，「新大陸的象徵」）

近年來的考古發現證明了，大致與尼羅河、底格里斯河－幼發拉底河和印度河谷等大河流域文明同一時期，在南北美洲也開始了文明創建的歷程。顯然，在這一方面最早的成功嘗試，乃是出現在太平洋沿岸和安第斯山脈西麓，在今祕魯境內。雖然這一文明是以漁獵和農業經濟爲基礎，缺少文字體系，但它所具有的建築和藝術力量顯現在大金字塔、寺廟和農業遺跡上。在時間上比安第斯文化略晚，於墨西哥中央谷地、中美洲，以及墨西哥灣沿岸興起的一些文化中，馬雅人在思想文化方面取得一些最卓著的進展，包括文字的發明和制定了一部引人注目的曆法。如果說，美索不達米亞、埃及和中國等文明在這些領域爲其後人奠定基礎，那麼，美洲人的早期文明隨著十六、十七世紀歐洲人的征服，都遭到絕滅的命運。儘管如此，他們仍在當代拉丁美洲社會上留下一些痕跡。

在這幾百年間，非洲各文明在貿易擴張和伊斯蘭教傳播的影響下已有所改變，範圍亦隨之大大擴展。包容不同的文化、語言和宗教體系的大王國和帝國產生了；反映出伊斯蘭文化和非洲文化交相融合的堂皇城市中心興盛起來。與此同時，奴隸制和奴隸貿易成爲北非社會中一個主要特徵。除了非洲各國所擁有的奴隸外，奴隸還被輸出到埃及、非洲和印度。

美洲早期文明

透過殘留於今的骨骼研究可以證明，在一萬五千年或二萬年前，一些亞洲民族經由現在的白令海峽——當時是乾燥的陸地——東行來到了北美。隨著人口的增多，這些新來者分布在北美大陸各地，並向南進入中美和南美。這些移民主要屬於蒙古人種，他們後來被稱爲「印第安人」，雖然他們與印度的居民毫無關聯；與此同時，還有一些人可能乘船由波里尼西亞前來。

在整個美洲大陸的諸多印第安社會中，產生了各式各樣的文化，許多北美社會建立在漁獵和採集經濟上。迄今在新大陸發現最早的人工製品，乃是製作精緻的石刀和石簇，以其發現地新墨西哥州的克洛維斯而被命名爲克洛維斯文化，其年代在西元前九千年。這些武器顯然是用來獵捕長毛象、駱駝、馬和美洲野牛的，並且在北美遺跡分布很廣。農業對維持定居的文明社會至關緊要，它首先出現於墨西哥高原：到西元前五千年，玉米已完全育化成功。由於玉米較易栽種，營養豐富，很快成爲南、北美洲的主要作物。到西元前一千五百年，農業活動已擴達到現今美國西南部的平原，那一地區的印第安人製作出具有高超技藝，並出現在圖案上具有獨創性和鮮明特徵的陶器（這是墨西哥的另一貢獻）。在新墨西哥的查科峽谷——現爲一國家公園——有個崖洞居民社會，其在西元九〇〇至一二〇〇年間文化興盛。它們富有成效組織在一起的勞動者，利用堤壩、運河建立了一套複雜的灌溉體系，展現出高超的工程和建築技巧。儘管由於不太爲人所知的原因，使這一文化在三百年後衰落了，但其龐大的公共建築遺蹟仍令人讚嘆不已。「普韋布洛」[1] 是用原木混合沙岩建成，高達五層，內有數百間房屋。

在墨西哥中央谷地、瓜地馬拉高原和安第斯山區，那裡土地肥沃、氣候宜人，出現一些印第安社會文化高度發達的地區，這一地區的文明發展到了足以稱之爲眞正文明的程度。如果不是受到征服，它們本來可以有一種足以和其他任何大陸相媲美的文化發展。在十六世紀歐洲人征服之前，美洲的歷史文獻極其殘缺不全，文字資料留存下來的很少，許多考古發掘工作有待進行。一九八〇年代鼓舞人心的發現，迫使人們對長期以來毫無疑問的學說做出重大修改：新大陸文明產生的年代比中東和亞洲文明要晚得多；在西半球最大的進步，首先出現在墨西哥和中美洲。現在在由安第斯山脈西側流入太平洋的大約五十個河流谷地正在進行的發掘證明，大致與距今四、五千年前的美索不達米亞和尼羅河流域文明同時，在那裡也出現了一個成熟的文明。這一文明的遺蹟包括龐大的U形神廟，和擁有多個房間、底部有一個足球場那麼大的庫房遺蹟。牆上裝飾著色彩明豔繪有豹子、蛇和蜘蛛圖案的土磚壁緣。關於這一文字產生之前的安第斯文明社會或政治結構情況，我們確實了解得很少。它的紀念性建築顯示，此地是由具有專門技藝、高效率的勞動力興建的，但無法肯定河谷地區不同的共同體是否統一於一個中央的權威之下。一個顯著的特徵是，與古代美索不達米亞、埃及和印度文明相反，安第斯文明並非以河流三角洲爲搖籃，而是主要仰賴大海維持生存。安第斯人也進行農業活動，種植的主要作物有番薯、花生和豆類，但捕魚是其主要職業，直到西元前兩千年，他們把根據地內遷到山坡地帶，把漁獵經濟轉變成灌溉農業經濟。這一遷移不僅需要改變技術，而且還要適應崎嶇的土地和高達一萬英尺的海拔。這一轉變是成功的，因爲下述事實可以作證：在內陸農業階段，建立了更大的宗教和社會機構。新近發掘的兩個遺址位於利馬以北，靠近泛美公路。在一個遺址發掘到一座金字塔，在另一個遺址發掘到一個U形神廟，兩者都高達十層，興建於三千年前。一位考古學家推測，安第斯文明與墨西哥—中美文明都發源於早在八千年前在亞馬遜谷地土生土長的一個石器部落文化。不論具體情況爲何，我們看來可以肯定得出這樣的結論，就是安第斯文化爲其南美西北部的後繼文化（包括印加文化）奠定了基礎。安第斯人在農業、建築風格、藝術圖案和宗教信仰，乃至於習俗（包括人祭）各方面，貢獻卓著。

自安第斯人的高度文明中初顯端倪，至印加人時期文明臻於極盛的這三千年

圖17-1　歐洲人征服前夕的美洲

間，相繼出現了一些文化。其中最具突出地位的是查文文化，它得名於該文化主要遺址查文—德—萬塔；該遺址在利馬以北，靠近安第斯大金字塔發現的地點。查文文化在西元前一千年前半期興盛一時。我們對創造這一文化的民族，或該地區在其後五、六百年間的歷史，所知甚少。西元一○○至七○○年間，在祕魯境內安第斯山脈西部坡地居主導地位的，是一個被稱為莫切或莫奇塔爾的社會。該民族得名於一個位於莫切河口的主要遺址，共約有五萬人，其所據有之地為祕魯北海岸一片延伸二百二十英里的地區。莫切人利用河流體系建立了廣泛的灌溉網，把一塊燥熱的沙漠變成一片富產的農業區，生產玉米、豆類、花生、辣椒、酪梨和其他水果。此時雖然沒有文字，莫切人仍透過其雕刻或飾有精美線條畫的手工製品，尤其是陶器，留下有關其文化的生動紀錄。他們的社會顯然具有軍事和神權性質，權力掌握在武士－祭司手中，後者令人敬畏的形象，由圖畫中的殘酷例證和宗教象徵而得到加強。在他死後，他的嬪妾、僕人和侍從都將成爲犧牲品，並在來世中繼續伴隨他。莫切人興建了帶有方形平臺的金字塔，以此爲宗教和行政管理中心，其中最大的一座位於利馬以北三百五十英里處的莫切河口。這一太陽金字塔高一百三十五英尺，基座占地十二．五英畝。這些紀念性建築用風乾的磚而非石頭建成，受到了很大侵蝕。皇家陵墓鑿挖在金字塔底部並封蓋起來。一九八七年，考古學家發掘了一個倖免盜賊劫掠的陵墓，從中發現許多寶石、黃金製品（包括動物、武士、神祇塑像和樂器，以及一個二英尺寬的堅固金頭飾）等；就出土財物價值而言，它可與埃及法老圖坦哈蒙墓相媲美。

在莫切時期之後出現的是蒂亞瓦納科文化，此文化擴展到整個安第斯地區北部。該文化的中心位於玻利維亞西部的的的喀喀湖沿岸，蒂亞瓦納科人由此統治四周地區達四百年（六〇〇～一〇〇〇年）之久。他們興建了西半球規模最龐大的建築，用巨石建造神廟和防禦工事，完成推土機所能完成的工作，但是在不借助起重機或滑車的情況下，令巨石各歸其位。古代首都蒂亞瓦納科一座沉入水中的神廟已由玻利維亞政府復原。蒂亞瓦納科人組織才能出衆，是把其文化強加給整個安第斯高原中部的最早民族。

在古代美洲文明中，地域最遼闊、社會組織最緊密的一個文明，是由南美印加人所締造的。它包容南美大陸多山的心臟地帶，即安第斯山地和安第斯高原，在其全盛期包括現今祕魯、厄瓜多、玻利維亞等國大部分地區，以及阿根廷、智利的北部。把這一多岩石地區轉變成高產農田，把這一地理上四分五裂的地區轉變成統一的整體，是一項十分艱巨的任務，但印加人卻成功地做到了這一點。顯然，印加人受惠於先他們居住在此的各民族，最直接的是受益於蒂亞瓦納科人，他們從蒂亞瓦納科人那裡借來建築技術和社會組織模式。印加文明代表發展的頂點，雖然它註定要遭到毀滅，但在其統治的地區留下長久烙印。

印加人的霸權大約開始於一一〇〇年，在十五世紀晚期達到顛峰。雖然包容了廣袤的地區，但印加人的轄區從未像西班牙征服者認爲的那樣構成一個「帝國」。這個國家基本上是一個部落聯盟，各部落由氏族組成，每一部落都受制於一個長老會議。雖然這種結構似乎具有民主性質，但整個社會實際上處在一個王族的集權控制下。統治者的銜號是「印加」，它後來被用於指述整個民族及其文化。他被視爲太陽神的後代，備受尊敬。爲了維持他神聖血統的純潔無瑕，印加時常以自己的姊妹爲妻，這一習慣與古埃及法老相同。此外，他通常擁有很多嬪妾，其子孫被列入王族之列。這樣「太陽神的孩子」逐漸成爲包括一大批人，指一個有特權的貴族階層。統治者廣泛的權威是建立在其軍事和宗教屬性之上。

印加人的農業顯示出意志和能量戰勝了自然。他們劈開堅硬的岩石，整平陡峭的斜坡，以便在山的兩側建築梯田，當時他們耕作的面積比現今還要廣大。除了玉米外，他們種植的作物有當地土生的作物馬鈴薯及其他各種作物。馴化的山間動物羊駝和美洲駝提供食、皮和毛，同時，美洲駝還是一種可以依賴的馱畜。

印加人在展示他們華麗的陶器、紡織圖案和金屬製品方面的藝術才能同時，保持了蒂亞瓦科人的傳統，興建了尤其引人注目的大型建築。他們是印第安中出類拔萃的工程師，在這一方面，他們與古羅馬人具有類似的天賦。位於祕魯首都庫斯科四周環繞著巨大的石堡，這些石堡是用巨大石板築高牆，每塊石塊之間沒有加任何灰漿，但嚴謹合縫。他們在山間興建公路（由於他們沒有輪車，因而這是些窄路），建造橋梁、函渠和引水管道，並設立了郵政網絡。郵政網絡靠人跑步維持，每隔不遠就設一個驛站，以使得快速的通信成爲可能。和其同代人相比，印加人最先進的是醫學，尤其是外科。他們的外科醫師可以切開顱骨頂部做腦部手術。儘管他們顯然富有天賦，但他們沒有發明任何文明體系。他們沒有書籍，也沒有一個銘文，但透過打不同色彩的繩結做統計紀錄。這種結繩記事的繩子（「基普」）雖然看起來很原始，但正如在馬雅人的二十進制中那樣，它包含了位値原則，同時不僅可用於商業活動，而且還具有保存檔案的作用。

宗教包括人體輪迴信念和天堂、地獄觀念。印加人承認有一些神，但只修建太陽神神廟，因爲太陽神被認爲是王族的先祖。太陽神神廟中用一片片的金葉裝飾起來，裡面安葬著經過防腐處理過的已故印加們的屍骸。國王的侍從和嬪妾時常遭到屠殺，伴隨印加下葬到其墓中。在神廟中，還屠宰動物，偶或殺人作爲祭品。

印加社會是人類共同社會中結構最森嚴的社會之一。最高權力由位於金字塔塔頂的統治者執掌，以下依次是部落和氏族首領，直至普通人民；在社會底層，每十人組成一個小隊，每一個小隊有一個隊長。由此形成的社會秩序在結構上幾乎是極權性質的，但在理論上，同時很大程度上都以推進全民福祉爲宗旨。印加人具體實現了合作的理想，尤其是在農業制度方面，其程序在世上罕有與其匹敵者；況且，印加一直被描述爲一個農業共產主義社會。土地理論上由印加擁有，定期進行平均分配；田間工作由大家共同承擔，另有監工扮演監督的角色。剩餘的農作品和手工製品儲存在公共倉庫中，美洲駝和羊駝的駝毛也是這樣，它們也是由衆人協力剪下的。在荒歉時期，就開放庫房拿出餘糧。私人財產和意志自由很有限，職業一般是世襲性的，所有體格健全的人都從事國家分配的工作，不然就要受到嚴厲處罰。這一強制性的社會體系帶來很多好處：生產率高，充分就業，年體弱者得到照料，犯罪率極低，這是一個安全但沒有什麼自由的天堂。它趨向於整齊劃一和墨守成規，對個人的獨創性不怎麼關心。社會整體也過於依賴單一不可侵犯的權威決斷。這就部分上說明了爲什麼一小群西班牙人在擄獲印加統治者後，就可以推翻印加政治制度。

直至最近幾年人們才了解到，墨西哥和中美洲培育的文明並不是新大陸最古老的。在墨西哥灣或加勒比海附近地區出現了最早可辨明的先進文化，即是奧爾梅克文明。創造該文明的奧爾梅克人在西元前一二五〇至一一五〇年間，定居在墨西哥的海灣沿岸熱帶地區。近來考古學家在墨西哥太平洋一側靠近阿卡普爾科的地方，發現了年代在西元前一二〇〇年的奧爾梅克文化遺址。奧爾梅克文明最惹人注目的遺蹟，是十四個龐大無比的石首，每一個石首高六至九英尺，重十到四十噸，面部表現出具有非洲的特徵，而與美洲印第安人迥然不同。這一顯著特徵長期以來，一直被視爲是一個令人費解的巧合而受到忽視，但一九三〇年代以來考古研究趨向這樣的結論：奧爾梅克人實際上是來自非洲大陸[2]。現已得到證實：在大西洋盛行季風的作用下，青銅時代航海家使用的木製小船可以由亞歐或非洲沿岸抵達南美北岸，或進入墨西哥灣。因此，除巨型石首外，在奧爾梅克人生活的沿海地區，還發現了幾十個具有同樣面部特徵和黑人髮式的陶製泥偶。從奧爾梅克的裝飾和禮儀性基本圖案看來，與埃及類型和相繼的美洲早期文化類型都有關聯。奧爾梅克人建造以南北爲準線的金字塔，用木製紙漿造紙，使用的是在西半球其他地區未曾發現的象形文字。其他與同時代人或稍後的社會共有的圖案，可能是一些獨創性的貢獻：以紫色爲聖色，禮儀式的羽毛扇，一個人豹合體的神，或許還有對有羽毛蛇的崇拜。對一個帶有計數符號的豹首石柱的考查證明，馬雅人精密的曆法可能正是發源於此。雖然奧爾梅克人只保有其獨特特徵區區數百年，但他們不僅對後來的文化做出持久的貢獻，而且把非洲特質注入美洲最早的文明之中。

自西元一〇〇年前後開始，在六百年間，在墨西哥中央谷地興起了一種燦爛的文明。這一文化根據其聖城的名字，被稱爲特奧蒂瓦坎文明；該聖城位於今墨西哥附近，在其全盛期的西元四至六世紀，共擁有二十萬居民。與同時代的美索不達米亞文明一樣，特奧瓦坎文明建立於宗教的基礎上，受制於一個刻板的神權政府。作爲幾百年間印第安世界的文化中心，特奧蒂瓦坎對印第安人的宗教有很大的貢獻。它的藝匠建造了龐大的石製金字塔，規模比埃及金字塔還要大，此金字塔只是用較小的石料堆成，外表有灰泥並做了粉飾。另外，與尼羅河流域的金字塔不同，特奧蒂瓦坎的金字塔是神廟而非陵墓。神廟和其他石製建築中飾有雕刻和五彩繽紛的壁畫——其中一些已得到發掘和復原，這些藝術華麗動人。特奧蒂瓦坎人崇拜有羽毛的蛇神魁扎爾科亞特爾，這些崇拜在中美洲到處可見。

西元七〇〇年左右，特奧蒂瓦坎被來自北方的入侵者征服之後，這一文化走向衰落。兩百年後，另一個好戰的民族控制了墨西哥谷地，這些人乃是托爾特克人，九五〇年，他們在圖拉（位於墨西哥城以北五十英里）建立了一個中心，還向南、向東擴展，占領了瓜地馬拉和墨西哥的尤卡坦半島。托爾特克人取得的成就不如奧蒂瓦坎人，不過，他們的重要性在於向鄰近的民族傳播文化。甚至在其勢力四分五裂後，在十二世紀後半期，他們在很長時間中仍成爲軍事貴族受到尊敬。托爾特克人吸取了特奧蒂瓦坎文明的因素，但其藝術較爲粗鄙。其社會具有軍事性而非神權政治。他們也舉行人祭。不過，他們獨創性的貢獻很少，其中一項就是一種在一個寬敞的庭院裡打橡皮球的遊戲，這種遊戲在美洲各地盛行一時。更具重要意義的是魁扎爾科亞崇拜的潤飾。一種建立托爾特克人的傳統之上的複雜神話，最終圍繞著有翼蛇神發展起來。這位蛇神被視爲文化的培育者和導師，他被一個敵對的戰神趕出首都圖拉。在多處流落之後，據說他自焚身亡，其冒著火焰的心臟變成了金星。其他一些傳說講述了魁扎爾科亞特爾如何用取自死亡之主宰的骨頭創造了人類。

在馬雅人時期，墨西哥及中美洲文明達到思想文化發展的頂點。馬雅人在創建其文化時，可能受益於奧爾梅克人最多。馬雅人在向南遷移時，穿越了奧爾梅克人據有的地區，定居在墨西哥沿岸平原。基督教紀元開始之際，他們抵達瓜地馬拉高原，其文化在此達到成熟階段。現今的瓜地馬拉人有很多是馬雅人的後代，這些人至今仍講馬雅方言。馬雅於西元三〇〇至九〇〇年間達到頂點，此時，它還擴展到墨西哥的尤卡坦半島。經過一個世紀的倒退或湮沒無聞之後，在十一和十二世紀，馬雅文明與托爾特克文化交融在一起，再次達到發展的高潮。約九五〇年，已在墨西哥內地定居下來的托爾特克人進入尤卡坦，占領馬雅人的主要祭祀場所——奇琴伊察。因而，馬雅文明的最後階段被稱爲馬雅－托爾特克文明。在幾百年間，尤卡坦的奇琴伊察一直是祭祀和舉行各種儀式和藝術生產的中心，但當西馬雅人抵達這裡時，它已失去了活力。

雖然馬雅文明以農業爲基礎，但與世界各地的其他文明一樣，馬雅人的耕作方法很原始。他們沒有耕畜，除了狗和鳥外沒有別的家畜。此時，並沒有任何一個印第安種族有輪車。無論馬雅人還是其同時代人，多數人居住在簡陋的泥屋或蘆葦屋中。巍峨的石頭建築顯現出高超的建築技巧，但他們無一例外是統治者的宮殿或公共建築，特別是宗教建築。昔日星羅棋布散落於墨西哥和中美洲土地的大型階梯型金字塔，就其遺蹟來看，實是世界一大奇蹟。但是，馬雅人的天才在技術領域不像在知識和藝術領域那樣明顯。他們的藝術才華表現在壁畫、石雕和木刻、彩繪陶器，以及精美的染色織物上。作爲科學家，他們精於數學和天文學。他們通過銘刻在曆法石柱上的文字，保存了精確的年代紀錄。

馬雅人的曆法確實是一個引人注目的發明。無論是北半球的印第安人，還是南半球的印第安人，大都有自己獨創的記錄時間推移方法。托爾特克人使用的是太陽曆，一年有三百六十五天，每四年增加一天。馬雅人的曆法在複雜、精密和數學對稱方面，都遠遠超過了太陽曆。馬雅人對時間現象十分著迷，並試圖把天上的時間（天體的運行）與地球的時間（人類歷史事件）連結起來。在其天文學家的勤奮努力下，他們在很大程度上獲得成功。馬雅人的曆法比一五八二年教皇格列哥里十三世改革儒略曆之前歐洲所使用的任何曆法都要準確；不僅如此，它也是一個資料圖書館，因爲他們把傳統的禮儀、神話和歷史敘述，與季節和天文的資料結合起來。馬雅計算人員從一個人爲確定的日期出發（相當於西元前三一一三年八月十日），就可以根據不變的基本時間向前、向後計算，從而確定每一年的每一日。此外，一份個別的曆法碑文在提到事件發生的精確日子和準確的同時，把它與行星的軌跡、月亮的年代、日（月）蝕的時期，及其他現象結合起來。透過這種時間段標誌體系，馬雅人得以在有限的空間中記錄大量準確的數據。馬雅人使用「零」這一概念（數字以二十個爲一組，而非十位制中的十），賦予紀念柱上每一段空間的特定價值。因而，與自簡單的算盤到電子計算機的各種機械計算機相似，他們在一份表上標出一些平列的排，就可以表達數量、持續或系列的準確概念，不必使用各種各樣的大量符號。

在印第安人中，並非只有馬雅人了解位置算術知識，但他們是唯一發明記號法體系者，這樣就可用以記錄和閱讀運算。正是因爲其曆法和記數體系，使馬雅人逐步發展出文字，這是他們至高無上的成就。透過逐步發展的曆法說明，他們學會描述言語的主要部分，乃至輔助部分。馬雅人的文字最初是象形文字，與埃及的象形文字相像，使用了大約六百個符號，其中約百分之一表示發音而非字詞或物體。馬雅人掌握了語音原則，可以想像，其文化如果延續下去，他們有可能形成眞正的字母表。除了石刻銘文外，他們製作出帶有插圖、書寫在鹿皮或用龍舌蘭植物纖維製成的紙上圖書。馬雅文字尚未被完全破譯出來，但令人遺憾的是，馬雅人的手稿除了斷簡殘篇，在西班牙人征服後都被毀掉了。

對馬雅人而言，宗教必定看來擁有極端的重要性。他們人口密集的中心不是城市，而是神廟位居頂端的金字塔所在位址，神聖儀式在此舉行。馬雅人的主要神祇是森林和天空中的神靈（金星被稱爲「大眼之主」），以及對確保作物收成極爲關鍵的雨神。有時要舉行將人祭獻給雨神，具有代表性的是把處女扔進井裡（如果神對她滿意而未把她淹沒，她就可以得救）。居高位者尊敬的是帶有羽毛的蛇神，祂是天和雷神，在托爾特克和阿茲特克人中被稱爲魁扎爾科亞特爾，但在馬雅人中則被稱爲庫庫爾坎，他們認爲這位神祇是仁慈的。根據馬雅人的傳說，庫庫爾坎曾作爲一個人在世上生活，傳授給其先祖文明的技藝，將來某一天會再次降臨人間，拯救他的子民。

最後，但絕非是最偉大的美洲土生土長的文化綜合體，乃是阿茲提克人文明；在馬雅人處於衰落時的一個半世紀中，他們在墨西哥中央谷地發揮了主導作用。與之前來過這裡並與他們有親緣關係的托爾特克人一樣，阿茲提克人向南移入墨西哥，征服並融合了當地的各部落。約在西元一三二五年，他們在今墨西哥城所在地建立其大本營。他們在此創建特諾奇蒂特蘭。特諾奇蒂特蘭乃是一個由二十個部落聯合而成的聯盟中心，而非像西班牙征服者所認爲的是一個王國首都。該地海拔較高（海拔在七千英尺以上），氣候溫和，靠近豐饒的農業產地，是一個理想的要地。該地位處沼澤之中，但這在興建堤壩、大路和運河之後，反而轉化成有利條件。城市的街道以石頭鋪砌而成，由能幹的公共工程部門負責打掃得一塵不染；引水管線把新鮮的用水引到城市之中。在阿茲提克人統治時期，特諾奇蒂特蘭擁有居民二十萬人左右。

阿茲提克文化主要靠綜合其他民族文化的成分而成，在某些方面更具粗獷特性。阿茲提克人使用的是一種原始的圖畫文字形式，有一些文字著作，但留存下來的少之又少。他們採用托爾特克人的太陽曆，這一曆法雖比馬雅曆遜色，但也使他們得以準確地記時。名聞遐邇的阿茲提克曆石（現存墨西哥博物館）重達二十噸，最初立在太陽廟前，可能用作人祭的祭壇。應當指出，雖然印第安人各民族文字發展方面，都未達到馬雅人那樣的高度，但多數印第安民族，包括阿茲提克人，都賦予其曆法複雜的象徵性裝飾，這些裝飾描述其禮儀和傳統的各種方面。阿茲提克曆石描繪了神話中的歷史，其中具有四個創世和毀滅的循環。阿茲提克藝匠精於銅、金、銀工藝，用石頭和動物外殼創作出精緻的鑲嵌畫。他們的陶器、織製物和裝翎的飾物可與馬雅人比美。阿茲提克人還保存了金字塔建築的流行傳統，傾斜的側面各階之間十分機巧，看上去直入雲霄。特諾奇蒂蘭的大金字塔神廟周圍高牆環繞，牆上飾有雕刻蛇。但這些都消失了，同時消失的還有統治者和酋長們的住所（「蒙特祖馬廳」），但金字塔的基底成了墨西哥城的主要廣場。

雖然具有藝術才幹和工程技巧，但阿茲提克人基本上是一個武士社會，這裡的每個人不是戰士就是祭司。他們不斷進行戰鬥，對被征服者殘酷無情，並對其社會內部的違法者嚴厲懲罰。阿茲提克人的宗教也顯示出對暴力的重視。在其萬神殿中，仁慈的蛇神魁扎爾科亞特爾從屬於太陽神和戰神。許多印第安部落都有人祭習俗，但阿茲提克人把這一作法幾乎當作其宗教的基礎。他們經常進行戰爭的目的就是俘獲用於犧牲的人員，雖然被用作人祭的具體人數無法肯定，但數目必然非常大。

早期美洲文明彼此之間在具體方面各有不同，但它們都有一些共同特徵，在宗教信仰、技術和裝飾風格方面有鮮明的共同性。各文明都沒有形成任何國家概念，它們都建立在血親集團——氏族、部落和部落聯盟——原則上。更重要的是這樣一個根深柢固、普通存在的信念：土地由共同體全體所有，因而應爲了全體人的福祉進行耕作。土地所有的形式各異，但任何印第安社會中都沒有土地買賣現象，也沒有種植作物用於出售的。西班牙和葡萄牙征服者發現很難根除這一與個人所有權相對的公有制傳統，他們的措施從未取得完全成功。整體說來，美洲本土文明在全盛期的時間上雖比尼羅河、底格里斯河－幼發拉河和印度河流域文明略晚，但在發展水準上並不比它們遜色太多，至少在未來發展的潛力上是如此。美洲在一個完全異於它們文化的影響下消亡，無疑是世界的重要損失。

非洲文明的擴展和成熟

冶鐵技術、動植物的馴化，以及新作物的種植，在撒哈拉以南的非洲大大促進了人口的增長和流動。手持金屬鋤頭和砍刀的鐵器時代的人組成了密集的村莊，形成集體組織的農業模式。在資源和良田有限的地方，社會仍維持在小型水準上，相對說來沒有分化。在土地肥沃或富鐵、銅或黃金的地方，社會則分爲不同的階層。新的政治經濟情況雖然根源於鐵器時代之前的平等信念中，但卻是建立在資源和財富分配不均之上。確實，如何處理不平等現象，成爲這一時期（一〇〇〇～一五〇〇年）的中心問題。

祕密的社會團體和宗教崇拜，成了控制新的社會秩序和維持一種繼續感的主要關鍵。它們是一個排他性的組織，對其成員及其家人是一個有著強大同化作用的機構。這些組織超越宗教，逐漸擴展到毗鄰的公社中。它們還傾向於成爲排除女性、按年齡分層的機構，老人掌有較大權力。

這是一個史無前例的文化交換和綜合的時代。鐵器時代的人口由大河流域向四周擴散，耕種著沿河地區地勢較高、較乾燥的土地。在經濟上互相依賴的模式，起初產生於人口密集的湖畔、河畔和沿海靠捕魚爲生的公社，與從事陸地耕作和狩獵的公社之間的交往。但在許多地區，流動性較大的游牧民族逐漸在政治上占有優勢。很有趣的是，他們編織了很大程度上是神話傳奇的故事，來解釋這一過程，以此證明這是正當的。這些迷人的起源神話，往往全部或部分取自被征服民族，並變成不成文的理政憲章。

自西非經由中非的大片開闊草原和林地，一種引人注目的文化和農業的基本傳統相似性和持續性最後終於占了上風。不同的文化享有共同的主題，但展現了似乎數不清的種族和地區差異；它們都透過一整套的畫像、諺語、傳說和起源或創世的神話，表現自己的力量、智慧和價值。不可理解的是，當他們共同發生天翻地覆的變化時，其鄰居卻似乎在時間上凍結住了，一些石器時代和早期鐵器時代的共同體一直殘存到二十世紀。但多數都被同化或完全消失了，只在其後人的詞彙或體質特徵中保留了一些暗淡的痕跡。

到西元一三〇〇年，多數非洲語言已具有其現代形式。例如，共有四百多個語群和幾千種方言可能都是由同一個班圖語母語發展而來的。其中許多語言變得相互間根本無法交流，但它們享有共同的根源，在結構和詞彙上也有隱隱約約的相似之處。

正是在這一時期，現代非洲的傳統宗教體系基礎已經形成了。萬靈論或自然物崇拜依然普遍存在，然而，許多文化開始採用更複雜的祖先崇拜和超自然力崇拜的觀念；他們認爲超自然力是一種創造性、賦予生命的力量。在與世隔絕的共同體中，當地祭司和女祭司發展出一種極複雜的宇宙論，這一宇宙論有一部分是建立在對星體極其精確的了解上。

在世俗領域，農業和工業生產的基本模式到一一〇〇年已經完全確立了；由於氣候、土壤、地勢，和擔心使牛、馬死亡的可怕采采蠅威脅下，各地區之間有很大的不同。然而，勞動的社會和性別區別變得更加明顯了。男人繼續打獵、捕魚、清理土地和提供安全保障；但婦女現在開始承擔自播種到收割的大部分農業勞動，在某些文化中，她們還承擔了市場的銷售工作。一些婦女控制了地方集市，然而，在西元四〇〇年之後，非洲許多地區遠距商貿易仍是男人的事。男人還控制了採礦、冶金術，在多數地區也控制了養牛業。在西元第二千紀，這三個因素是執掌權力的關鍵所在。擁有牛，男人就可擁有更多的妻子，並擴大其家庭勞動力的規模。擁有重金屬，他們就可獲得進口的奢侈品。因而，除了個別例外（農業最為顯赫），男人一般在取得權力的財富方面占有優勢。職業的分工使許多技術工匠享有更重要的地位，尤其是鐵製品和陶器的製造。在赤道以南，藝匠首次以全部精力、時間從事特定的行業，並把其手藝祕訣只傳給自己的孩子。在那裡出現了同族結婚的冶金匠、樂師、說書人、製工匠、木雕匠、珠寶匠和編織匠家族。

採礦和集市活動在人口密集的地區有了重要發展。在十三世紀，隨著由開採沖積礦床，轉而開採礦脈，使得礦產量大為增加。到十四世紀，在蘇丹西部、安哥拉北部、扎伊爾南部和贊比亞等重要的礦區，鐵、銅和黃金的開採和加工都已完全確立下來，且更為熟練。牛還增加了積聚財富的可能性，對移民和創新提供強有力的刺激。這一產物促成由孤立的以市場為主的生產者體系，向外輻射成遠距離的貿易網。以物易物以外的交換方式慢慢形成，這些交換手段包括銅錠、鐵塊、金粉，以及優質寶貝貝殼和恩濟馬貝殼。確實，通貨概念遠超出了穆斯林和基督教的範圍。尤其是銅，它成了一種其他所有可據以衡量的標準——不僅是一種以物易物的物品，而是一種交換貨幣。在非洲中部，銅在經濟和藝術上都具有中心地位，同時被用於製作金屬手鐲和結婚用的耳環、可以提高權力者威嚴的物品，以及陪葬品。直到十九世紀之前，只有少數非洲人直接受到這些轉變的影響，因為多數社會仍不以市場為取向，主要在封閉的以物易物體系內存在。

商業的發展促進了種種自願或不自願的依附形式發展和強化。雖然在十八世紀晚期之前，在大多數社會中，家內奴隸制在個別社會中是非常常見的。家內奴隸可以變得很富裕、很有權勢，甚而自己也可擁有奴隸。不過，多數奴隸是動產或財產，沒有什麼人身權利和活動自由。此外，他們沒有父系或血親集團，不可能透過什麼法律尋求保護和幫助。實際上，他們是化外之人，通常不得參加自由社會的禮儀和葬禮。幸運的是，許多社會做出規定，逐步把他們融入主人社會的機構中。這一過程可能在幾代人間發生，同時奴隸出身的社會烙印往往依然存在。至於農業奴隸、戰爭俘虜和被綁架的受害者，其命運卻不那麼好。他們往往被出售，因而進入國際奴隸貿易之中。在一四五〇年之前，伊斯蘭教世界實際上是對非洲產生影響的唯一外部力量，穆斯林因此深深捲入自十二世紀以來快速加劇的奴隸貿易之中。

在一三〇〇至一五〇〇年間，掠奪奴隸和奴隸貿易，成爲北非、衣索比亞、東非沿岸，以及西非草原的一個基本狀況，自詡同時擁有五千名以上的奴隸。在大西洋奴隸貿易時代之前，奴隸繼續主要由尼羅河流域和衣索比亞高原輸出到埃及、阿拉伯半島和印度。自六五〇至一五〇〇年，大致有七百萬人——主要是女性——被出賣，她們穿過撒哈拉沙漠被運送到北非，在閨房中服役和充當家僕。據估計，另外有二百萬人被帶離東非，賣到阿拉伯和印度市場。

到西元一〇〇〇年，許多權威職位已變成制度化和世襲性質；在其後半個世紀，某些地區已由母系變成父系，特別是在受到伊斯蘭教影響的社會中。圍繞著土地和水資源權利展開爭奪和競爭。到一五〇〇年，在撒哈拉以南非洲的許多地區，眞正的政治權力已由以血親爲基礎的博學祭司和女祭司，轉至由地區爲基礎的首領之手。舊的崇拜殘存下來，但隨著首領和國王與昔日的領袖結成聯盟，它們被轉接到新的權威體系之上或爲之同化。除某些重要的例外，婦女在社會中的政治地位和經濟地位現在可能更不明顯，在某些方面權力更小，她們作爲王太后、集市上的「保姆」、地位較高的妻子和重要崇拜中的女祭司，也只能發揮某些更模糊不清的作用。

貿易的發展和世俗權力的增加，大大促進黑非洲地區國家形成的快速進程。許多地區在神王的統治下，酋長制得到鞏固。許多王國逐漸發展成擴展性的地域帝國，把各式各樣的文化、語言和宗教體系包括在內。帝國建設的過程在熱帶或西非的蘇丹地區，表現得最明顯。

西元八世紀後，很大程度上由於信奉伊斯蘭教的阿拉伯人和柏柏爾人的首創之功，使得穿越撒哈拉沙漠的貿易迅速發展起來。在十一和十二世紀間，西非在中世紀地中海的經濟變身爲貨幣經濟，及維持與南亞和更遠地區的貿易方面，發揮關鍵作用。一二五二年後，黃金輸出大大增加，當時金礦砂取代白銀成爲歐洲的主要通貨。歐洲和北非商人對黃金的需求越來越大，促使西非人在更大、更有效的規模上組織起來，以適應這些情況。在黑皮膚的索寧克人王朝時期，迦納軍隊在十世紀占領了柏柏爾人興盛的商業中心奧多伽斯特。其後的各位迦納君主經由加強對穿越地區黃金流動的控制，因而富甲天下。他們對黃金出口徵收生產稅，並把一定數量的金塊儲存起來，以使黃金稀缺。迦納的霸權擴展到尼羅河上游和塞內加爾河流域，到了廷巴克圖、杰內和加奧等欣欣向榮的貿易中心。

迦納不是一個穆斯林帝國，但其主要顧客和那些控制了具有戰略的沙漠綠洲的人，到十世紀時都成爲穆斯林。西元一〇〇〇年左右，鄰近塔克魯爾的統治者接受伊斯蘭教，因而成爲西非第一個皈依伊斯蘭的王國。迦納本身嚴重依賴穆斯林財政顧問和商人，他們信奉異教的國王，最終不得不把其都城庫姆比沙萊赫一分爲二，一半信奉伊斯蘭教，一半信奉異教。

伊斯蘭教是伴隨西非貿易的相輔相成者，它是阻遏不住的。到一〇五四年，大批游牧的穆斯林柏柏爾人宣布舉行聖戰，成功地收回至關緊要的奧多伽斯特集市。處於撒拉邊緣的迦納，早已因過度放牧，並無力實行作物輪種造成的環境惡化，而受到削弱。它屈從於清教徒式被稱爲穆拉比特教派的柏柏爾特派穆斯林，看來幾乎是不可避免的。但穆拉比特王朝給迦納集市帶來的不安定，在大型商隊所經道路兩側造成了恐慌。這一情況破壞森林開採黃金者、迦納中間人和北非商隊經營者之間微妙的貿易平衡。確實，迦納在穆拉比特運動時，國內受到很大衰微，邊緣地區的各酋長趁機分離出去，一二二四年，其中的一個附庸酋長洗劫了迦納首都，把統治家族變成奴隸。十年後，勝利者本人屈從於迦納戰納王族一位名叫松雅塔的魔術師高超魔力之下。

迦納滅亡了，但一個新的稱爲馬里的地區性帝國，在魔術師松雅塔的領導下形成了；松雅塔在蘇丹地區的民間傳說中，至今仍被視爲一位神－英雄的締造者。他在控制生產黃金的地區後，就可以吸引從前由迦納壟斷的商隊交通。依口述傳說的記載，松雅塔經由引起棉花種植和紡棉技術發展了農業。

在曼薩穆薩的統治下（一三一二～一三三七年），馬里的權威抵達尼日河中的城邦廷巴克圖、杰內和加奧。他率人攜帶著多得令人目瞪口呆的黃金，前往伊斯蘭教在中東的首都麥加朝聖，從而把馬里置於歐洲人的世界地圖上。在返回故土後，曼薩穆薩在主要的都市興建宏偉的清眞寺，從而促進伊斯蘭教的發展。他利用其看上去沒有窮盡的黃金，供應聘請西班牙和中東的學者與建築師，把馬里各城市改變成伊斯蘭世界的學術中心。主要的知識分子被派往摩洛哥進行更高水準的學習，並在廷巴克圖著名的桑庫拉清眞寺爲一所大學奠定基礎。曼薩穆薩去世後十年間，馬里仍以其法律、秩序和安全，以及高水準的社會道德和活動，在穆斯林世界享有盛譽。人們和貨物的自由流動，使廷巴克圖、杰內和加奧等大城市得以發展成爲重要的集市中心。在松雅塔和曼薩穆的領導下，伊斯蘭教在貴族心中更深地扎下根來，並在各重要城鎮中廣泛傳播。

曼薩穆薩在建立高效率的行政官僚體系方面，取得很大進展，但他沒有確定繼承原則；每一個曼薩死後，宮廷密謀和派閥之爭就隨之出現。中央權威不

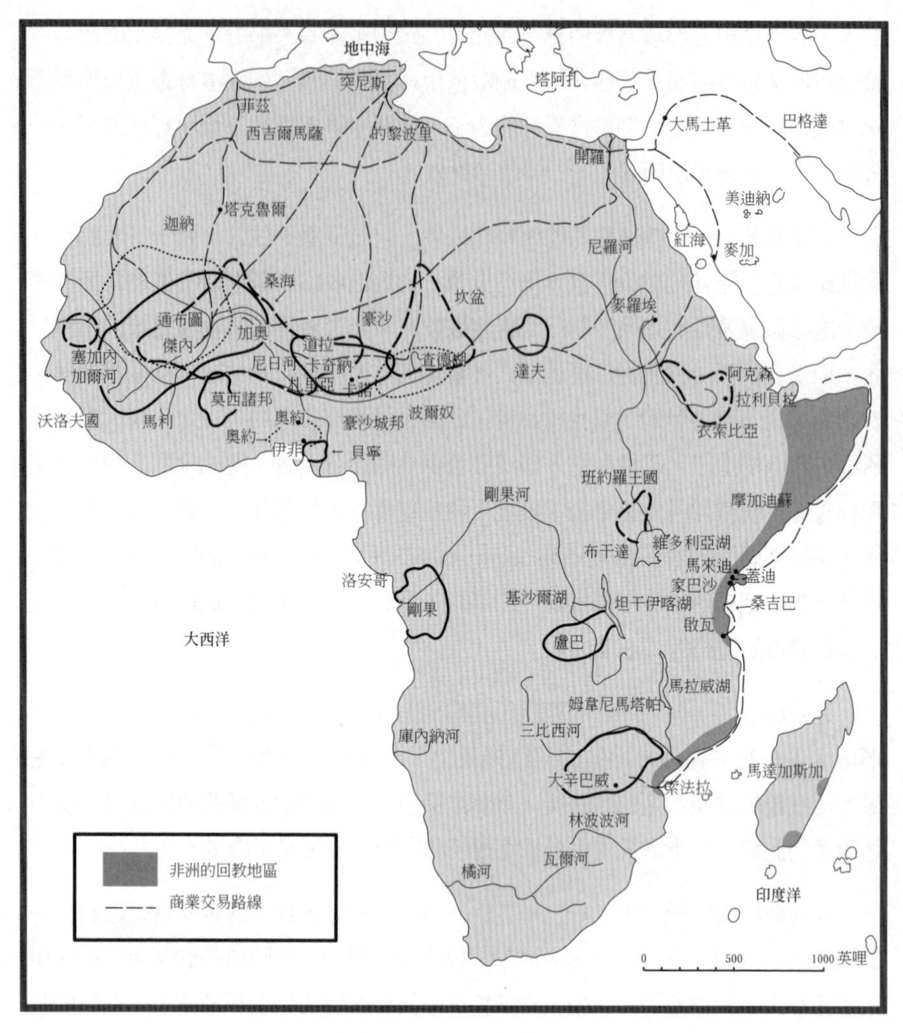

圖17-2　非洲，西元一〇〇〇～一五〇〇年

可避免地受到削弱。一三七五年，加奧分離出去；在松尼・阿里（一四六四～一四九二年在位）的統治下，它發展一個擴張性的地域帝國，叫桑海。

如同在印度的伊斯蘭教，在非洲一個奴隸承擔了重大的行政和軍事責任，並在時機來臨時僭奪統治權的情況並不罕見。一四九三年，這在桑海發生了：一位地位較高的穆斯林奴隸，名叫穆罕默德・圖雷，他策劃了一次出色的宮廷政變。由於圖雷缺乏植根於異教過去的傳統合法地位，因此他提倡伊斯蘭教，感到伊斯教對實現政治和文化控制是一個彌足珍貴的工具。穆罕默德・圖雷（一四九三～一五二八年在位）使用「阿斯基亞」這一讚美頭銜，他把桑海的邊界擴展到撒哈拉沙漠深處具有戰略意義的綠洲，穿越尼日河中部，把馬里包容在內，並向東到擴展到豪薩地區的商業中心。隨後他創建了錯綜複雜的官僚制度，設有陸軍、海軍、漁業、林業和稅收各部。桑海本身實行權力分散制度，全國分成若干省，受制於省督；省督由阿斯基亞家族或王室親信中遴選。穆罕默德·圖雷還建立了龐大的種植園，由奴隸耕種，其情況有時與南北戰爭之前美國南部的種植園相似。

爲了便利商業活動，穆罕默德·圖雷引發了一套統一的度量衡制度，並指定市場監督保護消費者利益。廷巴克圖的桑克雷清眞被改造成一個足以與中世紀後期歐洲任何著名大學媲美的機構，其下設神學、法學、數學和醫學學院。一四九七年，他在去麥加朝聖時，結交了世界著名的穆斯林學者。其中一些人隨他來到桑海，充當行政和宗教顧問。就像更早的馬里帝國一樣，桑海與其主要的貿易夥伴摩洛哥和埃及建立外交關係。

到了一五二八年「阿斯基亞」穆罕默德的統治結束之際，伊斯蘭教的法律、教育機構在桑海主要的都市中心早已根深柢固了。然而，在其他方面，伊斯蘭教只是薄薄的一層表面。全國百分之九十五的人口，包括農民和小的首領，依然遵循傳統的泛靈論信念和生活方式。不過，雖然在伊斯蘭教和傳統之間存在著嚴重的內部分歧，但桑海繼續保持繁榮，並在「阿斯基亞」達烏德統治時期（一五四九～一五八二年）達到了頂點。桑海由積雪覆蓋的北非阿特拉斯山脈一直延伸到熱帶的喀麥隆森林，包容了幾千個不同的文化，顯然是世界上最廣袤的帝國之一。

桑海勢力擴展得太大了，反而削弱了自己。它的陸軍人數雖在三萬五千名以上，但它無法使邊遠地區保持臣服關係，一些豪薩城市國家重新宣布獨立後，桑海失去了東部至關緊要的市場。在西北部，摩洛哥人在擊敗葡萄牙人後，試圖直接控制桑海的礦山。桑海精銳的騎兵和弓箭手無法與摩洛哥的大炮和自歐洲進口的火繩槍抗衡。一五九一年，桑海被摩洛哥人擊敗之後，帝國——實際上是整個西蘇丹文明——迅速瓦解。摩洛哥人及其葡萄牙雇傭軍無法確立金礦的地點，或維持道路和市場的安全，就在一六一二年完全放棄桑海。塡補眞空的是政治無政府狀態，大型城市衰落，商業和穆斯林學術活動往東移至位於今尼日北部和尼日共和國的豪薩城市國家。

到十二世紀，豪薩地區不協調的自治村落合併成由半神半人的王朝統治下的中央集權王國。這些王國雖然在政治上自治，但使用的是同一種豪薩語，擁有共同的文化遺產。道拉是最早建立的一個王國，它對其他王國隱隱約約具有一種精神的宗主權。

十四世紀時，伊斯蘭教開始進入豪薩貴族和商業圈子。一四五二年後，幾個世紀來一直由塞內加河東稱鐵紅膚色的富拉尼人逐步進入豪薩農業地區。富拉尼人是一些狂熱的穆斯林，他們帶來宗教著作，建立新的伊斯蘭教學術中心。與此同時，隨著與南部森林地區農民的可可貿易開闢，豪薩正在經歷一場商業革命。在卡諾、卡齊納和扎里亞，隨著商人把活動遷移到豪薩地區較安全的、有城牆的城市，大集市於是紛紛湧現。

由於位於東部、靠近乍得湖的加奈姆—博爾努這一富裕、強大的王國所提供的軍事保護，豪薩地區極為安全。加奈姆—博爾努恰好處在通往西非蘇丹的門戶上。該地穩定的王朝在西元八四六年掌有權力，一〇八七年皈依伊斯蘭教。在邁・伊德里斯・阿魯瑪（一五八〇～一六一七年在位）的統治下，加奈姆—博爾努達到了頂點。阿魯瑪與新近由西班牙手中奪走北非的突尼斯和土耳其建立了外交關係。在土耳其顧問的幫助下，阿魯馬把其政府進行官僚機構化，使之牢牢建立在伊斯蘭教的基礎上。一個高級法庭建立起來並配備了法官，在他們之中只實行穆林法。軍隊中裝備土耳其火槍。十三世紀時，設在開羅專供博爾努朝聖者和學者的客棧大大增加。處在桑海和博爾努力之間，豪薩在商業上受到兩個鄰居的剝削，但它從經由這裡前往麥加朝聖者那裡獲得一可觀的文化營養。

一五九一年桑海崩潰後，貿易不僅移到了豪薩，而且移到南部森林。一〇〇〇到一五〇〇年間，來自蘇丹地區的草原居民為尼日的森地居民注入了新鮮血液，居主要地位的家族變成統治王朝，它們反過來合併祭司和長老統治下的分散村落，而組成城市國家。正如北方的道拉在豪薩所扮演的角色，伊萊伊費在約魯巴拓殖民中具有同樣精神宗主權。來自伊萊伊費的約魯巴戰士四處擴張，在奧約、貝寧及其他地方建立附屬王朝。在偉大的埃瓦爾（一四四〇～一四七三年在位）統治下，貝寧城擴長成為一個地域性的森林帝國。貝寧和伊費成了興盛的文明中心。他們的手工業行會生產出自然主義風格青銅頭像和飾板，這是他們用失蠟鑄造法做成。埃瓦爾鼓勵象牙雕刻和木雕活動，創建了一支國家管弦樂團。所有這些世俗的創新都在為統治家族增添光彩。藝術不再僅僅是生活的裝飾品，現在它維護權威，裝飾約魯巴無規則擴展的王宮大廳。

在今迦納的腹地，一四〇〇年前不久出現了類似但並無關聯的政治發展過程。來自原來的馬里和桑海的曼德商人向南推進，以尋求更多的黃金。北非和歐洲對黃金更強有力的需求，促使他們在森林的邊緣建立小型交換中心。這些方興未艾的共同體代表了異教與伊斯蘭文化、森林文化與蘇丹文化奇異的融合。被稱爲阿坎人的林地居民對這一商業挑戰有了反應，在商業活動的交匯處建立小型王國。因而，商業的南進運動刺激了以森林爲根基的國家發展；隨著歐洲人出現在沿海地區所引發的新商業機會，這些國家在十六世紀達到了頂點。

認爲歐洲人來到沿海地區和大西洋貿易的興起，結束了跨越撒哈拉的奴隸和手工製品貿易，是不正確的。相反，蘇丹經濟因處在從南和北發端的兩大交通網之間，而大大受益了。蘇丹商人利用新的商業機會，許多人變成富有、顯赫、見多識廣的四海爲家者。豪薩城市（諸如卡約）舉辦了大型集市，出售種類繁多的商品，包括本地生產的織品和皮貨。

於九世紀，講斯瓦希里語（根源於班圖語）的非洲—阿拉伯人出現在東非肯亞和索馬里的北部沿海。「斯瓦希里」一詞源自於阿拉伯文的「斯瓦希拉」，意爲「沿海地區居民」。這些人因與波斯和阿拉伯半島的人有著頻繁的貿易而興盛起來，他們逐步把商業活動向南擴展到講班圖語、靠捕魚爲生的公社中。隨後，如前文第十一章所示，自索馬里以南的東非沿海地區又來了新的民族。這些人有的是自內地來的班圖人，有些人是來自索馬里沿岸和波斯灣的阿拉伯人，少數人是來自印度西北部。非洲人以外的移民是一些靠海爲生、尋求非洲象牙和奴隸的商人。班圖人與內地相連，是能滿足其要求。到十二世紀，設拉子人建立了一系列沿海穆林城邦，向南一直延伸到今莫三比克。他們與當地班圖人統治家族聯婚，開創了伊斯蘭教王朝。索法拉和基盧瓦建於九世紀之前，形成肩負起領導作用的非洲—亞洲人城鎮，它們成了內地辛巴威和加凡庫高原所產黃金和銅的主要輸出口。十至十一世紀間，一種獨特的斯瓦希里沿海文明產生了，斯瓦希里文明混合班圖、阿拉伯和印度文化和語言而成。斯瓦希里清眞寺雖讓人想起阿伯半島沿岸的那些光彩四溢的清眞寺，但在形成和建築上有獨到之處。這些清眞寺是具有鮮明的非洲沿海地區特徵的建築，以長方形線條爲基礎，動用了當地的珊瑚、紅樹和棕櫚材料。斯瓦希里語言用阿拉伯文符號書寫，音調柔軟而優美。

與豪薩城邦相同，斯瓦希里城邦信奉伊斯蘭教，具有世界主義、社會分層、文化相同但在城邦上各自獨立的特徵。他們因其所處生產者和消費者之間的中間人地位而興盛起來。雖然基盧瓦在一一三一至一一三三年繼續支配索法拉的商業，但未顯示出任何擴張主義的趨勢。反過來，各個城鎮，例如摩加迪沙和巴拉瓦（在今索馬里）、杰迪、蒙巴薩、馬林迪和帕特（今肯尼亞）、桑給巴爾和基盧維（坦桑尼亞），以及索法拉（莫三比克）等，彼此之間展開了激烈競爭。一些城鎮甚至自鑄貨幣，並保有龐大的寶庫。

一〇〇〇年，黃金和銅致使中南非洲受到印度洋的商業和文化影響。起自亞洲的印度洋商路，將波斯陶器、中國瓷器和印度玻璃器皿帶到辛巴威貴族手中；一些商品到了扎伊爾東部基薩爾湖畔富裕的漁獵公社那裡。與跨越撒哈拉的貿易一樣，印度洋貿易促使非洲統治者對其社會進行集中管理，以便更好地滿足外國的要求。確實，沿海地區對加丹加的銅和辛巴威的黃金的要求，使得領導權由負責禮儀的祭司手中，轉到掌有大量軍事力量和經濟力量的世俗國王手中。十三世紀的大辛巴威是第一個得到鞏固的國家。在兩百年的時間裡，大辛巴威達到繁榮的頂點，它的力量建立在對牛和黃金市場的控制上。大辛巴威的神王觀念逐漸傳到贊比西河流域和北部高原的其他社會中。與其他較小的「辛巴威」（意爲「石頭圈欄」）一樣，大辛巴威築有龐大的橢圓形石牆，這些石頭經過精心雕刻，不用灰漿就疊合得嚴絲合縫。

四世紀中葉，克蘇姆王國伊扎納皈依基督教，在這片後來被稱爲衣索比亞的地區立基督教爲國教。衣索比亞教士建立教堂和隱修院，並由貴族和歷代君主手中收受了作爲贈禮的大片土地。科普特基督教再加上君主制機構，成爲強大的統一力量。隱修院成了學術中心，重要文獻被翻譯成教會僧侶們使用的吉茲語。

在基督教成爲國教後不久，衣索比亞就征服鄰近的庫什帝國，庫什帝國被一批總稱爲努比亞的小王國取代。七世紀，伊斯蘭教在北非的擴張導致信奉基督教的埃及崩潰，以及阿拉伯人占領波斯和紅海港口。在同一世紀，貝扎游牧部落橫掃厄立特高原，並使衣索比亞斷絕與地中海、中東部的貿易和文化聯繫。現在衣索比亞向內地擴張。約一一〇〇年，其政治中心由亞克姆向南移到幾乎無法接近的高原西北部拉利貝拉。十三世紀晚期和十四世紀初，努比亞王國被埃及的阿拉伯統治者征服後，衣索比亞更加脫離希臘羅馬世界。衣索比亞早期王國在十四、十五世紀達到頂峰，征服西部不信基督教、不信伊斯蘭教的國家。教會勸說這些被征服地區改變信仰，並同化他們，從而成爲君主制的傳教代理人。

來自內部和外部伊斯蘭教徒繼續對基督教統治地區構成壓力。十五世紀初，地方貴族中出現離心傾向。鄰國阿達爾利用這點於一五二九年宣布舉行聖戰，它在與衣索比亞皇帝戰鬥中取得決定性勝利，把其許多地區置於自己的控制之下。一五四一年，皇帝萊布納·鄧蓋爾在葡萄牙傭軍的幫助下擊敗穆斯林，使基督教的衣索比亞免遭完全吞併的命運。同時，他們還阻攔講庫什語的游牧加拉人的入侵，但在其後幾百年間，不得不與加拉人分享土地。在此後三百年間，衣索比亞蛻變成一個停滯的懼外國家，以內戰、軍閥、經濟停滯，最終是中央權威瓦解爲特徵。

與這些發展無關的是尼洛特人游牧民族遷入今烏干達的維多利亞湖西北的肥沃地區。在十四到十六世紀間，這些深受神王觀念影響的移民與班圖農民通婚，建立強大王國。這些高度集權化的政治實體，例如布尼奧羅、布干達和安科萊等，都是非伊斯蘭教的、純粹由非洲人創建的。

第四部｜近代早期的世界

歷史學家大都趨向於同意，中世紀時期大致於一五〇〇年左右結束，此後歐洲歷史便進入「近代早期」的階段，此一階段一直持續到十八世紀末葉法國大革命和工業革命爆發之際。早在一三五〇年前後，義大利某些新的文化運動代表者，通常被稱爲「文藝復興」的代表人物，就開始向中世紀的某些基本假說提出挑戰，並提出取代中世紀文學和藝術表現模式的新方式。

到了一五〇〇年左右，文藝復興的觀念不僅在義大利獲得完全勝利，而且傳播到歐洲北部，並在那裡引發一場極具影響的基督教人文主義運動。然而，在十六世紀初，西歐因爲擴張和分化，而失去他們中世紀的許多外部特徵。堅韌不拔的水手和征服者藉著冒險活動闖入大西洋和印度洋公海，把歐洲的旗幟插遍全世界，從而結束歐洲上千年在地理上自給自足的狀態。然而，此一時期，由於發生新教的改革，結果導致整個歐陸在統一的宗教上，分裂成許多互相敵對的宗教派別，使歐洲的宗教統一因而告終。

此後，大約從一五六〇至約一六六〇年這一百年間，西歐進入一個經濟、政治和精神危機嚴重的時期；不過，它度過了這些考驗，獲得新能量和信心。商業革命刺激海外殖民活動和海外貿易的發展，也刺激了工業和農業的發展。雖然君王們依然面臨轄區內各領地的反抗，但他們維護自己作爲專制統治者的權力，經由不斷擴展國家官僚機構而平息內部的動亂。戰爭依然是其外交政策的主要工具；不過，到這一時期結束時，那些政策得到相互認同的目標，更經常變成是爲了維護整體的權力平衡，而不是進行無限制的擴張。最後，在十七世紀晚期，由早些時期的哥白尼發起的科學革命，經由艾薩克・牛頓爵士完成了；隨後在十八世紀期間出現了「啓蒙運動」，這是一場推崇一種新的世俗信念，即人類有能力駕馭自然，並經由自己的努力使自身更加完善的運動。

在亞洲，就像在歐洲那樣，隨著文明程度的提升，也出現了專制的中央集權政府。印度的莫臥兒王朝統治者和中國的滿清王朝給這二個國家帶來極大程度的穩定和繁榮，但極度的奢華和一系列災難性戰爭，致使莫臥兒王朝很快就衰落了。在日本，雖然封建制度仍繼續持續下去，但在一六〇三年，德川幕府的出現，提供了一種如果說不是形式上至少是實質上的專制政治。與西歐的多樣性不同，中國和日本的專制制度都殘存到二十世紀。與此同時，西歐人利用其海上的優勢和商業優勢剝削非洲的財富。普遍的非洲奴隸貿易在爲歐洲商人帶來大量財富的同時，不僅強化了非洲國家內部和各國之間的衝突，而且還加速非洲大陸各輝煌、優秀的文明衰落。在美洲地區，在西班牙和葡萄牙征服者的影響下，馬雅、阿茲提克和印加文明遭受與非洲各文明同樣的命運。

表4-1　近代早期的世界（西方）

	政治	哲學和科學	經濟	宗教	文學藝術
西元1300年					‧佛朗西斯科‧佩脫拉克，西元1304～1374年 ‧義大利文藝復興，約西元1350～1550年
西元1400年	‧文藝復興時期的教皇，西元1477～1521年 ‧法國人入侵義大利，西元1494年	‧義大利的市民人文主義，約西元1400～1450年 ‧羅倫佐‧瓦拉，西元1407～1457 ‧佛羅倫斯新柏拉圖主義，約西元1450～1600年 ‧伊拉斯謨斯，約西元1467～1536年 ‧馬基維利，西元1469～1527年 ‧尼古拉‧哥白尼，西元1473～1543年	‧葡萄牙控制了東印度香料貿易，西元1498～1511年	‧馬丁‧路德，西元1483～1546年 ‧烏爾利希‧崔文利，西元1484～1531年 ‧伊格納修斯‧羅耀拉，西元1491～1556年	‧馬薩喬，西元1401～1428年 ‧波提切利，西元1444～1510年 ‧列奧納多‧達文西，西元1452～1519年 ‧阿爾布‧萊希特‧都勒，西元1471～1528年 ‧阿里奧斯多，西元1471～1533年 ‧拉斐爾，西元1483～1520年 ‧米開朗基羅，西元1485～1564年 ‧拉伯雷，約西元1494～1553年
西元1500年	‧英格蘭亨利八世，西元1509～1547年 ‧神聖羅馬帝國皇帝查理五世，西元1519～1546年 ‧查理五世軍隊洗劫羅馬，西元1527年 ‧西班牙在義大利獲得優勢，西元1529年 ‧西班牙菲立普二世，西元1556～1598年 ‧英格蘭伊莉莎白一世，西元1558～1603年 ‧尼德蘭暴動，西元1566～1609年 ‧西班牙無敵艦隊失敗，西元1588年 ‧法國亨利四世，西元1589～1610年 ‧南特敕令，西元1598年	‧維薩里‧安德列斯，西元1514～1564年 ‧摩爾的《烏托邦》，西元1516年 ‧金‧包汀，西元1530～1596年 ‧米歇爾‧德‧蒙田，西元1533～1592年 ‧法蘭西斯‧培根，西元1561～1626年 ‧伽利略，西元1564～1642年 ‧約翰‧克卜勒，西元1571～1630年 ‧威廉‧哈維，西元1578～1657年 ‧湯瑪斯‧霍布斯，西元1588～1679年 ‧勒內‧笛卡兒，西元1596～1650年	‧西班牙獲得中美洲與南美洲，約西元1520～1550年 ‧歐洲「價格革命」，約西元1560～1600年 ‧義大利經濟衰落約西元1580～1700年	‧約翰‧喀爾文，西元1509～1564年 ‧《愚昧者書簡》，西元1515年 ‧伊拉斯謨斯的希臘文《新約》，西元1516年 ‧路德抨擊贖罪券西元1517年 ‧英格蘭亨利八世與羅馬決裂，西元1527～1534年 ‧再浸禮派占領明斯特城，西元1534年 ‧羅耀拉的耶穌會得到教皇保羅三世的認可，西元1540年 ‧喀爾文接管日內瓦，西元1541年 ‧特蘭托會議，西元1545～1563年 ‧奧格斯堡和約把日耳曼分成路德宗和天主教兩部分，西元1555年 ‧英格蘭伊莉莎白宗教和解，約西元1558～1570年	‧米開朗基羅在西斯廷教堂主要創作時斯，西元1508～1512年 ‧彼得‧勃魯蓋爾，約西元1525～1569年 ‧帕萊斯特里那，約西元1525～1594年 ‧埃爾‧格雷科，約西元1541～1614年 ‧塞凡提斯，西元1547～1616年 ‧莎士比亞，西元1564～1616年 ‧克勞迪‧蒙台威爾第，西元1567～1643年 ‧魯本斯，西元1577～1640年 ‧貝爾尼尼，西元1598～1680年 ‧貝拉斯克斯，西元1599～1660年

（續下頁）

	政治	哲學和科學	經濟	宗教	文學藝術
西元1600年	·三十年戰爭，西元1618～1648年 ·黎希留在法國得勢，西元1624～1642年 ·勃蘭登堡選帝侯腓特烈·威廉，西元1640～1688年 ·英國內戰，西元1642～1649年 ·法國路易十四，西元1643～1715年 ·法國投石黨暴動，西元1648～1653年 ·英國共和與護國公制，西元1649～1660年 ·哈布斯堡皇帝利阿波一世，西元1658～1705年 ·英國斯圖亞特王朝復辟，西元1660年 ·英國查理二世，西元1660～1685年 ·俄國彼得大帝，西元1682～1725年 ·南特敕令取消，西元1685年 ·英國詹姆士二世，西元1685～1688年 ·英國「光榮」革命，西元1688年 ·奧格斯堡同盟戰爭，西元1688～1697年 ·約翰·洛克《關係公民政論的兩篇論文》，西元1690年	·培根的《新工具》，西元1620年 ·布萊斯·巴斯卡爾，西元1623～1662年 ·約翰·洛克，西元1632～1704年 ·笛卡兒，《方法論》，西元1637年 ·艾薩克·牛頓，西元1642～1727年 ·牛頓的《自然哲學的數學原理》，西元1687年 ·孟德斯鳩，西元1689～1755年 ·伏爾泰，西元1694～1778年	·英屬東印度公司獲准成立，西元1600年 ·英國濟貧法，西元1601年 ·荷屬東印度公司獲准成立，西元1602年 ·詹姆斯敦拓殖，西元1607年 ·歐洲重商主義盛行，西元1650～1750年 ·法國考爾白經濟改革，西元1664～1683年 ·英格蘭銀行成立，西元1694年		·倫勃朗，西元1606～1669年 ·約翰·彌爾頓，西元1608～1674年 ·莫里哀，西元1622～1673年 ·克利斯托弗·倫恩，西元1632～1723年 ·華托，西元1684～1721年 ·巴哈，西元1685～1750年 ·韓德爾，西元1685～1759年 ·伏爾泰，西元1694～1778年

（續下頁）

	政治	哲學和科學	經濟	宗教	文學藝術
西元1700年	・西班牙王位繼承戰爭，西元1702～1714年 ・雅克・博絮埃，《由聖經文本談政治》，西元1708年 ・烏特勒支和約，西元1713年 ・普魯士的腓特烈・威廉一、二世，西元1713～1740年 ・法國路易十五，西元1715～1774年 ・羅伯特・沃波爾成爲英國「第一位首相」，西元1720～1743年 ・普魯士腓特烈大帝，西元1740～1786年 ・奧地利的瑪麗亞・德麗沙，西元1740～1780年 ・七年戰爭，西元1756～1763年 ・英國喬治三世，西元1760～1820年 ・俄國凱薩琳大帝，西元1762～1796年 ・法國路易十六，西元1774～1792年 ・美國獨立戰爭，西元1776～1783年 ・奧地利約瑟夫二世，西元1780～1790年 ・法國大革命開始，西元1789年	・林奈，西元1707～1778年 ・大衛・休姆，西元1711～1776年 ・狄德羅，西元1713～1784年 ・孔德塞，西元1743～1794年 ・安東尼・拉瓦錫，西元1743～1794年 ・法國《百科全書》，西元1751～1772年 ・愛德華・金納引入牛痘接種，西元1796年	・玉蜀黍和馬鈴薯引入歐洲，約西元1700年 ・密西西比股市泡沫，西元1715年 ・南海股市泡沫，西元1720年 ・淋巴腺鼠疫最後一次在西歐出現，西元1720年 ・英國圈地運動，西元1730～1810年 ・歐洲人口普遍增長，從西元1750年起 ・亞當・史密斯，《國富論》，西元1776年	・約翰・衛斯理，西元1703～1789年	・啓蒙運動，約西元1700～1790年 ・亨利・菲爾丁，西元1707～1754年 ・約瑟夫・海頓，西元1732～1809年 ・愛德華・吉朋，西元1737～1794年 ・莫札特，西元1756～1791年 ・珍・奧斯丁，西元1775～1817年

表4-2　近代早期的世界（非西方地區）

	非洲和美洲	印度和東亞
西元1400年	・西非森林文明的盛期，西元1400～1472年 ・地理探險和大發現，西元1450～1600年	・巴布爾，莫臥兒王朝創立者，西元1483～1530年
西元1500	・歐洲人在非洲沿岸的航海活動，西元1500～1800年 ・非洲奴隸貿易的發展，西元1500～1800年 ・葡萄牙人主宰東非沿海城邦，西元1505～1650年 ・征服墨西哥，西元1522年 ・征服祕魯，西元1537年	・葡萄牙商人抵達中國和日本，西元1537～1542年 ・耶穌會士在中國和日本進行傳教活動，西元1550～1650年 ・阿克巴大帝，西元1556～1650年 ・室町幕府覆亡，西元1573年
西元1600	・建立詹姆斯敦，西元1607年 ・清教徒先驅在美洲登陸，西元1620年	・英屬東印度公司獲准成立，西元1600年 ・德川幕府，西元1603～1867年 ・沙傑罕，西元1627～1658年 ・泰姬陵，西元1632～1647年 ・日本鎖國政策，西元1637～1854年 ・中國滿清王朝，西元1644～1912年 ・印度馬拉塔同盟，西元1650～1760年 ・奧朗則布，西元1658～1707年 ・康熙，西元1661～1722年 ・英國皇家非洲公司獲准成立，西元1672年
西元1700	・剛果和恩古拉王國衰亡，西元1665～1671年 ・建立在黃金海岸貿易之上的亞散蒂帝國崛起，西元1700～1750年	・印度莫臥兒帝國衰落，西元1700～1800年 ・乾隆，西元1736～1796年

第十八章

文藝復興時期的文明

The Civilization of the Renaissance (1350-1550)

現在，每一位有思考能力的人都要感謝上帝挑選他們生活在這一新的時代，一個充滿希望和前途的時代，它業已為過去上千年間，世上無可比擬的眾多擁有高貴心靈的人而歡喜鼓舞。

——馬泰奧・帕爾米耶里，《論市民生活》，約一四三五年

人類把有才有德之人所創造的一切幾乎都視為天賜。

——亞爾貝蒂，《自畫像》，約一四六〇年

現代普遍盛行的一個觀點，即在西歐中世紀之後出現的是「文藝復興時期」這一觀點，首先由生活在一三五〇至一五五〇年間的許多義大利作家表述出來。根據他們的看法，在羅馬時代和他們自己的時代之間，橫亙著上千年的黑暗時代。在這「黑暗年代」期間，主宰文學和藝術的女神——繆斯女神，在野蠻和無知突擊之前，就逃離了歐洲。然而，在十四世紀，出乎意料的，繆斯女神突然又重新回到歐洲，義大利人興高采烈的，並與其攜手合作，創造一次輝煌的「藝術的復興」。「文藝復興」一詞的局限性，自從這一分期方法出現以來，歷史學家便一直理所當然地認爲，在中世紀和近代之間似乎存在著某種類型的「文藝復興」。甚至，在十九世紀晚期和二十世紀初期，許多學者還將它涵蓋的範疇延伸得更遠，認爲文藝復興不僅是學術和文化史上一個重要時期，還應該是一種獨特的「文藝復興精神」。因爲它使所有生活的面向都改觀了，不但包括政治、經濟和宗教，而且也包括思想和藝術。然而在今天，多數專家不再接受這一特性的描述，因爲他們發現不可能找到任何眞正精確「復興」的政治、宗教或經濟。相反的，學者們較傾向於認爲，應把「文藝復興」一詞專門用來描述：大約於一三五〇至一五五〇年間形成於義大利，隨後在十六世紀前半期傳播到北歐，那些令人振奮的思想、文學和藝術的趨勢。在此，我們將依這一觀念來論述這時期的歷史：同時，當在本章中提到「文藝復興時期」這一名詞時，我們均限於描述思想和文化史上的一個時代。

在做出這種限定後，我們仍須對「文藝復興」做出進一步的限制。由於「文藝復興」一詞其字面涵義乃是「再生」的意思，這是因爲使用這字的人們時常認爲，大約在一三五〇年之後，有些義大利人重新認識了希臘和羅馬文化的成就，重新對它們燃起學習的興趣，因此，在它們經歷長期「死亡」之後，掀起了復興古典文化的運動。然而，在中世紀全盛期有許多證據皆可證明，古典學識實際上並未曾「死亡」。例如，聖湯瑪斯・阿奎那尊崇亞里斯多德爲「哲學家」，而但丁則對維吉爾極度推崇。同樣的，將一個想像中的「文藝復興異教信仰」與中世紀「信仰的時代」二者給予對立的地位，也是完全不正確的，因爲不管多數文藝復興時期的傑出人物是多麼喜愛古希臘、羅馬文學藝術的古典文化，也沒有人會讓自己發展到崇拜古典神祇的地步。最後，任何有關中世紀之後文藝復興的討論，都必須加以這樣一個界定，即在任一特定領域中都沒有單一的文藝復興形勢。

不管怎樣，在思想、文學和藝術領域，肯定可以找到一些極爲引人注目的特徵，這些特徵使「文藝復興」這概念，在思想和文化史上有了重要意義。首先，就古典文化知識而言，不容置疑的，在中世紀的學問和文藝復興時期的學問之間，有非常顯著的量方面的差異。中世紀學者知道許多古羅馬作家，諸如維吉爾、奧維德和西塞羅，但在文藝復興時期，其他的作家如李維、塔西陀和盧克萊修等人的著作，重新爲人發現和熟知。

文藝復興時期對古典希臘文學的發現，如果不是一件十分重要的事，但至少同樣是一件重要的事。在十二、十三世紀，西方人已經能讀到譯成拉丁文的希臘科學和哲學的論文專著，但實際上，他們對希臘文學經典之作，還有柏拉圖的重要著作，幾乎是完全不知的。中世紀西方人之中懂得希臘文的人，幾乎寥寥無幾。不過，在文藝復興時期，有爲數甚多的西方學者學會了希臘文，並且掌握現知的幾乎所有希臘文學遺產。

其次，文藝復興時期的思想家不僅比中世紀思想家知道更多古典文獻，而且他們還以新的方式使用它們。如果說，中世紀作家利用古代資料的意圖，傾向於補充和證明預先形成的基督教假說，那麼，文藝復興時期的作家習慣上則引用古典文獻來重新討論他們預先形成的觀念，並改變其表達方式。此外，人們堅定地學習古代古典的成就，這方面的表現在建築和藝術領域上尤其明顯；在這些領域，古典模式對完全獨特的「文藝復興」藝術風格的形成，有著極爲引人注目的貢獻。

再者，雖然這段時期的文化絕非異教的文化，但它與中世紀文化相比，無疑具有更多的世俗取向。十四、十五世紀，義大利城市國家的發展創造了一種有利的環境，這種環境促成下述認識：強調在城市的政治舞臺上出人頭地，以及在現世生活充裕。這些世俗的理想無法避免地引發一種越來越非教會化文化的形成。確實，教會仍保有大量資產，並具有某些影響，但它隨著社會的日益世俗化而相應地使自身更加世俗化。

有一個詞彙，幾乎可以概括文藝復興最普遍、最基本的思想文化觀念，那就是人文主義[1]。人文主義一詞有兩個不同的涵義：一個是專門性的，一個是廣泛的，但這兩者都與文藝復興時期大批思想家的文化目標和理想相契合。

就專門的涵義而言，人文主義是一個研究方案，它致力於語言、文學、歷史和倫理學上的研究，目的是希望能將這方面的研究取代中世紀士林哲學對邏輯和形而上學的重視。因此，古代文學一直極受推崇：研讀拉丁經典著作是課程的核心；而且，不管什麼時候一旦可能，學生就要進一步學習希臘文。此外，人文主義教師辯稱，士林哲學的邏輯過於枯燥，並與實際生活無關；反過來，他們更喜歡「人文學科」，目的在使學生成爲有德之人，並爲他們最有成效地履行國家的社會職能做好準備。（就像以往一樣，女性普遍未受到重視，不過貴族婦女偶爾可以受到人文主義教育，使她們行爲舉止更加優美。）就更廣泛的涵義而言，人文主義強調人的「尊嚴」，認爲人是上帝所有創造物中僅次於天使的。文藝復興時期有些思想家宣稱，人之所以傑出，是因爲在世俗的各種創造物，唯有他們（人）才可以獲得上帝的意旨；另有些思想家則強調人具有支配自己的命運，並且擁有在塵世過幸福生活的能力。不論是持何種見解，文藝復興時期的人文主義者都對人類的高貴和發展前途持堅定的信念。

義大利的歷史背景

文藝復興之所以興起於義大利是有原因的，最重要的原因在於，在政治社會上，義大利從中世紀開始就有別於歐洲其他地區，因此，中世紀晚期，義大利擁有歐洲各地最先進的城市社會。與阿爾卑斯山脈以北的貴族不同，義大利的貴族通常生活在城市中心，而不是在鄉間城堡中，而且完全參與城市的公共事務。此外，由於義大利貴族在城市中修建府邸，因而在此地貴族階層與富裕商人階層之間的界限，並不像北方那麼鮮明。故而，如果說，在法國或日耳曼地區存在著一條基本上屬於一成不變的定規——即貴族靠其地產的收入過活，富有的城市居民則靠其商業活動謀生；在義大利，卻有許許多多居住在城市中的貴族從事銀行業或商業活動，同時也有許許多多的富有商人家庭，他們在行爲舉止上都仿效貴族，以致於到了十四和十五世紀時，貴族與上層資產階級之間實際上已沒有什麼明顯界限了。舉例來說，赫赫有名的佛羅倫斯的麥迪奇家族以一個醫師家族（如其名字所示）起家，靠銀行業發跡，在十五世紀時地位逐漸爬升，最後成爲貴族。這些發展在教育史方面的影響是顯而易見的：因爲這些不僅十分需要傳授經商必備的讀、寫與計算能力，而且在最富裕、最顯赫的家族中，所尋找的教師最重要的是能夠傳授他們子孫在公共場合能言善辯的知識和技能。結果，義大利出現了許多世俗的教育者，他們之中的許多人不僅教授學生，而且還撰寫有關政治、倫理方面的論文，以及文學作品，以證明自己的學識。此外，這些教育人員開設的學校，也造就了全歐洲受到最良好教育的上層公衆；同時，不可避免地也造就了一批爲數不少的富有贊助人，這些富有的贊助者樂意在培育新思想、扶植新的文學和藝術表現形式方面出資。

中世紀晚期的義大利之所以成爲思想文化和藝術的文藝復興誕生地，第二個原因在於：這個地區對於古典過去，比西歐任何地區有更強烈的情感。如果說，義大利貴族對強調在城市政治中出人頭地的教育課程負有責任，那麼，最優秀的教師們從古代拉丁和希臘文獻中尋求靈感之事是可以理解的，因爲政治學和政治上的雄辯術是古希臘、羅馬的產物，而非中世紀的產物。在其他地區，訴諸古典知識和古典文學風格，或許看起來極度陳腐過時和矯揉做作，但在義大利，古典過去顯得最「有意義」，因爲古羅馬的大型紀念性建築散布在半島上，隨處可見，而且古代拉丁文學作品中提到的城市和遺蹟，爲文藝復興時期的義大利人視爲自己的故土。此外，十四和十五世紀的義大利人尤其熱衷於重新利用他們的古代遺產，因爲此時義大利正設法尋找一種獨立的文化特徵，以便與和法國關係十分密切的士林哲學相對立。不僅教皇在十四世紀大部分時間裡都遷到亞威農，隨後從一三七八到一四一五年所發生的曠日持久大分裂，也使義大利和法國之間的敵對情緒更爲顯著；而且在整個十四世紀，在各領域都出現反對士林哲學的思想文化潮流，這使義大利人自然而然偏愛古典文獻資料提供的另一種文化選擇。同樣的，一旦羅馬文學和學問在義大利受到青睞，那羅馬藝術和建築也會備受歡迎，因爲，正如羅馬學說能提供一種取代法國士林哲學思想文化的選擇一樣，羅馬模型有助於義大利人創造一個取代法國哥德建築風格的藝術選擇。

最後，很顯然的，義大利的文藝復興不能沒有財富的支持。然而，最奇妙的是，整體說來，十三世紀時的義大利經濟情況，比在十四、十五世紀時還要繁榮。但是，與歐洲其餘地區相比，中世紀晚期的義大利比過去還要富裕，這一事實意味著義大利作家和藝術家更願意在國內而不是到國外求職。進而言之，在中世紀晚期的義大利，人們之所以願意大量投資文化事業，其實是因爲城市榮譽感的增強和財富集中的關係。雖然這兩種趨勢有些重疊，但多數學者傾向於同意，大約一二五〇年左右的義大利，首次出現居主導地位的城市公衆利益資助文化事業者，且因地區不同，因此結束的時間大約是在一四〇〇或一四五〇年，此後資助的主體變成了私人因素。在這一階段，有些最富有的城市競相興建一些輝煌的公共紀念性建築物，並資助作家，這些作家的任務就是在文學作品和演講中，盡可能利用文辭誇張的西塞羅風格的散文來頌揚城市共和國。但在十五世紀的這一百年間，隨著多數義大利城市國家屈從於王公家族的世襲統治，使得資助文化事業成爲王公貴族專有。正是在那時，大的王公——米蘭的威斯康狄家族和史佛查家族、佛羅倫斯的麥迪奇家族、費拉拉的埃斯特家族，以及曼圖亞的貢薩加家族，他們都在其宮廷中資助藝術和文學創作，爲自己臉上貼金；稍小的貴族家族則在較低程度上模仿那些王公。在約一四五〇到約一五五〇年間，有些羅馬教皇【2】在這方面的作爲，更是絲毫不輸其他的義大利大王公，他們極力推行一種把其力量建立在對教皇國實行世俗統治基礎上的政策。因而文藝復興時期這些最世俗的教皇——亞歷山大六世（一四九二～一五〇三年在位）、朱利烏斯二世（一五〇三～一五一三年在位），以及李奧十世（一五一三～一五二一年在位），他是佛羅倫斯統治者洛倫佐・德・麥迪奇的兒子——招攬了當時最偉大的藝術家爲他們服務，在短短幾十年間，就使羅馬成爲西方世界無與倫比的藝術之都。

義大利思想和文學的復興

縱覽義大利文藝復興時期學者和作家的種種最大成就，自然要由佛朗西斯・佩脫拉克（一三〇四～一三七四年）的著作入手。嚴格算起來，佩脫拉克是最早的人文主義者，他是一位極爲虔誠的基督徒，認爲士林哲學完全被帶入歧途，因爲它所關注的對象主要是抽象推理，而不是教導人們如何舉止合乎禮儀，並得到救贖。佩脫拉克認爲，基督教作家尤其重要的是，必須培養自己文學的說服力，這樣他就能鼓勵人們行善[3]。在他眼中，文字流暢的最佳範例見於古代文學經典著作中，因爲在這些著作中充滿倫理智慧，研習它們可獲得事半功倍的效用。因而佩脫拉克致力於尋求未被發現的古代拉丁文獻，並在撰寫自己的道德方面論文時，以古典的文體爲範例，並引用古典的措辭、警句。就這樣，他提出了「人文主義者」的研究綱領，影響至往後數百年。此外，由於他的詩歌，使他在純文學史上也占有一席之地。雖然佩脫拉克自己認爲，用拉丁文創作的詩歌優於用義大利方言創作的詩歌，並因而珍視前者，但實際上，傳之久遠的卻是後者。尤其重要的是，他用義大利文所撰寫的十四行詩——後來被稱爲佩脫拉克式的十四行詩，這是他爲心愛的蘿拉所寫的，具有吟遊詩人的騎士風範風格，因此，其形式和內容在整個文藝復興時期都廣爲人們模仿。

由於佩脫拉克是一位恪守傳統的基督徒，因而他認爲，人類行爲的最高理想是過著懺悔和禁慾的獨居生活。但在其後的同時代人間，從大約一四〇〇到一四五〇年，許多主要是居住在佛羅倫斯的義大利思想家和學者，發展形成另一種在習慣上被稱爲「市民人文主義者」。這些人文主義者，像是佛羅倫斯人列奧納多・布魯尼（約一三〇七～一四四四年）和里昂・巴蒂斯塔・亞伯蒂（一四〇四～一四七二年），他們都同意佩脫拉克的見解，認爲作者需要有雄辯術和研讀古典文學的習慣，不過他們還教導說，人的本性賦予他採取行動、做對家庭和社會有用，以及服務於國家的能力——理想的國家是按古典時代或當代佛羅倫斯模式建立的共和制城市國家。在他們看來，雄心和對榮譽的追求這樣高尚的動機，是一個可讚頌的事。他們拒絕譴責追求物質財富的行爲，因爲他們認爲，人類進步的歷史與人類成功地主宰地球及其資源，是密不可分的。市民人文主義者最生動的一部作品，或許是亞伯蒂的《論家族》（一四四三年），在這部書中，他認爲，核心家庭的設立是爲了人類福祉。然而，對於亞伯蒂讓婦女在這框架中扮演的角色，一點也不令人訝異，在這個家庭中，婦女必須將全部心力放在照顧家務上，因爲他認爲「男人天生比婦女要有精力和勤勞」，造物主創造婦女的目的是「繁衍後代，和養育那些已經出世的孩子」。

除了偏愛積極的而非佩脫拉克倡導獨居苦修或沉思的生活之外，市民人文主義者在研究古代文學遺產方面走得更遠。在他們之中的許多人發現了具有重要意義的新拉丁文獻，但更重要的是，他們成功地開闢了古典希臘研究的新領域。在這一方面，他們大大得益於一些在十五世紀前半期移居義大利的拜占庭學者的合作。這些人指導他們學習希臘文，並讓他們了解其古代祖先的成就。不久之後，更促使義大利學者爲了找尋希臘文手抄本，到君士坦丁堡和近東其他城市旅行。一四二三年，一位義大利人文主義者喬瓦尼·奧里斯巴獨自一個人就帶回了二百三十八冊手抄本著作，其中包括索福克勒斯、歐里庇的斯和修昔底里斯的著作。就這樣，多數的希臘經典之作，尤其是柏拉圖、戲劇作家和歷史學家的著作，首次爲西歐人所利用。

羅倫佐·瓦拉（一四〇七～一四五七年）是文藝復興時期一位不具典型意義但極有影響的思想家，他對文獻的興趣雖與市民人文主義者有關，但絕非完全追隨這一運動。瓦拉出生於羅馬，原本是一位書記官，服務於那不勒斯國王而活躍一時，他不像佛羅倫斯的市民人文義者那樣，傾向信奉共和制政治活動的思想。相反的，羅倫佐·瓦拉更喜歡透過顯示其精深的語言分析能力，而知如何能推翻舊的眞理，並宣揚自己作爲一位精通語法、修辭，以及對希臘文和拉丁文獻的分析專家的技巧。在這一方面，最具決定性意義的是，瓦拉證明所謂的「君士坦丁的贈予」文件是中世紀的一個僞造品上，實在令人信服。自從十三世紀初以來，一些羅馬教皇的宣傳者就辯稱，根據一份據認爲由君士坦丁大帝在四世紀時賜贈的特許權，教皇擁有在西歐實行世俗統治的權力；瓦拉對此文件提出質疑，並證明這份文獻所使用的拉丁文完全不是古拉丁文，且在其中所使用的術語都與時代不符。由此他得出結論，「贈予」一文是中世紀僞造的，「其語言不愚笨」顯示出「極其荒謬的不謹愼」。這一論證不僅證明「中世紀愚昧」一個了不起的樣本是假的，而且，把時代錯誤之概念引到其後所有文獻研究和歷史思想之中。此外，瓦拉利用其在語言學的分析和修辭學論證技能，向各種哲學觀點提出挑戰，但他的最終目標絕非純粹破壞性的，因爲他尊崇保羅書信字面教導。與此相應，在《新約集註》一書中，他運用豐富的希臘文知識闡釋聖保羅話語的眞正涵義；他認爲，它們已被拉丁文《聖經》定本的譯文弄得含混不清。這一著作將被證明是義大利文藝復興時期的學術成就，與後來北方基督教人文主義之間的重要橋梁。

大約從一四五〇到一六〇〇年這段期間，在義大利思想界居主導地位是新柏拉圖學派，此一學派試圖把柏拉圖、普羅提諾，以及古代神祕主義各個流派的思想與基督教融合起來。最重要的二位新柏拉圖主義者是馬爾西利奧・菲奇諾（一四三三～一四九九年）和喬瓦尼・比科・德拉・米蘭多拉（一四六三～一四九四年），他們均爲科西莫・德・麥迪奇在佛羅倫斯建立的柏拉圖學園中的成員。這個學園是學者們前來聽取報告和朗讀的一個組織鬆散的團體。在他們心目中，柏拉圖毫無疑問是一位英雄：有時他們會以柏拉圖生日的名義設宴慶祝，宴會之後每一個人都要發表演講，好像他們是柏拉圖對話中的角色。菲奇諾的最大成就是把柏拉圖的著作譯成拉丁文，這讓西歐人首次認識到這些著作。菲奇諾本人的學說是否可以稱爲人文主義，尙有値得爭議之處，因爲他由倫理學進到了形而上學，認爲個人首先應當期望來世。在菲奇諾眼中，「不朽的靈魂在那個終究會死的肉體中，處境一定很悲慘」。相同的問題也引起菲奇諾的學生喬瓦尼・比科・德拉・米蘭多拉的注意。比科最有名的著作是《有關人的尊嚴的演說》。可以確定的是，比科並不是一位市民人文主義者，因爲他認爲世俗的公共事務沒有什麼價値。不過他確實相信，「再也沒有比人更奇妙的了」，因爲他認爲，只要人願意，他就有能力實現與上帝的交融。

在佩脫拉克和比科的這段期間，實際上，幾乎沒有任何一位義大利思想家眞正具有獨創性：他們的偉大主要在其表述方式上，在於他們在專門學術領域所取得的成就上，以及他們傳播古代思想的不同主題上。然而，文藝復興時期義大利最偉大的政治哲學家尼可洛・馬基維利（一四六九～一五二七年）絕不能以這樣的眼光來看待，他不屬於任何派別，而是自成一家。在推翻從前有關政治學的道德倫理基礎觀點上，或在倡導冷靜的態度直接觀察政治生活方面，無人可與馬基維利相媲美。馬基維利的著作反映了他那時代義大利的悲慘狀況。在十五世紀末葉，義大利成爲國際競爭的戰場。法國和西班牙都曾侵入義大利半島，且爲了獲得義大利各邦的臣民，彼此正互相爭鬥。後者在很多情況下備受國內糾紛的折磨，輕易就成爲外國征服者的獵物。一四九八年，馬基維利任職於新近成立的佛羅倫斯共和國，爲第二首相並掌管軍事外交的秘書。他的職務以到其他各國擔任外交使節有很大的相關。當他出使羅馬時，他對教皇亞歷山大六世之子切薩雷・鮑吉亞將各分散的單元凝聚成一個團結統一國家的成就，非常著迷。他對此非常贊許，並注意到切薩雷的殘忍與明快的手段，且使道德完全從屬於政治目的的作法。一五一二年，麥迪奇家族捲土重來，推翻了佛羅倫斯共和國，馬基維利則遭到被革職的命運，因此在百般失望與痛苦之餘，他流亡度過餘生，其間他大部分的時間主要用來從事寫作。在《論李維》一書中，他稱頌古羅馬共和國為各時代的楷模。他讚美立憲政體、平等和不受外界干擾的自由，以及使宗教利益從屬於國家利益等觀念。此外，馬基維利還撰寫了《君主論》一書。在該書中，他並沒有什麼高尚的理想，而是按照客觀實際的情況，描述了政府的政策和措施。他公開宣稱，統治者的最高職責是維護他所統治的國家的權力和安全。為了達到這一目的，統治者不必考慮正義、仁慈或條約的神聖性[4]。馬基維利在人性問題上有點憤世嫉俗，因此堅持認為，所有人都無一例外地受到其自私動機，尤其是受到個人權力和物質財富欲望所驅使。因而國家的領袖不應該認為，獲得他的臣民忠誠和愛戴是一件理所當然的事。他在晚年時，一直念念不忘的一個理想就是義大利的統一，但他認為，義大利的統一只有透過殘忍無情才能實現。

更適合當代人的氣息，且比馬基維利的學說更令人震驚的政治學說，是外交官巴爾達薩雷・卡斯蒂利奧內伯爵（一四七八～一五二九年），在他的《侍臣論》（一五一六年）一書中，提出有關貴族得體行為的指導原則。這一文字優美的著作是現代禮儀手冊的先導，它與早些時候布魯尼和亞伯蒂等市民人文主義者撰定的論文形成鮮明的對比。如果說，市民人文主義者傳授的是一種誠心為城市國家和家族服務所必備的適度「共和」美德；那麼，卡斯蒂利奧內的作品是義大利處於高貴的王公朝廷統治下時進行寫作，目的在教導他們如何成為一位「真正的紳士」必備的優雅，和看似平常的高貴地位。在宣傳「文藝復興時期的人」這一觀念上，無人可與卡斯蒂利奧內相匹：這個人不僅在各不同的領域有所成就，而且還很勇敢、聰慧，並「謙恭有禮」，意思是說有教養、有學識。與亞伯蒂迥然不同，卡斯蒂利奧內並沒有忽略女性；他未曾提出婦女在「家庭」中所扮演的角色，但反過來卻強調宮廷女子成為「優雅的侍者」的方法。因而，卡斯蒂利奧內是歐洲最早為婦女提供一個家庭之外獨立角色的男性作家之一；雖然他僅僅把這種角色賦予豪門首富，而且他強調的「悅人的和藹可親」，今日看來像是在貶低女性身分，但此舉的意義並不因此被低估。《侍臣論》一書出版後，在一百多年間廣為歐洲各地的人閱讀；它把義大利人「謙恭」的觀念傳播到阿爾卑斯山脈以北的王公宮廷，導致歐洲貴族以更大的熱情資助藝術和文學，同時傳布的觀點迄今仍為人所認同，但在那時屬於全新的觀點——即除了修女之外的所有婦女，並不註定要成為繁衍、撫育後代的消極工具。

假如卡斯蒂利奧內理想中的侍臣，是他有意炫耀對當代義大利文學的知識，那麼便可知在當時可供選擇的著作很多，因為十六世紀的義大利人在創作富有想像力的散文和詩歌方面成就卓著。在諸多值得提及的令人欽佩作家中，馬基維利本人就撰寫過一部討人喜歡的短篇小說《貝爾法加》，還寫過一部引人注意，但有些下流的喜劇《曼陀羅花》[5]；偉大的藝術家米開朗基羅撰寫過多篇感人的十四行詩。十六世紀義大利最著名的史詩作家當推盧多維科・阿里奧斯多（一四七四～一五三三年），他撰寫過一部長篇敘事詩《瘋狂的羅蘭》（「瘋狂的奧蘭多」）。雖然這首詩主要取材於中世紀的查理曼大帝時代，但由於它加入抒情幻想作品的成分，尤其是完全屏棄英雄理想主義，因而與中世紀的史詩（敘事詩）迥然不同。阿里奧斯多創作的目的是讓讀者捧腹大笑，他利用優美適切的詞句來形容大自然質樸的華麗，和濃烈的愛情，並使他們歡笑。他的作品反映了文藝復興後期理想的幻滅、希望與信仰的喪失，以及在對快樂和美感樂趣的追求求得慰藉的趨勢。

義大利藝術的復興

雖然義大利在文藝復興時期，在思想和文學方面取得相當多的進展，但是最為深遠的成就卻是展現於藝術領域之中。在各種藝術中，最輝煌的無疑當首推繪畫。前面我們已經提到，在一三〇〇年左右，義大利繪畫史由於有了喬托[6]這一藝術天才，而有了極為引人注目的開端；不過，直到十五世紀，義大利繪畫才開始步入人才輩出的階段，真正達到成熟的時期。之所以會有這種情況出現的原因之一，乃是在十五世紀初期人們發現了直線透視法，而且也首次利用這種方法顯示出最完備的3D空間感——利用遠近比例法表現出新的空間感。十五世紀的藝術家還試著運用光和光影效果，並第一次仔細研究人體解剖學和人體比例，以求更能表現人物的生動獨特姿態。且到了十五世紀，私人財富的增長和世俗精神的部分勝利，使藝術在很大程度上不再是專門為宗教服務，反而大大獲得自由。如前文所述，教會不再是藝術家的唯一贊助者。雖然《聖經》故事的題材仍被普遍採用，但在其中也常摻雜進非宗教的主題。此時盛行的是，揭露隱藏在靈魂深處的奧祕的肖像畫。有些畫的主旨是顯現智慧，他們利用一些色彩鮮艷、構圖優美的主旨，以求賞心悅目，成為讓人獲得感官享受的繪畫。此外，十五世紀還有另一特色，就是用油作畫，可能經由法蘭德斯引入。這種新繪畫技術的使用無疑是這一時期藝術進步的一個重要因素。由於油彩不像壁畫顏料那樣容易被迅速風乾，因而畫家現在不僅可以有更多的時間，更悠閒地作畫，並可對畫面上難度較大的部分精雕細琢，且在繪製的過程中，還可以一邊作畫一邊修改。

十五世紀的畫家大都是佛羅倫斯人，在他們之中，執牛耳者爲馬薩喬（一四〇一～一四二八年）。雖然他在二十七歲時就去逝了，但他對義大利畫家風格的影響卻長達百年之久。作爲一位畫家，馬薩喬的偉大之處在於他在「效法自然」方面獲得相當的成功，他被公認爲第一個寫實主義者，這成爲文藝復興時期繪畫的一個基本價值【7】。爲了達到這種效果，他運用透視法，這在其壁畫「聖三位一體」中效果最明顯；他還獨創性地利用繪畫中的明暗對照法，產生一種激動人心引人注目和動人的效果。在「亞當與夏娃被逐出伊甸園」畫中，他描繪了《聖經》故事中，亞當和夏娃被逐出伊甸園時背負的羞辱和負罪感【8】。

直接承繼馬薩喬所開創傳統的畫家中，最著名的是佛羅倫斯人桑德羅·波提切利（一四四四～一五一〇年）。他善長描繪宗教與古典主題，且更長於準確、優美地描繪自然的細節；例如，他精於描繪女性裸體之美。但他對文藝復興時期繪畫的主要貢獻，肇源於他許多作品的哲學基礎，因爲他和佛羅倫斯的新柏拉圖主義者交往甚密。他最著名的兩部作品「春的寓言」與「維納斯的誕生」，反映出新柏拉圖主義者對古希臘、羅馬愛神維納斯或亞芙洛狄特的概念。到了晚年，波提切利成爲福音派傳教士——薩沃納羅拉的追隨者，薩沃納羅拉自費拉拉來到佛羅倫斯，他爲了反對世俗特性的情緒熾熱而布道。波提切利所繪的「基督神祕的降生」，也許是在薩沃納羅拉影響下繪成的；這是一幅感人至深的宗教畫，在畫中他預示了世界末日。這位大畫家晚景淒慘，他的聲望衰落，而他本人據認爲死於貧寒。

佛羅倫斯最偉大的藝術家或許當推列奧納多·達文西（一四五二～一五一九年），他可能是有史以來最多才多藝的天才之一。達文西幾乎可說是「文藝復興時期人」的象徵；他是一位畫家、建築師、音樂家、數學家、工程師和發明家。他是一位律師與一位出身清寒女子的非婚生兒子，在他二十五歲時，就在佛羅倫斯開了一家藝術店鋪，獲得該城統治者麥迪奇家族高貴的洛倫佐贊助。但是，如果說達文西有什麼缺點，那就是他工作速度緩慢，且很難做完任何事【9】，這自然招致洛倫佐和佛羅倫斯其他贊助人的不悅，尤其是後者更認爲，一位藝術家與一位藝匠並沒什麼不同，他們應當按照要求，在一定時間內以一定價格完成一件一定尺寸的作品。然而，達文西對這種看法極爲反感，因爲他認爲自己不是一位卑下的匠人，而是一位富有靈感的創造家。因而，一四八二年，他離開佛羅倫斯到了米蘭史佛查的宮廷，因爲後者允許他自由支配時間，自由進行創作。他一直在米蘭直到一四九九年法國入侵；此後他在義大利各地遊蕩，最後接受法國國王佛朗西斯一世的庇護，在法國國王的保護下，在法國生活和工作並死在那裡。

達文西的繪畫開創了人們所說的義大利文藝復興全盛期。在他看來，繪畫就是要盡可能以對大自然的科學研究爲基礎，準確地模仿自然。他就像一位自然主義藝術家，是根據自己對一片葉片、鳥翼進行細微的觀察來進行創作。此外，他更去找尋人體遺骸，並對其進行解剖——這樣他就觸犯了法規，以求能繪出最細微的解剖特徵，復原人物形象，他把這種知識運用到畫作中。達文西尊崇自然，體會到所有生靈都具有基本的神性。因而，發現他是一位素食主義者，或他到市場上購買籠中的鳥兒放回大自然的行徑，一點也不會令人覺得奇怪。

一般人普遍認爲，達文西的經典之作有「岩間處女」（現有兩個版本存世）、「最後的晚餐」和「蒙娜麗莎」。「岩間處女」不僅顯示出他出神入化的繪畫技巧，而且也表現出他對科學的熱情，及他視宇宙爲一井然有序的整體信念。畫中的人物是按幾何方式的結構來安排，而且對於一石一木的描繪都十分精細，且準確入微。至於繪在米蘭格拉齊聖瑪利大教堂牆壁上的「最後晚餐」，則是對人類心理反應研究的作品。畫中呈現出基督默默順從自己可怕命運的來臨，他剛剛以安詳態度向其十二位門徒宣布他們之中有一個人將出賣他。這位藝術家目的是要把門徒們在逐漸領悟基督話中的涵義後，表現出來有關驚愕、恐懼和內疚等不同的臉部表情，並描繪出來。達文西的第三幅代表作是「蒙娜麗莎」，它同樣反映出作者對人類心靈不同情感的各種情境。雖然蒙娜麗莎是一位那不勒斯人佛朗切斯科・德爾・焦孔達之妻，但「蒙娜麗莎」並不僅僅是一幅逼眞的肖像畫而已。正如著名的藝術評論家伯納德・貝倫森曾這樣評「蒙娜麗莎」說：「誰能夠像達文西那樣描繪出……一位成熟婦女所具有的無盡魅力呢？……達文西可以說是完美無缺的藝術家：『他用筆墨所描繪的一切都成爲具有永恒的美的傑作。』」

一四九〇年左右，文藝復興全盛期的開始，也標誌著所謂威尼斯畫派的興起。威尼斯畫派的主要代表人物爲喬瓦尼・貝利尼（約一四二六～一五一六年）、喬紀恩（一四七八～一五一〇年）和提香（約一四七七～一五七六年）。這些畫家的作品都反映出威尼斯這個商業興盛的城市奢華的生活和尋歡作樂的情趣。威尼斯派畫家大都對佛羅倫斯畫派持有的關於哲學和心理主題不怎麼關心，他們的目的主要是在訴求感官享受，而不是訴諸心靈。他們喜歡描繪田園風景，並運用絢麗和諧的色彩將其置於圖畫之中。他們選擇的主題不僅包括威尼斯的落日，以及在月夜下閃耀著銀光的湖沼等自然美景，還包括人爲光彩，諸如閃閃發光的珠寶、五顏六色的綢緞和天鵝絨，以及富麗堂皇的宮殿等。他們所畫的肖像畫一律都是有錢有勢者的畫像，表現出富足與權勢。他們把形式和意義置於從屬地位，較偏重於色彩和華麗的作風，他們不僅反映出富有商人的奢華情趣，而且也反映出中世紀期間，以拜占庭爲中介而滲入的東方影響種種明顯的痕跡。

文藝復興全盛期的其他偉大畫家都活躍於十六世紀前半期，並在此時完成其最重要的作品，這一時期正是文藝復興時期義大利的藝術達到顛峰時期。雖然佛羅倫斯畫派的傳統仍然具有潛在的影響力，但羅馬在此時幾乎已經成爲整個義大利半島的唯一重要藝術中心。在這一時期的傑出畫家中，至少有兩位畫家值得一提。其中一位是拉斐爾（一四八三～一五二〇年），這位出生於烏爾賓諾的畫家，也許是整個文藝復興時期最受人喜愛的藝術家。他的風格之所以具有歷久不衰的魅力，主要應歸於他強烈的人文主義思想，在他筆下的人物都是溫和、具有智慧和高貴的生靈。雖然他曾受到達文西影響，而且還抄襲了達文西畫作中的許多人物形象，但他開創了一種更象徵性或比喻性的畫風。他的壁畫「聖禮的辯論」繪於梵蒂岡宮中，象徵著天上的基督教會與地上的基督教會之間的辯證關係。在陽光燦爛的人間，神學家們以聖餐意義爲話題展開爭論，而深知個中奧祕的聖徒和聖者安詳地在雲端中靜靜休息。拉斐爾的「雅典學園」則以諷喻手段表現出柏拉圖學派與亞里斯多德派哲學家之間的衝突。畫上繪著柏拉圖（是依達文西的肖像繪製）用手指天空，強調理念是世界的精神基礎；亞里斯多德則手指大地，表示他認爲觀念和思想與其物質是密不可分。拉斐爾在肖像畫和聖母畫像上也有卓著的表現。在聖母畫方面，他尤爲出色：他所畫的聖母像呈現的是柔順且親切效果，看上去有一種清新、虔誠之感，這與達文西筆下神祕莫測與現實人物有些距離的聖母像迥然不同。

文藝復興全盛期最後一位藝術巨擘，乃是佛羅倫斯人的米開朗基羅（一四七五～一五六四年）。如果說，達文西是位自然主義畫家，那麼米開朗基羅則是一位理想主義者；前者是一位試圖再現和闡釋轉瞬即逝的自然現象者，而米開朗基羅由於信奉新柏拉圖主義學說，因此，他更關心的是表現永恆的抽象眞理。米開朗基羅是位畫家、雕塑家、建築師和詩人，因此，他在這些領域中，都以類似的方式、力度來表現自我。在他的各作品都是以人類形象爲中心，畫中顯示的形象總是身體強健、其大無比、高貴莊嚴。如果說，人以及個人可能在義大利文藝復興時期的文化居於核心位置，那麼，米開朗基羅所描繪的人物，尤其是男性形象，可說讓他成爲文藝復興時期最傑出的藝術家。

米開朗基羅在繪畫方面取得的種種最大成就，都集中在同一個場所——羅馬的西斯廷教堂，不過，這裡的畫作是在這位藝術家一生中兩個不同的時期完成的，因而展現了兩種不同的藝術風格和世界觀。其中最著名的是米開朗基羅於一五〇八至一五一二年在西斯廷天花板上創作的壁畫，在此描繪了「聖經創世紀」中的場景。該系列中的所有畫面，包括「上帝由黑暗中分出光」、「上帝創造亞當」和「大洪水」，都展現出這位年輕藝術家信奉的和諧、穩健和嚴謹克制等古典希臘美學原則。與此相關的所有作品也都流露出一種對上帝創世和人類英勇特性的極端贊同態度。（考慮到米開朗基羅站在高架上仰著臉繪製這些恢宏場面所付出的艱辛工作[10]，人們可以想像得到他心中蘊藏著一種多麼高的創作激情。）但在經過四分之一世紀之後，米開朗基羅重回西斯廷教堂進行創作時，他的藝術風格和思想都發生了重大變化。其巨壁畫「最後的審判」[11]於一五三六年繪於西斯廷教堂的聖壇中，米開朗基羅揚棄了古典的拘謹風格，而以一種強調精神的局促不安和扭曲的風格取而代之，這種風格切合這位老人對人性因恐懼的產生而痛苦不堪、因內疚而低頭順從的悲觀主義看法。

在雕塑領域，義大利文藝復興時期確實向前跨進了一大步；此時的雕像不再是建築的附屬品，像是教會建築的柱廊，或門道上雕刻的飾品，或者墳墓上的肖像。反過來，義大利雕塑家自古典古代以來首次雕刻了獨立式「立體」雕像，這些雕塑不再依附於建築物，而成爲一門往往爲世俗目的服務的獨立藝術品。

文藝復興時期第一位雕塑大師當推道納太羅（約一三八六?～一四六六年）。他突破了哥德藝術的風格——形式主義風格的束縛，引入一種新的、富有活力的個人主義手法。他所創作的青銅雕像——大衛以勝利者的姿態站在被殺死的歌利亞人身上，乃是自古典古代以來第一尊獨立式裸體像，開創了頌揚眞人般大小裸體像的先例。進而言之，道納太羅的「大衛」雕像不僅在刻劃裸體方面，而且在雕塑主體上，它以單足支撐身體重心的姿勢方面，都朝著模仿古典雕塑方向邁出第一步[12]。不過，這個大衛與其說是位肌肉發達的希臘運動健將，還不如說是位身手輕巧自如的少年。在道納太羅創作生涯的後期，其在創作自豪的戰士加塔梅拉塔威武的雕像時，更徹底地模仿了古代雕像。「加塔梅拉塔」——此乃自古羅馬人以來西方第一尊不朽的騎馬者雕像。在這裡，雕塑家除了嚴重依賴古典古代的遺產外，最清楚不過的是，他致力於表現出使同時代世俗英雄的塵世成就永垂不朽的決心。

無疑的，義大利文藝復興時期最偉大的雕塑家——更確切地說，或許是有史以來最偉大的雕塑家——米開朗基羅。米開朗基羅與達文西一樣，都認爲藝術家是賦予靈感的創作者，他基於這種信念得出結論，雕塑是最令人興奮的一門藝術，因爲雕塑家能模仿上帝造人那樣能充分地再現人體形象。此外，他還認爲，最與上帝相像的雕塑家鄙視無獨立性的自然主義風格，因爲任何人都可做出人體的石膏模型，但只有賦予靈感創造性的天才才能賦予雕刻的人物形象生命感。因此，米開朗基羅把自然主義置於他的想像力之下，並不停試圖用引人醒目的形式表現他的理想。

如同他在繪畫所經歷的那樣，米開朗基羅的雕塑也經歷了一個由古典主義到反古典主義的方向，也就是由和諧的造型到戲劇性、扭曲的發展過程。這位雕塑家早期最著名的作品是「大衛」，它創作於一五〇一年，當時米開朗基羅只有二十六歲。就風格和靈感而論，這一雕像無疑都是米開朗基羅最完美的古典風格作品。米開朗基羅像道納太羅那樣，選擇描繪一個眞人大小的男性裸體，不過，他決定賦予自己的「大衛」雕塑一種英雄氣質，而不是僅僅只有優美典雅而已，因此，他按照純理論、比例恰當的希臘方式設計這一裸體形象。由此方式產生的大理石雕像，在許多方面，都體現了文藝復興時期的義大利人利用古典風格表現人類對其成就最穩重的自信。然而，在米開朗基羅創作中期的作品中，深度的安寧已不再是突出特徵；更確切地說，在他的諸多創作作品中，像在一五一五年前後所創作的「摩西」[13]，這位雕塑家開始嘗試通過解剖學上的扭曲手法，來造成情感迸發的效果——在本例中是表現《聖經》中，這位先知對於以色列子民不忠其信仰的雷霆之怒。如果說，這些雕像尚保留著令人敬畏的英雄氣概，那麼，隨著米開朗基羅一步步走向生命的末期，他嘗試使用更多誇張的、講究風格的風格主義，來表現沉重壓抑的憂傷或無保留的悲傷之情。這一趨勢在其感人的雕像「耶穌被解下十字架」中達到頂點。這一雕像本來是爲這位藝術家本人的墳墓而創造的，它刻劃出聖母馬利亞面對基督屍骸時的悲傷之情。

無論是與繪畫還是雕塑相比，文藝復興時期的建築主要是以過去爲基礎。新的建築風格具有多種不同的來源，包含中世紀成分與古代遺蹟交融的產物，具有折衷的特性。不過，構成文藝復興時期建築靈感的源泉不是希臘式，或者是哥德式建築，而是羅馬與羅馬式建築。因此，無論是希臘風格還是哥德式風格，都未曾在義大利這塊土地上生根。與此相比，羅馬式的建築風格卻可以在那兒繁榮滋長，這是因爲它能與義大利傳統更加契合；同時，在當時興起一種對拉丁文化存有的強烈仰慕之情，這使羅馬式風格得以復興。因此，文藝復興時期的偉大建築師們普遍依據羅馬式教堂和修院的建築圖案進行設計，並沿襲古羅馬廢墟的裝飾技巧。這樣一來，就使文藝復興時期的建築均以正堂和翼堂構成的十字交叉狀平面圖爲藍圖建成，表現的特點爲柱子與拱門，或柱子與過梁、柱廊；此外，其屋頂還有圓頂的裝飾特點。雖然這些建築物有不少是教堂，但它們所表示的理想卻是現世世俗生活的歡樂，和對人類成就的驕傲。此外，文藝復興時期的建築比羅馬式的建築更強調和諧、對稱，因爲義大利建築師在新柏拉圖主義的影響下，斷定人體的完美比例關係是宇宙和諧的反映，因而建築物的各部分應彼此對稱，且其整體要像人體的各部分那樣勻稱。文藝復興時期建築物中一個精美例證就是在梵蒂岡大教堂——即羅馬的聖彼得大教堂，它是由教宗朱利烏斯二世和李奧十世資助興建，由當時最著名的建築師道納托・布拉曼特（約一四四四～一五一四年）和米開朗基羅等設計。與此教堂同樣引人矚目的建築物，是義大利北部建築家安德烈亞・帕拉迪奧（一五一八～一五八〇年）所設計的，這是一所比例非常勻稱的貴族鄉間居所，他是依據古代廟宇，諸如羅馬萬神殿來重新設計，目的在創造一種世俗的縮微建築，以此爲居住在其間的貴族增添光彩。

義大利文藝復興衰微

約在一五五〇年左右，義大利的文藝復興在經過二百多年的輝煌歲月後，開始步入衰落。有關其衰落的原因十分複雜多端，其中最重要的原因或許與一四九四年法國入侵義大利，以及隨之而來戰端不止的局面有關。當時法國國王查理八世統轄著歐洲最富裕、最強大的國家，爲了實現其好大喜功的雄心，他把義大利當成一個誘人的獵物。因此，他在一四九四年，率領一支由三萬名訓練有素的士兵組成的大軍，越過阿爾卑斯山南下。佛羅倫斯的麥迪奇家族在他來到時，早就聞風而逃，因此，法軍在不費吹灰之力下就占領了該城。法軍在此稍作停留，並與一個卑躬屈膝的新共和制政府簽訂和約之後，繼續前進，占領那不勒斯。然而，這一舉動引起西班牙統治者的猜忌，他們擔心法國會攻擊他們在西西里的領地。因此，西班牙便與教皇國、神聖羅馬帝國、米蘭和威尼斯結盟，最終迫使查理八世撤出義大利。不過，在他去世之後，他的繼承者路易十二世再次出兵入侵義大利；因此，自一四九九到一五二九年，義大利半島實際上是戰火不斷，同盟與反同盟者以令人迷惑混亂的速度交替出現，但這一切不過使敵對狀態更加長久。一五一五年，法軍在馬里尼亞諾大獲全勝，但十年後卻在帕維亞慘敗於西班牙軍隊之手。一五二七年發生了最嚴重的災難，因爲此時出現名義上由西班牙的統治者和神聖羅馬帝國皇帝查理五世統帥下，一批西班牙和日耳曼的傭兵，實際上這些傭兵完全失去控制，他們洗劫了羅馬城，造成無法彌補的破壞。直到一五二九年，查理五世才設法控制義大利半島大部，暫時平息戰火。一旦成爲勝利者時，查理五世便爲西班牙王室保留義大利最大的兩個地區——米蘭公國和那不勒斯王國，並在除了威尼斯和教皇國之外義大利其他有政治實體的地區中，幾乎都安插自己寵信的王公爲統治者。西班牙王室的這些被保護國仍繼續主持朝政，資助藝術，並興建奢華的建築來裝點城市，但實際上它們是外來勢力的傀儡，無法以一種充滿活力的文化獨自激勵自己的隨從。

除了政治災難外，義大利的繁榮局面也日趨衰微。如果說，在十五世紀時壟斷與亞洲的貿易，實際上是培育義大利文藝復興時期文化的主要經濟支柱之一，那麼一五〇〇年左右地理大發現之後，使貿易路線由地中海逐步轉移到大西洋地區，這過程雖然緩慢，但確實使義大利失去其作爲世界貿易中心的優勢地位。而且，連續不斷的戰爭也是義大利陷入經濟困境的原因之一。例如，爲了支付戰爭費用，西班牙在米蘭和那不勒斯徵收重稅，因而可供資助藝術活動的剩餘資財越來越少。

義大利文藝復興衰落的最後一原因是反宗教改革運動【14】。在十六世紀期間，羅馬教會對思想和藝術實行越來越強的控制，以此爲反對世俗化和宗教改革運動的一個組成部分。一五四二年，羅馬宗教裁判所成立；一五六四年，特蘭托宗教會議公布了第一批「禁書目錄」。這使得教會對文化生活的干預非常大。舉例來說，米開朗基羅繪在西斯廷教堂中的偉大壁畫「最後的審判」，由於表現了許多裸體的形象，因而被某些刻板的狂熱宗教分子指斥爲有傷風化，看起來像座妓院。因此，教皇保羅四世命令一位二流藝術家盡可能爲壁畫中的人物添加衣服。（這位不幸的藝術家後來被稱爲「內衣裁縫匠」）如果說，這一事件看起來可能僅僅是件荒唐滑稽的鬧劇，那麼，教會檢查官強制推行教義一致性的決心卻能讓人喪生，不幸的是，新柏拉圖派哲學家焦爾達諾·布魯諾案便是一個活生生的例子。這位哲學家堅持認爲世界不是只有一個，結果因與「創世紀」的說法不合，因而於一六〇〇年被羅馬宗教裁判所處以火刑。

宗教裁判所對自由的思想推理進行審查政策，最惡名昭彰的例子，就是對偉大科學家伽利略的懲罰，對於伽利略的成就，我們將在下文詳加敘述。一六一六年，羅馬異端裁判會斥責地球繞太陽旋轉這一新的天文學說爲「愚蠢、荒謬、在哲學上不成立、形式上異端」的邪說。因此，於一六三二年，伽利略著文爲日心說進行出色的辯護之後，宗教裁判所即起訴伽利略。它迅速迫使伽利略取消自己有關日心說那個「錯誤」的主張，並判處他終身監禁。伽利略不願爲自己信仰而喪生，但在公開收回自己的地球繞著太陽旋轉的觀點後，他居然自言自語：「不論發生了什麼事，地球仍在旋轉。」毫不令人奇怪，伽利略是現代之前義大利最

圖18-1　西元一四九四年文藝復興時期的義大利

後一位對於文學和物理學的發展做出重大貢獻的科學家。

在結束本節時，我們應著重指出，十六世紀中葉之後，義大利的文化藝術成就絕非消亡。與此相反，在約一五五〇到一六〇〇年間，一種被稱爲風格主義引人注意的新藝術風格，由那些吸取了米開朗基羅後期作品特徵的畫家創造出來；十七世紀時，風格主義被令人眼花繚亂的巴洛克風格取而代之，後者是在教會庇護下，於羅馬誕生的。與此類似，自十六到二十世紀，義大利的音樂實際上不間斷地取得巨大成就。但是，那些看起來對教會構成威脅的所有東西都得不到容忍，文藝復興時期文化的自由精神已不復存在。

北方的文藝復興

大約一五〇〇年之後，起源於義大利的文藝復興運動不可避免地傳播到歐洲其他國家。在整個十五世紀當中，北歐的學生們持續不斷地南下到義大利，像是在波隆那或帕多瓦等地的義大利大學求學；而且，偶爾也會有一些義大利作家或藝術家到阿爾卑斯山脈以北地區進行短暫旅行。像這樣的交流無疑促進了思想的傳播，然而，只是在大約一五〇〇年之後，北方多數國家才變得更加繁榮，政治局面足夠穩定，足以為文學、藝術的廣泛發育提供真正適宜的環境。另外，隨著一四九四年法國和西班牙開始以義大利為戰場發起一場爭奪戰以來，思想文化的交流範圍更為廣泛。這一發展的結果是越來越多的北方歐人開始了解到，義大利人在一、二百年間獲得的各種成就（西班牙的軍隊不僅來自西班牙，而且還有來自日耳曼和低地國家）。隨後，義大利一些最重要的思想家和藝術家，例如達文西，也開始成為北方國王或貴族的扈從。這樣一來，文藝復興就變成一場國際性運動；而且，當它在發源地開始衰微之際，在北方此運動仍然富有活力。

然而，義大利以外的文藝復興與義大利境內的文藝復興絕非一模一樣。尤其是，北方的文藝復興普遍不像義大利那樣如此具有世俗特徵。形成這一區別的主要原因，在於義大利與北方歐洲承襲了中世紀社會、文化傳統有所不同。如前文所示，中世紀末期義大利精力充沛，富有活力的城市社會孕育了一種世俗的教育體系，它與古典主義結合在一起，引發各種新的、更為世俗的表現形式。從另一方面來看，北方則不然；因為在那裡的商業和城市取向的經濟，並沒有像義大利那麼發達，同時，北方城市從未像佛羅倫斯、威尼斯和米蘭那樣，對其鄰近鄉村擁有統轄權。反過來，他們的政治權力圍繞著民族國家（在日耳曼是各公國）凝聚起來，這些國家的統治者大約在一五〇〇年之前，一直都甘於承認神職人員在教育和文化上的主導地位。因而，北方歐洲的大學傾向於專門從事神學研究，同時，北方所有重要城鎮的最重要建築幾乎都是大教堂。

總而言之，北方的文藝復興是把義大利文藝復興的某些成果，移接到北方原有傳統上的產物。這在北方最重要的思想文化運動——基督教人文主義上表現得十分明顯。北方的基督教人文主義者同意義大利人文主義者的下述觀點：即中世紀的士林哲學太過困難繁瑣的邏輯分析，對人生的實際作為沒有什麼價值；不過，他們從純粹的《聖經》經典宗教箴言中，尋找切實可行的人生指導。與義大利的人文主義者一樣，他們從古典古代的經典中尋找智慧，但他們心目中的古典古代是基督教的——即《新約聖經》和早期基督教創始人，而非任何異教的古典古代。同樣的，北方文藝復興時期的藝術家深受義大利文藝復興大師取得的成就感染，他們也拋棄中世紀的哥德式藝術風格，不斷學習運用古典的技術來代替哥德式風格。不過，這些藝術家不像義大利藝術家那樣頻頻描繪古典主題；而且，由於比義大利人較多受到基督教禁慾學說的影響，實際上，沒有任何人膽敢創作完全不穿衣服的裸體形象。

任何討論北方文藝復興在思想和文學表現領域上取得的成就時，都必須從德西德利烏斯·伊拉斯謨斯（約一四六七～一五三六年）的生平事蹟著手。伊拉斯謨斯被譽爲「基督教人文主義者中的宗師」，他是一位教士非婚生的兒子【15】，出生在荷蘭的鹿特丹附近，但後來由於他遊歷甚廣，因而成爲全北方歐洲的公民。伊拉斯謨斯在十多歲時，被強迫送到一座修道院【16】，不過，他在那裡並未受到任何宗教或正規的教育，因而有充分自由可以隨心所欲地閱讀自己感興趣的書籍。他如飢似渴地閱讀能找到的任何有關古典天主的作品，以及天主教的許多著作。大約三十歲時，他獲准離開修道院，進入巴黎大學就讀，成爲巴黎大學的一名學生，也在那裡完成神學學士規定的課程，獲得神學學士學位。但是，伊拉斯謨斯隨後又對他認爲枯燥乏味的巴黎士林哲學學問心存反感。在其後期一部作品中，他記錄了這樣一組問答：「問：你在什麼地方求學？答：蒙泰古學院。問：啊！那你必定埋頭苦讀。答：不，我埋頭捉虱子。」此外，伊拉斯謨斯從未實際擔任過教士的職司，而寧願選擇教書著文爲謀生手段。甚至爲了尋找新的資助者，他每過一段時期就要搬家，經常到英格蘭旅行，也曾在義大利待過三年，更在尼德蘭不同的城市中寄居，最後在風燭殘年時，他居住在瑞士的巴塞爾。每到一地，伊拉斯謨斯總會結交一些有學識的朋友，並經常與他們通信保持聯繫，這使他成爲北方基督教人文主義者那小圈子中的領袖人物。此外，伊拉斯謨斯有很多的著作，每一部著作都非常普及，有了這樣的聲望，使他在整個十六世紀前四分之一的時間中，成爲北歐「先進的」文化品味仲裁者。

伊拉斯謨斯的知性活動涉及許多方面，對此，我們最好的方法是從兩個角度進行評價：即文學和教義。伊拉斯謨斯可能是從西塞羅時期以來，無人可與之匹敵的、具有獨特風格的拉丁散文作家。他學識超凡，才思敏捷，善於根據不同的主題使用不同的談話方式；在適當的場合善於創造令人印象深刻的語言效果；同時，他精於杜撰雙關語，讀者如果既懂拉丁文又懂希臘文，往往可以感受到弦外之音。尤爲突出的是，伊拉斯謨斯極善於嫻熟地使用反語，拿所有人包括自己取笑。例如，他在《對話錄》（*Colloquies*，拉丁文，意爲爭論）一書中杜撰了一個人物，哀嘆這一時代邪惡的徵兆：「國王發動戰爭，教士忙著填滿錢袋，神學家發明三段論，修士在修道院外遊蕩，平民起事，伊拉斯謨斯則撰寫談話錄。」

然而，雖然伊拉斯謨斯單靠在文學方面的成就，即高雅和機智、風趣的拉丁文風，就爲自己贏得大批的讀者，但他從不承認自己僅僅是提供娛樂的人。反過來，他試圖透過撰寫的所有著作來宣傳他所說的「基督哲學」。伊拉斯謨斯基督教人文主義信念的核心在於，他認爲，他所處時代的社會由於忽視了「福音書」中簡單的教義，而陷入腐敗和不道德之中。因而，他向同時代人貢獻了三種不同的作品：一種是機敏的諷刺作品，意在昭示世人行爲的謬誤；一種是嚴肅的道德論文，意在指導人們成爲舉止得體的基督徒；另一種是基督教基本文的校註版。

第一類作品中，指的是伊拉斯謨斯至今仍廣爲人們閱讀的著作——《愚人頌》（一五〇九年）。在該書中，他嘲諷普羅大衆的愚昧，和由迷信引起的輕信，又嘲笑了神學家的迂腐和教條主義。《對話錄》（一五一八年）也屬於此類。在該書中，作者以一種更嚴肅但仍充滿冷嘲熱諷的語調，對當代的各種宗教習俗進行審查。在這類作品中，伊拉斯謨斯讓虛構的人物進行交談，而他自己的觀點只能由推論出來。但在第二類作品中，伊拉斯謨斯毫不遲疑地直抒胸臆。這類作品中，最重要的專著是樸素且具有說服力的《基督教教徒手冊》（一五〇一年），它要求一個基督徒要如何去過寧靜的內心虔誠生活；此外，還有《和平的抱怨》（一五一七年），它以感人的筆觸鼓吹實現基督教和平主義。

儘管他創作了極爲引人入勝的文學作品，但伊拉斯謨斯可能把其文獻研究視爲自己最大的唯一成就。他尊重早期拉丁三哲人奧古斯丁、耶柔米和安博的權威，出版了他們所有著作的可靠版本；同時，十分敬畏《聖經》的權威，他運用自己是一位精通拉丁文和希臘文學者的超凡技能，出版了《新約》信本。在閱讀羅倫佐・瓦拉的《新約集註》（一五〇五年）一書之後，伊拉斯謨斯體會到，當前最迫切的任務是拋棄整個中世紀匯集而成的，有關《新約》文獻的各種錯誤抄本與譯本，因爲不確實了解基督預言的眞正涵義，就無從成爲一位好的基督徒。因此，他用了十年的時間研究、對照所有能找到最好的早期《新約聖經》希臘文抄本，以確定一個權威版本。一五一六年，伊拉斯謨斯的希臘文《新約聖經》終於問世，書中附有註釋和他自己的新拉丁文譯文，這是有史以來對《聖經》研究最重要的界標之一。

英國人湯瑪斯・摩爾爵士（一四七八～一五三五年）是伊拉斯謨斯最親密的朋友之一，他是一位僅次於伊拉斯謨斯成就的基督教人文主義者。摩爾曾是一位成功的律師和下議院院長，一五二九年，他被任命爲英國上議院院長，然而，摩爾出任該職不久，即惹惱了其王室大家長——亨利八世國王，因爲摩爾篤信天主教的普救論，因而認爲所有人終將得救，反對國王建立一隸屬於國家的國家教會計畫。最後，一五三四年，由於他拒絕宣誓承認亨利八世爲英國國教的首領，因而被關進倫敦塔；一年後，他被處以絞刑，成爲一位天主教的殉道者。不過，遠在此之前，他於一五一六年就撰寫了一部爲他帶來永久英名的著作《烏托邦》。摩爾的《烏托邦》開後來廣爲人知的「烏托邦小說」之先河，他在《烏托邦》中使用伊拉斯謨斯式的表述方式，對當代社會進行批判。本書表面上描寫一個虛構島嶼上的理想社會，實際上是控訴現實社會中種種引人注目的弊端——無辜的人生活貧窮、不勞動者卻獲得大量財富、嚴酷的懲罰、宗教迫害，以及戰爭中無情的殺戮。烏托邦的居民共同擁有所有財產，每天工作六小時，因此，每個人都有閒暇的時間從事思想文化活動，養成聰慧、節制、堅忍和正義的自然德性。鐵之所以是貴重金屬，主要在於「因爲它有用處」；廢除戰爭和修道院制度；任何承認上帝存在和靈魂不滅的人都得到寬容。雖然摩爾在《烏托邦》中沒有爲基督教進行明確辯護，但他所隱含的意圖顯然在於，如果「烏托邦國民」未受到基督教的啓示，就能把社會治理得井井有條，那麼，了解「福音書」的歐洲人應能比這做得更好。

如果說，伊拉斯謨斯和摩爾具有一種在根本上是調和氣質，和更願意通過富於幽默感的冷嘲熱諷表達自己的思想者，那麼，基督教人文主義運動的第三位代表人物烏爾里希・馮・胡斯（一四八八～一五二三年），則是採取一種遠比上述二人具有戰鬥性的立場【17】。馮・胡斯是日耳曼人，爲伊拉斯謨斯的門徒，他致力於日耳曼民族文化事業，翻譯了古羅馬史學家塔西陀的著作，通過他掌握的古典學識，向人顯示「自豪而自由的」日耳曼人曾經如何英勇地戰勝羅馬兵團。在其他著作中，馮・胡斯用自己的尖銳語言極力爲日耳曼人抗拒外敵的戰爭進行辯護。不過，胡斯成名的主要原因是，他與日耳曼另一位人文主義者克羅圖斯・盧賓納（一四八〇～一五三九年）合作撰寫了《蒙昧者書簡》（一五一五年）一書。《蒙昧者書簡》是文學史上最詼諧的諷刺作品之一。作者撰寫此書的目的，是爲了聲援一位名叫約翰・羅伊希林的學者，由於這位學者希望從事對希伯來文著作的研究，尤其是對《塔木德經》的研究工作。當科隆大學的經院派神學家和日耳曼天主教宗教法庭庭長試圖毀掉日耳曼境內的所有希伯來文書籍時，羅伊希林及其同仁強烈反對這一舉措。不久之後，當他們發現，直接的爭論顯然不可能有什麼成果時，支持羅伊希林的人便訴諸譏諷的手段。馮・胡斯和盧賓納斯發表了一連串的信件，他們用很糟糕的拉丁文寫成這些信件，僞稱是科隆大學反對羅伊希林的士林哲學家所寫。信件上的署名都是一些滑稽可笑的名字，如擠山羊奶者、禿子和裝大便者等，故意顯示是些以荒謬的宗教教條或奇異的學識來炫耀的有學問的蠢材。例如，一封自稱是綿羊嘴的人來信聲稱，自己因在禮拜五吃了一顆已要孵化成一隻小雞的雞蛋，怕不幸犯了罪，因而焦慮不安。另一封信件的作品則炫耀他的「天才發現」，即是尤利烏斯·凱撒不可能用拉丁文撰寫歷史著作，因爲他軍務繁忙，不可能抽出時間學習拉丁文。這些信件雖然當下就被教會查禁，但它們仍流傳開來，並廣爲人們閱讀，因而空前地傳播了伊拉斯謨斯的主張，即：爲了能極虔誠地投身於十二門徒的基督教，必須把經院派神學和天主教的宗教禮儀拋在一邊。

除了伊拉斯謨斯、摩爾和馮·胡斯之外，絕非沒其他積極、雄辯的基督教人文主義者，像是英國人約翰·科利特（約一四〇七～一五一九年）、法國人雅克·勒菲弗爾·德塔普爾（約一四五五～一五二九年）、西班牙人佛郎西斯科·希門尼期·德·西斯內羅斯紅衣主教（一四三六～一五一七年）和胡安·路易斯·比維斯（一四九二～一五四〇年），以及其他許多人都在編輯《聖經》文獻和早期基督教文本，與闡述「福音書」道德規範等事業上做出非凡貢獻。儘管基督教人文主義大約在一五〇〇至一五二五年間，在掌控異常的國際團體精神和活力的運動取得眾多成就，但它在新教產生時陷入混亂，隨後喪失了發展有力條件。這實在是個莫大的諷刺，因爲基督教人文主義者對「福音書」準確涵義的重視，以及對教士腐敗行爲和過分拘泥於宗教禮儀作法的犀利批判，無疑爲一五一七年馬丁·路德發起的宗教改革鋪了道路。不過，下一章我們將會發現，願意與路德站在一起，共同拋棄天主教依據的根本原則之基督教人文主義者實在寥寥無幾；同時，那些眞正成爲虔誠新教徒的個別基督教人文主義者，也丟棄了早先不事先張揚的冷嘲熱諷特性，而此本是基督教人文主義者表達方式的一個標誌。多數基督教人文主義者在信守自己不拘禮儀的內在虔誠理想同時，仍試著想留在天主教營壘之內，但隨著時間的推移，天主教領袖們越來越無法容忍他們，因爲在與新教的爭鬥中，這些天主教領袖們要的是界限日益分明：或者是天主教徒，或者信奉新教，天主教內部對該教宗教習俗所做的任何批評，看起來都像是幫助「敵人」。伊拉斯謨斯本人一直是位天主教徒，多虧他去世得早，不然難逃受辱的命運，他的一些追隨者就不那麼幸運，淪爲西班牙宗教裁判所的犧牲品。

如果說，基督教人文主義在大約一五二五年之後迅速衰微，但北方的文藝復興在整個十六世紀仍繼續保持繁榮的景象，此時主要體現在文學和藝術方面。例如，在法國，才華橫溢的詩人皮埃爾·德·羅薩（約一五二四～一五八五年）和若阿基姆·迪·貝萊（約一五二五～一五六〇年）模仿佩脫拉克風格撰寫了優美的十四行詩；在英格蘭，詩人菲立普·西德尼爵士（一五五四～一五八五年）和埃德蒙·斯賓塞（約一五五二～一五九九年）同樣也引人注目地吸取了義大利人的種種文學創新。實際上，斯賓塞依照阿里奧斯多《瘋狂的奧蘭多》的方式創作的長篇騎士傳奇《神仙女王》[18]，就像任何義大利作品一樣，展現了構成義大利文藝復興時期文化典型特徵——燦爛的美感。

比前述任何一位詩人都具有內在創造性的是法國散文體諷刺作家佛朗索瓦·拉伯雷（約一四九四～一五五三年）。拉伯雷可能是十六世紀歐洲所有具有創造性的偉大作家中，最受人歡迎的一位。與他十分欽佩的伊拉斯謨斯一樣，拉伯雷接受修道士的教育，但他在就任聖職後不久，就離開修道院到蒙彼利爾大學學習醫學。此後在里昂成了一名開業醫師，不過，在他行醫的同時也從事各種文學活動。他爲一般百姓寫過曆書，撰寫諷刺庸醫和星占家的文章，並以大衆迷信爲題材寫過滑稽諷刺作品。但是，迄今他最不朽的文學遺產是以《卡岡都亞與龐大固埃》爲書名所出版的五卷本「巨人傳」。

「卡岡都亞」與「龐大固埃」本是中世紀傳說中，身高力大、食量驚人的巨人名字。拉伯雷描寫他們的冒險經歷，是想藉此表現他的自然主義哲學，以及自己充沛的幽默色彩和才智橫溢的敘述。他在某種程度上借鑑了基督教人文主義的先例。因而，就像伊拉斯謨斯那樣，他對宗教禮儀冷嘲熱諷，取笑經院哲學與迷信，公開譏諷各種偏激行爲與壓制措制。但與伊拉斯謨斯迥然不同的是，伊拉斯謨斯用一種富有修養的古典拉丁文風進行寫作，只有那些最有學識的讀者才能完全弄清他的涵義；而拉伯雷則選用極其樸實無華的法文進行創作，其中常常夾雜著難登大雅之堂的粗魯話語，而且他面對的是範圍更廣的讀者。同樣，拉伯雷希望避免任何形式的「說教」，因而對任何知識都避免隱含道德方面的主題，似乎他只想讓讀者獲得某種有益的快樂。不過，除其批評性的諷刺之外，貫穿《卡岡都亞與龐大固埃》的五卷大書中，始終有一個共同主題就是，頌揚人類和大自然。在拉伯雷眼中，身強力壯的巨人實際上是大大誇張了熱愛生活的人類；人的各種天性只要不是導向欺壓他人的暴政，那都是健全的。因而，在他理想的公社即烏托邦式的「德廉美修道院」中，沒有任何約束，到處洋溢著一種令人愉快的氣氛，人們可以按自己的意欲自由地從事維護生靈的活動，在此沒有人會對他們的活動加以約束，而是只遵守一個準則：「依你自己的意志而行事。」

如果想像一下拉伯雷虛構的「德廉美修道院」看起來應該是什麼模樣，或許我們最好把它描繪成近似於十六世紀沿盧瓦河興建的文藝復興時期法國諸多城堡其中之一，因爲北歐文藝復興擁有自己別具一格的建築，它們在某些根本點上往往與文學相通。因而，恰如拉伯雷借著描寫中世紀的巨人故事來表達對文藝復興價值的肯定，那麼，法國那些在盧瓦河畔興建的城堡，像是昂布瓦斯、舍農瑟和尙博爾這樣壯觀城堡的建築師，也把中世紀後期法國浮華的哥德風格，與時興的對古典的水平性的強調結合起來，建造了法國有史以來最迷人的、具有獨特風格的建築里程碑。不過，也出現了非常近似義大利模式的建築，正如羅薩和迪・貝萊以非常逼眞的方式模仿佩脫拉克風格進行詩歌創作，一五四六年在巴黎開始主持興建新的皇家宮殿羅浮宮的法國建築師埃爾・萊斯科，也嚴格遵守文藝復興時期義大利主要的古典風格，興建了一個突出古典式壁柱和山形牆的建築正面。

現在我們要談的只剩下北方文藝復興時期在繪畫領域取得的成就，在這一領域也可分辨出思想家與藝術家的關係。北方文藝復興藝術家中首屈一指的，當推日耳曼畫家阿爾布萊希特・都勒（一四一七～一五二八年），他的作品無疑是能以最生動的形象來表現出基督教人文主義的思想。從純粹技巧和藝術風格的角度來看，都勒最爲偉大之處在於下述事實：他在一四九四年旅居威尼斯後返回出生地紐倫堡，成爲第一位掌握義大利文藝復興在比例、透視和立體感等方面技術的北方人。此外，都勒與同時代的義大利人一樣，醉心於細緻入微、維妙維肖地再現各種各樣的自然景物，喜歡表現形態不一的裸體人形象。只是，在米開朗基羅的創作中，通常都會毫無遮擋地刻劃大衛或亞當裸體形象，而都勒畫中的裸體人物大都少不了用無花果樹葉來遮掩，以順應北方較保守的傳統。另外，都勒始終如一地堅持不沉溺於義大利文藝復興時期許多藝術崇奉的純粹古典主義和奢華風格，因爲他靈感之源主要是伊拉斯謨斯較傳統的基督教思想。因而，在都勒的「聖耶柔米」這幅安詳、明媚的畫作中，表現出伊拉斯謨斯或其他基督教人文主義者在書房中靜靜工作時可能具有的成就感；他的銅版畫「騎士、死神與魔鬼」，生動地描繪了伊拉斯謨斯理想中的基督教騎士形象；油畫「四聖圖」則是一首聖詩，歌頌了都勒喜愛的《新約聖經》的作者聖保羅、聖彼得、聖約翰與聖馬可的尊貴和洞察力。

如果能夠繪出伊拉斯謨斯的大幅肖像，並以這種方式使他被後人記住，都勒會把其他一切都拋開而專心創作。但是種種條件使他難以如願，因爲這兩個人在一生中只見過一次，當時都勒想利用機會爲他心目中的英雄畫素描時，伊拉斯謨斯卻因有急事不得不離去，此後都勒永遠失去了這種機會。都勒想用油畫描繪伊拉斯謨沉思神情的這一未完成心願，後來由北方文藝復興時期諸藝術家中地位僅次於他的偉大畫家日耳曼小漢斯・霍爾班（一四九七～一五四三年）實現了。老天助他，霍爾班除了爲伊拉斯謨繪過肖像畫外，還在逗留英國期間，成爲伊拉斯謨斯的朋友，並爲具有類似氣質的湯瑪斯・摩爾爵士繪了一幅異常敏銳的畫像，正是這幅畫使我們清楚地了解，爲何一位與摩爾同時代的人稱他是位「異常嚴肅……的人；他一年到頭一直如此」。這兩幅畫像的內涵與畫面本身均顯示出，中世紀文化與文藝復興時期文化的最重要區別在於，如果說，中世紀並沒有產生任何有關描繪當時主要思想文化巨匠維妙維肖的畫像，而文藝復興時期的文化則是以更大的力量來捕捉人類個性的實質，因而造就了霍爾班得以栩栩如生地再現伊拉斯謨斯和摩爾的環境。

文藝復興時期音樂的發展

十五、十六世紀，西歐的音樂發展到相當高的程度，它和繪畫、雕塑一起構成文藝復興時期各項活動中最燦爛奪目的領域之一。如果說，視覺藝術的發展受到學習古代模式刺激，那麼，音樂則在中世紀基督教世界裡早已經有獨立的發展，且在文藝復興時期則有了自然的發展。和過去一樣，領導的地位通常都來自那些爲教會服務、受過訓練的人，但此時，世俗音樂也得到重視，同時世俗音樂與聖樂的原理結合在一起，在音色和感染力方面獲得重大進展。聖樂和世俗音樂之間不再像過去那樣涇渭分明了，大多數作曲家已不限制自己從事那方面的創作，他們可能同時創作聖樂與世俗音樂。音樂不再被視爲僅僅是一種消遣或教會的附屬品，而調適爲被認眞視爲一門獨立的藝術。

歐洲各地區在音樂發展方面互相爭領導地位。就像其他藝術一樣，音樂的發展與義大利各繁榮的城市及北歐的王公宮廷的慷慨資助有著密切相關。在十四世紀期間，一個被稱爲「新藝術」的前文藝復興或文藝復興早期的音樂運動，在義大利和法國蓬勃開展。當時傑出的作曲家有佛朗切斯科·蘭迪尼（約一三二五～一三九七年）與紀堯姆·德·馬查特（一三〇〇～一三七七年）。新藝術運動的音樂家所寫的情歌、民謠和其他歌曲，表現出世俗藝術是豐富多彩的，但這一時期最偉大的音樂成就，卻是適於演唱經文歌的一種十分複雜且精巧的對位風格。此外，馬查特是現知第一位爲彌撒曲譜寫多聲部配樂的作曲家。

在十五世紀，在勃艮地公國宮廷中出現一種把法國、法蘭德斯和義大利等各國音樂成分結合起來的音樂，這種音樂旋律優美、悅耳、聲音和諧；但在該世紀下半期，隨著法蘭德斯北部的音樂受到重視，這種音樂更是受到加強。步入十六世紀後，法國－法蘭德斯的作曲家出現在歐洲各地所有重要宮廷和大教堂之中，逐漸建立地區性的民族流派，他們通常把法蘭德斯音樂文化，與日耳曼、西班牙和義大利音樂文化以高超的技巧揉合在一起。在這情況下，產生的不同風格與文藝復興時期的藝術和詩歌具有十分相似的特徵。十六世紀下半葉，民族化的法國－法蘭德斯音樂風格領導人物是法蘭德斯人羅蘭・德・拉薩斯（一五二三～一五九四年），他是那一時代最多才多藝的作曲家；以及義大利作曲家喬瓦尼・皮耶路易吉・達・帕勒斯特里納（約一五二五～一五九四年），他是在羅馬教皇的資助下，專門爲天主教會禮拜儀式創作非常深奧的多聲部合唱音樂。十六世紀時，音樂在英國也有神速的發展，都鐸王朝的亨利八世國王和伊莉莎白一世女王都非常熱心贊助這種藝術活動。不僅十六世紀末傳入英國的義大利情歌再次在英國流行起來，而且在這裡出現的原始歌曲和器樂，日後在歐洲大陸仍有十足的發展。英國還出現了一位完全可以與文藝復興時期法蘭德斯和義大利的偉大作曲家相媲美的作曲家，這就是威廉・拜爾（一五四三～一六二三年）。伊莉莎白時代人們對音樂熟悉的程度，總體上看來，似乎比我們現在水準還高：演唱無伴奏四聲部合唱曲在當時家庭和非正式社交場合中，是流行的娛樂方式，同時一位有教養的上層人士必須具備見到樂曲時，就能有相當了解的才能。

綜上所述，可以看到，雖然文藝復興時期對位法已發展出很高的程度，但現代的和聲體系尚處於襁褓之中，因而尚待磨礪發展之處依然不少。與此同時，我們應了解，文藝復興時期的音樂不僅僅只是一個音樂發展過程的階段，而其本身也是一項了不起的成就，因爲在那一時代出現的音樂大師與各時代的音樂大師比起來，皆毫不遜色且占有一席之地。作曲家拉薩斯、帕勒斯特里納和拜爾，與畫家達文西、拉斐爾和米開朗基羅一樣，都是文藝復興時期藝術成就的眞正代表人物。但他們的遺產卻長期被忽略，直到近年來才又開始受到重視；隨著一些對他們感興趣的音樂家們致力於恢復這些音樂遺產，才使他們日漸爲大眾熟知。

文藝復興時期的科學成就

在整個十六世紀和十七世紀初期，出現了科學史上一些非常重要的成就，但這些卓越的成就並不是文藝復興時期的人文主義者造就出來的。在人文主義者的教育綱要中，科學地位甚低，因爲它似乎與他們致力於人民更具雄辯的能力、和更有道德的上沒有關聯。在佩脫拉克、達文西、布魯尼或伊拉斯謨斯等人文主義者眼中，科學是他們挾擊、嘲諷的院經哲學家「徒勞無益的推理」的主要部分。因而，文藝復興時期的任何一位大科學家都不屬於人文主義運動。

不管怎樣，這一時期至少有兩個思想傾向爲新的科學發展鋪平了道路。首先是新柏拉圖主義的流行。這一哲學體系對科學的重要性，在於它提出了某些對導向關鍵性的哲學突破具有促進作用的觀點，像是日心說[19]和某些幾何形狀具有所謂神力說，這些都是助長其決定性哲學有促進作用的觀點。具有諷刺意味的是，從現代觀點看新柏拉圖主義似乎很「不科學」，因為它看重的是神祕主義和直覺，而不是經驗主義或嚴格的理性思維。不過，它促使科學思想家重新思考舊有的限制中世紀科學進步的觀念；換句話說，它有助於他們戴上一頂新的「思想之帽」即進入新的思考狀態。在受到新柏拉圖主義影響的科學家中，最重要的是哥白尼和克卜勒。

促進科學進步的第二個傾向與第一種有很大的不同：對宇宙所做機械論的解釋日漸為人們熟知。應將文藝復興時期機械論發展最重要的促進因素，歸功於一五四三年出版了古希臘數學家和物理學家阿基米德的著作。不僅阿基米德具體的觀察和發現，在整個希臘科學體系中是屬於最先進、最可靠之一，而且他還傳授這樣的觀點：宇宙就像一架大型機器，在機械力的作用下運行。由於阿基米德的觀點與新柏拉圖主義的超自然觀截然對立，後者認為世界由精神占據，並為超自然力量驅動，因而它經過了很長一段時間後才為人們接受。不過，機械論獲得一些文藝復興後期很重要的追隨者，其中最重要的當推義大利科學家伽利略。由於他堅持在自然界中找出可以觀察、測量的因果關係，最後使機械論在現代科學的發展中扮演巨大作用。

文藝復興時期另一貢獻是，促成現代科學產生的發展——打破中世紀那種理論與實踐分離的局面。在中世紀，受過經院哲學熏陶的教會聖職人員對自然界做了理論推定，然而，他們從未考慮過操作機器或解剖屍體，因為這種經驗主義的科學觀是為經院主義框架所不容的。另一方面，許多沒有受過多少正規教育，對抽象理論基礎並不知道的技術人員，他們在機械製造方面都具有許多實際技能。十五世紀時，理論與實踐開始結合起來。出現這種情況的原因之一在於，備受尊敬的文藝復興藝術家們貫通了這兩個領域：他們不僅是一群不可思議的匠人，在促進數學和科學的發展上，探究透視和光學定律，發展出幾何方法，以支撐龐大的建築圓頂的重量，與研究人體的特徵和具體情況。整體說來，他們使科學比過去更重視經驗和實踐。促成理論與實踐結合的其他原因還有：過分偏重理論的大學的威望下降，有閒階層對煉金術和占星術興趣的增加。在此，我們再次看到一個極具諷刺意義的現象——煉金術和占星術在今天看來是完全不科學的迷信行為，但在十六、十七世紀，由於它們盛行一時，導致一些富裕的業餘愛好者開始興建實驗室，並觀測星球運行的軌跡。科學實踐因此變得非常受人尊重。這樣一來，近代科學便步入取得某些最重要成就的旅程。

文藝復興時期實際的科學成就是在國際間取得的，天文學方面最重要的成就者——提出並證明地球繞太陽旋轉的學說，即日心說——是波蘭人哥白尼、日耳曼人克卜勒、義大利人伽利略。在十六世紀之前，托勒密的地球是宇宙中心的觀念，實際上在西歐未受到任何挑戰，也從未被人懷疑。波蘭的神職人員——尼古拉·哥白尼（一四七三～一五四三年），在義大利求學時曾對新柏拉圖主義著迷，首次提出一種非傳統的體系（代替地心說）。雖然哥白尼做了一些新的觀測，但他對舊有的天文學證據給予完全新的解釋，他的理論含有神祕與新柏拉圖的觀念。他接受新柏拉圖主義的假設——球體是最完美的形狀，運動比靜止更近於神性，且太陽的位置最崇高居於宇宙的中心，並「支配著環繞著它運轉的行星」。受這一理論的啓發，哥白尼提出一個新的日心說。具體說來，在《天體運行論》（完成於一五三〇年左右，但直到一五四三年才出版）一書中認爲，地球和行星繞著太陽以同心圓方式運轉。此時的哥白尼天體體系本身還非常不完美：他絕對無法輕而易舉地解釋現知有關行星運轉的所有眞相。此外，他要求人們拋棄自己習以爲常的看法——太陽在移動，因爲從觀察顯示出太陽在太空中移動，而地球是靜止不動，因爲人們感覺不到它在動。更嚴重的是，哥白尼反駁了《聖經》中相關章節的記載，像是其中一節提到耶和華命令太陽靜止不動。結果造成直到十七世紀初，信奉哥白尼日心說的人依然寥寥無幾。

哥白尼在天文學上的革命得以取得勝利，應歸功於克卜勒和伽利略。約翰·克卜勒（一五一七～一六三〇年）是位神祕主義思想家，他在許多方面都像是一位魔術師而非近代科學家。他研究天文學的目的是要探究上帝的隱藏祕密。他的基本看法是，上帝創建宇宙是按照數學法則。依賴丹麥人蒂科·布拉赫（一五四六～一六〇一年）所進行十分精確的新天文觀測，克卜勒得以認識到，哥白尼理所當然地認爲，關於行星運行的兩個假說是與觀測結果完全不符的。具體說來，克卜勒用自己的「第一定律」取代哥白尼的行星在軌道上運行的速度是一樣的看法，因爲他認爲，行星運行的速度隨著與太陽距離的變化而發生變化；他用自己的「第二定律」取代哥白尼的行星軌道是圓形的觀點，認爲地球和其他行星沿橢圓形的軌道繞太陽旋轉。他還認爲，太陽和行星之間的地磁引力導致行星遵守其軌道運轉。這一觀點被大部分十七世紀機械論科學家駁斥，但爲十七世紀末艾薩克·牛頓提出萬有引力定律鋪上道路。

正如克卜勒從數學理論的角度完善了哥白尼的日心說體系，伽利略（一五四六～一六四二年）則是蒐集了許多天文學方面的證據促使該學說爲人們接受。他利用一架自己完成的可放大三十倍的天文望遠鏡，發現了木星的衛星、土星的光環及太陽黑子。他還能確定銀河是由許多獨立於我們太陽系之外的天體聚集而成的，並指出各恆星之間有著遙遠距離的觀念。雖然很多人對伽利略的看法持反對意見，但這些觀念逐漸說服多數科學家相信，哥白尼的主要結論是正確的。這一觀念最後的勝利通常被稱為「哥白尼革命」。在世界思想文化史上，比它意義深遠的事件寥寥無幾，因為它推翻了中世紀的世界觀，為近代機械主義、懷疑主義和時空為無限的距離觀念鋪平了道路。一些思想家認為，哥白尼革命還提供了貶低人地位的作用，因為它把人趕出宇宙中心的崇高地位，把人降為無窮盡的宇宙機器中一粒微不足道的塵埃。

文藝復興時期的物理學家中，最傑出者首推達文西和伽利略。即使達文西在繪畫領域毫無所成，但他在科學方面的貢獻仍足以讓他享有殊榮，他在物理學上的成就毫不遜於繪畫。雖然實際上，他並沒有什麼完整的發現，但他的結論——「一切重量都以最短距離落向地心」，包含著萬有引力定律的精髓。此外，他提出了一些驚人發明的相關原理，包括潛水艇、蒸汽機、坦克車和直升飛機等。作為一名物理學家，伽利略之所以特別引人注意，在於他的自由落體定律。他對物體下落的速度與其重量成正比這一傳統說法表示懷疑，並認為，物體從不同高度下落的速度應該會隨著耗時的平方而增加。伽利略反對經院哲學家那種絕對重與絕對輕的觀念，認為這些都是相對的術語；所有物體都有重量，包括像空氣那種人們看不到的東西也是有重量的；當在真空中，所有物體下降的速度都是相等。伽利略似乎在宇宙重力觀念上比達文西有更寬廣的概念，因為他察覺到把月亮吸引到地球附近，與使木星衛星繞木星運轉的力量，在本質上與地球吸引物體落到地表的力量是一樣的。然而，他從未把這一原則作為一個定律提出來，也未能像五十年後的牛頓那樣理解到其全部的關係。

文藝復興時期在醫學和解剖學方面也有十分引人注目的成就。在這些領域貢獻最大的是日耳曼人泰奧法拉都斯．馮．霍恩海姆，與眾所周知的帕拉塞爾蘇斯（一四九三～一五四一年）、西班牙人米歇爾．塞維圖斯（一五一一～一五五三年），以及比利時人安德列斯．維薩里（一五一四～一五六四年）。

內科醫師帕拉塞爾蘇斯和哥白尼、克卜勒都認為，精神力量非物質力量控制著宇宙的運行。因而，他對煉金術和占星術篤信不疑。不過，他靠著自己的觀察對疾病及治癒方法有所了解。他並非拘泥於古代權威的說教，而是遊歷很廣，並研究不同環境下疾病的例證，對許多藥物進行實驗。尤其是，他堅信化學和醫學關係密切，這就預示有時他會直接影響藥理學和疾病方面的重要成就。米歇爾．塞維圖斯主要對神學感興趣，但他最後還是從事醫學活動，發現了血液的次循環或肺循環，企圖以此證明聖靈感孕說是正確的。他描述了血液是如何離開右心房、被帶到肺部進行淨化、隨後又回到心臟、再由心臟輸送到身體各個部位的。

但塞維圖斯不知道血液是經由靜脈流回到心臟的，這件事是在十七世紀初由英國人威廉・哈維發現的。

純屬巧合，在重要性與哥白尼的天文學著作相近的一篇十六世紀科學論文——即維薩里的《人體結構論》，與哥白尼的著作《天體運行論》同年問世，即一五四三年。維薩里是位世界公民，他生於布魯塞爾，在巴黎求學，後來移居義大利，在帕多瓦大學教授解剖外科學，並基於古代解剖學原理中存在著許多錯誤，進行糾正觀點的研究。在他看來，伽倫（可以說是醫學中的托勒密）的古代解剖學只能根據實際觀察才能匡正。因而，他經常自己動手解剖屍體，以觀察剝去皮膚後人體的各部位具體形態是怎樣。他不滿足於僅僅用語言描述他的發現，隨後與藝術家簡・凡・卡爾卡合作（卡爾卡也是位比利時人，曾赴義大利跟隨文藝復興藝術大師提湘），將他觀察的結果，以細緻的雕刻描述出來。藝術史家們無法肯定凡・卡爾卡在為維薩里做圖解時，是否有從達文西的解剖素描中直接獲得靈感，即便他並沒有受益於達文西，但他肯定被義大利文藝復興藝術遺贈給他的專精解剖繪圖這一傳統影響。正當哥白尼繪製一幅新的天體圖時，凡・卡爾卡的雕版提供了一幅新的人體解剖圖，該圖收入一五四三年出版的維薩里《人體結構論》書中。在這同一部著作中，由於維薩里在討論他觀察到的人體結構情況時，便用圖加以描繪，同時，他還對人體各部分運動和相互作用的原因做出基礎性解釋，因而被稱為現代解剖學和生理學之父。在看完維薩里的《人體結構論》這一劃時代的著作之後，我們也可以滿意地結束對文藝復興成就的概覽了，因為這部書最大程度地代表理論和實踐、藝術和科學的完美結合，代表富有成果的國際性思想交流。

第十九章

歐洲的擴張和分裂：地理大發現與新教改革

Europe Expands and Divides: Overseas Discoveries and Protestant Reformation

從前我們處在世界的末端，現在則處在世界的中心，命運也發生了空前的變化。

——埃爾南・佩雷斯・德・奧利瓦，
致西班牙科爾多瓦城長老，一五二四年

既然尊貴的陛下和爵爺希望聽到一個簡單的答覆，我將遵命直截了當地這樣應對：除非《聖經》證實或明確的推理說服我……我聽從我所引用的《聖經》經文，我的良知受制於福音。我不能也不願意收回任何意見，因為違背自己的良知既不安全也不正確。我只能這麼做，願上天作證。阿門！

——馬丁・路德，致沃姆斯議會，一五二一年文藝復興時期的許多文明，對塑造即將來到的現代世界具有十分重要的貢獻，但是在西歐歷史上，由中世紀過渡到近代初期，有兩個最引人注意的發現，便是西班牙和葡萄牙的海外冒險活動，以及新教改革。很像是在一夕之間，這兩個發展似乎改變了歐洲歷史的腳步。如果說，當歐洲基督教文明發生後的前一千年時間裡，一直是處在地理上自我封閉狀態（除了爲期不久的十字軍東征這一插曲是屬例外），那麼，在大約一四九〇至一五二〇年的這幾十年間，歐洲人航行在公海上，在東南亞獲得控制地位，並宣稱對整個西半球擁有權力。從此便堅稱，歐洲歷史的方向與歐洲大陸發生的重大事件，以及歐洲人插足世界其他地區的活動分不開，而且還受到兩者相互作用的影響。

但正値歐洲向外擴張之際，它內部也開始在分裂。直到十六世紀初之前，儘管各民族間的區別日益增大，但在教皇的管轄下，歐洲繼續保持著一種獨特的「基督教世界共同體」。無論在什麼地方，都可以聽到同樣的拉丁文彌撒，看到嬰兒受洗禮，以及遵照同樣的教儀舉行的婚禮，並受到由同一位教皇任命的神父的祝福。就像歐洲人迅速掌握世界的統治權一樣，他們也迅速喪失精神上的統一。新教改革開始於一五一七年馬丁・路德因出售贖罪券問題而爆發，以及天主教會對此問題所做出的種種回應。無疑的，這些舉動都產生許多積極的效力，但它們所引發最顯著和最直接的後果，卻是讓歐洲迅速分裂成幾個不同的宗教信仰體系，同時，也讓歐洲人彼此之間打著信仰的旗號立即開戰。

雖然地理大發現和新教改革大體上是同時期發生的，有一點十分重要必須了解的是，這兩者的起源並沒有任何直接關係。歐洲早期的冒險家們是在新教改革發生之前，或在不理會新教改革的情況下航行出海的；而且，早期新教徒從來也沒想到要開闢新的商業路線或發現大陸。然而，我們之所以在這一起討論地理大發現、新教改革，以及天主教會的反改革，是有充足的理由。因爲這些事件的結果，很快就使其互相關聯起來，而且，也因爲這些運動都充滿著偉大英雄主義插曲。像哥倫布大膽地航向未知之境，而巴爾沃亞則看到一個新的「太平靜寂」的海洋，至於路德也是不畏懼地爲求得對「神之正義」的新理想而奮鬥，跛腳的軍人伊格納修・羅耀拉，則是經由內在的「精神修煉」獲得靈感，他們由此開拓了自己新的視野。

地理大發現與葡萄牙、西班牙的征服

乍看之下，大約在一五〇〇年，歐洲人開始進行橫渡公海的速度似乎令人困惑，而且幾乎是難以理解。大多數當代人察覺到最好的理由認爲，在十五世紀後半期，基督教文明是處於守勢而非攻勢。一四五三年，君士坦丁堡一直是個堅不可摧的堡壘，在抵禦穆斯林文明進入上，最後淪於「征服者」穆罕默德二世蘇丹所統率的土耳其人手中；一四五九年，塞爾維亞淪陷；接著，阿爾巴尼亞也在一四七〇年失守了。尤其是在一四八〇年，發生土耳其人登陸義大利半島，占領了奧特朗托城，並屠殺該城半數居民，這事更令所有歐洲人感到恐懼。還好一四八一年發生了穆罕默德二世去世這件大事，便逼使土耳其人放棄在義大利的立足點，但許多歐洲人仍心有餘悸，他們擔心這些「異教徒」很快就會捲土重來。在這期間，教皇庇護二世（一四五八～一四六四年在位）曾試圖把整個歐洲凝聚起來，並企圖抵禦土耳其人的侵襲，但並未獲得成功，他曾經這樣說道：「在我看來前途不樂觀。」

不過，庇護二世的看法徹底錯了，因為直到十六世紀後期，基督徒仍在東歐抵抗土耳其人擴張之際，葡萄牙和西班牙的帆船就在大西洋水域上航行，且在不久之後，就使基督徒的貴族成為世界許多地區的統治者。僅舉幾個實例就足以說明這一切：一四八二年，葡萄牙人在今迦納境內的埃樂米納建造一個要塞，因而很早就控制了西非「黃金海岸」的貿易；一四九二年，哥倫布發現西印度群島；一五〇〇年，葡萄牙人在印度西海岸建立了自己的第一個商業據點；一五一九至一五二一年這兩年間，西班牙冒險家科爾特控制了蒙特祖馬的墨西哥帝國。

這一切為何會發生得如此迅速呢？有兩個不同的學派對此在本質上提出不同的解釋。其中被稱為「文藝復興派」的認為，當葡萄牙人和西班牙人進行地理大發現之際，即為文藝復興文明向外傳播之時（哥倫布與達文西完全是同代人）；而且他們認為，歐洲的海外擴張活動，只能解釋成為所謂新文藝復興時期人的好奇與自立原則在現實領域中的表現。但這樣解釋是毫無根據地認定，中世紀的人是缺乏好奇心與自立精神。此外，文藝復興學派的擁護者提醒也宣稱——事實上，為葡萄牙和西班牙出航的水手有不少人是在義大利出生的，但在這裡，他們巧妙地迴避了一個事實，即有些義大利水手就像哥倫布那樣，是在熱內亞出生的，而該城似乎沒有分享發生在義大利的文藝復興文明。更重要的是，用文藝復興解釋地理大發現似乎是無說服力的，因為領導義大利文藝復興的各主要國家並沒有資助航海探險。無可否認，文藝復興時期人文主義者在義大利獲得某種程度的古希臘羅馬地理知識，這加強了某些探險家進行海上探險的決心；不過，另一種對地理大發現原因的解釋，即海外擴張運動是在中世紀時期打下的種種基礎上產生的，這看來比受到文藝復興影響說更有根據。

簡而言之，促成地理大發現的動機、知識和必要的財力，主要本質上都是中世紀的。自然，遠洋航行的最主要單一目的是獲得經濟利益——尋找亞洲的香料和其他奢侈品。胡椒、肉桂、荳蔻、薑和丁香，都只在東南亞熱帶氣候下才能生長，由於它們具有防腐的特性，使它們在整個中世紀全盛期和後期都非常珍貴。（想像一下，在一個沒有冷凍設備的文明中會發生什麼狀況，這樣就很容易瞭解爲什麼歐洲的富人會夢寐以求有獨特強烈氣味的香料，來使食物免於腐壞，並改變僅僅使用鹽作調味品的情況。）在中世紀後期，亞洲的香料與奢華的布料和寶石，常會經由伊斯蘭教徒、威尼斯和熱內亞中介者之手進入歐洲家庭，但這些東西費用不貲；而且，任何經由海路到達原產地運來這些物品的人都會發財。（由於中亞動盪的情況，使得陸上交通很不安全，無法利用；此外，陸路運輸貨物通常要比走水路貴得許多。）除了經濟動機外，促成海外冒險的原因還有宗教因素——希望皈化未受洗禮的異教徒，在東方尋找想像中「失蹤中的基督教徒」[1]；並且，他們希望能與這位基督教君主聯合起來對付伊斯蘭勢力。毋庸贅言，就像渴求香料那樣，這種希望在中世紀流行一時，且與義大利的文藝復興沒有關聯。

與促成大發現的各因素一樣，地理大發現依據的最重要知識和技術手段也是中世紀的。在哥倫布之前，歐洲人認爲地球是平的，這一錯誤的觀點盛行一時：十二世紀之後，幾乎所有受過教育的人或水手都不相信地球是平的，而認爲地球是圓的，同時，這一知識並不僅僅限於理論方面。早在一二九一年，有兩位熱內亞人——維瓦爾迪兄弟就曾航向大西洋，他們希望能經由「向西航行」抵達東印度群島。雖然維瓦爾迪兄弟從此音信全無，但到了十四世紀中葉，葡萄牙水手便定期往返航行於大西洋，他們向西最遠到達亞速爾群島[2]。這些葡萄牙人的航海活動證明，大約到一三五〇年左右，歐洲造船技術和航海技術都已能完全勝任航向新大陸的挑戰。亞速爾群島位於由歐洲到美洲約三分之一遠地方，因而從精確的角度來看，任何可以由葡萄牙航向亞速爾群島的船隻都有能力走完到新大陸的全程。

那麼，爲何美洲不是在它確實被發現的一個世紀之前就被發現了呢？對歷史學家而言，最大的困難是解釋未曾發生過的事，但有兩個假說不妨參考一下。第一個假說是，這與十四、十五世紀整個西歐處於經濟蕭條、政治動亂的狀態有關。由於大西洋沿岸的各重要國家——法國、英國和卡斯蒂爾（西班牙半島上居主導地位的王國），都因經濟萎縮而國力受損，且全都陷入看似無止盡戰爭之中，因而它們都沒有從事需要高額費用、風險很大的向西航行活動。第二個假設是航行路線改變了，這項假設較不以推測爲前提，它與早已捲入海外冒險活動的葡萄牙這一大西洋國家有關。在十四世紀後半期，葡萄牙人在大西洋上的亞速爾群島和馬德拉群島[3]建立了殖民地，進行利潤可觀的糖、酒貿易；此後，在十五世紀初，葡萄牙人便在西非沿海地區進行冒險，這是完全能了解的，因爲非洲給人一種能在此地擁有許多黃金和奴隸，並能提供更多財富的希望。此後，葡萄牙人在非洲的發現一個接一個出現，直至大約在一四八七年，他們繞過了好望角[4]，引發對於亞洲香料的競爭，這一競爭致使歐洲人最引人注目的海外擴張開始了。因此，從中世紀後期葡萄牙的航海和貿易史觀點來看，這偉大的發現很不像乍看之下那麼具有驚人的革命性。

十五世紀葡萄牙人的航海活動，構成大約一五〇〇年之後，最引人注意成就的主要連接環節，這航海活動是在一四一八至一四六〇年亨利親王去世的這段時間進行的，它是由被稱爲「航海家」的親王領導下開始的。葡萄牙船隻是由其在北非最初的據點休達出發，沿西非海岸線向南逐步前進；他們始終勇敢地頂著熾烈的太陽，而且沿途還要修建口岸和貿易點。這些水手擁有一種異常的英雄氣概，在十五世紀中葉的一份紀錄中，對此有明確的記載，根據紀錄曾提到，四艘大帆船「備齊了可供幾年使用的必需品，且可在海上航行三年，但只有一艘船隻返回，而且該船的水手也都喪生了。那些倖存者幾乎都沒了人形。他們骨瘦如柴，頭髮掉光了，手腳上的指甲也脫落了。他們的眼睛深陷，皮膚黝黑與摩爾人沒什麼不同。他們提到了令人難以置信的酷熱，船隻和水手沒有被燒掉眞是奇蹟。他們還說，他們看不到房屋和土地，無法再向更遠地方航行。他們航向更遙遠處，那裡的海水就更加洶湧澎湃，空氣越加酷熱。他們認爲其他船隻可能走得太遠了，大概再也回不來了。」雖然這些回到故土的水手講了這些令人喪膽的故事，還是有新的遠征船隊仍奉命啓航，且航行到更加遙遠的地方。

葡萄牙航海家亨利親王在一四六〇年去世後，葡萄牙人的海上探險事業曾一度有所放鬆，但約翰二世國王（一四八一～一四九五年在位）登基後，他們又重新找回活力。鑑於葡萄牙人對於非洲的黃金海岸和奴隸貿易已經獲得完全控制，他們自然會把目光延伸到亞洲的財富上。一四八七年，葡萄牙船長巴托羅繆·迪亞士偶然間繞過非洲最南端的岬角，這次的行動無論在實際還是象徵意義上，都是這種努力的一個轉折點。由於迪亞士是在遇到暴風下完成這一壯舉的，因此，他當時把這個海角稱爲「風浪角」；不過，約翰二世則持較樂觀的態度，將它改名爲「好望角」。此外，約翰決心組建一支一流的遠征船隊，計畫繞過好望角直航印度。

幾經拖延，約翰的繼承人曼紐一世（一四九五～一五二一年在位）終於派出

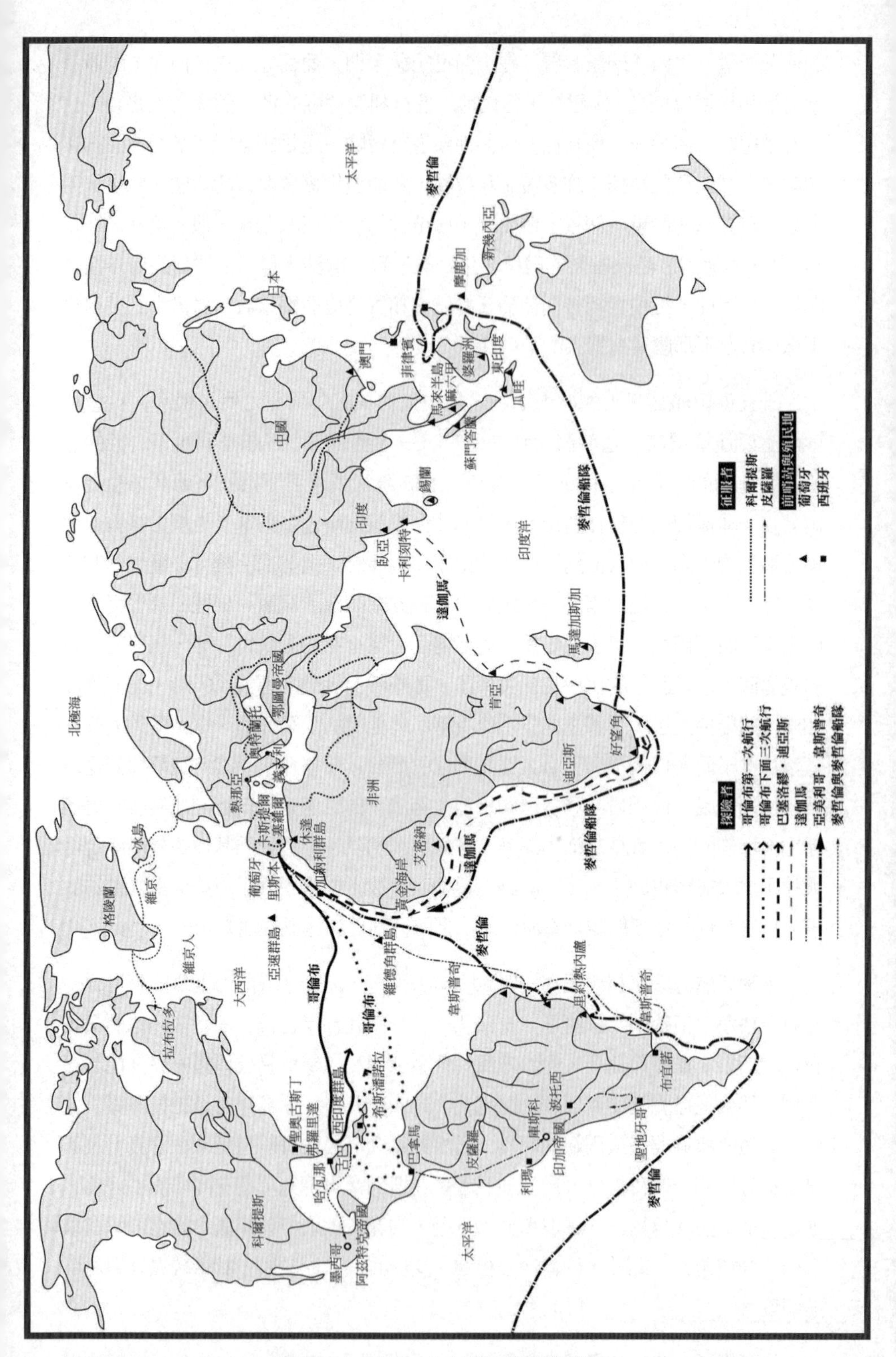

圖19-1　十五、十六世紀的海外探險

一支由瓦斯科・達・伽馬率領的艦隊，來完成這個預定的計畫。達・伽馬船隊探險的英勇功績，後來成爲葡萄牙民族史詩「盧西塔尼亞人」的準則。伽馬的船隊在看不見陸地的茫茫大海上航行了四個月後，終於繞過好望角，沿非洲東海岸北上航抵肯亞，隨後橫渡印度洋到達印度西部，他的船隻並在此裝滿了香料。在他離開葡萄牙兩年之後，終於回歸故國，這次旅程他損失了一半的船隻和三分之一的人員。不過，與他帶回的珍貴胡椒和肉桂相比，這些損失看來是完全值得的。現在曼紐國王成了通往世界上富裕地區最主要路徑的主宰，他迅速利用達・伽馬的成就。一五〇〇年後，葡萄牙商船定期航行於印度；到一五一〇年，葡萄牙的軍隊完全控制印度西部沿海；並在一五一一年，葡萄牙人占領了馬來半島上的香料貿易中心麻六甲。就這樣，好望角沒有辜負約翰二世預言性的命名，歐洲人也已抵達遠東，並在那裡駐足下來。

西班牙統治者決心出資資助哥倫布進行著名的航行，此次航行是與葡萄牙人海上冒險活動有直接關係。特別是，葡萄牙自一四八八年迪亞士成功返航之後，他們控制了向東航行通往亞洲的海上通道，這對葡萄牙的競爭對手西班牙而言，唯一的替代辦法就是資助某位大膽之輩冒險向西航行以抵達亞洲。克里斯托弗・哥倫布（一四五一～一五〇六年）是一位有遠見者，他力圖讓那些頑固的無知之輩相信地球是圓的，只是這說法在人們仔細觀察後，並未能得到支持。實際上，人們對地球是球形這一觀點從未產生過疑問。更確切地說，這位殖民到西班牙的頑固熱內亞水手犯了一個大大的錯誤，他低估了向西航行到達亞洲的路程距離。假如哥倫布知道地球實際的直徑是多少，可能就連他也不敢啓航，因爲他知道，即使航途中不會有任何障礙，但要駕駛當時的船隻橫渡重洋到達亞洲，也是一個太過艱巨的任務。因而，美洲的發現完全是因爲計算方面發生天大錯誤的結果【5】。不過，哥倫布本人對此並不知道；一四九二年，在卡斯蒂爾女王伊莎貝拉的資助下，哥倫布僅僅花一個月的航行時間，就到了我們現在所說的巴哈馬群島和伊斯帕尼奧拉島，他完全認爲自己是正確的。

嚴格說來，因爲兩個原因，我們不能說哥倫布「發現美洲」。首先，專家們現在同意，最先抵達西半球的歐洲人是維京人，他們在一〇〇〇年左右就到達現在的紐芬蘭、拉布拉多，可能還到了新英格蘭。其次，哥倫布並未「發現美洲」，因爲他從不知道自己到了什麼地方，而且，到死都認爲他到的地方都只是亞洲的外緣而已。不過，這兩個論點都不能減低哥倫布的成就，因爲維京人登陸美洲一事，幾百年來在歐洲各地早被遺忘或忽略了；而且，如果說，哥倫布不知道自己到了什麼地方，那麼接著沿著他所走的路線而來的人，很快就知道了。雖然哥倫布在一四九二年的航行中，沒有帶回亞洲的香料，但他帶回一些小件的黃金樣品，以及一些美洲土著居民，這些美洲土著提供歐洲人奴役整個部落的希望。（哥倫布和同時代其他人並無法體會，馴化異教徒爲基督徒與奴役他們之間有什麼矛盾之處。）這爲西班牙君主斐迪南和伊莎貝拉提供了足夠的刺激，他們又出資資助哥倫布進行了三次航行，並資助更多人從事更多的航海活動。不僅島嶼，甚至整個大陸都被人發現了；雖然哥倫布至死都拒絕接受事實眞相，但到一五〇〇年左右，人們不可避免地得出結論：他們相信確實發現了一個新大陸。由於經由義大利地理學家亞美利亞．韋斯普奇提出，哥倫布實際上是在偶然間發現一個新大陸，才廣爲人知的（韋斯普奇在一五〇四年發表的一部著作，題目就是《新世界，即新大陸》），因此不久之後，西半球就以韋斯普奇的教名亞美利亞（Amerigo）命名爲America（亞美利加）。

人們很可能認爲，大約在一五〇〇年時新大陸的發現，必然會令投資航海事業的西班牙統治者十分高興，但實際上他們卻非常失望，因爲在歐洲和亞洲之間出現了一個大陸，這對於西班牙想在香料競爭中擊敗葡萄牙人的願望，是幾乎破滅了。一五一三年，華斯科．努涅斯．德．巴爾沃亞從巴哈馬地峽上觀看太平洋，從而消除了人們對是否兩個遼闊的海洋把歐洲與東亞分開的疑問。斐迪南和伊莎貝拉的孫子查理五世國王並未完全承認失敗，一五一九年，他接受了斐迪南．麥哲倫的提議，同意由他率領艦隊啓航，看看是否可以找到一條繞過南美洲到達亞洲的航路。但是，麥哲倫的航行僅僅證明，繞行阿根廷南部的行程十分危險，在駛離西班牙的五艘船中，由於它們被迫繞地球一周，因此三年後只有一艘返回西班牙。麥哲倫本人也客死他鄉，代替他完成這事的，是由最初二百八十名水手中倖存的十八位來轉述他們的驚險歷程——他們的同伴大都因壞血病和飢餓而死，至於麥哲倫則是被東印度土著居民殺死。這次航行完全失敗，此後，對於尋找一條便利的「西南通道」的一切希望都破滅了。

但是，如果說，美洲成爲通往東方的障礙而令人失望，那麼，對於新大陸自身擁有許多財富這事，西班牙漸漸變得相當清楚。哥倫布在首次航行後帶回的黃金樣品本身雖沒什麼價值，但卻給人們一種希望，即美洲必定堆滿了黃金塊，同時謠言四起，直到一些西班牙探險家偶然間眞正發現遠比他想像還要豐富的黃金。起初，這些財富是憑藉武裝軍隊以驚人的力量奪取的。從一五一九至一五二一年這兩年間，征服者埃爾南多．科達斯[6]率領六百人降服了擁有一百萬人口的墨西哥阿茲提克帝國，把其傳說中的財富洗劫一空。隨後，一五三三年，另一位征服者佛蘭西斯科．皮薩魯僅率一百八十人就征服了祕魯，劫掠了印加人傳說中的黃金。雖然，科達斯和皮薩魯具有兵器優勢，擁有一些大砲和為數不多的馬匹，但他們能取得勝利，完全是由於他們的勇氣、狡詐和殘酷。除了他們，從沒有人能利用如此少的士兵，面對如此多人的情況下還能贏得如此廣袤的疆土，但也很少有人像他們那樣行事如此殘酷無情和令人作嘔。

西班牙和葡萄牙對美洲的征服主要是個人冒險的成果，這些人有些來自社會的低層，他們從政府那得到幾乎沒有任何限制的許可證，並以自己的名義隨意行事。在經驗豐富的軍人或無法無天的暴徒進行個人冒險，贏得一塊又一塊土地後，母國政府便宣布這些地方是他們自己的領土。西班牙在中、南美洲征服活動的神速，與稍後英國建立殖民地時的逐漸擴張，形成鮮明對比。到了一五四〇年，墨西哥、中美洲以及南美洲北部都已處在西班牙的控制之下。當他們在征服智利和阿根廷時，經歷了一番殘酷的戰爭，因為該地土著居民與祕魯的印加和墨西哥的阿茲提克人不同，他們從未受制於一個中央集權的強有力統治，因而進行了殊死反抗。直到一五八〇年，布宜諾斯艾利斯城才真正掌握在西班牙人手中。雖然葡萄牙在人口數量和海上力量上均遠遜於西班牙，同時也受到英國、法國、荷蘭在大陸上企圖獲得立足點而煩惱，然而它在一五四九年，仍在巴西建立了一個相當穩定的殖民政府。因而，在不到一百年的時間內，伊比利半島上的兩個強國就在美洲建立了總面積為美國兩倍以上的大帝國【7】。

西班牙和葡萄牙對所征服的地區採取的殖民方法和殖民地管理方法，深深影響了拉丁美洲整個歷史的進程。在西班牙方面實際上影響更鉅，它也曾為其鄰國葡萄牙樹立了榜樣，這是因為兩國在一五八〇至一六四〇年間，曾處於同一個君王統治之下。西班牙殖民政策的主要要素是專制統治和父權政治。帝國殖民地的最高統治者是總督，他們作為西班牙國王的私人代表進行統治。最早設立兩個總督，一個在新西班牙，包括墨西哥和中美洲，另一個在祕魯。在十八世紀，又設立了兩個總督區：一個是新格拉納達（管轄巴拿馬、哥倫比亞、委內瑞拉、厄瓜多爾），另一個是拉・普拉塔，或稱為布宜諾斯艾利斯。總督們的薪俸都十分高，合約每年二十萬美元。高薪的目的是養廉，防止腐敗，只是這一目的整體說來從未實現過。同時，他們的皇家君主會採取種種預防措施，防止總督權力過於膨脹。由於總督們行使的是西班牙王國政府的權力，而非其個人的權力，因此，他們必須容忍一個諮詢委員會的存在；此外，後者還充當該殖民地的上訴法庭。委員會的成員擁有在不知會總督的情況下，把總督的行為上報國王的權力。在任期滿後，或在任職期間，總督有時必須接受審查或調查，此時，皇家法官聽取每一位對官吏不法行為的抱怨。

天主教會曾促成西班牙專制主義的建立，它在美洲也產生同樣的作用。國王保有任命高級教士，分享所徵收的什一稅，與未經允許不得建立教堂或女修道院的權利。神父告誡人們聽從國王及其代理人的命令，並反對新觀念和不滿的陳述。幾乎在所有緊急時刻，僧侶統治集團都可以算作是忠實支持政府的因素。印第安人喪失了原有的輝煌神廟，接受征服者的宗教，雖然教會人士對印第安人是否眞的具有靈魂意見不一，但這一皈化過程非常迅速。天主教的象徵體系和偶像十分吸引印第安人的注意力，而且，天主教的教誨提供了最終能從難以忍受的生活中解脫出來的希望。

殖民地經濟管理的基本方針是父權政治，其他方式則不可能出現，因爲從理論上講，美洲的土地都由國王個人擁有，對這些私人地產，他可以隨意處置。不過，實際上，西班牙殖民地的經濟管理在很大程度上是根據重商主義學說的原則，而這種理論也開始在主導西方所有民族的思想。重商主義要求殖民地係爲母國的利益而存在，它們應向母國的國庫繳交許多金銀財富，並以這種可能的方式讓母國富強。殖民地應提供未加工的材料——墨西哥和玻利維亞的礦石；西印度群島、西屬美洲大陸各殖民地，以及巴西的蔗糖；森林產品，像是以產地在巴西而得名的紅色巴西蘇。根據這一原則，母國政府有權規劃並控制殖民地的經濟活動，來爲自己謀利。實際上，這意味著由母國商人壟斷殖民地的貿易，並禁止殖民地有手工製造業。

人們逐漸承認，國家的眞正財富在於征服者所控制的土地，及其勞動力供應。爲了促進農業生產，西班牙人引進一種特別的西班牙莊園制，目的是把印第安人安排進入農業單位，讓他們成爲一種有用的生產力，由指定的監護人進行監督。在理論上，這一制度是要保護即將成爲基督徒和「開化的」印第安人免遭剝削。實際上，它卻把印第安人束縛在土地上，向莊園者提供勞動，並交納賦稅；而且，這些莊園者把地產視爲自己的私人財產。

征服者來自歐洲依然處於半封建狀態下的國家，他們把一種高度分層的貴族社會引進新大陸。國王任命的軍事指揮官和民事官員，以及高級教士，構成社會的最高層。處於第二階級的是克里奧爾人——即出生在美洲的伊比利亞人後代。這個擁有土地的貴族集團獲得大部分農業和商業財富。他們透過城鎮議事會控制地方政府，不過，卻被排除在教會和國家高級職位之外。克里奧爾人對他們臣屬於國王代理人的地位十分不滿，最後率領殖民地的人民掀起爭取獨立的革命，並成爲這些革命的主要受益者。第三個階層是歐洲人與印第安人婚姻的產物，這些混血兒在西班牙的殖民地被稱爲「梅斯蒂索人」，在巴西被稱爲「馬麥盧可人」，他們受人歧視，被看成低人一等；當他們渴望加入剝削那些比他們地位還要低的人時，也拚命想獲得認可和享有最低程度的公正。處於社會最低層的是印第安人，他們首先被視爲一種商品，是進行征服活動時最有利可圖的戰利品。除了個別例外，印第安人的處境實際上與奴隸無異。比印第安人的命運還要悲慘的是非洲奴隸。除了在巴西和西印度群島外，他們的人數相對說來不多。

從征服活動開始，至出現拉丁美洲獨立國家的這三百年期間，出現了種種令人怵目的重大事件，同時還伴隨著人力難以估計的損失。不僅馬雅人、阿茲提克人和印加人所創造的富庶文明遭到毀滅，而且，在各地區的土著文化也都被連根拔除。隨著印第安人被迫接受一套外來的價值體系，他們強大的、維持社會存在下去的共同本能遭到壓制。殖民統治灌輸的是一種藉由種族政策爲根據，來扶持剝削和等級制度的傳統，它是按照一種宣稱白人血統的純潔無瑕方式，把人分列成等級。殖民時代並非沒有招致批評，這些評批者勇敢地攻擊社會和經濟的不公平。有時，王家政府也試圖進行改革，所以十八世紀初，在波旁王朝諸王統治下，西屬殖民地的行政管理效率也有了顯著的改善。不管情況怎樣，教會作爲一個機構是權威的一大堡壘，但最頑強地維護印第安人權益的是神職人員。隨著傳教工作的展開，教會獲得廣大的地產，他們在開發地產時，比典型的西班牙莊園者更關心勞動者。十六世紀初，墨西哥有一群修士便試圖按照湯瑪斯．摩爾《烏托邦》中的合作觀念組建傳教團，其目的不僅在於保護印第安人，而且還爲歐洲社會樹立一個道德榜樣。在這些公社之中，有一個爲三萬名印第安人提供了家園，他們擁有自己的醫院和學校。十七和十八世紀，耶穌會傳教士在阿根廷與巴西間邊界地區付出極大努力，獲得不小成果。這些堅忍不拔的教士清理叢林，建立生產性和在很大程度上自治自足的公社，在這裡，印第安人不僅可以分享勞動成果，而且免於遭受來自巴西奴隸販子的追捕。一七六七年頒布敕令把耶穌會士逐出西班牙及其殖民地後，這些曾經扮演生氣勃勃的經濟聚居地與人道主義角色的地方很快就衰落了。

在隨後幾章，我們將繼續探討歐洲海外擴張和殖民活動的持續發展；在此我們可知道，至少有三個原因，使殖民擴張初步成就的整體結果具有十分深遠的意義。首先，在十六世紀，葡萄牙和西班牙成爲領導歐洲遠距離貿易商脫穎而出，就把歐洲經濟力量的重心，由義大利和地中海永久移到大西洋。由於熱內亞和威尼斯喪失成爲東方貿易主導的地位，使得熱內亞成爲西班牙的銀行家，威尼斯逐漸成爲旅遊城市，大西洋沿岸諸港船隻往來不斷十分忙碌，以其財富聲名遠揚。不可否認，葡萄牙和西班牙的繁榮如曇花一現，未能持久，但大西洋沿岸的其他國家，如英國、荷蘭和法國，很快承襲了它們的衣缽，迅速崛起，並成為世界經濟強國。其次，在歐洲各地，重要物品流通數量的增加，以及無數金塊、銀塊的迅速湧入，刺激了企業家的雄心。簡而言之，大約一五〇〇年左右，海洋的開通為有能力和勇於挑戰者提供獲得新財富的絕妙良機，激發一種成功只會導致進一步成功的意識。因而，不僅許多經商的個人在一夜之間暴富，而且，整個十六世紀都是西歐在經濟上有了整個大增長的時期。

然而，令人遺憾的是，美洲巨大財富的獲得完全是以大量人力的喪失為代價。雖然我們無法知道精確的數字，只是在一四九二年，伊斯帕尼奧拉島估計有土著居民二十五萬，但到了一五四八年只剩下五百人。此外，在五十年的時間裡，佛羅里達的印第安人人數由估計上百萬下降到五萬人。而墨西哥，在西班牙統治的前一百年間，人口更是下降了百分之九十。印第安人並非都是由於歐洲人的蓄意摧殘而喪生的；與此相反，他們都是感染上歐洲人在無意間帶來的傳染病而死去，因為這些印第安人對天花、痲疹等疾病缺乏抵抗力。不過，確實有許多人是因為遭受殘酷的剝削死去的，也就是說，他們是受到征服者過度繁重的奴役，因而感到筋疲力盡和得不到照料而死。因而，儘管大部分歐洲人從新大陸的殖民活動中獲得很大利益，但對原住民而言，白人的出現無疑是一場災難。

路德的激變

就在葡萄牙人和西班牙人忙著在海上開闢新的航道之際，一位日耳曼修士馬丁・路德（一四八三～一五四六年）正在尋找一個了解人類得救的新途徑；雖然他的發現完全是在修道院的密室中產生，而不是在異國的熱帶地區獲得的，但他造成的影響絲毫不亞於地理大發現。更確切地說，許多歐洲人覺得，路德活動帶來的衝擊與地理大發現相比，是更直接、迅速的，因為一旦這位日耳曼修士開始攻擊當時羅馬教會的制度，他所引發的一連串反應，很快使北歐許多地區當下就摒棄了天主教信仰，從而迅速影響千百萬人的宗教習慣。

在探究路德在日耳曼發起運動的原因時，在我們腦中就出現三個主要問題：一、為什麼馬丁・路德煽動要與羅馬決裂；二、為什麼大批日耳曼人集結在他的理想下；以及三、為什麼一些居統治地位的日耳曼王公決定把路德改革付諸實施。將其歸納，我們可以對上述問題做出如下的回答：路德由於他的「因信得救」教義【8】而與羅馬決裂；日耳曼群眾之所以追隨他，主要是因為他們捲入宗教民族主義的浪潮；而王公們之所以立路德派為他們轄區的官方教會，主要是因為他們希望得到絕對的政治主權。在十年之內，傳教士、民眾和王公們將在同一座教堂中，一起唱著同一首激動人心的路德讚美詩，「上帝是我們強大的堡壘」，不過是經由不同的途徑到達那裡的。

許多人認爲，路德之所以反叛羅馬，是因爲他厭惡當時的宗教弊端——迷信、欺詐和捐贈錢財可以讓人得救的作法，但這只是問題的一個方面。無疑的，在路德的時代，這些弊端已經達到極度嚴重的程度，而令宗教理想主義者痛心疾首。在一個備受疾病、災難困擾的世界中，意志薄弱的衆生會握著一根超自然力量的稻草，尋求在今世身體康健、在來世得到救贖。有些受迷信驅使的信徒相信，早晨觀看在彌撒中使聖化的麵餅，就可保佑自己這一整天都能免於死亡；另一些人沒有吃掉聖餅是因爲他們認爲，以後可以把它用作驅除惡魔的符咒，並用來治病人，或把它碾成粉末爲莊稼施肥。與此類似，相信聖徒具有神奇的治病力量，與相信魔力是很難區分開來。每位聖徒都有自己的特殊性：「科西姆和達米安善治潰瘍和膽汁失調；聖克萊爾能治眼疾；聖阿波利尼、聖約伯則分別善治牙疾和天花。至於胸痛，則應找聖安加沙。」由於基督和聖徒的遺物被宣稱有神奇的療效，因而遺物的交易非常興盛。甚至路德的保護人薩克森選帝侯腓特烈，也在其位於維騰貝格的城堡教堂中蒐集了一萬七千件聖物，其中包括所謂摩西燒焦的頭髮、基督用過的搖籃殘片、基督襁褓時穿的衣服碎片，以及聖十字架的三十三個斷片。馬克・吐溫曾嘲諷地說道，歐洲各地聖十字架的殘塊加在一起足以「蓋一座穀倉」了。

像路德這樣宗教理想主義類型的人而言，迷信和容易受騙是十分討厭的，但還有比這更糟的是，同意用錢就可以買到特許狀和精神得救的諾言。例如，如果有個人想要娶自己的親表妹，通常只要花一點錢，就能獲得正式的宗教特許狀來承認這婚姻；至於離婚——天主教禁止離婚——同樣也可以用錢買到。然而，對許多人來說，最令人反感的是出售贖罪券[9]。根據天主教的神學理論，贖罪是一種由教皇當局赦免全部或部分應得的現世懲罰——即在今世和煉獄受到懲處，後來再經由罪過本身藉著聖禮的告解而免除的一種行爲。如前文所示，在十一世紀末，爲了鼓勵人們踴躍參加十字軍東征，教會就開始賜予贖罪券。一旦在整個中世紀全盛期人們接受，教皇就可以從「功德寶庫」（即由基督和聖徒積累起來非常多的功德，它是貯存在天上）中支出功德，來賜予恩典的論點；那麼很快的，人們自然會認爲教皇也可以擁有允諾不讓人進入煉獄的權力。但是，最初的贖罪券是要有異乎尋常的善行才能獲得賞賜的，只是後來才逐漸變成可以用錢購買[10]；到了十四世紀，教皇開始同意爲了任何有意義的事業，可以出售贖罪券來籌款——像是興建大教堂或醫院；最後，在一四七六年，教皇西克斯圖斯四世

（西斯廷教堂的資助人）邁出了最極端的一步，宣稱贖罪券不僅適用於活人，而且適用於已身處煉獄的死者。這樣一來，錢不僅使個人免於為贖罪而苦行，還可以使其雙親在死後免受永久痛苦的折磨。

無疑的，路德對聖物交易和出售贖罪券行為深感震驚；實際上，出售贖罪券是提供他反叛羅馬的直接原因。但是，最讓他感到完全無法接受的，並不是中世紀晚期教會的陋習，而是中世紀天主教神學本身。就此而言「路德改革」一詞易於讓人產生誤解，因為路德不僅僅是一位想要淨化現行宗教體系中不純潔之物的「改革家」。路德時代的許多基督教人文主義者才是這一意義上的改革家，但他們不願與羅馬決裂，因為他們對中世紀天主教教義的基本原則並無異議。路德與他們不同，他絕不滿足於僅僅廢除教會的陋習，因為最令他驚懼的是整個天主教的「因行稱義宗教」。

簡單來說，路德鍾愛的是嚴苛的奧古斯丁神學體系，而非中世紀湯瑪斯・阿奎那的神學體系。如前文所述，在四〇〇年左右，希波的聖奧古斯丁提出一種預先確定（宿命）堅定的教義，堅稱上帝是全知全能的，人性是墮落的，不會有善行的，因此，只有上帝才能決定人類是否得救；同時，上帝在決定誰得救、下地獄時，並不是依人們在世上行善的功德，只有上帝預定的人才能得永生。不過，這種極端的看法為人類的自由和責任留下的空間太小，以致於在中世紀中被大大修正了。尤其是在十二、十三世紀期間，彼得・隆巴爾德和聖湯瑪斯・阿奎那（「湯瑪斯主義」一詞由此得名）等神學家，提出另一個替代的神學體系，它建立在下述兩個假定上：一、由於上帝的救贖恩典並非不可抗拒，人們可以坦率地拒絕上帝的預定，並改變自己的厄運；二、由於教會聖餐儀式傳遞的是不斷的恩典，因而它們有助於犯有罪過的人類增進得到救贖的機會。除非迫不得已，聖餐儀式必須由神父主持。神父們從使徒彼得那裡承襲了這種權力，只有他們才能與上帝配合具有赦免罪惡、實行聖餐神蹟——即麵包和酒化為救世主的肉和血的權力。在路德看來，這一切就是說人類多積「善功」、苦行便可獲得上帝的恩赦，而成為符合上帝意願的「義人」。他準備進行拚命反對的，正是這種「因行稱義」的神學。

或許，馬丁・路德最後是成百上千萬人靈感的源泉，但起初他是令父親極為失望的人。老路德出身於日耳曼中部圖林根的一個農民家庭，後來轉業，靠出租一些礦山而致富，他希望他的兒子馬丁能光大他的事業。因而把年輕的馬丁送入厄爾福特大學學習法律，但他只在那兒待到一五〇五年，那年，可能由於家長所給的壓力一種無意識的心理反叛，馬丁粉碎父親對他的期待，進入修道院成為修士[11]。馬丁·路德終其一生從不「擺架子」，甚至在他最有聲譽時，他的生活也很簡樸，總是用一種強有力的，有時有點土的日耳曼農民使用的方言來表述自己的觀點。

與宗教史上許多偉大人物一樣，路德經過一次戲劇性的改變信仰經歷，抵達他所認為的眞理彼岸。作為一名修士，年輕的路德積極嘗試所有能達到個人救贖的傳統中世紀方法。他努力想達到心靈平和的目標，他不僅不斷齋戒和祈禱，而且還經常懺悔；由於他懺悔的次數太多，使得接受他疲勞轟炸式告解的神父有時開玩笑地說，他的罪惡實際上是微不足道，如果他眞的想做一次驚人的懺悔，就去做些引人注目的事，像是與人通姦。然而，雖然他盡了最大努力，仍不能獲得精神的安寧，因為他擔心自己永遠也不可能積到足夠的善行來平息上帝欲致他於死的恐懼。但就在一五一三年，他突然茅塞頓開，心際豁然有一種使他得以解脫的領悟，這種領悟改變了他生命的航向。

路德的主要領悟涉及上帝是否公正這一問題，若干年來，他一直受到上帝在頒布戒律上，看起來似乎不公正這一問題的困擾——祂深知人們不會服從祂，因而永世懲罰那些不服從祂的人。但是，在出任維騰貝格大學《聖經》神學教授後（後來他修會中的許多人將在該大學任教），他在《聖經》的引導下，對這一問題有了新的理解。具體說來，他在思考「詩篇」中，「在你的公義裡解救我」這句話的涵義時，突然領悟到上帝的公正與他懲戒的力量是毫無關係的，而是與他透過信仰救贖有罪凡人的憐憫之心相關。正如路德後來寫到的：「最後，上帝慈悲，我開始認識到，上帝的公正正在透過信仰上帝，而以憐愛之心用正義來辯護我們……此時我感到我全然獲得新生，舉步跨過洞開的天門進入天堂。」由於路德是在隱修院的鐘樓裡突然領悟到眞理的，因而人們習慣上把它稱為路德的「鐘樓得道」。

在那以後，一切看起來似乎井然有條。緊接著一五一三年的幾年，路德在維騰貝格大學詳述使徒保羅寫給各地教會與個人的保羅書信，期間他一直思考著保羅致羅馬書中「義人必因信得生」（〈新約·羅馬書〉1：17）一語的涵義，得到他的中心信條「因信稱義」。他這句話的涵義是說，上帝的公正不要求無休止地行善功，不需要宗教儀式，因為任何人都無法期待靠著自己的善功得到救贖。倒不如說，人類得到「稱義」——即得到救贖，完全是因為上帝的恩典，是上帝賜給那些預定得救的人一份實際上不配享有的禮品。由於這恩典以完全被動的信仰方式顯現在人類身上，因而人們能否獲得上帝的恩赦與惠賜，全在於信仰。在路德看來，有信仰者不論以何種方式都會行善功，但首先要有信仰。儘管「因信稱義」信條肇源於聖奧古斯丁的預定論學說，從本質上看沒有獨創意義，但就路德及十六世紀初期的人而言，這是全新的觀念；如果嚴格遵奉這種信條，那就只能意味著，在很大程度上廢除現行天主教的宗教結構。

起初，路德依然是位大學講師，在亞里斯多德的哲學與《聖經》理論範疇內傳授他的學說，但在一五一七年，他對教會的某些實際措施憎惡到了極點，並公開表示反對在日耳曼發起的一場辦得有聲有色的出售贖罪券活動。這是因爲霍亨索倫的亞貝特是美因茲大主教和勃蘭登堡選帝侯最小的弟弟，由於一些難於啓齒的原因，他負債累累—— 一五一三年，年僅二十三歲，還未到擔任大主教職任的法定年齡，爲了獲得教皇的特許，同時擔任馬德堡和哈伯施特二地的大主教，他不得不付出大筆錢財，以求滿足心願。在如願以償後，他仍不滿足，在次年美因茲主教教座空缺時，他又設法當上美因茲主教，儘管他深知這意味著要向羅馬繳交更多的款項。因此，他急需款項來償付向日耳曼的富格銀行借的貸款時，便與教皇李奧十世（一五一三～一五二一年在位）進行協商，達成此交易。根據這一交易，李奧十世宣布在亞貝特所轄幾個教區中發行贖罪券，但所得收入的一半應上交羅馬用於興建聖彼得大教堂，另一半則留歸亞貝特，以償付所欠富格銀行貸款。路德並不清楚亞貝特與李奧十世交易的骯髒細節，但他知道有一位名叫戴茲爾的道明我會托缽僧，不久就會在日耳曼北部各地區到處出售贖罪券；同時，戴茲爾蓄意讓民衆認爲，不必進行苦修，只要買贖罪券的錢一敲響錢箱，人們以及他們身處煉獄的已故近親的罪，就會在頃刻間化爲烏有，而天堂的大門當即向他們敞開。這著實讓路德難以忍受，因爲戴茲爾對贖罪券功效的大肆宣傳，明白地觸犯了路德本人的信念——即一個人的得救全在於信仰而不在於善功。因而，這位嚴肅認眞的神學家於一五一七年十月三十一日向其大學同事公布他親筆起草的「九十五條論文」，反對天主教赦罪信條，攻擊銷售贖罪券的行爲。傳統上，人們把這一舉動認爲是新教改革的開端。

路德在維騰貝格大學裡傳播他的那些觀點時，絕無意要把他對戴茲爾的批評公之於衆。與此完全相反，他是用拉丁文而非德文撰寫九十五條論文的，其用意僅僅在進行神學辯論。但是，某位不知名的人士把路德的論點譯成德文，並散布開來，使這位迄今沒有什麼名氣的修士名聲迅速遠揚。由於戴茲爾及其維騰貝格大學以外的支持者無意息事寧人，因而路德便受到傳喚，要求他收回自己的學說或爲自己辯解。在這一時刻，馬丁・路德並沒有退縮食言，而是更大膽地抨擊教會的行政管理。一五一九年，路德在萊比錫與教會有一場當衆進行的激烈辯論[12]；在辯論中，路德勇敢地堅稱，教皇和所有教士都是一些難免會出現錯誤的凡人，個人良知的最高權威是《聖經》眞理。教皇李奧十世對此的回應是指控該修士爲異端，這樣一來，路德除了與天主教信仰完全決裂，再也沒有別的路可走了。

一五二〇年是路德最富創造活動力的一年。在這一年，雖身處向教會挑戰而造成的危機中，但他完成三本具有重大影響力的小冊子[13]，在此系統地闡述了不久後就成爲新興路德派宗教的綱領。在這些論著中，他提出三個神學假說：因信稱義、《聖經》具有至高無上地位，以及「信教者均爲教士」[14]。我們在前面已討論過因信稱義的涵義。關於第二點，路德單純地意味著，《聖經》的字面涵義總是比傳統的添加物更好；而且，所有的信仰（例如煉獄）或禮儀（例如向聖徒祈禱），如沒明確記於《聖經》中，都是多餘的，應加以排斥。至於「信教者均爲教士」，意思是說，眞正的精神階層是所有信教者會衆，而不是出任聖職的教士特殊集團，即每一位基督徒皆爲教士。

隨著這些假設，產生許多實際後果。由於善行本身對於救贖並無內在價値，因而路德拋棄了諸如齋戒、朝聖及尊崇聖物等拘泥形式的宗教禮儀和宗教律法。比這更重要的是，他只承認洗禮和聖餐爲聖禮（一五二〇年之際，他還把懺悔包括在內，後來改變了主意），同時，也否定這些能帶來任何恩典的超自然作用。在路德看來，基督確實存在於聖餐的祝聖麵包和酒之中，但這種聖禮中並沒有恩典；反過來，信仰是使聖餐作爲一種幫助信教者沿著通往永生道路前進的手段，具有效用的本質因素。爲了使所有人都能清楚地了解禮儀的涵義，路德建議在舉行禮拜時，用德語取代拉丁語；同時，爲了強調在教堂中，主持禮拜儀式的人沒有超自然的權威，路德堅持僅僅稱呼他們爲牧師，或精神上的指導者，而非教士。基於同樣的理由，不應有教階制度，因爲無論教皇還是任何其他人都沒有掌管通往天國的鑰匙；修道院制度應當廢除，因爲它起不了任何作用。最後，路德堅信僧俗兩者之間並無禮儀之分，認爲教士可以結婚，並於一五二五年帶頭結了婚。

得益於印刷技術，一五二〇年，路德的三本小冊子迅速傳播到日耳曼的許多地區，贏得許多人民熱情的支持。這個反應在路德改革運動的成功之路上，扮演著關鍵性角色——使路德敢於堅持反叛羅馬，不久促使一些居統治地位的王公皈依路德教派；因而在繼續敘述改革情況之前，我們先探討一下路德獲得廣泛支持的原因，是很有必要的。當然，聚集在路德支持下的動機迥然相異，但在日耳曼，以路德名義發起的騷動，首先是一場從宗教上反叛羅馬的民族性運動。

自中世紀全盛期以來，歐洲各地有許多人一直憎恨教會政府的中央集權化，因爲這意味著一個外來的教皇干涉本地教會事務，並吸乾大筆教會費用，且任命教職的權力也會流入教廷之手。然而，十六世紀初，在日耳曼發起宗教反叛的條件成熟，是因爲一些具體原因造成的。或許最重要的是因爲：這時期的教皇顯然失去使徒時代的號召力，但他們在日耳曼卻和從前一樣照常徵收資金。路德時代相繼當政的幾位教皇雖都大力獎掖藝術，但無一不是追名逐利的惡棍或愛奢侈享樂之人。在路德的成長時期，博爾賈教皇即亞歷山大六世（一四九二～一五〇三年在位）賄賂紅衣主教登上教皇寶座，他利用一五〇〇年大赦之年，趁機籌集錢款資助他兒子塞薩爾的軍事戰役，而且他也是一位淫蕩好色的人，人們甚至懷疑他與女兒盧克萊齊亞有染。亞歷山大六世的醜行幾乎可以說勝過一切，但其繼承人朱利烏斯二世（一五〇三～一五一五年在位）感興趣的，只是利用軍事手段來擴大教皇國的疆域（同時代人評論說，如果他是一位世俗王公，他會取得最大的榮譽）；至於李奧十世這位被迫對路德提出挑戰的教皇，則是一位放縱自己的唯美主義者，用現代一位天主教史學家的話，「假如他生活在使徒的時代，他連替主守門都不配」。在這種情況下，讓日耳曼人知道，出售贖罪券的費用是要送到羅馬爲教皇政治提供資金，和供教廷修繕奢華的宮廷，就已是很糟糕的事了；但比這更令人生氣的是，他們在了解到，日耳曼在義大利教皇事務中毫無影響力，卻仍要交錢，因爲日耳曼人與法國人或西班牙人不同，他們在樞機主教團中很少有代表，事實上，從未能在教皇官僚機構中占有一席之地。

在這種氣氛中，藉由傳統的教會道德主義者和新產生的基督教人文主義兩者改革者批評的聲音，加劇了人們對教會的憎惡情緒。大約從一四〇〇年以來，著名的日耳曼教皇制批評家就一直在說，整個教會「從上到下」都要進行改革。同時在十五世紀期間，到處受到匿名者的預言影響，例如說，一位未來的勇敢帝王將挺身而出改革教會，把教廷由羅馬遷到萊因河地區。隨後在十六世紀初，基督教人文主義者開始用自己獨特的嘲諷性宣傳，將其摻入這股批評教會的浪潮。當然，這些人文主義者中最善辯者，自然是伊拉斯謨斯，在他那些毫不留情地諷刺的文章中，提到了羅馬教會的種種弊端。因而在一五一一年首次出版，其後一再翻印的《愚人頌》中，伊拉斯謨斯宣稱，如果教皇被迫去過像基督那樣生活，那麼感到絕望的，莫過於他們自己了。一五一七年伊拉斯謨斯在巴塞爾匿名發表了《被逐的烏利烏斯》；在這一本更大膽的小冊子中，這位聰明的諷刺作家編造了在天國之門前進行的一場對話，教皇朱利烏斯二世由於他犯的種種罪，而被聖彼得關在天堂之外。

除了羅馬腐敗、墮落這一客觀現實和反羅馬宣傳的傳播外，導致日耳曼在路德時代隨時準備反叛的最終因素是，大學在日耳曼發展太遲了。所有反叛都需要有某種總司令部，在中世紀後期的宗教反叛中，大學是最自然不過的中心，因爲在那裡聚集著成群的熱心、受過教育，並習慣於一起工作的年輕人，無疑的，他們可以系統闡述原教義工作，並能一聽到消息就寫出富有戰鬥性的宣言。在中世紀時，幾乎沒有一所大學在日耳曼這塊大地上出現，但在一四五〇至一五一七年間，許多大學如雨後春筍般產生，它們爲文化民族主義和反對羅馬的宗教運動提供許多最初的根據地。路德本人所在的維騰貝格大學，直到一五〇二年才建立，不過這並不算太遲，因爲它足以成爲路德改革的搖籃，並向其介入論戰的英雄提供直接的支持。

儘管如此，當然，沒有路德本人就不會有路德改革，這位敢於面對的修士於一五二〇年創作了三本小冊子，點燃日耳曼的憤慨，尤其是題爲《致日耳曼貴族書》的小冊子中，在這裡，路德用極無節制的日耳曼口語聲稱：「如果教廷縮減了百分之九十九，那它仍然是非常大，可以就信仰問題做出決定」；「樞機主教們吸乾了義大利的膏血，現在他們把目標轉向日耳曼」；同時，鑑於羅馬的腐敗，「反基督者的統治可說是糟到極點了」。毋庸置言，這樣具有發聾振聵作用的檄文一旦問世，人人爭相閱讀。在一五二〇年之前，一本書出版一般只能賣一千冊左右，但《致日耳曼貴族書》卻在三天之內就銷售了四千冊，隨即加印了更多冊數。

與此同時，正當路德的小冊子極爲暢銷之際，路德本人也因個人的戲劇性事件，吸引了所有旁觀者的注意力。一五二〇年末，這位日耳曼反叛者讓李奧十世教皇對他頒布一訓示，譴責其教義，迫使他公開認錯，否則將以邪異論處。他不僅當場把教皇的詔書燒掉，而且，把教會的所有法令當衆投入熊熊火焰中。由於雙方界限截然分明，因而事件發展得很快。在教會眼裡，路德現在是一個頑固的異教徒，他正式被「移交」給其世俗的領主，讓綽號智者的選帝侯腓特烈給予適當的懲罰。按慣例，這意味著以火刑處死，但在路德這一事上，腓特烈不願意讓這位教皇的對手默不作聲。反過來，聲稱路德尚未得到公正的待遇，尚未有爲自己辯護的機會，就在一五二一年初，把路德召到沃姆斯城，召開帝國會議，交由各邦王公組成的神聖羅馬帝國會議（即正式議會）審查。

在沃姆斯，主動權掌握在會議主持人，即新近當選的神聖羅馬帝國皇帝——查理五世手中。查理五世並不是日耳曼人，相反的，作爲其父系哈布斯堡家族的成員，他在祖先持有的土地——尼德蘭出生、長大的。此外，他還擁有奧地利；

同時，由於他是斐迪南和伊莎貝拉的外孫，因此整個西班牙皆爲他所有，而且還包括西班牙在義大利和美洲的廣袤屬地。因而這位皇帝關心的，主要是國際事務而非民族利益，無疑的，他把天主教視爲將其分散在各處的領地黏結在一起的必要工具。因而，查理五世從一開始就未對路德表示同情；同時，由於路德曾當著這位皇帝的面拒絕表示會悔改，反而宣布「我立於此地」，因而很清楚的，路德既會受到教會的懲罰，也會受到國家力量的懲罰。但恰好智者腓特烈再次進行干預，這次採取的方式是「綁架」，他派人把路德祕密帶到這位選帝侯在瓦特堡的城堡，在那裡平安地過了一年。

此後，路德再也沒有遇到過生命之虞。雖然沃姆斯會議在他失蹤後不久，即宣布他是逃犯，由於路德躲藏起來時，查理五世不久就離開日耳曼，撤回士兵去應付對法戰爭，因此，沃姆斯敕令從未眞正實施過。一五二二年，路德由瓦特堡勝利地回到維騰貝格時，發現所有號召的改革教會政府和禮儀的要求，已由他在維騰貝格大學的追隨者自發地加以實施。隨後，日耳曼有些邦的王公相繼正式皈依路德教派，同時，其領地上的所有臣民也改變信仰。因而，到了一五三〇年前後，日耳曼有相當多的地區皈依這一新的信仰。

有關路德教派早期史的三個主要問題中，最後一個問題就產生了：爲什麼權力很穩固的日耳曼王公會留心路德的召喚，在自己的轄區內具體實施路德的教義呢？這一問題的重要性絕不可低估，因爲無論路德在日耳曼民眾中贏得多麼強烈的崇拜之情，如果沒有得到合法政治當局的決定性干預和支持，他的宗教改革事業肯定不會成功。在路德之前，歐洲有過許許多多的異端分子，但他們大都死在火刑柱上，因此，如果沒有智者腓特烈的干預，路德也可能會落到這種結局。而且，即使路德能活下去，僅靠民眾的支持也不足以成功地確立路德派，因爲國家權力可以很輕易地撲滅這種支持力量。事實上，雖然路德早在其反叛的前幾年，在日耳曼各地多少同樣受到歡迎，但只是在其統治者立路德教派爲其統轄區正式宗教的地區（大多在日耳曼北部），新教才占了上風，而其他地區，同情路德的人不得不背井離鄉、面臨死亡威脅或皈依天主教。簡而言之，王公在宗教事務上的言語就是法律。

然而，注意到民眾與王公之間的區別，不應忽略下述事實，即他們轉向支持路德教派的動機是相似的；同時，王公強調也在尋求主權。正如一般人對自己的膏血被榨取送到羅馬之事感到深惡痛絕，王公們對此也義憤塡膺：例如，一五〇〇年，日耳曼王公在奧格斯堡帝國會議時，認爲日耳曼的金錢快被榨乾了，便要求教會把送交羅馬的款項退還一部分。由於教皇對此充耳不聞，使許多王公很快就體會到，如果他們接受路德教派，那麼教會的收入就不用再送交羅馬，並資助自己討厭的外國人，由此節省下來的許多錢將直接或間接流入他們自己的財庫。

然而，稅收問題只是尋求絕對政治主權的最大爭論中一部分。在一五〇〇年左右，歐洲各地的主要政治傾向都是朝著國家在生活的各領域，無論是在世俗領域，還是在宗教領域，都有無限權力方向發展。因此，統治者試圖掌握在自己統治範圍內任命高級教士的權力，並限制或削弱教會法庭獨立的司法權。由於教皇制度在這一時期不得不擊退教會內，批評者對他們教士的抨擊，這些批評者要求認可「教會會議至上論者」的原則，主張教會的最高權威應歸由高級教士組成的教會會議，而不是教皇（見第十五章），因此，許多教皇都會尋找與西方最有權勢的統治者（主要是法國和西班牙國王）達成宗教協定，授予這些統治者想要得到的許多主權，以此換得他們對其反對教會會議至上論行動的支持。就這樣，一四八二年，西克斯圖斯六世教皇把提出所有重要教職候選人的權力，交給西班牙君王斐迪南和伊莎貝拉；一四八七年，英諾森八世同意建立一個由君王控制的西班牙宗教裁判所，授予他們異乎尋常能決定宗教政策的權力。一五一六年，透過博洛尼亞宗教協定，李奧十世把遴選法國主教和修道院院長的權力授予法國國王佛朗西斯一世。然而在德國，主要由於沒有實現政治統一，王公們不夠強大，無力贏得這些讓步。因而，既然他們無法通過協定得到這些東西，有些人便決定強行獲得。

他們之所以會下這種決心，完全是受到路德的鼓舞。當然，早在一五二〇年，這位激烈的改革家就察覺到，如果沒有得到王公強大力量的支持，絕不可能確立新的宗教，因而他暗地鼓勵他們剝奪天主教會的財產，以此刺激建立新的教會。王公們一開始時等待機會，一旦他們察覺到路德得到群眾的巨大支持，同時，查理五世不會迅速採取行動來捍衛天主教信仰時，就有一些人採取措施把路德教引入他們的領地。從個別事例看，個人的虔誠不容忽視，但透過任命高級教士、停止向羅馬交稅、削弱教會法庭的司法審判權等共同的目的，最終必定成爲最具決定意義的考慮。另外，皈依路德教後，就可以關閉修道院，其財富便可落入王公的私囊之中；不論有無任何發自內心深處的宗教信念，皈依新信仰的這種誘惑必定壓倒一切。

一旦受到王公們的保護而安全地隱匿在維騰貝格，路德就開始更強烈地表現出他在政治和社會事務上極度的保守主義。在一五二三年撰寫的《論世俗權威》論文中，他堅持認爲，人們在所有事情上都要服從「神聖的」統治者，就連對那些邪惡的統治者，人們也不應該進行積極的反抗，因爲對暴政人們「只能忍受，不能反抗」。隨後，在一五二五年，當日耳曼各地農民揭竿而起，在經濟上反抗地主[15]——在某些地方起義，是在宗教激進分子湯馬斯·孟塞爾（約一四九〇～一五二五年）鼓動下發起的；他號召用火和劍對付「狡猾的」勢力時——路德對此極端仇視，他拒絕和這些農民合作，並要求王公貴族採用武力來鎮壓他們。他在一五二五年撰寫的辱罵性小冊子《反對殺人越貨的農發賊寇》中，竟然這樣寫道：「無論是誰，只要力所能及，暗地或公開也好，都應該像待瘋子那樣，把這些叛逆絞死、刺殺，要讓他們記住，再也沒有比反叛者更具有危害性的了。」當王公們殘酷地鎮壓一五二五年日耳曼農民起義，表示路德教派與國家權力的緊密聯盟，此有助於確保社會的安寧。實際上，在對參加起義的農民進行血腥懲罰之後，在日耳曼再也沒有出現過下層人民的群眾性起義。

至於路德本人，他把晚年歲月全神貫注地用在與更年輕、更激進的宗教改革家進行辯論，以及向所有需要的人提供精神忠告上。他從不覺疲倦地進行學術活動，且成就卓著：在他寫作的整整二十五年時間中，平均每兩週就寫一篇論文。對於他的信念，更是至死不渝：一五四六年彌留之際，在回答「你是否堅信主及你宣講的信條？」時，他毅然決然地答道：「是的。」

新教的傳播

「新教徒」（protestant）一詞本來是指在一五二九年，日耳曼帝國會議上所採取「抗議」（protested）行動的路德教派教徒，後來逐漸成為任何既非天主教與非東正教的基督教信徒。實際上，這個詞在一五二九年之後不久，又被用來指非路德教派的信徒，因為路德創建的特殊形式新教，在日耳曼以外地區並沒有太多信徒。確實，在一五二〇年代，丹麥、挪威、瑞典等國的統治者頒布正式的法令，將路德教立為該地的國教，時至今日，斯堪地納維亞多數地區仍信奉此一教派。但在其他地區，早期新教以不同的形式傳播開來。在英格蘭與羅馬決裂的情況，就與日耳曼和斯堪地納維亞相似，但對於在位的英格蘭君主而言，路德教似乎過於激進，因此，一種妥協的宗教信仰和習俗的變種便產生了，即後來被稱為聖公會（即英國國教；在美洲被稱為主教派），這是一個較好的結果。而在另外一些地區，新教更自發地在瑞士的一些城市傳播開來；由於路德教顯得過於保守，在那裡，新教呈現出一種更激進的形式。

雖然在英格蘭最先向羅馬教會發起攻擊者，乃是英國國王亨利八世（一五〇九～一五四七年在位），但在與羅馬決裂時，他也得到多數臣民的支持。至少有三個原因促成這一情況：首先，就如同在日耳曼一樣，在英格蘭十六世紀初，有

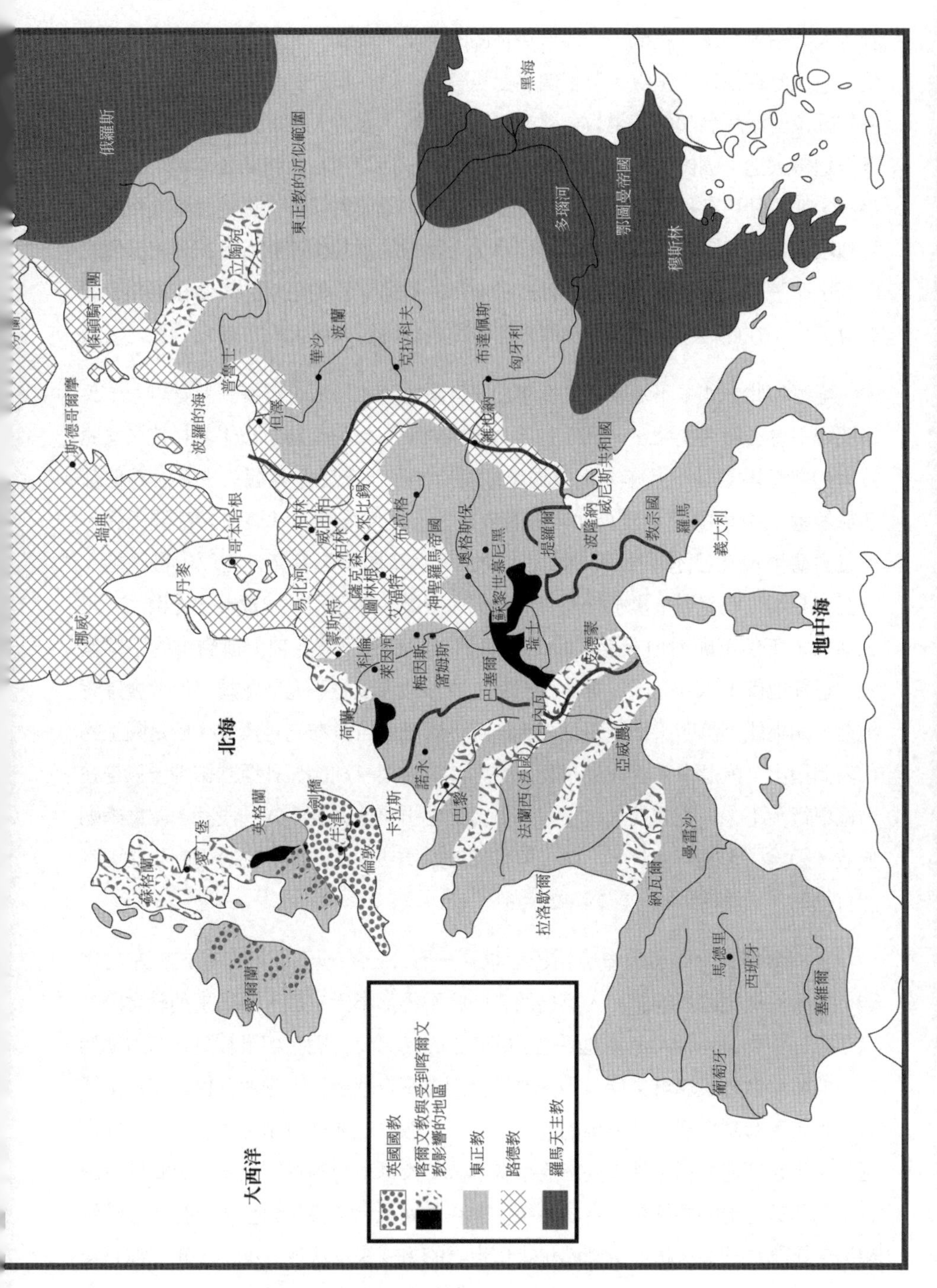

圖19-2　西元一五六〇年代的歐洲宗教制度

許多人開始對羅馬的腐敗，和榨取英格蘭的財富以提供外國教皇用來追求世俗享受之事，心存憤恨。其次，英格蘭早已是約翰·威克里夫的異端追隨者，像是知名的羅拉德派所發起的抗議教會弊端的場所[16]。在十五世紀期間，羅拉德派確實被迫轉入地下團體，不過，該派的成員們也倖存分布在英格蘭各偏僻地區，在那裡，他們利用各種機會散布反教權主義思想；他們對亨利八世與羅馬決裂表示熱烈歡迎。當日耳曼宗教改革開始後不久，路德的思想便被旅行者和到處流傳的印刷小冊子帶到英格蘭。早在一五二〇年，一群信奉路德思想的人便在劍橋大學聚會[17]；在此後十年之間，路德教暗中開始獲得越來越大的力量。

儘管如此，如果不是亨利八世想和王后離婚時，面臨來自羅馬教廷阻力，英格蘭絕不會與羅馬決裂。一五二七年，專橫的亨利已和斐迪南和伊莎貝拉之女亞拉岡的凱瑟琳結婚十八年，但這場婚姻所生的孩子，除了瑪麗公主外，其他都死於襁褓之中。由於亨利八世非常渴望有一位男性繼承人承襲他的都鐸王朝，而且凱瑟琳現在已過了生育年齡，因而亨利爲了國事，有充分的理由擺脫她。一五二七年，他迷戀上黑眼珠的侍女安妮·寶琳，然而安妮·寶琳卻提出除非正式結婚，不然不願與他接近。因此，他請求羅馬教皇宣布他與凱瑟琳的婚姻無效，這樣他就可以立安妮·寶琳爲王后。雖然教會法是不允許離婚，但教會確實提出，如果能夠證明這樁婚事是不合法時，那麼便可宣布它是無效。於是國王的代表們指出：凱瑟琳王后在與亨利成婚之前，曾與亨利的兄長亞瑟結婚，只是在婚禮舉行後不久，亞瑟就去世了[18]。據此他引《聖經》上的一段話，認爲婚姻無效，因爲《聖經》上說，一個人與寡嫂成婚爲「不潔之事」，將受到詛咒，不能有後嗣（〈舊約·利未記〉，20：31）。

亨利離婚案令在位教皇克雷芒七世（一五二三～一五三四年在位）左右爲難。如果他拒絕國王的請求，英格蘭或許將不再信奉天主教，因爲亨利確實深信《聖經》裡的這句話，是使他斷絕子嗣的原因。另一方面，如果教皇宣布婚姻無效，他就會激怒凱瑟琳之侄、神聖羅馬帝國皇帝查理五世，查理五世當時正出征義大利，有令教皇喪失其俗權的危險。因此，教皇在無計可施之下，看來只好拖延不決。起初他假稱這件事要在英格蘭解決，授權教會官員開設一個調查庭，調查亨利與凱瑟琳的婚姻是否合法。然而，在長期拖延之後，教皇突然把案子轉到羅馬。這讓亨利失去耐心，斷然決定依自己的方式來解決。一五三一年，他召集英格蘭教士會議，敕令他們承認他是英格蘭教會的「最高領袖」。隨後他說服議會頒布一系列的法律，終止向羅馬繳納一切貢納，宣布英格蘭教會是一個獨立、民族的單位，只從屬於國王，不隸屬任何人。一五三四年，議會通過了《最高統領法》，宣布「國王陛下是英格蘭教會的最高領袖，『擁有』糾正一切錯誤、異端和陋習的權力」，這樣，英格蘭教會與羅馬的最後一點關係也被切斷了。

然而，這些法令仍未使英格蘭成為一個新教國家。雖然在與羅馬決裂後，英格蘭境內的所有修道院都被解散了，修道院的土地和財富也被出售給國王忠誠的支持者，但教會由主教治理的體系（即主教會制）仍保留下來，英格蘭教會信奉的仍然是天主教教義【19】。一五三九年，議會秉承亨利八世意旨頒布的《六項條例法案》，毫無疑問是官方對其宗教教義的說明：須向牧師做口頭懺悔，為死者做彌撒，神職人員必須過獨身生活；此外，天主教的聖餐教條不僅得到確認，而且對凡拒絕遵守聖餐者，將處以死刑。

儘管如此，新教徒對英格蘭的影響在這時期不斷增大；繼亨利八世之後的愛德華六世統治時期（一五四七～一五五三年在位），新教徒占居優勢。由於這位新國王（他是亨利八世的第三位妻子珍．西摩所生）登基時，年僅九歲，所以，這時期政府的政策不可避免地皆由幕後勢力所操縱。這些人包括湯瑪斯．克蘭默，他是坎特伯里大主教，以及薩默塞特公爵和諾森．伯蘭公爵，他們成功地把持攝政權。由於這三位都有強烈的新教傾向，因而英格蘭教會的法規和禮儀不久就發生戲劇性變化。教士可以結婚；在舉行禮拜時用英文取代拉丁文；不准崇拜偶像；並擬訂新法規，除了洗禮和聖餐禮以外的一切聖禮皆要廢除，同時重申路德因信得救的信條【20】。當年紀尚輕的愛德華於一五五三年去世時，英格蘭看起來似乎成為新教陣營中的一員。

但繼愛德華之後登上王位的瑪麗（一五五三～一五五八年在位），為亨利八世和亞拉岡的凱瑟琳之女，她虔信天主教。她把反羅馬行為與她母親受辱，及她自己被剝奪直接繼承權聯想在一起，因此，當她一登基，就試圖走回羅馬教會的陣營。她不僅恢復彌撒儀式和教士獨身的規定，促使國會投票通過，英格蘭將無條件重新效忠教皇。不過，因下列幾項原因，使她的政策以失敗告終。首先，此時新教不僅已深入英格蘭大眾之心，而且，許多曾因亨利八世解散修道院而受益的顯貴家族尤其遵奉新教，因此，恢復天主教修道制就意味著喪失新近得到的財富。其次，雖然瑪麗下令將克蘭默，以及數百名新教極端分子以異端的罪名，要公開處焚刑，但這些迫害無法徹底消滅宗教反抗——確實，新教徒散發有關「血腥瑪麗」和「史密斯廣場之火」的宣傳，不久，便加強了人們對瑪麗統治的反抗，使她看起來像是位報復成性的迫害狂。但瑪麗失敗的最重要原因，或許在於她與查理五世之子——西班牙王位繼承人菲立普的婚事。雖然婚約規定瑪麗死後，菲立普不得繼承她的王位，但愛國的英格蘭人從不信任他。因而，當瑪麗女王容許自己被菲立普拖入爲了西班牙利益而與法國的戰爭，且因這次戰爭使英格蘭喪失她在歐洲大陸的最後一個立足點（加來）時，國民極爲不滿，全國情緒沸騰。沒人知道將會發生什麼事，因爲不久之後瑪麗去世了。

因而，英格蘭究竟是信奉天主教還是信奉新教，這一問題就留待伊莉莎白一世（一五五八～一六〇三年在位）來解決。伊莉莎白是安妮・寶琳之女，是英格蘭有史以來最能幹、最得人心的君主之一。就其出身和生長的環境而言，她天生就傾向新教。但伊莉莎白並不是位狂熱的信徒，她明智地意識到，支持激進的新教在英格蘭有導致激烈教派爭鬥的危險，因爲仍有些人信奉天主教，此外還有一些人反對極端主義。與此相應，她主持達成習慣上所說的「伊莉莎白妥協」。通過一個新的《最高統領法》（一五五九年），伊莉莎白廢除瑪麗的所有天主教立法，禁止外國宗教勢力來此行使職權，自立爲英格蘭教會「最高監理者」——這一頭銜比亨利八世的「最高領袖」稱號更具有新教意味，因爲多數新教徒認爲，只有基督才是教會的領袖。與此同時，她認可了她的異母弟弟愛德華六世統治時期實行的多數新教禮儀改革。不過，她保留了由主教治理教會的制度，對一些有爭論的條款，尤其是有關聖餐意義的條款，盡量做模稜兩可的解釋，這樣除了最極端的天主教徒和新教徒外，所有人都能接受。在伊莉莎白死後很長一段時期，這一和解依然有效。確實，由於伊莉莎白的妥協方案，使英格蘭教會能夠同時包容許多迥然相異的教派，諸如羅馬天主教徒只在反對教皇最高權威這一點有區別的「高教會派」，以及與現代其他多數新教派別的成員同樣徹底遵守新教習俗的「低教會派」。

如果說，英格蘭的宗教和解是經由王室的決策實現的，那麼，在瑞士出現更自發性的建立新教運動，則導致更激進的新教取得勝利。在十六世紀初，瑞士既未受到國王的統治，也未受到全權的地區性王公主宰；反過來，那裡興盛的城市要不就獨立存在，不然就處於獨立邊緣。因而，當一個瑞士自治市中具有影響的公民決定進行新教改革時，沒有任何人能阻擋他們，而且瑞士的新教運動通常都是按自己的道路前進。雖然各城市的宗教調停方法一開始時在細節上不盡相同，但大約從一五二〇到一五五〇年間，在瑞士出現了三個主要的新教形式，即崔文利派、再浸禮派和喀爾文派，尤其喀爾文派對歐洲未來的命運最爲攸關。

崔文利派由烏爾利希・崔文利（一四八四～一五三一年）在蘇黎世創建，是三個教派中最溫和的。崔文利在開始時是位不怎麼熱心的天主教教士[21]，在一五一六年左右，由於他像路德那樣鑽研《聖經》，因而得出結論——這一時代的天主教神學和宗教儀式與福音書相悖。但他直到路德首開先例後，才公開表述自己的觀點。隨後，在一五二二年，崔文利開始抨擊蘇黎世天主教會當局，不久，整個蘇黎世和瑞士北部許多地區都承認他的領導地位，進行與路德派在日耳曼進行的改革十分相似的宗教改革。不過，崔文利在對聖餐禮上的解釋，確實與路德不同：路德相信基督的肉體眞的化作聖餅，但崔文利認爲，基督只存在於精神之中，在他看來，聖餐禮根本不具神恩性質，只應作爲一個紀念性的禮拜儀式保留下來。在今天許多人看來，這處分歧似乎微不足道，但在當時，這足以讓崔文利派與路德派無法結成統一新教陣線【22】。崔文利孤軍奮戰，一五三一年在與天主教力量的戰鬥中喪生，隨之他在蘇黎世的繼承人喪失對瑞士新教運動的領導權；同時，崔文利發起的運動不久後即被約翰·喀爾文更激進的新教融合。

然而，在喀爾文派大行其道之前，再浸禮派曾在瑞士和日耳曼興盛一時。最初的再浸禮派成員是崔文利在蘇黎世圈內的成員，但在一五二五年左右，他們與他在嬰兒受禮上，由眞正信徒組成的排外性教會，在觀念上發生爭論，而迅速分裂出來。再浸禮一詞的涵義是「再次進行洗禮」，這是因爲再浸禮派成員認爲，嬰兒受洗是無效，因爲嬰兒不了解這種禮儀的意義，因此成年人應再次受洗。不過，這並非再浸禮派的主要教義，他們認爲人們並非生來就屬於教會，教會只是一個表現形式【23】。雖然路德和崔文利同樣傳授「信徒均爲自己的牧師」的觀念，但他們仍堅持認爲每一個人，無論信徒還是非信徒，都應去做禮拜，並成爲同樣一個正式建立宗教共同體的一員。但再浸禮派是宗教上的極端個人主義者和分離主義者，他們篤信加入眞正的教會應是個人在神靈啓示下愼重做出的決定。在他們看來，人必須遵循自己「內在的光」的指引，做出成爲教會一員的選擇，世上的其他人則可以按自己的方式行事，即主張每個人都應接受內心指導。在那幾乎所有人都認定教會與國家密不可分的時代，這種學說具有一種強烈的非政治教義，使再浸禮派註定被新教或是天主教權力者所不允【24】。不過，在最早幾年，這一運動在瑞士和日耳曼確實吸引了衆多追隨者，這主要是因爲它提倡盡可能簡化儀式，提倡和平主義和嚴格按《聖經》規定行事的道德，並以其發自內心的宗教虔誠吸引人們。

對再浸禮派的發展十分不幸的是，一個由再浸禮派極端分子組成的集團，在一五三四年設法控制日耳曼的明斯特城。這些狂熱分子把宗派主義（教派意識）與千禧年學說結合起來；千禧年學說認爲，上帝希望在末日來臨之前，在世界各地建立一個全新的公正、崇高純潔的基督王國。這些極端分子決心幫助上帝實現這一目標，試圖把明斯特變成一個新的耶路撒冷。一位先前來自萊頓從事裁縫工作名叫約翰的人，他採用「新聖殿之王」的頭銜，自稱是大衛的繼承人。在他的領導下，再浸禮派的宗教儀式得到強制實施，私人財產被廢止，實行財產共享，甚至根據《舊約》中的先例實行一夫多妻制。但在一年多之後，該城在天主教力量的圍攻下失陷，這位新的大衛和他的兩位副手死於嚴刑拷打之中。如果說，再浸禮派之前已遭到許多政府的禁止，那麼這一插曲已足以令這一運動名聲掃地；同時，該派信徒在日耳曼、瑞士各地，以及其他有該派信徒活動的地區都受到殘酷迫害。極少數再浸禮派成員倖免於難，其中有些組成門諾派，它得名於該派創始人為荷蘭人門諾・西蒙斯（一四九二～一五五九年）。該派致力於早期再浸禮社會的和平主義和簡單「心靈宗教」，一直存留到現在。後來各種浸禮派信條還在像是貴格會，以及不同的浸禮派和五旬節派等教會甦醒。

在確定再浸禮派結束的明斯特事件之後一年，一位名叫約翰・喀爾文（一五〇九～一五六四年）的法國新教徒，當時他年僅二十六歲，為了逃避宗教迫害逃到瑞士的巴塞爾城，並出版了《基督教原理》第一版，該書不久就被證明是一部有系統闡述新教神學中最有影響力的著作。喀爾文出生於法國北部的諾揚，原本在奧爾良學習法律，在一五三三年左右，靠聖俸學習了希臘和拉丁經典著作。但那時，如他後來所述，當他「執著地獻身於教皇制的種種迷信」時，他突然感覺到上帝正把他由「一個骯髒的泥淖」中解脫出來[25]，從此，他走上成為新教鼓吹家的道路。雖然這些細節中的某些方面與路德的早期經歷相像，但兩者之間有一個根本不同：即，如果說路德一直是位性格極為暴躁的人，那麼，喀爾文則從頭到尾都是一位冷靜的法國墨守法規者。如果說，路德從未撰寫過有系統的神學著作，他的所有作品都是對產生的具體問題或心之所至做出回應；而喀爾文決心在《基督教原理》一書中做了全面、連貫地，並從邏輯上闡述新教的所有原則，其對象是全世界。因而，經過幾次再版和擴大篇幅（一五五九年出版定本）後[26]，喀爾文的《基督教原理》成為有關新教基本信條中最具權威的神學著作，是新教方面最接近聖湯瑪斯・阿奎那的《神學大全》的一部著作。

喀爾文在《基督教原理》中闡述的嚴格神學學說，特徵在於，它由萬能的上帝之手逐步向下展開。在喀爾文看來，整個宇宙實際上都仰賴全知全能的上帝意志支配，上帝創造萬物是為了顯示其自己更大的榮耀。由於喪失原始天賦的恩典，所以，所有人生來就是有罪，從頭到腳都被其先祖犯下的罪所束縛，他們無法逃脫。儘管如此，上帝基於自己的理由，會預先確定某些人永遠得救，其他人則被打入地獄受到折磨。人們沒有任何辦法改變自己的命運；在出生之前，他們的靈魂就被蓋上賜福或受到詛咒的印記。但，在喀爾文看來，這並不意味著基督徒就可以不注意自己在世間的行為。如果他們是上帝的選民，上帝就將在他們身上播下正直生活的願望。雖然這不是一個絕對可靠的徵兆，但這樣生活的人將被遴選登上榮耀的寶座。公開承認自己的信仰，並參加聖餐儀式，也是被選上而得救的一個預定徵兆。但最重要的是，喀爾文把過一種虔誠、有道德積極的生活，視爲基督教團體所有成員必須遵守的神聖義務。在他看來，好的基督徒應把自己設想爲上帝選定的工具，其使命是幫助上帝完成祂在世間的目標，他們這樣做不是在爲了自己靈魂的得救而做，而是爲了上帝的榮耀。換言之，喀爾文顯然並不贊成他的讀者在知道自己命運已定時做消極等待。

雖然喀爾文一直承認他的神學受益於路德良多，但他的宗教教義與路德的教派在一些基本點上有些不同：首先，路德對基督徒在世間行爲得體的態度，與喀爾文相比要消極得多：路德看來，好的基督徒應痛苦地忍受現世的考驗，喀爾文則認爲應爲上帝透過無休止的勞動主宰世界。其次，與路德教相比，喀爾文教派更重視律法，更接近《舊約》的信仰。這體現在兩人對安息日禮拜儀式的態度上。路德對星期日的看法，與現今在多數基督徒中流行的觀點相似。當然，他也主張他的信徒應去教堂做禮拜，但他並不要求他們在除了做禮拜外，就不能從事其他娛樂活動或勞動。喀爾文不然，他恢復了猶太人的安息日規定，嚴禁人們在這一天從事任何世俗事務的行爲。最後，兩人在教會政府和禮儀的基本事務上也有很大的不同。雖然路德與教會僧侶統治的天主教體系決裂了，但路德的區督導員與主教並無不同；同時，他還保留著羅馬禮拜儀式的許多特點，諸如祭壇和祭服（指教士的特別服裝）。喀爾文則不然，他斷然排除任何帶有「羅馬天主教」氣味的東西。他號召消除教階制度一切痕跡，取而代之的是以由教會會衆選舉牧師和牧師大會，以及「長老」（指負責在信徒中維持得體行爲的俗人）來治理整個教會。另外，他堅持認爲教會禮拜儀式應盡可能簡化，所有禮拜儀式、祭服、器樂、偶像都要被禁止，就連鑲有彩色玻璃的窗戶也都不得使用。當這些教條付諸實施，喀爾文的禮拜儀式被簡化成只剩下「四面空壁，和一席布道」。

喀爾文並不滿足於純粹的理論，因而考慮將他的教條付諸實行。當時日內瓦正處在政治及宗教結合的劇變中，喀爾文感覺在這一講法語的瑞士城市有機會影響事件的進程，就在一五三六年底抵達那裡，並馬上開始進行傳道和組織的活動。一五三一年，喀爾文由於種種活動而遭到放逐[27]，但一五四一年，他再次回到日內瓦，這時日內瓦政府和宗教全都置於他的控制之下。在喀爾文的引導下，日內瓦變成一個神權國家。城市的最高權力由「宗教會議」執掌，它由十二個平民信徒長者和五位牧師組成。（雖然喀爾文本人很少主持宗教會議，但他在一五六四年去世之前，宗教會議的決策通常都由他控制。）宗教會議除了通過由牧師團所制定的法律外，主要職能就是監督人們的道德行爲，除了加以懲處外，還必須持續不斷監視每個人的私生活。在日內瓦分成若干區域，宗教會議委員並不會事先通知就造訪各個家庭，調查家庭成員的生活習慣。因此，就連最平常的生活娛樂也被嚴格禁止，像是跳舞、打牌、上劇場，或在安息日工作或遊玩，這些行爲都被視爲惡魔的行爲，受到法律的禁止。飯館主人不可讓任何旅客在未做感恩祈禱就吃飯、喝酒，同時，不得讓任何顧客在店裡待到晚上九點以後。毋庸置言，處罰非常嚴厲。不僅謀殺犯和叛國者被處以死刑，通姦、「巫術」、褻瀆上帝和異端也被處以同等重刑。喀爾文在日內瓦當政的最初四年，當時總人口僅僅一萬六千人的日內瓦，至少就有五十八人被處死。

在今人的眼光看來，這種干預私人事務的作法應該受到指摘；但在十六世紀中葉，在歐洲各地方人眼中，喀爾文的日內瓦是最具指標性的新教燈塔。例如，喀爾文的學生中，像把喀爾文教引入蘇格蘭的約翰·諾克斯就宣稱，在喀爾文統治下的日內瓦，是「使徒時代以來世上出現的基督最完美的學校」。因此，有許多外國人蜂湧到這一「完善的學校」避難或尋求指導。此外，由於喀爾文認爲，日內瓦僅僅是他的學說傳播到法國和世界其他地點的中間站，因而他鼓勵傳教團到敵對地區進行傳教活動，結果大約從十六世紀中葉起，日內瓦成爲向各地廣泛傳播這一新信仰的中心。很快的，喀爾文教信徒成爲蘇格蘭主要的人口群，在那裡被稱作長老會；在荷蘭也居主導地位，他們在那裡建立了荷蘭改革教會；在法國雖居人口少數，不過，他們在那被稱爲休京拉教派；在英格蘭，情況與法國類似，在那裡他們被稱爲清教徒。此外，喀爾文教傳教士熱切地在歐洲其他大部分地區尋找皈依者。但是，正當喀爾文教信徒在歐洲各地進行活動之際，天主教勢力決心不惜一切阻止新教發展。正如我們在下章將要談到的，結果在其後幾十年間，迄今仍統一的基督教世界許多地區都陷入血腥的宗教戰爭之中。

新教的遺產

如果說，路德反叛羅馬和新教的傳播發生在文藝復興文明全盛期結束之後，與在現代歐洲政治、經濟和社會發展中出現某些特別重要的進展之前，那麼，人們很容易就會認爲，歷史事件是以一種不可避免的累積方式展開的：文藝復興、宗教改革、「現代世界的勝利」。但歷史很難得會如此整齊畫一地出現。雖然學者們對具體細節似乎有點意見分歧，但多數人同意，新教改革從文藝復興文明中承襲下來的東西，幾乎是微乎其微，實際上在某些基本著眼點，新教原則與文藝復興時期人文主義者的主要看法完全不一樣。至於「新教與進步」之間的關係，最恰當的當屬日耳曼偉大的宗教史家厄恩斯特·特勒爾奇，他在《新教與進步》一書中闡述：「新教促進了現代世界的產生……『但在任何地方』都看不出來它是現代世界的實際締造者。」

在考慮文藝復興與宗教改革源起的關係時，應當承認，認爲兩者之間毫無關聯是不正確的。因爲基督教人文主義者對宗教弊端的批評，無疑是爲路德在日耳曼的反叛做準備。進一步來說，人文主義者對《聖經》所做的研究，便產生可靠的新《聖經》版本，而新教改革者使用的就是這種版本。在這一點上，從義大利人文主義者羅倫佐·瓦拉到伊拉斯謨斯再到路德，他們之間有一條線貫穿：如果說，瓦拉的《新約集註》激發伊拉斯謨斯於一五一六年出版了他自己有拉丁譯文的希臘文版《新約》，那麼就可以說，伊拉斯謨斯的《新約》版本使路德得以在一五一八年就《聖經》有關苦行的眞正涵義問題，得出某些至關緊要的結論。由於上述及其他相關理由，路德在一五一九年稱伊拉斯謨斯是「爲我們爭光的人和我們的希望」。

但實際上，伊拉斯謨斯很快就表明他對路德最初的原則不予任何同情，而且，其他基督教人主義者一旦對路德和其他新教改革家所做的事有了眞正的了解，他們大都會採取迴避態度。出現這種情形的原因是，人文主義者大都相信自由意志，而新教徒卻相信宿命論，人文主義者傾向認爲人性基本上是善良的，新教徒則認爲人性墮落到難以表達的程度；多數人文主義者贊成文雅的禮儀和寬容，路德和喀爾文的追隨者則強調信仰的整齊畫一。舉例來說，當伊拉斯謨斯在一五二四年發表一篇捍衛〈意志的自由〉論文時，路德則在次年發表〈意志的束縛〉一文，對伊拉斯謨斯給予無情的抨擊，並堅稱原罪使所有人「受到束縛、變得邪惡、受到迷惑、生產和死亡」；當亨利八世在英格蘭推行宗教改革時，英格蘭最著名的基督教人文主義者湯瑪斯·摩爾爵士反對與羅馬決裂，甚至不惜以身殉教，在走上斷頭臺時，仍發表個人良知高於一切等鼓舞人心的言論。

如果說，新教改革絕不是文藝復興文明自然發展的結果，它肯定促使現代歐洲歷史發展中某些最典型特徵的形成。這些特徵中最重要的，當屬主權國家擁有不受限制權力的產生。如前文所述，那些日耳曼王公們之所以會皈依路德教派，主要是爲了尋求主權，丹麥、瑞典和英格蘭國王出於同樣的理由進行效仿。英格蘭國會宣布亨利八世與羅馬決裂的第一個法令，即一五三三年《限制上訴法案》的提出，這是一份英格蘭是一完全獨立國家的最早官方聲明，認爲英格蘭「由一位最高統領和國王治理」，擁有「對各色人等提供和給予公正……絕對、完整和全部的權力」，這並非偶然。由於新教領袖——無論路德還是喀爾文教——鼓吹絕對服從「神聖的」統治者，使得在新教國家中，教會是由國家直接控制，因而新教的傳播不可避免會導致國家權力的發展。但是，如前文所示，國家的權力從任何角度看都在發展，在天主教國家（例如法國和西班牙）中也在繼續發展，在那些國家，國王也獲得信奉路德教的日耳曼王公或亨利八世強行獲得的大部分同樣權利。

至於民族主義的發展，一種民族自豪感在十六世紀的日耳曼已經存在，路德於一五二〇年的呼籲書中就曾加以利用過。不過，路德本人在培育日耳曼的文化民族主義方式也是不遺餘力，他用充滿活力的日耳曼方言翻譯了《聖經》全文。在那之前，日耳曼各地語言迥異，彼此之間難以交流，但隨著路德所譯《聖經》的流行，使得它所用的德語不久就成爲整個日耳曼民族標準語言。不過，宗教對在政治上實現日耳曼國家的統一，並未發揮促進的作用，因爲非日耳曼人的查理五世反對路德教，導致日耳曼不久就在政治上分裂成新教和天主教兩個陣營。但在其他地區，例如在蘇格蘭和荷蘭等地的新教徒，成功地擊敗信奉天主教的統治者，使這些地區的新教加強民族認同感。最爲人們熟知的一個例子或許是英格蘭，早在新教傳入之前，那裡就有一種遠比日耳曼、蘇格蘭或荷蘭要強的民族意識，但在下文我們將看到，新的信仰促成伊莉莎白時代最偉大成就的出現。

新教與現代商業和工業經濟發展的關係更是眾說紛紜。在一九〇〇年左右，偉大的德國社會學家馬克斯・韋伯曾注意到，英國、荷蘭和北美等經濟發達地區都信奉新教，從而得出結論，即新教，尤其是喀爾文宗派，對於迫切進取的經濟事業特別具有促進作用。在韋伯看來，這是因爲喀爾文的神學教義與天主教教義相反，他們爲追逐利潤的商人和放債者的冒險活動正了名，在其倫理體系中，賦予節儉、勤勉等商業美德很大的地位。不過，歷史學家發現韋伯的學說是有缺陷的。雖然喀爾文確實稱頌勤勉，並承認商人「行當是正當的」，但是，他們對商人牟取高利潤並不比天主教徒更支持。此外，喀爾文也辯稱，人們應把剩餘財富用在爲窮人服務，而不是積累起來獲得利益，或做進一步投資。由此看來，商業冒險中經濟獲得成功必不可少的「工作美德」，確實在某些方面根源於喀爾文教，但喀爾文心目中的商人絕不是大的投機商或發財致富者。我們應當記住，在中世紀全盛期的歐洲經濟早已取得重大進展；它在近代初期再度騰飛，有個並非微不足道的原因，就是在這時葡萄牙和西班牙這兩個天主教國家開始進行海外冒險活動；所以，喀爾文教派頂多只能算是現代資本主義和工業革命取得勝利的許多促進因素之一。

最後是新教對社會關係尤其是對兩性關係的影響問題。這問題與前一個問題相對，這一主題相對說來迄今仍未得到深入研究。可以肯定的是，就個人而言，信奉新教的男人就像天主教徒、異教徒或土耳其人那樣，對婦女持著一種矛盾態度。例如，約翰・諾克斯在一篇題爲《反對醜陋的娘子軍的第一聲號角》的論文中，猛烈抨擊蘇格蘭信奉天主教的攝政者瑪麗・斯圖亞特；不過，他對與他信奉同一信仰的女性懷有深深的敬重之情。但是，如果有人問，新教當成一種超出個人奇異行徑的信仰體系，那它對婦女的命運將產生何種影響，這問題看來應當這樣回答：它使婦女成爲一個與男子更平等的暗影，雖然她們顯然仍處於從屬地位。尤爲重要的是，新教強調《聖經》至高無上，以及信者均爲自己的教士，它號召人們都應該認眞研習《聖經》，因而它倡議對兩性都進行初級教育，以便提高男子、女子的識字人數。但新教的男性領導人從未曾猶豫地認爲，婦女天生比男子低一等，因而在爭論中應虛心服從男子。正如喀爾文自己所說：「婦女應安於自己的從屬地位，不要因爲自己天生低於比她們高貴的異性而心存芥蒂。」路德和喀爾文似乎都有幸福的婚姻，但這顯然意味著他們自己心目中的幸福婚姻。

天主教改革

十六世紀，新教這個新鮮的事物必然會使路德和喀爾文這樣的宗教改革家，成爲公衆注意的焦點。但我們必須愼重指出，天主教會內部的強大改革運動對歐洲歷史產生與新教同樣深遠的影響。歷史學家對把這一運動稱爲「天主教改革」還是「反改革」意見不一。一些人偏愛用前者，因爲他們希望藉此能顯示出，在路德提出自己的學說之前，天主教會內部就做了許多重大努力以改革教會，因而十六世紀天主教的改革並不是一種純粹在抑制新教發展的反擊。然而，其他人振振有詞地堅稱，就其主體而言，十六世紀天主教改革家之所以進行改革，確實主要是因爲急於對抗他們視爲異端和分裂的運動。幸運的是，這兩種解釋絕不是無法調和，因爲它們都提到兩個互相補充的階段：路德之前的天主教改革，以及路德之後的反改革。

開始於一四九〇年前後的天主教改革，主要是一場道德和制度改革運動，它的靈感之源是基督教人文主義者的原則；同時，它實際上是在沒有受到文藝復興時期生活放蕩奢侈的教皇主持情況下進行的。在十五與十六世紀之交的西班牙，樞機主教佛朗西斯科・希門內斯・德・西斯內羅斯（一四三六～一五七一年）在與君主的合作下，強制推行聖方濟會修士的嚴格行爲準則，並廢除教區教士間到處可見的陋習。雖然西斯內羅斯改革的主要目的，是加強教會在與猶太人和穆斯林競爭時的活力，但他的舉動在振奮國家的精神生活方面，確實產生很大影響。

在義大利雖然沒有出現類似中央集權的改革運動，但從十六世紀初以來，就有許多熱心的教士努力從事各種改革，使教會更能符合基督徒的要求。有鑑於弊端根深柢固和教廷驕奢淫逸的生活，使他們的改革工作並不順利；不過，雖然面臨重重障礙，義大利改革家仍設法創造一些新的宗教團體，與某些致力於虔誠爲社會服務事業的崇高理想。最後，不應忘記，伊拉斯謨斯和湯瑪斯·摩爾這些基督教人文主義的主要人物，他們是有自己特色的天主教改革家，因爲通過批評教會陋習和編修宗教文獻，這些人確實有助於道德水準的提升。

然而，一旦新教的威脅橫掃全歐洲，早期各形式的天主教改革顯然都已不適於捍衛天主教會，更不必說扭轉反叛的潮流了。因此，更具有進取精神的第二階段改革，在十六世紀中後期逐漸進行，這階段的改革是在新風格、強有力的教皇領導下進行。領導反改革運動的教皇——保羅三世（一五三四～一五四九年在位）、保羅四世（一五五五～一五五九年在位）、庇護五世（一五六六～五五七二年在位），以及西克斯圖斯五世（一五八五～一五九〇年在位），總體說來，他們都是中世紀全盛期以來推行改革事業最熱心的教皇。他們都過著一種正直、誠實的生活。確實，某些教皇是極其嚴格的苦行主義者，以致同時代人無法確定他們是不是太過神聖了：正如一位西班牙督導在一五六七年寫道：「不論這些偉人們在神聖程度上是多麼偉大、難以言表、無可比擬和非同尋常，如果這些羅馬教皇不再和我們在一起，我們會感到更快活些。」但是，面臨新教猛烈的進攻，教皇以過分苦行出名總比以驕奢淫逸著名要好得多。不僅如此，反改革的教皇全心全力投入積極的復興教會行動，整頓自己的財政狀況，任用那些和他們一樣以嚴正著稱的人擔任主教和修院院長等教會職會，這些被委以重任的人反過來爲其教士和隱修士確定了高尚的標準。

除了教皇的這些活動外，特蘭托宗教會議還發揮了輔助作用：這次在一五四五年由保羅三世召集，一直持續到一五六三年[28]。在教會史上，這次大型會議是最重要的會議之一。特蘭托宗教會議召開的目的在探討天主教教義的基本問題，它無一例外地重申所有遭到新教改革者挑戰的教條。善行與信仰一樣被視爲得救的必要條件。聖禮仍是取得上帝恩典必不可或缺的儀式。同樣，變體論、教職神授說、相信煉獄、對聖徒的祈求和教士必須獨身規定，都被視爲天主教體系的重要教義而得到確認。至於天主教信仰的眞正泉源這一問題，《聖經》與使徒教誨被認定是具有同等重要的權性。教皇不僅高於所有主教和教士的說法得到明確支持，而且教皇被視爲理所當然地高於教會的會議，這樣教會的君主制理論就未受到任何波及。特蘭托宗教會議還重申了觸發路德反叛的贖罪信條，不過，它確實譴責與出售贖罪券相關聯的最惡劣醜聞。

特蘭托宗教會議所頒布的法規並不限於教義問題，它同時也通過立法，包括有關消除陋習，和加強教會對其成員紀律約束的條款。主教和教士只能擔任一項神職，這樣防止任何人可能因爲兼領多項聖職而發財。爲了消弭教士愚昧無知，規定每一個教區至少必須建立一所神學院。會議快結束時，宗教會議決定對圖書實行檢查，以防異端思想腐蝕那些信仰依然堅定的人。會議指定成立一個委員會，負責編列禁書書單。一五六四年，教宗頒布正式建立禁書書單，成爲教會機構的部分職責。後來成立一個叫作禁書委員會的常設機構，不時修訂禁書書單。這種修訂工作進行了四十多次。被列入禁書的書大都是神學論文，因此，在學術進步方面可能未起太大作用。不過，建立禁書書單是後來對天主教徒和新教徒之間相互不寬容的徵兆。

除了教皇的獨立活動和特蘭托宗教會議的法規外，推進反改革運動的第三股重要力量是聖伊格納修斯·羅耀拉（一四九一～一五五六年）所創建的耶穌會。青年時也曾充當一名軍官的羅耀拉，同時也是位西班牙貴族，一五二一年（也就是路德在沃姆斯向查理五世挑戰那一年），他在一次戰役中受了傷，養病期間看了一些有關耶穌聖人故事的書，使他決心改變人生道路，成爲基督的一名精神戰士。此後不久，他在西班牙曼雷薩鎮附近一個洞穴中隱居了十個月，在此期間，他不像路德或喀爾文那樣去讀《聖經》，而是體驗到令人心醉神迷的幻象，構想出他後來的沉思指南《心靈的操練》的原則。這一手冊完成於一五三五年，一五四一年首次出版，它向世人提供了一些實際忠告，告訴人如何掌握自己的意志，並經由一個系統的默念罪愆和基督生平的綱領來服侍上帝。羅耀拉的《心靈的操練》一書不久就成爲所有耶穌會教士的基本手冊，也成爲衆多天主教信徒廣泛閱讀的書；在十六世紀的所有宗教著作中，它的影響力僅次於喀爾文的《基督教原理》。

不管怎樣，創建耶穌會一事肯定是羅耀拉個人最大的成就之一。耶穌會最初是於一五三四年，由他和身邊六位追隨者在巴黎組成的一個小團體，他們宣誓要守貧、守貞，服從教會威權並服事上帝。一五四〇年，教皇保羅三世批准該修會成爲教會中的一個正式組織。此後耶穌會迅速發展，到羅耀拉去世時，會衆已達到一千五百多人。耶穌會是迄至那時由十六世紀天主教改革運動熱潮中培育出最具戰鬥性的一個宗教團體，它不僅是一個修道院，而且還是由一群發誓捍衛信仰的戰士組成的團體。不過，他們的武器不是槍彈和長矛，而是靠著雄辯才能、說服和宣傳教義；同時，如有必要，就採用更世俗的辦法施加影響。耶穌會的組織和軍隊相似，指揮官由修道院會長擔任，對其所有成員用鐵的紀律管理。成員的個性受到壓制，他們應像士兵服從將軍一樣服從會長。耶穌會的將軍有時被稱為「黑教皇」（得名於修會服飾的顏色），是由選舉產生，終身任職，所有重要事情都須與他諮商，但他沒有聽取修會其他成員意見的必要；不過，他確實有一個明顯的上司，即羅馬教皇本人，因為除了修會三個誓言、純潔和服從外，所有高級耶穌會士都發了「第四個誓言」——即嚴格服從基督的代理人教皇，隨時聽從他的召喚。

耶穌會士的活動主要包括改變異教徒和基督徒的宗教信仰，以及建立學校。該會創建的主要目的最初在海外從事傳教工作，早期的耶穌會士絲毫沒有放棄這一目標，他們在地理大發現後抵達印度、中國和西屬美洲等異教地區進行傳教。例如，羅耀拉早期最親密的夥伴之一聖佛朗西斯·哈維爾（即沙勿略，一五〇六～一五五二年），在東印度群島為數千名土著洗禮，在那裡傳教行程達數千英里。不過，雖然羅耀拉起初並未設想把他的耶酥會變成反對新教的突擊隊，但隨著反改革運動的深入發展，它主要起了這種作用。透過傳教和外交手腕——有時冒著生命危險，十六世紀後期，耶穌會士在歐洲各地進行各種活動，並與喀爾文派信徒發生直接衝突。在很多地區，耶穌會士成功地使統治者及臣民繼續他們的天主教信仰；在其他地區，他們成為殉教的烈士；而在其他一些地區，尤其是波蘭、日耳曼和法國部分地區，實際上，他們一度收復了歸屬新教信仰的地區。在所有允許他們安居下來的地方，耶穌會士都會創辦學校和學院，因為他們堅信強有力的天主教只能建立在人們擁有普遍識字能力和受到教育基礎上。實際上，他們的學校辦得卓有成效，以致於在宗教仇恨之火開始熄滅之後，上層階級的新教徒有時也會把自己的孩子送到耶穌會士辦的學校接受教育。

從上述中，應不難看到這一點，與有著一種新教遺產完全一樣，也有一種「反改革遺產」。毋庸置言，對忠誠的天主教徒而言，十六世紀天主教改革的最大成就，就是守住並恢復天主教信仰的活力。毫無疑問，如果沒有十六世紀改革者英勇的努力，天主教就不會橫掃全球，並在歐洲像現今這樣作為一種強有力的精神力量重現。但反改革也有一些更實際的成果：其一，由於耶穌會士的教育活動，使得天主教國家的識字率上升了；其二，人們更為關心慈善行為。由於反改革的天主教既強調信仰也強調善行，因而慈善行為在這一復甦的宗教中起了極其重要的作用，因此，反改革的精神領袖，諸如聖佛朗西斯·德·撒西（一五六七～一六二二年）和聖文森特·德·保羅（一五七六～一六六〇年）等，在其布道和著作中都敦促布施；同時，在歐洲信奉天主教的地區，到處掀起興建孤兒院和濟貧院的浪潮。

在婦女史和思想文化發展領域這兩個領域，反改革運動也產生了雖不那麼引人注目，但仍值得注意的影響。如果說，新教鼓勵婦女識字，讓婦女在有能力獨自閱讀《聖經》方面，與男人更接近一些；那麼，恢復元氣的天主教則採取了不同的方法。多數信奉天主教的婦女在信仰方面，處於比信奉新教的婦女更爲從屬性的地位，但天主教鼓勵女性宗教精英發揮一種獨特的作用——支持阿維拉的聖特雷薩【29】（一五一五～一五八二年）的神祕主義，或允許建立一個新的女修會，諸如厄爾蘇拉女修會【30】和仁愛姊妹會。在新教和天主教中，婦女都處於從屬地位，但在日後，她們可以更自主地從事宗教活動。

最後，令人遺憾的是，反改革未能保存伊拉斯謨斯的寬容基督教，因爲基督教人文主義者得不到反改革教皇的寵愛，伊拉斯謨斯的所有作品大部分都被列入禁書書單。但十六世紀的新教與十六世紀的天主教一樣不寬容，對理性主義事業比天主教更持敵視態度。確實，由於反對改革的神學家重新向聖湯瑪斯．阿奎那的士林哲學尋求指導，因而，與強調純粹的《聖經》權威和盲目信仰的新教神學家相比，他們更願意承認人類理性的尊嚴。因此，雖然後來十七世紀的科學革命的界標是各式各樣精神性活動與嚴格的科學工作分離，但說過「我思故我在」這樣名句的科學革命奠基人之一笛卡兒，在年輕時受到的是如何成爲耶穌會士的教育，這其實完全不是偶然。

第二十章

歐洲近代早期危機四伏的一個世紀

A Century of Crisis for Early-Modern Europe(1560-1660)

我不想多談我們生活的這一時代的習俗。我能說的只是：這一時代不是一個最美好的時代，而是一個邪惡的世紀。

——門泰·德·薩爾莫內，《大不列顛動亂史》，一六四九年

我心中蒙昧，願得您獨照光明，
我意趣平平，願得您提攜契引。

——約翰·彌爾頓，《失樂園》

一五七二年八月聖巴拉繆日[1]前夕，信奉天主教的法國王太后麥迪奇的凱瑟琳授權襲擊前來巴黎參加婚禮的法國休京拉派教領袖[2]。就這樣，在午夜過後數小時內，毫無戒心的人們從夢中被驚醒，或者被殺死在床上，或者被扔出窗外，一夕之間，處死了上千的休京拉教徒。不久，所有被列入名單的休京拉派教徒都被消滅了，但殺戮仍在進行，因爲巴黎天主教徒成幫結隊地遊蕩，他們利用這一獲得授權的機會隨意殺戮碰上的所有敵人，不管他們是新教徒還是其他人。到了早上，塞納河裡屍骸遍地，幾十具屍體懸掛在絞刑架上，說明發生了一場自此被稱爲聖巴拉繆日大屠殺的事件。

如果這一慘劇僅僅是個獨立的事件，那它也就不值得一提了。但事實上，大致從一五六〇至一六六〇年這一百年當中，有時是新教徒扮演殘酷無情的劊子手角色，有時是天主教徒屠殺新教徒，在歐洲許多地方經常發生。此外，由於經濟陷於困境，曠日持久的戰爭，再加上宗教叛亂，讓局勢更進一步惡化，終致使歐洲文明陷入巨大危機，長達一百年之久。

歐洲近代早期的危機有許多方面都與中世紀後期那段可怕歲月相當類似，但就性質和程度而言，歐洲近代早期的危機不像前者那樣始終如一。從經濟觀點來看，這時出現兩種不同的大困難：首先出現了戲劇性的物價上漲，大約從一五〇〇年一直持續到一六〇〇年，此時窮人相對於富人而言，受害尤其嚴重；之後的一段時間整個經濟顯著不景氣，由於地區不同，各地情況迥然相異。與此類似，儘管在這整個時期，政治史的主題是激烈的戰爭衝突，但戰爭的原因由於時間、地點不同而大相徑庭，個別地區偶爾還能享受到斷斷續續的和平與寧靜。但不管怎樣，從最寬廣的角度看，一五六〇到一六六〇年這段時期，西歐歷史是處在一個「墮落的世紀」——是一個產生嚴重動盪、面臨嚴重考驗的時代。

經濟、宗教和政治的考驗

歐洲的動亂時代，是在不知不覺中突然降臨的。因爲在一五六〇年之前的近一百年時間裡，西方大部分地區都因經濟的穩定發展而受惠，新大陸的發現似乎昭示著未來會出現更大的繁榮。政治趨勢看起來也平和順遂，因爲西歐多數政府都變得空前有效率，爲其臣民提供內部和平。不過，大約在一五六〇年，天空突然布滿烏雲，一場可怕的暴風雨馬上就要降臨了。

雖然這些風暴產生的原因盤根錯節，但我們可以先從物價快速上漲著手，來逐一檢查這些原因。在西歐歷史上，從未出現過像十六世紀後下半期這樣的物價飛漲現象。例如，自一五五〇到一六〇〇年，在佛蘭德斯，一單位的小麥價格飆長了三倍，巴黎的穀價飆長了四倍；在同一時期，英格蘭整個生活費用的增長幅度在一倍以上。當然，在二十世紀出現過比這更加嚴重的通貨膨脹，但在十六世紀後期，這種價格的猛漲是破天荒的事，正因爲此，多數史學家同意稱這爲「價格革命」。

不過，如果說，專家們同意使用這一術語，那麼，到底哪些因素造成價格革命，對此他們卻意見不一。因爲近代早期的統計數字殘缺不全，同時，人們對經濟理論的許多領域還有爭論。儘管如此，爲方便起見，我們可以肯定地列出兩個大家公認是促成這次大危機的重要原因：其一，人口方面的原因。自十五世紀晚期開始，歐洲的人口因黑死病蔓延而銳減後，再次爬上增長高峰——據粗略估計，一四五〇年前後，歐洲有約五千萬人；一六〇〇年則達到九千萬左右。由於在農業技術方面，缺乏任何引人注意的突破，歐洲的食物供應依然沒有增加，這樣一來，隨著需求的增長，食物價格便不可避免要飛漲。與此相比之下，由於手工業供需之間存在較大差距，因而手工製品的價格未出現像食物那樣的急劇上漲。不過，手工業製品的價格確實也有上漲，尤其是在那些對手工業十分重要的農業未加工處理過的材料相對上缺乏替代的地方。

因而，人口增加的趨勢在很大程度上，是物價上漲的原因，但由於在十六世紀後半期，歐洲的人口不像物價上漲那樣迅速，因此，仍要尋找促成通貨大膨脹的其他原因予以補充，其中最重要的，當屬拉丁美洲白銀的大量流入。大約從一五六〇年，由於使用一種新的提煉白銀技術的出現，因此，開採新近發現的墨西哥和玻利維亞銀礦就變得十分重要；不久，就有大量的白銀流入歐洲。如果說，從一五五六至一五六〇年這五年間，大概有價值一千萬杜卡托的白銀，從西班牙的輸入港塞維利亞輸入西班牙，那麼，在一五七六至一五八〇年間，這白銀流入的數字便成長了一倍；一五九一至一五九五年間，這數字又提高一倍，因此到了此時，則上升了兩倍多。這些白銀大都被西班牙國王用在支付給外國債權人和軍隊上，或由私人用在購買外國輸入品上。西班牙銀條快速在歐洲各地流通開來，它們多被鑄成硬幣。流通領域貨幣量的劇增可謂火上澆油，促使物價更迅速地上升。一六〇三年，一位法國人在旅居西班牙時說：「我在這裡聽到一個諺語：本地除白銀外，所有東西都價格昂貴。」

具有進取精神的企業家和地主是這種變動經濟形勢中最大的受益者，至於從事勞動的普羅大眾則受害最深。擁有極受歡迎商品的商人，顯然可以隨意開價；地主可以從農產品價格的上漲中直接獲益，如果他們把田地交由別人耕種，也可以提高租金。但是，由於勞動力供過於求，因此，工資上漲的幅度遠遠比不上物價上漲的速度，因而城鄉勞動者處境艱難。另外，由於食物價格上漲的幅度，相對說來比其他大多數消費品都要大，使窮人不得不從其微薄的收入中拿出更多的錢購買生活必需品。在無戰事與歉收的太平年時，他們費盡心血才能勉以度日，一旦災禍出現時，穀物價格的飆漲，會造成有些窮人因而餓死。因此，就出現了下述景況：富者越來越富，窮者越來越窮——窮者坐以待斃，富者卻歡宴不斷。

除了這些直接的經濟影響之外，十六世紀後期的通貨膨脹也產生重要政治影響，因為物價的上漲對歐洲各主權國家形成新的壓力。造成這種情況的原因很簡單，由於通貨膨脹，貨幣的實際價值下降了，國家從賦稅中得到的固定收入，事實上也越來越少。因而，僅僅為了確保收入始終如一，政府就不得不增加稅收。由於國家參與更多的戰爭，而戰爭費用總是越來越高，因此，很多國家在這時期需要獲得比之前更多的實際收入，這就使局勢更嚴重。要做到這一點，唯一的途徑就是大幅度增稅，但這種嚴苛措施使臣民怨聲載道——尤其是那些因通貨膨脹而變得一貧如洗的赤貧者。因此，政府面臨的反抗乃至潛在的武裝抵抗威脅便持續存在著。

價格革命之後出現就是經濟不景氣，對此我們無須多說，因為它與我們剛剛討論的多數趨勢並不相悖。一六〇〇年前後，當人口增長速度開始放慢、美洲白銀湧入的趨勢減緩時，物價很快便穩定下來。不過，由於對新大陸最有利可圖的經濟開發活動，在十七世紀後期才開始，而且歐洲工業的發展幾乎停滯，因而約自一六〇〇至一六六〇年這段時期，至多只能算是一個總經濟增長十分有限的時期，儘管也有個別地區——尤其是荷蘭——逆著潮流而動。就此而論，富者通常能夠守住自己的財富，至於在這個整體中，窮人並沒有獲得任何好處，因為物價對工資的關係依然保持著對他們不利的情況。如果說有什麼變化的話，那就是在許多地區窮人的處境實際上是越來越惡化了，因為在十七世紀中葉經歷了某些代價高的毀滅性戰爭，使得孤立無助的平民百姓受到貪婪的徵稅人員剝削，或是受到劫掠成性的士兵掠奪，或者同時受到這兩種災禍的威脅。

毋庸置言，在歐洲殘酷的世紀中，如果戰爭更少一些，那麼，大多數人的生活就會比實際上要好得多。但從一般的看法，新滋生的宗教對立衝突行為不可避免是造成戰爭的產生。簡單地說，直到本時期末，宗教激情平靜下來之前，多數天主教徒和新教徒都視對方為絕對要消滅的撒旦僕從。更糟的是，主權國家基於「王冠與聖壇」互相扶持的體會，以及不同信仰大行其道必將導致政府衰弱的信念，強制實行宗教一體化，這就使局勢更加惡化。信奉天主教與信奉新教的統治者都認定，如果在他們的王國內容許其他人數較少的宗教派別存在，這些人不可避免就會煽動叛亂；他們持這樣觀點並非過於離譜，因爲好鬥的喀爾文派和耶穌會士，實際上都致力於在他們尚未取勝的地區進行顚覆當地合法政權的活動。因而各國都試圖消除種種潛在的宗教反抗活動，不過在此過程中有時激起內戰，此時的雙方都認爲除非根除對方，否則無勝利可言。自然，當一個或更多外部勢力決定幫助交戰中與自己結盟的一方時，內戰就會擴展成一場國際性衝突。

從較嚴格的角度看，解決前述問題屬於政治範疇；即，在同時受到價格趨勢的束縛，和宗教戰爭的折磨之際，各國政府本身也招致來自地方和憲政上的不滿。關於地方問題，近代早期歐洲主要國家大都是透過征服或王族聯姻方式建立起來的，結果是許多較小的地區容易受到缺席統治。起初還會保留某種程度的地方自治，因而這些地區的居民在遭到併吞時也不會反抗。但在這個混亂的世紀，隨著政府對所有臣民提出越來越多的財政要求，或者試圖強制實行宗教一體化時，常用的手法是進而消滅各地外表上的自治。地方居民自然不樂於束手就擒，同意完全臣屬國家，這樣他們就會出於愛國、經濟或宗教等情感交織在一起而進行反叛。不過，情況並未都是如此，因爲多數尋求金錢，以及（或）宗教統一的政府，都試圖對其臣民實行更強有力的統治，因而有時就會激起人們打著維護傳統的憲政自由旗號進行武裝反抗。有鑑於人們會以各種原因進行反叛，因而在一五六〇到一六六〇年這一百年，是整個歐洲歷史上最動盪不安的時代之一，並不會令人覺得奇怪。

長達半個世紀的宗教戰爭

儘管造成社會不穩定的原因部分相同，且原因很多，但這混亂世紀的前五十年，戰爭最大的單一原因就是宗教衝突。實際上，天主教徒和新教徒之間的戰爭，早在一五四〇年代就已開始了，當時信奉天主教的神聖羅馬帝國皇帝查理五世試圖在日耳曼地區重建天主教統一國家，因而以軍事手段討伐那些在其公國內立路德教爲國教的日耳曼王公[3]。在此後一段時間，查理似乎成功地迫使這些王公新教徒對手完全歸順，但由於在這時他又捲入對法戰爭，因而很少有精力來處理日耳曼境內事務。因此，宗教戰爭此起彼落，直到一五五五年，雙方達到妥協性的「奧格斯堡宗教和約」。該條約依據的原則是：「各邦均以該統治者的宗教爲合法宗教」，意即在信奉路德教的王公統轄的公國，路德教就是唯一的國教，在那些信奉天主教的王公統轄的公國，情況同樣如此，但個人的信仰自由是不被允許。雖然「奧格斯堡宗教和約」是天主教統治者首次承認新教享有合法地位的一個歷史里程碑，但它由於確定任何比自由市（自由市是個例外）大的主權國家都不能容許不同的宗教存在，從而埋下了紛爭的種子。此外，由於它把喀爾文教派排除在外，喀爾文教派就將成爲反對現狀的一個活躍勢力。

雖然在一五六〇年之前，在歐洲就有了以宗教名義進行的戰爭，但由於參加戰爭的雙方都十分狂熱（像是不妥協的喀爾文教派信徒和耶穌會士通常是敵對營壘的領導勢力），一五六〇年，蹂躪歐洲大地的宗教戰爭比過去殘酷得多，這是因爲參加戰爭的雙方更爲狂熱，使後來的宗教戰爭是因政治、經濟的敵對情緒而進一步升級。由於日內瓦與法國相毗鄰，而喀爾文本人又是法國人，因此，他一直在尋找改變自己祖國的信仰，又由於喀爾文宗信徒並不想去日耳曼地區取代路德教，因而歐洲贖罪戰爭悲劇的下一幕就在法蘭西上演了。在一五四一年喀爾文在日內瓦執掌大權和一五六二年宗教戰爭爆發之間，喀爾文傳教士已經在法國取得很大進展。對喀爾文教派（休京拉教徒）事業幫助最大的，是許多出身貴族的婦女的皈依，因爲她們往往會讓她們的丈夫皈依她們的信仰，後者往往擁有大

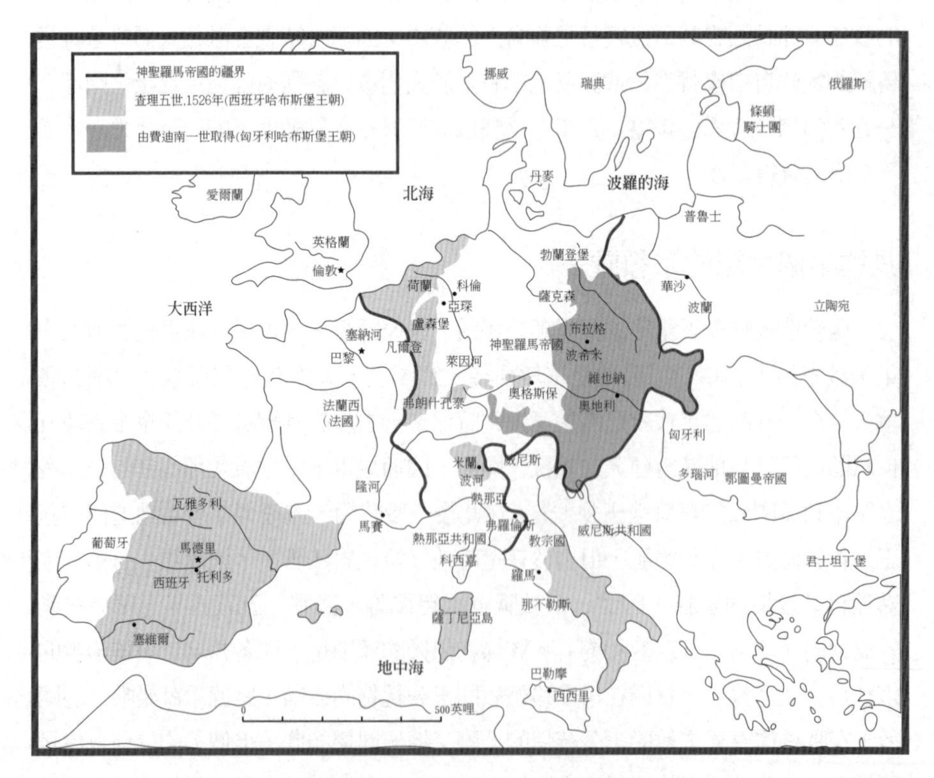

圖20-1　西元一五六〇年的歐洲

批私人軍隊。最突出的一個例子是，庇里牛斯山區蕞爾小國——納瓦爾的王后安娜·達爾布雷（一五二八～一五七二年），在她的鼓動下，她的丈夫——名聲顯赫的法國貴族安托尼·德·波旁及其姊夫孔德親王都皈依喀爾文教派。孔德親王在一五六二年內戰爆發時是法國休京拉團的領袖，而他的職位後來由安娜的兒子納瓦爾的亨利承襲，後者在這世紀末成為全法國的統治者，即亨利四世國王。除了貴族外，各階層、行業的許多人士也由於各種動機成為休京拉信徒，他們在南部地區勢力最強，此地早就對來自巴黎的北方統治心懷不滿。總之，到一五六二年，喀爾文教派信徒在法國約一千六百萬的人口中占百分之十至百分之二十，同時人數也在日漸增加。

由於天主教徒和新教教徒都認為，法國只能擁有一個國王、一個信仰和一個法律，因而，不可避免會發生內戰；同時，人們對於信仰喀爾文派的孔德親王和極端的天主教徒吉斯公爵為了爭奪國王年幼無法親政的攝政權[4]，竟在一五六二年兵戎相見之事並不意外。不久，法國各地都燃起戰火，在雙方神職人員的叫唆下，暴徒聚眾鬧事，洗劫教堂，清算地方仇怨。經過一段時間後，局勢明朗起來，休京拉教徒力量不夠強大且人數不夠多，雖無法取得勝利，但他們的力量可以繼續抵抗下去。戰事一直拖到一五七二年，打打停停的方式仍造成大批人喪生。在和平的間歇期，王太后麥迪奇的凱瑟琳便傾向和天主教吉斯派成員妥協[5]，密謀利用休京拉教派領袖聚集巴黎參加納瓦爾亨利的婚禮之際，把他們一網打盡。在聖巴拉繆日凌晨（八月二十四日），休京拉派領袖在睡夢中被殺死；另外，有二、三千名新教徒在大街上被天主教暴徒殺死，或丟入塞納河淹死。巴黎大屠殺的消息傳到各省後，又有上萬名休京拉教徒在這次狂潮中被殺死。

聖巴拉繆日插曲實際上粉碎了休京拉派的抵抗，但儘管如此，戰爭仍未停息，因為神經質的國王亨利三世（一五七四～一五八九年在位）試圖唆使休京拉派與居主導地位的天主教吉斯家族進行鬥爭。此外，也因為誓死不屈的休京拉派有時也得與天主教徒聯合起來，反對苛重的賦稅和稅收中不公平的待遇，因而戰爭仍持續著。直到深諳政治權術的亨利四世（一五八九～一六一〇年在位）成功登上法國王位之後——他創立的波旁王朝一直延續到一七九二年，內戰才結束。一五九三年，亨利為了安撫在法國人口中占多數的天主教徒（「巴黎是值得做彌撒的」[6]），便放棄了新教信仰；隨後，一五九八年，他頒布南特敕令，給予休京拉派宗教自由。據敕令的條文，天主教被認定為官方宗教，但休京拉派貴族可以在自己的城堡內，以私人身分舉行新教儀式，其他休京拉派信徒也可以在特定的地點（不包括巴黎以及有主教、大主教駐節的所有城市）舉行祈禱；此外，也允許休京拉派在某些城鎮給予武裝保衛的權利，尤其是南方的一些城鎮，他們可以構築防禦工事，以便在需要時進行軍事防禦。因而，南特敕令雖然沒有確定絕對的信仰自由，但無論如何，它是朝著宗教寬容邁出一大步。隨著宗教和平的建立，法國很快就開始治癒幾十年的創傷，但亨利四世本人在一六一〇年被一位瘋狂的天主教徒刺死了。

與法國宗教戰爭同時，鄰國尼德蘭在天主教和新教徒之間，也出現同樣激烈的衝突，這種宗教敵對狀態因民族間的仇恨大大加劇。尼德蘭（或低地國家）包括今日的荷蘭北部和比利時南部，在近一百年來，一直受到哈布斯堡家族的統治。尤其是尼德蘭南部，在過去九個世紀以來，一直是繁忙的商業中心，其商業和手工業發達，呈現一片繁榮景象：南尼德蘭人人均享有的財富，在整個歐洲是無人匹敵，尤其是安特衛普這個大都市，更是歐洲北部主要的貿易和金融中心。此外，哈布斯堡家族的查理五世（一五〇六～一五五六年在位）長達半個世紀的統治深得人心，因為查理五世出生於比利時的根特城並講法語，又居住在布魯塞爾，因而與其臣民有一種親近感；而且，他還允許他們享有大程度的地方自治。

但到了一五六〇年左右，尼德蘭的好運開始逆轉。當一五五六年，查理五世退隱到一個修道院（兩年後死去）之後，他把統轄的廣袤地區，除了神聖羅馬帝國和匈牙利之外，都交給他的兒子菲立普二世（一五五六～一五九八年在位），他統治的區域不僅包括尼德蘭，還包括西班牙、西屬美洲，以及近乎一半的義大利。與查理五世不同，菲立普出生在西班牙，他認為自己是個西班牙人，而且也居住在西班牙，因此，他的任何政策都是圍繞著西班牙而制定。在他眼裡，尼德蘭主要是一個可以為他在處理西班牙事務時，提供潛在財源的地區。（一五六〇年前後，美洲白銀才開始經由塞維利亞流入。）但為了取得尼德蘭的財富，菲立普不得不比其父親推行更直接的統治，這些嘗試自然而然受到當地權貴的反對——這些權貴過去一直統治政府。更糟的是，宗教風暴正在醞釀著，因為一五五九年協定結束了法國和西班牙之間長期的戰爭後，法國的喀爾文教徒開始跨越尼德蘭邊界，到處勸人皈依喀爾文教。不久，安特衛普的喀爾文教徒比日內瓦還多，對此菲立普無法容忍，因為他是一位虔誠的天主教徒，他全心全力致力於反改革目標。確實，就像他在衝突前夜致羅馬教皇的信中所說：「與其讓眞正的宗教及服事上帝上受到最輕微的傷害，我寧願失去我的所有國家，乃至獻出自己的生命一百次，因為我不是，也不願作異教徒的統治者。」

尼德蘭局勢的複雜化從下述事實就可發現：領導反抗菲立普的人物「沉默

者」威廉原本並不是喀爾文派教徒，而且，最終成功擺脫西班牙統治的地區，最初是低地國家中天主教徒人數占大多數的地區。「沉默者」威廉是尼德蘭一個擁有大片地產的顯要貴族，這位實際上非常健談的人之所以獲得這樣一個綽號，是因爲他在必要時善於隱瞞自己眞正的宗教信仰和政治立場。一五六六年，當時名義上仍是天主教的威廉，與其他並未正式皈依新教的當地貴族，籲請菲立普對喀爾文教徒予以寬容。但當菲立普在遲疑之際，激進的新教暴民證明是自己最大的敵人發起一場群眾暴亂——他們在全國各地洗劫天主教堂，褻瀆聖物，搗毀塑像，打碎鑲有彩花玻璃的窗戶。雖然當地軍隊很快就控制了局勢，但菲立普二世仍決定派遣一支一萬人的軍隊，由偏激的亞爾瓦公爵統領，前去徹底消滅低地國家的新教運動。亞爾瓦的平亂委員會爲「血腥會議」，不久就以異端或叛逆的罪名審訊了大約一萬二千人，其中九千人被判有罪，一千人被處死。「沉默者」威廉流亡至國外，這時自由的尼德蘭所有希望看來都破滅了。

由於出現兩個互相關聯的原因，使得形勢迅速發生逆轉。首先，沉默者威廉不僅沒有屈服，反過來還皈依新教，並尋求法國、日耳曼和英國新教徒的支持，組織一批批海盜船騷擾尼德蘭沿海的西班牙船隻。其次，亞爾瓦公爵的暴政也幫了威廉的忙，尤其是當他試圖徵收高達百分之十的銷售稅時，更成爲威廉一大助力。一五七二年，隨著尼德蘭內部對西班牙不滿情緒的日趨高漲，再加上戰術的運用，威廉已經可以攻得尼德蘭北部，雖然在這裡天主教徒仍居主導地位。之後，地理條件在決定衝突的命運方面扮演重要角色。西班牙軍隊屢屢企圖奪回北方，但他們面對著隨時要以開閘淹沒入侵者的堤壩和難以逾越的河流，無法前進。雖然沉默者威廉在一五八四年被一天主教徒暗殺，但他的兒子繼續領導反西班牙事業，直到一六〇九年西班牙王室最後同意達成停戰協定，並明確承認北方荷蘭共和國的獨立地位。與此同時，在戰爭和迫害的壓力下，整個北方都信奉喀爾文教，依然處於西班牙統治之下的南方，則重新回到天主教一統天下的局面。

宗教衝突以各種形式表現出來，在法國是內戰，在尼德蘭是民族解放戰爭；可以預料，衝突也可以以兩個主權國家交戰的形式表現出來，例如十六世紀後期英格蘭和西班牙之間的戰爭。在僥倖逃脫信奉天主教的女王瑪麗及西班牙菲立普二世的統治之後，英格蘭的新教徒樂於在伊莉莎白一世女王（一五五八～一六〇三年在位）的統治下，所以，對菲立普二世和他的反改革運動自然存有敵意。此外，英格蘭的經濟利益也與其對手西班牙有直接衝突。作爲以航運和從事商業活動爲主的民族，英格蘭人在十六世紀後半期，逐步侵入西班牙在海上和貿易上的勢力範圍，同時毅然地反抗任何西班牙的企圖——對英格蘭封鎖他們與低地國家之間有利可圖的貿易。不過，雙方衝突的最大根源是他們在大西洋上的海上競爭。在伊莉莎白女王的默許下，英格蘭的私掠船不斷襲劫西班牙裝滿白銀的運寶船。自一五七〇年前後開始，英格蘭海軍將領或海盜（這兩個詞實際上是可以互換的），諸如佛朗西斯·德雷克爵士和約翰·霍金斯爵士等，藉口西班牙在尼德蘭壓迫新教徒，開始在公海上劫掠西班牙船隻。在自一五七七至一五八〇年一次戲劇性的航海行動中，德雷克在追求戰利品的欲望和盛行風的驅使下，繞世界環行一周，滿載財寶回歸英格蘭，其財寶價值等於伊莉莎白女王歲入的兩倍。

上述這些原因本應足以促使菲立普二世報復英格蘭，但由於他忙於尼德蘭事務，無暇他顧，因而只在一五八五年英格蘭公開與荷蘭的反叛者結盟之後，才決定入侵英格蘭。甚至在當時，由於菲立普並沒有做好周密的計畫，在沒有萬全把握下，便一直遲遲未採取行動。最後，到了一五八八年，他的龐大艦隊——自信稱之為「無敵艦隊」[7]準備就緒，便前去懲罰無禮的不列顛。然而，在英吉利海峽，英格蘭艦隊在愛爾蘭海岸迴避開西班牙艦隊最初的鋒芒後，英格蘭火船智取西班牙艦隊，引燃了一些西班牙大帆船；此外，靈活輕巧的英船衝向無敵艦隊，打亂整個艦隊的陣型。再加上當時海上吹起一陣大風暴，即著名的「新教狂風」將被損的西班牙艦隊吹向北海，西班牙艦隊損失慘重，近半的艦隻喪失，殘餘者沿著海岸線回到西班牙。

西班牙無敵艦隊的失敗戰役，是西方史上最具決定意義的戰鬥之一。如果西班牙征服了英格蘭，那麼西班牙人極可能進而蹂躪荷蘭，甚或消滅其他北方的新教。然而，實際結果是新教得救了；且在戰後不久，西班牙勢力開始衰落，英格蘭和荷蘭船隻取得更大的制海權。此外，在英格蘭本身愛國激情高漲起來。甚至在海戰之前，「賢德的女王貝絲」就深得人心，此後到她於一六〇三年去世之前，實際上一直受到臣民的尊崇，英格蘭也進入文學創作的黃金時代——「伊莉莎白時代」。英格蘭與西班牙的戰爭一直持續到一六〇三年都沒有分出勝負，但戰爭未給英格蘭造成任何真正傷害，反而給英格蘭人民帶來足夠的活力，引導他們深深致力於他們的女王、祖國，和新教的事業之中。

震顫的年代

隨著一五九八年南特敕令的頒布、一六〇四年英西和約的簽訂、一六〇九年西班牙與荷蘭停戰協定的達成，宗教戰爭的火焰逐漸減弱，並於十七世紀初熄滅。但在一六一八年一場新的大戰爆發了，這次是發生在日耳曼。這場戰爭間斷地持續到一六四八年，因而被稱為三十年戰爭。此時，西班牙和法國並未持續其持久的和平，而是參加了三十年戰爭，彼此交戰；而且，在西班牙、法國和英格蘭內部的不滿情緒，都在一六四〇年代的這十年間爆發出來——起義和內亂同時爆發。正如英格蘭一位傳教士在一六四三年所說：「這是震顫的年代，這種震顫是全體的。」他或許應該再加上一句：雖然在某些衝突中，宗教依然是引起爭端的原因之一，但圍繞著統治權展開的世俗爭執，在這一時期仍居主導地位。

這方面最明顯的例子是三十年戰爭。它開始時，是與宗教狂熱交織在一起，是一場天主教徒與新教徒之間的戰爭，但迅速引起的原因在於日耳曼憲政之爭（指想建立帝國中央集權的神聖羅馬帝國皇帝，和想維持自治的帝國各邦間的憲法之爭），最後卻發展成一場國際性爭鬥，當然，最初的宗教之爭幾乎完全被人忘記了。自從一五五五年奧格斯堡和約簽訂到一六一八年三十年戰爭爆發，有些日耳曼地區喀爾文教徒已經取代了路德教徒，但神聖羅馬帝國範圍內，天主教與新教整體均勢仍未受到觸動。然而，一六一八年，當新教徒在波希米亞發生叛亂，發起反對哈布斯堡王朝的天主教起事（波希米亞不屬於日耳曼，但爲神聖羅馬帝國一部分）威脅到這一平衡時，日耳曼天主教勢力先是在波希米亞，隨後在日耳曼本土進行無情的反擊。在查理五世的哈布斯堡家族後代斐迪南二世領導下（他是奧地利大公、匈牙利國王，自一六一九至一六三七年去世時，爲神聖羅馬帝國皇帝），日耳曼天主教聯盟[8]獲得軍事主動權，在往後十年之內，看起來幾乎肅清日耳曼境內的新教勢力。但斐迪南也想實現其政治目的——就在波希米亞推動嚴格的直接統治，以培植他自己的奧匈帝國力量，並試圖盡其所能恢復已經衰微的神聖羅馬帝國權威。

因而，當信奉路德教派的瑞典國王古斯塔夫・阿道爾夫，在一六三〇年進軍日耳曼，捍衛幾近失敗的新教事業時，他受到一些信奉天主教的日耳曼王公歡迎，這些日耳曼王公寧願看到從前的宗教局勢重新出現，也不願面臨把其主權交給斐迪南二世的危險。更嘲諷的是，古斯塔夫的新教軍隊得到信奉天主教、當時正處於一個紅衣主教治理下的法國[9]祕密的支持。因爲在日耳曼戰爭中，哈布斯堡家族統治下的西班牙和奧地利再和日耳曼攜手戰鬥，使法國備感威脅，因而法國的這位紅衣主教——黎希留，決心消除任何使法國在北面、東面和南面受到強大聯盟包圍的危險。結果，軍事天才古斯塔夫・阿道爾夫開始果然大敗哈布斯堡勢力，但當他在一六三二年戰役中失敗後[10]，黎希留紅衣主教仍向置身日耳曼的瑞典殘軍提供更大的支持外，更於一六三九年，使法國軍隊直接參戰，並站在瑞典一方。自該年起至一六四八年，戰爭實際上是在法國（此時戰爭本質上已改變了，成爲波旁王朝和哈布斯堡王朝在爭奪歐洲霸權）、瑞典等五個參戰國和奧地利、西班牙一方之間進行的，而日耳曼大部分地區成爲孤立無助的戰場。

結果，在一六一八至一六四八年的這可怕三十年歲月中，日耳曼比過去任何時候，以及其後直至二十世紀之前的任何時候，受到的戰爭損害都要大。有些日耳曼的城市受到九次、十次，或者更多次遭到圍困和劫掠[11]，來自各國的士兵往往不得不靠搶劫維持自己的生活，而他們的目標通常是手無寸鐵的平民。除了殺戮造成的直接損失外，瘟疫和疾病也摻上一腳，以致日耳曼有些地區喪失了半數以上的人口，雖然相對說來，個別地區確實沒受到什麼損失。最令人毛骨悚然的是，戰爭最後四年間人員的傷亡；甚至在雙方談判人員在大方針已達成協議，但附屬條件還在爭議時，殘酷的屠殺仍在進行，絲毫沒有收斂。

一六四八年的西發里亞和約最後結束了三十年戰爭，雖然它在歐洲歷史上樹立了某些持久不變的里程碑，但它未能證明任何死者是死得其所的。尤其是，以國際的觀點來看，西發里亞和約代表法國再次崛起的紀錄，成爲歐洲大陸舞臺上主要角色，取代西班牙的地位——法國在其後兩個多世紀中一直保有這種地位。特別是，法國在獲得亞爾薩斯大部分地區後，便把其東部邊界直接推進日耳曼境內。至於嚴格來說，在日耳曼內部事務上，最大的輸家是奧地利的哈布斯堡王朝，它被迫交出據有的日耳曼地區，不得不放棄利用神聖羅馬帝國頭銜直接統治中歐的企圖。在其他方面，一六一八年戰爭爆發前的日耳曼狀態重新恢復了——北方的新教公國與南方的天主教公國呈對峙狀態，日耳曼繼續陷於四分五裂的狀態之中[12]，十九世紀前在歐洲歷史上一直未能成爲統一體扮演其應有的角色。

三十年戰爭中，比哈布斯堡的奧地利還要大的輸家是其西班牙遠親，因爲西班牙在戰爭中投入它無力承受的巨大資金，從此之後便無法再起。西班牙由榮耀的頂點迅速衰落的經過，幾乎就是一個慘酷的希臘悲劇。在「無敵艦隊」被擊敗之後，大約在一六〇〇年左右，西班牙帝國仍據有整個伊比利半島（包括葡萄牙，於一五八〇年被菲立普二世兼併）、半個義大利、半個尼德蘭、整個中南美洲，甚至還包括菲律賓群島，是歐洲乃至全世界最強大的國家。但僅僅在半個世紀之後，這一日不降的帝國就幾近崩潰了。

西班牙最根本的弱點在經濟上。最初看起來很奇怪的陳述，在一六〇〇年，就如同在之前三、四十年一樣，有大量美洲白銀在塞維利亞港卸貨。不過，就像同時代人所理解的：「西班牙征服了美洲，反過來又爲美洲所征服」。由於西班牙缺少豐富的農業資源，也缺少豐富的礦產資源，它迫切需要像其對手英格蘭和法國正在做的，發展工業和均衡的貿易模式。但是，由於居主導地位的西班牙貴

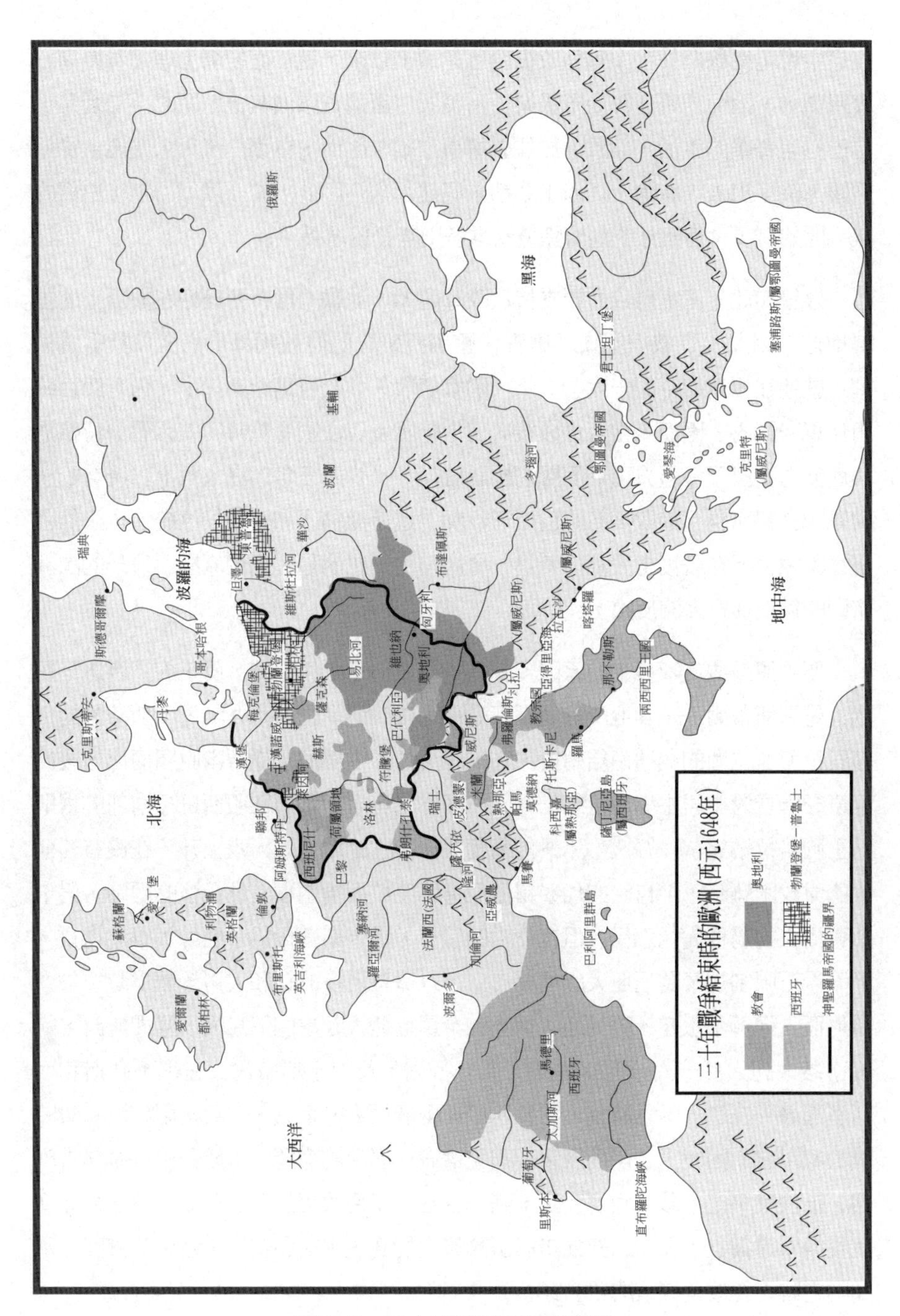

圖20-2　三十年戰爭末期的歐洲

族自中世紀從穆斯林手中勉強收復西班牙領土以來，就一直把騎士理想看得高於實用職業，因而西班牙統治階級樂於用美洲白銀購買歐洲其他地區的手工製品，自己過著奢華的生活，並致力於建立軍事業績。因而，白銀一流入，便馬上從這個國家流了出去，實際上任何工業都未興建起來；因此，當一六〇〇年後白銀的流入開始減少，西班牙的經濟除債務增多別無任何增長。

儘管如此，王室仍致力於支持反改革運動，並盡力維持西班牙在國際上的主導地位，因此對外戰爭不斷。確實，整個西班牙的財政預算仍完全以戰爭爲根基，就連在相對和平的一六〇八年，國家總收入共七百萬杜卡托中，仍有四百萬用作軍費開支。因而，當西班牙捲入三十年戰爭與法國交戰時，就因戰爭持續過久而無力支撐了。這方面最明顯的標誌就是，一六四三年，在人數上占優勢的法國軍隊在羅克魯瓦大敗著名的西班牙步兵，這是斐迪南和伊莎貝拉統治以來的西班牙軍隊首次在戰場上失利。不過，令局勢更惡化的是，兩個原屬西班牙的歐洲帝國的領地進行公開反叛。

要弄清這些反叛發生的原因，就須清楚了解十七世紀時，眞正的「西班牙民族」是卡斯蒂爾——其他所有地區都是後來得到的。一四六九年，卡斯蒂爾的伊莎貝拉與亞拉岡的斐迪南結婚後，在地理上位於中部的卡斯蒂爾脫穎而出，成爲西班牙聯合體中居主導地位的一方；一四九二年卡斯蒂爾征服西班牙南部的穆斯林王國格拉納達、一五八〇年兼併葡萄牙後，它的地位逐一步上升。在沒有任何大的財政困難時，半自治的加泰羅尼亞這一亞拉岡境內獨立性最強的地區，對卡斯蒂爾人的霸權尙能忍受。但在一六四〇年，當卡斯蒂爾爲了應付戰爭的重負，而不得不限制加泰羅尼亞人的種種自由，以徵募更多的錢和人用於戰爭時，加泰羅尼亞人進行了叛變。葡萄牙人獲悉加泰羅尼亞人起事的消息後，隨即響應，隨後南義大利人於一六四七年也加入此一行列，反對卡斯蒂爾人在那不勒斯和西西里起義。在那一緊急時刻，由於西班牙兩個最大的敵人——英格蘭和法國暫時無力利用它的困境，才使西班牙帝國免遭徹底崩潰的命運。卡斯蒂爾政府異常堅定，很快就平定了義大利的反叛，到一六五二年便收服加泰羅尼亞，但葡萄牙從此獲得永遠獨立；在一六五九年與法國簽定的庇里牛斯和約中，西班牙實際上承認，它將完全放棄統治歐洲的野心。

把十七世紀上半期西班牙和法國的命運做一對比，是很有啓發意義的，因爲這兩個國家間存在著非常明顯的相似之處，但最後差異扮演著決定性的角色。西班牙與法國的版圖幾乎相當，且極具地方性，同時，兩國都是藉著同樣的過程而形成。正如卡斯蒂爾王室獲得北方的亞拉岡、南方的格拉納達，隨後是葡萄牙，法國也經由兼併朗格多克、多菲內、普羅旺斯、勃艮地和布列塔尼等各個不同的地區發展起來。由於這些地區的居民都像加泰羅尼亞人或葡萄牙人那樣珍視地方獨立的傳統，又由於法國的統治者像西班牙統治者那樣，決心以強硬的態度治理這些省分——尤其是當三十年戰爭引起的財政緊張，使徵收高額稅收成爲當務之急時，法國中央政府和各省之間不可避免地產生直接衝突，這與西班牙沒有什麼兩樣。但法軍經受得住考驗，西班牙卻未能如此，因爲在很大程度上，法國王室擁有更多的財富、享有更高的威信。

在正常時候，多數法國人，包括邊遠省分的居民，都傾向尊重自己的國王。當然，在亨利四世統治時期，他們有充分的理由這樣做。一五九八年南特敕令的頒布實現宗教和解後，友善的亨利四世曾宣稱要每個在法國的家庭，每個禮拜天家中都要有一隻雞，並著手讓法境內恢復受到四十年的內戰蹂躪前的繁榮景象。幸運的是，由於法境內擁有極其豐富和各式各樣的農業資源，使它擁有巨大的經濟復原力。然而西班牙不同，因爲它常常須仰賴進口食物，至於法國通常是有能力向外出口食品；同時，在亨利四世的財政大臣索利公爵的有力協助，法國再次成爲食品的輸出國。索利採取種種促進經濟發展的措施，包含在全國各地免費散發推廣農作技術的指導冊子，出資重建或新修公路、橋梁和運河，以利於貨品的流通。此外，亨利四世不願意法國的經濟發展完全建立在農業財富上；反過來，他下令興辦皇家工廠來生產水晶玻璃和花毯等奢侈品，同時還在全國各地進行絲綢、亞麻和羊紡織業的發展。與此同時，就在亨利資助下的法國探險家——尚普蘭也到達新大陸，並宣布加拿大部分地區是法國在那裡最早的立足點。因而，亨利四世統治時期應當算是法國歷史上最仁慈、最上進的時期之一。

亨利四世實際上的繼承人和法國統治者黎希留紅衣主教（一五八五～一六四二年）並不像亨利那麼仁慈，但他完全保住法國國力持續上升的傾向。當然，這位紅衣主教從不是法國眞正的國王——一六一〇到一六四三年擁有法王頭銜的是亨利四世無能的兒子路易十三世。但黎希留自一六二四到一六四二年去世前充當首席大臣期間，隨心所欲地進行統治，而他最大的願望是加強國內中央集權化王權，並使法國成爲歐洲的主要強國。與此相應，當休京拉教徒起義，反抗南特敕令強加在他們身上的種種限制時，黎希留以強有力的手段平息了起義，並且於一六二九年修改南特敕令，剝奪了休京拉教徒的所有軍事權利[13]。在以武力鎭壓休京拉教徒時，黎希留花費不貲，爲此他後來採取措施廢除勃艮地、多菲內和普羅旺斯的半獨立地位，這樣他就可以在這三個地區徵收直接的皇家稅收，從而獲得更多的收入。而且，爲了確保稅款能夠得到有效的徵收，黎希留建立了一種新的地方政府體系，藉由任命一些被稱爲監理官的皇家官員主持地方事務；這樣做的目的顯然是要以強硬手段粉碎外省的蓄意陰謀。通過這些相關的其他措施，黎希留使法國政府成爲比以往任何時候都更中央集權化，並在其統治時期使王室的收入增加一倍。但是，由於他也忙於將注意力放在奧地利和西班牙哈布斯堡家族野心勃勃的外交政策，導致法國捲入代價昂貴的三十年戰爭，因而當黎希留死後，法國內部的壓力進一步加劇。

人們對法國中央集權化的反應，衍生出從一六四八至一六五三年間一連串被稱爲「投石黨人騷亂」的事件，或用法語爲「伏戎特」運動的暴動。在這時期，王位已由路易十三的兒子路易十四承襲，但當時的路易十四還是個孩子，因此，法國是由路易十四的母親奧地利的安娜與其情夫——馬薩林紅衣主教共同攝政。只要想到這兩位均爲外國人（安娜來自哈布斯堡家族，馬薩林原是位義大利冒險家，本名基約・馬扎里尼），就能了解他們有許多臣民，包括一些極有權勢的貴族，都對他們心存憤恨。此外，由於戰爭費用和連續幾年的歉收，使法國一時之間陷入嚴重的經濟困境，全國性的不滿情緒更爲高漲。因而，當貴族集團因一些微不足道和自私的理由，對馬薩林公開表示厭惡時，他們在全國各地都得到很大支持，因此，爆發了對攝政毫無關聯的暴動，並持續好幾年。

然而，法國並不是西班牙，因而沒有發生像西班牙那樣瀕臨分崩離析的現象。尤其是，法國王室本身有其根深柢固的民族傳統，再加上亨利四世和黎希留取得無可爭議的成就，依然保有崇高的威望，因而在運動中根本沒有受到攻擊。至於伏戎特運動的貴族領導者和來自各階層平民加入起義的人，他們宣稱並非反對年幼的國王，而是反對馬薩林所謂的腐化和管理不善。確實，某些反叛者堅持認爲，馬薩林的部分過失在於他繼續推行黎希留的中央集權化、反對外省的政策。但由於領導伏戎特運動的貴族大都是一些處在統治圈子之外，並希望躋身進來的人，因而在他們內部往往爭吵不休，有時甚至與攝政者達成互相利用的協議，或與法國的敵人西班牙結成同盟以換取暫時的好處，並無法在共同的綱領下團結在一起。因而，當一六五一年路易十四開始以自己的名義進行統治時，反對「腐敗的大臣」的藉口便不復存在，所有反抗活動不久後都沉寂下來。正如之前發生的那樣，往往是理想主義者和窮人要爲起義付出的代價最高：一六五三年，波爾多的一位領導民眾起事者被車輪輾過，終告失敗，亂事平定。此後不久，新的大規模賦稅又開始徵收了。路易十四在之後的統治歲月中，對伏戎特騷亂一直銘刻在心，他決心再也不讓貴族或外省脫離他的控制，並立志要成爲整個法國史上最有效率的專制君王。

與一六四〇年代西班牙和法國的內部騷亂相比，就其對有限政府歷史所產生的影響而論，英格蘭的動亂證明是最嚴重的。如果說，反對卡斯蒂爾的所有暴動獲得的成就是，實現葡萄牙的獨立，與嚴重削弱一個已處於衰落過程中的帝國；那在法國發生的事端，不過是暫時打斷王權穩步上升的進程。至於在英格蘭，發生的卻是一位國王被處死了，同時永遠樹立了防止絕對王權的屏障。

一六〇〇年左右，英格蘭跟上發生在西歐的中央集權王權增長的趨向。亨利八世和伊莉莎白一世不僅把英格蘭教會完全置於國王控制之下，同時，這兩位君主也都利用了所謂的特權法庭，因爲他們可以藉此漠視英格蘭傳統法律對被起訴者權利提供保護，而對他們提出起訴。雖然在這兩個國王統治時期的英國國會也有定期召開會議，但與十五世紀相比，此時議員的獨立性較小：任何膽敢與亨利八世對抗的國會代表都會掉腦袋；幾乎所有國會議員在與伊莉莎白一世交往時，都感到十分融洽，並心甘情願地推行她的政策。因而，當斯圖亞特王朝承襲都鐸王朝末代君主伊莉莎白的王位後，自然試圖進一步擴大王權。實際上，如果不是因爲他們無能，再加上各種反對勢力團結起來，他們原本是可以成功的。

一六〇三年，伊莉莎白一世去世。由於她並沒有結婚，所以未留下任何直系血親，因此，繼承王位的是與她血緣最近的親戚，是他的表兄弟——蘇格蘭國王詹姆斯六世。在登上英格蘭王位後，詹姆斯六世就被改稱爲詹姆斯一世（一六〇三～一六二五年在位），他同時也保有蘇格蘭王位。詹姆斯一世是一位食古不化且有點自負，糊塗但博學的人，法國國王亨利四世曾十分恰當地稱他是「基督教國家中最聰明的傻瓜」，他與其前任國王形成明顯的對比。如果說，伊莉莎白知道如何在不放縱議會的情況下，得到她需要的一切，那麼，這位自認爲教師式的外國人在向議會做報告時卻堅持認爲，他是一位半神授之人，不容許任何人反抗他，因此他提出：「懷疑上帝做事的能力乃是無神論和褻瀆上帝行爲，同樣，臣民對國王能做什麼表示懷疑，就是膽大妄爲和大不敬。」一六〇九年，他在國會演說時，進一步闡發這樣的思想，並宣稱：「國王不僅是上帝在世間的代理者……甚至被上帝本人稱爲神。」（他的這種思想即爲著名的「君權神授論」）

這種要求擁有神權的極端看法會引起強烈反抗，對此就連詹姆斯本人應該也能預想得到，因爲英國人仍恪守國會對王室擁有控制力的理論。不過，問題的產生不僅是此理論，還有這位新國王的具體政策也引起大批臣民的敵對情緒。其一，詹姆斯堅持要以國會從未允許的方式來徵收賦稅，以補充他的收入；同時，當國會中議員們提出抗議時，他大發雷霆地撕碎他們的抗議書，並解散國會。更糟糕的是，他把專賣權和有利可圖的特權授予他所鍾愛的公司，從而干涉商業自由。在多數英格蘭愛國者眼中，最惡劣的是，詹姆斯迅速結束與西班牙曠日持久的戰爭，此後拒絕捲入任何外國軍事衝突。今日的人或許會認爲，詹姆斯獻身於和平是其最大的美德；他的和平主義在財政上自然也是經過考慮的，因爲這使王室免負龐大的負債。但在那一時代，由於詹姆斯的和平政策而引起極大的公憤，因爲這讓他似乎對英國的宿敵——西班牙表現得過於友善；同時，「綏靖」意味著置荷蘭和日耳曼英勇的新教徒於困境之中。

儘管幾乎所有英格蘭人（除少數祕密的天主教徒外）都反對詹姆斯一世的和平外交政策，但對該政策最憎恨的一群是，日後註定在推翻斯圖亞特王朝的行動中發揮最大作用的人，他們即是清教徒。清教徒是極端主義的喀爾文教派新教徒（他們在瑪麗女王時幾乎都在法流亡），他們認爲，伊莉莎白一世的宗教政策未能完全徹底與羅馬天主教的禮儀和教義斷絕關係。後來他們被稱爲「清教徒」，是因爲他們希望「清除」英格蘭教會中所有天主教儀式和教規的痕跡。他們反對最激烈是由主教治理教會的「主教制」。但是，就像清教徒強烈要求廢除主教制那樣，詹姆斯一世同樣致力於維護主教制，因爲他把國王任命主教的權力視爲強大君主制的支柱之一，他斷然表示：「沒有主教，就沒有國王。」由於清教徒都是下議院中居主導地位的派別，而且，許多清教徒也都是一些反對詹姆斯壟斷政策和臨時徵稅的富商巨賈，因而，在其整個統治時期，由於宗教、憲政和經濟等各方面問題，使詹姆斯一世一直與其臣民中一個極其強大的集團不和。

儘管如此，詹姆斯仍得以於一六二五年壽終正寢，如果不是因爲他的兒子查理一世（一六二五～一六四九年在位）犯了錯，英格蘭也可能會走上專制主義法國同樣的道路。查理對於王權擁有與其父親一樣的觀念，這使他很快便與國會中的清教徒領袖產生摩擦。登基後不久就捲入與法國的戰爭，因而迫切需要徵稅。當國會拒絕批准他加徵新稅時，他便採取向臣民強迫貸款的方法，並對那些不同意讓士兵駐紮自己家園的人加以懲罰，或者有了不經審判就把人們關入監獄的行爲。對查理這一連串行爲的反應就是，國會於一六二八年向國王提交《權利請願書》。這一文件宣稱，任何未經國會同意而私下決定的稅收均爲非法，譴責將士兵駐紮在私人住宅的行爲，並禁止任意監禁和在平時實行戒嚴令。

查理一世並未因《權利請願書》而有所節制，反而加速他決定完全拋開國會進行個人統治的決定——同時差點就取得成功。自一六二九至一六四〇年間，他不曾召開過任何一次國會。在此「十一年的暴政時期」，查理的政府靠徵收各式各樣的臨時性捐稅維持著。例如，國王以高價出售專賣權，並恢復早已過時的中世紀財政要求，告誡法官對犯罪案件增收罰金。雖然嚴格說來這些權宜之計並非不合法，但它們卻招致強烈不滿。其中引起最大爭議的是徵收「船稅」，該項稅依據的是中世紀的慣例，即沿海城鎮在戰時有義務向皇家海軍提供船隻（或相當於船價的錢）。後來，查理把繳納船稅的範圍由沿海城鎮擴大到全國各地，並威脅要把它變成一項常稅；這行爲與《權利請願書》相牴觸。雖然一六三七年，清教徒殉道者約翰·漢普頓在法律上曾向他提出挑戰，只是後來，當他在法庭上被七票對五票的表決而宣告有罪後，才使該稅獲得確認。

查理一世國王藉由這些措施，在沒有經過國會同意徵收的稅金下，勉以維持。但他遭到的更大憤恨是來自其臣民，尤其是清教徒，這不僅是因爲他採取的憲政和財政政策，而且，還因爲他在宗教上推行的是一種更近於天主教而非喀爾文教派的政策——用加強國教化的方法來清除清教徒派的勢力。雖然我們並無法知道，英格蘭清教徒是否會只因爲自身的原因就起來反抗，但他們最終是以蘇格蘭叛亂爲導火線而走上這條路。一六四〇年爆發了蘇格蘭反對英格蘭國王政策的叛亂，這個叛亂與同年在加泰羅尼亞和葡萄牙反對西班牙國王的暴動並無不同，只不過蘇格蘭叛亂不僅是一場民族起義，而且還具有鮮明的宗教性質。查理與其父親一樣篤信「沒有主教，就沒有國王」的信條，因而魯莽地決定把英格蘭主教制引入篤信長老會派的蘇格蘭。結果查理遭到其北部臣屬的武裝叛變，並向英格蘭內戰邁出第一步。

爲了獲得必要的資金來懲罰蘇格蘭人的叛亂，查理除了召開國會外，別無其他選擇，但不久他發現，自己成爲被壓抑的不滿情緒攻擊的對象。下院的清教徒領袖們深知，國王沒有錢將無所作爲，便決心乘機把英格蘭政府掌握在自己手中。因而，他們不僅處決了國王的首席大臣——斯特拉福伯爵，而且廢除了船稅，和取消自亨利八世以來一直充當專制統治工具的特別法庭。最重要的是，他們制定了一項禁止國王解散國會的法律，並規定國會至少每三年召開一次。查理一世在開始時猶疑不決，但在一六四二年時，決定以武力回應這些法令。他率領他的禁衛隊衝進下議院，企圖逮捕下議院的五位領導人物。但是他們全都逃脫了，於是國王與國會之間便形成尖銳的對立，一場衝突的發生是不可避免的。雙方都招募軍隊，準備以武力來解決。

這些事件引發英國從一六四二到一六四九年的內戰，這是一次包含政治、宗教性質的戰爭。站在國王這邊的有英格蘭主要的貴族和地主，他們幾乎都是「高教會」的英格蘭教徒。站在國會一方的有較小的地主、商人，以及製造商，他們大都是清教徒。王黨成員一般被稱爲「騎士黨」（Cavaliers，意爲「騎士」），而他們的對手由於蔑視當時流行帶假髮的作法，而把頭髮剪得很短，因而被譏諷地稱為「圓顱黨」。一開始，由於保王分子在軍事經驗上占有明顯的優勢，因而贏得多數勝利。然而，一六四四年，國會軍進行改組，不久之後戰爭形勢發生逆轉，騎士黨遭到慘敗；一六四六年，國王被迫投降。

假如國會內部沒有出現爭執，此一戰爭可能會到此為止。大部分國會議員與長老會派的蘇格蘭人聯合，都同意恢復查理成為有限主權的君主，但他必須同意把喀爾文教派的長老會信仰作為國教，藉以在英格蘭和蘇格蘭都推行這一信仰。但清教徒中居少數地位的激進分子——通常被稱為獨立派——對查理持不信任態度，並堅持對他們和其他非長老會派新教徒實行宗教寬容。他們的領袖是奧利弗・克倫威爾（一五九九～一六五八年），他是圓顱黨軍隊的統帥。查理利用其對手內部不和時，於一六四八年再次掀起戰爭，但經過短期的戰鬥後，他被迫投降。克倫威爾此時便決定結束這位「血腥的人」的生命，他便用武力整肅整個國會。首先，把長老會派議員趕出國會，讓迫使留在國會所謂「臀股國會」的議員進行投票，而結束君主政治。一六四九年一月三十日，查理一世被斬首；之後不久，世襲的上議院被解散，英國成了一個共和國。

但是，建立共和比維持共和要容易得多了；這一新的政治體制，正式稱為共和政體，不過它並沒能延續太久。臀股國會在名義上仍是立法機構，但擁兵自重的克倫威爾擁有實際權力；不久，他對議會成員企圖把持職位，並從沒收敵人的財富中獲利的行為十分生氣，因此，他就帶領一隊軍隊來到臀股國會說：「喂，各位的空談到此結束了」，命令議員解散。就這樣共和政體不再存在了，不久隨之出現的是「護國政治」，也就是根據軍隊軍官起草的憲法建立了實際上的獨裁統治。這一文獻被稱為《政府約法》，此文獻是迄至那時為止，英國最接近成文憲法的文件。克倫威爾被授以廣大的權力，以攝政王頭銜進行統治，同時其爵位可世襲。此後，政府變成在一層薄薄外衣掩蓋下的專制統治，此時克倫威爾實行的專制統治，是斯圖亞特王朝任何一位君主不敢企求的。

假如可以在清教徒專制與舊王朝統治之間做出選擇，那麼一旦機會來臨，英國毫不遲疑地會選擇後者。尤其是在喀爾文教派的禁欲規定統治下，諸如在禮拜天不得進行任何娛樂活動——當時禮拜日是勞動者唯一的節日，因為這行為是敗壞清教徒名聲的，使多數人希望恢復最初伊莉莎白宗教和解時期較溫和的國教教義。因而，一六五八年克倫威爾死後不久，已故攝政王身邊的一位將軍攫取權力，他號召選出新的國會。因此，當新國會於一六六〇年春開會時，便宣布查理一世國王流亡在外的兒子——查理二世為國王。查理二世（一六六〇～一六八五年在位）登基後，英格蘭教會當下即得以恢復，但這並非同意國王的權力是不受限制。反過來，他以一貫的幽默態度說，他並不想「繼續他的遊歷」，他同意尊重國會，並遵守《權利請願書》的規定。在憲政方面，重要的一點是，國會在內戰爆發前夜通過的所有立法，包括議會至少每三年召開一次的請求，都成爲法律保留下來。因而，此時的英國與專制主義的法國截然不同，它成爲一個有限制的君主制國家。在經過十七世紀後期一次短暫的考驗後，英國拋棄了憲政爭鬥，很快就實現彌爾頓的預言：「就像一位強者從睡夢中醒來，一個高貴而強大的民族在奮起。」

在黑暗中尋找光明

一五六〇至一六六〇年這一百年間，許多歐洲人身受經濟動盪、宗教對立，以及政治動亂之苦，對於他們希望從理智和情感上解決面臨的問題是可以理解的。就像巫術帶來的強烈幻覺那樣，這一探求僅僅只是導致歇斯底里情緒進一步加劇。但是，就較理智的深思而言，尋求解決歐洲危機的辦法，便是引發有史以來，在倫理和政治哲學方面最具意義且最深遠的陳述。

雖然，我們無法對爆發在一五八〇至一六六〇年間，西歐最害怕的巫術恐懼的現象，做出任何單一解釋，但有一點是肯定的，在災難最嚴重的那段時間，是巫術受到迫害最嚴重的時候，而那些焚燒女巫的人眞的相信，他們是在與黑暗勢力進行抗爭。歷史學家相信，近代早期強烈的巫術幻覺產生是源自於歐洲各地的農民文化——包含對巫術潛在價值的信念。換言之，最單純的鄉村居民認爲，某些獨特的個人能夠施展有益或「白色的」魔法來治療病人，並占卜找到失物，卜算人的命運；此外，他們也可以施展邪惡或「黑色的」魔法，召來暴風雨，毀壞作物。而且，在中世紀後期，有學問的權威人士才開始基於神學理由堅稱，只有在與魔鬼達成協議後，才可以施展黑色魔法。自然而然，當這一信念爲人接受，司法官員很快就認爲，迫害所有會施展魔法的「女巫」是目前的當務之急，因爲與惡魔爭鬥是基督教社會至高無上的使命，絕不允許「惡魔邪道」握有支配作用。因而，在一四八四年，教皇英諾森八世就命令教皇的宗教裁判所運用他們擁有的所有手段，根除所謂的巫術；同時，追捕女巫的行動在其後幾十年間一直持續著。在那些與羅馬決裂的地區，對女巫的審判絲毫沒有減少，因爲新教改革家們就像天主教徒一樣堅信，撒旦具有暗中爲害的力量。確實，路德本人曾向所謂的惡魔幻影投擲墨水瓶，而喀爾文舉目所見盡是撒旦的惡行。因而兩人敦促更緊迫地審判所謂的巫師，對她們判決也要比一般的罪犯嚴厲些。這樣一來，無論在天主教地區還是在新教地區，對無辜民衆的迫害都繼續在進行。

不過，追捕並殺死「女巫」的狂熱行動，直到一五八〇年左右才眞正開始。因而，我們只能推定，巫術迫害在某種程度上與歐洲的普遍危機是有關聯，尤其是在巫術迫害持續的那段時間，其本身與危機時代大致相當；同時，巫術活動最盛的地方恰好是那些受到戰爭或經濟混亂之苦最嚴重的地區。這些地區一旦作物歉收或牲畜生病，人們便認爲一定有一位「女巫」——通常是一位沒有自衛能力的老婦人，要爲此事負責，並蜂湧而上把她處死。即便受害者未必是老婦人，但遭受此災害絕大多數者也都是婦女；這無疑是因爲傳教士勸導教民要相信，邪惡最早是隨著夏娃而來到世上的，部分則是因爲掌權的男人對異性成員在心理上態度矛盾的結果。純粹的性施虐狂肯定不是這種行爲產生的原動力，但一旦審判開始，可怕的性施虐狂往往被激發出來。因而，老婦人、年輕姑娘，有時甚至是小孩子，都可能受到嚴刑拷打，被施以酷刑——像是用針刺進她們的指甲，在她們的腳下點起火，用火來烤，用重物壓她們的腿，直至骨髓由腿骨中流出，以迫使她們承認自己與魔鬼有著邪惡的勾當。到底有多少人喪生，根本無法統計出來，但在一六二〇年代，在日耳曼的維爾茨堡（亦譯爲符騰堡）和班貝爾格，每年平均有一百人被燒死。在同一時期，據說符爾芬比特爾鎭廣場「滿是火刑柱，讓人看上去就像一片小樹林」。

緊接著一六六〇年之後的幾年間，迫害活動很快就停止了；對這一現象出現的原因，人們仍只能做些學術性的推測。在那一時期，美好的時光再次降臨歐洲大部分地區；或許，最好的解釋是一六六〇年之後，受過教育的地方法官開始堅持機械宇宙論觀點。換言之，一旦社會的領導者開始相信風暴和流行病是自然因素，而非超自然因素造成的，他們就不再堅持繼續進行追捕女巫的政策。

幸運的是，一五六〇至一六六〇年間，歐洲人做出的其他主宰黑暗的嘗試，其本身並非如此黑暗、蒙昧。實際上，歐洲有史以來最「開明」的道德倫理學家是法國人米歇爾·德·蒙田（一五三三～一五九二年），他在法國宗教戰爭最高潮之際從事寫作。蒙田的父親是位天主教徒，母親是位具有猶太血統的休京拉教徒。生活富裕的蒙田在三十八歲時辭掉了律師職業，全心投入一種優閒的深思生活[14]。這樣做的結果是他創作出《隨筆》（*Essays*一詞源自法文essai，本義爲「試驗」），這是一種新的文學形式。蒙田的《隨筆》具有一種敏銳的洞察力，而且行文異常優美，因而自問世以來，就穩穩地躋身於法國文學和思想史上最不朽的經典著作之列。

雖然《隨筆》的主題十分豐富，從「論父子的相似之處」到「談話的藝術」都包含在內，涉及範圍十分廣泛，但居主導地位的有兩個主題爲：其一是瀰漫在當時的懷疑論。蒙田遵循的是「Que sais-je?」（我知道什麼？），他認定自己眞正能掌握的東西實在寥寥無幾。在他看來，「靠我們自己的能力去權衡眞理與謬誤是十分愚蠢的」，因爲我們的能力十分有限。因而，正如他在其最著名的隨筆之一「論同類相殘」中所堅持的，一個在這個國家看來似乎是無須爭辯，認爲是正確、適宜的事，在另一個國家看來可能是絕對錯誤的，因爲「每個人都把與他習俗不合的所有事物都冠上野蠻的頭銜」。從這一點出發，蒙田提出他的第二個主要原則——應當寬容。既然所有人都認爲，他們了解完美無缺的宗教和完美無缺的政府，那麼，任何宗教或政府實際上都不是完美的，因而沒有一個信仰値得人們爲它進行殊死戰鬥。

如果說，上述的敘述使蒙田看起來具有不尋常的現代特徵，那麼必須強調的是，蒙田絕非一位理性主義者。相反的，他認爲，「理性一無是處，只會把人引入歧途」；求知欲「促使我們干涉一切事端」，這是「靈魂受難的根源」。此外，在現實事務方面，蒙田是位宿命主義者，他認爲，在一個受到無法預測「命運」主宰的世界裡，人類所能採取的最好策略是，以堅定不疑和不失尊嚴的態度，勇敢地面對好運與厄運。蒙田擔心，人們對自己的能力過於看重，就提醒他們：「即便我們坐在世上最高的寶座上，我們仍坐在屁股上。」不過，雖然蒙田具有「制約人類生活的是命運而非智慧」這樣消極的看法，但基於《隨筆》的廣爲流傳，在當時及其後的時代裡，促進了與狂熱和宗教偏執的鬥爭。

如果說，蒙田試圖以懷疑論、寬容和與世無爭的尊嚴，躲過他所處時代的考驗，那麼，與他同時代的法國律師包汀（一五三〇～一五九六年），則從黑暗中，在國家權力那裡尋求更多的光明。包汀就像蒙田一樣，受到法國宗教戰爭引起的動盪困擾著，他甚至目睹了一五七二年巴黎聖巴拉繆日的屠殺。不過，他無法對殺戮場面視而不見，而是決心提出一種能確保動亂停息的政治計畫。在他不朽之作《共和六書》（一五七六年）中，提出了他的計畫；該書是西方政治思想史上最早對政治專制做詳盡闡述。在包汀看來，國家產生於對家族徵稅的需要，一旦國家建立起來，就不容許有任何反抗，因爲維持秩序是至高無上的。如果說，在他之前的法律和政治學家曾提出政府主權的理論，那麼，包汀則是最先對主權國家下一個簡明扼要的定義；對他而言，主權是「凌駕於所有臣民之上最高、絕對和永恆的權力」，主要包括「未經臣民同意就爲他們制定法律」的權力。雖然包汀承認，在理論上存在實行貴族政治或民主政治的可能性，但他認爲，他所處時代的民族國家應由君主來治理，並堅持認爲，任何立法機構或司法機構都不可對君權有所限制，同時他還認爲，君王不應受到其前任或他們自己制定的法律限制。與包汀同時代的休京拉派教徒認爲，臣民有權反對「邪惡的王公」（這與路德和喀爾文最初的教導相悖），對此包汀表示強烈的反對。他堅持認爲，臣民必須信任其統治者「純粹、坦率的善良意願」。即使統治者被證明是位暴君，臣民仍無權進行反抗，因爲任何反抗都會向「無法無天的無政府狀態」敞開大門，而「無政府比世上最殘酷的暴政還要惡劣」。由於包汀對他那時代「無法無天的無政府狀態」有過太多感受，但從未體會過「最殘酷的暴政」，且不知此暴政會殘酷到什麼程度，因而他的這一看法是可以理解的。不過，在下一世紀，他的《共和六書》將成爲令人難以忍受的法國君主專制進行辯護的根據。

完全可以理解的是，正如十六世紀法國內戰引起的各種反應，十七世紀的英國內戰也是如此。英格蘭偉大的清教徒詩人約翰·彌爾頓[15]藉由法國休京拉派教徒，和更早的英格蘭議員及清教徒所表述的反對不受限制的國家權力的傳統，在其《論出版自由》（一六四四年）中，他拋棄了清教徒的教義，爲出版自由進行辯護。同樣大膽贊成自由意志論的是，與彌爾頓同時代的清教徒團體，他們被稱爲平等派。「平等派」這名稱源於他們鼓吹各階層享有同等的政治權利，它是從古希臘時代以來第一個倡導民主制的派別。這團體成立於一六四〇年代後期，當時查理一世的君主政體似乎將毀滅，他們是從克倫威爾軍隊內部一個壓力集團出現的。它鼓吹建立一個以成年男子普選爲基礎的議會制共和國。在他們看來，奴僕和其他工資勞動者沒有選舉權，因爲他們是雇主「家庭」的一部分，並據此由家長代表。此外，平等派十分不屑討論婦女的權利問題。不過，在其他方面，用他們的一位代言人所說的不朽話語來講，他們認爲：「英格蘭最貧窮的居民有權像最高貴的人那樣生活下去，因而……每個人應該是生活在自己同意處在政府統治之下，才能受到那一政府的管轄。」這與那位認爲只有擁有足夠數量的財產才可擁有選舉權的奧利弗·克倫威爾觀點完全不同，因此，當克倫威爾掌握實際上專制權力，他們就被瓦解了。此外，還有比平等派更激進的掘地派，他們具有共產主義性質，在一六四九年，他們企圖開墾公有土地因而得名。掘地派自稱是「眞正的平等派」，他們認爲眞正的自由不在於選舉權，而在於「一個人能夠吃的食物」，從而要求重新分配財產。然而，克倫威爾迅速驅散了他們，因此，掘地派的歷史意義只在於他們是未來運動的先驅。

與信奉意志自由的清教徒相對，處在另一極端的政治哲學家是湯瑪斯·霍布斯（一五八八～一六七九年），他對英國內戰的反應，使他成爲各時代不受限制的國家權力的最強有力鼓吹者。與因聖巴拉繆日事件觸動而提出政治專制信條的包汀一樣，霍布斯有感於英國內戰的動盪不安，在其題爲《利維坦》（一六五一年）的政治學說經典之作中，提出與包汀相同的看法。不過，霍布斯在某些方面則與包汀不同。首先，包汀認爲，絕對的最高權力屬於專制君主；較激進的霍布斯則對國王被斬首後二年，克倫威爾時期的英國傳統置之不理，他認爲，最高專制的君主可以是任何殘酷無情的暴君。其次，包汀把國家定義爲家庭合法的統治，認爲沒有財產，家庭就無法存在，因而國家不能減免私有財產權利；霍布斯則認爲，國家存在的目的是統治每個人，因而有權踐踏人們的自由和財產。

但包汀與霍布斯之間最根本的不同在於，後者對人性持著毫不妥協的悲觀看法。如果說，包汀只是對人類持暗示的悲觀態度，那麼霍布斯則假設，「自然狀態」是在世俗政府形成前就存在的一種狀況。在這種狀態中，每個人都企圖實現占有一切的自然權利，於是彼此爭奪不已，陷入「所有人反對所有人的戰爭」之中。霍布斯認爲，由於人天生就像「一匹狼」那樣對待同類，因而，人越來越擔心自己會在自然狀態中橫死，人生在這種自然狀態下是「孤獨、貧窮、汙穢、野蠻和短促」；爲了自己的利益，在某一關鍵的時刻，人們就會將自己的種種自由交給某一最高統治者，以換得他同意維持和平。臣民在交出自己的自由後，沒有任何權利要求回報，君主則可以隨意行使專橫統治——他可以以各種方式強制他的意志，只是不能殺死他們，後者將否定他的統治的終極目的。正由於霍布斯的抽象闡述具有極端的邏輯性，極其清晰明澈，使他的《利維坦》被視爲有史以來最偉大的四、五部政治論著之一。然而，實際上沒有什麼人眞的喜歡他的言論。確實，即便在他所處時代，他的觀點也非常不受歡迎——自由意志論者出於種種顯著的原因憎惡他的觀點，保皇主義者同樣對他十分不滿，因爲他鄙視建立在血統上的王朝統治要求；而且，他不像多數保皇主義者那樣，以君權神授爲根據爲專制統治進行辯解，而是以社會交出權力爲根據。不過，雖然許多主要思想家認爲必須反駁霍布斯，但如果僅就激起其他人的反響而言，他產生了巨大影響。

或許可以這麼說，把光明帶進無邊的黑暗，在某些方面，最現代的嘗試是由十七世紀法國倫理和宗教哲學布萊斯・巴斯卡（一六二三～一六六二年）提出的。從外表上看，巴斯卡最不朽的遺產即《冥想錄》，與蒙田的《隨筆》有些相像，因爲兩者是具有高超文學水準的不拘形式的短文集，具有高度的內省性。但巴斯卡曾有過一次轉變的經歷，由信奉科學理性轉而成爲法國天主教中最拘謹派別——詹森派的忠實信徒；就像蒙田是位冷靜的懷疑論者那樣，巴斯卡也是一位虔誠的信徒。因而，雖然巴斯卡同意蒙田的說法，認爲世間人生中充滿著惡——他把人定義爲「有思想的蘆葦」，但他對一個公正無私的神祇統轄著世界的看法是毫無猶疑；同時，他也像路德或喀爾文那樣，堅信唯有信仰才能導向得救之路。不過，巴斯卡認識到，懷疑論者或世俗的理性主義者絕不可能由教條的權威引導向眞正的信仰，並希望通過訴諸理智和情感使不信教者皈依基督教眞理。不幸的是，由於早逝，未能實現自己的宏願，但其研究簡介《冥想錄》留存下來。在該書中，他承認在面對邪惡和永恆時，有一種恐懼和痛苦感，但把敬畏本身當作上帝存在的一個表徵。今天的讀者在閱讀《冥想錄》時，由於個人覺悟的不同而有不同程度受到感染，但不論具有什麼信念，幾乎沒有人能反駁巴斯卡的著名命題：「人知道自己很不幸；正因如此，他才是不幸的；但正因爲他了解這一點，他才是十分偉大的。」

文學和藝術

一五六〇至一六六〇年的西歐危機時期，是人類兼具不幸與偉大的時期，此時，異乎尋常地大量湧現文學和藝術傑作的主題。當然，並非這一時期的所有著作或繪畫都表述同樣的思想。在這個有著異乎尋常的文學和藝術創造力的一百年間，各種形式、各種觀點的作品紛紛湧現：像是從最淺薄的鬧劇到最沉悶的悲劇，從最靜謐的靜物畫到最奇形怪狀的宗教殉難場面，應有盡有。儘管如此，這一時期最偉大的作家和畫家無不受到人類存在含糊不清和具有諷刺意味這種認識的感染，這種認識與蒙田和巴斯卡以不同方式表露出來的看法並無不同。他們都充分察覺到，戰爭的恐怖及人類的痛苦，在他們的時代裡是無所不在的，同時，他們直接或間接察覺新教徒所說的「人邪惡不端」的信念；不過，他們也在很大程度上繼承了文藝復興時期積極樂觀的思想，因而他們大都更傾向於把世間生活視爲一大挑戰。

一五六〇至一六六〇年，或許是整個西歐詩歌和戲劇史上最光輝燦爛的一百年。在活躍於這時期的衆多著名作家中，我們可以舉出其中最偉大的幾位：塞凡提斯、伊莉莎白時代的劇作家——莎士比亞是其中的翹楚，以及約翰·彌爾頓。雖然米蓋爾·德·塞凡提斯（一五四七～一六一六年）既不是詩人，也不是戲劇家，但他的經典之作，具諷刺性質的浪漫傳奇《唐吉訶德》，流露出抒情風格和戲劇效果。小說敘述的是，一位因長期閱讀騎士傳奇而有些精神錯亂的西班牙紳士——拉曼查的唐吉訶德的冒險經歷。在唐吉訶德的腦子裡，滿是各式各樣荒誕不經的冒險故事，因而在五十歲時，便踏上當行俠仗義的游俠騎士的崎嶇旅程，他把風車想像成咄咄逼人的巨人，把羊群想像成魔鬼的軍隊，認爲自己的使命就是用長矛把他們打敗。他突發奇想，錯把酒館當成城堡，把店中的侍女當成與他熱戀的貴夫人。與這位「游俠騎士」形成鮮明對比的，是他忠實的侍從桑丘·

潘沙。後者代表著講究實際的典型，腳踏實地，滿足於實實在在的飲食和睡眠之樂。不過，塞凡提斯顯然並不希望因此斷言說，桑丘・潘沙的現實性比其主人「唐吉訶德式的」理想主義更爲可取。反過來，這兩個人代表著人性的不同方面。毋庸置疑，「唐吉訶德」是對不久即將加速西班牙衰落過程的落伍騎士精神的辛辣諷刺。但儘管如此，作者寄予同情的仍然是此書的主角，即那位「敢於做不可能實現的夢」的拉曼查人——唐吉訶德。

與塞凡提斯完全同時期的是英國伊莉莎白時代的劇作家，他們共同開創了西方世界戲劇史上最燦爛的時代。這些劇作家進行創作的年代，是在英國戰勝西班牙「無敵艦隊」之後，民族自尊心處於頂峰的時代；他們都表現出生氣勃勃的樣子，但沒有一個人是信口開河的樂觀主義者。實際上，他們的代表作無不具有一種思想的嚴肅性，其中有些人，像是那位「具有一針見血觀察力」的悲劇作家約翰・韋伯特（約一五八〇到約一六二五年），他甚至被稱爲病態的悲觀主義者。文藝批評家傾向於同意，在群星閃耀的伊莉莎白時代偉大劇作家中，最出類拔萃的有克里斯托弗・馬洛（一五六四～一五九三年）、本・瓊森（一五七三～一六三七年），當然更少不了威廉・莎士比亞（一五六四～一六一六年）。在三位大師中，性情暴烈的馬洛是充滿朝氣、富有活力的，他不滿三十歲的人生是在酒館的一場爭吵中被人殺死而結束的。在諸如《帖木兒》和《浮士德大夫》等劇作中，馬洛塑造了帶有傳奇色彩的英雄人物，他們試圖消除在前進道路上所有的障礙，並體驗一切可能的強烈情感，同時在經歷這些後，差點就取得成功。不過，他們的結局都很不幸，因爲馬洛雖然極具活力，但他知道人類的努力是有限度的，人類的命數中既有偉大，也有不幸。因而，雖然浮士德請求撒旦用魔法召來在特洛伊具有再生能力的海倫，請她「用吻」使他「不朽」，但他最後還是死了，並受到譴責，因爲不朽不是由惡魔賜予的，也不見於塵世之吻中。與英勇的悲劇作家馬洛相反，本・瓊森撰寫侵蝕性的喜劇，揭露人類的邪惡及瑕疵。在尤爲淒涼的《伏爾蓬涅》[16]一劇中，瓊森把人描繪成欺詐成性、貪得無厭的動物；但在後來《煉金術士》一劇中，他對那些聰明地利用其被信以爲眞的足智多謀下層人物不無欽佩，同時，同樣抨擊了招搖撞騙與輕信受騙。

伊莉莎白時期劇作家中，無人可比的最偉大戲劇天才是威廉・莎士比亞。莎士比亞出生在埃文河畔斯特拉特福這個地方小鎮的商人家庭。與同時代其他多數大師相比，他的一生撲朔迷離，籠罩在迷霧之中。人們所知的只是，他沒有受過什麼正規教育，在二十歲左右離開故鄉，流浪到倫敦，在劇院找到一份差事。最後他是如何當上演員，後來又成爲劇作家的，就不爲人所知，但有證據表示，他在二十八歲時，就已經成爲一位令同行妒忌的著名作家了。約一六一〇年，他退隱到故鄉斯特拉特福安享晚年。在此之前，他共撰寫或與人合寫了近四十部劇作，另外，還有一百五十多首十四行詩和二首長篇敘事詩。

衆所周知，莎士比亞的劇本在講英語的地區，無異是世俗的《聖經》。造成這種情況的原因，完全在於作者擁有一種無人可以匹敵的文字表達才華，與超群的領悟力，尤其在於他對受到情感支配和命運擺布的人物性格所做的深刻分析。莎士比亞的戲劇非常自然地分爲三大類。他早年撰寫的那些劇作，特點在於具有一種自信感。它們包括許歷史劇，敘述了導致都鐸王朝取勝的英格蘭戰爭和榮耀；抒情浪漫悲劇《羅密歐與朱麗葉》；以及種類廣泛的喜劇，包括奇妙的《仲夏夜之夢》和莎士比亞最偉大的喜劇作品——《第十二夜》、《皆大歡喜》，以及《無中生有》。後一部作品雖取名《無中生有》，但在莎士比亞作品，甚至包括早期最輕鬆時期的劇作，很少是「無中生有」的。相反的，它們大都睿智而風趣地探究人的心理特徵、榮譽與野心、愛情與友誼等根本問題。另外，這些戲劇也觸及深刻的嚴肅性主題，例如在《皆大歡喜》中，莎士比亞就讓一位角色停下來反思「整個世界是個舞臺，所有人都只不過是一些演員」，這些人都要經歷七「幕」或人生的七個階段。

然而，這種觸及絲毫沒有掩蓋莎士比亞在第一階段中所持的是有限的樂觀主義；但從第二階段開始，他的劇作比前一時期在風格上低沉得多，較悲觀。一六〇一年前後，莎士比亞顯然經歷了一次危機，此時他開始極度不信任人性，並對整個宇宙體系提出控訴。由此產生一組以苦痛、經常性的傷感，以及對事物的奧祕進行苦苦探索爲特徵的劇作。這組戲劇由《哈姆雷特》所代表的優柔寡斷思想主義的悲劇爲開端，進而創作出一系列像《一報還一報》和《終成眷屬》這樣擁有憤世嫉俗態度的作品，以無比巨大的悲劇《馬克白》和《李爾王》爲顛峰。《馬克白》劇中的主角曾斷言：「人生不過是一個行走的影子……是一個在舞臺上比手劃腳的可憐人，登場片刻，就在無聲無息中悄然退下；它是一個愚人所講的故事，充滿著喧嘩騷動，卻找不到一點意義。」同時，如《李爾王》中所言：「天神掌握著我們的命運，正像頑童捉到飛蟲一樣，爲了戲弄的緣故而把我們殺害。」然而，莎士比亞第二階段的劇作雖然風格陰沉，但一般而言，這些都是構成這位劇作家詩歌才華的巨作。

雖然《馬克白》和《李爾王》表明作者處於抑鬱之中，但莎士比亞設法解決個人危機，步入他戲劇創作生涯的第三個階段。這一階段以一種深刻的和解精神爲特徵。在這階段所撰寫的三部劇作（均爲田園式的傳奇）中，最後一部《暴風雨》最爲出色。在這裡，他將由來已久的仇恨埋葬起來，謬誤則爲自然方法和超自然方法協力匡正，單純的年輕女主角一見到男人就發出這樣的歡呼：「噢，美妙的世界上竟有如此出色的人物！」在此莎士比亞似乎在說，雖然人類仍受到種種磨難，人生並非完全都是苦痛，上帝對宇宙的安排畢竟是仁慈公正的。

清教徒詩人約翰・彌爾頓（一六〇八～一六七四年）雖然不像莎士比亞那樣多才多藝，但在善於表述方面並不遜於前者。彌爾頓是奧利弗・克倫威爾統治時期首要的共和主義者，他曾撰文就斬首查理一世之事爲官方進行辯護，同時又撰寫許多論文關於同時代清教徒對這事件的看法。但他也是一個充滿矛盾的人，對希臘文和拉丁文經典之作的熱愛程度不亞於對《聖經》的熱愛。由於這個緣故，他可以寫出這樣完美的田園哀歌《利西達斯》，用純正的古典詞句哀悼一位去世的好友。查理二世登基後，彌爾頓被迫離職；此時他雖然已雙目失明，仍以《聖經・創世紀》中上帝造人和人的墮落爲題材，著手撰寫一部典範之作《失樂園》。《失樂園》這一宏篇巨作比古往今來任何文學作品都要成功地把古典傳統與基督教連接起來，實屬有史以來最偉大的作品之一。彌爾頓從「證明上帝對待人的行爲正當」入手，塑造了撒旦這一具有權威、勇氣、領袖才能和政治家風度，且又大膽、詭詐地公然反抗上帝的叛逆形象。但在最後，撒旦被《失樂園》中眞正的「主角」亞當取代；亞當知悉要容忍人類的倫理責任和受難的命運，他因吃那禁果後，與夏娃一起被逐出伊甸園，世界「都呈現在他們面前」。

另外，人類存在所內含的嘲諷和緊張，也被活躍於一五六〇至一六六〇年間的一些視覺藝術大師表現出來，他們以極其雄辯和深刻的方式表現。十六世紀下半期，義大利和西班牙居領導地位的繪畫風格是風格主義。「風格主義」這一名詞最初指的是，被宣稱爲模仿者的一種恥辱的術語——指的是模仿米開朗基羅晚期的「風格」進行繪畫創作的人，在這時期，該詞的涵義則廣得多了；確實，藝術史家現在把某些風格主義的大師視爲西方最偉大的大師。毫無疑問，風格主義畫派確實把米開朗基羅的反古典主義和自然扭曲，以產生情感效果的趨勢視爲自己的出發點，但風格主義畫家走得更遠，遠比米開朗基羅要強調騷動不寧、不平衡和扭曲。應當承認，他們之中的許多人缺乏技巧和深刻的想像力，滿足於描繪人體而不是表現肌肉，描繪傳奇性場面而不是戲劇性情景。但其他一些人完全成功地把偉大的藝術鑑賞力與四射的內在之光結合平衡起來。

在後一類畫家中，最出類拔萃的是威尼斯人丁托列托（一五一八～一五九四年）和西班牙人埃爾・格雷科（約一五四一～一六一四年）。丁托列托把風格主義的扭曲、騷動，與威尼斯畫派傳統上喜用華麗色彩的特點結合起來，創作了大量以宗教爲主題的不朽作品，這些作品至今仍以瀰漫的微光和扣人心弦的戲劇性場面令人油然生畏，敬佩不已。丁托列托的學生埃爾·格雷科的作品更富於激情。這位超凡的畫家生於希臘克里特島，本名多梅尼科斯·提奧托科普洛斯。他吸取了希臘－拜占庭聖像畫的某些風格化的特點，而後去了義大利，就於同時代偉大的風格主義畫家丁托列托門下習畫，最後定居西班牙，在那裡得到「埃爾·格雷科」（El Greco，西班牙語，意爲「希臘人」）的綽號。埃爾·格雷科的繪畫十分稀奇古怪，在那一時代難以得到很大賞識，即使在今天來看，它們看起來仍是不平衡和扭曲變形，似乎是一位幾近精神錯亂的人的作品。然而，這種觀點即是低估埃爾·格雷科的技法成就，也低估了他極度神祕的天主熱狂熱。今天他最著名的作品——扭曲變形的風景畫「托萊風景」，畫中幽暗而令人生畏的光線正穿破烏雲照在沒有光線的地方：不過，埃爾·格雷科具有激動人心的作品，是其令人暈眩的宗教寓意畫「奧爾加斯伯爵的葬禮」（畫家認爲它是自由的代表作），以及衆多驚人的肖像畫、畫中瘦削而威嚴的西班牙人，具有一種難得的兼備嚴峻與洞察力的氣質。

繼風格主義之後出現的南歐最重要的藝術流派是巴洛克風格，該流派始於一六〇〇年左右，止於十八世紀初，它不只是一個畫派，而且是雕塑和建築流派。「巴洛克」一詞源自葡萄牙語，意爲一個畸型未經琢磨的珍珠，這在很大程度上反映出該派的特點。巴洛克風格秉持風格主義的遺風，和風格主義一樣注重激情和扭曲變形，但特點不像風格主義繪畫那樣籠罩著一種低沉的神祕特性，而是比前者具有更多向上精神。出現這種情況的主要原因是，多種類型的巴洛克藝術通常都是半宣傳性的。巴洛克建築源於羅馬，意在表現反宗教改革的教皇制和耶穌會的理想，它尤其以堅持一種特殊的世界觀爲主旨。同樣，巴洛克繪畫往往是應反宗教改革教會的要求而作的，這一教派在一六二〇年前後處於極盛時期時似乎都採取進攻姿態；當巴洛克畫家不頌揚反宗教的理想時，他們大都被聘爲那些試圖自我美化的君主服務。

毋庸置疑，羅馬巴洛克初期最有想像力、最有影響的人物是建築師和雕塑家賈洛倫佐·貝爾尼尼（一五九八～一六八〇年），他經常受雇於教皇，曾設計通往聖彼得大教堂的一長列大柱廊，這是對教皇榮耀最宏偉輝煌的頌揚方式之一。貝爾尼尼的建築打破義大利建築師帕拉迪奧的安寧文藝復興古典主義風格，雖繼續使用諸如圓柱、圓頂等古典因素，但把它們與目的在表現過度的焦慮不安及巨大力量的因素結合起來。此外，貝爾尼尼是最早想嘗試把教堂正面建成「縱深形式」的人物之一——即建築正面不是設計成連續的層面，而是以奇特的角度向外突出，看起來讓人產生侵入前面開闊空間的感覺。如果說，這些創新的目的是打動觀衆，並從情感上把他引入藝術作品的範圍，那麼，貝爾尼尼創作的雕刻可以說寓意也在於此。貝爾尼尼的雕塑作品訴諸於希臘時代雕塑無休止的動感——尤其是拉奧孔群像，並以米開朗基羅後期雕塑中已有的趨向爲基礎，強調戲劇性效果，激發觀衆做出回應而不是靜靜地觀賞。

由於義大利巴洛克畫家大都缺少貝爾尼尼的藝術天才，因而，要想觀賞南歐巴洛克繪畫最偉大的傑作，就必須把目光轉向西班牙，向迪亞戈・維拉斯奎茲（一五九九～一六六〇年）。維拉斯奎茲是馬德里的一位宮廷畫家，適値西班牙瀕臨崩潰之際。與貝爾尼尼不同，維拉斯奎茲並不是一位完全典型的巴洛風格倡導者。固然，他的許多油畫都表現出典型巴洛克趣味的動感、戲劇效果和力度，但維拉斯奎茲最好作品具有一種常見的巴洛克繪畫中少有較有節制的思想性。因而，他的「布雷達守軍投降」，一方面表現健壯的戰馬、光彩照人的西班牙大公，另一方面也表現了戰敗、陣容不整的軍隊的人道和深深的同情，後面這一點是非巴洛克風格的。此外，維拉斯奎茲最出色的單幅作品「侍女圖」作於一六五六年前後西班牙崩潰之後，流露的是思想內容而不是戲劇效果，是有史以來對幻象與現實進行最具探索性藝術考究的作品之一。

在「邪惡的世紀」與南歐爭奪藝術桂冠的北方藝術家是尼德蘭人，其中三位迥然相異的畫家都能全面地探究人的偉大與邪惡這一主題。最早的一位是彼得・勃魯蓋爾（「儉省的韻律」）（約一五二五～一五六九年），他作畫的風格與早先尼德蘭的現實主義相關。但與其偏愛描繪靜謐的都市景象的前輩不同，勃魯蓋爾喜愛描繪農民繁忙而質樸的生活。這方面最著名的有歡鬧的「農民的婚禮」和「農民婚禮舞」，以及無拘於束的「收穫者」——在這幅畫中，一群農民在繁重的勞動之後，在正午的陽光下休息，有的大吃大喝，有的鼾然入睡。這些景象向人表現了未被打斷的生活節奏。但其他在勃魯蓋爾經歷人生晚期發生在尼德蘭喀爾文教徒暴動，和西班牙鎭壓期間的宗教偏執和血腥殺戮場面後，深感震驚，便以一種輕描淡寫而又諷刺人心的方式表示出來。例如，在「盲人的寓言」中，我們看到無知的狂熱之徒互相指摘時出現的情景。勃魯蓋爾更震撼人心的作品是「屠殺無辜」，從遠處望去，它描繪的似乎是白雪覆蓋下佛蘭德鄉村安適的景象，但事實上，殘忍士兵正在有條不紊地破門入室，並屠殺嬰兒，純樸的農民處於完全被人宰割的狀態下；在此藝術家暗指一位被交戰雙方天主教徒和新教徒都遺忘的天使，似乎在說：「基督時代出現的情景，現在又出現了。」

與勃魯蓋爾迥然相異的是尼德蘭巴洛克畫家彼得・保羅・魯本斯

（一五七七～一六四〇年）。與風格主義不同，巴洛克是一場與反宗教運動的擴展密切相關的國際運動，因而，巴洛克在尼德蘭那個罹受長期戰爭之苦，最後仍由西班牙保有的地區，得到極其完美的表現，是毫不令人奇怪的。實際上，安特衛普的魯本斯是一位遠比馬德里的維拉斯奎茲還要典型的巴洛克藝術家，他確實創作了數千幅粗獷的油畫，美化再生的天主教，或者將二流的貴族地位提升，把他們畫成身著熊毛皮衣的傳奇英雄。就連在其本意不是過分進行宣傳時，他仍習慣於濫用巴洛克風格的奢華誇張，以致在今天，他以描繪保養良好的裸女完美肉體最爲出名。但與衆多次要的巴洛克藝術家不同，魯本斯的作品並不是完全缺乏精妙技巧，他是一位具有多種風格的畫家。他在所描繪的他兒子尼古拉斯柔和的肖像中，抓住了孩子在安靜一瞬間那種纖塵無染的童趣。雖然他在創作生涯的大部分時間裡都頌揚勇武精神，但他晚年的「戰爭的恐怖」中描繪的是，他自己所說的：「不幸歐洲的悲哀，這裡現在在如此漫長的歲月中，一直受到劫掠、暴行和痛苦的煎熬。」

所有尼德蘭畫家中最偉大的一位當推林布蘭・凡・里吉（一六〇六～一六六九年），他在某些方面融合了勃魯蓋爾和魯本斯的特點，令所有進行性格描寫的企圖都失去光澤。林布蘭生活在西屬尼德蘭邊界，對於荷蘭歸屬於一個過於苛嚴的喀爾文教派，因而無法容忍勃魯蓋爾無拘無束的現實主義，更無法容忍魯本斯巴洛克風格的浮華肉感社會。不過，林布蘭設法把現實主義與巴洛克風格融合起來。在早年，他靠描繪《聖經》圖像而名利雙收，這些《聖經》題材的畫屏棄了巴洛克風格的內涵，而在扭曲變形中，大膽地嘗試用光保留巴洛克風格的壯麗。另外，林布蘭在創作生涯的早期，還作爲一位現實主義的肖像畫農活躍一時，他知道如何透過突出他們喀爾文式的剛毅，來滿足那些自我陶醉的顧客虛榮心，從而獲得大量錢財。但是，他的興隆時代逐漸衰落了，這部分是因爲他對奉承之舉感到厭倦，同時也因爲他進行一些糟糕的投資，讓自己面臨困境。由於個人悲劇在畫家的中年和晚年還在加劇，因而他的藝術不可避免地變得比過去憂鬱和陰沉得多了，但它具有了莊嚴、精巧的抒情和令人嘆爲觀止的神祕等新的特點。因而，他晚年的肖像畫，包括他的自畫像，都滲透著內省的特性，暗示有一半沒有表現出來。同樣感人的是其具有明晰哲理性的繪畫，諸如「凝視荷馬胸像的亞里斯多德」，在該畫中，那所謂的塵世哲學家似乎被另世紀中史詩詩人散發出的榮光震住了；以及「波蘭騎手」，該畫把現實主義與巴洛克成分高度綜合起來，描繪一位冥想的年輕人無畏地向危險重重的世界前進。就像莎士比亞那樣，林布蘭知道人生的旅程充滿危險因子，但其最成熟的繪畫表明這一切都可以用詩藝和勇氣征服。

第二十一章

近代初期的印度、東亞和非洲

India, East Asia, and Africa During the Early-Modern Era(1500-1800)

富士伊智聰明過人，在其一生中積聚了大筆財富。……他把銅和金的市場比價記錄下來；他打聽稻米掮客新近的報價；他向藥店店主和服飾用品商的夥計打聽長崎市場的情況；為了獲得皮棉、鹽和清酒的最新價格，他記下京都商人每次從江戶分店收到快信的具體日期。每天他都把林林總總一應之事記在本子上，人們一有問題，就來諮詢他。富士伊智成了京都市民的一樣珍寶。

——井原西鶴[1]，《日本永代藏》，一六八八年十六至十九世紀之間，隨著一個新王朝的出現，使印度再度振作起來，充滿活力，印度帝國也因而取得大國的地位。此時的中國正處於一長串王朝中最後一個王朝統治之下，中國變得更強大，成爲世界上幅員最廣、人口最多的國家。日本對其封建機構做了調整，以適應專制政府的需要。在印度、中國與在日本的較少階級，到處都呈現出輝煌繁榮的景象，反映了富裕社會和強有力統治者的情趣，這種風尚正如同一時期歐洲許多國家的情況一樣。不過，從長遠看來，由於這些亞洲國家在商業革命中扮演的角色是消極而非積極的，因此他們日漸處於不利的地位。隨著西歐各國轉而進入爲帝國擴張建海軍之際，它們便在亞洲沿海地區建立直接的聯繫點，接管東西之間的大部分貿易，同時，對歐洲以外各民族的獨立構成經常性的威脅。在幾世紀裡，東方各主要國家仍很強大，足以在面對西方入侵時自衛。中國在貿易上施加嚴格限制，日本則幾乎把自己完全封鎖起來，使得以航海爲業的歐洲人只好另謀出路。在一五七〇年代，西班牙人占領菲律賓群島，征服群島上各土著部落及中國拓殖團。幾年以後，荷蘭人借助荷屬東印度公司的勢力，得以在印度尼西亞爲一個富庶帝國奠定基礎，把原先在此地統治幾百年的葡萄牙人逐出。英國人與法國人雖然動作較慢，但他們都把注意力轉向印度大陸，在十七世紀時，他們在那裡陸續取得一些具有重要意義的貿易口岸。與此同時，葡萄牙人、英國人和荷蘭人在非洲沿岸地區也建立了商業據點。

莫臥兒王朝統治下的印度

到了十五世紀末，印度在三百年間，相繼處於土耳其人－阿富汗人所建的一個又一個王朝統治下的德里蘇丹國，國力已經大大衰落。十六世紀初，北印度淪於一個新的外來王朝統治之下，這一王朝在印度建立了從七世紀戒日王統治時期以來，最有效率的統治，同時開啓了印度文明中最具成效的時期之一。該王朝在十七世紀時達到極盛，被稱爲「莫臥兒」王朝。「莫臥兒」一詞原爲波斯文，意爲「蒙古」（Mongol，在英語中訛爲Mogul），不過這一王朝並非起源於蒙古。王朝的創立者巴布爾（一四八三～一五三〇年）是世界上兩個最著名的征服者之後——他的父親是擁有土耳其血統的帖木耳後代，他的母親則是蒙古人成吉思汗的後人。他自己的兒子則是和一位波斯女子所生，更往後的後嗣則具有印度皇族的部分血脈。

從他令人印象深刻的自傳來看，巴布爾是一位極具有非凡的精力、智慧，而且極其敏感的人，但他獲得「老虎」的綽號是因爲他令人讚歎不已的軍事功績。起初巴布爾只是土耳其斯坦一個小邦國的統治者，他翻山越嶺進入阿富汗，奪取喀布爾。他曾嘗試在中亞擴張自己的疆土但未成功，因此在受挫後，就把目光投向南方，那個士氣低落、四分五裂的德里蘇丹國。恰好此時，巴布爾有了一個合宜的藉口：旁遮普的總督邀請他出兵，把他從其領主蘇丹手中「解救」出來。一五二六年四月，巴布爾在德里附近擊敗蘇丹軍隊，此後他決心把印度斯坦全都置於自己的控制之下。他的軍隊規模很小，與他的敵人相比，人數上一直處於劣勢；不過，他們十分忠誠，同時，他們擁有歐洲製造雖然十分粗糙但具有毀滅性的大砲，和用火柴點燃的火槍，這就彌補了相對劣勢。一五二七年，這位征服者差點就遭到不幸，那時他面對一團在數量上遠遠超出自己的軍隊，而這軍隊是由一位從來都不屈從於穆斯林統治的王公（拉傑普特聯邦領導的）與其對壘。但是，由於戰略得宜，與士兵們不顧後果的膽量，再加上敵人不夠齊心協力，讓巴布爾占了上風。他號召部下要勇敢作戰，並發誓說，如果阿拉賜給他勝利後，那他將戒酒，最後他取得了勝利。一五二九年，孟加拉也淪於他的統治下，這樣巴布爾就成了北印度大部分地區的主人。

一五三〇年，巴布爾去世之後的二十五年，是該王朝命運關鍵性的年份。他的兒子胡馬雲雖有才幹，但過於疏忽政務，懶散成性，結果被阿富汗將軍趕出印度，逃到他母親的故土波斯的宮廷避難。在波斯軍隊的幫助下，一五五五年，胡馬雲才恢復了德里王位，但隔年他便在一次事故中喪生，留下來的衰落王國則交由他十三歲的兒子亞克巴掌管。對莫臥兒人來說，幸運的是，這位年輕的君主得到一位名叫貝冉可汗的能幹、忠誠將軍的保護。他出任攝政，為年輕的王子加冕，擊退其他爭奪王位的對手，後來由於宮廷密謀使他遭到驅逐，一五六一年，他在去麥加朝聖途中遇刺身亡。次年，二十歲的亞克巴出乎朝臣和後宮密謀者的意料，他獨自執掌了政權。

亞克巴被稱為「莫臥兒大帝」可說是當之無愧，他是這一誇耀「偉大君王」世紀中，一位出類拔萃的世界偉人。他在位的時間很長（一五五六～一六〇五年），其統治的年代幾乎與英國女王伊莉莎白一世在位的年代完全一樣，亞克巴獨特的治國才幹與伊莉莎白一世旗鼓相當。藉助軍事力量，他鞏固自己在北印度和中印度的地位，西北方控制著喀布爾，同時據有卡提阿瓦半島上的古吉拉特，這二個地方對經由阿拉伯海進行的貿易輸出活動是不可或缺的。一五九二年，他占領了孟加拉灣的奧里薩，三年後占領印度河以西的俾路支，從而擴大自己的統治區域。他曾數次突襲德干高原並取得勝利，但永久占領的地區卻極少。

雖然亞克巴在統治時期一直忙於戰爭，並穿插著一些殘酷的舉措，但他建立了一種有效率，而且整體說來是明智審慎的行政機構。為了消除拉傑普特各氏族的敵對態度，他說服其中一個氏族與他聯姻，同時威脅要嚴懲任何一位會危及他的人，他曾一次就屠殺了守衛某一堡壘的士兵三萬人。他把整個帝國劃分成許多省，並指派一位軍事長官出任省長；他賦予這些軍事總督很大的權力，但與其先輩不同，他支付他們薪俸，而不是分封他們地產，或者放任他們隨意向人民徵稅。稅賦由非軍事長官徵收，稅收是要上交到中央，然後再由中央政府分配。各省總督要定期輪調，以防他們在地方培養自己的勢力，從而威脅帝國權威。亞克巴對部屬嚴加看管，給他們規定嚴格的職權範圍，對行為不端者予以懲罰。正如從古至今的大部分印度王朝體制，在莫臥兒王朝統治時期，收入的主要來源是土地稅。亞克巴估計的賦稅率相對說來較輕——它以十年期間作物的平均年產量為準，稅額約占實際耕種土地年產量的三分之一。他請人測量土地以斷定田產的價值，對遭受饑荒的地區減收或免收賦稅。這位皇帝的年收入估計相當於二億美元，而且，他的高級官員們也享有優渥的薪俸。像在亞洲那樣，在歐洲這時正處於一個獨裁統治的時代，上、下層之間相差極為懸殊。一方面印度城市在不斷發展，眾多中產階層的商人和藝匠蓬勃發達；但一方面，一般勞動者卻遠遠談不上富足，而且有些人甚至是奴隸。在整個社會中，農民占大多數，他們只能過著低標準的生活——不過，與近代時期相比要好很多。亞克巴的稅收制度使統治階層富裕起來，不過它實施起來很公正，從而使一種充滿活力的經濟發展成為可能。

亞克巴種種政策中最富創新精神，且對他的成功最關鍵的一項，就是他決心以一位印度君主的身分，而不是以一位外國征服者角色來治理國家。他的法典雖以嚴厲著稱，但與同時代許多歐洲國家的法典相比，根本算不上殘暴。對穆斯林臣民的民法，他是以伊斯蘭傳統和《古蘭經》為基礎，不過，他同時也允許印度教徒按照自己的法律，以村落議事會或有學問者的看法解決彼此間的爭執。他比之前的任何先輩都更致力於安撫信奉印度教的臣民，為此他廢除了只向非穆斯林徵收的特別稅，授予他們信仰自由，同時鼓勵興建印度教寺廟。出於政治上的考慮，他把不同民族的許多婦女選入後宮（後宮人數據說達五千人）。他最寵幸的一位妻子是拉傑普特公主，她所生的兒子後來繼承了亞克巴的王位。他還任命印度教徒擔任各種文武官職，曾讓一位羅闍出任財政大臣這樣的要職。

亞克巴具有複雜的個性和罕見的多方面愛好，這在他統治時期的各方面都做上了印記。顯然，他深受癲癇發作或偶爾出現的憂鬱症之苦，不過，平時他顯得輕鬆愉快，精神狀態也很好。他天生一副宏偉的體格，酷愛武藝和冒險行為，有時會冒著生命危險，不顧一切地徒手與雄獅格鬥或騎野象。在生氣時，他可以變得殘酷無情，但一般說來，對已被擊敗的對手往往表現得寬宏大量。這位易於衝

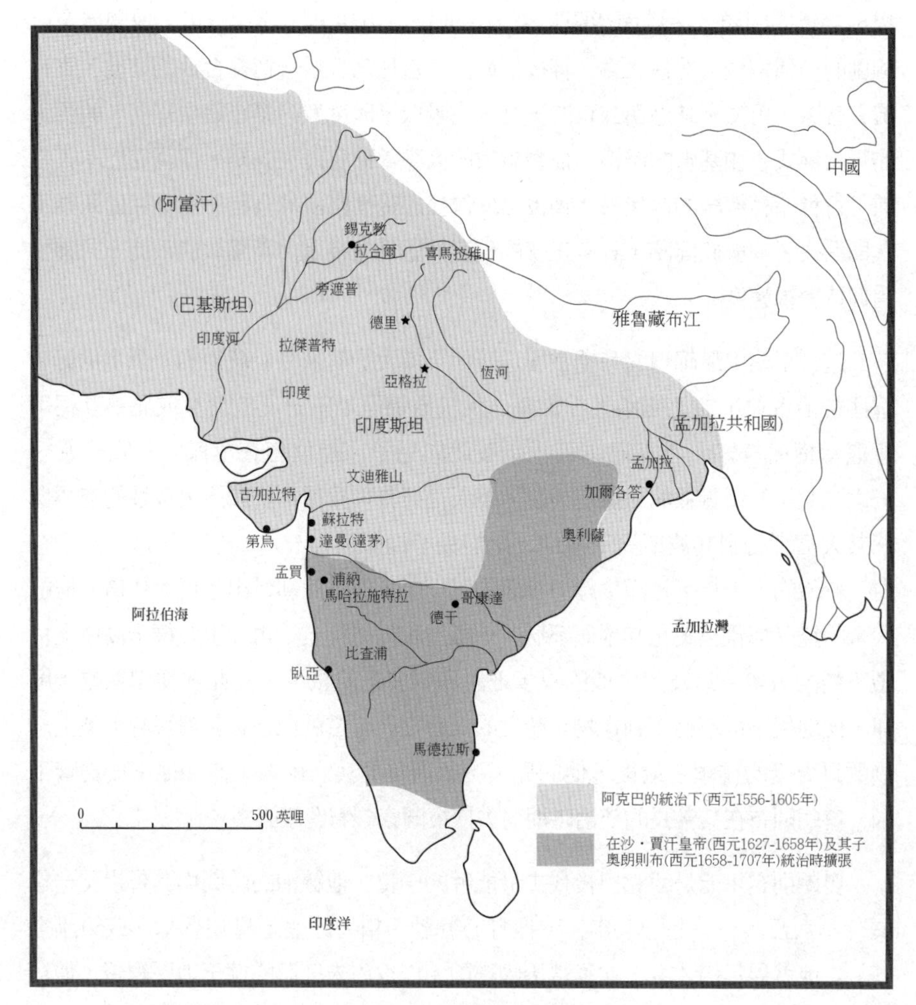

圖21-1　莫臥兒王朝

動的皇帝有著強烈的求知欲和開闊的思想。歸於他名下的發明就有好幾項，主要是與火砲改良有關聯。雖然他頑強地拒不學習讀書寫字，但他喜好文學，藏書極眾。他還是位天才的音樂家，不僅精於演奏樂器（尤其善於敲定音鼓），而且還精通繁複的印度聲樂理論。

亞克巴創立大膽的新精神，使他不僅容忍印度教，而且最後放棄自己民族的宗教。他天生具有一種神祕主義氣質，這使他傾向伊斯蘭的蘇非教派，然而得不到滿足的思維能力，使他無法從任何現成的信條中獲得滿足。由於他喜愛哲學論爭，因而延請印度內外各宗教門派的代表人舉行一系列辯論，他自己則向與會者提出尖銳的問題，使場面活躍起來。在他統治中期，一五八一年，他開展自己獨創的一種宗教，他稱之爲「神授信仰」。這種宗教是一種綜合性的神教，宣稱擁有智慧、勇氣、禁慾與公正的美德，它吸取了印度教的禁止宰牛規定、帕西人的拜火儀式，和基督的浸禮。信奉該教的人應當曲膝跪在先知，即亞克巴本人之前，行穆斯林傳統的俯伏禮。神授信仰傳播的範圍僅限於宮廷，在亞克巴死後不久即消失了。與此同時，許多正統的穆斯林認爲皇帝是伊斯蘭教的叛徒，對神授信仰持敵視態度。

這一王朝中最輝煌的時期當屬這四代「偉大的莫臥兒」統治的一個半世紀。這些統治者並不缺乏繼承人，但每一代統治總是以王子反叛父皇或兄弟互相爭奪繼承權而告終。亞克巴也可能是被他的兒子、繼位者查罕傑（一六〇五～一六二七年）所毒殺的。擁有天賦，但天性奸詐、狡猾，自我放蕩成性的查罕傑任其大權旁落到其波斯妻子手中。她的兒子沙傑罕（一六二七～一六五八年在位）統治的三十年，是印度輝煌燦爛的三十年，但爲此卻付出了巨大代價。他把大量的錢財揮霍在美化其兩個都城——德里和阿格拉上，再加上在德干高原上持續不斷的戰爭，以及對中亞的軍事征討和對波斯的戰爭，凡此種種均耗乾了國庫，使地租不得不提高到作物年產値的二分之一，這就像在貧苦農民身上戴上一副難以忍受的枷鎖。最後，他的兒子奧朗則布舉兵的反叛，使沙傑罕成爲階下囚。奧朗則布在其漫長的統治時期失去恢復國家機體健康的機會。

奧朗則布可能是亞克巴後代中最能幹的一位，他統治的時間與其曾祖父一樣長（一六五八～一七〇七年）。他野心勃勃、精力旺盛，早在登基（或策劃登基）之前就展示出才幹，並獲得治國經驗。作爲尚未征服的德干地區總督，他巧妙地慫恿在比哈普爾的一些蘇非派信徒和貴族，不要再效忠與莫臥兒帝國敵對的穆斯林王國蘇丹。在統治的前半期，他堅持亞克巴確立的模式，以審愼的態度治理國家。在他統治的後半期，試圖消滅印度各地所有獨立邦國（不論它們信奉伊斯蘭教還是印度教），耗盡國家的力量；同時，他重新採取宗教迫害政策，招致印度教臣民的敵視。從外表上看，奧朗則布著迷於強制推行伊斯蘭教正統學說，因而他重新向非穆斯林信徒收特別稅，禁止興建廟宇，同時拆除一些廟宇。作爲一個誠實、狂熱的虔誠者，他把藝術視爲盲目崇拜、有損名聲的文學作品，認爲它誇大了人類的空虛，對它大表不滿。奧朗則布禁止皇家「祈禱者一商人」在他的宮廷上演奏音樂；此外，由於穆罕默德用的是太陰曆，因此，就把使用較不方便的太陰曆取代波斯的太陽曆。

奧朗則布同時對王國內部的「偶像崇拜者」和外部的政治對手開戰；他採用

缺乏遠見的削弱行政管理，與危及國家經濟的種種政策。他也不像過去亞克巴那樣付給地方總督薪俸，而是授予他們田地，從而幫肆無忌憚的官員逃避對國家的責任，並爲敲詐勒索低下的農民開方便之門。奧朗則布（他的帝號是阿拉傑樂，意爲「世界征服者」）把他一生的最後二十六年時間，都放在德干地區指揮軍事戰役上。一六八六年，他的軍隊推翻了長期以來一直與其爭戰的比哈普爾王國，次年把毗鄰小邦戈爾孔達併入帝國版圖。不過，這些軍事勝利並沒有帶來什麼好處，因爲它們打破德干地區的權力平衡，引發新的敵對現象。雖然奧朗則布透過征服，把勢力擴張到半島內部，在這方面，他的那些先輩均稍遜一籌，但他很難牢牢控制住，結果在他的統治末期，莫臥兒面臨的敵人比即位之初還要多。

這位皇帝遇到最棘手的敵人是馬拉塔邦，這是居住在德干高原西北部山區，信奉印度教的各部落同盟。有些部落首領曾爲莫臥兒王朝或比哈普爾王國服務，他們正處在這兩個敵對的穆斯林強國之間；但到了一六六二年，馬拉塔人建立了自己的獨立王國，控制比哈普爾西北地區，定都浦那。在精通游擊戰術的無畏國王西瓦吉的率領下，他一次又一次粉碎強國欲消滅他們的企圖；雖然他們的要塞曾經失守，被稱爲「山鼠」的西瓦吉本人一度被俘，但人們從未屈服過。因此，馬拉塔邦成爲一個實際存在的邦國，控制德干高原大片地區，一直到十八世紀末，這個同盟才被分化成一些獨立的公國。

如果說，亞克巴企圖撫慰拉傑普特人，奧朗則布則是激他們走上一條公開反叛之路。同樣，他還與旁遮普的錫克人交惡，從而爲其統治區域的中心製造一個心腹之患。錫克人原本是一個具有進步思想、富於同情心的宗教團體。該教派是於十五世紀由那納克創建的，那納克是位樂善好施，對超自然感興趣的布道者，對其教導和影響，人們至今仍眾說紛紜。一些崇拜者說，他試圖把印度教和伊斯蘭教兩種教義中最好的要素結合起來，並在這兩種信仰間建立起一種共同的紐帶，對此近來有些學者提出質疑。不過，毋庸置疑，他的許多靈感起源於同時代印度教的信仰和傳統，而且，他更是一位眞正具有獨創性的思想家。他教義的本質是四海皆兄弟、神是唯一的，以及行善的義務：

> 教清真寺成為愛的象徵；
> 教禱告跪毯成為誠實的象徵；
> 教《古蘭經》成為正義的象徵；
> 教割禮成為謙恭的象徵；
> 教天房成為祀節的象徵；

教古魯成為真理的象徵；

教義和禱告成仁愛的象徵；

教念珠成為神意的象徵；

上帝將保全你的榮譽，噢！那納克。

那納克拋棄拘泥於形式的經文和制式的儀禮：由於他批判種姓制度，使印度教徒身分低下的階層中有許多人成了他的信徒。雖然他的宗教教義包括伊斯蘭教、印度教（以及基督教）共有的一些信條，但錫克教（「門徒」）仍是一個具有特色的團體，而不是印度教的一個分支。繼那納克之後，出現了一連串的精神領袖或古魯[2]，亞克巴曾在阿姆利則授予第四個古魯。他們在此建立一座黃金寺廟，這是錫克人最神聖的地方，是存放經文的寶庫。與友善對待錫克人的亞克巴相反，他的繼承人查罕傑以支持其反叛的兒子爲由，處死了第五位古魯；奧朗則布由於未能迫使錫克教首領改皈伊斯蘭教，便讓人把他殺死。毫不奇怪，後代的莫臥兒人對錫克人所持的敵對態度，促使錫克人與他們反目。這一開始原本是一種和平改良運動的教派，後來逐漸演變爲一種軍事目的。信徒加入該教必須先舉行一種叫作「給劍洗禮」的儀式，同時許多人改姓「辛格」（意思是「獅子」）。雖然他們依然對種姓制度表示反感，而贊同一套嚴格的個人行爲準則，不過，他們並沒有其早期領袖那種寬宏大量的理想主義。他們的所作所爲有時與土匪看起來沒有什麼兩樣，屠殺穆斯林似乎成了他們獨特的嗜好。因此，在十八世紀初期，不僅常見到莫臥兒王朝的權力受到宮廷密謀的威脅，同時遭到強大的印度教部族——拉傑普特人、馬拉塔人和錫克人的猛烈反抗。

在經歷奧朗則布耗盡國力的統治結束三十二年之後，莫臥兒王國還遭到自外來的災難和打擊。一七三九年，一位名叫納迪爾沙（一七三六～一七四七年在位）的人僭奪波斯王位侵入印度，並凶猛地洗劫了德里，使該城的大部分地區成爲廢墟。自此以後，雖然它仍然被認爲是支需要認眞對付的力量，且當英國人在此立足很長的時間之後，在形式上，莫臥兒人仍被視爲印度的統治者，但帝國再也未能完全恢復元氣。

莫臥兒人統治印度的三百年間，在很多方面都具有建設性。當英國人把其管轄範圍擴展至整個南亞次大陸時，莫臥兒人的行政管理制度證明是對他們十分有幫助的。更重要的是，文化類型的持續演化，波斯特質和其他伊斯蘭特質的加入，使印度這一混合體更爲豐富多彩。一般說來，歷代皇帝們都有一種超越民族和地域的開闊眼界，並歡迎與外國進行商業與文化的交流。印度、土耳其、阿拉伯和波斯各種文化間的融合，顯現在文學、藝術和社會風尙等方面。由於皇家的資助，再加上當時通用好幾種語言，文學有所發展。在宮廷裡，土耳其語和波斯語都可使用；通曉《古蘭經》所用的語言——阿拉伯語，是受過教育的穆斯林不可或缺的一項本領，同時，了解北印度方言對行政管理人員而言是絕對必要的。土耳其－波斯文化與印度文化交融產生一種多變化的語言，叫作「烏爾都語」（「兵營語言」）。烏爾都語的詞彙很多都是出自波斯語和阿拉伯語，並用阿拉伯字母來書寫，不過其語法結構，根本上與北印度使用最普遍使用的雅利安方言相同。在整個北印度地區，烏爾都語和北印度語逐漸成爲人們進行溝通交流的通用工具（今天烏爾都語主要在巴基斯坦使用）。

雖然許多波斯學者和詩人被莫臥兒王朝超越民族和地域的氣氛吸引到印度，但最具不朽價值的文學作品是由印度教徒，尤其是在寬容的亞克巴統治時期寫成的。亞克巴大帝不僅對印度的藝術和音樂有興趣，而且也對其文學寶庫有著濃厚的興趣，他任命一位北印度語桂冠詩人。他讓人把「吠陀」和「史詩」譯成波斯文。印度最偉大的詩人之一——杜爾西・達斯（一五三二～一六二三年）就是生活在亞克巴統治時期。他主要的作品是依據古代史詩《羅摩衍那》創作的，那是一首理想化的、十分超凡脫俗的詩歌。詩作者雖然是位婆羅門，但該詩是用北印度語而非梵文寫成的；它把高超的寫作技巧與溫暖和熱情的道德眞誠完美地結合在一起。

建築最爲完美展現印度教基調與伊斯蘭基調的交互影響。穆斯林建築師引進清眞寺的尖塔或尖的拱門，以及球莖狀圓屋頂；印度教和耆那教建築傳統強調的是橫線和精美的裝飾。由於穆斯林在興建清眞寺時，也常常聘用印度石匠和建築師，因而必然會交替產生富有成效的思想交流，這種交流在十六、十七世紀達到頂點，形成一種獨具特色的印度－穆斯林建築風格。亞克巴在阿格拉用堅硬耐久的赤沙岩興建的一些建築物，至今依然存在；在阿格拉以西幾英里處，亞克巴曾親自構思興建了一座城市，然而這座城市剛剛建成五年就被他拋棄了，不過這整座城市時至今日大都存在。但與半個世紀後沙傑罕興建的建築物相比，亞克巴的城堡要塞和政府辦公室材料不夠講究，建得不夠精緻，在美感方面也稍遜一籌。沙傑罕在建材上以最優質的大理石、瑪瑙、綠松石及其他半寶石來代替赤沙岩，同時，以鑲金嵌銀的方式來裝飾建築物外表。沙傑罕時期所建光彩奪目的建築，與亞克巴時期堅固粗獷的建築形成鮮明對比，它們顯得過於精美雅致，風格幾近頹廢。

沙傑罕把其主要宮殿都建在德里，並在該地設計了一座新城，以自己的名字命名。在十七世紀，德里和阿格拉就居民人數和公共建築的宏偉程度而言，都可躋身於當時世界上最大城市之列。阿格拉擁有六十萬居民，它按照商人和手工藝匠類型的不同劃分成不同區域，城內有七十座大清眞寺和八百個公共浴池。新德里築起一座高出河面達六十英尺的城牆，城內建了一座難以用筆墨形容的巨大皇宮。皇宮內放著著名的孔雀寶座，寶座上鑲嵌著據估計價值在五百萬美元以上的貴重金屬和寶石。（寶座在一七三九年納迪爾沙洗劫德里時被搶走，並被帶到波斯。）沙傑罕最著名的建築傑作是泰姬陵，它位於阿格拉，這陵寢是他爲其寵愛的妻子（她在爲皇上懷第十四胎時去世，死時德干地區正飽受饑饉之苦）設計的陵墓和紀念堂。泰姬陵用了二萬名工匠，大約二十年才建成。它把波斯建築風格與印度建築風格完美地結合在一起，技藝高超，細緻入微。陵墓四周環繞著林蔭道、湖泊和花園，這種布局平添了泰姬陵的魅力。

莫臥兒王朝的統治者幾乎完全無視伊斯蘭教有關畫像的禁忌，他們熱衷於收藏繪畫作品，並精於繪畫鑑賞。同一時代波斯藝術帶來的影響，這方面最典型的例子是袖珍畫，包括風景畫，尤其是肖像畫，其製作的方式相當寫實與細膩。書法也被看作是一門美的藝術，許多手寫本都像中世紀歐洲那樣配有圖案花飾。按照穆斯林國家的平常作法，《古蘭經》上的經句會被刻寫在屏風或建築物的正面上作爲裝飾。在很大程度上，與穆斯林入侵之前相同，苛嚴的手工技藝和藝術標準在印度許多地區繼續存在。尤其值得注意的是，拉傑普塔納當地王宮宮廷培植的拉傑普特畫派與莫臥兒畫派相比，這一畫派更富有生氣，但不那麼悅目。

就像在北印度，穆斯林與印度教要素的交互影響同樣激發了創造性活動。比哈普爾的易卜拉欣二世蘇丹統治時期（一五八〇～一六二七年）類似於其同時代更著名的亞克巴的統治時期，不但在宗教方面，而且在藝術方面，也都鼓勵自由表現和折衷主義。易卜拉欣二世被其崇拜者稱爲「全世界的導師」，他在位這段時期的建築傑作是用蓮花的花梗和嫩芽來裝飾的，這反映了印度典型的表現形式，而不是阿拉伯或波斯的表現形式。

在莫臥兒王朝時期，發生了一件對日後的印度註定會產生巨大影響的事情，那就是歐洲商人和冒險家的來到。雖然他們在沿海各地獲得的立足點不大，且看起來並沒什麼舉足輕重的作用，但這已意味了，歐洲人已經開始意識到在南亞和東南亞進行貿易的可能性。早期印度各邦曾經進行過的海上冒險活動此時已經衰微，就莫臥兒帝國而論，雖然它盛極一時，有一支可怕的陸軍，但沒有維持一支海軍。在十六世紀大部分時間裡，葡萄牙人一直主宰著印度洋，他們不僅可以據此獲得商業利潤，而且充當運送每年一次到麥加朝聖的穆斯林信徒的人。荷蘭人和英國人——剛開始成爲天主教強國西班牙和葡萄牙的競爭對手——曾合作多年，把葡萄牙人排擠出東印度香料群島，但後來荷蘭人用武力表示，他們不願與英國人分享有利可圖的香料貿易後，英國人只好把注意力轉向印度大陸。在此地，葡萄牙人是一個阻礙，因爲他們在印度沿岸和錫蘭擁有一些設防據點。在莫臥兒朝廷的葡萄牙耶穌會傳教團也反對熱情款待這些信奉新教的闖入者。英屬東印度公司於一六〇〇年由女王伊莉莎白一世特許成立，但它成立後的前二十年間，未能獲得任何貿易特權。威廉・霍金斯船長是位虛張聲勢的海軍上校，他曾代表公司受到喜愛宴飲交際的沙罕傑皇帝像招待君王般的款待；但經過兩年令人沮喪的活動，霍金斯一無所獲地離開阿格拉，那時他並未能簽訂任何協議。當英國人擊敗一支葡萄牙海軍，並開始控制阿拉伯海和波斯灣之後，公司討價還價的籌碼增多了。奉詹姆斯一世國王之命出使阿格拉的湯瑪斯・羅伊爵士，終於在一六一九年獲准在莫臥兒帝國的主要港口蘇拉特成立一家代辦商行。儘管英國在印度的勢力日漸增大，葡萄牙仍擁有西海岸的果亞、達曼和第烏，這幾個地方直到一九六一年才被獨立的印度政府用武力強行收回。

湯馬斯・羅伊爵士警告他的同胞，不要採取葡萄牙人在印度奪取領土、試圖建立殖民地的政策；反過來勸他們「在海上和平靜的貿易」中獲取利潤，要記住「戰爭和貿易是不相容的」。不過，有一段時間，英國要費盡心血才使商業管道暢通，根本談不上建立什麼殖民地。在斯圖亞特王朝早期的幾位國王時期，尤其是在查理一世國王特許另一家敵對的聯盟經營東方的貿易之後，英屬東印度公司遭到冷落。攝政王奧利弗・克倫威爾統治時期，該公司重新獲得對東方貿易的壟斷——克倫威爾藉由打敗荷蘭人，並與葡萄牙人達成一項對英國有利的協定，爲英國貿易注入活力；王政復辟後[3]，查理二世頒發新的特許狀，授予東印度公司擁有鑄造貨幣、對居住在此的英國代理商行使管轄權、有向「非基督教國家」宣戰或媾和的權力。在其後幾十年間，該公司得到平均每年達百分之二十五的利潤。十七世紀結束前，它在印度獲得三個不僅在商業上而且在戰略上有重要價值的據點，這三個據點相隔遙遠：一個是西海岸附近水域的孟買島（這是一六六一年英國國王查理二世與一位葡萄牙公主成婚時，葡萄牙人送的嫁妝），一個是東南沿海的馬德拉斯，另一個是位於恆河入海口的威廉堡（加爾各答）。一六六四年，法國人組建自己的東印度公司，他們獲得的據點與英國旗鼓相當，可與英國抗衡。到了十八世紀中葉，能幹的佛朗索瓦・迪普萊克斯在法國艦隊的支持下，占領了馬德拉斯，把自己變成整個半島東南部的實際統治者，這使法國在帝國競賽中似乎要超過英國。但是，一七五六到一七六三年的七年戰爭，在歐洲、美洲、印度和公海上進行的戰役，以英國獲勝告終；雖然英國人沒有乘勝當下把法國人趕出印度次大陸，但他們的歐洲主要強國地位在此得到確保。

滿族（清朝）統治下的中國

明王朝滅亡以後，中國再次淪於異族入侵者的統治下。這些征服中國的人是居住在中國北部邊陲滿洲的滿族，「滿族」一詞即來自「滿洲」這一地名，他們和在五百年前與宋朝皇帝瓜分中國的女眞族，基本上屬於同一民族。雖然滿族最初是一游牧民族，與漢人在語言和文化都不同，但長期以來一直欽慕並採納明帝國的許多制度，受益匪淺而持久。雖然滿洲北部地廣人稀，仍以狩獵和游牧爲主，但到了十六世紀，定居的農業共同體在滿洲南部遼河沿岸已經建立起來。早在十七世紀初，一位名叫努爾哈赤[4]（一六三六年去世）的小部落首領，就把一些部落置於自己的管轄範圍之下，定都盛京，定國號爲「清」[5]（意爲「清

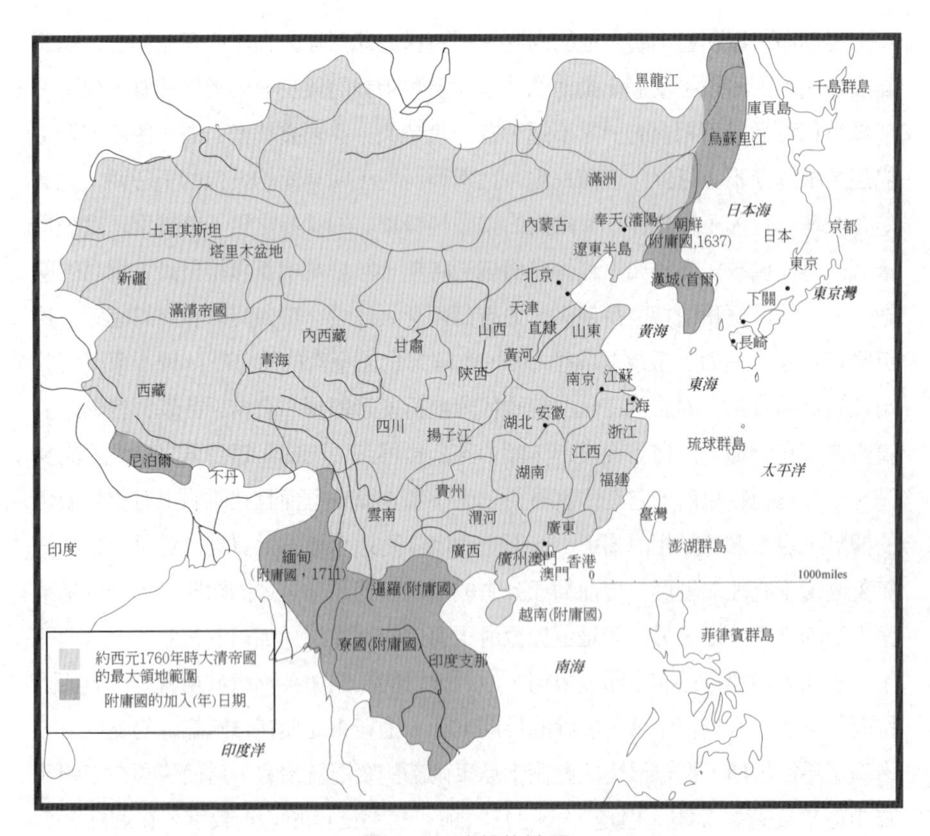

圖21-2　清朝的擴張

澈」、「純淨」）。在開始征服中國活動之前，滿族人不僅宣告東亞一個新的王朝統治出現了，而且還仿明朝的模式建立完善的國家組織，完成由一個部落社會向地域國家的過渡。爲征服中國，滿族人在很大程度上漢化了其政治機構。

清朝靠軍事占領成了中國的主人，它維持近三百年，直到一九一一年被孫中山先生的革命所推翻。雖然該王朝始於一六四四年清軍進入北京，但由於中國反清復明勢力仍持續進行反抗，因此，他們在近四十年的統治後，國家才漸漸穩定、鞏固下來。清朝得以完成征服大業，在很大程度上是受惠於轉而效忠它的漢族將領。它對這些將領採取綏靖政策，把南方和東南地區交由他們治理，授予他們各種大權，結果他們竟各自擁兵自重，久據數省形成割據。一位將領自立自己新的王朝反叛朝廷，不過，北京政權於一六八一年平定了「三藩之亂」，維護中央權威。最後，它的疆域擴展到空前遼闊的地步。滿洲自然是清帝國的根基，朝鮮、緬甸、尼泊爾等中國邊境地區，和印度支那部分地區，則成了納貢的藩屬。一六九六年，帝國軍隊打敗外蒙古的游牧部落；一七二〇年，清軍入侵西藏，並在拉薩擁立一位對清朝友好的達賴喇嘛。臺灣曾爲荷蘭商人據有，後爲中國一經商世家[6]藉龐大的艦隊之力收復；一六八三年，清軍擊敗該家族，臺灣被併入中國，成爲福建省的一部分。

清朝統治者企圖在撫慰漢族人民的同時，小心謹慎地維護自己民族的種族特點。他們不准漢人移民滿洲，嚴立滿漢界限，不許滿漢通婚，並強迫漢族接受滿俗薙髮易服，以表示對清朝忠順。爲了防止造反，他們派遣滿族軍隊駐守在各主要城市，而以漢人組成的軍隊爲輔助部隊，或充當警察力量。儘管採取這些鎮壓措施，清朝皇帝決心讓人接受他們爲合法的統治者，而不是被當成篡權者遭人憎恨。面臨國內的動盪、曠日持久的武裝反抗，以及漢族人民發自內心對「蠻族」入侵者的憎惡之情，他們不僅常成功地維護自己的權威，而且使國家重新有了生機。清朝之所以能做到這一點，部分原因是，它很幸運地擁有兩位具有雄才大略、富有活力且又長壽的皇帝，他們二人統治的時間占了整個清朝將近一半的時間。一位是康熙，他在位六十一年（一六六一～一七二二年），與法國國王路易十四同時代。與這位享有盛名的「太陽王」相比，康熙帝在西方編年史上雖不那麼有名，但他是一位更高明的政治家。他年紀尚輕時，就平定了中國西南部的「三藩之亂」。他不僅及時恢復科舉制度，而且勤於學習中國古典著作。隨著大清行政機構的發展，雖然漢人在高級官職中所占的比例仍很小，但是百分之八十的低級職位是由他們充任的。這種通過科舉考試擇優錄用文職官吏之舉，與英屬東印度公司創立的印度文官制相似，後者於十八、十九世紀，錄用當地才俊爲其外國主子服務。由於發現某些依然效忠明朝的學者拒絕參加三年一次的科舉考試，康熙下令舉辦一種特別的考試，以網羅負有盛名的碩彥鴻儒。不過，康熙的統治雖然富有活力，整體說來是明斷審慎，但他並未能贏得一些富裕的地主家庭，尤其是富甲天下的長江下游地區地主家庭的無條件效忠。例行的地方事務，諸如市場管理、賑濟活動，及水利工程的管理等，交由地方士紳負責；他們這一精英集團是在各縣縣官的領導下，成爲提供中央政府一支有能力、在地方上受人尊敬的管理者隊伍。由於這位皇帝不願激怒這一有影響的階層，因而他未能進行一項總體土地調查，並據此建立合乎實際的稅收結構。貧苦農民和佃農是國家的稅收來源，深受地主和地方官員強取豪奪和腐敗墮落之苦。科舉制度實際上強化了持有土地的紳士在中國社會中的主導地位。雖然這種制度在理論上以功勞而不是出身爲基礎，但只有受過教育的人才有可能金榜題名，而貧苦家庭是不可能供養兒子接受這種教育的。

在康熙的孫子乾隆皇帝長達六十三年統治時期【7】（一七三六～一七九九年），乾隆是中國歷史上掌權時間最長的皇帝，此時大清帝國的版圖進一步擴大，威望也進一步提高。他把中國西北的廣袤游牧地區——「新的自治區」納入版圖中，這新疆使國家的疆域擴大了一倍。雖然乾隆不像其祖父那樣敏銳，傾向於接受純粹理論上的解決問題辦法；雖然他晚年時放縱自己寵信親信【8】，但他謹慎、勤勞盡責，與同時代世界各地的君主相比，他的長期統治毫不遜色。在十八世紀，中國不僅是世界上疆域最遼闊、人口最衆的國家，而且是治國最有道的國家之一。雖然清朝之前時期的不均和苦難依然存在，但全國普遍呈現一派繁榮景象，人口增長極爲迅速。據估計，一三九〇年中國人口不到八千萬，十八世紀時則增到三億人以上。人口分布很不平均，長江下游流域和東南沿海這些最富庶的地區人口最密集，那些忠順滿族朝廷的地區人口分布最疏散。農業依然是個人財富和國家歲入的主要來源，但南方一些港口成了興盛的海上貿易中心，帶給中國商人好處，但由於缺乏一個中央部門管理商貿並徵收關稅，國家歲收在這方面並未得到什麼好處。與明朝一樣，滿清政府對海外航行存有偏見，禁止建造可以出海的大船。不幸的是，這時歐洲商人在武裝艦隊的支持下，正在尋找機會進入中國，清政府的這一政策就使中國處於越來越不利的地位。

人口進一步增長，到十九世紀中葉已增加到四．五億，帶來了嚴重的內政問題。由於缺乏充足的耕地生產糧食，以供養如此衆多的人口，人們便墾殖河流上游的荒地，擴大耕地面積。水土的流失使旱澇災害的危險性加大，從而使近代時期中國的農業問題加劇惡化。中國有男性繼承人均分地產的習俗，導致地塊減少到無法養活一家人的程度。與此同時，處境較舒適的有地士紳感到國家提供的機會變小了，因政府沒有擴大科舉制度，或設立新職以與人口增長相適應。在爲清朝奠定基礎時，爲消除人們對私有財產會被充公的擔憂，康熙大帝宣布把各地應承擔的稅額按現在水準固定下來。結果造成隨著人口的增加和全國繁榮，但中央政府無緣分享到足夠份額的全國收入，地方權勢家族的收益卻在增加。因此，未能創立一個可靠的稅收結構，是大清王朝最終衰亡的一個重要原因。

中國社會根源於親密地團結在一起的父家長制家庭中，在滿人統治下並未發生重大變化。婦女的地位依然遠遠低於男子，而且她們所受的壓迫事實上可能更嚴重。寡婦不應再嫁，有些人甚至以自殺方式表達對亡夫的忠貞。殘忍地損害身體的纏足習俗始於宋朝，據說它可以使女人在男人眼裡更有吸引力，實際上是要確保女子依從男子；到清代，雖然歷代皇帝企圖禁止，但這種風俗卻變得更加普遍。一直到了二十世紀，這一陋習才完全絕跡。

滿清皇帝自己最初信奉的是一種薩滿教，但他們鼓勵並強化全國祭孔活動，要求各地人們都要維修孔廟，將這位古代聖人尊崇到最高等級的官方神祇來敬拜。清初諸帝在宗教上持寬容態度，對到中國的傳教士，尤其是法國耶穌會教士非常友好；他們聘請這些法國教士在宮廷中充當科學、數學和製圖學教師。乾隆皇帝資助耶穌會畫家，並雇用耶穌會建築師爲清帝一家興建歐洲風格的夏宮。

滿清時期，中華文化的特點在於高雅和完美——在某種程度上，可說是衰頹和無活力，而不是創新。雖然科舉考試基礎的經籍課程變得嚴格呆板、枯燥乏味，然而，學者和未受過正規教育的個人都展現出一種文化活力。他們對儒家經典所做的重新審查產生一種有限的、打破傳統信仰的文獻批評。爲了修補在明朝時期儒家教條遭到曲解的現象，他們又搬出了宋朝哲學家朱熹的「新儒學」。「漢學」學者試圖復原更古老未受後世玷汙的智慧。其他一些思想家不再對新儒學的形而上學思想懷抱幻想，反對抽象推理，而贊成研究數學、天文、地理和語言學等實用學科。他們還反對科學考試，認爲它沒有實用、不合時務。

如果說，哲學沉思有些缺乏自然，那麼，在文學領域這卻是一個極爲多產的時代。不願參加科舉考試入仕的學者被網羅進入宮廷，進行纂修字典和百科全書，編纂散文文選和詩集的工作。乾隆時期曾開館編纂中國歷史上卷帙最大的一部叢書——「四庫全書」，共收書三萬六千餘冊的手寫本。與此同時，乾隆皇帝還強制進行文字審查，搜尋各大圖書館和私人藏書，稍涉清先祖之事或認爲對其統治不利或反清者，多加禁毀。文學創造力最有力的證據是在小說上，它們取得的卓越成就比明代小說有過之而無不及。這一時期最傑出的中國小說，實足以和東西方任何一個國家的散文體作品相媲美。諷刺手法常被使用，去揭露社會愚行及政治的腐敗，一些作家大膽攻擊奴役婦女現象。《紅樓夢》[9]常被視為中國最偉大的小說，它成於乾隆統治時期中葉。小說的中心情節是一個悲劇性愛情故事，它再現富人的生活，同時也探究現實本性和人生意義的問題。一些生活於明清之際、受到明朝傳統薰陶而反對朝代更迭的畫家，描繪了一幅陰暗、不和諧的世界景象。一位著名藝術家在其畫室緊閉的門，提上「啞」一字。不管怎樣，觀賞藝術在清代繼續存在並活躍一時。一位具有洞察力的審美家認為，真正的畫家是那些能夠「參與宇宙之變」，並透過其藝術再現愉悅之情的人。

滿清統治時期，中華文化對西方國家的影響，比以往任何時候都更不尋常。十八世紀時，中國風格的花園、寶塔和長廊成了西歐富裕階層中的時尚。其他自中國傳入的還有轎子、漆器和焚香等，同時，西方人狂熱地求購中國瓷器，以致瓷器供不應求，盲目生產，造成產品質量下降的惡果。此外，在很大程度上借助於耶穌會士的翻譯和評註，使歐洲思想家得以了解中國的思想和文學。當然，歐洲人對這些題材的了解很有限和粗略，但僅這些就足以引起一片讚嘆了。啓蒙運動的代言人引用儒家經典中的段落為其自然神論服務，並證明人類社會可以按照理智行事。伏爾泰對乾隆皇帝讚嘆不已，把他視為其理想的哲學國王實例。

隨著西方航海冒險家開通對華貿易的企圖一再受挫，歐洲人不再慷慨地稱頌滿清統治了。商業革命時期的西歐諸國在海外擴張，不但影響到印度和其他東方國家，而且還影響到中國。到了十六世紀初葉，葡萄牙人占領麻六甲，他們有一條商船在一五一六年抵達廣州。而中國當局長期以來一直習慣於與阿拉伯人及其他外國人進行和平的商業交往，因此，起初他們願意授予這些新來者一般的特權。然而，葡萄牙投機者搶劫在南洋群島從事貿易活動的中國商船，並襲擊沿海城市，洗劫並屠殺居民。這些舉止使中國人確信歐洲人與海盜沒什麼不同；且在稍後來到此的荷蘭人與英國人，也未能使中國人對他們的觀點有任何好的改變。西方早期航海者在中國的肆意搶劫，使他們留下不好的名聲，中國人後來逐漸稱歐洲人為——「洋鬼子」。清政府最後決心把歐洲人逐出沿海城市，但允許葡萄牙人在南端的澳門保留一個商貿中心和拓殖地。這港口建於一五五七年，至今仍為葡萄牙人據有[10]。出於安全起見，地方官員修建了一堵牆封鎖住澳門島上的葡萄牙居留地，並對外國人的一舉一動加以嚴格限制。由於貿易對中國人十分有利可圖，因而無法完全禁絕；不久，葡萄牙人進一步獲得在指定時間且受到嚴格監督的條件下停船廣州的特權。

對於使中國與異於自己傳統的社會和文化建立密切關係的企圖，帝國政府都傾向於拒絕。一七五九年，一位奉英屬東印度公司之命出航的英國船長，因違反禁令駛入中國北方港口而被逮捕和囚禁起來。政府對外國插手中國事件的任何行動所持敵視態度，反映在下述事件上：對上述違反禁令的英國船長的一項指控是——他竟然會講中國話！在歐洲海外擴張初期，天朝帝國在與西方人抗爭中，在軍事上尙處優勢，這可從其與一個以陸地爲基礎的敵手關係中可見。當葡萄牙人、西班牙、法國人和英國人想敲打東亞諸港的大門之際，俄國沙皇正好從陸地往東向太平洋擴展其疆土，並於十七世紀末侵犯滿洲邊界。滿清軍人擊敗來犯之敵，雙方於一六八九年簽訂條約【11】，俄國承認中國的主權，議定的邊界大致就是今日兩國的邊界。中國在與帝國主義勢力的鬥爭中蒙受恥辱的日子，還要經過很長一段時間後才會到來。

乾隆長期當政時期是清朝的極盛時期，同時也是清朝衰落的開始。十八世紀後半葉，動亂不斷，政府對此不無責任。朝廷內部敵對派別之間的密謀削弱了行政管理的效率；官僚機構變得腐敗和貪婪。在緬甸和越南進行的拙劣戰爭耗費了大量資財，加劇民眾的不滿，反清的祕密會社開始出現。白蓮教這根源可追溯到宋代的地下組織，在中原和西南大省四川活躍起來。西北回民起義，西南苗族也舉起反清大旗。就在國家最需要強大力量抵禦貪婪成性的西方人入侵之際，中國人民心中潛存對滿族統治的不滿威脅著國家的活力。

德川幕府統治下的日本

十六世紀臨近結束之際，是日本封建社會中最動盪不安的一個時期——即戰國時期突然結束；當時經過一連串的軍事戰爭後，大名（大領主）們不得不承認一位單一的統治者權威。大名剛剛興起之際，曾在自己的領地內建立相當有效的統治，其中有些大的大名領國甚至包含了昔日的好幾個省。因此，一旦大名聽命於一個共同的中央權威，全國眞正統一的道路就鋪平了，日本從此也進入一個相對和平穩定的時期，這一時期一直持續到近代。

長達百年群雄割據時代結束後，日本在一代人的時間之內，就由三位武將完成建立一個穩定的中央政府大業；這三位武將都以殺戮、背叛和無情的殘酷爲特徵，但他們的業績都長存下來。織田信長（一五三四～一五八二年）是一小國的大名，他敢於向大國大名挑戰，經過多次的拼殺得以控制皇城京都，重修皇宮，假天皇之威號令群雄，並置幕府將軍於其保護之下。當該將軍變得不那麼聽話時，他就放逐他們，從而結束室町幕府的統治（一五七三年）。他迅速採取行動，粉碎大佛教寺院的勢力，強攻寺院堡壘，並屠殺成千上萬名僧侶、婦女和兒童。在一五八二年他死之前，已征服了約半數日本州縣。

織田信長最得力的部將豐臣秀吉完成織田信長的未竟之業。豐臣一般被視爲日本歷史上最偉大的人物，他是一位出色的將軍，富於才思，善於決斷；不過，他之所以出名是在於這樣一個事實——他是日本歷史上唯一由最低階層（他是農民之子）爬升到國家統治者的人。到一五九〇年，他已粉碎日本各地的所有反對聲浪，完成國家統一大業。當他第一次出兵朝鮮時，他已羞辱中國明帝國朝廷的使節；而且，他再次出兵，妄想先征服朝鮮再征服中國，但都以失敗告終。

三位獲勝的武將中，最後一位是德川家康（一五四三～一六一六年）。他一度是織田信長的家臣，一五九八年豐臣秀吉去世時，他的地位已爬升到最有勢力的一位大名。他在與各反叛的敵對大名的戰鬥中，取得決定性的勝利，一六〇三年出任幕府時代的將軍（這一頭銜已經空缺了三十年）；同時，他還採取各種措施，以確保這一職位此後永遠留在自己家族——德川家族手中。德川家康安享兩位前輩的成果，把將軍職位變成比以前任何時候都更有效的統治工具。

在德川幕府統治時期（一六〇三～一八六七年），日本各種封建機構未受到任何變動，不過已形成一個統一體系，以爲強大的中央政府利益服務。德川家康將幕府設於江戶（今東京），他在此建造一座龐大的城堡，四周環以城壕和一系列複雜的外圍工事。至於日本東部和中部的大片地區，則封給德川家族的成員，或在征戰中曾助家康一臂之力的人所擁有。這些忠誠地支持政權的人，被稱爲「世襲大名」（譜代），而那些在迫不得已的情況下才承認家康主子地位的人被稱爲「外樣大名」（外樣）。這兩種大名都是將軍的世襲封臣，他們都受到嚴密監視，以防止他們背叛將軍鬧獨立。幕府將軍雇了一批祕密警察在各地活動，並命令他們隨時向他報告任何對政府不忠的跡象。另外，作爲一種特別的預防措施[12]，他要求全國大名平時須部分留在江戶，每年要輪換駐所；而且，當大名回到自己領地期間，其妻子和孩子應繼續留在江戶充當人質。德川家康創立的這套組織完善、周密徹底的制度，是無法只靠幕府的個人能力就可正常運轉。日本有史以來，首次有一個持久的政治框架，它在兩個半世紀中一直掌握在德川家族中，未受到任何觸動。雖然幕府本質上是一個封建制權力機構，但它爲了行政目的建立一個由精心遴選的有才幹官員組成的龐大官僚機構。

應當注意的是，日本政府仍具有雙重形式。皇族和毫無影響力的宮廷貴族依然住在京都，然而，實權卻掌握在江戶幕府手中；幕府是一個以將軍爲首的軍事等級組織。德川將軍們製造一個假象，讓人以為他們是在按天皇的意旨行事。藉著強調天皇是神聖不可侵犯的，這也就給自己的身分加上一層不可侵犯的氣氛；同時，他們設法將天皇與世隔絕，使之無法對他們構成傷害。在京都的這個影子政府，甚至連財政也完全靠幕府維持，但它被小心謹慎、備受尊崇地保留下來，以充當與日本神聖過去的一種聯繫。

德川幕府初期最嚴重的問題在於對歐洲人的關係。十六世紀結束前，葡萄牙人和西班牙人都在日本進行非常可觀的貿易活動，而在下一世紀初期，荷蘭人和英國人也都在日本建立貿易據點。日本人似乎急於從歐洲人那學到一些東西，因而對他們熱情款待。自葡萄牙人那裡得到的火器，並首次出現在日本列島，且在十六世紀晚期的群雄相爭中發揮作用。火藥引入產生的暫時性影響是，促使大名興建巨石城堡；對這種舉動，德川家族在執掌將軍大權後曾予以嚴格控制。

西方傳教士也伴隨著西方商人前來，一開始，他們並未受到太多的敵視。葡萄牙耶穌會士和西班牙方濟各會修士在日本進行積極的傳教活動，且成績卓著，日本各階層人士均有人皈依天主教，有些封建貴族也改皈這一宗教。到了十七世紀初，日本共約有三十萬人改信基督教，這些人主要是在歐洲人貿易中心所在的南部和西部。然而，最後幕府將軍決定取締基督教，這並不是因為他們反對基督教本身，而是因為擔心日本會因此遭到分裂，使他們的權威受到削弱。他們對歐洲人各個對立團體之間的爭吵感到厭倦，同時，也擔心自己的臣民在別人的誘惑下，轉而效忠一位異國君主，即教皇。最早迫害基督教徒的行為相當溫和，同時矛頭主要指向日本的基督教徒而不是歐洲人。不過，一旦傳教士們拒絕停止傳教活動，他們也開始受到嚴厲處置，許多人被處死。一六三七年，在一場反對苛捐雜稅的農民起義，最後演變成一場基督教反叛行動。當時，幕府軍隊向日本西南部的各基督教大本營發起一場眞正的戰爭；他們雖然遇到殊死抵抗，但依然消滅了這些基督徒團體，幾乎把這一宗教連根拔除。

繼這次屠殺清除之後，幕府將軍採取了一種把所有歐洲人從他們在日本的新擴展地趕出去的政策。從他們得以強制推行這一政策，就可以顯示出幕府是何等強大。不過，他們並不願完全斷絕與歐洲人的貿易，因而就選擇在政治上看來最不具危險性的荷蘭人，允許他們繼續留在日本，並允許他們每年在日本最西端的長崎港，在接受最嚴密的監視下卸下一船貨物。後來他們沿著這條路越走越遠，幕府將軍禁止日本臣民跨出國門，不然將受到剝奪一切權利的懲罰。此外，他們還下令禁止建造任何可以駛出這一島嶼帝國的大船。然而，歐洲人雖大都被拒於國門之外，但德川時代的日本並非一個完全與世隔絕的國家。幕府將軍利用外國的政策當作強化自己國內統治的手段。他們繼續保持著與中國、朝鮮和琉球群島（當時為一獨立王國）的貿易和外交往來。

德川時代為日本帶來長治久安，並促成有條理的政府和恆久不變等級社會的觀念。從理論上講，日本的社會結構是按照中國各階層的順序排列，按重要性之順序分別是：士大夫、農民、工匠、商人；以及士兵、盜匪和乞丐。然而，這種理想的排列在中國本就有些奇怪；到了日本，由於封建化社會的事實，使之產生特別的變異。幾百年來，武士一直居社會的中心享有領導地位，他們由最低等級上升到最高等級。相反的，為了使其職位真的能名副其實，他們在人們心目中也應能顯示出士的特點，這一點，武士在很大程度上做到了。大名和武士不再是封建時代早期沒有教養、不守法律的暴徒，而變成舉止高雅的貴族；他們受到文學、藝術的陶冶，並以遵守嚴格紀律為自豪。不過，他們一開始仍必須靠武力取得這種顯赫地位，他們的職位視為一種世襲權力，不應受到出身於較低層的才能出眾之人的任何挑戰。只是到了德川幕府統治下封建制的晚期，武士才徹底與勞動階級完全分離開來。在動盪不安的足利幕府時期，農民往往要參加征戰；現在，農民們被禁止不得擁有武器，只有武士才有權利擁有刀劍。然而，當農民被限制於其田地和稻田之際，他們從前的主人、武士卻被排除於土地之外。在封建制度早期，典型的武士是居住在其采邑上，並監督田地的耕作。現在他們變成家臣，通常和大名住在一起，靠他們的大名領主分配給他的收入過活。

德川政權的矯揉造作和嚴格的政策，並未扼殺經濟的發展。到了十八世紀初，日本總人口達到三千萬人；此後的一個半世紀中，人口仍有增長，但增加幅度不大。雖然饑荒時有發生，但日本人口增長緩慢的原因，顯然在於家庭的自願節育，而不在於資源的匱乏。整體說來，國家是繁榮；雖然對外貿易是在縮減，但工業和國內貿易仍繼續發展。日本全國各地的交通，無論是水路或改良的公路，都使往來非常便利。農產品和手工製品之間交換的活躍，促進資本主義經濟的發展。稻米商人在財政領域具有舉足輕重的地位，他們開辦的商號提供商業貸款和每日物價行情，在某些方面與現代證券交易所相似。城市規模擴大了，尤其是中部地區的城市更是如此。到了十八世紀後期，江戶就擁有一百萬的人口，可能是當時世界上最大的城市。

經濟的發展與苛刻的、天生具有集權性質的政治統治相結合，因而在社會內部產生嚴重的張力。武士的地位越來越反常，雖然他們是唯一可以持有武器的階層，但由於幕府禁止封建格鬥，再加上對外沒有戰爭，因此他們發現很少有機會能使用。雖然，他們仍有不少人是既有才能又有精力者，但一般而言，他們都變成一批受人尊敬的寄生蟲。他們常會受雇於大名，擔任行政職務，有時大名甚至會把一大片領地的管理工作都託付給他們，使大名本人淪落成有名無實的領袖。另一方面，處於社會地位最低層的商人卻逐漸積聚很多財富，組成自己的商業聯盟，取代舊有更受限制的行會，並對整個國家經濟有著潛在的影響。不可避免的，他們要在這熙攘的城市中把資產階級氣息傳達給社會。

直到最近，歷史學家一直認定德川幕府統治時期日本農民處境是悲慘，然而，在對日本原始資料的分析研究後推翻了前述推論。確實，勞動的農民既供養著幕府及其官僚機構，也供養著大名、武士等上層階級。另外，農民確實也受到生活匱乏之苦，並時常會受社會上層人士的虐待，被當作任人壓榨的種子或任人驅使的牛受到凌辱。農民聚眾鬧事乃至舉行地方性的起義，在一個像德川時代有苛刻規章制度的社會中，反映出農民的不滿達到何種程度。然而，無可否認的事實證明，日本農民和佃農也從國家的日趨繁榮中獲得不小的好處。由於幕府禁止他們攜帶武器，他們得以免除軍役負擔，並從德川家康當政之後的兩個半世紀和平中獲益匪淺。

日本農業繼續有所發展。耕地面積增加了一倍，新的作物引入生產，集約施肥法和更優良的工具，包括機械脫穀機在內也都得到使用；同時，由於各個鄉村合作努力，使灌溉面積也得到擴大。生產能力的穩定增加，再加上對滿足市場需求極關鍵的地區專門化，使得十八世紀時，大多數農民的生活在稅收加重的情況下，依然有所提高。農業雖然呈現出欣欣向榮的景象，但得到的收益並不均等。當時社會上出現一種由大家庭組合體過渡到更小的單位，以更有效地進行管理，這種趨勢加大了富裕農民與貧困農民之間的分野；此外，與單一農戶所有制相對，租佃制此時有所發展。與此同時，一個靠工資爲生的流動階層的出現，一方面促進了鄉村工業部門——加工蠶絲、棉花、鹽、菸草、清酒和甘蔗的發展，另一方面提供了一支後備勞動大軍，這最後爲德川幕府以後時期日本迅速實現工業化起一臂之力。

在德川幕府時代，切斷與外界的種種聯繫，因而發展出一種獨特的民族特性。日本知識界對中國哲學表現出濃厚的興趣，這一事實並不能否認上述現象。明朝被滿清推翻以後，許多中國學者逃到日本；更重要的是，幕府將軍們鼓勵研究，尤其是鼓勵貴族研究儒家經典，他們認爲這樣有助於培養臣民遵守紀律的習慣。當然，日本人長期以來一直尊崇儒家經典，不過，現在他們勤奮鑽研的目的是爲了培養本國的哲學家，並經由他們以身作則和充當行政官員的地位，向各階層人民灌輸種種德行——尤其是服從的原則。

在社會、文化方面，最顯著的改變都與大城市的發展，像是江戶、大阪、京都，有著密切相關；在這些大城市中，富人正在創造一種與封建貴族的嚴謹禮節相對的舒適、華麗氣氛。在這些人口衆多的工、商業中心，藝術和文學領域，整個趨勢都清楚朝向中產階級文化發展，這種文化有時雖很俗氣，但呈現出生機勃勃和自然的特徵。城市的娛樂場所中，一種重要人物就是藝妓，她們結合近代優美女皇和夜總會招待員的優點於一身。她們不僅接受歌舞訓練，還受到談話技巧的訓練；與她們交往，男人可以獲得在家中無法得到的樂趣，因爲在自己妻女身上培養的是溫馴、謙讓的習慣。此外，雖然當局一再設法取締賣淫的活動，但在城裡依然非常普遍。在富人的庇護下，這種原本是汙穢的事，竟變成一種高雅情事；在這種放蕩而又十分世故的社會中，一些高級妓女獲得令人羨慕的地位，這是對既有社會風俗的一種嘲弄。不僅商人和企業家，就連武士和大名也都沉溺於這種醉生夢死的城市生活中，暗中拋棄自己枯燥平淡的刻板生活，轉而到這種「浮世」中尋求歡樂，求得不受拘束的自我表現。

德川時代，城市中的上流社會生活雖放蕩，但絕非完全墮落。正如義大利文藝復興時期的情況一樣，在日本，有些最具創作天才的人也迎合資產階級的愛好。近乎淫猥的小說風行一時，包括諷刺當代人物，以辛辣的閒聊、帶有諷刺和誹謗等內容。從前，除了各種手工製作的精美日常家庭用品之外，藝術品主要是貴族風格和宗教性質；現在，一種眞實反映社會，以其幽默和漫畫誇張手法吸引人的民間藝術應運而生。這種藝術的主要表現形式是木版彩印；由於生產成本低廉，一般大衆均有能力購買，這種木版彩印自此成爲人們最常見的一種藝術形式。城市情趣在美學方面產生影響的另一個證明，是歌舞伎的發展。這與前幾世紀在貴族的資助下發展到極致的能樂不同。能樂是一種高度程式化和嚴格的古典舞劇；至於歌舞伎則是一種對城市中下層階級頗具吸引力的活動。雖然歌舞伎沿自傳統的舞蹈形式，但它更直接的來源是傀儡劇；而且，與能樂最大的不同，它具有一種近乎完全世俗的性質。歌舞伎創始於十七、十八世紀，具有高度的現實主義特徵，情節動人、動作活潑，具有很高的舞臺效果。在一些戲劇專家的眼中，歌舞伎可以說是人類各文明所產生最優秀的劇種之一。

德川幕府的各種機構雖然看似經久不衰，但日本內部的諸多力量所產生的作用看來逐漸瓦解德川體制。此時，日本經濟從以農業爲基礎，部分轉向以商業爲基礎，致使從事製造業、商業和運輸業的人地位有所提高。導致封建制度變得過時，各封建階級開始感受到經濟窘困之苦。雖然貨幣已經流通了好幾百年，但大名及其武士家臣仍用日本主要的農作物稻米，作爲單位來計算其收入。對像江戶、大阪等大城市供應糧食的商人，控制了大部分稻米的價格，因而他們可以預知價格的漲落，有時甚至故意使糧價上漲或跌落以牟取暴利。很自然的，價格不穩固對大名和武士是十分不利的，因爲他們的收入來自地租，同時，他們的生活必需品越來越依賴從城裡購買。米價往往大大低於一般物價水準；即使米價昂貴，大部分好處也被中間商剝奪。持有土地的貴族發現自己的實際收入日漸減少，而那些出身卑賤的商人和經紀人卻變得越來越富。

日本的階級界線正如商業革命時期在西歐發生的情況一樣，正不可避免地遭破壞。富有商人用金錢購得武士官階和頭銜，貴族則爲了重新聚集其財富收養中產階級家庭的子女，或者與他們聯姻。爲了維持昔日的生活方式——至少在表現上如此，以保住自己的顏面，貴族們不顧一切地借錢。早在一七〇〇年，大名階級負債的總額已比日本全國的貨幣總額還要高一百倍。窮困潦倒的武士典當其禮服，甚至把身分象徵的刀劍也典當出去。當中的城鎮有許多人晉身低級武士之列，其中也有獲得成功者併入。

在德川後期，由於經濟混亂而出現的社會動盪，在文化潮流的影響下進一步加劇。伴隨著一種新產生的民族精神而出現的，是人們的懷古情緒。傳統上，由皇族主持的一種古老崇拜神道教，曾經由於佛教的傳入而逐漸黯淡無光。後來神道教又逐漸流行開來，其中一些新的教派擁有一批狂熱信徒。對古代文獻（歷史文獻和神話傳說）的研究，促使人們對日本的獨特性——「由自天而降的先祖創建的是神祇之國」，以及帝位問題進行反思。由此人們注意到，幕府制相對來說是在不久之前創建的，或者說，實際上是一種僭權，而不是古代政治結構的合法部分。與此同時，隨著人們熟知中國的政治傳統——由於幕府將軍們的提倡，儒家學說興盛一時，進而導致人們了解中國的政治傳統，日本知識界對雙重政治制度和封建制度產生了懷疑。此外，由於荷蘭人仍得以在長崎進行非常有限的貿易，因此，西方書籍和西方思想就經由這個小港口漸漸滲透進入日本。早在十九世紀日本「開國」之前，西洋火砲、船隻、鐘錶、玻璃器具和科學儀器，就已引起人們極大的興趣。因而，就在國內人民的情緒達到危險程度的同時，日本的鎖國狀態開始出現裂縫。到了十九世紀初，幕府的處境岌岌可危，似乎已無法抵擋得住嚴重危機的打擊，尤其是此時，其他權威的家族正渴望著德川家族顯現出虛弱的跡象，以便取而代之。

自一八六七年幕府被廢除以來，發生的壓倒性勝利和革命性的變化，使人們難以用公正態度如實地看待德川時代。固然，德川統治閉關自守、致力於維護等階制度，但它大大推進日本民族的團結，逐漸灌輸人們遵守紀律的習慣，並給日本帶來一段時期長治久安的局面。雖然社會上有等級之分，但階級結構並未嚴格到妨礙實現一個整齊劃一的社會，尤其是像在都市中心成長、交通條件有所改善；到了德川幕府統治時代末期，大約百分之四十五的男性人口（女性只有百分之十五）識文斷字，這一紀錄非亞洲任何其他國家所能匹敵，就連現今有許多國家也自嘆弗如。雖然日本仍是以農業爲主導的社會，但資本家的技巧已經產生，且不僅在商業和製造業區域中都有應用到，而且還應用於農業範圍。雖然不是有意如此，不過，德川將軍們卻爲日本演變成爲一個近代國家奠定了基礎。

最近一批歷史學家對現代化的效果不抱任何幻想，並倡導所謂「人民的歷史」，把德川時代描繪爲一個黃金時代。他們聲稱這時期孕育產生一個更自由的社會，乃至民主社會的種子，證據就是促進農民之間的社會進取心和積極參與鄉村合作社的發展。他們斥責帝國的恢復是一種「失敗的版本」，是朝向國家崇拜令人遺憾的一步；同時他們辯稱，德川時代本可以爲提供一種與完全複製西方工業化社會模式不同，且更優異的結構打下基礎[13]。

神王和祭司統治下的非洲

一五〇〇至一八〇〇年這段時期，標誌著非洲開始被併入資本主義世界經濟。自一五〇〇年左右起，西歐把非洲變成自己迅速發展的資本主義體系附屬者。進入十六世紀以來，歐洲人奪取並擴大了十三世紀時由阿拉伯人建立的世界貿易網。這一海上接觸結束非洲與歐洲隔離的局面，並把該大陸的所有沿海地區都引入歐洲商業圈之中。

就在這一時期，歐洲商人和冒險家進入非洲撒哈拉沙漠以南沿海地區。航海和軍事技術的改良，使歐洲人得以在看不到陸地之下航行，並依靠裝備良好、行動迅速的武裝船隻進行有效的遠洋貿易。對西非人而言，這爲他們提供了機會，擴展他們以往必須穿越撒哈拉沙漠才能和北非各集市的貿易，現在他們可以越過大西洋和南北美洲、西歐建立起貿易聯繫。龐大並可獲得豐厚利潤的大西洋交通急劇發展起來，並要求由少數統治者集中掌有管轄領土的權力。由於武器的非法交易和劫掠奴隸等的流入，讓整個局勢動盪不安，較弱小的公社不得不聯合起來進行自衛，或是尋求鄰近地區地域更廣、更好的組織社會來保護。第一批是沿海王國，隨後是帝國，隨著火砲、火藥和舶來奢侈品貿易，在一六五〇年代之後，出現在這高聳叢林的機會越來越多。

早在與歐洲人進行接觸之前，穿越撒哈拉、沿著沿海地區和穿越大河谷地所進行的遠距離貿易網就已很興盛。常有人乘坐獨木舟往來於尼日三角洲和象牙海岸、黃金海岸與中非的剛果河河口之間。至少，從一三〇〇年以來，就出現了小型靠漁獵為生的獨立公社，這些公社散布在棕櫚成蔭的西非和中非沿岸，在東非這種情況出現得更早。漁民們用海鹽、魚乾交換森林地區農民的薯芋、山羊和牛。幾百年來，生活在剛果河河口與加蓬森林地帶之間羅安果沿海的各民族，一直生產優質拉菲亞樹紡織物、鹽和銅以供出口。到了十二世紀，西非豪薩城邦的卡諾生產的棉織品成為義大利市集上的搶手貨。

一五〇〇年後，當公社轉而購買較便宜的歐洲同類貨物時，捕魚、釀酒等當

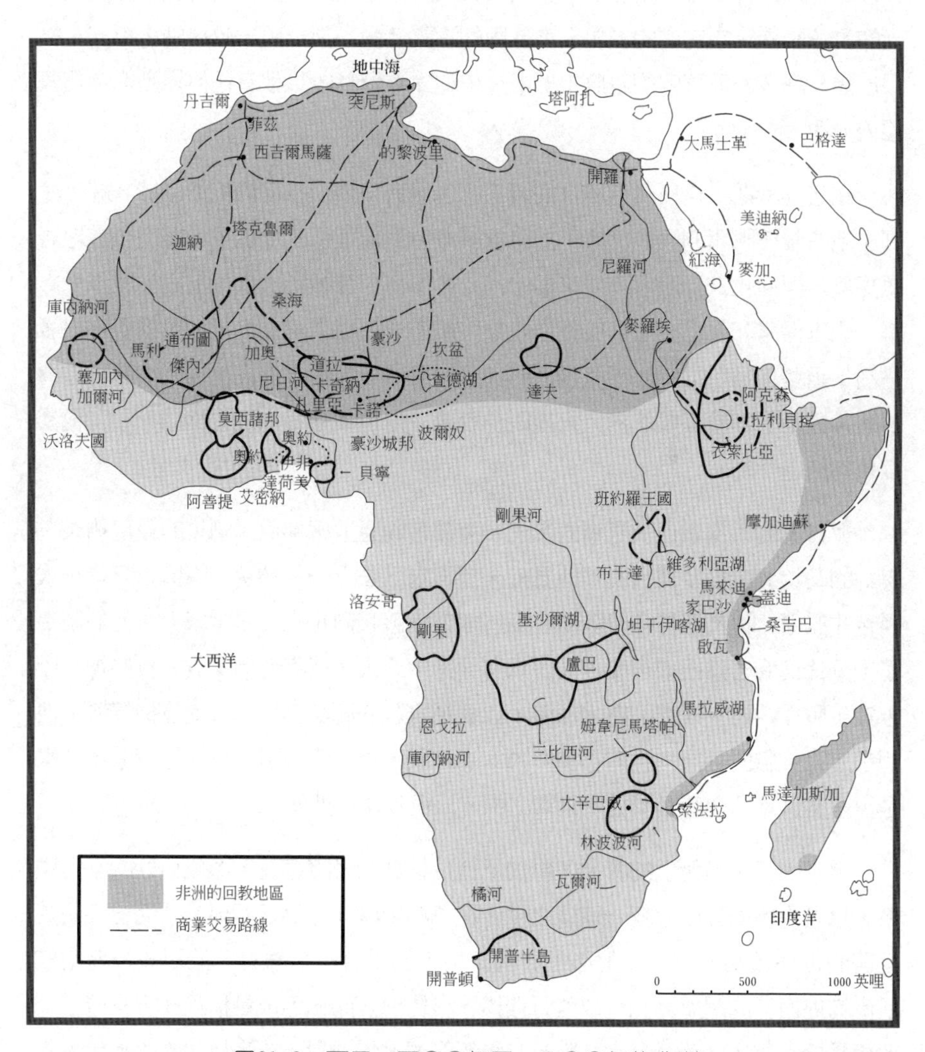

圖21-3　西元一五〇〇年至一八〇〇年的非洲

地工業開始衰落。最後，歐洲商人為防止當地商人和酋長聯合起來，便唆使非洲各團體在經濟上互相競爭。因為如此會使價格上漲，削減歐洲人的商業優勢。不管怎樣，單就這項而論，非洲商人討價還價的本領比歐洲人還要高超。

一七三〇至一八〇〇年之間，為了直接與歐洲人經商，較難接近的內地國家試圖把統治區域擴展到海邊。然而，外國商人卻很難得到允許往沿海更遠處的地區經商。在貝寧、達荷美和奧約，外國商人都被限制在指定的港口活動，而且只能租借土地來興建貨棧、要塞和奴隸市場。有些國家，像是倫達、盧巴、奧約、貝寧和亞散蒂，變得繁榮起來，成為領土遼闊的帝國。其他國家，尤其剛果、恩戈拉和姆韋內穆塔帕，由於未能與歐洲人保持一定距離，或者沒有完全認清歐洲人的眞正動機，在它們的歷史上，外國的陰謀活動不斷出現，政局動盪不安，終致亡國。許多非洲國家的政府由於嚴重依賴對歐貿易，以致有任何變動都會招致經濟崩潰。

在這一時期，自稱具有神性的國王們透過武力擴展自己的統治區域，經常使鄰居地區淪為附庸的國家。國王的臣僚被派遣到新征服的地區，企圖阻止該地居民謀反，與同化被征服者。如果當地的社會風俗和政權形式根深柢固，就不受影響，戰爭俘虜和異己分子則被賣作奴隸，所得款項用以補充火藥，並換得進口奢侈品，這些作為可以提高王室朝廷的威望和權勢。大批非洲人被賣到美洲，這種邪惡勾當是由鮮廉寡恥的白人奴隸販子發起、由自私自利的黑人協助，和多種族互相勾結進行的。

與日本的天皇類似，貝寧的奧巴、亞散蒂的亞散蒂赫內、剛果的曼尼剛果、奧約的艾拉芬，以及非洲的其他君王，都將自己蒙上一片神祕的陰影，只在正式場合才露面。他們把許多時間用在舉行國家典儀和向祖先英雄獻祭上。他們制定了十分嚴格的宮廷禮儀規範，平民只有通過中介人才能與他們交流。有些神王腳上穿了製作精巧、考究的特大涼鞋，以避免自己的腳與神聖的大地直接接觸。他們都培養神職的藝術，目的在讚美國家的神聖。為了實現這一目的，行會藝術家是由王室供養，同時必須待在禁宮之中，以免其才華外傳。

這些國王至高無上的首領，再加上職位較低的世襲官員，形成巧妙的制衡體系，以阻止權力集中於任一職位之中。在奧約帝國（今尼日西部），艾拉芬是其世襲的世俗領袖。不過，他必須與國王指定的貴族分享權力，並組成一種叫作「奧約梅西」的選舉團和行政監督機構。奧約梅西的領導成員稱為「巴肖龍」，他相當於首相，同時又是大多數具有影響的國家崇拜對象或宗教教團的代言人。

爲了與奧約梅西相抗衡，艾拉芬安置心腹奴隸爲「艾拉里」。艾拉里負責徵收貢納，並監督地方政策。與此同時，每個重要城鎮都設有世襲的市長或「奧巴」。雖然奧巴的權力源自祖傳授任令，但他們受到奧格伯尼會社的制約。該組織由有權有勢的富裕市民組成，是廣大農民、商人、工匠與王權之間的橋梁。奧約帝國的每一位居民，上自艾拉芬，下至一貧如洗的農民，都要宣誓效忠「伊費的奧尼」。伊費是創建奧約帝國的城邦，是約魯巴文明的發源地；奧尼則是一個古老的職位，是精神事務方面的最高權威。因此，權力是分散於整個社會之中。至少自十五世紀開始到十八世紀晚期，奧約的約魯巴各民族一直聽從其不成文憲法的制約。

一七九〇年代，由於擔任艾拉芬的人向伊費的奧尼在精神上所處的最高地位提出挑戰，致使對維護國家團結至關緊要的艾拉芬一職的權威和威信都受到嚴重削弱。後來，由於巴肖龍（即首相）又同艾拉芬一爭高下，使傳統統治階層進一步遭到侵蝕。統治階級忙於權力之爭，使中央權威受到削弱，各附屬國乘機紛紛獨立。內戰在奧約帝國境內爆發，到十九世紀中葉，這搖搖欲墜的帝國一方面深受自南方來的歐洲人種種陰謀之苦，一方面又受到自北而來信奉伊斯蘭教的富拉尼人挑戰。

雖然奧約帝國瓦解，但藝術和音樂傳統仍持續繁榮。無論在奧約還是在毗鄰的貝寧，約魯巴藝匠的各行會用黃銅、青銅、象牙和木材製作豐富多彩的雕塑作品。用金屬做成的半身紀念像和紀念飾板，用於世俗目的，製作精美，具有突出的自然主義風格；這些作品有一些完成於同歐洲人接觸幾百年之前。專業的雜技團、舞蹈團和音樂團在農村巡迴演出，他們時常以表演的節目作爲批評政府的作法、王室作風和社會風尚，在許多方面與現代報紙的社論專欄內容相仿。

許多森林國家都有引以爲傲的宏偉首都，城內有往四周擴展的宮殿與廟宇，這些建築物以圓柱環繞四周，並有低於地面的門廊。貝寧城是世界上爲數不多呈棋盤式格局的都市中心之一，林蔭大道與市街幾乎垂直相交。亞散蒂的首都庫馬西因爲鮮花盛開於城市各角落，還有五彩繽紛的格子化臨街正面，因而被身臨其地的外國人描繪爲非洲的花園城市。奴隸人口往往集中於各國首都周圍。到一八〇〇年，靠奴隸耕種的大莊園在很多國家的首都四周出現，他們爲軍隊和城市居民提供廉價糧食。這是一種種族和社會隔離制，其中一些從事勞動的人受到不同程度的奴役。

一七二五年後，伊斯蘭教在西非開闊肥沃的草原復興起來。穆斯林有識人士喊出聖戰的口號，許多國家——主要是富拉尼人領導的神權國家隨之產生。伊斯蘭教一方面繼續是宗教和社會分裂的因素，同時又是政治、文化變遷的動機，使其持續延伸。一八〇四至一八一〇年，復興活動到達最高點，當時富拉尼人征服並鞏固對尼日北部設防的豪薩城邦的統治，進而擴展爲疆域遼闊的索科托和關杜哈里發國家。豪薩文化持續存在，豪薩語言也成了西非內地各大商業城市的商業用語。

令人覺得意味深遠的是，西非森林文明大都產生於歐洲人涉足此地之前，有的在此之前就已發展到極盛時期。在一四七二年，葡萄牙探險者抵達貝寧主要海港格瓦特之前，貝寧的奧巴制度就已確立了。同樣，在葡萄牙人與剛果發生接觸之前的十年，剛果的曼尼剛果就統治著一片遼闊的地區，其權威幾乎未受到任何挑戰。伊費則被約魯巴人公認爲其宗教、文化的主要中心。

許多非洲統治者一開始時盛情迎接葡萄牙人，希望能從他們那裡得到農業、工業和戰事方面的新技術。一五〇五年前，貝寧和剛果就派遣使節和年輕知識分子到里斯本和梵蒂岡。然而，當歐洲探險家發現美洲的龐大資源之後，顯而易見，只有透過大批廉價勞動力才能開發這一資源。而附近的非洲似乎是擁有這種大批廉價勞動力的地方。因此，大約在一五〇五年後，歐洲商人、傳教士和其他到非洲拜訪的人，其目的都與前輩迥然不同。他們並不是作爲熟練的技師，而是成爲「顧問」，他們逐漸滲透到非洲政府中，以便更能隨心所欲地組織它們，從事奴隸貿易。就這樣，儘管一五八〇年葡萄牙和西班牙的合併犧牲了在非洲進行的其他活動，但大西洋奴隸貿易並未因而停止。

葡萄牙人起初在航海科學方面居主導地位，現在已爲英國人、荷蘭人和法國人取而代之——在此之前，這些國家都已開始在新世界建立殖民地，並進行開發和拓殖。一六三七至一六四二年間，葡萄牙人在西非的全部飛地[14]幾乎完全落入荷蘭人手中。荷蘭人在西非沿海地區購買不到足夠的奴隸，不久就盯上更南方的恩戈拉王國。唯有在這裡，葡萄牙人進行了成功的抵抗。

在整個十七世紀，歐洲許多國家的皇家特許公司都組成壟斷企業，並沿西非沿岸地區興建倉庫和成排的石砌堡壘。一六七二年，英王特許成立皇家非洲公司，該公司不久就成爲西非黃金和奴隸買賣中最積極的買主。不過，英國人和荷蘭人向非洲人出售武器彈藥，展開激烈的競爭，並迅速導致致命的武器在某些森林國家擴散開來。對許多非洲首領而言，捕獲奴隸和奴隸貿易成爲一種令人痛苦但又不得不做的事。如果他們拒絕從事這種交易，歐洲人就會把武器提供給其敵手，利用他們來賣他們的子民作奴隸。達荷美和剛果起初反對奴隸貿易，但不久就發現，他們也必須玩起歐洲的這套遊戲，不然在經濟和政治上就會遭到毀壞。貝寧是爲數不多能成功地控制奴隸貿易的非洲國家之一，它一直到一八九七年英國入侵之前，都是獨立的政治實體。

十七世紀時，爲數衆多的小國在黃金海岸內地的阿坎森林中出現。據稱，它們向歐洲提供的黃金占當時歐洲黃金儲備的百分之二十。在皇家非洲公司的推動下，黃金貿易擴大了，因而導致在十七世紀晚期出現亞散蒂帝國。亞散蒂帝國境內的阿坎人透過向經由其地區到沿海地帶的商品徵稅而變得極其強大、富有。一七二一至一七五〇年間，亞散蒂文明達到極盛時期。這裡的手工工匠用黃金和青銅加工耳飾、腳鐲、墜飾和臂環。他們用臥式織布機織出圖案繽紛的彩色褂袍，每一形式都有名字，表示一種象徵性涵義。

奴隸貿易規模十分大。如果說，由於完善的船隻紀錄相對較少，因而使歷史學家無法確切知道，到底有多少非洲人被賣作奴隸，並被運到海外，那麼有關證據允許做出一些有根據的估計。多數學者同意，一五〇〇至一八〇〇年間，共有近一千一百萬的非洲人被強運到非洲以外：其中有七百八十萬名經大西洋運到美洲，這些人主要被運到巴西和加勒比海地區；其他三百萬人經跨越撒哈拉、紅海和印度洋等路線離開非洲。不過，這些人只是整個被奴役人口的一部分。許多人是在非洲各國服役，其他人則在保衛自己或在運往集市的途中喪生。

一七一三年，英國獲得西班牙的特許，可以向西屬新大陸各領地供應奴隸，這爲大西洋奴隸貿易提供巨大發展。與此相應，約魯巴人的奧約國擴張成爲一個幅員遼闊的帝國，該國一直充當豪薩內地和沿海地區奴隸貿易的中間人。其他國家也呈現類似的發展模式。緊接地在奧約之西，出現一個極度中央集權的王國達荷美。一七二四至一七二九年之間，達荷美占領沿海阿賈族各國，並同化他們。達荷美人無法與歐洲人進行別種貿易，就在奴隸貿易中既充當供應者，又充當掮客。奧約深怕這種競爭，就在一七五〇年把這種貿易轉到自己的港口經營。結果達荷美的經濟狀況便陷入混亂。這讓達荷美政府在十八世紀建立了一種獨一無二、由國家控制的極權主義政治制度和經濟制度。國王是一個獨裁者，所有國家官員均由他任命，同時，他還建立了一支祕密警察來執行他的意志。國內沒有任何制衡制度，他的統治是依先例和祖訓。國王是高級祭司，重大祭祀活動均由他主持。此外，他還控制著各種手工行會，這些行會製作花毯和造型優美的塑像，是爲王權增添光彩。國家不但實行全民兵役制，而且還專設人口普查局管理此事。建立由奴隸耕作的大農場，並由農業大臣予以嚴密監督。達荷美對經濟進行嚴格管理，稅收和通貨均由中央控制。其他在物價和工資則由生產者組織確定。在文化方面，歐化受到積極的遏止，藉著國家採取對外征服和強行同化的侵略政策，來維護傳統的生活方式，達荷美度過奴隸貿易的毀滅性影響，而能夠捍衛自己具有活力的文化習俗，直到一八九四年，才爲法國人的槍砲所擾亂。

位於中部非洲西部，熱帶草原地區的剛果和恩戈拉運氣就沒那麼好。一四八二年以後，剛果君主渴望學習歐洲技術的祕密，便幫自己取了教名，並皈依基督教。然而，貴族對此不以爲然，他們希望恪守本國悠久的文化傳統。天主教傳教士在不到二十年的時間裡，便挑起國王與貴族之間的不和。一五五六年，剛果和恩戈拉兩國葡萄牙顧問之間的競爭，結果就把這兩個國家拖進一場毀滅性戰爭中。戰爭最後恩戈拉獲勝，但眞正的受益者是販賣奴隸的歐洲人和穆拉托人【15】，這些人靠出售戰俘和難民發財。由於葡屬巴西所需礦工越來越多，導致剛果和恩戈拉（葡萄牙人稱之爲安哥拉）分別於一六六五和一六七一年被消滅。雖然剛果編織拉萊亞樹葉纖維布的精巧工藝依然具有活力，但兩國政府崩潰了。

前安哥拉君主恩辛加女王在更靠內地的地區創建了一個新王國，稱爲馬塔姆巴。自從一六六〇年代起，馬塔姆巴成了中部非洲一個重要的商業國家，和日益發展的國際奴隸貿易的主要經紀人。奴隸貿易繼續存在，並導致當地居民某些階層的倫理道德進一步敗壞。在內地更深處，在葡萄牙人無法直接干涉的地方，出現了倫達和盧巴諸非洲人建立的王國。這些高度中央集權的王國有些一直存在到二十世紀，但最後還是在歐洲人再次擁入的新浪潮中喪失獨立；這次歐洲人前來的目的是爲了尋找銅礦，而不再是爲了販賣奴隸。

雖然葡萄牙人自己對奴隸貿易並不那麼熱衷，但他們捲入東非沿海地區，同樣具有災難性後果。一四九八年，瓦斯科・達・伽馬繞過好望角後，沿斯瓦希里沿海向北航行尋找東印度群島。他對於發現一連串擁有繁榮昌盛、高度文明，並與阿拉伯半島、波斯灣和印度有密切商業和文化聯繫的城市國家，感到十分驚訝。不過，讓達・伽馬感到痛苦的是，這些國家的蘇丹都十分虔誠地信奉伊斯蘭教。因此，對達・伽馬曾與他所到的四個城市國家中的三個都交過手並不意外。至於剩下的那個國家是因爲，達・伽馬洗劫了馬林迪的商業對手蒙巴薩，才使他在馬林迪受到盛情款待。

葡萄牙人對於中非開採的黃金和銅礦石，經由四通八達的印度洋貿易網到達遙遠的港口，留下深刻印象。他們希望以斯瓦希里城市國家爲前往印度的跳板，並靠當地的黃金爲在印度和香料群島的商業活動提供資金。到了一五〇五年，葡萄牙人經過幾次劫掠和砲轟，把這些城市國家變爲自己的附庸。

葡萄牙人並不打算治理這些斯瓦希里城市國家。更確切地說，他們企圖透過其駐印度西海岸果亞的總督壟斷印度洋貿易，但對此只取得有限的成功。在土耳其海盜和靠劫掠爲生的辛巴部落成員不斷製造麻煩之後，一五九三年，葡萄牙人在蒙巴薩興建規模龐大的石頭城堡，叫作耶穌堡，並任命聽從他們的馬林迪蘇丹代他們進行統治。一六二二年，葡萄牙人被強大的波斯艦隊把他們從位於波斯灣的戰略要塞奧爾木茲趕出去。在其他人眼中，葡萄牙人統治的弱點很快就明顯表現出來。自從一六三〇年代起，他們必須以昂貴的代價去鎮壓斯瓦希里眾多城鎮的暴動。繼奧爾木茲後，另一個通向波斯灣的門戶馬斯喀特，也在一六五〇年淪陷，阿曼阿拉伯人脫穎而出，成爲一個可怕的海上強國。一六九八年，他們把葡萄牙人從其通往印度航線的主要停靠港蒙巴薩趕走，葡萄牙人在莫三比克以北的優勢，像用紙牌搭的房子那樣崩潰了。在他們身後留下的是曾盛極一時的斯瓦希里文明廢墟。阿曼人以解放者的身分來到東非，並留在那裡當上征服者；他們對此地採用的是一種漠視的政策，導致東非文化和經濟進一步惡化。

葡萄牙人曾試圖控制辛巴威和加丹加高原的金礦和銅礦，結果也失敗了。在對姆韋內穆塔帕帝國的政治和宗教機構進行長達一百八十年的干涉行動之後，他們被逼退到莫三比克沿海。葡萄牙商人和士兵完全無法與更堅定、組織更好的蕭納諸部族軍隊相抗衡。葡萄牙雖有征服擴張之心，但非洲人的抵抗對他們來說顯然太過強大。一七九八年，葡萄牙人企圖透過把其安哥拉殖民地與莫三比克連接起來，建立一個橫跨非洲大陸的帝國，但由於瘧疾流行，再加上葡萄國王無意管理如此大的地區，終致失敗。

在非洲的最西南角，歷史上走上另外一條更悲慘的道路。一六五二年，荷蘭東印度公司在開普敦的臺布爾灣修建了一個加油站，爲往返於西歐和東方的船隻補充燃料。這一加油站迅速發展爲一個由公司管理的白人拓殖殖民地，其中心在開普敦港的堡壘中。出於避免種族衝突的急切目的，該公司幾乎從一開始就頒布法令，把白人與當地的科伊科伊牧民隔離開來。在其後半個世紀中，歐洲拓殖者取代並征服了科伊科伊人和桑人，後者是生活於石器時代的本地採集狩獵者。科伊科伊人逐漸由獨立的放牧者降爲不斷擴大的白人農場主貧苦的被保護人。這一廉價勞動力資源疏解長期存在的人力缺乏現象。到一七一五年，曾輝煌過的科伊科伊人失去近乎所有的牲口和土地，同時染上由歐洲人帶來的像是天花之類的疾病，他們在沒有免疫力的情況下大量死亡。至於未開化的桑人像野獸似地遭到白人的追殺，被趕到貧瘠的北方，但他們爲了自己的利益，曾以游擊戰方式進行頑強抵抗。到一七五〇年，桑人被驅散到各處，科伊科伊人（字面意思爲「人之人」）及其文明瓦解了。殘存的科伊科伊人與自非洲其他地區講班圖語的奴隸，以及貧窮白人，融合爲一個新的混血民族，他們被稱爲開普科勒德人【16】。雖然他們模仿歐洲生活方式，並使用正在形成中的南非荷蘭語，但他們受到難以令人忍受的歧視。與此同時，他們拒絕成爲土著黑人社會的一部分，因爲他們認爲後者過於原始。

從一開始，奴隸占有就成爲開普敦社會一個普遍、根深柢固的特徵。到一八〇〇年，奴隸的人數比近乎二萬名白人拓殖者還要多；這些白人試圖透過限制奴隸移動、雇傭和組織能力的法律，給他們套上大枷鎖。

荷蘭東印度公司未能控制住白人大移居，開普殖民地的邊界穩固地東移。大約一七七〇年，嚴格的喀爾文教派布爾人集體移民，他們剛剛擺脫歐洲啓蒙運動的自由和人文主義傳統，但在這裡，卻意外地碰到一個空前強大的競爭者——鐵器時代講班圖語的人。這些人也重視牲口，並在尋找新的牧場。但是，與科伊人和桑人不同，班圖人是一個有著更凝聚性的社會，他們在政治上更有組織，同時在人數上也大大超過白人。

班圖人和布爾人之間的關係幾乎從一接觸就以互相猜疑和互不信任爲特徵；很快，這種關係就轉變爲苦痛、恐懼和仇恨，而且也隨著雙方爲爭奪土地和牲口進行的暴力行爲不斷升級。正如過去那樣，荷蘭東印度公司努力利用種族隔離的辦法，以期待代替高昂的邊界戰爭，但還是失敗了。雖然出現建立在雙雙共同利益上的某些形式邊界跨種族合作逐步形成，但衝突更爲常見和普遍。

很具世界性的開普敦成爲南大西洋一個具有戰略意義的國際港口；一七九五年，出於對正進行拿破崙戰爭的法國人的擔心，英國人占領了該港。荷蘭東印度公司受到桀驁不馴和具有獨立念頭的殖民者削弱，對此未做抵抗。一八〇六至一八三三年間，英國人試圖按盎格魯．撒克遜人的傳統，建立一種不承認種族差異的法律和社會制度，並把它強加給居支配地位的荷蘭開普敦社會，因爲他們視種族爲社會地位和政治地位的關鍵性標誌，但只獲得有限的成功。

從整個撒哈拉以南地區的經歷來看，非洲人與歐洲人進行貿易有好處也有壞處。用黃金、象牙、胡椒和棕櫚油，換槍砲、火藥、廉價編織品，以及諸如含酒精的飲料之類非耐用消費品，這些行爲在某些地區加速中央集權化的進程，和地域國家的形成。某些家族壟斷這種貿易，並以犧牲廣大群衆爲代價，使自己富裕起來。在遭受劫掠奴隸之苦的地區，宗族結構在社會、經濟和物質上都受到嚴重削弱。不過，南大西洋奴隸貿易也使新的農作物引入非洲，其中包括來自亞洲的車前草，來自巴西的樹薯，從美洲其他地區的馬鈴薯、鳳梨、花生和番石榴，以及經由西班牙和埃及自巴西傳來的玉米。遠距離貿易的不斷擴大，還導致非洲現有的作物更廣泛地傳播開來，例如東非的可可樹傳入西非。因而，非洲人的日常飲食有所改善。同時，使擁有肥田沃土並有可靠的水源供應的社會能養活更密集的人口。這也反過來提供國家創立和擴張的傾向。然而，這也加劇了濫伐森林行爲和水土流失。一七三八至一七五六年之間的大旱災導致食物產量劇減，在某些地區爲了求得活命，人們被迫自賣爲奴。

與日本不同，非洲經濟實際增長速度，由於對歐洲人貿易的剝削性和非生產性而減緩。歐洲人運到這裡的是一些不能用於生產其他物品的商品。在西非，到了十八世紀，槍砲火藥成了最重要的對外貿易商品。在一六〇〇年之後的兩個世紀中，運到撒哈拉以南非洲地區的槍枝至少有二千萬枝。一七九六和一八〇五年間，僅從英國運到西非的槍枝就有一千六百萬。火器和奴隸貿易之間形成密切聯繫。這些武器主要用於跨種族的劫掠，戰爭則與掠奪人口送到奴隸市場有極大的關聯。非洲人之間爲了控制通往沿海的商路展開的競爭，尤其刺激了戰爭的爆發，這些戰爭爲大西洋市場帶來許多奴隸。有些非洲種族集團用奴隸換取槍砲，藉此確保自己在與內部敵手的政治鬥爭中獲得勝利。換句話說，有時奴隸輸出是因爲政治目的而進行的戰爭造成的，而不是由純粹的經濟動機造成的。

非洲人與歐美資本主義制度的接觸，對國家的形成有促進作用。然後，就長時段來看，這種接觸造成舊貴族和正在產生的軍事和商業承包者之間的權力和地位之爭，從而使政治不穩定。政治和社會分層的現有基礎受到挑戰。平民百姓受到戰爭以及黃金、奴隸和森林農產品貿易的牽絆，使一些較聰明、較有抱負的平民獲得足以溫飽生活的財富。一個新的由經紀人、商人、翻譯和商隊經營者組成的「資產階級」隨之產生。在亞散蒂、奧約、達荷美，以及其他地方，傳統的皇家後裔不得不由原來的世襲政治結構，改爲把能力和精英管理綜合考慮進去。那些未能根據變化中的秩序予以調整的統治者，面臨的是毀滅性的內戰和長期的政治不穩定，凡此種種都使他在十九世紀後半更易遭到歐洲帝國主義者的征服。

不過，儘管有這些毀壞性影響，在這三個世紀中，非洲的藝術活動和成果仍有驚人的進步。在受到國際貿易影響的社會，逐漸形成更精緻的審美標準。藝術風格更爲豐富，技巧也得到改善。與歐洲人和伊斯蘭教徒的貿易，除了爲非洲帶來種類更繁多的原料，尤其是用於澆鑄的金屬和用於編織的紗線之外，還帶來新的圖案和基調。社會和宗教崇拜以及行會聯合體在數量和會員數上都有所增長，它們成爲維持傳統、適應社會和藝術變化，並予以制度化的強有力機構。掠奪奴隸行動和戰爭導致大批人口遷移，這種遷移使難民和土著人之間有了更多的跨文化聯繫，並促使產生一種人們更易受到變化和創新影響的社會環境。

這一時期中，工匠變成職業化的工匠。在過去，大部分的藝術是透過岩石和人體彩繪、石製工藝和陶器製作表現出來的。但自一五〇〇年代起，在編織花紋和製作、金屬澆鑄、面具和人像木雕方面出現重大進步，幾乎每個大村落都有織工、染色工、紡紗工和裁縫的行會能誇耀。社會中越來越多人從用草或樹皮織物腰帶，轉而穿上護住全身大部分的精製外套。另外，化妝和紋飾也越來越爲人們所使用。穿著成了交往的一種形式，成了地位和財富的象徵。

在這時期，男性開始運用其祕密社團，在社會和政治方面具有更大的支配作用。在雕塑藝術方面，他們起著壓倒性的作用，雖然兩性在其戴假面節日時，都會從事這種藝術創作。但婦女往往被規定形式，實際雕刻和澆鑄工作大都由男人承擔。在大多數文化中，無論男性和女性都可承擔編織工作，但陶器仍由婦女手工製作。然而，有些種類的織布機是專門留給男人使用的。

實行中央集權化的國家中，王室家族非常富有，他們委託藝匠用黃金、銅和自國外進口的木料製作戒指、垂飾、手鐲和髮夾。用泥或蘆葦建成宏偉壯觀、帶有長廊和庭院的宮殿，裡面用各種編織物、蠟染或紮染而成的彩飾掛毯加以裝飾。美的基本典範透過印在布料上、塑在建築物表面高浮雕上，或用優質木料塑造而成，亦或金屬雕塑的與衆不同符號表現出來。圓、長方、橢圓和正方形等圖形被巧妙地轉換成藝術符號，並被賦予深刻的哲學和宗教涵義。上帝和宇宙的複雜概念則用諺語和史詩的文字符號，或者用御座、權杖、寶劍和工匠所用工具等複雜圖案表現出來。

在這三個世紀中，擁有取之不竭木材的森林文明，把種類繁多的木料作爲主要雕刻材料。他們技藝高超地把超現實主義和表現主義、抽象因素和自然主義因素綜合在一起。立體畫派傳統並非起源於十二世紀早期的西歐，而是發源於好幾百年前西非森林國家中的藝術圈子。雖然歐洲人掠奪了非洲大量物質和人力資源，但他們未能削弱非洲藝術的活力。確實，與歐洲人接觸造成的創傷看來，迫使非洲人取得更大的文化成就。

非洲傳統宗教和思想的模式結果證明也是長久不衰的。雖然非洲人極度信奉宗教和極具思想，但沒有一種「非洲」宗教或哲學逐步發展成，就像我們見到的「中國」哲學或印度次大陸的印度宗教的情況那樣，是從他們自己大陸所生長的宗教與思想。除了信奉科普特基督會的衣索比亞，非洲沒有任何有關思辯和／或概念的思想文獻或論文。雖然如此，每一種文化都擁有一種集體的智慧，一套原則或信仰，並有程度不一的條理性，以此指導人類行爲。非洲人對善與惡的觀念、對形體和自然之美的認識，有非常大的差別。在其自身的社會物質中，不同的社會持有各具特色的道德倫理體系。例如，這個文化可能把生雙胞胎視爲凶兆，嬰兒要被扔掉；但在幾百里之外的另一個文化，卻會把生雙胞胎視爲上天垂憐，是值得慶祝的大事。

差不多所有非洲文化在信仰體系上都共同擁有一個根本的基礎。在全身披掛的聖靈和神祇之上，起主導作用的是一個天帝，這個神不是超然離群，而是作爲社會上一個有機的成員發揮作用。在非洲人眼中，宇宙被視爲有等級制度和各種力量組成的辯證體系，它們之間是有相互關聯的。上帝是萬能的創造力量，是最早的藝術家。祂無處不在、無所不能，且無所不知，是最終審判者和偉大的供應者。不同的文化對上帝有不同的叫法：達荷美人稱之爲「瑪烏」，亞散蒂人稱之爲「尼雅姆」，伊格博人把祂叫作「楚庫」。大部分非洲人多相信，人生來是自由沒有罪過，身體內部居住著一個仁慈的神靈。非洲各社會，尤其是約魯巴人，極爲看重達到與天帝和神靈強有力的和諧。爲此他們不斷舉行獻祭、祈禱和占卜活動。占卜師是與道德秩序相關，並是人與神關係的媒介者。此外，占卜師還主管神論，每個家庭在孩子出生時，常會將嬰孩未來的命數求教他們。

每位非洲人都相信有一位精神監護人，如果善加服侍，他就會保全並延長人的生命。到了十六世紀，許多非洲社會都開始幫人取名字，這些名字具有意義和象徵作用。例如，約魯巴人常給男孩取名奧盧古納，意爲「天帝理直道路」。約魯巴人和亞散蒂人都相信，每一個人都可直接與天帝相通，表現在亞散蒂的格言中就是：「各人之路互不相交」。

許多非洲文化都尊崇祖先，把祖先們視爲哲學和精神嚮導。祖先們「擁有」土地，塑造其後人的行爲模式，並提供一種至關緊要的連續感。與祖先斷絕關係，在本質上就是割斷生命本身。有些人類學家相信，是祖先崇拜阻礙了創新和改革，因爲它把不能歸結到社會的部分，都歸爲祖先身上的一切思想或行動，都要列爲禁忌。

許多講班圖語的文化都有「本體」或「生命力」概念。它推測有一套等級的力的體系，自「蒙圖」（人、祖先、天帝）往下排列，「金圖」（植物、動物、岩石之類的東西）、「罕圖」（時間、空間），以及「空圖」（方式或形態）。

人們相信，每一種物體都有一定數量的生命力，關鍵在於把它釋放出來，隨後控制它爲人造福。在班圖人和其他民族看來，大地是特別神聖的，它通常會和女性特點聯想在一起，世俗當權者不能觸摸它。因此，在許多社會中，神王腳穿特大型涼鞋，這樣就可避免與大地直接接觸。

顯然，在一五〇〇至一八〇〇年之間，伊斯蘭教和基督教在非洲大陸上取得很大的進展。但是，它們只在極個別文化中，才成功地消滅了傳統信仰和典儀的基本信條。到了一五五〇年，由於內部神學爭執和伊斯蘭教在商業上的挑戰，實際上，在北非、努比亞和埃及原有的古典基督教已經消失。在衣索比亞，它仍然是王族和隱修院修士幾乎完全獨占保護著。在歐洲人驅使下傳入的基督教，主要是天主教，與十五世紀以後的奴隸貿易和武器貿易結合，而不是教育和技術聯繫在一起，因而未能在剛果、安哥拉、貝寧和姆韋內穆塔帕深深扎下根來，或者具有非洲特徵。另一方面，伊斯蘭教也不能吸引廣大群衆。它在本質上仍然是一個以城市爲基地、以市場爲導向的宗教，身體力行的有《古蘭經》學者（瑪拉姆）、商人和王公。印度教進展更小，它傳播的範圍基本上未超出東非沿岸的斯瓦希里城市國家。

第二十二章

近代歐洲早期的經濟和社會

The Economy and Society of Early-Modern Europe

我們應當珍重和愛護我們在遙遠的國度從事的那些貿易，因為它們除了促進航運業的發展、致使船員人數有所增長外，從那裡返回運來的貨物，對王國的益處遠非就近進行貿易能夠比擬。

——湯馬斯・曼，《英國得自對外貿易的財富》，一六三〇年

幾乎在歐洲的每一個國家中，公民都區分為貴族、教士和平民三個等級。……雖然柏拉圖設想所有公民享有平等的權利和特權，但他也把他們劃分為管理者、士兵和勞動者三個等級。凡此種種均表明，即使用最通俗的術語來表述，沒有一個國家，無論是真實存在的國家，還是想像中的國家，其公民能享有一切真正平行的權利和特權。一些人總是擁有比其他人更多或更少的權利和特權。

——金・包汀，《共和六書》，一五七〇年

在研究近代早期的歐洲社會時，必須注意的是它的變革問題，因爲那些將會影響到一六〇〇年後的兩百年歐洲，足以促成法國大革命這一劇烈政治動盪和工業革命的因素。毋庸置疑，這時期最深切的變化是發生在經濟領域。始於十六世紀，伴隨著西班牙征服者而開始的掠奪性海外擴張，到十八世紀後半期，隨歐洲成爲龐大的世界性貿易中心而告結束。這個以全球爲範圍的商業活動在不斷地擴張下，產生一些爲它服務的機構，改變了那些受到其難以抗拒的原動力衝擊者的生活方式。銀行和聯合股份公司籌措資金進行國際商業投機活動。新的城市工廠應市場對製造品的迫切需求而產生。當國際銀行業發展成爲一種高度複雜的職業時，從事該業的人也就成爲有權勢者。隨著城市工廠把新的工作條件和習慣強加於工廠中時，城市的工匠不得不心有不甘地屈服在令人不快和不熟悉的要求上。

就總體而言，歐洲社會不再使人感到舒適。民族社會不得不接受變革，但許多方面，依然按照中世紀的階級制來界定：地主和農民、貴族和農奴。每一階級都要被期待去承擔固有的義務與責任，並被認定是構成整體必須有的與神授的社會整體的組成部分。在這社會結構中，獨立的商業企業家或被剝奪一切的勞工被認爲應該放在哪個地位呢？在前一章中我們曾分析，新、舊現實之間的這種緊張情勢，因整體的危機而進一步加劇。經濟發展和經濟混亂引起的變化，其發生的背景在於，十七世紀時，歐洲許多地區因平民和宗教騷亂而陷於分裂；另一方面，戰爭和疾病，以及時好時壞的氣候——隨之而來的是饑荒，致使人口統計數字波動無常，這一具有同等危害性的循環。這些就是與歐洲大多數仍被束縛在土地上的人們最息息相關的變革，而這些人正如法國歷史學家皮埃爾・古貝爾觀察到的，「死亡位於生活的核心，恰如墳墓是村落的中心一樣。」因而，本章關注的是代表變革的經濟和社會狀況，以及導致變革發生的複雜和困難的習慣和傳統。

資本主義、重商主義和商業革命

近代世界早期的商業和工業，是由資本主義和重商主義的推斷而受影響。用最簡單的術語概括，資本主義是一種生產、分配和交換的制度，在這制度中，積累的財富被私人用來進行目的在獲取利潤的投資。它的本質特徵是私人企業、市場競爭和牟利經營。一般說來，它還包含了工資制度，這是一種用來支付工人報酬的方法，即是一種並非依靠他們創造財富的基礎上，而是以他們的工作能力爲基礎，作爲彼此比較的方式支付。資本主義作爲是對中世紀基爾特半靜止的經濟狀態直接挑戰。在基爾特制度下，生產和交易被認爲是對社會有利益的方式而進行，因此只收取合理的報酬，而不是爲了獲取無限的利潤。資本主義則是一種目的在於鼓勵超出地方水準、在國家和國際上，進行商業擴張的制度。基爾特師傅既無金錢（資本），也無專門知識去組織和指導進行超出其城鎮之外的商業活動。較大規模的商業活動要求富裕且有經驗的實業家提供資源和意見。這些人通常以進行大規模的商業營運開始，最後成為銀行家，他們有足夠的實力投資數量龐大的製造品，如有必要，則把產品囤積起來，直到可以賣到高價才賣出。資本主義企業家對國際貿易的類型有所研究，他知道市場在哪裡，知道如何以對自己有利的方式操縱市場。

資本主義是一種獎勵個人的制度。與此對照，重商主義學說強調政府直接干預經濟政策，以促進國家的普遍繁榮。重商主義絕不是一種新思想，它實際上是中世紀觀念的變種——任何特定城鎮的民眾都構成一個具有共同財富的社會，這類社區的經濟利益仰賴其民眾是否願意接受上帝，或其統治者交派給他們以促進整個社會福祉為目的的任何任務。成為社會中某一特定階級的成員，就可確保他們享有該等級的特權。對窮人而言，這意味著他們有免受不公平價格和挨餓之苦。反過來，受到這種保護的代價是，成員樂於把自己置於基爾特規章和城鎮法規的嚴格管制之下。

十七、十八世紀的重商主義把早期的這種社會觀念解釋成，下自城鎮、上至國家層級的一種享有特權，不過，它是一個受到嚴格管制的經濟單位。這一解釋對更早時期統治者政策的理論和具體作法的延伸具有影響，而不是徹底的轉變。西班牙對新大陸的征服及隨後的掠奪，就是大範圍地運用重商主義的實例。一五六三年，英國國會通過的《工人條例》確立各行業所有勞工「公平」的工資標準，在國內頒布了經濟特權和管制。這一理論和實踐反映了國家權力的擴大。

重商主義理論者認為，國家的權力完全靠其實際可以計算的財富，這種財富是用任一特定時期擁有的貴金屬（金錠和銀錠）數量來表示。一個國家盡可能藉由建立對自己有利的貿易平衡來積聚金銀。因而，國家保持自給、盡量少從國外進口，而盡可能多向國外出口的程度，不僅是其經濟繁榮也是其力量最明顯的標誌。這一信條對國家政策有深遠的影響。首先，它導致建立和開發海外殖民地。重商主義者認為，這些海外殖民地將是民族國家的一部分，因此，它有義務向母國提供原材料，某些情況下包括貴金屬，不然，這些原材料就必須從其他地方獲得。其次，重商主義激發國家鼓勵工業生產和貿易的發展，由這兩個領域獲得的稅收會增加國庫收入。最後，它說服政策制訂者不鼓勵國內消費，因為國內市場上購買的物品減少可提供出口物品的數量。因而政府的政策應是保持低的工資水準，這樣勞工就沒有多餘的錢去購買民生基本用品以外的東西。

儘管西歐多數政治家準備在原則上採行重商主義的目標，但其政策反映這些目標的程度因國情不同而有所差異。西班牙儘管堅持向外人關閉其殖民地市場，決心積聚貴重金屬，卻從未達到重商主義理論要求的自給目標。因而西班牙人發現，自己無力滿足國內或殖民地市場的產品，必須用其貴金屬去換取佛蘭德斯人、法國人和英國人製造的產品。重商主義至少在理論上對馬德里的統治者有吸引力，卻無法吸引阿姆斯特丹商人的注意；荷蘭人反對重商主義者所倡導的——作爲一個經濟單位的主權國家概念中隱含的政府中央集權化，且把此與西班牙國王菲立普二世那令人憎恨的統治連結在一起。他們還進一步發現聯合省面積太小，無法實現經濟自給。在整個十七和十八世紀，荷蘭人在理論和實踐上都一直信守自由貿易政策；這與重商主義信條相反，他們往往投資於其他國家的商業活動，透過鼓勵歐洲其他國家信賴阿姆斯特丹，把它當成國際金融和貿易中心，以促進國家繁榮。不過，荷蘭人並未把自由貿易原則推廣到殖民地，他們不准其商業對手接近那裡。只是在程度上不同，法國人和英國人把政府中央集權化與獨立的商業企業做一連貫與最有效結合，他們成爲近代早期歐洲奉行重商主義最成功的人。

資本主義的目標是一種可以使個人富裕的商業體系。重商主義的目標是一種能夠使國家變得更強大的體系。儘管兩者的目的結果不同，但它在近代早期的大部分時間裡，是相互協調並發揮作用。在十七和十八世紀，政府和企業主一起設計一種新的有利於全球性商業擴張的機構，引發後來人們所說的商業革命。

這種企業的新規模依賴可用資本的多少而定。資本的產生，主要是從在該時期的大部分時間裡，農業價格逐漸增加的結果。假如農業價格急劇增加，可能就會導致饑荒和貧困，以致阻礙而不是刺激經濟的發展。然而，假如農產品價格沒有上升，那麼，邊際利潤造成的停滯同樣會對經濟發展有害。農業企業家把多餘資本投資於商業活動；銀行家利用那些資本擴大其商業企業。這使資本家投資者和商人雙方都獲得好處。

在這一發展過程中，銀行業扮演極關鍵性的角色。在中古世紀，放貸取息遭到宗教和道德倫理的強烈反對，這就意味著，此時銀行業名聲遭人懷疑，不被視爲高尚的職業。然而，由於教會後來允許從事商業投機獲取利潤，義大利和日耳曼的銀行就在家族的資助下建立起來，其中最有名的是十四和十五世紀佛羅倫斯的麥迪奇家族和奧格斯堡的富格家族開展的銀行業務。富格家族向國王[1]和主教放款，並充當教皇出售贖罪券的代理人。繼這些私人金融家族興起之後，國營銀行也陸續成立，反映出服務國家金錢需要的重商主義目的。第一家國營銀行爲瑞典銀行，創建於一六五七年。英格蘭銀行成立於一六九四年，此時英國已躍居世界商業強國的地位，保證英格蘭銀行在國際金融業中居有的龍頭地位。

隨銀行業的發展，必然出現許多大規模金融交易的輔助方法，此爲商業革命的進一步證明。信貸機構有了很大發展，導致有一位阿姆斯特丹商人可以用一張由該市一家銀行所開的匯票，來向威尼斯商人購買商品，而威尼斯商人可以把匯票存入自己所在地的銀行兌換成現金。然後，這兩家銀行再依收支的差額互相結帳。其他信貸業發展提供的各種便利中，還有在當地交易中使用支票付款制度，和銀行發行鈔票來替代金銀。這兩種方法都是義大利人發明的，後來逐漸爲北方的歐人採用。用支票付款的制度，對擴大商業規模尤其具有重要意義，因爲這樣一來銀行放出的信貸資金，可以遠遠超過他們金庫中實際現金的數額。

國際商業的擴張便要求要有更大的商業組織。中世紀時盛行的生產和商業單位，是由個人或家庭擁有的作坊和店鋪爲主。合夥關係的商店雖然存在著種種缺點，即每一位合夥的成員應對其債務負有完全無限制的責任，但這種商店仍十分普遍。顯然，這些單位均不適合涉及巨額資金和巨大風險的商業投資。人們試圖設計出一種更適宜的商業組織，由此產生了「控制公司」。這種公司是商人爲了共同冒險而結合在一起，組成投機的協會。協會的成員不以資金入股，而是同意爲共同利益進行合作，並遵守某些明確的規定。通常，聯合的目的是爲了在世界某一地區進行商業壟斷。協會的成員往往要分攤稅款作爲維持碼頭和倉庫之用，尤其是防止那些企圖干涉商業壟斷的商人，他們被稱爲「闖入者」。這種組織的一個重要實例是一家叫作「商業冒險者」的英國公司，它是爲了對尼德蘭和日耳曼地區進行貿易而建立的。

在十七世紀，控制公司被另一種新的組織更嚴密、規模更大的公司——聯合股份公司（合股公司）所取代，合股公司透過發行股票，吸引到數量可觀的投資者後組建起來。購買股票的人可能參與公司的運營，也可能不參與。但無論參加與否，他們都是公司的股東，因而有權按擁有股票的數額來分享紅利。合夥公司和控制公司相比，合股公司具有更多的優勢。首先，它是一個永久性的單位，並不會因一位成員的死亡和退出而重新改組。其次，它可以透過擴大發行股票來吸收更多的資金。它的組織和作法在一定程度上類似現代的公司。然而，近代早期的合股公司不是一個自覺的資本家先驅，而是以個人和國家在發展商業的實用性嘗試，其結構是由當時的機會決定的。例如，荷蘭聯合東印度公司，這家早期合股公司創立於一六〇二年，最初允諾在十年後向投資者分紅，其作法與控制公司非常相像。不過到那時，公司的董事們卻發現計畫根本無法實現。因爲到一六一二年，董事們發現公司的資產——船隻、碼頭、倉庫和貨物等，都分散在世界各地。結果，董事們慫恿那些渴望分得紅利的人到阿姆斯特丹交易所，把其股份出售給其他渴望的投資者，藉此確保公司繼續經營下去，並且在此過程中，建立了日後很快就通行開來的連續籌措資金的措施。

早期的合股公司大都是爲商業投機目的而建立起來的，但後來在工業方面也出現一些類似的公司。另外，還有不少著名的商業聯合公司也是特許公司。它們持有政府准許在某一地區進行商業壟斷，並准許它們對當地居民行使廣泛特權的權利，這因而成爲資本家和重商主義者利益可能結合的實例。透過此類特許狀，英屬東印度公司在印度次大陸廣大地區進行剝削開拓，而且直到十八世紀末之前，都一直成爲那裡實際的統治者。

商業革命的最後一個重要特徵，是一種更有效的貨幣經濟的發展。自十一世紀貿易復甦以來，貨幣就一直被人廣泛使用。儘管如此，只有極少數幾種貨幣的價值被當地以外的人所承認。到了一三〇〇年，威尼斯的金杜卡托和佛羅倫斯的金佛羅林逐漸爲整個義大利接受，並在北方歐洲國際市場上流通開來。但沒有一個國家曾有過統一的貨幣制度，國王發行的貨幣與外國的貨幣同時流通。國王增加個人收入的一個常見辦法，是在其鑄造的貨幣中增加廉價金屬的成分。可是，商業革命期間，商業和工業的發展迫切要求建立更統一、更穩定的貨幣制度。由於每個重要國家在其領域內進行的交易均採用標準的貨幣制度，因而使這一問題得到解決。然而，這一改革仍須經過很長的時間之後才告完成。伊莉莎白女王統治時期，英國才開始實行統一的鑄幣制度，但這一任務直到十七世紀後半葉才告完成。而法國人實際上直到十九世紀初，才把貨幣制度改造成現代簡單、方便的標準形式。

商業革命雖然爲國家帶來繁榮，也爲個人帶來富裕，但伴隨它出現的是，偶或對投資者和國家經濟具有災難性影響的嚴重危險和後果。海外擴張的一個重要結果是，白銀供應增加因而導致的通貨膨脹，這種通貨膨脹曾在十六世紀末困擾歐洲。相反的，價格的波動進一步造成經濟不穩定。企業家過度擴大自己的企業；銀行家過於慷慨地放貸，導致其主要貸款人，尤其是貴族，經常是欠貸款不還。無論在西班牙還是在義大利，工資上漲的速度往往跟不上物價上漲的速度，下層階級受到持續不斷的困苦折磨。城市中窮人到處都是，鄉村中強盜橫行。在西班牙，破落的貴族發現自己不得不與在城市中漫無目的的流浪者爲伍。十五世紀末，佛羅倫斯的大銀行麥迪奇銀行被迫關門歇業。到了下個世紀中葉，西班牙的許多銀行倒閉，日耳曼的富格銀行衰微。英國、荷蘭，以及在某種程度上的法國，則漸漸興盛起來。

一五四〇至一六二〇年這段時期的特徵是，經濟繁榮和蕭條交替出現，緊接出現的是狂熱的投機活動。十八世紀初，投機活動達到顛峰，其中最臭名昭彰的是南海股市事件和密西西比股市事件。前者是因爲哄抬英國南海公司的股票價格造成的，該公司承擔部分國債，而取得在南美與太平洋島嶼的專利貿易權，導致人們毫無理由地對該公司的前景抱有信心，於是公司的股價迅速上漲，且比它原有的價值高出十倍以上。當滿腔的希望化爲恐慌時，投資者不顧一切瘋狂地試圖把手中的股票拋售出去。由此產生的一個必然結果是一七二〇年公司破產。

南海股市事件在英國引起轟動之際，法國也掀起類似的投機狂潮。一七一五年，一位名叫約翰·勞的蘇格蘭人因殺死情敵而逃離英國，在其他城市進行各種成功的冒險活動後，到巴黎定居下來。到法國後，他勸法國攝政王奧爾良公爵採納他的計畫，利用發行紙幣，並授予他組建密西西比公司以在路易斯安那建立殖民地、進行開發的特權，來作爲清償公債的方法。在政府還清債務後，那些拿到錢的人被鼓勵購買該公司的股票。不久股價就開始高漲，最後竟達到超過原來價值四十倍的驚人股價。幾乎所有人只要能夠找到一筆多餘的現金，都會飛奔去參加爭奪財富的行列。因爲不斷有傳言說，有屠夫、裁縫師因購買少量股票並待價格上漲，便出售而成爲百萬富翁。但如同英國發生的情況那樣，這其實是一個騙局。一些較謹愼的投資者察覺到，這家公司除了能夠支付上漲股票名義上的利息外，不可能有能力支付更多的錢，就這樣大家開始拋售持有的股票。恐慌蔓延開來，不久所有人都像昔日購買那樣急於拋售股票。一七二〇年，密西西比泡沫在極度的恐慌中破碎了。成千上萬名出售値錢的家財來買進那令人難以理喻的高價股票的人都破產了。

法國的合股公司比其他地方的同類公司更直接仰賴國家，這是法國人專心致力重商主義理論的反映。在多數情況下，法國的公司是由政府資助成立，宮廷貴族——以及國王本人——是公司的大股東。國家的代理人在管理方面有了直接作用，這時常對公司不利。例如，法屬東印度公司不得不按照國家的指令，依照巴黎的法律治理殖民地。一位史學家曾評論說，這一事實「讓人聯想到有人抱怨說，法國在撒哈拉地區進展緩慢，是因爲駱駝不願改變其習性去適應在巴黎制定的規章制度」【2】。儘管其他國家的公司對政府規章的依附性，比法國的公司還要弱，但政府往往會與商業機構一起攜手爲彼此的利益而努力。當戰爭開啓時，政府常會要求商業資本家出資資助戰爭。例如，一六八九年，英國與法國交戰時，政府缺乏可供長期借貸的途徑；在其後四分之一個世紀中，商人團體經由英格蘭銀行幫助政府籌集了一百七十億英鎊的借款，並幫助它平抑四千萬英鎊的國債。反過來，貿易公司利用戰爭機會，以犧牲其敵人——法國人為代價，擴大了遠距離商業交易，並向政府施加強大壓力，以制訂對它們有利的條約。

殖民與海外貿易

至於，商業革命產生的各種機構——銀行、信貸機構、合股公司和貨幣制度，是專門為幫助資本家企業主和重商主義政策制定者進行這些活動而設計的。繼征服者的掠奪活動之後，西班牙人相繼在祕魯和墨西哥建立殖民政府，在此，他們依照嚴格的重商主義模式，由馬德里設立一個西印度事務委員會進行控制。作為一種保護貿易制度費用的回報上，此與國王從殖民地徵收的所有金條中提取五分之一的特許權使用費不同，西班牙海軍試圖保護其運寶船免受法國、英國和荷蘭人的襲擊。菲立普二世與其後繼者都決心保住他們對新大陸的壟斷。他們只向西班牙商人發放貿易許可證；進出口貨物只能通過塞維利亞港口（後來為更適於航海的港口加的斯）進行各種手續，且所有手續由設在那裡的政府所屬貿易局辦理。在全盛時期，西班牙商人遍及全球。由於東亞白銀市場是有利可圖的，他們覺得有必要在遙遠的菲律賓群島馬尼拉建立一個前哨口岸，在那裡用在南美獲取的金條換取東方的絲綢。而絲綢用船經由墨西哥的阿卡普爾科港和維拉克魯斯港運回西班牙。

西班牙的主導地位並無法使其他國家斷絕企圖分享他們這些財富的念頭。或許最大膽的挑戰者為英國人，綽號「海狗」的海盜首領佛朗西斯・德雷克爵士，曾三度劫掠西屬美洲東西海岸，並在一五八七年，在西班牙無敵艦隊接收到它即將失敗北征命令的前一年，停泊在加的斯時遭到這位英國爵士的襲擊，這行動被形容是「燒了西班牙國王的鼻子」。儘管有這種讓人矚目的英雄行為，不過，英國人能做的不過是削弱西班牙貿易而已。

英國殖民者不可能會放棄像西班牙那樣，從自己的殖民地中開採金礦和銀礦，並迅速榨取財富的作法，便開始在北美和加勒比海地區建立農業殖民地。第一個永久性殖民地是在一六〇七年，在維吉尼亞的詹姆斯敦建立的。在其後四十年間，有八萬名英國移民者在新大陸建立了二十個自治的殖民地。然而，此時移民者移民的主要動機往往是宗教自由而不是經濟利潤。一六二〇年，在新英格蘭登陸的「清教徒移民始祖」這一著名的團體，是一大群不信英國國教的團體，他們試圖逃避英國國王詹姆斯一世和查理一世，對其臣民實施強制宗教統一的作法。宗教在法國人深入北美腹地的努力中，也扮演重要的角色。羅馬天主教傳教士企圖使土著美洲人皈依基督教，他們便與毛皮商人作伴，參與橫跨大陸行進到五大湖區和密西西比河流域的旅程。

不過，英國和法國很快就從日益擴大的殖民帝國中獲得經濟利益。英國農業殖民地生產的糧食在歐洲各地需求量很大。殖民地大農場主鼓勵奧利弗·克倫威爾的政府和查理二世的政府干預其海外經濟的管理。在一六五一和一六六〇年都通過了《航海法》，規定所有由殖民地輸往母國的物品，都應該由英國船隻運送[3]，並禁止殖民地直接出口某些「專門列出的」產品[4]。該條例後來嚴加實施。

這些專門列出的產品中，最有價值的是糖和菸草。實際上，在歐洲人來美洲之前，根本不知什麼是菸草，到十六世紀末，菸草則成爲流行的奢侈品。過去在那裡的人們並不把糖視爲一種藥物，但在此時，一位觀察家注意到富人在「貪吃糖」。一六五〇年後，西印度群島各地種植甘蔗，且種植面積迅速增加。在十八世紀，英國從其位於西印度群島的小小殖民地島嶼——巴巴多斯、牙買加、聖基茨及其他島嶼，進口糖的價值超過它從中國和印度次大陸進口品的價值。至於菸草植物，在美洲發現後，約半個世紀後，就被西班牙輸入歐洲，在接下來的半個世紀後，歐洲人就開始染上吸菸習慣。起初，它被認定擁有神奇的治病功能，因此他們稱之爲「神菸」和「我們神聖的菸草尼古丁」。（「尼古丁」一詞源自法國駐葡萄牙大使金·尼古，他把菸草植物帶到法國。）抽菸習慣是因爲英國探險家，尤其是沃爾特·雷利爵士而流行開來，他在維吉尼亞的印第安人中生活時學會抽菸。這一習慣迅速傳到歐洲社會的各階層中。由於抽菸在社會和精神上具有不好影響，起初政府和教會一起譴責這一習慣，但到了十七世紀末，他們發現抽菸會帶來財政上的好處，便轉而採取鼓勵措施。

在路易十四的重商主義財政大臣金·巴蒂斯特·考爾白（一六一九～一六八三年）當權期間，法國的殖民政策成熟起來。考爾白把海外擴張視爲國家經濟政策的有機組成部分。他組織了合股公司[5]，以與英國的類似公司進行競爭。他鼓勵開發西印度群島盛產糖的殖民地，其中最大的一個是聖多米尼克（現在的海地）。此外，法國也控制了北美大陸的內地。他們在那進行毛皮交易，並從東北的阿卡迪亞和聖勞倫斯河到西部路易斯安那的廣袤地區，向印第安人宣傳基督教。然而，自這些地區獲得的收益無法與其面積相提並論，因爲毛皮、魚和菸草雖輸回本國市場，但數量不足以與法國自加勒比海產糖殖民地，或自設在印度的貿易口岸獲得的收益相比。

十七世紀時荷蘭人在建立興盛的商業帝國方面，甚至比英國、法國還要成功。一六〇二年建立了一個合股公司——東印度公司，此公司在亞洲與英屬東印度公司相競爭，在他們控制下有蘇門答臘、婆羅洲和麻六甲群島，或稱香料群島，並把葡萄牙商人從這塊之前他們一直享有，不受干擾的商業主宰地區趕出去。結果，荷蘭人壟斷胡椒、桂皮、豆蔻、豆蔻衣和丁香貿易。荷蘭人還獲得與日本人貿易的專有權利，並在中國和印度也擁有貿易口岸。不過在西半球，他們的成就不那麼輝煌。在英國人進行一連串商業戰爭之後，一六六七年，他們把位於北美的殖民地新阿姆斯特丹讓給英國人（隨後易名爲紐約），不過，他們繼續保有西印度群島中的庫拉索島和多巴哥島，以及位於南美北部沿海水域的蘇利南。

十七和十八世紀期間，這些商業帝國的命運沉浮不定。西班牙陷入持續不斷的經濟困乏之中，又捲入一連串需大量經費的對外戰爭和國內反叛，無力維護其帝國的神聖不可侵犯。他們海上的商隊一度與像德雷克這樣的狡猾海盜將領相抗衡，然而到了十七世紀中葉，卻無法保護自己免受更加野心勃勃的商業對手進攻。在一六五〇年代的一場戰爭中，英國人不僅占領牙買加島，而且奪取位於西班牙港口加的斯附近水域的運寶船。藉著大量賄賂西班牙海關官員，英國人還獲得更多的好處。在該世紀下半期，在西屬殖民地出售的進口貨物中，有三分之二是由荷蘭、英國和法國商人走私進來的。到了一七〇〇年，儘管西班牙仍據有一個殖民帝國，但它處在敵手的虎視眈眈之下。葡萄牙人也發現自己無法防止外國勢力滲入其殖民地經濟之中。英國人十分勤奮並成功取得商業優勢。他們獲得向葡萄牙出口羊毛製品免稅的優惠，不過，也准許葡萄牙人擁有同樣的優惠條件，向英國出口其葡萄酒的特權作爲補償。（英國社會上層階級熱愛波爾多葡萄酒是衆所周知的事，這一習慣始於一七〇三年條約簽訂時。）英國與葡萄牙的貿易逐漸導致英國與葡萄牙殖民地巴西有了貿易往來，實際上，英國在里約熱內盧開辦了商業辦事處。

荷蘭的商業船隊擁有船一萬六千多艘，在歐洲規模最龐大。在十七世紀大部分時間，荷蘭人是世界貿易的主宰者。其船隻約占歐洲船總數量的一半，不僅能在深海中航行，而且還控制著沿海航運貿易。爲了縮短海洋航行的時間，阿姆斯特丹造船廠生產快帆船。這是一種比傳統船的船體要長、吃水要淺的船，它是平底，用輕型冷杉或松木建造的，而不是橡木建成。快帆船只需普通船隻一半的船員，造價也僅爲普通船隻的一半。荷蘭的商船隊確保阿姆斯特丹作爲世界首要貿易中心的地位，而荷蘭商業的貿易額度可以使阿姆斯特丹商人以低於英國和法國對手的價格銷售其商品。十八世紀期間，英國和法國在印度競爭的日趨激烈，

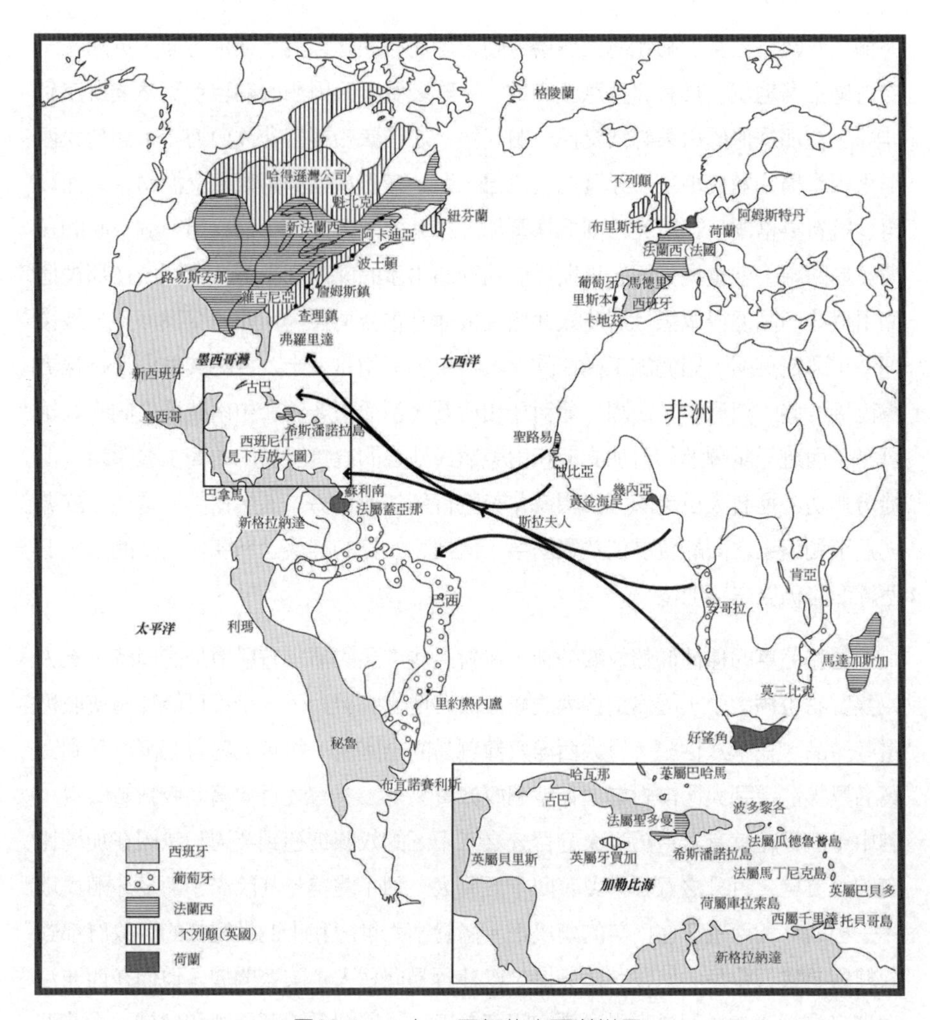

圖22-1　一七一五年的大西洋世界

使荷蘭人在遠東的香料壟斷不再成為關注的中心。法屬和英屬東印度公司利用雇傭軍建立和擴展貿易地區，像是在馬德拉斯、孟買和旁迪切里設單位治理。藉由利用原有的工業，歐洲資本家繼續增加品質優良的棉紡品、茶葉和香料的輸入，這些商品經由這些商港輸到歐洲。英法爭奪對印度經濟控制權的競賽，在十八世紀中葉分出勝負，英國在經過一系列軍事衝突後占了上風。法屬東印度公司於一七六九年解散了，此代表法國的失敗。

然而，儘管印度在商業上具有重要地位，但世界貿易的模式漸漸轉由西線商業路線所控制；西線的發展，是回應有利可圖的西印度糖業工業，和要求將從非洲輸入奴隸以充當加勒比海大農場勞動力，而發展起來的。在這方面，英國又一次占據主導地位。具有典型意義的是，一艘裝載著萊姆酒的船自新英格蘭啓航到非洲，在那裡他們用萊姆酒交換一船奴隸。之後該船再自非洲西海岸，穿越大西洋來到產糧的殖民地——牙買加或巴巴多斯，在那裡他們用奴隸交換糖蜜，而後再返航新英格蘭，在新英格蘭把糖蜜加工成萊姆酒。此外，還有另一個不同的三角貿易路線，就是把英國布里斯托或利物浦生產的廉價商品運往非洲，在那裡他們用這些商品換得奴隸。那些奴隸隨後被運到維吉尼亞，用他們交換菸草，最後把菸草運往英國，經過加工後在歐洲大陸市場上銷售。十八世紀其他貿易路線更爲直接一些：西班牙、法國、葡萄牙和荷蘭人都從事非洲和中南美洲之間的奴隸貿易；西班牙試圖進行對加的斯和南美殖民地之間直接貿易的重商主義壟斷，但徒勞無功；還有人自英國、法國或北美航行到加勒比海，然後返回。當然，歐洲與近東和遠東之間的貿易依然很繁榮。但糖和奴隸的經濟互利關係決定的三角形西線商路仍居主導地位。

糖和菸草的種植仰賴奴隸勞動，在對這些產品的需求有所增加的同時，黑人奴隸貿易也擴大了，因爲這些大農場在沒有他們的勞動下，是不可能種植或收穫這些產品。在十八世紀，爲大西洋奴隸貿易的全盛期，每年大約有七萬五千到九萬名黑人被運到大西洋對岸。在整個奴隸貿易史，共有九百多萬名奴隸被販賣，其中十八世紀就有六百萬。大約百分之三十五的奴隸被運到英國和法國在加勒比海的大農場，百分之五（大致有四十五萬人）到了北美，其餘去了葡萄牙殖民地——巴西，和西班牙在南美的殖民地。儘管十六世紀和十七世紀初的各政府都對奴隸貿易實行壟斷，但在其極盛期，奴隸貿易向私人企業家開放，他們在西非沿海港口進行活動。貿易商用廉價的印度布匹、金屬製品、萊姆酒和槍械，從非洲奴隸商人那裡換取被賣奴隸。這些黑人和他們的孩子在被敵對部落抓獲時，已經不分東西南北，被捕獲的黑人可說是人格喪盡，他們被押上奴隸船，踏上穿越在西洋的「中路」（之所以這樣稱呼，是使之有別於自歐洲和從蓄奴殖民地再次回到歐洲的行程）可怕行程。黑人「貨物」任憑白人們用鐐銬綁在甲板上，在那裡缺乏衛生設施，十分可怕；死亡率一直維持在百分之十或十一左右，這比在海上航行一百天的時間正常的死亡率高不了多少。由於商人在購買一位奴隸時，要花上多至十英鎊的費用，因而他們要確保自己的貨物完好地到達目的地，這樣在那裡才能賣到好價錢而爲自己獲利。

直到十八世紀末，歐洲人才對這種可怕的交易提出異議。這種貿易風險很大，全要仰仗順風和好天氣，同時競爭也非常激烈。不過，利潤也可以達到驚人的程度，有時會達到百分之三百。在整個十八世紀，西方對奴隸的需求仍一直很大。到一七八〇年代，在法國最大的種植園島嶼聖多米尼克上有五十萬名奴隸，在英國種植園島嶼牙買加上有二十萬以上的奴隸。這些數字反映出世界市場對奴隸種植作物日益增大的需求。只要奴隸種植的糧食仍有市場，只要這種經濟形式像現在一樣依賴奴隸勞動，政府就不願結束這種制度；正如一位英國人在一七四九年所寫的，這一制度「給這一國家提供了耗之不盡的財富」。哲學家辯稱，儘管有理由為這種制度在歐洲大陸被禁止感到高興（他們顯然忘了，在易北河以東繼續存在以農奴制形式表現出來的制度），但在其他地區，它仍是必不可少的。公共輿論壓力首先來自貴格教派，隨後來自其他受到宗教或人文主義熱情驅動的人，這有助於一八〇七年在英格蘭結束這種貿易，一八三三年在英屬殖民地廢除奴隸制。奴隸制於一七九三年在法屬殖民地被廢除，但這是當聖多米克舉行大規模奴隸起義後才做出；至於其他地方，在拉丁美洲和北美，奴隸制一直持續到十九世紀——在美國直到一八六一至一八六五年南北戰爭之後才廢除。

奴隸貿易是英、法兩國商業在十八世紀迅速崛起於歷史中一個不可或缺的組成部分。法國殖民貿易在一七一九年大約二千五百萬里弗，一七八九年上升為二・六三億里弗。在英國，大概在同一時期，對外貿易大約由一千萬英鎊上升為四千萬英鎊，後一數字是法國的兩倍以上。這些數字表示國家商務與私人企業連接在一起的程度。如果說，商人依賴政府提供海軍來保護，並捍衛海外投資，那麼，政府同樣依賴企業家為它建造艦船提供金錢，依賴他們維持國家力量極為仰賴的貿易。

農業和工業

在近早期的歐洲，工業變化的步伐不像商業革命、海外殖民與貿易的擴展那樣有活力。變化確實發生了，但與我們之前討論的那些變革相較不那麼一致和引人注目。這並不令人奇怪，因為主要的經濟活動仍停留在農業生產方面，而農業生產在這一時期大部分時間裡，一般都還是依照傳統技術進行，因此生產規模依然低下。不過，到了十八世紀末，在某些地區，傳統屈服於革新底下，結果產量有了戲劇性地增長。

在十七世紀，歐洲的大部分農業地區都是由敞田組成。在北部，這些田地通常是大塊地段，也被劃分成長長的窄條；在南部，條狀農田反映出當地地貌形狀的不規則形狀。儘管，敞田村莊中會有一、兩位富裕的貴族可能擁有多至四分之三的田地，但他的田地也不是整整一塊。相反的，他的田地是由許多地塊組成的，而且大都無法互相毗鄰，這些地塊多分散在村莊的四周。一位大地產所有者的農田——他與雇工一起工作的收入直接歸自己的田地，和他佃戶的田地——出租給農民的田地，全都由一小塊一小塊地構成，而這些地塊夾雜在其他地主（往往是小地主）的小塊農田之間。因而每一塊大的敞田就像是一個大的拼湊花布似的。在這些情況下，為了更有效率地耕種田地，所有的「小塊地」都種植同一種作物，並一起進行播種、耕耘和收割。一旦收割完畢，便把牲畜放到田裡進行牧養。不過，這一作法卻造成作物必須用原始的鐮刀，而不是用更有效率的長柄大鐮刀收割，因為這樣可留下供牛羊食用的東西較多。的確，敞田制的特徵是毫無效率，這讓那些擁有大塊土地的人越來越無法忍受。商業革命鼓勵地主，尤其是英國和荷蘭的地主，作為資本主義農業企業家進行市場競爭。在進行這種工作時，他們找到提高其農業產量的方法。

到十八世紀末，在英國和荷蘭有許多地主為了解決產量低下的問題，便採取一系列的全面性革新技術，其中最極端的就是把敞田圈圍起來，以便進行更有系統且更有生產力的耕作。「圈地」一詞意指在傳統村落共同社會中進行土地整頓工作。英國最早的圈地出現在十五、十六世紀，它限定轉變田地為用柵欄圍起來的牧羊草地。由於羊毛可以帶來大量收入，因而有些地主把在當時一直為農民留存下來放羊的公共草地圈圍為私人所有，從而威脅到整個農民共同體的生計。正如湯瑪斯．摩爾在《烏托邦》（一五一六年）中所說：「綿羊過去是那麼溫順，吃的是那麼少，現在則變得貪婪、野蠻，竟把人整個也都吃光……因為牠們沒有留下一塊可供耕種的田地。」

在那些從對莊園制的重視已讓步於重視絕對財產權利和工資勞動者制度的國家——最引人注目的是英國，圈地是最容易實行的。在那些傳統的「公共」權利——放牧和尋找糧草豐富的地方，像是在法國，地主發現要強制推行一種新的經濟次序較為困難。君主傾向於反對圈地，因為它能讓競爭者的貴族階層更加富裕。在十七世紀的法國，君主需要的是經濟上穩定的農民來支撐他不斷增加的稅收計畫，因而向農民提出保證，讓他們依習俗的占有條件來租種他們的田地。有了這層保障，農民可以有效地抗拒大土地所有者圈地的企圖。英國的地主較為幸運，他們利用克倫威爾時期缺乏王室反對的有利條件大規模進行圈地。

英國眞正大規模的圈地運動發生在一七一〇至一八一〇年之間，當時開始進行所謂的「科學種田」。他們了解，經由引進新的作物和農場經營的方法可以減少休耕的土地，帶來更高的產量，從而獲得更高的利潤。土地所有者實驗種植紫花苜蓿、苜蓿和相關種類的豆類植物等最重要的新作物。這些作物不像穀物那樣損耗地力，相反的，它們還可以吸收氮氣，使田地變得更加鬆軟，有助於改善土壤的質量。另一種具有類似效果的新作物是蕪菁。鼓吹種植這種不引人注意作物的最大宣傳者是查爾斯·湯森德子爵（一六七四～一七三八年），這位著名的貴族和政治家因致力於新作物輪種制度，便大力推廣蕪菁，因而在晚年獲得「蕪菁」湯森德的綽號。

苜蓿、紫花苜蓿和蕪菁不僅有助於消除休耕地的出現，而且還供應動物在冬天食用的優質食物，從而有助於生產更多、更優質的牲畜。牲畜增多，也就意味著肥料更多。因此，密集地施肥成爲科學的農場經營者、消除休耕必要的另一種方法。這一時期其他改善農作的方法有密集的耕作和清除廢物，與利用播種機播種。這一新的播種機的使用，取代了舊的手工播種這一浪費較多的方法，因爲用舊方法，往往撒在地上的種子大都被鳥類吃光了。

科學種田意味著必須進行圈地，因爲「進行改良」的地主要求能依自己的想法靈活地進行嘗試。當農民繼續在毗鄰的田地中，按傳統的輪作方法進行耕種時，地主不能在一塊狹窄的敞田上種植蕪菁；反過來，他必須把自己的地塊圈圍好，讓人深信他是該地之主，且在這種新嘗試達到最大的效能，並使放牧時走失的畜群無法闖入。苜蓿之類飼料作物的引入，使大地主不再需要公共牧場，因爲他現在可以在自己的田地上放牧自己的畜群。因而，十八世紀圈圍的土地大都是原來的公共土地。

在此出現圈地這一改變，產生重大的社會結果。在敞田制度下，村莊生活在一定程度上具有共有性質，因爲在這裡要種植什麼作物，確定耕種地點和播種時間，必須大家聚在一起商量。公共土地提供給窮人不僅在於給他們一塊拴牛、捕魚或撿拾柴火的場所，而且，還讓他們有一塊至少能夠呼吸到一點點社會自由的空氣。圈地不但使村民失去有限的自由，而且也使他們喪失協助決定如何經營村社自然經濟的傳統權利。一般的小農（非常小的土地所有者）和在公地上居住者在數代人的時間裡，建立了使用公共土地的習慣性權利，現在在圈地運動中，他們則淪入無地勞工之列。

在歐洲大陸，除荷蘭外，各國在科學種田方面都比不上英國那麼先進。另外，除了西班牙這一顯著的例外，其他國家都未出現過像英國和荷蘭那樣顯著的圈地運動。不過，無論如何，在十七、十八世紀，歐洲的糧食生產不可否認地變得越來越資本主義化。地主出租農田給佃農，而收割的實物盈利當成田租，他們往往要求佃農繳交一半的收成。像這樣的制度在法國、義大利和西班牙最盛行。

在更靠東的土地，如在普魯士、波蘭、匈牙利和俄羅斯，地主繼續仰賴農奴無報酬地爲他們耕種土地。在所有由市場經濟取代當地自給自足經濟的地方，總會引發變革。

十八世紀時，從新大陸引進的兩種新作物——玉蜀黍（印第安玉米）和馬鈴薯，這二種作物最終爲窮人提供了更適當的口糧。由於玉米只能種植在日照充足、氣候乾旱的地區，因而它在義大利和歐陸東南地區廣泛種植起來。一般每一株穀物大約平均只產四顆籽，而一根玉米的種子大約有七十或八十粒產量。這就使它成爲「神奇」作物，它把原來幾乎是空空的穀倉塡得滿滿的。對歐洲北部來說，馬鈴薯同樣具有神奇的作用。它的優點很多：馬鈴薯可以在最貧瘠、含沙量最高，或最潮濕、什麼作物都生長不了的地方生長；同時，這種作物也適宜在最小的地塊上種植。由於馬鈴薯產量極高，因而即使只種植在一小塊田地也頗有斬獲。最後，馬鈴薯提供了一種價錢低廉的改善人類飲食的方法。馬鈴薯含有豐富的卡路里，而且所含的維生素和礦物質也很多。北歐農民最初反對種植和食用馬鈴薯。牧師們告誡他們說，這一作物是不見於《聖經》，因而引起他們恐懼的心理。有些人聲稱，馬鈴薯會傳播痲瘋病。還有人堅持說，馬鈴薯會引起腸胃脹氣，一七六五年法國出版的《百科全書》也承認這一特性，儘管作者附加說：「一點點脹氣對農民和工人強健的器官來說，算得了什麼呢？」然而，在十八世紀的進程中，窮人越來越能適應馬鈴薯，儘管有時要經受強大的壓力。腓特烈大帝強迫普魯士農民種植馬鈴薯，直至這種作物爲人接受，並成爲許多日耳曼北部地區的主食。到了大約一八〇〇年，日耳曼北部的農民家庭每天至少會有一餐把馬鈴薯當作主食。在同一時期，馬鈴薯還被引進愛爾蘭和英格蘭。一八四〇年代，是馬鈴薯才使數以百萬計的愛爾蘭人免遭餓死的命運。

在近代早期歐洲的農村地區中，農業不是唯一的商業性企業。製造商品——尤其是紡織品——越來越多都在農村地區生產，隨著企業主在城市製造業中心與限制生產的工匠和基爾特限制下進行爭取，以尋得自由發展空間。地區性、國家規模和國際性商業的發展創建了新的市場，由此引發新的要求，不受限制的農村工業正是對這種不斷增長的要求的回應。企業主利用所謂的發放制度（分散在家庭加工的制度），來滿足這一需要和獲取大筆利潤。中世紀時，爲了維持物價水準，基爾特曾頒布規章限制紡織品的生產和銷售。此時，商人不再受到這種束縛了，他們會購買大宗原料，最常見的是羊毛或麻，隨後「分派出去」，即供應給農村工人梳理、紡線。在紡好之後，毛線或棉紗就由商人蒐集起來，交給農村織工織成布匹；布匹再次蒐集起來，轉交給其他工人漂洗或在染房中加工。企業主最後把漂染好的布蒐集起來，銷售批發商或直接交給零售商。

雖然發放現象在整個歐洲都出現了，但通常集中在某些地區。工業地區大都專門生產特定的商品，並會依原材料供應的情況，來決定此地點生產什麼商品。佛蘭德斯地區生產亞麻布；韋爾維耶（位於今比利時境內）生產毛織品；西里西亞出產亞麻織品和煤。隨著市場的發展——地區性、國家範圍和國際性，這農業製造業地區也相應有所增加。工業部門雇用了數以千計的工人。法國亞貝維爾的一家大型紡織工廠，其中心小工廠雇用了一千八百名工人，另外雇用了一萬名在自己家中工作的人。位於奧地利的林茨最大毛織廠之一，在一七八六年工廠工人有三萬五千人，其中二萬九千名是家庭紡織工。

農村工人把發放制度視為避開貧困，或可能在年收特別不好時，能避免挨餓的一條路。家庭紡織生產往往要出動全家人，甚至連最小的孩子也可能加入清洗原毛的工作，大一點的孩子則要做梳毛的工作，妻子和丈夫則做紡紗或織布。在十八世紀末，珍妮紡機發明之前，紡線所需時間比織布要多得多。織布的速度在十八世紀初，約翰·凱伊發明飛梭後大大加快了。飛梭是一種把「梭子」拋過織布機後，能自動回到起始位置的機械裝置。

對農村家庭工人來說，發放制度除了能提供額外收入外，還有其他好處。他們可以完全依農忙的勞動程度來做調整，像是在播種收割等農活繁忙的季節，可以完全把這些加工工作停下來。在家中工作不是一種純粹的好事，因為茅舍的條件不好，粗糙的建物，通風條件很差，往往令人感覺不愉快和受到限制，尤其是當他們不得不在本來就非常擁擠的房子中，安裝上龐大的織布機時，那種感覺更加明顯。然而，雖然在家做工讓人覺得不愉快，但對多數人來說，這比離家前往工廠上班要好些，因為在沒有同情心的雇主嚴格監督下工作，則更會讓人感覺受到壓抑。這種制度對商人－企業主也有好處，因為他們不僅可以免受基爾特的種種束縛，而且也不必把資金投入價格昂貴的設備上。（紡紗工通常會擁有自己的紡紗機，織工則會自己擁有織布機或者會去租用。）政府也察覺到這一制度的好處，也將它視為解決一直困擾著農村貧困問題的一個途徑。一七六二年，法國人廢除了城市製造商的傳統特權：藉由法律來承認因經濟需求早就確立的生產制度。到那時，發放制度不僅在法國北部盛行，而且還擴展到英格蘭東部和東北部、佛蘭德斯和日耳曼北部許多地區——所有這些地區都具有農業和製造業混合型經濟，從而賦予那些經營它的人以企業主和生產商的經濟意義。

後幾代人無不懷舊地回顧起發放制度，經常把它與取代它的工廠制度相比較，認爲它比後者好。然而，在該制度下，「家庭經濟」的生活往往是非常艱苦的。雖然工人可以在某種程序上調整自己的工作進度，但他們依然要服從於小的且往往沒有經驗的企業主要求，而這些企業家由於對市場判斷常會失誤，因而常常可能會讓編織工在某一時期承擔過重的工作量，而另一時期也可能會因缺少訂單而辭退他們。儘管發放制度能使家庭免遭饑饉，但不太可能讓他們擺脫生活的單調和艱辛。一首英國民謠生動地反映出這種制度的嚴重壓力。在民謠中描寫，妻子抱怨她沒有時間坐在「筒輪」前工作，整天忙於洗衣、烤麵包、煮牛奶；而當紡織工的丈夫答道，不要介意，她必須「坐下來處理好事情。／當我們的工作需要幫手時，／其他所有事都得放下」。

紡織品不是農村生產的唯一製造品。像是，在法國，從事金屬業的人在農村和城市一樣多；移居來此的勞工爲小型或自給自足的工作坊提供勞動力。在日耳曼的各個地區，流行的是同種類型但毫無紀律的、以家庭製造業爲基礎的工業：黑森林山區是鐘錶製造業，圖林根地區是玩具生產中心。英國煤的產量由一五五〇年代的二十萬噸增加到十七世紀末的三百多萬噸；至於另一主要屬於農村行業的鐵業，在同一時期，英國的鐵產量增加到了五倍。

儘管在近代早期大部分時間裡，交通運輸體系依然發展未完全，但農村工業已十分繁盛。除了少數個別例外，此時的道路通常是小且軌道很不清楚，且到處是坑洞，有的深達四英尺，因此一遇到下雨，幾乎所有道路都無法通行，小馬車和大馬車可能會陷在泥淖中幾天都無法動彈。少數鋪築過的路之一，是由巴黎到法國主要河港奧爾良的大道，但這也只是特例。整體說來，人們旅行的速度不會超過每小時十二英里——這是馬匹疾馳的「快郵」，而這種速度要利用在每一驛站換乘驛馬才能達到。假如天氣良好，在路況好的道路上，每二十四小時可行駛六十英里。巴黎到里昂大約有二百五十英里，坐馬車要走十天。至於在運輸易損害的貨物時，商人要擔的風險就很大了。因爲運輸距離一超過十五英里，對貨品的完整度就很難保持，因此，對這類商品由船沿海岸運送，要比從陸上運輸可靠多了。一六七五年，英國商人認爲，用船運煤走三百英里，比在陸路上走十五英里還要便宜，且在陸路上運送笨重的物品較不可行。馬德里沒有河，在此則依靠騾子和馬車來供應它的補給品。到了十八世紀中葉，該市需要五十多萬頭騾子和十五萬輛大車來爲它服務，它們都得在崎嶇不平的道路上艱難地行進後才能進城。一六九八年，路易十四的一個青銅製雕像要從巴黎東南的河港奧塞爾運到第戎城，車子啓程不久就陷在泥中，因此銅像被擱置在路旁棚子中達二十一年之久，後來由於道路改善後，才得以繼續其行程。

十八世紀時，交通逐漸得到改善。一七四七年，法國人成立了道路橋梁聯合會，附設一所專門的培訓學校。一七七七年開始了一系列運河工程，這一工程最後把英吉利海峽與地中海連接在一起。到該世紀末，法國花在公路建設上的資金每年爲七百萬里弗。在英國，以布里奇沃特公爵爲首的私人投資者興建了一個水、陸路連絡網，溝通各郡的城鎮，並與倫敦連接在一起。隨著公路改善而產生的是驛站馬車，就像二十世紀初，人們害怕汽車那樣，此時的人們擔心這種交通工具速度太快，怕它不夠安全。爲了減輕以隊馬牽引力的馬車重量，馬車被設計得很窄狹，乘客蜷屈在其中很不舒服，對此他們頗有微詞。一位心裡很不痛快的乘客抱怨說：「假如碰巧上來一位大腹便便或寬肩膀的乘客，你要嘛就情不自禁地呻吟起來，或就趕緊下車。」諸如公共馬車和運河之類的改善，雖然可以帶給富人好處或改變其生活方式，不過對歐洲的平民百姓來說，卻沒有什麼意義。法國由南到北的水路中，駁船不斷來回招攬生意，但大部分人們去最遠的地方，不過是到鄰近城鎮市場，他們往往是走小道，或者是走泥爛不堪的八英尺寬二輪馬車道。這些道路正如現在爲他們服務一樣，也曾爲其祖先服務。

儘管運輸效率低且時會發生危險，但該行業繁榮到如此程度，是衡量歐洲日益增長的商業活動的一個尺度。農村的「發放」制度並未妨礙重要城市中心的發展。在法國北部，有多達上百萬名從事紡織業的人們，居住在像是亞眠、里爾和蘭斯這樣的城市中，並在此工作。十八世紀，普魯士的統治者利用法國新教徒湧進柏林，在那建立絲織工業的機會，制訂政策把此地建成一個製造業的中心。然而，即使在城市中，工作仍可能由小店鋪承擔，它們擁有五到二十位工匠，在工頭的監督下，製造他們本來行業的特定產品。儘管製造業以家庭和小工廠爲中心，但到一七○○年，隨著許多小工廠被合併成單一的製造業區域，這些行業的規模有了很大增長。紡織業開風氣之先，但在釀造、蒸餾、肥皂和蠟燭製造、製革業，以及供漂洗用的各種化學原料製造業方面，也出現類似趨勢。這些和其他行業可能常需在城鎮中雇用幾千人——或更大一點的城鎮，集中在一起從事同一行業、生產同一種物品的一些城鎮大區。

在有些工藝中，技術方面幾乎是幾百年來都沒什麼進步；然而，在其他領域，發明既改變了產品的性質，也改變工作模式。在英國和荷蘭，出現了加速生產紡織品的設備簡易的紡織機。金屬絲網製圖機和切割機，後者是讓製釘工人可以把鐵棒加工成鐵段的機器，它是由日耳曼地區傳入英國。機械動力鋸在十七世紀被引入船塢及歐洲其他地區。把彩色圖案直接印在紡織品的印花技術，則是從遙遠的東方傳來。最早在荷蘭，隨後在其他地區，我們都可發現，新的且更有效率的印刷術，這可知新型印刷機問世了。荷蘭人發明了一種叫作「駱駝」（打撈水筒）的機器，借助它可以把船體從水裡吊起來，以便讓人們進行修理。

這類創新並未馬上爲工人所接受。諸如機械鋸這樣可以節省勞力的機器，將使有些人失去工作。藝匠，尤其是那些被納入基爾特的藝匠，本性上是保守的，他們不僅急於維護其特定的「權利」，而且要保住其行業的祕密。如果機器有增加失業的危險，國家往往要進行干涉，以阻礙它們被廣泛使用。例如，荷蘭和日耳曼的一些邦聯就禁止使用所謂「可惡的發明」——即是一種同時能夠織出十六根或更多緞帶的織帶機。爲了保護強大的商業利益集團的生計，國家時常壓制新技術的傳播。在法國和英國，印花技術一度被宣稱爲非法，其目的主要是爲了維護國內的紡織生產商和進口印度商品的商人利益。巴黎、里昂二城市和日耳曼的一些公國禁止使用靛藍的染料，因爲它們是在海外生產的。

商業、貿易、農業和工業領域發生的種種變化，儘管是大規模的現象，卻直接觸及獨立的男女個體。圈地剝奪人們習慣性的權利。市場進一步發展成爲接收和輸送來自世界各地貨物的地方，這改變了那些現在按市場節奏工作者的生活。英國小農自古享有在公有土地上拴牛放牧的權利喪失了，那些土地現在已被圈圍成「科學」施肥的糧田。在荷蘭農村地區，那些農民父親還必須靠他賴以生存的農場，來勉強維持當一位亞麻紡織工的生活，現在透過爲阿姆斯特丹的一位企業主工作，他額外獲得一份收入；隨著東歐糧食經波羅的海輸入，在低地國家糧價不斷下降，因此，這位織工在食物上的開支也日趨減少。圖倫船場的一位木匠失去了工作，因爲其雇主購買可以取代五個人工作的機械鋸。圖倫造船廠製造的船舶上，有一位水手死在法屬殖民地馬提尼克島附近的海面上；那裡遠離他的故土，之前他從未聽說過該島，而在幾個月後，聞訊悲傷的親屬們也難以想像那是什麼地方。與此同時，在東歐和南歐廣大地區，人們依然像以往幾百年那樣生活著，在這裡的人們似乎未受到各種變化的任何觸動。他們緊抓熟知的生活方式不放，儘管這種生活方式是艱辛，但至少是可以預料的。

人口模式

十七世紀，大多數歐洲人的生活模式仍是以維持生存爲奮鬥目標。他們在一種生存經濟的範圍內生活和工作，如果能夠獲得足以維持生存或生長的東西，就能感到非常幸運了。在多數情況下，他們的敵人不是侵入的軍隊，而是饑荒。在十年之中，至少有一年氣候條件比較惡劣——通常是夏季降雨期過長，從而造成嚴重歉收，由此又會引起比導致嚴重疾病和死亡的範圍更廣泛的營養不良。一個家庭成員如果一時吃得少些還可以活下去，但最後隨著本來就不多的存糧耗盡和價格居高不下，而無法提供足夠的糧食，人員損失就增多。這使得農民必須靠吃草、乾果和樹皮等東西來取代糧食，並依賴這些東西提供營養來維持生存，但吃這些東西在我們看來似乎很可憐，對他們來說更是完全不足。

普遍性糧食歉收經常每隔一段時間就會很有規律發生——以最嚴重的法國爲例，大約每三十年就會發生一次（一五九七、一六三〇、一六六二和一六九七年）。這種歉收助長了構成近代早期人口統計史上顯著特徵的一系列人口危機。收成不佳和因糧食短缺而引起糧價居高不下，不僅意味著營養不足和有可能出現饑荒，而且也使失業率不斷上升：收穫的作物越少，用在食物上的錢就越多，如此一來，用在製造品上的錢就越少。這種狀況非常容易使人們產生失望情緒，因此反而造成遲婚與生育延緩，進而使人口下降。地方教區統計冊表現出的結婚和生育模式可知，在歐洲各地區，單個社區人口隨著農業的豐歉節奏而有了急劇地升降。

當營養不良時，就非常容易染上疾病。十七世紀時，淋巴腺鼠疫曾橫行整個歐洲。一六四九年在塞維利亞爆發鼠疫，一六六四年襲擊了阿姆斯特丹，一年後倫敦也淪陷了。到一七〇〇年，這種惡性傳染病幾乎完全消聲匿跡；最後一次在西歐出現是在一七二〇年，不過，這次只限於發生在法國南部的一小塊地區，儘管如此，到了一七七一年，莫斯科仍還遭受過一次鼠疫的蹂躪。然而，瘟疫雖在逐漸消失，但其他疾病卻令人感到恐懼，因爲在那個年代，可利用醫療方式醫治的病少於不知病因的疾病，因此，任何疾病最後都會蔓延到貧民身上。痢疾、天花和傷寒等流行病以凶猛之勢經常發生。晚至一七七九年，法國布列塔尼省就有超過十萬人以上的人死於痢疾。大部分的疾病是不分貴賤地降臨在所有人身上。因爲城鎮和鄉村水的供應在不留意之下，會被人類的排泄物、各式各樣的廢物、垃圾，以及城市垃圾嚴重地汙染。沐浴一度被認爲是傳染病蔓延的途徑之一，因此不管是什麼社會地位的家庭，都沒有每週洗一次澡的習慣。塞繆爾·佩普斯是十七世紀倫敦一位得勢的王室僕從，在他的日記中寫道，他的女僕有幫他捉頭虱的習慣，他平生第一次洗澡是在妻子洗過澡之後，那時他才體會到乾淨的歡樂；有時，當侍女忘了在房內給他放尿壺，他會毫不猶豫地把臥室裡的壁爐當作廁所來用。如果像佩普斯這樣的人是如此毫不在乎自己的衛生習慣，而那些飢寒交迫、無知的農民的狀況，以及這種不講衛生的態度者，不知不覺中對人身健康的影響，是可以想像的。

由於生活的不安定，使近代早期歐洲的人們結婚的年齡，比亞洲和非洲傳統社會要晚得多。在這一特殊模式中發現，女子平均結婚的年齡是二十五歲，男子則爲二十七或二十八歲，這是因爲他們希望到那時自己已攢到足以建立一個家庭的錢財。年輕夫妻靠自己生活，他們不像其他地區的社會中那樣，是三代同堂「大」家庭中的組成部分。在那些大家庭中，父親可能在自己去世之前，就把田地傳給其子。但在歐洲，情況則不是這樣。由於兒子要到父親去世後，才有可能繼承到財產，因而不得不獨立建立家庭，因此，只好等到自己有能力建立家庭後才結婚。儘管歷史學家對這種晚婚模式尚未能找出明確的解釋，不過，這可能是因爲青年男女越來越希望能擁有較高的生活水準。晚婚有助於控制出生率。然而，一旦結婚，夫妻通常會在婚後第一年就生第一胎。儘管此後每隔一年或兩年就會有孩子出生，但在漫長的哺育期和社會對婚外性關係所持的否定態度，多少仍有助於限制嬰兒出生率。

直到十八世紀中葉，人口仍隨著戰爭的爆發、饑饉和疾病的降臨而出現升降波動。然而，大約自一七五〇年起，人口有了持續重大的增長，幾乎所有國家的人口都大大增加了。在俄國，領土的擴張使其人口增長速度更快：十八世紀下半葉，該國人口可能增長了三倍。其他地區人口增長的幅度可能不像俄國那麼多，但都不算少。普魯士和西班牙的人口增加了一倍；匈牙利則不只三倍以上；英格蘭的人口，由一七〇〇年的五百萬，增加到一八〇〇年的九百萬。法國在一七〇〇年又增加了六百萬。雖然人口增長的原因至今仍是一個謎，但歷史學家傾向於同意認爲，這是死亡率緩慢下降才使人口累積的結果，而死亡率下降又在很大程度上要歸於糧食供應的逐步增加。至於運輸條件的進一步改善，使得食物可以很容易地運到更遙遠的地方。土地的開墾，尤其是在英格蘭、普魯士和俄羅斯，有很多地區得到了拓殖，這爲糧食增產提供非常重要的因素。新加入的主食——馬鈴薯和玉米——增加了極爲貧窮者的日常食物。儘管此處提供的證據非常不完全，且在十七世紀，那地區的氣候雖然反常惡劣，然而在其後的百年間卻是風調雨順。

人口增加也帶來新的問題和新的觀念。例如，嬰兒死亡率的下降，再加上十八世紀末文盲顯著的增加，造成在窮人中出現一種毫無預警的習慣——越來越普遍的棄嬰現象。有些絕望的女子會依賴殺嬰這一手段，儘管在普羅大衆，尤其是教會都認爲，把剛出生而未進行洗禮的嬰兒殺害是罪大惡極，並加以指責。更爲常見的現象是，把嬰兒遺棄在育兒院的門口。英國人瓊納斯·漢威曾資助成立幾個這類機構，他在一七六六年評論說：「從良心和自我保護的角度來說，遺棄嬰兒比殺害他要容易得多。」在一七八〇年代的巴黎，共有三萬名新生的嬰兒，但其中有七千到八千名的嬰兒被遺棄了。悖理的是，現今一些歷史學家竟認為，在這同一時期，嬰兒數量及兒童死亡率的下降，使許多家長以細微不至的慈愛之情關懷照顧他們的孩子，這種情況使其子女不會一再夭折，他們因此認為情感帶空虛無用時是不可能出現的。

儘管大約百分之八十到九十的人口仍生活在小型農村社會中，但城鎮和城市在近代早期的歐洲中，正開始扮演越來越重要的角色。然而，在談到城鎮和城市的「興起」時，我們要小心謹慎，因為城市化的步伐在歐陸各地是完全不同。俄國幾乎完全處在農村社會：一六二九年，只有百分之二・五人口是生活在城市中，到了一七七四年，這一比例只上漲了百分之〇・五。荷蘭不然，一六二七年就有百分之五十九的人聚居在城市中，一七九五年則增加到了百分之六十五。

十六世紀末之後，歐洲大概有二百座人口在一萬人以上的城市，此時，城市居民的總數並沒有很明顯的變化。直到一六〇〇至一八〇〇年間，才眞正產生變化。首先是這些城市在地圖上的分布，即這些城市越來越集中在北部和西部；其次，非常大型的城市在城市總數中占的比例越來越高。商業和貿易的模式與這些轉移有著密切關係。像德國的漢堡、英國的利物浦、法國的圖倫和西班牙的加的斯這樣的城市，在一六〇〇至一七五〇年增加了約百分之二百五十。這一年代早期的國際貿易中樞——阿姆斯特丹，由一五三〇年的三萬人，增加到一六三〇年的十一萬五千人，後來又於一八〇〇年增長到二十萬人。至於地中海的繁忙港口——那不勒斯，則是由一六〇〇年的三十萬人增加到十八世紀後半期的近五十萬人。在那裡，人們交易、加工和製造商品，建造船隻和提供必需品，人們成群結隊地去工作。十八世紀的一位評論家注意到，巴黎的勞工幾乎「完全是外地人」——意即出生在本城以外的人：木匠來自里昂，石匠來自諾曼地，假髮製造者來自加斯科涅，製鞋匠來自洛昂。

然而，當某些城市正在擴展的時候，有些城市則由於貿易的改變而陷入停滯狀態，或是衰落下去。英格蘭的挪利奇[6]是以犧牲英吉利海峽沿岸古老的工業中心為代價、靠羊毛製品生產北移之機會發展起來了。日耳曼重要市場中心法蘭克福在三十年戰爭期間及戰爭結束後，人口有所衰落之因，在於頻繁的軍事戰役與致命的交通不暢，結果使其原有的業務有不少分流到阿姆斯特丹。

城市人口增長趨勢最驚人的是，發生在那些越來越中央集權化的歐洲國家的行政首都尤其明顯。到十八世紀中葉，馬德里、柏林和聖彼得堡的人口都在十萬以上。倫敦的人口由一七〇〇年的六十七・四萬，增加到一個世紀後的八十六萬。巴黎在一六〇〇年時大致有十八萬人，到一八〇〇年增加到五十萬人上。柏林是城市擴展一個特別有趣的例子。一六六一年它有居民六千五百人，一七二一年則有六萬人，一七八三年則增長到十四萬人。該城人口的增長，部分要歸因於相繼在位的普魯士統治者開鑿了它與布雷斯勞和漢堡之間的運河，改善了它作爲貿易中心的地位。然而，部分原因也要歸因於，以該城爲基地的普魯士陸軍和官僚機構人員的顯著增加。一七八三年，在柏林十四萬名公民中，大致有六千五百人是國家雇員或官員家庭成員。

社會或階級內的生活

儘管在近代早期的歐洲出現了經濟和人口統計的變化，但它仍是一個建立在傳統階級上的社會。我們從前文的變化來看，這些變化是在延續長期以來爲人接受以出身和職位爲基礎的社會區分背景下發生的。隨著環境的改變，不固定類型的經濟重組，與在一個預先註定的——對許多人來說是神定的——社會等級制度內的人地位是舊的、刻板的假說產生衝突。法國哲學家金・包汀在一五七〇年寫道，公民區分爲「貴族、教士和平民三個階級」是再自然不過的了。「沒有一個國家，無論是眞實存在的，還是想像中的國家，公民都能夠享有眞正平等的權利和特權。有一些公民總是比其他公民能擁有更多或更少的權利和特權。」每個人都是由那些權利和特權來界定其位子的。「自由」被理解爲一種這類特權，並作爲一點優勢，它並非授予所有人，而是授予特殊的集團，這些特殊集團的身分使他們「有自由」去做某些其他人不能做的事，或者使他們擺脫做某些其他人不得不去做的事。一位英國地主是因爲其財產賦予他的地位而有特權，因而可以「自由地」直接參加政府的選舉。一位法國貴族享有特權，因而可以「免於」承擔無特權的人必須承受的沉重賦稅。一位日耳曼裁縫師在當七年學徒後，便能自由開店鋪去謀利，而這是沒有充當過學徒的人傳統上「沒有自由」去做的，不管他在縫紉和編織的程度如何。正如貴族因財產而有其地位那樣，裁縫師傅的地位授予他自由。

較高階級的成員無時不在試圖以合乎其地位的方式，過獨特風格的生活。貴族從一出生就被教導說，他屬於一個與別人不同階級的概念。商人和製造者同樣也在堅持維護，使他們與藝匠和農民區分開來的傳統特權標誌。限制個人行爲的法律法規，常會定什麼人可以穿什麼，怎樣的衣服可以由誰來穿。例如，一七三八年日耳曼公國布倫斯威克頒布一個敕令，禁止年輕女僕穿絲綢做的衣服，不准她們戴金銀飾物，或穿任何黑皮鞋之外的鞋子。波蘭城市波森也有一項類似法律，禁止市民的妻子穿披肩或留長髮。時尚不僅僅是一時衝動產生的念頭，它更是一個身分、地位的標記，必須嚴格遵從。一位貴族小姐搽髮粉，抹紅臉頰，以此表示她是一位貴族。階級社會內的生活要求具有某定程度的戲劇性，尤其是對那些身處社會階級頂端的人來說。貴族以故意不自然的方式「扮演著」他們的角色。他們言談的態度、穿著、他們有特權佩戴禮儀性的劍，與人們稱呼他們時所用的頭銜，都是強調作爲各階層之間區別的舞臺道具。貴族家族居住在城堡、別墅或鄉間居所裡，其規模和古老的習俗又是向人宣告他們有著優越的地位。當他們興建新的宅第時，正如十八世紀英國資本主義貴族暴發戶做的那樣，他們確信其精美的房屋和面積廣大的私家園林昭示著自己新獲得的權利。英國政治家羅伯特·沃波爾爲了使他華麗的新住宅有好的視野，便把整個村莊移開。

絕大多數的人們是根據他們居住的農業社會，來界定和理解社會階級制度。在那些社會的頂端者都同樣有一位貴族出身的代表頭銜。在歐洲總人口中，貴族可能占百分之三左右。這一比例在俄國、波蘭、匈牙利和西班牙可能要高些；在日耳曼、法國和英國則要低些。土地是貴族地位的標記。一般說來，一位擁有越多土地的貴族，在貴族階級內所占的地位就越高。在匈牙利，有五個貴族家庭就占有了全國大約百分之十四的土地；其中最大的一個貴族艾什泰哈齊親王就掌控了五十萬名以上的農民生活，大多數貴族並不像他那麼富有和有權勢。有些貴族實際上只是靠著他們承襲下來的特權，把自己與農民區分開來。

每個國家的貴族，其生活方式差別很大。在英格蘭和普魯士，貴族通常是住在自己的土地上；在日耳曼南部、西部，以及在法國，貴族則有可能把其地產交給管家管理，自己則是住在王宮之中。儘管傳統上人們認爲，貴族不須而且也不必靠進行商業交易來維生，以汙染其貴族的聲譽。但到十八世紀末，這些貴族們有越來越多的人參與各式各樣的商業活動。有些人開發自己地產上的礦產資源，其他人則投資海外貿易。在法國，四家最大的煤礦中有兩家是歸貴族所有，並由他們經營，奧爾良公爵則是新建的化學染料工業的重要投資人。在東歐，因爲中產階層的商人爲數甚少，貴族往往自己到市場上出售其農產品。

在任何一個國家，貴族都不是完全封閉的階級。在十七世紀晚期和十八世紀，那些充當行政官員或律師，與被證明對國王有用的人，和那些因進行審慎的——往往在法律上有問題的——商業交易而積聚大筆財富的人，越來越常被列入貴族行列。奧地利的約瑟夫二世在十八世紀後期賜予數十名金融家貴族稱號。在法國，可以經由從國王那裡購買昂貴的官職而成爲貴族。此外，還有越來越多的「穿袍」法律貴族，他們以十三個省的最高法院成員爲首，其功能是記錄並藉此核准王國的法律。

在舊貴族和新貴族中，那些最活躍、往往也聰明得多的人之間，逐漸產生一些緊張現象，這在法國表現得最明顯，在其他地方也存在著。傳統上，貴族服役爲軍事服役，完美的貴族榮譽是包含在戰場上建功立業的英雄氣概，而不是在法庭上奸詐、狡猾，或在王宮前廳上搞陰謀。因而，圍著新貴族的合法性問題便產生衝突。

在歐洲各地，無論是最近獲得貴族稱號的人，還是那些被法國人簡明且善辯地稱爲「大人」的古老家族成員，大多數貴族都擁有大片地產。土地所有權不僅幫助他們建立自己的地位，而且使他們與農民、勞工間直接發生關係。這些農民和勞工耕種著這些田地，貴族則主導他們的生活。在整個歐洲農村各地區，實際上農民的地位也迥然不同。在東歐——俄國、波蘭、匈牙利，以及易北河以外的日耳曼地區——經營農業以獲利的渴望和國家與貴族的衝突，導致「第二次農奴制」的出現，這一農奴制比中世紀要強烈得多。在東普魯士，農奴一週往往要爲其主人工作三到六天，有些農奴只有在傍晚或夜裡才能耕種自己的田地。

在整個東歐地區，農民發現自己的命運幾乎完全掌握在領主手中。貴族領主負責執行莊園法庭的審判，他們甚至主持自己爲案訟一方的案件。這些人集治安官、行政首長和警察的職責於一身，能夠宣判他們「臣屬」的罪名，並對他們進行體罰、監禁、流放，在很多情況下，甚至可以判處他們死刑，而後者無權上訴。未經領主的同意，農民不能離開自己的土地，不能結婚，也不能學習商業活動。在俄國，有半數土地是由國家所有，如果他們的領主有令，農民就必須在礦井或工廠裡工作，而且也可以被出售給私人所有者。儘管俄國的農奴據說擁有「法律人格」而有別於奴隸，但這種區別在現實生活中非常微弱，他們就像其曾曾祖父那樣依附主人生活。

在西歐，農民的地位反映出農奴制到十六世紀基本上已消失的事實。在理論上，農民可以自己擁有土地，儘管他們大多數是佃農，不然就是雇工。世襲的佃農一般說來比東歐農民要安全，農民可以處置自己的田地，對農家建築和工具有法律要求。然而，儘管他們與東歐農民相比，的確是自由多了，但西歐的農民有很大程度上仍處在地主的控制之下。他們在很多情況下，負責繳納各種賦稅——那些可能另外公開擁有自己土地的人要向領主繳納年租；爲最近開發的土地繳納一種特別稅；無論什麼時候，就算農民財產要脫手，莊園領主就要徵收一筆費用，通常多到土地估價的六分之一；此外，還有使用領主磨坊、麵包爐或葡萄壓榨機必須繳交的費用。在法國，農民被強迫必須承擔一項勞役，據此勞役規定，農民一年要勞動數週以維修當地的道路。在西歐，莊園法庭在近代早期幾乎仍繼續存在，就連向常讓人質疑的莊園法庭提出上訴，也要交納費用和佣金。然而，對許多農民來說，最令人憤憤不平的，代表低人一等的標誌是，他們不能在自己領主采邑管轄範圍內狩獵。捕殺獵物是貴族專享的，這在那些不是把鹿和野雞視為貴族地位的標誌，而是對其粗陋飲食必要補充的人來說，心中自然激起了持續不斷的仇恨心理。貴族領主幾乎不放棄所有能榨取農民錢財的機會，同時又不斷讓他們記住，他們的命運是掌握在莊園主手中。

然而，儘管他們在傳統上處於從屬地位，但西歐的農民仍感覺自己直接受到經濟變革過程的衝擊。中央集權化君主制的發展，導致國家要求更多的收入，結果農民必須負擔更多的稅，承擔更多的勞役。他們藉由接受一種新角色——即在一個不斷發展的市場經濟中成為掙取工資者，有些人在圈圍的地產上當農業雇工，其他人在日益擴大的農村工業中充當勞動力。只有少數人在生活的社區中才是眞正獨立能識文斷字和具有影響的成員，他們不僅擁有土地，還擁有數量可觀的家畜。在法國，有些人充當其領主間的中介人，並從他們那裡租來一些大農場，以及實際耕種田地的分成制佃戶。然而，多數人並非那麼幸運。因此，那些擁有一小塊地產所有權的人便極力使它出產最多的糧食，結果通常在一兩代的時間裡，就使田地地力衰竭。農戶家長去世後，每次都將其持有的產業分割給所有男性繼承人，結果造成多數農業勞動者面臨過著收入僅敷支出的生存方式。

與《聖經》中的禁令相對，貧苦農民往往只靠麵包過活——幸運的話，每天吃兩磅，是由小麥粉摻黑麥粉混合而成的黑色生麵團。除麵包外，還以蠶豆、豌豆、啤酒，極個別情況下還有脫脂奶，作為補充食品。農民的住宅通常只有一或兩個房間，是用木頭建成，並塗上泥土或黏土。屋頂最常見是用草鋪成，當這些草被替換下來後，便被當作肥料，在物資缺乏時，也被作為家畜的飼料。家具通常只有一張桌子、長凳、睡覺用的床墊、幾塊泥板，和簡單的工具—— 一把斧子、一把木鏟、一把刀子。

農婦照料家畜、種植蔬菜，如果有乳牛的話，還要照顧乳牛。為了增加家庭的收入，她們也要出外充當田間工人，或在家紡線、編織和織布。十七世紀廣為流傳的詩歌中，描寫一位勞工的妻子哀嘆她命運不濟：「……我的工作艱辛，／所有的樂趣都被奪去；／不分早晚，不分晝夜，／女人的工作肯定永無止盡。」

發放制度的普及打破從前城鄉之間的嚴格界限——生活在一個城市於中世紀

興建的圍牆內或圍牆外之間。郊區融入城市和農村生活方式中。有些地方，編織工人在那裡勞動。在其他地方，上流社會的家庭在那裡舒適生活，並創建出一種環境。用一位常用挖苦言語者的話來說，在那裡，「倫敦缺少的煙霧由維吉尼亞菸草的煙霧來供應」。富人居住區域的房屋越來越多是用磚和用石頭鋪建成，取代中世紀的木材、木板條和膠泥。這一變化是爲對付持續不斷的火災危險而產生。一六六六年的倫敦大火毀掉該城四分之三的房屋，約一萬二千所房屋，是定期席捲該城的災難性大火中最大的一次。城市中，貧困勞工的住所依然是容易引起火災的建築。工人區擁擠不堪；整個家庭全擠在地下和閣樓一單位住所中，臭蟲和跳蚤大批出沒其中。

與農村社會極相似，城市社會也是階級社會。在首都，如同在農村一樣，貴族家庭社會地位最高，他們在王宮中過著奢華的寄生生活。大多數城鎮是由一個非貴族的資產者支配。資產者該詞源自法文，原本是指一個長期住在城市中，且爲財產所有人或租借人，和納稅人的自由市居民或城鎮居民。到了十八世紀，它逐漸被用來指一位擁有某些財產的城鎮居民，這位城鎮居民渴望被認可爲在當地具有重要性的人，並表現出無論是在會計室還是在政府辦公室都願意努力工作，和渴求過著一種並非奢侈的舒適生活。一位自由民紳士的收入可能來自地租；他也可能是一位工業家、銀行家或商人、專門職業人員、律師或工程師。如果他在中央官僚機構服務，他會考慮爲比他社會階層較高的鄉下人處理其事務。不過，他自己被貴族看不起，後者認爲他們是一群庸俗的削尖腦袋往上爬的社會階層。法國劇作家莫里哀的喜劇《中產階級紳士》（一六七〇年）反映出這種態度，該劇嘲笑那些試圖仿效比他們優越者的商業階層的作法。另一位法國作家注意到：「Bourgeois是貴族給予任何他們認爲愚蠢或與宮廷沒有關聯者的侮辱。」資產者通常在一個城鎮居民占百分之二十到二十五。作爲一個經濟名流，這些人幾乎也總是統治精英。市政職位被認爲是這一等級的特權，因而也被分配給他們。

出人意外的，雖然在近代早期工業和商業活動增加了，但就工業資產者的相對規模而言，許多城市出現衰落。例如，在貿易中掙了錢的法國人可以購買田地，並可以藉由支納酬金給國王，而獲得成爲貴族職位的權利。在十七世紀的亞眠——一個重要的紡織中心，上層的資產階級（中產階級）拋棄商業活動，反而從土地或公債中獲得大部分收入。資產者興盛的地方，多半是蓬勃發展的國家或地區官僚制的結果。

在城市階級制度中，社會中間地位的店主和工匠是人數最多的。後者之中仍有許多人想繼續成爲基爾特中的成員而來學習手藝，在基爾特中又有它特殊逐級上升的階級：學徒、幫工，以及師傅，從而維持了社會的階級秩序。然而，在整個近代早期，商業的發展受到基爾特組織刻板階級制的威脅。基爾特的常規限制性措施致使產品費用提高，產量被人削減，在諸如巴黎和倫敦這樣的大城市，和法國、日耳曼的工業中心，基爾特遭到強烈反對，因爲在那裡，日益擴大的市場需要更廉價、更易得到的產品。人數越來越多雇用工身分的裁縫和鞋匠開設了對師傅不利的店鋪，並無視基爾特規定，而生產出較廉價的外衣和鞋子。在里昂的絲織作坊裡，師傅和幫工並非一視同仁地被迫按件勞動（按完成產品的多少而不是按小時付酬），計件報酬標準是由經紀商規定的，在絲織工人看來，他們所定的報酬遠遠低於合理的標準。與絲織工人一樣，工匠也被迫按唯利是圖的經紀商要求進行製作，同樣的，他們所得的工資報酬非常低；他們變得越來越不安分。在法國和日耳曼，幫工公會被當成年輕人的社交和互助性組織應運而生，這些人在全國各地「徒步旅行」以獲得他們那一行業的經驗。然而，幫工公會促進了行業意識的形成，導致幫工們圍繞著工資和工作條件等問題，抵制師傅和經紀商的規定，並舉行罷工。一七三一年通過一項帝國法律，剝奪組建公會的權利，要求幫工在旅行時隨身攜帶身分證，以證明自己品行端正。

處在城市社會最底層的是人數衆多，且擁有一點點技術和無技術的人——馬車夫和搬運工；碼頭工人與裝、卸貨工人；運水工與清掃工；女裁縫、洗熨女工、清潔工與家族僕從。這些人與農村中和他們同類的人一樣，生活在忍飢挨餓的邊緣，要不斷與危及他們生存能力的商業循環、季節性失業和瘟疫進行奮鬥。多數人棲身在城鎮邊緣的簡陋小棚屋。在熱內亞，無家可歸的窮人每年冬天都被賣作大帆船上的奴隸。在威尼斯，窮人居住在城市橋下破舊的船中。一六六九年，法國一個法令要求毀掉「流浪漢和對社會無益之人興建」的所有房屋。這些人由於缺乏穩定的工作，因而不僅要受到經濟波動和惡意的「上帝之舉」的掠奪；而且最致命的是，他們沒有任何「特權」而是「自由」社會制度下的犧牲品。

對待窮人的態度因國家的不同而異。許多地區把階級觀念延伸到窮人頭上，把他們區分爲「値得幫助者」——通常包括孤兒、精神錯亂者、年老體衰者；以及「不値得幫助者」——包括失去職業的年輕力壯的人，他們即使能夠找到工作，也無法養活自己及全家。針對後一種人，當權者通常傾向於認爲，貧窮是個人缺陷造成的；很少有人把單一窮人的困苦與總體經濟狀況聯繫起來。私人慈善機構，諸如法國由聖文森特會和仁愛姊妹會建立的那些機構，向値得幫助者提供幫助。對於不値得幫助者，國家則制定了嚴厲的處罰措施，其出發點與其說是以人類慈愛爲動機，倒不如說是在避免社會動亂。在糧食短缺時，法國政府便採取干涉措施來降低糧價，希望藉此防止騷亂的發生。

貧窮的流浪者被認爲是對社會安定造成嚴重威脅的人，因而在收穫季節，他們往往被集合起來，以防他們掠奪田間作物。流浪漢和其他長期失業者被安置在救濟院裡，那裡的環境與監獄沒有多少區別。年輕者、年老體衰者往往與頑固不化的犯罪分子關一起。英國對貧民的救濟是由各教區進行的，依據的是一六○一年通過的《濟貧法》。救濟是一項與「社會福利法」（安置法）連接在一起的法，該法規定，乞丐只有居住在自己出生的教區時，才可以得到幫助。一位失業織工可能會到五十英里外的地方去找工作，根據上一個法律規定，他只有在回到故鄉後，才有望獲得援助。此外，十八世紀晚期，歐洲有些國家制訂了適度的公共工程計畫，企圖透過減少失業來紓解貧困問題。例如，法國於一七七○年代在有革新精神的財政大臣屠哥的支持下，制訂了道路興修計畫。但一般說來，貧困並不被認爲是一個可能找到解藥的社會疾病，而是被視爲區分出這一社會最低層一個難以去除的恥辱。

近代早期的歐洲改造其制度，使之反映出社會階級制類型，這在教育領域表現得再清楚不過了。一道障礙——拉丁文知識——把貴族與來自中等商業階層的衆多學者和專門職業者區分來；第二道障礙——讀寫能力——把中間階層與其他社會成員區分開來。貴族通常都是受私人教師教育的，雖然他們可能一度進入大學，但他們並不把這當爲謀取職業的準備階段，而是作爲受更深的教育「精修」。確實，在十七世紀末期和十八世紀，大學大多把知識學術的領先地位讓給在王室庇護下建立的各種學院。這些學院是由歐洲君主建立的，目的在於鼓勵科學和藝術的進步，也在於提高自己聲譽：其中的倫敦皇家學會，於一六六○年由查理二世建立；法國科學院是個極受到路易十四關注的科研機構；以及柏林皇家科學和文學院則是在十八世紀由普魯士的腓特烈大帝資助成立。有興趣或有才智參與這些令人敬畏的組織活動的貴族實在是寥寥無幾，它們從任何意義上來說都不是教育機構。更適合這些貴族的需要和愛好的是所謂的「大旅行」，這往往要持續幾個月的時間，此期間貴族子弟遍遊歐洲各國首都，並盼望獲得國際禮儀。一位觀察家這樣評論英國貴族青年在國外的習慣：「他們狩獵；購買畫作，毀損雕像，和情婦廝混，觀者無不驚訝。」

法國、西班牙、日耳曼和奧地利還存在著各種資助與收取費用的訓練治國精英的機構，在前兩國分別是collège、colegio mayor，在後二地爲gymnasium。在這種機構中，重點絕不是諸如現代語言或數學之類的「實用」學科，而是放在希臘文和拉丁文翻譯，以及這兩種文字的構成，此爲受過教育的精英知識的標記。不過也有例外的，在普魯士的哈雷大學，其宗旨是培養專門職業精英；同時代一位人士描述這一機構爲傳授「理性、有用和實際的」知識。

來自中產階層的男孩將來註定是要進入家族中的商業機構，或從事專門職業。他們一般都是進入私立學院，那裡的課程包括collège和gymnasium忽略的「有用的」教導。至於女孩，無論是來自社會上層還是下層階層，幾乎無一例外都在家中接受教育，如果是來自貴族階層，所學的不僅僅是如何成爲一位淑女的最基本指導，例如現代語言、美學和音樂；如果是來自中產階層者，還要受到一些略微實用的訓練。

沒有任何一個歐洲國家擔起向所有公民提供初級教育的任務，這種情況直到十八世紀中葉才有改變，此時普魯士的腓特烈大帝和奧地利哈布斯堡王朝君主瑪麗亞·德麗絲及其子約瑟夫二世建立了強迫教育體系[7]，足夠的證據證明結果遠不如人意。十九世紀時，對普魯士較開明的省分克萊夫斯進行一次調查發現，這裡的學校破爛不堪，班級人數不多，師資不能勝任。歐洲其他大多數社會中教育狀況無疑更糟糕。

儘管按現代標準看農民和工人教育的機會依然非常渺茫，但有證據表示，十七和十八世紀時，識字率大大提高了：在英國，由一六〇〇年的四分之一男性上升到一八〇〇年的二分之一；在法國，由一六八六年的百分之二十九男性上升到一七八六年的百分四十七。婦女識字的人數也有增加，儘管其增長速度普遍落後於男子：一七八六年，在法國只有百分之二十七的女子識字。自然，在各地和各國之間，情況有所不同。擁有大比例藝匠的城市地區識字率較高。在東歐農村地區，識字率直到十八世紀仍極爲低下（百分之二十至三十）。儘管普魯士和奧地利從上到下進行努力，但識字率的提高在很大程度上，是出於宗教目的的改革家以越來越大的決心教窮人讀書寫字的結果，他們把此視爲鼓勵人們服從上帝和世俗權威的手段。十八世紀，英國的週日學校運動和法國基督教兄弟會的類似活動，是這一趨勢的明證。

儘管大部分的平民百姓或許僅僅是粗識幾個字，但他們有自己興盛的文化。鄉村生活，尤其是在信奉羅馬天主教的國家，所有活動都會以教堂爲中心，人們週日到那裡去不僅僅是做禮拜，也是爲了進行社會交際。該日所剩的其他時間，則會被用來進行各種鄉間遊戲。宗教提供一個交往和擺脫日常工作的良機。例如，到鄰近的聖地朝聖，包括興高采烈的村民行進行列，領頭的人背著村子保護聖人的偶像，伴隨著的是飲酒、跳舞和野餐。在城鎮裡，天主教徒組成組織，在法國、義大利、奧地利和荷蘭稱爲公會，它提供互相幫助和一套以庇護聖人爲中心的共同儀式和傳統。十八世紀興起的廣泛新教運動——歐洲大陸上的虔信派和英國的衛理公會派，也體現出宗教共同體精神。這兩派都強調透過信仰個人得救，和不管地位如何，所有個人都相信靈魂潛在價値的重要性。因而兩者都特別對社會中那些從前一度被認定沒有任何價値的人具有吸引力。儘管衛理公會的創始人約翰·衛斯理（一七〇三～一七九一年）宣傳服從世俗權威，但他樂於依賴勞動者充當宣教者和組織者，這就使他們對個人重要性有了新認識。

雖然許多通俗文化直接與宗教傳統和宗教作法相連，但也有許多文化現在變得世俗化。狂歡節不僅存在於地中海沿岸的歐洲地區，也見於日耳曼和奧地利中歡騰喧鬧、不無放蕩的化裝遊行。對一般人來說，這是一個擺脫世俗權威強加在他們身上的各種束縛和限制的機會。表演和遊行慶祝一個「顚倒過來的世界」——這一主題自中世紀晚期以來，在歐洲各地普遍存在，由於各種心理方面的因素，對平民尤其具有吸引力，但在很大程度上，無疑是作爲對他們受到經濟和社會壓迫的社會象徵性報復的一種方式。在幾天之內，受壓迫者扮演壓迫者的角色，統治者則被打扮成蠢人和小醜。在行進行列中，男人打扮得像個國王，光腳前進，農民則騎在馬上或坐在馬車上，窮人向富人施捨假錢。這些雖然是強調社會分野的機會，但產生把整個地區變成一個文化中心的作用，因爲窮人和富人像在大型宗教節日那樣在一起進行慶祝。一年一度的收穫節曾得到教會的資助，也是從繁重體力勞動解脫出來的越來越世俗化的慶典，期間不時穿插盛宴、狂飲、運動和調情。集市和巡迴馬戲團將來自遙遠地方的物品和人一點一點影響當地的生活。日常生活的單調辛苦也因賽馬、鬥雞和逗熊活動而得到紓解。酒館在村民的日常生活中更起著持續不斷作用，它爲男人聚在一起吸菸、喝酒、閒聊、賭博提供一個場所。

勞動者仰賴口述神話、傳說和迷信傳統來穩固其生活，並賦予他們方向和目標。商販在集市上出售的故事書，爲那些具有閱讀能力的人所購買。它們講述英雄和聖人，以及像查理大帝這樣國王的故事，後者出於對普通臣民父親的關心，而與其自私自利的貴族進行抗爭，與對惡棍的信仰和對英雄的信仰上匹敵。如前文所述，在該時期大部分時間裡，巫術對迷信的人來說是一種現實，撒旦也是如此。任何超自然力量，不論是好是壞，也是如此；這些力量能夠幫助他們理解一個他們比任何人都更加無法控制事件的犧牲品的世界。

儘管習俗越來越世俗化和大衆化，但慶典和信念在近代早期的歐洲仍是一股穩定性力量，它們是歐洲大多數人所屬社會階級的文化表現。通俗文化主要趨向於重申秩序和階級的傳統和階級制。這樣一來，如同資本主義和重商主義驅使他們朝著理應成爲的方向前進一樣，它有助於使人們遵守文明規範。

第二十三章

專制主義時代

The Age of Absolutism(1660-1789)

王權具有四種本質性特徵或性質：

首先，王權是神聖的。

其次，王權是父家長制的。

再次，王權是絕對的。

最後，王權是從屬於理性。

——雅克・博絮埃，《由聖經文本談政治》

自法國國王路易十四登基實行個人統治（一六五一年）到法國大革命爆發（一七八九年），這段時間一般被稱爲專制主義時代。如果我們把定義專制政治爲國家最高權力，和有意識地加強對其臣民及那些臣民置身其中的經濟、社會秩序應得利益的法律和行政權力，便符合上述主題。以法國君主的活動代表整個時期具有提示作用，因爲這些活動是展現專制主義政府的政策最清楚不過了。不過，在使用上述年代和標籤時，應當謹慎小心。前面已經提到，自一五〇〇年以來，英格蘭和歐洲大陸都表露出一種導致國家更強大的普遍趨勢。十六世紀的國王們發現，新教是使國家權力超過教權和貴族權力的有效工具。早在路易十四在法國實行個人統治之前，像金・包汀這樣的政治思想家在其著作中，就已鼓吹專制主義理念。把法國君主作爲近代早期統治者的原型，會使我們忽略像是由普魯士、俄國和奧地利統治者所建立的其他類型的中央集權政府模式。而且，我們也可能會把一個重要例外，即英國排除，至於英國在一六八八年的光榮革命後，專制政治趨向讓位於寡頭政治，政治權力由君主、貴族和地主共同分享。

對「專制政治」一詞需要加以限定。從十八世紀西歐統治者的具體作法來看，專制政治並不是暴政。他們並非十分了解它，只是把它當成一種許可證，藉此像東方君主那樣實行沒有限制的專制統治。儘管這些歐洲君主已盡最大努力去鞏固其權威與權力，但他們不能頒布不負責任的法令，且不保證能獲得臣民的永久順從。貴族、神職人員、商人和企業家在各自的領域裡仍保有強大力量，迫使國王或女王想要有所行動時，必須爲自己找到一個合法的藉口，才能眞正行動。另外，統治者不僅要尊重其政治對手的實力，而且還要尊重法律程序，只有在例外情況下，他們才公開與傳統勢力發生爭吵。不管怎樣，君主們都希望擁有「專制」，但他們受限於未臻成熟的交通和通訊系統，因此無法有效干涉臣民的日常生活。

儘管這段時期的著重點主要放在政治、外交和軍事事件上，但如果不把專制政治與我們剛剛分析的工、商業發展連接在一起，就不可能徹底分析專制政治。關稅立法、工業立法、商業戰爭、通貨膨脹，以及稅法，這些均爲建立新經濟秩序的有用工具。同時，這些工具只有中央集權的強大國家才能利用。政府可能採取積極措施管理生產和貨物出口，像英國於一六六〇年強行實施《航海條例》時，即是例子之一。該條例要求進口貨物只能由英國船隻或原產地所屬國家的船隻運送，同時，殖民地貨物在運往其他國家之前，必須先途經英國港口。其他國家（如法國）的政府立意撥款擴大其官僚機構和軍事機構，徵收新稅，並在給予特權時，提出越來越高的價碼。國家擴大財政要求，迫使城市自由民和農民必須設法賺更多的錢。反過來，這種壓力的結果是企業和接受支薪勞工的產生。

所以，要記住國家權力與經濟革新之間重要的共生關係。在本章，我們將考察十七世紀後期和十八世紀歐洲各地王權的程度，考察不同君主設立和實施的各種專制制度，並注意中央集權是如何在國際性國家體系的興起中發揮作用。

專制政治的吸引力與正當性

專制主義能吸引許多歐洲人注意，其原因與重商主義一樣。在理論和實際上，它都表達人們的一種願望，即結束歐洲「嚴酷世紀」中令人震驚的事端和混亂狀況。法國的宗教戰爭、日耳曼地區的三十年戰爭、英國的內戰，均造成極大的不安。針對這種情況，專制主義者辯稱，這種混亂局面的替代物即國內秩序，只有隨著強大的中央集權政府才能到來。正如重商主義者堅持的，他們認爲與有系統的管理會帶來經濟穩定一樣，專制主義者認爲，如果臣民了解到自己有義務服從其權力神授的統治者，社會和政治和諧就可以實現。

反過來，專制主義君主堅稱，他們有義務教會他們的臣民，要如何處置其國內事務，即使這有違他們的意志。十八世紀日耳曼巴登公國的統治者馬格雷夫·卡爾·腓特烈曾說過：「不論他們是否願意，我們都必須把他們培養成自由、富裕和守法的公民。」十七世紀的戰爭曾讓歐洲四分五裂過。統治者以專制主義會帶來穩定和繁榮——「自由與富裕」——自辯。這是一種取代原有混亂、既有迫切性又有吸收力的選擇。路易十四仍記得投石黨運動對他奉上帝之命進行公正賢明統治的國家利益的威脅。一六五一年的某一天夜裡，反叛的巴黎人闖入他的寢宮，瞧瞧他是否已與馬薩林一起逃離巴黎。路易十四對此一直耿耿於懷，他認爲這不僅是對他個人，而且也是對國家的公然侮辱。貴族之間無止盡的爭吵，和他處於少數派位子時，巴黎高等法院對國王政策的批評，這些都使路易十四相信，法國如果想要繼續生存下去，並成爲歐洲舉足輕重的繁榮國家，就必須嚴格行使自己的權力和特權。

爲了實現這一目標，專制君主著手取得對國家軍隊的控制權，對國家法律制度的管理權，以及徵收、分配稅賦的權力。要達此抱負的目的，首先就需要有一個對君主制本身效忠，而不是對特別的社會或經濟集團效忠的官僚機構。專制政治政策的一個特徵是，它決心建立一系列強大的機構，這機構足以抵擋——如果說不是消滅——在過去妨礙王權發展的特權利益。教會與貴族、半自治性的地區，以及未來的獨立代表機構（英國的國會與法國的三級會議），均爲實現強大、中央集權的君主制政府的障礙。而專制主義的歷史，在很大程度上，就是各統治者試圖說服這些機構的歷史。

在羅馬天主教仍被立爲國教的歐洲大國——法國、西班牙和奧地利中，整個十八世紀期間，相繼繼位的君主做出種種努力使教會及其教士「本土化」。前文我們已經談過，在十五、十六世紀，教皇已把某些權力讓給法國和西班牙的世俗統治者。後來的專制主義者在其先輩的基礎上，從羅馬教會奪取更多的權利。西班牙的查理三世從一七五六至一七八八年統治西班牙三十二年，他是一位虔誠的國王，就連他也成功地迫使教皇與他達成協議，允許國家享有監督教會、任命教士的權利，並確認他有權宣布教皇敕令無效。羅馬教會雖然勢力很大，但作爲中央集權政府的對手，它仍遜貴族階層一籌。君主們以各種方式與貴族進行對抗。路易十四則是藉由控制法國古老貴族的方法，來提高他的社會地位，剝奪貴族政治權力。十八世紀初，俄國有才幹但乖辟的沙皇——彼得大帝吸收貴族到政府部門。十八世紀末，凱薩琳二世與俄國貴族達成協議討價還價的爭鬥，她授予他們大片地產，包括免稅在內的各種社會經濟特權；至於貴族們，實際上把國家的行政管理權和政治權力交給這位女沙皇。在腓特烈大帝統治下的普魯士，軍隊中的軍官是由貴族充任；如同在彼得大帝統治下的俄國，他也是採取把貴族吸收進入政府機構的方法。不過，在十八世紀後半期的奧地利，約瑟夫二世皇帝則採取與貴族對抗而非和解的政策，他拒絕讓貴族免稅，並在消除貴族與平民之間的區別上不遺餘力。

君主與貴族之間的爭鬥，與地方特權和中央權力之間的另一場爭鬥牽連在一起。法國在很多方面與十六世紀西班牙統治者反對具有獨立思想的亞拉岡和加泰羅尼亞貴族一樣，法國的專制主義者常常與以貴族爲首的地方自治機構進行持續不斷的戰爭。普魯士統治者插手對從前「自由」城市進行管理，並取得治安和向居民徵稅的權力。這些一直在進行，而且也曾一度取得成功的不同形式的爭鬥，是專制主義的本性及其不斷成功的證明。

專制主義既有能幹的實踐家，也有理論上的辯護士。除了像金・包汀這樣的政治哲學家外，捍衛王權的人士可以依靠下面這類論文——諸如雅克・布蘇艾主教，寫於路易十四統治時期的《由聖經文本談政治》（一七〇八年），來支持擴大君主的控制權。布蘇艾認爲，專制政府與獨裁政府並不相同，因爲在專制君主身上體現著「所有力量與完善之統一」的上帝，而祂也與國王本人結合在一起，因此，君主是有關政治權力的上帝在塵世代表。「上帝本身是神聖的，本身是美好的，本身是強有力的。在這些事物中包含著上帝的尊崇。」由此一來，國王本身只對上帝負責，同時正如上帝高於所有國王，國王同樣也高居所有其他凡人之上。「作爲一位君主，他不能被視爲平民；他是一位公共人物，整個國家繫於他一身。……正如所有的完善和力量都集中在上帝身上一樣，所有個人的力量都集中在君主一人身上。單單一個人身上體現了如此多的東西，是何等榮耀啊！」確實是何等榮耀！布蘇艾的論文是對君權神授說做了最清晰、最極端的陳述，詹姆斯一世曾企圖把這理論、學說強加在英國人民頭上。這說法讓現代人聽來可能完全是另一回事，但對歷經一個多世紀國際、國內動盪、渴望實現和平與穩定的人們來說，布蘇艾的政治哲學是一種安慰，因爲這些人發現自己正面臨經濟迅速發展之機會，需要一個強大穩定的政治實體。

路易十四的專制主義

觀察一下路易十四（一六四三～一七一五年在位）身著宮袍的肖像畫，要想透過這位專制君主的外表看清他是怎樣一個人，並不是件容易事。路易十四謹愼而巧妙地塑造出這一外表，他也許比近代早期任何一位統治者都清楚地了解到，將戲劇效果作爲建立權威的方法具有很大的重要性。一直到十八世紀，迷信的平民百姓仍相信，國王神奇的「觸摸」具有治病的魔力。路易十四及其繼承人利用這種迷信強化自己作爲「神授權力」統治者的最高地位，認爲其地位遠非凡人所可比擬。

這種戲劇效果政策的種種好處，最明顯地體現在路易十四的凡爾賽宮[1]上。凡爾賽宮位於巴黎近郊，路易十四把他的宮廷遷到那裡。該宮殿本身即爲一個舞臺，路易十四每天藉由在那裡表演的君主專制儀式，對貴族們施以催眠術，使他們逐漸習慣於從屬地位。宮殿主要部分有三分之一英里長。在其內部，懸掛著描繪法國軍事勝利和王家功勛的掛毯和繪畫。宮殿之外的每個花園裡有一千四百個噴泉。太陽神阿波羅和各種雕像讓人想起法國人所說的「太陽王」路易十四。路易十四每天例行起床、就餐（飯菜由廚師走過幾個城區送來，因此，擺上飯桌時往往已經冰涼）、在花園裡漫步或騎馬打獵時，貴族們爭先恐後地前來服侍[2]的公式，來提高他的身分。既然他自稱太陽王，他的宮廷也就成爲王室光輝的中心點。法國主要的貴族們都應其專制君主之邀，一起分享這精心設計的宮殿，目的在讓人覺得光彩奪目，使得這些貴族不可能不服從國王的意旨。這種虛榮取代他們在領地裡籌劃小型叛亂，一位侯爵非常高興地知道，他在翌日可參加在宮殿大廳裡舉行的盛大宴會，並有幸受到國王的召見，進行兩、三分鐘乏味的交談（大廳的氣味是缺乏衛生設備和專制主義陰暗、骯髒的一面）。

路易十四把這場戲劇視爲國家元首職責的一部分，視爲一種應嚴肅認眞對待的職責。他並非英明、傑出，只是一位努力工作且處事謹愼的人。不論他是否眞的說過「朕即國家」，他自認對其臣民的福祉還是負有責任。他曾在給爲其子準備的治國方略的傳略中寫道：「我們從我們的臣民那得到的敬仰與尊重並非一件免費禮物，他們這樣做是想從我們這裡獲得正義和保護。正如他們必須尊崇我們一樣，我們必須保衛他們，捍衛他們的利益。」

路易十四用專制主義的術語界定了他的責任：即需要集中王權，以便產生同樣需要實現的國內安寧。在撫慰貴族的同時（挑大貴族當成他的私人隨伴），他也撫慰中產階級上層者，他安插這些成員在他政府的行政管理工作上。他任命他們爲監督官，負責法國三十六個財政區的行政事務與稅收。監督官從不在自己出生地任職，因而與當地社會上層階級並沒有聯繫。他們任職時間的長短全依國王的好惡而定，由此可知，這些監督官是「他的」人。其他行政人員往往來自因在行政部門任職而剛剛取得貴族稱號的家族。這些人不是太陽王路易劇場上的演員，而是他國家福利事業的王室主管——路易之辛勤工作的助手。路易十四的這些中產階層官員們把許多時間、精力用在徵稅上，以此爲提供法國野心勃勃的外交政策所仰賴的龐大常備軍不可少的錢財。除了封建時的租稅或土地稅外，政府還增加在十七世紀時強徵的附加稅，像是政府強徵人頭稅，或是徵收諸如鹽稅、葡萄酒稅和菸草稅之類的間接稅。由於貴族不必繳納土地稅，因此，這一負擔主要是落在農民頭上。農民不斷舉行地方性起義，但都爲路易十四輕易地平息了。

在路易十四統治時期，地區性的反對受到了抑制——事實上，還有一般意義上的地方主義。儘管監督官和低階級的官員遠離故土任職，但他們不講當地方言，忽視當地習慣，因而被看不起，不過一般來說，當地人對他們還是服從的。隨著中央行政機構使地區三級會議陷於癱瘓，諸如布列塔尼、朗格多克和佛朗什孔泰（該地區一部分合起來被稱爲「國中之國」）之類的半自治性外省逐漸屈服了。爲了取消地方高等法院（負責立法事務的法院），路易十四將所有不願把他的法令進行登記以使之生效的法官都判處流放。全權代表的會議——三級會議最後一次召開，是在一六一四年亨利四世死後的攝政時期，此後直到一七八九年才再度召開。

出於國家和個人考慮，路易十四同樣決心強令法國人實現宗教統一。事實證明，這一任務是艱辛且漫長的。休京拉教徒並不是正統派的唯一來源。耶穌會士、寂靜教派、揚生教派——三者均宣稱代表「眞正的」羅馬天主教信仰，爲了爭取更多信徒皈依他們自認爲的天主教信仰，彼此爭鬥不已。耶穌會倡導服從法國國家的世俗權力，因而最符合路易十四的利益。揚生派以其創建者——十七世紀伊普雷主教康內烏斯．揚生的命名，則是喀爾文教派在法國的翻版，它可說是天主教的清教徒。它強調原罪信條，反對耶穌會信條中居核心地位的自由意志信仰，因而遭教廷譴責。路易十四堅持「一個國王、一個法律、一個信仰」的專制主義信條，該信條曾在上一世紀發揮重整法國的新教徒和天主教徒的作用，並採取嚴厲的措施來實現宗教統一，以此成爲其國家統一綱領的一部分。他迫害寂靜教派和揚生教派，並以讓他們要不公開悔罪改過，或是充當囚犯或被流放爲方法進行迫害。對休京拉教徒則進行更嚴峻的對抗。新教教堂和學校被毀，新教家庭被迫改宗。一六八五年，路易十四廢除了南特敕令，後者爲一五九八年以來讓休京拉派享有宗教寬容的法律依據。從此之後，法國新教徒被剝奪公民權，其牧師被流放。成千上萬名宗教難民由法國逃到英國、荷蘭、日耳曼信奉新教的各邦，以及美洲各地區，這使他們特有的專業和工藝技術對當地的經濟繁榮做出重要貢獻，同時，對法國的經濟生命是一項打擊。（柏林與倫敦斯皮塔爾菲爾茲區的絲織業都是由休京拉教徒建立起來的。）

路易十四促進統一和中央集權的努力，還得依賴他日益增加的國庫收入，來供養其專制君主制民政和軍事機器。這些收入大部分都是仰賴金．巴蒂斯特．考爾白[3]所推行的政策和綱領的結果。考爾白（一六一九～一六八三年）從一六六四年直至去世爲止，一直都擔任國家的財政大臣，他是一位精力充沛、篤信重商主義的人；他相信，法國只有在讓其國庫一直都很充沛後，才能在經濟上取得極高的地位。在他當官之際，法國因戰爭費用的居高不下而身負重債。雖然他未能使國家免除債務負擔，但他確實一度確立了不高於百分之五的國債利率，這比國家平時支付的要低得多；同時，他開始直接與大的債權人協商，而不是像過去那樣依靠中間人徵稅。在此同時，他加強對徵稅過程的控制，欲除去從所徵稅中抽取一些稅款中飽私囊的官員[4]。他盡一切可能取消包稅制，根據這一包稅制度，稅夫可以從中抽取一定比例歸自己所有。考爾白剛當政時，全國各地的稅收只有百分之二十五進了國庫；到他去世時，這一數字上升爲百分之八十。

但是，考爾白的努力並非只局限於治理公債和整理稅收制度的低效率上，在這一時期，國家還建立了一套完善的政府職位與特權的銷售途徑。當新的稅收和訟爭產生時，法官就被任命以一定價格來解決爭端。像是市長職位的出售，基爾特則購買這一權利來推行商業法規。國家從它創造的每一個職位、控制的每一個特權中獲得直接利益，這又一次展現出經濟與政治密切交織在一起的方式。

作爲一位重商主義者，考爾白是盡其所能地透過保護關稅政策和嚴密管理手段，來增加國家的收入。一六六七、一六六八年，他對外實行保護關稅政策，目的在減少外國商品的進口，以保護境內工業。他投資改善法國的陸路和水道，同時，利用國家資金促進民族工業的發展，尤其是絲、花邊、掛毯和玻璃製品生產，這些產品長期以來一直依靠進口。然而，考爾白在實現國家經濟穩定和自給自足的努力上，卻抵擋不住路易十四把越來越多的錢用在毫無止盡的戰爭經費上。他的海外貿易公司[5]也從未達到英屬公司和荷蘭公司的那種水準。不過，毋庸置疑，由於他推行的政策，法國經濟整體說來更爲健康了。

中歐和東歐的專制主義，一六六〇到一七二〇年

作爲一位專制君主，路易十四取得的成功，部分歸於個人的才幹及其顧問的才能；不過，這也歸因於下一事實——即他能宣稱自己是全體子民意志的最高體現。儘管法國內部各地區和各階層仍稱自己擁有某些獨立權，但實際上，法國在路易十四登基之前就實現統一，已具有一種民族意識。但在這方面，法國與其以東的那些帝國、王國和公國不同，因爲那些地區的統治者在力圖建立一個統一完整、中央集權的君主國時，面臨的課題比路易十四所面對的甚至還要艱巨。三十年戰爭給神聖羅馬帝國的權利要求給予最後的一擊。法國哲學家伏爾泰曾嘲笑它「既不神聖、又非羅馬、也非帝國」。權力在不同程度上，由三百多位公侯、主教和地方行政官所擁有，他們在整個十七世紀所剩歲月和十八世紀的光陰裡，統治著日耳曼各邦國。

這些小邦雖然領土狹小，但其君主試圖把自己變成小一號的專制主義者，並依路易十四的凡爾賽宮模式建立較小的宮殿。他們把城市重新塑造成其權力的標誌。寬廣的大道通往紀念性廣場，且最終抵達富麗堂皇的君主宮殿。中世紀的城市以擁擠不堪、彎曲難行的街道，掩蓋住社會秩序的不平等，各階層往往混雜居住在這窄狹封閉環境中。與此相反，專制主義者的都城稱頌的不平衡，城市的設計與建築皆有意強調統治者與被統治者間的鴻溝。歐洲專制主義者以法國爲榜樣建立了常備軍，並用關稅和過路費收入支持龐大的軍費開支，這些關稅和過路費成爲各地區發展任何形式經濟統一的障礙。雖然這些統治者往往以自己享有不受帝國控制的獨立地位爲榮，但在很大程度上，它們成爲法國的附庸國。路易十四用在外交事務上的金錢，有很大一部分落入這些日耳曼小王公的口袋裡。薩克森、勃蘭登堡－普魯士和巴伐利亞這樣面積較大的邦國可以成爲眞正獨立的國家，但並不討厭結盟反對自己的皇帝。

日耳曼這些中等規模的邦國中，最著名的是勃蘭登堡－普魯士[6]，在這一

時期它之所以能成爲一個舉足輕重的邦國脫穎而出，主要是由於其統治者意志堅強促成的。首推腓特烈・威廉，一六四〇至一六八八年爲勃蘭登堡大選帝侯，他以自己的才智爲自己贏得「大選帝侯」的稱號。勃蘭登堡由三十年戰爭初期一個無足輕重、貧窮和土地荒蕪的邦國迅速崛起，這可歸功於大選帝侯的三個重大成就：首先，他遵循一條正確的外交政策，使自己得以對自己管轄下非常分散且不發達的地區實行有效的統治——勃蘭登堡爲日耳曼中北部一個面積很大但並不是特別豐饒的地區；普魯士公國位於東部，處在受波蘭三面包圍的險地中；且西部萊因河流域還有一些零星的小邦——克萊夫斯、馬克和拉文斯堡。一六五〇年代後期，大選帝侯因與波蘭一起同瑞典作戰，使波蘭國王同意交出在東普魯士的名義宗主權。一六七〇年代，他運用某種巧妙的外交手段，把新近從戰爭中占領的波拉美尼亞[7]還給法國的盟國——瑞典，從而使其西部各省免受法國的干預。

腓特烈・威廉的第二項外交成就是建立一支龐大的常備軍，此爲他取得外交成功的首要工具。到一六八八年，勃蘭登堡－普魯士擁有三萬名永久性武裝力量常備軍。在一個資源有限的國家裡能夠維持這樣一支大軍，證明軍隊雖然花費不少，但它所得到的要比想像多得多——它透過在民衆中培養服從精神，而確保大選帝侯及其繼承者享有絕對的政治控制權。從民衆的角度講，只要自己的田地不會再遭到另一次三十年戰爭的蹂躪，他們樂於對大選帝侯表示順從。

大選帝侯的國家之所以能夠崛起，成爲一個國際上的強國，第三個原因是他實施了一套有效的稅收制度，並創建一個政府官僚機構[8]來管理它。在這方面，他與強大、享有特權的土地地主（容克）達成協議，因爲沒有後者的合作，他不可能取得成功。大選帝侯允許容克把農民下降爲農奴；作爲交換，容克地主放棄反對徵收固定稅的權利，當然，這是有條件的，即他們自己有免稅權。（如同在歐洲其他國家一樣，稅收重負主要落在農民身上。）

這樣一來，容克階層的政治特權消失了；在確保如願管理自己地產的權利之後，容克們樂於把霍亨索倫王朝領地的管理權交給中央集權的官僚機構。官僚制度最重要的一個部門是軍政部，其職能不僅發放軍隊薪餉和物資，還包括發展軍事物資生產工業。腓特烈・威廉取得成功主要原因是，他有能力獲得容克階層的積極合作，而他對他們的需要，甚至比路易十四對法國貴族的要求還多。沒有容克，他絕不可能把其專制政治邦國由原本分散於各地的政治原料熔鑄在一起。爲實現這點，他不僅利用軍隊維持秩序，而且把它作爲爭取容克參與的手段。勃蘭登堡一位鄉紳所能得到的最大榮譽，就是在國家軍隊中服役並獲得晉升。

與勃蘭登堡－普魯士一樣，哈布斯堡王朝君主面臨的棘手問題就是，如何把三個不同的地區改造成一個具有凝聚力的國家。就奧地利而言，這一努力因這些地區種族差異、言語不同而變得複雜起來——最南端是講德語的地區，大致構成現今的奧地利；北部是說捷克語（斯拉夫語）的波希米亞和摩拉維亞省；說德語的西里西亞是在一五二七年透過繼承得到的。此外，還有匈牙利，該地居民馬扎爾人講的是一種非斯拉夫語的芬蘭－烏戈爾語，這地區也是在一五二七年得到的，但幾年後就因遭受土耳人入侵而喪失了大部分。此後在一百五十年間，哈布斯堡王朝與土耳其人常會爲了控制匈牙利，便在匈牙利平原展開多次戰爭。到一六八三年，土耳其帕夏們占領了馬扎爾王國四分之三的地區，一直延伸到離哈布斯堡首都不到八十英里的地方。一六八三年，土耳其人包圍了維也納城，還好在波蘭王國約翰·薩比斯基統率下的日耳曼與波蘭聯軍的幫助下，奧地利人擊退了來犯的敵人。這一勝利是該世紀末哈布斯堡王朝能眞正收復匈牙利全部土地的先聲。

在這些差異特別大的地區建立專制政治國家，這一任務是由十七世紀哈布斯堡王朝的皇帝斐迪南三世（一六三七～一六五七年在位）和利阿波一世（一六五八～一七〇五年在位）著手完成。他們的努力主要用在把波希米亞和摩拉維亞建成多產的農業邦國，並馴服在那裡的匈牙利獨立貴族。地主被鼓勵從事供出口的農業產品生產；政府爲此專門頒布法令，勒令農民每週爲其主人進行三天沒有任何報酬的「勞役」[9]。至於波希米亞和摩拉維亞的土地貴族回報給政府的，即是交出他們過去擁有的政治獨立權力，這種獨立性體現在參加所在地區立法機構的活動上。

哈布斯堡王朝的統治者試圖在匈牙利也以同樣方法來處理。但在匈牙利，獨立傳統的觀念更爲強大，更難消除。西部的匈牙利（馬扎爾）貴族聲稱有遴選國王的權利，但這一權利在一六八七年最終交給了利阿波一世。不過，中央政府並未就此罷手，而是企圖進一步削弱該國，因此它採取的方法是由軍隊管理，把大片土地授予日耳曼貴族和移民，以及被迫害的非天主教居民。但這些努力幾乎完全失敗，因爲勢力強大的貴族集團在強烈堅持自己有權、能隨意剝削農民的同時，仍要求保留其傳統的憲法和宗教「自由」。哈布斯堡王朝的皇帝爲了也能像其他地區的專制主義者那樣，吹噓自己擁有一支龐大的常備軍和有教養（這是指講德語者）的官僚機構，但地理和種族使他們無法實現建立一個統一、由中央控制和管理的國家的目標。

毋庸置疑，近代早期專制政治統治歷史中最富戲劇性的插曲，當屬俄國沙皇彼得一世（一六八二～一七二五年在位）那充滿活力的統治。僅就其個別成就而言，彼得顯然足以贏得史書上所稱「彼得大帝」的稱號。但他的高大身材——身高近七英尺，以及多變的性格——忽喜忽怒，當然也是他出名的原因之一。彼得最爲人津津樂道的一點，是他的政策把俄國帶入西方世界。在此之前，俄國統治者持堅決反對西方的態度，對與其東正教文化，半東方文化的遺產格格不入的一切，都採取鄙視態度，而在同時著力使其日益擴大的帝國之內各種族——俄羅斯人、烏克蘭人和衆多的游牧部落免於紛爭，以免不僅彼此殘殺，並傷害到俄國本身。一六一三年以來，俄國便一直處在羅曼諾夫王朝[10]的統治之下，該王朝統治者試圖結束一五八四年處於恐怖半瘋狂狀態的伊凡大帝[11]死後出現的「混亂時期」（一六〇四～一六一三年），在恢復政治穩定上，取得某些成功。一六五四年，沙皇亞力西斯一世（一六五四～一六七六年在位）與烏克蘭人達成協議[12]，把第涅泊以東的烏克蘭部分併入莫斯科公國，從而朝俄國統一邁出重要一步。一六六七至一六七一年間，一位名叫史丹卡·拉辛的哥薩克（俄語中，哥薩克是指半自治的農民騎兵團）首領，在俄羅斯南部地區領導了一次大規模反叛活動。拉辛起義得到農奴的廣泛支持，因爲後者既受到主人的壓迫，又受到伏爾加河下流那些渴望擺脫莫斯科統治的非俄羅斯部落統治。但沙皇亞力西斯和俄羅斯貴族（其利益受到最大威脅）在招募到一支軍隊後，最後擊敗拉辛的狂熱，但缺乏組織的軍隊，在反叛最終平息之前，所有十萬名以上的反叛者都被殺死。

一六八九年，彼得推翻其同父異母的姊姊蘇菲亞的攝政統治，開始實行個人統治。這些行動只不過是他爲建立君主專制政權而進行的精心無情努力的前奏。他曾用十年的時間到荷蘭和英國旅行，在當地使他深感自己國家落後，他曾招募技藝高超的外國工人向他們學習造船技術；令貴族和教會人員大爲震驚的是，他還將那些外國工人請回俄國，來建設俄國。在回國後，他宣布要使俄國西方化，並以剪掉高級宮廷貴族「東方式」的長鬚和飄拂的長袖，開始其西方文化運動，這令貴族和教會人員更加難受。他爲了要使貴族們「文明化」，還出版一部有關禮儀舉止方面的書，禁止隨地吐痰，不准咬手指，鼓勵兩性交談時溫文儒雅。

儘管彼得希望人們視他是一位西方人，但他獨具特色的君主專制與同時代的其他君主不同。如同前文所示，十五世紀伊凡三世的個人統治具有一種十足的東方色彩，彼得在許多方面是一位心甘情願成爲這傳統的繼承人。他認爲自己已超出法律之上，是他自己絕對的主人，這與哈布斯堡和波旁王朝的專制主義理論及傳統相異。作爲所有俄國人的專制君主，他實行獨裁統治，享有一種西歐統治者不具備的殘忍個人權力。彼得在理論上以這種專權爲指導，並在實踐中完全付諸實施，爲著手使俄國轉向西方並使國家現代化，他無法容忍任何反抗出現。

禁衛隊是俄國軍隊中，一個在政治上很活躍的精英團體，他們對彼得的改革計畫最反對，因此，企圖支持讓彼得同父異母的姊姊來繼承皇位。面臨這一叛變，彼得以令人震驚的殘忍手段做出反應。大約有一千二百名涉嫌密謀叛亂的人當下被處死，其中有許多人被吊死在克里姆林宮牆外的絞刑架上，屍體在那兒懸掛了數月，以警告那些膽敢效仿，且向其絕對權力提出挑戰的人。彼得學習西方的作法，著手建立一支由農民各階層中招募的龐大常備軍。每二十位男子中有一人應終身服兵役。如同其他君主專制者一樣，他以增稅供養軍隊，而稅收重擔主要又落在農民身上；且爲了確保稅收，便進一步限制農民遷徙。爲了武裝這一新型軍隊，他鼓勵製鐵業和軍火工業的發展。工廠建立後，由農民勞工充當勞力，其境遇並不比農奴好[13]。有時農奴還被驅使從事國家所需的其他公共工程，諸如修建道路、運河等。

爲了進一步鞏固他的絕對權力，彼得建立一個新的行政組織，以一個徒具虛名的元老院取代原有的「國會」——此爲國民會議的雛型，並任命一個直接聽命於他的監察官，來管理受傳統束縛的俄國東正教事務，後者實質上成爲國家的延伸。在此同時，彼得興建新的、更龐大、更有效能的行政機器，以適應其現代化綱領的要求。儘管他寧願讓對沙皇表現無限忠誠的「新的」人進入其官僚機構，但他也被迫須依賴舊的貴族階層（波雅爾）的服務；因此，他以擴大他們對農奴的控制權來作爲報酬。不過，這一新型官僚政治的成員依賴的並不是出身，也不限階級。他的主要顧問之一——亞歷山大・門什科夫原本是一位廚師，後來成了公爵。此外，他還於一七二二年制訂官秩表，使官僚地位取代貴族階級成爲取得權力的關鍵。彼得設計的行政機器爲俄國其後二百年提供了統治階級。

彼得大帝的歐洲中心世界觀也表現在其外交政策，這可在他大膽地爲俄國在波羅的海爭取出海口上可看出。之前，俄國曾爲了在黑海獲得一個出海口，而與土耳其人進行戰爭，不過這一努力以失敗告終。現在，彼得忙於和如曇花一現的瑞典士兵——國王查理十二世（一六九七～一七一八年在位）展開戰鬥。查理十二世把其統治的大部分時間用在與丹麥人、波蘭人和俄國人爭鬥的戰場上[14]。一七〇九年，彼得在波爾瓦戰役中獲得決定性勝利，取得通往西方的一扇窗口，並結束瑞典帝國時代。他把俄國的首都由莫斯科遷到芬蘭灣畔一個全新城市，很快就超過那些把其宮廷遷到首都近郊的其他歐洲國家的專制君主。在這裡，彼得用一支龐大的農奴隊伍來興建巴洛克風格的城市——聖彼得堡。這個城市圍繞著一個仿路易十四的凡爾賽宮建造的宮殿建成。彼得認爲，只有他自己矚望西方是不夠的，他希望俄羅斯人分享這一觀點。

毫不奇怪，彼得激烈的變革綱領遭到一致反對。在他的強制重壓下，甚至在他的宮廷內部，憤恨情緒也在悶燒。他的兒子亞力西斯曾公然表示反對父親的改革，因而使反對沙皇以及其政策的人都聚集在他身邊。一七一八年，彼得下令將亞力西斯拷打處死。一七二五年彼得去世後，貴族們在爭奪繼承權的爭鬥中，顯示出他們廢除改革的決心。此後相繼登上帝位的是一些受侍衛軍擺布的無能之輩，因而對彼得心存不滿的貴族們得以廢除他的許多改革。一七六二年，皇冠傳至凱薩琳二世之後，她的雄心壯志和意志足以與令人敬畏的前任沙皇——彼得大帝相比擬。

俄國的彼得大帝、奧地利的利阿波一世、勃蘭登堡－普魯士的腓特烈．威廉，尤其是法國路易十四，他們都是十七世紀「偉大的」專制君主。在其他地方，君主專制的命運並不是那麼好。西班牙無能而意志薄弱的君主查理二世，發現自己受到葡萄牙和西西里反叛的包圍。經過幾年的戰鬥，他於一六六八年被迫承認葡萄牙的獨立。在瑞典，查理十世和查理十一世設法以丹麥人爲代價擴張領土，並以沒收貴族采邑的辦法剝奪貴族的獨立性。然而，在查理十二世統治時期，由於他一味進行冒險活動，和最後毫無收益的外交政策，使先輩的遺產分崩離析。在波蘭，由於土地貴族反對任何形式的中央集權政府，結果這裡出現與無政府狀態沒什麼區別的政治僵局。外國勢力利用這一局面干預事務，並在十八世紀瓜分了波蘭領土。

英國的例外

英國在都鐸王朝、斯圖亞特王朝早期和奧利弗．克倫威爾統治時期，曾出現過君主專制中央集權，但該國擁有西歐最長久的國會傳統，和最高度發達的代議制政府形式。那麼它的情況如何呢？十七世紀後期，英國的政治史與歐洲大陸的君主專制，形成最引人注目的對抗。被斬首的查理一世之子查理二世從流亡中回國，並於一六六〇年登上王位，起初英國大多數人對他表示歡迎。這位新任國王保證不實行專制、尊重國會，並遵守「大憲章」和「權利請願書」的規定，因爲他承認自己不急於「繼續他的遊歷」。他喜歡在宮廷中不受道德約束的氣氛，和有這種氣氛培植的文化（近乎淫猥的戲劇、舞蹈和男女不貞），這反映了大衆渴望忘記過去清教徒施加的各種限制。當時機智、風趣的查理讓人聯想爲「貞操和純潔之大敵」，他最完滿的扮演了國父的角色。然而，查理羨慕法國的事物，進而發展到羨慕路易十四的君主專制。這樣一來，在英國衆多有權人士眼中，查理不僅僅是對英國女性造成威脅。無論這些貴族們多麼希望恢復君主制，他們都不願把其權力讓給斯圖亞特王朝的另一專制君主。到了一六七〇年代後期，英國政壇分裂爲兩派：一派支持國王，被其敵人稱爲「托利黨」（該詞本爲愛爾蘭天主教團夥的綽號）；一派反對國王，被其敵人稱爲「輝格黨」（該詞本爲蘇格蘭長老會反叛者的一個綽號）。

正如兩個新政黨名稱所表示的，宗教依然是導致國家嚴重分裂的重大問題。查理同情羅馬天主教，甚至在一六八五年即將去世之際，便公開決定皈依它。因而，他反對教會法規，即《克拉倫登法規》[15]這一苛刻的法典。《克拉倫登法規》重新立聖公會（英國國教會）爲英國國教，加強其地位，並規定一般規則，這對信奉天主教和新教的人不公平[16]。一六七二年，查理下令暫停實施《克拉倫登法規》，並復頒《寬免宣言》，此宣言意在提倡羅馬公教信仰，但在公衆的強烈反對下，他不得不讓步，便將此宣言撤銷。這一爭論，以及不斷高漲的反對查理二世那位狂熱信奉天主教的兄弟詹姆斯繼位的浪潮，使輝格黨在一六七九至一六八一年間的選舉中，獲得一連串的勝利。但是，查理覺得國庫收入增加了，再加上從路易十四那裡得到的祕密補助金[17]，可以使他可以不必再依靠國會進行統治——不然，他會爲了錢而求助於國會；除了忽視國會外，查理還以叛國罪處決了輝格黨中一些最著名的領導人，重組地方政府，使之更仰賴王室的意志。一六八五年，查理在他的權力提升之際去世，留給其繼承人的是將毀滅他們的政治和宗教遺產。

詹姆斯二世與其兄長截然不同。他是狂熱的天主教徒，他使全是英國國教徒的托利黨人與他疏遠——他解除他們的職務而偏袒用了天主教徒；他再次下令終止反對天主教徒和不信國教者的刑法。如一位史學家指出，他固執己見，對任何問題都不會說「是」。如果說，查理二世滿足於擊敗其政治對手，那麼詹姆斯二世則是決定要羞辱他們。與查理二世一樣，詹姆斯二世也干預地方政府的事務，而他任命的官員在人格上令人十分討厭，且缺乏才華，便招致強烈反對。詹姆斯絲毫不準備掩蓋他具有天主教傾向，他公開宣稱他的願望是要所有臣民都皈依天主教，讓教皇使節可以在倫敦大街上行走。一六八八年六月，他下令英國國教的所有教士在教壇前宣讀有關他的宗教寬容敕令，不過，這時有七位主教拒不接受，便以叛逆罪被逮捕入獄，拘禁於倫敦塔。不過，令英國民衆大感滿意的是，他們在審判時被判無罪。

審問主教事件使問題發展到了最高峰。此時又發生了另一個事件，是詹姆斯與他的第二任妻子——信奉天主教的摩德納大公之女兒，生了一個兒子。這一男嬰一出生立刻受洗成為天主教徒，並取代詹姆斯信奉新教的女兒——比嬰兒年齡長得多的瑪麗，成為英國王位繼承人。儘管有一傳言宣稱，該男嬰是有人放在溫水盆裡，從外面偷運到國王寢宮的，但托利黨與輝格黨領袖並不準備承認男孩的合法性，而且採取積極手段，來杜絕他繼位的可能性。這兩個黨派組成一個代表團渡過英吉利海峽，到荷蘭去邀請瑪麗的丈夫——奧倫治的威廉；威廉為荷蘭聯合省省長或主要執政者——沉默者威廉的曾孫。他們邀請威廉率軍跨海去英國恢復那裡的宗教和政治自由，結束天主教暴政。當時威廉正擔任歐洲大陸阻止路易十四擴張政策的聯盟領袖。他認為，這是把英國納入他對抗法國運動的良機，便愉快地接受邀請。

威廉的征服是一次不流血的政變，即為著名的「光榮革命」。詹姆斯逃離英國，使國會有機會宣布王位空缺，為威廉和瑪麗成為聯合統治者登上英國王位掃清道路。國會通過《權利法案》，新王接受它，入主英國為王，此法案重申了英國公民的自由權，諸如由法官審判、人身保護（確保被審判者迅速受到審判）、請願和賠償權，並確定國王服從於英國法律。一六八九年通過的《寬容條例》授予不信國教者做禮拜的權利，但並非受到全面政治保護權[18]。一七〇一年，鑑於流亡於法國的詹姆斯二世之子即將成人，國會擔心這位信仰天主教的親王會成為英國國王，通過一個《繼承法》，規定瑪麗的王位先傳給無子女的妹妹——安妮（一七〇二～一七一四年在位）；如果安妮死後還是無嗣，便要將王位傳給日耳曼漢諾瓦選帝侯喬治，他是詹姆斯一世的曾外孫，屬於遠親，但漢諾瓦王朝信奉新教，而且喬治擁有能幹的英名。該條例是議會享有大決定權的又一證明。從此以後，英國君主均為信奉英國國教者。如果君主出生在外國，那麼他未經國會同意，不能讓英國捲入保衛其故國的戰爭，也不能離開英國。

一六八八至一六八九年的事件，不久就被英國人稱為「光榮革命」。對英國人來說，「光榮」是指革命事件發生時沒有流血（儘管詹姆斯二世在危機期間據說曾流鼻血）。對捍衛國會特權的人來說，這也是光榮的。此後，儘管威廉和瑪麗及其繼承人仍享有很大的行政權力，但在一六八八年之後，再也沒有任何一位國王或女王試圖想在拋開國會的情況下進行統治，而國會自那時起每年召開一次。國會加強對公共財政收入和支出的控制，這樣一來，未來的君主如不求國會撥款，就無法進行國務活動。最後，對那些倡導公民自由的人來說也是光榮的，因為現在有了《權利法案》，自由得到保障。

然而，一六八八年並非一切都是光榮的，因為它只不過是一場大資產所有者和地主為鞏固其地位的革命；後者政治經濟權力的根基在鄉村教區及其產業，而此受到查理二世和詹姆斯二世干預的威脅。如果說這是一場革命，那麼，目的是在恢復代表富有社會經濟階層的現狀，該階層因能得到政府的庇護和獲得戰爭利潤，很快變得更加富裕。對在蘇格蘭占人口少數和在愛爾蘭占人口多數的羅馬天主教徒而言，這是一場帶來災難的革命。蘇格蘭在一七〇一年與英格蘭、威爾斯合併成爲大不列顛；在愛爾蘭，一六九〇年博恩河戰役之後，前去鎮壓的軍事力量把自私自利的新教徒進行剝削的意志，強加在占人口多數的天主教徒身上。

儘管「光榮革命」是當時政治環境的反映，但它也反映了十七世紀後期興起的反專制主義理論，這些理論向諸如包汀、霍布斯和布蘇艾這樣作家的思想提出挑戰。那些反專制主義的理論家中，居主導地位的是約翰·洛克（一六三二～一七〇四年），他的《關於公民政論的兩篇論文》（一六九〇年）被用以證明前兩年的那些事件是正當的。洛克堅持認爲，在政府組成前有「自然狀態」的存在，最初所有人都生活在其中，人擁有絕對自由和平等，且獨立的，唯一的法律是自然法，每一個人都遵守它以保護自己的生命、自由和財產的自然權利。然而不久之後，人們就開始發現自然狀態的不便之處遠遠大於有利之處。隨著個人試圖追逐自身的權利，不可避免就會出現混亂和不安。因此，人們同意藉由「契約」，在他們之間建立一個公民社會，建立一個政府，並把某些權力授予它。但他們並未交給政府絕對（專制）權力，而是授予它實施自然法權，其他權力並未讓渡。由於國家僅僅是社會中所有成員的聯合力量，因而它的權威絕不能比那些人在進入契約社會前的自然狀態時所擁有，或與後來遞交給社會整體的權力要多。所有沒有明確交出的權力，都留歸人民自己所有。倘若政府超出或濫用人們在政府契約中明確賦予它的權力，它就變成暴政；那時人民就有權解散它，或反叛並把它推翻。

洛克對各種形式的專制政治都進行譴責。他指責專制君主制，但對議會絕對統治權的非難同樣嚴厲。儘管他爲立法機構的最高權力進行辯護，認爲行政權力主要是立法機構的代理人，但他不同意賦予人民的代表不受限制的權力。他認爲，人民設立國家政府目的在保護其財產，因而任何政治機構都無權侵犯個人的自然權利。自然法體現了這些權利，是對任何政府機構自發的限制。洛克對政治自由所做的理論辯護，在十八世紀後期成爲法國大革命思想文化背景中的一個重要因素。然而，在一六八八年，它產生的作用遠非激進的。負責以威廉和瑪麗取代詹姆斯二世的土地貴族，可以把洛克的學說理解爲其保守革命的辯護詞。詹姆斯與其說是保護其財產和自由，不如說是踐踏它們，因而他們完全有權推翻他建立的暴政，並代之以能夠確保他們的權利、捍衛他們利益的政府。

戰爭與外交：一種國家體系的產生

十七世紀末期，君主專制制度的興起導致一種國際性國家體系的出現。基於專制主義者在實現其統一、中央集權方面獲得成功的程度，他們的國家呈現出單一可識別的政治經濟實體。儘管各君主在這方面取得的成就有限，但這些成就具有重要意義，足以鼓勵外交家們比過去更經常談到特定國家的利益，儼然國家具有一種自己的法人個性；同時，那些利益可能會與另一國的利益相符合或衝突。君主的利益經常與他的國家利益相衝突。波旁王朝國王和哈布斯堡王朝的皇帝們擔心他們家族王朝的未來，會對法國或奧地利的未來造成傷害。上個世紀宗教問題曾使歐洲分裂，而在一七〇〇年，此問題仍是一個引起國際爭端的問題。但王朝和宗教越來越被更新的「利益」所取代——貿易、國際平衡與穩定。到一七一五年，某種接近「現代國家」的出現，將導致對外交和戰爭的目的與評估做重大修正。

外交官僚機構的建立，是君主專制制度的主要成就。假如多數外交大臣和大使讀過荷蘭人胡弋．格勞秀斯的《戰爭與和平法》（一六二五年），他們會同意他，在政府間的關係中，有必要建立一套能帶來理性和秩序的統治機構。當然，在實行時，理性和秩序通常都會因賄賂與隨興而做而消失不見。不過，外交過程合理化，和在歐洲各國首都設立外交部與使館，以及外交人員，與外交官員的不斷增多，都反映了一種以秩序取代「戰爭世紀」期間困擾歐洲的混亂狀態的期望。十七世紀後期，國際關係成爲一部外交合作的歷史，它反映了談判成爲專制國家武器庫中一件有效武器的法寶。

然而，戰爭衝突持續在國際舞臺上扮演不可或缺的角色，且幾乎不間斷的作用。在這一時期，軍隊有了迅速發展的機會。一六六一年，路易十四即位時，法國軍隊總人數爲二萬人；到一六八八年，它發展到了二十九萬人；一六九四年，則增至四十萬人。這些軍隊越來越成職業性機構，由國家直接控制，他們穿著制服並由政府支薪，都是從貴族中徵召而來，且都在訓練有素的軍官控制之下。在普魯士，一般士兵大多數是徵召而來；在歐洲其他國家，士兵爲自願者，他們有的是本國或外國的志願人員，不過「志願兵」往往只是徒具虛名，實際上，都是被強迫或受騙而來服役。然而，應徵入伍漸漸被一般士兵視爲建功立業的一個途徑，其中不少是可能被提拔爲下士或軍士的人；在法國，士兵們通常都得到在服役期滿後能得到少量補助金的承諾。然而，無論是用何種方式徵召來的，一般士兵成爲一支越來越複雜和有能力的戰鬥力組成部分。士兵、騎兵和砲兵的機動合作，使軍隊達到前所未有的水準。爲了依賴大砲和明火槍、滑膛槍準確火力對戰術的需要，士兵受到極爲嚴格的訓練。他們被教導在面對敵人直接進攻時，組成長而堅固的隊形來堅守陣地。他們能熟練地使用刺刀（裝在滑膛槍槍柄上的鋼製短刺，十七世紀時首先在法國伯約那製成）；最實際的刺殺程序是：在用右手端槍射擊時，尖刺你的左側之敵。尤其是，他們讓士兵了解到，不服從、脫隊或擅離職守，會給自己帶來多悲慘的後果。士兵應無異議立刻服從，抗命不從者將受到嚴厲懲罰——往往是遭到拷打，有時甚至被處死。無論是有受軍官頭銜的軍官或沒受軍銜的軍官，都會持棍棒「促使」其手下改正軍事行爲。身著明亮、精緻的制服，按複雜的隊形進行訓練，不僅是爲了戰鬥需要，而且是列隊行軍供檢閱之用。其目的是把單一個體變爲軍隊中機器人似的部件，一大團軍隊穿過戰場時，就像棋手在棋盤上移動棋子一樣——對於人員傷亡的關心也像對棋子一樣。

一六六〇至一七一五年間，這段時期國際關係的模式顯示出，歐洲君主們利用新的外交和戰爭機器，來解決王朝外交和貿易相互衝突的利益。處在這一模式的中心——恰如歐洲的中心，是路易十四。從一六六一到一六八八年，路易十四爲了追逐榮譽、帝國，甚而爲了報復，越過其北部、東部邊界掀起戰端，並以那裡有爭議的土地，在傳統上、根據過去的條約或王朝繼承權，都屬於波旁王朝和法國人爲藉口，引起戰爭[19]。他積極的擴張主義政策令歐洲其他國家的統治者大爲震驚，導致各國合力抵抗。一六七四年，奧倫治的威廉與奧地利、西班牙的哈布斯堡王室，和日耳曼各小邦像是勃蘭登堡、丹麥，一起結成反法同盟。不過，路易十四繼續擴展其東邊的邊界，目的是洛林、亞爾薩斯，侵入幾個世紀以來一直屬於神聖羅馬帝國的地區，並在一六八一和一六八四年分別占領斯特拉斯堡、盧森堡和洛林全境。路易奪取斯特拉斯堡（原本叫作Subsequently，後來法國人稱之爲Strasbourg），完成從一六三四年由黎希留就開始的對講德語的亞爾薩斯省的征服，但這不可避免地播下德法在這一地區互相敵對的種子，終於成爲在十九、二十世紀釀成幾次大戰的因子。第二個聯盟即所謂奧格斯堡同盟——由荷蘭、奧地利、瑞典和更遠的日耳曼盟國組成，但取得的成就僅比第一次反法同盟略多一點。

這些聯盟關心的主要是在歐洲維持某種權力平衡。他們害怕法國最後會毫無止境地進行擴張，因爲它把邊界朝向神聖羅馬帝國和低地國家延伸。路易十四對英國做了一次錯誤推斷，他認爲，威廉將被迫與詹姆斯二世率領的軍隊作戰，以確立他在英國的新王位，因此，威廉絕不可能把全部注意力放在歐洲大陸的發展上，因而繼續對這些聯盟施加壓力。一六八八年九月，路易十四侵入巴拉提那，占領科隆城。次年，法軍越過萊因河向東推進，焚毀了海德堡，在整個萊因河中游地區犯下不少罪行（萊因河的教領國都淪爲法國的傀儡）。反法聯盟忍無可忍，終於決定採取有力行動[20]。此時聯盟仍以威廉爲首，並又把其前成員國——英國和西班牙納其中，它使路易十四陷入一場直到一六九七年才結束的戰爭。

這場戰爭被稱爲奧格斯堡同盟戰爭。戰場主要是在低地國家（西屬尼德蘭）進行。一六九〇年，威廉盡力擊退前任國王詹姆斯二世所率領來自愛爾蘭的軍隊，成爲歐洲大陸反法聯軍的統帥。到一六九四年，在反法聯軍的抵抗下，再加上法國因接二連三的糧食歉收而造成的巨大損失，使路易十四深感壓力沉重。因此戰爭呈膠著狀態，直至一六九七年在荷蘭的里斯威克達成協議，路易十四被迫交出法國在一六七九年以後侵占除了亞爾薩斯的大部分領土（放棄洛林、巴拉提那），並承認威廉三世爲英國的合法國王。

然而，里斯威克協議並不能解決所謂的西班牙王位繼承問題。由於西班牙的查理二世沒有直系繼承人，也沒有兄弟，因此，在一六九九年他的生命似乎已到盡頭，此時的歐洲君主和外交家們都在爲誰將承襲西班牙哈布斯堡王朝龐大領地的問題困擾不已。因爲該王朝統治的地區不僅是西班牙本身，還包括其海外帝國——西屬尼德蘭、那不勒斯、西西里和義大利的其他地區。路易十四和奧地利的利阿波一世分別與年邁體弱、反覆無常的查理二世的兩個妹妹成婚，他們自然都對西班牙的王朝遺產垂涎欲滴。不過，即使專制主義者也樂於稍加收起其一點點的野心，並控制在一定界定之內：利阿波和路易都同意威廉的建議——即把哈布斯堡王朝所屬土地的最大一塊，交給查理二世的曾外孫，六歲的巴伐利亞親王約瑟夫・斐迪南。但很不幸的，這個孩子在一六九九年夭折了。儘管發起戰爭的可能性增大了，但威廉和路易十四進一步談判，企圖在討價還價後達成新的協議——由利阿波和路易的後裔分享西班牙帝國，只是此一協定未得到西班牙的同意，且西人不希望見到西班牙的分裂。不過在此同時，路易在馬德里的使節勸查理立了一份遺囑，規定把西班牙哈布斯堡王朝的整個遺產交由路易之孫安茹的菲立普來承繼。西班牙許多有影響的人士對此表示歡迎，他們希望承認法國的霸權，以換得它對西班牙帝國的保護。路易一度打算加立一份協議，授權法國直接控制義大利許多地區。一七〇〇年十一月查理終於辭世而去，路易決定接受遺囑。當時他認爲，這樣尙不足以把他以前的敵人重新拉回戰場，因此就又派遣軍隊到西屬尼德蘭，派商人赴西班牙殖民帝國。同時，他宣布已故詹姆斯二世之子——傳言用溫水盆送進宮的那位——爲英國的合法國王。

一旦反法聯盟認清，路易打算像對待自己的王國那樣處置西班牙時，它們就再次聯合起來對付他，以求得平衡和穩定[21]。正當西班牙王位繼承（一七〇二～一七一三年）戰爭剛剛開始時，威廉於一七○二年去世。他遺留的反法聯盟領袖的地位轉由兩位卓越的戰略家擔任——分別是英國的約翰·邱吉爾，即馬爾巴魯公爵（一六五○～一七二二年），他是一位軍事天才，以及奧地利人薩伏衣親王的尤金大公來率領，他是一位法籍將軍，來自上層階級的冒險家，曾拒不接受路易的任命。在這兩人的指揮下，反法聯軍在低地國家和日耳曼地區進行了一次又一次激烈戰役，其中包括向巴伐利亞非比尋常的深入進軍，當時馬爾巴魯和尤金所率聯軍在布列納姆（一七○四年）大敗法軍與巴伐利亞人聯軍，取得決定性的勝利。這場戰爭並不局限在陸地上，當反法聯軍在陸地上向法軍施加壓力之際，英國海軍占領了直布羅陀與米諾卡島，從而在地中海建立一個具有戰略意義的商業基地，協助在西班牙本土開闢第四大戰場。

西班牙王位繼承戰爭是一場能充分檢測經過高度訓練軍隊的「職業性」戰爭，也預示了十八世紀典型的戰爭型態（戰爭只是職業軍人的事，和一般民眾無直接相關）。一七○九年，在法國東北部進行的馬爾普拉凱戰役中，八萬名法國士兵迎戰十一萬名反法聯軍。雖然馬爾巴魯與尤金宣稱自己可以贏得這場戰爭的勝利，這是因爲他們迫使法軍撤退，但該方士兵傷亡人數達二萬四千人，爲法軍傷亡人數的兩倍。但無論馬爾普拉凱戰役，還是其他類似勝利，都未能使聯軍朝向實現其最終目標前進，現在看來不是要遏制法國，而是要徹底消滅法國軍事力量邁進一步。英國女王安妮（瑪麗的妹妹，威廉的繼承人）本來毅力堅定地支持馬爾巴魯的作法，現在則對戰爭深表失望，並解除了馬爾巴魯的職位。

然而，迫使交戰雙方媾和的，不僅僅在於對戰爭的憂慮。西班牙王位繼承戰爭在開始時，是有關歐洲和世界力量平衡的一場衝突。不過，到一七一一年發生了一件令大同盟十分爲難的事件，使得人們對戰爭的目標必須重做評估。一七○五年，利阿波一世去世了，當時繼承他的王位是長子約瑟一世，但在一七一一年他也去世，這使奧地利王位由利阿波的幼子查理大公承襲，他曾爲大聯盟推出的西班牙王位繼承候選人。現在他成爲奧地利和神聖羅馬帝國皇帝，即查理六世（一七一一～一七四○年在位），如果再承襲西班牙王位，那麼他獲得的權力未免太大了，這會使查理五世的陰影重現。因而，在國際間出現尋求安定與結束敵對的局面之際，便透過外交談判找到重現某種普遍平衡的解決辦法。

一七一三年的烏特勒克和約透過重新平穩分配領土和權力解決了這場衝突，沒有一方成爲大贏家。路易十四的孫子菲立普依然是西班牙國王，但條件是：路易十四要允諾法國和西班牙永不合併爲一國。奧地利可以獲得西屬尼德蘭和義大利[22]一些地區，以作補償。荷蘭人在戰爭期間曾深受法國入侵之苦，和約擔保其領土不會再受到侵犯。英國保有直布羅陀和米諾卡島，以及在美洲的一些地區，如紐芬蘭、阿卡迪亞、哈得孫灣和加勒比海的聖基茨島。最珍貴的或許當屬英國從西班牙那取得黑奴買賣合約，據此有權向西屬美洲供應非洲奴隸【23】。和約反映了新的利益取代舊利益和程度。國家間的權力平衡與穩定是和約的主要目的，這些目的反映出對十七世紀混亂局面的背景，當時宗教狂熱是國際衝突中的一個主要因素。最終的「贏家」無疑是英國人，該國王朝關心的只是讓王國人民普遍接受漢諾瓦王朝入主英國一事；此外，當它解決了一直讓它備受威脅的比利時問題後（將比利時交給奧地利的哈布斯堡王朝），它可以集中力量擴大有利於其經濟繁榮、進而增強其國際力量的海外領地。

十八世紀的開明專制與有限君主制

十八世紀的專制是從上一世紀由路易十四代表的早期專制主義發展出來，它在歷史上能贏得「開明」專制主義之名，表示這些變異並非無足輕重的。十八世紀的統治者很少會提到君權神授的理論，並以此學說維繫其統治，而是像普魯士的腓特烈大帝宣稱的，把其統治建立在自己充當「國家第一僕人」的決心上。開明君主經由引入的改革立法和行政管理為其臣民服務，至少在理論上是為整體上國家共同體的福祉服務。他們著手削弱古老機構的特權，例如，羅馬天主教會不得不忍受耶穌會士被多數天主教國家逐出的損失【24】；並有利於特定階級或利益集團的習慣法得到改革。在日耳曼一些邦聯中，農奴制被廢除或受到限制。在稅收、經濟發展和教育領域上，革新性政策也相繼問世。在第二十四章，我們將看到這方面的討論，這種形式的理性綱領反映出貝卡里亞、狄德羅和伏爾泰之類思想家的著作中，所體現的啓蒙理想的傳播（伏爾泰曾有數年的時間是腓特烈宮中的座上客）。協助開明的「第一僕人」實施這些變革的是，人數越來越多的低級僕人：官僚，他們往往是從貴族中招募來的，當他們一旦接受招募，就要向新主子——國家——宣誓效忠。不管「開明的」專制君主們推行什麼君主制，他們最關心的依然是權力；他們與國內要求削弱那一權力的階層進行堅決爭鬥，其程度表明他們與其十七世紀先輩是一脈相通的。

路易十四的繼承者，其曾孫路易十五（一七一五～一七七四年在位）與路易十五之孫路易十六（一七七四～一七九二年在位），無力繼續進行太陽王所推行的強有力的中央集權措施。事實上，在路易十四晚年與反法聯盟進行殊死的防禦戰時，他就已目睹自己的成就將會在日益加劇的軍事壓力下開始動搖。他的繼承人路易十五登基時，年僅五歲。在他長大後，並沒有表現出其偉大曾祖路易十四

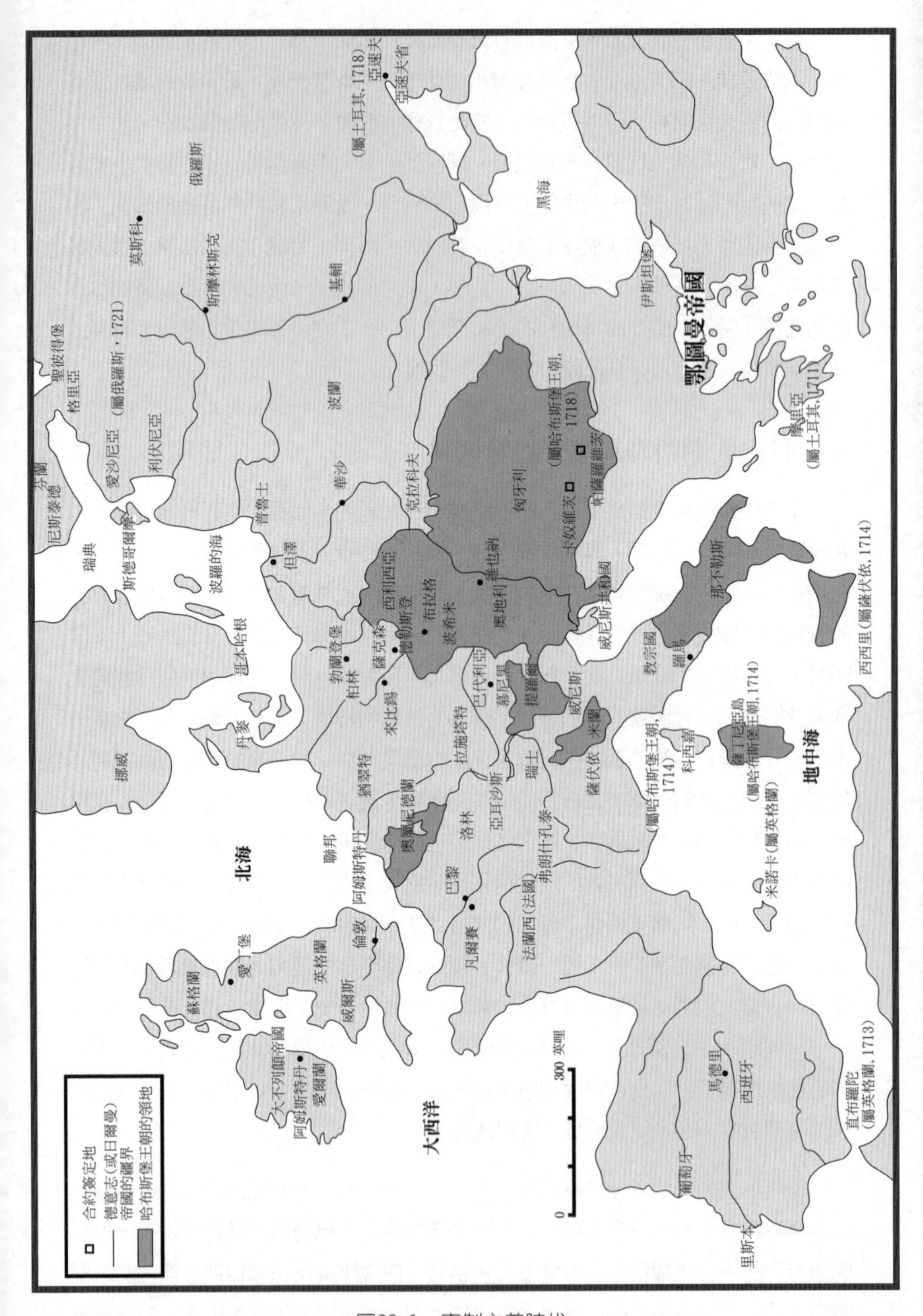

合約簽定地
德意志(或日爾曼)帝國的疆界
哈布斯堡王朝的領地
0
300 英哩
大西洋
北海
地中海
黑海
鄂圖曼帝國
俄羅斯
波蘭
瑞典
挪威
丹麥
蘇格蘭
愛丁堡
英格蘭
倫敦
威爾斯
大不列顛帝國
阿姆斯特丹
愛爾蘭
巴黎
凡爾賽
法蘭西(法國)
西班牙
馬德里
葡萄牙
里斯本
直布羅陀(屬英格蘭, 1713)
米諾卡(屬英格蘭)
薩丁尼亞島(屬哈布斯堡王朝, 1714)
科西嘉
西西里(屬薩伏依, 1714)
那不勒斯
羅馬
教宗國
威尼斯共和國
威尼斯
米蘭
薩伏依
瑞士
維也納
奧地利
匈牙利
卡奴維茨
帕薩羅維茨
伊斯坦堡
莫斯科
斯摩林斯克
基輔
華沙
克拉科夫
但澤
普魯士
柏林
勃蘭登堡
薩克森
德勒斯登
布拉格
波希米亞
西利西亞
哥本哈根
波羅的海
斯德哥爾摩
尼斯泰德
芬蘭
愛沙尼亞
利伏尼亞
聖彼得堡
亞速夫
亞速夫省
聯邦
奧屬尼德蘭
洛林
弗朗什孔泰
拉施塔特
慕尼黑

圖23-1　專制主義時代

的氣度，發揮太陽王作用的堅強決心。具有英雄氣概、輝煌的巴洛克風格宮殿的凡爾賽，被擁有洛可可風格的、優美的特里亞農取代，後者是路易十五在王宮花園裡興建的娛樂榭臺。

路易十四和路易十五都以情婦相伴自娛，然而，他們二人在品味上的不同是其統治方式不同的標誌。太陽王的情婦曼特農夫人是位刻板、虔誠的天主教徒，她從參與國家政策中直接享受到快樂。路易十五寵愛多年的情婦蓬帕杜爾夫人則是一位時髦、詼諧的縱慾主義者，她留給後人的是以她名字得名的複雜髮型（高捲式髮型）。

路易十五未成年期間，法國高等法院——即那些負責登記國王敕令，從而使之合法化的法庭，得以再度掌有權力，並在該世紀保有多年。它們現在不再像在路易十四時一樣，成為專制政府機器馴服的附屬品，而是以孟德斯鳩的理論為依據，宣稱自己為法國人「自由」的保護者。實際上，它們是貴族特權的保護者，儘管越來越多的人對高等法院阻止繳納新稅表示歡迎。一七六〇年代後半期，在其大臣勒內・莫普的唆使下，路易十五頒布敕令，實際上取消了高等法院否決國王敕令的權力，並建立一些新的高院來取代舊高院。法官們表示抗議，結果高院法官們遭到監禁或流放。由於舊高等法院為新的法院取代，因此，他們現在承擔的責任不僅僅是在立法上充當橡皮圖章來蓋章而已，而是要以更公正、更省時的方式來執行法律[25]。一七七四年，路易十六登基時，大臣們勸他恢復高等法院，而他也以妥協的姿態表明自己願意與麻煩製造的貴族階層和解。路易十六這麼做，導致行政——尤其是財政管理——成為一場相持不下的戰鬥。

普魯士大選帝侯腓特烈・威廉的繼承者們決心避免這種僵局。專制主義想要興盛，就要保持一種活力：十八世紀的普魯士恰恰是這樣。大選帝侯的直接繼承人腓特烈一世（一六八八～一七一三年在位）美化了柏林的市容，豐富其文化生活。正如他的名字中的羅馬數字所顯示的，他在西班牙王位繼承戰爭中，就以支持奧地利的利阿波一世為籌碼，成功地為他換得垂涎已久的稱王權[26]。

腓特烈・威廉一世（一七一三～一七四〇年在位）對其父美化都城的努力與文化活動並不怎麼關心，而是對軍事極為關心，以致逐漸被人稱為「軍事國王」，尤其是在臺上檢閱軍隊的行為更是令他著迷。他的私人兵團「波茨坦巨人隊」無一例外都是由身高六英呎以上的士兵組成。這位國王是用音樂家和得獎的種馬來交換這些挑選出來的人當士兵，讓他們在其王宮操場上行進為樂。下列數據可以顯示出腓特烈・威廉一世在建造軍事機器方面獲得了成功：他登基時普魯士有三萬名武裝軍隊；二十七年後增長到八萬三千人，在歐洲名列第四，僅次於法國、俄國和奧地利。由於他並不相信志願兵，因而他的士兵大都是從農民中徵召而來。他們在服役的幾年時間，每年要進行長達三個月的訓練。此外，還從領邦中綁架人員強迫從軍作爲軍源補充。爲了供養軍隊，腓特烈．威廉一世增加了稅收，並設戰爭、財政和內政總監督處三個機構來加強稅收工作。他設立了由委員會進行行政管理的體系，希望藉此用集體責任和監督來消除個人的低效率。另外，他創建監察機構，負責發現並向他匯報官員的錯誤和低效率。即便那時他親自監督邦國政策執行情況的同時，也避開奢華的宮廷生活；對他來說，專制主義的「舞臺」不是在王宮，而是在辦公室，辦公室讓他支配軍隊和國家。他認爲國家資源彌足珍貴，不可浪費，因而在各方面他認爲都要節省；據說，爲了享受一頓美餐，他竟在未受到邀請之下，就坐到貴族餐桌前。

腓特烈．威廉是位生硬而缺乏想像力的人，他並不喜歡他兒子，因爲後者將熱情放在長笛而非戰場上，他羡慕法國文化的程度絲毫不亞於其父親對法國文化的厭惡。因此，對年輕腓特烈的反抗並不會讓人覺得奇怪；一七三〇年，十八歲的他和一個朋友一起逃出王宮。後來他們全被捉住，並被交到國王那裡；國王對待羽毛漸豐的浪子的方式，是當著他的面，把他的朋友處決了。這一幕實在令腓特烈印象深刻，此後儘管他從未放棄對音樂和文學的嗜好，但他還是恪守王家職司，按他自立的「國家第一僕人」形象生活，在歷史上爲自己贏得腓特烈大帝的稱號。

腓特烈．威廉一世極爲嚴峻，他迫不及待要建立一個擁有高效率軍隊、得到很好治理的國家，這使得普魯士變成一個貧乏的強國。腓特烈大帝在其父親的成就基礎上，使國家成爲一個強國。一七四〇年他一登上王位，就動用其父親從未使用過的軍隊，占領了奧地利防禦甚差的西里西亞省，普魯士對西里西亞並無合法權利。儘管他過去曾發誓要以道德而非一己眼前利益爲其統治的基礎，但在普魯士有機會躋身於歐洲強國之列時，他看來是毫不猶豫地拋棄自己年輕時的理想。在他君主政治生涯的往後四十五年，都獻給鞏固這第一次大膽的行動上。

採取這樣一種大膽的活動，其方針就需要在普魯士邦聯內部做某些調整，軍隊必須保持充分的戰鬥力，爲此，腓特烈以年輕貴族充當軍官。在擴充官僚機構（其財政管理使軍隊可以效命疆場）時，他也一反父親按功績而非出身任用文職官員的作法，而是依靠貴族。但腓特烈無法容忍碌碌無爲的人，他以歐洲各國中最專業化、最有效率的官僚制度爲仿效對象。他在軍隊和官僚機構中如此大量地任用貴族，表示他決心確保國內最有特權階層的利益，並不斷支持他們，從而確保在與外敵作戰時，全國結成統一戰線。

腓特烈的國內政策反映出同樣的策略。在不敢冒犯貴族階層的事務上，他按自己的理性主義信念行事，禁止對被控制的犯人實行酷刑，禁止向法官行賄，並建立初級小學體系。此外，他提倡宗教寬容，宣稱如果能夠找到足夠的穆斯林，他樂於在柏林興建一座清眞寺。（不過他持強烈反猶態度，向猶太人徵收特別稅，並做出種種努力不讓猶太人從業和擔任文官。）在他自己的王家領地上，他是一位模範的「開明」君主。他廢除死刑，減少農民被迫承受的勞役負擔，授予他們長期租種他們耕種土地的權力。他倡導科學造林，鼓勵種植新作物。他在西里西亞開闢新土地，把成千上萬的人遷居到那裡墾殖。當戰爭將農民的莊園毀了後，他便向農民供應新的牲畜和農具。不過，他從不試圖把這些改革推廣到其他土地貴族的領地，因為那樣就會與他最仰賴的社會經濟集團疏遠。

儘管十八世紀奧地利的君主們常會證明自己比腓特烈大帝還樂於進行重大的社會改革，但查理六世皇帝（一七一一～一七四〇年在位）卻是把其精力集中用在哈布斯堡王朝未來的王朝世系，和所轄區域的完整上。他沒有男性繼承人，就著力爭取讓其女兒瑪麗亞·德麗沙繼承帝位，因此在一七一三年，他頒布一份被宣稱為「國事詔書」[27]的文件。到一七四〇年他去世前，查理六世已不僅設法說服其臣民接受，而且為了防止巴伐利亞及普魯士對這繼承權提出質疑，他努力說服歐洲各主要強國承認他女兒為繼承人。不過，他的努力只取得部分成功，可說是徒勞無功。如之前所看到的，腓特烈大帝利用查理去世之機攫取了西里西亞。法國人也按捺不住攫取領土的欲望，加入奧地利王位繼承戰爭——反對新女皇瑪麗亞·德麗沙的繼承權（一七四〇～一七八〇年在位）。

面臨奧地利境外大部分屬地被其敵人占領的局面，瑪麗亞·德麗沙成功地求得匈牙利人的支持。一旦她的利益要求她那麼做時，這位女皇會樂於扮演受到委屈的女人角色，儘管她從未能成功收復西里西亞，但在來自匈牙利的生力軍和英國財政的援助下，她得以與奧地利的敵人打成平手。剛登基那幾年的經歷，使這位既能幹又固執的女皇了解到，她應按照普魯士和法國專制主義者的模式改組她管轄的領土。她設立了十個新的行政管理區，每區派有相當於法國總監的「戰爭特派員」。這些人直接由維也納中央政府任命，並對中央政府負責。軍隊擴大了，並加以現代化和職業化，以與歐洲其他強國的軍事力量相抗衡；為了供養他們，稅收增加了。中央集權化、財政和軍隊：專制主義信條的這三個最主要因素再次發揮作用。

然而，奧地利的專制主義並未到此爲止。自一七六五年起，瑪麗亞・德麗沙的兒子約瑟夫與她共同執政，直至一七八〇年，此後他又單獨執政十年，這十年最能表現出開明專制的特質和限制。他們母子二人頒布了一系列社會改革法令[28]，爲他們贏得「開明」專制者的稱號。儘管二人均爲虔誠的天主教徒，但他們著手加強對教會的控制，取消教士免稅的特權，並宣布國家有能力中止奧地利發布教皇敕令。一七七三年，在教皇對耶穌會士加以迫害之後，他們利用該會的資產資助推行一套以全國爲範圍的初級教育計畫。儘管一七七四年的普通學校敕令根本未能實現居民普遍識字的目的，但它確實讓數十萬人受了教育，同時不僅資助教育孩子的學校，而且資助培養師資的學校。在推行這些改革之後，一七八〇年，約瑟夫二世頒布了「有關閒置機構令」，據此關閉了數百座修道院，其財政被用以資助現在處於國家控制之下的慈善機構。這些和其他一些改革——使刑法程序合理化，放寬書刊檢查制度，以及試圖通過抑制朝聖行爲和祝聖節日來消除迷信，使約瑟夫二世在貴族上層階級和一般人民中間，與其說是朋友，不如說是敵人。然而，約瑟夫二世儘管是位「開明」君主，但他依然是一位無罪的專制主義者，他像關注需要教育農民那樣，同樣關心維持一支強大的軍隊和一個有效率的官僚體系。一七九〇年，約瑟夫去世，由其兄弟繼位，爲利阿波二世，他是十八世紀最能幹的君主之一。利阿波二世試圖保持改革方向，並忙於應付約瑟夫二世留下的騷動，但兩年後他去世了，取而代之的是其反對改革的弟弟佛朗西斯二世（一七九二～一八三五年在位），自由化試驗隨之告終。

與約瑟夫二世不同，俄國的凱薩琳大帝（一七六二～一七九六年在位）感覺到自己必須謀求貴族的支持，因此她想到的辦法是，把他們直接吸收到其地方行政結構中，免除他們服兵役和納稅的義務，而最重要的或許是授予他們控制自己領地上農奴的絕對權力。凱薩琳的丈夫彼得三世，是彼得大帝之後一群軟弱統治者中的最後一位。而她所推行的政策，出於她對強有力貴族的依賴，和她曾涉足一場導致彼得三世被刺的密謀。凱薩琳本人是日耳曼人，她以獻身於西方的政府原則爲榮。她立志爲自己樹立一個有知識的開明君主聲望，便熱心贊助啓蒙運動，與法國哲士進行通信，撰寫戲劇，出版了威廉・布萊克史東的《英國法律評論》的摘要，甚而開始撰寫俄國歷史。她在社會改革方面的貢獻大多是在建立醫院、孤兒院，以及表示希望將來有一天農奴能得到解放的自由。儘管她在一七六七年曾召集一個委員會制訂俄國法律，但取得的成就有限：稍微擴大宗教寬容的範圍；對國家使用拷刑略加限制。然而，凱薩琳對改革理論的興趣確實刺激某些貴族知識分子社會意識的產生，這是十九世紀一場更廣泛的運動先聲。

雖然，在凱薩琳心中最初可能懷有任何改善農民命運的計畫，但這些計畫都在聖彼得堡推行中央集權化的努力時，於一七七三至一七七四年引發一場激烈的農民－農奴起義後，因遭受挫折而突然取消了【29】。伏爾加河流域的自由農民發現自己被迫要向受沙皇委派來控制他們的貴族服勞役，在哥薩克，破天荒地第一次要求要納稅並服兵役，工廠工人和礦工則被迫到國有工廠去遭受役使。這些人與其他心懷不滿的全然相異的集團（包括農奴），聚集在葉海利揚·蒲戈契夫的大旗下舉行反叛。蒲戈契夫是位目不識丁的哥薩克人，他自稱是已故沙皇彼得三世。不幸的彼得生前被說成是一位改革者，死後則成為那些反對他的繼承者在堅定的專制主義下名副其實的英雄。在進軍途中，蒲戈契夫鼓勵自己的追隨者不僅要反對女沙皇，而且要反對貴族和教會。這使得不下一千五百名領主和教士被殺害。隨著起義的蔓延，統治階級引起一片恐慌。雖然凱薩琳的鎮壓軍隊一開始是失利的，很難取得對反叛者的勝利，但在一七七四年，窩瓦河發生饑饉，阻礙了蒲戈契夫的進軍步伐，最終導致他的軍隊潰敗。一七七四年，蒲戈契夫遭到他的隨從背叛，隨後被裝進鐵籠送往莫斯科，在那裡他受到嚴刑拷打後被處死。凱薩琳對這場起義做出的回應是進一步推行中央集權化，並給予地主更多權力，加強貴族對農民的權威。

對叛逆分子進行的殘酷鎮壓和懲罰，反映出在德出生的凱薩琳對構成俄羅斯專制主義特徵的獨裁極權主義的態度。她在愛好和個性上，與彼得大帝一樣超乎尋常。她性慾極為強烈，當然，在她政府中的主要官員多半也是她的情人。但凱薩琳承繼了彼得大帝的工作，繼續向俄國介紹西方的思想；同時，她擴大了俄國的疆土，不僅併吞波蘭大部分領土，而且在黑海駐足，從而使俄國成為歐洲事務中一個舉足輕重的強國。

十八世紀的專制主義君主們都有這麼一個願望，即企求能夠顯示其統治是現代、得體的，它是和正要脫離的蒙昧主義和狂熱相對應的政策。說他們是現代的，但他們仍在決心進一步推行其十七世紀先輩開創的事業時，以透過繼續消除或擾亂依然強大的貴族階層和地方顯要的古老特權方式，來建立強大的中央集權化國家。他們對有限君主觀念，即權力區分為中央權威與地方權力，是由君主、貴族和立法議會分享的觀念感到震驚，並認為這是一種危險的無政府主義。不過，隨著這一世紀的進程，他們發現在英國過去那種信念受到挑戰，因為在有限君主制統治下，它迅速崛起為世界上首要的商業和海上強國。

英國（一七〇七年與蘇格蘭合併後，被稱為不列顛）作為一個權力由國王和國會分享的國家。政治權力這一區分得到憲法的確認，而該憲法雖然是不成文法，卻是建立在普通法基礎上，它是由一些判例和特別法律協議，像是一六六〇年斯圖亞特王朝復辟之後，和一六八八年詹姆士二世被推翻之後的協議，予以強化的。漢諾瓦王朝的喬治一世（一七一四～一四二七年在位）及其子喬治二世（一七二七～一七六〇年在位）在政治上絕非無足輕重。儘管喬治一世不會講英語，但他可以用法語與他的大臣順利地進行交談。喬治一世和二世在他們接收的王國裡小心謹愼地進行統治，整體說來，他們的統治是成功的。他們任命主要大臣，後者在制定和指導國家政策時，仍對他們負責。不過，由於英國國會在一六八八年之後獲得立法、徵稅和支出權，因而它的權力比歐洲任何國家的國會、階級會議或國會都要大。在漢諾瓦王朝前兩位國王統治期間，輝格黨是漢諾瓦王朝的支持者，因此在政治上，多數情況都是輝格黨內部的派別之爭。該黨由富裕的——許多情況下重新再富裕起來的——土地貴族組成，這些人在以商業資本主義和農業資本主義為依據的經濟中不斷擴張，發財致富。

托利黨因從前是偏向斯圖亞特王朝那邊，因而在該世紀大部分時間裡，他們在政治上是「在野」派。對輝格黨人來說，全國性政治不再是原則衝突問題，那些原則在一六八八年已經下令以他們滿意的方式解決了。政治也不再是為國家利益進行立法的問題。不列顛是由地方進行統治的，而不是像在專制主義國家那樣，由中央進行統治。貴族和土地鄉紳充當他們地產所在郡或教區的治安長官、治安法官或教會執事濟貧助理，他們按照在王國各地統一執行的法則，不受妨礙地進行統治，其程序在歐洲大陸是前所未聞的。地方政府的特性有很大差異：有些鄉紳像亨利・菲爾丁的小說《湯姆・瓊斯》中虛構的人物湯姆・瓊斯那樣「赫赫有名」；有些鄉紳則除了酒瓶和打獵外，很少過問其他事。一位法國旅客在一七四七年注意到，鄉村紳士是「天生非常愚蠢的動物」，他們在午餐後最喜歡的祝酒詞是「為大不列顛所有誠實的獵狐者乾杯」。這些人管理著當時存在的一般法律——《濟貧法》、《狩獵法》，這些法律在起草時，為它們的管理者留下大範圍的活動空間，他們利用這些空間強化在當地享有無限權力的外表。因而在英國，並不會出現企圖通過一項法律建立全國性的初級教育體系的建議。那種形式的中央集權法規——此為專制主義國家的標誌，對英國貴族和鄉紳而言是受詛咒的對象。他們辯稱，如果有必要提供教育，應由他們出資、由他們雇請的小學校長在鄉村校舍辦理。那些教師應當盡本分教他們的窮人學生，並對他們的富有捐助者要態度恭敬，以表示他們的感謝，而不是只教他們基本的讀、寫和計算。正如英國教會教義回答的，他們應「在生活的那一職位上盡其義務，這樣就會讓上帝滿意而感召他們」。

此外，政治首要的不是原則，也不是全國性立法，而是「利益」和「影響」，此為種種義務編織而成的政治派別之網，有能力讓人得到職位和恩寵——例如從大臣那裡得到外交部的一個三等秘書職位，從國會那得到一個圈地法案。當時，最精通這種政治遊戲的當推羅伯特・沃波爾（一六七六～一七四五年），他自一七二〇年初期至一七四二年一直是英國首要大臣。沃波爾時常被稱為英國第一位首相，但這一說法並不完全準確，因為此一職位的稱呼直至十九世紀才正式出現。不管他是不是首相，他擁有很大的政治權力。他常利用國王回去漢諾瓦的機會，控制國家行政管理的日常事務。他是內閣政治的設計者，也常作為內閣中最重要的官員進行統治。內閣原指意向相近的政治家組成的小集團，「內閣」一詞則得自他們聚會的小房間而來。它逐漸演變成英國政治體系中制訂策略的執行機構；英國現今由內閣和國會治理，內閣由國會中多數黨的主要政治家組成。

沃波爾是諾福克郡一個鄉紳家庭的一員。西班牙王位繼承戰爭期間，他充任軍隊的總軍隊主計官（薪資的發放者），藉此積聚財富，並靠這筆財富在英國爬到顯要地位。他善於行賄和貪汙之術，以任命官職來報答支持他的人，確保有一批在政治上效忠於他的人存在。到了他事業的晚期，看來是靠他多年執掌政權之便，把自己養得腦滿腸肥，肥胖不堪。藉卡通畫家和民謠歌手，把他描繪成英國無人可以匹敵的強盜。一篇具有典型意義的諷刺文章奚落道：「小惡棍必須聽從命運的擺布，大惡棍卻可享盡人間榮華。」然而，沃波爾貪汙的程度並不超過他統轄的政界人物。國會下院的席位大多是從來自只有二、三十個人選區的代表占據，因而無論是利用賄賂，還是允諾將來施以恩惠的方式來收買選票，都是相對容易的事。沃波爾把各政治派別結合為一個存在了大約二十年的政治聯盟。在那一時期，他拒絕推行任何可能招致全國性爭論的立法，力圖確保國內的安寧。由於遭到公眾普遍反對，他放棄可能算是他最有創見性的法案——一項增加間接稅、減少進口稅以防走私行為的方案。

一七四〇和一七五〇年代，承繼沃波爾那樣吸引公眾注意力的人就是威廉・皮特，他後來被授予查塔姆伯爵爵位，榮升上院。喬治三世（一七六〇～一八二〇年在位），於一七六〇年登基時還是一位年輕人。他對之前幾任國王受到輝格黨的寡頭政治對待的方式感到憎恨。且不管是真是假，有一則傳說流傳著，他母親不停訓導他：「喬治，要當真正的國王！」以此促使他下定決心。他開始統治時，認為自己必須重申其正當的特權。他解除了皮特的職位，試圖把他選中的大臣放在國會上。整個一七六〇年代，國王和國會都在就特權問題進行爭鬥。一七七〇年，諾斯勛爵取得首要大臣一職；他是一位令國王滿意的大臣，在下院中有大批追隨者，足以確保某種程度的穩定。但他統治的十年後，由於他領導海外戰爭不力，導致英國喪失最初在北美十三個殖民地，諾斯倒臺了。經過一段時期的政治動盪之後，國王使命另一位年方二十五歲的威廉．皮特——他是查塔姆之子——執掌政權；這讓皮特在此後二十五年裡掌握了英國的命運——這段時間比沃波爾還要長。儘管一七六〇至一七八〇年間，在王室（指的是國王及其追隨者）與國會之間展開爭鬥，但這與十七世紀的憲政爭鬥相比，只是一場微不足道的小摩擦。英國的專制主義在一六八八年已告終結。隨之出現的是從前互相爭鬥的兩人政黨相互調整，以建立雙方都認爲是本質上健全的局面。

十八世紀的戰爭和外交

在一七一五年之後歐洲的外交和戰爭史中，國際穩定和經濟擴張這對孿生目標依然位居最突出的地位。那些目標往往互相衝突，這一事實又不斷引發戰爭。在戰爭中，歐洲專制君主空前膨脹的常備軍勢均力敵，而決定性因素通常不是歐洲大陸的軍事力量，而是英國的海軍。十八世紀中期主要衝突，在歐洲被稱爲七年戰爭，而在北美被稱爲法國人與印第安人之戰，它反映了力量平衡（均勢）和商業成就相互重疊的利益，並解決英、法在北美和印度的殖民之爭。在歐洲，人們首要關心是均勢。如果說，過去法國被認爲是主要威脅，那麼現在普魯士隱約浮現成爲——至少在奧地利人看來——更被視爲危險的不安定因素。在這種情況下，一七五六年，奧地利外交部長溫策爾．馮．考尼茨親王掀起一場所謂「外交革命」，他認爲應結束法國與奧地利之間的敵對狀態，結果對普魯士的腓特烈大帝構成巨大威脅。與此同時，腓特烈採取措施保護其羽翼。他努力設法不激怒其法國盟友，而在同時與英國人簽訂中立協議【30】。英國人關心的是保護英王在漢諾瓦的領地不受侵犯。此協議使法國人視腓特烈的行爲爲敵對行爲，從而隨時準備接受考尼茨的聯盟邀請。此外，法國人在北美已經捲入一場與英國不宣而戰的戰爭，因此確實感覺到有必要在歐洲找到可靠的盟友。到一七五六年的年中，考尼茨已將法國、俄國、瑞典和日耳曼的一些邦國列爲很有可能的反普魯士盟國。腓特烈並非坐著等敵人前來懲罰，而是侵入具有戰略意義的中立地區薩克森邦，隨後進攻奧地利本土，從而又一次扮演侵略者的角色。

外交格局的這一變化無疑讓人眼花繚亂，然而，它們在歷史上具有舉足輕重的重要性，因爲它們顯示了權力平衡變動的方式，以及歐洲各國企圖透過結成新的外交聯盟，對這一變動做出回應的嘗試。普魯士和英國爲搖擺不定的因素：普魯士在歐洲大陸；英國在海外。一七五六至一七六三年，在歐洲戰爭的中心點，且在於腓特烈試圖防止法國、奧地利和俄國聯盟肢解他的屬地。由於普魯士陸軍在軍事上占有優勢，而腓特烈本人也頗具軍事才幹，使得普魯士一而再地粉碎敵人的進攻，但他在面對奧、法、俄這聯軍，光憑自己本身的力量仍不夠，但他自己只有英國這盟友外，無其他盟友，因此腓特烈幾度面臨絕望。最後，由於彼得大帝之女俄女沙皇伊莉莎白（一七四一～一七六二年在位）去世，而王位由彼得三世繼承（一七六二年），這確保普魯士面對具有壓倒性優勢的敵人能夠生存下去——「勃蘭登堡家族的奇蹟」；因爲彼得三世崇拜腓特烈的程度，與其前任統治者仇視他的程度一樣強烈。彼得三世退出戰爭，把征服的東普魯士和波拉美尼亞歸還俄國從前的敵人【31】。和平隨後降臨了，儘管它迫使腓特烈交出薩克森，但被承認有權重新獲得西里西亞，從而使奧地利想在未來能重新占據這一富裕地區的希望破滅了。

在海外，戰爭不僅在北美，在西印度群島和印度也持續進行。自從一七四〇年代以來，英法兩國在這些地區的商業競爭導致這些地方經常發生戰爭。戰爭最後的勝利是屬於擁有強大的海軍，能夠保持供應路線暢通的國家——也就是屬於英國。英國居優勢地位的海軍致使它在北美五大湖區取得一個又一個勝利，其最顚峰是一七五九年的魁北克戰役和最後整個加拿大向英國投降。在一七六二年，法屬產蔗糖的島嶼，包括馬提尼克、格拉納達和聖文森，都落入英國人之手。至於地球的另一側，在印度，一七五七年，法軍在普拉西戰役中失利，奠定英國在印度的基礎，四年後又推動本地治理，英國從此成爲南亞次大陸居主宰地位的歐洲國家。在一七六三年，宣告七年戰爭結束的巴黎協議中，法國正式把加拿大、布里敦角島、路易西安那在密西西河以東土地和印度讓給英國人，從而使後者有了進行商業活動的廣大舞臺。

在七年戰爭期間，英國人在北美取得的成功，成爲一七七五年母邦與其最初的十三個殖民地之間爆發戰爭的一個原因。因爲母國爲了保護它新近大大擴展的殖民地，現在必須維持一支更龐大的軍隊；爲了維持這支大軍，它向殖民地的居民課徵不得人心的新稅。這使北美人表示抗議，他們認爲自己在英國國會裡沒有代表權，所以無權對他們徵稅，但現在卻要他們繳納稅收。英國政府回答，國會具有代表美洲的特質，像代表英國所有臣民一樣，如果不是眞正派有代表，那麼「在實質上」英國下院的現有議員代表他們（因爲下院負責帝國整體利益）。殖民地居民怒斥道，英國現行政治制度腐敗不堪，只有輝格黨寡頭們才可能使自己的利益得到照料。

與此同時，英國對殖民地居民的反叛行爲進行懲罰。因爲，當東印度公司把茶葉運至波士頓，準備在那裡以有利於公司的價格出售，卻被當地居民將這些茶葉傾倒在波士頓港。隨後，英國對波士頓港口採取封閉政策，使整個城市經濟受到崩潰的危機，麻薩諸塞殖民地的民主政府被解散。英國衛戍軍和殖民地的民兵發生衝突。殖民地的「一分鐘人」組成反抗力量。到一七七五年戰爭爆發時，多數北美人決定與英國斷絕聯繫，宣布成立一個獨立國家。次年，他們宣布獨立。戰鬥一直持續到一七八一年，該年一支英軍在一首「世界翻轉了過來」的曲調中，在約克敦向殖民地居民投降。法國人與隨後的西班牙人和荷蘭人決定盡一切可能阻止大英殖民帝國的進一步擴張，因而就在一七八八年與獨立的美利堅合衆國結盟。一七八三年在巴黎簽訂和約，承認這一新國家的主權地位。儘管英國人失去對原有殖民地的直接控制權，但他們在一七八〇年代與北美重新建立起跨大西洋商業聯繫。事實上，是擁有奴隸的南方各州與英國之間活躍的原棉貿易，才使這一時期在英格蘭北部開始的編織業成爲領導工業革命可能；工業革命使英國在十九世紀前半成爲世界上首屈一指的經濟強國。這一最終有利可圖的安排存在於未來之中。在同時代觀察家的眼中，北美殖民地居民的勝利看起來是匡正迄今一方傾斜的世界商業貿易的平衡。就此而論，美國的獨立似乎是在恢復穩定。

然而在東歐，波蘭不牢靠的獨立地位受到穩定和權力平衡的威脅。作爲一個獨立國家，在理論上，波蘭至少於中歐各強國——俄國、奧地利和普魯士之間起著緩衝作用。該國在中歐居重要地區，其土地貴族成功地止住中央集權專制主義的引入，使自己的「自由」相應地未受到削弱。然而，由此出現的結果卻是，無論波蘭貴族還是波蘭，整個國家都沒有眞正獨立，甚至淪爲無政府的混亂狀態。在選舉國王時，波蘭貴族心甘情願地接受外國勢力的賄賂。同時，他們繼續行使其在波蘭國會中得到憲法確保的自由否決權，這一事實意味著波蘭依然處在十分軟弱狀態，並將該國成爲疆界四周虎視眈眈、覬覦它領土的專制主義強國蠶食的對象。

一七六四年，在俄國施加的影響下，對波蘭國王選舉事宜進行干預，使波蘭貴族斯坦尼斯勞斯．波尼亞托夫斯基當選爲國王。波尼亞托夫斯基是一位相當能幹的貴族，也是凱薩琳大帝的情人之一。此後凱薩琳藉由這位情夫，讓俄國繼續插手波蘭——還有土耳其——的事務，藉口往往是保護在這兩國中居少數民族的希臘東正教徒。一七六九年，俄國與土耳其之間爆發戰爭，結果俄國在巴爾幹半島大有所獲。奧地利明確反對俄國進一步擴張，擔心這會損毀東歐現在的權力平衡。最後俄國說服與奧地利、普魯士聯手瓜分波蘭，以波蘭的領土作爲替代品。

儘管瑪麗亞・德麗沙反對瓜分波蘭，但她很不情願地同意瓜分計畫以維持權力平衡。腓特烈大帝對她的態度嗤之以鼻，輕蔑地奚落她：「她流下了眼淚，卻拿走自己的那份。」根據一七七二年的協議，波蘭國王失去大約百分之三十的領土，和約一半的人口。

第一次瓜分之後，俄國人實際上控制著波蘭，不過這也促使波蘭的民族主義情緒興起；而且，斯坦尼斯勞斯國王也利用一七八八年俄羅斯與土耳其再次開戰的機會，努力要把波蘭建設成一個比過去強大很多、擁有更強行政權力、更近乎眞正獨立的國家。一七九一年五月的憲法就是以此為原則出現的。但重生的波蘭不可能存在太長時間。一七九二年一月，俄土戰爭剛一結束，凱薩琳大帝馬上反撲。一七九三年，俄國和普魯士聯手，又從波蘭攫取了兩大塊土地，並取消擬議中的新憲法。此外，曾參加美國獨立戰爭的塔代烏斯・科希狄什科（一七四六～一八一七年）領導的起義，在一七九四和一七九五年也被鎮壓下去。一七九五年，俄國和奧地利、普魯士第三次瓜分波蘭，把波蘭所剩領土吞噬殆盡。經過這一連串瓜分波蘭的行動，各大國都分得一大塊肥肉；但從國際標準來衡量，它們在整個國際上所占的比重依然如故。

當波蘭最後的土地被吞噬時，歐洲大陸正好又一次陷入一場大戰。不過，這一新的衝突不僅僅是以新的武力解決貿易爭端或國際穩定問題的嘗試。這是一場激烈革命結果，導致一七八九年在法國爆發大革命，它推翻了法國波旁王朝，並使歐洲各地其他君主的地位岌岌可危。第二次和第三次瓜分波蘭是為那些擔心其頭顱的君主們最後一次展示力量的表演。從此之後，無論是對外政策還是國內政策，再也不像在專制主義時的歐洲那樣全憑君主的意圖、決心所決定。波蘭消失了，歐洲也四分五裂，一般的作法是讓位於新的、迫切的現實需要。

儘管專制主義在一七八九年之後的數年內面臨崩潰，但它的歷史與現實世界的關聯，比看起來的要大。首先，中央集權化為十九世紀的國家建設者提供了有用的先例。現代正規軍——無論是由士兵或官僚組成——這種機構發源於專制主義時代。其次，專制主義的向心力促進孕育工業革命經濟環境的形成。建設工廠以生產軍事物資，制定資本主義農業政策以為勃興的資本主義提供食物，增加稅收驅使農民到農村工業部門尋找工作，凡此種種均預示著未來的圖景。再次，在其削減貴族和寡頭制特權的不間斷爭鬥中，專制君主在一直持續到十九世紀的戲劇中又上演了一幕。法國的穿袍貴族和佩劍貴族、普魯士的容克，以及俄國的波雅爾，他們在某種程度上交出其行政管理者之權的同時，全都成功地透過爭鬥保住自己的財產和財產管理權。但只要其財產權確保在他們手中，他們的權力也就有了保證。法國大革命曾在一時間削弱他們的權力，但他們僥倖都存活下來了。無論作爲農業主還是國家的高級僕人，他們適應環境的能力確保這一階層在專制主義之後的世界中發揮重要的作用。

第二十四章

科學革命和啓蒙運動

The Scientific Revolution and Enlightenment

這是一個哲學高潮來臨的時代。……據我看來，一切陳年渣滓都必須鏟除，老壞的建築必須夷平……並以摧枯拉朽之勢把它們拋開。

——亨利·鮑爾，《經驗的哲學》，一六六三年

所謂啟蒙就是人類走出自我強加的不成熟狀態。所謂不成熟狀態，是指沒有他人指導就無法運用自己的才智。所謂自我強加的不成熟狀態是指非缺乏才智，而無他人指導就沒有決心和勇氣進行思考。大膽求知吧！這就是啟蒙運動的口號。

——伊曼紐爾·康德，《何謂啟蒙運動》，一七八四年

大約在一六六〇至一七八九年間，西歐專制主義盛行之際，整個歐洲的思想和文化史也經歷了中世紀迄今最重大的變化。正如清新風氣的吹拂可以大大改變天氣狀況一樣，十七世紀最後幾十年新思想的不斷吹拂，也使歐洲的「輿論氣候」發生令人振奮的變化。為便於分析，我們可把這一較長的時期分為兩個階段：十七世紀下半期，這是科學革命取得勝利的時代；接踵而至的十八世紀大部分時間，這是「啓蒙運動」的時代。十七世紀後半期席捲歐洲的知識浪潮，在此後一百多年間同樣聲勢浩大。實際上，今天我們依然可以感受到它們的影響。

如何區別新舊知識潮流之間的不同呢？從本質上來講，可以說有三個不同。首先，中世紀、文藝復興，以及宗教改革時期的思想家都認為，舊日的知識是最可靠的智慧源泉，十七世紀以來的偉大思想家拒絕任何古代權威，決心依靠他們自己的思維能力來發現知識，並引導他們前進。他們以「大膽求知」為座右銘，以希臘黃金期以來，西方前所未聞的方式來強調科學的自主性和思想的自由。其次，這些新培育出來的思想家們堅信，一種知識如果不能為人利用，就毫無價值。在柏拉圖、亞里斯多德和湯瑪斯·阿奎那之類的人物眼中，最抽象的智慧是偉大，因為這種智慧有助於使人類的思想免受塵世的所有濁物「腐蝕」，認為它們由於與永恆的神性完全類似，因而能給人類帶來幸福。但是，十七世紀後期歐洲的思想潮流發生變化以後，一切不具實用價值的知識都受到輕視，各領域的思想家都直接或間接在尋找減輕人類痛苦的方法。最後，新思想潮流的特點是否定宇宙的神祕性。直到十七世紀中葉，大多數人，無論有無學識文化，都認定宇宙是由神祕的力量所驅使和占據的，除了巫師之外，人類對這種力量幾乎完全無法理解，同時也無法加以控制。但在一六六〇年前後，一種機械論的世界觀橫掃神祕學，精靈鬼怪僅僅成為少年讀物中的主角。此後，自然界被認為像是最精緻的機械鐘一樣運轉——可以被準確無誤地預測，同時可以為人類充分地理解。

當時為何會出現這種基本思維方式的巨變，在很長一段時間內，仍將只能推測一二。在此之前，經院派強調人類的理性，文藝復興時期人們重新發現古希臘的文獻，這當然對歐洲思想邁進科學之門起了促進作用。然而，知識變革的最直接原因，可能是十六世紀對傳統假設的兩項密切相關的挑戰，此即新大陸的發現，以及人們知道是地球繞太陽轉，而不是天體圍繞地球運轉，因為無論是《聖經》還是古代科學都未曾提到過，當時一位困惑的人將其稱為「新島嶼、新大陸、新海洋、新人種，此外，還有新天空和新星辰」。面對這些新發現，許多思想家在一開始就嚇著了，這使他們產生一種知識危機感。有些思想家訴諸懷疑主義，另一些則信奉相對主義，還有一些思想家則轉向過度的信仰傾向。詩人約翰・多恩[1]在一六一一年哀嘆：「新的學說使一切都受到人們的懷疑，對其熱情的因子實際上被撲滅。太陽和地球消失了，人們無所適從，不知該往何處去。……一切都變得支離破碎，所有連貫性都中斷了。」但是，恰如一六六〇年左右，歐洲克服現代早期的政治危機那樣，它也克服了知識危機，這主要是因爲一場深刻的科學革命在最後階段帶來一種新的、完全具有說服力的事物「連貫性」。正如十八世紀初亞歷山大・波普[2]所寫的：「自然與自然法則隱藏在暗夜中：主說，讓牛頓出世吧！一切將現出光芒」，這似乎是對多恩的回答。

科學革命

雖然歐洲直到約一六六〇年才開始消除其知識危機，但解決危機的基礎工作在十七世紀初，就由克卜勒、伽利略、培根、笛卡兒四位偉人準備就緒。關於克卜勒和伽利略——兩人都是實驗科學家，我們在前文已經有所討論，在此僅略帶過：他們消除了人們對哥白尼日心說的懷疑，對艾薩克・牛頓爵士萬有引力定律的提出，則有推波助瀾的作用。培根和笛卡兒的主要成就不在於有獨創性的科學發現，而在於傳播對學術和宇宙本質的新思想觀念。

法蘭西斯・培根爵士（一五六一～一六二六年）曾任英國大法官，是一位極具影響力的哲學家。在培根看來，最能充分展現他觀點的書是，在一六二〇年出版的《新工具》[3]一書，在書中，他提出一種新的治學方法——歸納法；此外，他認爲科學只有在與過去固有的錯誤分野，並確定性的循序漸進的幾個階段才能有所發展。培根這樣的涵義是，科學應該嚴格地以經驗知識（完全通過感覺獲得的知識）爲基礎，並藉助「歸納法」，其意乃是透過對普遍性的特定觀察來獲得眞理的手段。培根堅持認爲，「哲學受到迷信和各種神學的玷汙……爲害最大」，善於思考的人應該記住：「頭腦清醒只相信值得信仰的東西」。他倡導透過全然記錄經驗性的實驗，共同努力來促進學問的發展。這與過去那種枯燥無味的推理不同，共同的科學研究和觀察將產生有用的知識，終至改善人類的命運。培根的思想體系在很大程度上生動體現在《新工具》一書的封面圖案上：無畏的艦船勇敢地駛出赫拉克勒斯石柱峽（直布羅陀海峽），進入茫茫大海去尋找那即將到來的未知且美妙的事物。

和培根同時代，但比他略小的法國哲學家勒內・笛卡兒（一五九六～一六五〇年）在兩方面與培根觀點一致：舊有的一切知識都應當屏棄；一個思想是否有價値，全看其是否具有實用價値而定。不過，笛卡兒對科學的態度與培根迥然不同，因爲培根是一位經驗主義者，他完全忽視數學的重要性，因爲數學是純抽象的，與他要求經驗和歸納的想法有別；笛卡兒則是一位理性主義者和傑出的數學家。在《方法論》（一六三七年）一書中，笛卡兒解釋他在離群索居時期，如何下決心有系統地全面懷疑前人傳承下來的所有學說，因為他知道以前言之鑿鑿地記錄在學說著作中的，都是一些「最怪誕或最令人難以置信」的事物。他把「絕不可把自己沒有明確驗證的任何事物視為眞理」作為其第一法則，從而對所有產生懷疑，終至他的純粹思維過程只證明他自己的存在（「我思故我在」）。就這樣，他將這一公理作為整個哲學活動的出發點，並演繹出一個正確的宇宙知識本體，重新構建一個基於思辯、幾乎在所有方面都與希臘人構想的宇宙不同，但這一宇宙適合用數學法則表述人類理性的最高法則，他甚至認為：「可以用『宇宙的數理秩序』來代替我們所說的上帝。」他的絕大多數理論都不能用經驗來證實，這絲毫不令他不安，因為他相信，「自然過程幾乎都是建立在小到無法讓我們感知的各組成部分基礎上」。

可以預料，笛卡兒科學體系的細節現在雖已被認為是稀奇古怪之物，但由於以下幾個原因，這位法國哲學家在促進科學發展和新思想潮流的產生上，有了極深遠的影響。首先，儘管他的懷疑思想體系沒有導致新的堅實的科學眞理被建立，但它確實對證明古人的所有偽科學都不可信是有幫助的。其次，笛卡兒強調數學是有用的，因為數學確實被證明是自然科學研究中必不可少的侍女。但毋庸置疑，笛卡兒唯一最有影響的遺產是他的「二元論」哲學，即是「笛卡兒二元論」，在此上帝只創造出兩種宇宙間的實體——心和物質。在笛卡兒看來，心只屬於人類所有，其他一切是物質。因此他堅持認為，人以外所有創造物——不論是有機的還是無機的，都是完全根據物理法或「延伸和運動」的相互作用運轉的。換言之，就笛卡兒而言，從太陽系到動植物界的所有實際存在物，都是一架自行運轉的機器，它受到上帝賦予宇宙的動機而產生的力量推動著。實際上，笛卡兒還把人本身認為是一架機器——只不過是一架有思想的機器而已。從此可以得出下述結論，不必求助神學或訴諸神祕的力量，就可以客觀地研究整個宇宙。進而言之，物質所有沒有「延伸性」的外在特徵，例如亮度、顏色、聲音、味覺和嗅覺等，只能區分不適於進行恰如其分的科學分析的人類心靈的純粹主觀印象。基於這些看法，從事科學研究可能就可史無前例地公正客觀。

大致說來，在培根與笛卡兒之後大約一百年裡，英國的科學團體是培根主義者，在法國則是笛卡兒信徒（意思是笛卡兒的追隨者）。這就是說，英國人主要是集中精力在自然科學的各領域，並從事經驗性的實驗，促進具體科學的進步；法國人則仍然傾向於強調數學和哲學理論。在十七世紀英國為數眾多的偉大實驗學家中，包括內科醫生威廉・哈維（一五七八～一六五七年）、化學家羅伯特・波以耳（一六二七～一六九一年）和生物學家羅伯特・胡克（一六三五～一七〇三年）。哈維繼續進行維塞利亞斯[4]和薩維特斯昔日的研究工作，但與此二人不同，他大膽地進行活體解剖，成爲第一位觀察並描述血液流過動脈，繼而經靜脈流回心臟完成血液循環的人，並在其作品《論心臟與血液的運動》提到。與此類似，波以耳也致力於經驗主義實驗，並借助氣泵（空氣唧筒）建立「波以耳定律」——在恆溫下，氣體的體積與它承受的壓力成反比。波以耳還是第一位區分混合物和化合物（其中發生化合過程）的化學家，並界定化學反應與分析，在駁斥鍊金術方面有不少貢獻[5]。至於胡克，儘管他從事天文學、物理學、生物學研究，最爲人所知的卻是用顯微鏡觀察植物的細胞結構。與此同時，在法國，笛卡兒本人在解析幾何方面做了開拓性研究，布萊斯・巴斯卡進行概率理論研究（第一個感覺到的有兩個無窮者），並在皈依宗教前發明了一種計算器；皮埃爾・伽桑狄（一五九二～一六五五年）力圖證明原子學說的正確性。同樣處在法國思想範圍之內的荷蘭猶太人巴魯赫・斯賓諾莎（一六三二～一六七七年）企圖把幾何學應用於倫理學上，宣稱心與物擁有一種本質不同的特性，因此，世界是由單一的實體——上帝同時也是自然而不是兩個實體構成的，他認爲自己在這一點上勝過笛卡兒一籌。

在討論無論是在哪個時代中都被認爲是最偉大科學家的艾薩克・牛頓爵士（一六四二～一七二七年）時，英國培根主義和法國笛卡兒主義的分野就消失了。牛頓在日常活動中毫無引人注目之處——守口如瓶，心胸狹窄，愛記仇，但他卻是一位承襲培根主義和笛卡兒主義傳統的巨匠。像是牛頓拒絕把光貶斥爲僅僅是「心靈」的主觀印象，因此，在這方面的觀點上是遵循培根的說法，而與笛卡兒迥然不同。相反的，他透過實驗證明光的傳播因媒介的不同而有所不同，進而把光解釋成一連串的微粒，由此建立實驗物理學的分支——光學。不過在數學領域，牛頓完全贊同笛卡兒對數學的重視，並一度在純理論的導引下發現了微積分。

當然，牛頓的最高成就在於他提出「萬有引力定律」。這一定律恰如他於一六八七年用拉丁文寫成的煌煌巨著《自然哲學的數學原理》一書所示，是綜合哥白尼的天文學和伽利略的物理學而成。在《自然哲學的數學原理》中，牛頓引出當時的兩大科學問題：一、沉重的地球是在什麼作用下處於運動狀態（哥白尼之前，地球被認爲是靜止不動的）？二、爲什麼地球上的物體落向地心，而行星始終處於運動軌道上（哥白尼之前，行星被認爲是鑲嵌在水晶體上，由天使

「神」推動的）？十七世紀初，克卜勒也已指出，地球和其他行星都處於運動狀態，這可能是由於太陽系中所有天體之間的相互吸引力所致。但笛卡兒主義者認爲，這種解釋過分神祕，因爲對笛卡兒來說，無法經過實驗證明的理論是不足採信的，因此，承認空間的吸引力就否認了笛卡兒的物質要素。牛頓拋棄笛卡兒因找不到其他解釋而產生的懷疑，他把培根主義的觀察方法和笛卡兒的數學方法結合起來，並思考克卜勒的相互吸引學說，最後得出萬有引力定律。根據這一定律，「宇宙間物質的每一粒子都和其他的粒子相互吸引。它們之間相互吸引的力量，與它們之間距離的平方成反比，和它們質量的乘積成正比」。由於這一定律被認爲無論在地球和太空都得到實驗的證實，因而毫無疑問可以解釋一切運動。事實上，牛頓定律是如此可靠，以致它被用來預測潮汐漲落。後來，一八四六年，在人們借助高倍望遠鏡確定海王星的具體位置之前，天文學家早已注意到天王星的不規則運動，從而根據牛頓定律推斷應還有一個更遙遠的海王星存在。

科技史學家認爲，牛頓的萬有引力定律是「人類心靈上最令人驚嘆的單一成就」，發現「就思想的獨創性和力量，或其成就的重要性而定，整個科學史上沒有任何著作可以與《自然哲學的數學原理》相媲美。」《自然哲學的數學原理》的出版肯定是科學革命中的大事，因爲它證實了先前由哥白尼、克卜勒和伽利略提出的最重要的天文學和物理學理論，令人信服地解決哥白尼日心說引起的主要問題。毋庸贅言，科學研究並沒有因此停滯不前。相反的，由於牛頓的成就對其他領域的研究者起了鼓舞人心的作用，使得科學從一六八七年以來有穩步發展。當有形的宇宙本性這一概念得到重新界定，各領域的思想家便可以懷著當時的新秩序是科學而非迷信的信心進行他們的工作。

啓蒙運動的基礎

雖然十七世紀後期科學革命的勝利爲啓蒙運動十八世紀的現象，持續了近一個世紀，直到啓蒙運動的某些先決條件在一七九〇年前後，由於法國革命和新的浪漫主義運動的影響而受到挑戰。當然，並非在十八世紀生活和活動的所有思想家都同樣的「開明」。有些思想家，例如義大利歷史哲學家維科（一六六八～一七四四年）完全反對啓蒙運動所倡導的一切；另一些人，其中最著名的是雅克·盧梭（一七一二～一七七八年），只接受啓蒙運動的某些價值觀，對其他的價值觀則採強烈反對。此外，啓蒙運動的思想模式趨向因國家而異，即使在同一個國家，在該世紀的不同時間也會有不一樣的觀念。不過，儘管存在這些限制，十八世紀的多數思想家明確地感受到生活在一個激動人心的新知識環境中；只要義無反顧地堅持知識第一觀點，「人性的一面」終將戰勝傳統主義和蒙昧主義。

大部分啓蒙運動的思想是根源於三個基本前提而建立的：一、整個宇宙是可以得到充分認識的，它是由自然的力量而非超自然力量支配的；二、嚴格運用「科學方法」就可以解決所有研究領域的基本問題；三、人類可以透過「教化」獲得近乎沒有止境的改善。前兩個前提是科學革命的產物，第三個前提基本上是約翰·洛克心理學的遺產。

對於以自身世界觀代替超自然世界觀，我們的解釋必須從艾薩克·牛頓發現萬有引力定律帶來的興奮情緒著手，該定律使天地間的所有運動都變得可以了解和預見，倘若牛頓可以如此權威和雄辯地解釋運動，那麼看來由此可以得出，整個自然界既不是由神祕神祇干預，也不是由無常的變化所支配，而是爲人類可以理解的普遍法則所左右，所以他們不僅不再怕魔鬼，也不再怕上帝。因此，大約一六九〇至一七九〇年的一百間，重要的思想家大都成爲神祕主義信仰者不共戴天的敵人；因爲在他們看來，各種啓示宗教不僅與科學研究不相關，而且與它恰好相對立。這並不是說啓蒙運動使人們拋棄對上帝存在的信仰，其實恰恰相反，因爲只有極少數的啓蒙運動思想家是無神論者，至於公開宣稱自己是不可知論者的人更是寥若晨星；反過來，大多數人仍信守被稱爲「自然神論」的宗教觀，認定上帝是存在的，且是由祂創造宇宙，但上帝在創造一個完美的宇宙之後，就再也不插手世事。用自然神論者的話說，上帝是「神祕的鐘錶匠」，祂在混沌初開時製造了一個完美的鐘錶，隨後讓它按可以預測的規律性自行運轉，因此上帝與世界並無現存關係，而且祂不干預人間世事，所以，祈禱、聖禮和儀節皆是無用的。雖然多數自然神論者仍不時要到他們祖先的教堂（新教或天主教教堂）做禮拜，但他們並不會隱瞞自己對宗教儀式的功效所持的懷疑態度，並直言不諱地反對各種宗教偏執行爲。

關於啓蒙運動的第二個先決條件，科學革命取得的種種成就使人們深信，「科學方法」是人類在探求所有領域時，或進行研究的唯一有效途徑。在啓蒙思想家心目中，科學方法通常是指爲了探求普遍法則，而不帶偏見、經驗地觀察個別的現象。鑑於牛頓物理學取得的勝利，因而對在一七〇〇年前後的西歐實際上出現了一股狂潮，競相動用科學方法研究自然的所有活動之事就不會令人奇怪。由於多數科學著作仍很簡單，因此，業餘愛好者不必受過多年專門教育就可以看懂，這使歐洲貴族和各界富人開始涉獵「研究工作」——購置望遠鏡、捕捉蝴蝶，或者興建家庭實驗室，希望能參與分享某些新的科學突破性發展。英國散文作家約瑟夫·愛迪生【6】在一七一〇年嘲諷這類行爲。他虛構了一位名叫「尼古拉・吉姆克萊克爵士」的熱心業餘愛好者立下遺囑，把「保存死毛毛蟲的祕訣」傳給他的女兒，把「老鼠的睾丸」留給一位「有學識且令人尊敬的朋友」；他剝奪了他兒子的繼承權，因爲他的兒子「對其妹妹無禮」，而尼古拉爵士把他的遺骨保存在桌子附近的酒精中。當然，貴族式的「吉姆克萊克們」[7]從來沒有超出胡鬧的水準，但循著科學研究者新發展的熱情，促使他們贊助確有天賦的科學家的研究工作，對一種視科學爲人類最高成就風氣的形成，發揮促進作用。

不可避免的，這種風氣反過來有助於十八世紀期間占支配地位的觀念的形成——科學方法既是研究自然現象，也是研究人類事務唯一正確的途徑。由於有形的自然界似乎正爲人們所掌握，因而啓蒙思想者認爲，人類世界不久可以用科學的方法就成爲一種共識。宗教學者開始從衆多完全不同的口傳中蒐集神話，這樣做並不是爲了從中找到神祕的眞理，而是把其共同屬性加以分類整理，作爲了解人類擺脫迷信的過程。與此類似的有，歷史學家們蒐集證據以弄清支配民族興衰的法則；研究政治的學者則對各種政體進行比較分析，以找到一種理想的、普遍適用的政治制度。換句話說，恰如英國詩人亞歷山大・波普在一七三三年出版的《人論》中所言，「人文科學（或許）可以像其他科學那樣歸納爲明確的幾點」，啓蒙思想家就想確切地知道，這「爲數不多的明確幾點」究竟是什麼。

然而，必須強調，如果說大多數啓蒙思想家認爲，對人的行爲進行經驗主義的研究，那麼他們大都認爲人的行爲不是不可以改變的，而且是可達到臻乎完美的境界。在這一點上，他們主要受到約翰・洛克（一六三二～一七〇四年）心理學的影響。如前文所述，洛克不僅是一位有影響的政治哲學家，而且是一位極有影響的新知識論奠基人。在《人類理解論》（一六九〇年）一書中，洛克拋棄迄至那時一直占主導地位的天賦觀念的學說，認爲感性知覺是人知識的來源，所以我們所有的知識是得自經驗，得自人的知覺，及根據這些知覺的心靈反應。洛克認爲，人的大腦在剛剛出生時是「一塊白板」，上面沒有任何東西，直到嬰兒能夠感知事情，也就是說，能用感官感知外面世界後，大腦才開始儲存東西。基於這一看法，啓蒙思想家得出環境決定一切的結論。例如，他們認爲，某些貴族之所以能高於一般百姓，不是因爲他們承襲了某些特殊知識或技能或品質，而是由於他們受到更好的訓練。因而，所有人都可透過接受教育而獲得與貴族相同地位，同時人類發展的潛能是無限的。實際上，有些啓蒙思想家十分樂觀，乃至幻想世界可以根除一切惡行，因爲任何惡行都是人類所創造的不良環境的產物，而不是出於神的旨意，對這樣一種環境，人類是可以加以改變的。

啓蒙思想的世界

十八世紀居歐洲主導地位的國家是法國，它也是整個啓蒙運動的中心。因此，無論啓蒙運動的主要代表人物身在何處，人們習慣上都用法文philosophe（意思是哲士）指稱這些啓蒙運動的主要代表人物。事實上，philosophe一詞，略微會把人們引入歧途，因爲除了大衛．休謨和伊曼紐爾．康德外，這些哲士實際上幾乎都不是眞正具有獨特性抽象思想的哲學家。倒不如說，他們大多數人是具有務實取向的宣傳者，目的利用普及有關宇宙的新科學解釋，並利用冷靜的「科學方法」解決當時的諸多問題。由於他們竭力試圖獲得皈依者，並改變他們視爲過時的制度，因此，他們迴避各種看起來似乎難以理解或玄之又玄的方式，而以明晰的表達方式爲榮，有時甚至用故事、戲劇的方式，而不是論文方式來表達他們的思想。

人們普遍認爲，法國的啓蒙思想家中的巨擘，原名爲佛朗索瓦．瑪里．阿魯埃，自稱伏爾泰（一六九四～一七七八年）的人。在很多方面，他就像伊拉斯謨斯是基督教人文主義的化身那樣，伏爾泰實際上是啓蒙運動者的化身，他用各種文學體裁就各種主題進行評論，伏爾泰最大的成就或許當屬，他在之前笛卡兒主義大行其道的法國倡導英國式的經驗主義。這是因爲伏爾泰年輕時曾因挖苦一位自命不凡的貴族，而被放逐到英國，三年後返回法國時，他已徹底地信服牛頓和洛克的思想[8]。這不僅意味著，他勸法國其他思想家接受牛頓經驗證實的科學體系，還意味著他鼓勵他們在知識傾向上，少一些注意在抽象和理論性的東西，而更加注意在解決日常問題上。確實，法國的思想在整個十八世紀依然比英國知識更有理性，但伏爾泰終生致力於鼓吹經驗主義，無疑對法國思想界產生非常有益的影響，因爲這使法國思想界比從前更看重實際。

伏爾泰不斷致力於評論當時的問題，是公民自由的熱情代言人。在這方面「摧毀醜行」成爲他的一句著名口號，此處「醜行」一詞，是指各種形式的壓制、狂熱和偏執。用他自己的話來說，他認爲：「一個人因爲別人與他意見不同而加以迫害他人，實在與禽獸無異。」與此相應，他致函一位與他意見相左的人說：「我不同意你所說的，但我將誓死捍衛你有表達自己意見的權利。」這句話自此以後一直被視爲公民自由的第一項原則。在所有的偏狹思想中，伏爾泰最痛恨宗教盲從，因爲這種行爲看來是建立在荒謬的迷信基礎上：「迷信越少，狂熱越少；狂熱越少，痛苦越少。」伏爾泰除反對宗教壓制外，還經常抨擊世俗國家實行的政治暴行。特別是，他認爲英國的國會制度比法國的專制制度更可取；同時，國家的政策導致無意義的戰爭產生時，這些國家就是在犯罪。他不無諷刺地堅稱：「殺人為法律所不容，因此所有殺人犯都要受到懲罰，除非他們是在軍號聲中大規模地進行廝殺！」

儘管伏爾泰在本質上是具有樂觀主義精神的啓蒙原則鼓吹者，而他的思想——人類在「鏟除醜行」之後就可以迅速向前發展，對那時代產生最深遠的影響，但他至今唯一仍為人廣泛閱讀的著作諷刺小說《憨第德》（一七五九年），卻是很反常的抑鬱。該書寫於一七五五年，在里斯本大地震後不久，該地震中二千多名無辜者喪生，伏爾泰在書中放棄自己早年的信仰，即人類通過自身的活動可以無止境地自我完善。故事的主人翁憨第德受其導師邦洛斯愚昧的樂觀主義誤導，認為這個世界一切都趨於至善，對自己的命運產生虛妄的安全感，但在環遊世界所經歷的，卻是一個又一個不堪忍受的苦難。暴風雨和地震就夠不幸的了，然而最不幸的是，無法管束的人類激情引發的戰爭與掠奪。憨第德只有在充滿朝氣的理想之地「埃爾多拉多」（它顯然是對多數啓蒙思想家心目中已露端倪的至善世界的戲語），才暫時免受災難的困擾。這裡沒有教士、法庭、監獄，而是有無盡的財富和「擺滿數學、物理學儀器的……科學王宮」。然而，作為一位天性永不安寧的凡人，他很快就對此地寧靜的完美感到厭倦，重新投入現實世界的肆虐之中。在一個又一個挫折教訓面前，他終於明白一個簡單的眞理：只有和他一度貌美，如今變得醜陋無比的妻子一起安心務農，他才能感受到安寧與美好。當邦洛斯博士第一百次重說「這是世界上最美好的一個」時，他回答：「或許是眞的，但我們必須耕作自己的地才是要緊。」換句話說，從伏爾泰的觀點來看，生活是不完美的，而且可能永遠不會完美，但如果人類想獲得成功，就必須去進行枯燥乏味的推理論證，並踏踏實實地去做那些單調而富有成果的艱苦工作。

除了伏爾泰之外，法國傑出的啓蒙思想家還有孟德斯鳩、狄德羅和孔德塞。孟德斯鳩男爵（一六八九～一七七五年）是一位重要的政治思想家。在他的主要著作《法意》（一七四八年）中，力圖探討不同的環境、歷史、宗教傳統對政府機構影響的方式。他發現，氣候、地理環境等不可改變的自然差異，會影響人的行為，繼而影響政治體制。孟德斯鳩在全書中，有多處提到外在條件迫使人們按照不同的方式活動，對此人力無法左右。但歸根結底他是一位理想主義者，在政治觀念，他主張分權說，偏愛一種特別的政治制度，即英國的制度，希望所有國家都能克服面臨的環境障礙而效仿英國。對他而言，英國的政治制度是融合了君主、貴族、民主政治，所以最大的優點是，它由行政、司法和立法三種相互獨立而又相互制約的權力組成，因而任何個人執政者或統治集團都沒有絕對權力，使人民的自由權力得到保障。孟德斯鳩對「制衡」所做的理想化描述，對後來的啓蒙運動時期其他政治理論家有極大影響，並在一七八七年美國憲法制定過程中，扮演特別重要的角色。

如果說，伏爾泰是一位並不太成體系的思想家，而孟德斯鳩則是用一種模糊不清、主要是反思的方式來寫作，那麼與他們不同的狄德羅（一七一三～一七八四年），則是各哲學家中最能夠做有系統整理的一位。年輕時，作爲一位煽動叛亂者，狄德羅曾因抨擊宗教被監禁，此後一直生活在被審查和監禁之下。但終其一生，他從未徹底從唯物主義哲學信仰中後退一步，不放過所有的機會去批判他認爲落後、專斷的東西。狄德羅和伏爾泰一樣，以小說、戲劇等體裁撰寫過多種題材的著作。雖然如此，他最大的成就卻在於他是出版《百科全書》的組織者和主要撰稿人。《百科全書》力圖把當時最先進的哲學、科學和技術知識予以總結和傳播。書中文章悉由當代主要啓蒙思想家（包括伏爾泰和孟德斯鳩）撰寫，此書在一七五一至一七七二年間撰寫，共十七卷，另有十一卷插圖。現代百科全書主要是參考書，狄德羅卻讓他的《百科全書》作爲一套人們必須精心閱讀，而不僅僅用以查閱某些事實的圖書，因而他希望它能夠「改變人類思維的普遍方式」。尤其是，狄德羅企圖透過普及最新科學成就向各種「迷信」發起全面攻擊，並促使科學進一步發展，以便在減輕人類的種種苦難方面發揮作用。狄德羅認爲，對所有傳統信仰都應該「不惜情面」地予以審查。假如他能自由放行於審查之外，他肯定會指斥所有「非理性」的宗教信條。但由於嚴格的書籍檢查制度，使他不能公開發表反宗教的文章，因此，狄德羅只能用婉轉的方式表示對宗教的不滿，例如他在「聖餐」條目下只寫：「參見食人俗條」。毫不令人奇怪，這種嘲弄言語致使《百科全書》前幾卷剛剛出版就引起軒然大波。但是，雖然遭到強烈反對，出版工程仍不僅完成，而且隨著時間的推移，該書暢銷一時，重印多次，大大有助於啓蒙思想在法國和歐洲的傳播。

孔德塞侯爵（一七三四～一七九四年）是《百科全書》最年輕的撰稿人之一，鑑於他的經歷，人們習慣上把他稱爲「最後一位啓蒙思想家」，這是因爲他的活動與啓蒙家的活動，都因法國大革命的暴動而被打斷。孔德塞早年是一位傑出的數學家且極具聲望，但他最傑出之處在於，他是啓蒙運動時期具有進步思想中最激進的倡導者。早在十七世紀晚期，尤其是在科學的勝利之際，當時有一些思想家就開始認爲，當時的知識成就超過以往任何時期，將來不可避免會出現更大的知識進步。不過，由於有些人認爲，這一時期的文學並不明顯地超過古希臘和羅馬的文學，因此，大約在一七〇〇年前後，人們都圍繞著如何區分「古代」

和「現代」問題開始展開討論，出現所謂的「今古之爭」。以致英國人喬納森・斯威夫特這樣能幹的評論家也認為，他稱之為「典籍之戰」的爭論勝負未決。但到了十八世紀，人們逐漸相信，當前在各方面的人類活動都已經不是過去所能比擬，且在將來各領域都會出現沒有止境的進步。孔德塞在《人類精神進步歷史梗概》（一七九四年）最充分地表述了這一點。在孔德塞看來，人類過去的進步雖曾有所中斷，中世紀尤其是一個大倒退時期，但倘若科學和啓蒙運動取得勝利，將來肯定會出現無限而持續的進步。在做出上述大膽推斷後，孔德塞僅充滿信心地稱「隨著預防藥物的改進……人的平均壽命增長」，而且斷言「暴政和奴隸制將僅在歷史或戲劇中出現……的時刻來臨」。具有諷刺意味的是，孔德塞撰寫這些言論時，正好處於四處躲避之際，以逃過法國大革命中革命分子的追捕。實際上，他不久就成為「恐怖統治」的犧牲品，一七九四年三月二十七日晚被捕，兩天後死於獄中。

除了法國之外，其他國家的啓蒙思想家也對啓蒙運動的遺產做出貢獻。在法國之外，歐洲最「開明」的國家是英國，其中最引人注意的啓蒙思想家為吉朋、休謨和亞當・史密斯。愛德華・吉朋（一七三七～一七九四年）是一位文人的歷史學家，其巨作《羅馬帝國衰亡史》（一七七六～一七八八年）至今仍是少數幾本長期以來一直被廣泛閱讀的史書之一。《羅馬帝國衰亡史》生動地敘述從奧古斯都到一四五三年君士坦丁堡陷落，這一漫長時期羅馬和拜占庭的歷史。按照吉朋的說法，羅馬帝國的傾覆是因「蠻族的勝利（即日耳曼民族的入侵）和宗教（即基督教）的關係」，不過，他那時代的歐洲不再「受到那些災難的威脅」。他認為，基督教的出現是最大的災難，因為「教士們奴性和優柔寡斷的統治」，使羅馬哲學、科學容易被受玷汙的心智欺騙所取代，自然，吉朋反宗教的偏見使其作品的質量受到損壞，因而，他的著作今天之所以為人所閱讀，不是由於書中獨到的見解，而在於他對人物所做的清晰描述，尤其是他犀利的妙語。

另一方面，蘇格蘭人大衛・休謨（一七一一～一七七六年）則是一位眞正有洞察力的哲學家。休謨與大多數啓蒙思想家一樣，致力於向先人之見挑戰，他以懷疑論最為出名，在其主要著作《人類理智研究》（一七四二年）中，大大發展了懷疑論，甚至到了懷疑任何人有能力確切了解任何事的地步。他是從假設人類的知識只來自直覺而不是抽象理性出發——「任何知識首先都是感覺」，認為我們無法弄清這些事實是否眞的與現實世界所寓含的客觀眞理相符。不過，當他形成如此極端的懷疑論時，他進一步提出哲學的相對倫理學說：假如我們對一切都有確切的了解，那就沒有任何絕對的道德法則，我們則必須根據事件的來龍去脈來決定須採取何種行爲方式才最適宜。不過，就連休謨這樣的懷疑論者也絕不是憤世嫉俗者，相反的，他熱情地投身於伏爾泰的「摧毀醜行」運動，用休謨自己的話來說，這種醜行是「愚昧、基督教和無知」，因爲在他看來，在未知的大海中遨遊，比在超自然的陰影下棲息更爲可取。

英國著名啓蒙思想家中，最實際的蘇格蘭經濟學家是亞當・史密斯（一七二三～一七九〇年），他劃時代的著作《國富論》（一七七六年），被視爲是「自由放任」經濟學的經典描述。亞當・史密斯強烈反對重商主義的經濟政策，即政府對經濟事務所採取的任何干預行動，並允許每個人在沒有國有企業與之競爭，或受到任何法律限制的情況下，可以追求自己的利益，終至可以實現繁榮。「自由放任」（laissez-faire）一詞源於法語 laissez-faire la nature（聽其自然），史密斯倡導自由放任經濟說，表示他深受啓蒙運動時期對自然和人類本性所做理性化描述的影響。換言之，史密斯贊成「自然自由之明顯而簡單的制度」，認爲就像行星沿自己的軌道和諧運轉，它們在看不見的重力作用下不會相碰撞一樣，只要競爭和自由市場這隻「看不見的手」得以公正、平衡地分配財富，即便在他們追求一己私利時，人類也可以和諧地行事。具有諷刺意味的是，雖然史密斯自認爲是爲了窮人反對國家支持的重商特權所固有的經濟不公現象的鬥士，但他的自由放任信條後來成爲和重商主義政府一樣，爲剝削窮人的私營企業青睞的理論。雖然如此，如其後幾章所示，史密斯的自由市場經濟學確實代表未來的潮流。

在歐洲其他地方，啓蒙思想的傳播遠遠不像法國和英國那樣廣泛，這是因爲宗教當局強烈的反對、國家審查官員有著更高的警惕性，或者沒有足夠多受過教育的富裕人士來討論並支持進步思想。不過，除了教皇國之外，西歐各國實際上都有一些突出的哲學家活躍活動。例如，義大利米蘭的法官切薩雷・貝卡里亞（一七三八～一七九四年），他以與法國哲學一樣的精神來反對壓制人性的專制權力。他在其最有影響的著作《論犯罪與刑罰》（一七六四年）中，抨擊了當時流行的觀點，即司法懲罰應該代表社會對犯罪分子進行報復，而宣稱爲了有益的目的外，沒有人有權懲罰他人。在貝卡里亞看來，懲治犯罪的唯一合法目的就是防止他人犯罪。他主張在能制止犯罪的情況下盡可能慈悲爲懷，他之所以會有這樣的說法，是因爲開明的人文主義學者認爲，除非有絕對的必要，不然人不應該懲罰其他人。尤其是，他堅決反對當時整個歐洲盛行對最微不足道的犯罪行爲也處以死刑的作法，理由是這既不能制止犯罪，同時也助長官員們只注意殺戮而不是盡力制止犯罪的壞風氣。《論犯罪與刑罰》問世後得到廣泛歡迎，很快被譯成十幾種語言。由於受到該書的影響，使整個歐洲到一八〇〇年前後，大多數國家便廢除了酷刑，只對重大犯罪者才使用死刑；同時，把監禁變成主要的刑罰形式，而不是任何形式的肢解四肢的酷刑。

德國最具代表性的啓蒙思想家是文學家、評論家和戲劇作家的戈特爾德·萊辛（一七二九～一七八一年），他極爲雄辯地敘述寬容的重要性。萊辛在劇本《智者納旦》（一七七九年）中，向觀衆表明一項觀點，即人格的高貴與皈依宗教無關；在《論人類的教育》（一七八〇年）中，他堅持認爲，包括基督教在內的世界上每一種主要宗教的發展，都只是人類精神發展的一個步驟，因此，它很快就將完全超越宗教而進入純理性的境地。萊辛戲劇中主人翁「智者納旦」是依據他的朋友德國猶太聖哲——摩西·門德爾遜【9】（一七二九～一七八六年）來打造的，他是另一位鼓吹宗教寬容的哲學家，寫過一猶太教史，不過他也贊成靈魂不滅的觀點。

比上述人物更難以歸類的是十八世紀日耳曼最偉大的哲學家——實際上對世界各國而言，也是有史以來最偉大的哲學家之一——伊曼紐爾·康德（一七二四～一八〇四年）。作爲一個不諳世故的知識分子，他出生在康尼格斯堡（該城遠在東方，今天屬於俄羅斯），這是一個離啓蒙運動的重要中心法國很遠的地方，且到死都未曾遠離此地。康德在其兩部經典之作《純粹理性批判》（一七八一年）和《實踐理性批判》（一七九〇年）中，批判了啓蒙運動時期盛行以大衛·休謨爲代表的懷疑論。康德在關於現實知識的一個觀點上，與正統的啓蒙運動觀點相去甚遠，因此根本不能稱爲「啓蒙」——那就是，他堅持認爲，根據柏拉圖主義的精神，對於由他稱之爲「物自身」【10】的絕對現實王國的存在，是毋庸置疑的，儘管這一王國至今仍不被人所知。康德關於絕對而不可知眞理的假設，含蓄地開創了神祕主義哲學的先河，這對十九世紀被通稱爲「唯心主義者」的德國哲學後繼者很有吸引力，但卻與所在時代強調科學實證的態度相忤。

然而，實際上，康德並非是在他的「物自身」基礎上建立實踐哲學體系，相反的，他的實踐哲學觀念在總體上具有更典型的啓蒙特徵。爲了以另一種方式回擊休謨的懷疑論，他認爲雖然日常知識始於知覺體驗，不過，我們的直覺是由現實世界的空間和時間中，藉由我們的理性思維來決定的，其方式是提供我們可靠的表面知識，或者康德所說的「現象」。換句話說，康德認爲人在日常活動中，可以通過知覺和理性的合作方式獲得足夠的眞理。在這方面和伏爾泰非常相像，他堅稱人應該用自己的求知能力來了解自然，進而改造自然。至於在倫理學方面，康德避免走上兩個極端的行為：按照超自然神的戒律，或根據情況變化相應地改變行動。相反的，他認為，如果純理性既不能證實上帝的存在，也不能證明上帝是虛假的，那麼，實踐理性告訴我們，上帝觀念是所有人都必須追求的至善倫理觀念。因此，我們應該按康德所說的「無上命令」活動：就像人的行動將會變成世界普遍法則那樣行動。就日常存在的現實而論，康德的無上命令原則比多數啓蒙思想家更靈活，但是，這個原則與啓蒙運動的基本世界觀依然是一致的，因為它是建立在人而不是自然界定的基礎上。

在對啓蒙運動做最後評價時，歷史學家習慣上提出兩個主要問題。其一，這些啓蒙思想家是否僅是對民眾毫無影響的精英。當然，如果有人研究一下哲學著作的銷售，或十八世紀學術團體的成員名單，他就會發現，啓蒙思想家的讀者包括貴族、政府官員、富裕商人，和零零散散的高級教士。在某種程度上，這種階級傾向是啓蒙思想家自己無法控制的，因為在整個十八世紀歐洲各地的許多窮人仍是目不識丁者；同時，在當時的南歐和東歐，大多數民眾——不論是否識字都受到極端保守的羅馬天主教會的統治，而這個教會決心通過最嚴格的審查制度，使民眾對哲學家的思想一無所知。不過，儘管某些哲學家公開宣稱要用清晰明確的文筆寫作，但是他們所寫的東西有很多是當時的勞動人民無法理解，有些哲學家甚至不願讓下層階級的民眾閱讀他們的著作，因為他們擔心，一旦他們的思想被這些「粗鄙」的群眾接受後，就會引起公開的革命運動，而這也是事實。吉朋對羅馬帝國宗教政策的歌頌就充分體現了典型的啓蒙思想：「各種形式的崇拜方式……在民眾眼中都是同樣正確的，有哲學家眼中都是錯誤的，在地方官眼中都是有用的。」另外，據說伏爾泰每當和啓蒙思想家朋友們討論宗教問題時，都會把僕人打發走，以免讓他們聽到任何可能起破壞作用的評論。從這種流行態度可以看出一個不怎麼令人奇怪的現象：啓蒙運動的觀點雖然確實對英國和法國大眾的觀念產生某些影響，但它幾乎從未深入民眾之中。例如，最近對十八世紀法國南方宗教活動的研究發現，一七六〇到一七九〇年間，各階層人士中要求做彌撒的人越來越少。顯然，有些僕人會在無意中聽到啓蒙思想家在客廳、起居室中的談話。

我們經常就啓蒙運動提出另一重要問題是：啓蒙思想是不是一些無可救藥、不務實的「幻想家而不是實務家」呢？雖然啓蒙思想中有明顯的烏托邦主義，但對上述問題答案肯定是否定的。應不容忽略的，當時對於人類臻於至善的前景，多數啓蒙思想家比今天經歷二十世紀的戰爭和毒氣的人要樂觀得多。不過，即使最樂觀的人也不會期望烏托邦的奇蹟會在一夜間出現。相反，幾乎所有啓蒙思想家都在進行零零碎碎的社會改革，認爲透過不可或缺的漸進方式，最終能建立一個新的開明的美好世界。這些鼓動在實際活動中往往確曾引起巨大變化，至少在美國獨立戰爭中，啓蒙思想是鼓舞人們建立全新政治體制的主要源泉。此外，即使啓蒙宣傳有時會產生任何直接影響，它也確實有助於將來的變化。例如，許多啓蒙思想家基於人道主義或功利主義譴責奴隸制，從而引發一場最終於十九世紀導致廢奴主義在整個西方獲勝的討論。概括起來，作爲一個階層，啓蒙思想家不可否認側身於當時最具實踐頭腦、最有影響的知識分子之林。

科學的進步

雖然有些啓蒙思想家既是宣傳家，又是自然科學家，但分別探討十八世紀的科學更爲可取的是，對具有高度國際化特徵的科學，最好是從專題而不是地理的角度加以討論。大致從牛頓起到十八世紀末，有三個領域經歷了巨大發展，即系統生物學、電學和化學。關於生物學方式，有四位偉大的先驅使用新發明的高倍顯微鏡，在十七世紀後半葉觀察生物、植物、細胞結構取得巨大進展，他們是義大利人馬塞羅・馬爾皮基【11】（一六二八～一六九四年）、英國人羅伯特・胡克【12】，以及兩名荷蘭人——揚・斯瓦姆默丹【13】（一六三七～一六八〇年）和安東尼・凡・列文虎克（一六三二～一七二三年）。或許大部分的基礎是建立在之前的工作上，列文虎克是一位自學的科學家，他發現了細菌，並且是第一位描述人類精蟲的人。在之前先驅的研究基礎上，瑞典植物學家卡爾・馮・林奈（一七〇七～一七七八年）透過自己大量的觀察——人們一般用他的拉丁名字林奈烏斯稱呼他，建立了迄今仍在使用的動植物分類基本體系。在「林奈分類法」中，把自然界物體分爲三界——動物、植物、礦物，其下又分爲綱、「屬」、種。此外，按這種系統分類，每一種動、植物被賦予兩個科學的拉丁名字來命名（雙名法）——第一個表示它的屬，第二個表示它的種。例如，知更鳥被稱爲「Planesticus migratorius」，意即屬Planesticus種的「遷徙移居」的候鳥類。

十八世紀，在生物學界可與林奈相比的是法國博物學家喬治・布豐（一七〇七～一七八八年），其讓人印象深刻的巨著《自然史》於一七四九到一七七八年間出版，共四十四卷，最主要是討論人類和其他靈長類動物間的密切關係。布豐完全忽視《聖經》中創世紀的說法，雖然他從未接受人類經進化而產生的學說的全部涵義，但他承認整個有機體可能是由單一物種遺傳下來的觀念，因而可說是查爾斯・達爾文進化論的先驅。

系統生物學的基礎工作在一六六〇年之前尚未開始發展，而且受到妨礙；

但與它的發展相反，電學領域在我們所討論這一時期之前就已積極活動，且有初步進展。一六〇〇年前後，英國人威廉・吉爾伯特發現了天然磁石的磁性，並把「電」（electricity）一字引入英語中（該詞源自希臘文elektron，本指琥珀），吉爾伯特生活在機械論思想獲勝之前，因此他認爲磁性只是一種神祕力量，作夢也不曾想到可以產生或利用電的機械。但從十七世紀後期開始，有些國家的科學家逐漸開始掌握我們今天所知道的電學。一六七二年，德國人鄂圖・馮・居里克發表了他有關電實驗的結果；一七二九年，英國人史蒂芬・格雷證明某些線可以導電，有些物質不能導電；一七四五年，荷蘭萊頓大學有一群科學家發明把電貯藏存在「萊頓瓶」中的方法。一七四九年，美國人本傑明・富蘭克林在一次暴風雨中，利用風箏導電，將萊頓瓶充了電，因而能夠推斷閃電和電是完全相似的。基於這一點，富蘭克林發明了避雷針，它使房屋在暴風雨中免受閃電摧毀，這可說是把科學理論和改善人們生活的現實結合在一起的最佳證明。

十八世紀下半葉，最大的理論突破可能發生在化學領域，該領域在羅伯特・波以耳的研究之後約一個世紀裡沒有什麼發展。出現這種情況的主要原因是，當時的人們普遍都接受如熱、火、空氣等物質和燃燒現象中的錯誤看法。最容易使人誤解的是所謂燃素理論，它依據的是這樣一種說法，即燃素是火的實體——當物體燃燒時，燃素就會被釋放出來，剩下的灰燼被認爲是「眞正」的物質。十八世紀下半期，人們有了很多重要的發現，最後推翻燃素說，並使大家能在眞正了解基本的化學反應上鋪平了道路。一七六六年，英國人亨利・卡文迪什報導發現用硫酸處理某些金屬時，會得到一種新氣體。他證明，這種現在被稱作氫的氣體其本身並不能助燃，但和空氣接觸後很快就會被火燒盡。一七四四年，另一位英國人、唯一神教派牧師約瑟夫・蒲力斯特里發現了氧氣。他發現，把蠟燭放在一種新的氣體中燃燒時，它會燃燒得特別旺盛——這一事實清楚地顯示，燃燒並不是由任何神祕的原則或火本身中的物質引起的。在這一發現幾年之後，卡文迪什證明了，長期被認爲是元素的空氣和水，原來是混合物和化合物，空氣主要由氧氣和氮氣組成，水主要由氧氣和氫氣構成。

給燃素理論最後打擊是法國人安東尼・拉瓦錫（一七四三～一七九四年）。他普遍被認爲是十八世紀最偉大的科學家，在法國大革命時，他喪失了性命。拉瓦錫證明，燃燒和呼吸都與氧化作用有關，前者反應是迅速的，後者則是遲緩。他給氧和氫命名，證明鑽石是碳的一種形式，並聲稱生命本身在實質上是一種化學過程。但他最大的成就無疑是發現質量不變定律。他證明了，「雖然物質在一連串的化學作用中會改變它的狀態，但結束時的數量和開始時是相等，同時這也可以用其重量來證明」。當然，這個「定律」被後來有關原子結構和某些物質轉化爲能量的發現所修正。不過，絲毫不過分地說，正由於拉瓦錫這位天才，才使化學變成一門眞正的科學。

儘管十七和十八世紀科學取得飛速發展，但在同一時期，由於幾個原因，使得生理學和醫學發展緩慢。第一個原因是，當時的醫師缺乏訓練，許多人在開業時受到的培訓比跟隨老的開業者學徒好不了多少。另一原因是外科普遍沒有地位，因爲它像理髮匠或鐵匠那樣僅僅被視爲一種行業。最根本的原因或許是對肢解人體用於解剖研究持有的偏見。晚至一七五〇年，從事人體解剖的醫學學校仍然有著被狂怒的暴徒搗毀的危險。雖然面臨這些障礙，醫學仍取得某些進步。大約在一六七〇年，馬爾皮基和列文虎克實際觀察到血液流經連接動脈和靜脈的網狀毛細管的情形，從而證實了威廉・哈維血液循環的發現。大致在同一時期，倫敦一位著名醫師湯馬斯・西登海提出有關發燒的新理論，認爲發燒是把患病物質排出體外的自然現象。

十八世紀期間醫學進步的速度略微迅速。著名的成就在血壓的發現、組織學或微小解剖學的成立，以及爲疾病研究輔助方法的屍體解剖的發展。但這一時期最大的進步是在接種疫苗的採用，和種牛痘預防天花的發展。接種疫苗的知識源自近東，在近東早就爲那裡的穆斯林教徒所使用。有關使用疫苗的知識，是在一七一七年透過英國駐土耳其大使夫人瑪麗・沃特利・蒙塔古女士的信件而傳到英國的。但是，西方世界第一次有系統地接種疫苗，應歸功於美國清教徒領袖科登・馬瑟的努力，他懇請波士頓的醫師爲他們的病人接種牛痘，希望藉此控制發生在一七二一年的那場天花瘟疫。此後接種疫苗在救人性命方面獲得某些成功，但由於當時的天花接種是使病人在獲得進一步免疫力之前，會先得到毀人容顏的疾病，因而這種作法普遍受到抵制。直到一七九六年，英國人愛德華・金納發現擠奶女工看起來容貌總是較好後，才做出推斷——擠奶女工在日常工作中接觸到牛痘病毒，獲得天花免疫力。這樣就沒有把那種致命的天花病毒直接給人體接種的必要了，金納引入「種牛痘」（vaccination）一詞（源從拉文vacca，意爲乳牛），並用溫和的牛痘病毒替代天花病毒。一旦證明種牛痘既無害又具有神奇的效果，就爲消滅傳染病提供各式各樣的可能性，這似乎主宰了啓蒙運動的信念：科學能夠使自然規律爲改善人類的生存條件服務。

藝術和文學中的古典主義與革新

雖然科學革命和啓蒙運動的精神反映在某些不朽的藝術作品中，但十七世紀後期和十八世紀的知識傾向，和藝術傾向之間並沒有簡單、一對一的聯繫。除了新的科學世界觀之外，藝術家和作家們還受到多種因素的影響：民族風格傳播、宗教需要、不同的政治和社會背景，尤其是特定創作領域藝術發展的內部動力。因而最好是探討幾種主要傾向，而不是勉強用同一個模式來解釋一切。

如我們之前所看見的，約一六〇〇年到十八世紀初之間，歐洲居主導地位的藝術風格是巴洛克風格。但有些國家抵制受巴洛克風格影響的支配——尤其是法國、荷蘭和英國。法國人進行抵制的主要原因在於它的民族主義精神，因爲巴洛克風格與西班牙和奧地利哈布斯堡王朝的愛好有密切相關，而法國在十七世紀大部分時期和十八世紀早期一直與它們對抗，承認自己落伍而模仿政治敵手的文化風格，對法國來說似乎不合適。爲了與這浮華的巴洛克式風格一爭高下，法國藝術家和建築師發展出有節制的古典主義。早期最好的明證之一是十七世紀法國最偉大的國家尼古拉斯．普桑（一五九四～一六六五年）的油畫。普桑將取材於古典神話中的恬靜景色布置得「井然有條」，而與同時代巴洛克風格畫家魯本斯將畫面扭曲的作法，形成鮮明的對比。

在路易十四（一六五一～一七一五年在位）統治時期，「井然有條」的古典主義風格在法國繼續受到青睞，有三個原因：首先，爲了國家，路易特別下決心培養獨特法國特色的風格。其次，路易本人偏愛莊重、樸實的藝術風格。第三，古典主義的對稱特性似乎與笛卡兒主義哲學家和科學家在法國所倡導的高度對稱的自然循序相吻合。因而，當路易十四決定翻修羅浮宮時，獨具風騷的巴洛克風格建築師貝爾尼尼呈遞了建築構圖，但爲了迎合強調嚴格的古典主義巨大建築風格的法國人，這些計畫被拒絕了。後來，路易十四在凡爾賽興建富麗堂皇的新宮廷時，雖採用巴洛克風格的建築特徵，不過，凡爾賽的巴洛克式建築是受到很多約束的巴洛克風格，這是強調莊嚴的對稱，而不是貝爾尼尼喜愛的突出棱角和驚人曲線的巴洛克風格[14]。

正如十七世紀法國藝術的主要風格是古典主義，同一時期法國文學領域也是古典主義居主導地位。這最充分地體現在皮埃爾．高乃伊（一六〇六～一六八四年）和金．拉辛（一六三九～一六九九年）的悲劇上。這兩位劇作家都是以古典神話和歷史上的男女英雄，如美狄亞、龐培、安德洛瑪克、菲德拉爲主題，同時，還模仿古希臘悲劇作家的理論和結構原則。與此類似，法國偉大喜劇作家金．巴蒂斯特．莫里哀（一六二二～一六七三年），是以羅馬作家泰倫斯和普勞圖斯的喜劇爲範本，對講究對稱的形式主義十分看重，竟至讓筆下的主角用押韻的對話方式講話。不過，與高乃伊和拉辛不同，莫里哀把他的戲劇場景放在他所在的時代，因爲他認爲「喜劇的任務是從各方面表現人們的所有缺點，尤其是我們這一時代人們的缺陷」。因此，他的作品具有強烈的諷刺性。例如，在《僞君子》中，他嘲笑宗教僞善，曾引起教會不滿；在《中產階級紳士》中，他嘲弄那位在社交圈中不斷往上爬且俗不可耐的自負者。不過，儘管莫里哀極盡諷刺之能事，但他對人類的厄運也表示一定的同情，這種同情在《厭世者》中表現得最爲深刻。該戲劇嘲笑了一位恨世嫉俗者，但他表明這一人物疏離社會是有充分的理由。由於莫里哀在有些劇本中，會把同情、偶或還有憂鬱與機智辛辣的嘲諷結合在一起，因而他或許可算得上是歐洲繼莎士比亞之後最具有天賦的戲劇家。

荷蘭和英國是拒斥巴洛克風格的另外兩個重要國家，在這裡，藝術家們採取這種態度毫無疑問幾乎與宗教和民族的因素有關。由於荷蘭和英國是新教國家，它們自然會對源自羅馬和信奉天主教的西屬尼德蘭巴洛克風格加以限制。前面已經談到，十七世紀荷蘭最偉大的畫家林布蘭獨創了極具個性的藝術風格，在他認爲適宜的時候就使用巴洛克風格。然而，與十七世紀荷蘭其他大多數風俗畫、風景畫、肖像畫一樣，比林布蘭稍晚的同代同胞揚・弗美爾（一六三二～一六七五年）在創作最寧靜的現實主義風格室內風格畫時，完全屏棄了巴洛克風格。在英國情況同樣，除了在傾向天主教信仰的查理一世統治時期，曾短時期鍾情巴洛克風格外，英國主要的藝術風格也是以古典主義風格來抵制。因此，英國最出類拔萃的建築師克利斯托弗・倫恩（一六三二～一七二三年）在認爲合適時，並不會不願借用巴洛克風格的某些特點，但在圓柱和拱頂方面，則強調古典主義風格的優點；他最具代表作聖保羅大教堂（建於一六七五～一七一〇年）中，這種特色表現得最爲突出。更具風格的是十八世紀上半期主導英國建築的「帕拉第奧式復興」。在這一時期，土地貴族委託建築爲數衆多的鄉間別墅，模仿文藝復興時期建築大師帕拉第奧典雅、非常講究對稱的羅唐達宮，恰如該建築模仿羅馬的萬神殿一樣。一七四〇年後，英國旅遊聖地巴斯的衆多鄉鎮別墅模仿帕拉第奧模式，以致該城按帕第奧主要活動地區維琴察而被稱爲「英國的維琴察」。

與雷恩的古典主義風格和英國的帕拉第奧新古典主義建築風格對應的，是英國文學上的古典主義，它在於約一六六〇至一七六〇年間在英國盛行一時。事實上，這一時期的作家公開稱自己是「奧古斯都」（全盛時期）的作家。他們這樣做有兩個原因：首先，一六六〇年英國內戰後，王權的復辟似乎預示著一個和平、文明時代的來臨，這與古代羅馬內戰結束後奧古斯都時期的情形相似；其次，該時期英國作家喜愛的詩人偶像是奧古斯都時期的羅馬人——維吉爾、賀拉斯，以及奧維德。十七世紀後期，英國文壇義無反顧地採用古典主義風格的另一個原因，是路易十四時期的法國確定歐洲的整個時尚有著巨大的影響，英國不希望在追趕法國時尚方面落在別人後面。最後，和在法國一樣，古典主義看來是具有最不帶偏見的「科學」特點的現成風格。換言之，當英國有閒階層在慶祝牛頓學說的勝利，並致力於透過蒐集自然標本，或借助望遠鏡觀看太空，爲科學的發展做出自己的貢獻時，他們青睞的是一種與牛頓強調簡潔、明晰和對稱的方法和定律相似的寫作形式。

英國諸多傑出的盛世作家中，最傑出的二位是散文作家喬納森・斯威夫特（一六六七～一七四五年）和詩人亞歷山大・波普（一六八八～一七四四年）。前者是一位苛刻的諷刺家，是奧古斯都思想中非典型者，他對人類本性的潛能持悲觀的看法：他的傑出作品《格列佛遊記》提到，人在某方面被認爲是「在地球上討厭的爬行害蟲中最有害的物種」。不過，斯威夫特的散文在文章的簡潔明晰方面，充滿了奧古斯都的文風；與他之前詞藻華麗的風格主義作家相反，斯威夫特力求言之確鑿，因爲他說「字斟句酌恰如其分」。至於波普，他在文風和思想上都具有十足的奧古斯都作家風格——幾乎到了過猶不及的程度。波普運用極其齊整的韻律詩，不停頓地闡述啓蒙運動的自然主義信條。他在《人論》和《論批評》之類說教性的詩歌中堅稱，如果要使人類事務也像自然一樣井然有序，人類就必須研究並效仿自然。在波普看來，人類最缺乏的是坦率的自知之明，它完全可以通過神學和形而上學以外的方式得到。波普總結了當時的世俗主義精神，其最著名的對句是在彌爾頓早期詩歌中「論證上帝對人類的方式是正當的」的決心做出應答：「若無上帝可細察就了解你自己吧；人要對人類進行適宜的研究。」

雖然法國和英國的大量古典藝術和文學作品給人留下深刻印象，古典主義運動不言而喻的，不具有高度創新精神。不過，在另一方面，十八世紀兩個完全獨立的發展反而強調更大的獨創性，此即歐洲大陸上洛可可藝術風格的出現，和英國小說的興起。關於前者，對洛可可風格藝術和建築出現的基本解釋是，和平即將來臨，以及一七一五年路易十四的去世，使法國人普遍有如釋重負的感覺。鑑於曠日持久的西班牙王位繼承戰爭使法國筋疲力竭，與路易十四在統治末年變得更嚴厲刻板、更一意孤行地把自己苛嚴的藝術愛好和標準強加於他人，一七一五年前後法國的有閒階層嘆了一口氣。毫不令人奇怪，這種反應逐漸導致藝術從嚴肅的古典風格，發展到所謂的洛可可風格。在繪畫方面，最早、最有天賦的洛可可風格藝術家是安東尼・華鐸（一六八四～一七二一年），他受巴洛克風格藝術家魯本斯的影響大於其他任何藝術家，但他用輕盈的法國式優美和典雅取代魯本斯的宏偉。一七一七年，華鐸以其他代表作「發舟西苔島」被接納爲法蘭西藝術學院院士，這在兩年前是人們連作夢也不會想到的。此外，由於藝術學院會無法把「發舟西苔島」納入任何現成分類之中，它只是展示典雅優美的人擁有的夢境般的美好時光，爲此，它創造了一個新詞「盛大遊園會」，該詞最恰當的譯法爲「時髦的歡宴」。華鐸畫中的狂歡者至少還穿著衣服，但其後繼者佛朗索瓦·布歇（一七〇三～一七七〇年）和弗拉戈納爾（一七三二～一八〇六年）畫中的人物通常是半裸的，其姿態超出了感官享受而趨於赤裸裸的色情。

雖然歐洲其他地區大都過於古板，而不能模仿法國洛可可風格繪畫的色情，但是，法國的洛可可風格建築不久就風靡歐洲大陸各地，並在十八世紀大部分時期保持主導地位。出現這種情況的原因是：首先，在一七一五年後不久，領導洛可可式建築新潮流的法國建築師，以巴洛克原則取代古典主義原則爲自己的標準，使自己與歐洲大陸其他地區的同時代人保持一致；第二，洛可可風格建築設計以曲線美爲特色，深深吸引委託興建當時大型建築工程的歐洲愛好虛榮的貴族。

歸納洛可可式建築風格特色最簡單的方法，可能是把它稱爲「巴洛克香檳」或「帶有法國口音的巴洛克」。巴洛克風格建築和洛可可風格建築都強調動感，但如果說巴洛克風格以力量和激情見長，那麼，洛可可風格則體現雅致和嬉戲。對初次見到這種建築的人來說，最令人驚奇的是建築內部多麼明亮、輕盈；而且巴洛克風格建築內部比較陰暗。相反的，洛可可風格建築內部的牆壁和天花板會塗上白色、金黃色和粉紅色。歐洲主要的洛可可風格建築有巴黎的蘇比斯飯店、德雷斯頓則被稱爲「茨溫格勒」的亭子、巴伐利亞（靠近班貝爾格）的維塞恩海里根教堂，和慕尼黑的庫維利埃劇院，後者至今仍被用於上演十八世紀的歌劇和戲劇。雖然洛可可風格藝術和建築毫無疑問使想像力得以大大發揮作用，但從藝術史長時間觀察的角度看，洛可可風格代表巴洛克風格的最後階段，是一種終結而不是開端。

相形之下，啓蒙運動時期文學藝術史上，唯一眞正具有希望的新發展是小說的出現。在敘述十八世紀英國小說的興起時，必須強調指出，英國小說並不是突然出現的；相反的，在古希臘羅馬時代和十二世紀以來的整個西歐，就有人創作被稱爲傳奇（romances）的散文體小說。實際上，歐洲的一個傳奇作品——塞凡提斯的《唐吉訶德》——反常地具有現代小說的許多特徵。此外，在法國，roman一詞既指傳奇又指小說，而散文體小說的創作，自中世紀到十九世紀作家巴爾扎克和福樓拜所寫的，被認爲是現代小說的出現且從未間斷過。儘管如此，十八世紀英國最優秀的散文小說，除了《唐吉訶德》以外的所有作品之間，都存在著明顯的不同。因而我們可以說，現代小說是十八世紀英國的產物。

區分傳奇和小說不同的最佳方法在於，前者顯然是虛構的，而後者（不可避免地有一些例外）目的在對人類活動方式做可靠的記錄。假設有位法官在審理案件時，把傳奇中的記述當成定案的證據，他一定會把它拋開，並宣布審判無效，因爲傳奇的詞藻通常風格華麗，且在敘述顯然是虛構人物的冒險活動時，通常取材於過去的神話或半神話故事，荒謬絕倫，因而傳奇一般說來沒有多少眞實性可言。但現代小說卻可以用被當成有力的法律證據，因爲自十八世紀以來的英國小說，其在經驗上看起來是與衆不同，情節和背景完全可信，敘事方式拋棄了個人色彩，不偏不倚。

我們可以把十八世紀英國小說的產生原因歸納爲兩點：其一，啓蒙運動的思想無疑爲小說創作提供最有益的氛圍，因爲此時對人類經歷進行「科學」的、有條不紊的研究，被廣泛認爲是時尚的表現。然而，既然啓蒙思想在法國比在英國更居主導地位，那麼，爲什麼只有英國是現代小說的發源地？答案在於，這與英國一般讀者的獨特性有關。尤其是由於英國在發展商業貿易和工業上致力更多，因而它擁有更多非貴族化的讀者，該階層的讀者喜愛小說而非傳奇，這是因爲小說用一種扣人心弦而非「高尚的」風格創作，小說中較平淡無奇的主人翁行爲，看來與讀者平凡、非貴族的經歷有密切相關。正如下文將看到的，英國小說的主要讀者是婦女而非男人，這與英國小說的形式絕非毫無關係。

十八世紀英國爲人認同的三位最具影響力的小說家是丹尼爾・狄福（一六六〇～一七三七年）、塞繆爾・理查森（一六八九～一七六一年）和亨利・菲爾丁（一七〇七～一七五四年）。這三人描述的都爲公衆熟悉的非貴族化角色，這些人在危機四伏的世界中竭力進取，絲毫不受神的干預。在狄福和理查森的小說中，敘述者通常會以參與行動角色的觀點來談。菲爾丁則不然，在其《湯姆・瓊斯》中，「無所不在的敘述者」置身於行動現場之外，因而對局勢有更全面的了解，他的貿然出場似乎使小說更加具有人爲成分，被認爲是英國語文中最偉大的小說。

《湯姆・瓊斯》是十八世紀英國小說中，唯一被公認爲世界文學不朽典範之作。但十九世紀初，珍・奧斯汀（一七七五～一八一七年）進一步發展了狄福、理查森和菲爾丁的寫作技巧，很多讀者認爲她的《傲慢與偏見》和《愛瑪》這兩部小說具有完美的程度。一八〇〇年左右，一位婦女脫穎而出，成爲比男子還要偉大的小說家，這幾乎是不可避免的。會產生這情況主要是因爲在現代早期的歐洲，小說創作被認爲是少數具有表達的創作領域之一，社會易於容忍女性在這一領域做出貢獻。確實，十七世紀法國最受歡迎的浪漫傳奇作者——馬德萊娜・德・斯居代里（一六〇七～一七〇一年）、拉斐特伯爵夫人（一六三四～一六九二年）都是婦女，後來，在英國，在珍・奧斯汀開始進行創作之前，範妮・伯妮（一七五二～一八四〇年）、安・拉德克利夫（一七六四～一八二三年）和瑪麗亞・埃奇沃斯（一七六七～一八四九年）就已經創作了大受歡迎、非常著名的小說。此外，由於英國閱讀小說的大衆以女性爲主，因而可以理解，女讀者對從女性角度闡述以女性問題爲特徵的小說尤其有興趣，而珍・奧斯汀的小說在主題和視野方面，堪稱這方面的典範。當然，假如奧斯汀視野過於狹窄，並缺乏高超的藝術技巧，她就不可能側身於有史以來少數最偉大的小說家之列。更確切地說，不僅婦女，連男性讀者也會對她不加渲染的譏諷之才表示欣賞，對她洞察人性的能力表示欽佩。更何況，珍・奧斯汀在技巧方面的成就可能代表了小說技巧的頂峰。尤其是，她把狄福和理查森第一人稱手法和菲爾丁無所不在的第三人稱手法結合起來，借助於使用不引人注目的第三人稱手法，主要從中性的立場來敘述事件，創造了空前的主客體之間的微妙平衡。

巴洛克風格音樂和古典音樂

十八世紀最偉大的交響樂之一是海頓的「驚愕交響曲」，它的標題可以說是概括了這一整個時期的音樂，因爲十八世紀的音樂充滿了神奇。與同時代創新相對較少的文學、藝術發展狀況相比，十八世紀確實是整個西歐音樂史上創新最多的時期之一。出現這種狀況的主要原因或許是，與藝術家和作家不同，現代早期的作曲不須再關心他們從古希臘羅馬的音樂中借鑑了多少東西，因爲古代音樂的創作原則，實際是根本不爲人所知。他們比畫家和詩人可以更自由地發揮想像力，相繼創造了兩個重要風格，即巴洛克風格和所謂古典主義風格，令聽衆一再稱奇。

與巴洛克風格藝術和建築一樣，巴洛克風格音樂於一六〇〇年前後在義大利出現，它是反宗教改革運動在藝術上的表現。不過，巴洛克風格作曲家沒有巴洛克風格藝術家那麼富有創造性。巴洛克風格音樂史上最重要的人物是義大利人克勞迪奧・蒙台威爾第（一五六七～一六四三年），他反對那時期一位重要前輩帕萊斯特里那文藝復興時期十分複雜的複調風格。爲了實現巴洛克風格音樂戲劇性的表現形式，蒙台威爾第發現：當合唱隊成員像在文藝復興後期的音樂中那樣相對而唱時，人們心底深處的感情難以傳遞，因爲人的情感無法藉由多聲的合唱表達；當音樂與戲劇相結合時，會使戲劇效果更爲強烈。由於沒有古典音樂先例可循，因而蒙台威爾第實際上單獨發明了一種新的音樂形式，即歌劇。此時，爲了使歌劇演員產生比他們單獨清唱更強烈的感染力，蒙台威爾第創作了強有力的器樂伴奏曲，並因此獲得「器樂之父」的頭銜。由於蒙台威爾第的新歌劇與他的時代精神完全相適，因而在經過一代人的時間（大約三十年），歌劇就在義大利各重要城市上演了。歌劇有著宏偉的舞臺背景，華麗，要求歌唱家、音樂師、戲劇師、舞臺設計師充分發揮才能，因此，它和其他藝術形式一樣，明確體現了巴洛克藝術風格強調的莊嚴、戲劇性與炫耀。

除了英國人亨利・普塞爾（一六五九～一六九五年）之外，十七世紀下半葉沒有出現不朽的大作曲家。不過，這一時期許多富有想像力的音樂家開始創造新的形式，最著名的是奏鳴曲和協奏曲的出現。進而言之，在巴洛克時代的最後階段，無論在音樂上多平淡無奇，巴哈和韓德爾兩位躋身於歷史上最偉大作曲家之林的出現，足以彌補這一切。約韓・塞巴斯蒂安・巴哈（一六八五～一七五〇年）和喬治・弗雷德里克・韓德爾（一六八五～一七五九年）於同一年出生在德國北部（薩克森）相距比較遠的兩個地方，但他們的音樂個性與經歷迥然不同。巴哈性格內向，對宗教異常虔誠，在德國偏狹的文化落後之地度過一生，創作的音樂極具個性。韓德爾則是一位受人歡迎的世界公民（出生在薩克森，但其一生有一半的時間在倫敦度過），他的音樂由於具有強大的感染力，比巴哈的作品更容易被人接受。然而，儘管存在這些差別，由於他們都用最富於表現力的方式進行音樂創作，因而巴哈和韓德爾都是後期巴洛克風格音樂的音樂大師。

巴哈的音樂具有異常的強大個性，因而，任何對古典音樂有所了解的人即使從未聽過巴哈的作品，也可以馬上分辨出來。然而，這絕不意味著他們是可以把握的，這是因爲巴哈在他的個性部分具有不可預測性。而且在創作時，巴哈將超凡的想像力、淵博的知識，與歷經磨練的英雄般的毅力，和一經要求就能創作出最有才華的音樂能力結合在一起，是一位在當時各種音樂形式（歌劇除外）上均有所建樹且多產的作曲家。他的創作自無伴奏器樂的小曲，到爲獨唱者、合唱團、管弦樂隊創作的大型作品，應有盡有。巴哈成年的大部分時間是在萊比錫充當樂師，其職責是定期爲星期日、神聖節日和禮拜提供新的樂曲。因此，他的作品大都爲國教的清唱劇（保存至今的有二百多首）、經文歌和受難曲。有人或許認爲，定期創作這種音樂會使作品墨守陳規和缺乏生機，但作爲一位絲毫未受啓蒙運動世俗主義傾向影響的虔誠新教教徒而言，巴哈看起來審愼地創作每一篇聖樂中的每一個音符，似乎每一個音符都與世界的救贖相關。巴哈不滿足於僅僅在宗教音樂中表達自己，他基本上是器樂的作曲家，因此，在為管弦樂歡快的協奏曲組樂方面獲得榮耀，並成功地創作了最純的「純音樂」——為鍵盤樂器創作了異常精妙繁複的賦格曲，人類思想把握抽象的能力在這裡達到頂峰。

與地處偏狹、內向的巴哈截然不同，韓德爾是一位世界公民，他在根本上力求廣大世俗聽從達成默契。韓德爾創作生涯初期是在義大利度過的，在那裡，他掌握了義大利巴洛克風格作曲技巧，此後他定居倫敦。起初，他企圖靠創作義大利式歌劇在那裡謀生，但由於華麗的巴洛克歌劇風格完全不適合英國人沉穩的口味，他最終認清一點，只有創作更為英國人接受的作品才能生存下去。他找到了這種音樂，即神劇[15]——這是一種專為在音樂廳中演奏具有創作性的音樂劇。韓德爾的神劇常取材於《聖經》故事，不過又具有世俗音樂的特徵，其中充斥著華美的樂器手法，鼓號頻奏，它們標誌著由宗教音樂向世俗音樂的過渡。有些音樂史家指出韓德爾的神劇方式「喧鬧」。這些英雄氣概的作品在英國富人充斥的倫敦音樂廳獲得掌聲，這些人把「以色列人在埃及」和「猶大・馬加比」之類神劇中古代希伯來人的勝利，理解為間接慶祝英國自身蒸蒸日上的偉大。當然，韓德爾的音樂不是專為一個時期所創作，而是為所有時代創作的，這充分表現在他最偉大的神劇「彌賽亞」上，該劇至今在聖誕節仍在整個世界傳唱，其撼動人心的「哈利路亞合唱」肯定是所有經典目中最受歡迎的合唱作品。

儘管巴哈和韓德爾生活的時期，與其十八世紀最偉大的繼承者奧地利人約瑟夫・海頓（一七三二～一八〇九年）和沃爾夫岡・阿瑪迪斯・莫札特（一七五六～一七九一年）之間，僅相隔幾十年，但兩代人之間卻有隔世之感，因為他們的創作風格迥然不同。這就是說，如果說巴哈和韓德爾是最後一批、肯定也是最偉大的巴洛風格音樂大師，而海頓和莫札特則是隨後「古典主義風格」的主要代表。後一術語略有不清楚之處，因為音樂中的古典主義與模仿古希臘羅馬的音樂毫不相干。相反的，十八世紀後半期歐洲風行的音樂風格之所以被稱為「古典主義」，是因為它力圖模仿古代的齊整、簡潔和對稱原則——換句話講，讓音樂唱起來像希臘的聖堂看起來那樣。此外，古典主義流派的作曲家在嚴格堅持某些結構原則的同時，在音樂創作中又有所革新。例如，所有古典主義交響樂都有四個樂章，第一樂章均為奏鳴曲，其特徵是依次為主題（主旋律）、展開和再現。毋庸置疑，啓蒙思想的傳播對古典風格的形成產生影響，不過，優雅而貴族化的洛可可風格的影響也起了作用，因為古典主義時代的音樂通常輕柔、歡快，與洛可可風格的基調極為相似。

無疑的，歐洲委託建造洛可可風格建築的這些貴族的愛好，也決定了十八世紀後半期多數作曲家的個人命運，因爲這些作曲家願意不再像巴哈那樣靠寫教堂音樂謀生，同時，他們在音樂會上也沒有大批聽衆（韓德爾的倫敦聽衆例外）。十八世紀末期藉由創作音樂謀生的風險，由音樂天才莫札特的悲慘經歷中可見一般。作爲一名音樂神童——他四歲開始創作，六歲以鍵盤樂器大師的身分在歐洲巡迴演出，九歲創作了第一部交響樂曲；少年莫札特是貴族的寵兒，奧地利女皇瑪麗亞·德薩沙擁抱過他，教皇授予他「金靴騎士」的稱號。但進入青年之後，他不再是稀奇之人，同時，部分是由於他古怪的性格，因此，在當時沒有任何一位富裕貴族願意長期雇他。他靠在維也納從事自由創作家的事業，和鍵盤樂器演員來謀生，但只能勉強收支相抵。儘管他成年後每年都有大量的作品，但他的收入僅夠勉強餬口，直至三十五歲時，他死於無法治癒的癆病，葬於窮人墓地，參加這位歷史上最偉大的天才藝術家葬禮的人屈指可數。但令人驚奇的是，他雖然身處如此惡劣的環境，但莫札特的音樂卻瀰漫著一種樂觀、寧靜的氣氛。他很少用低調創作，即使用低調時，他常常讓一部歡快的作品和一部憂傷的作品同時出現，似乎是要展示他個人的苦難對藝術毫無影響。

海頓的經歷提供了一個具有啓發性的對照，海頓非常清楚該如何照料自己。他一生大部分時期都自在地受雇於一個富裕的奧匈家族——艾什泰哈齊家族，該家族有自己的私人交響樂團。但這種舒適的生活是要海頓承擔像穿普通管家那樣的制服，受到艾什泰哈齊的羞辱。只是到了生命晚期，在一七九一年，名聲已相當顯赫的海頓旅居倫敦，在那一年裡，他才像韓德爾一樣，靠著爲公衆而不是爲私人創作謀生。只有倫敦可以讓兩位外國人在此謀生，這一事實清楚地說明，該城市是在當時爲數不多，且具有大規模的文化市場之一的城市，在十八世紀享有與衆不同的地位。就此而論，倫敦代表著未來的潮流，因爲十九世紀整個歐洲的重要音樂都由貴族的沙龍轉向城市音樂廳，面向大衆演奏。另外，値得注意的是，在貴族氣息濃厚的奧地利，海頓不得不穿上僕人的衣服，但在倫敦，他則被當作具有創造性的天才，受到人們的歡迎——他是被稱爲天才的最早作曲家之一，儘管很久以前就有詩人被冠以這種稱號。因而，「奇蹟」交響曲之所以取了這樣一個曲名，是因爲在倫敦的音樂廳做一次演出時，有一盞枝形吊燈從天花板上掉下來，如果不是所有觀衆爲了更能近一點目睹正在指揮的「天才」海頓，而紛紛往前擁，很多人將會喪生。

海頓在倫敦的居留還能以另一種方式預示著未來，因爲他的作品風格與韓德爾的半宗教化神劇相反，他在當時創作的音樂完全是世俗音樂。確實，整個古典主義的音樂主要是世俗音樂，就像絕大多數音樂直到目前仍是世俗音樂一樣，而這種音樂主要在歌劇、室內樂、管弦樂三個領域有所發展。在歌劇領域，古典主義時代一位重要的革新者是克利斯朵夫・威利巴爾德・馮經・葛路克（一七一四～一七八七年），在蒙台威爾第的許多後繼者把歌劇變得死氣沉沉時，他強調戲劇性情節是必不可少的。但迄至那時最偉大的歌劇作家是莫札特，他的「費加洛婚禮」、「唐喬凡尼」，以及「魔笛」自問世以來，一直位居最輝煌、最受戲迎的作品之列。至於室內曲，即爲小型器樂隊創作的音樂，古典主義時代是室內樂起源時期，也是最具發展的可能時期，因爲在該時代初期就有四重奏問世了，不久海頓和莫札特就使之發展到頂峰。

不過，古典主義時代給人印象最深刻的創新可能是交響樂——可以說是音樂小說，因爲交響樂自此被證明是最有發展可能、最受人歡迎的音樂形式。雖然海頓並非最早創作交響樂的人，但由於他創作了一百多首交響樂作品，因而，被稱爲「交響樂之父」。這些作品中，最傑出的是他在倫敦創作的最後十二首交響樂——在這裡，海頓系統地提出交響樂創作最持久的技巧，最充分地展示了交響樂的創造潛力。不過，莫札特所創作的四十一首交響樂作品中最後的三首，一般被認爲比海頓的作品更加偉大，因爲它們旋律之優美、創作手法之多樣化，和技巧的完美無缺，是無人可比的。對於十八世紀音樂創作無法僅用言詞描述，不過，我們可以有把握地得出以下結論，即便只有莫札特的一兩部音樂創作傳世，而不是像實際上那樣有著數以百計的作品流傳下來，但單單只有它們就足以表示，該世紀是人類整個創造性想像力歷史上最激動人心的時代之一。

註釋

第一章

1 譯註：Tanganyika於一九六一年獨立，一九六四年又與Zanzibar合併爲Tanzania。

2 原註：現代一般已不再把解剖學上的最早現代人稱作「克羅馬儂人」。因爲既然「尼安德塔人」是一種生物學的分類，因此與尼安德塔人類型相合的一切骨架都可以稱爲是尼安德塔類型，而再不管他們是在什麼地方被人發現的。但是如果我們僅僅因爲現代人種類型的某些遺物是在法國南部的克羅馬儂洞穴附近所發現的，就必須把所有生物學上的現代人都稱爲「克羅馬儂人」，那麼我們就不得不把喬治・華盛頓和阿爾伯特・愛因斯坦也稱作「克羅馬儂人」。

3 原註：在本書前幾版之中，將此稱爲「新石器革命」。現在之所以不用此一詞彙，乃是因爲「新石器革命」易於使人誤解，好像生產食物的發明主要是因石器工具製造技術的進步造成的。

第二章

1 原註：此處及往後各處，凡是緊跟在一個統治者後面的時間均是指這統治者在位的時間。

2 譯註：根據《聖經》記載，有一天，伯沙撒王與衆臣飲宴，以尼布甲尼撒從耶路撒冷殿中所掠來的金銀器皿爲酒具，席間忽然有人以手指在王宮與燈臺相對的粉牆上寫字。據被擄猶太智者但以理的解釋，這一異象是神顯靈，數算新巴比倫的氣數即將完畢。

第四章

1 原註：多數《舊約》權威研究者認爲，〈以賽亞書〉是由三位不同的作者寫成的。他們將第一部分歸於以賽亞，把第二部分（第四十到五十五章）歸於「第二個以賽亞」；最後一部分則是某人在回歸耶路撒冷之後寫成的。

2 譯註：此指線形文學A。

第五章

1 譯註：「種姓」一詞，乃唐代玄奘依唐代門閥的想法，意譯而成。其實在印度（梵）文中稱其階級制度爲「瓦爾那」，十五世紀葡萄牙人登陸印度後，稱此一制度爲「卡士特」。

2 原註：梵天作爲無所不在的宇宙靈魂或絕對存在的概念，是由更早的對無所不在的魔奇力量的信仰提煉演化而來。Brahma（Brahman的陽性形式）體現了賦予這一概念，一個可以崇奉神祇的形象。作爲一個祭司等級的稱號，Brahman（婆羅門）是該詞的另一衍生形式。「涅槃」一詞雖未在《奧義書》中出現，但成爲表示精神解脫的常用術語。它的字面意思是「熄滅」。

3 譯註：見「吠陀時代對思想文化和宗教的貢獻」。

第六章

1 譯註：上文出自於《史記・孔子世家》。

2 譯註：房山縣，周口店。

3 譯註：河於中國亦可單指黃河。

4 譯註：學者稱盤庚遷殷後的商王朝爲殷。

5 譯註：應是指甲骨文字，甲骨文亦稱卜辭。

6 譯註：中國文字構造原則，稱之爲「六書」，乃指象形、指事、會意、形聲、轉注、假借六者。

7 譯註：應指六書中的「會意」文字。

8 原註：學者對此年代意見不一，大約年代應在西元前一一二二年至西元前一〇一八年之間。

9 原註：張光直，《古代中國的考古》，第三版，第三八三頁。張先生認爲傳統意義上的三代——夏、商、周，實際上是並存且相互關聯的三個國家在西元前兩千年政權由一國轉移另一個。張光直，《商代文明》，第三四七～三四八頁。

10 譯註：此爲士之階級。

11 譯註：燕、趙。

12 譯註：秦。

13 譯註：楚。

14 譯註：遼東地區。

15 譯註：燕。

16 原註：中國古代有一句著名的諺語說：「好鐵不打釘，好男不當兵。」

17 原註：另有相反的觀點，如威廉將這一經典視作人類有能力掌握自己命運的一個例證。見Eight Lectures on the I Ching，一九六〇年版。

18 譯註：應指《儀禮》。

19 釋註：《論語．述而》。

20 譯註：《論語．學而》。

21 譯註：《論語．先進》。

第七章

1 原註：斯巴達乃是拉哥尼亞（Laconia）或拉棲第夢尼亞（Lacedaemonia）區的主要城市，有時也用這兩個名字中的任何一個來稱呼這個城邦。斯巴達人也經常被稱拉哥尼亞人或是拉棲第夢尼亞人。（現今的形容詞「laconic」）就是因為古代斯巴達人吝惜字句的名聲而來的。

2 原註：Plutarch, "Lcurgus", *Lives of Illustrious Men*, I, 81。

3 譯註：Areopagus乃是雅典的一個小山丘，因為該議會設在此山之中，因而得名。

4 原註：所謂學院，乃是柏拉圖與弟子會面討論哲學的地方。

第八章

1 譯註：此語出自亞里斯多德的《政治學》，第一卷，第二章。

2 譯註：希帕庫斯所發明的「觀星儀」，乃是古代世界中最佳的天體星象圖。

第九章

1 譯註：此一法案乃是Hortensian Law，其得名於獨裁者Quintus Hortensius。

2 原註：Theodor Mommsen, *The History of Rome*, I, 313。

3 原註：對迦太基的戰爭被稱為布匿戰爭（the Punic Wars）。因為羅馬人稱迦太基人為布匿人（Poeni），意即腓尼基人。Punic乃是Poeni的形容詞態。

4 譯註：根據古羅馬曆法，三月、五月、七月、十月當中的第十五日，以及其他各月當中的第十三日，稱之為the Ides。

5 譯註：此處所指應是《高盧戰記》一書。

6 譯註：*Tacitus, Agricola*, p.30。

7 譯註：有關托勒密的天文學成就，可參考第八章第六節「天文學」一段之內容。

8 譯註：針對羅馬婦女的地位之問題，本書的作者於「West Civilization」（一九九二年）書中做了部分的修改，他們認為，「與雅典婦女相比，共和國時期富家婦女受到的家庭生活的限制較少，不那麼默默無聞，這一趨勢在早期帝國時期變得更為明顯。……她們在婚後不改變自己的姓氏，具有相對獨立於丈夫的地位。上層婦女通常都受到良好教育，可以自由地從事文化藝術活動，並經常把她們的肖像畫在或鐫刻在硬幣上。有些婦女確實在國家事務中扮演了重要角色。」

9 譯註：*The Republic*, Vol, Ⅲ, 22。

第十章

1 譯註：此處原文如下：「我卻願意偷竊，而且眞的做了，不是由於需要的脅迫，而是由於缺乏正義感，厭倦正義，惡貫滿盈。因為我所偷的東西，我自己原是有的，而且更多更好。我也並不想享受所偷的東西，不過為了欣賞偷竊與罪惡。在我家葡萄園的附近有一株梨樹，樹上結的果實，形色香味並不可人。我們這一批年輕壞蛋在街上遊戲，直到深夜；一次深夜，我們把樹上的果子都搖下來，帶走了。我們帶走了大批贓物，不是為了大嚼，而是拿去餵豬。」（卷二第四章）見《懺悔錄》中文本（周士良譯，商務印書館一九六三年七月版）第二十九至三十頁。

第十一章

1 譯註：文見《漢書》「王命論」。

2 譯註：法顯是中國東晉僧人（三三七／三四二～四一八／四三二年）。西元三三九年，他以近六十歲的高齡自長安出發，西行尋求戒律，歷經艱辛，四一二年方返抵故土。他把其十餘年中巡禮三十餘國的行程，寫成《佛國記》一卷（又名《法顯傳》、《歷遊天竺記傳》）。

3 譯註：玄奘（六〇〇／六〇二～六六四年），唐初高僧。貞觀元年（六二七年；或曰貞觀二年、三年），他自長安出發，孤自穿越沙磧，經高昌、龜兹等地，入吐火羅，繼而過克什米爾、入北印度，遊歷印度各地，遍尋佛法。貞觀十九年，他攜帶佛經六百五十七部及佛像、花果種子等返回長安。玄奘取經之行，歷時十數載，行程五萬里，是中古史上一次艱險而偉大的旅行。由他口授、弟子辯機筆錄的《大唐西域記》是他親見所聞的旅行記錄，記載正確，有極高的史料價值。

4 譯註：時母，或譯作卡莉。在印度神中，她是一位形象可怖、既能造福生靈、也能毀滅生靈的女神。

5 譯註：Sermon on the Mount，語出〈新約・馬太福音〉（第5-7章）、〈新約・路加福音〉（第6章）等處，指耶穌在山上對其門徒的訓示，其內容構成基督教的基本教義。

6 原註：實際上，存世時間較短的隋朝（五八九～六一八年）已重新統一中國，並開創了一個新的進步時代。

7 原註：G. B. Sansom，《日本文化簡史》，頁四七。

8 原註：E. O. Reischauer在《日本人》一書第三十七章中，對這一部分有相當具有啓發意義的討論。

9 原註：一些日本學者不同意祭祖習慣是舶來品的看法；但不管怎樣，在與中國接觸後，這種習俗得以強化。這種現象出現所造成的一個不幸後果是，在父家長家庭中，以及整體而言在社會中，女子越來越從屬於男性權威。

10 原註：E. O. Reishauer，《日本，一個國家的歷史》，頁三四～三五。

第十二章

1 原註：據了解，「希臘火」乃是由硫磺、石油腦，以及生石灰所混合而成的。藉由安裝在船頭，還有安置在君士坦丁堡城牆上的青銅砲管，將這種液態火燄噴向敵軍。

2 譯註：由於威尼斯人基於軍事上的考量，誘使第四次的十字軍東征一再更改計畫，最後攻占了君士坦丁堡，並建立「拉丁帝國」與諸封國。這些封國原則上屬於東羅馬，但實際上是獨立的，直到拉丁帝國建國五十年後，以尼西亞爲首都的拜占庭帝國在邁克爾八世領導下，才消滅拉丁帝國，使君士坦丁堡再度爲拜占庭帝國的首都。

3 譯註：由於拜占庭承繼羅馬傳統，皇帝是「民選」——指直接由人民選出，或間接由元老院或某一軍隊擁立，因此皇帝職權之大、地位之高，是許多野心政客與軍人所嚮往。再加上對宗教的狂熱，與神學上歧見，往往會引起黨爭，造成社會不安。

4 譯註：在西元五、六世紀由於異端造成許多教義紛爭，尤其是「神人同性論」的教義在埃及興起後，迅速蔓延至敘利亞及巴勒斯坦，形成對正統帝王的敵視氣氛，且這種基督只有一性的一體教被視爲回復古代近東靈魂教，此與東正教義理論發生衝突。

5 譯註：當時修道院經由俗人捐贈獲得大量地產，使得可以免稅的修道院，讓大批土地脫離賦稅範圍，嚴重影響帝國財政。

6 譯註：此教堂在一四五三年君士坦丁堡淪陷後，蘇丹穆罕默德二世改爲清眞寺，在教堂的四角又建四座回教尖塔，並將四壁塗上石膏。一九三四年，土耳其政府才恢復其原貌——鑲嵌藝術。

7 譯註：從九世紀中葉，拜占庭的宗教和文化便不斷向其四周傳播，使其四周的斯拉夫民族能接受其文化皈依拜占庭的基督教，尤其當傳教士西里爾和梅索迪奧斯發明斯拉夫字母，用來寫斯拉夫文聖經，便正式將俄羅斯帶入東正教及拜占庭文化中。

8 譯註：此次分裂最主要因素在於羅馬教宗首席權問題，此後的東部拜占庭地區則稱爲「希臘正教」，而羅馬方面爲「公教」；從此所謂「基督教世界」便分裂不再有統一。

9 譯註：Kabah，即是所謂的「天房」，此時的宗教是屬於多神信仰。

10 譯註：Hijrah或Hegira，意爲出走。

11 譯註：此時政教合一的「哈里發」制度誕生。

12 譯註：《古蘭經》是在穆罕默德死後成書，其編排方式是依每章長短編成（長在後，短在前），而非依照穆罕默德受啓示的時間排列。

13 譯註：回教的宗教學者，即是所謂的阿訇（Akhund），此乃波斯語的音譯。舊譯阿衡、阿洪。原爲伊斯蘭學者、宗教家和教師之意。在中國信仰伊斯蘭教的各少數民族中，也是對具有伊斯蘭專業知識者的通稱；維吾爾族穆斯林稱爲「毛拉」。凡在清眞寺裡學習多年，而經學水準和道德操守都合格的人，經舉行「掛帳」或「穿衣」儀式（畢業）後，即可受聘到清眞寺任職，稱爲開學阿訇。因其講經傳道，主持宗教儀式與宗教活動，故又稱教長。不任職者稱爲散班阿訇，也可應邀爲教徒舉行宗教儀式。

14 譯註：阿布・貝克在被任命爲「哈里發」後，爲了避免再起爭執，更指定奧瑪爲繼承人。

15 譯註：阿布・貝克對外所發起的軍事行動俗稱「聖戰」，其結果使阿拉伯內部統一。

16 譯註：烏斯曼代表的是麥加的勢力被稱爲「正宗派」，而阿里則爲麥地那勢力的代表，爲「傳統派」。

17 譯註：Arabian Nights，亦稱爲《一千零一夜》（*Book of the 1001 Nights*）。

18 譯註：dervish，源自於波斯文，意爲「沿街乞討」。而dervishes乃是伊斯蘭教蘇非派教團中的高級職位。蘇非派吸收新柏拉圖學說，強調的是眞神阿拉的慈愛，與正統派強調神權有很大的不同，所以帶給民衆無限希望。

19 譯註：faqir，源自於阿拉伯文，意爲「貧窮」。

20 譯註：一般認爲，克洛維斯皈依天主教是有其政治利益，因爲他不僅得到當地居民的支持，還能藉天主教的名義打擊異端派，從而建立強大的王國。

21 譯註：在倫巴人入侵義後，拜占庭皇帝無法對西方提供幫助，使得羅馬教宗——格列哥里必須負起保衛羅馬之責，他深知拜占庭無法依靠下，便與法蘭克王國合作，逐漸脫離與拜占庭的關係。

22 譯註：格列哥里派本篤僧侶聖奧古斯丁前往英格蘭的肯特王國，促使英格蘭的皈依行動。

23 譯註：理論上，這些伯爵是由國王任命，所以可由國王任意解職；但實際上，他們大都是終身任職，且職位還世襲下去，這爲日後封建制度發生的原因之一。

24 譯註：阿昆爲加洛林文藝復興的主要推動者，他最重要的工作是校訂最新、正確的《聖經》版本，使基督教文化免於因經文的錯誤而引起不必要的混淆。

25 譯註：即所謂的「加洛林小字」。

26 譯註：指西法蘭克王「單純者」查理（Charles the simple）。

第十三章

1 譯註：古代人們在馬的肩隆上套上軛套時，用一根帶子繞在馬脖子上，當馬拉動時，往往使氣管受到勒住。

2 譯註：從政治和經濟來說，莊園制度是封建制度的基礎。

3 譯註：典型的莊園是由農奴耕作領主土地，領主給他們生命的保障，但他們須繳交勞力、稅賦與盡義務。

4 譯註：在九世紀時，此制度只有在西法蘭克（今法國）、洛林和法古科尼亞的發展最迅速。

5 譯註：他們與土地是不可分的，可以隨土地易主而易主，不過，與羅馬奴隸不同的是，他們仍有人身的自由。

6 譯註：農奴的這塊地，他所擁有的是這地的使用權而非「土地所有權」。

7 譯註：它的形狀、輪廓與利用方式，各地皆不同，視每個地方土地肥瘠而定。

8 譯註：集體勞作的過程通常會在村中議會中詳細討論。

9 譯註：中古的貴族（Nobility）和羅馬的貴族（Aristocracy）最大的不同在於法律上的地位，Nobility擁有采邑，可以世襲，但Aristocracy只是個有錢有勢的平民。

10 譯註：封建貴族的主要工作是戰爭，當時「私戰」是最大問題，戰爭對貴族而言，是增加財富的方法，因爲交戰者不以殺死對方爲主，目的在獲取贖款與戰利品。

11 譯註：羅馬教會規定有「天主的和平」指戰爭中不可侵犯人與非戰者人身安全和「天主的休戰」日不可打。

12 譯註：是一種娛樂，也是一種訓練騎士與騎士自我訓練的場合，中古騎士熱愛此活動。

13 譯註：九世紀的拉丁文中稱騎馬的武士爲「miles」，在法文中則稱騎士爲「Cheralier」，即騎兵，其與英文的「knight」同義。

14 譯註：北義大利和法蘭德斯等地，從中古早期就一直有商業活動。

15 譯註：這兩位城市的崛起和第一次十字軍東征有關。

16 譯註：由於香檳區地處中古四方商人交易中心，爲桑河上游、萊因河、塞納河與羅亞爾河的支流之間，再加上香檳伯爵派官員維持秩序與保護商人安全，因而吸引各地的商人。

17 譯註：除了新路線的發展外，北日耳曼的「漢撒」壟斷波羅的海商業亦有關。

18 譯註：這階層的產生是因爲，在工商業日益發達後，控制基爾特的師傅爲自身利益，改變規章，增加學徒人數；此外，他們還緊縮加入基爾特條件，而無法成爲正式會員，因而產生以工作漲薪資的人。

19 譯註：一般皆規定訓練期的長短與學徒受訓的條件（如工資）。

20 譯註：教會一直都反對以謀利爲目的的任何活動，直到十一世紀才接受「公道價格」的代價。

21 譯註：此地區在九六二年由鄂圖一世創立一個「日耳曼人的羅馬帝國」爲「神聖羅馬帝國」。

22 譯註：鄂圖襲退馬札爾人證明了王室權力，他是日耳曼眞正的護衛者，而非那五個「部族」公爵。

23 譯註：從亨利一世始，皆將教會當成他們統治帝國的工具，成爲與貴族對抗的手段。

24 譯註：此革新的結果促使中古史上出現一次嚴重的政教衝突——「俗人授權衝突」。

25 譯註：由於俗人授權的問題，使教皇開除亨利的教藉，但在基督世界中，失去身分的人是不能再當基督教共和國的統治者。

26 譯註：此事件表面上是政權已完全屈服於教權，但許多史學家卻認爲，亨利才是眞正的勝利者。

27 譯註：貴族們選出來的繼承者只是有貴族血統，並非直系血統。

28 譯註：指的是倫巴底。

29 譯註：由於在十一世紀後葉，倫巴底便開始一連串的政治革命，出現了由商人與貴族建立的自治獨立的「市政府」，他們與倫巴主教們所建立的政府不同，因此在腓特烈一世的到來時，自然造成北義城邦間的糾紛更加嚴重。

30 譯註：指在一二三一年頒布的「優待諸侯憲法」。

31 譯註：教皇將此地的王位交由安茹的查理，目的利用法力量把霍亨斯陶芬家族勢力逐出。

32 譯註：指依「凡爾登條約」後，將查理曼帝國分成三部中，屬於查理得到的「西法蘭克國」。

33 譯註：封建制度是由具有三個重要因素：一種政治形式、土地占有、私人關係。

34 譯註：采邑即是土地；在封建制度下，領主的政府權力來源是在土地占有。

35 譯註：因爲「證道者」愛德華許諾將王位給他，且羅哈德亦曾宣誓不求王位，將王位讓給他，使他宣申正是合法的繼承者。

36 譯註：因爲此地的分封是由威廉創立的，所以一切的規定皆由他所創的。

37 譯註：這些郡守是直接聽命於國王。

38 譯註：baron只擁有土地，但沒有地上的統治權力。

39 譯註：一二一四年的戰役爲「布瓦之役」，此戰役粉碎約翰欲奪回諾曼地和安茹的最後希望。

40 譯註：大憲章的價值在於它出現的時代背景和所表現的精神，對後來英憲政發展極具意義。

41 譯註：亨利三世死於一二七二年，而非一二七七年。

42 譯註：它除了是有固定形式，更是成爲後來國會的模型。

43 譯註：指頒布Qua emptores法令。

44 譯註：此王朝是一個世襲王朝，在他生前便冊封太子爲繼承人，而此傳統一直持繼到王朝結束，國王實際上只是一個大的封建領主，他們的疆域不及諾曼地大，權力也不如諾曼地爵。

45 譯註：法蘭西之島北起巴黎，南至爾良，是卡貝家族的封建原名爲「法蘭西公國」。

46 譯註：指的是修里塞托和湯瑪斯·麻里。

47 譯註：在菲立普、奧古斯都時，讓卡貝國王在法蘭西人民心中已不再只是一位封建領主，而是一國之主了。

48 譯註：他設立巡邏的乒壇室督察員制度，這些督察員負責報告地方憲情，防止野心的地方官。

49 譯註：可以說是封建時代王庭「大會議」的延伸，第一次召開在一三〇二年，菲立普和教宗發生衝突；第二次在一三〇八年，菲立普反聖殿武士會的政策上；第三次在一三一四年爲征新稅。

50 譯註：此時的法國在菲立普認爲法國國王是天賦神權的世俗與精神領袖，是西歐的領導人物下，讓法國的專制王權已具雛型。

第十四章

1 譯註：不過在任命主教和修道院院長的權力還是在查理曼之手。

2 譯註：從查理曼之後的兩個世紀後，教會缺乏強有力的外援，因此在內憂外患下，被捲入義大利的黨派政治中，所以被稱爲傀儡。

3 譯註：此次的宗教復興對象雖是修道院生活，但也影響了整個教會和羅馬教廷，刺激了十一世紀的宗教改革。

4 譯註：此位貴族指亞奎丹的公爵。

5 譯註：亨利三世是一位極熱衷改革者，他認爲羅馬教宗人選之不當會導致教會混亂，進而對帝國產生不利的影響。

6 譯註：此是在一〇五九年的拉托郎教務會議中宣布的，此也是引起日後政教衝突的最高潮——俗人授職衝突的會議。

7 譯註：他的思想源於傑來西的「雙權論」。

8 譯註：亨利否決格列哥里對米蘭主教的選舉問題，是引起羅馬與日耳曼皇帝間授權之爭的開端。

9 譯註：此協定解決俗人授職問題，但俗人控制會選舉之事並未得到解決。

10 譯註：另一協商重點爲，在教宗方面：准許所有主教選舉必須在皇帝或其代表前舉行。

11 譯註：英諾森三世的成功除了本身的才華外，另一主因在於當時的政局太混亂，俗世缺乏強有力的對手——日耳曼王位爭奪不斷，英、法又連年戰爭，西西里王尚年幼。

12 譯註：指菲立普在一一九三年娶丹麥王之女英Ingeborg爲后。不久後，又將她遺棄，另娶東巴伐利亞一麥藍公爵之女安妮絲爲妻之事件。

13 譯註：約翰之所以屈服，在於英諾森三世下令全英禁止所有宗教活動，且開除約翰王的教籍；此外，更鼓勵法王菲立普攻打英國。

14 譯註：此次東征爲第四次十字軍征。

15 譯註：西西里晚禱事件最後導致西西里王國一分爲二，成爲法蘭西和西班牙競爭之地，使西西里變得殘破不堪。

16 譯註：因爲卜尼法斯八世的舉動使英國的教會不受法律保護，使人民可反對教士和侵占教會財產；而在法國，由於菲立普四世禁止金銀的流出，使羅馬教會在法的錢財被凍結。

17 譯註：此事的起因在於，英俊的菲立普向教士徵稅，禁止教皇向法徵土地稅之事。但在一三〇〇年百年大赦，因大量信徒進入羅馬恢復教皇信心，不再對此事退讓而引起。

18 譯註：十字軍代表了三個象徵中古推動力的融合——虔誠、好戰、貪婪。

19 譯註：指在一〇七一年於曼齊卡特之役，拜占庭將小亞細亞丟掉之事。

20 譯註：東、西教會因反對偶像運動與羅馬教宗首席權問題，在一〇五四年造成分裂，從那時東方教會自稱Orthodox（正統），而西方則稱Catholic（公教）。

21 譯註：在中世紀全盛期，歐洲貴族最喜愛的一項專業運動便是彼此間的「私戰」，而十字軍東征的運動將歐洲貴族的注意力從私戰移走。

22 譯註：一般認爲烏爾朋二世的那篇演講稿提

到的除了讚揚法蘭克人尚武精神與他們祖先的英勇事蹟外，再提土耳其人在聖地的暴行外，最重要的，東方是塊「蜜與奶之地」，參加十字軍是發財好時機。

23 譯註：這四個十字軍王國爲，愛代沙、羅拔・奎斯卡之子統治的安提阿、的黎波里國及耶路撒冷王國。

24 譯註：指愛代沙的失陷，此事引起第二次十字軍東征。

25 譯註：此次的法王爲路易七世；日耳曼皇帝是孔拉德三世。

26 譯註：此次十字軍東征西方沒有任何一位帝王參加，而是由大諸侯法蘭德斯伯爵所領導。

27 譯註：指的是卡諾沙事件。

28 譯註：「西多會」是由在一〇九八年由羅伯・摩來斯姆在西多所創的。

29 譯註：他誘使法國王和神聖羅馬帝國皇帝參加第二次十字軍東征外，還曾在一一三〇年說服基督教世界接受他所提名的人。

30 譯註：Consecrated host，指天主教中在彌撒中或耶穌教在聖餐中經過「祝聖」的麵餅。

31 譯註：異端運動的出現是平信徒開始以更嚴格的標準來衡量教會人士，而非教會人士的墮落。

32 譯註：又被稱爲「清教徒」。

33 譯註：創始者爲一位叫彼得・華爾多的商人，此派另一稱呼爲「里昂窮人」，他們最初並非異端，而是在經過教會方面的壓迫才逐漸形成的。

34 譯註：聖道明我（一一七〇？～一二二一年），本人乃是卡斯底爾奧古斯丁修會的修士，於一二一五年在第四次拉托郎大公會議中要求教皇允他立新修會，一二一六年教皇准其在羅馬設立總會，自稱爲總會長。

35 譯註：是在第四次拉托郎大公會議被允許。

36 譯註：主要是推動亞里斯多德哲學。

37 譯註：指在第三次拉托郎大公會議中宣布的。

38 譯註：當時的主要讀物爲《聖經》和教父作品，「三文，四藝」亦爲重要教材。

39 譯註：巴黎大學由聖母主教座堂學校、聖傑內維愛弗修道院學校和聖維督修道院學校組成。

40 譯註：指菲立普二世賜給的「豁免權」，使巴黎大學師生脫離地方政府管轄。

41 譯註：由於他精通柏拉圖、新柏拉圖哲學、亞里斯多德物理學與伊斯蘭的科學的關係。

42 譯註：亞培拉因《是與非》、《論三位一體》二書被指責爲異端。

43 譯註：在一一二一年，蘇阿桑會議中，仇敵的壓力下，將《論三位一體》的書焚毀。

44 譯註：此書中，他探討了一切有關哲學、神學、政治理論和道德的大問題，在此他引用亞里斯多德的邏輯方法和思想範疇；對於每個問題，正如亞培拉一樣，他蒐集每種可能的正反論點，不過，他所做的結論都有證據支持。

45 譯註：敘述查理曼大軍遠征西班牙時，一隊孤懸的後衛與一群回教徒之間的血戰。

46 譯註：是十二世紀出現的，描述幾位騎士的奇遇，全是神鬼、江湖俠客、男女奇戀的故事，在此沒有中心英雄，而是由許多英雄當主角的一連串奇遇。

47 譯註：描述十一世紀基督徒和伊斯蘭教徒間的複雜關係。

48 譯註：他們的詩比史詩更重視內心與個人之事，而常強調浪漫的愛 情。

49 譯註：龐德，一八八五至一九七二年，美國文人。

50 譯註：這些傳奇的內容幾乎千篇一律，有類似的結構。

51 譯註：中心題材是六世紀的英王亞瑟和他的「圓桌武士」，在此所描述的故事內容都是虛幻，無歷史價值。

52 譯註：威廉所創作的主題是男歡女愛通俗又平淡，並藉此對男女關係、社會制度、教會生活等加以批評。

53 譯註：因爲在一三〇一年城內的黑白兩黨爭政權，不幸的，但丁所屬的保守派白黨失勢，因而開始流亡。

54 譯註：除了古典羅馬藝術外，也受到拜占庭藝術影響。

第十五章

1 譯註：一般認爲黑死病是熱內亞的船員帶回

來的。

2 譯註：最早出現在熱內亞，但威尼斯商人做了改良，例如，用阿拉伯數字記帳，類似現代的借貸格式。

3 譯註：因為在一三七八年發生前所未有的市民運動、工人示威、政府垮臺，這些無產階級因而組織公會。

4 譯註：指麥迪奇獨裁政府的出現。

5 譯註：此時的財政基礎從田莊經濟轉變到貨幣經濟。

6 譯註：因為教宗傳統權威由來的重要淵源是羅馬為主教的傳統，因此教宗離開羅馬，被視為離棄彼得聖城、聖體、教堂。

7 譯註：指出現教會的大分裂。

8 譯註：此大會目的在：一、恢復教會統一；二、撲滅異端；三、進行改革。

9 譯註：此聯盟只能保持一時的內部和平，但不足以抵禦外來的強敵侵略。

10 譯註：亨利七世以蘭克斯特王室遠親而在亨利六世死後為此王室繼承者，並在一四八五年擊敗理查三世，娶愛德華四世之女伊莉莎白，因而結合約克王室建立都鐸王室。

11 譯註：玫瑰戰爭為封建貴族間的火併，因此王室透過法律禁止貴族再維持特別旗號服色的私軍。

12 譯註：此時的伊比利半亞島上仍有五個王國：卡斯蒂爾、亞拉岡、葡萄牙、那瓦爾、哥拉納德。

13 譯註：指亞拉岡在一五〇三年取得那不勒斯。

14 譯註：the Khanate of the Golden Horde，在中國歷史上稱之為欽察汗國，為成吉思汗封給長子朮赤之國。

15 譯註：成立一個楊極隆王朝。

16 譯註：路易斯．卡羅爾（一八三二～一八九八年），英國兒童文學作家，著名的《愛麗絲漫遊記》就是其作品。

第十六章

1 譯註：即為宋太祖趙匡胤。

第十七章

1 譯註：pueblos人乃是印第安的一支，生活在美國西南部和墨西哥北部。而此處的「普韋布洛」是指這支印第安人所居住的房屋，其多由梯形數層平頂的城堡式結構所組成。

2 原註：這一學說得到一位美國人類學家和語文學家的大力支持：Ivan van Sertima, *They Came Before Columbus: The African Presence in Ancient America*, New York, 1977。

第十八章

1 譯註：humanism一詞源於拉丁文的「humanitas」，它乃是由西塞羅衍生出來的一個名詞，他用此詞表示致力於學識或與人尊嚴相配合的學術。

2 譯註：這些教皇對神學既不感興趣，也對改變不敬神者的信仰沒興趣，他們的態度都特別怪異，不像一般人眼中的教皇，不過，他們對文化的發展具有無上的價值。

3 譯註：由於有佩脫拉克，才使文學成為一種心靈的召喚，一種道德、哲學的思考，雖然這思考仍與宗教有關，但不再附屬於宗教。

4 譯註：馬基維利心目中理想的君主為亞拉岡的斐迪南國王、法蘭西的路易十一、英格蘭的亨利七世。

5 譯註：此書是以作者的家鄉佛羅倫斯城的典型生活事件為基礎的作品，馬基維利在此作品中，一樣對人性表現出懷疑的觀點。

6 譯註：由於他的出現，才使繪畫獲得獨立的藝術地位，他是一個卓越的自然主義者，據說他在描繪生命的形像技巧非常高超。

7 譯註：他是文藝復興時期繪畫的創始者，也是第一位眞正領會到，只有平面感的現實主義是不夠的人，他認為藝術家必須將人放在三度空間來觀察，方可達到現實主義的最高境地。

8 譯註：此外，馬薩喬的名作，還有「納稅錢」等。

9 譯註：列奧納多．達文西一生中完成的畫作不超過十五幅，但其草稿卻是不計其數。

10 譯註：米開朗基羅花四年半的時間，辛苦地站在高架上仰著臉工作，且在六千方呎之內，繪製近四百個人像，而且這些人像都是十呎高大身材。

11 譯註：畫中所描述的是體格魁梧的基督正將一大群人判入地獄，此畫的題材雖是基督教式，但精神卻屬異教的。

12 譯註：他是第一位創作無需支撐物的裸體雕塑像的雕刻家。

13 譯註：此作品是教皇朱阿利斯二世基團上的著名塑像。

14 譯註：反宗教改革運動是指羅馬教會本身在新革命之前即著手從事的一種眞正改革，這改革很早就開始了。

15 譯註：他的父親是一位教士，母親則是一位女僕。

16 譯註：奧古斯丁修道院。

17 譯註：他對人文主義的文學方面較不感興趣，重視的是其對宗教和政治抗議的可能性。

18 譯註：描述的背景是英格蘭在伊莉莎白女王時代的強大。

19 譯註：此觀念最早是在西元前三世紀由希臘化科學家亞利斯塔加斯提出的。

第十九章

1 譯註：從十二世紀以來，就一直盛傳有一個傳教士約翰，他是一個擁有強大權力的基督教君主，他在亞洲或非洲統治一個有廣大領土且十分富裕繁榮的國家。

2 譯註：在一四二七到一四三二年間，他們發現亞速爾群島。

3 譯註：此群島是在一四一八至一四一九年間發現的。

4 譯註：好望角原名爲風浪角，後來才由葡萄牙國王約翰二世更名爲好望角。

5 譯註：哥倫布根據地球圓周以赤道爲準爲一萬八千海哩的不正確說法來估算，因此從歐洲到亞洲的西航距離不過才三千海哩。

6 譯註：據說他僅以十艘船，六、七百位士兵和十八匹馬與幾門砲便控制了此地。

7 譯註：西、葡兩國對於新大陸的所有權一直有爭執，因爲葡認爲西所發現的地方是亞速爾群島延伸的，最後由羅馬教皇亞歷山大六世調處，於一四九四年雙方訂定《托爾德西拉斯條約》，規定綠角群島以西三百七十里格子午線爲分界線，以東歸葡。

8 譯註：路德是在看到羅馬書第一章第十節聖保羅的思想中的「你們將只靠信心而活著」，而發展出來的。

9 譯註：贖罪券的理論是在十三世紀時由士林派神學家發展出來的。

10 譯註：它原本是指做多少次彌撒或誦多少經文來獲得，而不是由信徒爲死去的親屬用錢購買而贖罪。

11 譯註：他之所以成爲修士的原因在於，路德本身是一位情緒激動、精神很不穩定的人。而那年他在暴雨風中，在遭到雷擊時恐懼上帝將致他死，因而在聖安妮前許願爲僧。

12 譯註：教會代表爲德境內著名的神學家艾克。

13 譯註：這三本被視爲日耳曼宗教改革的三大論著，分別是：《致日耳曼貴族書》、《教會的巴比倫之囚》，以及《論基督徒的自由》。

14 譯註：在懺悔禮，罪人之所以能解除負擔，並非因教士的赦免，而是因內心的聖寵和信仰，因此「每個人皆可成爲自己的教士」。

15 譯註：此事件是從南德迅速往北、往西蔓延，遍及全德。最初，性質較接近革命，而非革命，後才在激進分子的鼓噪下，轉向動亂。

16 譯註：見本書第十五章。

17 譯註：在劍橋這些人被稱爲「日耳曼人」。

18 譯註：當時英國極需要西班牙的友誼，因此亨利八世於一五〇九年即位後，經教皇特別允許，而與長他六歲的凱瑟琳結婚。

19 譯註：亨利的動機並非在改變舊教教義，他想成爲舊式英格蘭教會的領袖。

20 譯註：指在一五四七取消了亨利八世所頒布的《六項條例法案》。

21 譯註：他在二十二歲就接受聖職，但他參加傳教的目的是藉機培養他的文學興趣。

22 譯註：雙方於一五二九年在德內馬堡互辯，崔文利拒絕與路德妥協，因而分爲二個不同陣營。

23 譯註：他們不但反對天主教有關教士的說法，也完全否定教士的必要。

24 譯註：他們不承認社會上階級的分層和私有

財產制，因為他們認為互相分享是基督徒的責任，且在上帝而前所有人皆平等。此外，他們恨宣誓、拒絕向從事戰爭的政府納稅。

25 譯註：在他修讀法律時，受到路德教派的影響。

26 譯註：《基督教原理》一書，自從於一五三六年初版，到一五五九年修訂定版，共再版七次。

27 譯註：他被放逐到斯特拉斯堡。

28 譯註：這會議間斷開著，共有三次開會時間，分別是一五四五至一五四七年、一五五一至一五五二年，和一五六二至一五六三年。

29 譯註：聖特雷薩，西班牙天主教修女，神祕主義者，倡導加爾默羅會改革運動，一五六二年在阿維拉建立聖約瑟女修院，著有《到達完美之路》和靈修自傳《生活》等。

30 譯註：厄爾蘇拉女修會，在一五三五（或一五三七）年由聖安傑拉·梅里奇創建於義大利布雷西亞，是一專門從事婦女教育的天主教女修會。

第二十章

1 譯註：指八月二十四日。

2 譯註：凱瑟琳利用自己的女兒瑪格麗特與新教領袖納瓦爾·亨利的婚禮，結果納瓦爾·亨利為保全性命改皈天主教。

3 譯註：北日耳曼諸邦及一些自由城市堅持自己有權自行決定宗教問題，因此，他們在一五三一年在斯馬卡德組成斯馬卡德同盟，並得到法王支持，因而從一五四六年起，便與查理五世作戰。

4 譯註：在一五五九年亨利二世去世後，他的兒子年紀都很小，最大者年僅十五歲，他們相繼為法王——法蘭西斯二世、查理九世，及亨利三世。

5 譯註：凱瑟琳起初是設法挑撥雙方，以坐收漁翁之利，但在一五七二年吉斯派的勢力漸大，便與他合作。

6 譯註：由於他深知如果想要這個國家承認他的地位，那他必須放棄其原先的信仰，因而在提到「巴黎是值得作彌撒的」這句話時，正式皈依天主教。

7 譯註：艦隊是由一百三十艘船組成，總噸位有五萬八千噸，三萬名士兵和二千四百門的砲。

8 譯註：此聯盟是在一六〇九年由巴伐利亞公爵聯合舊教各邦組成的。

9 譯註：法國當時因國內還有內亂，因而在開始只是以金援與外交方式支援。

10 譯註：此戰役即呂城之役，瑞典國王在此役陣亡。

11 譯註：像萊比錫被圍五次，馬德堡則受到十次的圍困。

12 譯註：帝國的三百多邦皆以獨立地位方式參加和會，他們均享有對外宣戰、媾和之權；帝國形同肢解，因為帝國若未經帝國會議同意，不得立法、宣戰、徵稅、締盟。

13 譯註：自「南特敕令」頒布，休京拉派勢力儼然成為法國內部的「國中之國」，因此他們常再三叛斷，因此當黎希留平定一六二八年的亂事後，便頒布阿萊敕令，在此剝奪了休京拉派的軍事權、衛戍權和領土權，使他們不能威脅中央。

14 譯註：由於當時是懷疑主義盛行的時代，而這種懷疑主義是一種對任何可能的知識都抱持懷疑態度的主義，而蒙田即是這態度的最好代表。

15 譯註：他主張當人將其威權交給君主時，他們仍保有一般主權，可以選擇與罷免國王。不過他認為，選民應該只是那些有品德和功勞者，並非每個人皆可參與政府。

16 譯註：Volpone，義大利語，意為狐狸。

第二十一章

1 譯註：井原西鶴（一六四二年-一六九三年），十七世紀日本「元祿文學」的代表作家，以小說著稱，其作品以現實為題材，描寫町人階級愛慾生活和經濟生活。

2 譯註：古魯，乃指印度教或錫克教的宗教教師或領袖。

3 譯註：指在一六六〇年，查理二世的王政復辟事件。

4 譯註：努爾哈赤乃是於一六二六年病故，並非本書中所稱死於一六三六年。

5 譯註：努爾哈赤於一六一六年稱汗建立大金，史稱後金，以下赫圖阿拉為都，後來才遷都盛京；「清」之國號並非努爾哈赤所創，乃是其子皇太極於一六三六年所建。

6 譯註：即鄭成功家族。

7 譯註：實際上乾隆在位十間為六十年（一七三六～一七九六年）而非六十三年（六十四年）。不過，乾隆傳命嘉慶帝（一七九六年）後，自為太上皇帝，仍掌軍國大政，直至一七九九年去世。

8 譯註：指和珅。

9 譯註：作者曹雪芹。

10 譯註：澳門已於一九九九年十二月三十一日，由中國收回。

11 譯註：指尼布楚條約。

12 譯註：此一措施，名為「參覲交代」。

13 原註：Carol Gluck, "The People in History: Recent Trends in Japanese Historiography", *Journal of Asian Studies*, November 1978, pp.25-50。

14 譯註：飛地是指在本國境內，隸屬另一國的一塊領地。

15 譯註：mulatto，乃指黑人與白人的第一代混血兒，或有黑白兩種血統的人。

16 譯註：Cape Coloreds一詞中的Colorde意為「彩色的」，表述人種時意為「有色人種」或「混血」人種。

第二十二章

1 譯註：他們曾把錢借給查理五世，使他在一五一九年競選神聖羅馬帝國的皇帝時，能夠順利買票。

2 原註：G. N. Clark, *The Seventeenth Century* (New York, 1961), p.39。

3 譯註：此於一六五一年第一個航海法中通過的，其目的在破壞荷蘭人對航運的獨占。

4 譯註：指的是糖與菸草。

5 譯註：一六六四年組織了東印度公司、西印度公司，一六六九年北方公司，一六七〇年東地中海公司。

6 譯註：在英格蘭東部諾福克的郡府

7 譯註：瑪麗亞擴展了初級教育及中級教育，至於她的兒子約瑟夫則企圖使教育更加普遍化。

第二十三章

1 譯註：此宮殿建於一六六一年，一六八二年他將宮廷移至此。

2 譯註：通常這些例行公式都有一套繁複、精確、正式的儀式，例如，路易十四起床時，便需要由六批不同內侍來服侍；入寢時，也有固定的紳士來幫忙。

3 譯註：考爾白自一六六一年為國務大臣，一六六五年後擔任財相，一六六九年又兼海軍大臣，他在改革財政上，建立預算制度和簿記制度。

4 譯註：當時徵稅的方法，直接稅須經由中間官員之手，而間接稅則由稅夫的私人代理，這使得國家稅收與納稅者繳的金額不符。

5 譯註：他設立了東印度公司和西印度公司（一六六四年）、北方公司（一六六九年）、東地中海公司（一六七〇年）。

6 譯註：位於日耳曼的東北方，地處易北河以西、奧得河以東，用來拱衛帝國以防斯拉夫民族的神聖羅馬帝國所建的邊侯國。一四一五年由帝國皇帝授予霍亨索倫家族。

7 譯註：此地在一四一七年霍亨索倫家族就開始統治此地，不過在西發里亞條約時，將西部較繁榮的地區給了瑞典，而西部其他地區才由勃蘭登堡取得。

8 譯註：他於一七七二年成立「財務、軍事和內政的總監督處」來管理，其組成分子分財、軍、政三方面。

9 原註：robot此詞源於捷克話，為農奴之意。

10 譯註：一六一三年貴族舉行一次國會，選出和伊凡有姻親關係的麥可．羅曼諾夫為新沙皇，此王朝統治俄國直到一九一七年。

11 譯註：他是第一位使用沙皇稱號的莫斯科大公國，他之所以被稱為「恐怖伊凡」，是因他親眼目睹波蘭的瓦解，因此他害怕俄國也發生同樣情形，所以他以極其殘酷的手段來對付反對者。

12 譯註：指在一六六七年的安杜索弗條約。

13 譯註：奴主們有權出售農奴，也有權把農奴從農莊到礦區或市鎮工作。

14 譯註：一六九九年這三國組成祕密同盟，

準備瓜分瑞典。因此在隔年爆發北方大戰（一七〇〇～一七二一年）。

15 譯註：此法規爲王黨國會於一六六一至一六六五年間制訂的。

16 譯註：這些人僅免於迫害，但沒有崇善自由和平等公民權。

17 譯註：一六七〇年查理二世與路易十四簽訂「多佛密約」，法國每年給予英三百萬利維，並在英發生內亂時法要派兵幫忙，而英參加法對西班牙、荷蘭的戰爭，並希望英很快能重皈羅馬公教。

18 譯註：此法頒布後，英國人民未再因宗教信仰而被迫害、或遭囚禁，只是天主教徒支持詹姆士二世而被排除在外，不過非信仰國教者還是不能從事公職。

19 譯註：當時的西班牙國勢已弱，因此它與法國交界的邊境，反而成爲法蘭西擴張的誘因；對法國人來說，他們從黎希留時，便以恢復古高盧的自然邊境爲目標，因此把邊界推展到萊因河、阿爾卑斯山對他們來說是一個迷人的夢想。

20 譯註：一六八六年時，在神聖羅馬皇帝利阿坡一世領導下，德境諸侯組成奧格斯堡同盟；後來奧倫治·威廉更呼籲荷蘭戰爭時的反法聯盟再起來抗法，因而與奧格斯堡同盟結合成一強大的反法聯盟。

21 譯註：當時歐洲立刻組成抗法大同盟，成員包括神聖羅馬帝國，英國、荷蘭、勃蘭登堡－普魯士。

22 譯註：指米蘭、那不勒斯、薩丁尼亞。

23 譯註：每年得以派一艘船到巴拿馬的波多拜洛，這艘船不僅讓英國人參與買賣黑奴，還讓英人有走私非法違禁品機會，使英的布里斯托和利物浦得以聚集豐富的財富。

24 譯註：因爲開明君主和他的官員十分討厭耶穌會，因此在一七六〇年代，耶穌會幾乎被所有天主教國家遺棄，直到一八一四年，這修會才再度重建。

25 譯註：新高院是由國王任命的受薪官職，有固定任期。

26 原註：奧地利君主爲神聖羅馬帝國皇帝，因而有權封王。

27 譯註：此爲哈布斯堡家族按照查理六世皇帝之命私下制定的關於繼承問題的法律，規定家族遺產由長子繼承，如無長子則由長女繼承。這使瑪麗亞·德麗沙登基有了法律依據。

28 譯註：如在農奴制度方向，瑪麗亞修改農奴制度，而約瑟夫則廢除此制度；至於徵稅制度上，瑪麗亞在向農民和貴族徵稅時，但稅率並不公平，而約瑟夫則一律平等；此外，約瑟夫允許出版的完全自由等。

29 譯註：此次暴動被稱爲蒲戈契夫之亂。

30 譯註：英、普於一七五六年一月與普魯士簽訂西敏協定來保障英王在漢諾威的領地。

31 譯註：雙方在一七六二年簽定聖彼得堡條約，俄將占領地還給普魯士。

第二十四章

1 譯註：多恩（一五七二～一六三一年），英國詩人，玄學派詩歌代表人物，倫敦保羅大教堂長，著有愛情詩、諷刺詩、宗教詩、布道文等，代表作有《歌與短歌集》、長詩《靈魂的行進》等。

2 譯註：波普（一六八八～一七四四年），英國諷刺詩人，著有長篇諷刺詩《奪髮記》、《群愚史詩》等，翻譯過荷馬詩。

3 譯註：他曾計畫撰寫一部共有六冊的大巨著，來開創科學和文明的新局面，他將書名命爲《大更新》，但他僅僅完成兩冊，而《新工具》便爲其中一本。

4 譯註：在一五四三年，他出版了一本《人體結構》仔細詳述依解剖時直接觀察的人體結構，並附有圖表和插圖，矯正了從二世紀以來希臘人加倫的錯誤觀念。

5 譯註：這是在他的「化學、物理疑題與詭論」中提出的。

6 譯註：愛迪生（一六七二～一七一九年），英國期刊文學創造人之一，散文作家、劇作家、詩人，曾與人合辦《旁觀者》雜誌，著有悲劇「卡托」、詩歌「戰役」等。

7 譯註：Gimcrack，英文意爲華而不實。

8 譯註：他在英國完成第一部哲學作品《論英國哲學的書信集》（一七三三年），在此宣揚牛頓、洛克的思想。

9 譯註：出生於德國，他同意萊辛的觀點，因此，力勸他的猶太同胞應該放棄自己是「上帝的選民」觀念。

10 譯註：即所謂的「本體世界」，這是不能用理性和感覺來衡量。

11 譯註：繼承胡克的觀點，並爲植物葉子的功能和動物肺作用做一比較，同時他也發現毛細管中有血，證實循環理論。

12 譯註：第一位發現植物細胞結構的人。

13 譯註：他對胚胎學有一定的貢獻，描述某些昆蟲由幼蟲到成熟的生命過程。

14 譯註：這種建築普遍都會採用奇怪的渦狀、渦形裝飾與貝殼狀的圖案，講究室內布置，可說是巴洛克式一種更典雅、更精緻的發展。

15 譯註：通常爲宗教題材。

參考書目

第二章

Epic of Gilgamesh, tr. N. K. Sandars, *Baltimore*, 1960.

Grayson, A. K., and D. B. Redford, *Papyrus and Tablet*, Englewood Cliffs, N. J.,1973.

Kramer, S. N., *History Begins at Sumer*, 3nd ed., Philadelphia, 1981.

Pritchard, James B., *Ancient Near Eastern Texts Relating to the Old Testament*, 3rd ed., Princeton, 1969.

第三章

Grayson, A. Kirk, and D. B. Redford, *Papyrus and Tablet*, Englewood Cliffs, N. J., 1973. 最佳簡明史料集。

Lichtheim, M., *Ancient Egyptian Literature*, 3 vols., Berkeley, 1973-1980. 代表著作的權威選本，其中許多內容非常有趣。

Pritchard, James B., ed, *The Ancient Near East: An Anthology of Texts and Pictures*, Princeton, 1965. 即包括美索不達米亞，也包括埃及。

第五章

de Bary, W. T. ed., *Sources of Indian Tradition*, "Brahmanism": "Jainism and Buddhism"; "Hinduism", New York, 1958.

Edgerton, Franklin, *The Beginnings of Indian Philosophy*, Cambridge, Mass, 1965. 精選的精采範例。

Hamilton, C. H., ed., *Buddhism, a Religion of Infinite Compassion*, New York, 1952.

Mueller, Max, tr., *The Upanishads*, 2 vols.

Narayan, R. K., *Gods, Demons and Others*, London, 1964. 古印度故事的優美譯本。

The *Ramayana* and the *Mahabharata*.

第六章

de Bary, W. T., ed., *Sources of Chinese Tradition*, "The Classical Period ", New York, 1960.

Chai Ch'u and Winberg Chai, *A Treasury of Chinese Literature*, New York, 1961.

Chan Wing-tsit, ed., and tr., *A Source Book in Chinese Philosophy*, Princeton, 1963. 追溯中國自儒教到共產主義的哲學史。

Soothill, A. E., tr., *The Analects of Confucius*, Yokohama, 1910.

Waley, Arthur, ed., and tr., *The Book of Songs*, London, 1937.

Waley, *The Way and Its Power*, London, 1934.

Waley, *Three Ways of Thought in Ancient China*, London, 1939.

Watson, Burton, tr., *Mo Tzu: Basic Writings*, New York, 1967.

Wilhelm, Richard, and C. F. Baynes, trs., *The I Ching, or Book of Changes*, Princeton, 1967.

第七章

多數希臘作家的作品都被譯成了英文，見Loeb Classical Library, Harvard University Press.

此外，下列著作對讀者可能不無裨益：

Barnstone, Willis, tr., *Greek Lyric Poetry*, New York, 1962.

Kagan, Donald, *Sources in Greek Political Thought*, Glencoe, Ⅲ., 1965.

Lattimore. R., tr. *Greek Lyrics*, Chicago, 1960.

Lattimore. R., tr., *The Iliad*, Chicago, 1961.

Lattimore. R., tr., *The Odyssey*, New York, 1968.

第八章

Austin, M. M., *The Hellenistic World from Alexander to the Raman Conquest: A Selection of Ancient Sources in Translation*, Cambridge, 1981.

Bagnall, R. S., and P. Derow, *Greek Historical Documents: The Hellenistic Period*, Chico, Calif., 1981.

Boyce, Mary, *Textual Sources for the Study of Zoroastrianism*, Totowa, N. J., 1984.

第九章

羅馬作家作品的譯文在哈佛大學出版社出版的《洛布古典叢書》的有關各卷中可以找到。

另見：

Gruen, E. S., *The Image of Rome*, Englewood Cliffs, N. J., 1969.

Lewis, Naphtali, and M. Reinhold, *Roman Civilization*, 2 vols, New York, 1955.

第十一章

Aston, W. G. tr., *Nihongi: Chronicles of Japan from the Earliest Times to A. D. 697*, 2 vlos., London, 1896.

Ayscough, Florence, ed., *Tu Fu, the Autobiography of a Chinese Post*, London, 1934.

Beal, Samuel. tr., *Buddhist Records of the Western World*, 2 vols, London, 1884.

Bhagavad-Gita As It Is, Los Angeles, 1968. Translation and explication by Bhaktivedanta Swami Prabhupada.

Bynner, Witter, and Kiang Kanghu, trs., *The Jade Mountain, a Chinese Anthology*, New York, 1929.

de Bary, W. T., ed., Sources of Chinese Tradition, "The Imperial Age: Ch'in and Han" ; "Neo-Taoism and Buddhism," New York, 1960.

de Bary, W. T., ed., Sources of Indian Tradition, "Hinduism," New York, 1958.

de Bary, W. T., ed., Sources of Japanese Tradition, "Ancient Japan"; "The Heian Period," New York, 1964.

Fage, J. D., and R. A. Oliver, eds., *Papers in African Prehistory*, New York, 1970.

Hueckstedt, R. A., *The Style of Bana: An Introduction to Sanskrit Prose Poetry*, Lanham, Md., 1985.

Huntingford, G. W. B., tr., *The Periplus of the Erythraean Sea*, London, 1980.

Keene, Donald, ed., Anthology of Japanese Literature, fron the Earliest Era to the Mid-Nineteenth Century, New York, 1956.

Lu, David, ed., Sources of Japanese History, Vol. I, New York, 1973.

Morris, Ivan., tr., As I Crossed the Bridge of Dreams: Recollections of a Waman in Eleventh-Century Japan.

Oliver, Roland, ed., *The Cambridge Encyclopedia of Africa*, Cambridge, 1981.

Sanskrit Dramas: Sakuntala. The Little Clay Cart.

van Buitenen, J. A. B., *Tales of Ancient India*, Chicago, 1959.

Waley, Arthur, tr., Ballads and Stories from Tun-Huang, an Anthology (T'ang era); The Tale of Genji; Translations from the Chinese, New York, 1960.

Watson, Burton, tr., *Columbia Book of Chinese Poetry*, New York, 1984.

第十二章

Arberry, A. J., *The Koran Interpreted*, 2 vols, London, 1955.

Bede, *A History of the English Church and People*, tr. L. Sherley-Price, Baltimore, 1955.

Brand, Charles M., ed., *Icon and Minaret: Sources of Byzantine and Islamic Civilization*, Englewood Cliffs, N. J., 1969.

Brentano, Robert, ed., *The Early Middle Ages: 500-1000*, N. Y., 1964. 有關西方基督教資料篇幅較短的最佳選集，編者的主題評述令其生輝。

Einhard and Notker the Stammerer, *Two Lives of Charlemagne*, tr. L. Thorpe, Baltimore, 1969.

Gregory Bishop of Tours, *History of the Franks*, tr. E. Brehant, New York, 1965.

第十三章

Herlihy, David, ed., *The History of Feudalism*, New York, 1970.

Lopez, Robert S., and I. W. Raymond, eds., *Medieval Trade in the Mediterranean World*, New York, 1955.

Lyon, Bryce, ed., *The High Middle Ages*, New York, 1964.

Otto, Bishop of Freising, *The Deeds of Frederick Barbarossa*, tr, C. C. Mierow, New York, 1953. 同時代一個年代紀，從頭到尾都很有趣。

Strayer, J. R., ed., *Feudalism*, Princeton, 1965.

第十四章

An Aquinas Reader, ed. Mary T. Clark, New York, 1972.

Chretien de Troyes, *Arthurian Romances*, tr. W. W. Comfort, New York, 1914.

Dante, *The Divine Comedy*, tr. J. Ciardi, New York, 1977.

Goldin, F., ed., *Lyrics of the Troubadours and Trouveres*, New York, 1973.

Gottfried von Strassburg, *Tristan*, tr. A. T. Hatto, Baltimore, 1960.

Joinville and Villehardouin, *Chronicles of the Crusades*, tr. M. R. B. Shaw, Baltimore, 1963.

The Letters of Abelard and Heloise (includes Abelard's Story of My Calamities), tr. B. Radice, Baltimore, 1974.

Peters, Edward, ed., *The First Crusade: The Chronicle of Fulcher of Chartres and Other Source Materials*, Philadelphia, 1971.

The Romance of the Rose, tr. Harry W. Robbins, New York, 1962.

The Song of Roland, tr. F. Goldin, New York, 1978.

Thorndike, Lynn, ed., *University Records and Life in the Middle Ages*, New York, 1944.

Tierney, Brian, ed., *The Crisis of Church and State, 1050-1300*, Englewood Cliffis, N. J., 1964. 一部傑出的文選，由高明的評論做引導和連接。

Wolfram von Eschenbach, *Parzival*, tr. H. M. Mustard and C. E. Passage, New York, 1961.

第十五章

Allmand, C.T., ed., *Society at War: The Experience of England and France During the Hundred Years War*, Edinburgh, 1973. 一本出色的文獻選集。

Boccaccio, G., *The Decameron*, tr. M Musa and P.E. Bondanella, New York, 1977.

Chaucer, G., *The Canterbury Tales*.（許多版本）

Colledge, E.,ed., *The Medieval Mystics of England*, New York, 1961.

Froissart, J., Chronicles, tr. G. Brereton, Baltimore, 1968.有關百年戰爭的同時代最著名的記述選。

The Imitation of Christ, tr. L. Sherley-Price, Baltimore, 1952.

John Hus at the Council of Constance, tr. M. Spinka, New York, 1965. 一部捷克年代紀的英譯本，有一很內行的介紹，附有文獻選錄。

Meister Eckhart, eds. E. Colledge and B. McGinn, 2 vols, New York, 1981-1986. 埃克哈特主要著作的珍貴選集，由專家作「導言」和註釋。

Memoirs of a Renaissance Pope: The Commentaries of Pius II（縮略版），tr. F.A. Gragg, New York, 1959. 有關文藝復興時期教皇制的引人之作。

A Parisian Journal, 1405-1449, tr. J. Shirley, Oxford, 1968. 一位見證人記述的卓絕的巴黎生活全景。

Pitti, B., and G. Dati, *Two Memoirs of Renaissance Florence*, tr. J. Martines, New York, 1967.

第十六章

Boxer, C.R., ed., *South China in the Sixteenth Century* (narratives of Portuguese and Spanish visitors, 1550-1575).

Chinese Novels and Short Stores: Buck, Pearl, tr., *All Men Are Brothers*; Howell, E. B., tr., *Inconstancy of Madam Chuang and Other Stories*; Waley, Arthur, tr., The Monkey.

de Bary, W. T., ed., *Sources of Chinese Tradition*, "The Confucian Revival," New York, 1960.

——, ed., *Sources of Indian Tradition*, "Islam in Medieval India," New Yord, 1950.

——, ed., *Sources of Japanese Tradition*, "Medieval Japan," New York, 1958.

Hall, J. W., and T. Toyoda, eds., *Japan in the Muromachi Age*, New Haven, Conn., 1974.

Hsiung, S. I., tr., *The Romance of the Western Chamber*, London, 1935.

Keene, Donald, ed., *Twenty Plays of the No Theatre*, New York, 1970.

Reischauer, E.O., and Y.K. Yamagiwa, *Translations from Early Japanese Literature (eleventh to thirteenth centuries)*, Cambredge, Mass., 1951.

Waley, Arthur, tr., *The Travels of an Alchemist, the Journeys of the Taoist Ch'ang Ch'un*, London, 1931.

Yule, Henry, tr., *The Book of Ser Marco Polo*, London, 1903.

第十七章

Brotherston, Gordon, *Image of the New World: The American Continent Portrayed in Native Texts*, London, 1979. 內容艱深但值得一讀。

Oliver, R., and G. Mathew, eds., *History of East Africa, Vol. I*, Oxford, 1968.

第十八章

Alberti, Leon Battista, *The Family in Renaissance Florence*, tr. R. N. Watkins, Columbia, S. C., 1969.

Cassirer, E., et al., eds., *The Renaissance Philosophy of Man, Chicago*, 1948, Leading works of Petrarch Pico, etc.

Castiglione, B., *The Book of the Courtier*, tr. C. S. Singleton, New York, 1959.

Erasmus, D., *The Praise of Folly*, tr. J., Wilson, Ann Arbor, Mich., 1958.

Erasmus, D., *Ten Colloquies*, tr. C. R. Thompson, Indianapolis, 1957.

Kohl, B. G. and R. G. Witt, eds. *The Earthly Republic: Italian Humanists on Government and Society*, Philadelphia, 1978. 新譯本，附有精采的介紹。

Machiavelli, N., *The Prince*, tr. R. M. Adams, New York, 1976. 除了馬基維利的著作外，本版提供了相關的文獻，並在學術解釋方面精心挑選。

Montaigne, M., de, *Essays*, tr. J. M. Cohen, Baltimore, 1958.

More, Sir Thomas, *Utopia*, tr. R. M. Adams, New York, 1975. 與Adams譯馬基維利的《君主論》屬於同一套叢書，提供了材料，在文獻選擇和學術闡方面的下了功夫。

Rabelais, F., *Gargantua and Pantagruel*, tr. J. M. Cohen, Baltimore, 1955. 一部粗俗的現代譯本。

第十九章

Dillenberger, J., ed., *John Calvin: Selections from His Writings*, Garden City, N. Y., 1971.

Dillenberger, J., *Martin Luther: Selections from His Writings*, Garden City, N. Y., 1961.

Hillerbrand, H. J., ed., *The Protestant Reformation*, New York, 1967.

St. Ignatius Loyola, *The Spiritual Exercises*, tr. R. W. Gleason, Garden City, N. Y., 1964.

Ziegler, D. J., *Great Debates of the Reformation*, New York, 1969.

第二十章

Cervantes, Miguel de, *Don Quixote*, tr. Walter Starkie, New York, 1957.

Hobbes, Thomas, *Leviathan*, abridged by F.B.Randall, New York, 1964.

Montaigne, Michel de, *Essays*, tr. J.M. Cohen, Baltimore, 1958.

Pascal, Blaise, *Pensées*, French-English ed., H. F. Stewart, London, 1950.

Sprenger, Jakob, and H. Kramer, *The Malleus Maleficarum*, tr. M. Summers, 2nd ed., London, 1948. 一部令人恐懼而又令人著迷的著作。Malleus意為「女巫的錘」，是中世紀迫害巫術的人最常用的手冊。

第二十一章

Ade Ajayi, J. F., and Michael Crowder, eds., *Historical Atlas of Africa*, Cambridge, 1985.

Davenport, T. R. H., and K. S. Hunt, eds., *The Right to the Land: Documents on Southern African History*, Capetown, 1974.

de Bary, W. T., ed., *Sources of Chinese Tradition*, Chaps XXⅡ, XXⅢ, New York, 1960.

de Bary, W.T., ed., *Sources of Indian Tradition*, "Islam in Medieval India"; "Sikhism," New York, 1958.

de Bary, W.T., ed., *Sources of Japanese Tradition*, "The Tokugawa Period," New York, 1958.

Freeman-Grenville, G. S. P., ed., *The East African Coast: Select Documents from the First to the Early Nineteenth Century*, 2nd ed., London, 1975.

Gallagher, L. J. tr., China in the Sixteenth Century. *The Journals of Matthew Ricci: 1583-1610*, Milwaukee, 1942.

Hibbett, Howard, *The Floating World in Japanese Fiction*, New York, 1959.

Keene, Donald ed., *Anthology of Japanese Literature*, New York, 1960.

Lu, David, ed., *Sources of Japanese History*, Vol. 1, New York, 1973.

Markham, C. R., ed., *The Hawkins' Voyages*, London, 1978.

Oliver, Roland, ed., *The Middle Age of African History*, New York, 1967.

Smith, V. A., ed., *F Bernier: Travels in the Mogul Empire A. D. 1656-1668*, London, 1914.

Vansina, Jan, *Kingdoms of the Savanna*, Madison, Wis., 1966.

Wang, C. C., tr., *Dream of the Red Chamber*, New York, 1929.

Whiteley, W. H., compiler, *A Selection of African Prose: Traditional Oral Texts*, Oxford, 1964.

第二十二章

Barnett, G. E., ed., *Two Tracts by Gregory King*, Baltimore, 1936. 對現代世界第一個眞正的統計學家的著作介紹。

Goubert, P., *The Ancien Régime: French Society, 1600-1750*, London, 1973. 尤其精於描述農村生活，包括啓蒙性文獻的內容。

Young, Arthur, Travels in France during the Years 1787, 1788, 1789, London, 各種版本。此爲一位英國旅行者所做的形象觀察。

第二十三章

Locke, John, *Two Treatises of Government*. 出版過多次。持論反對專制主義。

Saint-Simon, Louis, *Historical Memoris*. 出版過多次。有關路易十四宮廷生活的一部重要的證據。

第二十四章

Beccaria Cesare, *An Essay an Crimes and Punishments*, with a Commentary by M. de Voltaire, Stanford, 1953.

Gibbon, Edward, *The Portable Gibbon: The Decline and Fall of the Roman Empire*, ed. D. A. Saunders, New York, 1952. 由多卷本縮編而成。

Voltaire, *The Portable Voltaire*, ed. Ben Ray Redman, New York, 1949.

中英名詞對照表

第一章

路易斯・李凱　Louis Leakeys
美索不達米亞　Mesopotamia
底格里斯河　Tigris river
幼發拉底河　Euphrates river

第二章

蘇美　Sumer
楔形文字　cuneiform
閃族語系　the Semitic language group
巴比倫　Babylon
加爾底亞人　Chaldeans
漢摩拉比　Hammurabi
漢摩拉比法典　the Code of Hammurabi
吉爾伽美什　Gilgamesh
十二位進制　duodecimal
喀西特人　Kassites
西臺人　Hittites
亞述人　Assyrians
尼布甲尼撒　Nebuchadnezzar

第三章

象形文字　hieroglyphic
法老　pharaohs
希伯來　Hebrew
腓尼基人　Phoenicians
凱撒　Julius Caesar
金字塔　pyramids

第四章

迦南　Canaan
耶路撒冷　Jerusalem
撒馬利亞　Samaria
猶太教　Judaism
多神崇拜　polytheists
獨尊一神　monolatry
蘇格拉底　Socrates
邁錫尼　Mycenae
邁諾斯　Minos
多利安人　Dorians

第五章

種姓制度　caste system
梵文　Sanskrit
大流士　Darius I
馬其頓　Macedonian
亞歷山大大帝　Alexander the Great

第六章

新石器時代　Neolithic Age
爪哇人　Java man
眞人　Homo sapiens
象形文字　pictographs

第七章

泰勒斯　Thales
畢達哥拉斯　Pythagoras
詭辯學派　Sophists
柏拉圖　Plato
亞里斯多德　Aristotle

第八章

居魯士大帝　Cyrus the Great
祆教　Zoroastrianism
斯多葛學派　Stoicism
伊比鳩魯學派　Epicureanism
犬儒學派　Cynics
密特拉教　Mithras
米開朗基羅　Michelangelo
歐幾里德　Euclid
幾何學原理　Elements of Geometry
阿基米德　Archimedes

第九章

伊特拉斯坎人　the Etruscans
屋大維　Octavian
奧古斯都　Augustus
巴特農神殿　the Pantheon
托勒密　Ptolemy

西塞羅 Cicero
查士丁尼法典 the Code of Justinian

第十章

君士坦丁 Constantine
狄奧多西一世 Theodosius I
法利賽人 Pharisees
西哥德人 Visigoths
汪達爾人 Vandals
東哥德人 Ostrogoths

第十一章

阿育王 King Ashoka
孔雀王朝 the Maurya Dynasty
笈多王朝 the Gupta Dynasty
毗溼奴教派 Vaishnavism
溼婆教派 Shaivism

第十二章

拜占庭 Byzantine
塞爾柱土耳其人 the Seljuk Turks
安娜・科穆寧娜 Anna Comnena
歐里庇得斯 Euripides
杜斯妥也夫斯基 Dostoevsky
托爾斯泰 Tolstoy
穆罕默德 Muhammand
查理曼大帝 Charlemagne

第十三章

十字軍東征 Crusading
神聖羅馬帝國 Holy Roman Empire
伏爾泰 Voltaire

第十四章

希臘東正教 Greet Orthodox Church
鄂圖曼土耳其人 Ottoman Turks
行吟詩人 troubadours
薄伽丘 Boccaccio
喬叟 Chaucer
羅馬式建築 Romanseque

第十五章

聖女貞德 Joan of Arc
唯名論 nomialism
但丁 Dante
彌爾頓 Milton
狄更斯 Dickens
佩脫拉克 Petrarch
馬丁・路德 Martin Luther

第十六章

婆羅門 brahmans
馬可・波羅 Marco Polo

第十七章

馬雅人 Mayas
阿茲提克人 Aztecs

第十八章

文藝復興時期 Renaissance period
十四行詩 sonnet
羅倫佐・瓦拉 Lorenzo Valla
列奧納多・達文西 Leonardo da Vinci
拉斐爾 Raphael
米開朗基羅 Michelangelo
伽利略 Galileo
巴洛克風格 Baroque style
哥白尼 Copernicus
克卜勒 Kepler

第十九章

伊格納修・羅耀拉 Ignatius Loyola
贖罪券 Indulgences
約翰・喀爾文 John Calvin
長老會 Presbyterians
清教徒 Puritans
笛卡兒 Descartes

第二十章

賽凡提斯 Cervantes
莎士比亞 Shakespeare
賈洛倫佐・貝爾尼尼 Gianlorenzo Bernini

第二十一章

薩滿教　shamanism
織田信長　Nobunaga
室町幕府　Ashikaga Shogunate
豐臣秀吉　Hideyoshi
德川家康　Tokugawa Ieyasu
瓦斯科・達・伽馬　Vasco Da Gama

第二十二章

荷蘭聯合東印度公司　the Dutch United East India Company

第二十三章

禁衛隊　streltsy
俄國東正教　Russian Orthodox
都鐸王朝　Tudors
斯圖亞特王朝　Stuarts
大憲章　Magna Carta
狄德羅　Diderot

第二十四章

啓蒙運動　Enlightenment
培根　Bacon
艾薩克・牛頓爵士　Sir Isaac Newton
威廉・哈維　William Harvey
羅伯特・虎克　Robert Hooke
羅伯特・波以耳　Robert Boyle
金・雅克・盧梭　Jean Jacques Rousseau
大衛・休謨　David Hume
伊曼紐爾・康德　Immanuel Kant
孟德斯鳩　Montesquieu
吉朋　Gibbon
亞當・史密斯　Adam Smith
班傑明・富蘭克林　Benjamin Franklin
喬納森・斯威夫特　Jonathan Swift
亞歷山大・波普　Alexander Pope
洛可可風格　Rococo style
珍・奧斯丁　Jane Austen
海頓　Haydn
巴哈　Bach
韓德爾　Handel
莫札特　Mozart

1WE4

世界文明史（前篇）：從史前時代到前近代

作者　Philip Lee Ralph, Robert E. Lerner, Standish Meacham, Edward McNall Burns
譯者　文從蘇、谷意、林姿君、薛克強

發行人　楊榮川
總經理　楊士清
總編輯　楊秀麗
副總編輯　黃惠娟
責任編輯　魯曉玟
封面設計　姚孝慈
出 版 者　五南圖書出版股份有限公司
地址　106台北市大安區和平東路二段339號4樓
電話　(02)2705-5066
傳真　(02)2706-6100
劃撥帳號　01068953
戶名　五南圖書出版股份有限公司
網址　https://www.wunan.com.tw
電子郵件　wunan@wunan.com.tw
法律顧問　林勝安律師
出版日期　2009年6月初版一刷（共十二刷）
　　　　　2024年2月二版一刷
定　　價　新臺幣920元

國家圖書館出版品預行編目資料

世界文明史. 前篇, 從史前時代到前近代／Philip Lee Ralph, Robert E. Lerner, Standish Meacham, Edward McNall Burns著；文從蘇、谷意、林姿君、薛克強譯. --二版. --臺北市：五南圖書出版股份有限公司, 2024.02
面；　公分
ISBN 978-626-393-036-0(平裝)

1.文明史　2.世界史

713　　113001112